D1870217

Der Islam
in der Gegenwart

Der Islam
in der Gegenwart

Herausgegeben von
Werner Ende und Udo Steinbach
unter redaktioneller Mitarbeit
von Gundula Krüger

Vierte, neubearbeitete und
erweiterte Auflage

Verlag C. H. Beck München

Mit 15 Abbildungen und 1 Karte

Die Deutsche Bibliothek – CIP-Einheitsaufnahme

Der *Islam in der Gegenwart* / hrsg. von Werner Ende und Udo Steinbach. Unter red. Mitarb. von Gundula Krüger. – 4., neubearb. und erw. Auflage. – München : Beck, 1996
ISBN 3 406 39951 7
NE: Ende, Werner [Hsrg.]

ISBN 3 406 39951 7

Vierte, neubearbeitete und erweiterte Auflage. 1996
© C. H. Beck'sche Verlagsbuchhandlung (Oscar Beck), München 1984
Satz: Filmsatz Schröter GmbH, München
Druck und Bindung: Kösel, Kempten
Gedruckt auf säurefreiem, alterungsbeständigem Papier
(hergestellt aus chlorfrei gebleichtem Zellstoff)
Printed in Germany

Inhalt

Zweiter Teil

Die politische Rolle des Islams in der Gegenwart

Dritter Teil

Islamische Kultur und Zivilisation in der Gegenwart

Anhang

Vorwort

Der Kreis derer, die im deutschsprachigen Raum für den Islam Interesse zeigen, ist in den letzten Jahren stetig gewachsen. Ursache dafür ist wohl nicht zuletzt der Prozeß der sogenannten „Re-Islamisierung", der in den siebziger Jahren eingesetzt hat und – ungeachtet mancher Rückschläge – auch in der Mitte der neunziger Jahre noch als ungebrochen erscheint. Ohne an dieser Stelle den Versuch einer Definition dieses durchaus verschwommenen Begriffs machen zu wollen, wird man gleichwohl feststellen können, daß sein wesentlicher Gehalt in dem Anliegen besteht, den Islam wieder in stärkerem Maße zu einem Faktor in der politischen, gesellschaftlichen und wirtschaftlichen Ordnung der „islamischen Welt" zu machen.

Naturgemäß mußte eine solche Entwicklung gegen Ende des 20. Jahrhunderts, das nicht zuletzt im Zeichen eines fortschreitenden Säkularisierungsprozesses gestanden hat, zahlreiche Interpreten auf den Plan rufen – schien sie doch der fundamentalen Erfahrung des „Westens" zu widersprechen, daß der Prozeß der wirtschaftlichen Entwicklung und sozialen Modernisierung zu einer Trennung von Religion und Staat führen würde. So befassen sich die meisten Veröffentlichungen damit, Wurzeln und Hintergründe des Phänomens zu analysieren, seinen Stellenwert im Zusammenhang der neueren Geschichte der islamischen Welt zu bestimmen, es einzuordnen in den Kontext ähnlicher Erscheinungen in anderen Teilen der Dritten Welt und ihm einen sozial- bzw. politikwissenschaftlich theoretischen Überbau zu geben.

Demgegenüber verfolgen die Herausgeber des vorliegenden Bandes eine bescheidenere, zugleich aber auch weiterreichende Zielsetzung. Es soll nicht eine weitere Studie zur „Re-Islamisierung" vorgelegt werden. Angestrebt wird vielmehr eine umfassende Information über die Lage des Islams in der Gegenwart. Dabei geht es weniger um die religiös-theologische Dimension als um die konkrete Rolle, die der Islam in Politik und Gesellschaft der Staaten spielt, in denen mehrheitlich oder zumindest mit einem hohen Bevölkerungsanteil Muslime leben. Während die meisten den zeitgenössischen Islam behandelnden Arbeiten „den Islam" mit seiner Ausprägung im Nahen und Mittleren Osten identifizieren, haben sich die Herausgeber bemüht, die gesamte islamische Welt zu berücksichtigen und so etwa auch dem Islam in Afrika und Ostasien den ihm gebührenden Raum einzuräumen.

Mit dem vorliegenden Werk haben die Herausgeber nicht eine wissenschaftliche Monographie, sondern ein Handbuch vorlegen wollen. In den Beiträgen sollen also nicht unbedingt neue Erkenntnisse vorgetragen, sondern soll der Forschungs- und Wissensstand in sachlicher Form präsentiert werden. Da sich das Werk an interessierte Laien, die sich aus privatem oder beruflichem Interesse mit dem Islam beschäftigen, aber auch an Studierende wendet, die eine Einführung in die Probleme des modernen Islams suchen, empfahl es sich nicht nur, die sprachliche Darstellung möglichst allgemeinverständlich zu halten und die fachspezifische Terminologie auf ein Minimum zu beschränken, sondern auch den Anmerkungsapparat auf die notwendigsten Belege zu begrenzen. Ähnliches gilt für die Literaturhinweise; sie sollen zwar den Stand der Forschung zu dem jeweiligen Thema umreißen, doch wurde davon Abstand genommen, Einzeluntersuchungen zu allzu speziellen Teilaspekten aufzunehmen. Aus Gründen sprachlicher Zugänglichkeit für den hier angesprochenen Leserkreis wurde deutschsprachigen Veröffentlichungen im allgemeinen der Vorzug gegeben.

Es versteht sich, daß angesichts der Breite der Thematik eine Vollständigkeit der Darstellung nicht erstrebt und erreicht werden konnte. Dies gilt nicht nur für die Beiträge des historischen Teils, in denen die Entwicklung des Islams von seinen Anfängen bis in die Gegenwart nachgezeichnet wird; vielmehr waren Schwerpunktsetzungen auch bei den Querschnittsartikeln, in denen Aspekte der heutigen Situation des Islams dargestellt werden, und bei den Land-für-Land-Analysen notwendig. So konnte z. B. die für das tägliche Leben der Muslime im weiten Raum zwischen dem Maghreb im Westen, Indonesien im Osten, dem subsaharischen Afrika im Süden und Zentralasien im Norden so charakteristische Verquickung zwischen Elementen der islamischen Lehre einerseits sowie vor- und außerislamischen lokalen Traditionen andererseits nur an den beiden Fallbeispielen Nordafrikas und Indonesiens exemplarisch dargestellt werden. In den Land-für-Land-Analysen wurden diejenigen Länder berücksichtigt, denen entweder aufgrund ihrer Größe ein besonderes Gewicht in der islamischen Welt zufällt oder die – in welcher Weise immer – Sonderentwicklungen aufweisen. So wie Überschneidungen nicht in jedem Falle zu vermeiden waren, mußten auch kleinere inhaltliche Lücken in Kauf genommen werden. Im übrigen wird durch das detaillierte Sachregister der Versuch gemacht, dem Leser ein gezieltes Abfragen von Begriffen und Problemen zu ermöglichen, die in den Einzelbeiträgen des Bandes in unterschiedlichen Kontexten enthalten sind.

Kompromisse zwischen dem Wünschenswerten auf der einen und den mit den Intentionen der Herausgeber in Kauf genommenen Beschränkungen auf der anderen Seite mußten auch im Falle der Umschrift gemacht werden. Im allgemeinen wurde die Transkription zugrunde gelegt, die auch in der vom Deutschen Orient-Institut, Hamburg, herausgegebenen Zeitschrift „Orient" angewandt wird (siehe S. 943: Bemerkungen zur Transkription). Dieses Verfahren mußte aber in vielen Fällen durchbrochen werden: Zahlreiche Eigennamen wurden so wiedergegeben, wie sie sich in der westlichen Presse eingebürgert haben (wobei bisweilen noch Unterscheidungen zwischen der französisch oder englisch bestimmten Orthographie notwendig waren); afrikanische, asiatische und amerikanisierte Begriffe und Namen arabischen Ursprungs wurden im allgemeinen durch eine korrekte arabische Transkription ergänzt. Im Falle osmanischer Wörter war bisweilen ein Kompromiß zwischen der korrekten orientalistischen Transkription und der modernen türkischen Schreibung erforderlich. In den meisten Fällen wird die korrekte Transkription in Klammern nachgestellt, wo der jeweilige Name oder Begriff zum ersten Mal in einem Beitrag auftaucht.

Zur Erreichung eines ruhigen Schriftbildes wurden termini technici wie z. B. *sharīʿa* in den einzelnen Beiträgen nur bei ihrer Erstnennung pro Kapitel/Unterkapitel kursiv gesetzt. Gleiches gilt für Parteinamen, Organisationen, Bruderschaften etc. Begriffe wie „Islamischer Sozialismus" wurden gleichfalls nur bei ihrer Erstnennung bzw. an exponierter Stelle durch Anführungszeichen hervorgehoben.

Auf Koranverse wird in folgender Weise Bezug genommen: Auf die Angabe der Nummer der Sure folgt ein Doppelpunkt und darauf die Nummer des Verses bzw. der Verse, also z. B. Sure 2, Vers 100 in der Form 2:100. Bei der Verszählung wird nach der offiziellen ägyptischen Koranausgabe zitiert. Deutsche Koranzitate sind in der Regel der Übersetzung von R. Paret entnommen, die sich ihrerseits hinsichtlich der Verszählung an eben diese Koranausgabe hält.

Es ist den Herausgebern ein Bedürfnis, sich bei allen zu bedanken, die einen Anteil am Zustandekommen des vorliegenden Bandes gehabt haben. Ein ganz besonderer Dank gilt Frau Gundula Krüger, die die redaktionelle Arbeit an den Manuskripten vorgenommen hat. Hier waren zunächst – im Rahmen des Möglichen – die z. T. starken formalen Abweichungen auszugleichen, die ungeachtet der durch die Herausgeber vorgegebenen Richtlinien in den Manuskripten auftraten. Darüber hinaus hat sie eine Reihe von Textpassagen neu geschrieben, eine Vielzahl von Anmerkungen überprüft und (z. T. durch eigene Recherchen) zur Aktualisierung der Literaturverzeichnisse beigetragen. Schließlich hat sie die – gegenüber den früheren Auflagen wesentlich erweiterten – Indices neu erstellt.

Die erste Auflage des Buches erschien 1984. Um die redaktionelle Bearbeitung der Manuskripte hatte sich seinerzeit Michael Ursinus verdient gemacht. In der zweiten und dritten Auflage wurden jeweils nur die notwendigsten Veränderungen und Aktualisierungen vorgenommen. Bei der hier vorgelegten vierten Auflage handelt es sich demgegenüber weitgehend um eine Neubearbeitung. Eine Reihe zusätzlicher Beiträge wurde aufgenommen. Die meisten Kapitel wurden von ihren ursprünglichen Autoren bearbeitet. Wo diese nicht mehr zur Verfügung standen, wurden neue Autoren gewonnen. Es empfiehlt sich deshalb bei der Arbeit mit dem Buch, in dem einen oder anderen Fall auch frühere Auflagen zur Hand zu nehmen.

Aufgrund der Vielzahl der Beiträge sowie der aufwendigen redaktionellen und technischen Arbeiten hat sich die Herstellung des Bandes über einen relativ langen Zeitraum hingezogen. Die Herausgeber machen deshalb darauf aufmerksam, daß die Mehrheit der Beiträge bereits Ende 1993 abgeschlossen wurde.

Freiburg/Hamburg, Herbst 1995 *Werner Ende*
Udo Steinbach

Erster Teil

Historische Ausbreitung, Politik- und Religionsgeschichte

I. Grundzüge der islamischen Theologie und der Geschichte des islamischen Raumes

(Heribert Busse)

1. Das Wirken des Propheten Muḥammad und die Entstehung des Islams

Der Islam entstand auf der Arabischen Halbinsel in den ersten Jahrzehnten des 7. Jahrhunderts, zu einer Zeit, da sich auf der Bühne der Weltgeschichte entscheidende Veränderungen vollzogen. In Europa waren aus der Unruhe der Völkerwanderung die Reiche der Westgoten und der Franken hervorgegangen, und das Römische Reich war durch Justinian kraftvoll erneuert worden.

Als Nachfolger des Oströmischen Reiches mußte Byzanz sich nach zwei Seiten hin verteidigen, im Osten gegen seinen Erbfeind Persien, im Westen gegen die auf den Balkan drängenden Steppenvölker. Byzanz übernahm die politischen Traditionen Roms, führte die griechisch-hellenistische Kultur fort und verband sie mit dem Christentum, das zur tragenden Idee von Staat und Gesellschaft wurde. In Persien herrschten die Sassaniden, die politisch an das achämenidische Großreich anknüpften und sich als Bewahrer und Erneuerer des zur Staatsreligion erhobenen Zoroastrismus verstanden. Im Norden stand Persien nun in direktem Kontakt mit China, das nach der Einigung unter der Tang-Dynastie seine Macht über ganz Turkestan ausgedehnt hatte. In Südarabien war das überkommene politische System kulturell bedeutsamer Kleinstaaten in der Mitte des 6. Jahrhunderts zusammengebrochen; die Nachfolge trat zunächst Äthiopien an, das die willkommene Gelegenheit benutzte, auf der Arabischen Halbinsel Fuß zu fassen, und auch den Versuch unternahm, seinen Einfluß bis nach Mekka auszudehnen. Dann aber trat Persien auf den Plan und etablierte sich in Südarabien, das als Drehscheibe des Handelsverkehrs mit Indien und Afrika eine wichtige Rolle spielte.

Mekka war ein bedeutender Umschlagplatz an der Handelsstraße, die von Südarabien zum „Fruchtbaren Halbmond“ führte und in Gaza das Mittelmeer erreichte. Die Stadt wurde von den Quraish beherrscht, mekkanische Kaufleute vermittelten den Handel mit dem angrenzenden Kulturland. Im Koran heißt es darüber: „Daß die Quraish die [Karawanen-] Reise des Winters und des Sommers zusammenbringen, [zum Dank dafür] sollen sie dem Herrn dieses Hauses [d. h. der Kaaba] dienen, [dem Herrn] der ihnen zu essen gegeben hat, so daß sie nicht zu hungern, und der ihnen Sicherheit gewährt hat, so daß sie sich nicht zu fürchten brauchen“ (Sure 106 „Die Quraish“).

Den Lebensunterhalt bezog die Wüstenstadt Mekka aus dem Fernhandel, Sicherheit gewährte die Kaaba *(ka'ba)*, das zentrale Heiligtum des heidnischen Arabien, Ziel einer jährlichen Pilgerfahrt mit einem gleichzeitig abgehaltenen, viel besuchten Markt. Das Christentum hatte in Arabien noch kaum Fuß gefaßt. Südlich von Mekka, an der Grenze des heutigen Jemen, lag Nadschran (Najrān), wo es eine große, ethnisch bunt gemischte christliche Gemeinde gab. Christliche Anachoreten hatten sich in der Wüste niedergelassen, vereinzelt lebten Christen auch in den wenigen Städten, und sicherlich besuchten christliche Kaufleute den jährlichen Markt in Mekka. Eine planmäßige Missionierung hatte auf der Arabischen Halbinsel, außerhalb der Grenzen des byzantinischen Reiches, noch nicht stattgefunden. Nur im Norden, in direktem Kontakt mit dem Kulturland, saßen christliche Araberstämme mit einer eigenen kirchlichen Hierarchie. Im arabischen Christentum spiegelten sich die unterschiedlichen Konfessionen der christlichen Kerngebiete, wobei das orientalische Christentum in seinen beiden Hauptformen, dem monophysitischen und nestorianischen Bekenntnis, sicherlich die Oberhand hatte.

Stärker als das Christentum war in Arabien seit Jahrhunderten das Judentum vertreten. Geschlossene jüdische Gemeinden saßen in Yathrib (Medina), etwa 300 km nördlich von Mekka, ferner in der Oase Khaibar, etwa 150 km nördlich von Medina. Über dieses Judentum wissen wir nur wenig; es war stark arabisiert und hatte sich den Lebensgewohnheiten seiner Umwelt, soweit dies religiös zulässig war, weitgehend angeglichen. Ob es ein talmudisches Judentum war, läßt sich nicht mit Sicherheit sagen. Seine Präsenz in Arabien hat jedenfalls bei der Entstehung des Islams eine kaum zu überschätzende Rolle gespielt. Das gleiche gilt vom Christentum mit seinen unterschiedlichen Denominationen. Muḥammad hat aus beiden Quellen geschöpft, wobei er das Judentum naturgemäß auch durch die christliche Brille zu sehen gelernt hat. Wenn auch über den Anteil des jeweiligen Bekenntnisses an der Entstehung und Ausbildung des Islams unterschiedliche Meinungen vertreten werden, kann man doch ohne Einschränkung sagen, daß der Islam ohne die von beiden Religionen auf der Arabischen Halbinsel geleistete Vorarbeit nicht denkbar wäre. Der Zoroastrismus, die Staatsreligion Persiens, war Muḥammad wenigstens dem Namen nach bekannt, doch hat er auf den entstehenden Islam kaum Einfluß ausgeübt. Spuren hat dagegen der Manichäismus hinterlassen, vielleicht auch die im südlichen Zweistromland blühenden Täufersekten.

Muḥammad wurde um 570 in Mekka als Glied der Familie Hāshim, einem verarmten Zweig der in der Stadt mächtigen Quraish, geboren. Es war der Überlieferung nach das „Jahr des Elefanten", genannt nach Abraha, dem äthiopischen Statthalter von Südarabien, der in diesem Jahr mit einem Heer, in dem sich ein Kriegselefant befand, einen Vorstoß nach Mekka unternommen haben soll. Das Unternehmen, das sich nach Auffassung der Mekkaner vornehmlich und ausschließlich gegen die Kaaba richtete, scheiterte. Die Episode hat im Koran, Sure 105 „Der Elefant", einen Niederschlag gefunden. Gott schützte sein Heiligtum, obwohl es damals noch nicht vom

Götzendienst gereinigt war. Muḥammad, nicht dem Christen Abraha, sollte die Reinigung vorbehalten bleiben. Der Konstruktion dieses Kontrastes zuliebe hat die Überlieferung den Angriff Abrahas auf die Kaaba in das Geburtsjahr des Propheten verlegt. Historisch gesichert scheint, daß der äthiopische Vorstoß um die Mitte des 6. Jahrhunderts stattgefunden hat.

Muḥammads Vater, dem die Überlieferung den theophorischen Namen ʿAbdallāh zulegt (später wird er zum bevorzugten Namen der muslimischen Konvertiten), starb vor der Geburt des Propheten; das Kind wurde einem Onkel zur Erziehung übergeben. Als Jüngling trat Muḥammad in den Dienst der reichen Witwe Khadīja, Inhaberin eines Handelshauses, das Fernhandel mit Syrien und Ägypten trieb. Später wurde Khadīja seine Frau; aus dieser Ehe stammt Fāṭima, das einzige Kind, das den Propheten überlebte, und aus deren Ehe mit ʿAlī, Muḥammads Vetter und Sohn seines Pflegevaters Abū Ṭālib, Ḥasan und Ḥusain hervorgingen, Stammväter der heute zahlreichen Saiyids oder Scherifen (sing. *sharīf*), die ihre Genealogie zu Recht oder Unrecht auf den Gründer des Islams zurückführen. Nach Khadījas Tod 619 heiratete Muḥammad ʿĀ'isha, später weitere Frauen. Im Gegensatz zu diesen kann Khadīja für sich den Ehrentitel beanspruchen, die erste Muslimin gewesen zu sein. Die Überlieferung kennt zahlreiche Erzählungen, wie Muḥammad sich zuerst Khadīja anvertraute, von ihr in seiner Überzeugung, Offenbarungen empfangen zu haben, bestärkt und an ihren Vetter Waraqa ibn Naufal verwiesen wurde, der die Schriften der Christen kannte oder sogar selbst Christ war.

Zunächst als Bediensteter, dann als Gemahl Khadījas hat Muḥammad wohl auf Reisen die angrenzenden Kulturländer kennengelernt. Sichere Nachrichten darüber fehlen, wie auch das Leben Jesu vor seinem öffentlichen Auftreten im Dunkeln bleibt. Die Überlieferung berichtet, Muḥammad sei in Bosra mit dem Mönch Bahīrā zusammengetroffen; dieser habe ihn visionär als den zukünftigen Propheten der Araber erkannt und im Glauben an den einen Gott unterrichtet. In dieser Geschichte steckt als wahrer Kern die Tatsache, daß der Islam Elemente aus dem Christentum aufgenommen und selbständig verarbeitet hat. Mit der dem Mönch zugeschriebenen Prophezeiung wird eine außerislamische Autorität für die göttliche Herkunft von Muḥammads Sendung gewonnen. Als Hauptstadt der von den Römern gegründeten Provincia Arabia war Bosra, von Mekka aus gesehen, das nächstgelegene Kulturzentrum und Inbegriff dessen, was Byzanz in Politik und Kultur für die Bewohner der Arabischen Halbinsel darstellte. Der Überlieferung nach sah Āmina, Muḥammads Mutter, vor der Geburt des Propheten ein Licht aus ihrem Leib ausgehen, das bis nach Bosra strahlte.

Muḥammad war von seiner frühesten Jugend an ein Gottsucher, offen für alle Anregungen, die in Mekka selbst oder während seiner Reisen von allen Seiten auf ihn einströmten. Innere und äußere Erfahrungen verdichteten sich zu einem Berufungserlebnis, das er auf dem Berg Ḥirā' in der Nähe von Mekka gehabt haben soll, wohin er sich jährlich zur Meditation und asketischen Übungen zurückzog. Damit gehörte er zur Gruppe der Hanifen (sing. *ḥanīf*), die später so genannt wurden, weil sie sich vom Polytheismus abgewandt hatten, ohne im Judentum oder Christentum ihre Heimat zu finden. Als Prophet sieht Muḥammad sich in der Nachfolge der Offenbarungsempfänger des Alten und Neuen Testaments. Sein Hauptanliegen ist zunächst weniger die Gründung einer neuen Religion, als die Schaffung eines Buches, das der „Schrift" der Juden und Christen entspricht und den Arabern in ihrer Sprache die Offenbarung bringt, die ihnen bislang vorenthalten geblieben war. Inhaltlich schließt der Koran in seinen wesentlichen Punkten an das Alte Testament mit seinem unermüdlichen Kampf gegen die Vielgötterei insofern an, als er dem Polytheismus der Araber den Glauben an den einen Gott entgegenstellt; der Botschaft des Neuen Testaments und dem Christentum ist Muḥammads Predigt vom Gericht und den letzten Dingen verpflichtet, wenngleich er die Lehre von der Erlösung durch das Kreuz und der darauf gegründeten Heilsökonomie ablehnt. Erlösung geschieht dadurch, daß Gott sich dem Menschen offenbart und ihm den Weg zum Heil zeigt.

Einen zeitlichen Ansatzpunkt für Muḥammads Anfänge als Verkünder der Lehre von dem einen Gott und dem bevorstehenden Gericht liefert Sure 30, Vers 2–4, wo von einer Niederlage der Byzantiner die Rede ist, aber auch ihr schließlicher Sieg in Aussicht gestellt wird. Es handelt sich zweifellos um den Sieg der Perser über Byzanz im Jahre 614, der zur persischen Besetzung Syriens, Palästinas und Ägyptens führte; 628 legte Kaiser Heraklius mit seinem Sieg über Chosrau II. den Grund für den Niedergang des Sassanidenreiches, das wenige Jahre später den Arabern zur leichten Beute werden sollte. Die Zuordnung von Sure 30 zu den Ereignissen von 614 paßt zu der islamischen Überlieferung, Muḥammad habe 612, im Alter von 42 Jahren, die ersten Offenbarungen erhalten; von 612 bis zur Übersiedlung nach Mekka habe er zehn Jahre in der Öffentlichkeit gewirkt. Von 622 bis zu seinem Tod waren ihm noch einmal zehn Jahre vergönnt. Die Annahme eines zehnjährigen Wirkens in Mekka verrät das Bemühen, der Heimatstadt Muḥammads wenigstens zeitlich den gleichen Anteil an der Grundlegung des Islams einzuräumen, wie ihn Medina für sich in Anspruch nehmen kann.

In Mekka stieß Muḥammad mit seiner Predigt und seinem im Hinblick auf das bevorstehende Gericht erhobenen Ruf nach moralischer Erneuerung auf starken Widerstand der konservativ gesinnten Kreise und der reichen Kaufmannschaft, die fürchteten, der Islam werde den Untergang des Heiligtums herbeiführen, das den Wohlstand der Stadt garantierte. Die neue Lehre stellte die herkömmliche soziale Ordnung in Frage und postulierte eine Wertordnung, mit der sich konservative Kreise nur schwer oder überhaupt nicht abfinden konnten. Die Anhängerschaft des Propheten beschränkte sich zunächst auf seine engste Familie und Verwandtschaft; seine Frau Khadīja wird in der Überlieferung als erste Muslimin bezeichnet. Unter den Männern betrachten die Sunniten Abū Bakr, Muḥammads Schwiegervater durch ʿĀʾisha, als den ersten Muslim, die Schiiten aber ʿAlī, Muḥammads Vetter und späteren Gemahl der Fāṭima. Neben engen Verwandten waren es vor allem Arme und Bedrängte, die durch den Islam eine neue Ordnung erhofften und sich deshalb dem Propheten anschlossen. Als ʿUmar ibn al-Khaṭṭāb, ein einflußreicher Mann und strikter Gegner Muḥammads, aufgrund eines Bekehrungserlebnisses seine Meinung änderte und den Islam annahm, ließ der Druck der Gegner auf die junge Gemeinde nur vorübergehend nach.

Wegen der stetig wachsenden Gegnerschaft in Mekka sah Muḥammad sich gezwungen, außerhalb der Stadt Hilfe zu suchen. Eine Gruppe von Anhängern, die besonders gefährdet war, schickte er nach Äthiopien; er selbst nahm Verhandlungen mit den Bewohnern des Mekka benachbarten Taif (aṭ-Ṭā'if) auf. Alle diese Bemühungen fruchteten jedoch nichts. Erfolgreich waren schließlich mehrmalige Verhandlungen mit einer Gruppe von Pilgern aus Medina, die den Islam angenommen hatten und Ausschau nach einem Schiedsrichter hielten, der die in Medina ausgebrochenen Streitigkeiten zwischen den verschiedenen Stämmen und Gruppen zu schlichten in der Lage war. Im Sommer 622 verließ Muḥammad, der um sein Leben fürchten mußte, fluchtartig seine Heimatstadt und ließ sich in Medina nieder.

Mit der Übersiedlung nach Medina, von den Muslimen fortan als Hidschra *(hijra)* bezeichnet und später zum Beginn einer neuen Zeitrechnung erhoben, trat die Geschichte der islamischen Gemeinde in ein neues Stadium ein. Aus dem Führer einer verfolgten Minderheit wurde das Oberhaupt eines Gemeinwesens, das nach straffer Organisierung im Inneren bald in den offenen Kampf gegen Mekka eintreten konnte. Mit der sogenannten „Gemeindeordnung" von Medina, deren Bedeutung in der Forschung noch immer umstritten ist, schuf Muḥammad ein Instrument, das die inneren Wirren beendete und zunächst auch Nichtmuslime einschloß, darunter die seit alters her in Medina ansässige zahlreiche Judenschaft. Sie war in mehrere Stämme gegliedert, von denen drei eine besondere Rolle spielten. Bald nach Muḥammads Ankunft in Medina kam es zu Konflikten, die theologische, aber wohl auch andere Ursachen hatten und damit endeten, daß ein Teil der Judenschaft aus der Stadt vertrieben wurde, während ein anderer Teil einem Massaker zum Opfer fiel, das der Prophet wohl nicht anordnete, aber doch billigte.

Mit dem Ausscheiden der Juden wurde aus der politischen Gemeinde eine rein religiöse Gemeinschaft auf der Grundlage des Islams, geführt von „Gott und seinem Gesandten". Sie bestand aus Teilnehmern an der hijra, die mit Muḥammad von Mekka nach Medina gekommen waren oder im Laufe der Zeit ihm nach dorthin folgten, und aus den „Helfern" *(anṣār)*, eingesessenen Medinensern, die sich dem Islam angeschlossen hatten. Die Intensität der religiösen und politischen Gefolgschaft war unter den Eingesessenen unterschiedlich; treuen Anhängern stand eine große Gruppe von solchen gegenüber, die sich nur äußerlich zum Islam bekannten und Muḥammad nur halbherzig folgten. Im Koran werden sie „Heuchler" *(munāfiqūn)* genannt. Sure 63 ist ihnen ganz gewidmet, und zahlreiche andere Stellen des Korans zeugen von den Auseinandersetzungen des Propheten mit dieser Gruppe.

Parallel mit der Festigung im Innern führte Muḥammad den Kampf gegen Mekka. Ein Motiv lieferte seine Interpretation der Kaaba als ein von Abraham gegründetes oder renoviertes Heiligtum (vgl. Sure 2, Vers 125 ff.), das von den Mekkanern durch Götzendienst entweiht worden sei und seiner ursprünglichen Bestimmung zurückgegeben werden müßte (vgl. Sure 9, Vers 17–18). Mit der Berufung auf Abraham greift Muḥammad auf eine Autorität zurück, die zeitlich vor Mose steht; zugleich unterläuft er die Argumente der Juden, für die Mose der Gesetzgeber ist. Es scheint, daß er schon die hijra im Licht der Abrahamserzählungen sah, denn auch Abraham hatte seine Heimat auf Befehl Gottes verlassen, um sich von den Polytheisten abzusondern und ihren Anfeindungen zu entgehen. Symbolhaft fand die Hinwendung zur Kaaba Ausdruck in der Änderung der Gebetsrichtung *(qibla)*; an die Stelle Jerusalems, das in Medina als Gebetsrichtung deklariert worden war, trat nun Mekka (vgl. Sure 2, Vers 142–145), wodurch die Stadt mit ihrem Heiligtum zum Zentrum des Islams wurde, gewissermaßen zu einem „islamischen Jerusalem".

Mit der Erhebung Mekkas zur qibla war die Trennung vom Judentum endgültig vollzogen. Aber wie die Israeliten unter Mose gegen ihre Feinde gekämpft hatten, kämpften nun die Muslime um den Besitz des Heiligtums in Mekka und um das Recht zur Rückkehr in die angestammten Wohnsitze, aus denen sie von den Heiden vertrieben worden waren (vgl. Sure 22, Vers 38–41). Es kam zu einer Reihe von Gefechten und Schlachten mit wechselndem Ausgang; dem Sieg der Muslime bei Badr folgte die Niederlage bei Uḥud. Eine Belagerung Medinas durch die Mekkaner, wegen eines Grabens, durch den Muḥammad die Stadt schützte, der „Grabenkrieg" genannt, endete erfolglos. Ein Versuch Muḥammads, das Heiligtum in Mekka zu besuchen, führte zu dem berühmten Waffenstillstand von al-Ḥudaibiya, benannt nach einem Baum im Weichbild von Mekka, wo die Verhandlungen stattfanden. Im Jahr 630 fiel Mekka ohne Kampf dem Islam zu. Muḥammad zerstörte mit eigener Hand die in der Kaaba aufgestellten Götzenbilder und stellte den von Abraham eingeführten Kult des einen Gottes wieder her. Seine Gegner behandelte er mit Großmut und erleichterte ihnen dadurch den Anschluß an den Islam. Zu diesem Zeitpunkt war bereits der größte Teil der Arabischen Halbinsel für den Islam gewonnen; schon vor Muḥammads Tod wurden Vorstöße über die nördlichen Grenzen hinaus unternommen. Im Licht der späteren Eroberungen konnten sie in der Weise interpretiert werden, der Prophet habe dies alles gewollt und auf göttlichen Befehl bewußt geplant. Auf dem Höhepunkt seiner Erfolge hat er angeblich Briefe mit der Aufforderung, sich zu unterwerfen und den Islam anzunehmen, an die Herrscher der umliegenden Reiche, den byzantinischen Kaiser, den persischen Großkönig und den Negus von Äthiopien, geschickt.

Durch Muḥammads Kriege war der Kampf mit dem Schwert in der Hand als ein wichtiges Element in den Islam eingeführt worden. Er hatte, anders als das Christentum, von Anfang an eine militante Komponente und steht mit diesem Zug in Nachbarschaft zum alttestamentlichen Judentum. Später konnte man sich bei der gesetzlichen Regelung der Kriegführung, vergleichbar mit den von Augustinus aufgestellten Regeln für den „gerechten Krieg" *(bellum iustum)*, auf koranische Vorschriften und Präzedenzfälle aus der Zeit Muḥammads berufen. Von Muḥammad selbst wurden auch durch Friedensverträge mit den christlichen Gemeinden von Nadschran im Süden und Dūmat al-Jandal im Norden, sowie mit den (verbliebenen) Juden von Medina und Khaibar, die Grundlagen für das islamische Völkerrecht geschaffen. Während mit Juden und Christen, später auch Zoroastriern, als den Bekennern einer dem Islam nahestehenden Offenbarungsreligion, verhandelt werden konnte, war der Kampf gegen das Heidentum ohne Einschränkung geboten, denn dazu war Muḥammad in erster Linie angetreten.

Vom Propheten gewollt und durch die Zeitumstände bedingt, ist die Gemeinde in Medina zur Keimzelle des islamischen Staates geworden. Das gesamte politische Leben dieses Staates, auch das bürgerliche Leben der Muslime, steht unter Gesetzen, die nicht von Menschen gemacht, sondern von Gott erlassen sind. Alles Überkommene wird an diesen Gesetzen gemessen und ausgemerzt, wenn es ihnen widerspricht. Im Gegensatz zur christlichen Kirche, die außerhalb des Staates entstanden und erst sekundär in den Staat hineingewachsen ist, wobei die Eigenständigkeit jeder einzelnen der beiden Institutionen nie aus dem Bewußtsein verschwand, hat der Islam um den religiösen Kern einen Staat aufgebaut, der im Prinzip mit der religiösen Gemeinde und ihren Institutionen identisch ist. Einen Dualismus von Staat und Kirche gibt es im Islam nicht. Auch wenn es heute in der islamischen Welt Theoretiker gibt, die Muḥammads Absicht, einen Staat im modernen Sinne des Wortes zu gründen, in Frage stellen und einen Dualismus von Staat und Islam nach westlichem Vorbild postulieren, wird man dem historischen Befund besser gerecht, wenn man die islamische Gemeinde von Medina als ein Gebilde versteht, in dem Kirche und Staat, wenn man beides im überkommenen Wortsinn auffaßt, zu einer unauflösbaren Einheit verschmolzen waren.

Mit dem Koran *(qur'ān)* schuf Muḥammad ein der Bibel vergleichbares Werk. Er enthält, wenngleich nicht thematisch geordnet und in vielfacher Weise gebrochen, die Schilderung der wichtigsten Etappen der Heilsgeschichte von der Erschaffung der Welt bis zu ihrem Untergang. Einen breiten Raum nehmen die „letzten Dinge" ein, Gericht und Lohn und Strafe im Jenseits. Neben den erzählenden Passagen stehen die Suren und Verse, durch welche das bürgerliche Leben des Gläubigen bis in viele Einzelheiten hinein geregelt ist. Sie wurden zur Grundlage der islamischen Pflichtenlehre, auch „Gottesdienstliche Handlungen" *('ibādāt)* genannt, die in einer Fünfergruppe aufgezählt werden. Man nennt sie auch die „Säulen" *(arkān)* des Islams. Es sind folgende: 1. das Glaubensbekenntnis *(shahāda)*; 2. das Pflichtgebet *ṣalāt)*, fünfmal am Tag zu verrichten; 3. das Fasten im Monat *Ramaḍān (ṣaum)*; 4. die Armensteuer *(zakāt)*; 5. die Pilgerfahrt nach Mekka *(ḥajj)*, die jeder Muslim wenigstens einmal in seinem Leben vollziehen soll. Die Speisegesetze, unter denen das Verbot von Wein (Sure 5, Vers 90) und Schweinefleisch (Sure 2, Vers 173) für den Islam charakteristisch ist, gehören in das Gebiet der rituellen Reinheit; definitiv hat Muḥammad das Zinsnehmen verboten (vgl. Sure 2, Vers 275–77). Fragen des Familien- und Erbrechts werden im Koran relativ ausführlich behandelt.

Der Koran ist das verläßlichste Zeugnis über Muḥammads Leben und den Inhalt seiner Lehre. Daneben stehen die zunächst mündlich überlieferten, später schriftlich fixierten „Erzählungen" (arab. *ḥadīth*) über den Propheten, seine Handlungen und seine Aussagen. Manches davon wird als Offenbarungswort der koranischen Aussage gleichgesetzt (*ḥadīth qudsī*, Heilige Erzählung). Die Prophetengefährten (*aṣḥāb* bzw. *ṣaḥāba*) haben als Augenzeugen von Muḥammads Wirken beim Aufbau der frühen islamischen Gemeinde eine zentrale Rolle gespielt und sind bei der Überlieferung der Hadithe als Gewährsmänner herangezogen worden. Der Hadith ist in seiner strengen formalen Ausformung ein wichtiges Mittel der Vergegenwärtigung des Propheten geworden. Die Hadith-Rezitation gibt dem gläubigen Muslim Auskunft über Muḥammads Lehre und erhält die Person des Propheten über dessen Tod hinaus in einer dem Mittel entsprechenden Weise lebendig. Der Koran dagegen gilt der Mehrzahl der Muslime als das ungeschaffene Wort Gottes, das durch den Mund des Propheten eine irdische Existenz erlangte. Seine Rezitation bewirkt, daß der Gläubige Gottes Gegenwart verspürt und sich des Propheten als des Vermittlers erinnert. Auch so bleibt Muḥammad in der Gemeinde lebendig.

2. Die vier „rechtgeleiteten Kalifen"; erste Eroberungswelle

Muḥammad starb nach kurzer Krankheit am 8. Juni 632 im Alter von 63 Jahren in Medina und wurde in seiner Hütte an der Stelle begraben, wo jetzt in der „Moschee des Propheten" sein Grab gezeigt wird. Da er keine Bestimmungen über seine Nachfolge getroffen hatte, brachen bald Streitigkeiten aus, die sich zu grundsätzlichen Auseinandersetzungen steigerten und schließlich zur konfessionellen Spaltung des Islams führten. Nach Ansicht der Schiiten, der „Partei *(shīʿa)* ʿAlīs", hatte Muḥammad bei der Rückkehr von der „Abschiedswallfahrt", auf dem Weg von Mekka nach Medina, am Teich von Khumm, seinen Vetter und Schwiegersohn ʿAlī zum Nachfolger ernannt. Die leiblichen Nachkommen Muḥammads waren, wie die Schiiten später lehrten, als Erben des prophetischen Charismas in besonderer Weise zur Leitung der Gemeinde berufen und dem von Gott seit Anfang der Schöpfung erwählten Propheten ebenbürtig. Tatsächlich hat, wie wir bei kritischer Betrachtung der überlieferten Nachrichten annehmen müssen, bei Muḥammads Tod niemand von ʿAlīs Ernennung gewußt; der Prophet selbst war so sehr von der Einzigartigkeit seiner Berufung und dem göttlichen Ursprung seines Amtes überzeugt, daß seine Nachfolge im strengen Sinne des Wortes überhaupt nicht möglich war. Die Gemeinde mußte sich selbst behelfen, und so entstand das Kalifat *(khilāfa)* als ein Amt, dessen Inhaber sich dazu berufen fühlen konnte, das Erbe des Propheten in der ihm gemäßen Weise zu verwalten.

Aus den Rivalitäten, die nach Muḥammads Tod ausbrachen, ging Abū Bakr, getreuer Anhänger des Propheten seit den frühesten Zeiten und durch seine Tochter ʿĀ'isha dessen Schwiegervater, als Sieger hervor. Ihm waren nur zwei Jahre Regierungszeit vergönnt, die zum Teil durch die Niederwerfung der arabischen Stämme, die sich nach Muḥammads Tod erhoben hatten, ausgefüllt waren. Diese Kämpfe waren, wie sich bald herausstellen sollte, das Präludium weit ausgreifender Eroberungen, denn es gelang Abū Bakr, die freigesetzten Kräfte nach Norden zu lenken und damit eine Bewegung einzuleiten, die das überkommene politische System auf weltweiter Ebene tiefgreifend verändern sollte.

Byzanz und Persien waren durch lang andauernde Kämpfe geschwächt. Die Perser hatten 614 die Byzantiner entscheidend geschlagen und waren mit der Besetzung Syriens und Ägyptens bis ans Mittelmeer vorgedrungen. Erst eineinhalb Jahrzehnte später gelang es Kaiser Heraklius unter Aufbietung aller Kräfte, das Schicksal noch einmal zu wenden; 630 brachte er das von den Persern geraubte Kreuz im Triumph nach Jerusalem zurück, auf dem Weg nach dort erreichte ihn aber, wie die arabische Überlieferung zu berichten weiß, der berühmte Brief Muḥammads mit der Aufforderung, sich zu unterwerfen und den Islam anzunehmen.

Die auf Muḥammads Tod folgende Abfallbewegung unter den Arabern war, wie sich schnell herausstellen sollte, ein letztes Aufflackern der traditionell partikularistischen Stammeskräfte. Es bedurfte nur einiger energisch geführter Schläge, um die Einheit wiederherzustellen. Aus dem Kampf gegen die Abfallbewegung *(ridda)* entwickelten sich fast zwangsläufig und gleichsam automatisch die nach Norden, gegen Byzanz und Persien, gerichteten Vorstöße.

Aus der Rückschau stellt sich den muslimischen Historiographen der Beginn der Eroberungen in der Weise dar, daß Abū Bakr vier Emire (sing. *amīr*) ausgesandt habe. Die Vierzahl nimmt den aus den späteren Erfolgen abgeleiteten Anspruch auf eine universale Herrschaft vorweg. Theologisch werden die Eroberungen als Erfüllung eines vom Propheten hinterlassenen Vermächtnisses erklärt. Tatsächlich aber lag es nahe, die Schwäche der beiden angrenzenden Großmächte zu schnellen Raubzügen zu nutzen; die unerwarteten Erfolge ermunterten zu einer mehr systematischen Fortsetzung des Kampfes mit fest umrissenen Zielen. Als Abū Bakr nach zweijähriger Regierung im August 634 starb, war im Irak Ḥīra, die Hauptstadt des persischen Vasallenstaates der Lakhmiden, erobert, und in Syrien hatten siegreiche Kämpfe stattgefunden; weite Teile Palästinas waren besetzt, nur die Küstenstädte und Jerusalem leisteten noch Widerstand.

Das von Abū Bakr begonnene Werk wurde von ʿUmar ibn al-Khaṭṭāb weitergeführt. Abū Bakr hatte ihn, mit dem er in vollem Einverständnis stand, als seinen Nachfolger designiert. Durch seine Tochter Ḥafṣa war er Schwiegervater des Propheten und hatte ihm als Ratgeber gedient. Von Medina aus leitete er die muslimischen Truppen bei ihren Eroberungszügen und konnte ernten, was Abū Bakr gesät hatte, wobei offen bleiben muß, welcher von den beiden Kalifen der bessere Führer und Organisator war.

Unter ʿUmar wurden zwei entscheidende Schlachten geschlagen: in Syrien im August 636 am Yarmūk, einem Fluß, der südlich des Sees von Genezareth in den Jordan mündet. Nach diesem Sieg der Araber waren die Byzantiner gezwungen, Syrien und Palästina aufzugeben; den Arabern stand der Weg nach Ägypten offen. Die zweite entscheidende Schlacht fand bei al-Qādisīya im Irak, südwestlich von Ḥīra, statt. Die Chronologie ist unsicher; die Datierung schwankt zwischen 635 und 637, auch die unmittelbar vorausgehenden und nachfolgenden Ereignisse bleiben im dunkeln. Die Araber siegten gegen eine persische Übermacht, die durch den Einsatz von Kriegselefanten auch technisch überlegen war; der Sieg öffnete ihnen den Weg in das persische Kernland. Yazdegerd III., der letzte persische Großkönig von Bedeutung, wurde später nach der Schlacht von Nehāwend auf der Flucht von seinen eigenen Leuten ermordet.

In Syrien kamen die Eroberungen an der Nordgrenze zum Stehen, so daß Byzanz, nun in seinem asiatischen Teil auf ein Gebiet begrenzt, das in großen Zügen mit der heutigen Türkei identisch ist, noch eine Atempause vergönnt war. Durch die Besetzung Syriens und Palästinas war Ägypten von der Landverbindung mit Byzanz abgeschnitten und wurde nach wechselvollen Kämpfen eine Beute der Muslime.

ʿUmars Leistung als Stratege entsprach sein Geschick, mit dem er das neue Großreich organisierte. Die führenden Stellungen vertraute er den angesehensten Prophetengefährten *(aṣḥāb)* an, gegen eigenmächtige Heerführer, und waren sie noch so tüchtig und verdient, ging er mit harten Disziplinarmaßnahmen vor. Die eroberten Gebiete wurden durch die Anlage von Militärlagern *(amṣār)* gesichert. So entstanden die Städte Kufa und Basra in Mesopotamien und al-Fusṭāṭ („das Zelt") in Ägypten, Vorläuferin des heutigen Kairo. Die Finanzverwaltung wurde im *dīwān* organisiert, der für die Zahlung von Pensionen an Muslime, vor allem die Truppen, zuständig war, wobei die Höhe der gezahlten Beträge von der Anciennität der Kämpfer abhängig war. Die Einrichtung des Richteramtes *(qāḍī)* wird ʿUmar zugeschrieben, ferner soll er das islamische Strafrecht ausgebaut und die Pflichtenlehre in einigen Punkten ergänzt haben. Durch die Einführung der Zeitrechnung nach der *hijra*, die in der islamischen Welt noch heute gültig ist, machte er die Kontinuität zwischen der Urgemeinde in Medina und dem neuen islamischen Großreich deutlich. Durch die Annahme des Titels „Fürst der Gläubigen" *(amīr al-mu'minīn)* verband er die Autorität eines herkömmlich gewählten arabischen Stammesfürsten mit seiner Stellung als Oberhaupt einer im Glauben geeinten Gemeinschaft.

Nach zehnjähriger Regierung starb ʿUmar im November 644 durch die Mörderhand eines unzufriedenen Sklaven. Kurz vor seinem Tod soll er zur Regelung seiner Nachfolge ein Kollegium von sechs Wahlmännern eingesetzt haben, darunter der Umaiyade ʿUthmān ibn ʿAffān, ferner ʿAlī ibn Abī Ṭālib, Muḥammads Vetter und Schwiegersohn. Die Wahl fiel auf ʿUthmān. Er war ein reicher Kaufmann, Schwiegersohn des Propheten und hatte an der Auswanderung nach Äthiopien teilgenommen.

Die von Abū Bakr eingeleiteten und von ʿUmar im großen Stil weitergeführten Eroberungszüge kamen unter ʿUthmān zu einem Stillstand, wenngleich man nicht vergessen darf, daß Persien in seiner Regierungszeit endgültig erobert wurde und von Ägypten aus Bewegungen in Gang kamen, die weitreichende Folgen haben sollten.

Nach der Eroberung Ägyptens standen den Arabern beim weiteren Vordringen im Prinzip zwei Wege offen, nilaufwärts und entlang der nordafrikanischen Küste. Auf dem Weg nilaufwärts stießen sie bald auf ein unüberwindliches Hindernis, das christliche Reich von Nubien mit dem Zentrum Dongola. Es kam zu Kämpfen, die für die Araber ungünstig ausgingen und mit einem Vergleich endeten, wobei Muḥammads Waffenstillstand mit Mekka als Vorbild und Rechtfertigung für die vorläufige Einstellung der Feindseligkeiten diente. Der Vertrag mit den Nubiern ist unter der lateinischen Bezeichnung *pactum (baqṭ)* in die Geschichte eingegangen. Unter dem Wust späterer Zutaten ist das ursprüngliche Abkommen kaum noch zu erkennen. Es sollte lange Zeit Gültigkeit haben, denn erst 1315 gelang es den Mamluken, das nubische Reich von Dongola zu vernichten und die Südgrenze ihres Einflußbereiches über Assuan hinaus vorzuschieben. Das an Dongola südlich angrenzende nubische Reich von Aloa konnte sich noch fast 200 Jahre länger behaupten.

Nach dem vorläufigen Halt im Süden konzentrierten sich die Bemühungen der Araber in Ägypten auf das Vordringen entlang der Mittelmeerküste. Hier hatten sie mehr Erfolg, da die byzantinische Herrschaft in Nordafrika das Land nie wirklich durchdrungen und keine Resonanz im Berbertum gefunden hatte. Nach den ersten Einfällen, die 647 begannen, dauerte es aber noch fast bis zum Ende des Jahrhunderts, ehe den Arabern der Vorstoß bis zur Atlantikküste gelang und die Berber endgültig niedergeworfen waren. Aus einem 662 in Tunesien gegründeten Lager der Eroberer entwikkelte sich die Stadt Kairuan (Qairawān), die das ganze Mittelalter hindurch ein kulturelles Zentrum des Islams in Nordafrika gewesen ist.

Mit der Niederwerfung Persiens und dem Vorstoß nach Nordafrika lief die erste Eroberungswelle aus. Der Kalif ʿUthmān war nicht der Mann, ihr einen neuen Anstoß zu geben. Auch innenpolitisch zeigte er sich wenig geschickt. Als Umaiyade vertrat er die Interessen einer weit verzweigten und einflußreichen mekkanischen Familie, deren Mitglieder sich meist erst spät dem Islam angeschlossen hatten und mit der Urgemeinde in Medina nur lose verbunden waren. Als Kalif förderte er die Mitglieder seiner engeren Familie mehr, als die Hüter der Tradition zu dulden gesonnen waren, und übertrug Verwandten einflußreiche Statthalterposten in den Provinzen; einen unangemessen großen Teil der Beute reservierte er für sich und seine Familie. Die „Koranleser" *(qurrāʾ)*, die den Koran mündlich tradierten und als religiöse (und politische) Autoritäten anerkannt waren, entmachtete er dadurch, daß er aus den gesammelten Bruchstücken eine für alle verbindliche Redaktion des Korans herstellen ließ und damit das „Buch" *(kitāb)* schuf, auf das die von den Koranlesern vertretene Autorität überging. Dabei bediente er sich der Vorarbeiten, die schon unter ʿUmar geleistet worden waren. Die Koranredaktion kann als Teil der von ʿUthmān gewollten Umwandlung des immer noch auf der Stammesgliederung beruhenden Staates in eine absolute Monarchie verstanden werden.

Bei dieser Lage der Dinge konnte es nicht ausbleiben, daß die Einheit der islamischen Gemeinde auf die Probe gestellt wurde. Unruhen brachen zuerst in Kufa unter den Koranlesern aus. Auch in Ägypten regte sich Widerstand, und von allen Seiten zogen Unzufriedene nach Medina, wo sie um das Haus der Kalifen Stellung bezogen und ihre Anklagen, vor allem die des Nepotismus und der Verschleuderung von Staatsgeldern, vorbrachten. Nach langen Verhandlungen drang eine Gruppe in das Haus ein und ermordete den Kalifen. Truppen, die der Umaiyade Muʿāwiya, Statthalter von Syrien, angeblich zum Schutz des Kalifen nach Medina geschickt hatte, kamen zu spät und konnten das Unheil nicht mehr abwenden.

Die Ermordung ʿUthmāns war ein Wendepunkt in der Geschichte des Islams. Die unmittelbaren Folgen in Gestalt von Bürgerkriegen sollten den islamischen Staat noch lange in Atem halten. Der Mord am Kalifen, dem „Nachfolger“ des Propheten oder „Stellvertreter“ Gottes, wie man den Titel auch auslegen kann, ließ den Ruf nach Blutrache laut werden, mit dem die wirklichen oder vorgeblichen Anhänger des Kalifen in den Bürgerkrieg zogen. Zunächst jedoch einigte man sich in Medina auf die Wahl eines Nachfolgers. Das Kalifat errang ʿAlī, der schon Mitglied des von ʿUmar eingesetzten Wahlmännerkollegiums gewesen war. Seine Wahl wurde von Muʿāwiya angefochten, weil sie durch eine Minorität, ohne die Mitwirkung der Notabeln in den Provinzen, erfolgt war. Mit Muḥammad war ʿAlī, wie schon mehrfach gesagt, auf vielerlei Weise eng verbunden gewesen. Wenn auch die schiitische Überlieferung manches an seiner Gestalt in verklärendem Licht sieht, scheint es doch sicher, daß er ein begabter und tatkräftiger Mann war. Mit seinen drei Amtsvorgängern war er in tiefgreifende Streitigkeiten verwickelt gewesen, wobei theologische Probleme eine wichtige Rolle spielten. Nach schiitischer Auffassung – wie sie freilich erst später vertreten wurde – waren sie Usurpatoren, die ʿAlī, dem das Kalifat sofort nach Muḥammads Tod zugestanden hätte, unrechtmäßig vom Amt ferngehalten hatten.

Sogleich nach ʿAlīs Regierungsantritt bildeten sich Fronten mit unterschiedlichen Zielen. Im Vordergrund stand die Frage nach der Wertung des Mordes an ʿUthmān und der angemessenen Bestrafung der Täter. ʿAlī gab Medina als Residenzstadt auf und ließ sich in Kufa nieder, wo er eine starke Anhängerschaft hatte. Medina war nun nicht mehr das Zentrum des islamischen Staates, und zwar endgültig, wie sich bald herausstellen sollte. Von Medina, wo die alten Kampfgefährten des Propheten um ihre Stellung im Staat bangten, ging der erste Versuch aus, den Kalifen mit Waffengewalt aus seinem Amt zu verdrängen. Unter dem Vorwand der Blutrache für die Ermordung ʿUthmāns, die von ʿAlī angeblich nicht energisch genug betrieben wurde, zogen die Medinenser unter Ṭalḥa und Zubair in den Kampf, von ʿĀʾisha, Muḥammads einflußreicher Witwe, begleitet. Im südlichen Mesopotamien kam es zu einer Schlacht, die wegen des Kamels, auf dem

ʿĀ'isha dem Kampf beiwohnte, unter dem Namen „Kamelschlacht" in die Geschichte eingegangen ist und zugunsten ʿAlīs endete.

Auch der Umaiyade Muʿāwiya in Damaskus vertrat den Gedanken der strengen Blutrache für seinen ermordeten Verwandten ʿUthmān. Gegen ihn ging ʿAlī offensiv vor. Im Sommer 657 traf er mit seinen Truppen bei Ṣiffīn, am oberen Euphrat, östlich von Aleppo, auf das Heer Muʿāwiyas. Nach mehreren Tagen wechselvollen Kampfes wurde in beiderseitigem Einvernehmen ein Schiedsgericht eingesetzt. Ein schlüssiges Ergebnis wurde trotz mehrmaligen Tagens an verschiedenen Orten nicht erreicht, doch war letztlich Muʿāwiya der Sieger, weil seine Macht in Syrien unangetastet blieb.

ʿAlī erwuchsen durch die Einwilligung, ein Schiedsgericht einzusetzen, nur Nachteile, denn ihm erstand ein neuer Gegner von bedrohlicher Stärke in den Kharidschiten. Es waren Leute aus seiner eigenen Anhängerschaft, die das Schiedsgericht aus theologischen Gründen ablehnten und aus seinem Heer „auszogen" (arab. *kharaja*); daher ihr Name. Sie lieferten dem Kalifen mehrere Schlachten und entwickelten sich zu einer eigenen Konfession mit puritanischer Ausrichtung, die sich später in mehrere Richtungen spaltete. Die bedeutendste, die der Ibaditen, lebt noch heute in Oman und Nordafrika fort. Es ist fast in Vergessenheit geraten, daß die Kharidschiten in ihrer Blütezeit neben den Schiiten, die sich ungebrochen behaupten konnten, und neben den Sunniten, die immer in der Mehrheit waren, die dritte große islamische Konfession gebildet haben (vgl. die nachfolgenden Beiträge von W. Ende, B. Radtke, W. Schmucker sowie P. Heine zu den innerislamischen Konfessionen und ihrer Verbreitung). Politisch unterschieden sie sich von der Sunna, die das Kalifat den Quraish vorbehielt, und von der Schia, die das Kalifat als unter den Nachkommen Muḥammads erblich ansah, durch die Betonung der theologischen und moralischen Qualitäten des Führers der islamischen Gemeinde: Der beste Muslim sollte Kalif sein, „und sei er ein abessinischer Sklave".

3. Das arabische Reich der Umaiyaden; zweite Eroberungswelle

Nach ʿAlīs Ermordung (661) war der Weg für Muʿāwiya (reg. 661–680) und die Umaiyaden frei. Hatte jener Medina aufgegeben und das Zentrum des Reiches nach Kufa verlegt, so wurde nun Syrien, die von Muʿāwiya als Statthalter verwaltete Provinz, zum Mittelpunkt des Großreiches, das sich vom Atlantik bis nach Ostpersien erstreckte und Gebiete miteinander verband, die durch die Grenze zwischen Persien und Byzanz jahrhundertelang wie durch einen eisernen Vorhang voneinander getrennt gewesen waren. Syrien war das natürliche Zentrum dieses Staatsgebildes. Die Arabische Halbinsel lag nun abseits der wichtigen Verbindungslinien und fiel in den Zustand der politischen Ereignislosigkeit zurück, in dem sie sich vor dem Aufkommen des Islams befunden hatte. Medina wurde zum „Schmollwinkel" der Frommen, die sich mit der veränderten Situation nicht abfinden konnten und der politischen Dynamik der Umaiyaden in Syrien das Ideal konservativ-islamischer Frömmigkeit entgegenstellten. Mit Muʿāwiyas Antritt kam, wie sie meinten, die Reihe der „rechtgeleiteten Kalifen" zum Abschluß. An die Stelle von engsten Gefährten des Propheten traten als Lenker der islamischen Gemeinde Männer, die sich erst nach der Eroberung Mekkas dem Islam aus Opportunismus, nicht aus innerem Antrieb, angeschlossen hatten.

Das Umaiyadenreich war arabisch, denn noch wirkte Muḥammads ursprüngliche Vorstellung vom Islam als einer Religion der Araber nach. Wenn ʿUmar die Arabische Halbinsel von Nichtmuslimen „gereinigt" und das Prinzip vertreten hatte, daß die christlichen Araber sich dem Islam anzuschließen hätten, drehten nun die Umaiyaden den Spieß um und machten den Übertritt zum Islam von der Zugehörigkeit zum Arabertum abhängig; Nichtaraber mußten sich, um der Vorschrift zu genügen, als Schutzbefohlene (arab. *maulā*, pl. *mawālī*) einem arabischen Stammesverband anschließen. Aber auch das war eigentlich nicht erwünscht, denn das staatstragende Volk sollten die echten Araber sein. Die Muslime allein durften Waffen tragen und sollten als Krieger vom Tribut und den Steuern der Unterworfenen leben. Nicht Bekehrung der Unterworfenen war das Ziel der Eroberungen, sondern vielmehr die Aufrichtung der islamischen Herrschaft.

Das zentrale Problem der Umaiyaden war der Ausgleich zwischen den partikularistischen Stammesinteressen und den Ansprüchen eines zentral gelenkten Staates, ferner die Durchsetzung des dynastischen Prinzips. Muʿāwiya gelang es, seinem Sohn Yazīd noch zu seinen Lebzeiten huldigen zu lassen. Gleich nach seinem Tod und Yazīds Antritt im Jahre 680 regte sich Widerstand auf der Arabischen Halbinsel und in anderen Teilen des Reiches. Als erster meldete Ḥusain, ʿAlīs Sohn, seine Ansprüche auf das Kalifat an. Mit einer Schar von Anhängern zog er nach dem Irak, wo schon ʿAlī die Unterstützung seiner Anhänger gesucht hatte, und fiel nach kurzem Kampf mit den von Yazīd entsandten Truppen in der Nähe von Kufa. Die Umstände seines Todes sind von der schiitischen Propaganda phantasievoll ausgemalt worden. Der Jahrestag wird als hoher Festtag begangen. In Persien und in den Gebieten mit schiitischer Mehrheit wird dieses Ereignisses traditionell durch die *taʿziya*, eine Art Passionsspiel, verbunden mit Straßenumzügen und Selbstgeißelung der Teilnehmer nach Art der Flagellanten, gedacht.

Der Märtyrertod Ḥusains setzte den Hoffnungen der Schiiten auf die Übernahme der Macht fürs erste ein Ende. Sein Bruder Ḥasan verzichtete auf jede politische Betätigung und starb in Medina als Pensionär der Umaiyaden.

Nach Ḥusains Tod trat ein anderer Prätendant auf, ʿAbdallāh ibn az-Zubair. Seine Ansprüche gründeten in der gleichen Haltung, die seinen Vater Zubair auf der Seite Ṭalḥas in den Widerstand gegen ʿAlī getrieben hatte. An der Kamelschlacht hatte ʿAbdallāh an der Seite des Vaters teilgenommen. Jetzt gelang es ihm, große Teile der islamischen Welt hinter sich zu sammeln. In Mekka regierte er als Gegenkalif und konnte sich, da die Umaiyaden durch innere Zwistigkeiten geschwächt waren, zwölf Jahre lang behaupten. Erst dem Kalifen ʿAbd al-Malik (685–705) gelang es, die Einheit des Reiches wiederherzustellen.

ʿAbd al-Malik beendete den Bürgerkrieg und führte eine Reihe von Verwaltungsreformen durch. Das Arabische trat als offizielle Reichssprache in der Verwaltung an die Stelle der Landessprachen, das Münzwesen wurde arabisiert und islamisiert, prächtige Bauten in den wichtigsten Städten des Reiches unterstrichen den Herrschaftsanspruch der Umaiyaden. Das Ende der Bürgerkriege und die sich unter ʿAbd al-Maliks Sohn Walīd (705–15) fortsetzende Konsolidierung des Reiches führten zu einer neuen Eroberungswelle, nachdem die arabische Expansion um die Mitte des 7. Jahrhunderts zum Stehen gekommen war und die Versuche der frühen Umaiyaden, das byzantinische Kerngebiet zu erobern, kein Ergebnis gezeitigt hatten.

Unter Ṭāriq ibn Ziyād wagten die Araber 711 den Sprung über die Meerenge von Gibraltar (Jabal Ṭāriq) nach Spanien. Die Westgoten waren durch innere Wirren geschwächt, und es fehlte auch an starken Bundesgenossen in Frankreich, wo die Herzöge von Aquitanien sich gegen die fränkische Zentralgewalt mühsam zu behaupten suchten. So ging fast die ganze Pyrenäenhalbinsel relativ schnell an die Araber über; nur im Norden blieb ein schmaler Küstenstreifen übrig, der zum Ausgangspunkt der *Reconquista* wurde, die praktisch im gleichen Augenblick begann, da die Araber von Spanien Besitz ergriffen. So konnte die arabische Besetzung von Narbonne und Toulouse keine lange Dauer haben; das Erstarken der Karolinger brachte den Vorstoß der Araber in Frankreich zum Stehen (732 Schlacht von Tours und Poitiers) und leitete eine Gegenbewegung ein, in deren Verlauf die Franken die Pyrenäen überschritten und mit der Errichtung der spanischen Mark eine Basis für eine Intensivierung der Reconquista geschaffen wurde.

Nordafrika wurde später zu einer Basis für arabische Vorstöße nach Südeuropa. Von Tunis aus eroberten die Aghlabiden von 827 an Sizilien, das den Arabern erst durch die Normannen wieder entrissen werden konnte, und fielen in Italien ein. In Bari konnte sich ein arabisches Emirat drei Jahrzehnte lang behaupten (841–871), 868 wurde Malta erobert. Arabische Streifscharen setzten sich in den Alpen fest und wurden zu einer Bedrohung der Verbindungswege von Zentral- und Westeuropa nach Italien.

Etwa zur gleichen Zeit, da die Araber im Westen die Meerenge von Gibraltar überschritten, führte die zweite Eroberungswelle im Osten zu einer wichtigen Erweiterung des islamischen Herrschaftsbereiches. Von Ostpersien aus, das schon in der zweiten Hälfte des 7. Jahrhunderts erobert worden war, drangen die Araber unter Qutaiba ibn Muslim, dem Statthalter von Khurāsān, nach Transoxanien vor und nahmen nach langen Kämpfen Buchara (Bukhārā) und Samarkand ein. Damit war der Grund gelegt für die Eroberung Zentralasiens und die Islamisierung der Türken.

Diese Erfolge waren nicht zuletzt dadurch bedingt, daß China durch den Niedergang der Tang-Dynastie geschwächt war und infolgedessen seine Oberhoheit in den entfernteren Teilen Turkestans nicht behaupten konnte.

Von Südpersien aus drangen die Araber durch Belutschistan bis zum Industal vor und gründeten 711 das Emirat von Multan, das zur Keimzelle des islamischen Indiens werden sollte. Allerdings sollte noch eine lange Zeit ins Land gehen, bis die von Afghanistan aus operierenden Ghaznawiden in der ersten Hälfte des 11. Jahrhunderts, ihr Augenmerk auf Indien richteten und als Folge einer Serie von – zunächst als reine Raubzüge angelegten – Vorstößen ein islamischer Staat entstand, der große Teile Nordindiens umfaßte und als Grundlage für die weitere, meist friedliche Ausdehnung des Islams in Süd- und Ostasien dienen konnte.

Der Neuaufbruch am Beginn des 8. Jahrhunderts gipfelte im Kalifat des ʿUmar ibn ʿAbd al-ʿAzīz (717–20), zur Unterscheidung von ʿUmar ibn al-Khaṭṭāb auch ʿUmar II. genannt. Sein Name ist mit den Regelungen verbunden, die den rechtlichen Status der im islamischen Staat lebenden Nichtmuslime betreffen. Die Stellung der mawālī, der zum Islam übergetretenen Nichtaraber, wurde insofern verbessert, als sie den Arabern gleichgestellt, von der Zahlung der Grundsteuer *(kharāj)* befreit und in das System der staatlichen Pensionen einbezogen wurden, wenn sie sich am Kampf gegen die Ungläubigen beteiligten.

Die Nichtmuslime, nämlich Juden, Christen und Zoroastrier, galten als Schutzbefohlene (arab. *dhimmī*) und genossen freie Ausübung ihrer Religion, wenn auch mit bestimmten Einschränkungen. So durften sie keine neuen Kultbauten errichten, die Christen durften das Kreuz nicht in der Öffentlichkeit zeigen und keine Glocken läuten. Vom Kriegsdienst waren die Schutzbefohlenen ausgeschlossen. Als Entgelt für den Schutz oder als Ausgleich für die Befreiung vom Kriegsdienst – die Rechtsgelehrten schwanken zwischen den beiden Auffassungen – waren sie zur Zahlung der Kopfsteuer (arab. *jizya*) verpflichtet. Nach strenger Auffassung, die aber nicht immer angewendet wurde, konnten sie kein staatliches Amt bekleiden. Als Nichtmuslime standen sie außerhalb des islamischen Staates und waren mit diesem nicht individuell, sondern kollektiv durch Verträge verbunden. Die Gemeinden der Nichtmuslime bildeten einen „Staat im Staate“ und standen unter der Führung ihrer religiösen Autoritäten, die dem islamischen Staat gegenüber für das Wohlverhalten ihrer Gemeindemitglieder verantwortlich waren und mit den Notabeln auch kollektiv für die Zahlung der Kopfsteuer hafteten. Auf dieser Grundlage wurden diese religiösen Führer zu Ethnarchen, vielleicht sogar mit größerer Macht ausgestattet als in der vorislamischen Zeit, da sie sich mit der byzantinischen Staatsmacht hatten arrangieren müssen. Dabei schlichen sich Praktiken wie Ämterkauf und andere Mißbräuche ein, doch ging das Gemeindeleben ansonsten fast ungestört weiter, und einzelne Gruppen, die von Byzanz verfolgt worden waren, konnten sich nun freier entfalten.

ʿUmars Statuten, die praktisch bis heute gültig sind und jederzeit wieder in Kraft gesetzt werden könnten, sind wegen ihrer grundsätzlichen Bedeutung ʿUmar I., dem zweiten der „rechtgeleiteten" Kalifen, zugeschrieben worden. ʿUmar II. aber wird wegen seiner Frömmigkeit von denen geschätzt, die sonst die Umaiyadenkalifen als Usurpatoren und Ungläubige verdammt haben. Erst mit dem Aufkommen des Arabischen Nationalismus sind die Umaiyaden, deren Andenken lange aus religiösen Bedenken überschattet war, als Gründer des „arabischen Reiches" rehabilitiert worden.

In Hishām (724–43), ʿAbd al-Maliks Sohn, erstand den Umaiyaden noch einmal ein tatkräftiger Herrscher. Er erbaute den berühmten Palast bei Jericho *(Khirbat al-Mafjar)*, zog aber auch in jährlichen Feldzügen gegen Byzanz und führte den Kampf gegen die Türken Zentralasiens fort. Jedoch kündigten Unruhen im Innern schon das Ende der Umaiyadenherrschaft an. Im Irak erhoben sich wieder die Schiiten, die Kharidschiten schürten Unruhe, ein Berberaufstand in Nordafrika konnte kaum niedergeworfen werden, und in Khurāsān hatte die abbasidische Propaganda Erfolge unter den dort ansässigen Araberstämmen. Das dynastische Prinzip konnte sich jetzt noch weniger durchsetzen: Im Jahr 744 wechselten drei Herrscher einander ab. Im November 749 ließ der Abbaside Abū l-ʿAbbās sich in Kufa als Kalif huldigen. Er ließ die Umaiyaden gnadenlos verfolgen und umbringen. Marwān II., der letzte Umaiyadenkalif (744–50), ein Vetter Hishāms, unterlag im Januar 750 im nördlichen Mesopotamien den abbasidischen Truppen und wurde auf der Flucht in Ägypten ermordet. ʿAbd ar-Raḥmān, ein Enkel Hishāms, entkam nach Spanien und gründete dort ein Teilreich, das im Kalifat von Cordoba gipfelte und sich bis ins 11. Jahrhundert halten konnte.

4. Die Abbasidenzeit und der Islam als Weltreligion; konfessionelle und politische Spaltungen

Die Bewegung, die der Umaiyadenherrschaft ein Ende setzte, entstand im Irak und hatte zunächst im östlichen Persien unter dem Propagandisten Abū Muslim besondere Erfolge. Sie nutzte die überall im Reich spürbare Unzufriedenheit aus und machte vor allem auch den Schiiten Hoffnungen. Das Kalifat kam dann freilich nicht, wie von den Schiiten erhofft, an einen Nachkommen ʿAlīs, sondern an die Familie der Abbasiden, Nachkommen des ʿAbbās, eines Onkels des Propheten. Die Abbasiden hielten eine streng sunnitische Richtung ein. Das Andenken an die Umaiyaden wurde systematisch in den Staub getreten. Sie galten nun, mit Ausnahme ʿUmars II., als Ungläubige und wurden nicht als Kalifen, sondern als „Könige" bezeichnet und damit zu unrechtmäßigen Herrschern erklärt. Das Heil kam nach dieser Auffassung von den Abbasiden, die an die vier „rechtgeleiteten" Kalifen anschlossen und durch die Wahl von Thronnamen zunächst auch chiliastische Erwartungen weckten. Später wurden auch hier die Ansprüche zurückgeschraubt, und man begnügte sich damit, im Thronnamen die enge Bindung an den göttlichen Auftrag auszudrücken.

Die neuen Herrscher schlugen ihre Residenz im Irak auf, wo die Bewegung auch entstanden war. Der Kalif Manṣūr (754–75) gründete Bagdad als die neue Hauptstadt, der er den beziehungsreichen Namen „Stadt des Friedens“ *(Madīnat as-salām)* gab. Im Zentrum der vielleicht nach iranischem Muster kreisrund angelegten Stadt stand die Moschee mit dem Kalifenpalast. Die kreisrunde Form und die nach den vier Himmelsrichtungen weisenden Stadttore symbolisierten einen kosmischen Bezug und den Anspruch auf universale Herrschaft. Dank ihrer Lage am Kreuzungspunkt wichtiger Straßen entwickelte die Stadt sich schnell zu beachtlicher Größe und wurde das wirtschaftliche und kulturelle Zentrum des Reiches. Durch die Flußschiffahrt auf dem Tigris war sie mit dem Persischen Golf verbunden und stand in Handelsverbindungen mit Ostafrika und Indien, mit Anschluß zur Südsee und Ostasien. Aus diesen entfernten Gegenden kamen Waren und Kulturgüter in das Zentrum des Reiches, und der Islam drang über die Handelswege in Gebiete vor, die außerhalb der Reichweite des politischen und militärischen Einflusses der Abbasiden lagen. Während dem Islam der Weg nach Europa durch die christlichen Staaten versperrt war, traf er in Afrika und in Süd- und Südostasien auf Kulturen, die fremden Ideen gegenüber weniger abweisend waren. Der Islam hatte vor allem dort leichtes Spiel, wo mit seiner Annahme Anschluß an eine höhere oder als höherrangig empfundene Kultur gefunden wurde.

Durch die volle Gleichstellung der *mawālī*, die am Sieg der Abbasiden maßgeblichen Anteil gehabt hatten, trat der Islam aus seinen ethnischen Fesseln heraus und wurde erst jetzt zu einer wirklichen Weltreligion. Die Islamisierung der eroberten Gebiete machte nun schnellere Fortschritte, besonders in Persien, wo der Zoroastrismus seine Kraft verlor und bis zum Ende des 10. Jahrhunderts, von Randgebieten abgesehen, fast ganz verschwand. Die geschlossen christlichen Gebiete, wie Syrien, Mesopotamien und Ägypten, leisteten der Islamisierung dagegen noch starken Widerstand. In den ehemals byzantinischen Reichsteilen mit vorwiegend aramäischer Bevölkerung setzte sich das Arabische als Verkehrssprache durch und faßte auch in der christlichen Liturgie Fuß. Auch die koptische Bevölkerung Ägyptens blieb von der Arabisierung nicht ausgeschlossen; dagegen konnte sich in Nordafrika das Berberische weitgehend behaupten. Die Berber waren vom Christentum, das in Nordafrika als reine Kolonialkirche auftrat, nicht erfaßt worden und nahmen nach langem Sträuben in der Mehrheit den Islam an, ohne sprachlich voll arabisiert zu werden. Einen größeren Einfluß als das Arabische als Sprache des Korans hatte das arabische Alphabet, das überall dort, wo die Bevölkerung sich mehrheitlich zum Islam bekannte, die älteren Alphabete verdrängte. Von den Persern gelangte es zu den Türken Zentralasiens, obwohl es für das Türkische noch weniger geeignet war als für das Persische. Mit der Annahme des Islams und der Übernahme des arabischen Alphabets wurde der Wortschatz des Persischen und Türkischen stark vom Arabischen geprägt, vor allem im Bereich der Religion und der materiellen Kultur. Das Türkische unterlag wiederum einer starken Prägung durch das Persische, da die Türken von Persien aus für den Islam gewonnen wurden.

Für den sunnitischen Islam, wie er von den Abbasiden getragen wurde, war die im 8. Jahrhundert zum Abschluß kommende Entwicklung des religiösen Rechts von besonderer Bedeutung. Bei der Ausdehnung des Reiches und der Verbreitung des Islams in Gebieten mit sehr unterschiedlichen Verhältnissen war eine gewisse Flexibilität dadurch gesichert, daß sich vier große Rechtsschulen (arab. *madhhab*, pl. *madhāhib*) herausbildeten, nämlich die der Hanbaliten, Hanafiten, Schafiiten und Malikiten. Der Kalif war dem religiösen Recht in der gleichen Weise wie alle Gläubigen unterstellt und hatte nur geringe Möglichkeiten der selbständigen Entscheidung. Die berufenen Interpreten des religiösen Rechts waren die Theologen (*ʿulamāʾ*), aber auch sie waren nach Abschluß der Entwicklung kaum mehr zu selbständiger Rechtsfindung befugt. Das „Tor der gedanklichen Bemühung“ (*bāb al-ijtihād*) auf der Grundlage der durch Offenbarung gewonnenen Satzung war geschlossen, ohne daß es freilich zu einer Kodifizierung des Rechts gekommen wäre. Dabei ist zu bedenken, daß die Offenbarungstexte nur die Rudimente einer Gesetzgebung lieferten. Die fehlende Kodifizierung trug nicht wenig dazu bei, daß die Theologen ihren Einfluß in Staat und Gesellschaft ausbauen und dauernd sichern konnten. Sie wurden die eigentlichen Führer der Gemeinde, und so kam es, daß die Gemeinde überleben konnte, als das Kalifat schließlich verschwand.

Hārūn ar-Rashīd (786–809) ist in Europa besonders bekannt geworden, obwohl er nicht zu den wirklich großen Abbasiden zählt. Mit Karl dem Großen soll er diplomatische Kontakte gehabt haben. Karl hat mit wenig Erfolg in Spanien gekämpft, wo die Umaiyaden, nicht die Abbasiden, regierten, und die Zeit der Kreuzzüge, in der man sich gern auf den großen Karolinger als Vorkämpfer für die Sache der Christenheit berief, war noch längst nicht gekommen. Kulturell war vor allem Ma'mūn (813–33) von Bedeutung. Er gründete in Bagdad eine Akademie und ließ mit Hilfe christlicher Gelehrter wichtige wissenschaftliche Werke des hellenistischen Erbes ins Arabische übersetzen. Auf der Grundlage der Übersetzungen entwickelten sich die arabischen Wissenschaften selbständig weiter und erreichten auf den verschiedensten Gebieten einen hohen Standard. Vieles davon wurde später an Europa weitergegeben und wirkte dort lange fort.

Wegen des Fortbestandes der umaiyadischen Herrschaft in Spanien umfaßte das Abbasidenreich von Anfang an nicht den ganzen Islam. Die räumliche Ausdehnung des Reiches führte fast zwangsläufig dazu, daß sich Provinzen selbständig machten, die Statthalter ihr Amt als Familienbesitz betrachteten und den Kalifen nur noch nominell anerkannten. So verfuhren in Marokko die Idrisiden (788–895), in Tunis die Aghlabiden (800–909), in Ägypten die Tuluniden (868–903), in Persien die Tahiriden (820–72) und die Saffariden (867–903). Politisch und kulturell bedeutend waren die Samaniden in Ostiran (874–999).

Gefährlicher als die rein politisch motivierten Unabhängigkeitsbestrebungen in den Provinzen waren die religiös begründeten Aufstands- und Abfallbewegungen von Schiiten verschiedener Denominationen, die das Kalifat der Abbasiden überhaupt nicht anerkannten und alidische (angeblich oder tatsächlich von ʿAlī abstammende) Gegenkalifen einsetzten. Nach dem

Scheitern Ḥusains im Jahr 680 hatten seine Nachfahren ihre Ansprüche keineswegs aufgegeben. Allerdings traten bald Spaltungen bei der Regelung der Nachfolge ein, und später setzte sich die Tendenz durch, die Reihe der erblichen „Imame" (arab. sing. *imām*) zu einem Abschluß kommen zu lassen und die Leitung der Gemeinde auf andere Weise zu regeln. Zur ersten Spaltung kam es nach dem Tod des Zain al-ʿĀbidīn (ca. 712), Ḥusains Sohn. Ein Zweig erkannte Zaid als den rechtmäßigen Nachfolger an, der andere Zweig Muḥammad al-Bāqir. Die Zaiditen vertraten einen gemäßigt schiitischen Standpunkt. Der Imam mußte aus der Familie Muḥammads stammen, außerdem wurde von ihm theologische Gelehrsamkeit, also eine persönliche Qualifikation, erwartet. Die *Zaidīya* fand Anhänger vor allem in den Randgebieten, am Kaspischen Meer und im Jemen. In Südarabien glückte ihnen zu Beginn des 10. Jahrhunderts die Gründung eines Staates, der sich über viele Fährnisse weg bis 1962 halten konnte.

Radikaler und für die Abbasiden gefährlicher als die Zaiditen waren die Ismailiten. Sie leiten sich von Ismāʿīl, einem Sohn des Jaʿfar aṣ-Ṣādiq (gest. 765) und Enkel des eben schon genannten al-Bāqir (gest. 731), her. Jaʿfar hatte nach Ismāʿīls Tod (760) nicht dessen Sohn Muḥammad, sondern Ismāʿīls Bruder Mūsā al-Kāẓim zu seinem Nachfolger bestellt. Die Lehre der Ismailiten ist stark von gnostischen Elementen geprägt; sie geht bis zur Vergottung des Imams, vertritt mit der Erwartung der Wiederkehr des Imams als „Mahdi" (*mahdī*, wörtl.: „Der von Gott Geleitete") messianische Ideen und war in ihren frühen Erscheinungsformen extrem militant. Durch ausgewählte und besonders eingeweihte Werber wurde eine Propaganda betrieben, die zeitweise große Erfolge hatte. Am Anfang des 10. Jahrhunderts ging der aus Syrien stammende ʿUbaid Allāh, der Anspruch auf alidische Abstammung erhob und von seinen Anhängern als Mahdi anerkannt wurde, nach Nordafrika, stürzte die Aghlabiden in Tunis und trat deren Nachfolge an. Von der neu gegründeten Hauptstadt Mahdia aus machte er die Idrisiden in Marokko tributpflichtig und baute ein Machtgebilde auf, das auch die Eroberungen der Aghlabiden im Mittelmeer umfaßte. Nach Fāṭima, Tochter Muḥammads und Stammutter der Aliden, nannte die von ʿUbaid Allāh gegründete Dynastie sich „Fatimiden". Mit der Eroberung Ägyptens 969 lag den Fatimiden der Weg nach Syrien und zur Arabischen Halbinsel offen. Das Vordringen nach Syrien begründete die enge Verbindung dieses Gebietes mit Ägypten, die mit einer kurzen Unterbrechung in der Kreuzfahrerzeit bis ins 16. Jahrhundert bestand und in der Vereinigten Arabischen Republik (1958–61) einen letzten Nachhall hatte.

Ein bleibendes Zeugnis der Fatimidenzeit ist die Gründung von Kairo (*al-Qāhira*, Die Mächtige) als Hauptstadt neben dem alten al-Fusṭāṭ, ferner die theologische Lehrstätte *al-Azhar* (Die Leuchtende), zur Pflege und Verbreitung der ismailitischen Lehre errichtet und nach dem Ende der Fatimiden als sunnitische Hochschule weitergeführt. Von Ägypten aus verstärkten die Ismailiten ihre Propaganda in der östlichen islamischen Welt, doch traten bald innere Spaltungen auf. Aus der Anhängerschaft des Kalifen al-Ḥākim (996–1021), der eine exzentrische Politik betrieb und auf ungeklärte Weise ums Leben kam, gingen die Drusen hervor. Sie haben heute ihr Zentrum im Libanon und sind mit kleineren Gruppen in Syrien (Ḥaurān) und im heutigen Staat Israel (Karmel) vertreten. Je nach der Politik des Gastlandes bekennen sie sich zum Islam oder distanzieren sich von dieser Religion.

Von größerer Bedeutung als der Abfall der Drusen war eine Spaltung, die nach dem Tod des Kalifen Mustanṣir (1036–94) eintrat. Eine Gruppe folgte Mustanṣirs Sohn Nizār. Daraus entwickelte sich die extremistische Sekte der Assassinen mit dem Hauptsitz in Persien und einem Zweig in Syrien, die beide als militante Gruppen bis ins 13. Jahrhundert bestanden und die islamische Welt, auch die Kreuzfahrerstaaten, durch ihre Aktivitäten, unter denen der Meuchelmord eine besondere Rolle spielte, in Unruhe versetzten. Ihr Name leitet sich vom Gebrauch von Haschisch bei den religiösen Übungen her (arab. *ḥashshāsh*, daraus frz. *assassin*). In Syrien, Ostpersien und Indien sowie in Ostafrika leben die *Nizārīs* unter Verzicht auf politische Ambitionen bis heute fort. Die andere Gruppe folgte Mustanṣirs Sohn Mustaʿlī, der die Nachfolge seines Vaters als Kalif antrat und bis 1101 regierte. Diese Gruppe war weniger militant als die Assassinen und konnte nach dem Untergang der Fatimiden mit ihrem Zentrum im Jemen und dann in Indien (Bombay) in Gestalt der Bohra bis heute überleben.

Etwa zur gleichen Zeit wie die Fatimiden erhoben sich an der Ostküste der Arabischen Halbinsel und in der syrischen Wüste die Karmaten, eine sozialrevolutionäre Sekte mit extrem schiitischer Lehre, deren Verbindungen zur ismailitischen Schia aber umstritten sind. Ein Zusammenspiel mit den Fatimiden scheint jedenfalls nicht stattgefunden zu haben. An der ostarabischen Küste entstand ein Karmatenstaat mit dem Zentrum in Bahrain, von wo aus Raubzüge nach Arabien und den nördlich angrenzenden Ländern unternommen wurden. Symbolhaft für den Bruch mit dem etablierten Islam steht die Plünderung Mekkas 930 und der Raub des Schwarzen Steines von der Kaaba, der versteckt und erst nach einem Vierteljahrhundert zurückgegeben wurde. Der Staat ging Ende des 11. Jahrhunderts zugrunde, die Ideen lebten in Bahrain noch lange weiter.

Weniger radikal als die Ismailiten mit ihren Splittergruppen waren die Zwölferschiiten. Sie erkannten nicht Ismāʿīl, sondern dessen Bruder Mūsā al-Kāẓim (gest. 799) als rechtmäßigen Imam an; von diesem ging das Imamat jeweils vom Vater auf den Sohn über. Fast alle Imame in der Reihe der Zwölf sind im Kampf gegen die Kalifen oder als deren Gefangene nach zwölferschiitischer Überzeugung eines gewaltsamen Todes gestorben, seit Ḥusain ihnen als Märtyrer vorangegangen war. Ihre Grabstätten sind zu wichtigen schiitischen Heiligtümern geworden. Muḥammad, der zwölfte Imam in dieser Reihe, verschwand 878 auf mysteriöse Weise; er wurde, wie die „Zwölferschiiten" glauben, in die Verborgenheit *(ghaiba)* entrückt und leitet von dort die Gemeinde, zunächst durch „Botschafter" *(safīr)* und dann, als niemand mehr diese Funktion für sich beanspruchte, durch die Theologen, die als die berufenen Interpreten der Lehre fungieren, bis „der Erwartete" *(al-muntaẓar)* am Ende der Zeiten aus der Verborgenheit zurückkehren, die Gemeinde zum Sieg über die Ungläubigen und zum

Weltgericht führen wird. Durch diese Vorstellung ist diese schiitische Richtung auf eine weniger militante Haltung eingestimmt; der Kampf um die gerechte Sache findet erst statt, wenn der Imam aus der Verborgenheit hervortritt, zwischenzeitlich ist es, wenn die Umstände es erforderlich machen, erlaubt, zum Mittel der Glaubensverleugnung *(taqīya)* zu greifen. Zur Erlangung des Heils ist es also nicht notwendig, den Imamen im Leiden nachzufolgen. Es war Khumainī vorbehalten, mit dieser quietistischen Tradition zu brechen, „Die Regierung des Faqīh", wie der Titel seines 1971 erschienenen Buches heißt, zu fordern und dies in dem Umsturz von 1979 durchzusetzen.

Die Zwölferschia fand Förderer in den Buyiden, die seit der Mitte des 10. Jahrhunderts Persien und den Irak beherrschten. Die Buyiden gehörten ethnisch zu den Dailamiten, einem iranischen Volksstamm an der Südküste des Kaspischen Meeres, wo der Islam erst spät, und dann in heterodoxer Form, Eingang gefunden hatte. Nach der Eroberung Zentral- und Westpersiens griffen sie nach Mesopotamien über und brachten mit der Eroberung Bagdads im Jahre 945 das Kalifat unter ihre Herrschaft. Die Kalifen machten sie zu Marionetten, ließen aber das Kalifat im Prinzip bestehen. Da sie nur einen Teil der islamischen Welt beherrschten und in Ostpersien in den Samaniden mächtige Gegner hatten, waren sie aus außenpolitischen Gründen auf die Abbasiden angewiesen. Es gab ja auch keinen Ersatz für das Kalifat, solange der Imam die Gemeinde aus der Verborgenheit leitete und seine Anhänger zu einer quietistischen Haltung in politischen Fragen verpflichtet waren. So konnte sich die Zwölferschia unter dem Schutz der Buyiden in Ruhe organisieren. Durch eine Reihe von bedeutenden Gelehrten wurden die Grundlagen für die schiitische Theologie gelegt. Als fünf Jahrhunderte später die Zwölferschia zur Staatsreligion Persiens erhoben wurde, konnte man auf den unter den Buyiden gelegten Fundamenten aufbauen.

5. Die Türken; Durchsetzung der sunnitischen Orthodoxie

Die Buyiden waren als Perser nur kurze Zeit berufen, an die Stelle der Araber zu treten und in der Politik eine entscheidende Rolle zu spielen. Die Zukunft gehörte den Türken, und dieser Zustand sollte lange, bis in unser Jahrhundert, andauern. Seit Herrschaftsantritt der Abbasiden hatten sie einen Teil der Söldnertruppen gestellt und waren dadurch mit Religion und Kultur des Islams in Berührung gekommen. Die Türken der zentralasiatischen Steppe waren von Persien aus für den Islam gewonnen worden und hatten ihn in Form der hanafitischen Sunna kennengelernt. Nachdem bereits den türkischen Ghaznawiden Ende des 10. Jahrhunderts die Gründung eines Staates mit Zentrum im heutigen Afghanistan gelungen war, eroberten die Seldschuken unter Toghril Beg in der ersten Hälfte des 11. Jahrhunderts ganz Persien; 1055 nahmen sie Bagdad ein und machten auch hier der Buyidenherrschaft ein Ende. Das Kalifat war nun zwar von den schiitischen Buyiden befreit, doch änderte sich an der Situation der Abbasiden nur wenig, da sie unter den Seldschuken genauso machtlos blieben, wie sie unter den Buyiden gewesen waren.

Beim weiteren Vorstoß nach Westen trugen die Seldschuken 1071 bei Malazgird am Vansee einen entscheidenden Sieg über Armenien davon. Die Folge war die Vernichtung des Großarmenischen Reiches, den Türken lag der Weg nach Anatolien offen, der den Arabern jahrhundertelang versperrt geblieben war. Die Armenier fanden in Kilikien im Kleinarmenischen Reich eine neue politische Heimstatt. In der Kreuzfahrerzeit war es eine wichtige Stütze der Franken, erst 1375 wurde es von den von Syrien her vordringenden Mamluken zerstört. Um Konya (Iconium) entwickelte sich das Reich der Rum-Seldschuken (Rum, d. h. ursprünglich Ost-Rom, dann: Kleinasien); nur Trapezunt und der nordwestliche Teil von Anatolien blieben unter byzantinischer Herrschaft.

In Syrien konnten die Seldschuken bis ans Mittelmeer vordringen und die Fatimiden von dort verdrängen; mit Palästina fiel ihnen auch Jerusalem zu. Neben der tödlichen Bedrohung von Byzanz war dies der unmittelbare Anlaß für die Kreuzzüge. Da die Türken sich als Hüter der strengen sunnitischen Orthodoxie verstanden und gegen die Christen weniger liberal waren als die Fatimiden, konnte sich in Europa, sicherlich nicht ganz ohne tendenziöse Propaganda, die Meinung verbreiten, die christlichen Pilger würden von den Muslimen bei der Verehrung der heiligen Stätten behindert. So hatte der päpstliche Aufruf zur „bewaffneten Pilgerfahrt" großen Erfolg, und Jerusalem wurde 1099 nach kurzer Belagerung erobert, obwohl die Stadt zu dieser Zeit bereits wieder in den Besitz der Fatimiden übergegangen war.

Das großseldschukische Reich erstreckte sich bis in das heutige Afghanistan. Östlich anschließend behaupteten sich die Ghaznawiden, die nun ihre Herrschaft in Indien ausbauten; später traten die Ghoriden (bis 1215) an ihre Stelle. Ihnen gelang es, gegen die Seldschuken wieder Boden zu gewinnen, als deren Kräfte nachließen. Schon gegen Ende des 11. Jahrhunderts zerfiel das seldschukische Reich in Einzelstaaten, die meist von Atabegs (Prinzenerziehern) regiert wurden. In Ostpersien waren die Seldschuken von Kerman bedeutend. Ein Teilstaat mit dem Zentrum Bagdad umfaßte auch das westliche Persien; in Anatolien entstand der Staat der Rum-Seldschuken von Konya (Iconium), der den Kreuzfahrern zu schaffen machte. Anfang des 12. Jahrhunderts eroberte ʿImād ad-Dīn Zengī, der Atabeg von Mossul, Aleppo und kämpfte von Nordsyrien aus gegen Byzantiner und Franken. Die Eroberung von Edessa hatte den zweiten Kreuzzug zur Folge, ohne daß Edessa von den Franken zurückgewonnen werden konnte.

Die Kreuzfahrerstaaten schnitten die Seldschuken von der östlichen Mittelmeerküste ab. Der entscheidende Gegenschlag gegen die Kreuzfahrer kam aber von Ägypten, wo die Aiyubiden, eine Familie von Kriegern kurdischer Abstammung, 1169 die Fatimiden stürzten und die Herrschaft übernahmen. Der berühmte Saladin (Ṣalāḥ ad-Dīn, 1169–93) eroberte 1187 Jerusalem und leitete damit das Ende der fränkischen Herrschaft am östlichen Mittelmeer ein. Mit der Eroberung eines Teils von Syrien stellte er die Verhältnisse der Zeit vor den Seldschuken und Kreuzfahrern wieder her und griff auch auf die Arabische Halbinsel über. Die einzelnen Provinzen seines Herrschaftsbereichs vergab er an Mitglieder seiner Familie. Da die Aiyubiden strenge Sunniten waren, wurde auch hier, wie im Osten durch die Seldschuken, die Orthodoxie wiederhergestellt. Das betraf allerdings nur die Regierung, denn die Bevölkerung Ägyptens hatte sich nie für schiitische Ideen interessiert. Bleibende Erinnerung an die Fatimiden sind die Drusen im Libanon und den umliegenden Gebieten. Die ismailitische Schia hatte, wie oben schon bemerkt, eher eine Fernwirkung.

Der Aiyubidenherrschaft war keine lange Dauer beschieden. Die letzten Aiyubiden nahmen gekaufte Sklaven meist türkischer Herkunft („Mamluken") als Söldner in Dienst; diese übernahmen 1250 selbst die Regierung. Ägypten trat nun in eine lange Periode stabiler politischer Verhältnisse ein. Die Mamluken beseitigten mit der Eroberung von Akka 1291 den letzten Rest der Kreuzfahrerherrschaft, wurden auch in Syrien Erben der Aiyubiden und drangen von dort nach Kilikien vor, wo sie, wie oben schon bemerkt, das Kleinarmenische Reich vernichteten. Im Süden überwanden sie mit dem Sieg über das nubische Reich von Dongola die seit der frühislamischen Zeit bestehende Barriere, die das Vordringen des Islams nilaufwärts verhindert hatte. Als Durchgangsland für den Gewürzhandel zwischen der Südsee und Europa erfreute Ägypten sich bis zum Ende des 15. Jahrhunderts, als die Portugiesen auf den Plan traten, einer großen wirtschaftlichen Blüte. Auch die Theologie, die Mystik und die schöne Literatur konnten sich unter den günstigen Verhältnissen zu großem Reichtum entfalten. Zahlreiche Bauten in Kairo, Damaskus und Jerusalem erinnern noch heute an den hohen Stand der mamlukischen Architektur. Als privilegierte Gruppe, wenn auch der politischen Macht beraubt, konnten die Mamluken den Sieg der Osmanen 1517 überleben. Es war Muḥammad ʿAlī, dem Begründer des modernen Ägypten, vorbehalten, die Mamluken in dem berühmt gewordenen Massaker in der Zitadelle von Kairo ganz auszuschalten (1811).

Die Aiyubiden und Mamluken waren die Erben der Fatimiden in Ägypten und am östlichen Mittelmeer sowie auf der Arabischen Halbinsel. In Südarabien konnten sich neben den Zaiditen-Imamen die Sulaihiden (1047–1138) und Rasuliden (1129–1454) behaupten. In Tunis und Ostalgerien waren die Ziriden (972–1148), später die Hammadiden (1007–1152) die Erben der Fatimiden.

Von Nordafrika aus war der Islam durch die Sahara nach dem Süden vorgedrungen. Die am Ende der durch die Sahara führenden Handelsstraßen liegenden Staaten Ghana, Songhai (Mali) und Kanem (Tschad) wurden im 10./11. Jahrhundert für den Islam gewonnen. Die unter den Berbern entstandene Reformbewegung der Almorawiden (1061–1147), die eine Rückkehr zum Urislam propagierten und, wie ihr Name sagt (*al-murābiṭūn*, von arab. *ribāṭ*, Grenzfestung), in kriegerischen Mönchsgemeinden ursprünglich an den Grenzen des Islams organisiert waren, dehnten ihren

Einflußbereich über den ganzen afrikanischen Islam aus. Unter Yūsuf ibn Tāshufīn, dem Begründer der Dynastie, wurden die Berberfürstentümer Marokkos und Westalgeriens erobert. Damit war die Grundlage für das Eingreifen in Spanien geschaffen, wo die Umaiyadenherrschaft 1031 zu Ende gegangen war und zahlreiche Kleinstaaten (*mulūk aṭ-ṭawā'if*) entstanden waren. Sie wurden zum größten Teil zur Beute der Almorawiden; von Norden und Osten her schob sich zur gleichen Zeit die christliche Reconquista vor. Die Almorawiden mußten jedoch bald den Almohaden weichen, den „Bekennern von Gottes Einheit" *(al-muwaḥḥidūn)*. Sie hingen einem Puritanismus an, ließen aber gleichzeitig die Freiheit philosophischer Spekulation zu, so daß bekannte Philosophen wie Ibn Ṭufail und Averroes (Ibn Rushd) Lehren vertreten konnten, die auch in Europa bekannt wurden und die Gemüter lange bewegen sollten. Die Almohaden eroberten 1147 Marrakesch und traten das Erbe der Almorawiden in Nordafrika und Spanien an. Ihre Macht in Nordafrika wurde geschmälert, als sich in Ostalgerien die Hafsiden (1228–1547) selbständig machten. Marokko war unter den Mariniden (1196–1549) vorangegangen; ihnen folgten ab 1511 die Scherifen von Marokko, deren Dynastie das Land noch heute regiert.

In Spanien konnten sich die Almohaden bis 1269 halten. Nur die Nasriden von Granada leisteten den christlichen Rückeroberern noch Widerstand. Nach dem Fall von Granada 1492 gelang es den christlichen Herrschern von Spanien, nach Nordafrika überzugreifen, was als Kreuzzug deklariert wurde. In wechselvollen Kämpfen mit den Muslimen zeichneten sie vor, was die südeuropäischen Mächte im 19. Jahrhundert verwirklichten.

6. Die Mongolen und Timuriden; das Ende des Kalifats

Am Anfang des 13. Jahrhunderts gelang es den Khwarizm-Schahs, d. h. den Herrschern des heutigen Khiwa am Südufer des Aralsees, unter Ausnutzung der Schwächung der Seldschuken, das ganze Gebiet des östlichen Islams von Indien bis Anatolien unter ihre Herrschaft zu bringen. Aber schon standen die Mongolen bereit; von ihrer Heimat am Baikalsee waren sie aufgebrochen und hatten ihre Eroberungszüge bereits bis nach China ausgedehnt, als sie 1220 Transoxanien eroberten und den letzten Khwarizm-Schah, Jalāl ad-Dīn Mängübärdi (1220–31), zur Flucht zwangen. Von Transoxanien unternahmen sie Raub- und Plünderungszüge durch Persien; 1258 eroberten sie Bagdad, der Abbasidenkalif Mustaʿṣim (ab 1242) fand dabei den Tod. Das Abbasidenkalifat in Bagdad war nun beendet; in Kairo fristete eine Seitenlinie ab 1261, nach erfolglosem Versuch, Bagdad zurückzuerobern, noch ein Schattendasein, einzig zu dem Zweck etabliert, die Regierung der Mamluken zu legalisieren. Mit der Eroberung Ägyptens durch die Osmanen 1517 hörte auch dieses Kalifat auf. Der Titel „Kalif" *(khalīfa)* war hinfort nur noch eine Ehrenbezeichnung; die tatsächlichen Herrscher nannten sich schon seit den Ghaznawiden „Sultan" (*sulṭān*, wörtl.: Herrschaft), ein Titel, der Teil des Protokolls der Abbasiden gewesen war. Der Übergang an den de-facto-Machthaber war nichts anderes als eine Anpassung des Protokolls an die Wirklichkeit. Der Sultan erfüllte in seinem Machtbereich die gleichen Funktionen wie der Kalif für den ganzen Islam: Er war der Führer einer islamischen Teilgemeinde und erkannte den Kalifen lediglich nominell an; durch ihn als den universalen Herrscher des Islams erhielt er die Investitur, und der Name des Kalifen wurde auf die Münzen geprägt und im feierlichen Freitagsgebet auf der Kanzel in den vorgeschriebenen Segensformeln erwähnt. Als das Kalifat wegfiel, hörte auch das auf, und es gab keine offizielle Instanz mehr, in der sich die Einheit des Islams manifestierte.

Die Zerstörung des Abbasidenkalifats ist nur ein Gesichtswinkel, unter dem man die Beziehung der Mongolen zum Islam betrachten kann. Sie trugen aber auch dazu bei, dem Islam Gebiete zu erschließen, zu denen er bisher keinen Zugang gehabt hatte. Das mongolische Weltreich erstreckte sich von China bis nach Südrußland. Nach Dschingis Khans Tod 1227 fiel die Nachfolge an dessen Sohn Ögeday, der in China residierte. Wenn auch die Mongolenherrscher in China schließlich nicht den Islam annahmen, sondern Buddhisten wurden, so gab es doch einen ständigen Zustrom von Muslimen aus den westlichen Gebieten nach China, wodurch der Islam, bisher nur in den Küstenstädten durch den Handel verbreitet, gestärkt wurde und zu einem wesentlichen Faktor der Religionsgeschichte Chinas bis heute geworden ist.

Das Reich wurde in der Weise verteilt, daß Dschingis Khans Sohn Dschotschi und dessen Nachkommen den westlichen Teil, nämlich Südrußland und Westturkestan erhielten. Tschagatay, ein anderer Sohn, erhielt Transoxanien und Ostturkestan. Aus der Mongolenlinie in Südrußland ging die Goldene Horde hervor, deren Staat für die Entwicklung Rußlands von größter Bedeutung war. Der Übertritt der Goldenen Horde zum Islam Anfang des 14. Jahrhunderts führte zu einer Entfremdung von der Bevölkerung. Der Aufstieg Polens und Litauens im 15. Jahrhundert besiegelte das Schicksal dieses Staates, in dem die Mongolen und Türken zum Volk der Tataren verschmolzen waren. Es entstanden die tatarischen Fürstentümer Kazan und Astrachan, sowie die Khanate auf der Krim und in Sibirien. Die Giray-Khane auf der Krim konnten sich bis ins 18. Jahrhundert gegen Rußland behaupten; das Krim-Khanat erwies sich somit als der dauerhafteste unter den zahlreichen Nachfolgestaaten des Mongolenreiches.

Die Nachkommen Tschagatays schwankten lange zwischen dem Islam und ihrem angestammten Heidentum. Erst Anfang des 14. Jahrhunderts setzte sich der Islam durch, jedoch schlossen sich die östlichen Gebiete dieses Teilreiches dem Schritt nicht an. Die Mongolei blieb deshalb außerhalb der islamischen Welt. Hülägü, ein Sohn Toluys und Enkel Dschingis Khans, begründete die mongolische Herrschaft der Ilkhane in Persien; er war derjenige, der 1258 Bagdad eroberte und die Abbasiden stürzte. Doch blieb den Ilkhanen das Vordringen ans Mittelmeer verwehrt. In der Schlacht bei ʿAin Jālūt (Goliathsquell) im Jahr 1260 erlitten sie eine Niederlage durch die Mamluken, woraus diesen großes Ansehen erwuchs, die Mongolen aber den Nimbus der Unbesiegbarkeit verloren. In Persien wurden die Ilkhane schnell für die iranische Kultur gewonnen. Nachdem sie lange zwischen Buddhismus und Christentum geschwankt hatten, entschieden sie sich für den Islam, die Religion ihres Gastlandes. Ghāzān Khan (1295–1304) vollzog den Übertritt und schuf ein Gesetzeswerk, in dem das traditionelle Recht der Mongolen mit den islamischen Vorschriften in Einklang gebracht wurde. Schon wenige Jahrzehnte nach Ghāzāns Tod zerfiel das Reich der Ilkhane, das außer Persien den Irak, das Kaukasusgebiet und Anatolien umfaßte, in rivalisierende Kleinstaaten, die erst durch Tīmūr (1370–1405) wieder zu einer Einheit zusammengefaßt wurden.

Tīmūr gehörte einer Familie an, die Anspruch auf die Abstammung von Dschingis Khan erhob. Aus bescheidenen Anfängen gelang es ihm, die großen mongolisch-türkischen Stammesverbände des zerfallenden Mongolenreiches hinter sich zu sammeln. Von Transoxanien aus unternahm er Feldzüge, die ihn nach Südrußland, Anatolien und Indien führten und die Wiederherstellung des Reiches zum Ziel hatten. Diese Unternehmungen mit überdimensional großen Truppenverbänden waren ihrer Natur nach jedoch reine Raub- und Plünderungszüge, die unsagbares Elend über die heimgesuchten Gebiete brachten und mit großen Menschenverlusten verbunden waren. Vor allem die christliche Bevölkerung hatte darunter zu leiden. Wenn die orientalischen Kirchen auch durch den Übertritt zum Islam große Verluste erlitten hatten, so hatten sie doch dank der ihnen vom Islam entgegengebrachten Duldung im Kern überleben können und teils sogar eine Nachblüte erlebt, wie die „Syrische Renaissance“ zeigt. Nun aber wurde ihnen der Todesstoß versetzt, und von dem einst blühenden kirchlichen Leben im Nahen Osten, selbst in Persien, zeugen heute nur noch kümmerliche Reste; in einigen Gebieten ist es ganz erloschen.

Tīmūr starb, als er im Begriff stand, einen Feldzug nach China zu unternehmen. Das Reich hatte er unter seine Söhne und Enkel aufgeteilt. In den Nachfolgestaaten, vor allem im östlichen Iran und in Transoxanien, wo schon Tīmūr die kulturellen Kräfte seines Reiches in Samarkand gesammelt hatte, entwickelte sich eine glänzende islamische Kultur. Diese Teilstaaten mußten bald größeren Machtgebilden Platz machen. Der Timuride Bābur (gest. 1530) fand Zuflucht in Indien und gründete das Reich der Mogulkaiser, das bis 1858 Bestand hatte und zur Festigung des Islams in Indien wesentlich beitrug.

7. Die islamische Welt vom 16. Jahrhundert bis zur Gegenwart im Zeichen der Großreiche und die Ausbildung der islamischen Nationalstaaten

Das Timuridenreich war das letzte Staatsgebilde auf islamischem Boden, das auf der Herrschaft der Steppenvölker beruhte und nach deren Traditionen aufgebaut war. Die Zukunft gehörte anderen Gruppen mit anderen Idealen; die Einführung von Feuerwaffen brachte auch im Nahen und Mittleren

Osten tiefgreifende Änderungen der politischen Landkarte mit sich. Anfang des 16. Jahrhunderts entstanden mit den Reichen der Osmanen am Mittelmeer, der Safawiden in Persien und der Mogulkaiser in Indien drei Großmächte, die in manchem schon die moderne islamische Staatenwelt vorwegnehmen oder doch deren Ausgestaltung nachhaltig beeinflußt haben. Auch das Bild, das die islamische Welt heute konfessionell bietet, ist eine unmittelbare Folge der politischen Entwicklung seit dem 16. Jahrhundert.

Das Safawidenreich ging aus einem *ṣūfī*-Orden hervor, der in Nordwestpersien entstanden war und bereits unter Tīmūr eine politische Rolle gespielt hatte. Am Anfang des 16. Jahrhunderts eroberte Scheich *(shaikh)* Ismāʿīl in Kämpfen mit den Turkmenen im Westen und den Timuriden im Zentrum und im Osten ein Gebiet, das im großen und ganzen mit dem heutigen Staat Iran identisch ist. Wiederholte Versuche der Safawiden, ihrem Reich den Irak auf Dauer einzuverleiben, scheiterten an den Osmanen. Die Safawiden waren Schiiten, Anhänger der Zwölferschia *(imāmīya)*; schon Schah Ismāʿīl (1501–24) machte die Schia zur Staatsreligion und setzte sie unter Zwang gegen mancherlei Widerstand als verbindlich durch. Theologen arabischer Herkunft wurden ins Land geholt, und diese entwickelten im Anschluß an die von früheren Gelehrten geleistete Arbeit ein Lehrgebäude von imponierender Einheitlichkeit, das von kraftvoller denkerischer Durchdringung des Gegenstandes zeugt. Die sunnitischen Gegner wurden verfolgt, viele Theologen emigrierten in das Osmanische Reich, dessen führende Schicht der Schia feindlich gesinnt war. Andersgläubige konnten sich im Safawidenreich nur in den Randgebieten und in kleinen Gruppen halten. Auch die türkische Bevölkerung von Aserbaidschan wurde zur Schia bekehrt und bildet damit eine Ausnahme unter den turksprachigen Völkern, deren Angehörige sich in der weit überwiegenden Mehrzahl zum sunnitischen Islam bekennen.

Der Safawidenstaat beruhte in seinem Ursprung auf der Idee kriegerischen Sufitums und war in Stammesverbänden organisiert; bald schon wandelte er sich zu einem straff verwalteten Zentralstaat iranisch-islamischer Prägung mit einem Söldnerheer. Nach der glanzvollen Regierung Schah ʿAbbās I. (1588–1629), der diplomatische Beziehungen mit den europäischen Mächten unterhielt, die in Persien einen Verbündeten gegen die Osmanen suchten, setzte bald der Niedergang ein. Das Reich wurde in der ersten Hälfte des 18. Jahrhunderts eine leichte Beute afghanischer Stämme, die sich nie in die safawidische Religionspolitik hatten fügen können. Aus den Wirren tauchte schließlich das von Nādir Shāh (1736–47) begründete Großreich auf, das bis an den Indus reichte. Nādir Shāhs Versuch, die safawidische Schia durch eine gemäßigte Richtung zu ersetzen, scheiterte. Dahinter stand das Bemühen, mit den Osmanen, die als strenge Sunniten stets Erbfeinde Persiens gewesen waren, zu paktieren. Nādir Shāh wurde schließlich von innenpolitischen Gegnern ermordet, das Reich zerfiel, die Macht übernahmen die Zand (1750–94). Noch immer wartete man auf den safawidischen Erneuerer des Staates.

Die Kadscharen, die schließlich an die Macht kamen, orientierten sich am Safawidenstaat, machten aber mit den Erwartungen einer safawidischen Restauration Schluß und setzten sich selbst die Krone aufs Haupt. Seit Beginn des 19. Jahrhunderts stand Persien im Spannungsfeld der Orientpolitik Englands und Rußlands, die dort unterschiedliche Interessen verfolgten und immer wieder tief in die Geschicke des Landes eingriffen. Die Kadscharen scheiterten mit ihren Plänen, das Land nach westlichen Vorbildern zu erneuern, und gerieten in immer stärkere Abhängigkeit von den Westmächten. In dem Maße, in dem die Macht der Krone sank, wuchs der Einfluß des schiitischen Klerus, der durch reiche Stiftungen unabhängig war und es verstand, das Volk, in dem die Schia als Glaubenshaltung längst fest verankert war, hinter sich zu sammeln. Im Ringen um eine Verfassung, das 1905 einsetzte, spielten die Geistlichen eine wichtige Rolle. So wurde in die Verfassung eine Klausel aufgenommen, die sicherstellen sollte, daß die Gesetzgebung des Staates im Einklang mit dem religiösen Recht des Islams erfolgte.

Während Persien trotz der inneren Schwäche seiner abwechselnden Regime und trotz des massiven Drucks von der Seite Rußlands und Englands seine politische Selbständigkeit behaupten konnte, entwickelte sich in Indien eine ganz andere Situation. Das Mogulkaiserreich geriet in Kämpfe mit inneren und äußeren Feinden und mußte sich zugleich mit den europäischen Kolonialmächten, die in Indien Fuß faßten, auseinandersetzen. Gefahren im Innern drohten von der zahlenmäßig stets überlegenen Hindu-Bevölkerung. Nachdem Kaiser Akbar (1556–1605) versucht hatte, mit der „Göttlichen Religion" *(dīn-i ilāhī)* einen Ausgleich zwischen Islam und Hinduismus herzustellen, kam es unter Aurangzeb (1658–1707) zu einer islamischen Reaktion. Gefahren drohten von Afghanistan her, wo nach Nādir Shāh die Durrānī-Könige (1747–1842), dann die Könige aus dem Stamm Barakzay (1819–1973) einen Staat errichtet hatten, wiederholt in Indien einbrachen und sich erfolgreich gegen Angriffe aus Persien und Indien zur Wehr setzten.

Mit Vasco da Gamas Landung in Calicut 1498 begann die europäische Durchdringung Indiens. Die Rivalität zwischen Frankreich und England wurde 1757 in der Schlacht bei Plassey zugunsten Englands entschieden, der Friede von Paris 1763 setzte den französischen Ambitionen in Indien ein Ende. Ab 1774 wurden britische Generalgouverneure eingesetzt, und die *Ostindische Handelskompanie* baute eine Territorialherrschaft auf, die sich von Bengalen aus auf andere Gebiete ausdehnte. Im 19. Jahrhundert setzten Bemühungen ein, das indische Erziehungswesen zu anglisieren und der christlichen Mission Arbeitsmöglichkeiten zu eröffnen. Im Jahr 1836 wurde das Persische, das als kulturelles Erbe der von Iran ausgehenden Islamisierung Indiens offizielle Verwaltungssprache des Mogulreiches geworden war, durch das Englische ersetzt. Als Folge dieser und anderer Maßnahmen brach 1857 in Nordindien ein Aufstand „anglo-indischer" muslimischer Truppen in Verbindung mit der entmachteten indischen Oberschicht aus. Der Niederwerfung dieser *Mutiny* folgte die Auflösung der Ostindischen

Handelskompanie; das Amt des Generalgouverneurs wurde in das eines Vizekönigs umgewandelt, die Herrschaft der Mogulkaiser war beendet.

Das Vizekönigtum hatte bis 1947 Bestand. Es endete mit der Unabhängigkeit Indiens und der Schaffung der Staaten Indien und Pakistan. Der moderne Staat Pakistan ist der erste und bisher einzige islamische Staat, dessen Grenzen nach dem religiösen Bekenntnis seiner Bewohner gezogen worden sind. Er ist das Werk Muḥammad ʿAlī Jināḥs (1876–1948); er hatte im Ersten Weltkrieg in der *Khilāfat*-Bewegung zusammen mit den Hindus gegen das britische Regime gekämpft, sich dann aber von den indischen Nationalisten getrennt und war für die Gründung eines eigenen islamischen Staates eingetreten. Der Gegensatz zwischen Hindus und Muslimen, unter den Mogulkaisern durch eine geschickte Religionspolitik überbrückt, führte in der nationalistisch aufgeheizten Atmosphäre zu einem Massaker unter den Muslimen der von der *Kongreß-Partei* beherrschten Republik Indien, wo die Zahl der Muslime heute auf knapp 70 Millionen geschätzt wird. Der Anschluß des vorwiegend von Muslimen bewohnten Bengalen an Pakistan erwies sich auf die Dauer als nicht praktikabel. Es war nur natürlich, daß Bangladesh sich 1971 von Pakistan löste. Im Zuge einer sozialistisch orientierten Politik wurde auf die islamischen Klauseln in der Verfassung, die während der Dauer der Zugehörigkeit zu Pakistan Geltung gehabt hatten, verzichtet, doch versteht Bangladesh sich als islamischer Staat und wird in der islamischen Welt als solcher anerkannt. Durch die Abtrennung Bangladeshs verlor Pakistan seine Stellung als das bevölkerungsreichste Land der islamischen Welt; dieser Rang ging an Indonesien über, wo sich ca. 87% der Bevölkerung, insgesamt 165 Millionen (Stand 1995, vgl. den Beitrag von P. Heine „Verbreitungsgebiet"), zum Islam bekennen, wo neuerdings freilich auch die wachsende Tendenz zu beobachten ist, den Staat zu säkularisieren und die Religion zur Privatsache zu erklären.

Wir müssen uns nun dem Osmanischen Reich und seiner Entwicklung zuwenden. Es handelt sich in vielfacher Hinsicht um das bedeutendste unter den drei islamischen Großreichen. Seine Ursprünge liegen in einem kleinen Grenzkämpferstaat in Nordwest-Anatolien, einem der zahlreichen Nachfolgestaaten, die nach dem Niedergang der Rum-Seldschuken entstanden waren. Gründer war Osman I. (1281– ca. 1324), über dessen Wirken nur wenig historisch Gesichertes bekannt ist. In seinen Kriegen mit dem benachbarten Byzanz fand er Unterstützung durch turkmenische Glaubenskämpfer, die ihm von Osten her zuströmten. In der Mitte des 14. Jahrhunderts überquerten die Osmanen die Dardanellen bei Gallipoli und setzten sich unter Ausnutzung der konfessionellen Zerrissenheit der Slawen auf dem Balkan fest. Serbien, das erst kürzlich seine Unabhängigkeit von Byzanz erkämpft hatte, unterlag in der Schlacht auf dem Amselfeld (1389) und geriet mehr und mehr unter türkische Oberhoheit. Bulgarien wurde Ende des 14. Jahrhunderts türkische Provinz. Die Eroberungen auf dem Balkan wurden zur Provinz Rumelien (von Rum: Ost-Rom) zusammengefaßt, die Hauptstadt von Brussa (Bursa) nach Adrianopel (Edirne) verlegt.

Bayezid I. (1389–1402) ließ sich vom Kalifen in Kairo den Titel eines Sultans verleihen, verlor aber Anatolien an Tīmūr. Im Zuge der Wiederherstellung wurden die türkischen Kleinstaaten in Anatolien einer nach dem anderen unterworfen und in den asiatischen Teil des Reiches, die Provinz Anatolien, eingegliedert. Mehmed II. (1444–46 und 1451–81) gelang 1453 die Eroberung des schon lange isolierten Konstantinopel. Es wurde zur Hauptstadt erhoben (Istanbul), der türkische Sultan trat das Erbe von Byzanz an.

Zwar scheiterte die Eroberung von Rhodos (die Insel fiel erst 1522), und von Otranto (Italien) zogen die Türken nach Mehmeds Tod sofort ab, doch waren die Grundlagen für weitere Eroberungen geschaffen. Das 16. Jahrhundert war die große Zeit des Reiches. Ab 1516 wurden Mesopotamien, Syrien und Palästina sowie Ägypten erobert, und die türkische Oberhoheit erstreckte sich auch auf die Arabische Halbinsel mit den heiligen Stätten des Islams. Vom Hedschas (Ḥijāz) aus drangen die Osmanen in der Folge immer wieder bis nach Südarabien vor. Von Ägypten aus erfolgten Vorstöße nach Nordafrika; nur Marokko blieb ständig außerhalb des osmanischen Einflußbereichs. Parallel mit der Einverleibung der arabischen Provinzen erfolgten unter Sulaimān dem Prächtigen (1520–66), von den Osmanen wegen seiner Kodifizierung der Gesetze auch der „Gesetzgeber" *(qānūnī)* genannt, weitere Eroberungen auf dem Balkan. Das Königreich Ungarn ging 1526 in der Schlacht bei Mohács zugrunde, 1529 folgte die erste Belagerung Wiens.

Das Osmanische Reich war seiner Natur nach ein Militärstaat. Seinen Aufstieg verdankte es einer straff geführten Armee und einer effizienten Verwaltung, beseelt vom Gedanken des Krieges gegen die Ungläubigen (arab. *jihād*) und dem Aufbau eines Staates im Dienste des Islams. Das Rückgrat von Heer und Beamtenschaft bildeten freigelassene Sklaven christlicher Herkunft, die in der regelmäßig in den christlichen Provinzen des Reiches durchgeführten „Knabenlese" *(devshirme)* ausgehoben und entsprechend ihrer Eignung für die verschiedenen Dienste ausgebildet wurden. Gegenüber Nichtmuslimen waren die Osmanen tolerant im Rahmen der islamischen Vorschriften; so fanden die nach Abschluß der Reconquista von den Christen aus Spanien vertriebenen Juden bereitwillig Aufnahme und konnten sich frei entfalten. Die vom Islam als „Buchbesitzer" anerkannten Religionen und Denominationen waren als „Nationen" *(millet)* organisiert und durch ihre Sprecher bei der Hohen Pforte vertreten.

Den Vorteilen für die Minderheiten standen Nachteile für die Muslime nichttürkischer Herkunft gegenüber. Die im 16. Jahrhundert unterworfenen arabischen, d. h. vorwiegend islamischen Provinzen des Reiches wurden in der Praxis nicht anders behandelt als die christlichen Provinzen auf dem Balkan (Rumelien), die zuerst erobert worden waren und in gewisser Weise das Modell für die später hinzugekommenen islamischen Reichsteile lieferten. Die Araber standen als Muslime zwar über den unterworfenen Nichtmuslimen, doch bildeten die Türken das privilegierte Staatsvolk. Die Provinzen wurden von türkischen Statthaltern verwaltet, die in regelmäßigem Turnus wechselten und später, in der Zeit des Niedergangs des Reiches, ihre kurze Amtszeit dazu benutzten, sich durch Ausplünderung der ihnen anvertrauten Provinz persönlich zu bereichern. Die islamischen Einrichtungen wurden ihrem Zweck entfremdet und verfielen, die angesammelten Kulturschätze wanderten nach Konstantinopel. So kommt es, daß die bedeutendsten Sammlungen arabischer Handschriften heute in Istanbuler Bibliotheken zu finden sind. Andererseits entwickelte sich eine hochstehende, vor allem am Hof gepflegte literarische Kultur mit einer starken arabisch-persischen Komponente, in der sich die ursprüngliche Akkulturation der Türken auf iranischem Boden spiegelt. Vom Hof strahlte diese Kultur vor allem auf den Balkan aus, wo bis zum Beginn unseres Jahrhunderts persische Dichtung gepflegt worden ist.

Militärisch und außenpolitisch blieb den Osmanen in der Auseinandersetzung mit den europäischen Mächten ein durchschlagender Erfolg versagt. Sie waren nicht in der Lage, die innere Schwäche Europas auszunutzen und hatten keinen Blick dafür, daß im Laufe der Zeit die politische und wirtschaftliche Situation sich global zu ihren Ungunsten veränderte. Der 1683 begonnene Krieg, der mit der zweiten Belagerung Wiens anhob, endete 1699 mit den Friedensverträgen von Karlowitz, in welchen die Osmanen weite Gebiete an Österreich, Polen und Venedig abtreten mußten. Es begann der Niedergang des Reiches. Der griechische Freiheitskampf 1821–29 schwächte die Stellung der Osmanen auf dem Balkan. Es dauerte kein Jahrhundert, bis sie fast ganz vom Balkan verdrängt waren. Seit der Entdeckung Amerikas und der Umschiffung Afrikas war die Seefahrt auf dem Mittelmeer nur noch von sekundärer Bedeutung. Der Handel mit dem Orient verlief nicht mehr zwangsläufig durch islamisches, d. h. osmanisches Gebiet. Auch dies trug zum Niedergang der arabischen Länder bei. Ägypten verlor seine beherrschende Stellung im Orienthandel, der Irak sank zu einer Randprovinz ab. In Nordafrika entstanden in Tripolis, Tunis und Algier die halb selbständigen Barbareskenstaaten, die hauptsächlich von der Piraterie lebten, was zum Eingreifen Frankreichs in Algier 1830 führte; 1882 mußte Tunis das französische Protektorat anerkennen, 1904 grenzten Frankreich und Spanien ihre Interessensphären in Marokko ab, und 1912 errichteten die Italiener ihre Herrschaft über die Cyrenaika und Tripolitanien.

Die Landung Napoleons in Ägypten (1798) markiert den Beginn der Erneuerung der arabischen Welt. Der Albaner Muḥammad ʿAlī ergriff nach Napoleons Abzug die Macht in Ägypten (1805–48), schaltete die Mamluken aus und führte mit Hilfe europäischer Berater und europäischen Kapitals Reformen im Heer, in der Verwaltung und in der Wirtschaft durch. Den griechischen Freiheitskampf benutzte er dazu, sich von der Pforte de facto unabhängig zu machen. Seine Nachfolger gerieten durch ihre ehrgeizigen Pläne, auch durch die Beteiligung am Bau des 1869 vollendeten Suezkanals, in finanzielle Abhängigkeit von den westlichen Großmächten und hatten deshalb mit inneren Schwierigkeiten zu kämpfen. Die Durchdringung des Sudan von 1820 an führte zum Aufstand des Mahdi *(mahdī)*, der erst 1898 mit englischer Hilfe niedergeworfen werden konnte. England nahm den von nationalistischen Kräften geschürten Aufstand des ʿArābī (oder ʿUrābī) Pascha zum Vorwand, in Ägypten massiv zu intervenieren (1882). Der englische Generalkonsul in Kairo übte danach de facto die Tätigkeit eines Kommissars aus. Im Ersten Weltkrieg wurde Ägypten von den Briten zum Protektorat erklärt und errang nur langsam die volle Unabhängigkeit zurück. Trotz aller Rückschläge wurden aber im 19. Jahrhundert die Grundlagen für die führende Stellung Ägyptens in der arabischen Welt geschaffen.

Durch die Einbußen, die das Osmanische Reich im 19. Jahrhundert erlitt, war seine Stellung schwer erschüttert. Um dem entgegenzuwirken, aber auch und vor allem unter dem Druck der Westmächte, die unter den verschiedensten Begründungen ihre Interessen glaubten verteidigen zu müssen, wurden Reformen geplant und teils auch durchgeführt. Dazu gehört das nach Christenmassakern im Libanon 1860 eingeführte *Règlement Organique*, das den Westmächten weitgehende Mitbestimmung einräumte und den Ansatz für die spätere Bildung des Staates Libanon bildete. Die osmanischen Verfassungs- und Verwaltungsreformen *(Tanẓīmāt)* in der Zeit zwischen 1839 und 1876 sollten u.a. die Gleichberechtigung der Nichtmuslime sichern und ihnen die vollen Bürgerrechte verschaffen, was die Aufhebung der Kopfsteuer *(jizya)* und die Heranziehung zum Wehrdienst bedeutete – letzteres im islamischen Staat eher als Privileg denn als lästige Pflicht betrachtet. Der Bruch mit den traditionellen islamischen Vorschriften wurde von der breiten Masse der Bevölkerung nicht verstanden; fromme Muslime glaubten, zur Selbsthilfe greifen zu dürfen, wenn der Staat bei der Anwendung islamischer Vorschriften versagte. Die Armeniermassaker vor dem Ersten Weltkrieg sind unter dieser Voraussetzung zu beurteilen. Sie setzten sich im Ersten Weltkrieg fort, als man die Armenier der Kollaboration mit dem feindlichen Rußland bezichtigte.

Der Bewegung der Jungtürken gingen die von der Regierung veranlaßten Reformen nicht weit genug. Ihr Ziel war die Schaffung eines türkischen Nationalstaates mit rein türkischer Bevölkerung. Teils in Zusammenarbeit mit den Jungtürken, teils unabhängig davon regten sich unter den Arabern die nationalen Kräfte. Ihr Ziel war die Schaffung eines arabischen Reiches, das allen Arabern Heimstatt sein sollte. Als die Türkei an der Seite der Mittelmächte in den Ersten Weltkrieg eintrat, wurden den Arabern durch die Alliierten politische Versprechungen gemacht, um sie zum Kampf gegen die Osmanen zu gewinnen. Adressat war vor allem der Scherif von Mekka, Ḥusain ibn ʿAlī. Zugleich aber teilten England und Frankreich sich 1916 im Sykes-Picot-Abkommen gegenseitig die späteren Mandatsgebiete zu, was dem Versprechen der arabischen Einheit diametral entgegengesetzt war. Obendrein gab der britische Außenminister A. J. Balfour die bekannte Erklärung ab, die von den Zionisten als Zusicherung eines jüdischen Staates in Palästina verstanden wurde (2. 11. 1917).

Von allen diesen Plänen, Projekten und Träumen wurde nach dem Ende des Ersten Weltkriegs und dem Zusammenbruch des Osmanischen Reiches nur der türkische Nationalstaat verwirklicht, der unter Mustafa Kemal Pascha (Atatürk) radikal mit den islamisch-arabischen Traditionen brach, und nach Ende des Zweiten Weltkrieges der Staat Israel. An die Stelle des erträumten arabischen Reiches traten Einzelstaaten, deren Grenzen teilweise mit fahrlässiger Willkür an den europäischen Konferenztischen gezogen wurden. Das lehrt schon ein kurzer Blick auf die politische Landkarte. Der Scherif Ḥusain, „König der Araber", wurde von den Saudis (arab. Āl Saʿūd), die als Anhänger des Wahhabitentums die Propagierung eines reinen, von allen späteren Zutaten gereinigten Islams vertraten, 1924–1926 aus dem Hedschas (Ḥijāz) vertrieben und starb 1931 im Exil. Sein Sohn Faiṣal (gest. 1933) wurde von den französischen Mandatsträgern aus Damaskus, wo er seine Ansprüche geltend machte, vertrieben und errichtete mit britischer Förderung 1921 ein Königtum im Irak, das 1958 durch die Republik ersetzt wurde. ʿAbdallāh, der zweite Sohn Ḥusains, errichtete mit Zustimmung der Engländer das haschimitische Emirat und spätere Königtum von Transjordanien (Jordanien); er wurde 1952 in Jerusalem von einem Fanatiker wegen seines Waffenstillstandes mit Israel ermordet. Sein Enkel Ḥusain ist der derzeitige König von Jordanien.

Erst der Ausgang des Zweiten Weltkrieges und das Ende des Mandats in Syrien und Palästina brachte den meisten arabischen Staaten die volle Unabhängigkeit. In Nordafrika mußte sie mühsam erkämpft werden. Die Gründung des Staates Israel (1948) legt der arabischen Einheit ein weiteres Hindernis in den Weg. Die Gründung der *Arabischen Liga* mit Sitz in Kairo (1945), der 1994 22 Staaten in Asien und Afrika angehören, war als Schritt zur Verwirklichung der arabischen Einheit gedacht. Daneben stehen Zusammenschlüsse einzelner Staaten von meist kurzer Dauer, wie die von Ägypten und Syrien gebildete Vereinigte Arabische Republik 1958–61. Es ließe sich leicht ein Dutzend solcher Projekte seit 1945 aufzählen; sie blieben meist schon in der Planung stecken. Über die arabische Einheit hinaus weisen die Bemühungen um Zusammenschluß der ganzen islamischen Welt, gewissermaßen ein zeitgebundener und daher als provisorisch verstandener Ersatz für die seit langem verlorene Einheit unter dem Kalifat. Die erste Organisation dieser Art wurde von den Saudis 1926 in Mekka unter dem Namen *Islamischer Weltkongreß (Mu'tamar al-ʿālam al-islāmī)* gegründet, ein anspruchsvoller Ersatz für das gescheiterte arabische Reich unter dem Scherifen Ḥusain von Mekka (der auch Kalifats-Ansprüche erhoben hatte). Der Gedanke wurde nach 1949 von Pakistan, das nun die Führung in der islamischen Welt beanspruchte, wieder aufgenommen und die Liga in Karatschi erneuert. Später gründeten die Saudis – durch Öl reich geworden, im Besitz der *Wahhābīya* als der „reinen Lehre" und Hüter der heiligen Stätten mit ständig wachsendem Zustrom von Pilgern – 1962 anläßlich des Pilgerfestes eine neue Organisation unter dem Namen *Liga der Islamischen Welt (Rābiṭat al-ʿālam al-islāmī).* Unter dem Patronat der Liga und mit saudischem Geld ist eine Organisation zur Propagierung des Islams in den nichtislamischen Ländern gegründet worden; vielerorts werden Moscheen errichtet, z. B. auch in Rom, um die islamische Präsenz und den Anspruch dieser Religion auf weltweite Durchsetzung zu demonstrieren.

Die Bewältigung der aus dem Nebeneinander von Islam und moderner

Welt erwachsenden Spannung, bereichert um die Problematik der nationalen Identität und der angemessenen Staatsform, ist zum Hauptthema islamischen Denkens geworden. Die Lösungsangebote sind verschieden und reichen von radikaler Absage an den Islam bis hin zum islamischen Fundamentalismus. In Persien führte das Bemühen der Pahlawī-Dynastie (1925–79) um Aneignung der westlichen Technik und Produktionsformen mit gleichzeitigem Rückgriff auf die vorislamischen Staatstraditionen, deren Harmonie mit dem Islam behauptet wurde, zum Umsturz des Staates und zur Proklamierung einer „Islamischen Republik" islamisch-fundamentalistischer Prägung unter Führung des Āyatullāh Khumainī. Islamischer Fundamentalismus wird auch von Reformern in Pakistan vertreten, sowie von den Muslimbrüdern *(al-Ikhwān al-muslimūn)* in den Ländern am östlichen Mittelmeer. Ghaddafi (al-Qadhdhāfī) in Libyen propagiert einen Islam als Mittel der Rückbesinnung auf die afrikanische Authentizität und untermauert dadurch seinen Anspruch auf die Führungsrolle auf dem afrikanischen Kontinent, in Rivalität mit Ägypten und in Absage an westlichen Imperialismus und Kolonialismus. Diese Bemühungen mit unterschiedlichen Zielrichtungen und auf unterschiedlicher konfessioneller Basis stellen neben den politischen Differenzen eine weitere gefährliche Bedrohung der islamischen Einheit dar. Diese Einheit war schon in der Frühzeit nicht mehr gegeben. Der Islam hat stets den Pluralismus gekannt und wird auch in Zukunft damit leben müssen. Die Einheit wird wohl immer ein Traum bleiben.

II. Der sunnitische Islam

(Bernd Radtke)

Das arabische Wort *sunna* bedeutet Herkommen, Brauch. Ein Sunnit (arab. *sunnī*) ist ein Mensch, der danach trachtet, nach Brauch und Herkommen zu leben und zu handeln. Der Inhalt des Brauches ist in den vom Propheten Muḥammad überlieferten Aussprüchen und Lehren gegeben. Diesen nachzueifern, ist Ziel eines jeden gläubigen Muslims, und jeder gläubige Muslim wird behaupten, daß die von ihm gepflogene Praxis und geglaubte Lehre die eigentliche sunna des Propheten ist. Auf diese Weise kann auch ein Schiit (arab. *shīʿī*) als Sunnit gelten. Eine genauere Begriffsbestimmung der sunna im engeren Sinne, die historisch vorgehen muß, ist deshalb nötig.

1. Historischer Abriß

Daß sich heute in der islamischen Welt sunnitischer und schiitischer Islam gegenüberstehen, ist das Ergebnis eines sich über Jahrhunderte hinziehenden Prozesses. Obwohl *sunna* und *shīʿa* in nuce bereits im 7. Jahrhundert vorhanden sind, kann doch erst vom 9. Jahrhundert an von einem sunnitischen bzw. schiitischen Islam gesprochen werden.

Mit der Ermordung des dritten Nachfolgers des Propheten Muḥammad in der Leitung der Gemeinde und des islamischen Staatswesens, ʿUthmān ibn ʿAffān, im Jahre 656 schwand die Einheit der Gläubigen. Der als Nachfolger ʿUthmāns in Medina gewählte ʿAlī ibn Abī Ṭālib, der Schwiegersohn des Propheten, fand nicht wie seine Vorgänger Abū Bakr (632–634), ʿUmar ibn al-Khaṭṭāb (634–644) und der ermordete ʿUthmān (644–656) die Unterstützung der gesamten Gemeinde. Gegen ʿAlī erhob sich, Rache für seinen Verwandten ʿUthmān fordernd, der Statthalter Syriens, Muʿāwiya ibn Abī Sufyān aus dem Hause der Umaiyaden, einem Patriziergeschlecht Mekkas, das dem Propheten Muḥammad lange Zeit erbitterten Widerstand entgegengesetzt hatte. Ein zweiter Gegner erwuchs dem Kalifen ʿAlī in einem Teil ehemaliger Anhänger, die mit seinem Verhalten in der Auseinandersetzung mit Muʿāwiya nicht einverstanden waren und daher sein Lager verließen. Sie wurden die Ausziehenden, die „Sezessionisten“ (arab. *khawārij*, sing. *khārijī*), „Kharidschiten“ genannt. Die militärische Auseinandersetzung zwischen ʿAlī und Muʿāwiya verlief unentschieden, ʿAlī fiel jedoch 661 einem Meuchelmord zum Opfer, so daß sein Rivale ab 661 relativ unangefochten als Kalif herrschen konnte. Das Kalifat verblieb bis zum Jahr 750 beim Haus der Umaiyaden.

Die umaiyadischen Kalifen mußten sich in der gesamten Zeit ihrer

Herrschaft, besonders jedoch nach dem Tode Muʿāwiyas im Jahr 680, gegen offene Rebellion behaupten. Es erhoben sich immer wieder gegen die als Usurpatoren angesehenen Umaiyaden leibliche Nachkommen des Kalifen ʿAlī, deren Anhänger sich „die Partei ʿAlīs" (arab. *shīʿat ʿAlī*) nannten. In ihren Reihen bildeten sich die Anschauungen heran, die vom 10. Jahrhundert an den Kern der schiitischen Lehre bildeten. Nach Meinung dieser Gruppe muß die Leitung des islamischen Staatswesens in den Händen eines Mitglieds der Familie des Propheten Muḥammad liegen, die als Trägerin eines besonderen, von Gott verliehenen Charismas angesehen wurde.

Im schärfsten Gegensatz zur Partei ʿAlīs, aber auch zur islamischen Restgemeinde, standen die bereits erwähnten Kharidschiten. Nicht die Abstammung vom Propheten, nicht das persönliche Charisma eines Führers befähigte in ihren Augen zur Führung der Gemeinde, sondern allein seine Moralität. Manche Gruppen der Kharidschiten entwickelten einen fast aberwitzig anmutenden moralischen Rigorismus, der sie zu einer unbedeutenden Randgruppe der islamischen Welt werden lassen sollte.

Neutral bis ablehnend, jedoch nicht offen rebellierend, stand den Umaiyaden auch die den schiitischen bzw. kharidschitischen Extremismus mißbilligende Menge frommer Muslime gegenüber, die als „Gemäßigte" zu bezeichnen sind. Unter ihnen sind die geistigen Stammväter der nachmaligen Sunna zu suchen. Als ein typischer Vertreter dieser Gruppe kann der 728 gestorbene Ḥasan al-Baṣrī gelten.

Die Dynastie der Umaiyaden erlag 750 dem Ansturm der Opposition und wurde durch die Dynastie der Abbasiden ersetzt. Diese Abkömmlinge des Prophetenonkels ʿAbbās verstanden es, sich durch geschickte Propaganda die verschiedenen Unmutsfaktoren – religiöse, nationale, soziale – nutzbar zu machen und die Herrschaft der Umaiyaden zu beenden, wobei sie sich zum Teil auf nichtarabische Truppen ostiranischer Herkunft stützten. Sie behaupteten das Kalifat bis zum Jahr 1258. Die Abbasiden verlegten die Hauptstadt des muslimischen Reiches von Damaskus nach Bagdad und zogen für die Staatsverwaltung zunehmend nichtarabische Elemente, vornehmlich Perser, heran, die bisher vom Einfluß auf die Leitung des Staatswesens ausgeschlossen waren. Durch die sich bildende Klasse dieser Staatsschreiber iranischer Herkunft (arab. *kuttāb*, sing. *kātib*) drangen Elemente iranischer Staats- und Geistestradition in die bisher arabisch dominierte islamische Welt ein. Auch das Erbe der griechischen Antike fand Eingang in die islamische Welt durch Übersetzungen aus dem Griechischen und Syrischen, die im 9. Jahrhundert von den abbasidischen Kalifen veranlaßt wurden.

In Konkurrenz mit den kuttāb um Einfluß auf Führung und Gestaltung des islamischen Staatswesens standen die in der Tradition der Gemäßigten lebenden gelehrten Theologen und Juristen (arab. *ʿulamāʾ*, sing. *ʿālim*), in deren Kreisen die genuin islamisch-arabischen Wissensinhalte gepflegt wurden. Während die kuttāb einer eher autokratischen Kalifats- und Staatsauffassung das Wort redeten und somit schiitischen Tendenzen nahekamen – als Beispiel ist hier der Sekretär des zweiten abbasidischen Kalifen Manṣūr

(754–775), der Perser Ibn al-Muqaffaʿ (hingerichtet 759) zu nennen, der auch als einer der Schöpfer arabischer Prosa gilt –, verfochten die ʿulamāʾ eine mehr konstitutionelle Staatsauffassung. Für sie war nicht die Person des Herrschers das entscheidende Kriterium für Wohl und Wehe des Staates, sondern die Befolgung und Anwendung religiöser Prinzipien, die dem heiligen Buch, dem Koran, und der in der Gemeinde gepflogenen, anerkannten Tradition – sunna – zu entnehmen waren.

Der fast ein Jahrhundert währende Kampf der beiden Auffassungen wurde in den Jahren nach 850 mit dem Sieg der ʿulamāʾ entschieden. Ihre Lehre, die „sunnitische", war von jetzt an die offiziell anerkannte des Kalifats. Erst jetzt kann von einem „sunnitischen Kalifat" gesprochen werden.

Der Sieg der ʿulamāʾ wurde jedoch begleitet vom äußeren Machtverfall des abbasidischen Kalifats, der 945 darin gipfelte, daß das sunnitische Kalifat unter den Einfluß der schiitischen Dynastie der Buyiden geriet, die in Bagdad als eine Art Hausmeier der Abbasiden fungierten. Im selben Jahrhundert machten sich die Randprovinzen des Kalifats – Spanien, Nordafrika, Ostiran – unter einheimischen, zumeist nichtarabischen Dynastien selbständig. Ein Gegenkalifat extrem schiitischer Provenienz entstand in der zweiten Hälfte des 10. Jahrhunderts in Ägypten unter der Dynastie der Fatimiden, die eine zersetzende Propaganda gegen das sunnitische Abbasiden-Kalifat richtete.

Zum Retter des von allen Seiten bedrängten sunnitischen Islams wurden im 11. Jahrhundert die aus Mittelasien stammenden Türken. Sie beseitigten im Jahr 1055 die schiitischen Buyiden als Hausmeier der Abbasiden und eröffneten durch die Gründung von Hochschulen eine sunnitische Gegenoffensive. Die Hochschulen hießen nach ihrem Initiator, dem Wezir Niẓām al-Mulk, *Niẓāmīya*. Hervorragendster Vertreter der an diesen Hochschulen unterrichtenden sunnitischen ʿulamāʾ war der Perser Abū Ḥāmid Muḥammad al-Ghazālī (gest. 1111).

Der Mongoleneinfall des 13. Jahrhunderts, der u. a. die Zerstörung Bagdads und damit das Ende des abbasidischen Kalifats zeitigte (1258), wurde aufgehalten durch die sunnitischen türkischen Mamluken, die von der Mitte des 13. bis zum Anfang des 16. Jahrhunderts Ägypten und Syrien beherrschten. Das Mamlukenreich fiel 1517 an die sunnitischen türkischen Osmanen, deren Staat bis ins 20. Jahrhundert Bestand hatte.

Die vielleicht bedeutendste geistige Erscheinung der Mamlukenzeit war der Syrer Ibn Taimīya (gest. 1328), dessen Schriften in der Moderne sehr großen Einfluß gewonnen haben.

2. Theologie

Der Islam ist eine Gesetzesreligion. Gott hat seinem letzten und größten Propheten Muḥammad seinen Willen offenbart, der in der heiligen Schrift, dem Koran *(qur'ān)*, teilweise in Gesetzesform niedergelegt ist. Diese ewigen, heiligen, göttlichen Gesetze müssen in der Welt, in einem Gemeinwesen zur Anwendung kommen, damit Islam als Religion sein kann. Islam ist daher nie allein die private Angelegenheit des Individuums gegenüber seinem Gott, sondern immer auch Sache der Öffentlichkeit, der Gesellschaft und des Staates. Nach welchen Gesichtspunkten die Gesellschaft organisiert ist und wer in ihr autoritative Funktion ausüben soll, muß somit für einen Muslim von entscheidender Bedeutung sein; vor allem auch, wie er sich zu verhalten hat, wenn die Leiter des Staates sich nicht an die göttlichen Gesetze halten, von deren Anwendung jedoch das Heil des Muslims als Mitglied des Gemeinwesens, außerhalb dessen es, um mit christlicher Terminologie zu sprechen, kein Heil gibt, abhängt: Muß sich der fromme Muslim unter einer nicht mit dem göttlichen Gesetz in Einklang stehenden Führung des Staatswesens sagen, daß sich auch in einer sündigen Staatsführung der göttliche Wille ausdrückt, oder hat er das Recht, ja sogar die Pflicht, sich gegen die frevelnde Autorität aufzulehnen?

Hieran mußten sich die Frage nach der Handlungsfreiheit des Menschen und die Frage nach der Herkunft des Bösen entzünden, und eben diese beiden Fragen stehen am Beginn muslimischer theologischer Diskussion. Die Art der von den Umaiyaden gepflogenen Leitung des islamischen Staatswesens stieß bei vielen auf Ablehnung und wurde als Widerspruch zum göttlichen Gesetz und zur von Muḥammad gestifteten Tradition gesehen – ob zu Recht oder zu Unrecht, sei dahingestellt. Die Umaiyaden machten dagegen geltend, daß ihnen die Leitung des Staates durch göttliche Schicksalsbestimmung anvertraut worden sei, daß daher Widerstand gegen ihre Autorität dem Widerstand gegen den göttlichen Willen gleichzusetzen sei. Diese Selbstlegitimation der Macht stieß, wie bereits angeführt, einerseits auf Widerstand der Vorläufer der späteren Schiiten, andererseits auf den der Kharidschiten. Aber auch in den Kreisen der Gemäßigten fand die umaiyadische Forderung nach Anerkennung ihrer Macht als göttlich legitimiert nur sehr begrenzt Zustimmung, denn allzu deutlich war der Bruch zwischen Wirklichkeit der Handlungen umaiyadischer Kalifen und den Forderungen des göttlichen Gesetzes.

Die über lange Zeit in den Kreisen der Moderaten geführte Diskussion über das Verhältnis von göttlicher Allmacht und menschlicher Handlungsfreiheit stützte sich naturgemäß zunächst auf Aussagen des Korans, die jedoch keine eindeutige Stellungnahme enthalten: Einerseits wird im Koran die göttliche Allmacht betont, andererseits wird dem Menschen Verantwortlichkeit für seine Handlungen zugeschrieben, für die er dereinst göttlichen Lohn im Paradies oder ewige Strafe in der Hölle ernten wird. Beide Standpunkte, der mehr die göttliche Allmacht betonende und der eher auf die menschliche Verantwortlichkeit blickende, konnten sich durch koranische Aussagen als legitimiert ausweisen. Der erste Standpunkt wird in der islamisch-theologischen Literatur als dschabritisch, der zweite als qadaritisch bezeichnet. Auf eine eingehende Erklärung beider Begriffe sei hier verzichtet, da sie zu weit führen würde. Qadaritisch, den freien Willen und die Verantwortlichkeit des Menschen betonend, waren in vielem die Anschauungen des bereits erwähnten Ḥasan al-Baṣrī (gest. 728). Ḥasan war vor allem Asket und Erweckungsprediger, weniger Theologe. Die mystische Bewegung sieht in ihm einen ihrer Stammväter. Ḥasan rief die Menschen zur Buße und Selbsterziehung auf, tadelte auch die Übergriffe der politischen Machthaber, lehnte jedoch offene Rebellion ab. Basra, die Heimatstadt Ḥasans, scheint eine besonders wichtige Rolle bei der Herausbildung dogmatischer, juristischer und mystischer Schulen gespielt zu haben. Hier, aber auch in den anderen städtischen Zentren des islamischen Reiches wie Kufa, Medina oder Damaskus, bildeten sich bereits im 7. Jahrhundert Diskussionszirkel von frommen, oft asketisch lebenden Mitgliedern der Gemeinde, in denen die interessierenden dogmatischen, juristischen und mystischen Probleme diskutiert wurden.

Zum Kreis der in diesen Diskussionszirkeln Verkehrenden gehörten auch Mitglieder einer dogmatischen Richtung, die den Namen Murdschiiten erhalten haben. Sie standen der Herrschaft der Umaiyaden generell freundlich gegenüber, da sie sich das Urteil über das Schicksal eines Sünders, also auch das eines sündigen umaiyadischen Kalifen, versagten und Gott allein anheimstellten. Aus diesem Verhalten wird ihr Name erklärt: *murji'a* kann bedeuten: die Aufschiebenden, d. h. diejenigen, die das Urteil über Errettung oder Verdammnis eines Muslims auf den Jüngsten Tag aufschieben. Zu ihnen wird u. a. auch Abū Ḥanīfa (gest. 767), der Begründer der hanafitischen Rechtsschule, gezählt.

In der murdschiitischen Haltung, den Sünder nicht aus der Heilsgemeinschaft des islamischen Staatswesens zu verstoßen, solange dieser nicht offen vom Islam abfällt, ist die spätere sunnitische Lehre von der Rechtfertigung durch den Glauben bereits in nuce vorhanden. Sie besagt, daß jeder Muslim, insofern er sich zumindest zu den Prinzipien der islamischen Religion bekennt und nach ihnen handelt, trotz etwaiger Übertretungen des göttlichen Gesetzes schließlich des Paradieses, also ewiger Glückseligkeit, teilhaftig wird. Große Sünder verbringen nur eine gewisse Zeit in der Hölle, werden jedoch durch Fürsprache des Propheten Muḥammad bei Gott aus ihr erlöst. Es kann nicht übersehen werden, daß diese Anschauung einer etwas laxen Moralität Vorschub leistete, im Gegensatz zu dem von Ḥasan al-Baṣrī und den ihm nahestehenden Kreisen vertretenen moralischen Rigorismus, der der Aktivität des Menschen alles abverlangte, ohne sich eines einstigen Lohnes gewiß zu sein. Barg die murdschiitische Haltung vielleicht die Gefahr einer allzu großen Gnadengewißheit in sich („trotz meiner Sünde gehöre ich der islamischen Heilsgemeinschaft an und bin daher der göttlichen Gnade gewiß"), so konnte die Anschauung Ḥasans und der Qadariten zu einer Übersteigerung des Selbstwertgefühles führen. Das ist auch etwa von manchen Mystikern, die sich in der geistigen Tradition Ḥasan al-Baṣrīs stehend empfanden, erkannt und bekämpft worden.

Die die Dynastie der Umaiyaden im Jahre 750 ablösenden Abbasiden fanden anfangs die Unterstützung der gemäßigten *ʿulamāʾ*, da sie die Bereitschaft zeigten, das islamische Staatswesen nach göttlichem Gesetz, Brauch und Tradition der Frommen zu leiten, somit die Hauptforderung der Gemäßigten einlösend. Sie verloren die Unterstützung der ʿulamāʾ jedoch, als sie die Lehren einer bestimmten theologisch-scholastischen Schule, der Mutaziliten, zum Staatsdogma erhoben. Das geschah in der von den gemäßigten ʿulamāʾ als *miḥna* (Heimsuchung) bezeichneten Periode von 833 bis 850. Exponent der Gemäßigten dieser Zeit ist der Begründer der nach ihm so benannten hanbalitischen Rechtsschule, Aḥmad ibn Ḥanbal (gest. 855).

Die Mutaziliten, geistige Erben der Qadariten, verwendeten zum ersten Mal griechische Begriffe in der islamisch-theologischen Diskussion. Ihre Lehre läßt sich in fünf Hauptpunkten beschreiben, von denen jedoch nur die beiden ersten in der Diskussion eine größere Rolle gespielt haben. Der erste Punkt des mutazilitischen Dogmas heißt *tauḥīd*, was als Monotheismus oder „Bewußtsein von der göttlichen Einheit“ übersetzt werden kann. Der mutazilitische tauḥīd besagt, daß Gottes Wesen einzig und unteilbar ist. Die Gott im Koran zugeschriebenen Eigenschaften (Attribute, arab. *ṣifāt*) müssen, um jedes Element einer Vielheit auszuschließen, als identisch mit Gottes Wesen angesehen werden. Gott ist daher z. B. durch sich, durch sein Wesen wissend oder redend, nicht durch ein Attribut „Wissen“ oder „Reden“, das von seinem Wesen verschieden wäre. Da der Koran als Gottes Wort, als „Gottes Rede“ (arab. *kalām Allāh*) gilt, stellte sich die Frage, wie dieses in der Zeit, in der Schöpfung erschienene, geoffenbarte „Reden“ Gottes anzusehen sei. Stellte der Koran das Reden Gottes selbst dar und war daher ewig und göttlich in seiner in der Zeit erschienenen Form, oder war er nur eine in der Zeit erschienene Manifestation der unerschaffenen göttlichen Eigenschaft des „Redens“? Die Mutaziliten mußten sich, bedingt durch ihre Lehre von den göttlichen Eigenschaften, für die Erschaffenheit des Korans entscheiden. Das Dogma von der Erschaffenheit des Korans wurde im Jahr 833 vom abbasidischen Kalifen Ma'mūn (813–833) zum Staatsdogma erhoben. Das zielte gegen die Legitimation der die Abbasiden anfänglich unterstützenden gemäßigten ʿulamāʾ, die sich als die berufenen Interpreten und Bewahrer des ewigen göttlichen Gesetzes, das im Koran offenbart ist, verstanden. Wurde ihre Legitimationsquelle, der Koran, in Frage gestellt, wurde ihr der göttliche, d. h. ewige Charakter aberkannt, so waren auch Macht und Einfluß der ʿulamāʾ auf die Gestaltung des islamischen Staatswesens in Gefahr. Das Dogma von der Erschaffenheit des Korans wurde daher von den ʿulamāʾ scharf abgelehnt.

Der zweite Punkt des mutazilitischen Dogmas (*ʿadl*, Gerechtigkeit) beschreibt das Verhältnis von Gott zum Menschen. Gott kann nicht ungerecht sein, weil Ungerechtigkeit seinem Wesen widersprechen würde. Er wird den Menschen daher, so wie er im Koran versprochen bzw. angedroht hat, gerecht, d. h. nach Maßgabe der Taten des Menschen, für die dieser verantwortlich ist, belohnen bzw. bestrafen. Willkür ist für Gott undenkbar. Das Böse in der Welt ist durch den Menschen entstanden, der dafür verantwortlich ist, nicht etwa Gott. Ist der Mensch für seine Taten verantwortlich, so muß ihm auch eine gewisse Handlungsfreiheit zugestanden werden, d. h. das Wirken der göttlichen Allmacht muß auf dem Gebiet des menschlichen Handelns zumindest eingeschränkt werden.

Die im 9. und 10. Jahrhundert entstandenen Glaubensbekenntnisse (arab. *ʿaqāʾid*, sing. *ʿaqīda*) der gemäßigten Gruppe, die man jetzt als Sunniten bezeichnen kann (der Grund wird im nächsten Kapitel erläutert), weichen in charakteristischen Punkten vom mutazilitischen Dogma ab. So wird in ihnen die Vorherbestimmtheit aller Dinge durch Gott – also auch die aller menschlichen Handlungen – betont. Die Verantwortlichkeit des Menschen scheint von geringerer Bedeutung.

Dem sich in der zweiten Hälfte des 9. Jahrhunderts konsolidierenden sunnitischen Islam erstand am Anfang des 10. Jahrhunderts ein *fidei defensor* in der Gestalt des Abū l-Ḥasan al-Ashʿarī (873–935). Ursprünglich Schüler des Mutaziliten Jubbāʾī (gest. 915) und somit hervorragender Kenner mutazilitischer Denkweise und Dogmatik, erfuhr er ca. 912–915 eine Art Bekehrung und betrachtete sich von nun an als Anhänger der Lehren des Aḥmad ibn Ḥanbal. Al-Ashʿarī verwarf zwar die Inhalte mutazilitischen Denkens, bewahrte jedoch die mutazilitische Methodik des Argumentierens, die als Dialektik (arab. *kalām*) zu bezeichnen ist. Daß er somit nicht sein gesamtes mutazilitisches Erbe verleugnete, ließ ihn und seine Nachfolger lange Zeit in den Augen der sunnitischen ʿulamāʾ suspekt erscheinen.

In folgenden vier Hauptpunkten wandte sich al-Ashʿarī gegen mutazilitische Auffassungen: (1.) Er bekannte sich zur Unerschaffenheit des Korans. (2.) Die Mutaziliten hatten die im Koran auftretenden Anthropomorphismen metaphorisch gedeutet; so verstanden sie z. B. die „Hand Gottes" als Eigenschaft der Gnade. Al-Ashʿarī setzte dagegen die Auffassung, die koranischen Anthropomorphismen seien ohne Fragen nach dem Wie hinzunehmen, ohne daß man durch Gebrauch der menschlichen Vernunft Aussagen über sie machen könne oder dürfe. Man sprach hier von einer „Wielosigkeit" *(bi-lā-kaifīya)* der göttlichen Eigenschaften. (3.) Die im Koran den Gläubigen verheißene Gottesschau im Jenseits wurde von den Mutaziliten in der Weise gedeutet, daß die Gläubigen Gott mit dem Herzen als dem Sitz der Erkenntnis, nicht mit den leiblichen Augen sehen würden. Al-Ashʿarī beharrte auf der Anschauung von der Gottesschau mit den leiblichen Augen, aber wiederum im Sinne des „Ohne-Wie". Der (4.) Punkt betraf das menschliche Handeln. Qadariten und in ihrem Gefolge Mutaziliten hatten dem Menschen eine ihm eigene Handlungsbefähigung *(istiṭāʿa)*, die bereits vor dem jeweiligen Handeln existiert *(qabl al-fiʿl)*, zugesprochen und daraus Handlungsfreiheit und Verantwortlichkeit des Menschen abgeleitet. Al-Ashʿarī – jedoch auch schon Vorläufer wie der nichtmutazilitische Theologe Ḍirār ibn ʿAmr (gest. ca. 800), der Theosoph Ḥakīm at-Tirmidhī (gest. ca.

910) und andere – sprach von der Schöpfung *(khalq)* der menschlichen Handlungen durch Gott und ihrer Aneignung *(kasb, iktisāb)* durch den Menschen aufgrund der jeweils nur während des Handelns bestehenden Handlungsbefähigung *(al-istiṭāʿa maʿa l-fiʿl)*. Hier wird ein Grundkonzept ashʿaritisch-sunnitischen Denkens sichtbar: Die Schöpfung mit Einschluß des Menschen ist in jedem Augenblick unmittelbar „zu Gott", wird in jedem Augenblick von Gott geschaffen. Was der Mensch als ewige Gesetze der Schöpfung zu sehen vermeint – wir würden von Naturgesetzlichkeit sprechen –, das ist in Wirklichkeit nur Ausdruck der Schöpfungsgewohnheit *(ʿādat al-khalq)* Gottes, die Gott in seiner Allmacht in jedem Augenblick unterbrechen kann. Das Unterbrechen der Schöpfungsgewohnheit *(khāriq al-khalq, khāriq al-ʿāda)*, für Gott nur eine Möglichkeit der Schöpfung, erlebt der Mensch als Wunder.

Al-Ashʿarī lebte im Zentrum der Kalifats in Basra und Bagdad. An der Peripherie der islamischen Ökumene in Transoxanien wirkte sein Zeitgenosse Māturīdī (gest. 944). Wie al-Ashʿarī bemühte er sich, rationale Methoden in der sunnitischen Theologie heimisch zu machen. Seine Lehren unterschieden sich in manchen Punkten von denen al-Ashʿarīs – so sprach er von einem Handlungsvermögen vor dem Handeln, folgte hier also der qadaritisch-mutazilitischen Tradition. Māturīdī stand der hanafitischen Rechtsschule nahe, al-Ashʿarī, zumindest in seinem Selbstverständnis, folgte der hanbalitischen Schule.

Sunnitische Theologie war in der Folgezeit die Domäne der Anhänger und Nachfolger al-Ashʿarīs. Für das 10. und 11. Jahrhundert sind folgende Persönlichkeiten zu nennen: Bāqillānī (gest. 1013), Ibn Fūrak (gest. 1015), Isfarā'īnī (gest. 1027), Baghdādī (gest. 1037), Qushairī (gest. 1072), der auch als Schriftsteller über mystische Themen bekannt geworden ist, sowie al-Juwainī (gest. 1085). Al-Juwainī unterrichtete bereits an einer der erwähnten sunnitischen *Niẓāmīyas*, und zwar derjenigen von Nischapur.

Al-Juwainīs Schüler Abū Ḥāmid Muḥammad al-Ghazālī (1058–1111) ist sicherlich eine der hervorragendsten Erscheinungen islamischer Geistesgeschichte. Er wurde in Ostpersien, in Tus (in der Nähe des heutigen Meschhed) geboren, studierte in seiner Heimatstadt sowie in Gorgan am Kaspischen Meer und in Nischapur unter al-Juwainī. 1091 wurde er Professor an der Niẓāmīya von Bagdad. Eine innere Krise führte 1095 zur Aufgabe des Lehramts. Fortan weihte er sich einem mystisch-asketischen Leben bis zu seinem Tode im Jahr 1111.

In seiner Autobiographie „Der Erretter vor dem Irrtum" („al-Munqidh min aḍ-ḍalāl") hat uns al-Ghazālī eine Schilderung seiner Bemühungen um Erfassung der wichtigsten geistig-politischen Strömungen seiner Zeit und um die Auseinandersetzung mit ihnen hinterlassen. Neben der Auseinandersetzung mit der extrem schiitischen Propaganda steht diejenige mit der griechischen Philosophie. Seit früher Zeit, besonders seit Anfang des 9. Jahrhunderts, war griechische Wissenschaft und griechische Philosophie von der islamischen Welt aufgenommen worden. Es hatte sich neben der islamischen Theologie und Scholastik, die zwar auch teilweise griechische

Begriffe benutzte, deren Thematik jedoch islamisch blieb, eine islamische Philosophie griechischer Provenienz gebildet, als deren hervorragendste Vertreter Kindī (gest. 870), Fārābī (gest. 950) und Ibn Sīnā (Avicenna, gest. 1037) zu nennen sind. Al-Ghazālī schrieb eine Widerlegung der Lehren der der griechischen Philosophie folgenden islamischen Philosophen („Tahāfut al-falāsifa"), übernahm jedoch teilweise ihre neuplatonisierende Begrifflichkeit – ähnlich wie vor ihm al-Ashʿarī –, der die Inhalte der mutazilitischen Lehre in wesentlichsten Punkten ablehnte, ihre Methodik jedoch übernahm. Ähnliches wird uns noch einmal bei dem hanbalitischen Theologen Ibn Taimīya begegnen. Durch al-Ghazālī drangen neuplatonische Vorstellungen in die sunnitische Theologie ein, die ihr bisher ganz fremd gewesen waren.

Al-Ghazālī sah die Verdorbenheit seiner Kollegen, der sunnitischen ʿulamāʾ, und litt an ihr. Er beobachtete ihre Schwäche der Obrigkeit gegenüber, ihre Heuchelei und ihr Streben nach weltlicher Macht und Anerkennung. Erscheinungen wie Aḥmad ibn Ḥanbal, der trotz massiver staatlicher Pressionsversuche während der Zeit der miḥna standhaft und seiner Überzeugung treu geblieben war, waren in der Tat seltene Ausnahmen. Die Gier der ʿulamāʾ nach weltlicher Anerkennung seitens der politischen Machthaber, deren Gewalt nur allzu oft keine Legitimation im göttlichen Recht fand, dessen Hüter die ʿulamāʾ zu sein beanspruchten, mußte al-Ghazālī als gefährliche Abirrung erscheinen. Die wahre gottgewollte Lehre und Praxis fand er dann unter den Mystikern des Islams, den sogenannten *ṣūfīs*. Ihrer Praxis folgte er in den letzten eineinhalb Jahrzehnten seines Lebens und versuchte, ihre Lehren mit der ashʿaritischen Dogmatik zu verstehen und zu vereinbaren. Davon zeugt sein Hauptwerk „Die Wiederbelebung der Religionswissenschaften" („Iḥyāʾ ʿulūm ad-dīn"). Ähnliche Versuche, Mystik in ashʿaritischer Begrifflichkeit darzustellen, hatte es schon vor al-Ghazālī gegeben – zu nennen wäre Kalābādhī vom Ende des 10. Jahrhunderts –; keiner besaß jedoch die Überzeugungs- und Durchschlagskraft al-Ghazālīs.

In einer Zeit extremer Bedrohung von außen durch den Mongoleneinfall des 13. Jahrhunderts trat in Syrien der hanbalitische Theologe Aḥmad ibn Taimīya (gest. 1328) auf. Er und auch sein Schüler Ibn Qaiyim al-Jauzīya (gest. 1350) stießen zunächst auf erbitterte Ablehnung. Ibn Taimīyas Kritik richtete sich gegen Erscheinungen, die Abweichungen von dem, was er als ursprünglichen Islam auffaßte, waren. Das waren vor allem die theosophische Mystik des Ibn al-ʿArabī (gest. 1240) und seiner Schüler sowie Formen volkstümlicher Frömmigkeit wie etwa die Verehrung von Gräbern von Leuten, die im Geruche der Heiligkeit standen. Weder die Lehre Ibn al-ʿArabīs noch Heiligenverehrung fand Ibn Taimīya im Brauch des ursprünglichen Islams bezeugt. So wurden sie ihm zu verdammenswerten Neuerungen. Ibn Taimīyas Stellung zur Mystik war jedoch nicht diejenige eines absoluten Gegners. Vieles, namentlich von Mystikern der Frühzeit, ließ er gelten, selbst manche Aspekte der Mystik Ibn al-ʿArabīs. Ibn Taimīya, der sich zu seinen Lebzeiten nicht durchsetzen konnte und harter Verfolgung seitens der etablierten Mächte ausgesetzt war – er starb im Gefängnis der Zitadelle von Damaskus – kam erst zur öffentlichen Wirksamkeit durch Muḥammad ibn ʿAbd al-Wahhāb (1703–1792), den geistigen Stammvater des modernen Saudi-Arabien.

3. Das Recht

In den Kreisen der Gemäßigten wurden neben dogmatischen Fragen und solchen praktischer Religiosität auch Rechtsfragen erörtert, was aufgrund des öffentlichen Charakters der islamischen Religion selbstverständlich ist. Im Laufe des 8. Jahrhunderts bildeten sich in den städtischen Zentren unter Einfluß hervorragender Persönlichkeiten verschiedene Rechtsschulen heraus. In Kufa im Irak entstand die Schule des Abū Ḥanīfa, in Medina die Schule des Mālik ibn Anas, in Syrien die des Auzāʿī. Diese Schulen des 8. Jahrhunderts bezeichnet man als die alten Rechtsschulen. Charakteristisch für diese Zeit ist das Fehlen allgemein anerkannter Normen als Rechtsquellen und der Rechtsfindung. Während die kufische Rechtsschule der persönlichen Ratio (arab. *ra'y*) des Rechtsfinders einen weiten Spielraum einzuräumen geneigt war, verließ man sich in Medina eher auf den tradierten Rechtsbrauch der Stadt, für den Übereinstimmung herrschte. Als Rechtsquellen galten der Koran und eine sich allmählich bildende städtische oder schulische Tradition. Letztere nannte man im 8. Jahrhundert *sunna*. Es existierten somit eine sunna der Schule von Medina, eine sunna der Schule von Syrien und andere.

Durch das Wirken des Shāfiʿī (gest. 820) setzte sich eine Normierung der Rechtsquellen durch. Die von Shāfiʿī entwickelte Lehre von den *uṣūl al-fiqh*, den Wurzeln oder Grundlagen des Rechts, intendierte eine Zurückdrängung der persönlichen Entscheidung, des ra'y, zugunsten „objektiver" Kriterien. Die vier von Shāfiʿī geforderten Wurzeln des Rechts waren (1.) der Koran *(qur'ān)*, (2.) die *sunna*, (3.) der *consensus doctorum* (arab. *ijmāʿ*) und (4.) der Analogieschluß (arab. *qiyās*). Die persönliche Meinung, der ra'y, hatte in diesem System also keinen Platz mehr. Zudem erhielt der Begriff sunna durch Shāfiʿī eine neue Bedeutung. Hatte man bis zu Shāfiʿī als sunna den Rechtsbrauch bzw. die Rechtstradition der lokalen Rechtsschule verstanden, so erhob dieser nun die Forderung, daß jede sunna nur dann anzuerkennen sei, wenn sie als gesichert tradierte sunna des Propheten zu belegen sei. Durch und nach Shāfiʿī wurde die sunna einer Stadt bzw. lokalen Rechtsschule zur sunna des Propheten, die jetzt auch als göttlich inspiriert galt. Die sunna des Propheten erhielt den Charakter der ewigen, zeitlosen Norm, während z. B. im 8. Jahrhundert noch Rechtsentscheidungen getroffen wurden, die bewußt im Widerspruch zu Entscheidungen der sunna des Propheten standen.

Eine sunna des Propheten galt als normativ, wenn sie durch eine gesicherte Kette von Gewährsmännern, die bis zum Propheten zurückreichen mußte, tradiert wurde. Eine Handlungen, Ansprüche oder Lehren des Propheten wiedergebende Tradition heißt Hadith *(ḥadīth)*. Ein Hadith muß aus zwei Teilen bestehen: dem *isnād*, der bis zum Propheten zurückreichenden Gewährsmännerkette, und dem *matn*, der berichteten sunna des Propheten. Echtheitskriterium ist nicht der Inhalt, der matn des Hadith, sondern der isnād, der nur unbescholtene Gewährsmänner enthalten durfte und ohne chronologische Widersprüche sein mußte. Aus der isnād-Literatur entwickelte sich die sehr umfangreiche biographische Literatur arabischer Sprache.

Die als echt angesehenen Traditionen über Lehren und Handeln des Propheten wurden im 9. Jahrhundert in sechs als kanonisch geltenden Sammlungen zusammengefaßt. Die beiden wichtigsten sind die des Bukhārī (gest. 870) und des Muslim (gest. 875). Das den westlichen Forscher interessierende Problem der historischen Echtheit der kanonischen Sammlungen – handelt es sich bei den Hadithen nur um Projektionen des 9. Jahrhunderts auf Muḥammad, oder haben wir wirklich authentische Berichte, zumindest teilweise, über Muḥammad vor uns? – ist eines der schwierigsten der Islamwissenschaft und bisher nicht entschieden.

Die Forderung nach einem lückenlosen isnād bis auf den Propheten bedingte ein Weiteres: die Anerkennung aller Prophetengenossen *(ṣaḥāba)* als Autoritäten, was wiederum die Anerkennung aller ersten vier Kalifen, Abū Bakr, ʿUmar, ʿUthmān und ʿAlī, als rechtgeleitet *(rāshidūn)* nach sich zog. Ihr Rang untereinander wurde nach ihrem zeitlichen Auftreten bewertet. Beide Anschauungen bildeten und bilden noch immer einen scharfen Gegensatz zur schiitischen Lehre. Unannehmbar für die Schia ist, alle Prophetengenossen als Übermittler der auch von den Schiiten als heilig angesehenen sunna zu akzeptieren, da sich viele Prophetengenossen in den Augen der Schiiten durch ihre Hintansetzung ʿAlīs schwer vergangen und versündigt haben; unannehmbar für die Schia ist auch die Voranstellung von Abū Bakr vor ʿAlī. Beide Fakten, die Anerkennung aller Prophetengenossen und die Anerkennung der vier ersten Kalifen als rechtgeleitet, begegnen in den Glaubensbekenntnissen der Gemäßigten des 9. Jahrhunderts als wesentliche Punkte.

Die Lehre des Shāfiʿī von den uṣūl al-fiqh setzte sich im Laufe des 9. Jahrhunderts durch. Die alten Rechtsschulen des 8. Jahrhunderts machten entweder eine Wandlung durch oder verschwanden ganz, wie z. B. die Schule des Auzāʿī in Syrien. Übrig blieben vier Schulen, die bis heute Bestand haben:

(1.) Die hanafitische Rechtsschule, ursprünglich die Schule von Kufa, als deren Begründer Abū Ḥanīfa (gest. 767) gilt. Außer den von Shāfiʿī geforderten vier Rechtsgrundlagen Koran, sunna, ijmāʿ und qiyās erkennen die Hanafiten zwei weitere Rechtsfindungsmittel an: den in ihrer Schule von altersher gepflogenen ra'y, die persönliche Mitteilung, sowie den *istiḥsān*, das für angemessen Halten einer Lösung in bezug auf die Gesellschaft. Die hanafitische Rechtsschule ist hauptsächlich in der Türkei, in Mittelasien und auf dem indischen Subkontinent verbreitet.

(2.) Aus der alten Schule von Medina entstand die malikitische Rechtsschule, als deren Begründer Mālik ibn Anas gilt (gest. 796). Die Malikiten kennen neben den vier uṣūl al-fiqh des Shāfiʿī ein weiteres Rechtsfindungsmittel in Form des *istiṣlāḥ* (Erwägen des öffentlichen Interesses in einer Rechtsentscheidung). Diese Schule ist in Nord-, West- und Zentralafrika verbreitet und war vor der christlichen Wiedereroberung die maßgebende Schule Spaniens.

(3.) Aus denjenigen, die allein die von Shāfiʿī geforderten vier uṣūl al-fiqh in der Rechtsfindung anwenden wollten, bildete sich die schafiitische Rechtsschule. Sie ist in Ostafrika, Südarabien und Südostasien verbreitet.

(4.) Mehr noch als in der schafiitischen Rechtsschule wird der Gebrauch rationaler Methoden in der Rechtsfindung in der hanbalitischen Rechtsschule eingeschränkt, die selbst den Analogieschluß (qiyās), die vierte Wurzel des Rechts bei Shāfiʿī, weitgehend ausschließt. Diese Schule betrachtet als ihren Gründer Aḥmad ibn Ḥanbal (gest. 855), Verfasser des „Musnad", einer ca. 80 000 Hadithe enthaltenden Sammlung, die mit den sechs erwähnten kanonischen Hadith-Sammlungen als gleichwertig betrachtet wird. Aḥmad ibn Ḥanbal war der erbitterte Gegner der mutazilitischen Dogmatik während der *miḥna* des 9. Jahrhunderts.

Noch weiter als die Hanbaliten in der Ablehnung rationaler Methoden ging die in der zweiten Hälfte des 9. Jahrhunderts entstandene Schule der Zahiriten, die nur den Wortsinn gelten lassen wollte. Sie fand jedoch wenig Anhänger und starb bald aus.

Die Konstituierung der vier Rechtsschulen, die damit verbundene Kanonisierung des Hadith, die Herausbildung einer spezifischen Dogmatik sowie die politische Entwicklung – die gemäßigten *ʿulamāʾ* gingen als Sieger aus der miḥna hervor; nach ihren Anschauungen sollte von nun an das islamische Gemeinwesen geleitet und organisiert werden – führten in der zweiten Hälfte des 9. und ersten Hälfte des 10. Jahrhunderts zur Bildung desjenigen, was wir den sunnitischen Islam zu nennen pflegen. Das arabische Wort für „Sunnit" (als dem Anhänger des sunnitischen Islams), *sunnī*, ist erst für die zweite Hälfte des 10. Jahrhunderts belegt.

Es hieße die islamische Wirklichkeit gründlich mißverstehen, wenn unerwähnt bliebe, daß das islamische Recht, die *sharīʿa*, um den gebräuchlichen Terminus zu benutzen, zu keiner Zeit absolute Anwendung gefunden hat. Die Spannung zwischen idealtypischer sharīʿa und materieller Rechtswirklichkeit ist eines der Hauptprobleme islamischer Geschichte. Die Schwäche der sharīʿa bei der Bewältigung der Rechtswirklichkeit ist nicht zuletzt in der Erstarrung der Formen der Rechtsfindung im 9. Jahrhundert begründet, als die Sammlung der Rechtsquellen für abgeschlossen erklärt und ihrem Inhalt sakrosankter Charakter zugesprochen wurde. Die Schwäche der sharīʿa resultiert jedoch auch aus der angreifbaren Stellung ihrer Träger in der Öffentlichkeit, die immer der Willkür der Machthaber ausgeliefert, oft auch nur allzu schnell bereit waren, den Forderungen der Machthaber nachzukommen. Ausnahmen wie Aḥmad ibn Ḥanbal und Ibn Taimīya waren selten.

Die Frage, wer zur Leitung des islamischen Gemeinwesens berufen ist, hatte bei den Schiiten und Kharidschiten zwei extreme Lösungen gefunden.

Die schiitische Lösung machte die Berechtigung zu einer Frage der blutmäßigen Abstammung, die kharidschitische zu einer rein moralischen. Die sunnitische Lösung stellt einen Kompromiß dar: Einerseits soll der Leiter des Staates aus dem Stamme *Quraish*, dem Stamm des Propheten, sein und somit einen gewissen Verwandtschaftsgrad mit dem Propheten besitzen, andererseits durch einen Rat (arab. *shūrā*) angesehener Männer gewählt und durch öffentliche Huldigung (arab. *baiʿa*) bestätigt werden. Der Leiter der Gemeinde, der Kalif *(khalīfa)*, ist gehalten, nach den Prinzipien der sunna, d. h. nach den von den ʿulamāʾ aufgestellten Regeln, zu handeln. Er ist keine Autorität, die von sich aus Recht setzen kann, sondern allein Diener des von den ʿulamāʾ verwalteten göttlichen Rechts.

Die sunnitische Staatsrechtslehre mußte seit dem 11. Jahrhundert mit der Tatsache fertigwerden – zu nennen ist hier als Autor al-Māwardī (gest. 1058) –, daß der legitime abbasidische Kalif nicht mehr die äußere Macht besaß, um die sharīʿa im Staate durchzusetzen, weil sich die Macht de facto in den Händen „weltlicher" Dynastien wie der Buyiden, Ghaznawiden oder Seldschuken befand. Man behalf sich, indem man die „weltlichen" Dynastien zu Erfüllungsgehilfen der Kalifen machte und ihnen somit zu einer gewissen Legitimation verhalf.

4. Die Mystik

Manche Mitglieder frommer Zirkel der ersten islamischen Jahrhunderte strebten nach vertiefter Frömmigkeit in Form einer Verinnerlichung der Forderungen der *sharīʿa* und eines asketischen Lebens. Die asketisch-mystischen Bestrebungen lassen sich bis in die Zeit des Propheten zurückverfolgen. Es muß festgehalten werden, daß diese Strömungen in keiner Weise antinomistisch waren. Antinomistische Züge traten hingegen bei Leuten auf, die man *Ṣūfīya* (sing. *ṣūfī*) nannte. Ṣūfī ist abgeleitet von *ṣūf*, Wolle, und spielt auf die Kleidung des Namensträgers an – wahrscheinlich ist es ursprünglich ein Spottname gewesen.

Die Ur-Ṣūfīya, die seit der Mitte des 8. Jahrhunderts bezeugt sind, scheinen einer Art emotionaler Religiosität gehuldigt zu haben. So pflegten sie sich durch das Anhören von Musik und Dichtung in ungewöhnliche Stimmungen versetzen zu lassen. Die Vertreter der asketisch-mystischen Richtung standen ihnen ablehnend gegenüber. Diese *viri religiosi* (arab. *nussāk*, *ʿubbād*, sing. *nāsik*, *ʿābid*) formten im 8. und 9. Jahrhundert eine eigene Wissenschaft, die von ihnen *ʿilm al-bāṭin*, die „Wissenschaft des Inneren", genannt wurde, im Gegensatz zu Recht *(fiqh)* und Hadith, die als „Wissenschaft des Äußeren" *(ʿilm aẓ-ẓāhir)* bezeichnet wurden. Inhalt der „Wissenschaft des Inneren" waren die inneren Erfahrungen und Anweisungen zur Seelenführung, Psychagogik. Deutliche Ansätze dieser Art Wissenschaft sind bereits bei Ḥasan al-Baṣrī zu finden. Voll ausgebildet erscheint sie im 9. Jahrhundert bei Muḥāsibī (gest. 857), der, wie wohl viele viri religiosi, aus den Kreisen der *ʿulamāʾ* stammte. Zur Psychagogik gesellten sich im Laufe des 9. Jahrhunderts kosmologische Spekulation, Anthropologie sowie dogmatische Erörterungen. Wie in anderen Kreisen spielte auch in den Erörterungen der religiosi die Beziehung von göttlicher Allmacht und Einheit (arab. *tauḥīd*) zur menschlichen Handlung die zentrale Rolle. Die Lösung der religiosi zielte auf eine vollständige Ausschaltung menschlicher Eigenständigkeit und ganze Hingabe an den als einzig in Wirklichkeit handelnden erlebten Gott. Zeugen dieser Erörterungen sind die Schriften u. a. von Junaid ibn Muḥammad in Bagdad (gest. 910) und Ḥakīm at-Tirmidhī (gest. ca. 910) in Transoxanien.

Im Laufe der zweiten Hälfte des 9. und der ersten Hälfte des 10. Jahrhunderts muß die Bezeichnung Ṣūfīya, bisher Name einer Randgruppe, auch auf die religiosi übergegangen sein. Die Gründe dafür sind nicht klar. Auch gab es regionale Unterschiede, denn im Osten der islamischen Welt scheint der Name ṣūfī noch um 900 weitgehend unbekannt.

Vom 10. Jahrhundert an heißt die ganze mystische Bewegung „Sufitum" (arab. *taṣawwuf*). In den als klassisch zu bezeichnenden sufischen Lehrbüchern, die nach der Mitte des 10. Jahrhunderts verfaßt sind, werden die ursprünglich geschiedenen Ṣūfīya und religiosi in einen Topf geworfen. Ein vir religiosus wie z. B. Fuḍail ibn ʿIyāḍ (gest. 803), in Glaubensbekenntnissen des 10. Jahrhunderts als Autorität sunnitischer ʿulamāʾ genannt, wird in der sufischen Literatur des 10. Jahrhunderts zu einem Stammvater der Ṣūfīya. Als Verfasser klassischer sufischer Lehrbücher des 10. und 11. Jahrhunderts sind zu nennen Kalābādhī (gest. 990 oder 994), Abū Naṣr as-Sarrāj (gest. 988), Sulamī (gest. 1021) und Qushairī (gest. 1074), der sich auch als ashʿaritischer Theologe betätigte.

Aufgrund der von den Ur-Ṣūfīya übernommenen antinomistischen Elemente, die jedoch bei weitem nicht bei allen Anklang gefunden hatten, waren die Ṣūfīya manchmal Verfolgungen von staatlicher Seite ausgesetzt, die von den ʿulamāʾ befürwortet wurden. Diese Verfolgungen taten der Bewegung im Ganzen jedoch keinen Abbruch.

Eine mächtige Ermunterung fand der taṣawwuf durch die Autorität des bereits in anderem Zusammenhang genannten al-Ghazālī. Zwar brachte al-Ghazālī nichts grundsätzlich Neues für den taṣawwuf – sein Bemühen, *sharīʿa* und Innerlichkeit, ʿilm aẓ-ẓāhir und ʿilm al-bāṭin zu vereinigen, hat Vorbilder unter den religiosi des 9. Jahrhunderts, deren Schriften ihm bekannt waren –, neu jedoch waren Begriffe und Vorstellungen der griechischen Philosophie, die durch al-Ghazālī in die mystische Bewegung eindrangen. Die Begrifflichkeit der alten religiosi und der Systematiker des 10. und 11. Jahrhunderts entstammte der islamischen Tradition, der Dogmatik, der sharīʿa und dem Hadith.

Von der Forderung, Gott in allen Dingen wirksam zu sehen und seine Gebote unter größtmöglicher Ausschaltung des eigenen Ich und dem daraus entspringenden Wollen in allen Handlungen zu beachten – so die tauḥīd-Lehre des klassischen taṣawwuf –, zur Aussage, daß Gott alles ist, ist es nur ein kleiner Schritt. Er wurde jedoch erst im 13. Jahrhundert von dem aus Spanien stammenden Ibn al-ʿArabī (gest. 1240) vollzogen. Seine Lehre von der Einheit des Seins (arab. *waḥdat al-wujūd*) hatte einen gewaltigen Einfluß auf die weitere Entwicklung der islamischen Mystik. Schärfster Gegner Ibn al-ʿArabīs, vor allem jedoch seiner Schüler, war der bereits erwähnte Ibn Taimīya, dessen Kritik jedoch zu seiner Zeit wirkungslos blieb.

Hervorragende Persönlichkeiten haben zu allen Zeiten die Bildung von Schülerkreisen angeregt. Von festen Organisationsformen mystischer Schulen der frühen islamischen Jahrhunderte wissen wir nichts. Ein Autor des 11. Jahrhunderts zählte zwölf Hauptschulen, die zu seiner Zeit bestanden. Es scheint sich dabei eher um Theorie-Strömungen als um feste Organisationsformen gehandelt zu haben. Eine solche Organisationsform, die wir Orden (arab. *ṭarīqa*, pl. *ṭarāʾiq* od. *ṭuruq*) nennen, erhielten die mystischen Schulen vom 13. Jahrhundert an. Es bildete sich eine Vielzahl von Orden, die teilweise bis heute bestehen. Im Spätmittelalter haben sie – so z. B. bei der Entstehung des Safawidenstaates in Iran und im Osmanischen Reich – eine politisch sehr einflußreiche Rolle gespielt.

Der mystische Pfad steht grundsätzlich jedem Muslim offen. Jeder kann also – wenn auch, besonders in neuerer Zeit, unter der Leitung eines Scheichs *(shaikh)* – zu höheren, wie die Ṣūfīya meinen, Formen des religiösen Wissens gelangen, die als eine der Früchte des Pfades dem Novizen versprochen werden. Die *shīʿa*, für die religiöse Autorität und Wissen immer mit der blutsmäßigen Abstammung vom Propheten Muḥammad über die Imame verbunden sein muß, stand und steht diesem „demokratischen" Wissensverständnis der Sufik feindlich gegenüber. Sie ist ein alter und stets neuer Gegner der Sufik, wie es sich auch jüngst wieder nach der iranischen Revolution von 1978–79 gezeigt hat. Auch die Schiitisierung Persiens nach 1500 nach der safawidischen Eroberung war der in Ordensform organisierten sunnitischen Sufik nicht förderlich. Die Orden wurden unterdrückt. Einige überlebten, aber nur dadurch, daß sie sich selbst schiitisierten. Das Gedanken- und Kulturgut der Sufik jedoch hatte, vor allem durch das Medium der großen persischen Dichtung, die allgemeine geistige Kultur Irans bereits vor der Safawidenzeit so sehr durchdrungen, daß es bis auf den heutigen Tag einen ihrer festen Bestandteile bildet.

Die Erforschung der äußeren und der Ideengeschichte der nichtpersischen sunnitischen Mystik vom 13. Jahrhundert bis auf den heutigen Tag steckt immer noch in den Anfängen. Überragenden Einfluß übte, so viel kann generell festgestellt werden, das theosophische Lehrsystem Ibn al-ʿArabīs aus. Eine Aktivierung der Ordenstätigkeit ist für das 18. und 19. Jahrhundert zu konstatieren. Die englischsprachige Literatur spricht hier sogar von einer Neusufik *(Neo-Sufism)* – ob zu Recht, sei dahingestellt. Besonders die modernen Ṣūfīya nennen ihre mystische Lehre und Praxis oft *Ṭarīqa muḥammadīya* – „Muḥammad-Weg". Aber schon für die ältesten Ṣūfīya war das Vorbild das Leben *(sīra)* und das Tun *(sunna)* Muḥammads. Ihm sollte der ṣūfī nicht nur mit Leib und Seele nacheifern *(imitatio Muḥammadi)*, sondern auch bestrebt sein, Muḥammad selbst immer in Gedanken und Gefühlen gegenwärtig zu haben. Diese Vergegenwärtigung konnte so sehr gesteigert werden, daß die Ṣūfīya vermeinten, den leiblichen Muḥammad selbst vor Augen zu haben, der sich mit Rat und Belehrung an sie wandte. Sie waren und sind, anders als etwa die Wahhabiten, überzeugt, daß Muḥammad nach seinem Tode in einer leiblichen Form weiterexistiert. Die dazu gehörende Theorie kann hier nicht ausgeführt werden. In dieser extremen Ausformung hat sich das Befolgen der sunna des Propheten von der Buchtradition weg zu ihm selbst zurückgewandt.

III. Der schiitische Islam

(Werner Ende)

1. Die Zwölferschiiten

Etwa 10 bis 15% der muslimischen Weltbevölkerung der Gegenwart gehören zur schiitischen Konfessionsgemeinschaft des Islams. Deren zahlenmäßig bei weitem bedeutendste Gruppe ist die der Zwölferschia (arab. *ithnā ʿasharīya*). Ihre Hochburgen hat sie seit Jahrhunderten im Südirak, in Iran einschließlich Aserbaidschan und in einigen Regionen des indo-pakistanischen Subkontinents (z. B. Lucknow). Bedeutende, religiös-politisch z. T. recht aktive zwölferschiitische Minderheiten gibt es in Afghanistan, im Libanon, im ehemals sowjetischen Zentralasien, auf Bahrain und in den Küstenregionen der arabischen Golfländer.

Hinsichtlich ihrer Theologie steht diese Gruppe innerhalb der Gesamt-Schia zwischen den Zaiditen (s. unten), deren Lehrmeinungen denen der Sunniten alles in allem am nächsten sind, und den von den Zwölfern selbst als Übertreiber *(ghulāt)* bezeichneten Sondergruppen. Letztere sind durch eine mehr oder weniger eindeutige Vergöttlichung ihrer Imame und eine extrem esoterische Auslegung des Korans *(ta'wīl)* gekennzeichnet.[1]

Der Name „Zwölfer" bezieht sich auf eine Reihe von zwölf Führern (Imamen, arab. sing. *imām*) aus der Familie des Propheten Muḥammad (gest. 632 n. Chr.), die nach der Auffassung der Anhänger dieser Konfession durch Gott bestimmt worden sind. Diese Reihe beginnt mit ʿAlī ibn Abī Ṭālib (gest. 661 n. Chr.), dem Vetter und (durch seine Ehe mit Muḥammads Tochter Fāṭima) Schwiegersohn des Propheten. Andere Bezeichnungen für die Zwölfer sind (mit Bezug auf die zentrale Rolle des Imamats in ihrer Lehre) *Imāmīya* und (aufgrund der besonderen Stellung des sechsten Imams, Jaʿfar aṣ-Ṣādiq [s. u.], für die Ausgestaltung dieser Lehre) *Jaʿfarīya*. In bewußter Betonung ihrer zahlenmäßigen Unterlegenheit gegenüber der sunnitischen Gemeinschaft verwenden Apologeten der Zwölferschia für die eigene Gruppe gern die Bezeichnung „die Besonderen" bzw. „die Ausgezeichneten" *(al-khāṣṣa)* und für die Sunniten den Ausdruck „das (gemeine) Volk" *(al-ʿāmma)*. In polemischen Schriften der Sunniten werden die Zwölfer – zusammen mit den anderen Schiiten – „Abtrünnige" (*rāfiḍī*, pl. *rawāfiḍ*) genannt. Ein entsprechend polemischer Terminus der Schiiten für die Sunniten ist *nāṣibī* (pl. *nawāṣib*), etwa: fanatischer ʿAlī- (und damit Schia-) Gegner. Dieser Ausdruck soll auf die (nach schiitischer Auffassung dem Willen Gottes widersprechende) „Einsetzung" (arab. *naṣb*) Abū Bakrs als Leiter der Gemeinde nach dem Tode Muḥammads zurückgehen (s. u.). In der Gegenwart vermeiden die meisten schiitischen und sunnitischen

Autoren im Interesse des Konfessionsfriedens und einer möglichen Annäherung die letztgenannten, polemischen Bezeichnungen. Diese haben freilich ihre Wurzel in der frühislamischen Geschichte und sind nicht nur in der häresiographischen und sonstigen theologischen bzw. juristischen Literatur der beiden Seiten, sondern auch in ihrer Belletristik jahrhundertelang mit völliger Selbstverständlichkeit (z. T. für unterschiedliche Gruppen der Gegenseite) gebraucht worden.

Ausgangspunkt der Entstehung der schiitischen Konfession im Islam ist der Streit in der frühislamischen Gemeinde nach dem Tode Muḥammads – der selbst keine ihn überlebenden Söhne hatte – um die Leitung der Gemeinde. Es scheint, daß Muḥammad keine eindeutige Verfügung hinsichtlich dieser Frage getroffen hatte. Jedenfalls ist dies bis heute die Ansicht der Sunniten. In Abwesenheit ʿAlīs, der sich der Überlieferung zufolge um die Vorbereitung der Beerdigung des Propheten kümmerte, einigte man sich auf Abū Bakr, einen der frühesten Anhänger Muḥammads. Die tatsächlichen Ereignisse jener Zeit sind für die heutige historisch-kritische Forschung schwer festzustellen. Es geht im folgenden im wesentlichen darum darzulegen, was die Zwölferschiiten für die historische Wahrheit halten.

a) Das schiitische Geschichtsbild

Die Zwölferschia ist mit den anderen (z. T. untergegangenen) schiitischen Strömungen und Schulen durch die Überzeugung verbunden, daß ʿAlī ibn Abī Ṭālib nach dem Willen Gottes der erste Nachfolger (Kalif, von arab. *khalīfa*, vgl. z. B. Koran 2:30 und 38:26) des Propheten in der Leitung der Gemeinde (d. h. aus späterer Sicht: des Staates) hätte sein sollen. Besonders wichtig für die schiitische Argumentation in dieser Sache sind Äußerungen, die Muḥammad auf dem Wege nach Medina, bei der Rückkehr von seiner letzten Wallfahrt nach Mekka, im März 632 n. Chr. am Teich von Khumm (arab. *ghadīr Khumm*) mit Bezug auf ʿAlī getan haben soll. Es geht hier vor allem um den Satz: „Wessen Herr [arab. *maulā*] ich bin, dessen Herr ist auch ʿAlī." Zur Erinnerung an dieses, für das schiitische Geschichtsverständnis äußerst wichtige Ereignis wird bei den Zwölferschiiten alljährlich das Ghadīr-Fest *(ʿīd al-ghadīr)* – in Iran seit Jahrhunderten als offizieller Feiertag – begangen. Neben denen vom ghadīr Khumm kennt die schiitische Überlieferung noch zahlreiche andere Aussprüche des Propheten (Hadithe, von arab. sing. *ḥadīth*), in denen ʿAlī und die späteren Imame als Leiter der Gemeinde und höchste Autoritäten der islamischen Glaubenslehre nach Muḥammad bezeichnet werden, z. B. „Oh ihr Menschen! Ich hinterlasse euch zwei Kleinodien; an sie haltet euch, dann werdet ihr nach meinem Tode nicht irregehen: das Buch Gottes und meine Nachkommenschaft, die Familie des Hauses [arab. *Ahl al-bait*]." Daß mit der „Familie des Hauses" ʿAlī und seine Nachkommen gemeint sind, ergibt sich nach schiitischer Überzeugung eindeutig aus einer Reihe von Koranversen, so besonders 33:33 und 42:23. Die daran anschließende historisch-theologische Rechtfertigung ist das Ergebnis späterer, jahrhundertelanger Entwicklung.[2]

Die Sunniten geben den von den Schiiten als Beweise herangezogenen Koranversen und den entsprechenden Hadithen (soweit sie sie, wie die vom ghadīr Khumm, als authentisch anerkennen) eine andere, den Anspruch der Schia negierende Auslegung. Sowohl unter Abū Bakr (reg. 632–34) als auch unter ʿUmar (reg. 634–44 n. Chr.) scheint ʿAlī weder militärische noch (mit einer Ausnahme unter ʿUmar) zivile Posten übernommen zu haben. Die Zahl seiner Anhänger hinsichtlich des Kalifatsanspruchs war – auch und gerade nach schiitischer Überzeugung – sehr klein. Von der arabischen Bezeichnung für diese Parteigänger ʿAlīs, *shīʿat ʿAlī* (Partei ʿAlīs), sind die Termini Schia, Schiit etc. abgeleitet. Auch hier hat die spätere schiitische Lehre es verstanden, den Koran zur Rechtfertigung ihres Standpunktes bzw. ihres Geschichtsverständnisses heranzuziehen: Der Koranvers 37:83, in dem das Wort *shīʿa* vorkommt („Von seiner [d. h. im Zusammenhang: Noahs] Art [od. Partei, *shīʿa*] war auch Abraham") wird als Beweis für den besonderen Platz dieser, der wahren Gemeinde des Islams in der göttlichen Vorsehung, ja als Beweis für ihre Existenz vor dem Auftreten Muḥammads und für ihre Beziehung zu den Patriarchen (nach muslimischer Auffassung: Propheten) des Alten Testaments gewertet.[3]

Ein typisches Beispiel dafür ist z. B. die Deutung, die einem Koranvers gegeben wird, der dem strengen Monotheismus des Islams zu widersprechen scheint und daher die Theologen immer wieder beschäftigt hat: In Koran 2:34 heißt es, Gott habe den Engeln befohlen, sich vor Adam niederzuwerfen. Dieser Vers erhält in der schiitischen Überlieferung dadurch einen tieferen, alle Zweifel auflösenden Sinn, daß er mit Hadithen über die Präexistenz Muḥammads, ʿAlīs, Fāṭimas, Ḥasans und Ḥusains, d. h. ihre Erschaffung lange Zeit vor Adam, in Verbindung gebracht wird: Als Gott Adam schuf, setzte er diese fünf in dessen Lenden. Der Befehl an die Engel, sich vor Adam niederzuwerfen, war also eine Prüfung ihres Gehorsams gegenüber Gott und zugleich ein Zeichen ihrer Ehrerbietung vor Muḥammad, Fāṭima und den drei ersten Imamen (s. u. S. 81).

Einer der bekanntesten schiitischen Hadithe ist der, wonach ʿAlī bei Muḥammad den gleichen Rang habe wie Aaron bei seinem Bruder Moses (vgl. Koran 25:35 und 2. Mose 4, 14–16).

Hinsichtlich der Frage, welchen Nachkommen ʿAlīs nach ihm die Leitung der Gemeinde hätte zufallen sollen bzw. tatsächlich zugefallen ist, welche besonderen, mehr oder weniger übermenschlichen Eigenschaften diese Leiter und theologischen Autoritäten besaßen, gingen die Meinungen im innerschiitischen Milieu sehr bald auseinander. Gemeinsam ist allen schiitischen Gruppen die Überzeugung, daß Gott selbst entschieden und durch Muḥammad der frühen Gemeinde verkündet hat, wer erster Nachfolger des Propheten in der Leitung der Gemeinde sein sollte – nämlich ʿAlī. Die Wahl Abū Bakrs ist somit nichtig; der bei sunnitischen Theoretikern in der Gegenwart beliebte Hinweis auf den demokratischen Charakter der Herrscher-Findung im frühen Islam, nämlich durch Beratung (arab. *shūrā*), ist, sofern er auf die Imamats-Würde ʿAlīs bezogen wird, aus schiitischer Sicht absurd.

Da die Mehrzahl der Prophetengefährten ʿAlīs Anspruch nicht unterstützt, also Gottes Willen mißachtet hat, hat sie sich nach schiitischer Auffassung schwer versündigt. Schriften über die Missetaten dieser Prophetengefährten einschließlich einiger Gattinnen des Propheten bilden einen nicht unbedeutenden Teil der schiitischen Literatur. In späteren Jahrhunderten wurde es üblich, auf die schriftliche oder mündliche Nennung ihrer Namen eine Fluchformel folgen zu lassen. Dieser Brauch ist durch schiitische Dynastien als demagogisches Mittel im Kampf gegen sunnitische Gemeinschaften bzw. Staaten bewußt gefördert (bzw. initiiert) worden, so etwa von den Safawiden in ihrer Auseinandersetzung mit den Osmanen. Desgleichen wurde – entgegen der Praxis in den ersten Jahrhunderten des Islams – vermieden, schiitischen Kindern die Namen dieser „abtrünnigen" Prophetengefährten zu geben, also Mädchen z. B. den Namen ʿĀ'isha (die Witwe des Propheten, die diesen Namen trug, war im „ersten Bürgerkrieg" des Islams gegen ʿAlī in den Krieg gezogen) und Jungen die Namen Abū Bakr, ʿUmar, ʿUthmān etc. Während schiitische Modernisten heute die Verwendung jener Fluchformeln im allgemeinen vermeiden bzw. sich eindeutig gegen diesen Brauch aussprechen, kommen die Namen der „abtrünnigen" Prophetengefährten bei Schiiten auch in der Gegenwart nicht vor.

Zu den wenigen Prophetengefährten, die nach schiitischer Überzeugung ʿAlī – und damit dem wahren Islam – die Treue gehalten haben, gehören Abū Dharr al-Ghifārī, ʿAmmār ibn Yāsir, Salmān al-Fārisī und Miqdād ibn ʿAmr. Besonders die drei Erstgenannten spielen im Bewußtsein der Masse der schiitischen Gläubigen bis heute eine erhebliche Rolle: Abū Dharr gilt als tapferer Vorkämpfer des Prinzips der sozialen Gerechtigkeit (s. u. S. 86), ʿAmmār wird als historischer Zeuge für die Rechtfertigung der *taqīya* genannt (s. u. S. 85), und Salmān al-Fārisī, ein Mann aus Iran, der als Sklave nach Medina und in das Haus des Propheten gekommen sein soll und Muslim wurde, gilt insbesondere frommen Persern als Beweis für die frühe Verbindung ihrer Nation mit dem Islam.

Die Sunniten akzeptieren den schiitischen Vorwurf gegen die Mehrheit der Prophetengefährten nicht. Sie sehen in ʿAlī einen der verdienstvollsten Mitstreiter Muḥammads und den vierten und letzten der von ihnen hoch verehrten „rechtgeleiteten" Kalifen, nach dessen Tod mit der erblichen Herrschaft der Umaiyaden auch nach sunnitischer Mehrheitsmeinung ein in religiöser Hinsicht kritikwürdiges (wenn auch nicht, wie die Schiiten behaupten, weitgehend unislamisches) Regime einsetzt.

Historisch gesehen ist die Gleichstellung ʿAlīs mit den drei ersten Kalifen das Ergebnis einer gewissen „Schiitisierung" des sunnitischen Geschichtsbildes. Freilich können die Sunniten keinesfalls die zwölferschiitische Auffassung akzeptieren, ʿAlīs drei Vorgänger seien letztlich Usurpatoren gewesen. Schiiten und Sunniten haben ein unterschiedliches Bild von der frühislamischen Geschichte und deren religiöser Bedeutung. Völlige Übereinstimmung wird sich ungeachtet aller Bemühungen um Annäherung nicht herstellen lassen.[4]

Der Streit um die religiös-politische Leitung der Gemeinde, der der konfessionellen Trennung zwischen Schiiten und Sunniten zugrunde liegt, hat in der Folgezeit zu mehr oder weniger unterschiedlichen Entwicklungen ihres jeweiligen Rechtssystems (besonders im Ehe- und Erbrecht) und zu unterschiedlichen Ausprägungen ihres Glaubenslebens geführt. Aber auch innerhalb der religiös-politischen Strömung, die die Leitung der islamischen Gesamtgemeinde *(umma)* bei der Familie des Prophetenhauses sehen wollte, hat es schon bald nach dem Tode ʿAlīs (661 n. Chr.) Spaltungen gegeben. Diese haben ihrerseits zu weiteren Sonderentwicklungen im religiösen Recht und im Glaubensleben geführt. Ausgangspunkt jener innerschiitischen Spaltungen war zunächst die Frage, wer zu den Angehörigen des Prophetenhauses (*Ahl al-bait*, s. o. S. 71) zu zählen sei. Ursprünglich scheint die Ansicht weit verbreitet gewesen zu sein, daß potentiell jeder Abkömmling ʿAlīs einen Anspruch auf das Imamat erheben konnte. Die Abstammung aus der Ehe mit Fāṭima (nach deren Tod ʿAlī aus seiner Verbindung mit einer Frau vom Stamme der Banū Ḥanīfa einen Sohn hatte, der nach dem Tode Ḥusains vielen Gläubigen als rechtmäßiger Imam galt) war keineswegs so bedeutsam, wie sie im nachhinein (aus zwölferschiitischer Sicht) erscheint.

b) Die Imamats-Lehre

Das entscheidende Kriterium der Zugehörigkeit zur Zwölferschia ist die Anerkennung ihrer Imam-Reihe und das Bekenntnis zur absoluten Autorität der Imame für das wahre Verständnis des Islams. Vom Standpunkt einer historisch-kritischen, religionswissenschaftlichen Forschung aus gesehen ist die Imam-Reihe der Zwölfer allerdings nicht „logischer" oder anderweitig gerechtfertigter als die anderer schiitischer Gruppen. Im Unterschied zu diesen anderen Fraktionen und Splittergruppen hat die Zwölferschia jedoch durch ihren relativ großen politischen Erfolg (und ihr Überleben bis in die Gegenwart) Gelegenheit gefunden, ihre Theologie und Jurisprudenz zu festigen und in einer umfangreichen Literatur niederzulegen. In dieser Literatur erscheint die Imam-Reihe der Zwölfer natürlich als die einzig richtige, weil gottgewollte. Es gibt bei den Zwölferschiiten eine umfangreiche häresiographische Literatur, in der der Versuch gemacht wird, die Herkunft und die Glaubenslehre der eigenen Gemeinschaft eindeutig von denen der anderen, sich ebenfalls als schiitisch verstehenden Gruppen abzugrenzen. Die Imam-Reihe der Zwölfer hat folgendes Aussehen:

Name und Ehrenname	*gestorben*	*Begräbnisort*
(1.) ʿAlī ibn Abī Ṭālib „Amīr al-mu'minīn" (Fürst der Gläubigen)	661 n. Chr.	Nadschaf/Irak
(2.) al-Ḥasan ibn ʿAlī „al-Mujtabā" (der Auserwählte)	669	Medina/Hedschas

(3.) al-Ḥusain ibn ʿAlī „Saiyid ash-shuhadāʾ" (Haupt der Märtyrer)	680	Kerbela/Irak
(4.) ʿAlī „Zain al-ʿĀbidīn" (Zierde der Frommen)	714	Medina
(5.) Muḥammad „al-Bāqir" (der [Wahrheits-]Spalter)	733	Medina
(6.) Jaʿfar „aṣ-Ṣādiq" (der Aufrichtige)	765	Medina
(7.) Mūsā „al-Kāẓim" (der Ansichhaltende)	799	Kazimiya bei Bagdad/Irak
(8.) ʿAlī „ar-Riḍā" (pers. „Riżā") (Das Wohlgefallen [Gottes])	818	Tus (Meschhed) Iran
(9.) Muḥammad „al-Jawād at-Taqī" (der Großmütige, Fromme)	835	Kazimiya
(10.) ʿAlī „al-Hādī an-Naqī" (der Leitende, Lautere)	868	Samarra/Irak
(11.) al-Ḥasan „az-Zakī al-ʿAskarī" (der Reine, der im Heerlager Lebende)	874	Samarra
(12.) Muḥammad „al-Mahdī al-Muntaẓar" (der erwartete Mahdi)		

Der zwölfte Imam ist nach zwölferschiitischer Lehre nicht gestorben, sondern lebt durch ein göttliches Wunder bis heute in der Verborgenheit (s. u. S. 77). Besonders er, aber auch die anderen Imame haben noch eine Reihe von weiteren Ehrennamen. Fromme Schiiten lassen auf die Nennung des Namens eines Imams stets die Eulogie *ʿalaihi as-salām* (Heil über ihn) folgen – eine Grußformel, die bei den Sunniten hauptsächlich im Zusammenhang mit der Nennung des Namens Jesu (ʿĪsā) gebraucht wird.

Außer ʿAlī und (ganz kurz und mit geringer Reichweite) Ḥasan, dem ältesten seiner beiden Söhne aus der Ehe mit Fāṭima, hat keiner der Imame der Zwölferschia über militärisch-politische Macht verfügt. Der glühenden Verehrung durch die Gläubigen tut dies keinen Abbruch: Der Anspruch der Imame auf die politische Macht blieb zwar bestehen, doch ist nach zwölferschiitischer Auffassung die Imam-Würde von tatsächlicher Machtausübung keineswegs abhängig. Die Tatsache etwa, daß der zweite Imam, Ḥasan ibn ʿAlī, das Kalifat (im Sinne politisch-militärischer Macht) an den bei den Schiiten verhaßten ersten Umaiyaden-Kalifen Muʿāwiya abgetreten hat, kann demnach – so die Auffassung der Zwölferschia – nicht als Verzicht auf die Imamats-Würde aufgefaßt werden. Es ist nicht zuletzt diese Trennung von spiritueller und weltlicher Macht in der Imamats-Lehre der Zwölfer, die die Flexibilität und damit die Überlebensfähigkeit dieser Konfession durch alle Fährnisse hindurch garantiert hat.

Die ausschlaggebende Funktion der Imame besteht also in der spirituellen Leitung der Gemeinde. Die Erhaltung dieser Gemeinde in einer Welt von Feinden, ja ihre Ausbreitung unter den Bedingungen mehr oder weniger starker Verfolgung durch „weltliche" Machthaber ist ihre oberste Aufgabe. In der Masse der Gläubigen herrscht die Überzeugung vor, daß alle Imame, bis auf den noch lebenden zwölften (s. u. S. 77), als Märtyrer für ihren Glauben gestorben sind. Dies ist zwar nicht die Ansicht aller theologischen Autoritäten der Zwölferschia – besonders hinsichtlich des Todes des sechsten Imams, Jaʿfar aṣ-Ṣādiq –, doch haben entsprechende korrigierende Äußerungen an der tief verwurzelten Überzeugung der Massen wenig ändern können. Besonders der Tod des Prophetenenkels Ḥusain, des dritten Imams, im Kampf gegen eine weit überlegene Truppe der Umaiyaden bei Kerbela am Euphrat (680 n. Chr.), spielt für das Geschichtsbild der Zwölfer eine zentrale Rolle.[5]

Die Imam-Lehre der Zwölfer ist, wenn man von den Spekulationen um den zwölften, den Mahdi, absieht, im wesentlichen bereits zur Zeit des Jaʿfar aṣ-Ṣādiq (gest. 765) entwickelt worden. Kern dieser Lehre ist die Überzeugung, daß die islamische Gemeinde zu allen Zeiten eines von Gott inspirierten, fehlerlosen Leiters bedarf, wenn sie nicht in die Irre gehen soll. Gottes Eigenschaft der Güte impliziert, daß es diesen Leiter zu allen Zeiten gibt. Nach dem Propheten Muḥammad sind dies die Imame. Gott hat ihnen theologische und sittliche Unfehlbarkeit *(ʿiṣma)* gegeben. Was sie von Muḥammad – nach der allgemeinen islamischen Auffassung dem letzten, dem „Siegel" der Propheten – unterscheidet, ist im wesentlichen nur der Umstand, daß sie keine Offenbarung bringen. Sie haben aber volle Kenntnis der Offenbarungs-Bücher der Juden und Christen und verfügen nach dem Propheten Muḥammad allein über das uneingeschränkte Verständnis des Korans sowohl in der äußeren als auch der esoterischen Bedeutung des Textes. Ihr Wissen von den sichtbaren und verborgenen Dingen (auch der Vergangenheit und Zukunft) entspricht dem des Propheten. Dieses ihr Wissen erhalten sie von ihrem jeweiligen Vorgänger in den letzten Augenblicken seines Lebens. Die Nachfolge verläuft vom Vater auf einen der Söhne (nicht unbedingt den ältesten); die Nachfolge von Ḥasan auf seinen jüngeren Bruder Ḥusain ist die einzige Abweichung von dieser Regel. Es kann jeweils nur einen Imam zur selben Zeit geben: Während der Lebenszeit des Vorgängers ist der nachfolgende Imam (den Gott längst bestimmt hat) ein „schweigender". Er kann, wie das Beispiel des neunten Imams Muḥammad al-Jawād zeigt – der beim Tode seines Vaters sieben Jahre alt war – die Würde des Imams auch als Minderjähriger antreten.

Diese im Hinblick auf Muḥammad al-Jawād getroffene Entscheidung sollte sich als zukunftsträchtig erweisen, als der elfte Imam, Ḥasan al-ʿAskarī, im Jahre 874 n. Chr. in der Residenz- und Garnisonsstadt Samarra im Irak als quasi-Gefangener des Abbasiden-Kalifen al-Muʿtamid starb. Auch in schiitischen Quellen wird zugegeben, daß der Mehrheit der Gemeinde kein Sohn des elften Imams bekannt war, geschweige denn, daß sie von einer Designierung dieses Sohnes als Nachfolger im Imamat gewußt hätte. Inmitten der Verwirrung der Gemeinde – einer Verwirrung, die zu zahlreichen Spaltungen hinsichtlich der Frage des Imamats nach Ḥasan al-ʿAskarī führte – setzte sich schließlich eine Gruppe durch, die die Existenz eines minderjährigen Sohnes namens Muḥammad behauptete.[6] Der elfte Imam habe ihn mit einer byzantinischen Sklavin gezeugt und ihn, um ihn vor den Verfolgungen der Abbasiden zu schützen, auch vor den meisten der eigenen Anhänger verborgen gehalten. Noch ein Knabe, sei er im Todesjahr seines Vaters von Gott in eine geheimnisvolle Verborgenheit *(ghaiba)* entrückt worden. Von 874 bis 941 n. Chr. soll der zwölfte Imam noch durch vier Sendboten mit der Gemeinde in Verbindung gestanden haben. Seither ist auch diese indirekte Leitung der Gemeinde abgebrochen, doch ist der zwölfte Imam von Zeit zu Zeit von bestimmten Personen angeblich gesehen worden, ist vielen Frommen im Traum erschienen und soll jedes Jahr zur Zeit der Pilgerfahrt in Mekka gewesen sein. Noch im 19. Jahrhundert haben sich einzelne Personen in Iran als Boten und Bevollmächtigte des zwölften Imams ausgegeben, doch ist es keinem gelungen, allgemeine Anerkennung zu finden. Auf den zwölften und letzten Imam haben die Zwölferschiiten die im Islam im 9. Jahrhundert bereits weitgehend ausgebildeten chiliastischen Vorstellungen von einem Messias und Endzeit-Herrscher *(mahdī)* konzentriert, der eines Tages erscheinen, die Herrschaft der Usurpatoren und Tyrannen brechen und ein Reich der Gerechtigkeit aufrichten werde: Der zwölfte Imam ist der Erlöser, der Rechtleitende und Rechtgeleitete, der Herr der Zeit etc. Für das politische Verhalten der Zwölferschiiten hat die Erwartung dieses Mahdi in der Folgezeit, und bis in die unmittelbare Gegenwart, entscheidende Bedeutung gehabt (s. u. S. 84–86).

c) Hadith und Theologie

Der zentralen Stellung der Imame in der Geschichtsauffassung der Zwölferschia entspricht die Autorität, die ihre Äußerungen *(akhbār)* für die Glaubenslehre dieser Gemeinschaft haben: Sie gelten (gegen das Zeugnis der ʿAlī-feindlichen Prophetengefährten und späterer nichtschiitischer Überlieferer) als Beglaubigung der Echtheit des von den Schiiten anerkannten Propheten-Hadith bzw. als dessen verbindliche Erläuterung. Dieser Imam-Hadith bildet die historische Fortsetzung des Propheten-Hadith. Er stellt eine Quelle religiöser Erkenntnis dar – besonders für das tiefere Verständnis des Korans im Sinne der Schia –, über die die Sunniten nicht verfügen. Der bei den Sunniten für die Entscheidung aller Fragen so wichtige Konsens *(ijmāʿ)* der *frühislamischen* Gemeinde tritt demgegenüber, dem Urteil der Schia über das Verhalten der meisten Prophetengefährten entsprechend, weit in den Hintergrund. Das Sunnitentum ist eine ijmāʿ –, das Schiitentum eine „Autoritätskirche“ (I. Goldziher).

Zwar wird theoretisch zwischen Propheten-Hadith und Imam-Hadith unterschieden, und es trifft auch zu, daß (ebenso theoretisch) dem Propheten-Hadith höhere Autorität zukommt, doch sind in den kanonischen Hadith-Sammlungen der Zwölferschia beide Hadith-Arten innerhalb der einzelnen Sachgebiete, für die sie als Belege dienen, nicht getrennt aufgeführt. In den meisten theologischen Abhandlungen der Zwölferschia werden beide Arten de facto gleichrangig verwendet.

Wie die Sunniten, so gehen auch die Zwölferschiiten davon aus, daß im frühislamischen Parteienstreit Propheten-Hadithe gefälscht bzw. nachträglich frei erfunden worden sind – nur eben nicht, wie die Sunniten meinen, vor allem von Schiiten, sondern überwiegend von deren Gegnern, also ʿAlī-feindlichen Prophetengefährten und später von den Umaiyaden bzw. deren (angeblichen) Soldschreibern vom Schlage eines Abū Huraira (gest. ca. 678 n. Chr.). Wie bei den Sunniten, so hat sich auch bei den Schiiten eine „kritische" Hadith-Wissenschaft entwickelt, deren Ziel es ist, alle die eigene Lehre stützenden Hadithe des Propheten zu sammeln und nach Möglichkeit durch Imam-Hadithe zu beglaubigen. Die Herausbildung dieser Hadith-Wissenschaft ist das hauptsächliche Ergebnis der Phase, die unmittelbar auf die Zeit der direkten Leitung der Gemeinde durch die Imame folgt. Die Tatsache, daß eine Dynastie schiitischer Machthaber iranischer Herkunft, die Buyiden, von 945 bis 1055 de facto das Abbasidenreich beherrschte (ohne das sunnitische Kalifat zu beseitigen), schuf günstige äußere Voraussetzungen für die Tätigkeit einer Reihe von Gelehrten, die bis heute als eine Art „Kirchenväter" der Zwölferschia gelten. Neben den im folgenden genannten Verfassern der „vier Grundlagen-Werke" sind dies Shaikh Mufīd (gest. 1022), ash-Sharīf ar-Raḍī (gest. 1015) und dessen Bruder al-Murtaḍā (gest. 1044).

Was für die Sunniten ihre sechs kanonischen Hadith-Sammlungen sind, findet bei den Zwölfern seine Entsprechung in den „vier Grundlagen-Werken" *(al-uṣūl al-arbaʿa)*. Es handelt sich um die folgenden:

(1.) „al-Kāfī fī ʿilm ad-dīn" des Kulainī (oder Kulīnī), gest. 940,

(2.) „Man lā yaḥḍuruhu al-faqīh" des Muḥammad ibn Bābūyah al-Qummī, genannt „aṣ-Ṣadūq", gest. 991,

(3.) „Tahdhīb al-aḥkām" des Muḥammad aṭ-Ṭūsī, genannt „Shaikh aṭ-Ṭā'ifa", gest. 1067/68, und

(4.) „al-Istibṣār" vom gleichen Verfasser.

Eine Sonderstellung innerhalb der schiitischen (Imam-)Hadith-Literatur nimmt der „Hochpfad der Beredsamkeit" („Nahj al-balāgha") ein, eine Sammlung von Predigten, Gebeten, Sprichwörtern etc., die dem ersten Imam, ʿAlī ibn Abī Ṭālib, zugeschrieben werden. Dieses Werk, das wegen seiner literarischen Brillanz auch im sunnitischen Bereich sehr geschätzt wird, ist im 10. Jahrhundert von ash-Sharīf ar-Raḍī zusammengestellt worden. Zitate aus dem „Nahj al-balāgha" finden sich bis in die Gegenwart in den Literaturen islamischer Völker. Desgleichen haben zahlreiche Stücke aus der „Ṣaḥīfa sajjādīya", einer Sammlung von Gebeten, die dem vierten Imam ʿAlī Zain al-ʿĀbidīn (mit dem Beinamen „as-Sajjād", etwa: der eifrige

Beter) zugeschrieben werden, ihren Weg in viele sunnitische Gebetbücher gefunden.

Auch nach dem Ende der Buyidenherrschaft, in der Zeit der sunnitischen Restauration unter den Seldschuken-Sultanen, ging die Entwicklung der religiösen Wissenschaften der Zwölferschia weiter. Zu den großen Leistungen dieser Epoche gehören der Korankommentar des Ṭabarsī (gest. 1153?) und der „Tajrīd" des Naṣīr ad-Dīn Ṭūsī (gest. 1273), ein Werk, mit dem die systematische Theologie der Zwölferschia einsetzt.

Im 14. und 15. Jahrhundert kommt es einerseits zu einer Verschmelzung von schiitischer Theologie und dem nahezu pantheistischen Mystizismus des Sunniten Muḥyī ad-Dīn ibn al-ʿArabī (gest. 1240) – so besonders bei Ḥaidar al-Āmulī (gest. nach 1385) –, während andererseits die Entwicklung der Rechtswissenschaft weitergeführt wird und die Verteidigung der zwölferschiitischen Lehre gegen sunnitische Kritik in umfangreichen apologetischen Werken ihren Niederschlag findet, so etwa im „Minhāj al-karāma" des ʿAllāma al-Ḥillī (gest. 1326). Die umfassendste und schärfste sunnitische Entgegnung darauf ist der „Minhāj as-sunna" des Ibn Taimīya (gest. 1328).

Die mystisch-gnostische und philosophisch-theosophische Richtung des zwölferschiitischen Islams, die ihre bedeutendste Ausprägung in den Schriften des Mullā Ṣadrā Shīrāzī (gest. 1640) gefunden hat, ist bis in die Gegenwart im Milieu der schiitischen Derwischorden Irans lebendig erhalten worden.

Im 17. und 18. Jahrhundert sind drei sehr wichtige Hadith-Kompilationen entstanden, in denen das Material der vier Grundlagen-Werke überliefert und z. T. durch weiteres ergänzt, neu geordnet und durch Einleitungen, Kommentare etc. vermehrt worden ist. Es handelt sich um den „Wāfī" des Muḥsin Faiḍ Kāshānī (gest. 1680), die „Wasā'il ash-shīʿa" des Ḥurr al-ʿĀmilī (gest. 1692) und die „Biḥār al-anwār" des Muḥammad Bāqir al-Majlisī (gest. 1699).

Der Einfluß der vier Grundlagen-Werke und dieser späteren Hadith-Sammlungen erstreckt sich auf das gesamte zwölferschiitische Geistesleben und reicht ungebrochen bis in die Gegenwart. Die Korankommentare sind weitgehend von ihnen abhängig.[7] Weder die spekulative Theologie und Philosophie der Zwölferschia noch ihre Rechtswissenschaft sind ohne den ständigen Rückgriff auf die in diesen Werken niedergelegte Überlieferung verständlich. Freilich ist zu berücksichtigen, daß das gewaltige Hadith-Material, das in diesen Schriften vorliegt, ungeachtet aller Versuche einer kritischen Sichtung (wie schon bei Kulainī) eine große Zahl von widersprüchlichen Äußerungen des Propheten und der Imame enthält und daß sich daraus ein jahrhundertelanger Streit innerhalb der Zwölferschia hinsichtlich der Behandlung dieser Äußerungen ergeben hat.

Die „Kirchenväter" der Buyiden-Zeit hatten unter dem Einfluß der mutazilitischen Theologie rationalistische Prinzipien in die Beurteilung des Propheten-, und besonders des Imam-Hadith (der sog. *akhbār*) eingeführt. Gegen diese Methoden, die die Verwerfung vieler akhbār als unecht (und damit als ungeeignet z. B. für die Begründung von Rechtsentscheidungen) zur Folge hatte, erhob sich schon früh Widerspruch. Eine traditionalistische Schule, die *Akhbārīya*, setzte sich dagegen zur Wehr, daß die Vernunft zum Maßstab der Verwendbarkeit von Hadithen gemacht wurde. Diese Schule räumt den akhbār der Imame gewissermaßen einen Vorrang gegenüber Koran und Propheten-Hadith ein, indem sie die von den „Kirchenvätern" als echt anerkannten akhbār zum alleinigen Schlüssel des Verständnisses des Korans und des Propheten-Hadith erklärt. Eine weitergehende, rationalistische Klassifizierung und Interpretation des in den vier Grundlagen-Werken enthaltenen Materials lehnt die Akhbārīya ab.

Sie wendet sich damit, was die Frage des Hadith betrifft, gegen die Anwendung des *ijtihād*. Der ijtihād ist eine auf Vernunft gegründete Methode der selbständigen Wahrheitsfindung überall da, wo als echt anerkannte Hadithe einander zu widersprechen oder mit Aussagen des Korans im Widerspruch zu stehen scheinen. Dies ist die Methode der (nach jahrhundertelangen Auseinandersetzungen letztlich siegreichen) Gegner der Akhbārīya, der *Uṣūliya* oder *Mujtahidīya*. Diese gestehen freilich die Fähigkeit zum ijtihād nicht jedem einzelnen Gläubigen zu, ja nicht einmal jedem, der eine theologische Ausbildung hat. Vielmehr betonen sie, daß die Anwendung des Prinzips selbständiger, rationaler, wissenschaftlicher Entscheidung in Fragen des Hadith (und damit verbunden des zwölferschiitischen Rechts) eine umfassende, intensive Schulung erfordere: Nur so wird man *mujtahid* (d. h. zum *ijtihād* berechtigter Theologe). Naturgemäß seien nur wenige intellektuell qualifiziert, diesen Rang zu erreichen. Der einfache Gläubige, der hinsichtlich seiner religiösen Praxis und allgemeinen Lebensführung Irrtümer und Schlimmeres vermeiden will, ist der Lehre der Uṣūlīya zufolge verpflichtet, einem mujtahid seiner Wahl zu folgen. Dieser Auffassung setzen die Anhänger der Akhbārīya die Meinung entgegen, daß jeder mit der Überlieferung der Imame vertraute Gläubige in der Lage sei, ohne weitergehende Ausbildung oder ständige Anleitung seine religiösen Pflichten zu erfüllen. Wo er sich nicht in der Lage sehe, den scheinbaren Widerspruch zwischen zwei Hadithen zu lösen, solle er eine Entscheidung unterlassen. Sowohl eigener ijtihād als auch die Befolgung *(taqlīd)* eines mujtahid seinen verboten.

Im 17. und 18. Jahrhundert hatte die Akhbārīya durch das Wirken einiger hervorragender Theologen gegenüber den bis dahin überlegenen Anhängern der Uṣūlīya an Boden gewonnen. Vom Ende des 18. Jahrhunderts an ging allerdings ihr Einfluß zurück, und heute gibt es nur noch kleine Restgemeinden (besonders im Gebiet von Khorramshahr/Abadan und auf Bahrain).

Der Sieg der Uṣūlīya hat die Herausbildung eines aus mujtahids bestehenden religiösen Establishments bei den Zwölferschiiten gefördert, für das die Verwendung des Begriffs „Klerus" durchaus eine Berechtigung hat. Allerdings bleibt die Abgrenzung dieses Klerus „nach unten" im Vergleich zu den Verhältnissen etwa in der römisch-katholischen Kirche unscharf. Für die Masse der einfachen Theologen sind heute (jedenfalls im iranischen Bereich) die Bezeichnungen *mullā* oder *ākhūnd* üblich. Unter den mujtahids, denen häufig Ehrentitel wie *ḥujjat al-islām* (Autorität [für die Lehre] des Islams) gegeben werden, erlangen einige einen weiteren, höherwertigen, nämlich den eines *āyatullāh* ([wunderbares] Zeichen Gottes). Der oberste mujtahid, genannt *marjaʿ at-taqlīd* (letzte theologische Instanz, an der der Gläubige sich zu orientieren hat), heißt dementsprechend auch *al-āyatullāh al-ʿuẓmā* (wörtl.: größtes der [wunderbaren] Zeichen Gottes). Wenn ein marjaʿ – wie z. B. Khumainī – auch als „Imam" bezeichnet wird, so hat dies mit einer Gleichstellung mit den zwölf Imamen (s. o.) nichts zu tun. Das Wort (wörtl.: Vorbeter) bedeutet in diesem Zusammenhang etwa „oberster (politisch-) religiöser Führer". Als solcher ist der marjaʿ at-taqlīd lediglich „Stellvertreter" des (zwölften, verborgenen) Imams *(nā'ib al-imām).*

Titel wie die eines āyatullāh oder marjaʿ at-taqlīd werden nicht formal verliehen – können nicht verliehen werden, denn es gibt hierfür keine Institution, die das tun könnte. Es handelt sich vielmehr um Ehrentitel, die aus der Masse der Gläubigen einem mujtahid angetragen und von anderen mujtahids in irgendeiner Form gebilligt werden, wenn dieser (durch zahlreiche Schriften, erfolgreiche Ausbildung vieler Studenten, vorbildliche Lebensführung usw.) überragendes Ansehen erlangt hat. Sehr viele der āyatullāhs sind Saiyids, d. h. sie stammen aus Familien, die sich der Abstammung vom Propheten Muḥammad (und damit enger Verwandtschaft mit den Imamen) rühmen können.

d) Orthodoxie und Volksglaube

Die *mujtahids* sehen sich selbst naturgemäß als Hüter der zwölferschiitischen Orthodoxie. Vielen Ausprägungen des Volksglaubens stehen sie ablehnend gegenüber. In ihrem Bemühen, möglichst viele der einfachen Gläubigen auf ihre Seite zu ziehen, sind jedoch nicht wenige mujtahids bereit, angesichts ihrer Rivalität mit anderen mujtahids um Macht und Einfluß unorthodoxe Vorstellungen und Praktiken nicht zu kritisieren, ja sogar zu rechtfertigen.

Durch die populäre zwölferschiitische Unterhaltungs- und Erbauungsliteratur sind die in den klassischen Hadith-Sammlungen und Korankommentaren enthaltenen Legenden über die vorislamischen Propheten sowie über Muḥammad und die Imame im Volk verbreitet und dabei weiter ausgeschmückt worden.

Der Märtyrertod der Imame (s. o. S. 76) ist dieser populären Überlieferung zufolge bereits Adam, Noah, Abraham, Moses und Jesus verkündet worden, und diese haben ihrer unendlichen Trauer über dieses künftige Geschehen, und hier besonders über die Ereignisse von Kerbela, in bewegten Worten Ausdruck gegeben.

Im zwölferschiitischen Volksglauben und in der entsprechenden Literatur spielt die Verehrung für Fāṭima eine Rolle, die in mancher Hinsicht an die Marien-Verehrung im christlich-katholischen Bereich erinnert. Nicht selten wird sie direkt mit Maryam (Maria), der Mutter Jesu, verglichen. In den Passionsspielen im Monat *Muḥarram*, in denen die Leidensgeschichte der Imame (auch hier wieder besonders Kampf und Tod Ḥusain ibn ʿAlīs bei Kerbela) und der anderen Märtyrer der Schia theatralisch dargestellt wird, spielt Fāṭima eine wesentliche Rolle.

Diese Passionsspiele[8] enthalten eine große Zahl von Legenden und phantastischen Ausschmückungen, einschließlich frei erfundener Hadithe. Viele der orthodoxen Theologen der Zwölferschia beurteilen die Passionsspiele und die ihnen vorangehenden bzw. folgenden Prozessionen mit Skepsis oder gar eindeutiger Ablehnung. Sie haben es aber nicht vermocht (und auch nicht entschieden versucht), diese Spiele zu unterbinden oder im Sinne der orthodoxen Lehre zu reformieren. Dies gilt auch für ihre ambivalente Haltung gegenüber den Selbstgeißelungen und Selbstverletzungen mit Ketten bzw. Schwertern (als Zeichen der Trauer um die Märtyrer-Imame), die seit Jahrhunderten einen festen Bestandteil der Muḥarram-Feierlichkeiten darstellen.[9] Die religiöse Erregung, in die alljährlich in den Trauer-Veranstaltungen des Muḥarram *(taʿziya)* Hunderttausende schiitischer Gläubiger geraten, hat sich als äußerst wirksames Mittel erwiesen, schiitische Vorstellungen in der Masse des Volkes zu verbreiten bzw. wachzuhalten und diese Menschen gegen angebliche oder tatsächliche Feinde des schiitischen Islams zu mobilisieren. In der iranischen Revolution von 1978–79 hat sich dies eindrucksvoll erwiesen. Freilich kann diese Erregung der Frommen überall dort, wo die taʿziya-Veranstaltungen in der Nachbarschaft von Sunniten stattfinden, auch zu Zwischenfällen führen, die den *ʿulamāʾ* in der Regel unerwünscht sind. So gibt es z. B. in Indien und Pakistan immer wieder einmal interkonfessionelle Zusammenstöße, wenn Sunniten sich durch die bei den Muḥarram-Prozessionen da und dort allzu laut werdende Verfluchung von Prophetengefährten herausgefordert fühlen.

Nach zwölferschiitischer Lehre ist nur der ein wahrer Gläubiger, der den Imam seiner Zeit (seit 874 n. Chr. also den zwölften, verborgenen) kennt und anerkennt. Die Imame können bei Gott für die Mitglieder ihrer Gemeinde Fürsprache einlegen. Der Besuch ihrer Gräber ist ein verdienstvolles, segenverheißendes Werk. Die Ablehnung des Gräberkults (bis hin zur Zerstörung von Grabkuppeln), die in weiten Bereichen der sunnitischen Welt unter dem Einfluß der *Salafīya*-Bewegungen Anhänger gewonnen hat, ist für die Zwölferschiiten unannehmbar. Die Zerstörung der Kuppeln über den Gräbern der Imame in Medina (s. o. S. 74f.) durch die Wahhabiten Ende 1925/Anfang 1926 (wie schon einmal 1804) ist bis in die Gegenwart in der schiitischen Welt unvergessen und immer wieder einmal Anlaß für schiitische Würdenträger, bei der saudi-arabischen Regierung für eine zumindest partielle Restaurierung zu plädieren. Ein Besuch *(ziyāra)* bei den Gräbern der Imame (z. B. bei ʿAlī ar-Riżā in Meschhed, dem einzigen Imam der Zwölfer, der auf dem Boden Irans begraben liegt) enthebt nach orthodox-zwölferschiitischer Auffassung nicht von der Pflicht zur Pilgerfahrt *(ḥajj)* nach Mekka, gilt aber dem Bewußtsein der frommen Masse als etwas zumindest Vergleichbares. Auch die Gräber der zahllosen Abkömmlinge der Imame (pers. *imām-zādah*) sind Gegenstand der Verehrung. In Iran sind dies vor allem die folgenden: das Grab der Schwester des achten Imams

ʿAlī ar-Riżā, Fāṭima, genannt Ḥażrat-i Maʿṣūma (etwa: die Sündlose), in Qum (einem frühen Zentrum der Schia in Iran); Ḥażrat-i ʿAbd al-ʿAẓīm bei Teheran; Shāh Čirāgh in Schiras und Shāh Niʿmatullāh Walī bei Kerman.

Die meisten schiitischen Mekka-Pilger schließen an ihre Pilgerfahrt einen Besuch auf dem Friedhof Baqīʿ al-Gharqad in Medina an, um die Gräber der dort bestatteten vier Imame und anderer Angehöriger des Hauses des Propheten zu besuchen. Vor allem die Pilger aus Iran verbinden ihre Hin- oder Rückreise nach Möglichkeit auch mit einer ziyāra zu den Imam-Gräbern im Irak. Um die Gräber der dort bestatteten Imame (s. o. S. 74f.) sind bedeutende Wallfahrtsorte entstanden. Besonders Kerbela und Nadschaf sind von weitläufigen Friedhöfen umgeben: Seit Jahrhunderten sind die Leichname frommer Schiiten, die im Tode ʿAlī und Ḥusain nahe sein wollten, dorthin überführt worden. Außerdem geschieht es häufig, daß Schiiten sich in höherem Alter in einem der Wallfahrtsorte niederlassen, um die letzten Jahre ihres Lebens in der „Nachbarschaft" *(mujāwara)* eines Imams zu verbringen und dort beerdigt zu werden. Besonders Nadschaf und Kerbela gelten zugleich als Zentren theologischer Gelehrsamkeit, in denen sich Studenten und Gelehrte aus der gesamten schiitischen Welt versammeln. Seit Jahrhunderten sind die meisten der führenden Theologen in den schiitischen Wallfahrtsstätten des Irak (den sogenannten *ʿatabāt*) Iraner, bzw. verwandtschaftlich eng mit den berühmten Gelehrten-Familien Irans verbunden.

Diese Dominanz der Iraner, die im Irak erst in letzter Zeit aus politischen Gründen zurückgegangen ist, steht in einem historischen Zusammenhang mit der Tatsache, daß die zwölferschiitische Richtung des Islams (wie auch andere Strömungen der Schia) schon früh Anhänger in Iran gefunden hat. Es kommt hinzu, daß in Iran – wie sonst in keinem islamischen Land – die Zwölferschia (seit dem 16. Jahrhundert) die offiziell herrschende Konfession ist. Allerdings ist die in populären westlichen und sunnitisch-muslimischen Darstellungen verbreitete Ansicht, daß die Zwölferschia so etwas wie die iranische Variante des Islams sei, eine Verzeichnung des Sachverhalts. Die Schia ist im 7. Jahrhundert im arabischen Milieu des Hedschas und des Irak entstanden. Bis ins 16. Jahrhundert befanden sich die schiitischen Gruppen in Iran den Sunniten gegenüber in der Minderheit. Die historische Wende zugunsten der Schia kam mit dem Sieg turkstämmiger Stammesverbände, die den Führern eines extrem schiitischen Ordens folgten. Die Glaubensvorstellungen dieses Ordens, der *Ṣafawīya*, harmonierten in wesentlichen Punkten nicht mit denen der zwölferschiitischen Orthodoxie. Dies gilt vor allem für die in der Ṣafawīya propagierten Vorstellung von der göttlichen Natur des Ordensführers. Im Jahre 1501, nach der Eroberung von Täbris und seiner Thronbesteigung als Schah von Iran, erklärte der Ordensmeister Ismāʿīl die Zwölferschia zur offiziell herrschenden Konfession des Landes. In der Folgezeit hat die aus der Führung der Ṣafawīya hervorgegangene Dynastie der Safawiden es verstanden, die fanatischen, extrem schiitischen Stammesverbände, denen sie ihren Sieg verdankte, zu zähmen oder zu liquidieren. Zur Legitimierung ihres Vorgehens stützten sich die Safawiden nicht zuletzt auf orthodox-zwölferschiitische Gelehrte, die von ihnen aus arabischen Zentren der Zwölferschia, und zwar besonders aus dem Libanon und aus Bahrain, ins Land gerufen worden waren. Die Entwicklung der zwölferschiitischen Lehre in Iran ist also auch nach 1500 noch von Theologen arabischer Herkunft (besonders aus dem Jabal ʿĀmil im Südlibanon, daher der häufige Name ʿĀmilī) mitgestaltet worden. Im Laufe der Jahrhunderte ist – nicht zuletzt durch Heirats-Verbindungen – aus einer Reihe von arabisch-iranischen Theologenfamilien eine Art von zwölferschiitischer Gelehrtenaristokratie entstanden, deren religiös-politischer Einfluß auf ihre Gemeinden in Iran, im Irak und im Libanon beträchtlich ist. Ein Beispiel ist die ursprünglich aus dem Südlibanon stammende Familie Ṣadr, die im 20. Jahrhundert in diesen drei Ländern eine Rolle gespielt hat bzw. noch spielt.[10]

Was das „iranische Erbe" in der Zwölferschia betrifft, so zeigt es sich – hauptsächlich in Iran, durch Vermittlung z. T. aber auch im arabischen Bereich – am ehesten in populären Vorstellungen und Bräuchen sowie in der Art der Wahrnehmung ritueller Pflichten. So mag es durchaus richtig sein zu behaupten, daß die extreme Umsicht, die fromme Zwölferschiiten im Alltag hinsichtlich der vom Islam vorgeschriebenen rituellen Reinheit zeigen, etwas mit entsprechenden zoroastrischen Lehren zu tun hat. In ihrer Selbstdarstellung und historischen Legimitation, in ihren Namen, Titeln und ihrem Hofzeremoniell haben viele Herrscher Irans in islamischer Zeit, und zwar bis in die Gegenwart hinein, bemerkenswerte Verbindungen von Altiranischem und Islamisch-Schiitischem vorgenommen. Mit der Lehre und dem Selbstverständnis der Zwölferschia hat dies aber nur bedingt etwas zu tun.

e) Die Zwölfer, der Mahdi und die weltliche Macht

„Mit der Stirn auf dem heiligen Boden der Gräbergnadenorte liegend; weinend allezeit das Sterben ihrer Herren an ihrem Leibe tragend; bei Verfolgungsgefahr ihr Bekenntnis durch Verstellung verhüllend; vom offiziellen Islam unbefriedigt gelassene Seelenaffekte fein witternd und in leisetretender, aber ebenso geschickter wie unermüdlicher Propaganda ausnutzend; an Fürstenhöfen mit feiner listiger Diplomatie arbeitend; im Eifer um ihre Märtyrer fremden „Ketzern" den Märtyrertod bringend; in den Kriegslagern von Welteroberern brutale Kräfte nach ihren Zielen lenkend – das ist die Schia." R. Strothmann: „Die Zwölfer-Schīʿa" (Leipzig, 1926), 6.

Mit der Vorstellung vom zwölften Imam als dem zu erwartenden Erlöser und Mahdi (s. o. S. 77) ist in der Zwölferschia aufs engste die Lehre verbunden, daß bis zu seiner Rückkehr aus der Verborgenheit jegliche politische Herrschaft – auch die eines Herrschers, der sich zur Zwölferschia bekennt – nur bedingt legitim sein kann.[11] Die Einstellung der Gläubigen zu einer derartigen Herrschaft hängt davon ab, ob und in welchem Maße sie die Prinzipien des (zwölferschiitischen) Islams respektiert. Die Entscheidung darüber, ob dies der Fall ist, liegt – jedenfalls theoretisch – bei den schiitischen Gelehrten. Diesen kommt insofern eine Autorität zu, die direkt in den Bereich der Politik hineinragt. Die Vorstellung von einem konkreten Wächteramt der obersten *mujtahids* hat sich allerdings erst allmählich herausgebildet, war auch unter Theologen nie unumstritten (es gab stets eine quietistische, ja sogar eine „royalistische" Strömung) und hat erst im 20. Jahrhundert zu eindeutigen Forderungen hinsichtlich der Kontrollfunktion der qualifiziertesten Rechtsgelehrten geführt. Ihre bisher extremste Ausprägung hat diese Vorstellung in der Lehre Khumainīs von der (für den zwölften Imam, den Mahdi) stellvertretenden, direkten Machtausübung des bestqualifizierten Rechtsgelehrten (pers. *wilāyat-i faqīh*) gefunden. Diese Institution ist auch in der Verfassung der Islamischen Republik von 1979 verankert worden, hat aber, was die Auslegung durch Khumainī und seine Anhänger betrifft, inzwischen auch durch schiitische Theologen Kritik erfahren.

Khumainī hat versucht, seine Doktrin aus der Tradition des schiitischen Staatsdenkens herzuleiten. Bei den „Kirchenvätern" des 10. und 11. Jahrhunderts findet sich diese Lehre allerdings noch nicht. Vielmehr hatten diese die Konsequenz aus der Tatsache zu ziehen, daß, vom vierten Imam an, alle Imame, und ganz besonders der sechste Imam Jaʿfar aṣ-Ṣādiq, eine quietistische Haltung eingenommen haben. Die Gemeinde hatte sich, da die Wiederkehr des zwölften Imams auf sich warten ließ, mit der andauernden Realität illegitimer Herrschaft abzufinden. Ihre Rechtsgelehrten mußten somit auch die Frage entscheiden, inwiefern für einen Zwölferschiiten eine Tätigkeit im Dienste eines (unter dem Gesichtspunkt der Abwesenheit des zwölften Imams zwangsläufig) illegitimen Herrschers (sei er nun Sunnit oder Schiit) erlaubt sein könne. Dabei mußte zwischen dem illegitimen, aber gerechten, und dem illegitimen, und zugleich ungerechten Herrscher unterschieden werden. Die Antworten der Gelehrten sind im Zusammenhang mit der konkreten historischen Situation zu sehen, in der sie gegeben wurden: Ihr Inhalt reicht von strikter Ablehnung jeglicher Zusammenarbeit bis zu der Entscheidung, daß ein Zwölferschiit selbst einem ungerechten illegitimen Herrscher dienen dürfe, wenn dies der Sicherheit bzw. Stärkung der zwölferschiitischen Gemeinde dienlich sei. Unter bestimmten Umständen könne dieser Dienst sogar zur Pflicht werden.

In der Tat haben Zwölferschiiten nicht nur unter Herrschern ihrer eigenen Konfession, sondern auch unter Sunniten hohe Positionen im Staat eingenommen. In diesem Zusammenhang erwies es sich als vorteilhaft, daß die Gelehrten der Zwölferschia die Lehre vom Erlaubtsein des bewußten Verschweigens des eigenen Bekenntnisses (*taqīya* oder *kitmān*) entwickelt haben. Taqīya ist erlaubt, ja dringend geboten, wenn dies der persönlichen Sicherheit in einer feindlichen Umwelt oder dem Schutz der zwölferschiitischen Gemeinde und ihrer Interessen dient.

Khumainī hat sich bemüht, die in der soeben skizzierten Lehre angelegte Tendenz zum Quietismus zurückzudrängen. Er geht von der These aus, die Verborgenheit des zwölften Imams könne nicht bedeuten, daß die Gesetze des Islams bis zu dessen Wiederkehr außer Kraft gesetzt seien. Die Gegenwart der islamischen Welt sei aber gerade durch die weitgehende Zurückdrängung der *sharīʿa* gekennzeichnet. In dieser Situation werde Revolution zur Pflicht. Ziel dieser Revolution müsse die Etablierung einer wahrhaft islamischen Ordnung sein, wie sie zur Regierungszeit des Imams ʿAlī (656–61) bestanden habe. Die Regierung dieses islamischen Staates müsse durch einen anerkannten, gerechten Rechtsgelehrten *(faqīh)* oder ein Kollegium solcher Gelehrter kontrolliert werden. Hinsichtlich ihrer *Funktion* als Inhaber von Regierungsgewalt und Herren der Rechtssprechung unterscheiden sich diese Gelehrten, so Khumainī, nicht vom Propheten oder von den Imamen. In *dieser* Eigenschaft sind sie deren Nachfolger und Erben.

Khumainī untermauert seine Argumentation durch eine sehr weitgehende Auslegung von Koran 4:60 bzw. einer Äußerung des Imams Jaʿfar aṣ-Ṣādiq dazu. Demzufolge ist es den Gläubigen eindeutig verboten, sich zur Entscheidung ihrer strittigen Angelegenheiten an (den oder die) Götzen *(ṭāghūt)* zu wenden – worunter, wie Jaʿfar aṣ-Ṣādiq anläßlich eines bestimmten Falles gesagt haben soll, auch jeder Vertreter der illegitimen Staatsgewalt zu verstehen sei. Khumainī identifiziert nun Regime wie das des Schahs eindeutig mit dem ṭāghūt, erklärt also Gehorsam gegenüber diesem und ähnlichen Regimen zu einer Art Götzendienst.[12]

Mit dieser Interpretation und mit dem gleichzeitigen Versuch, den legitimen Anwendungsbereich der taqīya zu begrenzen, hat Khumainī einem militanten Fundamentalismus zum Durchbruch verholfen, wie er in dieser Form im zwölferschiitischen Bereich bisher nicht bekannt war. Seine langfristige Wirkung im schiitischen und außerschiitischen Bereich ist noch nicht abzuschätzen.[13]

Der von Khumainī repräsentierte schiitische Fundamentalismus ist auch durch ein auffallendes (zumindest verbales) Engagement für die sozial Unterdrückten gekennzeichnet. Er teilt dieses Engagement mit dem, von Intellektuellen mit westlicher Ausbildung beeinflußten, schiitischen Modernismus. Zu ihm bekennen sich große Teile des linken Flügels der islamischen Revolutionsbewegung in Iran sowie entsprechende zwölferschiitische Bewegungen im Irak, im Libanon etc. Ideologische Kultfigur dieser Strömungen ist der 1977 in England verstorbene iranische Religionssoziologe ʿAlī Sharīʿatī. In seinen Schriften findet sich immer wieder der Hinweis auf den Prophetengefährten und Anhänger ʿAlīs, Abū Dharr al-Ghifārī, als Vorkämpfer eines eigenständigen, echt islamischen (schiitischen) Sozialismus.[14]

Die Diskrepanz zwischen dem Islam- und Schia-Verständnis Khumainīs und Sharīʿatīs ist offensichtlich. Im Rausch der Revolution wurde sie zeitweilig verdrängt. Inzwischen sind die Gegensätze in praktisch-politischen Fragen, die sich daraus ergeben, offen zutage getreten (s. dazu den Beitrag „Iran" von U. Steinbach im vorliegenden Band).

2. Die Zaiditen

Die Anhänger der *Zaidīya* leben fast ausschließlich im nördlichen Jemen. Sie bildeten ca. 50% der Bevölkerung der Arabischen Republik Jemen. Von 879 bis 1962 verfügten sie in diesem Lande über einen Religionsstaat unter der Herrschaft von Imamen. Eine 864 in der Region südlich des Kaspischen Meeres errichtete zaiditische Herrschaft ist bereits 1126 untergegangen.

Die Geschichte des zaiditischen Imamats im Jemen beginnt mit Yaḥyā ibn al-Ḥusain, der das Oberhaupt einer kleinen Zaiditen-Gemeinde in Medina gewesen war und sich im Jahre 897 in Ṣaʿda (Nordjemen) festsetzte. Unter dem Herrschernamen al-Hādī errichtete er ein unabhängiges Imamat und begann, die zaiditische Konfession unter den Stämmen zu verbreiten. Seither hat das Zaiditentum die politische Geschichte des Jemen entscheidend beeinflußt, wenngleich bis ins 16. Jahrhundert hinein sunnitische Dynastien über große Teile des Landes geherrscht haben und die Imame danach (zeitweilig) gezwungen waren, die Oberhoheit der Osmanen zu akzeptieren. Bis zur Revolution von 1962 haben Nicht-Zaiditen im direkten Machtbereich der Imame nur selten einmal höhere Posten in Politik und Verwaltung einnehmen können. Die Loyalität der zaiditischen Stämme gegenüber den Imamen mußte freilich immer wieder aufs Neue erzwungen werden. Die tatsächliche Macht der Imame war häufig genug auf den engeren Umkreis ihrer Residenzen reduziert.

Die Zaidīya geht zurück auf Zaid ibn ʿAlī, einen Urenkel ʿAlī ibn Abī Ṭālibs und Sohn des vierten Imams ʿAlī Zain al-ʿĀbidīn (s. o. S. 75). Dieser Zaid ist 739/40 in Kufa (Irak) während eines Aufstands gegen die Umaiyaden gefallen. Er hat theologische Schriften verfaßt, doch ist die nach ihm benannte zaiditische Lehre erst durch spätere Anführer der Bewegung von anderen schiitischen Strömungen abgegrenzt und zu einem eigenen System gemacht worden, so vor allem durch al-Qāsim ibn Ibrāhīm (gest. 860). Die von al-Qāsim begründete Richtung innerhalb der Zaidīya ist die einzige, die noch heute existiert – nämlich im Jemen. Nur von ihr, und nicht von den anderen frühen zaiditischen Gruppen und deren Lehre, ist im folgenden die Rede.

Von allen in der Gegenwart noch bestehenden schiitischen Gemeinschaften steht die Zaidīya den Sunniten am nächsten. Ihre Imamatslehre und ihr *fiqh* unterscheiden sich wesentlich von denen der Zwölferschia und noch mehr von denen der Siebener und der *ghulāt*.[15] Die hauptsächlichen Anforderungen, denen ein Kandidat für das Amt des Imams genügen muß, sind nach zaiditischer Lehre folgende:

Er muß zu den *Ahl al-bait* gehören, wobei es unerheblich ist, ob er seine Abstammung auf Ḥasan oder Ḥusain ibn ʿAlī zurückführt. (Die Imame des Jemen waren überwiegend Hasaniden.) Eine starre Erbfolge wird abgelehnt. Entscheidend ist die Fähigkeit und Bereitschaft, mit Waffengewalt die Herrschaft zu erkämpfen und zu bewahren. Daher ist – im Unterschied zur Lehre der Zwölfer – das Imamat eines Kindes nicht möglich (s. o. S. 76).

Desgleichen hat die Zaidīya die Lehre vom Erlöser-Imam und Endzeit-Herrscher *(mahdī)* bzw. von dessen zeitweiliger Entrückung *(ghaiba)* und später zu erwartender Wiederkehr nicht mit aufgenommen.

Die Imam-Reihe der Zaiditen ist nicht abgebrochen, sondern hat sich bis in die Gegenwart fortgesetzt. Allerdings wird im Staatsrecht der Zaiditen zugestanden, daß es eine Zeit ohne einen anerkannten, tatsächlich herrschenden Imam geben kann – eine angesichts der Situation im Jemen seit 1962 wichtige Bestimmung. Andererseits dürfen nach zaiditischer Lehre mehrere Imame gleichzeitig auftreten. Die Verdrängung eines Imams durch einen Gegen-Imam wird hingenommen, aber auch seine Wiedereinsetzung in die Würde eines Imams, wenn es ihm gelingt, den oder die Rivalen seinerseits zu verdrängen.

Eine feste dynastische Tradition konnte sich somit nicht entwickeln, und es gibt dementsprechend auch keine lückenlose Reihe von Imamen. In Übereinstimmung mit der Vorstellung von einem unter allen Umständen aktiv kämpfenden Imam wird die *taqīya* (s. o. S. 85) abgelehnt. Dem Imam und darüber hinaus allen Zaiditen ist vielmehr die Pflicht auferlegt, stets und in aller Offenheit für das Richtige einzutreten und das Verwerfliche zu bekämpfen *(al-amr bi-l-maʿrūf wa-n-nahy ʿan al-munkar)*. Ferner werden von einem zaiditischen Imam bedeutende theologische Kenntnisse und literarische Bildung verlangt. Dies hat zur Folge, daß von den zaiditischen Herrschern des Jemen zahlreiche theologische Abhandlungen und literarische Werke (auch Dichtungen) überliefert sind.

Mangelnde militärische Erfolge, Verletzung der religiös-sittlichen Normen, die Aufdeckung gravierender Wissenslücken, Gebrechen etc. können zur Absetzung eines Imams führen. Es ist offenbar, „daß das Imamat bei den Zaiditen ein schlichtes Gottesgnadentum für ein Amt ist, jedoch keinen character indelebilis hat" (R. Strothmann). Geschieht es, daß ein Imam seine beiden hauptsächlichen Pflichten unterschiedlich gut erfüllt, so kann ihm die Anerkennung als Voll-Imam versagt bzw. entzogen werden, d. h. er gilt dann nur als „Imam des Krieges" oder „Imam des Wissens". Unterhalb des Ranges eines Imams gibt es im übrigen zaiditische Autoritäten wie den *dāʿī*, die evtl. einen Anspruch auf das Imamat anmelden können und dann um Anerkennung kämpfen müssen.

Wie angesichts einer so nüchtern-realpolitischen Imamatslehre zu erwarten, spielt der Glaube an Wundertaten der Imame bei den Zaiditen keine wesentliche Rolle. Mystik und Mystiker-Orden werden abgelehnt.

Hinsichtlich des Rechts bietet die Zaidīya kein klar abgegrenztes Bild. Sie bekennt sich zum Recht ihrer Gelehrten (zu denen natürlich in erster Linie die Imame gehören), sich des *ijtihād* zu bedienen. Einzelne ihrer Rechtslehrer stehen in ihren Entscheidungen sunnitischen Autoritäten näher als anderen zaiditischen. Dies hat dazu beigetragen, daß im heutigen Jemen zaiditische und sunnitische (schafiitische) Gläubige bereit sind, in ein und derselben Moschee hinter einem Vorbeter ihr Gebet zu verrichten. Was das Bild der Zaiditen von der frühislamischen Geschichte betrifft, so ist es nicht von dem Maße an Unversöhnlichkeit gekennzeichnet, das wir bei den

Zwölfern finden (s. o. S. 71 ff.). Zwar bestehen die Zaiditen darauf, daß ʿAlī der würdigste Anwärter auf das Imamat gewesen sei, doch lehnen sie es ab, die drei ersten Kalifen als Usurpatoren zu bezeichnen.

Freilich haben die zaiditischen Imame sich in bestimmten Situationen, nämlich bei der Mobilisierung der zaiditischen Stämme gegen landfremde Sunniten, nicht gescheut, letztere als Ungläubige zu bezeichnen und einen *jihād* gegen sie auszurufen. Dies gilt noch für die Kämpfe gegen die Osmanen (1872–1914) und für die Agitation der „Royalisten" im Bürgerkrieg von 1962 bis 1967 (bzw. 1970) gegen die Ägypter. Solche jihād-Aufrufe richteten sich im Prinzip nicht gegen die einheimischen Sunniten (Schafiiten), soweit diese die landfremden Sunniten nicht unterstützten.

Auch noch heute spielen die Aliden (ʿAlī-Abkömmlinge) eine erhebliche Rolle im öffentlichen Leben. Sie bilden die einflußreiche Schicht der Saiyids *(sāda)*. In ihren Kreisen hat die zaiditische Gelehrsamkeit ihre Pflegestätten, und zugleich sind viele Saiyids in wichtigen Verwaltungs-Positionen und als Richter tätig. Die Schicht der zaiditischen sāda des Jemen besteht aus etwa 60 Großfamilien. Sie alle kommen für den Anspruch auf das Imamat in Frage. In der neueren Geschichte haben jedoch nur drei von ihnen aus ihrer Mitte Imame hervorgebracht bzw. durchsetzen können (wenn man von einem Gegen-Imam aus der Familie Wazīr im Jahre 1948 absieht), nämlich die Familien Dailamī, Sharaf ad-Dīn und Ḥamīd ad-Dīn. Letztere hat die im 20. Jahrhundert regierenden Imame gestellt: Manṣūr (reg. 1890–1904), Yaḥyā (1904–1948, seit 1926 mit dem zusätzlichen Titel „König"), Aḥmad (1948–62) und Badr (nur einige Tage im September 1962).

Die 1962 etablierte Staatsform der Republik[16] ist mit der traditionellen Auffassung des zaiditischen Imamats nicht in Übereinstimmung zu bringen. Dennoch führten Stammesrivalitäten und andere Faktoren dazu, daß einige zaiditische Stämme im Bürgerkrieg (1962–1970) zumindest zeitweilig die republikanische, überwiegend von Schafiiten gebildete Zentralregierung unterstützten.[17] Mit einer Anerkennung ihrer Legitimität im *religiösen* Sinne hatte dies freilich nichts zu tun. Dies gilt auch für die Situation seit 1970, doch gibt es inzwischen immerhin Ansätze für eine Reform der zaiditischen Staatslehre im Sinne einer Annäherung an bestimmte Prinzipien der Republik.[18]

Nach der Vereinigung von Nord- und Südjemen im Jahre 1990 dürfte die Frage der Wiedererrichtung eines zaiditischen Imamats allerdings weiter in den Hintergrund gerückt sein. Wenn überhaupt, so wäre es in Zukunft höchstens als religiös-politische Autorität für die zaiditische Minderheit im Jemen durchzusetzen, also nicht als Herrschaft über das gesamte Land. Auch ist keineswegs sicher, daß dieses Imamat wieder der Familie Ḥamīd ad-Dīn zufiele[19], und wohl ausgeschlossen, daß es sich, was die zaiditische Gemeinschaft betrifft, der archaisch-absolutistischen Methoden der Imame Yaḥyā und Aḥmad bedienen könnte.

IV. Erneuerungsbewegungen im Islam vom 18. bis zum 20. Jahrhundert und die Rolle des Islams in der neueren Geschichte: Antikolonialismus und Nationalismus

(Rudolph Peters)

1. Erneuerungsbewegungen im 18. Jahrhundert und in der ersten Hälfte des 19. Jahrhunderts

Ein den meisten Offenbarungsreligionen gemeinsames Wesensmerkmal ist es, daß Reform gewöhnlich als Rückkehr zu den Ursprüngen und Wurzeln dargestellt wird, d. h. zur Reinform der Religion auf der Grundlage der offenbarten Texte und der Lehren der jeweiligen Stifter. Die christliche Reformation des 16. und 17. Jahrhunderts ist nur *ein* Beispiel für diese Erscheinung. Innerhalb des Islams hat es keine große Bewegung gegeben, die mit der Reformation vergleichbar wäre. Dennoch sind im Verlauf der islamischen Geschichte häufig geistige Strömungen aufgekommen, die den ursprünglichen, reinen Islam gegenüber der vorherrschenden verderbten Form der Religion zu vertreten beanspruchten und oft eng mit politischen Bewegungen verbunden waren. Aus Gründen, die noch nicht vollständig geklärt sind, waren das 18. und 19. Jahrhundert in dieser Hinsicht besonders fruchtbar. Einige Reformdenker, von denen einige politisch-religiöse Bewegungen gründeten, machten sich in diesem Zeitabschnitt daran, den Islam zu erneuern. Diese Leute sind insofern bedeutsam, als viele ihrer Gedanken den islamischen Modernismus befruchteten, der in der 2. Hälfte des 19. Jahrhunderts entstand.

Jene religiösen Bestrebungen und Bewegungen werden gewöhnlich unter dem Oberbegriff „Fundamentalismus“ zusammengefaßt. Dagegen ist nichts einzuwenden, wenn man sich der Tatsache bewußt ist, daß ein großer Unterschied zwischen islamischem und christlichem Fundamentalismus besteht. Da das Hauptelement des christlichen Fundamentalismus in der Schriftfrömmigkeit und der Zurückweisung der Bibelkritik besteht, können die meisten Muslime in dieser Hinsicht fundamentalistisch genannt werden.

Der islamische Fundamentalismus bedeutet aber noch mehr: Er bezeichnet Denkströmungen und Bestrebungen, deren Gottesbegriff eher transzendent als immanent ist, die der Einheit des Islams große Bedeutung beimessen und dessen (heutige) Vielgestaltigkeit verurteilen, die um die Authentizität des Islams bemüht sind und von außen kommenden Einflüssen Widerstand leisten, und die schließlich alle Gläubigen als vor Gott gleich ansehen und daher der Hierarchie abgeneigt sind.

Wie bei anderen monotheistischen Religionen besteht im Islam eine Spannung zwischen jenen, die das Anderssein Gottes und seine Existenz getrennt von der Schöpfung betonen, und jenen, die sagen, die Schöpfung sei Teil Gottes selbst und Gott manifestiere sich überall. Die erstgenannte Tendenz zeigt sich in der durch Schriftfrömmigkeit geprägten Islam-Auffassung der Gelehrten (arab. *ʿālim*, pl. *ʿulamāʾ*). Wenn Gott von der Schöpfung getrennt ist, so kann der Mensch nur Kenntnis von Gott und seinen Geboten erlangen über die Offenbarung Gottes durch Muḥammad, also durch den Koran *(qurʾān)* und den Hadith (arab. *ḥadīth*), wobei letzterer als mittelbare Offenbarung angesehen wird. Andererseits sehen die meisten Mystiker Gott als seiner Schöpfung innewohnend an und glauben an die Möglichkeit, durch mystische Erfahrung unmittelbar mit ihm in Verbindung treten zu können.

Seit seinem Entstehen im 7. Jahrhundert hat sich der Islam über ein riesiges Gebiet ausgedehnt. Regional wurde er von örtlich vorherrschenden Gebräuchen und Überlieferungen in einem so starken Maße beeinflußt, daß man von einem indonesischen, afrikanischen oder türkischen Islam mit jeweils eigenen Wesenszügen sprechen kann. Doch abgesehen von diesen gebietsmäßigen Unterschieden gibt es auch lehrspezifische: Es gibt Sunniten und Schiiten, bei den Sunniten die vier verschiedenen Rechtsschulen (arab. *madhāhib*, sing. *madhhab*) und innerhalb der mystischen Richtung die verschiedenen Orden. Die Fundamentalisten streben danach, diese Unterschiede und Teilungen zu überwinden und alle Muslime in *einem* Glauben zu vereinen, in *einer* Lehre und Glaubensausübung. Dies aber kann nur geschehen, wenn man an der authentischen Überlieferung des Islams *(sunna)* festhält und fremde Einflüsse (arab. *bidʿa*) zurückweist.

Zusammen mit der Vorstellung von der Gleichheit aller Gläubigen sind dies die das fundamentale Denken kennzeichnenden Wesensmerkmale, was aber nicht heißt, daß alle Fundamentalisten eine völlig übereinstimmende Betrachtungsweise haben. Ordnet man die Vorstellungen eines Autors oder einer Denkschule als fundamentalistisch ein, so ist das kein absolutes Urteil, sondern nur ein bedingtes. Ich meine damit, daß der islamische Fundamentalismus kein genau bestimmter, fest umrissener Standpunkt ist, sondern eine Gegenposition im Verhältnis zu den Ideen anderer Denker. Wenn wir die Autoren und Bewegungen, mit denen wir uns in diesem Abschnitt befassen werden, als fundamentalistisch bezeichnen, so heißt dies nicht, daß sie sich sämtlich zur gleichen Lehrmeinung bekennen. Wir werden sehen, daß eine große Vielfalt an Vorstellungen vorhanden ist. Allen gemeinsam ist indessen die Tatsache, daß sie auf der „fundamentalistischen Bewertungsskala" höher eingestuft werden als die meisten anderen zeitgenössischen Denker innerhalb der Hauptströmung des Islams.

Es gibt nun – abgeleitet von den Grundproblemen, die den Fundamentalismus kennzeichnen – eine Anzahl ganz bestimmter Lehrmeinungen, denen man in den meisten fundamentalistischen Schriften begegnet. Die erste und im Hinblick auf spätere Entwicklungen entscheidende Meinung ist die, daß entsprechend qualifizierte Gelehrte nach wie vor den Koran und den Hadith unabhängig auslegen dürfen *(ijtihād)* und nicht verpflichtet seien, sich an die Ansichten allein *einer* Rechtsschule zu halten. Nach der Doktrin, die im Gegensatz dazu im Islam des 10. Jahrhunderts an bestimmend wurde, war das nach Vorbildern ausgerichtete Handeln (arab. *taqlīd*, Nachahmung) bindend für jedermann, wie gelehrt er auch immer sein mochte.

Die erstgenannte Meinung steht in der Tat in enger Beziehung zu sämtlichen Wesenselementen des Fundamentalismus. Die Verbindung zwischen ijtihād und Authentizität ist ganz offenkundig. Für den Fundamentalisten bedeutet ijtihād, sich unmittelbar den Quellen des Islams zuzuwenden, um auf diese Weise Gottes Gebote so zuverlässig wie möglich zu ermitteln, nämlich so, wie sie durch ihn seinem Propheten Muḥammad offenbart worden waren. Das pflichtgemäße Festhalten an der Lehrmeinung *einer* Rechtsschule führt demgegenüber das Element des verstandesgemäßen Erfassens ein, das dem Irrtum unterworfen sein kann. Daher stellt es für den Gläubigen ein Hindernis dar in seinem Bestreben, die authentischen Vorschriften zu erkennen, deren Kenntnis nur durch Vermittlung des Propheten zu erreichen ist. Mehr noch: Diese Rechtsschulen kamen erst im 3. Jahrhundert des Islams auf und gehören also nicht zum reinen Islam der ersten Generationen von Muslimen. Außerdem sind diese Rechtsschulen einer der Gründe für die Uneinigkeit unter den Muslimen gewesen, indem sie diese nötigten, unterschiedlichen Lehrmeinungen zu folgen.

Das Verhältnis von ijtihād und transzendentem Gottesbegriff der Fundamentalisten ist etwas komplizierter. Wie wir gesehen haben, bedeutet Transzendenz in diesem Zusammenhang, daß der Mensch Gottes Gebote ausschließlich über dessen Offenbarungen an die Propheten erfahren kann. Daher bildet das Prophetentum den einzigen Verbindungsstrang zwischen dem Schöpfer und der Menschheit. Nur dann kann ein Muslim wirklicher Gläubiger sein, wenn er Muḥammad folgt und gehorcht. Eben weil die Fundamentalisten der Ansicht sind, daß andere Wege der Verbindung zu Gott unmöglich seien, verurteilen sie auch streng die Auffassung, daß die Gründer der Rechtsschulen als Heilige unmittelbaren Zugang zum göttlichen Wissen hätten und mithin unfehlbar oder nahezu unfehlbar seien – eine Auffassung, die den Verfechtern des taqlīd oft dazu diente, ihre Haltung zu rechtfertigen.

Häufig wird behauptet, Fundamentalisten seien unversöhnliche Feinde des Mystizismus. Das ist jedoch falsch. Wie wir sehen werden, hat es fundamentalistische Bewegungen gegeben, die den Mystizismus ausübten, oder – anders ausgedrückt – es hat mystische Orden gegeben, die eine fundamentalistische Lehre besaßen. Richtig ist hingegen, daß die Fundamentalisten im allgemeinen eine feste Position gegenüber dem bezogen haben, was sie als Auswüchse der mystischen Lehre und Praxis ansahen, ohne indessen den Mystizismus selbst zu verurteilen.

Ein wichtiges Ziel ihrer Angriffe war die Lehre von der Einheit des Seins (arab. *waḥdat al-wujūd*), die zuerst von Ibn al-ʿArabī (gest. 1240) formuliert worden war und sich in Mystikerkreisen großer Beliebtheit erfreute.

Diese Lehre besagt, daß außer Gott nichts bestehe und daß demzufolge das ganze All – den Menschen eingeschlossen – wesensgleich mit Gott sei. Eine solche Auffassung konnte zu polytheistischen Vorstellungen führen und stand natürlich dem Konzept der Fundamentalisten von der göttlichen Transzendenz ganz entgegen. Aber nach Meinung der Fundamentalisten fiel noch schwerer die Tatsache ins Gewicht, daß eben jene Lehre als Rechtfertigung für gesetzeswidrige (d. h. die *sharī ʿa* mißachtende) Bestrebungen benutzt wurde. War einmal, so wurde argumentiert, das Endziel des mystischen Weges erreicht und war man eins mit Gott geworden, so war man auch nicht mehr daran gebunden, dem religiösen Gesetz zu folgen, das nur für normale Sterbliche verbindlich ist.

Ein weiterer Gegenstand der Kritik waren jene Rituale und Praktiken von mystischen Orden, die die Fundamentalisten als im Widerspruch zur sunna stehend ansahen. Das schloß auf der einen Seite ekstatische Rituale ein, wie etwa Tanzen in Verbindung mit Musik – was nach der Auffassung vieler Muslime verboten ist – auf der anderen Seite Praktiken wie das Verschlingen lebender Schlangen und brennender Kohle sowie das Durchbohren des Körpers mit Messern und anderen scharfen Gegenständen.

Zum Mystizismus gehört die Heiligenverehrung. Die Gründer und bedeutenden Scheichs (arab. sing. *shaikh*) der meisten Orden werden von vielen Muslimen als heilige Männer (arab. sing. *walī*) betrachtet, d. h. man glaubt, Gott habe ihnen wegen ihrer Frömmigkeit die Macht zum Wunderwirken gegeben, um sie auf diese Weise zu ehren. Weiterhin wird geglaubt, daß Gläubige jene Heiligen darum bitten könnten, Mittler bei Gott zu sein. Dies geht einher mit bestimmten Ritualen wie dem Besuch ihrer Grabstätten, dem Abbrennen von Kerzen und anderen frommen Handlungen. Die Fundamentalisten nehmen gewöhnlich Anstoß an der Heiligenverehrung. Sie verurteilen die damit im Zusammenhang stehenden Riten und Feste als im Widerspruch zur sunna befindlich. Darüber hinaus betrachten sie diese Art von Heiligenverehrung als unvereinbar mit der monotheistischen Vorstellung, welche ihrer Auffassung nach einschließt, daß Gott der einzig zulässige Gegenstand der Verehrung und Anbetung sei. Da nun viele Heilige nur örtlich verehrt werden, fördern diese unterschiedlichen Kulte nach Ansicht der Fundamentalisten den Fortbestand der Spaltung der Muslime und verhindern ihre Einigung. Schließlich kritisieren die meisten Fundamentalisten die Vorstellung von einer Fähigkeit der Heiligen zur Mittlerschaft (arab. *tawassul*). Der Glaube daran, daß man mit Erfolg die Vermittlung durch Menschen suchen könne, wie außerordentlich auch deren Eigenschaften seien, schließe ein, daß man diesen Menschen zwischen sich selbst und Gott stelle, und das sei unvereinbar mit Gottes Transzendenz und mit dem Gedanken von der Gleichheit aller Gläubigen.

Dieser letztgenannte Punkt, die Gleichheit aller Gläubigen vor Gott, findet eine unterschiedliche Ausprägung. Fundamentalistische Autoren betonen häufig die Mäßigungsvorschriften, die sich im Koran und in der sunna finden lassen. Diese Vorschriften untersagen ihren männlichen Anhängern, goldene Teller und Becher zu benutzen, Goldschmuck und seidene Gewänder zu tragen oder ermahnen sie, die Hochachtung anderen Menschen gegenüber nicht zu übertreiben, etwa durch Küssen ihrer Hand oder durch Anreden mit übertriebenen Ehrentiteln.

Die fundamentalistischen Lehren, die ich soeben beschrieben habe, waren im 18. Jahrhundert nicht neu und ursprünglich. Die fundamentalistische Überlieferung ist wesentlich älter. Die meisten dieser Auffassungen lassen sich auf den bekannten Theologen und Rechtsgelehrten Ibn Taimīya (gest. 1328) und seinen Schüler Ibn Qaiyim al-Jauzīya (gest. 1350) zurückverfolgen; beide waren sehr bekannt durch ihre zahlreichen Schriften über eine Vielzahl religiöser Themen. Häufig beziehen sich spätere Fundamentalisten und sogar modernistische Autoren auf sie, besonders, um Meinungen zu stützen, die sich mit der Rechtsmethodologie (z. B. dem Problem von ijtihād und taqlīd), der Verurteilung der Praktiken bestimmter Mystikerorden, der Kritik an der Heiligenverehrung und der Frage des Mittlertums befassen.

Oft wird der Fundamentalismus als etwas angesehen, was gleichbedeutend ist mit Konservatismus. Das ist nicht richtig.

Konservatismus ist das Bestreben, die bestehende Ordnung beizubehalten und Änderungen entgegenzutreten. Haupt-Existenzgrund des Fundamentalismus ist es jedoch, die bestehende Ordnung als nicht in Übereinstimmung befindlich mit den reinen und ursprünglichen Grundsätzen des Islams abzulehnen. Er möchte Wandel, nämlich Wandel im Sinne einer Gestaltung der Gesellschaft nach dem Beispiel der sunna des Propheten. Dies erklärt, warum fundamentalistische Bewegungen häufig aktionistisch und mit politischen Bewegungen verbunden sind. In einer Gesellschaft, in der Politik und Religion keine klar voneinander geschiedenen Begriffe sind, und wo die Religion alle anderen ideologischen Bereiche beherrscht, äußern sich politische und soziale Oppositionen gewöhnlich in der Form religiöser Opposition. Der Ruf nach der Anwendung der wahren islamischen Vorschriften ausschließlich auf der Grundlage des Korans und der sunna übt Anziehungskraft auf diejenigen aus, die die bestehenden politischen und sozio-ökonomischen Verhältnisse mißbilligen und die bestehende Ordnung zum Besseren hin verändern wollen.

Fundamentalisten befinden sich daher oft im Gegensatz zu ihrer Umgebung und besonders zu den konservativen ʿulamāʾ. Bisweilen sind diese Gegensätze in bewaffnete Auseinandersetzungen umgeschlagen. In solchen Fällen nahm man Zuflucht zur Lehre vom *jihād*, dem Heiligen Krieg, und zwar ungeachtet der Tatsache, daß die Gegner nominell Muslime waren. In einem solchen Fall erklärte man die Gegner zu Abtrünnigen und Ungläubigen, gegen die ein Krieg ausgetragen werden müsse, um sie zu zwingen, echte Muslime zu werden.

Im folgenden befassen wir uns mit vier fundamentalistischen Autoren aus dem 18. und der ersten Hälfte des 19. Jahrhunderts. Ihre Bedeutung gründet sich nicht allein auf die Tatsache, daß sie eine wesentliche geistige und zuweilen auch politische Rolle in ihrer eigenen Zeit spielten, sondern auch auf den Einfluß, den sie auf das gegenwärtige islamische Denken ausüben.

Muḥammad ibn ʿAbd al-Wahhāb (1703/4–1792)

Eine der bekanntesten fundamentalistischen Bewegungen, und zwar eine, die auch heute noch von Bedeutung ist, wurde von Muḥammad ibn ʿAbd al-Wahhāb gegründet. Sie wird nach ihm gewöhnlich „Wahhabiten"-Bewegung genannt. Ihre Anhänger jedoch weisen diesen Namen zurück und bezeichnen sich selbst als *muwaḥḥidūn*, d. h. Bekenner der Einheit Gottes.

Muḥammad ibn ʿAbd al-Wahhāb wurde in der kleinen Provinzstadt ʿUyaina im Nadschd, dem Zentralteil der Arabischen Halbinsel, geboren. Nach Studien in Mekka, Medina, Basra und möglicherweise weiteren Städten im Nahen Osten ließ er sich 1739 wieder im Nadschd nieder und begann zu lehren. Seine Ideen brachten ihn jedoch in Gegensatz zum religiösen Establishment in seinem Aufenthaltsort Ḥuraimilāʾ. Er wurde gezwungen, den Ort zu verlassen, und ging in die Stadt zurück, in der er geboren worden war. Dort gewann er ihren Herrscher, ʿUthmān ibn Muʿammar, für seine Ideen. Zusammen zerstörten sie die Kuppeln mehrerer Heiligengräber und fällten einige Bäume, die vom Volk verehrt wurden. Der Herrscher begann, die koranischen Ahndungen für Verbrechen anzuwenden, ein Verfahren, das außer Gebrauch gekommen war. Dieser plötzliche Ausbruch religiösen Eifers verstörte die örtliche Bevölkerung, besonders die Stämme des Gebietes. Letztere drohten damit, ihre Tributzahlungen einzustellen und Kaufleute daran zu hindern, ihr Gebiet zu durchqueren, wenn Ibn Muʿammar diese Politik fortsetzen und nicht Muḥammad ibn ʿAbd al-Wahhāb wegschicken würde. Ibn Muʿammar gab diesen Drohungen schließlich nach und schickte Ibn ʿAbd al-Wahhāb 1743/44 weg.

Nun begab sich Ibn ʿAbd al-Wahhāb nach Dirʿīya, gleichfalls im Nadschd, über das die Familie Saʿūd herrschte. Nach einer gewissen Zeit nahm er Verbindung zum *amīr* Muḥammad ibn Saʿūd auf, der begriffen hatte, daß eine Partnerschaft mit Ibn ʿAbd al-Wahhāb nutzbringend sein könnte. 1745 traten die beiden Männer durch ein gegenseitiges Gelübde in ein förmliches Verhältnis ein.

Ibn ʿAbd al-Wahhāb versprach, den amīr nicht zu verlassen, der letztere wiederum gelobte, daß er in Übereinstimmung mit den strengen Regeln des islamischen Rechts nach wahhabitischer Auslegung regieren werde.

Eine der wahhabitischen Lehrmeinungen von entscheidender Bedeutung stellte in diesem Zusammenhang die Forderung dar, jeden, der sich nicht an die strengen Grundsätze des strengen Monotheismus hielt – etwa durch Ausführen bestimmter religiöser Handlungen an Heiligengräbern, durch das Erbitten ihrer Vermittlung oder durch Anbeten von Steinen und Bäumen – als Ungläubigen (arab. *kāfir*) anzusehen, gegen den Krieg zu führen Pflicht war. Da nun diese Handlungsweisen zur Volksreligion gehörten und weit verbreitet waren, folgte daraus, daß Krieg so lange nahezu gegen jedermann geführt werden konnte, bis diese Leute den Monotheismus wahhabitischer Prägung annahmen und sich selbstverständlich der Herrschaft der Emire aus der Familie Saʿūd unterwarfen.

Gleichzeitig konnten die Krieger der Saudis das Gefühl haben, daß sie einer religiösen Pflicht genügten und unmittelbar ins Paradies eingehen würden, wenn sie auf dem Schlachtfeld umkämen.

Diese Verbindung von religiösem Eifer und Streben nach weltlichem Gewinn erwies sich, wie schon elf Jahrhunderte früher, als erfolgreich. Als Ibn ʿAbd al-Wahhāb 1792 starb, herrschte die Saʿūdī-Dynastie über den größten Teil der Arabischen Halbinsel. 1803 (und nochmals 1806) wurde Mekka und 1805 Medina erobert. In diesen Jahren befand sich der Saʿūdī-Staat auf dem Höhepunkt seiner Macht, und seine Heerscharen griffen Städte außerhalb der Arabischen Halbinsel an, wie Damaskus und Kerbela. Im Osmanischen Reich gab die saudische Expansion Anlaß zu Beunruhigung. Der Sultan (arab. *sulṭan*) wollte diese Bedrohung beseitigen, war aber unfähig, die Heere der Saudis aus eigener Kraft zu besiegen. Deshalb ersuchte er Muḥammad ʿAlī, den osmanischen Statthalter von Ägypten, diese Aufgabe zu erfüllen. In einem sieben Jahre dauernden Krieg drängten die ägyptischen Soldaten die saudischen Streitkräfte zurück. 1818 eroberten sie die Stadt Dirʿīya, die Hauptstadt der Saudis, und zerstörten sie. Damit ging der erste Saʿūdī-Staat unter. Im Verlauf des 19. Jahrhunderts herrschten die Saudis zusammen mit den Abkömmlingen von Ibn ʿAbd al-Wahhāb über ein Fürstentum von wechselnder Ausdehnung im Nadschd. Erst in den zwanziger Jahren unseres Jahrhunderts machten sie wieder von sich reden, als sie den Hedschas eroberten und das Königreich Saudi-Arabien errichteten, in dem die geistliche Macht in erheblichem Maße noch immer in den Händen der Familie des Ibn ʿAbd al-Wahhāb liegt.

Im Mittelpunkt der wahhabitischen Lehre steht die Erklärung der Einheit Gottes (arab. *tauḥīd)*. Nach Ansicht der Wahhabiten hat dieser Begriff zwei Implikationen, nämlich einerseits die Anerkennung Gottes als des Herrn der Schöpfung, zum anderen das Bewußtwerden von Gott als einzig zulässigem Gegenstand der Anbetung und Verehrung. Wie wir gesehen haben, verurteilen sie alle jene Spielarten volkstümlicher religiöser Verhaltensweisen, die sie als unvereinbar mit der letztgenannten Implikation und als Zeichen des Polytheismus (arab. *shirk*) ansehen. In den Auseinandersetzungen zwischen den Wahhabiten und ihren Widersachern ist der Hauptstreitpunkt gewöhnlich der, ob Menschen, seien sie lebend oder tot, für andere bei Gott Mittlerdienste leisten können, ob der Besuch von Gräbern (in der Absicht, von den Toten Vermittlung bei Gott zu erlangen) erlaubt sei, und schließlich, ob Handeln in diesem Sinne gleichbedeutend mit Unglauben und Polytheismus sei.

Im Hinblick auf die Rechtsprechung bestehen die Wahhabiten darauf, daß man dem Koran und der sunna folgen müsse. Obwohl sie sich als Hanbaliten betrachten, vertreten sie die Auffassung, daß die „Pforten des *ijtihād*" nicht geschlossen seien. Rechtsgelehrte mit ausreichenden Voraussetzungen können demnach weiter ijtihād ausüben und den Koran und den Hadith auslegen. Diese Form des ijtihād ist jedoch nicht vollkommen frei, wie dies für die Gründer der unterschiedlichen Rechtsschulen in den ersten Jahrhunderten des Islams galt. Heutzutage ist nur eine beschränkte Form des ijtihād zugelassen, „ijtihād vermengt mit taqlīd“, wie es ein wahhabitischer Gelehrter bezeichnet hat. Die Wahhabiten meinen damit, daß qualifizierte Gelehrte unter den Lehrmeinungen der verschiedenen Rechtsschulen jene Regeln wählen können, die am besten mit Koran und sunna übereinstimmen, und daß es für sie nicht zwingend sei, den Auffassungen einer ganz bestimmten Schule zu folgen. In der Praxis hingegen hängen die Wahhabiten dem hanbalitischen madhhab an.

Es gibt jedoch einige Grundsätze, in denen sie von der vorherrschenden hanbalitischen Lehrmeinung abweichen und die daher als eigentlich wahhabitisch bezeichnet werden können. Sie vertreten etwa die Ansicht, daß Rauchen ein strafbares Vergehen sei, und setzen damit Tabak den alkoholischen Getränken gleich. Bartscheren und Benutzen des Rosenkranzes *(subḥa)* stehen nach ihrer Auffassung im Widerspruch zur sunna des Propheten und seien deshalb zu untersagen. Ihnen zufolge ist es für jedermann Pflicht, am gemeinschaftlichen Freitagsgebet *(ṣalāt)* teilzunehmen, und nicht etwa nur eine Gemeinschaftspflicht, von der die Gemeinde als Ganzes entbunden ist, wenn eine hinreichende Zahl von Menschen tatsächlich daran teilnimmt. Schließlich, und das ist politisch äußerst folgenschwer, sind sie der Auffassung, daß all jene, die die ṣalāt nicht ausüben und keine Almosensteuer (*zakāt*) entrichten, schon allein dadurch Ungläubige seien und dafür getötet werden könnten. Dies widerspricht der Ansicht der Mehrheit der Gelehrten, die meinen, das träfe nur dann zu, wenn der Beschuldigte auch die Verpflichtung verneine, die ṣalāt zu vollziehen und die zakāt zu entrichten.

Shāh Walī Allāh ad-Dihlawī (1703–1762)

Im Unterschied zu seinen arabischen Zeitgenossen erlebte es der indische muslimische Gelehrte Shāh Walī Allāh nicht mehr, daß seine Ideen als geistige Grundlage eines Staates dienten. Das mag etwas damit zu tun haben, daß die Ideen von Shāh Walī Allāh nicht so unerbittlich streng wie die von Ibn ʿAbd al-Wahhāb waren. Letzterer betonte die Einheit Gottes und griff all jene an, die seine Überzeugungen nicht teilten; Shāh Walī Allāh hingegen stellte die Einheit des Islams und aller Muslime in den Vordergrund und war bestrebt, gegensätzliche Anschauungen zu versöhnen. Ungeachtet ihrer unterschiedlichen Verhaltensweisen hatten beide doch eine Anzahl gleicher Vorstellungen.

Diese Ähnlichkeit in der Betrachtungsweise war nicht gänzlich zufällig. Beide Gelehrte studierten etwa zur gleichen Zeit in Medina und wir wissen, daß sie sich Lehrern anschlossen, die zum gleichen geistigen Kreis gehörten. Obschon die in dieser Gruppe vorherrschenden Gedanken noch nicht im einzelnen untersucht worden sind, läßt sich sagen, daß es gewöhnlich Hadith-Gelehrte waren, die sich mit diesem Gegenstand befaßten, um die sunna lebendig zu erhalten, und daß sie sich mit Fragen wie der Einheit des Islams und der Einheit Gottes beschäftigten.

Ausgenommen seinen Aufenthalt in Mekka und Medina, der etwas länger als ein Jahr währte, verbrachte Shāh Walī Allāh sein ganzes Leben in

Nordindien, dem Indien der Mogulkaiser. Nach dem Tode von Sultan Aurangzeb (reg. 1658–1707), unter dessen Regierung das Reich blühte und sich noch gebietsmäßig vergrößern konnte, war das Mogulreich in mißliche Verhältnisse geraten. Im Innern wurde es durch dynastische Wirren zerrissen und von außen durch Hindus wie die Marathas, die einen großen Teil seines Gebietes eroberten, aber auch durch die Einfälle benachbarter muslimischer Herrscher wie des Iraners Nādir Shāh bedroht.

Shāh Walī Allāh war sich der Schwäche wohl bewußt, die den indischen Islam befallen hatte. Ein wichtiger Teil seines Schrifttums befaßt sich mit dieser Frage und kann als Vorschlag angesehen werden, in dieser Lage Abhilfe zu schaffen. Im Vordergrund seiner Gedanken steht die Überzeugung, daß die Rettung nur durch das Befolgen der sunna kommen kann, der maßgeblichen Richtschnur für das Verhalten des Menschen. Nach dem Vorbild seiner Lehrer in Medina widmete er dem Studium des Hadith viel Zeit, was sich in den meisten seiner Schriften äußert. Sein Suchen nach den Quellen des Islams äußert sich auch in der Tatsache, daß er den Koran ins Persische übersetzte, die Kultursprache der indischen Muslime. Er tat dies ungeachtet des herkömmlichen Widerstandes gegen Übersetzungen des Korans. Sein Anliegen dabei war es, die Kenntnis vom Inhalt des Korans zu verbreiten, so daß nichtarabische Muslime erkennen konnten, daß er mehr als nur arabische Formeln enthält, die ohne wirkliches Verstehen bei Gebeten und zu anderen Gelegenheiten wiedergegeben werden.

Der Versuch der Rückkehr zu den ursprünglichen Quellen bedeutet auch, daß Shāh Walī Allāh die vorherrschende Meinung, „die Tore des *ijtihād*" seien geschlossen, zurückwies. Wie Ibn ʿAbd al-Wahhāb bestand er darauf, daß eine eingeschränkte Form des ijtihād nach wie vor von qualifizierten Rechtsgelehrten ausgeübt werden könne. Sie sollten aus den Ansichten der verschiedenen Rechtsschulen diejenige wählen, die am besten mit Koran und sunna übereinstimme.

Der indische Islam hatte stets einen Sondercharakter. Er war bis zu einem gewissen Grad synkretistisch. Viele Hindubräuche hatten eine oberflächliche islamische Färbung angenommen und wurden auch von Muslimen ausgeübt. Shāh Walī Allāhs Eifer um die Reinheit des Islams bewegte ihn dazu, diese Bräuche scharf als Polytheismus *(shirk)* zu verurteilen. Dennoch ging er nicht so weit wie Ibn ʿAbd al-Wahhāb, der alle Formen der Heiligenverehrung und den Gräberkult verdammte.

Dieses gemäßigte Verhalten entsprang gewiß seinem Wunsch, alle Muslime zu einigen. Hinter vielen seiner Ansichten läßt sich sein Eifer in diesem Punkt erkennen. Er wollte die Muslime eher in Harmonie zueinander führen als sie voneinander trennen. So erklärte er alle Rechtsschulen für grundsätzlich gleichwertig. Wie al-Ghazālī (gest. 1111) machte er sich eifrig daran, die Kluft zwischen dem gesetzesorientierten und dem mystischen Islam zu überbrücken. Er tadelte heftig die gesetzeswidrige Ausrichtung in vielen Mystikerorden und bestand darauf, daß Gehorsam gegenüber den Vorschriften des islamischen Rechts eine Voraussetzung dafür sei, dem mystischen Pfad zu folgen. Als Mystiker, der er selber war, versuchte er, die grundsätzliche Gleichartigkeit im Handeln und im Anschauungsgefüge der verschiedenen Orden nachzuweisen.

Shāh Walī Allāh war vor allem ein Gelehrter und Lehrer. Einige seiner Werke belegen zwar sein Interesse an Politik, doch ist er nicht politisch aktiv gewesen, abgesehen von gelegentlichen Schreiben, in denen er Staatsmännern politische Ratschläge anbot. Dennoch – etwa ein halbes Jahrhundert nach seinem Tod, zu Beginn des 19. Jahrhunderts – sollten seine Ideen zur ideologischen Plattform einer aktionistischen religiös-politischen Bewegung werden, der *Ṭarīqa-yi muḥammadī*. Sie wurde angeführt von Saiyid Aḥmad Barelwī (1786–1831), unterstützt durch zwei Gelehrte, Shāh Ismāʿīl und Shāh ʿAbd al-ʿAzīz, ersterer ein Enkel, letzterer der Ehemann einer Enkelin von Shāh Walī Allāh.

Diese Bewegung war eine weitere Reaktion gegen die äußerste Schwäche des indischen Islams zu jener Zeit. Hatte aber Shāh Walī Allāh versucht, diese Lage sozusagen vom Schreibtisch aus zu beheben, so waren die Führer der Ṭarīqa-yi muḥammadī in ihren Ansichten mehr aufs Handeln ausgerichtet. Sie zogen aus und reisten durchs ganze Land, um Menschen für ihre Ideen zu gewinnen und um einen Verband aufzubauen. Sie verbreiteten im wesentlichen Gedankengut von Shāh Walī Allāh, doch in einer militanteren Ausrichtung. Dies ergab sich aus den politischen Entwicklungen nach dem Tod Shāh Walī Allāhs. Die Erinnerung an Aurangzeb war zu Shāh Walī Allāhs Lebzeiten noch lebendig, und so meinte er, daß dessen Ideal, die Reinigung und Wiederbelebung des Islams, im Rahmen des Mogulreiches geschehen könne. Doch zu Beginn des 19. Jahrhunderts war die Macht der Moguln auf dem Nullpunkt angelangt. Die Briten hatten durch ihren Einfluß über ganz Indien Verträge und Eroberungen ausgebreitet. Das Mogulreich bestand als Verbündeter der Briten weiter, aber seine Sultane waren nur noch von ihnen bezahlte Marionetten. Die Führer dieser neuen Bewegung hatten also nicht die Illusion, daß ein reiner und starker Islam auf der Grundlage des Mogulreiches entstehen könne. Deshalb strebten sie danach, einen neuen, rein islamischen Staat zu errichten.

Etwa von 1824 an entwickelte die Bewegung Aktivitäten zur Verwirklichung dieses Ideals. Der Raum, wo dieser neue Staat errichtet werden sollte, wurde ausgewählt: Sikh-Gebiet im Nordwesten Indiens. Angeblich unterdrückten die Sikhs die Muslime, die dort lebten, und so sollten diese Muslime befreit werden. Anschließend würde ein wirklich islamisches Staatswesen in diesem Gebiet geschaffen werden, um von jenem Kern aus seine Macht über ganz Indien auszudehnen.

Zur Vorbereitung dessen wurden Sendboten über das ganze Land ausgeschickt. Jetzt predigten sie nicht nur die Rückkehr zur Reinheit des Islams, indem sie Erscheinungen wie die Heiligenverehrung, den Gräberkult und Gebräuche hinduistischen Ursprungs verwarfen, sondern erklärten darüber hinaus, daß der *jihād*, der Heilige Krieg, unter den gegebenen Umständen zur Pflicht geworden sei. Eifrig versuchten sie, Freiwillige anzuwerben. Es ist zwar unwahrscheinlich, daß es organisatorische Verbindungen zwischen der Ṭarīqa-yi muḥammadī und den arabischen Wahhabiten gegeben hat, doch sind die Ähnlichkeiten im Gedankengut beider Bewegungen verblüffend. Daher ist es nicht überraschend, daß die Briten die Ṭarīqa-yi muḥammadī als Wahhabiten zu bezeichnen pflegten.

1830 begann die Bewegung, die Sikhs zu bekämpfen. Dieser Kampf währte indes nicht lange. Die örtlichen muslimischen Stämme zeigten kaum Neigung, für einen islamischen Staat einzutreten, besonders, nachdem Saiyid Aḥmad Barelwī Steuern einzutreiben begann, wie es durch das islamische Gesetz vorgeschrieben war. Daraufhin versagten die Stämme ihre Unterstützung. Das Ergebnis war, daß die Sikhs die Ṭarīqa-yi muḥammadī 1831 besiegten. Saiyid Aḥmad Barelwī und Shāh Ismāʿīl wurden dabei getötet. Wenn auch der Hauptteil der Bewegung geschlagen wurde – die Bewegung selbst erhielt dadurch nicht den Gnadenstoß. Ihre Mitglieder behelligten die Briten weiter, und erst 1883 gelang es letzteren, die Bewegung gänzlich zu unterdrücken.

Muḥammad ibn ʿAlī ash-Shaukānī (1760–1832)

Jemen ist in der Kulturgeschichte immer etwas stiefmütterlich behandelt worden. Seine periphere geographische Lage, seine zerklüfteten Berge und die Tatsache, daß seine Herrscher und viele Bewohner einer kleineren schiitischen Sekte, den Zaiditen, angehörten, brachten das Land in eine gewisse Isolation. Obgleich durch die Türken im 16. Jahrhundert erobert, blieb der Einfluß der Pforte stets schwach bis unwirksam, besonders im Innern.

Der Aufstieg des jemenitischen Gelehrten Muḥammad ibn ʿAlī ash-Shaukānī ist kennzeichnend für diese Isolation. Niemals in seinem Leben hat er sein Heimatland verlassen, nicht einmal für die Pilgerfahrt nach Mekka. In seiner Lebensbeschreibung berichtet er uns, daß dies auf entschuldbare Umstände zurückzuführen sei, nämlich, daß seine Eltern ihm nicht erlaubten, seine Heimatstadt Sana (Ṣanʿāʾ) zu verlassen, und darauf, daß er gar zu sehr mit Lernen und Lehren befaßt war. Nachdem er alles gelernt hatte, was es in Sana zu lernen gab, mit allen Lehrern, die dort verfügbar waren, begann er Bücher auf eigene Faust zu lesen, eine Handlungsweise, die ziemlich abwegig war in einer Kultur, die dem alten Wort große Bedeutung beimißt: „Wer keinen Lehrer hat, den lehrt der Teufel."

Bis zu seinen Mittdreißigern führte er das beschauliche Leben eines Gelehrten, lesend, lehrend und schreibend. 1795 ernannte ihn der Imam des Jemen, al-Manṣūr bi-llāh, zum Oberrichter von Sana, ein Amt, das er bis zu seinem Tod innehatte. In dieser Eigenschaft war er auch gelegentlich Sekretär des Imams. Rätselhaft bleibt, warum der Imam einem Gelehrten eine solch hohe Stellung anbot, der zu jenem Zeitpunkt bereits bekannt war für seine abweichenden Ansichten, die ihn in Gegensatz zu den etablierten *ʿulamāʾ* gebracht hatten. Da wir über die Geschichte des Jemen in jener Zeit sehr wenig wissen, ist es noch nicht möglich, diese Frage zu beantworten.

Ursprünglich ein Anhänger der zaiditischen Rechtsschule, erkannte ash-Shaukānī schon vor dem dreißigsten Lebensjahr, daß das Festhalten an einer einzigen Rechtsschule mit dem wahren Islam in Widerspruch steht. Stattdessen, so führte er an, müsse man den Koran und den Hadith studieren und der *sunna* des Propheten unmittelbar folgen. Seiner Ansicht nach ist der *ijtihād* Pflicht für jedermann mit ausreichendem Wissen; unter „ausreichendem Wissen" versteht er die Kenntnis eines kurzgefaßten Lehrbuchs in jedem der fünf Zweige der Gelehrsamkeit, die für das Ausüben des ijtihād notwendig sind. Er verwarf die Ansicht, daß lediglich eine beschränkte Form des ijtihād zulässig sei. Nach seiner Sicht hatte man den Vorschriften des Korans und der sunna zu folgen, und zwar unabhängig davon, was die Gelehrten im Laufe der Geschichte über deren Auslegung geschrieben haben. Daher ist sein ijtihād-Begriff wesentlich radikaler als der des Ibn ʿAbd al-Wahhāb und des Shāh Walī Allāh. Dennoch scheinen die praktischen Auswirkungen dieses radikalen Herangehens gering gewesen zu sein, und es dürften nur unwesentliche Unterschiede zur vorherrschenden Lehre bestanden haben.

Als Sekretär des Imams führte ash-Shaukānī zwischen 1807 und 1813 einen Briefwechsel mit dem Führer des saudischen Staatswesens. Er war vertraut mit der Lehre der Wahhabiten und hieß sie, da er selber ein Gegner der Heiligenverehrung und der Wallfahrten zu den Gräbern der Verstorbenen war, im allgemeinen gut. Er teilte indessen nicht die wahhabitische Ansicht, daß ein Mensch, der am öffentlichen Freitagsgebet nicht teilnehme, zum Ungläubigen werden und deshalb getötet werden könne.

Muḥammad ibn ʿAlī as-Sanūsī (1787–1859)

Der vierte fundamentalistische Denker, mit dem wir uns in diesem Abschnitt befassen werden, Muḥammad ibn ʿAlī as-Sanūsī, war gleich Ibn ʿAbd al-Wahhāb der Gründer einer aktionistischen Bewegung. Doch im Gegensatz zu den Wahhabiten, die staatlich organisiert waren, war die *Sanūsīya* in erster Linie ein Mystikerorden. Erst nach dem Tode seines Gründers und unter äußeren Einflüssen erlangte der Orden Züge eines Staatswesens. Die Sanūsī-Bewegung ist ideologisch wichtig, macht sie uns doch deutlich, wie Mystizismus und fundamentalistisches Gedankengut zusammengehen können.

Der Aufstieg von as-Sanūsī zeigt uns, daß er – zumindest im Rahmen der islamischen Welt – Kosmopolit war. Sein Leben weist eine gewisse Rastlosigkeit auf, die man häufig bei jenen muslimischen Gebildeten der Vergangenheit antrifft, die auf der Suche nach Wissen von Gebiet zu Gebiet zogen, dem Gebot des Propheten willfahrend, das Wissen zu suchen, und sei es in China.

Geboren in der westalgerischen Stadt Mostaganem, ging er 1804 nach Fes, um seine Studien an der theologischen Hochschule *al-Qarawīyīn* zu vervollkommnen. Dort blieb er bis 1819, zunächst als Lernender, später als Lehrer. In jenen Jahren wurde er zu einem Fachmann in den verschiedenen Zweigen der islamischen Gelehrsamkeit und wurde in mehrere Mystikerorden eingeführt. Das geistige Klima des damaligen Fes muß anregend gewesen sein. In den ersten Jahrzehnten des 19. Jahrhunderts spielten zwei mystische Reformer, at-Tijānī (1737–1815) und ad-Darqāwī (1760–1823), eine bedeutsame Rolle im geistigen und politischen Leben Marokkos. Die Annahme und Durchführung der Wahhabitenlehre durch Sultan Sulaimān (reg. 1793–1822) – eine Entscheidung, hervorgerufen durch seinen Wunsch, die Macht der Mystikerorden zu kontrollieren – muß heftige Auseinandersetzungen hervorgerufen haben. Wenngleich as-Sanūsī diese Denkschulen und Auseinandersetzungen in seinen Schriften nicht behandelt, dürfte er doch von der kulturellen Atmosphäre von Fes in jener Zeit beeinflußt gewesen sein.

1819 verließ er Fes, reiste einige Jahre in Algerien umher und machte sich 1822 nach Mekka auf. 1825 kam er dort an – nach einem Aufenthalt in Kairo, um an der *Azhar*-Universität zu lernen und zu lehren. Sein mekkanischer Lebensabschnitt, der 15 Jahre währen sollte, hatte hervorragende Bedeutung für seine geistige Entwicklung. Er begegnete dort nicht nur einer Anzahl großer islamischer Gelehrter, sondern kam auch in Verbindung mit dem marokkanischen Mystiker Aḥmad ibn Idrīs (1760–1837). Da er erkannte, wie nahe die Gedanken des Aḥmad ibn Idrīs seinen eigenen waren, begann er diesen als seinen geistigen Lehrmeister anzusehen.

Das Denken von Aḥmad ibn Idrīs war durch drei Punkte bestimmt. Genau wie Shāh Walī Allāh und al-Ghazālī vor ihnen, bestand er darauf, daß all jene, die dem mystischen Pfad folgten, auch die Vorschriften des religiösen Gesetzes befolgten. Zweitens legte er in seinen mystischen Bestrebungen großes Gewicht auf die *Ṭarīqa muḥammadīya*, einen mystischen Pfad, der die Nachahmung und Kontemplation des Propheten als ein Mittel ansah, um die Vereinigung mit Gott und Ekstase zu erreichen. Eine solche Lehre ist natürlich sehr gut geeignet für jene, die Gott als transzendent ansehen und glauben, daß er allein durch Propheten mit seiner Schöpfung Verbindung aufnehme. Schließlich wollte er den Mystizismus von Verhaltensweisen läutern, die nicht mit der sunna übereinstimmen, wie etwa den Gebrauch von Musik, Tanz und allen Spielarten ungebundener ekstatischer Rituale. Diese drei Elemente hat der Sanūsī-Orden *(ṭarīqa)* übernommen, den as-Sanūsī nach dem Tode seines Lehrmeisters gründete.

1840 kam as-Sanūsī wieder nach Nordafrika. Über Kairo, wo er erneut eine Zeitlang blieb, reiste er nach Tunesien und von dort wieder ostwärts in die Cyrenaika. Dort hatten einige seiner Anhänger eine *zāwiya* aufzubauen begonnen, ein Ordenszentrum, bestehend aus einer Moschee, einer Schule und Gästeräumen. Dies sollte der Kern werden, von dem aus sich der Sanūsī-Orden in den folgenden Jahren schnell ausbreitete. Obgleich as-Sanūsī auch etwa acht Jahre im Hedschas wirkte (1846–1854), um seinen Orden zu vergrößern, waren doch die Cyrenaika und ihr saharisches Hinterland die Gebiete, wo der Orden seine hauptsächlichen Aktivitäten entfalten sollte.

Durch den Aufbau weiterer zāwiyas unter den Beduinen stattete der Orden diese mit religiösen Zentren aus, wo Bildung zu erwerben war und wo Streitfälle nach islamischem Recht geschlichtet werden konnten. Die Beduinen schätzten diese Dienste hoch und viele Stämme baten darum, daß zāwiyas auf ihrem Gebiet errichtet werden sollten. So gelang es den

Mitgliedern des Ordens, den *Ikhwān* (wörtl. Brüder), die diese zāwiya bewohnten, die Sanūsī-Ausprägung eines gereinigten Islams unter diesen Beduinen zu verbreiten, die bislang nur dem Namen nach Muslime waren. Einige dieser zāwiyas waren strategisch plaziert, entlang den transsaharischen Handelswegen. Sie konnten auch als Karawanenraststätten und Marktplätze dienen. Damit wurde der Orden wirtschaftlich gestärkt. Mehr noch, durch Benützen dieser Handelswege konnte die Sanūsīya ihren Einfluß nach Süden ausdehnen. Bezeichnend für diese Entwicklung war, daß um 1858 as-Sanūsī das Ordenszentrum von Baida in der Cyrenaika nach Dschaghbub, einige hundert Kilometer nach Südosten, verlegte.

Als Denker war as-Sanūsī nicht nur am Mystikertum interessiert. Sein Hauptanliegen war die Läuterung des Islams. Im Bereich des Mystikertums geschah das mit Hilfe der Ideen von Aḥmad ibn Idrīs. Doch die Reinigung des religiösen Gesetzes war für ihn ebenso bedeutsam. Er schrieb mehrere Abhandlungen über Rechtsmethodologie, in denen er den Wert des Hadith-Studiums hervorhob. Zu den Fragen *ijtihād* und *taqlīd* vertrat er Anschauungen, die denen von Ibn ʿAbd al-Wahhāb und Shāh Walī Allāh nahe kommen. Uneingeschränkter ijtihād war ihm zufolge nicht mehr zulässig. Dies bedeutete jedoch nicht, daß man blind die Auffassungen und Regeln eines bestimmten *madhhab* zu akzeptieren habe. Wenn man in ausreichender Weise mit den Grundzweigen der islamischen Gelehrsamkeit vertraut sei, könne man selbständig dem Koran und dem Hadith folgen und beide auslegen. Dabei müsse man aber als Richtschnur die methodologischen Regeln einer Rechtsschule anwenden. Ein solches Vorgehen würde – so argumentierte er – sicherstellen, daß die Vorschriften des Korans und der sunna wirklich beachtet würden.

Als as-Sanūsī 1859 starb, war der Einfluß seines Ordens weit verbreitet. Es gab zāwiyas im Hedschas und in Ägypten. Sein Schwerpunkt aber lag in Libyen und in den Sahara-Gebieten. Geführt von as-Sanūsīs Sohn und später durch seinen Enkel, nahm der Orden allmählich Züge eines Staatswesens an. Er wurde als solches mehr oder weniger durch die osmanischen Türken anerkannt (die den Küstenstreifen Libyens beherrschten), da den Sanūsīs gestattet wurde, im Namen der Beduinen des Hinterlandes mit ihnen zu verhandeln. Der Prozeß der Staatsbildung wurde intensiver, als die Sanūsīs begannen, der französischen Ausdehnung in die Sahara hinein und von 1912 an der italienischen Besetzung Libyens militärischen Widerstand entgegenzusetzen. Letzterer unterlagen sie schließlich. Doch als nach dem Zweiten Weltkrieg das unabhängige Königreich Libyen errichtet wurde, da war es einer von den Enkeln von as-Sanūsī, der zum König ausgerufen wurde.

2. Der Islam und der Westen: Religiöse Entwicklungen im Zeitalter des Kolonialismus und danach

Die Geschichte des Islams ist seit der zweiten Hälfte des 19. Jahrhunderts unauflösbar mit der Geschichte der westlichen Expansion verbunden. Die Beherrschung der islamischen Welt durch den Westen und die einheimische Reaktion dagegen sind die Hauptfaktoren gewesen, die den modernen Islam gestaltet haben. Die militärische und technische Überlegenheit des Westens und sein wachsender politischer und kultureller Einfluß haben die meisten muslimischen Denker im modernen Zeitalter bewegt. Das wesentliche Thema zeitgenössischen muslimischen Denkens ist die Stellung des Islams gegenüber dem Westen. Die meisten Gegenstände des modernen muslimischen Denkens berühren direkt oder mittelbar die Frage, ob die geistigen Produkte des Westens zurückgewiesen oder angenommen werden sollen.

Die Ausdehnung der europäischen Kolonialherrschaft über die islamische Welt war ein Prozeß, der über ein Jahrhundert dauerte, nämlich vom ausgehenden 18. Jahrhundert bis zum Ende des Ersten Weltkriegs. Dieser Vorgang lief seit den letzten Jahrzehnten des 19. Jahrhunderts beschleunigt ab. Die europäischen Mächte eigneten sich rasch fast die gesamte islamische Welt an. Was übrig blieb, wurde entweder als wirtschaftlich oder strategisch wertlos erachtet – etwa das Innere der Arabischen Halbinsel – oder es wurde durch eine oder mehrere europäische Mächte auf andere Weise kontrolliert, wie es zum Beispiel mit dem Osmanischen Reich und mit Iran geschah.

Das Gefühl dafür, daß „etwas schiefgegangen" sei mit der islamischen Welt, daß sie dem Westen gegenüber militärisch und politisch ins Hintertreffen geraten war, kam – zumindest im Osmanischen Reich – schon gegen Ende des 18. Jahrhunderts auf. Das Problem wurde als ein militärisches angesehen, das eine technische Lösung notwendig machte. Abhilfe wurde in der Heeresreform und in der Offiziersausbildung durch westliche Fachkräfte angestrebt. Im 19. Jahrhundert – bedingt durch zunehmende Kontakte mit Europa – begriffen einzelne Muslime, daß militärische Reformen allein nicht genügen würden und Reformen in einem größeren Rahmen notwendig seien. In vielen islamischen Ländern, die damals noch unabhängig waren, begannen die Regierungen Reformprogramme auszuarbeiten, hauptsächlich auf den Gebieten der Gesetzgebung, Verwaltung und Erziehung. Im Zusammenhang damit entstand eine wachsende Schicht von Offizieren, Beamten und Lehrern, die mehr Reformen nach westlichem Vorbild wünschten, und deren Einfluß auf ihre jeweiligen Regierungen zunahm. Gleichzeitig wurde der westliche Einfluß immer deutlicher erkennbar und zwar durch wachsenden Handel und die zunehmende Präsenz von Ausländern.

Die religiösen Reaktionen auf diese Entwicklung waren unterschiedlich. Es gab Prediger, die heftig gegen alles Westliche wetterten und sämtliche Reformen als *bid'a* bezeichneten, d.h. als Neuerungen anfechtbaren Charakters. Sie stellten nur eine kleine Minderheit dar. Die Mehrzahl der religiösen Würdenträger schwiegen die Reformen entweder tot oder versuchten, sie stillschweigend zu vereiteln. Sehr wenige von ihnen versuchten, diese Reformen in einen islamischen Gesamtzusammenhang einzubetten. Männer wie Khair ad-Dīn at-Tūnisī (1810–1889) und Rifāʿa Rāfiʿ aṭ-Ṭahṭāwī (1801–1873) wollten nachweisen, daß der Islam Reformen gegenüber aufgeschlossen sei. Doch sie waren eine Ausnahme.

In den Gebieten unter unmittelbarer Kolonialverwaltung, hauptsächlich in Indien und Algerien, war die Lage etwas anders. Dort führte die Kolonialverwaltung Reformen durch. Die französische Besetzung Algeriens hatte 1830 begonnen und konnte erst 1848 nach der Niederlage der von ʿAbd al-Qādir geführten Widerstandsbewegung abgeschlossen werden. Danach wurde der französische Zugriff auf das Land so fest – nicht nur, was die Sicherheit anbetraf, sondern auch in den Bereichen von Erziehung und Kultur –, daß es keinen Spielraum für die Entwicklung eines nichttraditionellen Islams gab. In Indien, seit den ersten Jahrzehnten des 19. Jahrhunderts vollständig unter der Herrschaft der britischen *Rajs*, (ind. Herrschaft) war das kulturelle und religiöse Klima viel freier. Überzeugt davon, daß es sinnlos sei, der britischen Herrschaft Widerstand zu leisten, wie es der Aufstand von 1857 bewies (die *Mutiny*), machten sich einige muslimische Denker daran, das Beste aus der gegebenen Lage zu machen und einen probritischen islamischen Reformismus ins Leben zu rufen.

Nach der Eroberung großer Teile des muslimischen Mittelasien durch Rußland, der französischen Besetzung Tunesiens (1881), der britischen Besetzung Ägyptens (1882) und der Errichtung einer festeren Finanzkontrolle im Osmanischen Reich durch die europäischen Mächte, wurde den meisten muslimischen Denkern bewußt, daß der europäische Kolonialismus weltweit wirkte und wie gefährlich er war. Auf politischer Ebene ergab das ein Aufwallen panislamischer Gefühle, die der osmanische Sultan Abdülhamit II. (reg. 1876–1909) geschickt ausnutzte. Obschon die Ansprüche der osmanischen Sultane auf das Kalifat von den meisten traditionsbewußten *ʿulamāʾ* abgelehnt wurden, begannen jene doch seit dem Ende des 18. Jahrhunderts, diesen Titel zu verwenden. Indem sie das taten, erwarteten sie, daß die europäischen Mächte sie als Schutzherren aller Muslime, wo auch immer sie lebten, anerkennen würden – eine Politik, die der Frankreichs und Rußlands gegenüber den Christen im Osmanischen Reich ähnelte. 1876 fand diese Politik ihren Niederschlag in der Verfassung des Osmanischen Reiches, wo es in Artikel 4 hieß: „Der Sultan in seiner Eigenschaft als Kalif ist der Schutzherr für die muslimische Religion." Unterstützt durch die Tatsache, daß in Europa der Einfluß des Panislamismus stark übertrieben wurde – den Panislamismus als organisierte politische Bewegung gab es schwerlich – und daß bei jeder örtlichen Erhebung in den kolonisierten Gebieten der islamischen Welt panislamische Agitatoren verdächtigt wurden, ihre Hand im Spiel gehabt zu haben, konnte der osmanische Sultan seine Stellung den europäischen Mächten gegenüber mit einer solchen Politik festigen.

Die Ausbreitung panislamischer Gefühle war Ausdruck einer umfassenden und tiefer gehenden Bewegung, ausgelöst von der Konfrontation zwischen dem Islam und dem westlichen Kolonialismus. Da die Trennlinie zwischen Kolonisierenden und Kolonisierten zugleich auch durch die religiösen Unterschiede zwischen Christen und Muslimen gekennzeichnet war, erlangte der Islam, oder besser das Muslimsein, eine neue Dimension. Es wurde Bestandteil einer kulturellen Identität, die gegenüber der Kultur der Herrschenden zu verteidigen war. Muslim zu sein bedeutete nicht mehr (nur) eine Weise, an Gott zu glauben und Sinn im Leben zu finden. Für viele schloß es auch eine politische Haltung ein: Sie waren Muslime in einer willensbetonten, bewußten Art und Weise und daher oppositionelle Muslime.

Für die Muslime ergab sich die Notwendigkeit, ihre kulturelle Identität zu verteidigen, nicht nur aus der aktuellen Lage des kolonialen Beherrschtseins, sondern auch aus den unmittelbaren Angriffen auf diese Identität. Als natürliche Folge kolonialer Expansion hatte der Begriff von der umfassenden und inneren Überlegenheit des europäischen Christen, des weißen Mannes und seiner Kultur, Gestalt angenommen. Die Beherrschung außereuropäischer Völker durch Europa wurde durch Begriffe wie die *mission civilisatrice* des Westens bzw. *the white man's burden* gerechtfertigt. Um die Notwendigkeit europäischer Einmischung zu betonen, wurden außereuropäische Völker, Kulturen und Religionen als minderwertig und zurückgeblieben beschrieben. Das galt insbesondere für den Islam und die Muslime.

Das negative Bild vom Islam setzte sich aus einer Anzahl von Bestandteilen zusammen, die den Werten genau gegenüberstanden, die die europäische Bourgeoisie des 19. Jahrhunderts hegte. So wurden der Islam und die muslimische Gesellschaft als starr und unwandelbar, als fortschrittsunfähig beschrieben. Der Islam als Religion wurde als irrational angesehen, als Hindernis für die Suche nach Wahrheit und für das Streben nach Wissenschaft. Wegen der Lehre vom *jihād* hielt man die Muslime für kriegslüstern und fanatisch. Der Glaube an die göttliche Allmacht und die Vorherbestimmung galten als Quelle für die Schicksalshörigkeit der Muslime und für deren Mangel an Aktivität zur Besserung ihrer Lage. Die muslimischen Männer hielt man für sinnlich und ausschweifend. Als Beweis dafür galt die Einrichtung des Harems. Mehr noch: Wegen der Zulässigkeit von Vielweiberei und der häufigen Verstoßung von Ehefrauen meinte man, es fehle an einem festen und gesunden Familienleben, was zur Schwächung der muslimischen Gesellschaft beitrage. Schließlich konnte in westlichen Augen eine islamische Regierung nicht anders als selbstherrlich und despotisch sein. Dies sind nur einige der zahlreichen Voreingenommenheiten gegenüber dem Islam, die im Westen gang und gäbe waren – und es zum Teil noch sind.

Auf diese geistigen Angriffe hatten die Muslime zwei Arten der Erwiderung. Die eine bestand in der Verteidigung: Man stimmte den Anschuldigungen zu, behauptete aber gleichzeitig, daß die angegriffenen Einrichtungen oder Vorschriften durch Fehlauslegung und Verdrehung des wahren und idealen Islams entstanden seien. Die andere Erwiderung war selbstbewußter. Sie bestand darin, den Islam so zu verteidigen, wie er war, besonders bei den Angriffspunkten, ohne Kompromiß, wobei die Notwendigkeit einer Reinigung des Islams nicht geleugnet wurde. Die unterschiedlichen Erwiderungen auf die westlichen Angriffe wegen der Zulässigkeit von Vielehen im Islam sind in diesem Zusammenhang bezeichnend. Auf der einen Seite steht der ägyptische Rechtsanwalt und Verteidiger der Rechte der Frau, Qāsim Amīn (1863–1908). Er stimmte der westlichen Kritik an der Vielweiberei völlig zu, doch behauptete er, daß man beim Vergleich der Koranzitate „Und wenn ihr fürchtet, in Sachen der (eurer Obhut anvertrauten weiblichen) Waisen nicht recht zu tun, dann heiratet, was euch an Frauen gut ansteht (?) (oder: beliebt?), (ein jeder) zwei, drei oder vier. Wenn ihr aber fürchtet, (so viele) nicht gerecht zu (be)handeln, dann (nur) eine ...“ (Koran 4:3) mit „Und ihr werdet die Frauen (die ihr zu gleicher Zeit als Ehefrauen habt) nicht (wirklich) gerecht behandeln können, ihr mögt noch so sehr darauf aus sein“ (4:129) zu dem Schluß kommen könne, daß der Koran die Vielweiberei untersagt habe. Gegenüber Einwänden, daß diese Einrichtung durch die *sunna* und durch stete Ausübung bestätigt werde, führte er ins Feld, man könne allenfalls sagen, die Vielweiberei sei erlaubt, aber nicht empfohlen. In einem solchen Fall könne sie der Herrscher illegal machen, wenn das öffentliche Interesse die Abschaffung erfordere – was nach Qāsim Amīns Ansicht der Fall war. Andererseits verteidigte Muḥammad Rashīd Riḍā (1865–1935) die Zulässigkeit der Vielweiberei mit folgender Begründung: Es sei eine sattsam bekannte Tatsache, daß die Männer in der ganzen Welt ihrem Wesen nach polygam seien. Während aber im Westen die Männer heuchlerisch zu handeln genötigt seien, indem sie nur eine legale Frau nähmen, gleichzeitig aber insgeheim eine oder mehrere Mätressen, seien die islamischen Vorschriften nach seiner Ansicht natürlicher und wohltuend für beide Teile: Der Mann könne seinem natürlichen Wesen folgen, und alle seine Frauen hätten eine legale Stellung. Darüber hinaus sei die Vielweiberei die Lösung für den Fall, daß eine Frau unfruchtbar oder krank sei. Durch Heiraten einer zweiten Frau könne der Mann seine Fortpflanzung sichern, ohne notwendigerweise seine erste Frau zu verstoßen.

Auf diese Weise wurde aus dem Islam für viele Muslime etwas, was in ihrem Bewußtsein überwiegend – und bei manchen von ihnen sogar ausschließlich – ein Wesenselement ihrer kulturellen Identität darstellt, das gegen äußere Angriffe verteidigt werden muß, und nicht so sehr eine Art des Gottesglaubens, der Entdeckung von Ziel und Sinn des Lebens und eine ideale Gesellschaftsordnung. Um diese neue Aufgabe erfüllen zu können, mußte der Islam zu etwas werden, auf das man stolz sein konnte. Aber wie sollte man auf ihn stolz sein angesichts der gegenwärtigen Schwäche und Unterwerfung der islamischen Welt? Eine Lösung bestand darin, den Blick zurück zu wenden, zu den vergangenen Ruhmeszeiten der mittelalterlichen islamischen Zivilisation. Die andere Lösung – die für die Tatsachen des modernen Zeitalters von größerer Bedeutung ist – ergab sich aus der

Diskussion über die Ursachen des Zurückgebliebenseins der islamischen Welt gegenüber dem Westen.

Wie wir gesehen haben, hatte diese Diskussion schon früh begonnen, nämlich schon vor der Errichtung der Kolonialherrschaft. Zunächst schien es sich hier nur um eine Angelegenheit rein technischer Natur zu handeln. Allmählich wurde den Muslimen bewußt, daß das Problem in einem weiteren Rahmen zu sehen war. Die Stärke des Westens wurde nicht nur seiner technologischen Führungsrolle zugeschrieben, sondern auch seinen politischen Einrichtungen, Gesetzen und Werten – wie Streben nach neuem und Unternehmungsgeist –, die angeblich im Westen mehr im Schwange waren als in islamischen Ländern. Es blieb aber die Frage, welche Rolle die Religion bei diesen Entwicklungen gespielt hatte. War der Islam, wie einige westliche Denker behaupteten, ein Hemmnis für den Fortschritt gewesen? Es war nicht verwunderlich, daß muslimische Intellektuelle diese Frage verneinten, und zwar mit dem Argument, die islamische Welt sei im Frühmittelalter wirtschaftlich und kulturell viel weiter entwickelt gewesen als das christliche Europa.

Die Tatsache, daß sich nunmehr die Waagschale zugunsten des Westens geneigt habe, hatte nach Ansicht einer Anzahl muslimischer Denker ihren Grund darin, daß die Muslime vom wahren und echten Islam abgewichen seien. Diese ihre Vorstellung war nicht völlig neu. Im Verlauf der islamischen Geschichte wurde stets im strengen Beachten der sunna die Quelle menschlichen und gesellschaftlichen Gedeihens und politischer Stärke gesehen. Wenn diese nun verlorengegangen seien, so mußten die Muslime dazu bewogen werden, erneut nach der sunna zu leben. Doch gab es hier ein Problem, denn die Vorstellung von der sunna, oder vom wahren und echten Islam, war offen für Auslegungen.

Genau wie die Fundamentalisten des 18. und beginnenden 19. Jahrhunderts wandten sich die neuen Denker den Quellen zu, um festzustellen, was echter und wirklicher Islam sei. Deshalb mußten sie die Verpflichtung zum *taqlīd* verwerfen, also zum blinden Anerkennen allein einer Rechtsschule, und statt dessen fordern, zum Ausüben des *ijtihād* berechtigt zu sein, nämlich zur freien Auslegung des Korans und des Hadith. Insoweit stimmt ihre Auffassung mit der fundamentalistischen Haltung überein. Dennoch besteht diese Ähnlichkeit nur im Hinblick auf die formale Seite der Angelegenheit, d. h. auf das Verfahren, festzulegen, was als reiner Islam betrachtet werden muß. Bei den Auslegungen selbst gab es viele Unterschiede. Denn während das Bezugssystem der „alten" Fundamentalisten ausschließlich islamisch war, hatten sich die neuen Denker mit westlichem Denken bekannt gemacht und waren in gewissem Maße durch dieses Denken beeinflußt worden. Bei ihnen erlangte der ijtihād-Begriff eine neue Dimension. Statt eines bloßen Mittels zum Erhöhen der Authentizität des Islams wurde er zu einer Methode zweckbestimmter Auslegung, zu einem Mittel, den Islam den neuen Verhältnissen anzupassen.

Das Bestehen auf der Ausübung des ijtihād und das Verurteilen des taqlīd hatten auch ideologische Bedeutung. Die damit verbundene Absicht war es zu zeigen, daß der Islam keine Religion des Stillstandes und der Verknöcherung sei, sondern eine, die fähig ist zum Wandel und zur Entwicklung. Das war von erstrangiger Bedeutung in einem Zeitalter, in dem die hauptsächlichen Schlagworte – wenigstens im Westen – Fortschritt, Entwicklung und Wandel lauteten. So war denn der Ruf nach ijtihād nicht nur ein erster Schritt auf dem Weg der Reform, sondern auch Bestandteil des ideologischen Kampfes zwischen dem Islam und dem Westen.

Für die neuen Denker am Ausgang des 19. Jahrhunderts war die Reform der Religion der Hebel des gesellschaftlichen und politischen Wandels. Das bedeutete einerseits Reinigung, Läuterung des Islams von allen Arten des Verhaltens und des Glaubens, die ins Reich der Volksreligion gehören, wie Heiligenverehrung, ekstatische Handlungen der *ṣūfī*-Orden sowie Aberglauben und Zauberei, und andererseits – außerhalb von Glauben und Ritual – die Suche nach allgemeinen Grundsätzen und deren Auslegung im Sinne des öffentlichen Interesses, *maṣlaḥa*. Bei diesem Vorgang wurden viele westliche Wertvorstellungen des 19. Jahrhunderts stillschweigend aufgenommen und sozusagen islamisiert. So wurde eine Form des Islams geschaffen, die für die europäisierten Eliten annehmbar war. Sie brauchten ihrer Religion wegen nicht länger verlegen zu sein. Im Gegenteil, sie konnten stolz auf sie sein, da sie ja die meisten Grundwerte bejaht, die sie zu schätzen gelernt hatten.

Die Reform des Islams als ein Mittel zur Stärkung der muslimischen Gesellschaft bedurfte jedoch einer Strategie. Die neuen Auslegungen und Begriffe mußten in der Gesellschaft verbreitet werden. Deshalb maßen die Reformdenker der Erziehung große Bedeutung bei und verwandten viel Zeit und Mühe auf praktische Pläne für deren Verbesserung. Kennzeichnenderweise konzentrierten sie sich besonders stark auf die höhere Ausbildung, überzeugt davon, daß Ideen mehr oder weniger im Selbstlauf von der Elite zum einfachen Volk durchsickern würden. Zugleich war das bezeichnend für ihre Schriftfrömmigkeit. Der Islam war für sie in erster Linie eine Angelegenheit von Worten, Texten und Auslegungen. Infolgedessen gingen sie an ihn mehr intellektuell als emotional heran.

In den meisten Büchern über den modernen Islam wird das islamische Reformertum umfassend behandelt. Das ist richtig, wenn man an seinen Einfluß auf die politischen und anderen Eliten in der islamischen Welt denkt. Dennoch sollte dies nicht darüber hinwegtäuschen, daß diese Reformer und deren Anhängerschaft unter der großen Mehrheit der traditionellen ʿulamāʾ, die die religiösen Einrichtungen beherrschten, für eine sehr lange Zeit nur eine Minderheit blieben.

Im folgenden Abschnitt werden wir uns näher mit drei Vorreitern der Reform befassen. Sie wurden nicht nur wegen ihrer Bedeutung und ihres Einflusses auf spätere muslimische Denker ausgewählt, sondern auch als Vertreter dreier Reformströmungen. Sir Saiyid Aḥmad Khān vertritt eine Form des Reformertums, die sich auf die kritiklose Übernahme westlichen Denkens und westlicher Einrichtungen gründet. Jamāl ad-Dīn al-Afghānī steht für den islamischen Widerstand gegen den Kolonialismus. Muḥammad

ʿAbduh schließlich vertritt die erfolgreichste Form des Reformertums, eine Neuauslegung des Islams, die zwar viel westlichem Gedankengut verdankt, aber dennoch einen gewissen Abstand wahrte und ganz und gar dem Geschmack der liberalen und nationalbewußten Elite entsprach.

Sir Saiyid Aḥmad Khān (1817–1898)

Es ist nicht überraschend, daß Indien das erste islamische Land war, wo Reformgedanken geäußert wurden. Diese ersten Anstöße des Reformertums verdankten viel der Tatsache, daß Indien zu einem sehr frühen Stadium kolonisiert wurde. 1820 erstreckte sich die britische Kolonialherrschaft über ganz Indien. Daher hatten die indischen Muslime vor anderen Muslimen Verbindung zum Westen und westlichen Ideen, und Aḥmad Khān kann als Vater des islamischen Reformertums angesehen werden, wenn sich auch spätere Reformdenker wegen seiner sehr starken britenfreundlichen Haltung von seinen Gedanken distanzierten.

Aḥmad Khān wurde in Delhi in einer Familie geboren, die enge Verbindungen zum noch bestehenden Mogulhof hatte. Er erwarb eine gewisse religiöse Grundbildung und trat mit zwanzig Jahren in den Dienst der *East India Company*, die damals Souveränitätsrechte über Indien hatte. Nachdem er eine Zeitlang als Angestellter an einem islamischen Gerichtshof gedient hatte, wurde er zum Richter bestellt. Seine Tätigkeit ließ ihm Zeit für wissenschaftliche Aktivitäten. Er vertiefte sein Wissen über Religion und islamische Geschichte und schrieb einige Abhandlungen über unterschiedliche religiöse und geschichtliche Gegenstände. Diese Schriften sind recht konventionell, abgesehen davon, daß sie in einem gewissen Ausmaß den Einfluß der indischen Fundamentalistenschule des Shāh Walī Allāh verraten.

Die Erhebung von 1857 (die *Mutiny*) bedeutete für ihn einen großen Schock. Muslimische und hinduistische Mitglieder der Streitkräfte der East India Company begehrten gegen die Briten auf, und die Erhebung verbreitete sich über das Land. Mit drakonischen Mitteln gelang es den Briten schließlich, die Erhebung niederzuschlagen. Doch hatten sie schwere Verluste erlitten. Obwohl sowohl Muslime als auch Hindus an der Erhebung teilgenommen hatten, richteten die Briten ihre Strafmaßnahmen doch allein gegen die muslimische Bevölkerung. Sie wurden danach bei Regierungsanstellungen und höheren Posten benachteiligt. Dies ergab sich in erster Linie aus dem Argwohn der Briten, daß die Erhebung ein Versuch der Mogulelite gewesen sein könnte, das britische Joch abzuschütteln und das alte Herrschaftssystem wiederherzustellen. Das war der Anfang einer beharrlichen britischen Kolonialpolitik des divide et impera. Diese neue Politik gegenüber den muslimischen Indern wirkte sich hauptsächlich auf die Ober- und Mittelschichten aus.

Die Erhebung mit ihren Folgeereignissen war entscheidend für die Entwicklung Aḥmad Khāns. Im Verlauf der Erhebung hatte er auf seiten der Briten gestanden, und als diese unterdrückt worden war, wurde ihm um so klarer, daß die Zukunft der Inder eng mit der Anwesenheit der Briten verknüpft war. Deshalb widmete er während des folgenden Jahrzehnts den Großteil seiner Aktivitäten der Verbesserung der Beziehung zwischen den indischen Muslimen und den Briten. So hoffte er, das Los der muslimischen Ober- und Mittelschichten zu verbessern.

Er veröffentlichte mehrere Bücher und Artikel, mit denen er ein doppeltes Ziel verfolgte: Erstens die Briten davon zu überzeugen, daß die Muslime nicht die Hauptschuldigen an der Erhebung waren und auch nicht (wie es ein englischer Autor im Titel eines Werkes zu diesem Thema ausgedrückt hatte) „Verschworen zur Erhebung gegen die Königin" seien. Zweitens wollte er seine muslimischen Glaubensbrüder gerade in diesem Punkt aufklären und sie von der nach seiner Ansicht nach unbegründeten und gefährlichen Meinung befreien, daß der Islam Feindseligkeit und Krieg gegen die Briten vorschreibe. Zu diesem Zweck entwickelte er eine völlig neue Auslegung der islamischen *jihād*-Pflicht, der Pflicht zum Heiligen Krieg, mit der wir uns sogleich befassen werden. Bezeichnend für seine Haltung ist, daß er eine gesonderte Abhandlung darüber schrieb, ob Muslime mit Christen zusammen essen dürften, eine Frage, die indische Muslime gewöhnlich verneinten. Die Antwort von Aḥmad Khān war natürlich ein uneingeschränktes Ja.

In dieser Zeit beschäftigte er sich auch mit einem Kommentar zur Bibel, einem Plan, den er verfolgte, um mit dem Christentum vertrauter zu werden. Er verwarf die strenggläubige islamische Lehre, wonach die Texte vorausgegangener Offenbarungen – so wie wir sie heute kennen – entstellt worden seien *(taḥrīf)*. Durch den Vergleich der Worte der Bibel und des Korans versuchte er, die Grundverwandtschaft zwischen Islam und Christentum festzustellen.

1869–70 lebte Aḥmad Khān für etwa anderthalb Jahre in England. Dieser Besuch übte einen großen Einfluß auf seine Ideen aus. Bis dahin war er bestrebt, eine Versöhnung und eine politische Annäherung zwischen den indischen Muslimen und den Briten zu erreichen. Nach seinem Europabesuch machte er sich daran, seine muslimischen Glaubensbrüder nicht nur davon zu überzeugen, dem britischen *Raj* gegenüber loyal zu sein, sondern auch die westliche Kultur aufzunehmen. Er war von England so beeindruckt, daß er gesagt haben soll: „Alle guten Dinge in geistlicher und weltlicher Sicht, die man im Menschen finden kann, hat der Allmächtige Europa geschenkt, besonders England." (zitiert nach J. M. S. Baljon, 1964, 107). Während seines Aufenthalts schrieb er in die Heimat: „Die Eingeborenen Indiens, seien sie hoch oder niedrig, Kaufleute oder kleine Händler, Gebildete oder Analphabeten, sind im Vergleich mit den Engländern nach Bildung, Sitten und Aufrichtigkeit wie ein schmutziges Tier zu einem tüchtigen und stattlichen Menschen." (zitiert nach W. C. Smith, 1969, 11).

Durch seine Aktivitäten und mit britischer Unterstützung – seine Verdienste um das Empire wurden schließlich durch Erhebung in den Adelsstand vergoldet – wurde er anerkanntermaßen zu einem der bedeutenden Führer der Gemeinschaft der indischen Muslime. Nach seiner Rückkehr aus Europa nahm er politische Funktionen an und begann, eine Zeitschrift herauszugeben, die „Tahdhīb al-akhlāq" hieß, um seine Ideen zu verbreiten. Eines seiner Ideale, für das er viel Mühe aufwandte, war es, eine Universität für die indischen Muslime zu gründen, wo sie sich mit der europäischen Wissenschaft und Kultur bekannt machen konnten. Seine Bemühungen waren von Erfolg gekrönt, als 1878 das *Mohammedan Anglo-Oriental College* in Aligarh eröffnet wurde. Das College wurde nach dem Vorbild von Oxford und Cambridge organisiert und hatte Englisch als Unterrichtssprache.

Die geistigen Aktivitäten Aḥmad Khāns auf religiösem Gebiet dienten bewußt zwei Zielen. Er wollte eine Form des Islams schaffen, die für muslimische junge Menschen mit europäischer Bildung annehmbar war, da er fürchtete, daß diese sich andernfalls vom Islam abwenden und Christen oder Atheisten werden würden. Zweitens wollte er den Islam gegen Angriffe europäischer Denker, und zwar besonders von Orientalisten verteidigen. Das Ergebnis war eine Form des Islams, die durchsetzt ist mit philosophischen Begriffen des 19. Jahrhunderts – hauptsächlich „Vernunft" und „Natur" – und der scharfen Kanten beraubt, die den Europäern nicht behagten.

Die Gegner Aḥmad Khāns unter den Muslimen bezeichneten ihn und seine Anhänger oft als *Naycharīs*, mit einem Wort, das abgeleitet ist vom englischen Wort *nature*. Dies zeigt, welch hervorragenden Platz der Naturbegriff in seinem Denken einnahm. Anders als bei der traditionellen islamischen Theologie, die keinerlei Naturgesetze anerkannte, sondern lediglich Gewohnheiten Gottes, von denen er abweichen kann, vertrat Aḥmad Khān die Ansicht, daß die Naturgesetze fest und unwandelbar seien. Zwischen diesen Gesetzen und dem Koran könne es keinen Widerspruch geben, da nach seiner Auffassung Gottes Wort (der Koran) unbedingt mit seinen Taten (der Natur) übereinstimmen. In Anlehnung an frühere rationalistische Bestrebungen im Islam, etwa der *Muʿtazila*, versuchte er nachzuweisen, daß Abschnitte im Koran, die man traditionell als Bezugnahme auf übernatürliche Erscheinungen ansah, ebenso in einer ganz natürlichen Weise ausgelegt werden könnten. Beim Wort *jinn* zum Beispiel, das wiederholt im Koran vorkommt, und das gewöhnlich als „Geist" verstanden wird, meinte er, seine wirkliche Bedeutung sei „Wilde, die in Bergen und Wäldern lebten". Nach Aḥmad Khān ist der Islam nicht nur eine natürliche, sondern auch eine rationale Religion. Um das zu beweisen, versuchte er zu zeigen, daß alle Vorschriften einen klaren Grund haben. Das Verbot von Schweinefleisch zum Beispiel ist seiner Ansicht nach notwendig, um die Sittenreinheit der Menschen zu erhalten, da Schweine schlechte Angewohnheiten haben, die menschlicher Ethik zuwider liefen.

Obwohl Aḥmad Khān die Vernunft sehr hoch schätzte, hielt er sie doch nicht für ausreichend zur Führung der Menschheit. Wie die mittelalterlichen islamischen Philosophen lehrte er, daß die Offenbarung wenigstens ebenso wichtig sei. Er akzeptierte die Lehrmeinung, daß der Koran unmittelbar Gottes Wort enthalte. Infolgedessen konnte er Verfahren der geschichtlichen oder der Textkritik am Wortlaut des Koran nicht anwenden.

Beim Hadith war seine Haltung freier. Während das strenggläubige Gelehrtentum lediglich bestimmte Hadithe wegen Fehlern im *isnād*, der Überlieferkette, zurückwies, lehnte Aḥmad Khān auch Hadithe ihres Inhalts wegen ab, mit dem Ergebnis, daß er nur eine kleine Anzahl von ihnen als echt akzeptierte.

Indem er diese neue Form des Islams schuf, forderte er das Recht auf *ijtihād* und verwarf den *taqlīd*. Sein ijtihād diente nicht nur dazu, zu zeigen, daß der Islam eine vernunftbegründete und natürliche Religion sei, sondern auch, um europäische Angriffe und Anschuldigungen gegen den Islam abzuwehren. So behandelte er eine Anzahl von Gegenständen, die stets Ziel europäischer ideologischer Angriffe gewesen sind, z. B. die Lehre vom jihād, die Stellung der Frau, Sklavenhaltung, Körperstrafen und Zinsverbot. Aḥmad Khān betrachtete seine neue Auslegung der Pflicht zum jihād als einen wichtigen Bestandteil einer Versöhnungspolitik zwischen den indischen Muslimen und den Briten. Nach der klassischen Lehre ist jihād ein Krieg, der geführt wird, um das Gebiet des islamischen Staates zu erweitern oder um dessen Gebiet gegen Angriffe zu verteidigen. Im ersteren Falle ist er die kollektive Pflicht der ganzen Gemeinschaft, von der diese befreit wird, wenn eine ausreichende Zahl von Männern am jihād teilnimmt. Im Verteidigungsfall ist er individuelle Pflicht für jeden, der in dem angegriffenen Gebiet lebt. Die Neuauslegungen von Aḥmad Khān bei den entsprechenden Koranabschnitten ergaben die Anschauung, daß der jihād nur dann Pflicht sei, wenn Muslime in ihrer Eigenschaft als Gläubige unterdrückt und davon abgehalten würden, ihren religiösen Verpflichtungen nachzukommen. Unter fremder, nichtmuslimischer Herrschaft zu leben, war seiner Ansicht nach kein hinreichender Grund für den jihād, weil es sich beim jihād um eine religiöse Einrichtung handelte, die nicht für bloße politische Ziele angerufen werden könne. Die Auswirkungen dieser Anschauungen reichten weit. Unterschwellig bedeutete es die Feststellung, daß Politik und Religion in zwei verschiedene Bereiche gehörten – eine Feststellung, die dem strenggläubigen Islam vollkommen fremd war.

Die Ansichten Aḥmad Khāns zur Stellung der Frau im Islam waren weniger aufsehenerregend. Er betrachtete die Absonderung von Frauen als zulässig und sogar als heilsam. Auch die Vielweiberei ist seiner Meinung nach erlaubt, doch nur als Ausnahme, wenn die erste Frau krank oder unfruchtbar ist. Der Frage der Sklavenhaltung im Islam widmete Aḥmad Khān eine gesonderte Abhandlung. Auf der Grundlage einer völlig neuartigen Koranauslegung schloß er, daß der Erwerb von Sklaven bereits zu Lebzeiten des Propheten verboten gewesen sei.

Im islamischen Strafrecht sollen einige Verbrechen durch Prügel und Verstümmeln geahndet werden. So ist unter bestimmten Voraussetzungen Diebstahl durch Abtrennung der Hand zu bestrafen. Auf der Grundlage einer geistigen Exegese der betreffenden Koranabschnitte äußerte Aḥmad Khān die Ansicht, daß bei solchen Verbrechen der Islam eine Wahl zwischen körperlicher Züchtigung und Haft anbiete. Wenn ein Land sich nicht den Luxus eines Gefängnissystems leisten könne, habe die Alternative zu gelten. Bezüglich des koranischen Zinsverbots bei Darlehen erklärte Aḥmad Khān, daß die koranischen Verse dazu (Koran 2:275 ff.) im Zusammenhang mit den vorausgehenden Versen zu lesen seien. Dann sei es klar, daß die Zinsnahme nur bei armen Schuldnern, nicht aber bei reichen verboten sei.

Obwohl die Gedanken Aḥmad Khāns niemals vollständig akzeptiert worden sind, waren sie doch insoweit äußerst wichtig, als sie die Diskussion über den Platz des Islams in einer Gesellschaft anregten, die infolge der Einflußnahme durch den Kolonialismus einen raschen Wandlungsprozeß durchlief. Man nahm ihm allerdings seine sehr britenfreundliche Haltung übel. Zunächst taten das jene Muslime, die sich nach den alten Tagen der Mogulherrschaft zurücksehnten, aber später auch jene, die nationalistische Gedanken zu entwickeln begannen.

Jamāl ad-Dīn al-Afghānī (1838/39–1897)

Wenn Aḥmad Khān als Stratege der Niederlage beschrieben werden kann, so ist Jamāl ad-Dīn al-Afghānī als Stratege der Verteidigung zu bezeichnen. Zwar bestehen gewisse Ähnlichkeiten in ihrer beider Auffassung vom Islam, ihre Haltung aber gegenüber Europa und dem europäischen Kolonialismus ist völlig entgegengesetzt. Während Aḥmad Khān nach einer Versöhnung zwischen den indischen Muslimen und den Briten strebte, widmete Jamāl ad-Dīn al-Afghānī fast sein ganzes Leben dem Kampf gegen die europäische koloniale Expansion in der islamischen Welt.

Ungeachtet der Bemühungen einiger Biographen bleiben viele Abschnitte des Lebens von Jamāl ad-Dīn al-Afghānī noch im Dunkeln. Das gilt auch für seine innersten Gedanken und Überzeugungen. Insgesamt gesehen war er eine rätselhafte Persönlichkeit, und zwar nicht zuletzt wegen der zahlreichen Mystifikationen, die er selbst in Umlauf brachte. Deren bekannteste betrifft seinen Geburtsort. Er nannte sich zwar selbst al-Afghānī und deutete damit an, daß er in Afghanistan geboren sei. Die geschichtliche Forschung hat indessen nachgewiesen, daß er tatsächlich in oder in der Nähe der iranischen Stadt Asadabad geboren wurde. Der Grund seiner Verschleierungstaktik in diesem Punkt war, daß die Tatsache seiner Geburt im Iran auf seine schiitische Herkunft hinwies, und das wollte er für sich behalten, da er nahezu sein ganzes Leben in überwiegend sunnitischen Ländern verbrachte. Daher zog er es vor, als ein sunnitischer Afghane betrachtet zu werden.

Seine große Unrast ist einer der Gründe dafür, weshalb es schwierig ist, seinen Lebenslauf genau festzustellen. Im Verlauf der ersten drei Jahrzehnte seines Lebens besuchte er Indien, den Hedschas, den Irak und möglicherweise Istanbul. Eine Zeitlang hielt er sich in Afghanistan auf, wo er Berater des *amīr* war und ihn für eine feste antibritische Haltung zu gewinnen versuchte. Nach seiner Ausweisung 1868 reiste er über Bombay und Kairo nach Istanbul. Dort hatte er Berührungen mit einigen osmanischen Reformern. Ein öffentlicher Vortrag über das Verhältnis von Religion und Philosophie, den er hielt, wurde jedoch als ketzerisch angesehen. Infolge des Drucks der religiösen Behörden wurde er erneut ausgewiesen. Dieses

Mal reiste er nach Kairo, wo er 1871 eintraf. Sein Ägypten-Aufenthalt, der acht Jahre währen sollte, war einer der fruchtbarsten Abschnitte seines Lebens. Zusammen mit seinen Anhängern und Schülern, wie Muḥammad ʿAbduh (s. u.) und Saʿd Zaghlūl, der nach dem Ersten Weltkrieg der bekannteste politische Führer in Ägypten wurde, spielte er eine wichtige Rolle in der ägyptischen Politik jener Zeit.

Die siebziger Jahre des 19. Jahrhunderts waren ein unruhiges Jahrzehnt in der ägyptischen Geschichte. In diesen Jahren wuchs der westliche Einfluß auf Ägyptens Wirtschaft, Staatsfinanzen und Politik schnell an. *Deficit spending*, schlechte Kontrolle der Staatsfinanzen und schließlich die Machenschaften der Gläubiger führten 1876 zur Zahlungsunfähigkeit und zur Einsetzung einer britisch-französischen Kommission, die die ägyptischen Staatsfinanzen überwachen sollte. Das bedeutete eine verstärkte ausländische Durchdringung der ägyptischen Politik, mit dem Ziel, die Interessen der überwiegend britischen und französischen Aktionäre zu schützen. Als der Khedive Ismāʿīl (reg. 1863–1879) eine gewisse Zurückhaltung bei der Zusammenarbeit mit den ausländischen Mächten zeigte, sorgten diese dafür, daß er von seinem Sohn Taufīq (reg. 1879–1892) abgelöst wurde.

Diese Entwicklungen verstärkten die antikolonialen Gefühle Jamāl ad-Dīns. Zusammen mit seinen Schülern versuchte er, seine Gedanken durch öffentliche Reden zu verbreiten – er war ein geschickter und wortgewaltiger Redner – sowie auch durch journalistische Aktivitäten und persönliche Diskussionen. Auch seine Schüler wandten sich journalistischen Aktivitäten zu. Die kompromißlose Haltung Jamāl ad-Dīns gegenüber der ausländischen Einmischung brachte ihm 1879 erneut die Ausweisung ein, diesmal befohlen vom Khediven Taufīq.

Die folgenden drei Jahre brachte er verhältnismäßig ruhig in Indien zu. Dort veröffentlichte er mehrere Artikel und eine Abhandlung „Die Wahrheit über die *Naycharī*-Sekte und eine Erläuterung des Wesens der Naycharīs" (auch bekannt als „Die Widerlegung der Materialisten", nach dem Titel der Übersetzung ins Arabische). Diese Abhandlung wandte sich gegen Aḥmad Khān und ist ein Versuch, seine Lehre von der Aufgabe der Natur zu widerlegen. Aḥmad Khān wird zwar überhaupt nicht genannt, doch ist die Abhandlung in Wahrheit ein Angriff auf dessen politische Haltung. Jamāl ad-Dīn bezweckte mit der Abhandlung, Aḥmad Khān als Ketzer zu brandmarken und ihn und seine Ansichten damit bei seinem eigenen Volk, den indischen Muslimen, ins Zwielicht zu setzen.

1882 reiste Jamāl ad-Dīn von Indien nach Europa. Dort verbrachte er die nächsten sieben Jahre seines Lebens. Er besuchte Paris, London und St. Petersburg, stets mit – oft wirklichkeitsfremden – politischen Plänen befaßt. Als Muḥammad ʿAbduh, der wegen seiner Teilnahme an der ʿUrābī-Erhebung (s. u.) aus Ägypten ausgewiesen worden war, nach Europa kam, gründeten sie die Zeitschrift „al-ʿUrwa al-wuthqā" („Das festeste Band", vgl. Koran 2:256 und 31:22), um ihre Ideen in der islamischen Welt zu verbreiten. Zwischen März und Oktober 1884 erschienen achtzehn Nummern. Die Briten verboten die Zeitschrift in Ägypten und Indien wegen ihrer panislamischen und antikolonialistischen Haltung. Dennoch fand sie viele Leser und war unter den reformorientierten Gebildeten der islamischen Welt recht einflußreich.

Auf Einladung von Shāh Nāṣir ad-Dīn (reg. 1848–1896), dem er gewisse diplomatische Dienste erwiesen hatte, kam er 1889 nach Teheran. Kurz nach seiner Ankunft wurde ihm klar, daß der Schah ihm entgegen seiner Hoffnungen keinerlei wichtiges Amt geben würde und daß er keinen Einfluß auf die iranische Regierung hatte. Deshalb mußte er andere Mittel wählen, um seine panislamischen und reformerischen Ziele zu erreichen. Genau wie in Ägypten scharte er eine Anzahl junger Intellektueller um sich, mit denen er nicht nur seine reformerischen und antibritischen Pläne besprach, sondern auch die Möglichkeit, die selbstherrliche Regierung des Schahs zu stürzen.

Schon bald erfuhr der Schah von diesen Zusammenkünften und entschloß sich, Jamāl ad-Dīn aus Teheran in die Stadt Qum zu verbannen. Jamāl ad-Dīn aber gelang es, den Soldaten des Schahs zu entkommen. Er wandte sich zum Heiligtum von Shāhzādah ʿAbd al-ʿAẓīm im Süden von Teheran als Schutzort. Dorthin kamen viele Menschen, um ihn zu besuchen und seine flammenden Reden gegen die Regierung zu hören, bis sich Anfang 1891 der Schah entschloß, den sakrosankten Charakter des Heiligtums zu verletzen und ihn durch seine Reiterei verhaften zu lassen. Sogleich wurde er nach dem Irak deportiert – damals noch osmanisches Gebiet.

Von dort und später von London aus, wo er 1892 eintraf, setzte Jamāl ad-Dīn seine oppositionellen Aktivitäten fort, indem er militante Briefe nicht nur an seine Freunde in Iran, sondern auch an religiöse Würdenträger schrieb. Letztere versuchte er gegen die ständig anwachsenden ausländischen Übergriffe auf die wirtschaftliche und politische Unabhängigkeit Irans in Bewegung zu setzen. Eine kurz zuvor vom Schah einem britischen Unternehmen gewährte Tabakkonzession war zum Symbol ausländischer Einmischung geworden, und Jamāl ad-Dīn richtete seine Bemühungen vor allem auf Aktionen, die den Widerstand gegen diese Konzession anregen sollten. Diese Aktivitäten trugen zu den Wellen des Protestes bei, die das Land zwischen 1891 und 1892 überschwemmten und die schließlich zur Aufkündigung der Konzession führten.

In London erhielt er eine Einladung des osmanischen Sultans Abdülhamit II. (s. o.), als sein Gast nach Istanbul zu kommen und dort zu bleiben. Jamāl ad-Dīn hoffte wohl, der Sultan wollte sich seiner Dienste versichern, um seine panislamische Außenpolitik zu verwirklichen. Doch ist es nicht gerade wahrscheinlich, daß der Sultan das wirklich wollte. Es gibt Anzeichen dafür, daß der Sultan ihn nur deswegen in seiner Nähe haben wollte, um seine Aktivitäten besser überwachen zu können. Es scheint, daß der Sultan besorgt war, Jamāl ad-Dīn könne sich möglicherweise an einem Plan beteiligen, ein arabisches Kalifat zu errichten, was die Integrität des Osmanischen Reichs gefährdet hätte. Wie dem auch sei, Jamāl ad-Dīn erhielt nie eine verantwortliche Stellung in Istanbul. Bald kühlten sich die Beziehungen zwischen Jamāl ad-Dīn und dem Sultan ab. Seine letzten Jahre – er starb

1897 an Unterkieferkrebs – verbrachte Jamāl ad-Dīn wie ein Gefangener. Trotz mehrerer Gesuche, ihm das Verlassen des Landes zu gestatten, ließ ihn der Sultan nicht gehen.

Es ist keine leichte Aufgabe einen zusammenhängenden Überblick über das Denken Jamāl ad-Dīns zu geben, war er doch mehr ein politischer Aktivist als ein systematischer Denker. In seinen wenigen Schriften und in den Äußerungen, die seine Biographen und Bekannten aufgezeichnet haben, gibt es viele widersprüchliche Aussagen. Einige dieser Widersprüche müssen Meinungsänderungen infolge einer gewissen Entwicklung in seinem Denken zugeschrieben werden, wie sie sich wohl in einer Laufbahn von etwa vierzig Jahren zwangsläufig ergeben. Doch es gibt auch Widersprüche, die damit nicht zu erklären sind. Man begründet sie im allgemeinen durch die Tatsache, daß Jamāl ad-Dīn ein politischer Taktiker war, der bestimmte Ziele erreichen wollte und der daher seine Worte und Schriften diesen Zielen unterwarf. Dies könnte zum Beispiel erklären, warum er 1882 zur nationalen Einheit auf sprachlicher Grundlage in Indien aufrief, während er zwei Jahre danach in „al-ʿUrwa al-wuthqā" diese Art von Einheit heftig angriff, da diese Form des Nationalismus die einzig wahre Einheit, die islamische, ernstlich schwächen würde. Er begriff wohl, daß in Indien die nationale Einheit eine stärkere Kraft gegen den britischen Kolonialismus bilden und daß ein Aufruhr zur religiösen Solidarität unter den indischen Verhältnissen die antikolonialen Kräfte spalten würde. Im Mittleren Osten nun war die Lage anders. Dort bildeten die Muslime die überwältigende Mehrheit, und der Gedanke der islamischen Einheit konnte somit eine wesentlich größere Kraft darstellen als der der nationalen Einheit.

Jamāl ad-Dīn neigte stark dazu, die Ausdrücke, die er benutzte, und die Gedanken, für die er eintrat, je nach Zuhörerschaft abzuwandeln. Das könnte durch den Einfluß der islamischen Philosophie auf seine Bildung erklärt werden. Islamische Philosophen haben oft die Haltung verteidigt, ihre Ideen seien nur für wenige Auserwählte da, die große Mehrzahl der Menschen müsse allein mit der Religion auskommen, und dementsprechend sollte man seine Worte und Ausdrücke wählen. So drückte sich Jamāl ad-Dīn in seiner Erwiderung auf Renans berühmte Vorlesung „L'islamisme et la science", die in einer französischen Zeitschrift veröffentlicht wurde, viel freier aus, als er es anderswo zu tun pflegte. Tatsächlich stimmte er mit Renan darin überein, daß der Islam, wie die meisten anderen Religionen, für den Fortschritt der Wissenschaft hinderlich gewesen sei, eine Ansicht, die er in einer muslimischen Umgebung niemals vorgebracht hätte.

Jamāl ad-Dīn wünschte die islamische Welt wieder stark, so daß sie der andauernden europäischen kolonialen Expansion Widerstand leisten könnte. Dieses Motiv beherrschte sein gesamtes Leben und Denken. Erfahrungen in seiner Jugend – er war wahrscheinlich Augenzeuge der brutalen Unterdrückung der indischen Erhebung von 1857 durch die Briten – mochten zu dieser Haltung beigetragen haben. Andererseits begriff er, daß die Quellen der Stärke in Europa gesucht werden müßten. Die Kraft Europas gründete sich – so glaubte er – auf Aktivität, Unternehmungsgeist und Rationalismus. Diese Tugenden hätten zur Entwicklung der europäischen Wissenschaft und Technik geführt. So hatte für ihn und seinesgleichen Europa einen Januskopf. Einerseits stand es für die aggressive koloniale Eroberung, andererseits für wissenschaftlichen und technischen Fortschritt, militärische und politische Stärke, freiheitliche politische Einrichtungen und moderne Erziehung. Muslime könnten also viel von Europa lernen.

Die Übernahme europäischer Technik und europäischer Einrichtungen sollte seiner Auffassung nach nicht gedankenlos geschehen. Europa sollte nicht blind nachgeahmt werden. Der Gesichtspunkt der Vereinbarkeit mit dem Islam sei in gebührender Weise zu beachten. Dennoch bestand er darauf, daß die Tugenden und Werte, die die Grundlage europäischer Stärke bilden, ebenso im Islam zu finden sind. Der heutige Islam aber war in seinen Augen verderbt und von Aberglauben und scholastischer Kasuistik überwuchert. Durch das Ausüben des *ijtihād* und das erneute Durchleuchten der Quellen könnten die wirklichen Grundlagen des Islams wieder freigelegt und könnte der Islam von unechten Auswüchsen gereinigt werden.

Somit ist der wahre Islam seiner Auffassung zufolge eine seinem Wesen nach vernunftbetonte Religion, d. h. eine Religion, die mit der menschlichen Vernunft übereinstimmt und zu deren Gebrauch anregt. Die Quellen sollten rational ausgelegt werden, und sollten einige Texte der Vernunft scheinbar zuwiderlaufen, so seien sie symbolisch zu erklären. Der wahre Islam sei niemals gegen die Suche von Wahrheit und gegen die Pflege der Wissenschaft gerichtet. Tatsächlich nehme der Koran bereits Bezug auf die verschiedensten modernen wissenschaftlichen und technischen Entdeckungen, wie Elektrizität und Eisenbahn.

Nach Jamāl ad-Dīn ist es ein weiteres Wesensmerkmal des wahren Islams, auf Aktivität und Unternehmungsfreude zu bestehen. Fatalismus und Untätigkeit, so oft als typisch islamische Eigenschaften angesehen, hätten mit dem wirklichen Islam gar nichts gemein. Gott hat gesagt: „Gott verändert nichts an einem Volk, solange sie (d. h. die Angehörigen dieses Volkes) nicht (ihrerseits) verändern, was sie an (?) sich haben" (Koran 13:11). Dieser Passus ist seiner Ansicht nach von grundlegender Bedeutung für ein wirkliches Verstehen des Islams.

Es gibt nach Jamāl ad-Dīns Anschauung nichts, was der Annahme der europäischen Technik und Wissenschaft entgegensteht. Das Gedeihen der europäischen Wissenschaften verdanke den islamischen Denkern der Vergangenheit viel. Im Mittelalter habe Europa die Errungenschaften der islamischen Philosophie und Wissenschaft entliehen. Wenn daher jetzt die Muslime Technik und Wissenschaft vom Westen übernähmen, dann eigneten sie sich nur wieder an, was tatsächlich ihr rechtmäßiges Eigentum sei.

Wir wir gesehen haben, strebte Jamāl ad-Dīn nach der islamischen Einheit, um dem europäischen Kolonialismus entgegenzutreten. Diese Einheit war nicht mit Notwendigkeit politisch. Einheit der *umma*, der islamischen Gemeinschaft, sollte eine Einheit der Herzen, der Geistesverfassung sein. Die verschiedenen Regierungen und politischen Führer in der islamischen Welt sollten im Geist der Zusammenarbeit handeln, um den Angriffen der europäischen Mächte zu widerstehen. Diese panislamische Haltung begrenzte jedoch seine Möglichkeiten, Reformen zu propagieren. Um die Unterstützung einer möglichst großen Gruppe zu gewinnen, mußte er seine Erklärungen zur Neuauslegung des Islams verwässern, damit sie orthodox erschienen. Dennoch ist der Panislamismus niemals eine Massenbewegung geworden. Wie andere Reformer seiner Zeit zog auch Jamāl ad-Dīn es vor, mit Vermittlung von Regierungen und Eliten zu handeln, um seine Ziele zu erreichen.

Wie wir gesehen haben, war Jamāl ad-Dīn kaum ein systematischer Denker. Seine Bedeutung liegt nicht so sehr in den hinterlassenen Werken, sondern eher in dem Einfluß, den er durch persönliche Beziehungen auf eine jüngere Generation reformorientierter muslimischer Intellektueller hatte. Ihnen zeigte er, daß der Islam zu Wandel und Entwicklung fähig sei. Mehr noch, er öffnete ihnen die Augen für die Gefahren des europäischen Kolonialismus.

Muḥammad ʿAbduh (1849–1905)

Muḥammad ʿAbduh kann als der hervorragendste Schüler von Jamāl ad-Dīn angesehen werden. Doch ungeachtet ihres engen Lehrer-Schüler-Verhältnisses, ihrer Freundschaft und Verbindung, die mehr als zehn Jahre währen sollte, bestehen doch wesentliche Unterschiede in ihrem Wesen, ihren Ideen und Laufbahnen. Jamāl ad-Dīn war ein impulsiver Mensch, der zu plötzlichen und oft unerwarteten Handlungen neigte, ein kämpferischer politischer Aktivist, ein Weltbürger, dessen Heimat der ganze Bereich des Islams war. Muḥammad ʿAbduh hingegen hatte ein bedächtigeres Wesen. Er glaubte nicht an plötzlichen Wandel und hielt sich in seinen späteren Lebensjahren fern von Politik. Ihm war bewußt, daß Reform Zeit brauchen würde, und er war bereit, geduldig an langfristigen Vorhaben zu arbeiten. Er war zwar ein weitgereister Mann, doch nicht ganz aus eigenem freien Antrieb. Stets fühlte er sich an sein Vaterland, Ägypten, gebunden.

Muḥammad ʿAbduh wurde 1849 im Nildelta geboren. Sein Vater war Bauer von mittlerem Besitzstand, und in seiner Familie bestand eine Tradition der Bildung. Nach Abschluß einer Grundausbildung – dem Auswendiglernen des Korans – wurde er 1862 in die Moscheeschule von Tanta geschickt. Seine dortigen Erfahrungen haben mit Sicherheit dazu beigetragen, sein späteres Interesse an Erziehungsfragen zu wecken, denn in Tanta lernte er alle schlechten Seiten der herkömmlichen islamischen Erziehung kennen. Die Lernenden sollten sich ihrem Gedächtnis alle möglichen schwierigen Texte einprägen, ganz gleich, ob sie den Inhalt verstanden oder nicht. Lehrer waren im allgemeinen wenig hilfreich, denn ihre Tätigkeit beschränkte sich darauf, unverständlichen Lehrstoff herunterzuleiern, während sie ihren Schülern keine Fragen erlaubten. Bald verließ er enttäuscht Tanta und kehrte nach Hause zurück mit der Absicht, Bauer wie sein Vater zu werden. Durch einen Onkel aber, Scheich Darwīsh al-Khiḍr, wurde er mit dem Mystizismus bekannt. Diese Form von Religion übte auf ihn wesentlich mehr Anziehungskraft aus als die trockene scholastische Gelehrsamkeit, die er in Tanta zu meistern versucht hatte. Sein Onkel führte ihn in den *Shādhilīya*-Orden ein. Wegen dieses neuen Interesses an Religion konnte ihn der Onkel zur Rückkehr nach Tanta bewegen, damit er seine Studien wieder aufnehmen sollte. Er blieb in Tanta bis 1866, als er an die *Azhar*-Universität in Kairo ging. ʿAbduh war noch Student, als Jamāl ad-Dīn 1871 in Kairo eintraf. Als der junge ʿAbduh von dessen Ankunft erfuhr, besuchte er ihn zusammen mit einigen Freunden. Sogleich war er beeindruckt von der Weise, in der Jamāl ad-Dīn über Religion sprach. Diese Begegnung war der Anfang einer engen Verbindung. Über Jamāl ad-Dīn wurde ʿAbduh mit islamischer Philosophie vertraut, einer Disziplin, die im Lehrbetrieb der Azhar keinen Platz hatte, sowie mit europäischer philosophischer wissenschaftlicher Literatur.

Nach seinem Studienabschluß 1877 begann ʿAbduh an der Azhar-Universität und an der *Dār al-ʿulūm*, einer Art Lehrerbildungsseminar, zu lehren. Als aber der neue Khedive 1879 Jamāl ad-Dīn aus Ägypten auswies, da galt auch ʿAbduh, sein Freund und Gefährte, als ein Sicherheitsrisiko für die Regierung, und er wurde in sein Heimatdorf verbannt. Dort blieb er nicht lange, denn Riyāḍ Pascha, ein einflußreicher Staatsmann, dessen Schützling Jamāl ad-Dīn gewesen war, ermöglichte ihm die Rückkehr in die Hauptstadt. Es wurde ihm nicht gestattet, weiter zu lehren, doch erhielt er eine Anstellung als Mitherausgeber des Staatsanzeigers „al-Waqāʾiʿ al-miṣrīya", die er bis 1882 innehatte.

Der Zeitraum seiner Herausgebertätigkeit war voller politischer Unruhe. Es war die Zeit der ʿUrābī-Erhebung, einer Bewegung von Offizieren und später auch Zivilisten gegen die türkisch-tscherkessische politische und militärische Oberschicht in Ägypten und gegen ausländische Einmischung. Die bewegten Ereignisse führten schließlich zur militärischen Besetzung des Landes durch die Briten, um die Interessen der ausländischen Aktionäre und die Verbindungswege des Empire, d. h. den Suezkanal, zu schützen. ʿUrābī und seine Anhänger wurden im Schnellverfahren abgeurteilt und ausgewiesen. ʿAbduh hatte zwar nicht immer der Taktik und dem Vorgehen von ʿUrābī zugestimmt und des öfteren seine Kritik zum Ausdruck gebracht, doch blieb er der Bewegung verbunden und unterstützte in seiner Zeitschrift deren allgemeine Ziele. Nach der britischen Besetzung wurde auch er vor Gericht gestellt und für eine bestimmte Zeit ausgewiesen. Zunächst begab er sich nach Beirut. Später, Anfang 1884, schloß er sich Jamāl ad-Dīn in Paris an. Zusammen gaben sie „al-ʿUrwa al-wuthqā" heraus. Am Ende dieses Jahres kehrte er über Nordafrika in den Nahen Osten zurück. Er ließ sich erneut in Beirut nieder, wo er als Lehrer arbeitete, bis 1888 seine Verbannung aufgehoben wurde und er nach Ägypten zurückkehren konnte.

Mit seiner Rückkehr fügte er sich praktisch der britischen Besetzung seines Landes, und er nahm Abschied von der Politik. Er wurde ein Freund Lord Cromers, des britischen Generalkonsuls und tatsächlichen Beherrschers des Landes. Zu dieser Haltung bewegte ihn u. a. die Überzeugung, daß Ägypten viel vom Westen zu lernen habe und in dieser Hinsicht aus der Anwesenheit der Briten Nutzen ziehen könne. Es gab etwas später auch noch praktische Erwägungen: Nachdem er in einem bestimmten Augenblick die Gunst des Khediven verloren hatte, war er von der Unterstützung der Briten abhängig, um sich im Sattel zu halten und seine Pläne ins Werk zu setzen.

Wieder in Ägypten, hätte er gern erneut gelehrt. Dies wurde ihm jedoch nicht gestattet, und zwar aus Furcht davor, daß er seine Studenten mit seinen freidenkerischen Gedanken anstecken würde. Statt dessen erhielt er eine Anstellung als Richter an einem der einheimischen Gerichtshöfe. Später wurde er zum Richter am Appellationsgericht befördert. 1899 erhielt er das höchste religiöse Amt in Ägypten, das des *muftī*. Im gleichen Jahr wurde er Mitglied des *Gesetzgebenden Rates*, einer beratenden Körperschaft, deren Mitglieder in der Mehrzahl durch die Regierung ernannt wurden. Beide Funktionen behielt er bis zu seinem Tode 1905.

Während dieser letzten siebzehn Lebensjahre wandte er seine Bemühungen zwei Gegenständen zu: der Reform des Bildungssystems – besonders der Azhar-Universität, die nach seiner Auffassung das geistige Zentrum der Reform werden sollte – und der Reform der Scheriatsgerichte. Er war die treibende Kraft in verschiedenen, für diese Bereiche zuständigen Ausschüssen, und er veröffentlichte eine Anzahl von Berichten und Empfehlungen. Seine Bemühungen zeitigten einigen Erfolg, wenn auch nicht den von ihm erhofften. ʿAbduhs praktische und geistige Aktivitäten beherrschte der Wunsch, ein allgemeines religiöses Erwachen im Islam zu erreichen, da dies seiner Ansicht nach der einzige Weg war, um die islamische Welt auch in anderen Bereichen zu stärken. Seinen eigenen Worten nach war sein Ziel „die Berichtigung der Glaubensartikel und die Beseitigung der Fehler, die sich durch das Mißverständnis der grundlegenden Texte der Religion in sie eingeschlichen haben, so daß, wenn erst einmal die Glaubensinhalte von schädlichen Neuerungen befreit seien, das Handeln der Muslime als Folge dieser Berichtigung frei von Unordnung und Verworrenheit sein könne, die Lebensbedingungen der einzelnen Muslime gebessert und ihr Verstand erleuchtet werden würde durch die wahren religiösen und weltlichen Wissenschaften, daß heilsame Charakterzüge entwickelt würden und daß dieser wünschenswerte Zustand sich über den einzelnen der gesamten Gemeinschaft der Gläubigen mitteilen werde“ (ʿAbduh, zitiert nach C. C. Adams, 1968, 110).

Leben nach den wahren Vorschriften des Islams ist für ʿAbduh der Schlüssel für das Wohlergehen der Menschen, als einzelnen und in der Gesellschaft, denn die Verhaltensweise, die der Islam lehre, sei nicht nur gottgefällig, sondern auch der beste Weg, um gesellschaftliche Stabilität und den Fortschritt der Gemeinschaft zu sichern. Die Suche nach dem wahren Islam sei notwendige Vorbedingung dafür, daß eine solche Verhaltensweise allgemein verbreitet würde. Also diene diese Suche auch noch einem anderen Ziel, nämlich der Einigung der Muslime, denn unbegründete Glaubenspraktiken und falsche Glaubensinhalte wie die Übertreibungen der *ṣūfī*-Orden und der Geist des Sektenübereifers hätten die Muslime gespalten, und diese Spaltung sei einer der Gründe für ihren Niedergang.

Aber auch in einem anderen Zusammenhang spielte die Einheit in ʿAbduhs Denken eine Rolle. Im Verlauf des 19. Jahrhunderts wurde der Einfluß der europäischen Zivilisation und Technik immer augenfälliger. Nicht wenige Muslime, zumal aus den höheren Schichten, hatten die Anziehungskraft Europas wahrgenommen und waren auch mehr oder weniger europäisiert worden. Ihre Zahl nahm noch zu durch die Einführung einer Erziehung nach europäischem Vorbild. Gleichzeitig waren auch europäische politische und wirtschaftliche Einrichtungen und von Europa inspirierte Gesetze eingeführt worden. Zwischen der europäisierten Elite und diesen europäisierten Bereichen auf der einen Seite und der überwiegenden Mehrheit der Bevölkerung und den hergebrachten Einrichtungen auf der anderen Seite weitete sich die Kluft. ʿAbduh sah eine seiner Aufgaben im Überbrükken dieser Kluft.

Um das zu erreichen, hatte er einen Mittelweg zu gehen. Er verurteilte als *taqlīd* sowohl die vorbehaltlose Annahme von Europäischem, als auch den blinden Glauben an das Überlieferte. Also versuchte er wie Jamāl ad-Dīn zu zeigen, daß der wahre Islam die Grundlagen dieser neuen und scheinbar fremden Gesetze und Einrichtungen enthalte und daß tatsächlich die Werte der bürgerlichen Gesellschaft im Europa des 19. Jahrhunderts auch die des Islams seien. So machte er sich daran, aus dem Islam eine Rechtfertigung für die Europäisierung herzuleiten.

Der Kernbegriff all dieser Vorhaben und Gedanken ist der des wahren Islams. Daher widmete er einen wesentlichen Teil seiner Bemühungen der Erklärung dessen, was er unter wahrem Islam verstehe. Seine Werke auf diesem Gebiet weisen einen gewissen Eklektizismus auf, der sich auf ein breites Wissen von der islamischen und europäischen Kultur gründet. Viele einander widerstrebende Strömungen des islamischen Denkens beeinflußten ihn: die islamischen Philosophen, die *Muʿtazila*, al-Ghazālī und die neohanbalitische fundamentalistische Schule von Ibn Taimīya (gest. 1328). An europäischen Autoren sind es u. a. Darwin, Spencer, Comte, Guizot und Renan, deren Einfluß in ʿAbduhs Schriften verfolgt werden kann.

Dieser Eklektizismus im Verein mit seiner Neigung, eindeutige Stellungnahmen zu umstrittenen theologischen Fragen zu vermeiden – etwa zur Frage, ob der Koran geschaffen worden sei oder nicht – diente ihm dazu, eine Form des Islams zu schöpfen, die für jedermann annehmbar war, besonders aber für die europäisierte Elite. Um deretwillen hatte er sich jedoch mit einigen philosophischen Fragen auseinanderzusetzen, die in seiner Zeit debattiert wurden, etwa mit der Beziehung zwischen Vernunft und Religion, zwischen Wissenschaft und Religion – also mit zwei Gegenständen, mit denen sich Aḥmad Khān schon etwas früher befaßt hatte.

Tatsächlich unterschieden sich die Ansichten ʿAbduhs dazu nicht grundsätzlich von denen Aḥmad Khāns. Wie jener betonte er, der Islam sei eine Religion, die an die Vernunft appelliere, und daß der Koran den Menschen dazu ermahne, seinen Verstand zu gebrauchen. In der alten Auseinandersetzung um das Verhältnis von Vernunft und Offenbarung vertrat ʿAbduh die Auffassung, der Mensch könne durch den Gebrauch des Verstandes die Existenz Gottes und auch die Notwendigkeit von Propheten und der Offenbarung nachweisen. Da nun einmal die Vernunft festgestellt habe, Muḥammad sei ein Prophet und der Koran eine göttliche Botschaft, habe man den Inhalt des Korans und des Hadith als solche anzuerkennen, selbst wenn ihr Inhalt bisweilen über die Vernunft hinauszugehen scheine. Wenn sie, was zuweilen vorkommt, der Vernunft zu widersprechen scheine, so sei letztere zu bevorzugen und die Texte seien dann symbolisch auszulegen, um den offenbaren Widerspruch zu lösen.

Beim Verhältnis Religion – Wissenschaft anerkannte ʿAbduh den Begriff von Naturgesetzen, wenn auch mit dem Vorbehalt, Gott bleibe der Urgrund allen Geschehens. Seiner Auffassung nach kann der Koran nicht den Naturgesetzen widersprechen, denn Gott habe – wie er es einmal ausdrückte – zwei Bücher herabgesandt, eines erschaffen, d. h. die Natur, das andere offenbart, d. h. den Koran. Wissenschaft, das Studium der Natur, sei daher empfehlenswert, und zwar nicht nur als Selbstzweck, sondern auch, weil es das Verständnis des Menschen von Gott vertiefe.

In Anlehnung an die Muʿtazila versuchte er, den Koran entsprechend zu lesen und hinwegzuerklären, was als übernatürlich erschien. So leugnete er die Wirklichkeit von Zauber, auf den sich manche Verse zu beziehen scheinen. Die im Koran vorkommenden *jinn* seien, so meinte er, Mikroben – eine findige Lösung für das Problem, das Aḥmad Khān vor ihm zu lösen versucht hatte (s. o.).

Auf dem Gebiet der Methodologie des religiösen Gesetzes entsprachen seine Gedanken nahezu vollständig denen der Fundamentalisten des 18. und 19. Jahrhunderts: Er verwarf den taqlīd und meinte, daß diejenigen, die hinreichend gebildet seien, zulässigerweise – oder besser als Pflicht – den *ijtihād* ausüben sollten. Ein neues Element in seinem Denken war aber, daß er von der herkömmlichen Unterscheidung zwischen den Teilen der *sharīʿa*, die sich mit den religiösen Pflichten *(ʿibādāt)* und denen, die sich mit den Beziehungen der Menschen untereinander *(muʿāmalāt)* befassen, wichtige Folgerungen ableitete. Er behauptete, im ersten Bereich seien die Vorschriften klar und eindeutig in Koran und Hadith niedergelegt und daher unveränderbar. Bezüglich des anderen Bereichs meinte er, daß Koran und Hadith nur allgemeine Grundsätze enthielten, die den konkreten Umständen entsprechend so ausgelegt werden könnten, daß sie gesellschaftlich und sittlich förderlich *(maṣlaḥa)* seien. Dies genau solle der Wirkungsbereich der Vernunft sein.

Hier bot er allerdings wenig konkrete Lösungen an. Zu Vielweiberei und Sklavenhaltung stellte er einmal sehr zurückhaltend fest, in der Gegenwart könne gezeigt werden, daß diese Institutionen nicht zu den Wesensmerkmalen des Islams gehörten und demnach den Umständen entsprechend Wandlungen unterworfen seien. Körperstrafen verteidigte er aus rein pragmatischen Erwägungen: Während Haft in Europa als Abschreckungsmittel wirke, könne sie in armen Ländern, wie Ägypten, diesen ihren Zweck nicht erfüllen, da Verbrecher dort ihre Gefängniszellen den eigenen ärmlichen Behausungen vorziehen würden.

In seiner amtlichen Eigenschaft als Staats-muftī war er gehalten, den Regelungen zu folgen, die in den verbindlichen Gesetzeshandbüchern niedergelegt worden waren. Aber als Mann von großem religiösen Ansehen wurde er oft von Privatleuten, auch aus dem Ausland, in Dingen um Rat gebeten, die sich auf religiöse Vorschriften bezogen. Einige dieser *fatwās* (von arab. sing. *fatwā*) sind sehr bekannt geworden, z. B. diejenige, die es Muslimen gestattet, Kopfbedeckungen im europäischen Stil zu tragen, oder eine andere, die es Muslimen gestattet, Zinsen aus Postsparkonten zu beziehen.

3. Das 20. Jahrhundert: Kampf für den islamischen Staat

Im Verlauf des 19. Jahrhunderts wurden die Grundlagen für eine neue Form des Islams gelegt, eines Islams, der den Bedürfnissen der sich rasch wandelnden Gesellschaft angepaßt war, in der er wirken sollte. Die drei Denker, mit denen wir uns in den vorangegangenen Abschnitten befaßt haben, haben zu dieser Entwicklung beigetragen. Sie schrieben über viele unterschiedliche Gegenstände, indem sie den Islam neu auszulegen und die islamische Gesellschaft neu zu gestalten versuchten. Ein Zug allerdings fehlt auffallenderweise in ihren Werken, nämlich das Bestehen darauf, einen rein islamischen Staat zu errichten, der die Einheit von Religion und Politik verkörpern sollte. Genau das nun ist eines der deutlichsten Wesensmerkmale des gegenwärtigen islamischen Denkens.

1924 beseitigte der türkische nationalistische Führer Mustafa Kemal, später Atatürk genannt (1881–1938), das Kalifat, das nach der Gründung der türkischen Republik und der Abschaffung des Sultanats zwei Jahre als rein geistliches Amt weiterbestanden hatte, nämlich als die religiöse Führung aller Muslime. Wie wir gesehen haben, hatte die bewußte Verbindung des osmanischen Sultanats mit der Idee der geistlichen Führung der islamischen Welt, durch den Titel „Kalif" symbolisiert, verhältnismäßig spät stattgefunden. Zu Beginn des 20. Jahrhunderts hatte dieser Gedanke an Einfluß gewonnen, mit dem Ergebnis, daß das Ende des Kalifats in der islamischen Welt große Aufregung verursachte. Mehrere Kongresse wurden abgehalten, um die Möglichkeit zu prüfen, ein neues Kalifat zu errichten. Die Frage war jedoch in gewissem Maße mit einander widersprechenden dynastischen Interessen verquickt, und praktische Schritte sind niemals unternommen worden.

1925, als die Erörterung dieser Frage ihren Höhepunkt erreichte, wurde in Ägypten ein Buch veröffentlicht, das zu scharfen Auseinandersetzungen führte. Der Verfasser, ʿAlī ʿAbd ar-Rāziq (geb. 1888), war Richter an einem Scheriatsgerichtshof. Er hatte nicht nur an der *Azhar*-Universität, sondern auch ein Jahr in Oxford studiert. Der Titel des Buchs lautete „Der Islam und die Grundlagen der Staatsmacht" („al-Islām wa-uṣūl al-ḥukm"). Die

Hauptthese lautete, weder der Koran noch der Hadith hätten das Kalifat als notwendige Einrichtung bezeichnet, die Aufgabe Muḥammads sei eine rein geistliche, seine politischen Handlungen seien lediglich für die Umstände seiner Zeit von Bedeutung und hätten nichts mit dem Wesen des Islams zu tun. Gott habe den Bereich der weltlichen Regierung und der diesseitigen Interessen gänzlich der menschlichen Vernunft überlassen.

Wenn auch diese Betrachtungsweise der Lage entsprach, die in nahezu jedem Land der islamischen Welt vorherrschte, so löste doch die Veröffentlichung des Buches einen Proteststurm aus, denn für die meisten *ʿulamāʾ* machte es einen sehr großen Unterschied, de facto eine tatsächlich bestehende Lage zu akzeptieren oder diese Lage auf der Grundlage der islamischen Theorie für rechtens zu erklären und sie so de jure anzuerkennen. Der Widerstand gegen das Buch führte dazu, daß ein Tribunal von namhaften Scheichs der Azhar ʿAlī ʿAbd ar-Rāziq verurteilte und ihn für ungeeignet erklärte, irgendein öffentliches Amt zu bekleiden. Man entließ ihn aus seinem Amt als Richter, und bis zu seinem Tode lebte er zurückgezogen.

ʿAlī ʿAbd ar-Rāziq gehörte ebenso der Denkschule von ʿAbduh an wie auch, überraschenderweise, einer seiner bekanntesten Widersacher, Muḥammad Rashīd Riḍā (1865–1935), der jahrelang der engste Mitarbeiter von ʿAbduh gewesen war. Er gründete die einflußreiche islamische Zeitschrift „al-Manār". Ihn hatten an ʿAbduhs Denken weniger die freidenkerischen und modernistischen Auslegungen angezogen, als vielmehr seine Suche nach einem reinen Islam, der sich nur auf die ursprünglichen Quellen gründen sollte. Rashīd Riḍā war stark beeinflußt von den Fundamentalisten des 18. und 19. Jahrhunderts, und nicht von ungefähr war er dem Staat der Saudis auf der Arabischen Halbinsel sehr gewogen.

Rashīd Riḍā hatte schon ein Buch zur Kalifats-Frage veröffentlicht, nachdem 1922 die Führer der türkischen Republik den Sultan seiner politischen Macht entkleidet hatten. 1925, nach dem Erscheinen des Buches von ʿAlī ʿAbd ar-Rāziq, beteiligte er sich in „al-Manār" eifrig an der Auseinandersetzung. Für ihn war der Begriff Islam unlösbar verbunden mit dem Gedanken einer politischen Gemeinschaft. Seiner Anschauung nach konnte keine wirklich islamische Gesellschaft ohne einen Kalifen bestehen. Neben der Verteidigung der Muslime sollte dessen Hauptaufgabe darin bestehen, durch *ijtihād* die Gesetzgebung auszuüben. Dies sollte er nach Absprache mit einer Körperschaft erfahrener Männer tun, Hütern und Auslegern des Gesetzes. Für diese Aufgabe sollten neue Männer ausgebildet werden, denn nach der Ansicht von Rashīd Riḍā waren die vorhandenen ʿulamāʾ für eine solche Aufgabe ungeeignet.

Das osmanische Sultanat-Kalifat war nach Rashīd Riḍās Ansicht nur „Not-Kalifat" gewesen, denn der osmanische Sultan, der kein Arabisch konnte, war für den ijtihād nicht geeignet. Mehr noch, er stammte nicht von der Sippe der Quraish ab, was nach strenggläubiger Auffassung eine notwendige Voraussetzung dafür war, ein gesetzmäßiger Kalif zu werden. Dennoch hatte er geduldet werden müssen, da es niemanden gab, der besser geeignet gewesen wäre, denn immerhin konnte er die Muslime schützen.

Nun, da das osmanische Kalifat zu bestehen aufgehört hatte, sollten nach Ansicht von Rashīd Riḍā Vertreter der Muslime zusammenkommen, um einen neuen Kalifen zu wählen, denn er war davon überzeugt, daß es zur Zeit niemanden gebe, der für das echte Kalifat geeignet sei. Doch er hoffte, in Zukunft würde sich das ändern.

Als Rashīd Riḍā seine Gedanken der Öffentlichkeit zugänglich machte, hatte die europäische koloniale Expansion in der islamischen Welt ihren Höhepunkt erreicht. Dennoch hatte ihr innerer Niedergang bereits begonnen: In vielen Gebieten gingen die kolonial Unterworfenen daran, sich zu organisieren und gegen die koloniale Unterdrückung zu kämpfen. Doch kaum irgendwo spielte der Islam als Ideologie des antikolonialen Widerstandes eine entscheidende Rolle. Die Bemühungen Jamāl ad-Dīns und Rashīd Riḍās hatten wenig Wirkung gezeitigt. Die neuen politischen Kräfte, die für die Unabhängigkeit kämpften, stützten sich ideologisch auf den weltlichen Nationalismus und auf europäische liberale Ideale wie Demokratie und verfassungsgemäße Regierung.

Wenn sie Muslime waren, und nicht z. B. Christen, so waren sie es in ziemlich verschwommener unbestimmter Weise. ʿAbduh hatte gezeigt, daß es eigentlich keinen Widerspruch zwischen Islam und moderner Zivilisation gebe und daß der Islam auch die meisten der Werte beinhalte, die als der europäischen Zivilisation zugehörig angesehen wurden. Die neue politische Elite ging weiter und behauptete, es bestünde eine vollständige Wesensgleichheit zwischen beiden. Der Islam wurde sozusagen im modernen Denken aufgelöst und in eine Anzahl von allgemeingültigen Werten umgesetzt, wie Gleichheit der Menschen, Demokratie, Duldsamkeit, geistige Freiheit, Vernunftbetonung, Fortschritt. Gleichzeitig – wenn es auch nur wenige von ihnen so offen sagten – gründete sich ihre politische Praxis auf dem Prinzip einer tatsächlichen Trennung zwischen Religion und Politik. Für sie spielte der Islam in der Politik kaum eine Rolle. Wenn er überhaupt erwähnt wurde, so gewöhnlich in der Form eines säkularisierten Islams als Bestandteil der nationalen Geschichte und Kultur, seines religiösen Gehalts beraubt, so daß sogar Christen sich mit ihm einverstanden erklären konnten.

Wie schon Jamāl ad-Dīn al-Afghānī, so verhielten sich auch die nationalistischen Führer gegenüber dem Westen widersprüchlich. Einerseits bekämpften sie ihn tatsächlich, um ihre Länder von kolonialer Unterdrückung zu befreien, andererseits sahen sie ihn als Urquell ihrer politischen Ideale an. In ihrer Haltung zeigte sich ein gewisser Widerspruch, und das genau wurde zur Zielscheibe der Angriffe neuer politischer Bewegungen, die behaupteten, sich ausschließlich auf den Islam zu stützen, und die hier deshalb als „neofundamentalistisch" bezeichnet werden sollen.

Die raschen gesellschaftlichen und wirtschaftlichen Umgestaltungen durch den Kolonialismus und die erzwungene Einfügung in den Weltmarkt berührten nicht alle Schichten in der islamischen Welt in gleicher Weise. Kleine Gruppen aus den Ober- und Mittelschichten hatten aus den neuen Entwicklungen Nutzen gezogen. Für große Teile der Bevölkerung waren diese Entwicklungen jedoch nicht günstig gewesen. Die Einführung der Lohnarbeit, die Proletarisierung von großen Teilen der Bauernschaft, die Auflösung der Dorfgemeinschaft und der Großfamilie, die Landflucht in Verbindung mit einer Verwestlichung, die nahezu alle Bereiche der Gesellschaft durchdrang, bewirkten bei vielen Muslimen, daß sie sich entwurzelt, als Fremde in ihrer Heimat fühlten. Sie sehnten sich nach einer Gesellschaft, die aus kleinen, wohlgeordneten Gemeinschaften bestand, wo jedermann und alles seinen festen Platz hatte, wo die Menschen sich umeinander kümmerten und wo man Sicherheit finden konnte. Da nun, nicht ganz ohne Grund, der Westen und die verwestlichte Elite für jene negativen Entwicklungen verantwortlich gemacht wurden, hatte die Anregung für ein Programm zur Berichtigung der üblen Auswirkungen dieser Entwicklungen aus eigenen Quellen zu kommen, d. h. aus dem Islam. So war es ganz selbstverständlich, daß die Ideale vom islamischen Staat und von der wahren islamischen Gesellschaft genau als das angesehen wurden, wonach die Menschen sich sehnten.

Seit den dreißiger und vierziger Jahren kamen mehrere neofundamentalistische Bewegungen in verschiedenen Teilen der islamischen Welt auf. Am bekanntesten sind die Gesellschaft der Muslimbrüder *(Jamʿīyat al-ikhwān al-muslimīn)* in Ägypten und Syrien und die *Jamāʿat-i islāmī* unter den indischen Muslimen. Sie wandten sich an die Gefühle der Unzufriedenheit mit den gesellschaftlichen und wirtschaftlichen Entwicklungen und des Grolls gegen den Westen und die verwestlichten Eliten, und sie behaupteten, ein konkretes und wirklichkeitsnahes Programm als Alternative zur bestehenden Lage anzubieten. Sie arbeiteten auf eine islamische Gesellschaft und ein islamisches Staatswesen hin, die geformt sein sollten nach dem Beispiel der islamischen Gemeinde zu Lebzeiten Muḥammads und seiner ersten Nachfolger, der „rechtgeleiteten Kalifen". So wandten sie sich der Vergangenheit zu, um eine Lösung für die gegenwärtigen Schwierigkeiten zu finden. Ihre Idealgesellschaft könne erreicht werden, so behaupteten sie, indem man der *sunna* des Propheten und der ersten Generation der Muslime folge.

Abgesehen davon, daß sich diese Bewegungen auf die Sehnsucht nach einer idealisierten Vergangenheit gründen, haben sie ihre Wurzeln auch in antiwestlichen Gefühlen. Sie richten sich grundsätzlich gegen die westliche politische, kulturelle und wirtschaftliche Vorherrschaft. Somit sind sie radikaler als die nationalistischen politischen Führer, die tatsächlich nur gegen die politische Anwesenheit des Westens kämpften. Die neofundamentalistischen Bewegungen weisen alle Ideologien zurück, die sie als vom Westen eingeführt ansehen. Sie sind gegen den Nationalismus, da er die Muslime getrennt halte, wohingegen der Islam sie einigen und ihnen Stärke zurückgeben könne. Sie kritisieren den Grundsatz der Demokratie, da sie davon überzeugt sind, sie führe zu übertriebenem Individualismus und sozialem Chaos (zwei Erscheinungen, die viele Muslime in ihrer eigenen gesellschaftlichen Umgebung wahrnehmen und die sie dazu gebracht haben, ihr Zugehörigkeitsgefühl zu verlieren). Die islamische Staatsform sei, so behaupten sie, weder demokratisch noch diktatorisch, sondern nehme eine Mittelstellung ein und enthalte das Beste aus beiden Systemen. In gleicher Weise sprechen sie von einem islamischen Wirtschaftssystem, das weder kapitalistisch noch sozialistisch sei.

Ziel dieser neofundamentalistischen Organisationen ist es, einen islamischen Staat zu errichten. Das brachte sie in Konflikt nicht nur mit den westlichen Kolonialmächten, sondern auch, besonders nachdem die Entkolonialisierung eingesetzt hatte und in der islamischen Welt unabhängige Staaten entstanden waren, mit den Regierungen und den politisch Etablierten in ihren eigenen Ländern. Jene sind ihrer Auffassung nach gottlose Regime und heidnische Cliquen, da sie dem Islam den rechtmäßigen Platz in der Politik genommen haben, Feinde, gegen die der *jihād* – von ihnen als „permanente Revolution" erklärt – geführt werden muß.

Nachdem die muslimische Welt ihre politische Unabhängigkeit erlangt hatte, begriff eine zunehmende Zahl von Muslimen, daß trotz der formellen Unabhängigkeit die meisten islamischen Länder in wirtschaftlicher und kultureller Hinsicht weiter vom Westen beherrscht werden. Durch die Verdichtung der Massenkommunikation ist der westliche Kultureinfluß sogar noch sichtbarer geworden. Heute wird das Bild vom Westen bei vielen Muslimen durch beliebte Fernsehproduktionen aus dem Westen bestimmt, wie „Dallas", „Charley's Angel" oder „Kojak". Auf den Märkten und in den Geschäften gibt es eine Fülle von westlichen Erzeugnissen, die oft die einheimischen verdrängen. Das – in Verbindung mit der sich weitenden Kluft zwischen entwickelten und unterentwickelten Ländern, zwischen der verwestlichten Elite und der großen Mehrheit der Bevölkerung – liefert einen fruchtbaren Boden für islamische neofundamentalistische Organisationen.

V. Das Verbreitungsgebiet der islamischen Religion: Zahlen und Informationen zur Situation in der Gegenwart

(Peter Heine)

Im Jahr 1906 erschien in New York ein Buch mit dem Titel „The Mohammedan World of Today". Als Bestandsaufnahme der christlichen Missionen unter den Muslimen gedacht, enthält es auch statistische Angaben. Danach betrug die muslimische Weltbevölkerung damals 232 966 170 Menschen.[1]

Zur Verwunderung Anlaß gibt die Unbekümmertheit, mit der hier Daten übernommen wurden, die auf zum Teil wenig verläßliche Weise zusammengetragen waren. Nun ist das Problem der Demographie in der Dritten Welt ja nicht neu. Nach dem Alten Testament strafte Gott David dafür, daß dieser eine Volkszählung hatte durchführen lassen (2. Samuel, Kap. 24). Und Mißtrauen, Furcht und mancherlei Prestigevorstellungen führen dazu, daß bei Volksbefragungen auch heute noch unpräzise Antworten gegeben werden.[2] Ferner ist zu bedenken, daß zur Zeit 24 Millionen Menschen als Flüchtlinge, unter ihnen ein großer Teil von Muslimen, in verschiedenen Staaten leben, die in den entsprechenden Statistiken nicht genannt werden.

Über die individuellen Motive für falsche Angaben bei demographischen Untersuchungen hinaus gibt es in ihrem Resultat schwerwiegende Verfälschungen, deren Motivationen im politischen und wirtschaftlichen Bereich liegen. Bevölkerungszahlen können Argumente für die Vergabe von Hilfsgütern oder Entwicklungsprojekten sein. In manchen Ländern spielt auch die Frage des Bevölkerungsanteils einer Religionsgemeinschaft bei der Besetzung wichtiger Staatsämter eine Rolle. Man denke an neuere Auseinandersetzungen zwischen Muslimen und Christen in Ägypten, an die Forderung nach Beteiligung an politischen Entscheidungen der Muslime von Myanmar (Birma) oder – als ganz krasses Beispiel – an die auch religiös motivierten Bürgerkriegszustände im Libanon.

Hier ergeben sich also zahlreiche Probleme. Wenn man die zur Verfügung stehenden Daten nur bis zu einem gewissen Grade ernst nimmt, vermitteln sie doch einen gewissen Eindruck von der jeweiligen Größenordnung der muslimischen Bevölkerung.

Ungleich schwieriger ist allerdings die Frage, in welchem Fall ein Individuum als Muslim zu bezeichnen ist. Diese Frage bereitet vor allem in den Regionen Kopfzerbrechen, in denen ein Religionswandel von einer animistischen oder ahnenkultlichen Religionsform zum Islam vor sich geht. In der Theorie läßt sich die Frage, von welchem Zeitpunkt an jemand ein Muslim ist, leicht beantworten, und muslimische Theologen und Juristen haben in dieser Hinsicht genaue Feststellungen getroffen: Muslim ist, wer sich zu dem einen Gott bekennt und Muḥammad als den Gesandten Gottes anerkennt, oder noch allgemeiner: Muslim ist, wer sich selbst für einen solchen hält. Auf diese Art umgehen die Theoretiker das Problem der Minoritäten und Sekten im Islam: Auf die Praxis angewandt, versagt diese Definition jedoch weitgehend; denn die religionsgeschichtliche Entwicklung nicht nur in den Randgebieten des Islams hat gezeigt, daß der Konsens darüber, wer ein Muslim ist, unter Muslimen eben nicht so leicht zu erreichen ist, wie das in der Theorie den Anschein hat. Hier sei nur auf die in Westeuropa und Westafrika besonders aktive Gruppe der *Aḥmadīya* hingewiesen, die sich selbst als „Aḥmadīya-Bewegung im Islam" bezeichnet, vor einiger Zeit aber vom pakistanischen Parlament als nicht zur Gemeinschaft der Muslime gehörig erklärt wurde.

Bewegen wir uns hier in einem politischen, juristischen, also definierten oder wenigstens noch definierbaren Rahmen, so ist das Problem in bezug auf die sogenannten Randgebiete des Islams ungleich komplizierter. Nehmen wir als Beispiel Westafrika: In einigen Regionen geht der Beginn der Islamisierung auf das 9. Jahrhundert zurück, und Städte wie Timbuktu oder Djenne waren durch das ganze Mittelalter hindurch Zentren islamischer Studien. Dennoch darf man nicht davon ausgehen, daß diese Regionen islamisch sind. Der Islam, die Substratreligionen und teilweise auch christliche Vorstellungen haben hier vielfach zu einem Synkretismus geführt, der oft seltsame Blüten treibt. So unterwerfen sich z. B. heute in Nordbenin auch solche Angehörige des dort ansässigen Stammes der Bariba dem islamischen Fastengebot im Monat *Ramaḍān*, die keine Muslime sind.[3] Muslime dagegen praktizieren im sozialen wie religiösen Bereich Verhaltensweisen, die schon den marokkanischen Weltreisenden Ibn Baṭṭūṭa im 14. Jahrhundert zu kritischen Bemerkungen veranlaßten.[4] Solche und ähnliche Praktiken haben seit jeher Eiferer und Reformer auf den Plan gerufen, die den westafrikanischen Islam so zu formen oder zu reformieren versuchten, wie sie ihn in den Kernländern dieser Religion kennengelernt hatten.[5] Die Frage also, wann aus synkretistischen Vorstellungen islamische werden, von wann an man jemanden als Muslim bezeichnen kann, läßt sich kaum beantworten.

Muslimischen Demographen ist dieses Problem nicht unbekannt. Sie wissen, daß gerade in den islamischen Randgebieten Muslimen oft die wichtigsten Grundsätze ihrer Religion nur rudimentär bekannt sind. Dennoch nehmen sie auch solche Individuen in ihre Berechnungen mit auf.[6]

Die Ausbreitung des Islams als religiöses und kulturelles System ging auf sehr unterschiedliche Weise vor sich. Die Konversion von Nichtmuslimen zur Religion des Propheten aus Mekka war und ist durch vielfältige Motiv-Kombinationen begründet, von denen direkter Zwang in den seltensten Fällen eine Rolle gespielt haben mag. Vielmehr hat die Mahnung des Koran *lā ikrāha fī d-dīn* („Es sei kein Zwang in der Religion", 2:256 [257]) dazu geführt, daß gegenüber Andersgläubigen doch ein erhebliches Maß an Toleranz geübt wurde. Dem steht allerdings gegenüber, daß es kriegerische Eroberungen waren, die den Islam in viele Teile der Welt brachten.

Diese Eroberungszüge unter der grünen Fahne des Propheten haben allerdings nicht, wie häufig dargestellt, den Islam im „Heiligen Krieg mit Feuer und Schwert“ verbreitet, sondern dienten der Ausbreitung eines bestimmten staatlichen Gebildes, der Verfolgung wirtschaftlicher und politischer Interessen und auch der Befriedigung der Kampfeslust arabischer, berberischer oder türkischer Stämme. Mit der Verbreitung des Islams als Religion hatten sie erst in zweiter Linie zu tun.

Die Annahme des Islams als Religion durch die Bewohner der unterworfenen Gebiete wurde durch die muslimischen Machthaber in den seltensten Fällen forciert. Oft war das Gegenteil der Fall, da durch die Konversion von Nichtmuslimen zum Islam dem islamischen Staat Steuereinkünfte verlorengingen. Mag nun die Christianisierung weiter Gebiete z. B. des Byzantinischen Reiches längst nicht so weit fortgeschritten gewesen sein, wie es manche Kirchenhistoriker glauben machen wollen, oder mag der Wunsch, sich der herrschenden Schicht religiös anzupassen und sich dadurch vielfältige Vorteile zu verschaffen, übermächtig gewesen sein: Tatsache ist, daß viele Nichtaraber den Islam annahmen. Diese Islamisierung war jedoch kein plötzliches Ereignis, sondern ein Jahrhunderte dauernder Prozeß, der den Islam nur deshalb im Vorteil sah, weil eine Re-Christianisierung oder Re-Judaisierung als Apostasie aufgefaßt und mit dem Tod bestraft wurde.

Neben der Anpassung an die politischen Gegebenheiten hat von der Mitte des 8. Jahrhunderts an die damalige kulturelle Überlegenheit des islamischen Kultursystems in seiner Gesamtheit ein kaum zu unterschätzendes Motiv für die Konversion beigesteuert.

Trotz der kriegerischen Ausbreitung des islamischen *Staates* ist also die Ausbreitung der islamischen *Religion* im großen und ganzen ohne Zwang oder Gewalt vor sich gegangen.

Die Regionen der Welt, in denen heute die zahlenmäßig größten Gemeinschaften von Muslimen leben oder in denen der Islam die größten Missionserfolge zu verzeichnen hat, sind jedoch durch ein völlig anderes Medium der Religion Muḥammads nahegebracht worden.

Ein wichtiges, wenn nicht das wichtigste, Element des Wirtschaftslebens in der islamischen Welt war der Handel. Muslimische Herrscher bemühten sich von jeher, den Warenaustausch auch mit solchen Staaten zu pflegen, die außerhalb der islamischen Welt lagen. Der Handel lag vor allem in der Hand muslimischer Händler, wenngleich der Anteil jüdischer Untertanen der muslimischen Herrscher zumindest für das Mittelalter in dieser Hinsicht nicht unterschätzt werden darf. Aufbauend auf vorhandene Handelswege entstand ein kompliziertes Netz von Handelsbeziehungen, das über den Warenaustausch weit hinausging und auch Geld- und Kredittransfer kannte, vom Austausch von Wirtschaftsinformationen einmal ganz abgesehen.

Der Beruf des Händlers war und ist in der islamischen Welt außerordentlich ehrenvoll, war doch auch der Prophet Händler gewesen, und ihm in allen Lebensbereichen nachzueifern, wird als verdienstlich angesehen. Von daher ist es nicht weiter verwunderlich, daß sich unter den muslimischen

Handelsleuten viele Fromme befanden, die sich um die genaue Einhaltung von Koran und *sunna* bemühten. Nun machten die Verkehrsverhältnisse des Mittelalters eine besondere Form des Fernhandels nötig. Geschäftsleute, die sich mit dem Warenaustausch über weite Strecken beschäftigten, hatten an den weit entfernten Handelsplätzen Vertreter – befreundete Händler – nicht selten Verwandte, die sich dort über lange Jahre aufhielten und die Geschäfte für die in der Heimat gebliebenen Kollegen abwickelten. Die andere Möglichkeit war, daß sich ein Händler mit einem großen Warenvorrat selbst auf die Reise machte und unter Umständen viele Jahre in einem nicht islamisierten Land leben mußte. In beiden Fällen war die Erfüllung der religiösen Pflichten im Vergleich zu den Kernländern des Islams sehr erschwert. Es fehlte an Schulen, Moscheen und allen religiösrechtlichen Einrichtungen, deren der fromme Muslim immer wieder bedarf. So lag es nahe, daß diese Händler für die Einrichtung entsprechender religiöser Einrichtungen sorgten. Es entstanden daher an den Haupthandelsplätzen in Westafrika, auf dem indischen Subkontinent oder auf Sri Lanka muslimische Gemeinden mit Moscheen, Schulen und Gerichten, deren Mitglieder zunächst nur fremde Muslime waren. Immerhin ergab sich so für die Masse der autochthonen Bevölkerung zum ersten Male die Gelegenheit, die islamischen Religionspraktiken zur Kenntnis zu nehmen. Häufig gründeten die muslimischen Händler an diesen Handelsplätzen auch Familien, wobei sie nicht selten Frauen aus der ansässigen Bevölkerung heirateten. Handelte es sich bei diesen Frauen um Angehörige autochthoner Religionen und nicht um Musliminnen, Jüdinnen oder Christinnen, mußten diese Frauen zum Islam übertreten, wenn es sich nicht um Sklavinnen handelte. Die Kinder aus derartigen Verbindungen waren automatisch Muslime. Auf diese natürliche Art vermehrten sich die muslimischen Gemeinden. Eine Islamisierung der nichtmuslimischen Umgebung konnte auf diese Art allerdings nur schwer erreicht werden.

Der große Erfolg des Islams resultierte aus einem anderen Vorgang. Die muslimischen Händler verfügten über erhebliche Verwaltungserfahrungen und konnten in der Regel schreiben und natürlich rechnen. Sie verfügten auch in vielerlei anderen Bereichen über Kenntnisse, in denen sie ihrer Umgebung weit überlegen waren. Sie waren die Träger einer als überlegen empfundenen Kultur. Aufgrund der speziellen wirtschaftlich-rechtlichen Verhältnisse, z. B. im mittelalterlichen Westafrika hatten die muslimischen Händler außerordentlich enge Kontakte zu den jeweiligen Häuptlingen und Königen. Wenn es sich um komplexere Herrschaftsformen handelte, konnten sie mit ihren speziellen Verwaltungskenntnissen zusätzlich zu ihren händlerischen Aktivitäten auch bei der Verwaltung solcher Königreiche als Schreiber o. ä. tätig werden.[7] Auf diese Art waren sie in der Lage, erheblichen Einfluß auf ein Herrscherhaus auszuüben. Die mittelalterlichen Quellen über Westafrika berichten denn auch häufig über erfolgreiche Versuche muslimischer Händler, eingeborene Herrscher zum Übertritt zum Islam zu bewegen.[8] Hier wirkte sich die Tatsache positiv aus, daß das islamische Dogma im Grunde nicht allzu kompliziert ist und es keiner speziellen, nur religiösen Funktionsträgern vorbehaltenen Kenntnisse bedarf, um einen Nichtmuslim in die Grundlagen des Islams einzuführen. War einmal ein Herrscherhaus für den Islam gewonnen, war die Übernahme der neuen Religion durch die übrige Bevölkerung in vielen Fällen eine notwendige Konsequenz, auch wenn diese Islamisierung zum Teil zunächst nur sehr oberflächlich war. Die im Islam vorhandenen animistischen Elemente, zu denen es in den westafrikanischen Religionen gewisse Parallelen gibt, erleichterten im übrigen die Annahme des Islams.[9] Die Toleranz des Islams in Glaubensdingen wirkte sich ebenfalls günstig aus: „Consequently as long as traditional beliefs can be adjusted in such a way, that they fall into places within a Muslim schema in which the absoluteness of Allah remains unquestioned, Islam does not ask his new adherents to abandon their accustomed confidence in all their mystical forces. Far from it. In the voluminous store-house of angels, jinns and devils, whose number is legion, many of these traditional powers find a hospitable home; and passages from the Quran are cited to justify their existence as real phenomena".[10]

Die Tradition der arabischen und berberischen Händler, die den Islam in Westafrika verbreiteten, wurde von Händlern vom Volke der Haussa übernommen, die auf eine vergleichbare Art den Islam weiter bekannt machten.

Die Ausbreitung des Islams nach Osten ging wie in Westafrika weitgehend mit friedlichen Mitteln vor sich. Auch hier waren es vor allem muslimische Händler, die in den Hafenstädten der indonesischen Inseln oder Chinas lebten und kleine und größere Gemeinden bildeten. Während die Verbreitung des Islams in Westafrika aber offenbar fast ausschließlich in den Händen von „Laien" lag und praktisch erst in der Gegenwart durch hauptberufliche Missionare fortgesetzt wird, begannen regelrechte Missionierungsversuche in Ostasien schon im 15. Jahrhundert. Im übrigen hat die Flexibilität des dogmatischen Gebäudes des Islams dazu geführt, daß auch hier viele Aspekte der autochthonen Religionsformen in den Islam aufgenommen worden sind und dem Islam in diesen Ländern ein eigenes Gepräge verleihen.

Nach der wenig organisierten Form der Islamisierung in der Frühzeit des Islams wurde diese Aufgabe mehr und mehr von den Bruderschaften übernommen. Es handelt sich dabei um straff organisierte, von mystischem Gedankengut stark beeinflußte Organisationen, die seit der zweiten Hälfte des Mittelalters in der gesamten islamischen Welt immer mächtiger und einflußreicher geworden waren. Hier entstanden im großen Rahmen religiöse Funktionsträger, die von eben dieser Funktion lebten, – ein bis dahin in der islamischen Welt wenig bekanntes Phänomen. Sie übernahmen nun die bisher eher zufällige Form der Missionierung und führten sie systematisch durch, indem sie in kaum islamisierten Gebieten Stützpunkte gründeten, von denen aus die Bekehrungsversuche unternommen wurden.

Es ist sicher kein Zufall, daß in den Weltreligionen, in denen der Islam erst in jüngster Zeit die bedeutendste Religion geworden ist, die Bruderschaften in prägender Weise das Bild der Religion bestimmen. Sie waren es auch, die den in gewisser Weise oberflächlichen Islam der Randgebiete vertieften und festigten, wobei sie manche aus den Substratreligionen stammende synkretistische Elemente dieses Islams durch mystische, von ihnen als echt islamisch verstandene Elemente ersetzten.

Die Bruderschaften mit ihren relativ einfachen Systemen boten zudem den neuen Muslimen die Möglichkeit starker emotioneller Erfahrungen, wie sie sie aus ihren früheren Religionen kannten, während die relativ kühle und formale Glaubenspraxis des sunnitischen Islams dafür kaum Möglichkeiten bietet.

Daneben waren die Bruderschaften für die neuen Muslime, die ja zunächst als Individuen neben ihrer angestammten Religion, z. B. einem Ahnenkult, gleichzeitig auch ihr soziales System weitgehend verlassen hatten, ein neues soziales Beziehungssystem.

Obwohl sich der Islam schon seit frühester Zeit als eine Weltreligion verstand, kam es Jahrhunderte hindurch nicht zu einem organisierten Missionswesen, wie es das Christentum von Anfang an gekannt hat. Freilich gab es Missionierungsversuche auf breiter, organisierter Basis von seiten verschiedener häretischer islamischer Gruppen, die sich allerdings ausschließlich auf sunnitische Muslime richtete und von straff geordneten, hierarchisch gegliederten Zentralen aus versuchten, eine besondere Form des Islams in der ganzen muslimischen Welt zu verbreiten. Doch hat auch dieser formale Anstoß nicht dazu geführt, daß sich im Islam ein Missionierungsgedanke hinsichtlich Andersgläubiger im Sinne einer langfristig geplanten Aktion ausgebreitet hat. Eine organisierte islamische Mission hat sich erst aus der Konfrontation mit den zahlreichen, im Zeitalter des Kolonialismus entstandenen christlichen Missionsbewegungen und Gesellschaften ergeben, die sich in ihren Aktivitäten auch an Muslime wandten. Mit der Ausbreitung panislamischer Ideen entstand darüber hinaus ein Gefühl der Solidarität mit Muslimen, die sich in Afrika und Asien, aber auch in den mittelmeerischen Zentralländern des Islams, den christlichen Missionierungsversuchen ausgesetzt sahen. Da die christliche Missionierung Hand in Hand ging mit dem wachsenden Einfluß der Kolonialmächte in der islamischen Welt, sahen hier viele Muslime ursächliche Beziehungen, und man glaubte, daß eine Gegenmissionierung auch eine Möglichkeit des Kampfes gegen den Kolonialismus sein könne.

In den Jahren vor dem Ersten Weltkrieg wurden daher in Kairo und Istanbul Pläne für die Gründung einer muslimischen Missionsgesellschaft erwogen, die schließlich 1912 zur Gründung einer Schule für muslimische Missionare in Kairo führte, deren Träger die *Gesellschaft für Mission und geistliche Anleitung* war. In die Missionarsschule wurden bevorzugt Muslime aus den Diasporagebieten aufgenommen, die dann den Islam in ihrer Heimat weiterverbreiten sollten. Die Schule hatte allerdings auch die Aufgabe, die Kenntnis des Islams in den islamischen Kernländern zu vertiefen, den Volksislam zurückzudrängen und auf diese Weise die Muslime in die Lage zu versetzen, sich mit starken Argumenten gegen die christlichen

Missionare zur Wehr zu setzen. Die Schule wurde bei Ausbruch des Ersten Weltkriegs geschlossen.[11] Ihre Funktionen übernahm jedoch die *Azhar*-Universität in Kairo, an der Studenten aus den islamischen Randgebieten neben dem üblichen und für alle Studenten der Azhar verbindlichen Curriculum noch eine zusätzliche spezielle Ausbildung erhalten, die sie auf ihre spätere Arbeit vorbereiten soll.

Gerade diese Bemühungen um die Studenten aus Schwarzafrika, dem indischen Subkontinent und der indonesischen Inselwelt haben es mit sich gebracht, daß Ägypten als das große zentrale islamische Land angesehen wird und Kairo sozusagen die Hauptstadt der islamischen Welt ist.

In der Gegenwart hat die Gesellschaft für Mission und geistliche Anleitung ihre Aktivitäten auf die Verbesserung der religiösen Kenntnisse unter den Muslimen in den islamischen Kernländern, vor allem der arabischen Welt, konzentriert und unterstützt in vielfältiger Form die Bemühungen der offiziellen Stellen um eine tiefere Durchdringung mit islamischen Vorstellungen, vor allem der Jugendlichen.

Im Vergleich zum Christentum ist jedoch das Maß an offizieller organisierter Mission noch sehr gering, was sicher auch mit den nicht besonders intensiv entwickelten hierarchischen Strukturen des sunnitischen Islams zusammenhängt. Die schiitische Minderheit des Islams hat dagegen schon aus einer langen Tradition und auf der organisatorischen Basis einer größeren Hierarchisierung sehr viel stärkere Missionsaktivitäten entwickelt.

In neuerer Zeit ist zu den genannten Verbreitungsfaktoren noch ein weiterer hinzugekommen: die Migration großer muslimischer Volksgruppen. Freiwillig oder unfreiwillig wanderten zahlreiche indische und indonesische Muslime auf Veranlassung der jeweiligen Kolonialherren als billige Arbeitskräfte nach Ost- und Südafrika, in die Karibik und nach Südamerika aus. In großen Wellen flohen syrische und libanesische Muslime vor der wirtschaftlichen und politischen Bedrückung in ihrer Heimat Ende des 19. Jahrhunderts nach Nord- und Südamerika und nach Westafrika. Und schließlich bringt der Arbeitskräftebedarf der west- und nordeuropäischen Industrienationen heute große Zahlen von Muslimen in europäische Ballungsgebiete.

Die islamischen Länder – also solche Länder, in denen sich der Bevölkerungsanteil der Muslime deutlich über 50% der Gesamtbevölkerung bewegt – haben sich zu einer losen Staatenorganisation zusammengeschlossen, die in letzter Zeit verstärkt aktiv geworden ist, nämlich der *Islamischen Konferenz*.[12] Ihr Sekretariat in Dschidda, das die Konferenzen organisiert und koordiniert, konnte bei der islamischen Gipfelkonferenz 1979 in Pakistan 39 Mitgliedstaaten konstatieren. Diese Zahl hat sich bis 1995 auf 52 Mitgliedstaaten erhöht.[13] Es ist in diesem Zusammenhang zu bemerken, daß die Islamische Konferenz zu ihren Mitgliedern auch Länder wie Gabun zählt, dessen Bevölkerung nach Angaben des Sekretariats der Islamischen Konferenz selbst zu 65% christlich ist,[14] oder Länder wie die Republik Senegal, deren ehemals führender Staatsmann, Präsident Senghor, kaum als Muslim bezeichnet werden kann.[15] Schon aus diesen beiden Beispielen wird deutlich, daß die Definition „islamische Staaten" ähnliche Probleme aufwirft wie die Frage, wer Muslim ist.

Auf das Problem der Verläßlichkeit von demographischen Angaben aus Staaten, deren Personenstands- und Registrierungswesen sich in der Mehrzahl der Fälle noch in einer Aufbauphase befindet, in denen aber häufig Bevölkerungsanteile und politischer Einfluß korrelieren, wurde bereits hingewiesen. Daher sind die im folgenden angegebenen absoluten Zahlen geschätzt und auf das Jahr 1995 hochgerechnet, soweit Daten z. B. des „Demographic Yearbook" der Vereinten Nationen oder des „World Population Data Sheet" des Population Reference Bureau, Washington, D. C., vorlagen.[16]

Von größerem Interesse sind wohl die Zahlen über den prozentualen Anteil der Muslime an der Gesamtbevölkerung der jeweiligen Staaten. In etlichen Fällen besteht die muslimische Bevölkerung aus unterschiedlichen ethnischen Gruppen. Politische Probleme, die zwischen diesen Gruppen entstehen, können auch durch die gemeinsame Religion nicht verhindert werden.

AFRIKA

Ägypten: 92% der ägyptischen Bevölkerung sind Muslime. In Oberägypten überwiegen die Sunniten der malikitischen Rechtsschule, in Unterägypten gehören sie der schafiitischen Rechtsschule an. Auf Grund des türkischen Einflusses seit 1517 werden zahlreiche Rechtsbereiche allerdings nach hanafitischem Recht geregelt.

Algerien: 99% der Bevölkerung Algeriens sind Muslime. In ihrer weiten Mehrheit sind sie Sunniten der malikitischen Rechtsschule, im Mzab und in den großen Städten des Landes leben einige Ibaditen. 75% der Bevölkerung sind Araber, der Rest Berber.

Äthiopien: 52% der äthiopischen Bevölkerung sind Muslime. Es sind dies vor allem die Volksstämme der Galla (Oromo), Somali und Afar. Je nach der Region handelt es sich um Sunniten der hanafitischen, malikitischen oder schafiitischen Rechtsschulen.

Benin: 16% der Bewohner Benins werden als Muslime angesehen. Es sind vor allem Angehörige der ethnischen Gruppen der Yoruba, Bariba, Fulani und Songhai. Soweit Definitionen möglich sind, handelt es sich um Sunniten der malikitischen Rechtsschule. Die wichtigsten Bruderschaften sind die *Tijānīya* und die *Qādirīya.*

Burkina Faso: 43% der Bevölkerung sind Muslime. Es handelt sich um die ethnischen Gruppen der Mossi, Fulani und Manding. In ihrer Gesamtheit sind sie Sunniten der malikitischen Rechtsschule.

Dschibuti: 94% der Bevölkerung sind Muslime. Sie sind in ihrer überwiegenden Mehrheit Sunniten. Die Zugehörigkeit zu einer Rechtsschule richtet sich nach der ethnischen Zugehörigkeit. Somali und Afar, die zusammen

60% der Gesamtbevölkerung ausmachen, sind Schafiiten. 23% sind Asiaten, die in ihrer Mehrheit Hanafiten sind, von einigen Schiiten abgesehen.

Elfenbeinküste: 25% der Bevölkerung sind Muslime. Es handelt sich vor allem um die ethnischen Gruppen der Manding, Mossi (Mole-Dagbane), Senufo, Soninke und der nomadischen Fulani. Es sind vor allem Sunniten der malikitischen Rechtsschule; organisiert sind die Muslime in religiösen Bruderschaften, speziell den verschiedenen Richtungen der *Tijānīya* und der *Qādirīya.*

Gambia: 90% der gambischen Bevölkerung sind Muslime. Es sind die ethnischen Gruppen der Manding, Fulani, Wolof, Soninke und Diola. Es sind Sunniten der malikitischen Rechtsschule. Die wichtigsten Bruderschaften sind die der *Qādirīya* und die der *Tijānīya.*

Ghana: 20% der ghanesischen Bevölkerung sind Muslime. Ethnisch gehören sie zu den Gruppen Mole-Dagbane, Akan, Yoruba und Haussa. Sie sind Sunniten der malikitischen Rechtsschule. Die beiden einflußreichsten Bruderschaften sind die *Tijānīya* und die *Qādirīya.* In letzter Zeit hat die *Aḥmadīya*-Mission verstärkte Anstrengungen auch in diesem westafrikanischen Staat unternommen.

Guinea: 70% der Bevölkerung sind Muslime, vor allem der Ethnien der Fulani, Susu, Manding. Es handelt sich um Sunniten der malikitischen Rechtsschule. Die verbreitetste Bruderschaft ist die *Qādirīya.*

Guinea-Bissau: Gut ein Drittel der Bevölkerung sind Muslime. Sie gehören in der Hauptsache den ethnischen Gruppen der Fulani und der Manding an. Alle sind Sunniten der malikitischen Rechtsschule.

Kamerun: Nach vorsichtigen Schätzungen sind 20% der Bevölkerung Muslime. Andere Schätzungen sprechen von 55%. Nach der ethnischen Zugehörigkeit seien es vor allem Fulani. Die sunnitische Rechtsschule der Malikiten ist vorherrschend, wenngleich es einigen „wahhabitischen" (hanbalitischen) Einfluß gibt. Die stärkste Bruderschaft ist die der *Tijānīya.*

Kenia: 10%, nach anderen Schätzungen bis zu 30% der Bevölkerung bekennen sich zum Islam. Ethnisch sind es vor allem Bantu, Somali und Asiaten. Die am weitesten verbreitete Rechtsschule ist die schafiitische. Die stärkste Bruderschaft ist die *Qādirīya.*

Komoren: Die Hälfte der Bevölkerung der Inselgruppe sind Muslime. Sie gehören in ihrer Mehrheit der schafiitischen Rechtsschule an. Ethnisch werden sie zu verschiedenen Bantugruppen von der ostafrikanischen Küste, Arabern und Madagassen gerechnet.

Liberia: 20%, nach anderen Schätzungen 45% der Bevölkerung sind Muslime. Die stärkste ethnische Gruppe unter ihnen sind die Manding. Wie überall in Westafrika ist auch hier die sunnitische Rechtsschule der Malikiten vorherrschend.

Libyen: 98% der Bevölkerung sind Muslime, in ihrer überwiegenden

Mehrheit Araber sowie etwa 5% Berber. Unter letzteren herrschen die Ibaditen vor, während die übrige Bevölkerung Sunniten der malikitischen Rechtsschule sind. Etwa ein Drittel der Bevölkerung gehört der *Sanūsīya*-Bruderschaft an.

Madagaskar: 7% der Bevölkerung werden als Muslime angesehen. Es sind vor allem die ethnischen Gruppen der Bantu, Araber und Malaien. Entsprechend den verschiedenen Einwanderungswellen von Muslimen gibt es Sunniten der schafiitischen und der hanafitischen Rechtsschule, aber auch Anhänger der Zwölferschia.

Malawi: 12% der Bevölkerung sind Muslime. Es handelt sich vor allem um Angehörige der Zentralbantugruppen und Asiaten. In ihrer Mehrheit sind sie schafiitische Muslime. Es gibt auch eine zwölferschiitische Minderheit.

Mali: 75% der Bevölkerung sind Muslime, vor allem der ethnischen Gruppen der Manding, Fulani, Berber und Songhai. Sie sind Sunniten des malikitischen Ritus und vor allem in der *Tijānīya*-Bruderschaft organisiert.

Marokko: 95% der marokkanischen Bevölkerung sind Muslime, die in ihrer überwiegenden Mehrheit Sunniten der malikitischen Rechtsschule sind. Der marokkanische „Volksislam" ist stark von einem berberischen Element geprägt und spielt daher eine Sonderrolle in der islamischen Welt.

Mauretanien: 96% der mauretanischen Bevölkerung sind Muslime. Sie sind in ihrer überwiegenden Mehrheit Sunniten der malikitischen Rechtsschule, und zwar unabhängig davon, ob es sich um Mauren (definiert als *Ḥasānīya*-Sprecher), Tukolor oder Fulani handelt. Bruderschaften, vor allem die *Qādirīya*, spielen eine wichtige Rolle.

Mauritius: 17% der Inselbevölkerung sind Muslime. Sie sind in der überwiegenden Mehrzahl asiatischer Herkunft und entweder Sunniten des hanafitischen Ritus oder Zwölferschiiten.

Mosambik: 14% der Bevölkerung sind Muslime. Sie gehören vor allem zu den Yao, einer Zentralbantugruppe, und sind Sunniten der schafiitischen Rechtsschule.

Niger: 85% der Einwohner sind Muslime. Es sind vor allem die ethnischen Gruppen der Haussa, Songhai, Fulani, Kanuri und Berber. Sie sind in ihrer überwiegenden Mehrheit Sunniten der malikitischen Rechtsschule und in den Bruderschaften der *Tijānīya* und *Qādirīya* organisiert.

Nigeria: Ca. 50% der Bevölkerung sind Muslime. Es handelt sich vor allem um die ethnischen Gruppen der Haussa, Fulani, Yoruba, Kanuri und Nupe. Am stärksten islamisiert ist der Norden des Landes. Die Muslime sind Sunniten der malikitischen Rechtsschule.

Sambia: 1% der sambischen Bevölkerung sind Muslime. In ihrer überwiegenden Mehrheit handelt es sich um asiatische Einwanderer, unter denen die Mehrheit schiitisch ist. Die afrikanischen Muslime sind vor allem Einwanderer aus Malawi.

Senegal: 90% der Einwohner sind Muslime. Senegal ist damit neben Gambia das am intensivsten islamisierte Land Westafrikas. Die islamisierten Gruppen sind vor allem die der Wolof, Fulani, Serer und Tukolor. Alle sind Sunniten der malikitischen Rechtsschule. Wie auch sonst in Westafrika, sind hier die Muslime in Bruderschaften organisiert, deren größte die *Tijānīya* ist. Von beträchtlichem, vor allem wirtschaftlichem Einfluß ist die *Murīdīya*, ein Zweig der *Qādirīya*.

Seychellen: 14% der Einwohner sind Muslime. Es handelt sich vor allem um Einwanderer aus asiatischen Ländern (meist Sunniten).

Sierra Leone: 40% der Bevölkerung von Sierra Leone sind Muslime. Es handelt sich dabei vor allem um die ethnischen Gruppen der Temne, Mende und Manding. Sie sind fast ausschließlich Sunniten der malikitischen Rechtsschule. Die verbreitetste Bruderschaft ist die der *Tijānīya*.

Somalia: 98% der Bevölkerung sind Muslime, vor allem Nordostbantu, Araber und Asiaten unterschiedlicher Rechtsschulen.

Südafrika: 2% der Bevölkerung sind Muslime. Es handelt sich vor allem um Einwanderer aus asiatischen Ländern, z. B. die sogenannten Kap-Malaien.

Sudan: 72% der Bevölkerung, hauptsächlich im Norden des Landes, sind Muslime. Die islamischen Ethnien sind die der Araber, Bedja, Haussa und Nubier. In ihrer Mehrheit sind sie sunnitische Muslime des malikitischen Ritus, wenngleich in einigen Rechtsbereichen auch hanafitisches Recht angewandt wird. Großen Einfluß üben die Bruderschaften aus, vor allem die *Qādirīya*, die *Shādhilīya* und die *Majdhūbīya*.

Tansania: Etwa ein Drittel der tansanischen Bevölkerung bekennt sich zum Islam. Es handelt sich dabei vor allem um Bantu und speziell auf der Insel Sansibar um Araber, die aus Hadramaut eingewandert sind. Daneben gibt es eine große Gruppe von Einwanderern aus Iran, aus Indien und Somalia. Die verbreitetste Rechtsschule ist die schafiitische. Die stärkste Bruderschaft die *Shādhilīya*.

Togo: 12% der togolesischen Bevölkerung sind Muslime, in der Regel sind es Fulani, Mossi und Haussa. Die übliche Rechtsschule ist die der Malikiten. Die wichtigste Bruderschaft ist die der *Tijānīya*.

Tschad: Die Hälfte der Bevölkerung des Tschad ist muslimisch. Die Muslime gehören ethnisch gesehen zu den arabischen Stämmen, zu den Darfur, Maba und Tebu. Sie sind in ihrer überwiegenden Mehrheit Sunniten der malikitischen Rechtsschule.

Tunesien: 92% der tunesischen Bevölkerung sind Muslime – in der Regel Sunniten des malikitischen, daneben auch des hanafitischen Ritus. Ferner gibt es auf der Insel Djerba einige Tausend Ibaditen. Die wichtigsten Bruderschaften sind die *Shādhilīya* und die *Tijānīya*.

Uganda: 6% der ugandischen Bevölkerung sind Muslime. In der Mehrzahl sind es asiatische Einwanderer (in großer Zahl in den vergangenen Jahren vertrieben), daneben Angehörige der afrikanischen Gruppen der Busoga und Mbale. Die Sunniten machen die überwiegende Mehrheit der Muslime aus. Unter den Asiaten findet sich eine beträchtliche Anzahl von Schiiten.

Westsahara: 100% der Bevölkerung sind Muslime. Sie sind Sunniten des malikitischen Ritus. Die verbreitetsten Bruderschaften sind die *Tijānīya* und *Qādirīya*.

Zaire: 2% der Bevölkerung sind Muslime. In der Regel handelt es sich um Sunniten der schafiitischen Rechtsschule. Die wichtigste Bruderschaft ist die *Qādirīya*. Es bestehen enge Beziehungen zwischen den Muslimen in Zaire und denen in Sansibar.

Betrachtet man die regionale Verteilung der muslimischen Bevölkerung in Afrika, so ist festzustellen, daß die Islamisierung von Süden nach Norden an Intensität zunimmt – oder anders ausgedrückt, daß der Islam auf dem Schwarzen Kontinent von Norden nach Süden voranschreitet. Dabei liegt es nahe, daß der Grad der Islamisierung eines Landes abhängig ist von der Länge der Zeit, in der der Islam auf eine bestimmte Region oder Ethnie Einfluß nehmen konnte.

Der andere Großraum, in dem der Islam eine gewichtige Rolle spielt, ist Asien.

ASIEN

Afghanistan: 99% der afghanischen Bevölkerung sind Muslime. 80% bekennen sich zum sunnitischen Islam. Das sind vor allem die Bevölkerungsgruppen der Paschtunen, die überwiegende Mehrheit der Tadschiken, die Usbeken und die Turkmenen. Unter ihnen ist die hanafitische Rechtsschule am weitesten verbreitet. Die 19% Schiiten teilen sich auf in die ethnischen Gruppen der mongolischen Hazara und einiger Bergtadschiken. Sie sind in ihrer Mehrheit Anhänger der Zwölferschia. Lediglich in der Provinz Badakhshan finden sich Anhänger der *Ismāʿīlīya*.

Bahrain: 95% der Bevölkerung sind Muslime. Die arabischen Teile der Bevölkerung sind in ihrer überwiegenden Mehrzahl Sunniten der malikitischen, zu einem kleinen Teil auch der hanbalitischen Rechtsschule. Schiiten sind vor allem die Einwohner persischer und indo-pakistanischer Abstammung. Zusammen machen Schiiten etwa 70% der muslimischen Bevölkerung aus. In ihrer Mehrheit sind sie Anhänger der Zwölferschia, eine kleine Gruppe gehört zur *Shaikhīya*.

Bangladesh: 87% der Bevölkerung sind Muslime, ethnisch in ihrer Mehrheit Bengalen. 90% der Muslime sind Sunniten der hanafitischen Rechtsschule, die übrigen Anhänger der Zwölferschia.

Bhutan: 3% der Bevölkerung des Kleinstaats sind Muslime.

China: 2% der Bevölkerung sind Muslime. Regionale Schwerpunkte sind die Provinzen Tsinghai mit 99%, Sinkiang mit 80% und Kansu mit 65%

Muslimanteil an der Gesamtbevölkerung. Es handelt sich vor allem um die ethnischen Minderheiten der Uiguren, Kirgisen, Kasachen, Tadschiken und Usbeken. Daneben gibt es aber auch chinesische Muslime, die Hui. In ihrer Mehrheit sind sie Sunniten.

Indien: 12% der indischen Bevölkerung bekennen sich zum Islam. Etwa 90% von ihnen sind Sunniten der hanafitischen Rechtsschule. Ferner gibt es einige Schafiiten. Etwa 10% sind Schiiten, in ihrer Mehrheit zur Zwölferschia gehörig, aber auch Bohras und einige kleinere Sekten der *Ismāʿīlīya.*

Indonesien: In dem Land mit der zahlenmäßig stärksten muslimischen Gemeinschaft sind – nach offiziellen Angaben – 80–85% der Bevölkerung Muslime, nach inoffiziellen Angaben allerdings nur 73%. Ihre großen ethnischen Gruppen sind die Javaner mit 45%, Sundanesen mit 14,5%, Maduresen und Malaien mit jeweils 7,2% der Gesamtbevölkerung. In ihrer überwiegenden Mehrzahl sind sie Sunniten der schafiitischen Rechtsschule. Synkretismus hat allerdings dazu geführt, daß die Mehrzahl der indonesischen Muslime sich eher mystischen Religionsformen zugewandt hat.

Irak: 96% der Iraker sind Muslime. Die Bevölkerung des Nordens, hauptsächlich Kurden, Araber und Türken, gehört in ihrer Mehrzahl zu den Sunniten der hanafitischen und schafiitischen Rechtsschule. Im Süden des Landes überwiegen die Zwölferschiiten. Sie sind in ihrer Mehrzahl Araber. In den bedeutenden schiitischen Heiligtümern im Irak leben allerdings auch zahlreiche Gläubige anderer Nationalitäten.

Iran: 98% der Iraner sind Muslime. Staatsreligion ist die Zwölferschia. Die Mehrheit der Kurden (6% der Gesamtbevölkerung) und Belutschen (4% der Gesamtbevölkerung) sind sunnitische Muslime.

Israel: 14% der Bevölkerung Israels sind sunnitische Muslime der schafiitischen Rechtsschule.

Jemen: 99% der Bevölkerung sind Muslime. In dem Gebiet der ehemaligen *Arabischen Republik Jemen* zählen sich gut die Hälfte der Muslime zu den Zaiditen (eine schiitische Gruppe). Dazu kommen noch ca. 50000 Ismailiten. Die übrigen Jemeniten sind Sunniten der schafiitischen Rechtsschule. Ethnisch gesehen überwiegen die Araber. Daneben gibt es die negriden Tihami und die ebenfalls negriden Nachkommen afrikanischer Sklaven.

In dem Gebiet der ehemaligen *Volksrepublik Jemen* gehören die meisten Muslime der schafiitischen Rechtsschule an, von wenigen Schiiten, meist indischen Ursprungs, abgesehen. Die Mehrheit machen die Angehörigen der verschiedenen arabischen Stämme aus. Daneben gibt es beträchtliche Minderheiten von Somali und Indern, die nicht alle Muslime sind.

Jordanien: 96% der jordanischen Bevölkerung sind sunnitische Muslime. In ihrer überwiegenden Mehrheit gehören sie der schafiitischen Rechtsschule an, wenngleich es auch einige Hanbaliten und Malikiten gibt.

Kambodscha: 3% der Bevölkerung sind Muslime, die, soweit bekannt, in ihrer Mehrheit Sunniten sind. Es gibt allerdings auch Schiiten. Die ethnisch größte Gruppe von Muslimen sind die Cham, ihnen folgen die Malaien.

Kuwait: 94% der Kuwaitis sind Muslime. Die Araber sind Sunniten einer gemäßigt wahhabitischen Richtung. Von den in Kuwait ansässigen Iranern und Asiaten ist die große Mehrheit der Schia zuzurechnen. Diese nichtkuwaitischen Einwohner machen z. B. in Kuwait-City drei Viertel der Gesamtbevölkerung aus.

Laos: 1% der Bevölkerung werden zu den Muslimen gerechnet. Die religiösen Verhältnisse sind denen in Kambodscha vergleichbar.

Libanon: Die Definition des Anteils der Muslime an der Gesamtbevölkerung des Staates Libanon ist ein Politikum, und zwar aufgrund der Verteilung von Regierungsfunktionen nach einem heute in Frage gestellten Religions- und Konfessionsproporz. Auf Volkszählungen ist aus politischen Gründen seit Jahrzehnten verzichtet worden. Vermutlich sind heute ca. 60% der libanesischen Bevölkerung Muslime. Eine knappe Mehrheit von ihnen sind Sunniten der schafiitischen Rechtsschule. Die Zahl der Schiiten ist allerdings nur wenig geringer. Der Libanon ist auch der Hauptwohnort der Drusen, einer Religionsgemeinschaft, die nichtislamisch ist, sich aber aus dem schiitischen Islam entwickelt hat.

Malaysia: 55% der Bevölkerung sind Muslime. Bis auf eine kleine Minderheit von Anhängern der hanafitischen Rechtsschule (vor allem Muslime indischer Abstammung) sind die malaysischen Muslime schafiitische Sunniten.

Malediven: Die Bevölkerung der Malediven ist in ihrer Gesamtheit muslimisch. Sie sind Sunniten und folgen der malikitischen Rechtsschule.

Mongolei: 10% der Bevölkerung sind Muslime, wobei deren Mehrheit zu verschiedenen Turkstämmen gehört. Sie sind in ihrer Mehrheit Sunniten der hanafitischen Rechtsschule.

Myanmar (Birma): 4% der Bevölkerung sind Muslime. Weit über die Hälfte von ihnen sind indischen Ursprungs. Ein Drittel sind einheimische Arakanese. 2% der Muslime sind Chinesen.

Oman: Die Bevölkerung von Oman ist in ihrer Gesamtheit muslimisch. 85%, von denen ca. 15% Nomaden sind, sind Araber. Nachkommen afrikanischer Sklaven, Belutschen und Indo-Pakistaner sind als Minderheiten über das ganze Land verteilt. Eine große Mehrheit (75% der Gesamtbevölkerung) sind Ibaditen. Oman ist die Region mit der größten Ibaditen-Bevölkerung der islamischen Welt. Ein knappes Viertel der Einwohner sind Sunniten, und es finden sich auch Zwölferschiiten.

Pakistan: 97% der Bevölkerung Pakistans sind Muslime. 80% von ihnen sind Sunniten der hanafitischen Rechtsschule, knapp 20% bekennen sich zur Zwölferschia. Pakistan ist auch der Ausgangspunkt der *Aḥmadīya*-Bewegung im Islam, die erhebliche Missionsanstrengungen, vor allem in

Westafrika und Europa, unternimmt. Im Herkunftsland sind die ca. 300 000 Mitglieder starkem politischem Druck ausgesetzt.

Philippinen: 5% der Bevölkerung der Philippinen sind Muslime; es sind vor allem die Volksgruppen der Maguindanao, der Maranao und der Tausug. Sie sind in ihrer Mehrheit Sunniten der schafiitischen Rechtsschule.

Qatar: Die Bevölkerung von Qatar ist in ihrer Gesamtheit muslimisch. Es sind Wahhabiten, gehören damit der hanbalitischen Rechtsschule an. Ethnisch dominiert das arabische Element. Daneben finden sich die in die Gesellschaft integrierten Nachkommen afrikanischer Sklaven sowie persische, indische und pakistanische Minderheiten.

Saudi-Arabien: Die gesamte saudische Bevölkerung ist muslimisch. In ihrer überwiegenden Mehrheit sind sie Sunniten (Wahhabiten) der hanbalitischen Rechtsschule. Im Osten des Landes lebt eine größere Gruppe von Zwölferschiiten, und im Süden gibt es Zaiditen. Ethnisch überwiegt das arabische Element. Ca. 500 000 Personen werden zu den negriden Tihami gerechnet.

Singapur: 16% der Bevölkerung sind Muslime. Es handelt sich vor allem um Angehörige der malaiischen Volksgruppe und einige Chinesen. In ihrer Mehrheit sind es Sunniten der schafiitischen Rechtsschule.

Sri Lanka: 8% der Bevölkerung sind Muslime, in ihrer Mehrheit Tamilen. Sie sind in ihrer deutlichen Überzahl Sunniten der schafiitischen Rechtsschule.

Syrien: 87% der syrischen Bevölkerung sind Muslime. Ethnisch handelt es sich in der überwiegenden Mehrheit um Araber. Daneben gibt es Kurden und Türken. 68% sind Sunniten der schafiitischen Rechtsschule, 12% Alawiten, 2% Drusen und 1% Ismailiten.

Thailand: Knapp 4% der thailändischen Bevölkerung sind Muslime sunnitischer Glaubensrichtung. Die meisten von ihnen leben in den drei südlichen Provinzen Yala, Pattani und Narathiwat. Außerdem gibt es noch eine kleine Minderheit von Christen.

Türkei: 98% der Bevölkerung der Türkei sind Muslime. Sie sind in ihrer überwiegenden Mehrheit Sunniten der hanafitischen Rechtsschule. Daneben gibt es Zwölferschiiten und Alawiten.

Vereinigte Arabische Emirate: 97% der VAE, d.h. der Emirate Abu Dhabi, Dubai, Schardscha, Adschman, Umm al-Qaiwain, Ras al-Khaima und Fudschaira, sind Muslime, in ihrer Mehrheit Sunniten der malikitischen und hanbalitischen Rechtsschule. Eine geringe Zahl, vor allem Perser und Inder, sind Zwölferschiiten. Ca. 10% der Bevölkerung sind noch Nomaden. Den 1,6 Millionen Staatsbürgern der VAE stehen (1993) wenigstens 600 000 Gastarbeiter gegenüber. Damit sind die VAE das Land mit dem geringsten einheimischen Bevölkerungsanteil auf der Welt.

Zypern: 23% der Bevölkerung sind sunnitische Muslime, vor allem Hanafiten. Von ihrer ethnischen Zugehörigkeit her sind es Türken. Auf Grund ihrer engen Beziehungen zur Türkei finden sich bei ihnen ähnliche religiös-administrative Verhältnisse.

Nachfolgestaaten der *Sowjetunion:*

Angesichts der gegenwärtigen Wanderungsbewegungen in und zwischen den Staaten der ehemaligen Sowjetunion und den Fluchtbewegungen aus deren Grenzen sind die folgenden Schätzungen noch problematischer als in allen anderen Fällen. Als neue Staaten mit islamischen Mehrheiten seien die folgenden genannt:

Aserbaidschan: 90% der Einwohner bekennen sich zur schiitischen Form des Islams. Hier leben kleine Minderheiten von sunnitischen Aseri und Tataren.

Kasachstan: 40% der Bevölkerung sind Kasachen, die sich zur sunnitischen Form des Islams bekennen. Ferner gibt es eine usbekische Minderheit.

Kirgisien: 52% der Bevölkerung sind Kirgisen, 13% Usbeken. Es gibt ferner eine Minderheit von Tataren. Alle verstehen sich als sunnitische Muslime.

Tadschikistan: 62% der Einwohner sind Tadschiken, die eine Sonderform des Persischen sprechen, 23% sind turksprachige Usbeken. Alle sind sunnitische Muslime. Ferner gibt es tatarische und kirgisische Minderheiten.

Turkmenien: 72% der Bevölkerung sind Turkmenen, die sich als sunnitische Muslime verstehen. Gleiches gilt für die 9% der Usbeken. Daneben gibt es noch kleine Gruppen von muslimischen Kasachen, Tataren und Belutschen.

Usbekistan: 69% der Bevölkerung sind Usbeken, 5% Tadschiken, 4% Kasachen, ferner tatarische und kirgisische Minderheiten. Alle bekennen sich zur sunnitischen Form des Islams.

Darüber hinaus gibt es noch etliche andere Staaten, die aus der ehemaligen Sowjetunion hervorgegangen sind, in denen Muslime zum Teil erhebliche Minderheiten ausmachen. Zu nennen sind hier *Rußland* mit einem Anteil von 7% Muslimen an der Gesamtbevölkerung, was fast 11 Millionen Menschen, *Georgien* mit 10% (ca. 600000) und *Armenien* mit knapp 7% (ca. 300000) entspricht.

Wenn man von der „islamischen Welt" spricht, hat man in der Regel die geographische Vorstellung vom Nahen und Mittleren Osten. Diese Reaktion beruht auf der Tatsache, daß es diese Region ist, in der der Islam entstand, in der sich die für diese Religion wichtigsten religions- und geistesgeschichtlichen Entwicklungen zugetragen haben und die auch heute noch die Stätten beherbergt, an denen islamisches Geistesleben und religiöse Entwicklung – auch in der Auseinandersetzung mit der modernen Welt –

besonders intensiv gepflegt werden. Hinzu kommt, daß die Hauptsprachen der Region – Arabisch, Türkisch, Persisch – auch die Hauptkultursprachen des Islams sind.

Es steckt allerdings auch ein großes Maß an Ethnozentrismus in dieser Reaktion; denn der Nahe und Mittlere Osten ist die Region, mit der Europa historisch, politisch und kulturell die intensivsten Kontakte hatte und auch heute noch hat. Daher ist es wichtig, sich immer wieder vor Augen zu führen, daß die zahlenmäßig größten muslimischen Bevölkerungsgruppen im indischen und indonesischen Raum beheimatet sind, auch wenn von dort bisher noch kein so intensiver Einfluß auf die islamische Welt ausgegangen ist. Daß hier Änderungen möglich sind, zeigt die Bedeutung des Pakistaners al-Maudūdī, eines der Hauptvertreter des islamischen Fundamentalismus.

EUROPA

Auch in Europa leben zahlreiche Muslime. Man hat hier zu unterscheiden zwischen Anhängern des Islams, die zum Teil schon seit Jahrhunderten in einer bestimmten Region oder einem Staat ansässig sind, und Neueinwanderern, die als Gastarbeiter ihre weitgehend islamisch geprägten Heimatländer verlassen haben und in den europäischen Gastländern eigene, zum Teil subkulturelle, Strukturen entwickeln.

Hatten sich die muslimischen Minoritäten in Finnland oder Polen zum Beispiel in vielerlei Hinsicht in einem langen Assimilationsprozeß ihrer andersgläubigen Umgebung angeglichen, so wird die Frage, ob sich auch die Neueinwanderer zu einer solchen Entwicklung bereitfinden werden, eine der entscheidenden Fragen hinsichtlich des sozialen Friedens – im weitesten Sinne – in den westeuropäischen Industrieländern schon in naher Zukunft sein.

Albanien: 70% der Albaner sind Muslime. Es handelt sich vor allem um Sunniten der hanafitischen Rechtsschule. Eine bedeutende Rolle spielte früher der *Bektaschi*-Orden.

Bulgarien: 14% der bulgarischen Bevölkerung sind Muslime. Es sind ihrer ethnischen Zugehörigkeit nach vor allem Türken und Zigeuner. Es handelt sich ausschließlich um Sunniten, die vor allem der hanafitischen Rechtsschule angehören.

Griechenland: 2% der Bevölkerung sind Muslime, vor allem türkischer Herkunft; daneben Pomaken und Albaner. Hauptsiedlungsgebiet ist Thrazien. Alle sind Sunniten des hanafitischen Ritus.

Ehemaliges Jugoslawien: Ca. 19% der Bevölkerung waren Muslime, vor allem Bosnier (oder Bosniaken, d. h. slawische Muslime), Albaner und Roma; in der überwiegenden Mehrheit Sunniten des hanafitischen Ritus. In den nach dem Zerfall Jugoslawiens entstandenen Republiken leben folgende muslimische Bevölkerungsteile: *Bosnien-Herzegowina* 44% (überwiegend Bosniaken), *Makedonien* 34% (Albaner, Türken, Roma und slawische

Muslime), ***Bundesrepublik Jugoslawien***, also Serbien – einschließlich Kosovo – und Montenegro, 30% (slawische Muslime, Albaner, Roma).

Infolge des seit 1992 herrschenden Bürgerkrieges ist von einer zahlenmäßigen Verschiebung auszugehen.

Rumänien: 1% der rumänischen Bevölkerung sind muslimisch. Ethnisch gesehen handelt es sich vor allem um Türken. Alle sind Sunniten des hanafitischen Ritus.

AMERIKA

Schließlich sind noch Australien/Ozeanien und Amerika zu nennen. Während in der erstgenannten Region nur ca. 120 000 Muslime leben, ist die Zahl der amerikanischen Anhänger des Islams bedeutend größer.

Der Islam erlebte in Nordamerika, vor allem seit den zwanziger Jahren, eine stürmische Entwicklung unter „farbigen" Amerikanern, wobei die Black Muslims des Elijah Mohammed besonders von sich reden machten. Gerade in diesem Fall ist natürlich die Frage, inwieweit diese Gemeinschaft tatsächlich islamisiert war oder ist, von besonderer Bedeutung. Darüber sollte allerdings nicht die Tatsache vergessen werden, daß eine weitaus größere Zahl von Muslimen in den USA von arabischen Einwanderern abstammt. Letzteres galt auch für die Mehrheit der Muslime in Südamerika, die vor allem in einer großen Auswanderungswelle zu Ende des 19. Jahrhunderts ihre Heimat, vor allem Syrien und den Libanon, verlassen haben. Eine andere Gruppe sind hier Asiaten, speziell aus Indien und Indonesien, die als Arbeitskräfte von den Kolonialherren England und Niederlande in diese Region gebracht wurden. Hier ist es in einigen Fällen zu einer ganz erstaunlichen Symbiose mit der ansässigen Bevölkerung gekommen.

Guayana: 10% der Bevölkerung sind Muslime. Es sind fast ausschließlich Einwanderer aus asiatischen Ländern, deren größerer Teil Schiiten sind.

Kanada: 0,5% der kanadischen Bevölkerung sind Muslime der verschiedensten Herkunftsländer.

Surinam: 20% der Bevölkerung sind Muslime, wobei die asiatischen Einwanderer die überwiegende Mehrheit ausmachen. Sie sind in der Mehrheit Schiiten.

Trinidad/Tobago: 7% der Gesamtbevölkerung sind Muslime. Hier, wie in den anderen Ländern der Karibik, handelt es sich vorwiegend um asiatische Einwanderer, unter denen Schiiten vorherrschen.

Vereinigte Staaten von Amerika: Die Mehrheit der amerikanischen Muslime, 2% der Gesamtbevölkerung, sind Nachkommen von Einwanderern aus arabischen Ländern. Alle Rechtsschulen sind vertreten. Die stärkste ist wohl die hanafitische. Trotz ihres hohen Bekanntheitsgrades machen die sogenannten Black Muslims eine Minderheit unter den Muslimen aus.

Schätzungen, die von einer hohen Geburtenrate vor allem bei Muslimen in Minoritätensituationen ausgehen, rechnen für die Jahrtausendwende mit 1,2 bis 1,3 Milliarden Muslimen auf der Welt.

Die im folgenden genannten Bevölkerungszahlen und Anteile von unterschiedlichen ethnischen Gruppen an einer Gesamtbevölkerung beruhen auf Daten aus dem „World Population Data Sheet of the Population Reference Bureau“, Washington, D.C. 1992, dem „Demographic Yearbook“ der Vereinten Nationen 1993 und dem „Nahost Jahrbuch 1994“ des Deutschen Orient-Instituts (herausgegeben 1995 von Thomas Koszinowski und Hanspeter Mattes).

Muslimische Weltbevölkerung

(Absolute Zahlen in Tausend)

I. AFRIKA

Ägypten	54 800	92%
Algerien	25 000	99%
Äthiopien	28 500	52%
Benin	800	16%
Burkina Faso	4 000	43%
Burundi	71	1%
Dschibuti	500	94%
Elfenbeinküste	3 200	25%
Eritrea	1 750	50% [17]
Gabun	1	1%
Gambia	820	90%
Ghana	2 200	20%
Guinea	4 900	70%
Guinea Bissau	400	35%
Kamerun	2 000	20%
Kenia	2 000	10% [18]
Komoren	500	50%
Liberia	400	20%
Libyen	4 100	98%
Madagaskar	800	7%
Malawi	1 100	12%
Mali	6 200	75%
Marokko	17 400	95% [19]
Mauretanien	2 000	96%
Mauritius	200	17%
Mosambik	2 500	14%
Niger	5 100	85%
Nigeria	42 500	50%
Sambia	72	1%
Senegal	6 800	90%
Seychellen	65	14%
Sierra Leone	1 700	40%
Somalia	7 900	98%
Südafrika	500	2%
Sudan	24 500	72% [20]
Tansania	9 000	35%
Togo	400	12%
Tschad	2 900	50%
Tunesien	7 700	92%
Uganda	1 100	6%
Westsahara	200	100%
Zaire	600	2%
Zentralafrikanische Republik	200	7%

II. ASIEN

Afghanistan	20 000	99% [21]
Armenien	300	7%
Bahrain	480	95%
Bangladesh	96 000	87%
Bhutan	40	3%
Brunei	200	69%
China	21 000	2% [22]
Gaza/Westbank	1 300	80%
Georgien	600	10%
GUS, Gemeinschaft Unabhängiger Staaten	50 000 [23]	
Indien	100 000	12%
Indonesien	165 000	87% [24]
Irak	18 150	96%
Iran	58 800	98%
Israel	700	14%
Jemen	14 350	99%
Jordanien	3 550	96%

Kambodscha	300	3%
Kuwait	1 100	94% [25]
Libanon	2 100	60% [26]
Malaysia	9900	55%
Malediven	200	100%
Mongolei	200	10%
Myanmar (Birma)	1 600	4%
Oman	1 600	100%
Pakistan	112 000	97%
Philippinen	3 200	5%
Qatar	400	100%
Rußland	11 000	7%
Saudi-Arabien	16900	100%
Singapur	500	16%
Sri Lanka	1 300	8%
Syrien	13 000	87%
Thailand	2 000	4% [27]
Türkei	61 250	98%
Vereinigte Arabische Emirate	1 600	97%
Zypern	200	23%

III. EUROPA[28]

Albanien	2 300	70%
Belgien	300	3%
Bosnien-Herzegowina (vor 1992)	1 980	44%
Bulgarien	1 500	14%
Deutschland	2 200	2%
Frankreich	3 000	3%
Griechenland	170	2%
Großbritannien	2 600	5% [29]
Italien	600	1% [30]
Jugoslawien		
a) Grenzen von 1990	4 000	17%
b) Bundesrepublik J., ab 1992	3 120	30%
Makedonien	700	34%
Niederlande	300	2% [31]
Norwegen	36	
Österreich	100	
Rumänien	170	1% [32]
Schweden	60	
Schweiz	100	2%
Tschechoslowakei (Grenzen 1990)	200	1%

IV. AMERIKA

Guayana	100	10%
Kanada	100	0,5%
Surinam	80	20%
Trinidad/Tobago	80	7%
Venezuela	70	6%
Vereinigte Staaten	5 000	2%

Zweiter Teil

Die politische Rolle des Islams in der Gegenwart

I. Die innerislamische Diskussion zur modernen Wirtschafts- und Sozialordnung

(Johannes Reissner)

Zum Wirken des Propheten Muḥammad gehörte es auch, angesichts der Verhältnisse auf der Arabischen Halbinsel zu Beginn des 7. Jahrhunderts eine gerechtere Sozial- und Wirtschaftsordnung für seine Gemeinde zu schaffen. Tatsächlich hat der Islam hier einige Verbesserungen gebracht, und die einem jeden Muslim auferlegte Pflicht der Armensteuer (arab. *zakāt*) und das im Koran ausgesprochene Zinsverbot sind nur die bekanntesten Beispiele dafür, daß wirtschaftliche und soziale Fragen im Islam durchaus eine Rolle spielen. Das später entwickelte islamische Recht nimmt zu vielen Fragen des Wirtschaftslebens Stellung, und mit den frommen Stiftungen (arab. *auqāf*, pl. von *waqf*) hatte sich der Islam eine Institution geschaffen, die in einigen Ländern der islamischen Welt z. T. noch heute wirtschaftliche und soziale Bedeutung besitzt. In Koran und *sunna* wie auch dem Vorbild der ersten Muslime finden sich viele Aussagen zu Fragen der Sozial- und Wirtschaftsethik, und schließlich kennt auch das islamische Mittelalter eine von weltentsagenden Mystikern und städtischen Kaufleuten breit geführte Diskussion über den religiösen Wert wirtschaftlicher Aktivität und des Gewinnstrebens. Trotz alledem kann entgegen der Behauptung einiger heutiger Muslime von einer gar einheitlichen islamischen Wirtschafts- und Soziallehre nicht gesprochen werden. Allerdings gibt es besonders seit dem Zweiten Weltkrieg viele Bemühungen, aus Elementen islamischer Sozialethik und Bestimmungen des islamischen Rechts eine islamische Wirtschafts- und Soziallehre zu erstellen. Der Anstoß dazu lag zu einem Teil in der konkreten wirtschaftlichen und sozialen Entwicklung der islamischen Länder und vor allem in der ideologischen Auseinandersetzung mit Kapitalismus und Kommunismus.

Bei aller Unterschiedlichkeit der wirtschaftlichen und sozialen Entwicklungen der Länder der islamischen Welt seit Mitte des 19. Jahrhunderts lassen sich folgende gemeinsame Nenner angeben: das Problem der Suprematie Europas und der Industrienationen, die zunächst in direkter Kolonialherrschaft und später in der wirtschaftlichen und technologischen Abhängigkeit von den Industrienationen bestand. Damit zusammen hing die verstärkte Einbeziehung der Länder in den Weltmarkt und die Ausweitung des kapitalistischen Sektors in den einzelnen nationalen Wirtschaften. Ab ca. 1960 wurde dann in einigen Ländern versucht, einen eigenständigen Sozialismus aufzubauen. Auch das Problem der Urbanisierung trifft – wenn auch in unterschiedlicher Intensität – alle Länder der islamischen Welt, die zugleich auch vor erheblichen Schwierigkeiten im Bereich der Landwirtschaft stehen.

In der innerislamischen Diskussion zur Wirtschafts- und Soziallehre lassen sich grob drei Perioden erkennen. Vor dem Ersten Weltkrieg: Wahrnehmung sozialer Probleme und vereinzelte Hinweise auf islamische Konzepte. Zwischen den Weltkriegen: Beginn der Auseinandersetzung über „Islam und Sozialismus" und erste Bemühungen um eigene Wirtschafts- und Soziallehren. Nach dem Zweiten Weltkrieg: Ausarbeitung islamischer Wirtschaftslehren und Auseinandersetzung mit konkreten Versuchen in einigen Ländern der islamischen Welt, einen eigenständigen Sozialismus aufzubauen.

1. Soziale Probleme und das Wort „Sozialismus"

Bei den Vertretern säkularer nationalistischer Ideologien – sei es türkischer oder arabischer Nationalismus – sind in der Zeit vor dem Ersten Weltkrieg durchaus ernst zu nehmende Ansätze einer Auseinandersetzung mit der Frage der Gestaltung des Wirtschafts- und Soziallebens und mit dem Sozialismus zu erkennen. Der arabische Begriff für Sozialismus, *ishtirākīya*, der vermutlich von der in türkischen Schriften des 19. Jahrhunderts verwendeten Form *ishtirāk-i emwāl* „Gemeinsamkeit des Besitzes" abgeleitet ist,[1] gewann schon in den letzten Jahrzehnten des 19. Jahrhunderts vor allem in Ägypten Verbreitung. Hier entstand 1908 die wenn auch kurzlebige *Gesegnete Sozialistische Partei (al-Ḥizb al-ishtirākī al-mubārak)*. Zwei Jahre später wurde in Istanbul von Hüsein Hilmi die *Osmanische Sozialistische Partei (Osmanlı Sosyalist Fırkasi)* gegründet. Es waren vor allem die Schriften des in Kairo lebenden libanesischen Christen Shiblī Shumaiyil (1853–1917) und des ägyptischen Kopten Salāma Mūsā (1887–1958), die zur Verbreitung sozialistischen Gedankengutes beitrugen. Vor allem das 1913 veröffentlichte Buch Salāma Mūsās, „Der Sozialismus" („al-Ishtirākīya"), zeigt eine recht ausführliche Kenntnis sozialistischer Lehren einschließlich des Marxismus.[2]

Eine vergleichbare Regsamkeit in der Auseinandersetzung mit der sozialen Frage ist bei den islamischen Reformern nicht zu finden, doch sie nahmen sie durchaus wahr, wie nicht nur eine Aufsatzfolge Muḥammad ʿAbduhs aus den Jahren 1880–81 zeigt,[3] in der er sich mit dem Wirtschafts- und Sozialverhalten der neuen Kapitalistenklasse Ägyptens beschäftigt, sondern auch die Tatsache, daß sich viele der Reformer in muslimischen Wohltätigkeitsvereinen, die in der zweiten Hälfte des 19. Jahrhunderts in Syrien, Libanon und Ägypten entstanden waren, betätigten. Von Jamāl ad-Dīn al-Afghānī liegt sogar eine erste Stellungnahme zum Thema „Islam und Sozialismus" vor, die schon aus dem letzten Jahrzehnt des 19. Jahrhunderts stammt, aber erst 1931 veröffentlicht wurde. Hier ist nicht nur von den „Rechten der Arbeiter" *(ḥuqūq al-ʿummāl)* die Rede, – und es wird auch schon der Begriff „Arbeiterklasse" *(ṭabaqat al-ʿummāl)* benutzt –, sondern es finden sich schon grundlegende Elemente, die spätere islamische Wirtschaftslehren bestimmen sollten. So etwa der Hinweis auf den Prophetengenossen Abū Dharr al-Ghifārī, der vom späteren Umaiyaden-Kalifen Muʿāwiya eine Einschränkung des Luxus der damals neuen herrschenden Klasse gefordert hatte und der in späteren Schriften geradezu zu einem frühen Helden eines islamischen oder auch arabischen Sozialismus wurde. Vor allem aber findet sich hier schon die Deutung des Begriffes ishtirākīya im Sinne seiner arabischen Wurzel als ein letztlich moralisch begründetes Teilhabenlassen des Armen am Besitz des Reichen.[4]

2. Die Ideologie der Kooperation

Auch für die islamischen Länder brachte die Oktoberrevolution 1917 eine gewisse Zäsur. In Iran entstand mit der *Gerechtigkeitspartei (Ḥizb-i ʿadālat)* die erste eindeutig kommunistische Partei. 1924 folgte ihr die Gründung der syrisch-libanesischen KP. Der wichtigste Schüler Muḥammad ʿAbduhs, Rashīd Riḍā, begrüßte den Bolschewismus insofern, als er auf der Seite der Unterdrückten, zu denen auch die Muslime gehörten, stehe, fügte aber hinzu, daß Bolschewismus und islamisches Recht unvereinbar seien.

1929 veröffentlichte der Syrer Muḥsin al-Barāzī seine Pariser Dissertation „Islamisme et Socialisme", in der zum ersten Male ausführlich der Frage nach dem Verhältnis von Islam und Sozialismus nachgegangen wurde. Das Ergebnis ist, daß Islam und Sozialismus zwar unvereinbar seien, der Islam aber durchaus auch das soziale Wohl der muslimischen Gemeinde zum Ziel habe. Im Ansatz findet sich hier schon der später so häufig geäußerte Gedanke, daß die Wirtschafts- und Soziallehre des Islams irgendwie zwischen Kapitalismus und Sozialismus stehe. Ideengeschichtlich reizvoll an dieser Arbeit ist, daß vielen Aspekten der Lehre und der Geschichte des Islams, die später als Beweis für die Existenz eines islamischen Sozialismus gewertet wurden, gerade diese Qualität abgesprochen wird.

Ein Begriff, der für islamische Soziallehren seit den zwanziger Jahren erhebliche Bedeutung gewonnen hatte, war der des *taʿāwun*. Mit ihm war sowohl Kooperation im konkreten Sinn von Genossenschaft als auch die Zusammenarbeit aller Glieder der Gesellschaft zum Wohl des Ganzen gemeint. In Ägypten hatte sich vor allem Dr. Yaḥyā ad-Dardīrī in der „Zeitschrift der Muslimischen Jungen Männer" („Majallat ash-shubbān al-muslimīn") in den Jahrgängen 1929 bis 1931 ausführlich mit den Gedanken Charles Fouriers und Friedrich Wilhelm Raiffeisens auseinandergesetzt, war dabei über rein apologetische Bekundungen, daß der Islam Kooperation fordere, hinausgegangen und hatte – Raiffeisen zum Vorbild nehmend – konkrete Vorschläge zur Errichtung von Genossenschaften in Ägypten unterbreitet. Die 1928 von Ḥasan al-Bannā gegründete Organisation der Muslimbrüder besaß eigene, genossenschaftlich geführte Betriebe.

Im arabischen wie auch im indisch-pakistanischen Raum waren es vor allem muslimische Reformer und Anhänger religiös-politischer Organisationen wie etwa der genannten Muslimbrüder, die zwischen den Weltkriegen Fragen einer islamischen Wirtschafts- und Soziallehre erörterten.[5] Die sunnitischen *ʿulamāʾ* reagierten, wie ein Blick in die „Zeitschrift der Universität *al-Azhar*" („Majallat al-azhar"), der berühmtesten islamischen Universität in Kairo, zeigt, auf die Diskussion über die Wirtschafts- und Sozialordnung erst relativ spät. 1938 (Band 9) erschien in ihr ein Aufsatz mit dem Titel „Der Sozialismus im Islam" („al-Ishtirākīya fī l-islām"). So fortschrittlich der Titel klang, inhaltlich beschränkte sich der Aufsatz auf den Hinweis auf einige Bestimmungen zur zakāt. Ein Jahr später erschien ein Aufsatz über den westlichen Sozialismus und den islamischen Kooperatismus, und in weiteren Beiträgen bis zum Jahre 1950 wurden Begriffe wie »Kooperatismus« *(taʿāwunīya)* oder „System der Kooperation" *(niẓām at-taʿāwun)* bevorzugt, um die Wirtschafts- und Soziallehre des Islams zu kennzeichnen. Noch 1947 bestritt der Direktor der Azhar, Muḥammad ash-Shināwī, in der Zeitschrift der Universität (Band 19) jede Ähnlichkeit des Islams mit Kapitalismus oder Sozialismus.

3. Der „islamische Sozialismus"

Ende 1949 hatten die Muslimbrüder Syriens die *Islamische Sozialistische Front (al-Jabha al-ishtirākīya al-islāmīya)* gebildet.[6] Mit ihr und der nun beginnenden öffentlichen Proklamation eines Sozialismus im Islam wurde der Weg dafür bereitet, daß die Begriffe „Sozialismus" und „Islam" als miteinander vereinbar akzeptabel wurden. Was unter dem Anspruch des „islamischen Sozialismus" damals von den Muslimbrüdern an konkreten Maßnahmen gefordert wurde, entspricht dem, was man heute von einem Sozialstaat als Mindestmaß verlangt. Der Grund dafür, soziale Reformen im Namen eines „islamischen Sozialismus" zu fordern, lag erstens darin, daß nichtislamische sozialistische Bewegungen wie etwa die *Baʿth*-Partei mehr und mehr an Boden gewannen, und zweitens wollte man angesichts des kalten Krieges und der weit verbreiteten Bemühungen um eine Politik der Neutralität, die wesentlich auch von den Muslimbrüdern getragen wurde, mit dem Begriff „islamischer Sozialismus" den Islam als eigenen, „Dritten Weg" darstellen.

Eine neue Situation war gegeben, als Ende 1957 in Ägypten unter Nasser (Jamāl ʿAbd an-Nāṣir) der demokratische und kooperative Sozialismus zur offiziellen Ideologie erhoben worden war und man 1961 in der Vereinigten Arabischen Republik, d.h. in Ägypten und Syrien, die ersten Sozialisierungsmaßnahmen getroffen hatte. Um sie als islamisch legitim zu rechtfertigen, benutzte die ägyptische Propaganda vor allem auch das 1959 zum ersten Mal erschienene Buch des langjährigen Führers der syrischen Muslimbrüder, Muṣṭafā as-Sibāʿī, „Der Sozialismus des Islams" („Ishtirākīyat al-islām") – wogegen er wiederum sich wehrte, denn seit 1954 lagen die Muslimbrüder mit Nasser in einem erbitterten Kampf.

In den sechziger Jahren erreichte die Diskussion um Islam und Sozialismus einen Höhepunkt. Hatte es schon vorher einige Werke zum Thema gegeben, wie etwa das ins Englische übersetzte Buch von Saiyid Quṭb, „Soziale Gerechtigkeit im Islam" („al-ʿAdāla al-ijtimāʿīya fī l-islām"), so schwoll in den sechziger Jahren die Literatur über Sozialismus, arabischen Sozialismus und Islam zu einer kaum übersehbaren Fülle an. Sie läßt sich grob in folgende Gruppen gliedern: Erstens die Literatur derjenigen Autoren, die tatsächlich einen Sozialismus anstrebten und sich bemühten, ihn durch Hinweise auf soziale Momente in der Geschichte der Araber und des Islams zu legitimieren. Zweitens gab es diejenigen – vor allem im Kreis der Muslimbrüder –, die zwar den Begriff „Sozialismus" apologetisch auf soziale Züge islamischer Lehre anwandten, im Grunde aber einen kapitalistischen Sozialstaat meinten und die konkreten Bemühungen um Sozialismus in den arabischen Ländern aufs schärfste verdammten.[7] Drittens gab es auch solche Autoren, die sich um die Auseinandersetzung für und gegen den Sozialismus wenig kümmerten, sondern sich bemühten, die Bestimmungen der *sharīʿa* zu einer islamischen Wirtschaftslehre zusammenzutragen. Ein interessantes Beispiel dafür ist ein Buch des Begründers der *Islamischen Befreiungspartei (Ḥizb at-taḥrīr al-islāmī)*, Taqī ad-Dīn an-Nabhānī, „Die Wirtschaftsordnung im Islam" („an-Niẓām al-iqtiṣādī fī l-islām"), das schon 1953 zum ersten Male erschienen war.

In den siebziger Jahren verlor die Sozialismusdiskussion an Heftigkeit. Die Bemühungen, einen eigenen Sozialismus aufzubauen, hatten (verständlicherweise) nicht den versprochenen Segen gebracht, der Begriff „Sozialismus" hatte an Attraktivität verloren. Nach dem Tode Nassers 1970 wurde der ideologische Streit zwischen „progressiven" und „reaktionären" arabischen Staaten eingedämmt, wofür vor allem die wachsende politische Rolle Saudi-Arabiens verantwortlich zu machen ist.

Die Welle der sogenannten „Re-Islamisierung", die man in der islamischen Welt vor allem seit der Revolution im Iran zu erkennen glaubt, hat kaum irgendwo zu einer nennenswerten Durchsetzung islamischer Vorschriften zum Wirtschaftsleben geführt. In der Verfassung der Islamischen Republik Iran von 1979 sind zwar eine Reihe von Prinzipien, die heute als Bestandteile islamischer Wirtschaftsordnung gelten, festgeschrieben worden, doch die konkrete Entwicklung bleibt abzuwarten. In Pakistan ist nach langer Diskussion[8] 1979 die *zakāt* eingeführt worden. 1975 war nach jahrzehntelanger Diskussion über die Möglichkeit islamischer, d. h. ohne Zinsen arbeitender Banken die *Islamische Entwicklungsbank (al-Bank al-islāmī li-t-tanmiya)* unter den Auspizien der *Internationalen Islamischen Konferenz* (der *Islamischen Konferenzorganisation, Munaẓẓamat al-mu'tamar al-islāmī*) gegründet worden.[9] Sie ist jedoch keine normale Bank, sondern mehr eine Institution zur Verteilung von Ölgeldern an arme islamische Länder.

Aufmerksamkeit verdient auch Libyen. Der hier eingeführte Sozialismus war während der „Kulturrevolution" von 1973 von Muʿammar al-Qadhdhāfī (Gaddafi) noch mit ähnlichem apologetischen islamischen Beiwerk geschmückt worden, wie es aus den Schriften der Muslimbrüder und ihnen nahestehender Theoretiker bekannt ist. In seinem ab 1977 erscheinenden „Grünen Buch" („al-Kitāb al-akhḍar") jedoch wird im zweiten Kapitel, das „Die Lösung des wirtschaftlichen Problems – der Sozialismus" überschrieben ist, mit keinem Wort direkt der Islam angesprochen. Sicherlich versteht auch Muʿammar al Qadhdhāfī seine im Grünen Buch dargestellte Wirtschafts- und Soziallehre noch irgendwie als islamisch, doch ebenso gewiß ist, daß ihm hierbei viele Muslime nicht folgen.

4. Theologische Grundpositionen und Gesellschaftsideal

Es sei nach diesem historischen Überblick der Entwicklung der Diskussion über Islam und Wirtschaftsordnung versucht, einen systematischen Überblick über die wichtigsten Aspekte dessen zu geben, was heute als islamische Wirtschaftslehre ausgegeben wird. Als Leitfaden soll dabei das 1972 erschienene Buch „Die Ordnung des Islams: Die Wirtschaft" („Niẓām al-islām: al-iqtiṣād") von Muḥammad al-Mubārak dienen, der 1949 im syrischen Parlament Abgeordneter der Islamischen Sozialistischen Front war und später (gest. 1981) in Medina unterrichtete. Seine überschaubare Darstellung, die sich auf wichtige, frühere Werke ähnlicher Art stützt,[10] bringt wohl – zumindest zu den grundlegenden Fragen – den Konsensus all derjenigen Muslime zum Ausdruck, die überhaupt meinen, daß der Islam eine eigene, umfassende Wirtschafts- und Soziallehre besitze. Die Überzeugung, der Islam habe eine dem Kapitalismus und dem Kommunismus bzw. Sozialismus überlegene Wirtschaftsordnung, ist vor allem im Kreis der vom *Salafīya*-Islam geprägten Islamisten anzutreffen.

Bei den inhaltlich z. T. divergierenden Darstellungen islamischer Wirtschaftslehre fällt eine methodische Gemeinsamkeit auf: Theologischen Konstruktionen, ethischen Forderungen, konkreten Rechtsbestimmungen und – wo sie nützlich sind – Beispielen aus der Geschichte des Islams wird die gleiche normative und realitätsbestimmende Kraft zugedacht. Sie werden auf gleicher Ebene stehend als Realität des Islams ausgegeben.

Wirtschaftliches Handeln wird in folgendem theologischen Rahmen gesehen: Der Mensch, wie der Koran (2:30; 6:105; 26:62; 35:39 und 57:7) mehrfach besage, sei zu Gottes Stellvertreter auf Erden bestimmt. Die Erde sei ihm in Dienst gestellt und alle Anstrengungen um des Lebensunterhalts willen geschähen, um aus Gottes Güte Nutzen zu ziehen. Wirtschaftliche Aktivität und Streben nach Gewinn seien im Islam anders als im Kapitalismus nicht Selbstzweck, sondern das Ziel sei, den Lebensunterhalt zu sichern, damit der Mensch Gott durch Tun des Guten, Dank für seine Güte, Beachtung seiner und der Menschen Rechtsansprüche und Hilfe für die Mitmenschen zufriedenstelle.

Die positive Einstellung des Islams aller wirtschaftlichen Aktivität gegenüber wird von Muḥammad al-Mubārak betont. Arbeit gelte nicht wie im Christentum als Strafe für die Ursünde Adams. Die Hervorhebung der positiven Einstellung ist vor dem Hintergrund des von Europäern erhobenen Vorwurfs eines dem Islam prinzipiell eigenen Fatalismus und einer vermeintlichen Wirtschaftsfeindlichkeit zu sehen. Schon in den dreißiger Jahren hatten muslimische Aktivisten ein Arbeitsethos gepredigt, das ein wenig dem protestantischen Arbeitsethos, wie es von Max Weber beschrieben wurde, ähnelt.

Mit seiner theologischen Zielsetzung wirtschaftlichen Handelns erteilt Muḥammad al-Mubārak gleichzeitig jeder Art von Materialismus eine Absage; sowohl Kapitalismus als auch Sozialismus werden verworfen. Auch diejenigen Autoren, die von einem „Sozialismus im Islam" gesprochen hatten, hatten sich immer wieder gegen einen Sozialismus, der nur die Befriedigung der materiellen Bedürfnisse zum Ziel habe und zumeist Revolution *(thaura)* oder gar Anarchie *(fauḍā)* brächte, abgegrenzt. Anders als der Sozialismus kämpfe der Islam nicht nur für das Wohl einer Klasse, der Arbeiter, sondern für das der ganzen Gesellschaft, er suche den gerechten Ausgleich zwischen Arm und Reich, denn im Islam habe der Arme einen Rechtsanspruch *(ḥaqq)* auf den Besitz des Reichen.

Zwar hatte Muḥammad al-Mubārak in politischen Reden wie schon viel früher Jamāl ad-Dīn al-Afghānī auch von der Arbeiterklasse gesprochen, doch in den theoretischen Darstellungen islamischer Wirtschaftslehre findet sie keine Anerkennung; der islamische Begriff vom Arbeiter, so Muḥammad al-Mubārak, erstrecke sich auf jeden, der arbeitet.

Nicht nur Klassenharmonie, sondern Harmonie überhaupt ist das Ziel islamischer Soziallehren. Dies zeigt sich schon in Begriffen wie „islamischer Kooperatismus" *(taʿāwunīya islāmīya)* und vor allem auch im Konzept der „gegenseitigen sozialen Verantwortung" *(at-takāful al-ijtimāʿī)*. Zu diesem Konzept hatte schon Muṣṭafā as-Sibāʿī in seinem berühmt gewordenen Buch über den „Sozialismus des Islams" alle Aspekte des Islams, die auch nur irgendwie einen „sozialen Zug" aufweisen, zusammengetragen und sie zum Kennzeichen des Sozialismus des Islams erhoben.[11]

Das Prinzip einer ökonomischen Gleichheit der Menschen wird nicht anerkannt. Einige Reformer und auch Muʿammar al-Qadhdhāfī haben zwar dem Islam die Forderung nach ökonomischer Chancengleichheit zuerkannt, doch in der Regel wird die Gleichheit vor dem Gesetz behauptet. Gemeint ist das islamische Recht, die *sharīʿa*, deren Befolgung zusammen mit der Erfüllung der vielen moralischen Verpflichtungen des Islams zur Schaffung einer solidarischen, harmonischen Gesellschaft führe. Islamische Wirtschaftslehre ist vor allem Sozialethik.

5. Die Lehre vom Besitz

Über den Grundsatz, daß Gott letztendlicher und eigentlicher Besitzer aller Dinge sei, besteht zwar Einigkeit, doch aus ihm werden recht unterschiedliche Schlüsse gezogen. Al-Bahī al-Khūlī schreibt z. B. in seinem Buch „Der Sozialismus in der islamischen Gesellschaft, zwischen Theorie und Praxis" („al-Ishtirākīya fī l-mujtamaʿ al-islāmī, baina n-naẓarīya wa-t-taṭbīq") – ein für die Ära Nasser typisches Werk, in dem der sozialistische Charakter des Islams gepriesen wird –, daß der Mensch nur Treuhänder *(wakīl)* des ihm anvertrauten Besitzes sei. Taqī ad-Dīn an-Nabhānī hingegen leitet aus diesem Grundsatz ab, daß der Mensch zwar einen Rechtsanspruch auf Besitz *(ḥaqq al-milkīya)*, aber eben keinen tatsächlichen Besitz *(milkīya fiʿlīya)* habe. Muḥammad al-Mubārak wiederum argumentiert, daß ursprünglicher Besitz *(milk aṣlī)* Gemeinbesitz aller sei, de facto jedoch in der Regel Privatbesitz sein müsse, da der Mensch als einzelner Gott gegenüber verantwortlich sei. Wie auch immer argumentiert wird, Eigentum in unserem Sinn kann es theoretisch nach islamischer Auffassung nicht geben, de facto aber laufen die meisten Bestimmungen darauf hinaus. Es ist ein Eigentum, das durch Bestimmungen über seinen rechtmäßigen Erwerb *(kasb)* und seine Verwendung *(taṣarruf)* an das Allgemeinwohl gebunden ist. Bei den rechtlichen Bestimmungen über die erlaubten und verbotenen Arten des Erwerbs und der Verwendung von Besitz bestehen zwischen sunnitischem und schiitischem Islam und innerhalb der Rechtsschulen im Detail durchaus Unterschiede, doch die Zusammenfassung von Muḥammad al-Mubārak kann hier als Überblick dienen.

Rechtmäßiger Erwerb von Besitz ist erstens möglich durch eigene Anstrengung *(juhd)* wie Lohnarbeit, Handwerk, Handel oder Jagd. Die Nutzbarmachung brachliegenden Landes und die Bergung von Bodenschätzen nennt Muḥammad al-Mubārak im Unterschied zu anderen nicht als eine Quelle von Privatbesitz, er ist der Ansicht, daß hieraus nur Gemeineigentum entstehen kann. Die zweite erlaubte Erwerbsart ist die aufgrund einer Rechtsbestimmung *(ḥukm ash-sharʿ)* ohne eigene Anstrengung wie im Fall der Erbschaft, des Rechtsanspruches der Frau auf standesgemäßen Unterhalt oder des Rechtsanspruches der Armen auf die *zakāt*.

Unrechtmäßige Arten des Erwerbs sind (1.) Besitz eines anderen zu nehmen, ohne darauf einen gesetzlichen Rechtsanspruch zu haben, also alle Arten von Diebstahl, mag er an Privat- oder Gemeineigentum begangen werden; (2.) Glücksspiel; (3.) Geld für verbotene Tätigkeiten wie Prostitution, Wahrsagerei oder als Bestechung anzunehmen; und (4.) Zinsen zu nehmen.

Für die Verwendung von Besitz gilt der Grundsatz, daß kein anderer oder die Gemeinschaft zu Schaden kommen dürfe. Die grundsätzliche Bindung von Besitz oder Eigentum an das Allgemeinwohl kommt in einer Reihe von Ver- und Geboten zum Ausdruck, die ausführlicher zu behandeln sind.

6. Armensteuer und Almosen

Den Verboten bestimmter Praktiken kapitalistischer Wirtschaften stehen eine Reihe von Geboten gegenüber, von denen das wichtigste das der *zakāt* ist, die zu den fünf grundlegenden Pflichten eines jeden Muslims gehört. Es überwiegt die Ansicht, daß sie nicht nur ein Almosen, sondern eine jährlich zu entrichtende Steuer sei, deren Zahlung zu den *ʿibādāt*, d. h. den Pflichten

Gott gegenüber, gehört und von jedem Muslim zu leisten ist *(farḍ al-ʿain)*. Nur über die Frage, ob sie auch von Geisteskranken zu entrichten sei, besteht bei den einzelnen Rechtsschulen ein Meinungsunterschied. Nach islamischem Recht hat der Muslim für Feldfrüchte, Trauben und Datteln zehn Prozent, im Falle künstlicher Bewässerung fünf Prozent zakāt zu zahlen; für Kamele, Ziegen und Schafe bestehen recht komplizierte Regeln, für Gold, Silber und Handelsware werden zweieinhalb Prozent an zakāt erhoben. Die Staatskasse *(bait al-māl)* verwaltet das eingenommene Geld, auf das laut Koran (9:60) folgende Personenkreise Anspruch haben: (1.) Die Armen und Bedürftigen. Damit sind diejenigen gemeint, die überhaupt kein Einkommen haben, und diejenigen, deren Einkommen nicht ausreicht. (2.) Diejenigen, die die zakāt einsammeln und verwalten. (3.) Zur „Gewinnung der Herzen", womit sowohl gemeint ist, Geld von der zakāt an Ungläubige zu geben, um ihnen ihren Übertritt zum Islam zu erleichtern, als auch, es an Muslime zu geben, damit sie sich in ihrer Religion bessern. (4.) Zum Freikauf von Gefangenen oder Sklaven. (5.) Verschuldete, die zur Bezahlung ihrer Schulden nicht in der Lage sind, und zwar vor allem aufgrund von Unglücksfällen oder Naturkatastrophen. (6.) Die für den Islam streiten, und (7.) Reisende, denen Schutz und Unterstützung gewährt werden muß.

Einige dieser Kategorien sind sehr weitgehend interpretiert worden. Nicht nur die Vorwegnahme eines modernen Sozialstaats haben muslimische Apologeten in ihr gesehen, sondern sie geradezu als Inkarnation des Ideals sozialer Gerechtigkeit, die der Islam verwirkliche, gepriesen. Doch dies ist nur Rhetorik, wie das Beispiel Saudi-Arabien zeigt, wo die zakāt gesetzlich vorgeschrieben ist. Die Diskussion um die Wiedereinführung der zakāt in Pakistan hat deutlich gemacht, daß die einzelnen zakāt-Bestimmungen nur in den allgemeinen Darstellungen islamischer Wirtschaftslehre klar und eindeutig sind. Außerdem bedeutet eine Wiedereinführung der zakāt eine Hervorhebung des Unterschieds von Muslimen und Nichtmuslimen, da zakāt nur von Muslimen gezahlt werden kann.

Neben der rechtlichen Pflicht zur Zahlung der zakāt besteht noch die religiös-moralische Pflicht zur Vergabe von Almosen *(ṣadaqa)*. Vers 177 der zweiten Sure des Korans macht deutlich, daß den Verwandten, Waisen, Armen, Reisenden und denen, die darum bitten, Geld zu geben ebenso zur Frömmigkeit des Muslim gehöre wie der Glaube an Gott, das Jüngste Gericht, die Engel und den Koran sowie die Verrichtung des Gebets und die Zahlung der zakāt. Auch das Almosen wurde als wesentlicher sozialer Zug des Islams angepriesen, und viele, die von einem „islamischen Sozialismus" sprachen, haben sich den Vorwurf des „Almosensozialismus" gefallen lassen müssen.

Zakāt und Almosen werden von Muḥammad al-Mubārak wie schon zuvor von Muṣṭafā as-Sibāʿī als Institutionen der „gegenseitigen sozialen Verantwortung" *(at-takāful al-ijtimāʿī)* behandelt. Auch die frommen Stiftungen *(auqāf)* rechnet er dazu und hebt die Stiftungen zur Errichtung von Schulen, Kranken- und Waisenhäusern hervor. Ferner wird die *kaffāra*, d.h. die Ausgleichszahlung für eine Sünde, bei der keine andere Person einen Rechtsanspruch hat (wie z. B. beim Fastenbrechen) und welche zumeist in der Speisung von Armen besteht, als soziale Einrichtung des Islams beschrieben. Schließlich wurde in diesem Sinn auch das islamische Erbrecht interpretiert – es sei erlaubt, ein Drittel des Besitzes für gute Werke zu vererben, schreibt Muṣṭafā as-Sibāʿī – und die koranische Bestimmung, daß von der Kriegsbeute ein Fünftel an den Propheten und die Waisen und Armen zu geben sei, wurde als einzigartig in der Welt hervorgehoben.

7. Die Rolle des Staates

Die grundsätzliche Aufgabe des Staates in der islamischen Gesellschaft ist, für die Anwendung der *sharīʿa* zu sorgen. Für das Wirtschaftsleben – so Muḥammad al-Mubārak – heißt dies, daß das Prinzip der freien Wirtschaft in den von der sharīʿa gezogenen Grenzen gilt, der Staat habe über die Rechtmäßigkeit des Erwerbs und der Verwendung von Besitz, über die Zahlung gerechter Löhne, den Abschluß korrekter Verträge etc. zu wachen. Als wichtigste Organe zur Ausübung dieser Aufgabe nennt Muḥammad al-Mubārak die *ḥisba*, d. h. das Amt des Marktaufsehers, der im Mittelalter häufig auch Polizeichef war, und das Richteramt *(qaḍā')*.

Doch nicht nur im Falle der Rechtsbrechung kann der Staat in das Wirtschaftsleben eingreifen, sondern auch in Notsituationen, in denen das Wohl der Allgemeinheit bedroht ist. Dann ist es möglich, daß er Löhne oder Preise festsetzt, Personen zu bestimmten Arbeiten zwingt oder Besitz gegen Entschädigung enteignet. Das Recht des Staates zur Nationalisierung *(ta'mīm)* ausländischen Besitzes und zur Begrenzung von Grundbesitz *(taḥdīd al-milkīya)* wird von den Theoretikern islamischer Wirtschaftslehren in der Regel zugestanden, doch in den Einzelfragen besteht kaum Einigkeit. Wegen der in vielen Ländern der islamischen Welt z. T. noch herrschenden semifeudalen Verhältnisse spielt gerade die Frage einer Begrenzung oder gar Aufhebung von Grundbesitz in der Sozialismus-Diskussion eine ganz erhebliche Rolle.

Nach islamischer Lehre greift der Staat in das Wirtschaftsleben auch durch die Erfüllung öffentlicher Aufgaben und Dienstleistungen ein. Welche Bereiche aber unter dem Begriff „öffentliche Dienstleistungen" *(al-khidmā al-ʿāmma)* zu fassen sind, läßt Muḥammad al-Mubārak offen. Zwar betont er, daß im mittelalterlichen islamischen Staat Studenten häufig Unterstützung vom Staat erhalten hätten, will sich aber auf ein allgemeines öffentliches Bildungswesen nicht festlegen. Schließlich kommt dem Staat die Verwaltung der Staatskasse, *bait al-māl*, zu. Sie setzt sich aus den eingenommenen Steuern und den beweglichen und unbeweglichen Gütern, die Gemeinbesitz der Muslime sind, zusammen. Zu den Steuern gehört auch die Kopfsteuer *(jizya)*, die von nichtmuslimischen Untertanen – in der Regel Christen oder Juden – entrichtet wurde, um vom muslimischen Staat den Schutz *(dhimma)* des Lebens, der persönlichen Freiheiten und des Besitzes garantiert zu bekommen. In den theoretischen Darstellungen islamischer

Wirtschaftslehre wird sie häufig noch immer wie selbstverständlich aufgeführt, obgleich sie in der Realität nicht mehr existiert. Taqī ad-Dīn an-Nabhānī geht in seinem Werk über die Wirtschaftsordnung im Islam sogar so weit, nur die vom islamischen Recht anerkannten Abgaben an den Staat für legitim zu erklären, Steuern *(ḍarāʾib)*, ob direkte, indirekte oder progressive, wie sie in den meisten Ländern der islamischen Welt erhoben werden, lehnt er ab.

8. Theorie und Wirklichkeit

In einem Aufsatz der Zeitschrift der Universität *al-Azhar* aus dem Jahr 1951 (Band 23) ist zu lesen, daß der Islam Privateigentum fördere, daß die islamische Wirtschaft eine kapitalistische *(iqtiṣād ra'smālī)* sei, und daß im Islam wirtschaftliche Aktivität ebenso wie im Kapitalismus auf dem persönlichen Wohl als Ziel, der Konkurrenz als Mittel und der Freiheit als Bedingung beruhe. Nur besäße die Schaffung von Besitz unter diesen Bedingungen im Islam nicht absolute Gültigkeit, es gäbe noch den moralischen Faktor. Der Titel des Aufsatzes lautet: „Der Sozialismus im Islam"!

Damit scheint recht treffend der Kern dessen beschrieben zu sein, was bis heute als „islamische Wirtschaftsordnung" angeboten wird, nämlich eine kapitalistische Marktwirtschaft, die durch einige Bestimmungen des islamischen Rechts und durch viele moralische Vorschriften auf das Allgemeinwohl hin ausgerichtet ist.

Auffallendstes gemeinsames Kennzeichen der bisher bekannten islamischen Wirtschaftslehren ist ihre Realitätsferne. Bestimmungen und Normen einer vorkapitalistischen, vorindustriellen Gesellschaftsordnung werden als Lösung heutiger Probleme angeboten. Doch eine Auseinandersetzung mit den eigenen konkreten Verhältnissen findet zumindest in den theoretischen Wirtschaftslehren nicht statt; Probleme der Industrialisierung, der Urbanisierung, der Landflucht etc. scheint es ihnen zufolge gar nicht zu geben.

Die Auseinandersetzung mit Kapitalismus und Sozialismus beschränkt sich auf die Abgrenzung der eigenen Lehre und die Behauptung ihrer Höherwertigkeit, die jedoch häufig rein theoretisch ist. Islamisches Erbrecht z. B. wird letztendlich nicht deshalb als sozial gepriesen, weil es sozialer als anderes wäre, sondern weil es islamisch ist. Auf die realen Verhältnisse in kapitalistischen oder sozialistischen Staaten wird nur zum Zweck der Polemik eingegangen. Gern wird die Tatsache, daß in der ehemaligen Sowjetunion Privatbesitz erlaubt war, als Beweis für die Unmöglichkeit, Sozialismus marxistischer Prägung zu praktizieren, herangezogen. Materialismus und Lasterhaftigkeit der kapitalistischen Welt werden wieder und wieder angeprangert, doch daß es z. B. heute in vielen Ländern mit kapitalistischer Wirtschaftsordnung ein Netz sozialer Sicherheit gibt, nach dem sich wohl mancher Muslim sehnt, kann nicht gesagt werden.

Auch unter den Schiiten hatte es Bemühungen gegeben, eine eigenständige islamische Wirtschafts- und Sozialordnung zu konzipieren. Das Werk

„Unsere Wirtschaft" („Iqtiṣādunā") von Muḥammad Bāqir aṣ-Ṣadr ist das bekannteste.[12] Unter eher sozialistisch-„linkem" Einfluß standen die islamischen Wirtschaftslehren des ersten Staatspräsidenten der Islamischen Republik Iran, Abū l-Ḥasan Banī Sadr, und der *Volksmujahidin (mujāhedīn-e khalq)*. Letztere sahen im theosophisch weit interpretierten Bekenntnis zur Einheit Gottes *(tauḥīd)* und der darin gegebenen ontologischen Einheit auch die soziale Einheit im Sinne klassenloser Gesellschaft begründet.[13] Auch aus den Reihen des revolutionären Klerus gibt es eine beachtliche Zahl von Schriften zur islamischen Wirtschaftsordnung. Entsprechende Predigtsammlungen der heutigen Führer Saiyid ʿAlī Khāmina'ī und ʿAlī Akbar Rafsanjānī sind auf dem Markt. Trotz des Ayatollah (Āyatullāh) Khumainī zugeschriebenen Diktums, daß Wirtschaft etwas für Esel sei, werden Kongresse über seine Wirtschaftslehre veranstaltet, auf denen dann jedoch unter dem Schutz des großen Namens durchaus relevante und kontroverse Fragen behandelt werden können.

Eines hat die Entwicklung der Islamischen Republik Iran sehr deutlich gezeigt: Es ist natürlich nicht nur die Vagheit dessen, was unter dem anspruchsvollen Titel „Die Wirtschaftsordnung des Islams" dargelegt wird, wodurch eine Implementierung der entsprechenden Ideen verhindert wurde, sondern es sind in erster Linie elementare ökonomische, soziale und weltwirtschaftliche Zwänge und die Verschiedenartigkeit der Interessen der Beteiligten. Die Diskussionen und die Kämpfe um Landreform, die immer auch erhebliche theologische Implikationen hatten, haben dies klar gemacht.[14]

Soziale Marktwirtschaft ist der Kern, auf den die islamischen Wirtschaftslehren zusteuern, wobei Marktwirtschaft das Gebotene ist und „sozial" das gewünschte Islamische ausmacht. *Islamic Banking* und fromme Stiftungen sind die konkreten Felder, in denen die Idee einer „islamischen Wirtschaft" sich mit der Zeit entwickeln konnte.[15] Der Funktionsrahmen dieser Institutionen ist naturgemäß regional und nicht immer so sozial, wie es die Theorie will. Gleichwohl spielen sie für die Mittelschichten und ärmeren Bevölkerungsgruppen eine nicht unwichtige, ja sogar nützliche Rolle und haben wegen ihres islamischen Charakters eine zusätzliche Anziehungskraft.[16] Überlegungen, die dahin gehen, wie sich solche Institutionen, gerade weil sie im lokalen Bereich oft unbürokratischer und effektiver als staatliche wirken können, in Entwicklungshilfe einbeziehen lassen, sind nur zu begrüßen. Schritte in dieser Richtung könnten einen konkreten Beitrag leisten, im Westen die Angst vor allem, was sich islamisch nennt, abzubauen.

Unter historischem Gesichtspunkt sind islamische Wirtschafts- und Soziallehren vor allem auch als Ausdruck der Eigenständigkeit gegenüber dem Systemdruck von West und Ost zu bewerten. Dieser Druck wurde innerhalb der islamischen Welt zu einem Teil schon durch das Scheitern sozialistischer Experimente und den sich abzeichnenden Trend zu Formen „gemischter Wirtschaft" gemindert. Mit *Perestroika*, dem Ende des Ost-West-Konflikts, dem Zusammenbruch der Sowjetunion und nicht unwesentlich durch die Krise um Kuwait trat die Diskussion um politische Partizipation gegenüber der Soziallehre in den Vordergrund. „Islam, Menschenrechte und Demokratie“ [17] sind die Hauptfelder einer vielfältigen innerislamischen und islamisch-westlichen Diskussion geworden. In ihr wird ähnlich wie bei den Bemühungen um eine islamische Wirtschafts- und Sozialordnung versucht, keineswegs jenseits konkreter Probleme und Interessen islamische Authentizität in heutiger Lebensgestaltung zu wahren.

II. Islamische Ökonomik in der Praxis: Zinslose Banken und islamische Wirtschaftspolitik

(Volker Nienhaus)

Im Koran und in der Sunna finden sich Grundsätze einer islamischen Wirtschaftsethik, die durch das traditionelle islamische Recht weitere Ausgestaltungen und institutionelle Konkretisierungen erfahren haben. Diese Wirtschaftsethik beeinflußte einerseits das individuelle wirtschaftliche Verhalten von Muslimen und führte andererseits zur Herausbildung besonderer Wirtschaftsformen (z. B. Bildungs- und Sozialeinrichtungen von Moscheen, religiöse Stiftungen). Solche Umsetzungen der von islamischen Theologen und Rechtsgelehrten entwickelten traditionellen Wirtschaftslehre in die Praxis sind *nicht* Gegenstand dieses Beitrags.

Vielmehr geht es um die zeitgenössische Weiterentwicklung der Lehre in der modernen islamischen Ökonomik und um Ansätze ihrer praktischen Anwendung. Die Theorie befaßt sich heute weniger mit Anleitungen zum individuell richtigen Verhalten der Muslime als vielmehr mit gesellschaftlichen Institutionen und Regeln, die in zunehmend arbeitsteilig und komplexer werdenden Wirtschaften die Realisierung islamischer Werte gestatten sollen. Praktische Anwendungen der islamischen Ökonomik finden sich auf drei Ebenen:

- Auf der mikroökonomischen Ebene der Unternehmen ist seit Mitte der siebziger Jahre das Entstehen und Wachstum von Finanzinstitutionen (Banken, Investmentgesellschaften, Versicherungen) zu beobachten, die ihren Kunden alle Finanzdienstleistungen auf der Grundlage zinsfreier Transaktionen anbieten wollen. Die meisten der islamischen Finanzinstitutionen operieren in säkularen und auf Zins beruhenden Volkswirtschaften.
- Auf der makroökonomischen Ebene haben einige Staaten der muslimischen Welt eine umfassende „Islamisierung der Wirtschaft" begonnen. Die islamischen Republiken Pakistan und Iran sind auf diesem Weg am weitesten gegangen. Die Regierung des Sudan bemühte sich in den neunziger Jahren um eine Islamisierung der Wirtschaft, und auch Afghanistan strebt seit dem Sieg der Mujahidin *(mujāhidīn)* eine islamische Ordnung an.
- Auf der internationalen Ebene gehören inzwischen rund 50 Staaten mit überwiegend muslimischer Bevölkerung der *Organisation der islamischen Konferenz (Organization of Islamic Conference, OIC)* an, die eine islamische Dimension in die internationalen Wirtschaftsbeziehungen bringen will und deren Aktivitäten sich vor allem auf die Förderung der sektoralen und regionalen wirtschaftlichen Kooperation mit dem Fernziel der Schaffung eines *Islamischen Gemeinsamen Marktes* richten.

1. Islamisches Bankwesen

a) Das ribā-Verbot (Zinsverbot) und zinslose Banktechniken

Der Koran verbietet den Muslimen, bei *Geld*darlehen *ribā* zu nehmen: Für Befürworter des islamischen Bankwesens bedeutet dies, daß ein Darlehnsgeber über die unbedingte (erfolgsunabhängige) Rückzahlung des ausgeliehenen Betrages hinaus keinerlei Vorteil vom Darlehnsnehmer verlangen darf. Für welchen Zweck dieser den Darlehnsbetrag verwendet (Konsum oder Investition), ist dabei ohne Belang. Grundsätzlich erlaubt sind dagegen Gewinne aus Handelsgeschäften und aus der Vermietung von Gütern.

Erfolgsbeteiligungsfinanzierung und erfolgsbeteiligte Einlagen

Das Verbot jeglichen Darlehnszinses bedeutet nicht, daß ein Kapitalgeber, der einem Unternehmer Geld zur Finanzierung produktiver Tätigkeiten überläßt, keinerlei Möglichkeiten hätte, dafür eine Vergütung zu erhalten. Es ist durchaus zulässig, daß der Kapitalgeber am Erfolg des von ihm (mit)finanzierten Unternehmens bzw. Projekts partizipiert, sofern er nicht nur am positiven Erfolg (Gewinn) teilhat, sondern bereit ist, auch ein mögliches negatives Ergebnis (Verlust) mitzutragen, also seiner Gewinnchance ein Verlustrisiko gegenübersteht.

Die islamische Alternative zum verzinslichen Gelddarlehen ist daher die Finanzierung auf der Basis einer Gewinn- und Verlustbeteiligung. Kapitalgeber und Kapitalnehmer vereinbaren, daß der Kapitalgeber für die Bereitstellung von Finanzmitteln (Liquidität) einen bestimmten Anteil des Gewinns der kapitalnehmenden Unternehmung oder des (mit)finanzierten Projekts erhält; dieser Anteil ist nur in Prozenten festgelegt, seine absolute Höhe im voraus unbekannt und erst nach Realisierung des finanzierten Vorhabens zu ermitteln. Sollte sich ein Verlust einstellen, muß der Kapitalgeber ihn im Verhältnis seines Kapitalanteils an der Unternehmung bzw. am finanzierten Projekt mittragen.

Bei Gewinn- und Verlustbeteiligungsfinanzierungen tritt an die Stelle der Gläubiger/Schuldner-Beziehung mit erfolgsunabhängigen festen Zinszahlungen eine Partnerschaftsbeziehung mit erfolgsabhängiger Vergütung für beide Partner (die jeweils auch aus Personengruppen bestehen können). Man unterscheidet Partnerschaftsformen danach, ob

- beide Partner Kapital bereitstellen und ein Recht zur Geschäftsführung haben *(mushāraka)* oder
- nur ein Partner Kapital aufbringt und der andere damit arbeitet *(muḍāraba)*.

Was das *Erfolgsbeteiligungsprinzip* aus der Sicht muslimischer Theoretiker (und vielleicht auch der Kapitalnachfrager) im Finanzierungsgeschäft besonders attraktiv erscheinen läßt – nämlich die Beteiligung der Bank am unternehmerischen (Ertrags-)Risiko – macht darauf aufbauende Finanzierungsmethoden aus der Sicht einer Bank gerade problematisch:

- Um eine hinreichende Vorstellung von dem zu erwartenden Gewinn eines Projekts zu bekommen, muß die Bank hohe Evaluierungskosten tragen; so benötigt sie z. B. sehr qualifiziertes, schwer zu findendes (und zu haltendes) und daher auch teures Personal, um unternehmerische Investitionspläne und Markterwartungen fundiert prüfen zu können.
- Trotz aller Prüfungen kennt die Bank die genaue Höhe der Erträge bzw. die Rentabilität ihres Kapitaleinsatzes im voraus nicht. Die Unsicherheit wird um so größer, je längerfristiger die Finanzierung und je innovativer das Projekt ist.
- Da der Gewinnanteil nur prozentual festgelegt wird, muß sich die Bank davor schützen, daß durch Manipulationen und Verschleierungen, aber auch durch Managementfehler die absolute Höhe des Gewinns (und damit des ihr zustehenden Anteils) geringer als bei der Projektevaluierung angenommen ausfällt. Dies bedingt einerseits erhebliche Schutz- und Kontrollaufwendungen der Bank, andererseits die Offenlegung von internen Daten des finanzierten Unternehmens sowie eine gewisse Mitsprachemöglichkeit der Bank bei wichtigen Entscheidungen, woran dem finanzierten Unternehmen kaum gelegen sein wird.

Relativ leicht ist demgegenüber das Prinzip der *Gewinn-* und *Verlustbeteiligung* im Einlagengeschäft anzuwenden: Die Kunden der Bank erhalten für Guthaben auf erfolgsbeteiligten Spar- oder Investitionskonten keinen festen Zins, sondern einen Anteil am Gewinn (oder Verlust) der Bank bzw. eines Pools, in dem alle Einlagen der Kunden zusammengefaßt sind und von dem Projekt finanziert werden. Da die Bank vom Grundsatz her nicht die volle Rückzahlung der erhaltenen Mittel garantieren kann, handelt es sich bei den Einzahlungen der Kunden im strengen Sinne zwar nicht um Einlagen (was eine unbedingte Rückzahlungsverpflichtung der entgegengenommenen Beträge durch die Bank voraussetzen würde), dennoch wird aber im allgemeinen auch bei islamischen Banken von Einlagen gesprochen.

Aufschlagsfinanzierungen

Mit den angedeuteten Problemen der Gewinn- und Verlustbeteiligungsfinanzierung im Aktivgeschäft müßten islamische Banken wohl oder übel leben, wenn dies die einzige Möglichkeit zur Unternehmensfinanzierung wäre. Dem ist aber nicht so. Wenn man bedenkt, daß

- einerseits Unternehmungen Kredite bei konventionellen Banken i. d. R. nicht um der Liquidität willen aufnehmen, sondern um damit Sachgüter (Rohstoffe, Vorprodukte, Maschinen, Anlagen usw.) zu erwerben,
- andererseits zwar der *Zins* bei Gelddarlehen verboten, der *Handel* aber ausdrücklich erlaubt ist und auch gegen die Vermietung von Sachgütern keine Bedenken bestehen,

dann zeichnet sich eine Alternative ab: Die Banken stellen den Unternehmungen nicht mehr die Finanzmittel zum Erwerb benötigter Sachgüter bereit, sondern die Sachgüter selbst. Islamische Banken können für ihre Kunden die von diesen gewünschten Güter zunächst kaufen und dann an sie mit einem im voraus fest vereinbarten Gewinnaufschlag wieder verkaufen *(murābaḥa)* oder an sie vermieten *(ijāra, leasing)*. In der Praxis islamischer Banken dominieren eindeutig solche Finanzierungsformen (Aufschlagsfinanzierungen), die der Bank feste und im voraus bekannte (sichere) Erträge bringen.

b) Praxis islamischer Banken[1]

Entstehung und Entwicklung

Ein erstes Experiment mit zinslosen Finanzinstitutionen wurde Mitte der sechziger Jahre in Ägypten unternommen, wo versucht wurde, in einer kleineren Stadt im Nildelta (Mitghamr) zinslose Sparkassen zu errichten. Ziel war es, mit diesen Sparkassen vor allem die Bevölkerung im ländlichen Raum zu erreichen und ihr Sparverhalten zu ändern: Statt Bargeld zu Hause zu horten oder Sachgüter (Schmuck, Immobilien usw.) zu erwerben und später wieder zu veräußern, sollte die Bevölkerung Sparkonten bei Finanzinstitutionen einrichten. Nur so können durch Vermittlung des Bankensystems die für späteren Konsum bestimmten Einkommensteile als Produktivkredite an Unternehmen weitergegeben und investiv verwendet werden. Diese zinslosen Finanzinstitutionen, die lokale Wirtschaftsentwicklung induzieren sollten, waren letztlich Fremdkörper im zentralistischen Wirtschaftssystem Nassers (Jamāl ʿAbd an-Nāṣir) und wurden Ende der sechziger Jahre wieder abgeschafft.

1975 wurde die *Islamische Entwicklungsbank (Islamic Development Bank, IDB)* in Dschidda errichtet. Sie ist eine von Regierungen islamischer Länder getragene internationale Institution der Entwicklungszusammenarbeit, die keine erwerbswirtschaftlichen Ziele verfolgt.[2]

Im gleichen Jahr wurde in Dubai die erste private islamische Geschäftsbank gegründet; 1977 folgten weitere Gründungen von islamischen Banken und Investmentgesellschaften in der Golfregion sowie im Sudan und in Ägypten. Bis Mitte der achtziger Jahre wuchs ihre Zahl kontinuierlich auf etwa 50 an. Immer mehr islamische Finanzinstitutionen entstanden in den achtziger Jahren auch außerhalb der arabischen Welt, so u. a. im subsaharischen Afrika, in der Türkei, in Bangladesh und in Malaysia, aber auch in der westlichen Welt.[3]

Knapp die Hälfte der islamischen Finanzinstitutionen gehört zu zwei international tätigen Gruppen, nämlich

- der *Dar al-Maal al-Islami*-Gruppe (arab. *Dār al-māl al-islāmī, DMI*), deren wichtigste Kapitaleigner aus den arabischen Golfstaaten stammen, die nach außen vor allem durch den saudischen Prinzen Muḥammad al-Faiṣal as-Saʿūd vertreten und von Genf aus gemanagt wird,
- der *Albaraka (al-Baraka)*-Gruppe, deren Gründer und wichtigster Kapitaleigner der saudische Geschäftsmann Scheich Ṣāliḥ A. Kāmil ist und die von Dschidda aus geführt wird.

Die Expansion des islamischen Bankwesens geht Anfang der neunziger Jahre weiter: In Zentralasien engagiert sich vor allem die Albaraka-Gruppe mit neuen Joint-Venture-Banken in Kasachstan und Usbekistan, in Südostasien sind in Indonesien und Sri Lanka aus nationaler Initiative neue Banken entstanden, in Europa engagieren sich islamische Banken in Albanien. Hinzu kommt eine steigende Zahl konventioneller Banken im arabischen Raum (und in Malaysia), die in besonderen „islamischen Abteilungen" zinslose Geschäfte anbieten.

Islamische Banken sind im internationalen Vergleich durchweg kleine bis mittlere Finanzinstitutionen. Die ursprünglich im Devisenhandel tätige *Al Rajhi Banking & Investment Corporation* in Saudi-Arabien erreichte als größte islamische Bank 1991 mit einer Bilanzsumme von gut 6 Mrd. US-$ den 11. Platz unter den größten arabischen Banken. Vor der Besetzung Kuwaits durch den Irak war das *Kuwait Finance House* die zweitgrößte islamische Bank mit einer Bilanzsumme von knapp 4 Mrd. US-$, was heute etwa dem 18. Platz entspräche; drittgrößte islamische Geschäftsbank war die *Faisal Islamic Bank of Egypt* mit 2 Mrd. US-$ Bilanzsumme auf Platz 34 der größten arabischen Banken.[4]

An der aggregierten Bilanzsumme der 100 größten arabischen Banken von 238 Mrd. US-$ im Jahre 1991[5] hatten die islamischen Banken nur einen Anteil von gut 6 %; das gesamte Eigenkapital der 100 größten arabischen Banken betrug rund 20 Mrd. US-$,[6] wovon ca. 7,5 % auf die islamischen Banken entfielen.

Tabelle 1: *Islamische Banken in der Liste der 100 größten arabischen Banken* (Zahlen in US-$, Stichtag 31.12.1991)

Rang 1	*Rang 2*	*Name*	*Land*	*Kapital*	*Bilanzsumme*
7	11	Al Rajhi Banking & Investment Corp.	Saudi-Arabien	890	6191
a)	a)	Kuwait Finance House	Kuwait	[175]	[3877]
40	34	Faisal Islamic Bank of Egypt (22.7.91)	Ägypten	109	1950
51	47	Dubai Islamic Bank	V. A. Emirate	68	1102
53	b)	Faisal Islamic Bank of Bahrain	Bahrain (Offshore)	62	b)
57	63	Qatar Islamic Bank	Qatar	59	637
61	b)	Albaraka Islamic Investment Bank	Bahrain (Offshore)	55	b)
63	c)	BEST Bank	Tunesien	52	205
92	70	Jordan Islamic Bank	Jordanien	19	528
100	c)	Qatar International Islamic Bank	Qatar	16	96

Anmerkungen:
Rang 1: Rang nach der Höhe des Eigenkapitals.
Rang 2: Rang nach der Höhe der Bilanzsumme.
a) Kuwait Finance House: Bilanz für 1991 lag bei Erstellung der hier zitierten Liste noch nicht vor (Zahlen für den 31.12.1989 aus: Top 100 Arab Financial Institutions. In: The Banker, November, 1990).

b) Bei Offshore-Banken sind im Kundenauftrag angelegte Gelder (die etwa den Einlagen bei anderen Banken entsprechen) nicht in den Bilanzsummen enthalten, die daher mit denen anderer Banken nicht vergleichbar sind.
c) Rangnummer größer als 100 (Bilanzsumme der Bank auf Platz 100: 238 Mio. US-$).

Quelle: Top 100 Arab Banks. In: „al-Iktissad wal-aamal" (al-Iqtiṣād wa-l-aʿmāl, Arab Business Magazine), Dubai, September, 1992.

Die in Tabelle 1 aufgeführten Bilanzsummen der größten islamischen Banken ergeben zusammen etwa 14 Mrd. US-$. Um eine Vorstellung von dem Mittelvolumen zu bekommen, über das von erwerbswirtschaftlich arbeitenden islamischen Finanzinstitutionen insgesamt verfügt wird, sind hinzuzurechnen
- die Bilanzsummen der kleineren islamischen Banken in arabischen, anderen islamischen und in nichtislamischen Ländern,
- die Mittel in Fonds islamischer Investmentgesellschaften[7] (und in „islamischen Fonds" westlicher Vermögensverwalter),
- jene Mittel, die zwar von Banken verwaltet, aber nicht (als Einlagen) in der Bilanz erfaßt werden (wie z. B. die von den *Offshore*-Banken der DMI- und Albaraka-Gruppe in Bahrain angelegten Gelder),
- Gelder, die über „islamische Schalter" konventioneller Banken in der islamischen und in der westlichen Welt angelegt werden.

Selbst wenn man wegen dieser Posten die ausgewiesene aggregierte Bilanzsumme der größten islamischen Banken verdreifacht, kommt man nur auf eine Größenordnung von ca. 50 Mrd. US-$, die von allen islamischen Finanzinstitutionen zusammen (außerhalb von Iran und Pakistan) verwaltet werden. Jede der größten Banken Japans, Frankreichs, der Schweiz, Großbritanniens, Deutschlands und der Niederlande disponiert allein über Mittel, die etwa dem Fünf- bis Achtfachen dieser Summe entsprechen. In globaler Dimension ist das islamische Bankwesen also eine Randerscheinung und dürfte es auf absehbare Zeit auch bleiben. Selbst in der muslimischen Welt füllen zinslos arbeitende Finanzinstitutionen lediglich eine Marktlücke. Auch wenn diese in einem gewissen Umfang noch ausgeweitet werden kann, ist mit einer Verdrängung des konventionellen durch das islamische Bankwesen allein aufgrund des Wirkens von Marktkräften (d. h. ohne politischen Druck) sicher nicht zu rechnen.

Verläßt man allerdings die internationale Ebene und betrachtet die Größenordnungen im nationalen Maßstab, kann man für einige Länder eine wesentlich größere Bedeutung islamischer Finanzinstitutionen erkennen (vgl. Tabelle 2).

Geschäftspraxis

Die Vereinbarkeit der verschiedenen Transaktionsarten islamischer Finanzinstitutionen mit dem islamischen Recht wird bei den islamischen Banken von *sharīʿa*-Beratern geprüft. Bisher hat jede Bank ihren eigenen sharīʿa-Berater, was – trotz regelmäßiger Treffen und eines internationalen Meinungsaustauschs – dazu führt, daß im Detail bei den verschiedenen Banken durchaus unterschiedliche Rechtsauffassungen und darauf beruhende Geschäftspraktiken existieren. In Malaysia wurde ein Rat von sharīʿa-Beratern bei der Zentralbank eingerichtet, um für alle islamischen Banken bzw. „islamische Abteilungen" konventioneller Banken des Landes zu einer einheitlichen Rechtsanwendung zu kommen.

Tabelle 2: *Nationale Bedeutung islamischer Banken*
nach Bilanzsumme (Rang 1) und Eigenkapital (Rang 2) 1991

Land	*Bank*	*Rang 1*	*Rang 2*
Ägypten	Faisal Islamic Bank of Egypt	6	7
Jordanien	Jordan Islamic Bank	3	4
Qatar	Qatar Islamic Bank	3	2
Saudi-Arabien	Al Rajhi Banking & Investment Corp.	4	2
Tunesien	BEST Bank	–	2
V. A. Emirate	Dubai Islamic Bank	7	9

Quelle: Top 100 Arab Banks. In: „al-Iktissad wal-aamal" (al-Iqtiṣād wa-l-aʿmāl, Arab Business Magazine), Dubai, September, 1992.

Finanzierungsgeschäft: Beim Finanzierungsgeschäft islamischer Banken ist zunächst festzustellen, daß kurzfristige Finanzierungen insbesondere von Handelsgeschäften dominieren und mittel- oder längerfristige Projektfinanzierungen nur selten durchgeführt werden. Hierin unterscheiden sich die islamischen allerdings nicht wesentlich von konventionellen Banken in islamischen Ländern, die auch die kurzfristige und risikoarme Handelsfinanzierung bevorzugen.[8] Dafür gibt es verschiedene Gründe; ein wichtiger Grund ist die Fristenstruktur der Einlagen: Die Masse der Sparer hat in Entwicklungsländern kein besonderes Vertrauen in die Sicherheit von Finanzinstitutionen und bevorzugt – wenn überhaupt Geld auf Bankkonten gehalten wird – kurzfristige Anlageformen (z. B. Termineinlagen mit einer Laufzeit von 30 Tagen). Aus täglich fälligen oder (formal) nur für einen Monat verfügbaren Geldern können Banken nur in sehr begrenztem Umfang Kredite mit längeren Laufzeiten vergeben. Eine Fristentransformation ist für islamische Banken noch schwieriger als für konventionelle Finanzinstitutionen, weil sie im Falle eines unerwarteten Liquiditätsbedarfs nicht ohne weiteres am Interbankenmarkt oder bei der Zentralbank sehr kurzfristige Gelder aufnehmen können, denn dafür wären ja Zinsen zu zahlen. Für mittel- bis längerfristige Finanzierungen greifen islamische Banken daher i. d. R. nicht auf Einlagen zurück, sondern bieten ihren Kunden die Zeichnung von Anteilen an speziellen Fonds an, deren Mittel für spezifische Einzelprojekte oder für Projektgruppen (z. B. Immobiliengeschäfte) bestimmt sind. Die Albaraka-Gruppe bietet neuerdings sogenannte Länderfonds an: Private Investoren und andere Finanzinstitutionen können sich an diesen Fonds beteiligen, mit denen privatwirtschaftliche Vorhaben in den jeweiligen Zielländern finanziert werden sollen. Zunächst wurden ein Wiederaufbaufonds für Kuwait (150 Mio. US-$), ein Zentralasien-Fonds

(100 Mio. US-$) und Fonds insbesondere für Immobilien- und Wertpapierinvestitionen (auch im Zusammenhang mit Privatisierungen) in Pakistan (100 Mio US-$) aufgelegt.

Unabhängig von der Fristigkeit der Finanzierung ist im Hinblick auf die Finanzierungsarten festzustellen, daß die Gewinn- und Verlustbeteiligungen bei den meisten Banken im Aktivgeschäft keine Rolle spielen. 80 % und mehr der Finanzierungen erfolgen mit Techniken, die den Banken sichere Erträge bringen *(murābaḥa, leasing).* Bei einigen Banken ist in den letzten Jahren der Anteil von Gewinn- und Verlustbeteiligungen zwar angestiegen, aber das bedeutet nicht, daß diese Banken tatsächlich verstärkt bereit waren, wirtschaftliche Risiken unabhängiger Unternehmen mitzutragen:

- Zum einen haben Banken auf der Basis von *mushāraka*-Verträgen Projekte von Unternehmen finanziert, an deren Kapital sie selbst maßgeblich beteiligt sind und deren Geschäftspolitik sie daher (mit)bestimmen. Je höher die Kapitalbeteiligung, um so höher ist im übrigen auch unabhängig von der Finanzierungsform die Beteiligung am Erfolgsrisiko dieser Unternehmen.
- Zum anderen wurden bei kurzfristigen Handelsfinanzierungen *murābaḥa*-Verträge durch *mushāraka*- oder *muḍāraba*-Konstruktionen ersetzt. Das dabei von der Bank eingegangene Risiko ist minimal, wenn faktisch bereits beim Erwerb der Ware die Konditionen für den Weiterverkauf festliegen: Wenn die Ware gegen Untergang durch Katastrophen, Diebstahl usw. versichert ist, die Einkaufspreise bekannt und die Weiterverkaufspreise bereits ausgehandelt sind, stehen die Gewinne in der absoluten Höhe praktisch fest, und die Erträge der Bank sind trotz formaler Gewinn- und Verlustbeteiligung genauso sicher wie bei einer Aufschlagsfinanzierung.

Einlagengeschäft: Islamische Banken sind besonders bei der Mobilisierung von Kundeneinlagen erfolgreich; einige Banken verfügen nicht immer über hinreichende eigene profitable Verwendungen für diese Gelder und überlassen dann anderen Banken die Anlage. Dabei handelt es sich nicht nur um andere islamische Banken, sondern auch um Finanzinstitutionen, die überwiegend konventionell arbeiten und „islamische Abteilungen" unterhalten, die hinsichtlich ihrer islamischen Qualitäten keineswegs über alle Zweifel erhaben sind. Das Ausmaß solcher Plazierungen von Geldern bei anderen Banken läßt sich angesichts von Verlusten in zwei- bis dreistelliger (Dollar-)Millionenhöhe erahnen, die verschiedene islamische Banken (Al Rajhi Banking & Investment Corporation, Faisal Islamic Bank of Egypt, Qatar Islamic Bank, Dubai Islamic Bank) Presseberichten zufolge durch den Zusammenbruch der nichtislamischen *Bank of Credit and Commerce International (BCCI)* erlitten haben.

Probleme und Perspektiven

Ein zentrales Problem islamischer Banken ist das Fehlen eines zinslosen Kapitalmarkts, auf dem sie einerseits überschüssige Liquidität kurzfristig anlegen und sich andererseits im Bedarfsfall fehlende Liquidität beschaffen können. Nach traditioneller Auffassung kann die Überlassung von Liquidität (Gelddarlehen) nur entweder völlig unentgeltlich oder auf der Basis der Beteiligung des Geldgebers am Gewinn und Verlust des Darlehnsnehmers erfolgen. Die unentgeltliche Überlassung ist für erwerbswirtschaftliche Transaktionen keine akzeptable Methode, und bei der Gewinn- und Verlustbeteiligung ergeben sich enorme praktische Probleme, wenn es um die Anlage oder Beschaffung von Liquidität für wenige Tage oder Wochen geht:

– Aus solchen kurzfristigen Transaktionen lassen sich faktisch keine hinreichend klar zurechenbaren Gewinne (oder Verluste) ermitteln, an denen der Geldgeber zu beteiligen wäre.
– Rechnet man daher mit dem „normalen" Quartals-, Halbjahres- oder Jahresgewinn der Liquidität aufnehmenden Bank, vergeht eine beachtliche Zeit von der Liquiditätsübertragung bis zur Ermittlung der effektiven Kosten. Außerdem bestehen bei der Ermittlung von Bilanzgewinnen und -verlusten Bewertungs- und Abgrenzungsspielräume beim bilanzierenden Unternehmen. Kosten und Erträge kurzfristiger Liquidität sind daher zum Zeitpunkt ihrer Inanspruchnahme in einem solchen Maße unbestimmt, daß sich im Normalfall entweder kein Liquiditätsangebot oder keine Liquiditätsnachfrage finden wird.
– Die Unsicherheit könnte reduziert werden, wenn man spezielle Formeln für eine zeitnahe Gewinn- und Verlustermittlung vereinbart.[9] Dies führt sehr leicht dazu, daß die Gewinnformel so bestimmt wird, daß ein vorgegebener Kapitalkostensatz mit größter Wahrscheinlichkeit realisiert werden kann. Dies entspricht sachlich aber der Vereinbarung eines faktisch sicheren (und damit islamisch unzulässigen) Zinses.

Nach intensiven Diskussionen in der zweiten Hälfte der achtziger Jahre wurde ein anderer Weg konzipiert, dessen reale Umsetzung derzeit beginnt. Die Grundidee ist, daß man für das Liquiditätsmanagement Wertpapiere einsetzt, die keine reinen Finanzpapiere (wie Finanzwechsel, Schuldscheine o. ä.), sondern durch Realwerte gedeckt bzw. Ausdruck des (Teil-)Eigentums an Sachobjekten sind.

– In einem ersten Schritt zahlt eine Gruppe von Banken Gelder in einen gemeinsamen Fonds ein, dessen Mittel zum Erwerb von Vermögensobjekten verwendet werden, die einen langfristigen und sicheren Ertrag erwarten lassen. Dies können z. B. auf 10 Jahre oder länger vermietete Immobilien sein. Der Fonds kann nun an die Banken Zertifikate ausgeben, die einen bestimmten Nennwert (z. B. 10000 US-$) besitzen und deren Zahl sich nach dem Preis der erworbenen Immobilien und dem Anteil der jeweiligen Bank an der Anfangseinzahlung bemißt. Diese Zertifikate repräsentieren ein standardisiertes Teileigentum an den Vermögensobjekten des Fonds und einen anteiligen Anspruch auf die Erträge daraus.

- Da der Handel mit Eigentumsrechten zulässig ist, können die Zertifikate, die man als sachwertgedeckte Finanzpapiere bezeichnen kann, nach der Erstausgabe an einem Sekundärmarkt gehandelt werden. Wenn man unterstellt, daß es dem Fondsmanagement gelingt, Substanzwertverluste der Immobilien zu vermeiden, sind die Zertifikate eine wertbeständige Geldanlage, die faktisch sichere Erträge in Höhe der (um Unterhaltungskosten verminderten) Mieteinnahmen einbringt.
- Islamische Banken können nun die Zertifikate für ihr Liquiditätsmanagement einsetzen: Banken, die temporär keine ertragreicheren Verwendungen für vorhandene liquide Mittel (Kundeneinlagen) finden, können am Sekundärmarkt (bzw. am Interbanken-Markt) Zertifikate erwerben, die ja eine faktisch sichere Mindestrendite besitzen. Umgekehrt können Banken, die Liquidität benötigen, Papiere aus ihrem Bestand verkaufen. Solche Transaktionen können jederzeit erfolgen, so daß im Prinzip auch ein sehr kurzfristiger Ausgleich von Liquiditätssalden zwischen den Banken möglich ist. Die Abweichung der Kurse von dem (um die kapitalisierten sicheren Erträge erhöhten) Nominalwert der Zertifikate drückt den von Angebot und Nachfrage bestimmten Preis der Liquidität aus und übernimmt damit die Lenkungsfunktion, die in konventionellen Systemen der Zins ausübt.

Bei der Umsetzung eines solchen Konzepts ergeben sich zahlreiche praktische Probleme: Ein erster Problemkomplex betrifft die richtige Dimensionierung der finanziellen Anfangsausstattung des Fonds für die sachwertgesicherten Finanzpapiere; dabei stellt sich auch die Frage, welche Realobjekte für den Fonds ökonomisch geeignet und islamrechtlich zulässig sind. Ein weiterer Problemkomplex ist die Beteiligung einer hinreichend großen Zahl von Banken am Sekundärmarkt, denn in vielen muslimischen Ländern gibt es nur einzelne islamische Banken, und islamische Banken aus anderen Ländern können möglicherweise wegen Beschränkungen im Außenwirtschaftsverkehr trotz Interesses nicht teilnehmen. Probleme dieser Art werden sicherlich die Effektivität eines zinslosen islamischen Kapitalmarkts in der Aufbauphase behindern – und zwar um so mehr, je weniger die Zentralbanken zu einer Unterstützung bereit sind. Dies sind jedoch keine prinzipiell unüberwindbaren Schwierigkeiten; die an verschiedenen Stellen in Angriff genommene Errichtung von Sekundärmärkten für zinslose Wertpapiere dürfte auf mittlere Sicht Erfolg haben und wesentlich zur Konsolidierung des islamischen Bankwesens beitragen.[10] Vor allem die Bemühungen der DMI- und der Albaraka-Gruppe, der IDB sowie der Zentralbank in Malaysia verdienen weitere Beachtung.

Es ist bemerkenswert, daß trotz der umfassenden „Islamisierung" des Finanzsektors weder in Pakistan noch im Iran vergleichbar innovative Lösungen gefunden wurden. In beiden Ländern behilft man sich mit mehr oder weniger pragmatischen Interventionen der Zentralbank oder auf Zins beruhenden Hilfskonstruktionen, die weder aus islamrechtlicher noch aus ökonomischer Perspektive überzeugend sind.

Bewertung

Islamische Banken weichen hinsichtlich ihrer Geschäftsergebnisse nicht signifikant von konventionellen Banken ab: Sie sind weder systematisch besser als konventionelle Banken, noch sind sie schlechter. Das ist insofern nicht überraschend, als die meisten islamischen Banken mit den gleichen Kundengruppen bzw. in den gleichen Wirtschaftszweigen und mit ökonomisch ähnlichen Techniken wie konventionelle Banken arbeiten. Daß islamische Banken in einigen Ländern vordere Ränge in den Listen der größten Banken erreicht haben, belegt einerseits, daß zahlreiche Muslime bereit sind, ihnen ihr Geld anzuvertrauen; andererseits machen die Größenordnungen aber auch deutlich, daß bislang nur eine Minderheit der Einleger das Zinsverbot so ernst nimmt, daß sie von konventionellen zu islamischen Banken wechselt.

Angesichts der vorherrschenden Praxis der Konzentration auf Aufschlagsfinanzierungen ohne wesentliches Engagement bei Gewinn- und Verlustbeteiligungen stellen vor allem westliche Beobachter die Frage, ob es einen Unterschied zu Zinsgeschäften gibt bzw. ob nicht die islamischen Banken nur neue Namen für den alten Zins verwenden, also letztlich Etikettenschwindel betreiben.

Ein solches Negativurteil liegt nahe; es übersieht jedoch, daß es zwar nur marginale ökonomische, sehr wohl aber deutliche juristische Unterschiede zwischen dem Zins bei einem Gelddarlehen und festen (Gewinn-)Aufschlägen bei Handelsgeschäften oder Vermietungen gibt. Im einen Fall handelt es sich um eine reine *Finanz*transaktion, im anderen Fall um ein *Real*geschäft. Auch im deutschen Zivilrecht werden Darlehnsforderungen (Finanzgeschäft) und Forderungen aus Kaufpreisstundungen (Realgeschäft) nach anderen Vorschriften des Bürgerlichen Gesetzbuchs behandelt. Für die islamischen Banken ist weniger der ökonomische als dieser *legale* Unterschied bedeutsam, denn es kommt ihnen darauf an, nach islamischem Recht unzulässige Vertragsformen zu vermeiden.

Im übrigen besteht auch ein ökonomischer Unterschied zum Zinssystem: Konventionelle Banken können Kredite auch dann vergeben, wenn der Kreditnehmer damit keine Güter kaufen, sondern z.B. Arbeitnehmer entlohnen oder an der Börse spekulieren will. Solche Transaktionen können von islamischen Banken wohl nicht oder nur in sehr begrenztem Umfang finanziert werden, weil dazu keine geeigneten zinslosen Finanzierungstechniken verfügbar sind.[11] Man kann also sagen, daß die Palette der von islamischen Banken finanzierbaren Vorhaben gegenüber den Möglichkeiten konventioneller Banken begrenzter ist.

Die meisten islamischen Banken gehen heute von einer legalistischen Interpretation des Zinsverbots aus.[12] Es mehren sich zwar die Stimmen derjenigen, für die eine „islamische Bank“ mehr bieten müßte als nur (in einem legalistischen Sinne) zinslose Finanzierungstechniken, und die eine stärkere soziale (Selbst-)Verpflichtung und Entwicklungsorientierung von islamischen Banken verlangen. Aber es gibt derzeit kaum Anzeichen dafür, daß solche Forderungen in die Praxis umgesetzt werden.

2. Islamische Wirtschaftsordnung

Die Praxis der Islamisierung der Wirtschaft bzw. der Bemühungen um die Implementierung einer islamischen Wirtschaftsordnung soll anhand der Politik in Pakistan und in Iran dargestellt werden;[13] für den Sudan und Afghanistan fehlt es wegen der kriegerischen Auseinandersetzungen im Lande und der erst seit kurzem systematisch fortgesetzten (Sudan) bzw. eingeleiteten (Afghanistan) Islamisierung an einer hinreichenden Grundlage für eine Analyse und Bewertung.

a) Pakistan

Der konstitutionelle Rahmen

Pakistan war zwar von Anfang an ein weltanschaulich definierter Staat, aber weder Muḥammad Iqbāl als geistiger noch Jinnah (Muḥammad ʿAlīʿ Jināḥ) als politischer Vater Pakistans gingen von einem traditionellen islamischen Staatsverständnis aus. Sie strebten vielmehr die Errichtung eines „muslimischen Nationalstaats" auf dem indischen Subkontinent an. 1956 erhielt Pakistan seine erste Verfassung, die das Land als „Islamische Republik" bezeichnete und u. a. verlangte,

- für die richtige Organisation von *zakāt* zu sorgen,
- den Zins schnellstmöglich zu beseitigen,
- alle Gesetze in Einklang mit den im Koran und in der Sunna niedergelegten Vorschriften des Islams zu bringen.

Die 1956er Verfassung wurde 1958 von General Ayub Khan (Aiyūb Khān) außer Kraft gesetzt, der dem Land 1962 eine Verfassung nach seinen Vorstellungen verordnete. Nach dem Abfall von Ostpakistan (heute Bangladesh) erhielt Westpakistan 1973 seine dritte Verfassung, der alle Parteien in der (1970 gewählten) Nationalversammlung zustimmten. 1977 wurde sie mit der Machtübernahme durch General Zia ul-Haq (Żiyā' al-Ḥaqq) außer Kraft gesetzt. In der bis Ende 1985 andauernden Kriegsrechtsperiode wurden über 50 Änderungen vorgenommen, wovon aber nur eine den islamischen Gehalt der 1973er Verfassung betraf, der nicht über die 1956er Verfassung hinausging. Die Gesetzgebungskompetenz des demokratisch gewählten Parlaments wurde nicht beschränkt; islamische Institutionen (wie der *Rat für islamische Ideologie* oder der *Oberste sharīʿa-Gerichtshof*) haben keine eigenen legislativen Kompetenzen. Sie können zwar auf Konflikte zwischen dem islamischen Recht und der Gesetzgebung des Parlaments hinweisen und z. T. auch Vorschläge für eine Beseitigung von Konflikten machen, die letzte Entscheidung aber bleibt dem Parlament vorbehalten.

Das künftige Verhältnis von islamischem Recht und säkularem Verfassungsrecht sollte durch ein *sharīʿa*-Gesetz *(Shariat Bill)* festgelegt werden, welches die sharīʿa zum höchsten Recht des Landes machen sollte. Die Diskussionen um dieses Gesetz begannen 1985, aber erst nach fünf Jahren – in der Regierungszeit von Benazir Bhutto (Bīnaẓīr Bhuttō) – wurde es vom Senat am 13. Mai 1990 einstimmig verabschiedet. Wegen der Auflösung des Parlaments am 6. August 1990 konnte das sharīʿa-Gesetz erst nach den Wahlen vom 24. Oktober 1990 weiter behandelt werden. Der Gewinner dieser Wahlen, Nawaz Sharif (Nawāz Sharīf), hatte sich im Wahlkampf für die Verabschiedung des sharīʿa-Gesetzes ausgesprochen, was am 13. April 1991 in der Nationalversammlung geschah. Inhaltlich weicht dieses Gesetz von der im Senat verabschiedeten Fassung in einigen wichtigen Punkten ab. Ursprünglich sollte durch eine Verfassungsänderung die sharīʿa zum *über*geordneten Recht Pakistans werden. Nach der verabschiedeten Fassung erlangt die sharīʿa aber nur den Status eines *neben* dem säkularen anzuwendenden Rechts. Konkrete Vorschriften zur Anwendung des islamischen Rechts in verschiedenen Bereichen enthält das sharīʿa-Gesetz auch nicht, sondern nur allgemeine Vorgaben und Orientierungen, so etwa, daß das Erziehungswesen islamisiert und daß durch die Massenmedien islamische Wertvorstellungen gefördert werden sollen. Im Bereich der Wirtschaft sind die Formulierungen des Gesetzes sehr vorsichtig.[14] Alle Verträge zwischen natürlichen und juristischen Personen in Pakistan und im Ausland (d. h. auch solche, in denen Zinszahlungen vereinbart wurden) sollen so lange Gültigkeit besitzen, bis ein alternatives islamisches Wirtschaftssystem eingeführt worden ist. Ein Zeitpunkt dafür wurde nicht festgelegt.

Die Islamisten halten das sharīʿa-Gesetz für völlig unzureichend. Andererseits begrüßen es Gegner einer zu weit gehenden Macht der islamischen Geistlichkeit, denn wenn die sharīʿa in Pakistan geltendes Recht ist, kann bzw. darf dieses nach ihrer Ansicht nicht nur von *islamischen* Rechtsgelehrten ausgelegt und angewandt werden, sondern von *jedem* Gericht; die speziellen sharīʿa-Gerichtshöfe, auf die die islamische Geistlichkeit einen starken Einfluß hat, würden an Bedeutung verlieren. Urteile der sharīʿa-Gerichte können auch nach dem sharīʿa-Gesetz durch den Obersten Gerichtshof des Landes überprüft und ggfs. aufgehoben werden. Schließlich bleibt die Gesetzgebungskompetenz des Parlaments, das auch die Verfassung ändern kann, unangetastet.

Islamisierung der Wirtschaft

Erst mehr als 30 Jahre nach der Staatsgründung Pakistans wurde ernsthaft damit begonnen, im Wirtschaftsleben islamischen Vorschriften eine stärkere Geltung zu verschaffen. Die Islamisierung fand zum einen im Bereich des Abgabewesens durch die staatliche Organisation von zakāt, zum anderen im Bereich der Finanzwirtschaft durch die Eliminierung des Zinses bei Bankgeschäften statt. Diskussionen um eine Reform des Steuersystems, um die Zulässigkeit von Budgetdefiziten und um Möglichkeiten ihrer Finanzierung ohne Zins sowie um eine islamische Entwicklungspolitik sind bislang ohne praktische Konsequenzen geblieben. Wegen der für die Funktionsfähigkeit des Wirtschaftssystems großen Bedeutung der Finanzwirtschaft beschränken sich die folgenden Ausführungen darauf.[15]

Bei der Eröffnung der Zentralbank *(State Bank of Pakistan)* am 1. Juli 1948 erklärte ihr erster Gouverneur, daß die zu errichtende Forschungsabteilung dieser Bank auch und besonders daran arbeiten werde, wie Bankgeschäfte mit den Prinzipien der islamischen Weltanschauung und insbesondere mit dem Zinsverbot in Einklang gebracht werden könnten. Es dauerte aber über dreißig Jahre, bis – auf Betreiben der Regierung – konkrete Schritte in dieser Richtung unternommen wurden. Wichtige konzeptionelle Vorarbeiten wurden von einem aus Ökonomen und Bankpraktikern gebildeten Beratergremium des Rates für islamische Ideologie geleistet. Den Rat hatte General Zia ul-Haq Ende September 1977 (nur wenige Wochen nach seiner Machtübernahme) beauftragt, einen Entwurf für die Beseitigung des Zinses und die Ausgestaltung einer zinslosen Wirtschaftsordnung zu erstellen. Die Islamisierung der pakistanischen Finanzwirtschaft erfolgte schrittweise und orientierte sich nur teilweise an den gutachterlichen Vorarbeiten:

1979 und 1980 wurde der Geschäftsbetrieb einiger Spezialbanken und Investmentgesellschaften auf Zinslosigkeit umgestellt. 1981 wurden bei allen fünf nationalisierten Geschäftsbanken besondere Abteilungen eingerichtet, bei denen die Bankkunden Gelder auf sogenannte *PLS (Profit and Loss Sharing)*-Konten einzahlen konnten; die Guthaben auf diesen Konten werden nicht verzinst, sind aber am Gewinn oder Verlust der mit den PLS-Geldern finanzierten Transaktionen der Bank beteiligt. Ab Mitte 1985 wurden alle bis dahin noch verzinslichen Konten in PLS-Konten umgewandelt. Es wurden neue Unternehmungs- und Wertpapiertypen geschaffen: 1980 wurde die Verordnung über die Gründung und Geschäftstätigkeit von *muḍāraba*-Gesellschaften erlassen, bei denen eine als Projektmanager fungierende Partei mit dem von den anderen Parteien durch Erwerb von muḍāraba-Zertifikaten bereitgestellten Kapital ein gewinnversprechendes Projekt abwickelt. 1981 wurden *Participation Term Certificates (PTCs)* eingeführt, erfolgsbeteiligte Schuldverschreibungen mit einer fünf- bis zehnjährigen Laufzeit, welche verzinsliche Industrieobligationen ersetzen sollten. Mitte 1984 veröffentlichte die Zentralbank eine Liste mit 12 Finanzierungsarten (vgl. Tabelle 3), die sie für islamisch zulässig und ab April 1985 im Finanzierungsgeschäft der Banken für verbindlich erklärte.[16] Damit schien zunächst die Islamisierung des Bankwesens zum Abschluß gebracht worden zu sein.

Von einer vollständigen Islamisierung des Finanzsystems kann aber nicht die Rede sein, denn in einigen Bereichen sind (nicht nur faktisch, sondern auch formal) Transaktionen mit Zins nach wie vor erlaubt, so insbesondere bei

- Transaktionen mit dem Ausland und Transaktionen pakistanischer Banken im Ausland, die konventionell mit Zinsen abgewickelt werden,

Tabelle 3: *Zulässige zinslose Finanzierungsarten in Pakistan*

Darlehensfinanzierung („Financing by Lending")	*Handelsfinanzierung* („Trade Related Modes of Financing")	*Investitionsfinanzierung* („Investment Type Modes of Financing")
1. zinslose Darlehen („Loans") mit kostenorientierten Gebühren 2. zins- und gebührenfreie Darlehen („Qarḍ-e Ḥasan")	3. Ankauf von Gütern („goods") und Weiterverkauf mit Aufschlag („mark-up") 4. Ankauf von Handelswechseln mit Abschlag („mark-down") 5. Ankauf von Vermögensobjekten („property") mit Rückkaufsvereinbarung („buy-back agreement") 6. Leasing 7. Mietkauf 8. wertsteigernde Maßnahmen bei Vermögensobjekten („development of property") gegen Gebühren	9. Gewinn- und Verlustbeteiligung („mushāraka", „profit and loss sharing") 10. Kapitalbeteiligung 11. Ankauf von erfolgsbeteiligten Wertpapieren („Participation Term Certicifates", „muḍāraba Certificates") 12. Mietbeteiligung („rent-sharing")

Zusammengestellt nach: State Bank of Pakistan, BCD Circular 13, (June 20) 1984.

– Staatsschuldtiteln, für die es eine Ausnahme vom Zinsverbot gibt; nicht nur alte, sondern auch neu aufgelegte Staatsanleihen bringen den Zeichnern sichere Zinseinkünfte.

Zwar wurde in der zweiten Hälfte der achtziger Jahre über Möglichkeiten der Staatsfinanzierung ohne Zins, zinslose Interbankgeschäfte sowie zinslose Instrumente der Geld- und Kreditpolitik theoretisch diskutiert, aber in der praktischen Politik blieb dies ohne Konsequenzen: Nachdem Zia ul-Haq im August 1988 bei einem Flugzeugabsturz ums Leben gekommen war, ließen seine Nachfolger Bhutto und Sharif keine eigenen Absichten erkennen, die Islamisierung der Finanzwirtschaft fortzusetzen bzw. zu vollenden. Daß dieses Thema dennoch politisch wieder aktuell wurde, ging auf ein Urteil des Obersten sharīʿa-Gerichts *(Federal Shariah Court)* Ende 1991 zurück.[17] Nach umfangreichen Befragungen von islamischen Gelehrten, Ökonomen, Bankern, Rechtsanwälten und Regierungsbeamten erklärte das Gericht am 14. November 1991, daß 22 – für das Finanzwesen z. T. wesentliche – Wirtschaftsgesetze des Landes gegen islamisches Recht verstoßen und bis zum 30. Juni 1992 geändert werden müssen; andernfalls würden sie ab dem 1. Juli 1992 ihre Gültigkeit verlieren. Das sharīʿa-Gericht betonte vor allem, daß jede Form von Zins unzulässig sei und die Praxis der pakistanischen Banken dem Zinsverbot nicht Rechnung trage. Im Februar 1992 bekräftigte das Gericht seinen Standpunkt.

Die Kritik an „unislamischen" Bankpraktiken mag insofern überraschen, als die Banken an die von der Zentralbank herausgegebene Liste zulässiger

Finanzierungen gebunden sind. So zielt die Kritik auch nicht allein darauf, daß die Banken extensiv von jenen Finanzierungsarten Gebrauch machen, die sehr nahe an Zinsgeschäfte herankommen (insbesondere Ziff. 3, 4 und 5 in Tabelle 3).[18] Vielmehr ist der Hauptpunkt der Kritik die Praxis der Banken, zwei ursprünglich für unterschiedliche Transaktionstypen gedachte Finanzierungsarten zu kombinieren und zur „Standardtechnik" im Finanzierungsgeschäft zu machen:[19] den An- und Weiterverkauf von Gütern mit Aufschlag und den Ankauf von Vermögensobjekten mit Rückkaufsvereinbarung.

Die erste Finanzierungsart sollte eigentlich den *murābaḥa*-Finanzierungen der islamischen Banken im arabischen Raum entsprechen: Kunde A bittet Bank B, von Lieferant C bestimmte Güter zu kaufen und an ihn mit Aufschlag bei späterer Zahlung weiterzuverkaufen. An der zweiten Transaktionsart, dem An- und Rückkauf von Vermögensobjekten, sind nur Kunde A und Bank B beteiligt; von einer Differenz zwischen dem An- und Rückkaufspreis ist in der Liste der Zentralbank explizit nicht die Rede. Sinnvoll könnten solche Transaktionen z. B. zur Sicherung von Forderungen insbesondere bei längerfristigen Finanzierungen (z. B. Immobilien) sein; An- und Rückkauf können dabei zu unterschiedlichen Zeitpunkten erfolgen. Die Standardtechnik der pakistanischen Banken – mit der ca. 80% des Finanzierungsgeschäfts abgewickelt werden – sieht aber so aus, daß die Bank vom Kunden A Güter (z. B. seinen Lagerbestand) kauft und sofort mit einem Aufschlag wieder an ihn zurückverkauft.[20] Diese Praxis steht in der Tradition der bereits im klassischen islamischen Recht entwickelten Rechtskniffe zur Umgehung des Zinsverbots. Man kann sie nur dann akzeptieren, wenn man *ribā* nicht als Zins, sondern als Wucher interpretiert und Zinsen bei Bankkrediten nicht als Wucher ansieht. Da das sharīʿa-Gericht dieser Auffassung nicht folgt, muß es die Finanzierungspraxis der pakistanischen Banken als unislamisch ablehnen.

Die Regierung zeigte keine Neigung, diesen status quo zu ändern: Einerseits sei nicht klar, welche Art von Zins wirklich verboten ist, andererseits sei keine funktionsfähige Alternative in Sicht; Kommissionen sollten sich erneut mit diesen Fragen auseinandersetzen. Angesichts der bereits geführten intensiven Diskussionen um die „richtige" Interpretation des Zinsverbots (nicht nur) in Pakistan und der (konzeptionellen und praktischen) Bemühungen um echte Alternativen zu den kritikwürdigen Umgehungsgeschäften ist diese Reaktion nicht unbedingt überzeugend.

Während die Regierung passiv blieb, fochten private und ausländische Banken das Urteil des sharīʿa-Gerichts vor dem Obersten Gerichtshof an. Erst im Mai 1992 wandte sich die Regierung an diesen; sie suchte aber nicht etwa um eine Verlängerung der Frist für die Umstellung des Bankensystems nach, sondern beantragte, das Urteil des sharīʿa-Gerichts aufzuheben. Es erging eine Verfügung mit aufschiebender Wirkung bis zum endgültigen Urteil, das aber noch immer nicht gefällt worden ist.

Fazit

Nach dem Tode Zia ul-Haqs im August 1988 wurde weder unter Bhutto noch unter Sharif die eingeleitete Islamisierung der Wirtschaft weitergetrieben. Obwohl an sich die Voraussetzungen günstig waren (nicht nur isoliert arbeitende Banken in einem „feindlichen" Umfeld, sondern Möglichkeiten zur Unterstützung der Geschäftsbanken durch die Zentralbank), fanden finanztechnische Innovationen nicht statt; die Banken wenden lieber Rechtskniffe an, um ohne größere Änderungen ihre frühere Geschäftspraxis fortsetzen zu können. Von einem zinslosen Kapitalmarkt ist in Pakistan nichts zu sehen, und Staatsanleihen sind nach wie vor zinstragend. Die gegenwärtige Praxis in Pakistan ist nicht geeignet, die Funktionsfähigkeit oder gar Effizienz einer islamischen Wirtschaft zu demonstrieren. Das im Lande vorhandene intellektuelle Innovationspotential wird nicht genutzt, um gesamtwirtschaftlich eine ernsthafte Alternative zur Zinswirtschaft zu implementieren.

b) Iran

Die Islamische Republik Iran liefert Anschauungsmaterial für Versuche, unterschiedliche Lehren von einer islamischen Wirtschaftsordnung in wirtschaftspolitische Praxis umzusetzen. Am Beispiel Irans läßt sich u. a. zeigen, daß

- *verschiedene Lehrgebäude* existieren, die unterschiedlich ausgereift und praktikabel sind,
- woraus stark *divergierende Ordnungsentwürfe* und wirtschaftspolitische Maßnahmen abgeleitet werden,
- was *erhebliche Kurswechsel* in der iranischen Wirtschaftspolitik erklären kann, ohne daß die jeweilige Regierung den Anspruch, eine islamische Wirtschaftsordnung anzustreben, je aufgegeben hätte.

Verstaatlichungen und Wirtschaftslenkung zu Lebzeiten Khomeinis (Khumainīs)

In der Frühphase der islamischen Revolution wurden weitreichende Maßnahmen zur Verstaatlichung von Dienstleistungs- und Industrieunternehmen sowie zur staatlichen Wirtschaftslenkung ergriffen, die allerdings ursprünglich weniger ideologie- als vielmehr situationsbedingt waren.[21]

Obwohl der erste von Khomeini eingesetzte Regierungschef Bazargan (Bāzārgān) ein Wirtschafts- und Staatskonzept entworfen hatte, in dem Privateigentum an Unternehmen einen sehr hohen Stellenwert besitzt und der Staat vor allem für eine moralische Erneuerung der Gesellschaft und nicht für eine umfassende Wirtschaftslenkung zuständig sein soll, kam es in seiner kurzen Amtszeit (5.2.–5.11.1979) u. a. zu de jure und de facto-Verstaatlichungen der Erdöl- und Erdgasindustrie, der Finanzinstitutionen (Banken und Versicherungen) sowie der Schlüsselindustrien und der Unternehmen der 51 größten iranischen Privatunternehmer. Wenn man bedenkt, daß Erdöl für die iranische Wirtschaft allgemein und für die Finanzierung des Staatshaushaltes im besonderen eine zentrale Rolle besitzt, daß außerdem die meisten größeren Industriellen das Land verlassen hatten oder unter Anklage standen, so daß ihre Unternehmen führungslos waren, und daß die Banken am illegalen Geldtransfer ins Ausland beteiligt waren, dann kann man die Übernahme der Leitung all dieser Unternehmen durch die Regierung als eine (später wieder zurückzunehmende) Notmaßnahme verstehen.[22]

Bazargans Nachfolger Banī Ṣadr sah darin allerdings keine Notlösung mehr. Ihm schwebte eine Wirtschaftsordnung vor, in der private Unternehmen zwar zulässig sein sollten, aber wohl nur im Bereich des Handwerks und der Kleinindustrie; wichtiger waren für ihn Unternehmen im gesellschaftlichen oder staatlichen Eigentum, und alle entwicklungsrelevanten Industrien sollten in Gesellschaftseigentum überführt werden. Die Nationalisierung der Banken ermöglicht bzw. erleichtert eine umfassende Kontrolle der Unternehmen und staatliche Lenkungseingriffe in den privaten Sektor.

Im Januar 1980 wurde Banī Ṣadr zum ersten Präsidenten der Islamischen Republik Iran gewählt. Wie Bazargan war auch er kein schiitischer Theologe, sondern ein von französischen Sozialisten beeinflußter Soziologe. Er war während des französischen Exils Khomeinis Berater auch für Wirtschaftsfragen, und seine Ideen haben ihren Niederschlag in der offiziellen Programmatik der Islamischen Republik – so in der Verfassung, dem Programm der *Islamisch-Republikanischen Partei* (damals faktisch die Staatspartei) und im Entwurf des Ersten Entwicklungsplanes – gefunden. Trotz dieses wohl auf die anfängliche Unterstützung durch Khomeini zurückzuführenden ideologischen Einflusses Banī Ṣadrs bestanden sowohl hinsichtlich der Konsistenz und Funktionsfähigkeit seiner ökonomischen Vorstellungen als auch hinsichtlich ihrer islamischen Qualität erhebliche Zweifel. Seine Ideen kamen in der praktischen Politik aber nur sehr bedingt zum Tragen, denn diese war weniger von theoretischen Modellen als von Sachzwängen bestimmt, die sich aus internen Machtkämpfen, internationalen Boykottmaßnahmen nach der Geiselnahme in der amerikanischen Botschaft (seit November 1979) und dem Beginn des Krieges mit dem Irak (September 1980) ergaben.

Nach der faktischen Amtsenthebung des Nichttheologen Banī Ṣadr Mitte 1981 wurde das Amt des Staatspräsidenten von Vertretern der schiitischen Geistlichkeit übernommen: Rajai (Rajā'ī) 1981, Khamenei (Khāmina'ī) 1981–89, Rafsanjani (Rafsanjānī) seit 1989. Dies bedeutete zunächst eine Abkehr von islamisch hinterlegten technokratischen Konzepten und linkssoziologisch inspirierten Islaminterpretationen und eine Hinwendung zu Wirtschaftslehren schiitischer Theologen. Da Khomeini selbst kein Wirtschaftskonzept entwickelt hatte und praktische Wirtschaftsfragen eher für nachrangig hielt, griff man ideologisch vor allem auf das Werk des hoch angesehenen irakischen Theologen Muhammad Baqir as-Sadr (Muḥammad Bāqir aṣ-Ṣadr) zurück, der 1981 im Irak hingerichtet worden war. In seinem 1961 fertiggestellten Hauptwerk „Unsere Wirtschaft" entwickelt as-Sadr

Ideen, die (säkulare) Ökonomen zwar kaum als Entwurf einer konsistenten und funktionsfähigen Wirtschaftsordnung akzeptieren dürften, die aber in der praktischen Politik zur Rechtfertigung weitgehender staatlicher Lenkungseingriffe (Regulierungen, Preiskontrollen, Kreditrationierungen, Subventionierungen, Außenhandelslizenzen, Devisenbewirtschaftung usw.) und Verstaatlichungen herangezogen werden konnten. Angesichts des andauernden Krieges mit dem Irak wurde diese dirigistische Politik auch weitgehend hingenommen.[23]

Privatisierung und Liberalisierung: Rafsanjanis Wende

Die mangelnde Effizienz dieser besonderen Form von Staatswirtschaft wurde nach dem Ende des Krieges mit dem Irak 1988 unübersehbar und veranlaßte zu einem wirtschaftspolitischen Kurswechsel in Richtung auf eine Stärkung der Privatinitiative und eine Reduktion des Staatsinterventionismus. Weichenstellungen fanden noch zu Lebzeiten Khomeinis statt, aber erst nach seinem Tod (3.6.1989), der Wahl Rafsanjanis zum Staatspräsidenten und (gemäß der zuvor geänderten Verfassung) zum Regierungschef am 17.8.1989 sowie der Annahme des im Parlament lange Zeit sehr umstrittenen ersten Fünf-Jahres-Planes (1990–94) nahm die neue Politik konkrete Formen an. Das Tempo der Reformen wurde beschleunigt, nachdem Rafsanjani bei den Parlamentswahlen im April/Mai 1992 eine große Mehrheit im *Majlis* gewinnen konnte und zahlreiche Vertreter des radikaleren staatsinterventionistischen Kurses nicht mehr wiedergewählt wurden.

Rafsanjani setzt auf Privatinitiative und Privateigentum als Motor der wirtschaftlichen Entwicklung und will den Staatseinfluß zurücknehmen. Dazu wurden u. a. folgende Maßnahmen ergriffen:

- Unternehmer, die nach der Revolution aus dem Land gegangen waren und ihr Vermögen zurückgelassen hatten, werden zur Rückkehr aufgefordert; ihre konfiszierten Betriebe werden zurückgegeben.
- Zahlreiche der 300 größten Staatsbetriebe werden schrittweise privatisiert, u. a. durch den Verkauf von Aktien an der seit Ende 1989 wiederbelebten Teheraner Wertpapierbörse. Eine (Re-)Privatisierung der nationalisierten Banken ist zwar nicht vorgesehen, wohl aber die Zulassung neuer privater Finanzinstitutionen, die faktisch wie Banken arbeiten sollen.
- Ausländische Investitionen sind in Form von Joint Ventures wieder zugelassen, wobei eine zunächst eingeführte Beschränkung des Anteils des ausländischen Kapitals auf 49% inzwischen aufgehoben wurde, so daß auch Mehrheitsbeteiligungen möglich sind. Ausländische Investoren erhalten Garantien gegen Enteignung, können zu günstigen Kursen Gewinne transferieren und später das investierte Kapital repatriieren.
- Preiskontrollen wurden abgeschafft, der Außenhandel (insbesondere die Einfuhren) liberalisiert und das System der multiplen Wechselkurse vereinfacht (nur noch drei staatliche Kurse), was mit einer Abwertung der iranischen Währung verbunden war.

Die Privatisierung und Deregulierung hat bisher noch nicht zu einem Anstieg von Produktion und Investition sowie Beschäftigung und Einkommen – und damit zu einer spürbaren Verbesserung der Lebenslage der Masse der Bevölkerung – geführt. Die kurzfristigen Effekte waren im Gegenteil eher belastend: Die Beseitigung von Preiskontrollen und die Abwertung der iranischen Währung haben zu erheblichen Preisschüben auch bei Gütern des Grundbedarfs geführt, und die Liberalisierung der Einfuhren hat kurzfristig internationale Liquiditätsprobleme hervorgerufen. Angesichts der niedrigen Auslandsverschuldung Irans und seiner Ölreserven sind dies mittelfristig zwar keine dramatischen Probleme (es sei denn, das Land verwendet seine Mittel in noch stärkerem Maße als bisher für den Kauf von Rüstungsgütern). Dennoch mußte die Regierung auf die wachsende Unzufriedenheit der Bevölkerung und auf Angriffe der Opposition reagieren und hat Subventionen für Güter des Grundbedarfs aufgestockt, staatliche Einkommens- und Transferzahlungen erhöht und die mit einem weiteren Abwertungs- bzw. Preissteigerungseffekt verbundene, für 1993 bereits angekündigte Vereinheitlichung der Wechselkurse auf einem marktnahen Niveau für unbestimmte Zeit verschoben.

Die wirtschaftspolitische Praxis der Islamischen Republik Iran hat sich von der staatsinterventionistischen Konzeption und von traditionellen Empfehlungen der schiitischen Geistlichkeit gelöst und einem Konzept angenähert, das sehr stark an Stabilisierungs- und Strukturanpassungsprogramme des *Internationalen Währungsfonds (IWF)* erinnert. Entsprechende Beratungen haben in der Tat stattgefunden, wobei die Ratschläge des IWF von der iranischen Regierung freiwillig befolgt werden, da sich das Land – im Unterschied zu den meisten anderen vom IWF beratenen Entwicklungsländern – nicht in einer Verschuldungskrise befindet und nicht auf eine Umsetzung von Politikempfehlungen des IWF angewiesen ist, um die internationale Kreditwürdigkeit nicht zu verlieren.

Kritiker Rafsanjanis behaupten, die Regierung der Islamischen Republik Iran habe mit ihrem Reformprogramm die islamische Wirtschaftslehre in der Praxis über Bord geworfen. Dagegen spricht allerdings, daß die islamische Wirtschaftslehre im Iran lange Zeit nicht systematisch und unter Beachtung der Erfordernisse einer sich modernisierenden und zunehmend arbeitsteilig und komplexer werdenden Wirtschaft weiter entwickelt worden ist. In anderen Teilen der islamischen Welt, wo dies geschehen ist, bildet sich – trotz Differenzen über einzelne Teilordnungen und Fragen der Strategie – die herrschende Meinung heraus, daß eine islamische Wirtschaftsordnung faktisch eine Art sozialer Marktwirtschaft mit einem rahmensetzenden, in bestimmten Bereichen regulierenden und kontrollierenden sowie teilweise Marktergebnisse korrigierenden Staat darstellt. Diesem Leitbild nähert sich Iran in seiner wirtschaftspolitischen Praxis durchaus an. Darüber hinaus gibt es einige Spezifika in der iranischen Wirtschaftspraxis, die ihren Ursprung eindeutig in der islamischen Wirtschaftslehre haben, nämlich insbesondere die religiösen Stiftungen und das zinslose Bankensystem.

– Religiöse Stiftungen könnten in der Zukunft zu wichtigen Institutionen im Bereich der sozialen Sicherung und der Unterstützung der ärmsten

Bevölkerungsgruppen, aber auch bei der Initiierung einer „Entwicklung von unten" werden. Voraussetzung wäre allerdings, daß die bislang oft geringe Transparenz und ungenügende Effizienz der Verwaltung des Stiftungsvermögens verbessert und der konzeptionelle Stellenwert dieser besonderen Form des Gesellschaftseigentums geklärt werden kann.

– Das zinslose Bankwesen wurde durch ein Gesetz vom August 1983 eingeführt (ab März 1984), das die Grundlage für zinslose Transaktionen der Geschäftsbanken darlegt, die Beziehungen der Geschäftsbanken untereinander und zur Zentralbank regelt und der Zentralbank neue Instrumente für eine recht weitreichende selektive Kreditlenkung zur Verfügung stellt.[24] Man kann erwarten, daß künftig dieses Gesetz bzw. die darauf aufbauende Bankpraxis einschließlich der Zentralbankpolitik geändert bzw. ergänzt werden muß.

Auf der einen Seite sind Geschäftsarten und -praktiken im Gesetz vorgesehen bzw. mit diesem vereinbar, deren Zulässigkeit nach islamischem Recht zweifelhaft erscheint, so etwa die Diskontierung von (Handels-) Wechseln, die Finanzierung von Industriebetrieben durch Ankauf noch zu produzierender (also noch nicht existenter) Güter, die Erhebung von Bearbeitungsgebühren in Abhängigkeit nicht vom Bearbeitungsaufwand, sondern von der Kredithöhe (1–1,5% des Kreditbetrags), die Möglichkeit, bei *muḍāraba-* und *mushāraka-*Finanzierungen eine Verlustbeteiligung der Bank auszuschließen, die Garantie von Mindesterträgen bei Bankeinlagen.

Auf der anderen Seite wurde das Problem des zinslosen Interbankmarktes in Iran nicht einmal ansatzweise gelöst: Vertreter von Geschäftsbanken, der Zentralbank und der Regierung vertreten die Ansicht, daß das Zinsverbot nur für Darlehen gilt, bei denen Schuldner und Gläubiger voneinander unabhängig sind, nicht aber für Darlehen voneinander abhängiger (natürlicher oder juristischer) Personen, so etwa für Darlehen zwischen Vater und Sohn oder zwischen Unternehmen, die Teile eines Konzerns sind. Da die Geschäftsbanken nationalisiert wurden, „gehören" sie ebenso wie die Zentralbank dem Staat, weswegen das Kriterium der Unabhängigkeit nicht erfüllt ist. Folglich werden Geschäfte der nationalisierten Geschäftsbanken untereinander und mit der Zentralbank konventionell auf Zinsbasis abgewickelt; auch von den Geschäftsbanken gehaltene Staatspapiere können zinsbringend sein, weswegen neue Typen zinsloser Staatspapiere zur Finanzierung von Haushaltsdefiziten bislang noch nicht eingeführt worden sind.

Spätestens dann, wenn erst private, also vom Staat unabhängige bankähnliche Finanzinstitutionen lizensiert werden und ihre Geschäftstätigkeit aufnehmen, muß man sich dem Problem des zinslosen Interbankmarktes aber stellen. Entweder man entwickelt ähnliche Konzepte wie oben im Kapitel über islamische Banken skizziert, was systemkonform wäre, aber weitreichende Anpassungen im gesamten Finanzsektor erfordern würde, oder man behandelt die privaten Banken genauso wie die nationalisierten Banken, was den Anpassungsbedarf zwar minimieren würde, aber eine systeminkonforme Lösung wäre.

Die Frage, ob die iranische Regierung unter Rafsanjani in der praktischen Wirtschaftspolitik nur noch pragmatisch handelt und die Ideale einer islamischen Wirtschaftsordnung aufgegeben hat, kann man nicht eindeutig beantworten. Ob Pragmatik oder Ordnungsprinzipien das praktische politische Handeln bestimmen, wird man besser erkennen, wenn die Regierung Konzepte zur Lösung des Problems der sozialen Sicherung (ein säkulares Versicherungs- bzw. Versorgungsmodell oder ein System unter Einbindung spezifisch islamischer Institutionen wie *zakāt* und religiösen Stiftungen) und die Regeln für die Beziehungen privater Quasi-Banken zu den übrigen Finanzinstitutionen einschließlich der Zentralbank vorlegen wird.

3. Fazit

Die aufgeführten Beispiele zeigen, daß „islamische Ökonomik" nicht nur eine nebulöse Worthülse ist, sondern ansatzweise sehr wohl in der wirtschaftlichen Praxis mit Inhalt gefüllt werden konnte. Allerdings ist es bislang noch nicht gelungen, ein voll funktionsfähiges oder gar westlichen Wirtschaftsmodellen überlegenes islamisches System zu implementieren. Dem stehen zahlreiche praktische Probleme entgegen, die hier vor allem im Hinblick auf die für die Leistungsfähigkeit jeder Wirtschaftsordnung zentrale Finanzwirtschaft dargestellt wurden. Es zeigte sich dabei, daß die meisten dieser Probleme keineswegs unlösbar sind und an verschiedenen Lösungsansätzen bereits gearbeitet wird. Wer das langsame Tempo beklagt, muß bedenken, daß in fast allen muslimischen Ländern – vielleicht mit Ausnahme Irans und (im Hinblick auf die Finanzwirtschaft) neuerdings Malaysias – die politischen Entscheidungsträger islamischen Wirtschaftslehren skeptisch bis ablehnend gegenüberstehen.

III. Tendenzen der Rechtsentwicklung

(Konrad Dilger)

In zahlreichen Staaten Nordafrikas und des Nahen Ostens ist der Islam zur Staatsreligion erklärt worden.[1] In einigen islamischen Ländern, die noch über kein bzw. wie im Fall Saudi-Arabiens[2] erst über gewisse Ansätze zu einem eigenen Verfassungssystem verfügen, ist die überragende Geltung des Islams ganz selbstverständlich. Darüber hinaus bildet das islamische Recht, das sogenannte Scheriatrecht *(sharīʿa)*, nach ausdrücklicher Anweisung einer Reihe von Verfassungen *eine* oder sogar *die* Hauptquelle für die Gesetzgebung.[3] Zwar stellt sich sofort die Frage, inwieweit ein verfassungsrechtliches Bekenntnis zum Islam bzw. zum Scheriatrecht praktische Bedeutung hat und nicht nur einen leerlaufenden Programmsatz darstellt. Immerhin bedeutet aber die Verankerung der islamischen Glaubenslehre in einer Verfassung wenigstens eine gewisse Bindung der politischen Machthaber, mit den Prinzipien des Islams nicht in eklatanten Widerspruch zu geraten.

Im Zuge der sogenannten „Re-Islamisierung" seit den späten siebziger Jahren gewannen jedoch die Verfassungsgrundsätze über den Islam eine neue Dimension, da dem Islam in allen Bereichen des Lebens wieder eine stärkere Bedeutung zukommt. Staat, Wirtschaft und Gesellschaft sollen in umfassendem Sinn aufs neue islamisiert werden. Das heißt, daß vor allem das islamische Recht in vollem Umfang Geltung erlangen soll. Die Re-Islamisierung äußert sich – kurz umrissen – in zwei Grundformen: Die Traditionalisten sind bemüht, die historische Entwicklung des Mittelalters so weit wie möglich zu bewahren. Die Fundamentalisten lehnen dagegen die mittelalterliche Geschichte ab, weil sie in ihr einen fortschreitenden Verfall des Islams erblicken. Sie fordern die Rückkehr zum Ur-Islam, wie ihn der Prophet Muḥammad verkörpert hat.[4]

Die Rückbesinnung auf den Islam als umfassende Gesellschaftslehre ist letztlich Ausdruck einer tiefen Identitätskrise der islamischen Welt: Enttäuscht von westlichen Ideen versuchen die islamischen Staaten, wieder stärker Eigenes zur Geltung zu bringen, um dadurch ihre Authentizität zurückzugewinnen.

Schon seit etwa zwei Jahrzehnten sind im Rechtsleben entsprechende Tendenzen festzustellen. Algerien, Somalia und der Sudan waren beispielsweise bemüht, das ihnen oktroyierte fremde Recht durch eigenes, nationales Recht zu ersetzen.[5] Dabei führt die wachsende Emanzipation aufgrund der kulturellen Tradition zu einer Neubelebung des arabisch-islamischen Elements. Das Bekenntnis zum Arabischen und zum Islam erscheint am Ende geradezu als Ausdruck des Nationalismus in der arabischen Welt.

Gelegentlich gipfelt die konsequente Verwirklichung des Islams in einer Wiederbelebung unzeitgemäßer Rechtsvorstellungen: So wurde in Abu Dhabi neben dem modernen Strafgesetzbuch von 1970 das islamische Strafrecht wieder eingeführt.[6]

In Iran wurde das islamische Strafrecht 1982/83 modifiziert.[7] Im vermögensrechtlichen Bereich gelten dagegen die französisch inspirierten Gesetze allem Anschein nach über den Sturz des Schahs hinaus im wesentlichen auch heute noch uneingeschränkt fort. Die Regelung des Heiratsalters in Artikel 1041 des Zivilgesetzbuches wurde vom Gesetzgeber sogar ausdrücklich bestätigt,[8] obwohl sie dem islamischen Recht widerspricht. Nur das Familienschutzgesetz von 1967 in der Fassung von 1975 ist durch Khumainī (Khomeini) für unvereinbar mit dem islamischen Recht und daher für unanwendbar erklärt worden.[9]

Erstmals in der Geschichte hat Libyen in den Jahren 1972–1974 das islamische Strafrecht in Gesetzesform gegossen.

In Pakistan ergingen Gesetze zum islamischen Strafrecht, als der damalige Präsident Żiyā' al-Ḥaqq (Zia ul-Haq) in einer aufsehenerregenden Ansprache am 10. 2. 1979 die Einführung des islamischen Rechtssystems verkündet hatte.[10] Trotz der Bestrebungen, die Wirtschaft nach islamischen Vorschriften auszurichten, kann von einer vollständigen Islamisierung bis heute nicht gesprochen werden. Z. B. ist eine der Forderungen für eine islamische Wirtschaft – die Abschaffung des Zinses – bis heute nicht erfüllt, da der Kapitalmarkt, ebenso wie die Staatsanleihen, weiterhin zinstragend sind.[11]

Dagegen beschränkt sich die viel zitierte „Wiedereinführung" des islamischen Rechts in Ägypten bisher darauf, daß durch ein verfassungsänderndes Referendum vom 22. 5. 1980 das islamische Recht *die* Hauptquelle der Gesetzgebung geworden ist (Art. 2 der Verfassung), während das Scheriatrecht früher nur *eine* Hauptquelle der Gesetzgebung bildete.[12]

1. Familien- und Erbrecht

a) Übersicht über die Rechtslage

Familien- und Erbrecht, das sogenannte Personalstatut, sind die eigentliche Domäne des islamischen Rechts. In allen islamischen Ländern des Nahen und Mittleren Ostens, aber auch Afrikas und Südostasiens werden diese beiden Rechtsgebiete selbst in politisch extremen Staaten noch eindeutig vom islamischen Recht bestimmt. Eine Ausnahme bildet die Türkei, in der seit den Reformen Atatürks im Jahre 1926 grundsätzlich Familien- und Erbrecht schweizerischer Prägung gelten. Daneben hat sich jedoch auf dem Land im Eherecht das islamische Recht in der Praxis behaupten können.[13] Eine weitere Einschränkung ist insofern zu machen, als das islamische Recht grundsätzlich nur für Muslime gilt, während es Andersgläubigen in islamischem Gebiet von jeher freistand, ihre persönlichen Angelegenheiten selbst zu regeln, so daß für Nichtmuslime regelmäßig deren eigenes religiöses

Recht zu berücksichtigen ist. Einige Beispiele: In Ägypten gilt das islamische Recht als allgemeines Recht des Landes, wenn die Beteiligten nicht der gleichen Konfession und dem gleichen Ritus einer anerkannten Religionsgemeinschaft angehören (Art. 6 Gesetz Nr. 462/1955 i. V. mit Art. 280 Gesetz Nr. 78/1931). Ferner gilt der islamische *Code du statut personnel* Tunesiens von 1956 für alle tunesischen Staatsangehörigen ohne Rücksicht auf ihre Religion (aufgrund des Gesetzes Nr. 40 vom 27.9.1957). Im Sudan wurde seit 1983 eine Islamisierung des gesamten Rechtssystems betrieben. Nach dem Anspruch der sudanesischen Regierung (nach 1989) sollte das islamische Gesetz auch für nichtmuslimische Bürger, namentlich im Süden des Landes gelten.[14]

Wegen der weitreichenden Geltung des islamischen Rechts im Bereich des Personalstatuts zeigen sich hier die Spannungen zwischen dem traditionellen religiösen Recht und den Erfordernissen des modernen Lebens besonders deutlich. Nicht zuletzt zwecks Anpassung des islamischen Rechts an die heutigen Lebensverhältnisse ist vor allem im Bereich des Familienrechts, weniger im Erbrecht, eine deutliche Tendenz zur Kodifizierung festzustellen. Gelegentlich beschränkt sich der Gesetzgeber auf die gesetzliche Regelung einzelner reformbedürftiger Rechtsfragen, wie das in Ägypten wiederholt geschehen ist. So fehlt in Ägypten noch heute ein umfassendes Familiengesetzbuch. Es ist auffällig, daß ausgerechnet Ländern mit größerer kultureller und politischer Ausstrahlungskraft die Kodifizierung des Familien- und Erbrechts unüberwindbare Schwierigkeiten zu bereiten scheint. Dagegen hat Tunesien seit 1956 ein Personalstatutsgesetz, Marokko verfügt seit 1958 über die sogenannte *Mudawwana*,[15] Syrien hat seit 1953 und der Irak seit 1959 ein Personalstatutsgesetz. Im Libanon hat das Gesetz vom 16.7.1962 gewisse Neuerungen gebracht.

In den siebziger Jahren sind einige neue Gesetze über das Personalstatut hinzugekommen: 1974 geschah dies in der damaligen Volksrepublik Jemen (Südjemen), was Somalia 1975 als Vorbild diente, 1976 wurde in Jordanien das alte Familiengesetzbuch von 1951 durch ein neues ersetzt, 1977 wurde in Afghanistan das Ehegesetz aus dem Jahre 1971[16] durch ein umfassendes Zivilgesetzbuch abgelöst. In Ägypten kam es 1979 zu einem wichtigen Ergänzungsgesetz (Gesetz Nr. 44/1979), das wegen Reformmaßnahmen heftig umstritten war und nur durch einen eigenmächtigen Beschluß des Präsidenten as-Sādāt (Sadat) in Kraft gesetzt werden konnte. Deswegen wurde es 1985 zunächst vom Verfassungsgericht für nichtig erklärt, aber noch im selben Jahr in etwas abgeschwächter Form im vorgesehenen parlamentarischen Verfahren als Gesetz Nr. 100/1985 erneut in Kraft gesetzt.[17]

Aus den achtziger Jahren seien die Personalstatutsgesetze von Algerien, Libyen und Kuwait genannt, alle von 1984.[18] 1992 erging auch im wiedervereinten Jemen ein neues Personalstatusgesetz.[19]

Schon diese wenigen Daten geben einen oberflächlichen Eindruck, wie vielgestaltig die Rechtslage im Bereich des Personalstatus im islamischen Orient ist. Im Rahmen dieses Kapitels ist es unmöglich, allen Verästelungen des Personalstatuts in den verschiedenen Ländern nachzugehen. Im folgenden sollen daher zunächst die Methoden der Rechtsreformen angedeutet werden; und anschließend sollen gesetzgeberische Korrekturen im Familien- und Erbrecht herausgestellt werden, wobei Ägypten wegen seiner allgemeinen Bedeutung und der Südjemen sowie Somalia wegen ihrer seinerzeit besonders signifikanten Lösungen im Vordergrund stehen werden.

b) Methoden

Bereits in der Abbasidenzeit wurde den Kalifen die Befugnis zugebilligt, das Scheriatrecht nach den Interessen des Gemeinwohls zu „verwalten". Diese *siyāsa*-Gewalt des Herrschers dient auch heute noch als Rechtfertigungsgrund, wenn beim Ausbau des Gerichtswesens, bei der Festlegung von Kompetenzen oder beim Erlaß verfahrensrechtlicher Regelungen unauffällig Neuerungen eingeführt werden, die im Ergebnis einem Eingriff in das islamische Recht gleichkommen.[20] Theoretisch bleibt das islamische Recht dabei jedoch in seinem materiellen Gehalt unangetastet. In vielen islamischen Ländern, u. a. in Algerien und in Iran, hat sich vorwiegend auf diesem Wege die Modernisierung des Scheidungsrechts angebahnt, indem die Verstoßung in ein staatliches Verfahren eingebettet wurde.[21]

Ein anderes Mittel, das islamische Recht durch gesetzgeberische Maßnahmen den modernen Bedürfnissen anzupassen, besteht in der Auswahl *(takhaiyur)* und Kombination *(talfīq)* von Lehrmeinungen verschiedener Rechtsschulen *(madhāhib)* oder gar einer Mischung von sunnitischen und schiitischen Rechtselementen wie im irakischen Erbrecht.[22] Da im sunnitischen Islam die vier traditionellen Rechtsschulen als gleichberechtigt anerkannt sind, scheint ein solches Verfahren legitim zu sein. Der von reinen Zweckmäßigkeitserwägungen bestimmte Rückgriff auf die verschiedenen Rechtselemente führt jedoch mitunter zu Lösungen, die es in dieser Form in keiner Rechtsschule gibt.[23].

Zuweilen sind zur Ausfüllung von Gesetzeslücken ausdrücklich die „Grundsätze des islamischen Rechts" ohne Beschränkung auf eine bestimmte Rechtsschule berufen.[24] Dadurch steht es dem Richter frei, auf die ihm angemessen erscheinende Schulmeinung zurückzugreifen.

Neuerdings werden im Interesse des Schwächeren im Recht auch fakultative Regelungen des islamischen Rechts durch Gesetzesvorschriften zwingender Bestandteil eines Rechtsgeschäfts. So gelten z. B. zur Verbesserung der Stellung der Frau im Scheidungsrecht bestimmte mögliche Einzelabreden als obligatorische Bedingungen des Ehevertrages.[25]

Dem islamischen Recht unbekannte, aber heute erwünschte Rechtsfiguren wie die Adoption[26] werden unter Einschaltung von Hilfskonstruktionen ermöglicht, im Fall der Adoption durch das islamische Vaterschaftsanerkenntnis *(iqrār)*.[27]

Stets läuft daneben aber seit vielen Jahrzehnten das Bestreben, die Suche nach eigenen Lösungen, den *ijtihād*, erneut zuzulassen.[28] Wegen seiner

Neuinterpretation des islamischen Gedankengutes ist besonders das tunesische Personalstatutsgesetz (PStG) von 1956 bekannt geworden. Allerdings werden mit dem Verbot der Polygamie[29] unter Berufung auf den Islam wesentliche Grundsätze des islamischen Rechts ins Gegenteil verkehrt.[30]

Ein weniger auffälliges Mittel der Rechtsfortbildung ist das Schweigen des Gesetzgebers in bestimmten Fällen, in denen einer kontinuierlichen Entwicklung nicht vorgegriffen werden soll.

Ohne das nach islamischer Auffassung von Gott gesetzte und daher unabänderlich geltende islamische Recht ausdrücklich anzutasten, wird durch eine lückenhafte Regelung die Diskussion angeregt und eine „schöpferische Unruhe" geschaffen.[31] Dadurch erweist sich das Schweigen des Gesetzgebers als Mittel, modernen Entwicklungstendenzen im Recht Rechnung zu tragen, ohne die konservativen islamischen Kreise vor den Kopf zu stoßen.[32]

c) Gesetzgeberische Korrekturen im Familienrecht

Anpassung des islamischen Familienrechts an die modernen Lebensverhältnisse bedeutet in erster Linie, die Stellung der Frau im Bereich der Ehe zu verbessern. Von allen arabischen Staaten stellten allerdings nur zwei, die Volksrepublik Jemen und Somalia, zumindest zeitweilig die Gleichberechtigung über das islamische Eherecht, wofür ihr Bekenntnis zum „Wissenschaftlichen Sozialismus" eine wesentliche Voraussetzung bildete.[33] Trotzdem war das Familienrecht beider Staaten noch deutlich als islamisches Recht erkennbar.[34]

Daneben zeigt sich das Bestreben des Gesetzgebers, im Kindschaftsrecht das Wohl des Kindes stärker in den Vordergrund zu rücken.

In dem Maße, wie sich der Staat des Personalstatuts annimmt, wächst schließlich auch sein Bestreben, familienrechtliche Vorgänge durch Mitwirkung des Staates seiner Aufsicht zu unterstellen. Insbesondere Eheschließung und Scheidung, die im islamischen Recht grundsätzlich als private Geschäfte angesehen werden, sind heute weitgehend „verstaatlicht".

Allgemein zeigt sich die Tendenz, die Kodifizierung des islamischen Familienrechts dazu zu benutzen, vorhandene Mißstände zu bekämpfen, einzelne Institutionen über das islamische Recht hinaus auszugestalten und – mehr oder weniger verdeckt – gewisse Korrekturen islamischer Vorschriften im Sinne moderner Rechtsvorstellungen vorzunehmen.

Dagegen spielt die sogenannte Re-Islamisierung in der Gesetzgebung auf dem Gebiet des Personalstatuts bisher keine nennenswerte Rolle, sofern man von revolutionären Ereignissen wie in Iran absieht. Wegen seiner Abweichungen vom islamischen Recht wurde das iranische Familienschutzgesetz in seiner Fassung von 1975 durch Khumainī für ungültig erklärt.[35] Unverblümter als das ursprüngliche Familienschutzgesetz von 1967 hatte es vor allem das Scheidungsrecht zugunsten der Frau reformiert.[36] Alle aufgrund des Gesetzes erfolgten Scheidungen sollen als unwirksam angesehen werden.

Im einzelnen zeichnen sich im Familienrecht des islamischen Orients folgende Entwicklungslinien ab:

Eheschließung

Bei der Eheschließung wird stärker als nach dem traditionellen Recht darauf geachtet, daß der Wille der Frau berücksichtigt und ein Mädchen nicht gegen seinen Willen durch seinen Vater verheiratet wird. Zu diesem Zweck wird etwa gesetzlich die ausdrückliche Annahme des Ehevertrages von seiten beider Nupturienten verlangt (Art. 6 PStG von Somalia).

Im allgemeinen muß heute die Ehe vor einem Gericht oder einem staatlichen Beauftragten geschlossen werden (Art. 5 Nr. 1 PStG von Somalia). Doch kann es daneben zulässig sein, die Ehe durch einen Imam, also einen islamischen Geistlichen, schließen zu lassen, was überall auf dem Lande von großer Bedeutung bleiben wird (vgl. Art. 5 Nr. 2 PStG von Somalia). Mit solchen Vorbehalten werden vernünftigerweise die Schwierigkeiten von vornherein vermieden, mit denen etwa die Türkei durch die noch weithin übliche „Imamehe" bis heute zu kämpfen hat.

Falls die Ehe nicht vor einer staatlichen Stelle geschlossen zu werden braucht, muß sie heute doch zumeist innerhalb einer bestimmten Frist staatlich registriert werden (vgl. Art. 5 Nr. 4 PStG von Somalia mit Strafandrohung in Nr. 5 für den, der die Eheschließung vorgenommen hat).

Zur Unterbindung von Mißbräuchen, wie sie besonders aus Afghanistan, dem Jemen und aus Somalia bekannt sind, wird mehr und mehr die Morgengabe *(mahr)* auf einen bestimmten Höchstbetrag begrenzt (Art. 18 FamG vom Südjemen, Art. 24 PStG von Somalia).

Im Südjemen und in Somalia wurde die Ehe gesetzlich als ein Vertrag zwischen Mann und Frau definiert, die gleiche Rechte und Pflichten haben, dessen Grundlage das gegenseitige Verständnis und die wechselseitige Achtung sind und dessen Ziel die Gründung einer Familie ist (Art. 2 FamG vom Südjemen, Art. 4 PStG von Somalia). In Übereinstimmung mit dieser Grundaussage hatten die Ehegatten in beiden Fällen nicht nur die Kosten der Eheschließung und des ehelichen Haushaltes nach ihren Möglichkeiten gemeinsam zu bestreiten (Art. 17 FamG vom Südjemen, Art. 28 PStG von Somalia), sondern die Eheleute waren auch im Verhältnis ihrer Einkommen gegenseitig unterhaltspflichtig (Art. 20 FamG vom Südjemen, Art. 31 PStG von Somalia). Entsprechend der Ausgabenteilung waren in Somalia die Haushaltsgegenstände gemeinsames Eigentum der Eheleute (Art. 29 PStG), obwohl im islamischen Recht die Gütertrennung der gesetzliche Güterstand ist.

Polygamie

Die Polygamie wird weithin gesetzlich stark eingeschränkt. Bisher ist sie allerdings nur in Tunesien ausdrücklich verboten worden (Art. 18 PStG), und zwar mit der Begründung, daß heutzutage niemand mehr mehrere Frauen so gleichartig behandeln könne, wie der Koran es fordert.

In Ägypten ist die Mehrehe grundsätzlich noch erlaubt. Doch trifft den polygamen Mann seit 1979 gesetzlich wenigstens die Pflicht, seinen Personenstand offenzulegen, damit der zuständige Urkundenbeamte die erste Ehefrau des Mannes über die beabsichtigte weitere Eheschließung unterrichten kann (Art. 11a Gesetz Nr. 100/1985).

In anderen Ländern wird die Schließung einer zweiten Ehe von einer gerichtlichen Genehmigung abhängig gemacht, die nur unter bestimmten Voraussetzungen erteilt werden darf; etwa dann, wenn die Frau unerwarteterweise unfruchtbar ist oder an einer unheilbaren Krankheit leidet (Art. 11 FamG vom Südjemen, Art. 13 PStG von Somalia). Darüber hinaus kann eine Zweitehe dann erlaubt werden, wenn die Frau länger als ein Jahr dem ehelichen Wohnsitz ungerechtfertigt fernbleibt, zu einer Freiheitsstrafe von mehr als zwei Jahren verurteilt wird oder ganz allgemein dann, wenn eine Notwendigkeit aufgrund der sozialen Umstände nachgewiesen wird (Art. 13 PStG von Somalia).

Falls der Ehemann erlaubterweise eine Zweitehe eingeht, hat seine erste Frau häufig das Recht, bei Gericht die Scheidung zu verlangen, selbst wenn dies nicht im Ehevertrag ausbedungen worden war, was nach dem islamischen Recht Voraussetzung wäre (Art. 29 II FamG vom Südjemen). In Somalia gilt dieser Grundsatz mit der Besonderheit, daß die erste Ehefrau die gerichtliche Auflösung *(fasakh*, arab. *faskh)* ihrer Ehe nur dann verlangen kann, wenn aus der Ehe keine Kinder hervorgegangen sind (Art. 43 Nr. 2 PStG).

In Ägypten galt nach dem Gesetz Nr. 44/1979 die Heirat einer zweiten Frau ohne das Einverständnis der ersten eo ipso als eine Schädigung *(iḍrār)*, welche der ersten Ehefrau das Recht gab, innerhalb eines Jahres ab Kenntnis gerichtlich die Scheidung *(tafrīq)* zu verlangen (Art. 6a Gesetz Nr. 25/1929 in der Fassung des Gesetzes Nr. 44/1979). Energische Proteste von fundamentalistischer Seite führten aber dazu, daß der Gesetzgeber in dem Gesetz Nr. 100/1985 einen Schritt zurück tat. Der Frau wurde der Nachweis eines Schadens zwar gestattet, die zweite Eheschließung als solche wurde aber nicht als Schaden anerkannt (Art. 11a II). Das gleiche Recht steht der späteren Ehefrau zu, die von ihrem Mann über das Bestehen einer früheren Ehe im unklaren gelassen worden ist.

Die Heirat einer dritten oder gar vierten Frau, die nach dem islamischen Recht grundsätzlich möglich ist, wird in den familienrechtlichen Gesetzen überhaupt nicht erwähnt.

Ehewirkungen

Trotz einer mehr oder weniger starken Emanzipation der Frau ist der Ehemann noch überall in der islamischen Welt das Oberhaupt der Familie (Art. 4 PStG von Somalia). Die Ehefrau ist – entsprechend dem islamischen Recht – grundsätzlich verpflichtet, ihrem Mann zu folgen (Art. 33 Nr. 2 PStG von Somalia). Das ägyptische Gesetz enthält seit 1979 eine detaillierte Verfahrensregelung für den Fall, daß die Ehefrau den Gehorsam *(ṭāʿa)* verweigert und die eheliche Wohnung verläßt (Art. 11b Gesetz Nr. 100/1985). Auch der Unterhaltsanspruch der Ehefrau ist in Ägypten detailliert geregelt (Art. 1 Gesetz Nr. 25/1920 und Art. 16 Gesetz Nr. 25/1929, beide in der Fassung des Gesetzes Nr. 100/1985). Der Unterhaltsanspruch entfällt in Übereinstimmung mit dem islamischen Recht insbesondere dann, wenn sich die Frau unerlaubt entfernt oder ohne Schuld des Ehemannes die Hingabe verweigert. Einer Arbeit darf die Frau dann nicht nachgehen, wenn ein anderer Rechtsanspruch verletzt oder das Wohl der Familie beeinträchtigt wird und ihr Mann es ihr deshalb nicht erlaubt (Art. 1 Gesetz Nr. 25/1920 in der Fassung des Gesetzes Nr. 100/1985).

Verstoßung und Scheidung

Die einseitige Verstoßung *(ṭalāq)* durch den Ehemann ist als ein wesentlicher Grundsatz des islamischen Eherechts zwar in den meisten islamischen Ländern im Prinzip noch aufrechterhalten, aber vielfach durch Einbettung in ein gerichtliches Verfahren ihres willkürlichen Charakters beraubt worden. Die staatliche Kontrolle besteht unter Berufung auf eine Empfehlung im Koran außerdem darin, daß die Verstoßung erst nach einem gescheiterten amtlichen Versöhnungsversuch erfolgen darf (Art. 25 FamG vom Südjemen, Art. 36 PStG von Somalia).

In Ägypten, wo die einseitige Verstoßung ohne Angabe von Gründen aufgrund des nicht kodifizierten islamischen Rechts noch möglich ist, muß der Mann innerhalb von 30 Tagen eine amtliche Bescheinigung über die Verstoßung ausstellen lassen. Der Urkundsbeamte muß die verstoßene Frau benachrichtigen, falls die Verstoßung in ihrer Abwesenheit stattgefunden hat. Zum Schutz der Frau treten die vermögens- und erbrechtlichen Wirkungen der Verstoßung im Verhältnis zur verstoßenen Ehefrau erst ab dem Datum ihrer Kenntnis ein (Art. 5 a Gesetz Nr. 25/1929 in der Fassung des Gesetzes Nr. 100/1985).

Die gerichtliche Auflösung der Ehe, die heute mehr und mehr nicht nur von der Ehefrau, sondern wegen der Einschränkung des Verstoßungsrechts auch vom Ehemann verlangt werden kann, ist über die Fälle des islamischen Rechts hinaus (körperliche Mängel, längere Abwesenheit, Unterhaltsverweigerung) gesetzlich vor allem dann zulässig, wenn die Unverträglichkeit der Ehegatten das Eheleben unmöglich macht und ein Versöhnungsversuch erfolglos geblieben ist (Art. 29 FamG vom Südjemen, Art. 43 PStG von Somalia).

Ist wie in Ägypten die Verstoßung noch ohne größere Beschränkungen zulässig, sollen häufig finanzielle Sanktionen einen gerechten Ausgleich bewirken. Gleichzeitig stellen sie eine bedeutsame Erschwerung dar. Obwohl nach dem islamischen Recht im Falle einer Scheidung Unterhalt an die Frau nur noch bis zum Ablauf der Wartefrist *(ʿidda)* zu zahlen ist und sonst keinerlei vermögensrechtliche Ansprüche gegeben sind, wird der geschiedenen Frau eine mehr oder weniger hohe Abfindung *(mutʿa)* zugesprochen, sofern sie keine Veranlassung zu der Verstoßung gegeben hat. In Ägypten soll der Abfindungsanspruch wenigstens dem Unterhalt von zwei Jahren entsprechen (Art. 18 a Gesetz Nr. 25/1929 in der Fassung des Gesetzes Nr. 100/1985). Auch in den Fällen der gerichtlichen Scheidung ist heute häufig eine angemessene Entschädigung von demjenigen zu zahlen, der das Scheitern der Ehe verschuldet hat. Der Ehemann muß etwa eine Entschädigung in der Höhe des Unterhalts bis zu einem Jahr zahlen, während die Frau zu einer Entschädigung bis zur Höhe ihrer Morgengabe *(mahr)* verurteilt werden kann (Art. 30 FamG vom Südjemen, Art. 44 PStG von Somalia). Die Festsetzung des angemessenen Ersatzes *(badal munāsib)*, der je nach den Umständen zu zahlen ist, kann auch ganz dem Gericht übertragen sein (Art. 10f. Gesetz Nr. 25/1929 in der Fassung des Gesetzes Nr. 100/1985 in Ägypten).

Elterliche Gewalt und Personensorge

Im Kindschaftsrecht setzen sich Neuerungen durch, die einerseits die Stellung der Mutter verbessern, andererseits das Wohl des Kindes *(maṣlaḥa)* in stärkerem Maße berücksichtigen. Zwar ist bisher nirgends an dem Grundsatz des islamischen Rechts gerüttelt worden, daß dem Vater die gesetzliche Vertretung *(walāya)* des Kindes persönlich und vermögensrechtlich allein zusteht. Doch ist gelegentlich statt des Großvaters des Kindes unmittelbar die Mutter subsidiär zur Ausübung der elterlichen Gewalt berufen (Art. 82 PStG von Somalia).

Das Recht der tatsächlichen Personensorge *(ḥaḍāna)* ist in zahlreichen Ländern im Interesse der Kinder über die Altersgrenzen des islamischen Rechts hinaus beträchtlich erweitert: Bei Jungen reicht die tatsächliche Personensorge durch die Mutter in moderner eingestellten Ländern bis zum zehnten Lebensjahr, bei Mädchen bis zum zwölften oder sogar fünfzehnten Lebensjahr. Durch richterliche Verfügung können diese Altersgrenzen bei Jungen bis zum fünfzehnten oder gar achtzehnten Lebensjahr, bei Mädchen bis zur Verheiratung oder auch bis zum achtzehnten Lebensjahr verlängert werden (Art. 20 Gesetz Nr. 25/1929 in der Fassung des Gesetzes Nr. 100/1985 in Ägypten, Art. 46 FamG vom Südjemen, Art. 69 PStG von Somalia). Im Gegensatz zum islamischen Recht kann die tatsächliche Personensorge bei der Mutter verbleiben, wenn sie nach Scheidung wieder heiratet; eventuell muß der Vater dazu seine Zustimmung geben (Art. 46 FamG vom Südjemen, Art. 64 PStG von Somaila). Das Recht jedes Elternteils, das Kind zu sehen, wird des öfteren gesetzlich im einzelnen geregelt (Art. 20 Gesetz Nr. 25/1929 in der Fassung des Gesetzes Nr. 100/1985 in Ägypten, Art. 72 PStG von Somalia). Mangels einer gütlichen Besuchsregelung *(tanẓīm ar-ru'ya)* hat der zuständige Richter darüber zu entscheiden. Notfalls muß der Besuch an einem Ort stattfinden, an dem der Minderjährige seelisch keinen Schaden erleidet (Art. 20 Gesetz Nr. 25/1929 in der Fassung des Gesetzes Nr. 100/1985 in Ägypten). Auslandsreisen des Sorgeberechtigten mit dem Kind bedürfen gelegentlich einer gerichtlichen Erlaubnis (Art. 48 FamG vom Südjemen, Art. 71 PStG von Somalia). Während nach dem islamischen Recht der Unterhalt für Kinder allein dem Vater obliegt, können heute bei gleicher Rechtsstellung von Mann und Frau die Eltern gemeinsam dazu verpflichtet sein (Art. 22 FamG vom Südjemen, Art. 75 PStG von Somalia). Bemerkenswert ist die Regelung, daß Kinder, die elterlichen Unterhalt genießen, auch über die Volljährigkeit hinaus der väterlichen Gewalt unterworfen bleiben (Art. 75 Nr. 4 PStG von Somalia).

Adoption

Im Gegensatz zum islamischen Recht, in dem die Adoption verboten ist, wird die Annahme an Kindes Statt aus sozialen Gründen in einzelnen Ländern zugelassen. Am weitesten ist Tunesien gegangen, das die Adoption in einem eigenen Gesetz nach französischem Vorbild geregelt hat (Gesetz Nr. 58–27 vom 4.3.1958). Um die Adoption jedoch auf die Hilfe für Kinder zu begrenzen, ist nur die Annahme von Minderjährigen zulässig (Art. 12). Aber auch in dieser Form verstößt sie offen gegen das islamische Recht.

Länder, die das Adoptionsverbot des islamischen Rechts wenigstens nach seinem theoretischen Geltungsanspruch unangetastet lassen möchten, stellen Voraussetzungen auf, welche die Adoption im Grunde zu einem Vaterschaftsanerkenntnis *(iqrār)* machen (Art. 110 PStG von Somalia), oder verlangen offen zusätzlich ein Vaterschaftsanerkenntnis, um die Adoption dogmatisch als gerechtfertigt erscheinen zu lassen (Art. 58 des irakischen Jugendgesetzes von 1972). In Übereinstimmung mit dem islamischen Vaterschaftsanerkenntnis hat die Adoption dann ohne weiteres die Wirkung eines legitimen Kindschaftsverhältnisses (Art. 114 PStG von Somalia).

Adoptionen, bei denen das angenommene Kind den Namen seines Vaters behält (Art. 110 PStG von Somalia), sind wohl eher als eine besondere Art von Pflegeverhältnis aufzufassen.

d) Erbrecht

Im Erbrecht, das – wenn überhaupt – bloß umrißartig kodifiziert ist, lassen sich nur in sehr geringem Maße gewisse Entwicklungen feststellen. Allzusehr ist dieses Gebiet noch mit den traditionellen islamischen Rechtsvorstellungen verknüpft.

Die auffälligste Neuerung war die somalische Regelung, daß in konsequenter Verwirklichung der Gleichberechtigung aufgrund der ersten und zweiten Revolutionscharta von 1969 bzw. 1971 männliche und weibliche Verwandte des gleichen Grades auch gleiche Anteile erben und nicht etwa weibliche Erben nur die Hälfte des Erbanteils der vergleichbaren männlichen Verwandten erhalten, wie dies im islamischen Recht vorgeschrieben ist (Art. 158 PStG). Auf weitere Einzelheiten muß an dieser Stelle verzichtet werden.

2. Vermögensrecht

a) Übersicht über die Rechtslage

Der moderne Wirtschaftsverkehr erfordert klare Rechtsstrukturen und ein differenziertes Rechtssystem, das den vielfältigen Problemen gerecht zu werden vermag. Deshalb besteht in allen Ländern der islamischen Welt ein starkes Bedürfnis nach Kodifizierung des Wirtschaftsrechts. In erster Linie zählen hierzu das Vertragsrecht, das Gesellschafts- und Wertpapierrecht, in zweiter Linie das Eigentumsrecht sowie das Arbeits- und Sozialrecht.

Da jedoch das Vermögensrecht im Islam weniger stark ausgeprägt ist,[37] wird es im allgemeinen zugunsten der Übernahme europäischen Rechts beiseitegeschoben. Der Versuch, das Vermögensrecht auf der Grundlage des islamischen Rechts zu kodifizieren, ist in Gestalt der *Mecelle* (arab. *Majalla*), dem Zivilgesetzbuch des Osmanischen Reiches, in den Jahren 1869–1876 nur ein einziges Mal versucht worden.[38] Dagegen ist trotz häufiger Bekenntnisse zu einer islamischen Wirtschaftsordnung weder aus Saudi-Arabien noch aus einem anderen islamischen Land jemals eine Initiative geglückt, islamisches Wirtschaftsrecht in Gesetzesform zu gießen. Selbst in Iran gilt trotz der islamischen Revolution noch unangefochten das frühere Zivilgesetzbuch fort,[39] obwohl es in enger Anlehnung an den französischen *Code civil* konzipiert worden ist.[40]

Aufgrund der starken kulturellen Ausstrahlung Frankreichs im Nahen Osten dient in den meisten arabischen Ländern sowie in Iran und früher auch in der Türkei das französische Recht als Vorbild. Schon das Handelsgesetzbuch des Osmanischen Reiches von 1850, das für das teilweise noch heute geltende Handelsgesetzbuch Saudi-Arabiens von 1931[41] als Vorlage gedient hat, war ganz französisch inspiriert.[42] Längst erfolgt allerdings keine direkte Rezeption westlichen Rechts mehr. Die Einführung fremden Rechts geschieht heute regelmäßig indirekt durch mehr oder weniger wortgetreue Übernahme von Gesetzbüchern aus anderen arabischen Ländern, die bereits über entsprechende Kodifikationen verfügen.

Da vor allem Ägypten traditionell ein hoch entwickeltes Rechtsleben aufweist und daher auch über ein differenziertes Gesetzeswesen verfügt, ist es in erster Linie dieses Land, das einen bedeutenden Einfluß auf die Kodifizierung des Vermögensrechts im Nahen Osten ausübt. Zum Verständnis der gegenwärtigen Entwicklung im vermögensrechtlichen Bereich ist es daher sinnvoll, die ägyptischen Rechtsverhältnisse näher zu beleuchten.[43]

b) Die Entwicklung des Vermögensrechts in Ägypten

Quellen des ägyptischen Zivilrechts

Ägypten hatte im Jahre 1875 bei der Schaffung der Gemischten Gerichte *(Tribunaux mixtes)*,[44] die für alle vermögensrechtlichen Streitigkeiten mit

Beteiligung von Ausländern zuständig waren, ein Zivilgesetzbuch, den *Code civil mixte*, eingeführt, das der französische Rechtsanwalt Manoury aus Alexandria in enger Anlehnung an das französische Recht abgefaßt hatte. Gleichzeitig wurden damals das Verfahrensrecht durch den *Code de procédure mixte* und das Handelsrecht als *Code de commerce mixte* französisch geregelt. Nicht zuletzt wegen der Kürze der zur Verfügung stehenden Zeit wurde das französische Recht aber nur sehr oberflächlich übernommen und in Anpassung an die Verhältnisse in Ägypten abgeändert. Die entstandenen Lücken und Unklarheiten sollten durch die Grundsätze des Naturrechts und die Regeln der Billigkeit ausgefüllt werden (so Art. 11). Islamisches Recht war nicht berücksichtigt worden. Als im Jahre 1883 die Einheimischen Gerichte *(Tribunaux indigènes)* für vermögensrechtliche Streitigkeiten unter Ägyptern gegründet wurden, kamen die genannten Gesetzbücher nach einer gewissen Überarbeitung durch den italienischen Rechtsanwalt Moriondi als *Codes indigènes* auch dort zur Anwendung. Nachdem durch den Vertrag von Montreux vom 8. Mai 1937 die Aufhebung der sogenannten Kapitulationen mit einer Übergangszeit von zwölf Jahren und damit die Abschaffung der Gemischten Gerichte zum 14. Oktober 1949 vorgesehen war, erlangten die Einheimischen Gerichte die Stellung Nationaler Gerichte *(Maḥākim waṭanīya)*. Die Neuordnung der Gerichtsbarkeit im Jahre 1949 machte auch eine Vereinheitlichung des Zivilrechts erforderlich. Am 15. Oktober 1949 wurde daraufhin das noch heute geltende neue ägyptische Zivilgesetzbuch (Gesetz Nr. 131/1948) in Kraft gesetzt, das neben dem Schuld- und Sachenrecht auch das Internationale Privatrecht enthält. Unter Einbeziehung der ägyptischen Rechtsprechung und Lehre bildet das ZGB eine Kodifizierung des damals in Ägypten geltenden Vermögensrechts. Die Kodifizierung unter Leitung von ʿAbd ar-Razzāq as-Sanhūrī war von dem Bemühen getragen, islamische Rechtsgedanken so weit als möglich in das zugrunde liegende französische Rechtssystem einzubauen. In geringem Maße wurden auch ausländische Rechtsansichten in das Gesetzbuch aufgenommen. Trotzdem ist das ägyptische Vermögensrecht grundsätzlich französisch ausgerichtet geblieben.

Islamische Einflüsse im ägyptischen Vermögensrecht

Am deutlichsten zeigt sich das Bemühen, auf die islamische Tradition zurückzugreifen, in der Regel, daß Lücken im Gesetz bei Fehlen von Gewohnheitsrecht *(ʿurf)* durch die Grundsätze des islamischen Rechts und nur hilfsweise durch die Grundsätze des Naturrechts sowie die Regeln der Billigkeit auszufüllen sind (Art. 1 ZGB). Fraglich ist jedoch, ob diese Anweisung je von größerer praktischer Tragweite sein wird; denn das ägyptische Zivilgesetzbuch spiegelt das französische Rechtssystem wider, das einen Einbruch islamischer Rechtsgedanken nicht ohne weiteres verträgt, und es fehlt in Ägypten auch an einer kontinuierlichen Anwendung des islamischen Rechts im vermögensrechtlichen Bereich.[45]

Nach ägyptischer Version sollen ferner einige grundlegende Theorien aus dem islamischen Recht entlehnt worden sein. So wird behauptet, daß die

Beschränkung der willkürlichen Rechtsausübung auf dem islamischen Recht beruhe.[46] Danach gilt die Ausübung eines Rechts dann als unerlaubt, wenn sie allein in der Absicht erfolgt, einem anderen Schaden zuzufügen; wenn der erstrebte Vorteil in keinem Verhältnis zu dem Schaden steht, den ein Dritter dadurch erleidet, oder wenn der durch die Rechtsausübung erstrebte Vorteil nicht gesetzmäßig ist (Art. 5 ZGB). Auch die sogenannte Lehre von den plötzlich eintretenden „allgemeinen außergewöhnlichen Ereignissen" (Art. 147 ZGB) soll aus dem islamischen Recht stammen. Nach ihr kann der Richter die an sich noch mögliche Leistung aufgrund solcher unvorhergesehener Umstände, die den Schuldner so stark belasten würden, daß sie ihn mit einem drückenden, schweren Schaden bedrohen würden, nach den Umständen und nach Abwägung der Interessen beider Parteien auf ein vernünftiges Maß reduzieren.[47] In Wirklichkeit sind beide Theorien Ausdruck modernen europäischen Rechtsdenkens und weisen einen viel zu entfernten Zusammenhang mit dem islamischen Recht auf, um aus ihm abgeleitet zu sein.[48] Aus dem islamischen Recht stammen dagegen die Vorschriften über die Geschäftsfähigkeit *(ahlīya)* und deren Abhängigkeit vom „Unterscheidungsvermögen" *(tamyīz)* (Artt. 46 und 110 ZGB),[49] die Schuldübertragung *(ḥawālat ad-dain)* (Artt. 315–322 ZGB)[50] im Gegensatz zur Forderungsübertragung (Zession), die Schenkung *(hiba)* (Artt. 486–504 ZGB)[51] und das nur für Immobilien geltende und daher im Sachenrecht geregelte Vorkaufsrecht *(shufʿa)* (Artt. 935–948 ZGB).[52] Auch die Regelung eines Angebots unter Anwesenden in einer „Vertragsverhandlung" *(majlis al-ʿaqd)*[53] ist islamrechtlichen Ursprungs: Danach kann eine Offerte unter Anwesenden grundsätzlich nur sofort angenommen werden, ohne Zurücknahme des Angebots aber bis zum Ende der Zusammenkunft. Gleiches gilt bei telefonischer oder ähnlicher Verbindung (Art. 94 ZGB).[54] Eine typisch scheriatrechtliche Rechtsfigur ist auch der (Ver)Kauf unter Wert während der letzten Krankheit *(al-baiʿ fī maraḍ al-maut)* (Artt. 477–478 ZGB),[55] der als letztwillige Verfügung angesehen wird. Die im Scheriatrecht dem Käufer zustehende Möglichkeit, bis zum genauen Beschauen der verkauften Sache vom Vertrag zurückzutreten *(khiyār ar-ru'ya)*,[56] ist im ägyptischen Zivilgesetzbuch dahingehend eingeschränkt worden, daß der Käufer zwar grundsätzlich eine genügende Kenntnis haben muß, diese aber angenommen wird, wenn der Kaufvertrag eine Bezeichnung der Kaufsache und ihrer wesentlichen Eigenschaften enthält, so daß ihre Identifizierung möglich ist. Darüber hinaus bestimmt das Gesetz: Wenn in dem Kaufvertrag erwähnt ist, daß der Käufer den Kaufgegenstand kennt, bleibt das Rücktrittsrecht nur im Falle arglistiger Täuschung seitens des Verkäufers bestehen (Art. 419 ZGB).[57] Die Möglichkeit des Erben, die grundsätzlich über den Tod der Parteien hinaus fortdauernde Miete (Pacht) beim Tod des Mieters (Pächters) gerichtlich auflösen zu lassen (Art. 601 ZGB), stellt einen Kompromiß zwischen einander entgegengesetzten islamischen Lehrmeinungen dar.[58] Die Bestimmungen über die gemeinsame Mauer *(ḥā'iṭ mushtarik)* auf der Grenzlinie zweier Grundstücke (Artt. 814–818 ZGB)[59] sind ebenfalls islamrechtlichen Ursprungs.

Der Gedanke des „Wuchers“ *(ribā)* im Sinne des islamischen Rechts, der jeden rechtsgeschäftlich erzielten Gewinn ohne entsprechende Gegenleistung meint und damit also eigentlich nur den Grundsatz der Verhältnismäßigkeit von Leistung und Gegenleistung beinhaltet, hat im ägyptischen Zivilgesetzbuch auf verschiedene Weise Ausdruck gefunden. Falls zwischen Leistung und Gegenleistung ein auffälliges Mißverhältnis besteht und der Vertrag unter Ausnutzung des Leichtsinns oder einer zügellosen Begierde des anderen Vertragspartners zustande gekommen ist, also Wucher im engeren Sinne des Wortes vorliegt, kann der Richter den Vertrag für ungültig erklären oder die übermäßige Leistung angemessen herabsetzen (Art. 129 ZGB). Grundsätzlich muß jeder Obligation eine Gegenleistung *(consideration)* gegenüberstehen. Sonst ist der Vertrag nichtig (Art. 136 ZGB). Das ist auch dann der Fall, wenn die Gegenleistung in Widerspruch mit der öffentlichen Ordnung steht oder sittenwidrig ist (Art. 136 ZGB). Schließlich gehört auch die oben schon erwähnte Lehre von den plötzlich eintretenden „allgemeinen außergewöhnlichen Ereignissen“ dazu. Mit all diesen drei Ausprägungen des Grundsatzes der Verhältnismäßigkeit von Leistung und Gegenleistung kommen allerdings gleichermaßen moderne europäische Rechtsgedanken zum Ausdruck, so daß mehr als zweifelhaft ist, ob sie unmittelbar aus dem ribā-Verbot abgeleitet sind. Andererseits sind ganz typische „Wuchergeschäfte“ wie das Zinsnehmen und aleatorische Verträge (Spiel, Wette, Leibrente und Versicherungen) in Ägypten längst nicht mehr verboten. Der gesetzliche Zinsfuß beträgt 4%, in Handelssachen 5% (Art. 226 ZGB). Vertraglich können jedoch bis zu 7% Zinsen vereinbart werden (Art. 227 ZGB).

Auch in anderen Punkten stimmt das moderne ägyptische Zivilrecht nicht mehr mit dem islamischen Recht überein. Die Haftung für eine unerlaubte Handlung ist in der Weise geregelt, daß für jeden verschuldeten Schaden Ersatz zu leisten ist (Art. 163 ZGB). Im Gegensatz zum islamischen Recht umfaßt der Schadensersatz stets auch den moralischen Schaden (Art. 222 ZGB). Die Haftung kann allerdings außer für Vorsatz und grobe Fahrlässigkeit vertraglich ausgeschlossen werden (Art. 217 ZGB).

Andererseits lassen sich auch Abweichungen vom französischen Recht feststellen. So geht etwa das Eigentum beim Kauf wie im französischen Recht grundsätzlich mit Abschluß des Kaufvertrages auf den Käufer über (Art. 932 ZGB). Jedoch kann auch ein Eigentumsvorbehalt des Inhalts vereinbart werden, daß der Käufer erst mit der vollständigen Zahlung des Kaufpreises das Eigentum erwerben soll (Art. 430 ZGB). Während jedoch nach französischem Recht der Käufer das Risiko des zufälligen Unterganges der Kaufsache ab Vertragsschluß trägt (Art. 1624 C. c.), wird nach dem modernen ägyptischen Recht der Kaufvertrag bei zufälligem Untergang der Kaufsache vor Übergabe aufgelöst und der Preis zurückerstattet (Art. 437 ZGB).

Das Sachenrecht entspricht im wesentlichen dem französischen Recht. Nach islamischer Auffassung steht der gesamte Grund und Boden der Gemeinschaft der Gläubigen *(umma)* in ihrer Gesamtheit zu, als deren

Repräsentant später der Sultan trat, weshalb das Land *mīrī*-Land (von arab. *amīr*, Emir, Fürst) genannt wurde. Dem einzelnen konnte grundsätzlich nur ein (vererbliches) Nutzungsrecht *(ḥaqq al-manfaʿa)* eingeräumt werden. Während die beiden Zivilgesetzbücher der gemischten und einheimischen Gerichte zunächst noch diese Theorie anerkannten und zwischen privatem Eigentum *(milk)* und Eigentum des Staates unterschieden, das Privatpersonen gegen Zahlung einer Grundsteuer *(kharāj)* zur Nutzung überlassen war (sogenanntes *kharājī*-Land), wurden beide Eigentumsarten 1891 gleichgestellt und als Volleigentum anerkannt. So konnten die französischen Eigentumsregeln volle Anwendung finden. Islamische Relikte finden sich im heutigen ägyptischen Sachenrecht nur noch gelegentlich, und zwar in erster Linie im landwirtschaftlichen Bereich. Dazu gehört etwa die Verpachtung von landwirtschaftlich genutztem Land gegen einen bestimmten Anteil an der Ernte *(muzāraʿa)* (Artt. 619ff. ZGB) oder das dem Erbbaurecht ähnelnde Recht, Pflanzen und Häuser auf gepachtetem Land zu errichten *(ḥikr)* (Artt. 99ff. ZGB). Das Recht, das heute nur noch für religiöse Stiftungen *(auqāf)* zulässig ist und sechzig Jahre nicht überschreiten darf, kann auch darauf beschränkt sein, „frei von Nutzungen" *(khulūw al-intifāʿ)* das Land für eine Ausbeute vorzubereiten (Art. 1014 ZGB). Von allgemeiner Bedeutung ist das Vorkaufsrecht *(shufʿa)*, das auch im modernen ägyptischen Zivilrecht noch ganz dem islamischen Recht verhaftet ist.[60] Da es sich nur auf Grundstücke bezieht und gesetzlich bestimmten Berechtigten (Miteigentümer, Eigentümer des Nachbargrundstücks, Inhaber einer Dienstbarkeit auf dem Grundstück) zusteht, ist es dem Sachenrecht zugeordnet (Artt. 935ff. ZGB). Das Vorkaufsrecht, nach dem Kreis der Berechtigten auch „Näherrecht„ genannt, ist erstmals in das Zivilgesetzbuch von 1948 aufgenommen worden; denn nach islamischer Auffassung gehört es an sich zu den Angelegenheiten des Personalstatuts.

c) Die Ausstrahlung des ägyptischen Vermögensrechts in der arabischen Welt

Das ägyptische Zivilgesetzbuch ist für den ganzen arabischen Raum von größter Bedeutung geworden. Mehr oder weniger wörtlich wurde es in Syrien (1949), im Irak (1951), in Libyen (1953), in Somalia (1973) und Algerien (1975) übernommen. Auch die Zivilgesetzbücher von Jordanien (1976), Kuwait (1980) und sogar von Afghanistan (1977) sind unter Einbeziehung des fest verwurzelten Rechts der *Mecelle* anhand des ägyptischen Zivilgesetzbuches konzipiert worden. Im Sudan war das ägyptische Zivilgesetzbuch im Jahre 1971 rezipiert worden, was einen Bruch mit der früheren angelsächsischen Rechtstradition und einen Anschluß an den romanischen Rechtskreis bedeutete.[61] Nicht zuletzt deshalb mußte die Übernahme zwei Jahre später rückgängig gemacht werden. Einzelgesetze nach britischem Muster – wie ein Vertragsgesetz, ein Kaufgesetz und ein Vertretungsgesetz – traten nun an die Stelle einer umfassenden zivilrechtlichen Kodifikation.[62] Über Kuwait, dessen erstes Handelsgesetzbuch 1960 nach ägyptischem Vorbild gestaltet worden war,[63] diente das ägyptische Zivilgesetzbuch auch für das Vertragsrecht von Qatar aus dem Jahre 1971 als Vorbild.

Stets sahen sich die übernehmenden Länder in der Zwangslage, eine gravierende Lücke in ihrem Rechtssystem durch eine umfangreiche Kodifikation auszufüllen, die sie aus eigener Kraft in absehbarer Zeit nicht hätten zustande bringen können. Dahinter stand also regelmäßig keine bewußte Entscheidung zugunsten eines bestimmten Rechtssystems. In Somalia etwa galt es, die bis zur Erlangung der Unabhängigkeit im Jahre 1960 bestehende Rechtsspaltung mit britischem Recht im Norden und italienischem Recht im Süden des Landes durch ein generelles Gesetz zu beseitigen.[64] In Algerien war im Juli 1975 mit der Aufhebung allen aus der französischen Zeit stammenden Gesetzesrechts größte Rechtsunsicherheit eingetreten, bis das ägyptische Zivilgesetzbuch, geringfügig überarbeitet, rückwirkend in Kraft gesetzt wurde. Mit Stolz verweist man in Algerien darauf, daß es dem Land gelungen sei, ein eigenes nationales Recht an die Stelle des *Code civil* zu setzen, ohne die Rezeption französischen Rechts auf dem Weg über Ägypten einzugestehen. In Jordanien und Kuwait haben die neuen Zivilgesetzbücher dazu geführt, die noch geltenden Teile der osmanischen Mecelle abzulösen und die aus der Verschiedenartigkeit der Rechtsquellen folgende Rechtsunsicherheit zu beseitigen.

Im Sudan wurde seinerzeit das aus König Fārūqs Zeit stammende ägyptische Zivilgesetzbuch nach unwesentlichen Änderungen als das erste sozialistische Zivilgesetzbuch im arabischen Raum gepriesen.[65] In Wirklichkeit ist es trotz seiner französischen Grundstruktur und der Anreicherung mit islamischen Rechtsgedanken ideologisch so farblos, daß es ohne Rücksicht auf unterschiedliche politische Systeme in den arabischen Ländern rezipiert werden konnte. In Ägpyten selbst wie auch in Libyen und Afghanistan hat dieses Zivilgesetzbuch die Revolution (in diesem Fall Afghanistans 1978) überdauert.

Durch die Geltung gleichartigen Zivilrechts in zahlreichen Ländern der islamischen Welt ist es allmählich stillschweigend zu einer weitgehenden Rechtseinheit auf dem Gebiet des Vermögensrechts im Nahen Osten gekommen. Sie wird dadurch verstärkt, daß in zahlreichen anderen Ländern der Region ebenfalls mehr oder weniger französisches Schuld- und Sachenrecht gilt (wie z. B. in Marokko, Tunesien, im Libanon und auch in Äthiopien durch das ZGB von 1960). Diese Tendenz in Richtung auf ein einheitliches „arabisches" Vermögensrecht ist bisher wenig herausgestellt worden, verdient aber vor dem Hintergrund des europäischen Bemühens um Rechtsvereinheitlichung größere Aufmerksamkeit.

3. Strafrecht

a) Übersicht über die Rechtslage

Die Tendenz, das Recht in kodifizierter Form festzuschreiben, macht sich – nicht zuletzt unter dem Gedanken der Rechtssicherheit – auch im Strafrecht deutlich bemerkbar. Im Zeichen der Re-Islamisierung kann das neuzeitliche Streben nach Kodifizierung in Konkurrenz mit der Geltung des „ungeschriebenen" islamischen Rechts treten. Im Einzelfall mag es jedoch dadurch zu einer Synthese kommen, daß die wesentlichen Tatbestände des islamischen Strafrechts in Gesetzesform gebracht werden, wie das erstmals in der Geschichte in Libyen geschehen ist. Allerdings besitzen die meisten Staaten der islamischen Welt schon längst ein gesetzlich geregeltes Strafrecht westlicher Prägung.[66] Bei der Kodifizierung haben sich die nahöstlichen Staaten vor allem am französischen Recht, z. T. auch am italienischen Recht orientiert. Damit ist in diesen Ländern das islamische Strafrecht verdrängt worden; und das, obwohl fast alle Verfassungen der betreffenden Länder in Übereinstimmung mit der islamischen Staatstheorie das islamische Recht zur primären Rechtsquelle[67] und den Islam zur Staatsreligion[68] berufen.

Nur in zwei Ländern der arabischen Welt gibt es bis heute noch kein allgemeines Strafgesetzbuch, und zwar in Saudi-Arabien und in Oman. In Saudi-Arabien gilt grundsätzlich (seit 1962 allerdings unter Einbeziehung von Regeln der drei anderen sunnitischen Rechtsschulen, sofern keine hanbalitische Norm zur Verfügung steht) das islamische Recht der hanbalitischen Richtung, das durch örtliches Gewohnheits- bzw. Stammesrecht abgewandelt sein kann. Das allgemeine Strafrecht ist durch eine Reihe von „Ordnungen" *(niẓām)* ergänzt, denen die Bedeutung von Gesetzen zukommt (z. B. über Münzfälschung, Handelsbetrug, Bestechung, Militärstrafrecht, Straßenverkehr, Rauschgift u. a.).[69]

In Oman sind mit Erlangung der vollen Souveränität zu Beginn des Jahres 1967 alle Gesetzesvorschriften und damit auch das StGB britischen Ursprungs aufgehoben worden. Dadurch wurde die umfassende Geltung des islamischen Rechts der ibaditischen Richtung wiederhergestellt.[70]

Die übrigen Staaten der Arabischen Halbinsel haben sämtlich moderne Strafgesetzbücher: Kuwait seit 1960, Bahrain seit 1965, die Vereinigten Arabischen Emirate seit 1970 und Qatar seit 1971. Die Arabische Republik Jemen (Nordjemen) hatte im Jahre 1963 ein allgemeines Strafgesetz erhalten.[71] Das StGB des Südjemen von 1955 wurde 1976 durch ein neues, wesentlich strengeres ersetzt, das sehr stark politisch ausgerichtet war.[72]

Daß in Afghanistan das StGB von 1976 im Prinzip noch gilt, dürfte trotz der sowjetischen Invasion und der politischen Entwicklung seit deren Ende anzunehmen sein. Die erste afghanische Kodifikation des Strafrechts vom Jahre 1924 war bereits nach wenigen Jahren mit dem Sturz des reformfreudigen Königs Amānullāh (Amān Allāh) im Jahre 1929 wieder suspendiert worden, da sie nicht islamischen Vorstellungen entsprach.[73]

In Iran wurde das islamische Strafrecht in einer einmalig detaillierten Form wiedereingeführt. Daneben gelten im Rahmen der *taʿzīr*-Gesetzgebung auch zahlreiche Tatbestände des französisch inspirierten StGB von 1926 mit leichten Modifikationen fort.[74] Auf den ersten Blick mag ein solches Nebeneinander seltsam erscheinen. Doch das gleiche Phänomen ist auch aus anderen Ländern bekannt: Sowohl in Libyen als auch in Abu Dhabi gilt das islamische Strafrecht neben dem kodifizierten modernen Strafrecht.[75] Obwohl nämlich in Abu Dhabi im Jahre 1970 ein modernes Strafgesetzbuch geschaffen wurde, das vor den sogenannten Strafgerichten Geltung hat, sind auf persönliche Anweisung des Herrschers Scheich Zāyid ibn Sulṭān zunächst die auf dem Koran beruhenden Straftatbestände der Unzucht und der Verleumdung wegen Unzucht, im Jahre 1977 auch die koranischen Delikte Diebstahl und Straßenraub den Scheriatsgerichten, also den religiösen islamischen Gerichten, zugewiesen worden, die naturgemäß nur islamisches Recht anwenden.[76] Damit unterliegen die Straftatbestände, welche den Kern des islamischen Strafrechts bilden, wieder sämtlich dem islamischen Recht.

Libyen, in dem nach wie vor das Strafgesetzbuch von 1953 gilt,[77] unterscheidet sich allerdings in einem Punkt ganz wesentlich von den Ländern, in denen das islamische Strafrecht ausschließlich oder neben dem gesetzten Recht noch zur Anwendung kommt: Libyen war in den Jahren 1972–74 das erste und einzige Staatswesen der Welt, in dem das islamische Strafrecht in einigen Aspekten geregelt worden ist, wenngleich es wegen der Weiterentwicklung der Islamkonzeption Gaddafis (Muʿammar al-Qadhdhāfī) nie praktiziert wurde.

Gewiß sind auch in anderen islamischen Ländern einzelne typische Tatbestände des islamischen Rechts auf der Grundlage der traditionellen Rechtsbegriffe kodifiziert worden. So hat z. B. das Alkoholverbot etwa in Syrien, Abu Dhabi und Bahrain eine gesetzliche Regelung gefunden, gleichfalls auch in Pakistan, Sudan und Iran.[78] Aber eine solche umfassende Kodifizierung der wesentlichen islamischen Straftatbestände, nämlich Unzucht und Verleumdung wegen Unzucht, Diebstahl und Straßenraub sowie Alkoholgenuß – mit Strafen bis hin zur operativen Amputation einer Hand unter Narkose in einem Krankenhaus im Fall eines Diebstahls, wie das in Libyen geschehen ist –, war bisher einmalig.[79]

Um eine richtige Beurteilung der heutigen Rechtslage zu ermöglichen, sollen im folgenden die Grundbegriffe des islamischen Strafrechts und seine heutigen Erscheinungsformen dargestellt werden.

b) Grundbegriffe des islamischen Strafrechts

Das islamische Strafrecht bildet kein in sich geschlossenes Ganzes, sondern gibt nur Antworten auf Einzelfragen, die an den Propheten Muḥammad herangetragen worden sind. Von der Rechtswissenschaft ist es gedanklich mangelhaft durchgearbeitet worden. Die allgemeinen Lehren sind daher wenig entwickelt.[80]

Die wichtigste Einteilung der Straftaten erfolgt nach den über sie verhängten Strafen: Eine Reihe von Straftaten, die im Koran genannt werden, unterliegen einer (im Koran oder durch die Tradition festgesetzten) bestimmten Strafe, die auf arabisch *ḥadd* (pl. *ḥudūd*) genannt wird. Es handelt sich dabei um folgende fünf Delikte:

(1.) Unzucht *(zinā')*: Täter, die einmal in legaler Ehe Geschlechtsverkehr gehabt haben *(muḥṣan)*, sind nach der Tradition *(sunna)* wie im Judentum mit Steinigung *(rajm)* zu bestrafen. Täter, die niemals verheiratet waren, haben nach koranischer Weisung nur 100 Geißelhiebe *(ḍarb)* verwirkt (Koran 24: 1–5 [2]).[81]

(2.) Verleumdung wegen angeblicher Unzucht *(qadhf)*: Sie ist mit 80 Geißelhieben zu bestrafen (Koran 24: 4).

(3.) Weintrinken *(shurb al-khamr)*: Die Strafe für Weintrinken, dem der Genuß anderer berauschender Getränke gleichgestellt wird, unterliegt nach der Tradition *(sunna)* einer Strafe von 40 bzw. 80 Geißelhieben je nach Rechtsschule *(madhhab)* (vgl. Koran 5: 30f.).[82]

(4.) Diebstahl *(sariqa)*: Nach dem Koran und einigen ergänzenden Überlieferungen ist im Fall eines Diebstahls beim ersten Mal die rechte Hand, im Wiederholungsfall der linke Fuß abzuschlagen *(qaṭʿ)* (Koran 5: 38–39). Die ḥadd-Strafe ist jedoch nur verwirkt, wenn sich der entwendete Gegenstand in angemessener Verwahrung *(ḥirz)* befunden hat, so daß der Dieb ihn heimlich stehlen mußte, was bei Übertölpelung *(ikhtilās)* wie Taschendiebstahl nicht der Fall ist. Der gestohlene Gegenstand muß einen gewissen Mindestwert *(niṣāb)* gehabt haben. Außerdem liegt kein Diebstahl im Sinn des islamischen Rechts vor, wenn der Täter auf die weggnommene Sache irgendein Anrecht hat, sei es der Gegenstand eines schuldrechtlichen Anspruchs, sei es ein Stück der Kriegsbeute, von der er einen gewissen Anteil bekommen muß, oder ein Gegenstand, der – wie Gerätschaften in der Moschee – zum gemeinsamen Nutzen für alle Muslime bestimmt ist. Die Wegnahme von Dingen, an denen Eigentum ausgeschlossen ist, weil sie verpönt sind (Wein, Musikinstrumente) oder von Sachen, die herrenlos sind, bedeutet ebenfalls keinen Diebstahl im Sinn des islamischen Rechts. Der Familiendiebstahl findet unter Verwandten in gerader Linie keine Bestrafung.

(5.) Straßenraub *(qaṭʿ aṭ-ṭarīq)*: Dabei unterscheidet man vier Arten: Hat ein Schuldiger nur einfach außerhalb von Ortschaften die öffentlichen Wege unsicher gemacht, dann wird er gefangengesetzt. Hat er dabei einen Raub *(nahb)* begangen, der auch die Voraussetzungen des Diebstahls erfüllt außer dessen Heimlichkeit, dann werden ihm die rechte Hand und der linke Fuß abgeschnitten, im Wiederholungsfall auch die linke Hand und der rechte Fuß. Hat ein Täter als Wegelagerer jemanden vorsätzlich umgebracht, dann wird er aufgrund des Strafausspruchs im Koran getötet, selbst wenn die Familie des Opfers mit einem Blutpreis zufrieden wäre. Hat schließlich der Straßenräuber sowohl Raub als auch Totschlag begangen, ist Hinrichtung und Kreuzigung *(ṣalb)* die Strafe (vgl. dazu Koran 5: 33–34).

Der Totschlag gehört nicht zu den mit einer ḥadd-Strafe bedrohten

Straftaten.[83] Seine Ahndung erfolgt – in Fortführung altarabischer Rechtsvorstellungen – aufgrund der Wiedervergeltung *(qiṣāṣ)*, die im Islam in wesentlicher Weise begrenzt worden ist. Das Prinzip der *talio* gibt dem nächsten männlichen Verwandten *(walī ad-dam)* bei vorsätzlicher rechtswidriger Tötung das Recht, nach gerichtlicher Schuldfeststellung den Täter unter Aufsicht des Richters mit dem Schwert eigenhändig zu töten, sowie im Fall einer Körperverletzung das Recht, dem Täter die genau gleiche Verletzung beizubringen (vgl. Koran 17: 33 und 2: 178–179).

Der Gedanke, daß Gleiches mit Gleichem zu vergelten ist *(mumāthala)*, wird zwecks Einschränkung der Blutrache so strikt durchgeführt, daß die talio dann entfällt, wenn Täter und Opfer nicht gleichwertig sind.[84] Keine Gleichwertigkeit besteht zwischen Frau und Mann, zwischen Sklave und Freiem (vgl. Koran 2: 178). Die Wiedervergeltung entfällt auch dann, wenn der Täter ein Aszendent des Opfers ist. Dagegen stehen Nichtmuslime nach hanafitischer Sicht den Muslimen gleich.[85]

Ist die Wiedervergeltung unzulässig oder verzichtet der Berechtigte darauf, so ist vom Täter bzw. – im Fall nicht vorsätzlichen Handelns – von den männlichen Verwandten *(ʿaṣabāt)* seiner Sippe *(ʿāqila)* der Familie des Opfers ein Blutpreis *(diya)* zu zahlen, der nach der Überlieferung hundert Kamele beträgt.[86] Nach einem kriminologischen Report aus Saudi-Arabien gelten heute in der nördlichen Region fünfzig Kamele oder fünfzig Gewehre als Blutgeld.[87]

Außerdem ist im Fall der Tötung der Täter Gott gegenüber zur Freilassung eines Sklaven oder zu zweimonatigem Fasten als religiöse Sühne *(kaffāra)* verpflichtet (vgl. Koran 4: 94), soweit die Tötung eine Sünde darstellt. Bei einer Körperverletzung ist eine gesetzlich bestimmte Entschädigung *(arsh)* oder eine vom Richter festzusetzende Buße *(ḥukūma)* zu zahlen.

Der Abfall vom Islam *(irtidād)* unterliegt, ohne daß dies als ḥadd-Strafe gilt, der Todesstrafe, sofern sich die Rückkehr zum Islam als ausgeschlossen erweist.

Bei abstrakter Betrachtung wirken die Strafen des islamischen Strafrechts außerordentlich grausam. Ihre praktische Anwendung ist jedoch schon von jeher durch das Prozeßrecht ganz wesentlich eingeschränkt worden: Das Verbrechen der Unzucht kann nur durch vier männliche, vollwertige – d. h. ehrbare und muslimische – Zeugen bewiesen werden, die auch über sämtliche Einzelheiten genaue Aussagen machen müssen. In allen übrigen Fällen muß der Beweis durch zwei geeignete Zeugen erbracht werden.

Sonst ist eine Verurteilung nur aufgrund eines Geständnisses *(iqrār)* zulässig. Ein Widerruf *(rujūʿ)* des Geständnisses ist jederzeit möglich und soll dem Angeklagten vom Richter nahegelegt werden, da Gott gegenüber den Menschen nachsichtig und barmherzig ist und ihre Sünden zudeckt, wenn der Sünder sie selbst auch verborgen hält. Darüber hinaus gilt es als verdienstvoll, nach Möglichkeit die Strafe von dem Schuldigen abzuwenden.

Persönliches Wissen darf der Richter dann, wenn ein Recht Gottes *(ḥaqq*

Allāh) verletzt worden ist, nicht heranziehen. Alle mit ḥadd-Strafen bedrohten Delikte außer der Verleumdung wegen Unzucht stellen eine Verletzung eines Rechts Gottes dar.[88] Dagegen steht bei Tötung, Körperverletzung und Sachbeschädigung das menschliche Recht *(ḥaqq ādamī)* im Vordergrund.[89] Soweit die Strafe einen Rechtsanspruch Gottes betrifft, darf auf die Bestrafung nicht verzichtet werden, dafür befreit jedoch tätige Reue *(tauba)* von der Strafe. Im Gegensatz dazu kann ein geschädigter Mensch den Täter durch Verzicht *(ʿafw)* oder Vergleich *(ṣulḥ)* von der Strafe freistellen, während die tätige Reue dem Täter bei einer Verletzung menschlichen Rechts nichts hilft.

Die Unterscheidung zwischen Rechten Gottes und menschlichen Rechten hat zu einigen Ungereimtheiten geführt:[90] Bereut ein Mörder seine Tat, bevor er gefaßt wird, so entgeht er nicht der talio, während der Wegelagerer im gleichen Fall straflos ausgeht, weil seine Tat ein Recht Gottes verletzt hat und darauf eine ḥadd-Strafe steht. Andererseits ist bei Tötung eine Verzeihung möglich, nicht aber im Fall von Ehebruch und Diebstahl. So muß im schlimmsten Fall ein Ehebrecher gesteinigt werden, während ein Mörder mit Fasten und Zahlung eines Blutpreises davonkommt.

Vor dem Hintergrund der prozeßrechtlichen Gegebenheiten wird ersichtlich, daß die Verhängung einer ḥadd-Strafe besonders im Fall der Unzucht eigentlich nur dann vorkommen wird, wenn der Täter ein Geständnis ablegt und daran festhält. Dafür sorgen auch die äußerst kurzen Verjährungsfristen, die im allgemeinen nur einen Monat betragen. Weintrinken kann nur während des Genusses und der Trunkenheit verfolgt werden. Außer bei Wegelagerei gibt es nach dem klassischen islamischen Recht keine Ermittlung und Verfolgung von Amts wegen, ebensowenig wie eine Anklagebehörde.[91]

Eine Reihe anderer Vergehen führen zu einer „Züchtigung" *(taʿzīr)*, die im Ermessen des Richters liegt.[92] Herkömmlicherweise gehören dazu Urkundenfälschung, Betrug, Erpressung, Falschaussage, widernatürliche Unzucht u. a. sowie vor allem auch die mit ḥadd-Strafe bedrohten Delikte, sofern die erforderlichen Voraussetzungen nicht vollständig gegeben sind (z. B. Diebstahl einer geringerwertigen Sache). Die eigentlichen Religionsvergehen (wie z. B. auch der Meineid) gehören nicht hierzu, da sie keiner menschlichen Strafe unterworfen sind. Ihre Ahndung erfolgt allein durch Gott. Bei Festsetzung der Strafe hat der Richter einen weiten Spielraum. Der Strafrahmen reicht von einer Ermahnung über Gefängnis bis hin zu Geißelung und Verbannung. Der Richter kann jede ihm gut erscheinende Maßnahme anordnen. Grundsätzlich darf die als taʿzīr auferlegte Strafe allerdings nie ebenso schwer sein wie die entsprechende ḥadd-Strafe, was im einzelnen umstritten ist. Der Richter kann im Rahmen des taʿzīr auch ganz von Strafe absehen; vorausgesetzt, daß ausschließlich ein Recht Gottes verletzt ist und nicht zugleich ein Muslim geschädigt wurde.

Das umfassende Ermessen des Richters hinsichtlich aller Vergehen, die nicht mit einer ḥadd-Strafe bedroht sind, bildet die entscheidende Einbruchstelle für strafrechtliche Neuerungen.

c) Heutige Erscheinungsformen des islamischen Strafrechts

ḥadd-Strafen

Das islamische Strafrecht hat in der Praxis kaum je in seiner reinen Form gegolten.[93] Auch auf der Arabischen Halbinsel werden die islamischen Strafvorschriften nicht immer exakt angewendet. In einem kriminologischen Report des Amtes für Verbrechensbekämpfung im saudi-arabischen Innenministerium vom Jahre 1976 wird die Klage laut, daß in Saudi-Arabien das islamische Recht schon wegen Analphabetentums, Unwissenheit und geringen Rechtsverständnisses unterschiedlich angewendet wird.[94] So wird im Fall der Tötung eines Menschen Wiedervergeltung an den Verwandten des Mörders bis zum fünften Grad geübt statt allein am Täter. Auch das „Verantwortlichkeitsgefühl" für die eigene Sippe wird bis zum fünften Grad ausgedehnt *(khumāsīya)*. Zu einer gesetzwidrigen Ausweitung der Blutrache kommt es schon dadurch, daß ein Schwachsinniger der Rache überlassen wird, der jedoch von dem Rächer nicht als gleichwertig angesehen wird.[95]

Gewisse Abweichungen ergeben sich zwangsläufig aus den modernen Verhältnissen. Da ein Mörder auch die öffentliche Ordnung verletzt, ist die Verfolgung nicht mehr ins Belieben eines privaten Anklägers gestellt, sondern Sache des Staates geworden.[96] Eine Berücksichtigung moderner Verhältnisse bedeutet es auch, daß Todesfälle aufgrund von Verkehrsunfällen – im Gegensatz zu anderen nicht beabsichtigten Tötungen – offiziell nicht unter die üblichen Tötungsdelikte subsumiert werden und ihretwegen daher nicht die Blutrache geübt werden darf.[97]

Von weitreichender Bedeutung ist die Auflockerung der strengen islamischen Beweisvorschriften: Da die Beschränkung auf Zeugen nicht mehr als angemessen erschien, ist heute unter dem Einfluß des nichtislamischen Strafrechts auch der Indizienbeweis zugelassen.[98] Neben dem Geständnis und den Zeugen können nun also auch Rückschlüsse aus den Umständen als Beweis verwertet werden. Immerhin gilt dieser Beweis im Rahmen des islamischen Rechts immer noch als eine Ausnahme und kann nicht zu einer Bestrafung mit einer der strengen koranischen Strafen führen; denn kann das Verbrechen nicht durch die erforderlichen Zeugen nachgewiesen werden, fehlt es an einer wesentlichen Voraussetzung für die Verwirklichung einer *ḥadd*-Strafe bedrohten Tat oder eines Totschlags, der die Blutrache erlaubt. Trotzdem bleibt der Täter dann nicht straflos. Aber seine Bestrafung erfolgt im Wege des *taʿzīr* nach dem Ermessen des Richters. Beim Festhalten an dem Zeugenbeweis ist nicht von ausschlaggebender Bedeutung, daß prozessuale Regeln als materielle Voraussetzungen der koranischen Delikte gelten, sondern daß – nach einem Ausspruch des Propheten – dann, wenn die Tat durch die Gegenwart mehrerer Zeugen praktisch in der Öffentlichkeit geschieht, eine strengere Strafe angebracht ist. Bei Unzucht im geschlossenen Raum und bloßem Indizienbeweis (z. B. durch eine medizinische Untersuchung) wird daher nur eine taʿzīr-Strafe verhängt.[99] Für die mit ḥadd-Strafe bedrohten Delikte stellt der Indizienbeweis also keinen Vollbeweis dar.[100]

Trotz oder gerade wegen ihrer Kodifizierung mußten in Libyen bei der gesetzlichen Fassung der ḥadd-Strafen unter dem Einfluß moderner Verhältnisse Abstriche vom islamischen Recht gemacht werden.

Die auffälligste Abweichung ist in dem Gesetz von 1973 über die Bestrafung der Unzucht[101] festzustellen: Die Steinigung ist fallengelassen worden.[102] Unterschiedslos wird jeder Täter mit 100 Peitschenhieben *(jalda)* ohne Rücksicht darauf bestraft, ob er bereits verheiratet gewesen ist oder nicht (Art. 2). Die Strafe wird nach einem ärztlichen Bericht über den Gesundheitszustand des Delinquenten in der Polizeizentrale durchgeführt (Art. 7). Als *zinā'* wird jeder Geschlechtsverkehr *(jimāʿ)* zwischen Mann und Frau angesehen, zwischen denen keine gesetzliche Ehebeziehung besteht (Art. 1).

Beim Genuß von Wein *(khamr)*, der in Libyen seit 1974 entsprechend dem islamischen Recht an jedem Muslim mit 40 Peitschenhieben geahndet wird (Art. 5),[103] genügt nach ausdrücklicher gesetzlicher Weisung neben dem Geständnis oder dem Nachweis durch zwei Zeugen auch jedes andere Beweismittel (Art. 12).

Im Fall eines Diebstahls wird seit 1972 beim ersten Mal die rechte Hand amputiert, was vom Obersten Gerichtshof verfügt werden muß.[104] Der Wert des gestohlenen Gegenstandes muß mindestens zehn libysche Dinare betragen. Im Wiederholungsfall wird aber nicht die linke Hand abgenommen, sondern eine Gefängnisstrafe verhängt. Bei erneutem Rückfall kommt es – ebenfalls in Abweichung vom islamischen Recht – zu lebenslanger Freiheitsstrafe. Genauso wird ein rückfälliger Räuber behandelt, wiederum im Gegensatz zum islamischen Recht. Beim Straßenraub ist ferner bemerkenswert, daß bei erschwerenden Umständen nur noch ein Todesurteil ergeht, aber keine Kreuzigung mehr stattfindet (Art. 5 von 1972).

Diese Bestimmungen sind im wesentlichen in die am 29. Januar 1994 erneut verabschiedeten sieben *sharīʿa*-konformen Strafgesetze übernommen worden, die – anders als die Gesetze von 1972–74 – nach Angaben der Staatsführung diesmal zur Bekämpfung der Kriminalität, Korruption sowie gesellschaftlicher Abweichungen tatsächlich angewendet werden sollen.[105]

Wenn heutzutage überhaupt noch eine ḥadd-Strafe angewendet werden muß, geht die Tendenz dahin, sie durch Milde möglichst abzuschwächen, außer bei der Verleumdung wegen angeblicher Unzucht, weil ihre strenge Bestrafung gerade die Bestrafung wegen Unzucht einschränken soll.

taʿzīr-Strafen

Das umfassende Bekenntnis zum islamischen Strafrecht schließt die Befugnis zur Bestrafung nach eigenem Ermessen des Richters, den *taʿzīr*, mit ein. Dadurch ist dem islamischen Staat eine nahezu unbegrenzte Strafgewalt an die Hand gegeben, die mühelos auch jegliche Form modernen Strafens zu rechtfertigen vermag.[106]

Aus unserer Sicht ist sie mit rechtsstaatlichen Grundsätzen nicht zu vereinbaren und verstößt u. a. vor allem gegen den Grundsatz der hinreichenden Bestimmtheit einer Strafe.

Die im Ermessen des Richters liegende Strafgewalt wird im allgemeinen auf Zuwiderhandlungen gegen Gottes Gebote bezogen, soweit sie keiner anderen Strafe oder Buße *(kaffāra)* unterliegen. Unter dem Aspekt der *siyāsa sharʿīya* wird jedoch erst ihre wahre Bedeutung offensichtlich. *Siyāsa* meint zunächst nichts anderes als „Verwaltung, Politik". Im Bereich des islamischen Rechts hat dieser Begriff einen spezifischen Bedeutungsinhalt erlangt: In Anbetracht der Unwandelbarkeit des islamischen Rechts, dem auch jeder Regierende unterworfen ist, ohne das Recht, eigene Gesetze zu machen,[107] wurde dem Herrscher die Befugnis zugebilligt, das Scheriatrecht nach den Erfordernissen des öffentlichen Interesses *(maṣlaḥa)*[108] zu „verwalten". Aufgrund dieser Kompetenz sind die politischen Machthaber berechtigt, alle im öffentlichen Interesse erforderlichen Maßnahmen zu treffen, sofern die allgemeinen Prinzipien des islamischen Rechts nicht verletzt werden.[109]

Theoretisch ging man dabei von der Voraussetzung aus, daß der weltliche Machthaber imstande sei, das göttliche Gesetz zu verstehen und festzustellen. Nichts anderes beinhaltet nämlich nach der Theorie diese Befugnis des Herrschers, als die Prinzipien des religiösen Rechts je nach den Erfordernissen von Zeit und Umständen anzuwenden und notfalls in Übereinstimmung mit dem religiösen Recht zu ergänzen.

Seit der Abbasiden-Zeit (750–1258) stellte ein Vorgehen unter dem Deckmantel der siyāsa das entscheidende Mittel zur unauffälligen Durchsetzung notwendiger Neuerungen dar.[110] Im prozessualen Bereich diente diese Befugnis etwa zur Einführung des Indizienbeweises.[111]

Im Strafrecht führte die siyāsa sharʿīya in Verbindung mit der taʿzīr-Gewalt zu einer hohen Flexibilität des Rechts.[112] Aufgrund der siyāsa kann nämlich jedes dem öffentlichen Interesse *(maṣlaḥa)* abträgliche Verhalten im Rahmen des taʿzīr bestraft werden.[113] Es ist noch nicht einmal nötig, daß vor Begehung der Straftat das inkriminierte Verhalten als strafrechtlich relevant angesehen wird.[114] Diese Unbestimmtheit wird von saudi-arabischer Seite als Vorzug gepriesen, da damit gewährleistet werde, daß kein Übeltäter nur deshalb straflos ausgeht, weil die Tat nicht geregelt ist.[115]

Nach westlichen Maßstäben kann eine so weitgehende Strafgewalt jedoch eine schwerwiegende Verletzung des Grundsatzes *nulla poena sine lege* bedeuten.[116] Nur sofern der taʿzīr aufgrund der siyāsa-Befugnis seine Ausprägung durch strafrechtliche Gesetze erfahren hat, wie z. B. in Libyen und Iran, aber teilweise auch in Saudi-Arabien und in Abu Dhabi, ist aus rechtsstaatlichen Erwägungen nichts gegen diese islamische Verfahrensweise einzuwenden.

In der Tat werden Strafgesetze in islamischen Ländern von jeher aus der siyāsa-Gewalt heraus dogmatisch gerechtfertigt.[117] Seit dem 19. Jahrhundert hat die Bedeutung der siyāsa sharʿīya im Strafrecht in gleichem Maß wie die Kodifizierungsbewegung im islamischen Orient an Bedeutung gewonnen. Die damit verbundene zunehmende Berufung auf das öffentliche Interesse *(maṣlaḥa)*, das heute selbst in Saudi-Arabien geradezu als eigene Rechtsquelle verstanden wird,[118] gilt daher ebenso wie der Begriff des eigenen Bemühens *(ijtihād)* um ein entsprechendes Strafurteil als Zeichen von moderner Einstellung.[119]

Vor dem Hintergrund der siyāsa sharʿīya berechtigt der taʿzīr zur Schaffung neuer Straftatbestände.[120] Mittels des taʿzīr sind demgemäß – kodifiziert oder nicht – auch Wucher *(ribā)*, Vertrauensbruch, Beleidigung *(sabb)*, Bestechung und anderes strafbar.[121]

Da die taʿzīr-Gewalt zur Verhängung jeder beliebigen Strafmaßnahme berechtigt, sofern diese nicht durch islamisches Recht verboten ist,[122] kann sie auch in der bloßen Drohung mit Strafe bestehen, die der modernen Strafaussetzung zur Bewährung entspricht. Abgesehen von einer Freiheitsstrafe können auch Geldstrafen, die Entfernung aus dem Amt oder eine Beschlagnahme verfügt werden.[123]

Die Strafe wird nach Art und Höhe wesentlich vom Strafzweck bestimmt, der nach saudi-arabischer Auffassung in Übereinstimmung mit der klassischen Lehre vor allem in der allgemeinen und persönlichen Abschreckung besteht.[124] Aber auch die Umstände der Tat können beim taʿzīr mitberücksichtigt werden, wie z. B. das fehlende Unrechtsbewußtsein.[125] Ist die Zeit „korrupter", berechtigt die siyāsa sharʿīya zu weiterreichenden Maßnahmen.[126]

In letzter Konsequenz legitimiert die taʿzīr-Gewalt das Gericht im Fall schwerwiegenden Fehlverhaltens auch zur Verhängung der Todesstrafe,[127] und zwar insbesondere für

(1.) Gewohnheitstäter, die nicht gebessert werden können, wie z. B. Homosexuelle;

(2.) Propagandisten häretischer Meinungen, welche die Gemeinde der Gläubigen *(umma)* spalten;

(3.) Mörder, soweit keine Wiedervergeltung in Betracht kommt;

(4.) Spione;[128]

(5.) Rauschgifthändler, Rauchgiftkonsumenten, allgemein Menschen, die Rauschgiftkonsum in der Öffentlichkeit bereitstellen.[129]

Da das öffentliche Interesse *(maṣlaḥa)* der umma den eigentlichen Strafgrund bildet, braucht der Richter eine eventuelle Verzeihung des Verletzten – anders als bei Verletzung eines menschlichen Rechts nach koranischem Strafrecht – nicht zu berücksichtigen; denn Vergehen gegen die Gemeinschaft oder einzelne ihrer Mitglieder können bei den mit taʿzīr bedrohten Taten weniger schnell verziehen werden als eine Straftat gegen Gott. Nur eine aufrichtige und ernste Reue kann vor taʿzīr-Bestrafung bewahren.[130]

d) Zukunftsaussichten für das islamische Strafrecht

Trotz der abgewandelten Geltung des islamischen Strafrechts erscheint es nach wie vor – auch in Kenntnis seiner historischen Wurzeln – in der modernen Welt als unannehmbar; denn dort, wo das islamische Strafrecht überhaupt noch gilt, wird gerade an seinen koranischen Bestandteilen als dem eigentlichen Kern und damit eben auch an den drastischen Strafsanktionen festgehalten. Die Straftatbestände an sich begegnen kaum Kritik.

Eine Reform des auf dem Koran beruhenden Strafrechts stößt jedoch auf größte Schwierigkeiten, weil das islamische Recht auf göttlicher Offenbarung beruht und als unveränderlich angesehen wird.

Die einfachste und radikalste Lösung wäre, das islamische Strafrecht ganz abzuschaffen und an seine Stelle modernes Strafrecht europäischen Ursprungs zu setzen.[131] Aber ein solcher Schritt, wie ihn die meisten islamischen Staaten bereits vollzogen haben, bedeutet keine sachliche Auseinandersetzung mit dem Problem und damit auch keine echte Überwindung des religiösen Rechts. Überdies birgt ein solches Vorgehen die Gefahr der Verunsicherung in den Grundlagen des Rechts in sich.[132] Ein solcher Verlust der Authentizität des Strafrechts würde um so schwerer wiegen, als das aufgegebene Recht in Gott verankert war.

Zur Rechtfertigung für die totale Abwendung vom islamischen Strafrecht wird vorgetragen, der Islam sei rein religiöser Natur. Daher sei eine Trennung zwischen Recht und Religion genau so berechtigt, wie zwischen politischer Macht und religiösem Führer (Kalif) zu unterscheiden sei.[133] Nach dieser Theorie beschränkt sich der Islam auf die Glaubensbeziehungen des Menschen zu Gott, während das Leben der menschlichen Gesellschaft unmittelbar nichts mit dem Islam zu tun habe.[134] Doch ist diese Lösung, die schon im Jahre 1925 von dem Ägypter ʿAlī ʿAbd ar-Rāziq in seinem Buch über den Islam und die Grundlagen der Macht vertreten wurde, ganz und gar unislamisch und mit dem orthodoxen Islam schlechthin unvereinbar.[135] Sie geht von europäischen Vorstellungen über das Verhältnis zwischen Kirche und Staat aus, während im Islam die Einheit von politischer und religiöser Gemeinschaft unabdingbar ist. Im Islam gibt es keine Kirche und keine von der Religion unabhängige Ethik, wie sie mit der europäischen Renaissance geboren wurde. Auch hat es keine der Rezeption des römischen Rechts entsprechende Entwicklung gegeben.[136]

Ebensowenig wird es dem Wesen des Islams gerecht, alles Antiquierte und Anstößige des islamischen Strafrechts hinwegzuinterpretieren und es durch Teilreformen akzeptabel zu machen.[137]

Gewiß findet sich etwa die Steinigung als Strafe für Unzucht genauso wie die Todesstrafe für Apostasie nicht im Koran. Aber um deswegen auf diese Strafen verzichten zu können, müßte man die Tradition fallenlassen.[138] Andererseits sind das Abhauen von Hand und Fuß, das Kreuzigen und Auspeitschen als eindeutige Weisungen im Koran enthalten. Darüber hilft auch kein erneutes Überdenken aufgrund eigenen Bemühens *(ijtihād)* hinweg. Der Islam läßt sich eben nicht zu einem milden Humanismus verkürzen.[139] Die eigenwillige Auslegung und kleine Anpassungen an die modernen Verhältnisse in der Absicht, den Islam zeitgemäß erscheinen zu lassen, gefährden nur seinen Absolutheitsanspruch.[140]

Es mag eine fromme Fiktion sein, den historischen Islam mit der von Muḥammad empfangenen Offenbarung gleichzusetzen. Doch der Ruf zurück zum Koran, zum Ursinn des Islams hätte nur dann einen Sinn, wenn es gelänge, den wahren Kern des Islams so rein zu fassen, daß sich daraus vor dem Hintergrund der Ideen des 19./20. Jahrhunderts Gesetze ableiten ließen.[141] Aber ein solcher Reform-Islam könnte von einem Muslim wohl kaum als echter Islam akzeptiert werden.

Als ein ganz wesentlicher Grund der harten Strafen des islamischen Strafrechts gilt die Abschreckung. Es ließe sich argumentieren, daß in der heutigen Zeit derart grausame Mittel nicht mehr nötig seien und aus diesem Grund eine Milderung der koranischen Strafen gerechtfertigt sei.[142]

Aber ein Verzicht auf die grausamen Strafen des islamischen Strafrechts würde eine Eliminierung der irrationalen Elemente des Islams und die Auflösung seines religiösen Charakters bedeuten.[143] Insbesondere erscheint die Todesstrafe als ein untrennbarer Bestandteil des Islams.

Die Einsicht, daß sich Eingriffe in die theoretischen Grundlagen des islamischen Strafrechts aus seinem Wesen heraus verbieten, vermag kaum zu befriedigen. Doch es gilt zu berücksichtigen, daß das islamische Strafrecht eben nur für einen bestimmten Menschentyp sinnvoll ist, nämlich für den überzeugten Muslim.[144]

Auf der Suche nach einem Kompromiß bietet sich als einziger Ausweg an, den bloßen Abschreckungscharakter und damit die rein theoretische Geltung der islamischen Strafen zu betonen, wie dies vor allem in Saudi-Arabien geschieht. Dort wird das islamische Strafrecht nicht nur unter dem Aspekt des Strafens gesehen, sondern als ein System tugendhaften Lebens verstanden.[145] Da das islamische Recht primär für Muslime gilt, ließe sich der Schrecken des islamischen Strafrechts weiter dadurch eindämmen, daß es aufgrund des internationalen Strafrechts auf Nichtmuslime und solche ausländischen Muslime nicht angewendet wird, in deren Heimatstaat kein islamisches Strafrecht mehr gilt.

IV. Die Stellung des Islams und des islamischen Rechts in ausgewählten Staaten

1. Einleitung: Vom islamisch-westlichen Kompromiß zum Islamismus

(Udo Steinbach)

Der Islam hat durch die Geschichte hindurch das Leben des einzelnen in seinen privaten wie öffentlichen Aspekten bestimmt; zugleich hat er die Staats- und Gesellschaftsordnung in der „islamischen Welt" in hohem Maße geprägt. Was die Geschichte des islamischen Raumes von derjenigen des „christlichen Abendlandes" grundlegend unterscheidet, ist die Tatsache, daß es keine Renaissance, also keine einschneidende Trennung von weltlichen und religiösen Angelegenheiten gegeben hat. Der Zusammenstoß mit dem Westen und seiner dominanten Zivilisation hat die Muslime und die islamische Welt etwa über die letzten zwei Jahrhunderte tiefgreifend erschüttert. Das Neuartige an dieser historischen Situation war, daß spätestens mit dem Beginn des 19. Jahrhunderts die Unterlegenheit der islamischen Welt in vielen Bereichen sichtbar wurde – eine Unterlegenheit, die es nach der dem Muslim zutiefst innewohnenden Überzeugung von der vollkommenen Ordnung und der Überlegenheit der von seiner Religion geprägten Gesellschaft gar nicht hätte geben dürfen. Zwar hatte der Niedergang des Osmanischen Reiches, das die islamische Ökumene gegenüber dem Westen über viele Jahrhunderte politisch repräsentierte, bereits vor dem 18. Jahrhundert begonnen, doch waren die politischen, wirtschaftlichen und sozialen Strukturen sowie das kulturelle Wertgefüge noch weitgehend intakt geblieben. Die Konfrontation mit dem in kolonialer Expansion befindlichen Europa des 19. Jahrhunderts war demgegenüber anderer Art: Mit der teilweisen Besetzung oder Verwaltung durch die europäischen Kolonialmächte verloren weite Teile der islamischen Welt ihre Unabhängigkeit; mit dem Aufbau der industriellen Produktion in Westeuropa setzten ein rascher wirtschaftlicher Niedergang des islamischen Raumes und ein Prozeß zunehmender wirtschaftlicher Marginalisierung und Abhängigkeit ein; und mit der Ausbreitung westlicher Wissenschaft erwies sich die auf islamischen Traditionen beruhende Kultur als unzulänglich, die geistige Herausforderung der sich wandelnden Welt anzunehmen. In letzter Konsequenz schien damit für den Muslim die „Richtigkeit" seiner Religion in Zweifel gezogen; war ihm doch der Zustand seiner Welt ein Reflex der Wirksamkeit des göttlichen Wortes an der Gemeinde, die mit dem Propheten Muḥammad gegründet und die durch das islamische Gesetz *(sharīʿa)* geordnet worden war.

Seitdem hat der islamische Raum nicht aufgehört, sich mit dem Westen auseinanderzusetzen, ja große Teile der politischen und kulturellen Geschichte des 19. und 20. Jahrhunderts lassen sich als eine Sequenz von Versuchen verstehen, die Spannung zwischen dem Ideal vom islamischen Staat und der islamischen Gesellschaft auf der einen und dem – letztlich noch immer unterentwickelten – Zustand der islamischen Welt auf der anderen Seite zu überwinden. Die Antworten auf die gestellten Fragen und Probleme sind vielfältig: Sie reichen von theologischer Neuinterpretation der Aussagen der islamischen Religion bis zum hartnäckigen Beharren auf der wortwörtlichen Fortgeltung von Koran *(qur'ān)* und *sunna*; von rigoroser Säkularisierung bis zur Feststellung, daß der Koran die „Verfassung" des Staates sei; von der totalen Verwestlichung bis zu dem Versuch, wieder ein „islamisches Erziehungswesen" einzuführen. Insgesamt freilich ist die Lage der islamischen Welt dadurch gekennzeichnet, daß hinsichtlich der Grundlagen und Systeme von Staatlichkeit, der Strukturen der Gesellschaft und der kulturellen Wertordnung Mischformen bestehen, in denen Westliches oder Islamisches entweder nebeneinander bestehen oder eine – in vielen Fällen nur oberflächliche – Verschmelzung eingegangen sind.

a) Islamische Elemente in Staat, Gesellschaft und Recht

Die Stellung des Islams und des islamischen Rechts im politischen und gesellschaftlichen Gefüge ist von Land zu Land in erheblichem Maße unterschiedlich. So wenig es einen geschlossenen „islamischen Kulturkreis" gibt, so wenig kann heute von einer „islamischen Staatenwelt" im politisch-rechtlichen Sinne gesprochen werden. Im folgenden können deshalb nur ausgewählte Problemstellungen zu dieser Thematik angesprochen werden.

Das Konzept des Nationalstaates

Mit der Abschaffung des Kalifats (1924) durch den türkischen Reformer und Staatsgründer Mustafa Kemal (Atatürk) ist die Fiktion einer politischen Einheit der islamischen Gemeinschaft *(umma)* beseitigt worden. Darüber hinaus ist in diesem Akt deutlich geworden, daß der Islam seine gestaltende Kraft im öffentlichen Leben – im weitesten Sinne verstanden – verloren hatte. Das westliche Konzept des säkularen Nationalstaates wurde auch in der islamischen Welt zu einer politisch-gesellschaftlichen Rahmenorientierung, innerhalb derer der Muslim seinen Standort neu bestimmen mußte. Der Kompromiß zwischen den Erfordernissen eines modernen, auf industriellen Fortschritt und sozialen Wandel gerichteten Staates auf der einen und den grundlegenden Anforderungen des Muslims an einen islamischen Lebenswandel und ein islamisch geprägtes Staatswesen auf der anderen Seite ist von Fall zu Fall unterschiedlich gehandhabt worden. Häufig ist der Islam nur noch eine Hülle, um darunter die Tatsache zu verbergen, daß sich der Säkularismus als ein Prinzip, nach dem sich privates und öffentliches Leben weithin vollzieht, faktisch durchgesetzt hat.

Die islamische Welt ist heute in eine große Anzahl von Nationalstaaten zergliedert. Idealiter kennt der Muslim nur die Grundordnung der einen „Gemeinde der Bekenner" des Islams, der umma. In ihr sind alle Muslime nach Maßgabe des islamischen Rechts gleich, Trennungen (abgesehen von konfessionellen Gegensätzen, die als Spaltung der wahren umma bedauert werden müssen) gibt es nicht, ethnische Unterschiede sind nebensächlich. Die Zergliederung in Nationalstaaten hat ein neues Element in die staatliche Strukturierung der islamischen Welt eingeführt; sie hat nicht nur zu vielfältigen außenpolitischen Konflikten in der Region geführt (der Israel-Konflikt ist die tiefste Krise, die mit dieser „Neuordnung" verbunden ist), sondern auch im Inneren der neu entstandenen Staaten Minderheitenprobleme entstehen lassen. Der Umstand, daß z. B. ein Volk von etwa 20 Millionen Menschen wie die Kurden nicht einen eigenen Nationalstaat gründen konnte, sondern als Minderheit mehreren Staaten einverleibt wurde, hat von vornherein den Staatenbildungsprozeß im Nahen Osten belastet. Das Beispiel des Staates Pakistan, dessen Gründungsidee in dem Bestreben liegt, den Muslimen auf dem indischen Subkontinent einen eigenen Staat zu schaffen, zeigt auf der anderen Seite, daß eine „islamische" Staatsbürgerschaft kaum ein Band ist, das die diversen ethnischen Unterschiede (Belutschen, Paschtunen, Pandschabi etc.) überlagern konnte (besonders augenfällig die Abspaltung Ostpakistans [Bangladesh]). In Iran hat Khumainīs islamisch bestimmter iranischer Nationalismus die Spannungen zwischen der Zentralgewalt und den meisten nicht-*fārsī*-sprechenden Ethnien verschärft. Eine Parallelerscheinung dazu findet sich im Maghreb, wo – namentlich in Algerien – verstärkte Bemühungen um eine „Arabisierung" zu Spannungen mit der berberischen Bevölkerung geführt haben. Schließlich haben sich im Zuge der „Islamisierung" die Beziehungen zwischen Muslimen auf der einen und nichtislamischen, also religiösen Minderheiten auf der anderen Seite verschlechtert:[1] Wenn sich der Bürgerkrieg im Libanon auch keineswegs auf die konfessionellen Unterschiede reduzieren läßt, so war eine konfessionelle Komponente unübersehbar. In Ländern wie Ägypten und Iran, aber auch anderswo (selbst in der Türkei) läßt sich dieses Phänomen bestätigen.

Andererseits stellt sich mit dem Ende der islamischen Ökumene das Problem, daß Muslime in zahlreichen Staaten als Minderheiten leben und mit christlichen, hinduistischen oder auch buddhistischen Mehrheiten einen modus vivendi finden müssen. Im Prinzip ist dies zwar keine neue Situation; aber solange die Muslime – jedenfalls die Sunniten – im Rahmen des in der (sunnitischen) Staatsvorstellung verankerten Kalifats über ein zumindest spirituelles, wenn auch jahrhundertelang nur noch fiktives Zentrum verfügten (das in der Neuzeit zugleich mit der politischen Macht der Osmanen verbunden war), konnten sie sich als Angehörige der umma, der einen großen idealen islamischen Gemeinde, fühlen – weitgehend unabhängig von den Machtverhältnissen in ihren jeweiligen Heimatländern. Die Fiktion ließ sich aufrechterhalten, daß der Muslim, wenn auch nicht politisch, so doch spirituell Mitglied des „Gebiets des Islams" *(dār al-islām)* war.

Mit der Aufgabe dieser Fiktion durch die Abschaffung des Kalifats hat sich für den sunnitischen Muslim der Bezugsrahmen verändert. Seine Loyalität muß er jetzt dem Staat widmen, innerhalb dessen Grenzen er lebt. In ihm muß er mitarbeiten, an die jeweilige Regierung Steuern entrichten, seinen Militärdienst leisten und sich den geltenden, zumeist nichtislamischen Gesetzen unterwerfen. Dies bedeutet mehr als eine Fragmentierung der „Gemeinde". Vielmehr setzt es ein Fragezeichen über die Möglichkeiten der Existenz des Muslims als Muslim. Angesichts der für den Islam charakteristischen Untrennbarkeit der Beziehung zwischen Diesseits und Jenseits, zwischen menschlichem Handeln und Anleitung durch das religiöse Recht *(sharīʿa)*, zwischen den Geschicken des Staates und Gottes Wirken kann der Muslim ein im vollen Sinne islamisches Leben nur in einem Staat führen, der auf dem religiösen Gesetz beruht und in dem die Staatsführung über die Geltung dieses Rechts wacht. Nur hier kann er seinen permanenten Auftrag, an der Verwirklichung einer islamischen Ordnung mitzuwirken, erfüllen.[2]

Große Teile der Muslime leben im Status einer religiösen Minderheit; so – bis 1990/91 – in der ehemaligen Sowjetunion (zuletzt ca. 50 Mio.), in Indien (ca. 100 Mio.) oder in Europa (z. B. im ehemaligen Jugoslawien ca. 4 Mio.).[3]

Islam und Verfassung

Die meisten islamischen Staaten gründen sich heute auf Verfassungen bzw. verfassungsähnliche Texte, die die Grundelemente des europäischen Staates übernehmen, insbesondere die Teilung der Staatsgewalten in gesetzgebende, ausführende und rechtsprechende Gewalt. Sowohl das Phänomen von Verfassungen (geschriebenen Konstitutionen) überhaupt als auch die Teilung der Gewalten waren dem klassischen islamischen Staatsrecht fremd und signalisieren den Modernisierungsprozeß der islamischen Welt. Es war Ägypten, das 1866 mit der Einführung der ersten *Abgeordnetenkammer (Majlis shūrā an-nuwwāb)* durch den Khediven (Vizekönig) Ismāʿīl (reg. 1863–1879) die ersten Schritte zum Aufbau einer autonomen legislativen Gewalt unternahm;[4] 1878 wurde in Ägypten das erste Kabinett gebildet und 1882 die erste Verfassung erlassen, die allerdings ausschließlich die Beziehungen der Abgeordnetenkammer zum Khediven und zu den Ministern sowie die Handhabung von Finanzproblemen regelte. Auf Grundrechte, die Judikative und allgemeine Prinzipien der Staats- und Gesellschaftsordnung wurde dagegen kaum eingegangen. Auch der Gedanke der Volkssouveränität war der Verfassung noch fremd, und Gesetze konnten nur mit Zustimmung des Sultans erlassen werden. Der Islam blieb die Staatsreligion, wenn auch anderen die freie Religionsausübung garantiert wurde. Zwei Rechtssysteme bestanden nebeneinander: das religiöse Recht, die sharīʿa, war auf das Erb- und Familienrecht beschränkt, daneben bestand ein ziviles Gesetz, das sich am französischen Recht orientierte.

Die Einführung von Verfassungen war mit der Gewinnung der Unabhängigkeit der islamischen Staaten verbunden. Der Aufbau der Verfassungen entspricht in den Grundzügen den europäischen Vorbildern. An der Spitze steht der König oder *amīr* bzw. der Staatspräsident; die Regierungsgeschäfte werden von Kabinetten geführt;[5] die Gewalt liegt bei den Parlamenten. In den meisten islamischen Staaten sind Parteien zugelassen. Freilich unterscheiden sich die Systeme islamischer Staaten bereits bei flüchtigem Hinsehen erheblich von ihren europäischen Vorbildern. Demokratische Strukturen sind generell schwach entwickelt. In den konstitutionellen Monarchien wie Marokko und Jordanien gibt es zwar Parlamente, die auch aus Abgeordneten mehrerer Parteien bestehen, doch ist der Monarch letzten Endes die alleinige Quelle der Macht. Er bestimmt nicht nur die Zusammensetzung des Parlaments mit, sondern löst es auch auf, wenn es Schwierigkeiten macht. Noch schwächer ist die Rolle der Parlamente in den Golfstaaten. Verfassungsmäßig vorgesehen sind sie nur in Kuwait und Bahrain, wo sie freilich aufgelöst wurden, als sich Kräfte in ihnen zu regen begannen, deren gesellschaftliche und politische Linie von derjenigen des *rulers* abwich (Bahrain 1975; Kuwait 1976. Unter dem Eindruck wachsender Destabilisierung der Golfregion war in Kuwait im Februar 1981 ein neues Parlament gewählt worden, das freilich im Juli 1986 wieder geschlossen wurde. Es erstand erst 1992, ein Jahr nach der Befreiung Kuwaits von irakischer Okkupation, aufs neue.) In den Vereinigten Arabischen Emiraten und Saudi-Arabien gibt es keine Institutionen, die den Namen Parlament[6] verdienten. In Qatar und den Vereinigten Arabischen Emiraten sieht die Verfassung beratende Gremien vor, deren Mitglieder von den rulers benannt werden und die – im Falle der Vereinigten Arabischen Emirate – die einzelnen Emirate in der Hauptstadt Abu Dhabi repräsentieren.

Die Machtfülle des Herrschers bzw. Staatspräsidenten kann als ein Relikt der islamischen Vergangenheit angesehen werden.[7] Die islamische „Gemeinde" und der islamische Staat sind stets von einem Herrscher mit absoluten Vollmachten angeführt worden, der sich freilich im Prinzip an dem religiösen Gesetz zu orientieren hatte. Wenn auch die islamischen Staatstheoretiker beratende Gremien in ihr System einbauten, so doch niemals eine Art kollektiver Führung oder gar Machtkontrolle – etwa durch eine legale Opposition. Das Staatsoberhaupt hatte eine letzten Endes fast unbeschränkte Machtfülle.

Gleichwohl stellen moderne islamische Staatstheoretiker immer wieder die Verankerung der Demokratie innerhalb des klassischen islamischen Staatsrechts dar. Die Toleranz des Islams, die Gleichheit aller Gläubigen untereinander, die Nichtdiskriminierung nach Rasse, Hautfarbe usw., die Wahrung des Individuums und die Pflicht zum Almosengeben werden in diesem Zusammenhang genannt. Tatsächlich ist aber eine Demokratie im westlichen Verständnis des Begriffs bislang nur ansatzweise eingeführt worden. Sieht man vom Libanon ab, dessen System Besonderheiten aufweist, die in den anderen arabischen bzw. islamischen Staaten nicht gegeben sind, so bleiben eigentlich nur Pakistan (mit Einschränkungen) und die Türkei als – wenn auch krisenanfällige – Demokratien westlichen Zuschnitts. In den nichtmonarchischen Staatssystemen gibt es in Tunesien, Ägypten, Syrien und Jemen[8] sowie in Bangladesh, Malaysia und Indonesien[9] Ansätze zu einem Mehrparteiensystem. Zentralasien, das nach dem Zusammenbruch der Sowjetunion in eine Reihe neuer „Nationalstaaten“ aufgeteilt ist, verharrt irgendwo zwischen dem Erbe des bolschewistischen Totalitarismus und zaghaftem demokratischen Aufbruch, in dem auch islamische Kräfte wirksam sind. Die libysche „Volksdschamahiriya“ *(jamāhīrīya)* und die Islamische Republik Iran sind eigentümliche Ausprägungen politischer Traditionen im Islam.

Die Allgewalt des Staates, der im islamischen System Träger des göttlichen Willens im Diesseits und das Instrument ist, durch das Gott seine Lehre über die ganze Erde ausbreitet, hat bereits in der Vergangenheit die Ausbildung von Menschenrechten im europäischen Verständnis des Begriffs verhindert. Die Idee des Individuums, dem „natürliche“ Rechte – auch gegenüber dem Staat – mitgegeben sind, ist dem Islam fremd. Und auch der moderne islamische Staat gibt den Menschenrechten nur einen begrenzten Geltungsbereich.[10]

Alle gegenwärtig in der Welt existierenden Verfassungen stehen in der Spannung zwischen den politischen, sozialen und religiös-kulturellen Wertvorstellungen der islamisch-arabischen Tradition auf der einen und der von Europa dem islamischen Raum in einem langen Prozeß übertragenen modernen Wertordnung auf der anderen Seite.

Das Rechtssystem

Wie die islamischen Staatsverfassungen eine Verschmelzung westlicher und traditioneller Elemente darstellen, so auch das Rechtssystem als Ganzes. Die *sharīʿa* umfaßt das Familien- und Erbrecht ebenso wie das Strafrecht und – mit Einschränkungen – das Wirtschaftsrecht. Die politische, soziale und wirtschaftliche Umwandlung der islamischen Welt seit ihrem Zusammenstoß mit dem Westen hat die Gültigkeit der Bestimmungen der sharīʿa in Frage gestellt und sie weithin durch die Werte, Grundsätze und rechtlichen Regelungen der westlichen Welt ersetzt.[11]

Für die Rechtssituation in zahlreichen islamischen Staaten ist eine Verquickung von modernem westlichen und islamischen Recht charakteristisch. Im Zuge des Modernisierungsprozesses des Omanischen Reiches, zu dem weite Teile des arabischen Raumes gehörten, wurden bereits im 19. Jahrhundert Teile der sharīʿa durch europäische Rechtsbestimmungen abgelöst. In der Epoche des europäischen Kolonialismus hat sich diese Entwicklung fortgesetzt, und mit der Unabhängigkeit der arabischen Staaten wurden in vielen Bereichen des Rechts europäische Regelungen eingeführt oder zumindest zugrunde gelegt. Wie im Bereich des Staats- und Verfassungsrechts, so hat die islamische Welt auch die europäischen Grundsätze des internationalen Rechts übernommen, und mit dem Beitritt zu den Vereinten Nationen haben auch die islamischen Staaten die völkerrechtlichen Grundlagen vom Westen geschaffener, internationaler Organisationen anerkannt. Mit dem Wandel von Kultur- und Wertsystem nach europäischem Vorbild sind schließlich auch die Bestimmungen des Strafrechts in hohem Maße von europäischen Bestimmungen abgelöst worden. Der Bereich des Familien- und Erbrechts ist letztlich noch am weitesten im Geltungsbereich des islamischen Rechts geblieben.

Die politische Rolle des Islams kommt in den Verfassungen der meisten islamischen Staaten auch heute noch zum Ausdruck, denn ein Muslim kann prinzipiell nicht darauf verzichten, den Staat auf islamischen Prinzipien aufzubauen. In der überwiegenden Mehrheit der Verfassungen der arabischen Länder wird deshalb der Islam zur Staatsreligion[12] erklärt und das islamische Recht zur Quelle und Grundlage der Gesetzgebung gemacht. Selbst die Verfassung der ehemaligen Demokratischen Volksrepublik Jemen (Südjemen), die sich – bis zur Vereinigung mit dem Nordjemen (1990) – zum „Wissenschaftlichen Sozialismus" bekannte, verpflichtete den Staat, das arabische und islamische Erbe zu bewahren. Obwohl in den meisten Konstitutionen die Glaubensfreiheit ausdrücklich anerkannt und die Gleichheit aller Bürger bestätigt wird, wird der herausragenden Stellung des Staatsoberhaupts dadurch Rechnung getragen, daß (mit Ausnahme des Libanon aufgrund des „Nationalpakts" von 1943) dieser ein Muslim zu sein hat. Schließlich besteht in zahlreichen arabischen und anderen islamischen Staaten trotz der Einschränkung des Geltungsbereichs des religiösen Rechts die Zuständigkeit der Scheriatsgerichtshöfe für Fragen des Familienrechts sowie der Verwaltung religiöser Stiftungen fort.

Angesichts des Widerspruchs zwischen idealer Vision und unbefriedigender Wirklichkeit in der Gegenwart haben die Muslime seit langem den Versuch gemacht, auf die eine oder andere Weise die Einheit der islamischen Gemeinde auch politisch wieder zum Ausdruck zu bringen. Unmittelbar nach der Abschaffung des Kalifats formierte sich eine Bewegung, die dieses wiederherzustellen bzw. zu ersetzen versucht hat. Unter dem gleichen Vorzeichen standen die Gründung der *Islamischen Weltliga (Rābiṭat al-ʿālam al-islāmī)* und – seit 1969 – die Errichtung der *Organisation der Islamischen Konferenz (Munaẓẓamat al-muʾtamar al-islāmī).*[13] Indem sich diese Organisationen nahezu aller religiösen und politischen Probleme der islamischen Welt (bezeichnenderweise nicht zuletzt desjenigen der islamischen Minderheiten in nichtislamischen Staaten) annehmen, wird der Versuch gemacht, nach außen die heile Welt der islamischen Ökumene zu demonstrieren und durch politische Aktivität zugunsten des Islams etwas von jener Loyalität zurückzugewinnen, die an die jeweiligen Nationalstaaten verlorengegangen war, und somit dem Muslim eine neue Richtung für seine Identifikation zu weisen.

b) „Re-Islamisierung" – Überwindung der Krise?

Seit dem Beginn der siebziger Jahre hat das Ringen der islamischen Welt um ihre Identität, um einen eigenen Weg wirtschaftlicher und sozialer Entwicklung und Modernisierung sowie um die Definition ihrer Beziehungen zum „Westen" neue Dimensionen erfahren. Diese Bemühungen, die letzten Endes darauf abzielen, den Islam und das islamische Gesetz in der ganzen islamischen Welt wieder umfassend zur Geltung zu bringen, hat man mit dem Schlagwort „Islamisierung" oder „Re-Islamisierung" bezeichnet.[14] Die islamische Ordnung soll als Alternative an die Stelle des gegenwärtigen Zustands treten, in welchem westliche Ordnungsvorstellungen und islamische Relikte verschmolzen sind.

Das Verständnis dieser Prozesse, ihrer Reichweite und ihrer Perspektiven macht ihre historische Einordnung notwendig. Die islamische Antwort auf die Herausforderung durch den Westen ist in zwei großen Strömungen erfolgt. Bereits vor der Napoleonischen Expedition nach Ägypten (1798), mit der man gemeinhin die neue Epoche im Nahen Osten beginnen läßt, war es auf der Arabischen Halbinsel zu einer Bewegung gekommen, die – ins Leben gerufen durch Muḥammad ibn ʿAbd al-Wahhāb (1703–1792) – radikal gegen alles Front machte, was sie als Abweichung vom „Urislam", als „Neuerung" *(bidʿa)* betrachtete. Muḥammad ibn ʿAbd al-Wahhāb hat diesen Urislam wiederherzustellen und die Muslime für seine „rückwärts gewandte Utopie"[15] zu mobilisieren versucht. Diese rückwärts gewandte Variante der islamischen Erneuerung hat im Zuge der Re-Islamisierung, d. h. der Neuauflage der islamischen Auseinandersetzung mit dem Westen in der Gegenwart, neue Aktualität bekommen.

Für den Islam und die islamische Welt als ganze zunächst jedenfalls folgenreicher ist jene andere Strömung der Erneuerung gewesen, die eine kreative Antwort gesucht hat und die sich insbesondere mit den Namen Jamāl ad-Dīn al-Afghānī (1839–1897) und Muḥammad ʿAbduh (1849–1905) verbindet.[16] Zwar befanden auch sie sich auf der einen Seite in einer antikolonialen Frontstellung gegen den Westen. Insbesondere al-Afghānī hielt deswegen die politische Agitation gegen den Westen im Namen des Islams für eine unabdingbare Komponente seines Wirkens für die innere Erneuerung des Islams. Auf der anderen Seite aber waren beide bereit, Elemente der westlichen Zivilisation und Kultur zu übernehmen, sofern diese den Islam stärken konnten. Sie gingen davon aus, daß nicht die strukturellen Bedingungen, sondern die Abkehr vom richtigen Islam die Ursache der Misere der islamischen Welt gegenüber dem Westen war. Anders als die Wahhabiten aber verwarfen sie die westlichen Elemente nicht pauschal als Neuerungen, sondern suchten durch Reform des Islams seinen Grundgehalt, wie sie ihn verstanden, mit den bestimmenden Elementen des Westens zu verbinden. Ein „richtig verstandener" Islam wurde die Formel, nach der die islamische Welt aus Unterlegenheit und Abhängigkeit heraus zu jener Überlegenheit zurückfinden würde, die für die Mehrheit der gläubigen Muslime das natürliche Verhältnis der islamischen zur nichtislamischen Welt war. Auf einem Kurs zwischen fundamentalistischer Rückbesinnung und imitativer Verwestlichung wollten al-Afghānī und seine Schüler die für Europa charakteristische Wissenschaftskultur übernehmen und gleichzeitig am Islam festhalten. Die ungelöste Spannung zwischen diesen beiden Zielen ist das größte Problem, dem noch heute die islamische Welt und die sogenannte Re-Islamisierung gegenüberstehen.

Die Vorkämpfer des islamischen Modernismus des 19. Jahrhunderts haben die Reform des Islams in einem umfassenden Ansatz in Angriff genommen, indem sie gleichermaßen das Rechtssystem, die gesellschaftliche Ordnung sowie moralische und spirituelle Fragen einbezogen haben. Trotz vereinzelter Versuche, namentlich al-Afghānīs, die religiöse Reform mit politischem Aktionismus zu verbinden, ist der Charakter der Bewegung vorwiegend intellektuell geblieben. Demgegenüber hat sich der konservativ-fundamentalistische Vorläufer der islamischen Erneuerungsbewegung, die *Wahhābīya*, in Saudi-Arabien in der Allianz des Reformers Muḥammad ibn ʿAbd al-Wahhāb mit der Familie Saʿūd auch politisch durchsetzen können.[17] Für den Charakter der Re-Islamisierung sollte diese ungleiche Ausgangslage richtungweisende Bedeutung haben.

Die Ära der Polarisierung: 1918–1967

Dem islamischen Modernismus des 19. Jahrhunderts ist es also versagt gewesen, einen umfassenden Wiederaufstieg der islamischen Welt zu initiieren; zugleich ist damit die Frage unbeantwortet geblieben, inwieweit das islamische Gesetz den Bedürfnissen eines modernen islamischen Staates, der den westlichen Nationalstaaten ebenbürtig gewesen wäre, hätte angepaßt werden können. Vielmehr ist das Anliegen des islamischen Modernismus mit dem zweiten Jahrzehnt des 20. Jahrhunderts in den Schatten neuer Prioritäten getreten. Der Kampf um die politische Unabhängigkeit wurde spätestens mit dem Ende des Ersten Weltkriegs akut, als die bis dahin genährten Hoffnungen auf Selbstbestimmung durch die Fortsetzung des britischen und französischen Kolonialismus zerrannen. Daneben wurde die Überwindung der Rückständigkeit zur zweiten Priorität der neuen, meist im Westen erzogenen Eliten. Der Nationalismus wurde ebenso zur Leitlinie ihres Handelns wie die Überzeugung, daß die Überwindung der Rückständigkeit ein Problem der wirtschaftlichen Entwicklung sei. Und als schließlich deutlich wurde, daß wirtschaftlicher Fortschritt so lange behindert war, wie die bestehenden Strukturen der sozialen und politischen Institutionen einer umfassenden Entwicklung im Wege standen, begann die Einsicht zu reifen, daß es notwendig war, diese Institutionen zu verändern und den status quo zu zerstören. Nach dem Zweiten Weltkrieg trat deshalb eine neue Ideologie in den Vordergrund, die nunmehr eine klare Übernahme westlicher gesellschaftspolitischer Konzepte war: der nichtmarxistische Sozialismus. Über 50 Jahre haben dem Westen entlehnte politische und gesellschaftspolitische Ordnungsvorstellungen das Denken und Handeln der neuen Eliten bestimmt und haben entscheidende Kräfte sowohl bei der Ausbildung der geographischen Landkarte der islamischen Welt als auch der sozialen und politischen Entwicklungsprozesse dort freigesetzt.

Es waren freilich nicht nur die von den Kolonialmächten geprägten Eliten, die nach neuen Entwicklungswegen suchten. Vielmehr begann die islamische Orthodoxie selbst in einer scharfen Reaktion auf die Modernisierungsbemühungen wieder an Boden zu gewinnen. Die Modernisten wurden beschuldigt, Friktionen und Zwietracht, die „unausweichliche Folge aller Reformen",[18] in die islamische Gemeinde getragen und das Selbstbewußtsein der Muslime in sich selbst, d. h. ihre herkömmlichen Institutionen und

Werte, erschüttert zu haben, indem sie sie von einer fremden und feindseligen Zivilisation abhängig gemacht hätten. Es war ein Schüler Muḥammad ʿAbduhs selbst, Rashīd Riḍā (gest. 1935), der die in der hanbalitischen Rechtsschule wurzelnden Elemente der Ansätze seines Lehrers zu einem islamischen Fundamentalismus weiterentwickelte und sich schließlich mit der Politik der Familie Saʿūd identifizierte, die in den zwanziger Jahren erneut die Macht auf der Arabischen Halbinsel ergriff und den heutigen Staat Saudi-Arabien, dessen erklärte Staatsideologie die Wahhābīya ist, gegründet hat. An Rashīd Riḍās islamischen Fundamentalismus knüpft die 1928 gegründete radikale Bewegung der *Muslimbruderschaft*[19] an, die für eine umfassende Restauration des Islams eintritt und eine hartnäckige Opposition zu säkularistischen Entwicklungskonzepten bildet.

So ist die weltanschauliche und religiöse Konstellation in der Epoche vom Ende des Ersten Weltkriegs bis zum Ende der sechziger Jahre durch die Polarisierung zwischen westlich bestimmten Konzepten, Ideologien und Modellen auf der einen und einem konservativen bis reaktionären Islam – in seinen beiden Varianten, der orthodoxen und fundamentalistischen – auf der anderen Seite charakterisiert. Intellektuelle oder praktische Bemühungen, den Islam mit modernen Gesellschaftsauffassungen zu versöhnen, waren weitestgehend versiegt.

Impulse der „Re-Islamisierung"

Deshalb ist es wenig erstaunlich, daß sich in einer spezifischen historischen Situation, wie sie sich seit der Mitte der sechziger Jahre abzuzeichnen begann, die Wiederbelebung des Islams ganz im Zeichen der fundamentalistischen Richtung dieser Religion vollzog. Die Anfänge der Mobilisierung des Islams als eines politischen Faktors in der jüngsten Geschichte gehen auf die Mitte der siebziger Jahre zurück: Es war der saudi-arabische König Faiṣal, der 1965 unter dem Eindruck einer akuten Bedrohung durch die Politik des ägyptischen Präsidenten Jamāl ʿAbd an-Nāṣir (Nasser) den Vorschlag zu einer „islamischen Konferenz" machte.[20] Im Rahmen des von ihm propagierten „Arabischen Nationalismus" und „Arabischen Sozialismus" hatte Nasser nicht nur propagandistisch den Sturz der konservativen Regime auf der Arabischen Halbinsel gefordert, sondern war von 1962 an auch im Nordjemen aktiv in den Bürgerkrieg auf seiten der Republikaner involviert. Faiṣals Aufruf zur islamischen Sammlung hatte zwar nicht unmittelbaren Erfolg, legte es aber nahe, daß sich Saudi-Arabien als konservative arabische Führungsmacht anbot, als Nassers Stern nach der Niederlage von 1967 zu verblassen begann. Die Einberufung der ersten islamischen Gipfelkonferenz nach Rabat im Jahre 1969 markiert diese Wendung in den Geschicken des ganzen Nahen Ostens.

Somit waren die islamische Religion als eine bestimmende politische Kraft und die „islamische Welt" als eine organisierte politische Größe in der internationalen Politik aufgetreten. Von nun an sollten sich die Regierungen der islamischen Staaten auf der Ebene der Außenminister und Staatschefs regelmäßig treffen, um sich in Angelegenheiten der islamischen Welt, aber auch in weltpolitischen Problemen abzustimmen. Die Geschäftsgrundlage ist die *Charta der islamischen Staaten*, die bislang (1995) von 52 Staaten unterzeichnet worden ist.

Es ist freilich fraglich, was aus diesen Anfängen geworden wäre, wenn die islamische Bewegung nicht neue äußere Impulse erhalten hätte – namentlich durch die sprunghafte Erhöhung der Öleinnahmen und die damit ausgelöste Beschleunigung des Entwicklungs- und Industrialisierungsprozesses.[21] Anfang der siebziger Jahre war es den als Kartell organisierten ölproduzierenden Staaten unter arabischer und iranischer Führung gelungen, die jahrelang vom Diktat der Käufer niedrig gehaltenen Rohölpreise erheblich anzuheben und in kurzer Zeit zu vervielfachen. Damit nicht genug, begann nicht nur die Preispolitik Sache der Ölproduzenten selbst zu werden, vielmehr setzte auch die totale oder schrittweise Verstaatlichung der Produktion ein, die den ölproduzierenden Staaten das Selbstvertrauen vermittelte, nun auch auf dem technologischen Gebiet, also in einem bislang als Domäne der Industrienationen angesehenen Bereich, eine Schwelle erreicht zu haben, die in eine weitgehende Unabhängigkeit vom Westen und damit zum Gleichstand mit ihm führen würde. Die Möglichkeit zu wirtschaftlicher Entwicklung, das Bewußtsein gewachsener Unabhängigkeit und (partieller) technologisch-wissenschaftlicher Ebenbürtigkeit und schließlich der Teilerfolg der arabischen Waffen im vierten arabisch-israelischen Krieg (Oktober 1973) sowie die Rolle der Araber als eines neuen internationalen politischen und wirtschaftlichen Machtfaktors – all dies trug dazu bei, daß die Muslime aus einer neuen Perspektive auf die Welt zu schauen begannen. Zum erstenmal seit mehr als anderthalb Jahrhunderten schienen ihre Vision von der eigentlichen Rolle der islamischen Gemeinschaft in der Welt und die Wirklichkeit in Übereinstimmung zu stehen oder sich zumindest darauf zuzubewegen. Damit schien auch – gemäß jenem einleitend dargestellten Zusammenhang von religiös-theologischem Inhalt und Weltordnung im Islam[22] – die „Richtigkeit" des Glaubens bestätigt; schien der Islam doch in der Lage, das Diesseits wieder richtungweisend bestimmen zu können. Das Wiedererwachen der islamischen Religion als einer politisch prägenden Kraft hat also eine äußere Komponente in den entstandenen politischen und wirtschaftlichen Rahmenbedingungen selbst.

Das Grunddilemma dieser Entwicklung freilich war von Anfang an offenbar: Die sogenannte Re-Islamisierung beinhaltete nicht zugleich die Fortsetzung jener Bemühungen der islamischen Erneuerer des 19. Jahrhunderts, intellektuell oder praktisch-politisch die Grundelemente des politischen und gesellschaftlichen status quo mit den essentiellen Inhalten des Islams zu verbinden, bedeutete also nicht, die *sharīʿa* im Lichte der sozialen Veränderungen, die seit den Tagen des Propheten Muḥammad dem Leben der islamischen Gemeinde einen gewandelten Rahmen geschaffen hatten, zu überdenken und den Koran und die *sunna*, die Grundlagen der sharīʿa, neu zu interpretieren.

Vielmehr hat sich die Re-Islamisierung weitgehend in einem Export jenes fundamentalistischen Islams, wie er sich in Saudi-Arabien und anderen

Teilen der Arabischen Halbinsel etabliert hatte, erschöpft. Hier bestand eine Tradition islamischer Herrschaftsausübung, die nun nachdrücklich propagiert werden konnte.

So nimmt es nicht wunder, daß das Erstarken traditionalistischer Gruppen und Parteien nahezu im gesamten Verbreitungsgebiet des Islams – weit über den Nahen Osten hinaus – ein bestimmendes Charakteristikum der Entwicklung in den siebziger Jahren gewesen ist. Parteien, von denen keine vormals 15% hatte überwinden können, wo sie sich im Rahmen eines demokratischen Staatswesens dem Wähler hatten stellen müssen, begannen weit über ihre zahlenmäßige Stärke hinaus an politischem Einfluß zu gewinnen: so etwa in Pakistan die *Jamāʿat-i islāmī*, geführt von Abū l-Aʿlā al-Maudūdī (gest. September 1979),[23] und in der Türkei die *Nationale Heilspartei (Milli Selamet Partisi)* unter Necmettin Erbakan.[24]

Islamische Gruppen, die Jahrzehnte unter strikter Überwachung der Regierung gestanden hatten oder verboten waren, traten wieder ins Zwielicht eines halblegalen Status – zu nennen sind insbesondere die Muslimbrüder. Neue Gruppen entstanden oder traten an die Öffentlichkeit; so jene Gruppe der *Sühnung und Auswanderung (at-Takfīr wa-l-hijra)*, die 1977 weit über Ägypten hinaus bekannt wurde, als sie den Religionsminister Dhahābī ermordete.[25] In der ganzen islamischen Welt wurde eine religiöse Erschütterung spürbar, die die Universitäten ergriff, breite Massen zu Demonstrationen gegen Filme und andere Symbole der „Verwestlichung" aufbrachte, zu verstärktem Moscheebesuch und zu strikterer Beachtung religiöser Vorschriften und religiösen Brauchtums führte und Politiker den Islam im Munde führen ließ, die bislang offenkundig religiös indifferent gewesen waren. Die iranische Revolution (1978/79) ist – wenn auch unter schiitischen Vorzeichen – der bislang umfassendste Versuch, die islamische Religion als spirituelle Orientierung wie als Grundlage einer weltlichen Ordnung wiederherzustellen.

c) Fundamentalismus, Integrismus, Islamismus – einer „islamischen Ordnung" entgegen?

Die Entwicklungen in Iran und die Radikalisierung islamischer Gruppierungen durch die achtziger Jahre bis in die Gegenwart (1995) machen deutlich, daß der Prozeß der Re-Islamisierung in sich eine Polarisierung erfahren hat. Auf dem „rechten" Flügel der Bewegung stehen Kräfte, die den Islam zur Erhaltung des status quo oder zur Sicherung, Stabilisierung und Legitimierung von bestehenden Herrschaftsverhältnissen zu instrumentalisieren suchen. Hier wären als Beispiele – wenn auch mit unterschiedlichen Akzenten – das Regime der Familie Saʿūd in Saudi-Arabien oder das ehemalige Militärregime in Pakistan zu nennen (unter General Żiyāʾ al-Ḥaqq). Der „linke" Flügel wird von jenen Kräften gebildet, die alle als „nichtislamisch" gebrandmarkten Ordnungen in der islamischen Welt (zu denen auch die konservativen, de facto vom Westen abhängigen Monarchien gehören können) stürzen und eine revolutionäre „islamische Ordnung" an ihre Stelle setzen wollen. Intellektuelle und Theologen machen den Versuch, die doch offensichtlich so erfolgreichen und machtvollen Elemente westlicher politischer Systeme und europäischer politischer Praxis in islamische Koordinaten zu stellen. Verfassung und Rechtsstaat, Demokratie, Freiheit und – in jüngster Zeit – Menschenrechte seien demnach nicht nur aus dem Islam ableitbar, sondern in ihm erst richtig verwurzelt. Wenn es gelinge, den islamischen Staat wieder umfassend auf die Grundlage des islamischen Gesetzes zu stellen, würde der Staat eine Stärke zurückgewinnen, in der göttliches Wirken und Moderne eine unauflösbare Synthese eingehen würden. Allein die Manifestation der Macht demonstriere, daß die islamische Welt jenes Entwicklungsdefizit zu füllen in der Lage sei, das der Zusammenprall mit dem Westen so deutlich hatte zutage treten lassen und das die Wurzel der Krise der islamischen Welt gewesen ist. Der bislang beschrittene Weg der Nachahmung des Westens, nicht der Islam selbst, sei die Ursache für einen Niedergang gewesen, der zu den großen Katastrophen der neueren Zeit (einschließlich der Existenz Israels und der Niederlagen gegen den jüdischen Staat) geführt habe. „Der Islam ist die Lösung" *(al-islām huwa l-ḥall)*, so die Losung dieser „fundamentalistischen" Kreise.[26]

Aus der Religion, die zugleich seit ihrem Beginn ein Regelwerk der gesellschaftlichen Beziehungen innerhalb der islamischen Gemeinde gewesen war, wird also eine politische Ideologie geschmiedet. Hatte man nicht mit dem Koran und dem Leben des Propheten Muḥammad eine Anleitung, wie die „islamische Ordnung" erfolgreich herzustellen wäre?

Die Vergöttlichung des Staates aus Elementen der islamischen Religion wird in der gängigen Terminologie „Fundamentalismus"[27] genannt. Der Begriff freilich ist irreführend. Einer religiösen protestantischen Bewegung, die sich Anfang des Jahrhunderts vornehmlich in den USA ausbreitete, entnommen, deutet er an, daß es sich um eine religiös-theologische Bewegung handele. Wie gesagt ist dies im Falle des islamischen „Fundamentalismus" nicht gegeben. Es geht um die politische Ideologisierung und Instrumentalisierung der Religion. Die Integrierung des Religiösen im Staat und des Staatlichen in der Religion, angewandt auf die ganze islamische Welt, würde zur Wiederherstellung einer Weltordnung führen, in der der Muslim und seine Gemeinde den ihnen zukommenden richtigen Platz einnehmen könnten. Im Bemühen um eine adäquate Namensgebung greift man heute – im Westen – richtiger auf den Begriff des „Integrismus" oder – noch geeigneter – des „Islamismus" zurück. Damit freilich tut sich die arabische Sprache nur unwesentlich leichter: Die Begriffe etwa *al-uṣūlīya* (von arab. *uṣūl*, Grundlage, Prinzipien) oder *al-islāmīya* bleiben künstliche Prägungen. (Die Türken haben jüngst den Begriff *Köktendincilik* geprägt.)

Seit den zwanziger Jahren haben zahlreiche Geister an der Systematisierung des islamistischen Ansatzes gearbeitet. Dies gilt weniger für die inhaltlichen Aspekte, etwa die Natur einer „islamischen Gesellschaft" und eines „islamischen Staates", als für die strategischen Aspekte der Machtübernahme. Für den Inder (Pakistaner) Abū l-Aʿlā al-Maudūdī (1903–1980), der 1941 die *Islamische Gesellschaft (Jamāʿat-i islāmī)* gründete, steht der Muslim unter der Verpflichtung der Revolution und des Kampfes um den islamischen Staat. „Muslim", so sagt er, bezeichnet die durch den Islam gegründete Partei der Weltrevolution. Jeder, der an ihre Botschaft glaubt und sie annimmt, ist Mitglied der islamischen Gesellschaft und der *Partei Gottes (Ḥizb Allāh*, Koran 5:56; 58:22). Für den Ägypter Saiyid Quṭb (1966 hingerichtet) bedeutet, angeregt durch al-Maudūdī, Modernität geradezu die Negierung der Herrschaft Gottes. Ein neues Zeitalter der *jāhilīya*, d. h. eine Epoche der Unwissenheit, ziehe herauf, so wie sie etwa der Ausbreitung des Islams auf der Arabischen Halbinsel vorausgegangen sei. Es sei höchste Zeit für den Islam, nunmehr zur Offensive überzugehen. Nach Quṭb befinden sich die wahren Muslime im Kriegszustand gegen die „Abtrünnigen", die es durch den „Heiligen Krieg" zu bekämpfen gelte. Die wahren Muslime, die „Vorhut", wie Quṭb sie nennt, müssen sich von der Gesellschaft der „Ungläubigen" separieren und eine Art „Gegengesellschaft" bilden.[28]

Āyatullāh Rūḥullāh Khumainī (Khomeini) schließlich, übrigens der einzige Theologe unter den Genannten, ist es vergönnt gewesen, im Gefolge der Revolution in Iran eine „Islamische Republik" zu gründen und so die islamistische Ideologie in die Bewährung zu führen. Die religiöse Dimension des neuen, nachrevolutionären Staatswesens ist vielfach dokumentiert: etwa mit der Übertragung der Macht „in der Abwesenheit des Herrn der Zeit", d. h. des in der Verborgenheit weilenden Imam Mahdi *(imām mahdī)* – so Artikel 5 der Verfassung –, auf „den religiösen Führer, der gerecht, gottesfürchtig, mit Bewußtsein für die Probleme der Zeit, Mut und Führungsqualitäten" ausgestattet ist, oder mit der Ausrichtung „sämtlicher Gesetze und sonstiger Rechtsnormen" (Artikel 4) am Islam und der Einführung einer „islamischen Moral" (z. B. Bekleidungsvorschriften für Frauen).[29] Die Durchsetzung der islamischen Ordnung hat auch die Außenpolitik Irans bestimmt. So stellt die Verfassung fest, daß sich die Islamische Republik die Unterstützung der „Unterdrückten" *(mustaẓʿafīn)* angelegen lassen sein wird. Tatsächlich hat der Krieg gegen den (kleinen) Satan Ṣaddām Ḥusain und den (großen) Satan Vereinigte Staaten Züge jenes Heiligen Krieges gegen die „Abtrünnigen", von dem schon Saiyid Quṭb, mit dessen Lehren Khumainī vertraut war, gesprochen hat.

Das erste islamische Experiment dürfte freilich kaum nach dem Geschmack seiner Protagonisten ausgefallen sein. Dies nicht nur deshalb, weil Teheran nach acht Jahren Krieg einen Waffenstillstand zu schließen gezwungen war, der Āyatullāh Khumainī schwerer ankam, „als den Giftbecher zu trinken" (Rede vom 20. Juli 1988).[30] Vielmehr ist unübersehbar, daß es nirgendwo einen Entwurf einer „islamischen Wirtschaft" gab, der eine realistische Alternative zu westlichen Konzepten (etwa Kapitalismus oder soziale Marktwirtschaft) abgeben würde, obwohl das Konzept einer islamischen Wirtschaft über die vergangenen Jahrzehnte vielfach theoretisch erörtert worden und eine umfangreiche Literatur zu diesem Thema entstanden war.[31]

An die eigentliche Problematik jedoch, die Realitäten einer – trotz aller

Unterschiede in den Entwicklungsprioritäten im einzelnen – letztlich doch industriell und rational-wissenschaftlich geprägten Gesellschaft mit dem Gehalt des Islams zu verbinden, hat man sich bislang kaum herangemacht. Stellvertretend für die Schwierigkeiten islamischen Denkens in diesem Feld kann auf den ersten Präsidenten der Islamischen Republik (gestürzt 1981), der zugleich ein Theoretiker des islamischen Wirtschaftssystems ist, Abū l-Ḥasan Banī Ṣadr, hingewiesen werden. Sein Hauptwerk „Iqtiṣād-i tauḥīdī" stellt sich als eine Mischung des kaum wirklich verstandenen Gedankenguts des studentischen Protests im Frankreich des Jahres 1968, westlicher Wirtschaftslehre, Koranzitaten, weit hergeholter Beispiele aus der französischen Volkswirtschaft, allgemeiner Entwicklungsländer-Diskussion und eines als „islamisch" deklarierten Humanismus dar. Als konzeptioneller Orientierungsrahmen für eine islamische Wirtschaft ist das Werk unbrauchbar.

Die allgemeinen Grundsätze einer islamischen Wirtschaft sind vielfältiger Interpretation offen. In Teheran stehen die Befürworter einer maßvoll kapitalistischen Praxis radikalen „Sozialisten" gegenüber, die mit islamisch eingefärbtem marxistischen Vokabular fordern, durch rigorose Umverteilung und Stärkung des Staates eine am Ende klassenlose Gesellschaft entstehen zu lassen. Die politische Auseinandersetzung zwischen den beiden Flügeln hat verhindert, daß sich die Wirtschaft Irans von dem Zusammenbruch durch die Revolution und der Belastung durch den irakisch-iranischen Krieg wieder erholen konnte.

Undeutlich sind auch die politischen Konturen einer „islamischen Ordnung" *(an-niẓām al-islāmī)*. Das beginnt bei der Strategie zu ihrer Errichtung. Ganz gewiß wäre es ein zu enges Verständnis, vor dem Hintergrund Irans etwa und der libanesischen *Hizbollah (Ḥizbullāh)*, den Islamismus mit Gewaltbereitschaft und Gewaltausübung gleichzusetzen. Vielmehr gibt es unterschiedliche Varianten, die Ziele des Islamismus, d. h. die Islamisierung von Staat und Gesellschaft, zu erreichen. So etwa diejenige individueller Verwirklichung: Der Einzelne lebt ein streng gottgefälliges, auf den Grundlagen des islamischen Gesetzes beruhendes Leben. Die Wirkung seines Vorbildes soll auf seine Umgebung ausstrahlen und diese zur Nachahmung bringen. Eine andere Variante stellt humanitäre Aktivitäten in den Mittelpunkt: Eine Gruppe von Gleichgesinnten nimmt sich sozialer Probleme in ihrem Umfeld an; ihre Tätigkeit erstreckt sich auf die Einrichtung medizinischer Stationen, die Betreibung von Waisenhäusern oder Bildungseinrichtungen. Das Leben wird auf der Grundlage islamischer Vorschriften organisiert; auch damit ist die Erwartung verbunden, daß das Vorbild einen Wandel in der Gesellschaft in Gang setzt.[32]

Eine dritte Variante liegt im „Gang durch die Institutionen", um Staat und Gesellschaft in islamistischem Sinne umzugestalten. Schrittweise wird versucht, der islamischen Ordnung näher zu kommen. Eine solche Strategie kann unterschiedliche Komponenten haben: Islamische Parteien werden gebildet, die sich dem Wähler stellen; so geschehen in Algerien (1990 und 1991), im Jemen (1993) und in Jordanien (1993). In Ägypten sind andererseits Muslimbrüder (denen untersagt ist, eine eigene Partei zu bilden)

Listenverbindungen mit anderen, nichtreligiösen Parteien eingegangen. Einmal ins Parlament gewählt, ist man bemüht, die Gesetzgebungsarbeit desselben zu bestimmen und so Einfluß auf die Umgestaltung zu nehmen. In der Türkei schließlich, in der die einzige religiöse Partei seit den späten sechziger Jahren so schwach war, daß sie nur eine marginale Rolle zu spielen vermochte, versuchen religiöse Kräfte in Ministerien und andere staatliche Organisationen vorzudringen, um von da aus in ihrem Sinne zu wirken. Die Absolventen der Predigerschulen (İmam Hatip Okulları), denen ein Universitätsstudium offensteht, bevorzugen nach dessen Abschluß u. a. das Erziehungsministerium und die Staatliche Planungsorganisation als Ansatzpunkte islamistischer Umgestaltung.

Also ein *jihād* (d. h. Heiliger Krieg bzw. Kampf) mit friedlichen Mitteln – so könnte man derartige Strategien verstehen. Jihād als „Bemühung auf dem Pfade Gottes", welche durchaus nicht die Anwendung von Gewalt bedeuten muß. Der Heilige Krieg im Sinne tatsächlicher Gewaltanwendung, welche terroristische Aktivitäten mit einschließt, wird nur von einer Minderheit unter den Islamisten befürwortet.

Was aber ist die islamische Ordnung, die den Islamisten vorschwebt? Immer wieder wird auf das Gemeinwesen angespielt, das der Prophet Muḥammad in Medina errichtete und dem er ein Jahrzehnt lang vorstand. Dies aber läßt sich kaum wiederholen – schon deshalb nicht, weil es die Gestalt des Propheten selbst nicht mehr gibt, die etwa über die Autorität verfügte, Streitigkeiten zu regeln. Einer Staatlichkeit im Sinne staatlicher Autorität und eines Mechanismus der Regelung von gesellschaftlichen und politischen Konflikten bedurfte es damals nicht. Schon die anschließende Ära der vier „rechtgeleiteten Kalifen", gleichfalls geschichtliches Vorzeigestück islamistischer Staatsvision, weist zahlreiche innere Konflikte und Spannungen auf. Drei der vier „Rechtgeleiteten" wurden ermordet.

Die Islamische Republik Iran ist *eine* Variante. Ihre Verfassung prägt ein politisches System, das – ausgehend vom Prinzip der „Herrschaft des anerkannten Gottesgelehrten" *(wilāyat-i faqīh)* – die politische Umsetzung islamischer gesellschaftlicher, wirtschaftlicher, rechtlicher und moralischer Prinzipien zu manifestieren scheint. Nur ist die Durchsetzung der religiösen Utopie mit viel Gewalt von Muslimen gegen Muslime verbunden gewesen. Und ihre Aufrechterhaltung ist es bis heute auch. Im Sudan ist – bislang (1995) zum ersten und einzigen Mal – eine islamistische Militärjunta an die Macht gekommen, die sich bei der islamistischen Umgestaltung des Landes an einer Mischung aus iranischen und libyschen Ingredienzien zu orientieren scheint.

Welche Ordnung hätten die algerischen Islamisten errichtet, wenn ihnen am 16. Januar 1992 bei freien Wahlen die absolute Mehrheit zugefallen wäre? Unüberhörbar waren die Stimmen führender Männer des *Front Islamique du Salut (FIS)*, daß Islam und westliche Demokratie unvereinbar seien und der Koran zur „Verfassung" gemacht werden müsse. Eine islamische Diktatur also wie in Teheran? Auch Āyatullāh Khumainī hatte auf dem Höhepunkt der Revolution in Iran vom französischen Neauphle le Château aus auf besorgte Fragen sybillinisch geantwortet, daß die „Islamische Republik", die er in seiner Schrift über die „islamische Regierung"[33] gefordert hatte, nicht eine Republik westlichen Musters sei.

Tatsächlich liegt die Demokratie, wie sie sich im Rahmen der europäischen geistigen und politischen Geschichte herausgebildet hat, außerhalb der geistigen und politischen Welt islamistischer Muslime. Die Schwierigkeiten beginnen bei der „Souveränität des Volkes", einem prinzipiellen Postulat für das Funktionieren demokratischer Prozesse. Nach islamistischem Verständnis ist nur Gott selbst souverän. Ähnlich steht es bei Menschenrechten: Unveräußerliche und ewige Rechte, die dem Menschen allein auf Grund seines Menschseins außerhalb des Raumes der Religion, ja sogar gegen religiöse Autoritäten zukommen, kann es nicht geben. Sie stünden ja außerhalb des *Einen* Gottes, wodurch der Tatbestand einer Art von Vielgötterei gegeben wäre. Dem Menschen zukommende Rechte können so allenfalls von Gott verliehen werden.

In dem Gemeinwesen der Islamisten kann es nur *eine* Partei, die „Partei Gottes" geben. Zwangsläufig wissen sich die Islamisten im Besitz der allein richtigen Staatsverfassung, soll ihr Staat doch auf dem Koran und dem religiösen Gesetz beruhen, die zu kennen und richtig auszulegen sie für sich monopolisieren. Das Recht (und das Rechte) ist allein durch das entscheidende Zeugnis der *sharīʿa* zu ermitteln, nicht aber durch die Mehrheit der Handelnden und der Stimmen. Die Partei Gottes ist die Avantgarde der Gläubigen, der „Bürger" des islamischen Staates; seine Errichtung ist das Programm ihres Kampfes.

Folgerichtig haben Aktivisten des algerischen Front Islamique du Salut Demokratie mit Atheismus gleichgesetzt.[34] Sie haben der Verfassung den Kampf angesagt, die Einsetzung des Korans als islamisches Grundgesetz gefordert. Das Parlament wäre dann nicht länger gesetzgebendes Organ eines souveränen Volkes, sondern eine Stätte der Beratung *(shūrā)* aus den Reihen der Gläubigen für eine Regierung, die sich ohnehin auf der Seite des Rechts und des richtigen Handelns wähnt. Pluralismus, die Essenz der parlamentarischen Demokratie, kann nicht Sache der Islamisten sein. Es ist nicht nur diese prinzipielle Position in der Ideologie des Islamismus, der diesem Züge von der Art des Marxismus-Leninismus verleiht. Die historisch-politisch-wirtschaftlichen Wirkkräfte in der Gesellschaft und ihre jeweilige philosophische Einordnung sind bei beiden Ideologien ganz verschieden. In Rigorosität, Rigidität und Totalitätsanspruch stehen sie einander jedoch kaum nach.[35]

Die rasche Ausbreitung der islamistischen Bewegung seit der Legalisierung des Front Islamique du Salut weist Züge auf, die als solche bemerkenswert sind. So sind ihre Führer nicht mehr unbedingt Geistliche – geht es doch auch weniger um religiöse Dispute als politische Propaganda im Lichte der Religion. Lehrer, Ingenieure und Naturwissenschaftler machen der herkömmlichen Geistlichkeit das Privileg streitig, allein das Wort Gottes zu verstehen und auf die Wirklichkeit anzuwenden.[36] Ihre Gedanken werden durch eigene Netzwerke – häufig durch Recordercassetten – dem Gläubigen nahegebracht. Parteigänger unter einer Geistlichkeit, die mit der vom Staat unterhaltenen etablierten Geistlichkeit konkurrieren, machen Moscheen und Kult, die von ihnen gleichsam umfunktioniert werden, zu Foren islamistischer politischer Propaganda. Solche Moscheen bieten nicht selten auch soziale Dienstleistungen an, die das Leben der Ärmsten und Unterprivilegierten erleichtern, an die sich die religiöse Propaganda wesentlich richtet. Auch Wähler werden so gewonnen.

Führer und Führungskader entstammen meist selbst den unteren Schichten. In vielen Fällen sind sie vom Land in die Stadt gewandert. Sie haben die Bildungseinrichtungen, die von den postkolonialen Eliten geschaffen wurden, durchlaufen, bisweilen auch im Ausland studiert. So vollziehen sie einen Aufstieg in eine Sackgasse; denn die an der Macht befindlichen Cliquen sind untereinander verfilzt und achten argwöhnisch auf ihre Privilegien. Deshalb ist für viele unter diesen neuen Eliten die Hingabe an die islamistische Ideologie ein Ausstieg aus einer Gesellschaft, die ihnen nichts mehr zu bieten hat und von Grund auf erneuert werden muß.

Was Wunder, daß der Aufruf durch kämpferische Töne bestimmt ist. Gegen die korrupten Führer, gegen das System, vor allen Dingen gegen den Säkularismus, der nicht selten als Schachzug einer „zionistisch-sozialistischen Verschwörung" denunziert wird – und überhaupt gegen alles, was an politischen, gesellschaftlichen und wertmäßigen Ordnungsvorstellungen mit dem Westen in Verbindung gebracht werden kann. „Der Islam ist die Lösung" *(al-islām huwa l-ḥall)*. Und viele Menschen, gerade unter denen, die angesichts der raschen Bevölkerungsvermehrung und Verstädterung an den Rand der Gesellschaft gedrängt worden sind, sind nur allzu bereit, den Versprechungen Glauben zu schenken, ja sich im Kampf für die neue Ordnung zu opfern.

Die islamische Ordnung hat also nur vage Konturen. Sie ist aber nicht lediglich eine revolutionäre Variante zur inneren Verfaßtheit bestehender islamischer Staaten und Gesellschaften; sie stellt auch die Legitimität der internationalen Ordnung in Frage. Nicht der territoriale Nationalstaat, wie er sich – namentlich seit dem Ende des Osmanischen Reiches, des letzten islamischen Vielvölkerstaates – herausgebildet hat, ist der geographische und politische Raum der Entfaltung der islamistischen Vision. Diese verwirklicht sich vielmehr in der Dimension der islamischen Gemeinde, der *umma*. Am Ende stellt sich die bestehende internationale Ordnung, die Zergliederung der umma in eine Vielfalt von Einzelstaaten mit überwiegend muslimischer Bevölkerung oder muslimischen Minderheiten, als eine Verschwörung gegen den Islam im Zeichen der alten Parole dar: divide et impera. Die islamistische Vision ersetzt die Vielfalt durch die Wiederherstellung der Einheit der Gemeinde. In diesem Sinne versteht sich die islamistische Bewegung auch als eine islamische Internationale. Für viele wäre die Wiedererrichtung des 1924 abgeschafften Kalifats die ersehnte Manifestation der Rückkehr zu islamischer Grandeur. Anders freilich als im Falle der kommunistischen Internationale bleibt die Frage unbeantwortet, wo ihre Zentrale liegt. Am Ende steht, ausgesprochen oder nicht, die Vision von der Umkehrung der Machtrelation zwischen der islamischen umma und der nichtislamischen Welt in ihr „richtiges" Verhältnis.

Der Konflikt auf dem Balkan, d. h. namentlich der serbisch-bosnische Krieg, ist zu einer schweren Belastung der Beziehungen zwischen der islamischen Welt und dem Westen geworden. Selbst ein gemäßigter Muslim wie der ehemalige UN-Hochkommissar für Flüchtlinge, Ṣadr ad-Dīn Āghā Khān (Sadruddin Agha Khan) warnte: „Bosnien stirbt, und das trägt zu einer weiteren Verschlechterung der muslimisch-christlichen Beziehungen bei." Einflußreiche, auflagenstarke Zeitungen in der islamischen Welt haben darüber berichtet, wie der Westen den Morden an Muslimen tatenlos zuschaue. Für die islamischen Fundamentalisten war der wachsende Unmut ein guter Nährboden für antiwestliche Propaganda. Diese stilisierte den Konflikt zu einem „neuen Kreuzzug gegen die Muslime".[37] Zugleich waren sie bemüht, die Übergriffe gegen die Muslime zu propagandistischen Waffen gegen die Regierungen islamischer Staaten zu instrumentalisieren und diese so unter Druck zu setzen. Sie schauten zu – so der Vorwurf –, während Griechen, Israelis und Russen die Serben mit Rüstungsmaterial belieferten. Auf der anderen Seite blieben entschlossene und konzertierte Aktionen der Regierungen in der islamischen Welt zugunsten ihrer Glaubensbrüder in Bosnien aus. Zwar waren die Versammlungen der *Organisation der Islamischen Konferenz (OIK)* regelmäßig auch der Lage in Bosnien gewidmet, und es gab auch Protestnoten und öffentliche Versammlungen; doch war die islamische Gemeinschaft nicht imstande, den Bosniern beizustehen, wie es den emotionalen und verbalen Erscheinungsformen entsprochen hätte.

Es ist die Vision zahlreicher Islamisten, die islamische Welt zu einen und ihre Grandeur wiedererscheinen zu lassen. Macht als Zeichen der Erneuerung. Tatsächlich wäre es zu einfach, die islamistische Bewegung als „Flucht in die Geschichte" abzutun. Islamistische Führer sind sehr bewußt, wenn es darum geht, die Modernität zu nutzen, sofern diese sie ihrem Ziel der Erringung, Darstellung und Projektion von Macht näherbringt. Für Wissenschaft und Technologie – von der Kommunikation bis zum Kampfflugzeug – gilt: je moderner, um so besser. Voraussetzung ihrer Akzeptanz freilich ist, daß durch ihre Beschaffung und Anwendung nicht zugleich westliche Werte und Normen mitgeliefert werden. Die Rückwendung zu den Ursprüngen des Glaubens im 7. Jahrhundert soll keine Flucht sein. Vielmehr dient sie der politischen Aufrüstung. So gerüstet will sich der islamistische Muslim den Weg in jene aetas aurea bahnen, die ihm die Erlösung aus dem Spannungsverhältnis zu einer westlich geprägten Moderne verheißt, die zu akzeptieren er sich über die letzten zwei Jahrzehnte so schwer getan hat.

Trotz der – bislang – unerfüllten Erwartungen wird die islamistische Verheißung, daß der Islam die Lösung sei, eine Anziehungskraft auch in Zukunft ausüben. Zu groß ist die anhaltende Irritation zahlreicher Muslime über die Stagnation in der islamischen Welt. Politische Repression, soziale Spannungen, wirtschaftliche Fehlentwicklungen und Perspektivlosigkeit machen die integristische Option um so attraktiver, als sich die alten Eliten an die Macht klammern, ohne zukunftsweisende Perspektiven aufzeigen zu können. Gleichwohl ist es mehr als unwahrscheinlich, daß in der von der integristischen Ideologie bestimmten islamischen Ordnung *die* islamische Ordnung schlechthin liegt. Die Suche nach einer Verfaßtheit, die die dem Muslim zutiefst innewohnende Überzeugung von der Vollkommenheit seiner Gesellschaft mit einem Platz in der ersten Reihe der „Neuen Weltordnung" in Einklang bringt, wird anhalten.

2. Türkei

(Ursula Spuler-Stegemann)

a) Zur gegenwärtigen Situation

Nach Jahrzehnten fast völliger Agonie (1923–1950) ist der Islam in der Türkei zunehmend erstarkt (1950–1980) und gegenwärtig ein machtpolitischer Faktor ersten Ranges.

Verfassungsmäßig ist die von Atatürk geprägte Republik nach wie vor laizistisch. Der Religion bleibt der Zugriff auf die Legislative verwehrt. Doch haben religiöse Kräfte institutionell und in der Massenwirkung eine derartige Bedeutung erlangt, daß vielen bereits der Übergang zu einem „Fundamentalistenstaat" vor Augen steht, wenngleich das Militär sich kräftig dagegenstemmt, die Regierung laviert, Bildungselite und Wirtschaft überwiegend distanziert bleiben und die offizielle religiöse Repräsentanz jeden Verdacht vermeidet, dahingehende Ambitionen zu teilen.

Schlagwörter wie „Re-Islamisierung", „Restauration" und „Fundamentalismus" werden der Gegenwartsbedeutung des Islams in der Türkei allerdings nur bedingt gerecht. Es handelt sich um viel mehr als dies – und zugleich um wesentlich anderes. Die Türkei ist als Nationalstaat auf der Suche nach ihrer Identität und findet diese zunehmend – ganz positiv – im Islam. Im Kern geht es nicht um eine Wiederbelebung des Vergangenen, sondern um dessen Nutzung zur Gewinnung politischer Stabilität in der Gegenwart und zur Stärkung nationaler Einheit auf dem schwierigen Weg in die Zukunft.

Die wichtigsten Komponenten, teilweise auch Antagonismen dieser Identitätsfindung lassen sich klar benennen.

Offiziell gelten 99,2% aller Einwohner der Türkei als Muslime. Die übrigen sind vor allem Christen, noch kleinere Minderheiten Juden und kurdische Yezidi. Mehrheitlich sind die Türken Sunniten. Erst im letzten Jahrzehnt ist allgemein bewußt geworden, daß mindestens 15% der Bevölkerung Alevi sind,[1] eine höchst eigenständige, oft als „extrem-schiitisch" bezeichnete Religionsgemeinschaft,[2] die in einem gespannten Verhältnis zum sunnitischen Mehrheitsislam steht.

Mit gegenwärtig (1995) etwa 62,5 Millionen Einwohnern übertrifft die Türkei alle anderen Anrainerstaaten des Mittelmeers, nicht nur Ägypten, sondern auch Frankreich, Italien und Spanien. Die jährliche Zuwachsrate von mehr als 2% bedeutet für das Jahr 2000 etwa 70 Millionen Einwohner, während es 1927 erst 13,6 Millionen, 1960 27,7 Millionen oder 1980 44,7 Millionen waren. Das Wirtschaftswachstum kann mit dieser Bevölkerungsexplosion nicht Schritt halten. Das Bruttosozialprodukt lag 1992 bei 3000 DM pro Kopf; 1994 betrug die Inflationsrate 156%. Die Arbeitslosigkeit treibt insbesondere junge Menschen in die offenen Arme fundamentalistischer Gruppen, die ihnen moralische wie materielle Hilfe angedeihen lassen.

Die Türkei ist der einzige größere von Muslimen bewohnte Staat, der europäisches Territorium einbezieht. Mehr als nur symbolisch ist, daß Straßenschilder an den Verkehrsknotenpunkten Istanbuls einerseits nach *Avrupa*, Europa, andererseits nach *Asya*, Asien, weisen. Die Brückenfunktion zwischen den beiden Kontinenten ist ein zentraler Faktor des Selbstverständnisses der Türkei. Als *NATO*-Mitglied (seit 1952) ist sie dem *Westen* fest verbunden, für ihre wirtschaftliche und technische Entwicklung dauerhaft auf diesen angewiesen. Der Islam hingegen verbindet sie mit den arabischen Staaten Nordafrikas und des Vorderen Orients, ja über die *Arabische Liga* hinaus mit Iran, Afghanistan und insbesondere mit den nach Auflösung der UdSSR neu entstandenen zentralasiatischen Turkrepubliken Kasachstan, Kirgisistan, Turkmenistan und Usbekistan sowie dem überwiegend schiitischen Aserbaidschan, wo seit 1992 das Türkische Amtssprache ist. Sprachliche, kulturelle und religiöse Verbundenheit fördert erhebliche Aktivitäten in diese Richtung, teils in heftiger Rivalität mit Iran. Zugleich bleibt die Türkei als einziger „islamischer Staat" trotz massiver Frustrationen bestrebt, Vollmitglied der *Europäischen Union* zu werden.

Innenpolitisch befindet sich die Türkei in einer schweren Zerreißprobe antagonistischer Kräfte:

- 6 bis 10 Millionen Kurden[3] bilden den überwiegenden Bevölkerungsanteil Ost- und Südostanatoliens. Sie sind Randsiedler der wirtschaftlichen und sozialen Entwicklung. Ihre Autonomie-Bestrebungen gelten der Regierung als Separatismus und werden verstärkt seit 1993 (mit zahllosen Todesopfern auf beiden Seiten) militärisch bekämpft. Nur auf Druck des Westens wurden den Kurden kulturelle Rechte wie der freie Gebrauch ihrer Sprache zugestanden.
- Eines der größten Probleme ist gegenwärtig der Umgang des Staates mit den Prinzipien der Demokratie. Obgleich ein Ministerium für Menschenrechte besteht, gibt es viele Menschenrechtsverletzungen und Verstöße gegen die Verfassung.[4]
- Die einseitige staatliche Förderung des sunnitischen Islams isoliert die Alevi, die ihr Recht auf religiöse und kulturelle Eigenständigkeit einfordern.
- Islamisten, die eine Wiedereinführung der *sharīʿa* (türk. *şeriat*) oder gar eine „Theokratie" anstreben, werden vom Ausland her unterstützt und unterwandern die staatlichen Institutionen.

Diese religionspolitisch spannungsreiche Situation resultiert teils aus der

Reformpolitik Atatürks, teils aus dem latenten Fortbestand von Traditionen des Osmanischen Reiches.

b) Zum geschichtlichen Hintergrund

Osmanisches Reich

Seit der Eroberung Kairos (1517) erhoben die osmanischen Sultane Anspruch auf den Titel des Kalifen als des alleinigen Herrschers über alle sunnitischen Gläubigen, nahmen ihn aber erst vom 18. Jahrhundert an als politisches Mittel gegen den Zerfall des Imperiums real wahr. Die eigentliche geistliche Macht im Staat verkörperte der Mufti (arab. *muftī*, türk. *müftü*) von Istanbul als *şeyh-ül-islām* (arab. *shaikh al-islām*), seiner Bedeutung nach dem Papst vergleichbar.[5] Einerseits stand er im Dienste des Sultans, wurde von diesem besoldet und (ebenso wie sonst nur der Großwesir) vom Sultan direkt ernannt. Andererseits hatte er als höchste religiöse Autorität darüber zu befinden, ob der Sultan islamgerecht lebte und handelte, und dafür zu sorgen, daß die staatliche Gesetzgebung *sharīʿa*-konform blieb. Unbeschadet seiner Einbindung in das Palastpersonal konnte er sogar den Sultan aus religiösen Gründen absetzen, wenn dies auch wegen der machtpolitischen Verhältnisse nur ganz selten geschah. Die institutionelle Trennung zwischen der staatlichen Macht des Sultans und der religiösen Macht des şeyh-ül-islām war der heutigen Republik jedenfalls bereits vom Osmanischen Reich her vorgegeben.

Auch die Entmachtung der zentralen religiösen Instanz begann bereits im 19. Jahrhundert. Der şeyh-ül-islām wurde aus der Hohen Pforte ausgegliedert und in das nur noch dem Großwesir unterstellte *fetvahane* verwiesen. Die frommen Stiftungen, bislang wichtigste Finanzierungsquelle für die Geistlichen, wurden ihm entzogen und verstaatlicht. Neben den traditionellen Medresen (von arab. sing. *madrasa*), den höheren Schulen für religiöse Bildung, wurden die ersten öffentlichen Schulen eingerichtet und einem neu gegründeten Erziehungsministerium unterstellt. Im Rahmen der Verwaltungsreformen während der *Tanẓīmāt*-Zeit (1839–1876) wurden europäische Gesetze übernommen, ohne daß der şeyh-ül-islām diese Neuerungen noch beeinflussen konnte.

Die Zeit nach dem Ersten Weltkrieg

Die militärische, technische und wirtschaftliche Überlegenheit des christlichen Abendlandes führte im Zusammenhang mit dem Desaster des Osmanischen Reiches im Ersten Weltkrieg dazu, die Hauptschuld aller bisherigen Niederlagen im Islam als einer hoffnungslos rückständigen Religion zu suchen. Deshalb galt es dem 1934 vom Parlament mit dem Ehrentitel *Atatürk*, „Vater der Türken", ausgezeichneten Mustafa Kemal Pascha, dem Sieger des Befreiungskampfes (1919–1922), als vordringliches Ziel, den neuen Nationalstaat Türkei als säkulare Republik europäischen Musters zu konstituieren und ihn aus den Fesseln fortschrittshemmender Religionsfunktionäre zu lösen. Die einschlägigen Reformmaßnahmen erstreckten sich über mehr als ein Jahrzehnt und führten dazu, daß in der Türkei die Religion weitgehend zu einer Angelegenheit rein privater Frömmigkeit wurde, wenn auch in den traditionsverhafteten ländlichen Gebieten weniger als in den Städten.

Im November 1922 wurde der Kalif, Sultan Mehmed VI. Vahideddin durch die Nationalversammlung abgesetzt und verließ das Land. Diese wählte als Nachfolger Abdülmecid II., allerdings nur noch als Kalif. Durch die Proklamation der Republik am 29.10.1923 erlosch das Sultanat. An die Stelle des Sultans trat der von der Nationalversammlung gewählte, mit erheblichen Machtbefugnissen einschließlich des militärischen Oberbefehls ausgestattete Staatspräsident. Um die osmanischen Traditionslasten besser abschütteln zu können, wurde Ankara zur neuen Hauptstadt der Republik bestimmt. Dort beschloß die Nationalversammlung am 3.3.1924 die Abschaffung auch des Kalifats und verwies Abdülmecid II. (gest. 1944) des Landes.

An die Stelle des Amtes des şeyh-ül-islām trat am 3.3.1924 das nur noch für die Überwachung religiöser Literatur und die Verwaltung der geistlichen Ämter zuständige Präsidium für Religionsangelegenheiten *(Diyanet İşleri Reisliği).*

Am 8.4.1924 wurden die Scheriatsgerichte aufgelöst. Die gesamte Gerichtsbarkeit wurde dem Justizministerium zugewiesen und 1926 das teilweise noch auf der sharīʿa fußende Zivilrecht vom Bürgerlichen Gesetzbuch der Schweiz abgelöst.

Die Verstaatlichung der noch bestehenden 479 Medresen unterstellte am 3.3.1924 das gesamte Schulsystem einheitlich dem Erziehungsministerium, das 1925 das Prinzip schulischer Koedukation einführte. Arabisch, die Sprache des Korans und der religiösen Gelehrsamkeit, und Persisch, die Sprache der höfischen Dichtung, wichen in den Lehrplänen europäischen Sprachen. An den Gymnasien endete der Religionsunterricht im Herbst 1924, an den Mittelschulen 1927, an den städtischen Volksschulen 1930, schließlich an den Dorfschulen 1938.

Die meisten Geistlichen (türk. *ulema* von arab. *ʿulamāʾ*) gingen 1924 in Pension. Die einzige, 1924 mit 284 Studierenden neugegründete Theologische Fakultät des Landes in Istanbul wurde 1933 beim Stande von nur noch 20 Studenten in ein Institut für Orientalistik an der Philosophischen Fakultät mit einem einzigen Arabischlektor umgewandelt.

Der weiteren Ausbildung von Moscheenpersonal (Imame und Freitagsprediger) dienten (1932 mangels Nachfrage wieder aufgelöste) *İmam-Hatip*-Zweige an staatlichen Schulen. Die meisten Moscheen wurden im Laufe der Zeit geschlossen und verfielen, soweit man sie nicht – wie 1934 die *Ayasofya* in Istanbul – in Museen umwandelte oder für andere Zwecke nutzte.

Am 30.11.1925 wurden die Konvente *(tekke)* und Mausoleen *(türbe)* der machtvollen Derwischorden (türk. *tarikat*, arab. *ṭarīqāt*) als „Horte der Reaktion" geschlossen, ihre Scheichs pensioniert oder verbannt. Das „Hutgesetz" vom 25.11.1925 verbot Turban wie Fez und machte den Männern das Tragen europäischer Kopfbedeckungen zur Pflicht. 1934 wurden Würdentitel wie Efendi, Bey oder Pascha abgeschafft und das Tragen geistlicher Kleidung in der Öffentlichkeit untersagt.

Wichtige Neuerungen gegenüber der sharīʿa betrafen die Frauen. 1925 wurde die Polygamie verboten und die Scheidung erleichtert. Ein Gesetz vom 17.2.1926 machte die Zivilehe zur Pflicht, hat allerdings die nur religiöse Eheschließung („Imamehe") bis heute nicht gänzlich verdrängen können.[6] Die Jahre 1930 bis 1934 bescherten den Frauen zunächst das aktive, dann auch das passive Wahlrecht.

1925 wurde der europäische (gregorianische) Kalender eingeführt, 1935 der Sonntag zum Wochenfeiertag erklärt, wodurch die islamische Freitagspredigt ihren letzten Rückhalt einbüßte.

Am nachhaltigsten ist der Einfluß der Religion dadurch verdrängt worden, daß nach Übernahme der internationalen Ziffern (20.5.1928) die Schriftreform vom 1.11.1928 die arabisch-osmanische Schrift durch die bis heute in der Türkei übliche Lateinschrift ersetzte. Bereits Mitte 1929 wurden alle Bücher und Zeitungen nur noch in Lateinschrift gedruckt. Gefördert wurde diese Neuorientierung durch eine Alphabetisierungskampagne, zumal 1927 erst 17,4% der Männer und 4,7% der Frauen lesen und schreiben konnten. Somit löste diese Schriftreform die Türkei aus dem islamischen Kulturverbund, weil die Jugend das Traditionsschrifttum nicht mehr zu lesen vermochte. An dessen Stelle trat moderne, zu einem Großteil von Europa übernommene sowie von der nationalen Staatsideologie geprägte Literatur für sämtliche Lebensbereiche.

Dies alles geschah, obgleich Artikel 2 der Verfassung von 1924 den *Islam als Staatsreligion* vorgesehen hatte. 1928 wurde dieser Artikel ersatzlos gestrichen. Erst 1937 trat an seine Stelle eine Reihe von Normen des Staates, die diesen u. a. als laizistisch beschrieben. Die wichtigsten Reformmaßnahmen Atatürks, der 1938 verstarb, sind in Artikel 174 der Verfassung von 1982 im einzelnen aufgeführt und damit weiterhin Grundlage der Republik Türkei.[7]

Die Entwicklung nach dem Zweiten Weltkrieg

Die islamische Renaissance begann, als Atatürks Nachfolger İsmet İnönü 1946 das heutige Mehrparteiensystem einführte. In Konkurrenz zur bisherigen Einheitspartei, der *Republikanischen Volkspartei (Cumhuriyet Halk Partisi, CHP)*, ließen sich aus dem konservativen islamischen Erbe Stimmen gewinnen. So erhielt 1950 die oppositionelle *Demokratische Partei (Demokrat Partisi, DP)* unter Adnan Menderes die Mehrheit im Parlament, was vielen Religiösen als entscheidende Wende galt. Geschürt wurde die religiöse Rückbesinnung durch die Furcht vor der expandierenden Siegermacht Sowjetunion, gegen deren atheistischen Kommunismus der Islam ein Gegengewicht schaffen sollte.

Im Zuge der Neuorientierung kam der Religionsunterricht wieder in Gang, zunächst nur fakultativ an den Grundschulen, schließlich (1982) obligatorisch in allen Schulen. 1949 wurde in Ankara mit 80 Studenten eine neue Theologische Fakultät eröffnet. Die staatlichen Korankurse kamen zu neuer Blüte, ebenso von religiösen Gruppen illegal veranstaltete. Wie Pilze schossen im ganzen Land Moscheebauvereine aus dem Boden, die alte Gebäude restaurierten und neue errichteten. Von nun an bekam der Staat mehr und mehr Mühe, diese Entwicklung in geordnete Bahnen zu lenken.

1949 hatte die Zerstörung von Atatürk-Büsten durch Anhänger des *Ticaniye*-Ordens noch zu Gesetzen zum Schutz des Laizismus und des Andenkens Atatürks geführt. 1974, 1975 und 1977 beteiligte sich mit der *Nationalen Heilspartei (Millī Selamet Partisi, MSP)* erstmals eine Partei mit europafeindlichen und islamistischen Tendenzen an Koalitionsregierungen; Parteichef und stellvertretender Ministerpräsident war Necmettin Erbakan, ein Mitglied des *Naqshbandīya*-Ordens (türk. *Nakşibendiye*). Wie die meisten anderen Parteiführer auch, hat er das Parteienverbot durch die Militärs 1980 überstanden und wurde Generalsekretär der 1983 gegründeten fundamentalistischen *Wohlfahrtspartei (Refah Partisi, RP)*. Gemäß Artikel 86–88 des Parteiengesetzes Nr. 18027 vom 23.4.1983 sind jedoch alle Parteien auf den Laizismus verpflichtet und müssen die Durchsetzung religiöser Ziele in Rechtswesen, Politik, Wirtschaft und Sozialbereich unterlassen.

Bei den Wahlen von 1983 konnte Turgut Özal, familiär ebenfalls der Nakşibendiye verbunden, mit 45,15% der Stimmen für seine *Mutterlandspartei (Anavatan Partisi, ANAP)* nicht zuletzt durch sein persönliches religiöses Engagement den sunnitischen Mehrheitsislam für sich einnehmen.

Seit ihrem Wahlsieg Ende 1991 unter Süleyman Demirel stellt die konservative *Partei des Rechten Weges (Doğru Yol Partisi, DYP*, 27%) gemeinsam mit der *Sozialdemokratischen Partei (Sosyaldemokrat Halkçı Partisi, SHP*, 20,7%) von Erdal İnönü eine Koalitionsregierung, die jetzt von Ministerpräsidentin Tansu Çiller unter Demirel als Staatspräsident fortgeführt wird. Erbakans RP erhielt nur 16,9% der Stimmen. Seit den Kommunalwahlen am 27.3.1994 stellt sie aber in Ankara und Istanbul mit 27,7% bzw. 25,5% die Bürgermeister, wenn sie auch landesweit nicht über 18,7% hinauskam, obwohl sie binnen Jahresfrist die Zahl ihrer Mitglieder um 50% auf 1,6 Millionen hatte steigern können.

Seit Mitte der achtziger Jahre, verstärkt seit Anfang der neunziger Jahre hat sich das politische Gewicht deutlich zugunsten der islamischen Kräfte verschoben. Innerhalb der üppigen Parteienlandschaft fühlen sich die Religiösen gegenwärtig teils vom rechten Flügel der ANAP vertreten, teils von der DYP oder von der RP, teils aber auch von der in Sachen Islam opportunistischen *Nationalistischen Arbeitspartei (Milliyetçi Çalışma Partisi, MÇP)* des Alparslan Türkeş.

Wirtschaftliche und soziale Probleme stärken den Fundamentalismus, der von Fall zu Fall denjenigen Parteien Stimmen zuführt, die am ehesten Abhilfe zu schaffen versprechen. Eine einseitige Machtübernahme durch eine fundamentalistisch verankerte Partei zeichnet sich jedoch gegenwärtig nicht ab.

Nach jeweils etwa einem Jahrzehnt religiöser Machtausweitung hatte wiederholt das streng an den Atatürkschen Reformen orientierte Militär die Staatsführung übernommen (1960, 1971, 1980). Daß Gleiches zu Beginn der neunziger Jahre unterblieb, weist nicht zuletzt auf eine innenpolitische Neubewertung des Islams hin: von seiner weitergehenden Förderung im Rahmen der bestehenden Institutionen erhofft sich der Staat mehr Stabilität als durch rigide Kontrollen. Der türkische Islam hat sich mittlerweile zu einem höchst effizienten, innerlich differenzierten Staatsunternehmen entwickelt.

c) Religion und Politik

Vor allem seit dem Wegfall des strengen, oft mißbrauchten Paragraphen 163 StGB im April 1993 werden die Islamisten, die einst den „atheistischen" Staat aus dem Untergrund bekämpften, nur noch bei eklatanten Verstößen gegen das Säkularitätsprinzip oder wegen krimineller Vergehen gerichtlich verfolgt.[8] Sie nutzen erfolgreich die vielfältigen Möglichkeiten, Parteien und staatliche Institutionen zu durchdringen, auch ohne ihre religiöse Identität weiterhin zu verbergen.

Die Parteien haben Ideologien aufgegriffen, die den Islam in die türkische Gesellschaft einzubinden trachten. Am bekanntesten ist die *Türkisch-Islamische Synthese (Türk-İslam Sentezi)*, die 2500 Jahre Türkentum, 1000 Jahre Islam und 150 Jahre westlicher Orientierung miteinander verbinden möchte. Ihr ideeller Vorbereiter und Begleiter sind die konservativen Mitglieder des *Intellektuellen-Club (Aydınlar Ocağı)*, die mit konkreten Vorschlägen zur Gestaltung von Verfassung und Gesetzen im rechten religiösen Flügel der ANAP große Resonanz gefunden haben, aber auch der MÇP entgegenkommen. Von der RP wird die „gerechte Ordnung" *(adil düzen)* propagiert, die sich durch Einsatz sozialistischen Vokabulars auch linkes Wählerpotential zu erschließen hofft. Anfang der neunziger Jahre ist der „islamische Liberalismus" *(islami liberalizm)* als sogar von einem Teil der Fundamentalisten akzeptierte Ideologie aufgekommen, die Demokratie mitsamt Mehrparteiensystem als „urislamische" Staatsform deutet.

Intern wird in den traditionell volksnahen Orden *(tarikat)* und Religionsgemeinschaften *(cemaat)* wie den *Nakşibendi, Kadiri (Qādirīya), Mevlevi, Rufai, Cerrahi, Süleymanlı,*[9] *Işıkçı, Nurcu* oder *Fethullahçı* zwar noch kontrovers diskutiert, ob das derzeitige Verhältnis zwischen Islam und Politik in der laizistischen Türkei grundsätzlich akzeptabel sei;[10] in der türkischen Gesellschaft sind sie jedenfalls fest etabliert, leiten Privatschulen und Förderkurse für Schüler, haben eigene Ladenketten und sonstige Firmen gegründet, vermarkten religiöse Musik, besitzen eigene Verlage und große Tageszeitungen[11] und betreiben private Rundfunk- und Fernsehsender, die bis in die zentralasiatischen Turkrepubliken ausstrahlen. Sie führen der Zukunftsgestaltung gewidmete internationale Tagungen durch und sind auf allen Ebenen präsent.

d) Staatliche Förderung des Islams

Gemäß Artikel 10 der Verfassung von 1982 haben alle Staatsbürger unbeschadet ihrer Religionszugehörigkeit gleiche Rechte; Privilegien einzelner Gruppen oder Klassen sind ausdrücklich ausgeschlossen. Dennoch beschränkt sich die staatliche Religionsförderung auf den *sunnitischen* Islam, der somit faktisch in die Rolle einer Staatsreligion hineingewachsen ist.

Den Islam fördern insbesondere drei Institutionen, nämlich das Erziehungsministerium, das Präsidium für Religionsangelegenheiten und die Direktion für das Stiftungswesen.

Das Erziehungsministerium

Verfassungsgemäß hat das Nationale Erziehungsministerium *(Milli Eğitim Bakanlığı, MEB)* seit 1924 das Monopol auf das Ausbildungswesen einschließlich Religionsunterricht und Theologiestudium. Innerhalb des MEB sorgt eine besondere Generaldirektion für religiöse Erziehung *(Din Eğitimi Genel Müdürlüğü)* für Stellenbesetzungen, Lehrbücher und Lehrpläne. Maßgabe für den Religionsunterricht ist Artikel 24 der Verfassung von 1982: „Erziehung und Unterricht in Religion und Ethik sollen unter staatlicher Aufsicht und Kontrolle durchgeführt werden. Unterricht in religiöser Kultur und Ethik sind Pflichtfach der Grund- und Sekundarschulen. Religiöse Erziehung und Unterweisung außerhalb davon können auf besonderen Antrag hin erfolgen, im Falle der Minoritäten auf Antrag ihres Repräsentanten."

Dieser Vorgabe gemäß tragen die Lehrbücher den Titel „Religionskultur und Ethikwissen" („Din Kültürü ve Ahlāk Bilgisi"). Vorsatzblätter bieten stets ein Farbportrait Atatürks sowie die Nationalfahne samt dem Text des „Unabhängigkeitsmarsches", ein Abschlußblatt die Landkarte der Türkei mit allen Provinzen, gegebenenfalls gefolgt von einer Karte „Die türkische Welt", die hier von Mitteleuropa über den Vorderen Orient und die zentralasiatischen Turkrepubliken bis nach Sacha (Jakutien) reicht. Vermittelt werden nationale Werte wie der Stolz darauf, Türke sein zu dürfen, und Erziehung zum guten Staatsbürger sowie ein vertiefendes Verständnis der „vollkommenen Religion Islam". Informiert wird über Unterschiede zwischen Sunniten und Schiiten wie auch über das Christentum und andere Religionen. Die Alevi aber und andere Gruppen bleiben unberücksichtigt, weil Hauptziel des Religionsunterrichts das Schaffen nationaler und religiöser Einheit ist.

Das türkische Schulsystem gliedert sich in fünf Jahre Grundschule, drei Jahre Mittelschule und drei Jahre Oberschule. Eine Sonderform sind die auf dem Grundschulabschluß basierenden *İmam-Hatip*-Schulen *(İmam-Hatip Okulları)*, die für die Berufe des einfachen Imams und Predigers qualifizieren, aber auch den Zugang zu allen universitären Studiengängen – nur nicht zur Militärakademie – eröffnen. Die Oberschulklassen der İmam-Hatip-Schulen haben 60% des Lehrstoffs mit den übrigen Schulen gemeinsam, während 40% der Vermittlung des Arabischen und umfassender Islam-

Kenntnisse dienen. Um dennoch ein vergleichbares Allgemeinbildungsniveau zu erreichen, wurde die Oberstufe auf 4 Schuljahre erweitert.

Die ersten İmam-Hatip-Kurse des Jahres 1949 dauerten zehn Monate und hatten 50 Absolventen; die ersten İmam-Hatip-Schulen wurden 1951 gegründet. Im Schuljahr 1970/71 gab es an 72 İmam-Hatip-Mittel- und 39 Oberschulen 1547 Lehrkräfte (davon 137 Frauen) und 49208 Schüler (davon 853 Mädchen). Im Schuljahr 1991/92 waren sie auf 390 Schulen mit 13917 Lehrkräften (davon 2893 Frauen) und 117706 Schülern (davon 31917 Mädchen) angewachsen. Seitdem sind vor allem die Schülerzahlen explodiert; im Schuljahr 1993/94 bestanden bereits 508 İmam-Hatip-Schulen mit 14955 Lehrkräften (davon 3647 Frauen), aber 446429 Schülern (davon 158089 Mädchen).[12]

Diese Schulen sind hoffnungslos überfüllt: eine einzige in Ankara (im Stadtteil Mamak) hatte 1993 rund 7000 Schüler, also durchschnittlich 1000 pro Jahrgangsklasse.[13] Dieser unhaltbare Zustand zeigt, daß die Regierung das Ausufern der religiösen Berufsfachschulen möglichst bremsen will, u. a. aus folgenden Gründen: Von insgesamt rund 11160000 türkischen Schülern im Schuljahr 1993/94 besuchten etwa 4250000 die Mittel- und Oberschulen. Die Quote der İmam-Hatip-Schüler betrug also 10,5%, erheblich mehr, als in Theologiestudium und Religionsberufen unterkommen können. Deshalb drängen die Absolventen zunehmend in andere Studiengänge und in den mittleren Dienst der Behörden, die auf diesem Wege religiös unterwandert werden.

Auch sind die İmam-Hatip-Schulen äußerst konservativ. Das Kopftuch ist für Mädchen obligatorisch. Seit 1994 gibt es eigene Religionsbücher, deren Unterrichtseinheiten formal zwar den allgemeinen entsprechen, die auch Atatürk preisen, deren indoktrinierende Inhalte aber vielfach nicht dem Standard moderner Wissenschaft gerecht werden.[14] Die Regierung unterbindet diese Entwicklung offenkundig nicht mehr.

Ebenso rasant wie der Ausbau des İmam-Hatip-Schulsystems gestaltet sich das Wachstum der Theologischen Fakultäten. Durch Umwandlung seit 1959 entstandener Hoher Islam-Institute *(Yüksek İslam Enstitüleri)* wuchs ihre Anzahl bis 1982 auf acht, und zwar in Ankara, Bursa, Erzurum, Istanbul, Izmir, Kayseri, Konya und Samsun. Im Studienjahr 1982/83 hatten sie zusammen 394 Lehrkräfte (davon 11 Frauen) und 6156 Studierende (davon 414 Frauen). 1991/92 studierte eine fünffache Anzahl von Männern und eine mehr als dreißigfache Anzahl von Frauen Theologie. Diese Zahlen werden noch wachsen, zumal bis zum Jahresende 1994 im Zuge der Neugründung von Universitäten 14 weitere Theologische Fakultäten hinzugekommen sind.[15]

Das Präsidium für Religionsangelegenheiten

Das dem Ministerpräsidenten unterstellte Präsidium für Religionsangelegenheiten *(Diyanet İşleri Başkanlığı, DİB)* mit Sitz in Ankara wurde durch Artikel 154 der Verfassung von 1961, übernommen als Artikel 136 in die Verfassung von 1982, als Staatsorgan der Republik etabliert. Gesetz

Nr. 1327 vom 20.9.1971 machte die zentralen Mitarbeiter dieser Behörde zu Staatsbeamten. Der Verfassungsauftrag verpflichtet das DİB dazu, „im Einklang mit dem Prinzip des Laizismus sich jeglicher politischer Stellungnahmen zu enthalten sowie auf nationale Solidarität und Einheitlichkeit hinzuwirken."

Das Verbot politischer Stellungnahmen bedeutet insbesondere, daß das DİB weder die Verfassung noch die staatliche Gesetzgebung vom islamischen Recht her öffentlich kritisieren darf. Dennoch hat sich das DİB aus einer Behörde zur Kontrolle islamischer Aktivitäten zu einer mächtigen Institution der Förderung des Islams in der Türkei durch den laizistischen, religiös also eigentlich neutralen Staat gewandelt, für Staatsrechtsexperten ein nicht unproblematischer Vorgang.[16]

Die Aufgabenbereiche des DİB sind: Erstellung von *fetvas* (arab. pl. *fatāwā)*; Abfassung, Übersetzung und Zensur religiöser Werke; Herausgabe von Musterpredigten; religiöse Propaganda im In- und Ausland; Betreuung und Besoldung des Moscheenpersonals im In- und Ausland; Betreuung von Korankursen samt Ausbildung der Kursleiter; Organisation von *ḥajj* und *ʿumra*; Errichtung und Verwaltung eigener Moscheen.

Präsident des DİB ist seit dem 3.1.1992 der dynamische Mehmet Nuri Yılmaz, in den zentralen Aufgabenbereichen unterstützt durch fünf Vizepräsidenten, regional zuständig für 71 Provinz-Müftüs. 1993 betrug die Gesamtzahl der Mitarbeiter 88539, überwiegend Personal der etwa 72000 Moscheen. Jährlich kommen 1500 bis 2000 neue Moscheen hinzu, meist von den Gläubigen selbst errichtet mit Hilfe lokaler Fördervereine, die besonders von der *Islamischen Weltliga (Rābiṭat al-ʿālam al-islāmī)* finanziell unterstützt werden. Die größte neue Moschee, die 1987 fertiggestellte *Kocatepe Camii* in Ankara, bietet Platz für 24000 Gläubige. Besonders viel Geld investierte die Islamische Weltliga in eine im Park des Parlaments errichtete Moschee. Die Anzahl der kleinen Moscheen und Gebetsräume in den Universitäten wie im Bereich des öffentlichen Dienstes nimmt ständig zu. Nach Angaben des DİB haben 1992–1993 an dessen achtmonatigen Korankursen 172579 Schüler teilgenommen.[17] Derzeit werden laufend Koranschulen unter der Betreuung von DİB-Personal eröffnet.

Ein neues repräsentatives Verwaltungsgebäude des DİB soll 1996 bezogen werden. In den jetzigen Gebäuden gibt es bereits eine umfangreiche, hochmodern ausgestattete Bibliothek und eine eigene Buchhandlung. Außer dem Koran werden hier nur Werke der klassisch-religiösen Tradition, islamwissenschaftliche Literatur und Gegenwartsschrifttum einschließlich antichristlicher Bücher angeboten, zudem die drei Periodica des DİB: eine betriebsinterne Monatsschrift, ein Kindermagazin und eine wissenschaftliche Vierteljahresschrift.

Das Auslandsengagement des DİB besteht zunächst in der Organisation von Pilgerfahrten nach Mekka, wo eigene Pilgerstationen unterhalten werden. Weil Saudi-Arabien jährlich nur ein Promille der Einwohner jedes islamischen Landes, im Falle der Türkei also etwa 62500 Pilger, am ḥajj teilnehmen läßt, herrscht beträchtliche Unzufriedenheit.

Bereits 1993 hatte das DİB 24 Vertretungen im Ausland mit 782 Mitarbeitern, von denen genau die Hälfte in Deutschland im Rahmen der *Türkisch-Islamischen Union der Anstalt für Religion e. V. (Diyanet İşleri Türk İslam Birliği, DİTİB)* mit Sitz in Köln tätig ist.[18] Weitere Stützpunkte sind die fünf neuen zentralasiatischen Turkrepubliken, in denen je ein Beauftragter des DİB mit reger Ausbildungstätigkeit residiert, der Bau je einer „großen Moschee im osmanischen Stil" geplant ist und massenweise Koranexemplare verteilt werden, von denen das DİB in den Jahren 1983 bis 1992 5 225 000 Stück drucken ließ.

Diese Daten spiegeln den gewaltigen quantitativen Ausbau jener Schrumpfbehörde der Atatürk-Zeit, seit ihr 1950 endgültig wieder die Betreuung des Moscheenpersonals übertragen wurde. Abgesehen vom Verfassungsrang und vom Machtzuwachs des DİB als zentralem Organ der staatlichen Islamförderung sind seitdem aber noch drei weitere bedeutsame qualitative Veränderungen zu verzeichnen:

(1) Im Rahmen der Direktion für das Stiftungswesen wurde durch das Gründungsgesetz von 1975, ergänzt durch einen Sonderbeschluß von 1986, die üppig dotierte Religionsstiftung der Türkei *(Türkiye Diyanet Vakfı, TDV)* errichtet. Alleiniger Stiftungszweck ist die finanzielle Förderung von Unternehmungen des DİB. Seit 1991 ist der Präsident des DİB in Personalunion auch Präsident dieser Stiftung. Dank dieser neuen Kompetenz kann er nicht nur die Lenkung von Geldern des TDV für Personalstellen, Moscheenbau etc. persönlich bestimmen. Vielmehr hat er die Freiräume, die das Stiftungswesen bietet, pragmatisch dazu genutzt, fast alle islamischen Fraktionen und Gruppen in der Türkei unter seine Obhut zu bringen.

Nach außen hin wird dies am deutlichsten erkennbar durch die Einrichtung einer bald flächendeckenden Kette religiöser Buchhandlungen in den größeren Städten der Türkei, in deren Sortiment 354 religiöse Verlage der Türkei verschiedenster Richtungen vertreten sind, wenn deren Verlagsprogramm meist auch nur wenige Titel umfaßt. Außer dem Koran, Korankommentaren, der İslam Ansiklopedisi, klassischen Werken, fetva-Sammlungen und erbaulicher Literatur findet man hier auch Schriften der offiziell immer noch verbotenen Derwischorden wie solche der Nakşibendi-Scheiche Mehmed Zahid Kotku und Esat Coşan. Bücher der Predigerin Emine Şenlikoğlu, die wegen „religiöser Verführung der Jugend" im Gefängnis saß, haben bis zu 50 Auflagen erreicht. In den Regalen stehen die 130 Werke des Bediüzzaman Said Nursī und die seiner *Nurcu* sowie Schriften des *Fethullahçı*-Begründers Fethullah Gülen. Werke führender Autoritäten des zeitgenössischen politischen Islams wie der beiden Ägypter Ḥasan al-Bannā und Saiyid Quṭb oder des Pakistaners al-Maudūdī liegen offen aus, daneben Pamphlete gegen christliche Missionare, Zeugen Jehovas, Juden, Bahā'ī und Alevi. Begehrte Videos algerischer und iranischer Fundamentalisten oder radikaler türkischer Prediger sind neben Kassetten mit Koranlesungen, mit Sufi *(ṣūfī)*-Musik oder mit Arabisch-Kursen erhältlich ebenso wie religiöse Poster und zahllose Zeitschriften.

Einige dieser Publikationen treten offen für die *sharī'a*, und hier besonders für die Geschlechtertrennung in der Gesellschaft ein oder attackieren vehement den Laizismus. Hingegen fehlen die modernen Korandeutungen des ermordeten Turhan Dursun oder die antifundamentalistischen Bücher eines Ruşen Çakır.

Dieser breiten publizistischen Öffnung des TDV entspricht die Tatsache, daß das DİB bis in Spitzenpositionen hinein durchsetzt ist mit Angehörigen fundamentalistischer Gruppen wie den Süleymanlı, die sich auch unumwunden dazu bekennen.

(2) Aufgrund eines Beschlusses vom 30. 1. 1992 hat sich innerhalb des DİB das Leitungsgremium für Religionsangelegenheiten *(Din İşleri Yüksek Kurulu)* nach 13 Jahren Unterbrechung neu konstituiert. Es ist jetzt auf 15 Mitglieder erweitert worden. Diese Mitglieder sind hochrangige Würdenträger des DİB und namhafte Theologie-Professoren, die regelmäßig unter dem Vorsitz des DİB-Präsidenten tagen und auf höchster Ebene die Religionspolitik bestimmen, vor allem durch die Ausfertigung von fetvas. Entscheidend ist, daß dieses für eine Amtsperiode von sieben Jahren unmittelbar seitens der Imame und Theologen gewählte Leitungsgremium durch die staatlichen Autoritäten weder konstituiert wurde noch absetzbar ist, erstmalig seit Gründung der Republik also ein staatsunabhängiges höchstes Religionsgremium darstellt.

Die vom Leitungsgremium erstellten fetvas dienen islam-internen Klarstellungen. Sie entscheiden paradigmatisch Fragen der Religion aufgrund von *ijmāʿ*, dem Konsens der *ulema*. Die Beschlüsse dienen den Gläubigen der gesamten türkisch-islamischen Welt als „rechte Leitung" *(irşat)*. Ständig gehen in der DİB-Abteilung für das fetva-Wesen Delegationen aus dem In- und Ausland ein und aus, um sich auf dem neuesten Stand zu halten und maßgebliche Weisungen zu empfangen.

Wenn sich auch die Wirksamkeit dieses Gremiums streng im Rahmen des Laizismus hält, somit jegliche Kritik an der staatlichen Legislative vermeidet, so hat es sich doch aus der bloßen Verwaltung der Religion im Staatsauftrag gelöst und den türkischen Islam erstmals seit der Zeit des *şeyh-ül-islām* wieder autonom werden lassen.

(3) Vom 1. bis 5. 11. 1993 hat in Ankara unter dem Vorsitz des DİB-Präsidenten Mehmet Nuri Yılmaz der Erste Religionsrat *(1. Din Şūrası)* getagt, dessen Hauptinteresse die intensivere Verbreitung des türkischen Islams und dessen Anerkennung in anderen islamischen Ländern war. Das in türkischer, englischer und arabischer Sprache veröffentlichte Abschlußprotokoll umfaßt 37 teilweise hochinteressante Punkte.

Besonders wichtig sind die Forderungen in Punkt 23, dem DİB künftig eine den Universitäten, den Sendern und ähnlichen Institutionen vergleichbare Autonomie zuzugestehen, es unmittelbar dem Staatspräsidenten zu unterstellen und den Präsidenten des DİB künftig zu wählen. Die Erfüllung der beiden ersten Forderungen würde das DİB aus der Abhängigkeit von der Regierung lösen und ihm den gleichen Status verleihen, den im Osmanischen Reich der ursprünglich direkt dem Sultan unterstellte şeyh-ül-islām hatte. Am weitesten geht die letzte Forderung, weil sie impliziert, daß der

Präsident des DİB nicht mehr vom Staat eingesetzt wird, sondern wie jetzt schon das Leitungsgremium im DİB von den ulema.

Staatsrechtlich wäre damit fast schon Laizismus im Sinne der französischen Herkunft des Begriffes erreicht, wie ihn türkische Verfassungsrechtler mehrfach eingefordert haben, so bereits der 1951 verstorbene DİB-Präsident Ahmed Hamdi Akseki: er hatte von Prof. Ali Fuat Başgil die Vorbereitung eines Gesetzesentwurfs erbeten zur Begründung dafür, daß das Laizismusprinzip zwingend die Bildung einer regierungsunabhängigen „islamischen Gemeinde“ *(islam cemaati)* verlange; das Gründungsgesetz des DİB von 1965 überging diese Initiative.[19]

Die Direktion für das Stiftungswesen

In der Türkei dienen alle Stiftungen öffentlichen Zwecken. Jede ist eine eigenständige juristische Person, konstituiert allein durch den Stifterwillen, der in der Zweckbindung zum Tragen kommt. Anerkannte Förderungszwecke sind Erziehung und Unterricht, Kunst und Kultur, Gesundheitswesen, Sport, Sozialfürsorge, Betriebe und Gewerbe, nationale Verteidigung und Religionsförderung. Sämtliche Stiftungen werden staatlich verwaltet oder – im Falle freier Trägerschaft – nach Art eines Rechnungshofes regelmäßig überprüft durch die personalstarke Direktion für das Stiftungswesen *(Vakıflar Genel Müdürlüğü, VGM)*[20] in Ankara.

Eine der wichtigsten Aufgaben des VGM ist die Pflege aller bedeutenden Bauten, auch der nichtislamischen. Heute dienen etwa drei Viertel aller Stiftungen verschiedenen religiösen Zwecken wie der Errichtung von İmam-Hatip-Schulen und von Moscheen, der Ausstattung religiöser Bibliotheken und der Veranstaltung von Buchmessen, der Vergabe von Stipendien, der Unterstützung des Wallfahrtswesens etc. Besonderes Gewicht hat die Förderung von Aktivitäten des DİB durch das Türkiye Diyanet Vakfı. Stiftungen zur Förderung der Wissenschaft, des Gesundheits- und Sozialwesens (Armen- und Waisenfürsorge) oder zur Einrichtung von Kindergärten und Gemeindezentren sind oft ebenfalls religiöser Art bzw. werden von religiösen Gruppen – einschließlich der Fundamentalisten – eigens im Rahmen der Finanzierung ihrer Organisationen errichtet. Auch ausländisches Kapital darf in solche Stiftungen einfließen und dient, derart „türkisiert“, kaum kontrollierbar dem jeweiligen Stiftungszweck.[21]

So kommt die Förderung des Stiftungswesens durch den Staat (rechtliche Anerkennung und Steuervergünstigungen) praktisch allen religiösen Gruppierungen zugute. Im Rahmen des 1986 speziell zur Unterstützung der Armen erlassenen *Fak-Fuk-Fon*-Gründungsgesetzes gelangen auch staatliche Mittel in entsprechende Stiftungen. Ist der ursprüngliche Stifterwille nicht länger realisierbar, wird das Restvermögen in der Regel der Armenfürsorge gewidmet, gemäß sunnitischer Tradition eine der fünf Säulen des Islams.

e) Die Alevi

Ebensowenig wie die Kurden als Ethnie lassen sich auch die anatolischen Alevi[22] als nichtsunnitische Glaubensgemeinschaft in die Staatsideologie einfügen. Ihre synkretistische Lehre anerkennen weder die Sunniten noch die Schiiten. Bis in die jüngste Zeit sind die Alevi Opfer von Pogromen.[23]

Eine aufsehenerregende Artikelserie von Prof. Dr. Fuat Bozkurt, der 1982 eine Textsammlung alevitischer heiliger Texte, „Buyruk" („Das Gebot"), herausgegeben hatte, begonnen in der „Sabah" (22. 1.–9. 2. 1990) und fortgesetzt in der „Cumhuriyet" (6.–21. 5. 1990),[24] brachte die Alevi erstmals einer breiten Öffentlichkeit ins Bewußtsein. Seitdem ist eine Fülle von Selbstdarstellungen erschienen, um in einer Art von Selbstfindungsprozeß die fast nur mündlich überlieferte Religion und Kultur zu bewahren. Unbeschadet dessen halten die Alevi ihren esoterischen Glauben weitgehend verborgen.

Hatte das DİB bislang die Existenz der Alevi völlig negiert, so beschwört es neuerdings die Einheit des Islams in dem Sinne, daß sie auch die Alevi einschließe und ihnen sogar Positionen im DİB eröffne, sofern sie nur die staatliche (sunnitische) Theologenausbildung durchlaufen. Die Alevi selbst, ihrem Namen nach „Anhänger ʿAlīs", des Schwiegersohns des Propheten Muḥammad, den sie in besonderer Weise verehren, verteidigen bei jeder Gelegenheit ihre Zugehörigkeit zum Islam, auch wenn sie die fünf Säulen – außer dem schiitisch erweiterten Glaubensbekenntnis – als nur äußerliche Pflichterfüllung ablehnen, die *sharīʿa* als mit dem Eintritt in die Kultgemeinde überwunden betrachten und den „autonomen Menschen" ins Zentrum ihrer Lehre stellen.[25] Der Orden der *Bektaşi*, mit dem sie viele Glaubensinhalte teilen, gilt als „nationalistisch", ist heute aber politisch unauffällig.

Die Alevi, teilweise Kurden, haben damit begonnen, sich in Vereinen zu organisieren. Auf einer Delegiertenversammlung im Dezember 1994 in Ankara beschlossen sie, einen Zentralrat zu bilden, in dem ihre religiösen Führer, ihr Wissenschaftsrat sowie ihre Jugend- und Frauenorganisationen vertreten sein sollen. Er soll einen privaten Rundfunk- und Fernsehsender gründen und eine zentrale Zeitschrift herausgeben, um dem publizistischen Wildwuchs in den eigenen Reihen entgegenzuwirken, der gelegentlich allzu freimütig Widersprüche zum orthodoxen Islam aufdeckt. Die Alevi verweisen auf ihren großen Beitrag zur türkischen Kultur, vor allem in Dichtung und Musik, und fordern nachdrücklich ihre Anerkennung als gleichberechtigte Staatsbürger und Steuerzahler ein. Insbesondere verlangen sie:
- das ausdrückliche Zugeständnis von Meinungs- und Glaubensfreiheit;
- eine eigene Abteilung im DİB und Mitsprache in allen anderen Abteilungen;
- eigenen Religionsunterricht oder wenigstens Berücksichtigung der alevitischen Lehre in dessen Rahmen;
- die Errichtung von *cemevleri*, für sie charakteristischen kultischen Gemeinschaftshäusern, statt weiterer Moscheebauten in ihren Dörfern;

- Beendigung des *sünnileştirme*, des „Zu-Sunniten-Machens";
- die Rücknahme gegen sie gerichteter Verleumdungen und
- eigene Rundfunk- und Fernsehzeiten.

Die Alevi sind Verfechter der laizistischen Staatsform. Ihre politische Heimat sind linke Parteien. Besonders attraktiv dürfte für sie die im Dezember 1994 gegründete *Partei der Neuen Demokratie-Bewegung (Yeni Demokrat Hareketi Partisi, YDH)* des Industriellen Cem Boyner sein, die eine klare Trennung von Staat und Religion, die Auflösung des DİB sowie die Abschaffung des Pflicht-Religionsunterrichts verlangt.

f) Ausblick

Islam und Laizismus stehen heute im Zentrum einer breitgefächerten, lebhaften Diskussion, die alle ideologischen Richtungen einschließt. Nur noch wenige halten kritiklos an dem alten Atatürk-Konzept fest. Die Türkei hat sich weiterentwickelt und sucht nach einem neuen demokratischen Modell, innerhalb dessen dem Islam ein je nach Position unterschiedlicher Stellenwert zukommt.

Diejenigen, die eine Wiedereinführung der *sharīʿa* anstreben, sind zwar noch weit von ihrem Ziel entfernt, gewinnen jedoch ständig an Boden. Das Justizministerium prüft in einem 1994 eigens einberufenen Ausschuß, ob die gegenwärtig wirksam werdenden Demokratisierungsbemühungen nicht bereits ausufern und ob zum Schutze des Säkularstaates die relative Versammlungs-, Gedanken- und Meinungsfreiheit wieder eingeschränkt werden sollte. Das freie Spiel der Kräfte birgt politischen Zündstoff und könnte eskalieren.

Die Türkei ist zwar ein islamischer Nationalstaat, bleibt aber von ihren Institutionen her betrachtet weiterhin eine säkulare Republik. Für die Zukunft ist vor allem wichtig, ob die Wirtschaftskrise bewältigt wird. Die lange demokratische Tradition der türkischen Republik hat jedenfalls sichere Gleise geschaffen, auf denen die meisten Türken als national gesinnte gute Muslime weiterzufahren wünschen.

3. Iran

(Udo Steinbach)

a) Der historische Hintergrund

Mit dem Zusammenbruch des Sassaniden-Reiches (642 n. Chr.) begann sich der Islam auf dem iranischen Hochland auszubreiten. Obwohl dieser Prozeß zunächst relativ langsam verlief, war im Hochmittelalter der Beitrag Irans zur Geschichte und Kulturgeschichte des Islams groß, teilweise sogar bestimmend.

Ein einschneidendes Ereignis in der Geschichte Irans ist die Einführung der Zwölferschia[1] als Staatsreligion durch den Begründer der Dynastie der

Safawiden, Schah Ismāʿīl I. (reg. 1501–1524). Ismāʿīl entstammte einer Familie, die seit etwa 200 Jahren einem mystischen (zunächst sunnitischen) Orden vorstand, der nach seinem Gründer, Scheich (arab. *shaikh*) Ṣafī ad-Dīn (gest. 1334) benannt war und seinen Stammsitz in Ardabil, im Nordwesten Irans, hatte.

Das iranische Hochland ist bis ins 15. Jahrhundert ein mehrheitlich sunnitischer Raum gewesen. Auch die Hinwendung des safawidischen Ordens zur Schia dürfte erst im Verlaufe des 15. Jahrhunderts erfolgt sein. Wenn auch bei Ismāʿīls Tod (1524) nur ein Teil der Bevölkerung schiitisch geworden war (heute sind etwa 85% der Bevölkerung schiitisch), so haben seine religionspolitischen Maßnahmen doch die Geschichte des Landes in mehrfacher Weise bestimmt:

– Die schiitische Grundorientierung des Staates wurde ein wichtiger Faktor für die Entstehung eines iranischen Nationalgefühls sowie für die Politik Irans gegenüber seinen Nachbarn. Seit dem 16. Jahrhundert begann das Land religiös wie politisch eine eigenständige Rolle zu spielen.[2] So widerstand Iran der Expansion des Osmanischen Reiches und dem Zugriff der Kolonialmächte, namentlich Englands und Rußlands, entzog es sich zumindest insofern erfolgreich, als es nicht der direkten Herrschaft und Verwaltung durch diese ausgesetzt war. Insgesamt wird in der iranischen Politik ein Selbstverständnis sichtbar, in dem das Gefühl der „Einzigartigkeit" ein bestimmendes Element ist; auch in den siebziger Jahren fand es sich in der Politik Muḥammad Reżā (Riżā) Pahlawīs wieder und ist schließlich in der Politik des Regimes der „Islamischen Republik Iran" zutage getreten.
– In Iran ist die Schia (arab. *shīʿa*) zum einzigen Mal in Neuzeit und Gegenwart zur bestimmenden religiösen und religionspolitischen Kraft in einem islamischen Staatswesen geworden. Daraus haben sich im Vergleich zu sunnitischen Ländern andersgeartete Beziehungen zwischen dem Islam und den jeweiligen politischen Gegebenheiten herausgebildet. Ausgangspunkt war dabei die Tatsache, daß die schiitischen Theologen im Prinzip die Ausübung weltlicher Macht durch jeden, der nicht die für die Schia kennzeichnende Legitimität besaß,[3] nur bedingt anerkennen konnten oder für unrechtmäßig erachten mußten. Dies sowie die Tatsache, daß den schiitischen Theologen ein herausragender gesellschaftlicher Rang sowie ein hohes Maß an wirtschaftlicher Unabhängigkeit eingeräumt war, bildete von vornherein den Rahmen einer konfliktträchtigen Konstellation. Die Beziehungen zwischen der Geistlichkeit und dem jeweiligen Regime haben seit den Tagen jener Theologen, die die Safawiden – zu einem erheblichen Teil aus arabischen Ländern – ins Land holten, um in Iran die theologischen Grundlagen für die Verbreitung der orthodox-zwölferschiitischen Lehre zu legen, und Āyatullāh (arab. *āyat allāh*) Khumainīs (Khomeini) Konflikt mit Schah Muḥammad Reżā Pahlawī mannigfache Stadien durchlaufen: Sie reichen von religiös-politischer Hilfestellung für die jeweiligen Regime über Proteste gegen die Einmischung auswärtiger Mächte und allzu enge Beziehungen zum –

insbesondere westlichen – Ausland bis zum offenen Widerstand gegen ein „korruptes System“, der mit Khumainī seinen bislang militantesten Wortführer gefunden hat. Eine theologisch oder politisch geschlossene Haltung gegenüber weltlicher Macht in ihrer jeweils konkreten Erscheinungsform haben iranisch-schiitische Theologen nur in wenigen Phasen der Geschichte eingenommen.

Die Revolution in Iran, die 1977 als ein eher sozialer und politischer Protest begann und im Laufe des Jahres 1978 in eine „islamische Revolution“ überging, hat komplexe Ursachen.[4] Ihre eigentliche Durchschlagskraft aber erhielt sie dadurch, daß sich die Geistlichkeit schließlich an ihre Spitze setzte und – angeführt durch den zunächst im irakischen Nadschaf, ab Oktober 1978 dann in Paris lebenden Āyatullāh Rūḥullāh al-Mūsawī al-Khumainī (1902–1989)[5] – ihre Möglichkeiten zur Mobilisierung der Massen, namentlich der Unterschichten, nutzte. Der Protest der Geistlichkeit entzündete sich an dem Versuch des Schahs, ihren Einfluß zurückzudrängen und den Modernisierungsprozeß auf dem Fundament der Trennung von Staat und Religion zu gründen. Die Faktoren, die den Protest auslösten, die Art der Massenmobilisierung, die Beziehungen der Geistlichkeit zu den Führern der nichtreligiösen Opposition sowie schließlich das Dilemma der Geistlichkeit nach der erfolgreichen Revolution sind signifikant für die politische und gesellschaftliche Rolle des Klerus, die sich bereits im 19. Jahrhundert ausgebildet hat.

b) Die Rolle des Klerus im 19. und 20. Jahrhundert

Die Komplexität der Beziehungen zwischen schiitischer Geistlichkeit und weltlicher Gewalt in Iran ist erst im Verlaufe des 19. Jahrhunderts deutlich geworden, nachdem es den Safawiden (sie herrschten bis 1722) gelungen war, den Konflikt mit den Theologen durch eine Reihe von Maßnahmen zu vermeiden. Zwei Elemente sind es, die die Geistlichkeit zum mehr und mehr offenen Widerstand gegen die Dynastie der Kadscharen (1779–1924) aufgebracht haben: die wachsende Einmischung Rußlands und Englands in die iranische Politik – vornehmlich auch der Versuch, die Wirtschaft des Landes unter Kontrolle zu bekommen – auf der einen und die autokratische Machtausübung der Kadscharen auf der anderen Seite. Die Opposition ging in eine Volkserhebung über, als die persische Regierung einem britischen Staatsbürger für Anbau, Vertrieb und Export von Tabak ein vollständiges Monopol einräumte (1890). Auf dem Höhepunkt der Protestbewegung, die einen immer breiteren Teil der städtischen Bevölkerung ergriff, erließ Āyatullāh Ḥasan ash-Shīrāzī 1891 sein berühmtes *fatwā* gegen den Genuß von Tabak, und die Regierung sah sich schließlich gezwungen, die Konzession zurückzunehmen.[6]

Der Tabak-Protest kann als Vorspiel zu der noch folgenschwereren Protestbewegung angesehen werden, die zur Einführung einer Verfassung führte (1906/07). Während sich die Unruhe vornehmlich an der Einmischung von Ausländern in die Wirtschaft und Finanzen des Landes entzündete, nahmen die Forderungen im Laufe der eskalierenden Proteste immer radikalere Formen an und gipfelten schließlich in der Forderung nach Einführung eines Parlaments sowie einer Verfassung. Unter dem Druck der Ereignisse war der Schah gezwungen, dieser nachzugeben (1906).[7]

Die Entwicklungen zwischen 1890 und 1911, dem Ende der konstitutionellen Ära, sind durch ein enges Bündnis der Geistlichkeit (bzw. eines Teils derselben) mit liberal und nationalistisch eingestellten Kreisen des städtischen Bürgertums sowie mit dem Basar *(bāzār)* gekennzeichnet. Dieses Bündnis gründete sich auf eine Reihe gemeinsamer Interessen gegenüber dem Regime, wobei die Teilnahme der Geistlichkeit jener Protestbewegung zu einer Mobilisierung breiterer Massen verhalf. Die Gemeinsamkeit der Interessen des „bürgerlichen" und geistlichen Lagers lag in der Abwehr des ständig wachsenden Einflusses des Westens, der angesichts der Schwäche des Regimes unaufhaltsam zu sein schien. Da viele der Mollas *(mullā)* aus bürgerlichen und kleinbürgerlichen Familien stammten und enge Verbindungen zu den städtischen Basaren und Gilden unterhielten, konnten sie zu Wortführern der städtischen Bevölkerung werden, die sich durch den Westen namentlich auf den Gebieten des Handels und Bankensektors in ihrer Stellung bedroht fühlte. Darüber hinaus traten – wenn auch aus unterschiedlichen Gründen – der städtische Mittelstand ebenso wie die Mehrheit der Geistlichkeit für eine Beschränkung der absolutistischen Befugnisse der Kadscharen-Herrscher ein.

Andererseits freilich ist die Allianz nur bedingt tragfähig gewesen, da sich jenseits dieser Gemeinsamkeiten Unterschiede hinsichtlich der Modernisierung des Landes aufgetan haben. So ist die Teilnahme der *ʿulamāʾ* an der Protestbewegung gegen das kadscharische Regime zumindest mitbestimmt durch die Furcht um Privilegien (etwa im Bereich des Erziehungswesens), die sie von den zaghaften Reformversuchen der letzten Jahrzehnte des 19. Jahrhunderts bedroht sahen. Mit dem Sieg in der Verfassungsbewegung tat sich dann für sie ein Dilemma auf: Auf der einen Seite war ihr weltanschaulicher Ausgangspunkt, daß nämlich das Volk eigenständiger Träger von Souveränität ist, für sie unakzeptabel. (Nach schiitischen Vorstellungen kann Souveränität nur vom Propheten oder von den Imamen delegiert werden.) Dem stand die Überzeugung gegenüber, daß die Willkürherrschaft der Kadscharen nur durch eine Verfassung, die deren Herrschaft von der Zustimmung durch das Volk abhängig machen würde, begrenzt werden könne.[8] Das Ergebnis war ein Verfassungskompromiß, der die Stärke der Geistlichkeit in der Bewegung deutlich reflektiert. In Artikel 1 der Ergänzung zur Verfassung (7. Oktober 1907) wird festgestellt, daß die Zwölferschia die Staatsreligion ist. Artikel 2 sieht die Schaffung eines Gremiums aus mindestens fünf Geistlichen vor, das die vom Parlament erlassenen Gesetze auf ihre Übereinstimmung mit islamischen Prinzipien zu untersuchen habe.

Die politische Rolle der ʿulamāʾ in Iran im 20. Jahrhundert erhielt in der Verfassung von 1906/07 eine staatsrechtliche Verankerung. Darüber hinaus stärkte die Wahl von Geistlichen in die ersten Parlamente die Stellung der religiösen Führer als Vertreter des Volkes – ein Anspruch, den sie in der

Geschichte vom religiösen Standpunkt aus ohnehin hegten. Die weitere Gesetzgebung, wie etwa die späteren Wahlgesetze, besiegelte den Prozeß, indem den ʿulamāʾ rechtliche Anerkennung als eine der „Schichten" *(ṭabaqāt)* der Gesellschaft zuteil wurde.

Ein dritter Abschnitt in der neueren iranischen Geschichte, in dem die Rolle der Geistlichkeit hervortritt, ist die Phase zwischen der Absetzung der Kadscharen und der Selbsternennung Ministerpräsident Reżā Khāns zum Schah, d. h. der Übergang von der Kadscharen- zur Pahlawī-Dynastie (Oktober 1923 – Dezember 1925). Es ist offensichtlich, daß der damalige Ministerpräsident Reżā Khān, beeindruckt von den Vorgängen in der benachbarten Türkei (Ausrufung der Republik, Oktober 1923) mit dem Gedanken spielte, dem türkischen Beispiel zu folgen. Die große Mehrheit der hohen Geistlichkeit verfolgte diese Tendenzen mit wachsendem Mißtrauen und Unmut und trat offen für die Erhaltung der Monarchie ein. Seit 1924 hörte Reżā Khān auf, die republikanische Idee weiter zu verfolgen. Vielmehr suchte er die Allianz mit der Geistlichkeit – nunmehr mit dem Ziel, eine Legitimation für seine eigene Machtübernahme zu erhalten.

Die Monarchie erschien der Mehrheit der Geistlichen als die für Iran „geeignetste" Staatsform. Die Ansicht, daß es einen Zusammenhang zwischen der republikanischen Staatsform und dem Eindringen westlicher Ideen gebe, mag sie zu dieser Haltung bestimmt haben. Die Unsicherheit darüber, was die Einführung der Demokratie für die Zukunft des Islams in Iran bedeuten könnte, dürfte – trotz des im Prinzip gegebenen Vorbehalts gegen weltlich-monarchische Machtausübung überhaupt – einer nüchternen Abwägung der Vor- und Nachteile der einen oder anderen Staatsform im Wege gestanden haben. Tatsächlich ging die Rechnung Reżā Khāns auf. Denn als er 1925 als neuer Schah den Thron bestieg, war es nur eine Minderheit der Geistlichkeit, die dagegen opponierte.[9]

Seither ist der tatsächliche Einfluß der Geistlichkeit in der Politik von unterschiedlicher Intensität gewesen. Die guten Beziehungen zwischen Reżā Khān (nun: Reżā Shāh) und der Geistlichkeit waren allerdings nicht von langer Dauer. Die vom Beispiel Kemal Atatürks inspirierten Modernisierungsbemühungen des neuen Herrschers mußten schnell auf Widerstand der ʿulamāʾ stoßen. Die Reformen im Erziehungswesen, die Ausweitung der Entscheidungsbefugnis des Staates über die Suspendierung von Theologen vom Militärdienst, die weitere Zurückdrängung der Geltung des religiösen Rechts, die Verstärkung der Kontrolle über die religiösen Schulen, die Einführung westlicher Kleidung und das Verbot des Schleiertragens, die Ausdehnung der Kontrolle seitens der Behörden für religiöse Stiftungen, die Einrichtung der theologischen Fakultät als eine der vier Gründungsfakultäten der säkular orientierten Universität Teheran sind die wichtigsten Elemente, die dabei eine Rolle gespielt haben. Hinzu kommen die Mißachtung zahlreicher schiitischer Traditionen sowie Beeinträchtigungen bei der Ausübung religiöser Bräuche seitens des Regimes.

Mit der Abdankung Reżā Shāhs (1941) begannen die Geistlichen – nicht zuletzt durch die ins Leben tretenden Parteien –, aktiv am politischen

Geschehen teilzunehmen. Namentlich mit der *Nationalen Front* unter Muṣaddiq (Mossadegh) arbeiteten einige führende Geistliche zeitweilig eng zusammen.[10]

Die beginnenden sechziger Jahre sahen dann eine Verstärkung der Konfrontation zwischen dem Schah und der Geistlichkeit. Ursache war zum einen die beginnende Landreform, hinter der die Geistlichkeit nicht nur den Versuch des Regimes sah, seine Macht zu stärken, sondern von der sie auch fürchten mußte, daß sie ihre finanzielle Unabhängigkeit weiter unterminieren würde.[11] Zum anderen war mit den Bemühungen des Schahs, die gesellschaftliche und rechtliche Stellung der Frau zu verbessern, namentlich mit der Einführung des aktiven und passiven Wahlrechts der Frau (1962), ein Punkt berührt, der für die Geistlichkeit von besonderer Empfindlichkeit war, da in diesem Bereich die Geltung des islamischen Rechts im großen und ganzen noch fortbestand. (Das „Gesetz zum Schutz der Familie" (1967), das die Scheidung für Männer erschwerte und sie für Frauen erleichterte, Frauen die Möglichkeit gab, das Sorgerecht für Kinder auszuüben, und ganz generell die ungleiche Behandlung der Geschlechter vor dem Gesetz verringerte, war ein weiterer Schritt in diese Richtung.) 1963 fanden in Teheran, Schiras und anderen Städten Unruhen statt, an denen die Geistlichkeit nicht nur einen aktiven Anteil hatte, sondern in deren Zusammenhang auch der Name Āyatullāh Khumainīs, als des radikalen Wortführers des auf eine größere politische Rolle drängenden Flügels der Geistlichkeit, in Erscheinung getreten ist.[12] Mit der Niederschlagung dieser Unruhen 1963 (Khumainī wird 1964 ins Exil geschickt; er geht zuerst in die Türkei, später nach Nadschaf) und voranschreitender Bürokratisierung des Regimes, verbunden mit wirtschaftlicher und politischer Konsolidierung in der zweiten Hälfte der sechziger und der ersten Hälfte der siebziger Jahre, hörte die Geistlichkeit auf, eine an der Oberfläche sichtbare politische Rolle zu spielen. Unter der Oberfläche freilich verstärkte angesichts der wachsenden Despotie, der Korruption sowie des verstärkten Einflusses des Auslands (vor allem in den siebziger Jahren) ein Teil der Geistlichkeit seine Bemühungen, für ihre politische Rolle in der Gesellschaft eine neue theologisch-politische Rechtfertigung zu suchen.[13] Khumainī selbst, der im Exil in Nadschaf über noch größere Unabhängigkeit verfügte als seine Kollegen in Iran, hat dort seine radikale Konzeption von der *wilāyat-i faqīh* (Herrschaft des anerkannten Gottesgelehrten) erstmals um das Jahr 1970 öffentlich vorgetragen.[14]

c) Grundlagen geistlicher Macht

Das Ansehen der schiitischen Geistlichkeit in der iranischen Gesellschaft beruht auf ihren verschiedenen Funktionen im Rahmen des privaten und öffentlichen Lebens der Gemeinde. Aufbauend auf ihrer Autorität als „Quellen der Nachahmung" sind diese etwa: die Verwaltung ihnen zur Obhut anvertrauter Vermögensmittel; die Überwachung der Angelegenheiten sozial Schwacher wie etwa Witwen und Waisen; das Sammeln und

Verwalten von Almosen; die Beglaubigung von Dokumenten; die Zuteilung der Mittel an religiöse Einrichtungen (Moscheen, religiöse Schulen [arab. sing. *madrasa*], Stipendiaten etc.) aus Einkünften verschiedener Art sowie die Wahrnehmung zahlreicher Funktionen verwaltungsmäßiger Natur. Eine zentrale Aufgabe war selbstverständlich die Überwachung des islamischen Gesetzes. Jeder Versuch, dessen Geltungsbereich einzuschränken bzw. durch vom Staat geschaffenes weltliches Recht zu ersetzen, ja allein der Versuch, ein auf positivem Recht basierendes „Grund"-Gesetz, also eine Verfassung einzuführen, mußte deshalb auf Mißtrauen, ja offene Ablehnung seitens der Geistlichkeit stoßen.

Tatsächlich reduzierte der Staat die Einflußsphäre, die die religiösen Führer für sich beanspruchten, kontinuierlich. Seit 1897 kam es zur Gründung einer wachsenden Zahl staatlicher Schulen; durch Gesetze von 1907 und 1911 wurden alle Schulen, auch die religiösen, dem Erziehungsministerium unterstellt. Seit 1926 wurde der Zuständigkeitsbereich der religiösen Gerichte mehr und mehr eingeengt. 1932 wurden die lukrativen notariellen Funktionen säkularisiert. (Lediglich Heiratsregistrierungen konnten von Geistlichen, wenn auch unter staatlicher Aufsicht, vorgenommen werden.) Von 1934 an wurde die staatliche Kontrolle der religiösen Stiftungen und ihres Vermögens zunehmend verstärkt.

Gleichwohl ist es dem Staat nur bedingt gelungen, in das religiöse Leben einzugreifen. Zum einen blieb die klassische Tradition der religiösen Erziehung weitgehend unverändert. Ort theologischer Lehre war die madrasa, die bereits im frühen Mittelalter Zentrum islamischen Lehrbetriebs gewesen war und die in Iran unter den Safawiden einen Aufschwung erhalten hatte. Wenn auch die Curricula unter der Pahlawī-Dynastie staatlicher Aufsicht unterstanden, so lebten doch deren Inhalt und vor allem der Stil des Unterrichts, die sich seit Jahrhunderten kaum verändert hatten, in ihrer klassischen Form fort. Der einfache Dorfgeistliche *(ākhūnd)* empfing hier ebenso seine Bildung wie der *mujtahid* (zum *ijtihād* berechtigter Theologe). Die Kontrolle des Staates über die Substanz des Unterrichts, vor allem auch im Hinblick auf oppositionelle religiös-politische Propaganda, blieb weitgehend ineffektiv.[15]

Der zweite Faktor, der in Bezug auf die Stellung der Geistlichkeit einen bis in die Gegenwart bestimmenden Einfluß hatte, ist die Verfügung über ein verhältnismäßig großes Vermögen und damit ein hohes Maß an finanzieller Unabhängigkeit von weltlichen Autoritäten.[16] Die wichtigsten Einkommensquellen waren: (a) Bezüge aus jenen juristischen und klerikalen Akten und Tätigkeiten, die oben genannt worden sind; (b) Vermögen aus religiösen Stiftungen und (c) religiöse Steuern *(khums)*. Zwar sind im Zuge der gesetzlichen Maßnahmen, die die Rolle der Geistlichkeit kontinuierlich eingeengt haben, auch die Einkünfte zurückgegangen. Gleichwohl ist das Vermögen des Klerus auch im Iran der Pahlawī noch erheblich gewesen und hat ihn instand gesetzt, seine vielfältigen öffentlichen Aufgaben zu erfüllen. Hinzu kommt, daß eine Reihe führender Geistlicher auch aus eigenen Handelsaktivitäten ein bisweilen nicht unerhebliches Zubrot verdient hat.

Schließlich haben private Spenden, namentlich seitens des Basars, zum Vermögen der führenden Geistlichkeit beigetragen. Nicht zuletzt ihre wirtschaftlichen Interessen hat die Geistlichkeit in den Protestbewegungen des 19. und 20. Jahrhunderts wiederholt in eine Allianz mit den Großgrundbesitzern und dem Basar gebracht. Die Protestbewegung von 1960–1963, die gegen die Einleitung einer Bodenreform und die Durchführung der „Weißen Revolution" gerichtet war, sah eine Allianz der Geistlichkeit mit dem Großgrundbesitz. Und zu Beginn der Revolution in Iran (1977/78) haben Geistlichkeit und Basar – wenn auch letztlich aus unterschiedlichen Motiven – gegen das Regime zusammengestanden.

Das heutige Zentrum des schiitischen Iran ist Qum. Die Bedeutung der Stadt ist eng verbunden mit der Geschichte der Schia in Iran. In ihr ist die Schwester des achten Imams (ʿAlī ar-Riżā), Fāṭima (genannt Ḥażrat-i Maʿṣūma), begraben. Unter den Safawiden nahm die Entwicklung der Stadt einen weiteren Aufschwung. Mit ihren zahlreichen Moscheen und Medresen, ihren Bibliotheken und sozialen Einrichtungen hat die Stadt eine zentrale Stellung im religiösen Leben. Darüber hinaus hat sie im 19. und 20. Jahrhundert auch als Keimzelle von Spannungen zwischen der Geistlichkeit und den weltlichen Regimen große Bedeutung gehabt.[17]

Die Beziehungen zwischen dem Klerus und dem Regime erhielten auch durch die Tatsache einen besonderen Akzent, daß die heiligsten Stätten der Schia insgesamt, die Städte Nadschaf und Kerbela mit ihren Schreinen des ersten (ʿAlī) und dritten Imams (Ḥusain), außerhalb der iranischen Landesgrenzen liegen. So konnten die iranischen Herrscher nicht nur mißliebige Geistliche abschieben; vielmehr haben oppositionelle geistliche Führer auch vom Ausland her (so etwa während der Verfassungsrevolution vor dem Ersten Weltkrieg) gegen das jeweilige iranische Regime agitieren können. Khumainī ist im irakischen Nadschaf um 1970 mit seinem Konzept der *wilāyat-i faqīh* an die Öffentlichkeit getreten. Sicher war es nur im Exil möglich, eine Form religiöser Herrschaft zu fordern, die den Sturz der bestehenden Dynastie implizierte. Auch die unter den führenden Theologen bestehenden diesbezüglichen Meinungsunterschiede mögen in der Verschiedenheit der Ausgangslage eines Āyatullāh im Exil, der sich Radikalität leisten konnte, auf der einen und eines Geistlichen, der in Iran Kompromisse mit dem Regime machen mußte, auf der anderen Seite zusammenhängen.

d) Der Islam in der Islamischen Republik Iran

Schah Muḥammad Reżā Pahlawī ließ zu Anfang der siebziger Jahre keinen Zweifel daran, daß sein Bestreben dahin gehe, Religion und Politik zu trennen.[18] Wenn er auch keinen direkten Affront mit der Geistlichkeit wagte (vielmehr hat er durch gelegentliche Besuche von Moscheen, namentlich des Heiligtums in Meschhed, seinen Respekt vor der Religion bekunden wollen), so hat er doch alles darangesetzt, um den Einfluß der Geistlichkeit auf allen Gebieten von öffentlichem Interesse auszuschalten. Zwei Elemente seiner Politik sind in diesem Zusammenhang von besonderem Gewicht:

- Der sich seit dem Beginn der siebziger Jahre beschleunigende Prozeß wirtschaftlicher Entwicklung und sozialer Wandlung zielte auch darauf ab, der Religion als einem wesentlichen gesellschaftlichen Faktor die Grundlage zu entziehen. Die Ausrichtung der Energien der Iraner auf den Entwicklungsprozeß schien geeignet, die durch den Islam geprägten Traditionen vergessen zu machen. Die Alternative dazu schien eine Gesellschaft zu sein, deren Grundlagen durch westliche Werte, Normen und Zielsetzungen (wirtschaftlicher Fortschritt, außenpolitische Geltung im westlichen Lager, Schaffung einer auf der Grundlage von Wissenschaft und Technik beruhenden Kultur) bestimmt waren.
- Die Rückorientierung auf die vorislamische Zeit, namentlich der Achämeniden und Sassaniden, sollte den Islam als dominierendes Element der Identifikation des Iraners zurückdrängen. Dieser Rückgriff, den bereits Reżā Shāh getan hatte, als er den Beinamen „Pahlawī" annahm, sollte den eingeleiteten Entwicklungsprozeß durch die Anspielung auf die Größe der Geschichte rechtfertigen, die Führerrolle des Schahs in diesem Prozeß legitimieren und damit letztlich den Islam als Relikt einer Episode in der iranischen Geschichte und als Entwicklungshindernis erscheinen lassen. Daß damit den Vertretern der islamischen Gelehrsamkeit ihr Rang im politisch-gesellschaftlichen Gefüge streitig gemacht wurde, versteht sich von selbst.

Dieser Prozeß ist von einer Reihe von Symbolen begleitet gewesen: Die Krönung zum Schah (1967), die Feierlichkeiten zum 2500jährigen Jubiläum der Gründung der persischen Monarchie (1971) und die Einführung eines Kalenders, der sich auf dieses Datum bezog, sind in diesem Zusammenhang ebenso aussagekräftig wie die vollmundigen Erklärungen des Herrschers über Irans Stellung in der Welt, sein Auftreten bei internationalen Konferenzen und seine Rolle bei der Explosion der Ölpreise Anfang der siebziger Jahre.[19]

Die Revolution in Iran hat mit diesen Entwicklungen zunächst nur indirekt zu tun. Der Anteil der Geistlichkeit, namentlich Khumainīs, wuchs erst im Verlaufe des Jahres 1978 kontinuierlich. Erst mit dem Massaker auf dem Jāleh-Platz („Schwarzer Freitag", 8. September 1978) war eine Schwelle überschritten worden. Jetzt begannen diejenigen die Führung der Revolution zu übernehmen, die den völligen Sturz der Monarchie anstrebten. Khumainīs Konzept der „Islamischen Republik", dessen Inhalt den meisten der unterschiedlichen oppositionellen Gruppen unbekannt war, wurde immer mehr zum Kristallisationspunkt der vagen Vorstellungen von der neuen, nach dem Sturz des Schahs aufzubauenden Ordnung.[20]

Es ist letzten Endes die Geistlichkeit gewesen, die mit der Mobilisierung der Massen, namentlich der Unterschichten und des Subproletariats, den entscheidenden Stoß gegen den Schah geführt hat. Nachdem es keine legale politische Opposition mehr gab, die sich auf parlamentarischem oder außerparlamentarischem Wege hätte ausdrücken können, waren die Kanzeln ein Forum, über das zunächst Protest und Widerstand gegen das

Regime wachgehalten und zum gegebenen Zeitpunkt auch die Massen – trotz der Verbote der Regierung – auf die Straße gebracht werden konnten.

Die Geistlichkeit bediente sich dabei ihrer eigenen Sprache, die der allgegenwärtigen Geheimpolizei keine Handhabe bot einzuschreiten. Die religiöse Symbolik, die jeder Gläubige verstand, spielte auf die politischen Mißstände an, ohne sie direkt beim Namen zu nennen. Die Umsetzung in eine politische Sprache geschah dann im Herzen und im Verstand eines jeden der Anwesenden. Während die Regierung alle anderen Kanäle der Nachrichtenübermittlung im Zusammenhang mit der politischen Auflehnung kontrollieren und gegebenenfalls unterbrechen konnte, blieb die Moschee eine Kommunikationsebene, derer sich ein Khumainī bedienen konnte, auch wenn er sich in Nadschaf oder schließlich in Paris aufhielt.

Die Resonanz der Geistlichkeit war naturgemäß am nachhaltigsten, wo einerseits die sozialen Mißstände am krassesten waren und andererseits die Kommunikation zwischen ihr und den Gläubigen ungebrochen war. Zwar hatten sich in breiten Kreisen des Mittelstandes Mißstimmung und Protest gegen die autokratische Herrschaft des Schahs und gegen die wirtschaftlichen Fehlentwicklungen angestaut, doch hatten sich in ihnen zugleich auch die Beziehungen zur Religion gelockert; ihre säkularistische Grundhaltung sowie ihre politischen Leitvorstellungen waren das Resultat eines nahezu einhundertjährigen Prozesses der Verwestlichung.[21]

Demgegenüber sind die von den Geistlichen mobilisierten Massen aus jenen Teilen der iranischen Großstädte, insbesondere Teherans, gekommen, in denen die Lebensumstände der Menschen miserabel waren (und sind). Hier lebten in Slumvierteln nicht zuletzt diejenigen, die aus wirtschaftlichen Gründen vom Land abgewandert waren, um in der Stadt eine Beschäftigung zu finden. Ihrem traditionellen sozialen Rahmen entrissen und verelendet, wurde für sie die Religion verstärkt zu einer Zuflucht und Hoffnung. Der *mullā* sprach ihre Sprache, vergleichbar jenen christlichen Priestern in den Arbeitervierteln der Großstädte namentlich Südeuropas oder Lateinamerikas. Nicht zufällig hat die Verbesserung der Lage der „Unterdrückten" *(mustażʿafīn)* im Zentrum der sozialpolitischen Propaganda der geistlichen Opposition gestanden.[22]

Der Sturz des Schahs (16. Januar 1979), die Rückkehr Khumainīs nach Iran (1. Februar 1979), der Rücktritt Shāpūr Bakhtiyārs, des letzten Ministerpräsidenten der Pahlawī-Dynastie (12. Februar 1979), und das Referendum über die Islamische Republik (30. März 1979) waren keineswegs Etappen auf dem direkten Marsch Irans von der Monarchie in eine festumrissene, vom Islam eindeutig bestimmte Struktur eines neuen Staatswesens. Khumainī hatte bereits 1979 deutlich gemacht, daß es sich bei der Islamischen Republik nicht um eine Demokratie westlichen Musters handeln würde. So standen zunächst zwei Ebenen staatlicher Autorität nebeneinander: die formelle Ebene, die durch die Einsetzung Mihdī Bāzārgāns als Ministerpräsident repräsentiert war, auf der einen und die informelle Ebene des im Hintergrund agierenden Revolutionsrates, der Komitees und der revolutionären Gerichte auf der anderen Seite. Die eigentliche Autorität aber war Khumainī, der mit seinem Charisma alle Entscheidungen der Regierung zunichte machen konnte. Sowohl die Einrichtung einer unabhängigen Exekutive, die mit dem Amt des Ministerpräsidenten zunächst geschaffen war, als auch die weltanschaulich-politische Orientierung, die mit der Person Bāzārgāns als eines liberalen, national-iranischen und zugleich betont islamisch orientierten Mannes angezeigt war, hatten sich Ende 1979 durch die inneren Entwicklungen in Iran bereits überlebt.[23]

Ein entscheidender Schritt in Richtung auf die Islamisierung des politischen Systems war die Wahl einer „Expertenversammlung", die damit beauftragt war, die Verfassung der Islamischen Republik auszuarbeiten (August 1979).[24] Von den 73 Mitgliedern waren 55 Geistliche (die Masse von ihnen Mitglieder der *Islamisch-Republikanischen Partei, IRP*) oder standen der Geistlichkeit nahe. Die Diskussionen, die sich von August bis November 1979 hinzogen und im Detail in der damals noch weitgehend freien Presse übertragen wurden, spiegeln die Positionen der wichtigsten politischen Gruppen wider, die Einfluß auf die Gestaltung des künftigen politischen Systems zu nehmen suchten. Die Pole des breit gefächerten Spektrums waren auf der einen Seite die Säkularisten und auf der anderen Seite diejenigen, die für eine „islamische Ordnung" eintraten, welche auf dem Prinzip der „Herrschaft des anerkannten Gottesgelehrten" *(wilāyat-i faqīh)* beruhen würde. In den Abstimmungen über die einzelnen Verfassungsgrundsätze traten der überwältigenden Mehrheit des religiösen Lagers jeweils kaum mehr als zehn Gegenstimmen entgegen. Als die treibende Kraft bei der Islamisierung der Verfassungsdiskussion erwies sich mehr und mehr Muḥammad Bihishtī, der zugleich den Aufbau der IRP zur stärksten politischen Kraft in Teheran betrieb.

Die Verfassung, die am 2.12.1979 per Referendum angenommen wurde, spiegelt wesentliche Elemente des schiitischen Staats- und Herrschaftsverständnisses wider.[25] Ausdrücklich wird in Artikel 12 festgestellt, daß der zwölferschiitische Islam *(Jaʿfarī ithnā ʿasharī)* die offizielle Religion Irans ist. Zentrale Figur der politischen Ordnung ist der *faqīh*. Die Verfassung schreibt die beherrschende Rolle der Geistlichkeit über die Institutionen des Staates fest, verankert das islamische Recht als die Grundlage des Rechtswesens und schränkt Rechte und Freiheiten des Einzelnen auf das durch den Islam Erlaubte ein. Einem aus zwölf Geistlichen bestehenden *Wächterrat (Shūrā-yi nigahbān)* ist die Macht verliehen, gegen alle Gesetze des *majlis* Einspruch einzulegen, die gegen das islamische Gesetz oder Verfassungsgrundsätze verstoßen. Artikel 4 bestimmt, daß alle Gesetze und Grundsätze, die Zivil- und Strafsachen, Finanzen, Wirtschaft, Verwaltung, Kultur, Militär, Politik und anderes betreffen, auf islamischen Kriterien beruhen müssen.

Auf die Voraussetzungen zur Bekleidung des Amtes des faqīh wie auf seine Rechte und Befugnisse geht die Verfassung relativ detailliert ein.[26] Artikel 5 überträgt „in der Abwesenheit des Herrn der Zeit" *(walī-yi-ʿaṣr), Imām Mahdī*, die Führung der Gemeinde auf den „religiösen Führer, der gerecht, gottesfürchtig, mit Bewußtsein für die Probleme der Zeit, Mut und

Führungsqualitäten" ausgestattet ist und von der Mehrheit der Bevölkerung in seiner Führung anerkannt ist. Sollte ein solcher nicht gefunden werden, soll die Leitung der Gemeinde auf einen Führungsrat übergehen, der aus qualifizierten Experten des religiösen Rechts besteht. Artikel 107 bis 112 regeln die Wahl des faqīh bzw. der Mitglieder des Führungsrats. Der „Führer" hat weitreichende Befugnisse: Er bestimmt die Rechtsexperten des Wächterrats, die obersten Juristen der Judikative, den Generalstabschef der Armee, den Oberkommandierenden der Revolutionsgarden *(pāsdārān)*, die Mehrheit der Mitglieder des Obersten Verteidigungsrats und – auf dessen Empfehlung – die Oberkommandierenden der Teilstreitkräfte. Der faqīh billigt die Kandidaten für das Präsidentenamt und entläßt den Präsidenten, wenn dieser vom Parlament für inkompetent erklärt oder vom Obersten Gericht als seine Pflichten nicht erfüllend befunden wird.

Der Übergang von der de-facto-Alleinherrschaft des charismatischen Revolutionsführers Āyatullāh Khumainī zu seinen Nachfolgern, von denen keiner sei es den geistlichen Rang noch das politische Charisma hatte, machte eine Änderung der Verfassung erforderlich.[27] Eine entsprechende Kommission schloß ihre Beratungen am 28. Juli 1989 ab. Zusammen mit der Wahl des neuen Präsidenten der Republik am 28. Juli 1989 wurden die Änderungen einer Volksabstimmung vorgelegt und mit einer Mehrheit von 97,3% gutgeheißen.

Der wichtigste gemeinsame Nenner, auf den sich die Verfassungsänderungen von 1989 bringen lassen, war zunächst der, daß sich die vorhergehenden Regelungen als nicht oder nicht mehr durchführbar, zumindest aber als unpraktikabel erwiesen hatten. Die mit der Verfassungsänderung erfolgten Umgestaltungen waren vor allem pragmatische Reaktionen auf bisherige Erfahrungen und neue Situationen. Auf der einen Seite kam es zu einer Zentralisierung der Macht in führenden Instanzen. Dies kam am deutlichsten in der Zusammenlegung der Ämter des Präsidenten und des Ministerpräsidenten zum Ausdruck; nunmehr hält der Präsident die konzentrierte Macht der Exekutive in Händen. Mit Bezug auf den Führer kann ein Amtsnachfolger Khumainīs kaum noch die überragende Stellung, die diesem als „Islamischer Führer" zukam, einnehmen. Wichtig in diesem Zusammenhang ist die verfassungsmäßige Verankerung des *Rates zur Feststellung des Interesses des Systems (Majmaʿ-i tashkhīṣ-i maṣlaḥat-i niẓām).* Dieser war von Khumainī im Winter 1988 mit der Intention geschaffen worden, dann einzugreifen, wenn sich Parlament und Wächterrat bei einem Gesetzgebungsverfahren nicht einigen konnten. Nach der Verfassungsänderung ist er ein Organ, das den Islamischen Führer beraten und damit auch beeinflussen können soll. Über die Beratung hinaus kann der Islamische Führer dem Rat alle Probleme, die er für geeignet hält, zur Diskussion vorlegen.

Auch die Tatsache, daß der Führer kein *marjaʿ at-taqlīd* mehr zu sein braucht, stellt eine wichtige Veränderung im Gesamtgefüge des Verfassungssystem dar. Der Führer muß nicht mehr unbedingt jenes Maß an Ansehen und Popularität in der Bevölkerung haben, das die Anerkennung als „Quelle der Nachahmung" mit sich bringt und unter Umständen von entscheidendem politischen Gewicht sein kann. Die Position des Islamischen Führers ist also schwächer, die des Präsidenten der Republik dagegen stärker geworden. Die Bipolarität der verfassungsmäßigen Machtstrukturen tritt deutlich und scharf hervor. Das Funktionieren des Systems wird zu einem hohen Maße von der Art der – auch persönlichen – Beziehungen zwischen den beiden Polen abhängen.

Daß aus der Trennung von *wilāyat-i faqīh* und *marjaʿīya* für den „Führer" Probleme erwachsen könnten, mußte dieser erfahren, als er sich im Dezember 1994 darum bemühte, Nachfolger von Groß-Āyatullāh *(al-āyatullāh al-ʿuẓmā)* ʿAlī Arākī zu werden, durch dessen Tod am 31. November 1994 die marjaʿīya vakant geworden war. Āyatullāh Khāmina'īs Bewerbung löste eine lebhafte Kontroverse aus, deren Kern das Argument ausmachte, er lasse die notwendigen theologischen Qualifikationen für das Amt vermissen. Prominente Geistliche im Libanon und im Irak sprachen sich für Groß-Āyatullāh Sīstānī aus Nadschaf aus; in Iran selbst traten einige einflußreiche Āyatullāhs an die Seite Groß-Āyatullāh Muntaẓirīs, des Erzrivalen Khāmina'īs. Dieser war deshalb gut beraten, als er in einer Rede am 14. Dezember 1994 die Debatte erst einmal abbrach. Er zog seine Kandidatur für die marjaʿīya für die Schiiten innerhalb Irans zurück und hielt sie lediglich für die Schiiten außerhalb Irans aufrecht.

Entgegen frühen Prognosen, die der *mullā*-Herrschaft ein baldiges Ende voraussagten, hat sich diese doch durch die Jahre erheblich konsolidieren können und erweist sich auch heute (1994) – trotz erheblicher innerer (vornehmlich wirtschaftlicher) Probleme – als relativ gefestigt. Die Ursachen dafür sind zahlreich. Ein gewaltiger Propagandaapparat – mit dem „Ministerium für Rechtleitung" *(Wizārat-i irshād)* in seinem Zentrum – verbreitet islamische Grundsätze und Verhaltensweisen bis in den letzten Winkel des Landes (und vermittelt das Image der Islamischen Republik im Ausland). Die staatlichen (d. h. von der Geistlichkeit) kontrollierten Medien, die weitgehend (aber nicht vollständig) gleichgeschaltete Presse sowie eine Flut von Publikationen über den Islam (wie ihn die mullās verstehen), die Islamische Republik sowie die bedeutendsten geistlichen Führer (allen voran naturgemäß Khumainī) haben jahrelang für eine tiefgreifende Mobilisierung der Massen, namentlich der unteren Schichten, gesorgt. Ein zentrales Element der Mobilisierung durch die Regierung sind Freitagsgebet und -predigt sowie die Mekkapilgerfahrt und deren alljährliche ideologische Vorbereitung geworden.[28] Daß dabei Teheran von besonderer Bedeutung ist, versteht sich von selbst. In wechselnder Folge äußern sich die führenden Männer des Regimes (als Geistliche und Politiker) auf dem Campus der Universität zu allen Fragen und Problemen der Islamischen Republik und vermitteln so die Richtlinien der Entwicklung in Staat, Gesellschaft, auswärtigen Beziehungen etc. Neben Propaganda und Massenmobilisierung sorgt aber ein Apparat der Repression für Observanz der Prinzipien der Islamischen Republik. Besonders hinzuweisen ist in diesem Zusammenhang auf die Revolutionsgarden. 1979 geschaffen als Schutztruppe des neuen Regimes, sind die pāsdārān namentlich seit Ausbruch des irakisch-iranischen Krieges (September 1980) immer mehr zu einer regelrechten Armee ausgebaut worden, die nicht mehr nur für Ordnung und Stabilität im Inneren sorgt, sondern – neben der regulären Armee – ein zentraler Bestandteil der Streitkräfte Irans ist. Ihre Existenz ist in der Verfassung festgeschrieben (Art. 150).[29]

Die Etablierung eines „islamischen Systems" hat einschneidende Konsequenzen auch für das Rechtswesen in Iran mit sich gebracht.[30] Artikel 4 der Verfassung, nach dem Iran ein Staat sein solle, in dem sämtliche Gesetze und sonstigen Rechtsnormen am Islam ausgerichtet und Islam-konform ausgelegt werden sollen, bedeutete dessen systematische Islamisierung. Naturgemäß erstreckte sich diese in erster Linie auf die Bereiche des Straf- sowie Familien- und Personenstandsrechts.

Höchstes Entscheidungsgremium im Bereich der Justiz war zunächst der Oberste Justizrat (Artikel 157ff.). Er bestand aus fünf Personen, nämlich dem Präsidenten des Obersten Gerichtshofs und dem Generalstaatsanwalt, die beide vom Islamischen Führer ernannt wurden, außerdem aus drei Richtern, die von der Richterschaft selbst gewählt wurden. Reibungsverluste bei der inneren Arbeit des Gremiums machte es jedoch wenig effizient. Mit der Verfassungsänderung wurde die kollektive Leitung abgeschafft und das Amt eines Oberhaupts der Justiz geschaffen, das von einer einzigen Persönlichkeit ausgefüllt wird. Diese wird direkt vom Islamischen Führer ernannt, ohne daß etwa die Richterschaft oder andere Gremien ein Vorschlagsrecht hätten.

Die iranische Gerichtsbarkeit gliedert sich in zwei Bereiche: den der ordentlichen Gerichtsbarkeit, der aus den Zivil- und Strafgerichten besteht und sich bei den Ermittlungen auf die Staatsanwaltschaften, die Polizei und die Sicherheitsbehörden stützt, sowie den der Revolutionsgerichtsbarkeit, die mit den Revolutionsstaatsanwaltschaften zusammenarbeitete und sich bis 1994 auf ihre eigenen Ermittlungsorgane stützen konnte. Nach dem Gesetz vom Juli 1994 zur Errichtung von allgemeinen und Revolutionsgerichten wurden alle Staatsanwaltschaften, auch die Revolutionsstaatsanwaltschaften, abgeschafft. Auch die Revolutionsgerichte müssen sich für Ermittlungen der ordentlichen Justiz- und Sicherheitsbehörden bedienen und können nicht mehr auf Revolutionsstaatsanwaltschaften und deren eigenen Apparat zurückgreifen. Ihre Zuständigkeit liegt u. a. bei Verbrechen gegen die innere und äußere Sicherheit Irans, bei Wirtschaftsvergehen wie z. B. Wucher und Hamstern von Grundbedarfsgütern sowie bei Rauschgift- und Alkoholdelikten oder Schmuggel. Ein Sondergericht für Geistliche wurde 1987 von Khumainī eingerichtet, um Vergehen und Verbrechen, die von Geistlichen begangen wurden, zu untersuchen.

Die wichtigsten Gesetze zur Neuordnung des Strafrechts wurden 1982/83 erlassen. Dabei handelt es sich um das *ḥudūd*- und *qiṣāṣ*-Gesetz, das *diya*-Gesetz und zwei weitere Gesetze, von denen das letztere (9. August 1983) als *taʿzīrāt*-Gesetz bezeichnet wird. Damit war ein Teil der Lücke geschlossen, die mit Khumainīs Verfügung, die aus der Schah-Zeit stammenden säkularen Gesetze nicht anzuwenden, entstanden war. Auffallend (und in der europäischen Presse immer wieder herausgestellt) war die Wiedereinführung der Körperstrafen. An vielen Stellen, an denen das frühere Recht Freiheitsstrafen bis zu zwei Jahren vorsah, wird jetzt die Auspeitschung vorgeschrieben. Im August 1982 schließlich wurde ein Strafprozeßreformgesetz erlassen, das einen Gerichtsaufbau schafft, der den Grundprinzipien islamischen Gerichtsverfassungsrechts Rechnung trägt. Der neue Gerichtsaufbau hält sich vor allem an das islamische Prinzip, daß Urteile nie von einem Kollegialgericht, sondern nur vom Einzelrichter gefällt werden dürfen. In der Strafprozeßordnung vorgesehene Beisitzer müssen vor einer Entscheidung den Fall durcharbeiten und einen schriftlichen Entscheidungsentwurf vorlegen, so daß der Vorteil der Urteilsberatung im Kollegialgericht erhalten bleibt, gleichzeitig aber der Grundsatz des Einzelrichters gewahrt wird. Auch fehlt weitgehend ein Instanzenzug, der dem Angeklagten eine Berufung ermöglichen würde.

Ebenso ist im Bereich des Familien- und Personenstandsrechts eine Islamisierung unübersehbar, auch wenn diese Rechtsbereiche noch nicht systematisch neu kodifiziert sind. Größter Stein des Anstoßes war das Gesetz zum Schutz der Familie von 1975, das Vorschriften über Scheidungsgründe, Scheidungsfolgen und Verfahren enthält, die mehrfach gegen islamische Grundsätze und somit gegen Artikel 4 der Verfassung verstoßen. Obwohl dieses aus der Schah-Zeit stammende Gesetz nicht formal widerrufen wurde, können doch wesentliche Elemente desselben spätestens seit Khumainīs Rede vom 23.8.1982, in der er forderte, daß alle Gesetze, die gegen die *sharī ʿa* verstoßen, „auf den Müll" geworfen werden müssen, als nicht länger fortgeltend betrachtet werden. Weitere seither getroffene gesetzgeberische Maßnahmen unterstreichen dies.

Über den Bereich des Rechts hinaus sind Anstrengungen unternommen worden, das private und öffentliche Leben der „islamischen Moral" zu unterwerfen. Teilnahme am Gemeinschaftsgebet, Verbot von alkoholischen Getränken und Drogen, Bestrafung unerlaubten Geschlechtsverkehrs sind einige ihrer Elemente. Am deutlichsten in der Öffentlichkeit sichtbar ist die rigorose Durchsetzung einer „islamischen" Kleidung der Frauen, d.h. des Tragens des *ḥijāb*, des Kopftuchs, was aber als Bedeckung des gesamten Körpers mit Ausnahme des Gesichts und der Hände interpretiert wird. Strenge Strafen stehen auf Verstöße. Hinzu kommt die Geschlechtertrennung (in Schulen und an anderen öffentlichen Plätzen). Schließlich hat sich die Stellung der Frau nicht zuletzt auch dadurch verschlechtert, daß Druck auf sie ausgeübt wurde, ihre berufliche Stellung aufzugeben. Die islamischen Machthaber betonen die Rolle der Frau in der Familie, wie u.a. in der langen Einleitung zur Verfassung ausgeführt wird.[31]

Islamische Prinzipien haben auch die Haltung des Regimes zu den Minderheiten bestimmt. Im Falle der religiösen, d.h. nichtislamischen Minderheiten wird die klassische Zweiteilung von Muslim und Nichtmuslim wieder aufgerissen. Die geduldeten Religionen erhalten einen Status, der demjenigen der „Schutzbefohlenen" (arab. *dhimmī*) gleicht. Die Auswirkungen reichen vom Personenstandsrecht bis hin zur eingeschränkten

„Partizipation“ der „geduldeten“ Minderheiten am politischen Leben, namentlich im Parlament. Andererseits fällt die erst im 19. Jahrhundert entstandene *Bahā'ī*-Sekte nicht in diese Kategorie. Die Verfolgungsmaßnahmen der letzten Jahre haben gezeigt, daß sie nach Auffassung des Regimes keinen Anspruch auf Duldung besitzt, da man in ihren Anhängern Abtrünnige sieht.

Die ausgeprägte Grundeinstellung vom Konsens der Gemeinde und von der Exklusivität der einen „islamischen Staatsbürgerschaft“ der Islamischen Republik hat sich früher auch als Barriere zwischen eine Reihe von Minderheiten und die Zentralregierung gestellt. Die Forderung nach Autonomie, deren Erfüllung verschiedene ethnische Gruppen, insbesondere die Kurden, nach dem Sturz des zentralistischen Pahlawī-Regimes erwartet hatten, ist von Khumainī seit August 1979 kategorisch zurückgewiesen worden.

Da die Wirtschaftspolitik des Schahs eines der auslösenden Momente für den Widerstand gegen das Regime gewesen war, waren der Formulierung neuer „islamischer“ wirtschaftspolitischer Prioritäten (Infrastruktur, Landwirtschaft etc.) deshalb die ersten programmatischen Erklärungen der neuen Führer gewidmet. Der erste Staatspräsident der Islamischen Republik, Banī Ṣadr, galt selbst als einer der führenden Theoretiker eines „islamischen Wirtschaftssystems“.[32] 1983 wurden alle Banken dem – nicht unumstrittenen – „islamischen Zinsverbot“ unterworfen. Einem Flügel pragmatischer Geistlicher, der für die Fortsetzung traditioneller Wirtschaftspraxis und Wirtschaftsethik eintrat, standen Geistliche gegenüber, die sich vehement für eine „sozialistische“ Umgestaltung der Wirtschaft unter islamischen Vorzeichen einsetzten. Sie forderten eine weitgehende Landverteilung an die Bauern, die Verstaatlichung der Industrie sowie des Außen- und Binnenhandels. Zu Lebzeiten Āyatullāh Khumainīs waren auch die Aufnahme ausländischer Kredite sowie die Einbindung in – westlich beherrschte – internationale Finanzorganisationen strikt untersagt.[33]

Die Durchsetzung des „islamischen Systems“ hat auch die Außenpolitik Irans nachhaltig bestimmt. Bereits die Verfassung stellt fest, daß sich die Islamische Republik die Unterstützung der „Unterdrückten“ angelegen lassen sein wird. Bereits 1979 gab es Stimmen, die zwar noch nicht die Ausbreitung der islamischen Revolution generell, aber doch eine aktive Unterstützung „unterdrückter“ Muslime forderten; konkret wurde dabei zunächst auf die Lage der Schiiten im Irak, auf Bahrain sowie auch auf den islamischen Widerstand gegen die sowjetischen Besatzer in Afghanistan abgehoben. Der Überfall des Irak im September 1980 sowie dessen breite Unterstützung durch die Mehrheit der arabischen Regime trugen zu einer Radikalisierung in den Beziehungen zwischen Teheran und nahezu seinem gesamten islamischen Umfeld bei. Mit der Mitte 1982 gefallenen Entscheidung, nach der Zurückschlagung des irakischen Angriffs, den Krieg gleichwohl als „Heiligen Krieg“ bis zum Sturz des „Satans“ Ṣaddām Ḥusain weiterzuführen, begann dieser eine neue Dimension anzunehmen. Zugleich ließen Stimmen aus Teheran, insbesondere diejenige Khumainīs selbst erkennen, daß die Anstrengungen nunmehr auf die Befreiung aller Muslime in der Region, d.h. den Sturz der Unterdrücker (also der bestehenden Regime, denen die Legitimität zu herrschen abgesprochen wird) gerichtet seien. Über die Befreiung von Kerbela sei der Kampf schließlich auf die Befreiung Jerusalems gerichtet.[34] Wenn auch den Truppen Irans an der Kriegsfront keine durchschlagenden Erfolge beschieden waren, so waren revolutionäre Kräfte in Teheran doch in zahlreiche – teilweise subversive – Aktionen verwickelt, die darauf zielten, die bestehenden Ordnungen unter Druck zu setzen. Am spektakulärsten wurde die iranische Einmischung im Libanon – in direkter Form durch die Entsendung von pāsdārān und indirekt durch die Unterstützung des radikalen Flügels der Schiiten und den Aufbau der *Ḥizbullāh*.[35] Dadurch wurde nicht nur das Gewicht der bisher untergeordneten Schiiten im Libanon erhöht, sondern auch die regionale Balance verändert. Die Annahme der Resolution 598 des *UNO*-Sicherheitsrats, Grundlage des Waffenstillstandes im irakisch-iranischen Krieg, nannte Khumainī in seiner Rede am 20. Juli 1988 „bitterer als Gift".[36]

Auch dem Aufruf, den britischen Autor Salmān Rushdī wegen der blasphemischen Darstellung des Propheten Muḥammad und der koranischen Offenbarung zu ermorden, liegt das Konzept der islamischen Gemeinde *(umma)*, das mit dem modernen Nationalstaatsdenken unvereinbar ist, zugrunde.[37] Mit dem Ausbruch der Krise um Bosnien hat sich ein neuer Brennpunkt für Irans „islamische Außenpolitik" ergeben. Die Propaganda Teherans wirft dem Westen Untätigkeit vor, da es sich bei den Bosniern „nur" um Muslime handle. Zugleich wird die Aufhebung des Embargos gegen Bosnien gefordert.

Gerade der Krieg gegen den Irak und seine Zielsetzung aber sind ein Feld, das signifikant ist für die zum Teil tiefgreifenden Spaltungen zwischen den individuellen Mitgliedern und geistlich-politischen Strömungen des islamischen Regimes. Die Entscheidung von 1982, den Krieg fortzuführen, wurde (mit dem Nachdruck Khumainīs selbst) gegen eine Gruppe durchgesetzt, die sich dagegen ausgesprochen hatte, den Krieg auf irakisches Territorium zu tragen. Stärker verallgemeinernd kann zunächst auf die Spaltung zwischen *ḥujjatīye* und *maktabī* hingewiesen werden.[38] So unscharf die Trennlinien zwischen beiden sind, lassen sich doch grundlegende Unterschiede erkennen: Während erstere eine radikale Islamisierung auf kulturell-rechtlichem Gebiet anstrebt, sich aber tiefgreifenden sozialen und wirtschaftlich-gesellschaftlichen Reformen widersetzt, stellen die maktabī gerade den Aspekt der gesellschaftlichen und wirtschaftlichen Revolutionierung in den Vordergrund. Diese unterschiedlichen Ausgangspunkte haben weitreichende Konsequenzen:

– Landreform: Während die sozial-radikale Strömung für eine weitreichende Aufteilung des Bodens eintritt, argumentieren die Konservativen, daß Eigentum an Land im Islam unantastbar sei. Vom Parlament seit 1980 beschlossene Bodenreformgesetze sind vom Wächterrat, in dem die Konservativen die Mehrheit hatten, immer wieder zurückgewiesen worden.

– Die Rolle des Staates in der Wirtschaft und namentlich die Verstaatlichung des Außenhandels: Dem radikalen Flügel, der dies fordert, steht eine Allianz aus Basaris und konservativen geistlichen Kräften gegenüber. Auch hier hat der Wächterrat Initiativen des Parlaments blockiert.

Die angesprochenen Meinungsverschiedenheiten sind keineswegs nur oberflächlicher bzw. „lediglich" religiöser Natur. Mit dem Erfolg der islamischen Revolution sind religiöse Konzepte und ihre politische Umsetzung nicht mehr zu trennen. Daran, daß dabei notfalls auch Gewalt angewendet werden muß, hat man sich gewöhnt. Solange Āyatullāh Khumainī lebte, blieb er die unumstrittene charismatische Führerfigur. Erfolgreich vermittelte er zwischen divergierenden Personen und Gruppen; eine gewisse Widersprüchlichkeit in seiner Lenkung der Islamischen Republik schien darauf gerichtet zu sein, den unterschiedlichen Fraktionen entgegenzukommen und so entstehendem Druck entgegenzuwirken. Āyatullāh Khumainī hat seinen Nachfolgern ein schwieriges Erbe hinterlassen.[39] Das Regime der Islamischen Republik erscheint anderthalb Jahrzehnte nach ihrer Gründung zwar stabil, aber in sich widersprüchlich. Die Revolution, aus der die von Āyatullāh Khumainī geführte religiöse Richtung als bestimmende Kraft hervorgegangen ist, ist unumkehrbar. Insofern dürfte sie als eine der wenigen wirklichen Revolutionen der Weltgeschichte zu betrachten sein. Der Anspruch Khumainīs aber, mit der Islamischen Republik den ersten wahrhaft legitimen islamischen Staat seit dem Ableben des Propheten Muḥammad bzw. des Imāms ʿAlī (Herrschaft 656-661) zu schaffen, konnte nicht eingelöst werden. Im Krieg gegen den Irak (1980–88) nicht erfolgreich, in einer anhaltend schweren wirtschaftlichen Krise steckend, international noch (1995) weitgehend isoliert, ist seit dem Ableben des Gründers auch die Fortgeltung des der Islamischen Republik zugrunde liegenden religiös-politischen Prinzips der „Herrschaft des anerkannten Gottesgelehrten" fraglich geworden. Dies um so mehr, als unter den Machthabern in Teheran kein „anerkannter Gottesgelehrter" vergleichbaren Ranges mehr ist.

In der Außenpolitik sind seit dem Tode Khumainīs die Bemühungen, die „islamische Revolution" zu exportieren, deutlich zurückgeschraubt worden. Dies fällt auch auf in dem Bemühen der Staatsführung, die politische Bedeutung des Khumainī-*fatwā* gegen Salmān Rushdī herunterzuspielen, wenn man es schon nicht aufheben kann. Auf der anderen Seite sind islamische Koordinaten der Außenpolitik noch immer erkennbar. Sie liegen u. a. in der Unterstützung fundamentalistischer Parteien, so des *Front Islamique du Salut (FIS)* in Algerien, in der militärischen Zusammenarbeit mit dem islamistischen Militärregime im Sudan beim Kampf gegen die südsudanesischen Rebellen und in der militanten Parteinahme für die palästinensische Sache, verbunden mit der Polemik gegen Israel. Vor diesem Hintergrund ist auch verständlich, warum der Friedensprozeß, der mit der internationalen Konferenz von Madrid am 30. Oktober 1991 begann und in dem „Gaza-Jericho-Abkommen", das am 13. September 1993 in Washington unterzeichnet worden ist, ein erstes Resultat zeitigte, in Teheran eine – zumindest verbal – so nachdrückliche Ablehnung erfahren hat.[40]

4. Afghanistan

(A. Ghanie Ghaussy)

a) Historische Entwicklung

Anfänge der Islamisierung Afghanistans

Als die Araber im Jahre 642 in der Zeit des 2. Kalifen ʿUmar ibn al-Khaṭṭāb die Armeen des letzten sassanidischen Königs Yazdegerd III. besiegten, drangen sie schnell in Richtung Osten des damaligen Reiches vor. Die Bezeichnung „Afghanistan" existierte damals noch nicht. Den westlichen Teil des heutigen Afghanistan bildeten die Provinzen Khurasan, Zaranj und Sistan, die damals die östlichen Provinzen des Sassanidenreiches waren.[1] Die Bevölkerung in Khurasan und Sistan gehörte dem zoroastrischen Glauben an. Dieser Glaube war auch in den heutigen afghanischen Nordprovinzen Faryab, Jusjan, Balkh, wo sich der bedeutende zoroastrische Feuertempel *Nawbahār* befand,[2] und bis nach Tokharistan verbreitet. Südlich des Hindukusch mit den Hauptprovinzen Bamiyan, Kapisa und dem alten Gandahara herrschte die buddhistische Religion vor.

In den südlichen und südöstlichen Teilen des Landes, vor allem in den von Kabul bis Zabul sich erstreckenden Gebieten, herrschte die hinduistische Religion vor, die weitgehend unter dem Einfluß der Hindu-Herrscher von Kabul und Baghram stand. Die ersten Vorstöße der Araber auf dem heutigen Staatsgebiet Afghanistans erfolgten im Jahre 650/651 und dauerten nach mehreren Kämpfen und wechselvollen Erfolgen bis zum Jahr 750 an, ohne daß dabei ganz Afghanistan islamisiert worden wäre.

Der Verlauf des Islamisierungsprozesses

Generell verlief der Islamisierungsprozeß in den einzelnen Provinzen und Königstümern auf dem heutigen Staatsgebiet Afghanistans unterschiedlich und schwierig. Anders als Syrien, Ägypten und Nordafrika konnten die Provinzen Irans und Afghanistans ihre Sprache und bestimmende Elemente ihrer Kultur trotz der Islamisierung beibehalten.

Ursprünglich sahen die Menschen in den damals blühenden Provinzen Sistan, Khurasan und Baktrien mit dem Eindringen der Araber das Volkstum und die hochentwickelte eigene Kultur gefährdet. Daraus erklären sich auch der langwierige Widerstand und der erbitterte Kampf gegen die Araber und die nur langsam verlaufende Islamisierung der Bevölkerung. Auf der anderen Seite hatten auch die einheimischen Feudalstrukturen – in Gestalt der Fürsten und Grundherren (pers. sing. *dihqān*)[3] – sowohl die Handwerker durch Standesunterschiede[4] als auch die Masse der Ackerbauern und Viehzüchter durch hohe Abgaben unterdrückt. Insofern hätte das Schlagwort von der Gleichheit der Muslime das Volk eigentlich für die neue Religion empfänglich machen müssen. Die Praxis der Eroberung durch die Araber, vor allem in der Umaiyadenzeit, entsprach allerdings nicht dieser

Befreiungsvorstellung. Zum einen wurden die eroberten Gebiete generell als Kriegsbeute betrachtet, zum anderen wurde die Bevölkerung der eroberten Gebiete wegen der gewaltsamen – nur manchmal freiwilligen – Konversion zum Islam erheblich belastet. So war es nicht verwunderlich, daß der freiwillige Übertritt der Masse der Landbevölkerung zum Islam zunächst begrenzt blieb. Das Volk nahm erst mit dem Übertritt der Machthaber und ihrer Gefolgsleute die neue Religion an.[5]

Der Islam und die islamischen Teilreiche in Afghanistan

Die umaiyadische Unterdrückungspolitik,[6] das ausgeprägte Nationalgefühl der Eroberer und deren Arabisierungsversuche sowie die Ansiedlung einiger arabischer Stämme in Sistan und Khurasan mußten den Widerstand der nichtarabischen *mawālī* und generell des Volkes gegen die arabische Aristokratie mobilisieren. In Khurasan wurde z. B. im Jahre 747/48 der Widerstand durch den *maulā* und abbasidischen Propagandisten Abū Muslim organisiert.[7] Später verselbständigte sich Ṭāhir ibn al-Ḥusain, der Statthalter von Khurasan, und gründete die Dynastie der Tahiriden in Herat.[8]

In Sistan und im südlichen Teil Khurasans errichtete der Prinz Yaʿqūb ibn Laith aṣ-Ṣaffār ein Teilreich und griff im Jahre 876 den Abbasidenkalifen in Bagdad an.[9] Seine Nachfolger verbreiteten in der Folgezeit den islamischen Glauben bis zum oberen Indus.[10] Sie griffen Ghazni und die südlichen Täler von Kabul an, wo es zu Auseinandersetzungen mit den Hindu-Herrschern dieser Gegend kam.[11]

Der islamischen Orthodoxie verpflichtete sich ferner die Dynastie der Samaniden,[12] die zwar ihre Hauptstadt in Buchara hatte, deren Machtbereich sich aber in ihrer Blütezeit unter Naṣr ibn Aḥmad (reg. 913–943) fast auf das gesamte heutige Afghanistan, Turkestan und Teile von Iran erstreckte. Die Samaniden verbreiteten den sunnitischen Islam in den entlegenen und schwer zugänglichen Südtälern des Hindukusch.[13]

Für die Geschichte Afghanistans und für die Verbreitung des Islams auf afghanischem Boden ist die Dynastie der Ghaznawiden hervorzuheben. Maḥmūd, zunächst Oberkommandierender von Khurasan, wurde nach dem Tode seines Vaters Sebüktegin als Sultan (arab. *sulṭān*) von Ghazni (reg. 998–1030) Alleinherrscher über das Gesamtgebiet des heutigen Afghanistan, Ostiran und Westturkestan.

Sultan Maḥmūd, der der hanafitischen Rechtsschule des Islams verpflichtet war, jedoch auch der schafiitischen Richtung zuneigte,[14] unternahm im Namen des Islams Kriegszüge nach Indien, die ihn bis nach Sumanat und Gujarat brachten und damit die Islamisierung des gesamten Gebietes des heutigen Pakistan vorbereiteten.

Im Jahre 1149 wurden die Ghaznawiden von dem Ghoriden-Sultan ʿAlāʾ ad-Dīn angegriffen, und die Stadt Ghazni wurde bis auf den Grund niedergebrannt. Diese Dynastie, die aus dem zentralen Afghanistan (dem Bergland östlich von Herat) stammte, bemächtigte sich des gesamten Ghaznawidenreiches. Für die Verbreitung des Islams liegt die Bedeutung der Ghoriden darin, daß der Ghoridenkönig seinen türkischen General Quṭb ad-Dīn

Aibak nach Indien sandte, wo er sich allerdings später selbständig machte und das Sultanat von Delhi gründete.[15] Diese Dynastie und die darauffolgende ghoridische Dynastie der Khalji brachten den Islam bis zur unteren Gangesebene und zum zentralindischen Dekkan.

Unter dem ab 1220 über Afghanistan hereinbrechenden Mongolensturm (Dschingis Khān) wurden die blühenden Städte und kulturellen Zentren Afghanistans vollständig zerstört.[16] In religiöser Hinsicht waren die Mongolen tolerant. Viele ihrer Nachkommen übernahmen die islamische Religion. Ca. 160 Jahre später, zwischen 1380–1385, verwüstete Tīmūr (Tamerlan, gest. 1404), der sich als Nachkomme Dschingis Khāns verstand, abermals das Land. Ganz im Gegensatz zu den Zerstörungen durch Tīmūr stand die Aufbauarbeit seines Sohnes Shāh Rukh Mīrzā, der in seiner langen Regierungszeit (1405–1447) Herat zur Hauptstadt seines Reiches machte. Er war ein großer Förderer der schönen Künste, der Literatur und Wissenschaft und errichtete mit seiner Frau Gauharshād, die neben ihm als Mäzenin in Erscheinung trat, Moscheen, eine Universität, Stiftungen sowie Baudenkmäler, die in der islamischen Welt bis heute unübertroffen sind.

Nach seinem Tod und einer Zeit der Wirren begann die Regierungszeit des Timuriden-Sultans Ḥusain Bāyqarā in Herat (1469–1506), der mit seinem Wesir (arab. *wazīr*) ʿAlī Shīr Nawāʾī die Städte Herat und Balkh zu bisher unerreichter Prosperität brachte.[17] Bāyqarā war ein toleranter Herrscher, der selbst, obwohl der Schia (arab. *shīʿa*) zugeneigt, den sunnitischen Islam praktizierte[18] und dem Mystiker-Orden der *Naqshbandīya* zugetan war. Bābur Shāh schreibt über das Herat dieser Zeit, daß es „in der ganzen bewohnten Welt keine Stadt gibt, die sich mit Herat hätte vergleichen können, so wie sie unter Sultan Ḥusain Mīrzā geworden war, der ihre Schönheit und ihre Pracht durch seine Maßnahmen und Anstrengungen um ein Zehn- oder Zwanzigfaches vermehrt hatte".[19] Bābur, ein Nachfahre Tīmūrs, hatte bereits zuvor (1504) Kabul erobert.[20] Später zog er nach Indien, wo er nach der siegreichen Schlacht bei Panipat die afghanische Lodhi-Dynastie beseitigte und die Mogul-Dynastie gründete (1525–1858). In der Tradition der Timuridenfürsten war Bābur ein frommer Sunnit. Er und seine Nachfolger festigten die sunnitisch-hanafitische Richtung in Indien, verloren allerdings zunehmend die Kontrolle nördlich des Hindukusch.

Im 16. und 17. Jahrhundert befand sich der südliche Teil Afghanistans praktisch unter der Kontrolle der Moguln von Indien, der nördliche Teil unter der der Usbeken, während der westliche Teil des Landes von den Safawiden beherrscht wurde. Den Safawiden, die nach der Einnahme Herats und später auch Kandahars versuchten, die Bevölkerung zur Schia zu bekehren, mißlang dieses Vorhaben. Nur einzelne schiitische Siedlungen behaupteten sich sowohl in Herat als auch in Sistan und Kandahar.[21]

Die Entwicklung nach der Gründung des Staates Afghanistan

Die repressive Politik der Safawiden und ihre Versuche, die zwölferschiitische Orthodoxie in den vorwiegend sunnitischen Provinzen Herat, Sistan und Kandahar durchzusetzen, führten zu Protesten und Revolten der Abdālī-Stämme von Herat und Kandahar. Im Jahre 1709 wurden die Safawiden durch Mīr Wais Bābā aus dem afghanischen Hotaki-Stamm aus den genannten Provinzen vertrieben. 1722 wurde die Safawiden-Hauptstadt Isfahan durch die Afghanen erobert. Diese Herrschaft war allerdings nicht von langer Dauer, da die Afghanen 1729 durch Nādir Shāh Afshār aus Isfahan vertrieben wurden. Im Zuge seiner Eroberungen in den südlichen und südwestlichen Teilen des heutigen Afghanistan verfolgte Nādir Shāh eine konfessionell relativ tolerante Politik, um seine Expansion in den eroberten sunnitischen Gebieten zu sichern.[22]

Als Nādir im Jahre 1747 ermordet wurde, konnte der junge afghanische General Aḥmad Shāh die Khane (pers. sing. *khān*) der einzelnen Stämme in Kandahar zusammenrufen und sich zum König von Afghanistan wählen lassen. Damit wurde 1747 der Staat Afghanistan gegründet.[23] Aḥmad Shāh schuf in den folgenden Jahren durch seine Eroberungen ein großes Reich, dessen nördliche Grenze der Amu-Darya und dessen südliche Grenze der Indische Ozean bildete. Östlich erstreckte sich das Reich bis Delhi, westlich erfaßte es Teile der heutigen iranischen Provinzen Belutschistan, Sistan und Khurasan. Danach trennten sich die Entwicklungswege zwischen dem vorwiegend sunnitischen Afghanistan und dem vorwiegend schiitischen Iran.

Im Laufe der Zeit wurden die konfessionellen und ethnischen Unterschiede zwischen den beiden Staaten immer tiefer. Aḥmad Shāh konnte durch seine tolerante Politik gegenüber den Paschtunen- und Tadschiken-Stämmen sein Reich zusammenhalten. Aber schon nach dem Tode seines Sohnes Tīmūr Shāh brachen die Stammesgegensätze erneut aus. Damit wurde der Zerfall des Reiches eingeleitet, der nicht konfessionell oder ethnisch bedingt war, sondern einerseits durch den Brüderkrieg (Thronnachfolgekriege) des Sadozay-Klans, dem die anderen Stämme die Loyalität verweigerten, sowie andererseits durch das Machtstreben der angesehenen Barakzay-Muḥammadzay-Klans verursacht wurde. Darüber hinaus stießen die angrenzenden Staaten gegen das Reich vor, das noch einmal unter dem großen Emir (arab. *amīr*) Dost Muḥammad Khān zusammengehalten werden konnte.[24] Erst Emir ʿAbd ar-Raḥmān konnte die Herrschaft der Muḥammadzay festigen und die Macht der Paschtunen-Stämme und anderer ethnischer Gruppen durch eine harte Unterdrückungspolitik (Turkestan- und Hazara-Aufstände) unter Kontrolle bringen. Diese Periode war als Folge der Kriege gegen England von religiösem Fanatismus geprägt. ʿAbd ar-Raḥmān (1880–1901) gelang es erst im Jahre 1895/96, Kafiristan zu islamisieren, das die Bezeichnung Nuristan („Land des Lichts") erhielt. Die repressive Politik ʿAbd ar-Raḥmāns wurde in gemäßigter Form durch seinen Sohn fortgesetzt. Erst Amānullāh (Amān Allāh, 1919–1929) gelang es nach dem erfolgreichen Krieg gegen England (dritter anglo-afghanischer Krieg 1919) und nach seiner Europareise, eine Modernisierungs- und Säkularisierungspolitik nach dem Vorbild der Türkei durchzuführen. Er reformierte die Gesetzgebung, führte die Schulpflicht auch für Mädchen ein, schaffte den Schleierzwang für Frauen sowie die Polygamie ab und verfolgte eine ethnisch und konfessionell sehr tolerante Politik. Er scheiterte zwar mit dieser Politik, doch wurde sie in gemäßigter Form von König Nādir Shāh und nach seiner Ermordung 1933 durch dessen Brüder und seinen jungen Sohn Ẓāhir Shāh fortgesetzt.

Nach dem Zweiten Weltkrieg, insbesondere seit der Annäherung Afghanistans an die Sowjetunion ab 1954, wurde durch Ministerpräsident Dā'ūd eine umfassende Modernisierungspolitik eingeleitet, die auch nach dem Sturz Dā'ūds in den sechziger Jahren von der Monarchie fortgesetzt wurde. Diese Entwicklung fand jedoch durch den Sturz der Monarchie 1973, den Putsch der Kommunisten 1978 und die Invasion der Sowjetunion 1980 ein Ende.

b) Das gegenwärtige Bild des Islams in Afghanistan

Die Anhänger der hanafitischen Richtung des sunnitischen Islams stellen ca. 80% der Gesamtbevölkerung Afghanistans. Ca. 15 bis 18% bekennen sich zur Zwölferschia. Der Anteil der Siebenerschia *(Ismāʿīlīya)* erreicht kaum 1%. Der Rest verteilt sich auf andere Religionsgemeinschaften.

Die hanafitische Sunna ist über das ganze Land verbreitet. Sie ist auch das wichtigste Merkmal für die Abgrenzung Afghanistans, insbesondere seiner Westprovinzen, zu Iran, dessen Staatsreligion seit den Safawiden die Schia ist. So ist es nicht verwunderlich, daß sich die afghanischen Provinzen Khurasan (Herat, Badghis) und Sistan (Nimruz, Teile von Farah und Hilmand) von den persischen Provinzen gleichen Namens trotz der identischen ethnischen Struktur und Sprache durch diesen konfessionellen Unterschied abheben. Die Sunna in Afghanistan ist, wie übrigens auch in anderen sunnitisch geprägten islamischen Ländern, nicht klerikal organisiert.

Auch der Schia in Afghanistan fehlte, historisch betrachtet – anders als in Iran – die klerikale Organisationsstruktur, was vor allem damit zusammenhing, daß sie als eine Minderheit von den jeweiligen Machthabern repressiv behandelt wurde. Aus diesem Grunde haben sich die Schiiten, wie auch in den anderen Ländern, in denen sie als Minderheiten leben, fester zusammengeschlossen, um ihr Überleben zu sichern. Ihre Lebensweise und religiösen Zeremonien wurden vom sunnitischen Staat eher geduldet als akzeptiert. Den Angehörigen der Schia war der Zugang zu bestimmten Ämtern, z.B. zum Offiziersrang in der Armee und zu höheren Posten im Außenministerium, bis Ende der fünfziger Jahre nicht gestattet. Sie gehörten aber in den Großstädten, vor allem in Kabul, aufgrund ihrer Bildung zur intellektuellen Schicht. In dieser Eigenschaft hatten sie einen maßgeblichen Einfluß auf die geistige Entwicklung des Landes. Bedeutend war ihr Anteil im Gesundheitswesen und in der staatlichen Schul- und Finanzverwaltung. Sie waren aber auch politisch orientiert, ohne dabei jedoch offen als Opponenten zur Staatsgewalt und zur herrschenden politischen Macht aufzutreten. Dieses Erscheinungsbild hat sich allerdings seit dem Sturz der Monarchie (1973), insbesondere aber seit dem Kampf gegen die sowjetische

Besatzung und seit der Befreiung des Landes, wie noch zu zeigen sein wird, grundlegend geändert.

Fast geschlossen bekennt sich die Hazara-Bevölkerung des zentralen Hochlandes von Afghanistan zur Schia. Es wird vermutet, daß sie teilweise im 16. und 17. Jahrhundert durch die Safawiden bekehrt wurde. Aber auch die missionarische Tätigkeit der schiitischen Saiyids haben vermutlich zur Schiitisierung der Hazara-Bevölkerung beigetragen. Die schiitischen Hazara spielen bei der Auseinandersetzung um die politische Neugestaltung des Landes heute eine besondere Rolle.

Straffer organisiert, aber eher unauffällig haben sich bis in den letzten Jahren die ca. 0,1–0,2 Millionen Anhänger der Siebenerschia verhalten. Sie wurden von der restlichen Bevölkerung des Landes kaum akzeptiert, sehr häufig diskriminiert und aus dem politischen Leben völlig verdrängt. Ihre Anhänger gehören zu den verarmten Gruppen, die in einigen Tälern des Hindukusch und des Pamir leben. Ihre Führer (die Saiyids von Keihan) bekannten und bekennen sich zum Āghā Khān als ihrem religiösen und geistigen Führer.

Will man die religiöse Praxis im heutigen Afghanistan verstehen, so ist zwischen folgenden religiösen Ausdrucksformen zu unterscheiden:

(1.) der religiösen Orthodoxie des Islams, die von den *ʿulamāʾ* vorgegeben wird;

(2.) der mystischen Ausdrucksform der *ṣūfīs* bzw. der *ṣūfī*-Bruderschaften sowie den mit dem traditionellen Stammesleben verbundenen Ausdrucksformen des Volksislams.

Die Orthodoxie der ʿulamāʾ

Wie in anderen sunnitischen Ländern haben die ʿulamāʾ in der historischen Entwicklung des Landes zwar eine wichtige Rolle gespielt, blieben aber immer abhängig von den jeweiligen Herrschern. Durch die Gründung von religiösen Stiftungen (arab. *auqāf*) und durch andere private Zuwendungen haben die jeweiligen Herrscher die religiösen Schulen (*madāris*) eingerichtet und finanziert. Gleichzeitig haben sie damit aber auch die Fatwas (arab. *fatāwā*) der ʿulamāʾ für die eigenen politischen Ziele mißbraucht. Die klassischen Schulen und islamischen Zentren, die für die religiöse und soziopolitische Entwicklung des Landes in den einzelnen Provinzen und für die einzelnen Dynastien von besonderer Bedeutung waren, gibt es schon seit dem 18. Jahrhundert nicht mehr. Vor allem haben sie seit der partiellen Konfiszierung der auqāf Ende des 19. Jahrhunderts ihre finanziellen Ressourcen verloren.[25] Darüber hinaus verfügen sie nicht über eine zentralistische Organisations- und Finanzstruktur wie etwa im benachbarten Iran. Die religiösen Schulen und ihre jeweiligen *mawālī* (arab. pl. von *maulā*), Scheichs (arab. sing. *shaikh*, pl. *shuyūkh*) oder Mullas (von pers. *mollā*) waren seither auf regionaler oder lokaler Ebene von der Gunst der jeweiligen Stammesgemeinschaft oder Clanführer, häufiger sogar der eines *malik* – eines gewählten bzw. ernannten Vertreters einer dörflichen Gemeinschaft, der als Mittelsmann gegenüber der staatlichen Verwaltung auftritt – oder eines *khān* abhängig. Während die mawālī jedoch immer noch eine regionale Bedeutung haben, ist die religiöse Erziehungsfunktion der Mullas auf lokaler Ebene oder auf einzelne Dörfer beschränkt. Die Mullas werden zudem in den Dörfern häufig aus den religiös determinierten *ʿushr*-Abgaben kärglich finanziert. Eine ihrer Aufgaben besteht z. B. darin, den Kindern die elementarsten Regeln der religiösen Pflichten beizubringen. Für die weitere Ausbildung und für die Befähigung zur Auseinandersetzung mit weitergehenden religiösen Fragen waren sie in der Regel darauf angewiesen, die bekannteren religiösen Schulen des benachbarten Auslandes zu besuchen.

Trotz ihrer lediglich lokalen Bedeutung können die Mullas dadurch, daß sie in die Gesellschaft integriert sind, in Verbindung mit ihren politisch motivierten geistigen Führern das Volk gegen die Herrscher mobilisieren, wie es das Beispiel des Sturzes von König Amānullāh im Jahre 1929 gezeigt hat. Ein solcher Tatbestand ist aus der sehr starken Religiosität des Volkes zu erklären. Aus diesem Grunde war es für die Könige Afghanistans immer wichtig, die Geistlichkeit für die Durchsetzung ihrer eigenen politischen Ziele einzubinden. König Nādir bestellte u. a. auch deshalb 1929 den damals bedeutenden religiösen Führer Fażl ʿUmar Mujaddidī als Justizminister in sein erstes Kabinett. 1932 gründete Nādir Shāh die *Gesellschaft* bzw. den *Rat der Gelehrten (Jamʿīyat al-ʿulamāʾ)*, womit er die Geistlichkeit leicht zufriedenstellen, gleichzeitig aber auch besser beeinflussen konnte. Um ferner die Mullas in den Städten besser ausbilden und kontrollieren zu können, wurde in Paghman die *sharīʿa*–Schule gegründet, die 1951 sogar als sharī ʿa-Fakultät der Universität Kabul angegliedert wurde. Aus den Absolventen der Fakultät sollten später Richter rekrutiert werden. In der Vergangenheit war der Bildungsstand der Richter vor allem in der Provinz äußerst gering, da sie die traditionellen Lehren des *tafsīr* und des *fiqh* kannten, aber hinsichtlich der modernen Gesetzgebung des Staates und seiner Rechtsprechung nichts gelernt hatten. Sie interpretierten die islamischen Gesetze streng aus der engen Sicht der orthodoxen Lehre. Aber auch in den Provinzstädten wurden staatliche Schulen (*madāris*) gegründet, die neben privaten Schulen existierten. Die Schüler der staatlichen Schulen hatten durch die Ausgestaltung des curricularen Programms das Privileg, nach dem Abschluß ihr Studium in der sharī ʿa-Fakultät fortsetzen zu können.[26] Die fähigeren Absolventen wurden dann zu weiteren Studien nach Kairo gesandt.

Mitte der fünfziger Jahre wurde vom damaligen Premierminister Muḥammad Dā'ūd erneut versucht, die Macht der geistlichen Führer einzuschränken und Afghanistan in die Richtung eines nationalen und säkularistischen Staates zu führen. Ihm gelang die Kontrolle der Geistlichkeit, was vor allem damit verbunden war, daß er sie nicht nur vom Staat abhängig machte, sondern die nahezu vorbehaltlose Unterstützung der Stämme für seine nationalistische Politik gewann. Der Widerstand der Geistlichkeit blieb selbst angesichts seiner Annäherungspolitik an die Sowjetunion unbedeutend. Ende der sechziger Jahre errang zwar die Geistlichkeit im Rahmen der

Parlamentswahlen, die nach der neuen, sogenannten „demokratischen Verfassung" erstmals in der Geschichte des Landes relativ frei verliefen, etwa 12–15% der Abgeordneten. Selbst dieser bescheidene Erfolg war jedoch lediglich eine Reaktion auf die zunehmend propagandistisch an Bedeutung gewinnenden, von der Sowjetunion und der Volksrepublik China massiv unterstützten kommunistischen Parteien *Khalq, Parčam, Shuʿla-yi jāwīd* und *Sitam-i millī.* Die Monarchie duldete den Widerstand der mawālī als Gegenkraft zu den Kommunisten, ebenso wie sie die Aktionen der kommunistischen Gruppierungen gegen die Mullas hinnahm, ganz im Sinne ihrer traditionellen Politik des Gleichgewichtes und der Machterhaltung.[27] Mit der erneuten Machtergreifung von Muḥammad Dā'ūd im Jahre 1973 und insbesondere nach dem kommunistischen Putsch von 1978 wurde jedoch die Geistlichkeit massiv verfolgt, wurden viele ihrer Mitglieder eingesperrt bzw. ermordet. Nicht wenige von ihnen verließen Afghanistan, um sich mit Hilfe der Fundamentalisten in Pakistan zunächst gegen Dā'ūd und später, nach dessen Ermordung, gegen die kommunistische Regierung zu formieren.

Sufitum, mystische Bruderschaften und Volksislam

Die Sufis (von arab. sing. *ṣūfī*) wurden traditionellerweise in Afghanistan sowohl vom Volk als auch von der Oberschicht besonders verehrt, unabhängig davon, ob sie Araber, Tadschiken, Paschtunen oder Türken waren oder aus anderen Volksgemeinschaften stammten. Sie wurden als „heilige" Männer (pers. *pīr*) betrachtet, um die sich stets kleinere oder größere Gruppen von Anhängern (arab. sing. *murīd*) scharten. Selbst fakirähnliche Wanderderwische (von pers. *malang*) haben in Afghanistan Respekt und die Unterstützung des Volkes gefunden.

Die pīrs können unabhängige Persönlichkeiten sein, die aufgrund ihrer asketischen Haltung, ihres Ansehens als Literaten und ihres guten Rufes Anhänger finden. Sie können aber auch selbst Mitglieder eines ṣūfī-Ordens sein, um die sich dann weitere Anhänger scharen. Während sich jedoch die Anhängerschaft der ṣūfīs in Kabul in den letzten 50 Jahren zunehmend verringerte, haben sie in den Provinzstädten und auf dem Lande immer noch bedeutenden Einfluß, insbesondere in Herat, im Norden und bei den Stämmen im Süden. Die ṣūfī-Orden, die in Afghanistan besondere Bedeutung erlangt haben, sind die Bruderschaften der *Naqshbandīya*, *Qādirīya* und der *Čishtīya.*

Der Naqshbandīya-Orden[28] hat große Anhängerschaften sowohl im Süden des Landes bei den Gilzay-Stämmen als auch im Norden und Westen. Doch diese Gruppierungen gehen heute getrennte Wege. Sie haben nur noch wenig mit dem Sufitum zu tun und haben sich in die Richtung der Orthodoxie der ʿulamā' entwickelt. Die Naqshbandīya-Bruderschaft hat in den südlichen Provinzen Afghanistans vor allem deshalb eine bedeutende politische Rolle gespielt, weil ein Nachkomme von Aḥmad Sarhindī (gest. 1642), der den Ehrennamen „Erneuerer des zweiten Jahrtausends" *(Mujaddid alf-i thānī)* erhielt, gegen Ende des 19. Jahrhunderts nach Kabul kam und sich hier ansiedelte. Als kompromißlose und strenge Vertreterin der Orthodoxie baute seine Familie ihre Anhängerschaft aus, die weit über die afghanischen Stämme hinausging. Der bekannteste aus dieser Familie, Fażl ʿUmar Mujaddidī, bekannt unter dem Ehrentitel *Nūr al-mashāyikh ḥażrat-i shūr bāzār*,[29] spielte 1929 beim Sturz des Königs Amānullāhs und bei der Machtübernahme des Königs Nādir Shāh 1930 eine wichtige Rolle. In der Regierungszeit von Dā'ūd nahm allerdings der Einfluß der Familie wegen ihrer antireformerischen Haltung erheblich ab.[30]

Der zweite in Afghanistan verbreitete Orden ist die Qādirīya-Bruderschaft,[31] die sich über Indien bei den afghanischen Paschtunenstämmen ausbreitete. Allerdings kam der pīr Naqīb Ṣāḥib in den zwanziger Jahren aus dem Irak nach Afghanistan, wo er in Surkhrud bei Jalalabad eine herrliche Residenz erhielt. Im Gegensatz zur Familie Mujaddidī war der Qādirīya-pīr trotz seines Einflusses in Afghanistan politisch weniger aktiv; die Mitglieder der Familie verheirateten sich mit den Mitgliedern der Muḥammadzay-Familie, so daß sie einen *royal touch* erhielten. Dennoch werden sie bei den Gilzay-Stämmen verehrt. Politische Bedeutung bekam die Familie erst im Widerstand gegen die sowjetische Besatzung, als der relativ säkularisierte (pīr Saiyid) Aḥmad Gailānī eine große Schar seiner Anhänger in der Partei der *Mahāz-i millī* um sich versammelte.

Nicht unerwähnt soll hier der dritte Orden, die Čishtīya-Bruderschaft bleiben. Gegründet im 12. Jahrhundert durch Muʿīn ad-Dīn Čishtī (1142–1236) aus der Ortschaft Čisht-ī sharīf bei Herat, verbreitete sich der Orden schnell in Indien, wo er wegen seiner strengen Askese und Frömmigkeit eine große Anhängerschaft gewann. In Afghanistan selbst sind seine Anhänger auf die Provinz Herat beschränkt geblieben. Politisch waren sie in jüngster Zeit kaum aktiv.[32]

Auch andere, wenig bekannte sufische Orden genießen beim Volk großes Ansehen, selbst wenn sie über keine große Anhängerschaft verfügen. Dies ist durch die extrem strenge Religiosität des Volkes zu erklären, die sich immer den politischen und gesellschaftlichen Reformen entgegenstellte. Ein gutes Beispiel dafür war das Scheitern der Reformpolitik Amānullāhs im Jahre 1929. Auch der heftige Widerstand gegen das kommunistische Regime und besonders gegen die sowjetische Besatzung ist neben dem Freiheitswillen des Volkes durch den Willen zum *jihād* gegen die „Gottlosen" zu erklären, worauf die Afghanen besonders stolz sind.

c) Vom religiösen Widerstand zum gegenwärtigen „islamistischen Staat"

Die Vorläufer islamistischer Parteien

An anderer Stelle wurde gezeigt, daß im sunnitischen Islam Afghanistans der Fundamentalismus bis zur Machtergreifung der Kommunisten trotz der strengen Religiosität des Volkes kaum verbreitet war und, abgesehen von sporadischen kurzfristigen Erscheinungen, auch kaum Chancen hatte, sich zu entwickeln. Der schiitische Islam in Afghanistan war andererseits als Minderheit zu schwach, um sich klerikal und militant zu organisieren. Ein

Grund für den geringen Einfluß des Fundamentalismus mag in dem Tatbestand liegen, daß Afghanistan als eine multi-ethnische Gesellschaft immer darauf angewiesen war, trotz der relativen Einheit der Religion auf die unterschiedlichen Sitten und Gebräuche der einzelnen Bevölkerungsgruppen Rücksicht zu nehmen. So ist es bei den Paschtunenstämmen sogar heute noch üblich, daß die historischen Sitten und Bräuche – genannt *pashtūnwalī* – den Verhaltenskodex der Menschen bestimmen. Die Grundwerte der pashtūnwalī haben im Leben der dörflichen und der Stammesgemeinschaft häufig Vorrang vor der orthodoxen religiösen Praxis der *ʿulamāʾ*. Gelegentlich haben die Führer der *Naqshbandīya-* und *Qādirīya*-Orden wegen ihres großen Einflusses auf das Volk Aufstände gegen den jeweiligen Herrscher organisiert[33] oder zum *jihād* aufgerufen. Aber solche Aktivitäten blieben zeitlich begrenzt. Islamistische Vorstellungen in Afghanistan wurden zunächst durch die Denkschule von Deoband beeinflußt, eine ausgesprochen orthodoxe, von der hanafitischen Rechtsschule geprägte fundamentalistische Institution in Indien. Darüber hinaus zeigte sich später der besondere Einfluß des Deoband-Absolventen und Fundamentalisten Abū l-Aʿlā al-Maudūdī sowie seiner *Jamāʿat-i islāmī* auf die Führer des afghanischen Widerstandes in Pakistan.

Aber auch der panislamistische Einfluß der *Muslimbruderschaft (al-Ikhwān al-muslimūn)*, der z. T. über die Theologische Schule, später über die Theologische Fakultät in Kabul vermittelt wurde, war für die islamistische Bewegung in Afghanistan von erheblicher Bedeutung. Hier wirkte sich insbesondere die Politisierung der islamistischen Ideen aus, welche durch die wirkungsvolle Propagandaarbeit der Muslimbruderschaft verstärkt und zumeist mit einem intellektuellen Anstrich versehen wurden. Während jedoch die Deoband-Anhänger in den Provinzstädten und auf dem Lande einflußreich blieben, wurde Kabul eine Domäne der Islamisten der Muslimbruderschaft. Als Premierminister Dāʾūd sich politisch der Sowjetunion annäherte und Ende der fünfziger Jahre modernistische Reformen durchsetzen wollte, bildete sich ein neuer Kern der islamistischen Opposition, der allerdings von Dāʾūd unter Kontrolle gebracht werden konnte. Mit der neuen Verfassung von 1964 und der Bildung politischer Gruppierungen im Jahre 1965 und danach – ein Parteiengesetz fehlte – wurde der Nukleus der islamistischen Bewegung um Ghulām Muḥammad Niyāzī gebildet. Diese zunächst als muslimische Jugendorganisation aufgebaute Bewegung wurde als Gegenkraft zu den kommunistischen Gruppierungen verstanden, die einen starken Einfluß auf die Studentenschaft und in den Schulen ausübten. Daraus entwickelte sich später die *Ḥizb-i islāmī*, die *Islamische Partei*.

Als im Jahre 1972 die Satzung der Partei verabschiedet wurde, wurde ein Rat (*shūrā*) gebildet,[34] dem kleinere aktivistische Zellen unterstanden. Diese sollten auf Distrikt- und Provinzebene die islamistischen Vorstellungen verbreiten. Nach dem Dāʾūd-Putsch, der mit der Beteiligung des *Parčam*-Flügels der *Kommunistischen Partei* stattfand, sollte ferner die Armee infiltriert werden. Die Versuche islamistischer Gruppierungen, in den

Provinzen den Widerstand zu organisieren, schlugen jedoch fehl, da sie einmal bei der Bevölkerung kaum Unterstützung fanden, zum anderen von Dā'ūd hart unterdrückt wurden. In der Tat zeigte sich Dā'ūd eher als nationalistischer Führer denn als Kommunist. Er beseitigte zunehmend den Einfluß seiner kommunistischen Freunde. Die erfolglosen Islamisten – soweit sie nicht beseitigt waren – gingen ins Exil nach Pakistan, wo sie von Zulfikar Ali Bhuttos (Dhū l-fiqār ʿAlī Bhuttō) Regierung mit der Absicht empfangen wurden, sie später gegen Dā'ūd, der mit seiner Paschtunistan-Politik zunehmend beunruhigte, zu mobilisieren. Erst der mit Hilfe der Sowjetunion herbeigeführte Putsch der Kommunisten und die darauffolgende sowjetische Intervention und Invasion des Landes, durch die ca. 6 Millionen Afghanen aus dem Lande vertrieben wurden, ermöglichten die Bildung der islamistischen Organisationen (arab. sing. *tanẓīm*) in Pakistan und in Iran. Die Flüchtlinge scharten sich um die islamistischen Führer, die den jihād gegen die Besatzung aufnahmen. Pakistan und Iran – nunmehr beide fundamentalistische Staaten – unterstützten dabei mit Hilfe der Vereinigten Staaten die neugebildeten islamistischen Kampfparteien.

Bei den sunnitischen Parteien im pakistanischen Exil gab es nicht mehr die Einheit, wie sie bei ihrer Gründung in Kabul existierte. Schon bei der ersten großen Versammlung des Rates im Jahre 1980 konnten die großen Meinungsunterschiede zwischen ihnen nicht überbrückt werden. Dies lag nicht nur an den unterschiedlichen ideologischen Vorstellungen der einzelnen im Rat vertretenen Gruppierungen, sondern auch daran, daß sich nunmehr die Aufgaben verlagert hatten. Aus dem Kampf gegen die afghanische kommunistische Regierung wurde der Befreiungskampf gegen die „Rote Armee". Die ideologischen Gegensätze der einzelnen Führer, ihr persönliches Machtstreben sowie ihre politische Unterstützung durch das Ausland führten schon bald zur Bildung von sieben Gruppierungen:

(1.) *Jamʿīyat-i islāmī (Islamische Gesellschaft)*, unter der Führung von Burhānuddīn (Burhān ad-Dīn) Rabbānī.

(2.) *Ḥizb-i islāmī (Islamische Partei)*, unter der Führung von Gulbuddin (Gulb ad-Dīn) Ḥikmatyār.

(3.) *Mahāz-i millī-yi islāmī (Nationale Islamische Front)*, unter dem *pīr* des Qādirīya-Ordens, Saiyid Aḥmad Gailānī.

(4.) *Ḥizb-i islāmī (Islamische Partei)* des *maulā* Muḥammad Yūnus Khāliṣ, die aus der Spaltung der erstgenannten Ḥizb-i islāmī entstand. Der Grund für die Spaltung wurde mit der zunehmenden Radikalisierung der Ḥizb-i islāmī Ḥikmatyārs angegeben. Darüber hinaus war für die Trennung auch der unterschiedliche regionale Einfluß beider Parteien maßgebend.

(5.) *Jabha-yi nijāt-i millī (Nationale Befreiungsfront)*, unter Ṣibghatullāh (Ṣibghat Allāh) Mujaddidī, dessen Familie bereits die pīrs des Naqshbandīya-Ordens in Afghanistan stellte.

(6.) *Ḥarakat-i inqilāb-i islāmī (Bewegung der islamischen Revolution)* des Geistlichen Muḥammad Nabī Muḥammadī.

(7.) *Ittiḥad-i islāmī barāyi āzādī-yi Afghānistān (Islamische Vereinigung für die Befreiung Afghanistans)*, unter ʿAbd ar-Rasūl Saiyāf.

Die zwei sunnitischen Parteien, die in Iran gegründet wurden, waren:

(1.) *Jamʿīyat-i islāmī*, die eine von Iran relativ unabhängige Politik betrieb und
(2.) *Ḥarakat-i inqilāb-i islāmī.*

Die schiitischen Parteien, die in Iran gegründet wurden und von dort aus operierten, waren:

(1.) *Sāz(e)mān-i naṣr-i Afghānistān (Organisation für den Sieg Afghanistans)*, die eine radikal-islamistische Linie vertrat und unter dem Einfluß Khumainīs stand.
(2.) *Gurūh-i pāsdārān-i jihād-i islāmī (Gruppe der Wächter des islamischen Heiligen Krieges)*, die, wie aus ihrer Bezeichnung hervorgeht, eine Khumainī-treue Organisation war.
(3.) *Ḥizbullāh (Ḥizb Allāh, Partei Gottes)*, die unter direkter Kontrolle Khumainīs stand.
(4.) *Ḥarakat-i islāmī (Islamische Bewegung)*, die unter dem einzigen afghanischen Āyatullāh (*āyat Āllāh*), Scheich Āṣif Muḥsinī, stand und bereits seit den Anfängen ihrer Gründung eine relativ unabhängige Politik betrieb.
(5.) *Shūrā-yi inqilāb-i ittifāq-i Afghānistān (Revolutionsrat der Union Afghanistan)*, unter Saiyid Muḥammad Bihishtī.

Bei allen Parteien wurde der Widerstand im Namen des Islams und der Befreiung des Landes organisiert. Dabei spielte es für den Widerstand keine erhebliche Rolle, ob die Parteien eher traditionalistisch waren oder mehr radikal-fundamentalistisch. 1985 einigten sie sich in Peshawar in einer Allianz der Parteien, die dann zur Bildung einer afghanischen Interimsregierung mit turnusmäßig wechselndem Vorsitz führte. Im Kampf gegen die Sowjetunion und das kommunistische Regime spielten dabei die ideologischen, ethnischen und sprachlichen Unterschiede der einzelnen Parteien, die für ihre Entstehung maßgeblich gewesen waren, zunächst kaum eine Rolle. Eine Ausnahme bildeten die in Iran organisierten schiitischen Parteien, die damals die Interimsregierung nicht als tatsächlich legitime Vertretung des gesamten afghanischen Volkes ansahen. Es sollte sich aber bald zeigen, daß diese Unterschiede für die spätere Entwicklung des Landes von maßgeblicher Bedeutung waren.

Islamistische Parteien und der heutige „Islamische Staat" Afghanistan

Nach dem Sturz der kommunistischen Regierung Najībullāhs (Najīb Allāh) zog die Interimsregierung, in der auch einige schiitische Gruppierungen vertreten waren, im April 1992 von Peshawar nach Kabul um. Schon bald wurde deutlich, daß die unterschiedlichen ideologischen, religiösen, ethnischen und sprachlichen Vorstellungen der nun an der Macht beteiligten, jedoch unter sich völlig zerstrittenen Parteien aufgrund fehlender klarer Konzeptionen nicht miteinander in Einklang gebracht werden konnten. Darüber hinaus besaß diese Regierung auch keinerlei Legitimation im neuen „Islamischen Staat Afghanistan", da sie sich weder aus einer Wahl durch das Volk konstituierte, noch in irgendeiner anderen Form die Akzeptanz des Volkes erhielt. Sie wurde eher als Kompromißlösung auf Druck von seiten Pakistans, Irans und Saudi-Arabiens gebildet. Um aber die erlangte Macht zu legitimieren, wurde nach blutigen Kämpfen zwischen den an der Regierung beteiligten sunnitischen Parteien ebenso wie zwischen ihnen und der im Jahre 1989 aus den schiitischen Parteien[35] gebildeten Union, *Ḥizb-i waḥdat*, und nach Einigung über die turnusmäßig wechselnde Präsidentschaft, ein Burgfriede vereinbart. Demzufolge sollte eine Art Expertenkommission der *Ahl-i ḥall wa ʿaqd*[36] die Wahl des Staatspräsidenten nach altem islamischen Vorbild vornehmen. Es zeigte sich jedoch, daß diese Kommission die bei den Afghanen akzeptierte traditionelle „große Versammlung" *(Loya jirga)* nicht ersetzen konnte, so daß die Legitimität der Wahl Präsident Rabbānīs in Frage gestellt wurde. Kurz darauf brachen heftige Kämpfe zwischen der von der Jamʿīyat-i islāmī geführten Regierung und dem radikal-fundamentalistischen, nominellen Ministerpräsidenten Ḥikmatyār von der Ḥizb-i islāmī aus. Allerdings wechselten die Koalitionen in der Zentrale Kabul immer dann, wenn das Gleichgewicht der Kräfte gestört wurde. Dabei spielten die unterschiedlichen religiösen Vorstellungen sowie die sprachlichen und ethnischen Unterschiede kaum eine Rolle, wie die im Herbst 1993 neu gebildete Koalition der *Junbish*-Bewegung des Usbekengenerals Dustum und der Ḥizb-i islāmī von Ḥikmatyār belegt. Außerdem greifen neue Kampfgruppen unerwartet in die Auseinandersetzungen ein, wie die Ṭālibān (von arab. sing *ṭālib*, Schüler), die mittlerweile ca. ein Fünftel des Landes kontrollieren und dort eine theokratische Herrschaft ausüben.

Unabhängig von der Hauptstadt haben sich in den Provinzen „lokale Regierungen" gebildet, in denen die ehemaligen Frontkommandanten nach islamischer Vorstellung eine *shūrā* gebildet haben, dessen Vorsitzende, meist Emir (arab. *amīr*) genannt, für Sicherheit und Ordnung sowie Rechtsprechung und Finanzen sorgen. Einige dieser Provinzen sind relativ stabil, so z. B. Herat und Badghis unter Emir Ismāʿīl Khān, und einige Nordprovinzen unter der Führung von General Dustum. Andere Provinzen sind jedoch eher labil, so daß der Bruderkampf jederzeit neu ausbrechen kann.

Gleichwohl werden aber sowohl in der Hauptstadt Kabul als auch in den Hauptprovinzen die einzelnen Gruppierungen von den Nachbarstaaten je nach ihren eigenen politischen Vorstellungen und religiösen Überzeugungen massiv unterstützt. Dabei finanzieren fundamentalistische Staaten wie Saudi-Arabien und die Golfemirate ihre Interessengruppen ebenso wie Pakistan und Iran.

Es ist sehr schwierig, in der heutigen (1995) Entwicklung der islamistischen und fundamentalistischen Parteien Afghanistans eine einheitliche

Linie zu finden. Sie weisen einmal die Spuren der autochthonen Entwicklung auf, die aus der Kulturgeschichte und der ethnischen Struktur des Landes ebenso gespeist wird wie aus dem ständigen Befreiungskampf des Volkes gegen die fremden Eindringlinge. Sie zeigen zum anderen aber auch Elemente der neuzeitlichen Fundamentalismus-Bewegungen. Hierzu gehört die große Anhängerschar der Jamʿīyat-i islāmī des derzeitigen Staatspräsidenten Rabbānī und ihres militärischen Flügels unter Aḥmad Shāh Masʿūd, die besonders bei den persisch-sprechenden Bevölkerungsteilen verbreitet ist. Diese verstehen sich in Afghanistan als die eigentlich kulturtragenden Segmente des gesamten Volkes. Ihre Führer standen unter besonderem Einfluß der Gelehrten der *Azhar* sowie unter dem der Führer der Muslimbruderschaft. Daneben ist in diesem Zusammenhang der spezifische Islamismus der indischen *Deoband*-Schule und des Fundamentalisten Abū l-Aʿlā al-Maudūdī zu nennen. Während beispielsweise die Ideologie der Partei Jabha-yi nijāt-i millī (Mujaddidī) der Orthodoxie des Deoband zugeordnet werden kann, ist der besondere Einfluß al-Maudūdīs und der Träger des pakistanischen Fundamentalismus auf die radikale Ḥizb-i islāmī (Ḥikmatyār) und die noch radikalere Ṭālibān-Miliz zurückzuführen. In ähnlicher Weise steht die Ittiḥād-i islāmī (Saiyāf) nahezu unter direktem Einfluß der Muslimbruderschaft. Traditionalistisch-islamistische Vorstellungen prägen ferner die Mahāz-i millī (Gailānī), traditionalistisch-nationalistische Elemente sind dagegen für die Ḥarakat-i inqilāb-i islāmī (Muḥammadī) bezeichnend.

Die Unterstützung dieser islamistisch-sunnitischen Parteien Afghanistans durch islamistische Regierungen bzw. Bewegungen des Auslandes zeigt darüber hinaus, daß einige der heutigen Parteiführer als nahezu „klassische" Fundamentalisten gelten können, die, wie alle Fundamentalisten (auch anderer Glaubensrichtungen, wie Tibi feststellt), eher „homines politici" als „homines religiosi" seien, weil im Mittelpunkt des Denkens und Handelns dieser Menschen die „politische Herrschaft" steht und nicht die Religiosität.[37] Die Formel von der „Einheit der *umma*" ist dabei nur als ein religiöses Lippenbekenntnis zu verstehen, das für ihr politisches Handeln kaum von Bedeutung ist. Dagegen ist ihr Kampf gegen Demokratie und Meinungsfreiheit, sogar gegen jede andere Überzeugung, die von ihren politischen und gesellschaftlichen Vorstellungen abweicht, programmiert. Es ist auch sehr schwierig, bei den islamistischen Parteien Afghanistans eine Synthese zwischen einer parlamentarischen Demokratie und der von ihnen angestrebten islamistischen Staatsform zu finden. Die Toleranz, die den klassischen Islam auszeichnete, und die Respektierung der Menschenrechte, wie sie heute im Westen verstanden werden, sind dem heutigen Islamismus in Afghanistan fremd. Dies gilt aber auch für die im politischen Kampf gegen die sunnitische Mehrheit stehende Minderheit der schiitischen fundamentalistischen Parteien, die in der Ḥizb-i waḥdat zusammengeschlossen sind. Die Parteien dieser sehr inhomogenen „Vereinigung", die mit iranischer Unterstützung zustande kam, beweisen einerseits Loyalität gegenüber der iranischen Führung. Andererseits zeigen sie aber auch ein gewisses Maß an Unabhängigkeit, woraus sich ihre bewußte Distanz zu politisch-motivierten Zwecken der iranischen Einmischung ableiten läßt.

Sowohl die religiöse als auch die politische Fragmentierung der Parteien bedroht gegenwärtig die Existenz und die Einheit des „Islamischen Staates Afghanistan". Der derzeitige religiös-politische Kampf um Kabul ist mittlerweile auf die Provinzen übergesprungen, die ihr Abhängigkeitsgefühl vom Zentrum Kabul lockern, die sich wie lokale Feudalstaaten formiert haben und sich in ihrer Entwicklung immer weiter voneinander entfernen. Der Kampf um die religiöse und politische Herrschaft im afghanischen Bürgerkrieg ist noch lange nicht entschieden.

5. Rußland, islamische Republiken des Kaukasus und Zentralasiens

(Hans Bräker)

a) Einführung: Zusammenbruch der Sowjetunion und Islam-Frage

Der Zusammenbruch und Zerfall der Sowjetunion im August 1991 und die Gründung der „Gemeinschaft Unabhängiger Staaten – GUS", in der sich Rußland, die Ukraine und Weißrußland Anfang Dezember 1991 in Kiew zusammengeschlossen haben, hat eine veränderte Situation für die Beurteilung des Islams beziehungsweise der sich zum Islam bekennenden türkisch- und persischstämmigen Völker im Kaukasus und in Zentralasien geschaffen: Noch bis 1991 waren alle Völker des Raumes zwischen dem Kaukasus und der chinesischen Grenze als Unionsrepubliken der Sowjetunion dem Druck der Religions- und Minderheitenpolitik Moskaus ausgesetzt. Das politische und ideologische Ziel dieser Politik war es, sie durch Einebnung ihrer ethnischen Identität und Eliminierung ihres islamischen Bewußtseins unlösbar in das sowjetische Imperium einzubinden. Die Beobachtung des islamischen Widerstandes gegen die sowjetische Herrschaft mußte zwangsläufig die Analyse der islamischen Völker dieses Raumes, der fünftgrößten in sich geschlossenen Völkergemeinschaft in der gesamten islamischen Weltgemeinschaft, bestimmen.

Diese Analyse war mit erheblichen Problemen verbunden.[1] Die zuverlässige quantitative Erfassung der sich zum Islam Bekennenden war schwierig, weil Angaben über die Religionszugehörigkeit in den offiziellen sowjetischen Statistiken seit den zwanziger Jahren dieses Jahrhunderts nicht mehr enthalten waren. Die qualitative Beurteilung des Bekenntnisses zum Islam konnte sich nur auf die Auswertung offizieller und offiziöser Publikationen der Moskauer Staats- und Parteiführung stützen. Soweit darin zur Islam-Problematik im Kaukasus und in Zentralasien berichtet oder Stellung genommen wurde, handelte es sich um kritische Äußerungen, die deren grundsätzlich ablehnende Haltung zur Islam-Frage und negative Beurteilung aller Aktivitäten des Islams in der Sowjetunion widerspiegelten. Sie ermöglichten allerdings auch relativ zuverlässige Rückschlüsse auf seinen Zustand und seine Entwicklung unter den Bedingungen der militant-repressiven atheistischen Sowjetherrschaft.

Mit dem Ende der marxistisch-leninistischen Ideologie und des Vielvölkerstaates Sowjetunion sind diese Bedingungen entfallen. Das postkommunistische politische und geistige Vakuum, in das Rußland und die neuen Staaten der GUS geraten sind, hat aber bisher und ganz sicher auch noch für lange Zeit – wegen noch immer fehlender zuverlässiger Unterlagen – die Voraussetzungen für die Beurteilung des Islams nicht verändert. Man kann weiterhin davon ausgehen, daß sich hier zwischen 50 und 60 Millionen Menschen zum Islam bekennen. Auch für seine qualitative Bewertung bleiben die Voraussetzungen schwierig. Die Feststellung, daß etwa 90% der Muslime dem sunnitischen Islam und 10% dem schiitischen zuzurechnen sind, entspricht sicher der Realität, erlaubt aber keine subtilere Beurteilung seiner spezifischen Struktur und seines Charakters. Die Kriterien dafür sind – auch im Interesse der Einschätzung seiner zukünftigen Entwicklung – nur abzuleiten

- aus der historischen Entwicklung des Islams in diesem geographischen Raum,
- aus der spezifischen Struktur, die er dabei angenommen hat, und
- aus den zunehmend deutlicher hervortretenden Bedingungen, von denen seine postkommunistische Orientierung bestimmt wird.

b) Der Islam im Kaukasus und in Zentralasien

Historischer Hintergrund – jihād und Ausbreitung

Bis Ende des 18. Jahrhunderts haben sich die geschlossen im Kaukasus und in Zentralasien lebenden islamischen Völker als feste Bestandteile des türkisch-persischen Kulturraumes verstanden. Im 19. Jahrhundert wurden sie mit dem kolonialen Vordringen der zaristischen Truppen – in der ersten Hälfte nach dem Kaukasus und in der zweiten Hälfte nach Zentralasien (Westturkestan) – in das Russische Reich eingegliedert. Nach der Oktoberrevolution 1917 blieben sie als die sechs Unionsrepubliken Aserbaidschan, Turkmenistan, Usbekistan, Tadschikistan, Kirgisistan und Kasachstan bis 1991 Bestandteile des sowjetrussischen Vielvölkerstaates. Sie erklärten im Laufe des Dezember 1991 nacheinander ihre staatliche Unabhängigkeit[2] und kehrten damit in einen Zustand zurück, der mit dem vor 1800, zumindest aber vor 1917 zu vergleichen ist, sich aber dennoch in vielerlei Hinsicht von ihm unterscheidet.

Der Raum zwischen dem Schwarzen Meer und der chinesischen Grenze gehört nicht zum Kern-, sondern zum Missionsbereich des Islams. Er ist durch den *jihād* – den Heiligen Krieg – zum Bestandteil der *umma* geworden, der Gemeinschaft der Muslime oder richtiger: der nach dem Koran besten, im göttlichen Schöpfungs- und Heilsplan vorgesehenen Gemeinschaft. Der jihād dient – daran muß erinnert werden – sowohl der Expansion wie auch der Verteidigung des Macht- bzw. Geltungsbereiches des Islams und dauert solange, bis der Islam überall zur beherrschenden Religion geworden ist. Er richtet sich gegen alle Nichtmuslime; sie werden als „Ungläubige" angesehen. Sofern sie „Buchbesitzer", also Juden oder Christen sind, ist der jihād mit deren Unterwerfung abgeschlossen, er fordert aber nicht ihren Übertritt zum Islam. „Nicht-Buchbesitzer" müssen hingegen bis zur Annahme des Islams bekämpft werden.[3]

Diese beiden Merkmale des jihād haben den Islam im Kaukasus und in Zentralasien geprägt.[4] Der sunnitische Islam war bereits seit der ersten Hälfte des 8. Jahrhunderts in diese Räume vorgedrungen; schon zu dieser Zeit gab es in Buchara und Samarkand Moscheen.[5] Dabei handelte es sich im Sinne des jihād um einen unmittelbaren Vorstoß muslimischer Araber in „ungläubige" Räume. Im 10. Jahrhundert wurde der Islam hier von den iranischen Samaniden endgültig durchgesetzt, der jihād hatte sein Ziel erreicht. Der vom Propheten verkündete Glaube wurde zum bestimmenden Element der Kultur. Seitdem sind diese Räume wichtige Bestandteile der umma. Insbesondere Zentralasien wurde zu einem bedeutenden Zentrum der islamischen Kultur – so etwa der persischen wissenschaftlichen und theologischen Literatur.

Struktur und Qualität des Islams

Der durch den jihād in diese Räume getragene Islam ist auf den ersten Blick von den gleichen Strukturen geprägt wie in der gesamten umma: die Mehrheit der 50 bis 60 Millionen Muslime wird, wie erwähnt, dem sunnitischen Islam (90%; hauptsächlich in Zentralasien), die übrigen dem schiitischen Islam (10%; fast ausschließlich im Kaukasus) zugerechnet. Damit erschöpfen sich allerdings die Gemeinsamkeiten des Islams in diesen geographischen Räumen mit denen in der weiteren umma.

Wichtigstes Merkmal war nie die für die umma typische „Konfessionalisierung", sondern eine Art von Synkretismus: Wie in den meisten süd- und südostasiatischen Expansions-(Missions-)Räumen des Islams war auch im Kaukasus und in Zentralasien der Sufismus – der mystische Islam – die wichtigste formative Kraft.[6] Er hat den Islam bis in seine entlegensten Gebiete und weit nach China hinein (Xinjiang/Ostturkestan) getragen und dauerhaft verwurzelt.

Die besondere Bedeutung dieses Phänomens ist nur durch die Erläuterung einiger grundsätzlicher Wesensmerkmale des Sufismus zu bestimmen; sie waren für seine Existenz und für seine Behauptung seit Beginn des 19. Jahrhunderts von elementarer Bedeutung:[7] Der Koran fordert von den Gläubigen, so zu leben, als stünden sie ständig im Angesicht Gottes. Im Verständnis der *ʿulamāʾ*, der gelehrten Kenner von Religion und Gesetz, ist diese Forderung nur durch die kompromißlose Befolgung der *sharīʿa* gewährleistet. Für die islamischen Mystiker hingegen, die Sufis (von arab. sing. *ṣūfī*), führt nicht die strikte Befolgung der sharīʿa zur Gotterkenntnis, sondern die innere Einstellung, mit der die Gläubigen ihren religiösen Verpflichtungen nachkommen. Der Anspruch, Gott nur mystisch erkennen zu können, mußte zwangsläufig die Autorität der ʿulamāʾ in Frage stellen;

der mystische Weg zu Gott erkennt keinen Mittler zwischen Mensch und Gott an.

Um die hervorragendsten Sufis scharten sich ursprünglich wenige Schüler, um von ihnen den besonderen „Pfad" ihrer Annäherung an Gott *(ṭarīqa)* zu erfahren und praktizieren zu lernen. Die Konsequenz war die unmittelbare Bindung der Schüler an ihre jeweiligen „Meister" (arab. *shaikh*; pers. *pīr*), führte aber auch zum Entstehen vieler voneinander unabhängiger Schulen. Nach dem Tode wurden die Meister weiterhin verehrt; ihre Gräber und Schreine wurden zu Kultorten für alle Anhänger des von ihnen gewiesenen Pfades. Unter dem Druck der Russifizierungspolitik seit Anfang des 19. Jahrhunderts und besonders der Sowjetisierungspolitik nach 1917 sollten sie im Kaukasus und in Zentralasien weit über die kultische Bedeutung hinaus zu Stätten der Heiligenverehrung, zu Heiligen Stätten werden.

Nach der späteren Auffassung sollte der Sufi sich nicht allein auf den „Weg zu Gott" begeben. Sie führte seit Ende des 11. Jahrhunderts zur Bildung von Gemeinschaften, von Orden oder Bruderschaften (*ṭarīqāt* oder *ṭuruq*), die vor allem im nichtarabischen Raum zu den eigentlichen Missionsträgern des Islams wurden. Von den bekanntesten Sufi-Bruderschaften waren es in erster Linie die *Naqshbandīya* und die *Qādirīya*, die den Islam bis in die entlegensten Gebiete des Kaukasus und Zentralasiens trugen und tiefe Wurzeln bei den hier lebenden persischen und türkischen Völkern schlagen konnten. Im Laufe der Jahrhunderte identifizierten sie sich immer stärker mit dieser formativen Kraft des Islams, obwohl sie sich auch weiterhin zum sunnitischen oder schiitischen Zweig des Islams bekannten.

Auf einen anderen wichtigen Aspekt muß in diesem Zusammenhang hingewiesen werden: Die Mystiker sahen sich wegen des bedingungslosen Widerspruchs, den ihr Koranverständnis bei den ʿulamāʾ auslöste, genötigt, ihre Lehre zu einem esoterischen, zu einem nur für Eingeweihte bestimmten „System" zu entwickeln; dies ermöglichte es ihnen, sich der Kontrolle der ʿulamāʾ zu entziehen. In Persien, im Kaukasus und in Zentralasien verstand sich die sufische Esoterik immer als innerhalb der schiitischen Tradition stehend. Sie besagt, daß der Prophet nur ʿAlī als seinem einzig legitimen Nachfolger in der Leitung der umma den Sinn der Offenbarung Allahs anvertraut habe und daß sie infolgedessen auch nur von diesem und seinen Nachfolgern weitergetragen werden könne. Die Berufung auf die Kette der schiitischen Tradition mußte die Sufis zusätzlich in Gegensatz zu den ʿulamāʾ bringen.

Erst der große islamische Rechtsgelehrte Abū Ḥāmid Muḥammad al-Ghazālī (1059–1111) hat die darin begründeten Spannungen zwischen dem sunnitischen und dem sufischen Islam ausgeglichen: Er hatte sich auf dem Wege seiner „Suche nach Gott" dem Sufismus zugewandt in der Überzeugung, daß der mystische Pfad sowohl den intellektuellen Glauben (Gesetzesislam) wie auch die praktischen Aktivitäten der Muslime (Sufismus) beinhalte. Diese Einstellung ermöglichte es ihm, die scholastischen und mystischen Gedankensysteme – Gesetzesfrömmigkeit, Dogmatik und Mystik – zu einem harmonischen Ganzen zu verknüpfen. Damit waren nicht etwa die Wege der ʿulamāʾ und der Sufis miteinander verschmolzen, sie hatten aber eine Art von Verbindungsglied erhalten.

Bereits in dieser frühen Entwicklung ist die doppelte Jurisdiktion des Islams im Kaukasus und in Zentralasien begründet, die seinen Widerstand gegen die „ungläubigen" europäischen Kolonialisten Rußlands beziehungsweise der Sowjetunion seit Anfang des 19. Jahrhunderts ermöglichte. In der sowjetischen Terminologie wurde der Sufismus deswegen mit dem Begriff „Parallel"-Islam, zuweilen auch als „illegaler" Islam gekennzeichnet.

c) Das koloniale Vordringen Rußlands nach dem Kaukasus und Zentralasien

Mit seinem kolonialen Vorstoß konnte das zaristische Rußland den Bereich seiner Machtausübung bis an die Grenzen der früheren Sowjetunion beziehungsweise der seit Ende 1991 unabhängigen kaukasischen und zentralasiatischen Republiken mit Iran und Afghanistan vorschieben. Die Russen waren in einen Raum vorgestoßen, der für sie politisch und geistig mehr oder weniger „Neuland" bedeutete.[8]

Zerstörung der religiösen und ethnischen Einheit

Die im großen und ganzen willkürlich gezogenen Grenzen trennten gleiche, ethnisch zusammengehörende türkische und persische Völker, Stämme, Clans oder sogar Familien. Die Islam-Frage hatte seitdem grenzüberschreitenden politischen Charakter. Ihre besondere Sprengkraft ergab sich daraus, daß die nördlich dieser Grenze lebenden Aseri (Aserbaidschaner), Turkmenen, Usbeken, Tadschiken und Kirgisen mit ihrer Herauslösung aus dem größeren türkisch-persisch-islamischen Kulturraum und damit auch aus der *umma* zu Minderheiten *(dhimmiyūn)* in einem christlichen Staat, dem christlich-orthodoxen Rußland, wurden, d. h. sich auf die Ebene einer zugleich religiös und ethnisch untergeordneten Minderheit herabgestuft sahen. Sie gerieten unter die Herrschaft von „Ungläubigen" – eine für das Selbstverständnis der Muslime paradoxe, unvorstellbare und unannehmbare Rolle. Die Folge war, daß ihr Bekenntnis zum Islam durch eine bis dahin in der umma weitgehend unbekannte nationale Komponente ergänzt wurde: In ihrem gemeinsamen Bekenntnis wurden sie sich erst ihrer ethnischen Zusammengehörigkeit bewußt und damit auch der Tatsache, nicht zum christlich-orthodoxen, zu einem europäischen Staatsvolk zu gehören.

Als Konsequenz daraus ergab sich auch ihr spezifisches umma-Verständnis: Sie ließen nie einen Zweifel an ihrer Zugehörigkeit zur umma aufkommen. Aber sie blieben auch weitgehend von den meisten Problemen des arabischen Kernlandes der umma unberührt – wie auch die arabischen Muslime von den Problemen derjenigen in Rußland und später in der Sowjetunion kaum berührt waren. Bestimmend für das Profil der Muslime im Kaukasus und in Zentralasien wurden ihre religiösen, ethnischen und politischen Bindungen untereinander, ihre Beziehungen zu den Muslimen in Ostturkestan (Xinjiang/China), Afghanistan und in Iran sowie ihre traditionellen ethnischen, religiösen und historisch-politischen Bindungen an die Türken in der heutigen Türkei.

Pazifizierungspolitik und Widerstand

Dieses neue Selbstverständnis bekam eine zusätzliche Dimension durch die Politik der „kulturellen Befriedung", mit der die Russen die neugewonnenen Gebiete dauerhaft an sich zu binden suchten: Im Kaukasus zielte sie, dem Selbstverständnis der Zaren als Beschützer der Christen im Osmanischen Reich gemäß, darauf, die christlichen Armenier von der „Knechtschaft des Islams" zu befreien. In Zentralasien, wo es keine vergleichbaren Gründe für die Pazifizierungspolitik gab, ging es ihnen von vornherein offen um die Zurückdrängung des Einflusses der islamischen Geistlichkeit, um die Eliminierung der kanonischen islamischen Rechtsordnung und um die „Erziehung der muslimischen Frauen" als Voraussetzung für die dauerhafte Durchsetzung ihrer Ordnung.

Damit wurde der muslimische Widerstand gegen die russischen „Ungläubigen" geradezu provoziert.[9] Im Kaukasus begann er bereits im frühen 19. Jahrhundert und richtete sich nicht nur gegen die Russen, sondern auch gegen die von diesen „beschützten" Armenier. Zur zentralen Persönlichkeit dieses Widerstandes wurde das geistliche Oberhaupt des sufischen *Naqshbandī*-Ordens, Imam Shāmil (1797–1871). Er trieb seine Muslime gegen die „ungläubigen" russischen Okkupanten zum Heiligen Krieg (Muriden-Krieg), der von 1834 bis 1859 dauerte und von der zaristischen Armee nur aufgrund ihrer zahlenmäßigen und technischen Überlegenheit erst nach 25 Jahren niedergekämpft werden konnte.

In Zentralasien (Westturkestan) war das Khanat Kokand eines der wichtigsten Zentren des Widerstandes. Auch hier wurde den Russen der Heilige Krieg erklärt; er wurde gleichfalls blutig niedergeschlagen. Sein Schwergewicht verlagerte sich nach Ostturketan (Xinjiang/China). Der geflohene Kokander General Yakub Bek (Yaʿqūb Beg) ließ sich in Kashgar zum Khan erheben und begründete ein strenges Islam-Regime; es sollte zum Kern eines auf die Hohe Pforte konzentrierten Islam-Reiches werden, das alle türkischen und persischen Völker Ost- und Westturkestans und die islamischen Regionen des Kaukasus umschließen sollte. Auch dies verhinderte die zaristische Regierung: Sie lud Yakub Bek zu Verhandlungen nach Westturkestan ein; er verschwand spurlos in Rußland.[10] Etwa zur gleichen Zeit wurde den Russen in Kazan, einem islamischen Zentrum des Russischen Reiches, das bereits im 16. Jahrhundert in das Großfürstentum Moskau integriert worden war, der Heilige Krieg erklärt. Er wurde passiv geführt, d. h. nicht mit Waffengewalt, sondern mit der Weigerung, Steuern an Rußland zu zahlen und Militärdienst in der zaristischen Armee zu leisten – eine ungewöhnliche, weil bis dahin unbekannte Variante des Heiligen Krieges. Erst angesichts solcher Eruptionen begann die zaristische Regierung die politische Brisanz der für sie neuen Islam-Problematik zu begreifen.

Islamische Erneuerungsbewegung

In unmittelbarem Zusammenhang damit entwickelte sich als geistige Komponente der Reaktion auf die als Bedrohung ihrer religiösen und kulturellen Identität empfundene Pazifizierungspolitik der Russen in der zweiten Hälfte des 19. Jahrhunderts eine breite islamische Reformbewegung.[11] Ihr ist es zu verdanken, daß eine gemeinsame Basis der Reformströmungen in Rußland und in der arabisch-islamischen Region geschaffen wurde und erhalten geblieben ist: Wie sich das Problem der „Moderne" für den Islam im Nahen und Mittleren Osten in den Kolonialmächten England und Frankreich verkörperte, so für die Muslime im Kaukasus und in Zentralasien in der Kolonialmacht Rußland. Hier wie dort spielte für die muslimischen Intellektuellen eine zentrale Rolle, daß sich der europäische „Modernismus" vor allem im Christentum als dem Instrument der kolonialen Expansion widerspiegelte.

Die Abwehr der kulturellen Überfremdung durch Erneuerung des Islams und der islamischen Kultur hatte für ihre Repräsentanten absolute Priorität: Für den theologischen Vorkämpfer der islamischen Erneuerung, den Theologen, Historiker und Archäologen Maržani (1818–1889) war ihrer Bedrohung und Überfremdung nur durch die Rückkehr zu den reinen Formen des Islams entgegenzutreten, deren Maßstäbe schon al-Ghazālī (1050–1111) gezogen hatte. Maržani und seine Schüler Rizaeddin Fahreddin (Reża ad-Dīn Fakhr ad-Dīn, 1859–1956) und Musa Bigi (Mūsā Bīgī, 1875–1949) galten als orthodoxe Theologen. Sie lehnten zugleich aber auch puristische Formen des Islams ab, wie sie von den Wahhabiten auf der Arabischen Halbinsel durchgesetzt worden waren. Ihr Vorwurf an die orthodoxen Theologen, aus dem Islam eine vom Klerus abhängige Religion gemacht zu haben, führte zum Bruch innerhalb der Geistlichkeit, der die Herausbildung von zwei Richtungen zur Folge hatte: die „Kadimisten" (von arab. *qadīm* bzw. türk. *kadim*, alt), die „Konservativen" oder „Traditionalisten" – und die „Dschadidisten" (von arab. *jadīd* bzw. türk. *cedid*, neu), die „Fortschrittlichen" oder „Modernisten".

Die Tätigkeit der modernistischen Reformer, gleichfalls Schüler oder Altersgenossen von Maržani, war auf das Erziehungs- und Bildungssystem gerichtet: Die zum Beispiel von Ismāʿīl Gasprali (Gasprinski, 1851–1914) in Zentralasien geschaffene moderne „pantürkische" Literatursprache hat den Gefahren einer Aufspaltung in verschiedene Literatursprachen entgegengewirkt, zur Wiederentdeckung der klassischen Literatur geführt und nicht zuletzt damit die Belebung des historischen Bewußtseins in Zentralasien bewirkt. Zusammen mit den Türkei-Türken Ali (ʿAlī) Suawi, Süleyman Pascha, Mehmed Emin und Ziya (Żiyā') Gökalp, wurde Gasprali zum Vorkämpfer und Mitbegründer des sogenannten „Turanismus", jener Ideologie, deren Ziel die politische Zusammenfassung aller Türken der Türkei, Rußlands, Chinas, Irans, Afghanistans, Iraks, Griechenlands, Bulgariens und Zyperns war.[12]

Im Unterschied zu diesen Reformern, die den offenen Kampf gegen die zaristische Herrschaft ablehnten, trat eine kleine, aber wohlorganisierte und sehr aktive Gruppe für entschiedenen Widerstand gegen die russische Macht ein: Ihr wichtigster Exponent Abdurrashid (ʿAbd ar-Rashīd) Ibragimov (gestorben 1944), war im Sinne der panislamischen Ideen al-Afghānīs ein entschiedener Kritiker der islamischen Orthodoxie und ein kompromißloser Feind Rußlands und aller russischen Institutionen. Seiner Initiative war der politische Zusammenschluß der Muslime Rußlands auf den (im Geheimen durchgeführten) Muslim-Kongressen in Nischni Nowgorod (Nižnij Novgorod, 1905), in St. Petersburg (Sanktpeterburg, Januar 1906) und wiederum in Nischni Nowgorod (August 1906) zu verdanken. In St. Petersburg gründete er die *Allrussische Union der Muslime (Ittifāq al-muslimīn).*

d) Islam und sowjetische Politik

Ideologische Einordnung

Nach dem revolutionären Umbruch des Jahres 1917 hat die Konfrontation mit dem Islam neue, viel gefährlichere Dimensionen angenommen: Die bereits am 7. Dezember 1917 veröffentlichte, von Lenin und Stalin unterzeichnete „Botschaft an die Werktätigen Muslime Rußlands und des Orients" ließ erkennen, daß die neue (bolschewistische) Führung Rußlands den Zusammenhang von religiöser und ethnischer Frage im Kaukasus und in Zentralasien und die in ihr enthaltene potentielle Gefahr für den Bestand des Staates erkannt hatte. Sie schien entschlossen, ihr durch Entgegenkommen entgegenzuwirken: „Ihr alle, deren Moscheen und Bethäuser zerstört, deren Glauben und Sitten von den Zaren und Bedrückern Rußlands niedergetreten wurden!", heißt es darin u. a. wörtlich,[13] „Von jetzt an werden Eure Glaubensbekenntnisse und Sitten, Eure nationalen und kulturellen Einrichtungen frei und unantastbar erklärt. Richtet Euer nationales Leben frei und ungehindert ein. Ihr habt ein Recht darauf. Wisset, daß Eure Rechte, gleich wie die Rechte aller Völker Rußlands, mit der ganzen Macht der Revolution und ihrer Organe ... geschützt werden."

Die dieser Botschaft innewohnende Sprengkraft zeigte sich schnell in der Theorie des säkularen Ideen zuneigenden tatarischen Muslims Mir-Said Sultan Galiev. Ihre Absicht war, den Gefahren entgegenzuwirken, die vom *dhimmī*-Status der Völker des Kaukasus und Zentralasiens für die Muslime und die neue Sowjetführung gleichermaßen ausging. Das Ziel der an den islamischen Strukturgegebenheiten Zentralasiens orientierten Theorie des Sultan Galiev war der Aufbau unabhängiger national-kommunistischer Staaten als Kern einer unabhängigen *Internationale der Kolonialvölker.*[14] Zu ihr sollten auch die unter britischer und französischer Herrschaft im Nahen und Mittleren Osten stehenden Völker gehören. Lenin und Stalin erkannten sofort, daß schon die Existenz dieser Theorie und erst recht ihre Verwirklichung die seit Beginn des 19. Jahrhunderts vorhandenen zentrifugalen politischen Tendenzen in diesen Räumen fördern mußte. Sie erstickten diese „Häresie" im Keime und ließen Sultan Galiev von der Bildfläche verschwinden; in den dreißiger Jahren wurde er auch physisch liquidiert.

Auf solche dem neuen Sowjetstaat drohenden Gefahren hat dann zum ersten Mal offen der Sonderbevollmächtigte für die Angelegenheit des Sieben-Strom-Landes, G. V. Safarov, auf dem 10. Kongreß der *Kommunistischen Partei Rußlands (Bolschewiki)* 1921, hingewiesen:[15] Sie gingen, stellte er fest, von zwei Strömungen aus: Die Konservativen oder Traditionalisten hielten an ihrer alten Kultur fest, widersetzten sich jeder Weiterentwicklung, leugneten jede Nationalität und bezeichneten sich mit dem „Sammelbegriff Muslime". In dieser Masse gingen zwar die Nationalitäten auf, und ihre sozialen Besonderheiten verwischten sich, aber nur, um als eine einzige und gleiche „Nation" wieder hervorzutreten – als „*die* muslimische Nation". Die Fortschrittlichen oder Modernisten hingegen träten für Reformen ein und tendierten zu einem chauvinistischen Nationalismus. Die von ihnen dem Sowjetstaat drohenden Gefahren seien um so größer, als dieser spezifisch islamische Nationalismus in der Kommunistischen Partei Fuß zu fassen beginne.

Die Sowjets hatten also durchaus erkannt, daß ihr Herrschaftsanspruch in den islamischen Gebieten nur im Kampf gegen den Islam durchgesetzt und gesichert werden konnte. Der Verzicht auf diesen Kampf hätte den Verzicht auf die ideologisch-atheistischen Grundlagen des Sowjetsystems vorausgesetzt. Da dies undenkbar war, mußte der Kampf gegen den Islam für sie unausweichlich sein. Auch der Islam und seine Repräsentanten waren dadurch gezwungen, sich mit dem Marxismus-Leninismus auseinanderzusetzen, wenn sie sich behaupten wollten.

Islam und russisch-orthodoxe Kirche

Dennoch sahen sich die Sowjets gezwungen, die Lösung der religiösen und ethnischen Probleme in den islamischen Regionen zunächst dilatorisch zu behandeln. Ihr vorrangiges Problem war die russisch-orthodoxe Kirche. Aufgrund ihrer Identifikation mit dem Staat und des Staates mit ihr in der vorrevolutionären Zeit war sie eine Institution von erheblichem Gewicht. Die Bedeutung dieses Wechselverhältnisses – auch für den Islam – ist nur zu ermessen, wenn man sich die historische Dimension der Gleichsetzung von „rechtgläubig" und „russisch" vergegenwärtigt:[16] Sie war der mächtige Impuls, der von der russischen Selbstbehauptung im Mittelalter gegen die mongolischen Eroberer ausging. Nach der Einnahme Konstantinopels, des „Zweiten Rom", durch die islamischen Türken (1453) wurde sie im Selbstverständnis sowohl der Hofgeistlichkeit wie auch der Fürsten Moskaus zu dem Anspruch erhoben, das russische Volk und seine Herrscher seien die von Gott berufenen Hüter des rechten Glaubens und Moskau als das „Dritte Ewige Rom" für alle Zeit das alleinige Zentrum der Christenheit. Prophezeihungen in der Bibel, daß „das Reich Gottes, das diesem Volk genommen und einem anderen gegeben wird..., seine Früchte bringt" (Matthäus 21,43) konnten – obwohl ursprünglich ein ganz auf das Transzendente gerichteter Bußruf – als eine innerweltlich-politische Verheißung interpretiert werden und den Universalitätsanspruch der Moskauer Zaren und Patriarchen begründen. Der Kult des „Rechtgläubigen Dritten Rom" umgab das wachsende Moskauer Reich nun mit einer nur dem Reichskult orientalischer Kulturen vergleichbaren Gloriole. Bei dieser Staatsideologie handelte es sich um die innerste Durchdringung von totalem christlichen Verantwortungsbewußtsein und genauso totalem weltlichen Machtwillen. Aus ihr wird auch die Identifikation der russisch-orthodoxen Kirche mit den kolonialen Expansionsbestrebungen verständlich – insbesondere bei der Einbeziehung solcher „heidnischen" Räume wie Zentralasien in den russischen Staat. Diese Identifikation hat eine strenge hierarchische Institutionalisierung innerhalb der Orthodoxie bewirkt, diese zugleich aber auch eng an den Staat gebunden.

Die Moskauer Führung hat sich dementsprechend bei der Konstituierung und Kodifizierung ihrer Religionspolitik vorrangig an der Institution russisch-orthodoxe Kirche orientiert. Die Konsequenz war eine Religionspolitik auf zwei Ebenen:[17] Die Religionsgesetzgebung des Staates zielte vor allem auf die Entmachtung der institutionellen Einrichtungen der Kirche. Das erklärte Ziel der Religionskritik und Atheismus-Politik hingegen war die „Auslöschung des religiösen Bewußtseins".

Diese Religionspolitik war die Basis auch der Politik gegenüber dem Islam. Sie mußte deshalb zwangsläufig an ihm vorbei führen und sich im Ergebnis negativ oder sogar kontraproduktiv auswirken; denn der Islam hat im Unterschied zu den anderen monotheistischen Religionen nie institutionalisierte kirchliche Formen gekannt. Muḥammad hat eine Religion gestiftet, die ohne jeden festen Rahmen geblieben ist. Fragen der kirchlichen Hierarchie und der Jurisdiktion haben im Islam nie eine zentrale Rolle gespielt. „Gemeinde" als institutionalisierte Religionsgemeinschaft und kirchliche Amtsträger waren für die Muslime niemals eine zwingende Voraussetzung, das Vorhandensein von Moscheen als gottesdienstliche Stätten nie eine unabdingbare Notwendigkeit für die Praktizierung ihres Glaubens. Die eigentliche Klammer war und ist für sie die Gemeinschaft aller Gläubigen in der *umma*.

Die Religionskritik und Atheismus-Politik der Kommunistischen Partei hatte noch erheblich schwierigere Probleme zu bewältigen. Für sie gab es keine quantifizierbaren Ansatzpunkte wie für die Religionsgesetzgebung des Staates. Ihre Erfolge beziehungsweise Erfolgsaussichten waren von der Erkenntnis abhängig, daß die „Auslöschung des religiösen Bewußtseins" nicht mit legislativen Mitteln zu erreichen, sondern nur in einem langfristigen „Überzeugungs"-Prozeß angestrebt werden konnte, und das heißt auch, von einer höheren Qualität bestimmt sein mußte.

Etappen der Religionspolitik – Behauptung des Islams

Die sowjetische Islam-Politik hat sich in mehreren Etappen vollzogen. In der *ersten Etappe* – bis etwa 1928 – wurden alle legislativen Grundlagen im Rahmen der allgemeinen Religionsgesetzgebung geschaffen; unter den im Kaukasus und in Zentralasien gegebenen Bedingungen erwies sich ihre Durchsetzung allerdings als unmöglich:[18] Bereits 1918 wurden die sowjetische Rechtsauffassung beziehungsweise Rechtsordnung und die sowjetische

Gerichtsbarkeit auch für die islamischen Gebiete als verbindlich dekretiert. Diese Maßnahme war gleichbedeutend mit der Eliminierung der *sharīʿa* und der Scheriatsgerichte, der darauf beruhenden Rechtsprechung. 1922 mußten die Scheriatsgerichte allerdings wieder zugelassen werden. Ihre Ausschaltung hatte sich in der Rechtswirklichkeit als unmöglich erwiesen. Ein Jahr später (1923) wurde aber eine *Gesellschaft der Scheriatsgerichte* gegründet, deren Aufgabe die „richtige Interpretation" des kanonischen Rechts im Sinne der marxistisch-leninistischen Rechtsnormen sein sollte; sie stand unter sowjetischer Leitung. Als sich auch diese „Integrations"-Maßnahme als wirkungslos erwies, wurde dem Scheriat 1928 kurzerhand die finanzielle Basis entzogen.

Dabei handelte es sich um die Verstaatlichung des *waqf*-Besitzes, der religiösen Stiftungen.[19] Sie waren die materielle Grundlage der Scheriatsgerichte, der Moscheen, der Medresen (arab. sing. *madrasa*) sowie der Wohlfahrts- und Bildungseinrichtungen: Auch der waqf-Besitz wurde bereits 1918 verstaatlicht und somit der Verfügbarkeit geistlicher Einrichtungen entzogen. Mitte 1922 mußte auch diese Maßnahme faktisch (nicht de jure) wieder rückgängig gemacht werden, weil damit die materielle Grundlage auch den Religionsschulen entzogen worden war. Auf sie konnte der Staat so lange nicht verzichten, wie weltliche Schulen als Ersatz nicht vorhanden waren. Vorübergehend wurde sogar erlaubt, muslimische Erziehungsgesellschaften zu gründen – mit dem Recht, waqf-Ländereien zu unterhalten. Auch dabei handelte es sich um ein nur zeitlich begrenztes Zugeständnis. Mit Beginn des ersten Fünfjahresplans im Jahre 1928 sah die Moskauer Regierung dieses Problem als gelöst an; die Verstaatlichung der waqf-Ländereien wurde jetzt auch de facto voll wirksam.

Die „weiche Handhabung" des legislativen Instrumentariums der Islam-Politik war allein von pragmatischen Überlegungen, d. h. von der Notwendigkeit bestimmt, die sowjetische Herrschaft nach der Oktoberrevolution zu konsolidieren.

Diese Maßnahmen konnten den Islam vielleicht vorübergehend beeinträchtigen, nicht aber seine Existenz in Frage stellen. Denn die Moskauer Führung hatte nicht erkannt, daß für die Sicherung seiner materiellen Basis nicht nur der waqf-Besitz, sondern der von den Gläubigen geforderte *zakāt*, die Entrichtung der im Koran geforderten freiwilligen Abgabe eines Prozentsatzes ihrer Einkommen, eine wichtige Voraussetzung war; sie entzog sich praktisch jedem staatlichen Zugriff. Noch in den dreißiger Jahren spiegelten die sowjetischen Publikationen das große Unbehagen Moskaus an diesem Abgabe-„Unwesen" wider.

Nicht anders verhielt es sich mit der Religionskritik und Atheismus-Politik der Kommunistischen Partei. Sie wurden zwar, im Unterschied zur legislativen Religionspolitik, seit der Oktoberrevolution mit aller Konsequenz und ohne Konzession an den Pragmatismus praktiziert. Ihren kämpferisch-militanten Charakter nahmen auch sie allerdings erst mit Beginn der Alleinherrschaft Stalins an. Er markiert den Anfang der *zweiten Etappe* der sowjetischen Islam-Politik. Die Bilanz, von der sie ausging, schien ihre

Politik zu bestätigen: Von den 1917 registrierten 26 000 Moscheen wurden bis 1942 etwa 90% geschlossen oder in profane staatliche Einrichtungen umgewandelt – Getreidespeicher etwa oder handwerkliche Betriebe und sogar Atheismus-Museen. 1980 gab es dann in der Sowjetunion, offiziellen Angaben zufolge, nur noch 200 größere Moscheen und weniger als 1000 kleine Bethäuser.

Eine der wichtigsten Folgen der Politik Moskaus war aber der Rückzug der Muslime auf die Pflege ihrer Traditionen, Sitten und Bräuche. Partei- und Staatsführung glaubten, darin sichere Indizien für die zunehmende Verflachung des Bekenntnisses zum Islam als Ergebnis ihrer Politik zur „Auslöschung des religiösen Bewußtseins" erkennen zu können, die sie zunächst als „Überbleibsel des religiösen Bewußtseins" und schließlich nur noch als „folkloristische Äußerungen" qualifiziert haben. Sie hatten aber nicht begriffen, daß es sich dabei um die Befolgung religiöser Verhaltensnormen handelt, die allen Muslimen in der umma auferlegt sind. Sie hatten zum Beispiel der Tatsache keine Bedeutung beigemessen, daß fast alle Muslime noch immer ihre Söhne beschneiden ließen, daß die Feiern zum *Ramaḍān* weitgehend eingehalten wurden, daß Trauungen nach dem islamischen Ritus weit verbreitet und Beisetzungen auf islamischen Friedhöfen nach wie vor die Regel waren.

Erst in der zweiten Hälfte der sechziger Jahre mehrten sich Warnungen vor der opportunistischen Interpretation solcher Erscheinungsformen des Islams. So sah sich beispielsweise Ende 1966 ein prominenter Orientalist veranlaßt, darauf hinzuweisen,[20] daß „Untersuchungen über das Ausmaß der religiösen Gesinnung ... zeigen, daß der Prozentsatz der Gläubigen in den Republiken des sowjetischen Ostens erheblich höher ist als in den anderen Sowjetrepubliken". Die sowjetischen Fachleute müßten sich deshalb endlich eingestehen, daß sie „nur eine dürftige Kenntnis von der Zahl moderner gläubiger Muslime, von ihrer geistigen Welt, ihrer Psyche ... besäßen", daß sie „die besonderen Eigentümlichkeiten der Ideologie des Islams" nur mit unverantwortlichem Dilettantismus behandelt, kurz, „dem Islam nicht mehr Aufmerksamkeit ... als irgendeiner unbedeutenden Sekte" gewidmet hätten. Im April 1978 mußte derselbe sowjetische Orientalist nach wie vor Kritik an den Praktiken des Islams üben:[21] Keine „Modernisierung" könne offenbar „das reaktionäre, inhumane Wesen der islamischen Religion ändern"; sie führe durch die Praktizierung „der Traditionen, Sitten und Rituale ... zur Absonderung und Isolierung ..., zur Stärkung der nationalen Verschlossenheit und zur Hinderung einer Annäherung und Festigung der Freundschaft der Sowjetvölker".

Bereits im ersten Jahr des Krieges gegen Deutschland schien die Moskauer Führung erkannt zu haben, daß ihr ideologischer Determinismus sie an jeder realistischen Einschätzung der religiös-politischen Inhalte des Islams gehindert hatte: Mit der Einrichtung von vier *Geistlichen Verwaltungen der Muslime* 1941/42 in Taschkent, Baku, Buinaksk und Ufa wurde eine neue, die *dritte Etappe* der Moskauer Islam-Politik eingeleitet.[22] Es erwies sich jedoch sehr bald, daß diese neugeschaffenen Institutionen als Vollzugs- und

Kontrollorgane ihrer Islam-Politik zu verstehen waren, die eine Politik der pragmatischen und vor allem jeder Zeit kontrollierbaren Toleranz dem Islam gegenüber gewährleisten sollten. Diese Absicht fand auch darin Ausdruck, daß sie dem 1943 als höchstes Kontrollorgan in Moskau geschaffenen *Rat für religiöse Angelegenheiten beim Ministerrat der UdSSR* zugeordnet wurden.

Diese Rechnung ist nicht aufgegangen: Die aus der Verbannung oder aus dem Exil an die Spitze der vier Geistlichen Verwaltungen berufenen Geistlichen[23] wurden nicht, wie von Moskau erwartet, zu willfährigen Instrumenten der Staats- und Parteiführung. Ihre Politik lief vielmehr darauf hinaus, unter der Decke einer kalkulierten „Umarmung" der sowjetischen Staatsmacht die Lebenskraft des Islams nicht nur zu erhalten, sondern ihren Spielraum zu erweitern. Sie folgte dabei immer dem gleichen, für Außenstehende nur schwer verständlichen schillernden Muster, zwischen Bekenntnissen zu den Zielen der atheistischen Staatsmacht und eindringlichen Beschwörungen der muslimischen Gemeinschaft in der Sowjetunion und ihrer Zugehörigkeit zur umma zu oszillieren.[24]

Zur eigentlichen „natürlichen Speerspitze" des Widerstandes gegen die Sowjetisierungspolitik wurde wieder der Sufismus. Er gehörte nicht zum institutionalisierten Islam, war nicht faßbar und deshalb auch nicht mit dem Instrument Religionspolitik zu bekämpfen. Im sowjetischen Sprachgebrauch wurde er, wie bereits erwähnt, als „inoffizieller" oder „illegaler" Islam qualifiziert.[25] Die Folge war eine schnelle Zunahme der „Heiligen Stätten" in dem Maße, wie „offizielle" Moscheen geschlossen, zweckentfremdet oder zerstört wurden. Zahlenmäßig überstiegen sie schnell die registrierten Moscheen und wurden zum Ziel von Pilgerreisen – in der Regel als Freizeit- oder Erholungsfahrten deklariert. Auch die Zahl der „illegalen Geistlichen", in den Medien zumeist als „religiöse Scharlatane" bezeichnet, wuchs und lag bald über der der registrierten Geistlichen. Besonders gefährlich war aber das Entstehen von „geheimen religiösen Schulen", in denen Koranunterricht erteilt, Arabisch gelehrt und Grundkenntnisse des kanonischen Rechts vermittelt wurden. Der Sufismus wurde für die Muslime zum Inbegriff der Freiheit und Unabhängigkeit – auch und gerade für die Sunniten und Schiiten, die der Religionspolitik Moskaus mehr oder weniger hilflos ausgeliefert waren. Die Ohnmacht vor allem diesem Phänomen gegenüber hat das latent immer vorhandene Islam-Trauma der sowjetischen Führung wesentlich verstärkt. Sie empfand den illegalen Islam als eine ständige politische Herausforderung.

Als Konsequenz daraus hat sie ihre Atheismus-Politik erheblich intensiviert. Sie gab ihr aber insofern einen neuen Aspekt, als sie durch massive bildungs-, sozial- und wirtschaftspolitische Entwicklungsmaßnahmen in den islamischen Unionsrepubliken ergänzt wurde.[26] Bis in die siebziger Jahre hinein zeigte sich die sowjetische Führung auch davon überzeugt, daß es ihr auf diesem Wege gelungen sei, entscheidende Fortschritte zu erzielen. Sie hatte nicht erkannt, daß sich bei den Muslimen unter dem „Panzer" des erwähnten „Rückzuges" auf die Tradition eine Neubesinnung und Neuorientierung im Sinne einer pragmatischen Anpassung an die von Moskau geschaffenen politischen Gegebenheiten vollzogen hatte: Spätestens Mitte 1978 hat sie aber erkennen müssen, daß die an ihre bildungs- und wirtschaftspolitischen Maßnahmen geknüpften Erwartungen falsch waren. Sie hatten zwar eine wesentliche Hebung des Bildungs- und Ausbildungsstandes der Muslime bewirkt, doch hatten diese vor allem deren Selbstbewußtsein gestärkt, nicht jedoch die Bereitschaft zur Integration in die Sowjetgesellschaft gefördert. Moskau sah sich einem veränderten Selbstverständnis des sogenannten „offiziellen Islams" gegenüber. Er verstand sich nicht mehr, wie noch bis Ende der vierziger Jahre, in absoluter Gegnerschaft zur Sowjetideologie, führte aber die Lehren des Sozialismus nicht auf Marx, Engels und Lenin, sondern auf den Propheten Muḥammad zurück. Er stellte das Sowjetsystem nicht mehr in Frage, leitete nun aber auch den Kommunismus aus der Offenbarung ab, die der Prophet von Allah empfangen hat – aus dem Koran also. „Ich bewundere das Genie des Propheten", stellte beispielsweise schon im September 1970 ein Teilnehmer an einer Konferenz der Muslime in Taschkent fest, „der die Prinzipien des Sozialismus verkündet hat. Ich bin glücklich, daß eine große Anzahl der sozialistischen Prinzipien nichts anderes ist als die Verwirklichung der Muḥammad zuteil gewordenen Offenbarung".

e) Neues islamisches Selbstbewußtsein

Rückbesinnung auf Tradition, Geschichte und Kultur

In dieser Renaissance des Islams spiegelte sich ein ganz neues Selbstbewußtsein wider: Das Bekenntnis zu „sozialistisch-islamischen" Prinzipien sollte den Sozialismus von seinen materialistischen Wurzeln ablösen und auf den Islam selbst zurückführen. Er sollte von dem ihm mit der Atheismus-Propaganda aufgeprägten Makel befreit werden, rückständig, antisozial zu sein und den Fortschritt der Menschheit zu behindern. In der Zeitschrift „Muslims of the Soviet East"[27] wurde festgestellt, die Wurzeln der Demokratie seien bereits im Koran zu finden. Oder es wurde argumentiert, daß alles, was heute über Freundschaft und Brüderlichkeit gesagt werde, schon von Muḥammad vertreten worden sei.[28] Der Geistlichkeit und den muslimischen Intellektuellen kam es mithin vor allem darauf an, den Islam als flexibel und kreativ darzustellen. Er wurde als eine Religion gekennzeichnet, die den sozialen und gesellschaftlichen Fortschritt nicht etwa behindere, sondern sogar beflügele.

Ein anderer Aspekt war das gewachsene Bewußtsein der islamischen Völker zu einem Kulturraum zu gehören, der mit dem russisch-europäisch-abendländischen nicht identisch ist. Es äußerte sich in der Wiederbesinnung auf ihre eigenständige Tradition, auf ihre türkisch-persische Geschichte, die von der „Macht" des Islams zur Größe geführt wurde, auf die eigene Kultur, die in einer lebendigen Literatur Ausdruck gefunden habe. Es war das Bewußtsein, daß Buchara und Samarkand oder Shahr-i Sabz, Khiwa, Kokand und Termez (Tirmidh) schon seit dem 8. und 9. bis in das

19. Jahrhundert hinein zu den großen wissenschaftlichen, kulturellen und politischen Zentren Zentralasiens und darüber hinaus der ganzen Welt gehörten. Damit verbunden war die Überzeugung, als Aseri, Usbeken, Kasachen, Kirgisen, Turkmenen, Baschkiren und Tadschiken das Erbe einer Kultur zu repräsentieren, die so weltberühmte Geister hervorgebracht hat wie al-Farghānī (Abū l-ʿAbbās Aḥmad ibn Muḥammad ibn Kathīr, ein Astronom, der zur Zeit des Kalifen al-Ma'mūn [gest. 833] lebte), at-Tirmidhī (Abū ʿĪsā Muḥammad ibn ʿĪsā ibn Sawra ibn Shaddād, gest. 892/888 oder 883), al-Bīrūnī (gest. 1050), Avicenna (Ibn Sīnā, gest. 1037), al-Fārābī (gest. 950), al-Bukhārī (gest. 870) oder al-Khwārazmī (Abū ʿAbdallāh Muḥammad ibn Aḥmad ibn Yūsuf al-Kātib, gest. um 987) usw. Von ihnen könne man auch heute noch viel lernen, wurde z. B. in „Muslims of the Soviet East" festgestellt.[29]

Die Rückbesinnung auf Geschichte und Tradition der persischen und Turkvölker war zugleich ein Plädoyer für die Zugehörigkeit zur *umma*. Es kumulierte zum Beispiel in der Begrüßungsrede des Vorsitzenden der Geistlichen Verwaltung von Taschkent, des inzwischen verstorbenen Mufti Ziyauddin Babahan (Żiyā' ad-Dīn Babakhanov, Babakhan), im September 1979 bei der Eröffnung eines Symposiums zur Vorbereitung der Feiern zum Beginn des 15. Jahrhunderts islamischer Zeitrechnung:[30] „In unserm Land hat das System gewechselt, haben sich die sozialen Beziehungen verändert, sind ein neuer Typus des Staates und eine neue sozialistische Ordnung aufgetreten", führte Babahan u. a. aus, „aber die Muslim-Religion fährt fort zu existieren und zu blühen – mehr noch, ihr Prestige wird stärker ... die Muslime des sowjetischen Ostens sind ein unveräußerlicher Teil der umma ... alle Muslime bilden einen Körper ... wenn ein Teil unter Krankheit leidet, ist der Schmerz im ganzen Körper zu spüren".

Vor diesem Hintergrund wurde schließlich die wachsende Überzeugung der Muslime in den orientalischen Unionsrepubliken der Sowjetunion verständlich, daß die Größe und Kontinuität ihrer Entwicklung nicht auf die Vergangenheit beschränkt blieb, sondern auch ihre Gegenwart bestimmt:[31] Wenn die Generationen früherer Jahrhunderte befähigt waren, bedeutende Beiträge zur geistigen Entwicklung des Islams zu leisten, dann sind es auch die heutigen und künftigen Generationen. Diese Auffassung wurde nicht zuletzt daraus abgeleitet, daß die sowjetische Führung „ihre" Muslime aufgrund ihrer technischen Kenntnisse und Fähigkeiten als besonders berufen ansah, im Rahmen der Entwicklungsländerpolitik in anderen islamischen Ländern eingesetzt zu werden – eine Auffassung, die von der Überzeugung getragen war, die wissenschaftlich-technisch am höchsten qualifizierten Muslime in der islamischen Welt zu sein und deshalb auch die Verpflichtung zu haben, den muslimischen Brüdern in der weiteren umma bei der technischen Fortbildung zur Seite zu stehen und ihnen das *know-how* zu vermitteln, das ihre Ausbildung zu qualifizierten Fachleuten ermöglicht.

Ihre muslimische Identität blieb dabei nicht nur unberührt, sondern wurde bestätigt und sogar vertieft: Moskau mußte nolens volens ihre

Tätigkeit in den islamischen Ländern als „muslimische Botschafter" einer fortgeschrittenen Technologie im Interesse seiner Außenpolitik nicht nur tolerieren, sondern sogar fördern – ein geradezu schizophrenes Ergebnis der Moskauer Islam-Politik im Kaukasus und in Zentralasien, deren bildungspolitischer Aspekt darauf zielte, das „religiöse Bewußtsein auszulöschen".

Einsichten und erneute Verhärtung

Die Moskauer Führung reagierte zunächst nicht ernsthaft auf diese Entwicklung. Noch bis in die zweite Hälfte der siebziger Jahre waren die Publikationen zur Islam-Frage darauf gerichtet, die „wahre Bedeutung" des „modernen Islams" zu „enthüllen": Die Behauptung, es gäbe einen Zusammenhang von Islam und nationaler Identität der türkischen und persischen Völker sei absurd und gehöre deshalb in den Bereich der Phantasie.

Dennoch war schon in den frühen siebziger Jahren ein wachsendes Unbehagen an der Entwicklung der Nationalitätenfrage zu verspüren. So wurde zum Beispiel in den Thesen des *Zentralkomitees der KPdSU* zum fünfzigsten Jahrestag der Gründung der UdSSR Ende September 1972 darauf hingewiesen,[32] daß die Unterschiede und Gegensätze zwischen den Völkern der Sowjetunion verschwunden seien und an ihre Stelle das „Sowjetvolk" als neue Qualität getreten sei, zugleich forderten die Thesen aber auch den „kompromißlosen Kampf gegen Tendenzen der nationalen Abgrenzung und der Vertuschung der sozialen Gegensätze in der Geschichte der Völker, gegen Sitten und Gebräuche, die den kommunistischen Aufbau hindern". Ganz ähnlich Breschnew (L. I. Brežnev) in seinem Rechenschaftsbericht auf dem 26. Parteitag der KPdSU im Februar 1981.[33] Seine scharfe Kritik an „Chauvinismus, Nationalismus und nationalistischer Abweichung" gipfelte in der Feststellung, es sei die „sakrosankte Pflicht" der Partei, das „Volk im Geiste des Sowjetpatriotismus und des sozialistischen Internationalismus zu erziehen, das Gefühl des Stolzes zu fördern, zu der einen großen Sowjetunion zu gehören".

Aber schon 15 Monate später setzte sein Nachfolger Andropow (Ju. Andropov) in einer Rede zum 60. Jahrestag der Gründung der UdSSR Ende September 1982 neue Akzente:[34] Auch er sprach von „negativen Erscheinungen" wie „nationalem Hochmut oder Überheblichkeit" und von der „Mißachtung anderer Nationen der Völkerschaften" in der Sowjetgesellschaft, fügte aber auch hinzu, „es wäre falsch, wollte man dies nur auf Überbleibsel der Vergangenheit zurückführen". Von allen seinen Vorgängern unterschied er sich darin, daß er solche Erscheinungen geschichtsphilosophisch „positiv" begründete: „Das Leben zeigt", stellte er fest, „daß der wirtschaftliche und kulturelle Fortschritt aller Nationen und Völkerschaften vom Wachstum ihres nationalen Selbstbewußtseins begleitet wird. Das ist ein gesetzmäßiger, ein objektiver Prozeß." Die Äußerungen Andropows zielten in erster Linie auf die ungelöste Nationalitäten- und Islam-Problematik. Ihm kommt insofern das „Verdienst" zu, zum ersten Mal die wirkliche Situation gekennzeichnet und damit indirekt Fehler der Partei- und Staatsführung in der Religions- und Nationalitätenpolitik eingeräumt zu haben. Diese Realität mit der Feststellung zu entschärfen, das „wachsende nationale Selbstbewußtsein" der Minoritäten sei eine ganz normale Erscheinung, die sich im Geschichtsablauf aller Völker zeige, spiegelt aber auch die Hilflosigkeit der sowjetischen Führung wider, mit den politischen Problemen der Nationalitätenfrage im Kaukasus und in Zentralasien fertig zu werden.

Spätestens die Rede von Gorbatschow (M. S. Gorbačev) am 22. November 1986[35] hat aber wieder klar gemacht, daß von der sowjetischen Führung keinerlei Zugeständnisse in dieser Frage zu erwarten waren: Er forderte den „entschiedenen und kompromißlosen Kampf gegen religiöse Erscheinungsformen, eine Verstärkung der politischen Massenaufklärung, der atheistischen Propaganda" und erklärte, „daß schon der kleinste Zwiespalt zwischen Wort und Tat in dieser Frage unzulässig ist". Er hielt diese ungewöhnlich scharfe programmatische Rede in Taschkent. Seine Adressaten waren nicht nur die hier versammelten Parteifunktionäre, sondern vor allem die nicht anwesenden „Ideologen des Islams". Ein im Januar 1987 in der „Pravda" mit dem Titel „Atheismus und Kultur" veröffentlichter programmatischer Aufsatz[36] bestärkte diese „neue" Linie. Er richtete sich direkt gegen die „Ideologen des Islams" und forderte in grundsätzlicher Form die Wahrnehmung des atheistischen Erziehungsauftrages durch die Kommunistische Partei.

Eine neue Politik Moskaus?

Aus ihrer Selbsttäuschung schreckte die sowjetische Führung erst auf, als der latente Widerstand der islamisch-ethnischen Minderheiten gegen Moskau in offenes militantes Aufbegehren umschlug:[37] Es wurde im Dezember 1986, also nur einen Monat nach Gorbatschows Rede in Taschkent, mit blutigen Unruhen in Alma Ata, der Hauptstadt Kasachstans, eingeleitet, für die religiös-islamische „Elemente" verantwortlich gemacht wurden. Sie setzten sich im Juli 1987 mit Demonstrationen der muslimischen Krimtataren auf dem Roten Platz in Moskau fort, für die wieder „antisowjetische islamische Elemente" verantwortlich gemacht werden mußten. Sie griffen schließlich auf den Kaukasus über, wo Aserbaidschan die „systematische Islamisierung und Turkisierung" der christlichen Armenier des „Autonomen Gebietes Nagornyj Karabach" (auf dem Territorium Aserbaidschans) vorgeworfen wurde. Die Forderung Armeniens, dieses Autonome Gebiet der eigenen Unionsrepublik anzuschließen, führte im Februar 1988 zu militant-blutigen Auseinandersetzungen in der von vielen armenischen Arbeitern bewohnten aserbaidschanischen Industriestadt Sumgait (nördlich von Baku).

Erst solche Aufbegehren haben die innenpolitische Verunsicherung der sowjetischen Führung in der Nationalitätenfrage voll zu Tage treten lassen. Für einen ihrer „erfahrenen" Islam- und Mittelost-Experten war dies Anlaß, zum ersten Mal auf die größer werdende Gefahr des Übergreifens der islamischen Revolution auf die Sowjetunion hinzuweisen: Ziel Khumainīs sei es, stellte er im Mai 1987 fest,[38] die islamische Revolution zunächst endgültig in Afghanistan durchzusetzen und dann in die islamischen Unionsrepubliken des Kaukasus und Zentralasiens hineinzutragen. Daraus leitete er Konsequenzen für die innere Islam-Politik ab: Die sowjetische Islam-Beurteilung habe sich als falsch und kontraproduktiv erwiesen. Es sei ein Fehler gewesen, im Islam zwei gegeneinander gerichtete „Fraktionen" zu unterscheiden – den „offiziellen" Islam einerseits, der sich loyal zu Partei und Staat verhalte, und den „Parallel-" oder „illegalen" Islam andererseits, der sich jeder Kontrolle entziehe und als das eigentlich gefährliche Potential des Islam-Widerstandes gegen Moskau anzusehen sei. Es gebe allen Anlaß, auch an der Loyalität des „offiziellen" Islams gegenüber der Partei- und Staatsführung zu zweifeln. Der Parallel-Islam habe nur unter diesem Siegel Aktivitäten entfalten können, die ihn zum Bollwerk des ganzen Islams gegen die sowjetische Religions- und Atheismus-Politik habe werden lassen. Der Islam in der Sowjetunion dürfe nicht länger als ein in sich gespaltenes, theologisch-politisches System angesehen und behandelt werden. Deshalb müsse ihm sein gefährlicher Charakter dadurch genommen werden, daß man seine „illegale" militante Speerspitze, den Parallel-Islam, legalisiert. Nur dadurch werde er berechenbar und kontrollierbar.

Diese Forderung fand sofort die Unterstützung anderer sowjetischer Fachleute, die darüber hinaus auf den erheblichen Nachholbedarf bei der Klärung vieler islamischer Grundphänomene in der Sowjetunion hinwiesen:[39] Es habe sich niemand ernsthaft mit den Ursachen für die Pflege der islamischen Rituale und Traditionen in der Sowjetunion und für die Anziehungskraft des Islams auf die angeblich ungläubigen Menschen befaßt, und es sei auch niemand den Gründen für die „Identität von Religion und Nation" im Bewußtsein der Völker des Kaukasus und Zentralasiens nachgegangen – ein Vorwurf, der schon 1966 erhoben worden war, aber nie Beachtung gefunden hatte.[40] Solche Legalisierungsforderungen zeugten allerdings eher von Unkenntnis der Strukturgegebenheiten des Islams: Denn das wichtigste Merkmal des Sufismus ist ja gerade, daß er sich von seinem Wesen her jeder Institutionalisierung oder auch nur engen Einbindung in eine der konfessionellen Richtungen entzieht. Es ging aber den sowjetischen Partei-„Islamologen" noch immer nicht um eine Islam-adäquate Forderung, sondern um eine „vernünftigere" Behandlung der Islam-Frage im Interesse einer realistischeren Nationalitätenpolitik.

f) Unabhängigkeit in neuen Spannungsfeldern

Die Sowjetunion war jedoch zu dieser Zeit bereits in den beginnenden Strudel ihres Verfalls geraten. Er führte nach dem fehlgeschlagenen Moskauer Putsch gegen Gorbatschow im August 1991 bis Dezember zu Unabhängigkeitserklärungen aller orientalischen Unionsrepubliken. Sie hatten damit innerhalb weniger Wochen den Bruch mit ihrer erzwungenen slawisch-russischen Geschichte vollzogen.[41]

Schon unmittelbar danach sind sie dennoch (22. Dezember 1991) der „Gemeinschaft Unabhängiger Staaten – GUS" beigetreten. Sie mußten sich zu diesem Schritt vor allem aus ökonomischen Gründen entschließen: Die neuen islamischen Republiken waren wirtschaftlich kaum lebensfähig, weil die sowjetische Partei- und Staatsführung im wesentlichen nur ihre monokulturelle Entwicklung (Landwirtschaft – Baumwolle) zugelassen und systematisch gefördert hatte.

Zwischen Iran und der Türkei

Weit wichtiger war aber ihre gleichzeitige Orientierung auf die Länder des Mittleren Ostens:[42] Schon unmittelbar nach ihrer Souveränitätserklärung hatten Aserbaidschan, Turkmenistan, Usbekistan und Anfang Februar 1992 auch Tadschikistan, Kirgistan und Kasachstan ihre Aufnahme in die 1985 von Iran, der Türkei und Pakistan gegründete *Organisation für wirtschaftliche Zusammenarbeit (Economic Cooperation Organization, ECO)* beantragt. Den Anträgen wurde auf der Gipfelkonferenz der Organisation in Teheran Mitte Februar 1992 entsprochen.

Der Aufnahme der sechs islamischen Staaten war eine rege diplomatische Tätigkeit Irans vorausgegangen: Schon Ende Dezember 1991 hatte der iranische Außenminister Velāyatī alle zentralasiatischen Republiken besucht, um die religiösen, kulturellen und politischen Brücken zu ihnen wiederherzustellen. Das Ziel der Politik Irans war die völlige Zurückdrängung des russischen und die Reaktivierung und dauerhafte Verwurzelung des iranischen Einflusses – quasi als Nachfolgestaat des historischen persischen Reiches. Breiten Raum nahm in dieser Politik die direkte Einwirkung auf die Bevölkerung des Kaukasus und Zentralasiens ein, zum Beispiel ihre kulturelle Identität dadurch wiederzufinden, daß sie die ihnen aufgezwungene kyrillische Schrift aufgibt und zur arabischen zurückkehrt. Diese Politik richtete sich zugleich aber auch gegen die USA, denen vorgeworfen wurde, über ihren NATO-Partner Türkei Einfluß auf die neuen islamischen Republiken zu gewinnen.

Die damit indirekt an die Türkei gerichteten Vorwürfe spiegeln politische Spannungen wider, die am Rande der Gipfelkonferenz der ECO im Februar 1992 in Teheran offen zu Tage traten: Der damalige türkische Präsident Özal vertrat hier die Auffassung, daß die ECO-Gemeinschaft auf das Feld der wirtschaftlichen Zusammenarbeit begrenzt bleiben sollte. Und er wies in diesem Zusammenhang auf die unterschiedlichen Auffassungen zwischen der Türkei und Iran zur Rolle der Religion im Staat hin. Der iranische Präsident Rafsanjānī unterstrich demgegenüber den islamischen Charakter der Organisation; dabei machte er auch auf die Initiative Irans zum Aufbau einer von der ECO getrennten *Gemeinschaft der Anrainerstaaten des Kaspischen Meeres* aufmerksam. Neben Iran sollten ihr alle islamischen Republiken des Kaukasus und Zentralasiens angehören – nicht hingegen die Türkei. Rafsanjānī reagierte damit auf die Gründung der *Organisation der Anrainerstaaten des Schwarzen Meeres* durch die Türkei Anfang Januar 1992.

Welche Konsequenzen sich für die kaukasischen und zentralasiatischen Länder aus ihrer Zugehörigkeit zu dieser spannungsgeladenen ECO ergeben, ist vorerst nicht zu beurteilen, zumal in den Rahmen dieser „Wettbewerbs"-Spannungen auch die schon bisher sehr erfolgreiche Diplomatie der Volksrepublik China gehört, Beziehungen zu den neuen islamischen Staaten Zentralasiens (Westturkestan) herzustellen. In diesem Kontext darf nicht vergessen werden, daß China noch bis Mitte des 19. Jahrhunderts mehr als 850 000 km^2 Westturkestans zu seinem „Vasallenbereich" gezählt hat, die erst durch Vorstoß der russischen Truppen nach Zentralasien Teile des zaristischen Reiches wurden.[43] Noch im sowjetisch-chinesischen Konflikt der sechziger Jahre waren diese geographischen Bereiche Gegenstand sehr ernsthafter, zum Teil sogar militanter Auseinandersetzungen zwischen den beiden kommunistisch regierten Staaten.

Wiederbelebung der eurasischen Ideologie in Rußland

Besondere Aufmerksamkeit muß in diesem neuen Spannungsfeld aber dem sich wieder deutlicher artikulierenden Anspruch Rußlands auf Mitsprache bei der künftigen Entwicklung der islamischen Länder des Kaukasus und Zentralasiens gelten. Er hat zwar bisher noch keinen Niederschlag in der konkreten Politik gefunden, wohl aber in den geistigen Diskussionen und innenpolitischen Auseinandersetzungen um das neue Selbstbewußtsein und Selbstverständnis Rußlands nach dem Zusammenbruch der Sowjetunion und dem Ende der marxistisch-leninistischen Ideologie: Das postkommunistische Vakuum hat Rußland in eine tiefe Dauerkrise stürzen lassen. Sie ist im wesentlichen durch die Konfrontation von Bewegungen und Gruppierungen gekennzeichnet – auf der einen Seite pseudo- oder neokommunistische Kräfte, die zurück wollen in die Zeit von „Gesetz und Ordnung" vor dem Machtantritt Gorbatschows (November 1985), und – auf der anderen Seite Gruppen und Gruppierungen, die nationalpatriotische oder sogar nationalchauvinistische Ziele bis hin zur Wiedererrichtung der Monarchie verfolgen; ihr hervorstechendstes Merkmal ist noch immer die ideologische, organisatorische und personelle Vernetzung mit den pseudo- oder neokommunistischen Gruppierungen.

Es verbietet sich deshalb auch, dieses innere Spannungsverhältnis generell als eine Auseinandersetzung zwischen „linken" und „rechten" Kräften im Sinne des klassischen Verständnisses von politischer Polarisierung zu verstehen. Denn: Gemeinsam ist beiden Seiten die Auffassung, daß nur eine starke, auf gleichsam metaphysischer Rechtfertigung beruhende Herrschaft Ruhe und Ordnung in Rußland wiederherstellen und aufrechterhalten kann. Gemeinsam ist ihnen ferner ein tiefes Mißtrauen gegenüber allen westlichen Wertekategorien, die sie in der Politik Gorbatschows und Jelzins (B. N. El'cin) erkennen: Mit wirtschaftlichen und politischen Reformen, die Jelzin verwirklichen will, ist für sie die Gefahr verbunden, Rußland westlichen Einflüssen weit zu öffnen und damit zwangsläufig auch dem westlichen „Diktat" auszuliefern.

Sie treten zwar für die strikte Gewaltenteilung, zugleich aber auch für den staatlichen Primat ein – für ein Rußland, das von einer starken Regierung und einem starken Präsidenten regiert wird und seine Nachbarn politisch, wirtschaftlich und militärisch beherrscht. Weit überwiegend lehnen sie auch den unbedingten Autonomieanspruch der aus dem Zusammenbruch der Sowjetunion hervorgegangenen Teilrepubliken ab. In ihnen drängen vielmehr immer deutlicher alle Merkmale derjenigen Strömungen wieder in den Vordergrund, die sich seit den dreißiger Jahren des 19. Jahrhunderts mit dem historisch gewachsenen geistigen und politischen Selbstverständnis Rußlands auseinandersetzen – der „Westler" und der „Slawophilen". Beiden war die Überzeugung gemeinsam, daß das Heil der Menschheit nur vom Russentum ausgehen könne.[44] Dieses messianische Ziel wollten sie allerdings auf unterschiedlichen Wegen erreichen: Die Westler wollten die unter Peter dem Großen begonnenen, an den westeuropäischen Errungenschaften orientierten Reformen fortführen und intensivieren, die allerdings allein unter den für die russische Entwicklung nützlichen Gesichtspunkten akzeptiert werden sollten. Für die Slawophilen hingegen hatte Rußland seinen geistigen Eigenwert. Es hatte deshalb seinen eigenen Weg unabhängig vom westeuropäischen Vorbild zu gehen. Dieser Weg war von der Ordnung des vorpetrinischen Rußland gezeichnet: Das Moskauer Reich besitze nicht nur eine der europäischen gleichberechtigte Kultur, seine Aufgabe sei es vielmehr, Europa angesichts dessen unabwendbaren Niedergangs in der Kulturentwicklung zurückzudrängen, abzulösen und sogar zu vernichten. Rußland war für sie der einzig feste Pol im europäisch-asiatischen Raum. In ihrer Überzeugung, daß die Ideale der europäischen Zivilisation nur noch auf russischem Boden verwirklicht werden könnten, waren letztlich aber Westler wie Slawophile gleichermaßen dem „Idol Europa" verfallen; die von beiden vertretenen Ideen und Ideologien waren Produkte der petrinischen Reformen oder aber der Reaktion auf sie.

Noch in der Zeit des kolonialen Vorstoßes nach dem Kaukasus blieb der asiatische „Orient" als geistige und sogar geographische Größe im politischen russischen Denken weitgehend unbeachtet: Rußland verstand sich dem christlichen Westeuropa gegenüber als der wirkliche christliche Osten; er konnte nicht dem „heidnischen" Orient zugeordnet werden. Dies änderte sich erst in der zweiten Hälfte des 19. Jahrhunderts unter dem Eindruck und Einfluß des kolonialen russischen Vorstoßes nach Zentralasien, mit dem Rußland gewissermaßen zum ersten Mal wirklich dem „richtigen" Orient begegnete. Schon die Niederlage Rußlands im Krimkrieg war für Danilewski (N. Ja. Danilevskij), den russischen Publizisten, Forschungsreisenden und Nationalökonomen, Anlaß, auf unvereinbare Gegensätze zwischen der russischen und europäischen Kultur hinzuweisen: In seinem 1869 erschienenen, berühmt gewordenen Buch „Rußland und Europa" prognostizierte er, Rußland werde Europa in der Weltgeschichte ablösen – zu dieser Zeit war dies die höchste Zuspitzung der Antithese Rußland-Europa. Auch für Dostojewski (F. M. Dostoevskij) konnten europäische Ideen nur in Rußland zu einer Synthese kommen. Die kulturellen Schöpfungen und Leistungen des Abendlandes sollten aber hier nicht nur harmonisiert werden. Rußland war für ihn darüber hinaus berufen, ein „ganz neues Wort" für die Zukunft der Welt zu sagen: Die „russische Synthese" des Abendlandes sollte zum Maßstab der ganzen europäischen Kultur werden. Im Kern bedeutete das nichts anderes als die Überwindung aller europäischen Kulturideale. Seine Zukunftsvision war von der Faszination beeinflußt, mit der in Rußland die Expansion nach und in Zentralasien verfolgt wurde. Rußland wurde immer deutlicher als ein selbständiges Mittelglied zwischen Europa und Asien qualifiziert. In den siebziger Jahren des 19. Jahrhunderts sprach Dostojewski von den großen Aufgaben, die Rußland in Asien zu erfüllen habe, und er bezeichnete sich und die Russen schließlich sogar als Asiaten.

Bis nach der Oktoberrevolution beschäftigte das Thema Asien-Orient immer intensiver die russischen Intellektuellen und fand vor allem in ihren Visionen vom unaufhaltbaren Niedergang des europäischen Abendlandes Ausdruck:[45] Der zu den Symbolisten zählende russische Dichter V. J. Brjusov z. B. prophezeit in seinem Gedicht: „Die kommenden Hunnen" aus dem Revolutionsjahr 1905, daß aus den Tiefen Asiens neue Völkerwellen hervorbrechen, Europa überfluten und die europäische Kultur vernichten würden. In dem drei Jahre später erschienenen Roman „Petersburg" sah der Dichter Andrej Belyj die kulturzerstörende Herausforderung des Abendlandes im „wallenden tatarischen Blut" des über Rußland hinaus nach Europa vordringenden Orients. Ein drittes Beispiel: Unmittelbar nach der Oktoberrevolution klagt der Dichter Aleksander Blok in seinem Gedicht „Die Skythen" (1918) die Europäer an, den Russen in ihrer Schicksalsstunde – der Februarrevolution von 1917 – nicht beigestanden zu haben. Die Russen – von Blok als „Skythen" bezeichnet, um ihren Gegensatz zum Westen zu unterstreichen – hätten allen Grund, sich ganz vom Abendland abzuwenden. Sie würden ihm nun ihr wirkliches, ihr asiatisches Gesicht zuwenden und das Abendland im kommenden Kampf nicht mehr gegen die „mongolischen Horden" schützen, sich nicht rühren, wenn diese über Europa hinwegfluten – alles zerstörend, die „Städte verbrennend ..., die Leichen beraubend und das Fleisch der weißen Brüder bratend".

Zur vollen Entfaltung kam diese geistesgeschichtlich-ideologische Entwicklung aber erst mit der in den zwanziger Jahren im europäischen Exil entstandenen Bewegung der sogenannten „Eurasier". Ihre intellektuellen Vertreter waren der Auffassung, daß Rußland außerhalb der Sphäre der europäischen Kultur stehe und einer besonderen Welt angehöre, die Osteuropa und Asien – Eurasien – umfasse.[46] Sie bilde durch ihre geographische, wirtschaftliche und sprachliche Eigenart eine Einheit, insbesondere eine kulturelle Einheit. Für einen ihrer radikalsten Wortführer, den an der Universität Wien lehrenden Sprachwissenschaftler und Slawisten Fürst N. S. Trubetzkoy (Trubeckoj), war die russische Kultur nicht europäisch, sondern „turanisch". Im russischen Geist seien alle den „turanischen Typus" kennzeichnenden Züge manifest: die Verbindung von Lebenshaltung und Glaubensbekenntnis, die Neigung zur Beschaulichkeit, die Vorliebe für das Zeremonielle, das kühne Draufgängertum und die schematisierende Primitivität des Denkens. Und die Grundlage für diese Verbindung sahen die Eurasier in der Blutsverwandtschaft der Russen mit den turko-tatarischen und ural-altaischen Völkern. Erst Anfang der vierziger Jahre schwiegen die Verfechter der Eurasien-Ideologie.

Vor dem hier zusammenfassend erläuterten historischen Hintergrund wird die gegenwärtige Auseinandersetzung um die Bestimmung und Neudefinition des postkommunistischen russischen Selbstverständnisses verständlich. Die seit Ende 1991 souveränen islamischen Republiken des Kaukasus und Zentralasiens spielen in diesem Prozeß wegen des sich ständig verstärkenden Einflusses der islamischen Staaten des Nahen und Mittleren Ostens auf sie und der sich zugleich alarmierend verschlechternden Beziehungen der in ihnen lebenden Russen zur islamischen Bevölkerung eine zentrale Rolle.

Den Moskauer Regierungen seit Gorbatschow wird vorgeworfen, sich nicht oder allenfalls mit unverantwortlicher „Verspätung" auf die neue Situation im Kaukasus und in Zentralasien eingestellt zu haben. Jelzin sei im Begriff, das eurozentrische Denken kritiklos zu akzeptieren und das westliche Demokratie-Prinzip auch für Rußland zur „Staatsdoktrin" zu erheben. Die Geschichte beweise aber, daß sich seit Peter dem Großen alle Begegnungen mit dem Westen als gefährlich erwiesen haben. Das russische Selbstbewußtsein sei durch diese Begegnungen immer wieder in tiefe Krisen gestürzt worden. Die Moskauer Regierungen haben in der Sicht ihrer Kritiker deshalb eine Entwicklung eingeleitet, die unheilvolle Konsequenzen haben muß: Die historische Erfahrung lehre, daß Rußland nie westlich werden könne. „Wir werden nie so leben wie in Holland, England oder Finnland, sondern wie in Rußland; wir müssen unseren eigenen Weg gehen". Rußland sei im Unterschied zu Europa und seinem Staatensystem nie ein Nationalstaat gewesen, sondern eine polyethnische Gemeinschaft, ein ethno-kultureller Kontinent.

Aus der verfahrenen Situation Rußlands führe kein anderer Weg heraus als die Wiederbesinnung auf die in den zwanziger Jahren von russischen Intellektuellen im europäischen Exil vertretene eurasische Idee; ihr Ziel sei nicht zuletzt gewesen – so beispielsweise Fürst Trubetzkoy –, Rußland im Interesse seiner eigenständigen nationalen Kultur vom Einfluß der romanisch-germanischen Kultur zu befreien. Der Eurasismus müsse und könne aktiviert und in politische Realität umgesetzt werden:[47] Die geistigen Väter und Verfechter der eurasischen Idee seien davon ausgegangen, daß die Russen eine erstaunliche Fähigkeit entwickelt haben, mit den asiatischen Völkern in einer polyethnischen Gemeinschaft zusammen zu leben. Das großrussische Reich, dessen Bildung die heutigen Verfechter der Eurasien-Doktrin fordern, könnte für sich den Anspruch erheben, das Erbe des tataro-mongolischen Reiches anzutreten, dessen Grenzen noch zu Beginn dieses Jahrhunderts mit denen des mongolischen Reiches „nahezu ganz" identisch waren: „Im Verlaufe von zwei Jahrhunderten waren die russischen Fürstentümer Provinzen des großen Imperiums der Mongolen. Erst viel später hat diese Zeit in der nationalen Mythologie die Bezeichnung ‚tataro-mongolisches Joch' erhalten, obwohl die Eroberer zahlenmäßig viel geringer waren als die russische Bevölkerung." Für die russischen Fürsten sei aber das Bündnis mit den Mongolen das einzige Mittel gewesen, mit ihrer ethnischen Vielfalt fertigzuwerden.

Die historisch-programmatischen Argumentationen gipfeln in der visionären Prognose, daß nun „nach Jahrhunderten der Entwicklung eines polyethnischen Staates und nach sieben Jahrzehnten internationaler (sowjetischer) Experimente in Rußland, in der Mitte Eurasiens, erneut eine Gemeinschaft mehrerer Ethnien geschaffen wird". Sie werde sich vielleicht einmal als „Eurasische Gemeinschaft" bezeichnen. Diese russisch-eurasische Gemeinschaft werde dann nichts mehr mit dem früheren „russischen Imperium" gemeinsam haben, dessen Zerfall unvermeidlich war, und auch nichts mehr mit jenem „bizarren Gebilde" Sowjetunion, dessen Grenzen künstlich waren. Für die politische Gegenwart schwebt den „neuen" Eurasiern zunächst aber die Bildung einer Union souveräner Staaten vor – mit Rußland im Zentrum, „weil Rußland das Zentrum ist". In einer solchen Union müßten die Russen allerdings ihren Anspruch aufgeben, die „älteren Brüder" zu sein; die anderen Glieder dieser Union dürften sich nicht länger belehrt oder bevormundet fühlen.

Es kann hier nicht um die kritische Analyse und Bewertung solcher programmatischen Entwürfe gehen, sondern nur um die Einordnung in die Diskussionen und konkreten Auseinandersetzungen über die neue Ordnung und das angestrebte politische Gewicht Rußlands im künftigen weltpolitischen Kräftespiel. Und diese neue Ordnung läuft unmißverständlich darauf hinaus, daß die Energien der russischen Eurasier sich gegen die ganz auf den Westen konzentrierte Politik der Moskauer Regierung richtet. Ihr Ziel ist die Bildung einer multinationalen Gemeinschaft vor allem mit den kaukasischen und zentralasiatischen Ländern, in der der Vorrang Rußlands gesichert ist und nicht angetastet werden darf.

In den islamischen Ländern des Kaukasus und Zentralasiens werden solche programmatischen Konzepte und Zielvorstellungen und die Diskussionen, die sie ausgelöst haben, mit großer Aufmerksamkeit, doch einstweilen noch mit Gelassenheit verfolgt. Die Reaktionen darauf spiegeln ihr seit dem Zweiten Weltkrieg gewachsenes islamisches Selbstbewußtsein wider. Sie signalisieren aber auch, daß er von ihnen immer als unüberbrückbar angesehene Gegensatz zwischen dem christlichen Okzident und dem islamischen Orient mehr als je zuvor ein wesentlicher Faktor der politischen Gegenwart ist. Daraus ergibt sich die strikte Ablehnung der Ideologie des russischen Eurasismus. Die Haltung der Eurasier ist von der Überzeugung bestimmt,[48] daß der Gegensatz zwischen dem Osten, dem Islam, und dem Westen, der westlich-christlichen Zivilisation, eine Tatsache ist, die sich in der Geschichte herausgebildet und immer stärker verfestigt hat. Seit Jahrhunderten werde der Islam vom Westen als konstant und unwandelbar angesehen – völlig zu Recht, wie die immer wieder gescheiterten Versuche der westlichen Länder zeigten, ihre „sozialen Experimente" auf die islamischen Länder zu übertragen und in ihnen durchzusetzen. Das Anbranden solcher „stürmischen Fluten" habe aber nur „schmutzigen Schaum" hinterlassen. Damit habe sich auch gezeigt, daß sich das existenzielle Wesen der westlichen Zivilisation und der christlichen Religion im Haß gegenüber „dem Dämon Islam“ erschöpfte. Im Unterschied zur Religion des Propheten Muḥammad sei jedoch die westliche Zivilisation nichts anderes als ein „Aufstieg durch sich selbst“. Der permanente Konflikt des Islams mit dem Westen habe infolgedessen nichts mit einem vorgeblich muslimischen Fanatismus zu tun, vielmehr sei er von grundsätzlicher weltanschaulicher Natur. Dieser Konflikt könne infolgedessen auch nicht durch Mittel und Wege gelöst werden, welche die Russen jetzt zu gehen suchen.

Die theologischen Reaktionen ergänzen, vertiefen und bekräftigen die politische Zurückweisung des russischen Eurasismus. Sie kommt in der Stellungnahme des höchsten geistlichen Repräsentanten des Islams im Kaukasus und in Zentralasien dazu zum Ausdruck,[49] daß sich frühere hohe und höchste Funktionäre der kommunistischen Parteien der kaukasischen und zentralasiatischen Unionsrepubliken heute zum Islam bekennen – wie zum Beispiel Islam Karimov, der bis 1991 Erster Sekretär des *ZK* der *Kommunistischen Partei Usbekistans* war und heute Präsident der islamischen Republik Usbekistan ist. Die diplomatische, aber unmißverständlich-eindeutige Haltung des Muftis zu dieser Problematik: Wenn man davon ausgeht, daß sie zu Atheisten geworden seien, weil sie nichts vom Islam gewußt hätten, könnten natürlich auch kommunistische Funktionäre Muslime werden. Es sei sogar die Pflicht der Muslime, auch die Kommunisten an den Islam heranzuführen: „Nehmen sie ihn an, so ist es gut. Wenn aber nicht, so sind wir vor Allah rein, und sie selbst werden ihre Früchte ernten müssen.“

Hier sind neue Spannungsfelder zu erkennen, die gegenwärtig noch keine abschließende Beurteilung erlauben. Sie werfen aber die Frage nach der weiteren Entwicklung des Islams im Kaukasus und in Zentralasien angesichts der machtpolitischen Herausforderungen auf, denen die Muslime ausgesetzt sind: Wird das Bestand haben, was hilfsweise als islamischer Synkretismus gekennzeichnet wurde, dessen wichtigstes Merkmal seit Anfang des 19. Jahrhunderts immer der Widerstand gegen die „unrechtmäßige“ europäisch-russische Herrschaft war, und der sie möglicherweise wieder ausgesetzt sein werden? Oder wird sich der Islam, nachdem die „unrechtmäßige“ und „ungerechte“ sowjetische Herrschaft zusammengebrochen ist, künftig unter dem Einfluß der islamischen Länder des Nahen und Mittleren Ostens stärker auf eine striktere Konfessionalisierung hin entwickeln?

6. Volksrepublik China

(Hans Bräker)

Der Beurteilung des Islams in der Volksrepublik China stehen noch immer erheblich größere Schwierigkeiten entgegen, als es hinsichtlich der Sowjetunion bis 1991 der Fall war. Auf vergleichbares Material in den von Beijing (Peking) veröffentlichten Publikationen – Bücher, Zeitschriften und Zeitungen – kann nicht zurückgegriffen werden. Um bei der Analyse unter diesen Voraussetzungen zu einer einigermaßen brauchbaren Einschätzung des Islams in China zu kommen, ist es erforderlich, von einer Reihe von Sachverhalten auszugehen:

- Seine Entwicklung ist historisch nur aus dem unmittelbaren Zusammenhang mit der des Islams in Rußland, der Sowjetunion bzw. der nach ihrem Zusammenbruch im August 1991 unabhängig gewordenen Unionsrepubliken in Zentralasien (Westturkestan) zu begreifen.
- Der Islam in China ist seit der Machtübernahme Mao Zedongs im September/Oktober 1949 mit denselben Problemen konfrontiert wie nach der Oktoberrevolution 1917 und bis Ende 1991 in der Sowjetunion. In beiden Ländern hat der Absolutheitsanspruch des atheistischen Marxismus-Leninismus bzw. des Maoismus als Staatsphilosophie dem Islam als Religion keinen oder allenfalls – aus pragmatischen Gründen – einen nur sehr begrenzten Entfaltungsraum zugebilligt.
- Seit 1991 ist nicht nur Iran und die Türkei, sondern auch China bestrebt, wieder politischen und wirtschaftlichen Einfluß auf die neuen zentralasiatischen Republiken Westturkestans zu nehmen, die sich noch bis Mitte des 19. Jahrhunderts als seine tributpflichtigen „Vasallen"-Gebiete verstanden haben.

a) Zur Situation des Islams in China

Einigermaßen zuverlässige Zahlenangaben und Angaben über die heutige regionale Verbreitung des Islams gibt es genausowenig wie befriedigende Darstellungen über seine Entwicklung seit Gründung der VR China am 1. Oktober 1949: Bei der 1954 (in Westeuropa) publizierten Zahl von 23 Millionen Muslimen handelt es sich um eine reine Schätzung.[1] Die 1953 vom ägyptischen Präsidenten Nasser (Jamāl ʿAbd an-Nāṣir) in seiner programmatischen Schrift „Philosophie der Revolution" für China genannte Zahl von 50 Millionen Muslimen war – und ist auch heute – völlig unrealistisch.[2] Solche Zahlen weisen lediglich auf die große Spannweite der möglichen, in jedem Falle aber spekulativen Schätzungen hin. Sie haben ihre Ursache im Fehlen jeglichen statistischen Materials zur Religionssituation in China.

Daran hat sich auch nichts geändert, seit mit den islamisch-revolutionären Vorgängen in Afghanistan (seit April 1978) und Iran (seit Anfang 1979) sowie der Ent-Maoisierung, die sich etwa parallel dazu vollzog, dem Islam in China wieder ein etwas breiteres Betätigungsfeld zugestanden wurde. Auch die danach von chinesischer Seite genannten Zahlen schwankten beträchtlich: Die Angaben bewegten sich zwischen 10 Millionen Muslimen, die sich „offen zu ihrem Glauben bekennen",[3] und 20 Millionen Muslimen, die einen „Kampfaufruf gegen von sowjetischen Hegemonisten begangene Massaker und Unterdrückung der muslimischen Brüder in Afghanistan" veröffentlicht haben.[4] Einige Pekinger Quellen gaben die Zahl der chinesischen Muslime sogar mit 20 bis 30 Millionen an.[5] Den Ende 1982 veröffentlichten Zahlen über die sich zum Islam bekennenden ethnischen Minoritäten zufolge lebten zu dieser Zeit, d. h. nach den nicht zuletzt auch gegen den Islam gerichteten rigorosen Maßnahmen der Kulturrevolution, mindestens 13 Millionen Muslime in China.

b) Zur historischen Entwicklung des Islams in China

Alle diese Zahlen sind nicht zu überprüfen oder zu verifizieren. Es ist deshalb um so notwendiger, sich einige wichtige Aspekte der historischen Entwicklung des Islams in China zu vergegenwärtigen.

Für die Verbreitung des Islams in China war der Vorstoß *(jihād)* der Araber nach Zentralasien eine wesentliche Voraussetzung. Erste Bekanntschaft mit dem Islam hatte China zwar schon in der Zeit der Tang-Dynastie (618–906) durch Handelskontakte mit dem Nahen Osten über die Seidenstraße und auf dem Seeweg gemacht.[6] Dauerhaft etablieren konnte er sich in China aber erst im 13. und 14. Jahrhundert, also in der Zeit der Mongolenherrschaft (1219–1367) über China, Zentralasien und weite Teile des Moskauer Reichs. Der für die Mongolen charakteristische Kosmopolitismus, zu dessen hervorstechendsten Merkmalen eine bis dahin in China weitgehend unbekannte religiöse Toleranz gehörte, begünstigte den breiten Zustrom von Muslimen aus dem zentralasiatischen Raum nach China. Er ergoß sich vor allem in die westliche chinesische Provinz Xinjiang (Ostturkestan), darüber hinaus aber auch in das Innere des Landes, nach Ningxia, Qinghai und Gansu und sogar bis nach Yunnan.

Auch als die Muslime unter den auf die Mongolen folgenden Dynastien der Ming (1368–1644) und der Qing (1644–1911) in permanente Bedrängnis gerieten, konnte sich der Islam vor allem unter den Turkvölkern, d. h. unter den Uiguren, Kasachen, Kirgisen und Usbeken, behaupten. Dabei handelte es sich um die gleichen ethnischen Minderheiten, die auch jenseits der westlichen Grenze Chinas in Westturkestan lebten. Im Gegensatz zu anderen vorderasiatischen Religionen – etwa dem nestorianischen Christentum und dem Manichäismus –, die auf demselben Wege über Zentralasien bis nach China vordringen konnten, bot der Islam diesen ethnischen Minderheiten nicht nur Rückhalt, sondern vertiefte bei ihnen auch das Gefühl der Zusammengehörigkeit. Im Unterschied zum Islam in Rußland bzw. der Sowjetunion (Westturkestan) ist für den Islam in China also vor allem die defensive Komponente des jihād zum Wesensmerkmal seiner Existenz geworden.

Erhebliche Konsequenzen ergaben sich auch für China aus der kolonialen Politik Rußlands in Zentralasien: Bei seinem kolonialen Vorstoß nach Zentralasien konnte das zaristische Reich den Niedergang der Macht Chinas im 19. Jahrhundert nutzen. Er war die Folge sowohl der Invasion der europäischen Großmächte England und Frankreich (Opium-Krieg, ungleiche Verträge, Abtretung Hongkongs) und ihrer Expansion in die südlichen „Tribut"-Staaten Chinas (Birma, Indochina) wie auch der permanenten Gefährdung der chinesischen Herrschaft über seine Westprovinz Ningxia und Xinjiang durch die immer wieder hereinbrechenden Westmongolen. Peking war dadurch gezwungen, den islamisch-turkstämmigen Minderheiten in Ostturkestan eine weitgehende Autonomie zu gewähren. Die gesamte innere Verwaltung Xinjiangs wurde der islamischen Führungsschicht überlassen. Die Präsenz Beijings in diesem Raum hatte für lange Zeit im wesentlichen nur symbolischen Charakter.

Die zaristische Regierung nutzte diese Schwäche Chinas. Sie schloß 1872 zunächst mit dem aus Westturkestan (Kokand) stammenden, aber in Ostturkestan (Kaschgar) residierenden Khan Yakub Bek (Yaʿqūb Beg, 1820–1877) einen Vertrag, der ihr die wirtschaftliche Durchdringung und Ausbeutung Xinjiangs sicherte und bei Yakub Bek selbst die Hoffnung nährte, mit Hilfe der Russen ein großislamisches Reich in Zentralasien schaffen zu können, das ganz Ost- und Westturkestan umfassen sollte.[7] Aufgrund des zwischen Rußland und China geschlossenen Vertrages von St. Petersburg vom 24. Februar 1881 und des zwischen Rußland und England geschlossenen sogenannten Pamir-Abkommens vom 11. März 1895 wurde von der Mongolei bis nach Afghanistan auf einer Strecke von mehr als 2400 km zwischen beiden Ländern eine Grenze festgelegt, die Rußland faktisch einen territorialen Gewinn von 850 000 km^2 einbrachte. Der Besitzstand Rußlands im Pamir und seine Dominanz bzw. indirekte Präsenz auch in Ostturkestan wurde damit anerkannt. Es handelt sich um Territorien, die China bis heute für sich beansprucht.[8] Diese Grenze trennt seitdem die in Ost- und Westturkestan lebenden, ethnisch zusammengehörenden Turkvölker: Uiguren, Kasachen, aber auch Kirgisen und Usbeken.

Seither ist Xinjiang Gegenstand der politischen und wirtschaftlichen Auseinandersetzungen zwischen Rußland und China, in denen beide Länder bemüht waren, die Islam-Frage als politisches Instrument bei der Durchsetzung ihrer Interessen oder Realisierung ihrer Zielsetzungen zu nutzen. Die größten Vorteile konnte daraus zweifellos Rußland bzw. die Sowjetunion ziehen, deren in erster Linie wirtschaftliche Prädominanz im chinesischen Xinjiang praktisch erst beendet war, nachdem Mao Zedong 1955 den Rückzug der Sowjets aus diesem Gebiet erzwingen konnte.[9]

c) Kriterien zur Beurteilung des Islams in China

Zur Entwicklung und Einordnung des Islams in Ostturkestan ist es wichtig, sich noch einen anderen historischen Sachverhalt zu vergegenwärtigen: Seit der Einigung des Reiches unter der Han-Dynastie (206 v. Chr. bis 200

n. Chr.) hat die chinesische Zentralregierung die politische Herrschaft über diesen Teil Zentralasiens immer für sich beansprucht. Sie konnte allerdings ihren Herrschaftsanspruch über diese großräumigen und nur schwach besiedelten Gebiete noch bis in das 20. Jahrhundert hinein nur durch ein weiträumiges Kontrollnetz – in der Regel militärische Garnisonen – ausüben. Das Unabhängigkeitsbewußtsein der Bevölkerung dieses Raumes wurde dadurch nicht beeinträchtigt.

Mit der nominellen Ausdehnung der Han-Herrschaft auf Zentralasien wurde einerseits dem chinesischen „Imperialismus" der Weg nach Westen gewiesen, andererseits aber auch China den Kultureinflüssen aus dem indischen und dem iranischen Raum geöffnet: Auf den Routen der über Persien, Afghanistan und Westturkestan führenden Seidenstraße erreichten bereits im ersten Jahrhundert n. Chr. der Buddhismus und später auch der Islam das „Reich der Mitte" und mit beiden Religionen eine Fülle von neuen, die chinesische Zivilisation bereichernden Elementen.

Die relative Unabhängigkeit ganz Zentralasiens, also West- und Ostturkestans, zwischen China und Rußland, wurde praktisch erst in der zweiten Hälfte des 19. Jahrhunderts durch das Vordringen mandschurischer Armeen in diesen Raum und durch die kolonialen Vorstöße der Russen nach Sibirien und Zentralasien (Turkestan) sowie die der Engländer nach Indien und darüber hinaus in Richtung Zentralasien beendet. Dadurch wurde – wie früher erläutert – auch der Herrschaftsanspruch Chinas über Ostturkestan in Frage gestellt. Seither ist dieser geographische Bereich das Zentrum eines permanenten Spannungsfeldes der konkurrierenden politischen und wirtschaftlichen Interessen Rußlands und Chinas in Zentralasien.

Für beide Länder mußte damit notwendigerweise auch der Islam zu einem Faktor bei der Verfolgung und Durchsetzung ihrer politischen Ziele und Ansprüche werden. Er wurde über lange Zeit hinweg das wichtigste Instrument ihrer rivalisierenden Politik in diesem Raum.[10] Der Versuch des im westturkestanischen Kokand geborenen und im ostturkestanischen Kaschgar residierenden Khan Yakub Bek, in der zweiten Hälfte des 19. Jahrhunderts einen von Rußland und China unabhängigen, ganz Turkestan umschließenden und vertraglich mit dem Osmanischen Reich verbundenen, d. h. an die *umma* gebundenen Islam-Staat in Zentralasien zu schaffen, zeigt andererseits aber auch, welche Probleme sich daraus für die Politik beider Länder und ihr Verhältnis zueinander ergeben mußten: Für das zaristische Rußland konnte jede Zuspitzung des Verhältnisses zwischen der muslimischen Bevölkerung Xinjiangs und der chinesischen Zentralregierung in Beijing nur politische Vorteile bringen. Und für China ergab sich daraus, daß die wichtigste Voraussetzung für die Ausübung der vollen Souveränität und Sicherung seiner völkerrechtlich legitimen Herrschaft in den an das Russische Reich grenzenden Provinzen die Respektierung der religiösen Gefühle seiner muslimischen Bevölkerung sein mußte, wenn nicht sogar die vorbehaltlose Förderung des Islams als eine unverzichtbare politische Kraft.

Vor dem Hintergrund dieser Realität wird auch verständlich, daß – wie im sowjetischen (West)Turkestan so auch im chinesischen (Ost)Turkestan – das nationale Bewußtsein der Bevölkerung seit jeher mit dem Bekenntnis zum Islam identisch war und daß deshalb auch bei der Behauptung der muslimischen Turkvölker Ostturkestans im Spannungsfeld zwischen diesen beiden Großmächten die Verteidigung des Islams immer eine zentrale Rolle spielte.

Daraus ergibt sich schließlich aber auch, daß der Islam in Zentralasien die Regierung in Beijing genauso wie die in Moskau immer vor erhebliche Probleme gestellt hat: In China waren die Muslime weitgehend vom chinesischen Staatsvolk und von den anderen Minderheitengruppen Chinas separiert, und zwar auch dort, wo sie außerhalb Xinjiangs nicht in geschlossenen religiös-ethnischen Minderheiten, sondern in kleinen Gruppen, also in Familienverbänden oder sogar nur als einzelne lebten. Mit der strengen Einhaltung der Verpflichtungen, die der Islam seinen Gläubigen auferlegt, dokumentieren die Muslime Chinas bis heute selbst in ihrem äußeren Verhalten, daß ihr Glaubens-und Autoritätszentrum sozusagen in einem fernen „fremden“ Lande liegt, und daß sie nicht bereit sind, sich anderen nichtislamischen Zentren unterzuordnen.

Ihre kulturelle und soziale Eigenständigkeit äußert sich bis heute dementsprechend – ganz ähnlich wie früher in der Sowjetunion – in der nahezu ungebrochenen Praktizierung der Traditionen und Bräuche. Auch die harten Repressionsmaßnahmen der „Roten Garden“ gegen den Islam während der Kulturrevolution (s. u.) haben diese Haltung nicht wesentlich beeinträchtigen können. Eines der eindrucksvollsten Beispiele dafür ist die strikte Beibehaltung der Heirats- und Bestattungsbräuche, die im Islam einen zentralen Raum einnehmen: Die Trauscheine werden auch heute noch fast immer in arabischer Sprache ausgestellt, Bräutigam und Braut erweisen Himmel und Erde keine Ehrerbietung wie die Han-Chinesen, und Bestattungen finden bisher überwiegend auf besonderen Friedhöfen statt.

Diese konsequente Haltung gilt auch für die meisten anderen Bräuche: Arabische und persische Redewendungen sind in Xinjiang überwiegend beibehalten worden, das Turban-Tragen ist noch immer üblich, und selbst die muslimischen Speisegebote werden streng beachtet. Die Kinder erhalten noch immer islamische Namen. Die Söhne werden im Alter von sieben Jahren beschnitten und sehr früh verheiratet (bis vor wenigen Jahren in der Regel mit 15 Jahren). Sie dürfen wohl chinesische Frauen heiraten, den Töchtern hingegen ist die Ehe mit „ungläubigen“ Chinesen verboten. Kurz: Auch in China bekennt sich die muslimische Bevölkerung noch immer in einem sehr hohen Maße bewußt zu ihrer Religion und hebt sich schon dadurch notwendigerweise deutlich von der chinesischen Bevölkerung ab.

d) Der Islam im chinesisch-sowjetischen Konflikt

Nach der Oktoberrevolution 1917 konnte die Sowjetunion den zunehmenden Verfall der chinesischen Herrschaft in Xinjiang seit den revolutionären Ereignissen des Jahres 1911 für ihre Politik nutzen;[11] die völkerrechtliche Zugehörigkeit Xinjiangs zu China brauchte dadurch grundsätzlich nicht in Frage gestellt zu werden. Insbesondere eine überaus flexible Islam-Politik hat es Moskau ermöglicht, Xinjiang seit Anfang der dreißiger Jahre durch eine Reihe von langfristigen Wirtschaftsabkommen mit der Provinzialregierung in Urumtschi (unter Umgehung der Zentralregierung) politisch zunehmend stärker als bis dahin an sich zu binden.[12] Durch Unterstützung der islamischen Seperationsbestrebungen in Xinjiang mit Waffen und anderem Kriegsgerät konnte die Sowjetunion diese Bindung mit wirtschaftlichen Mitteln auch militärisch weitgehend absichern. Diese Politik erlaubte der Sowjetunion eine nahezu totale wirtschaftliche Durchdringung und Ausbeutung; sie war praktisch erst 1955, also sechs Jahre nach der Machtübernahme Maos in China, beendet.

Die Mittel, auf die Mao zurückgriff, um Xinjiang nach seinem Machtantritt am 1. Oktober 1949 wieder aus dem wirtschaftlichen Einfluß der Sowjetunion zu lösen, entsprachen völlig der historischen Erfahrung in und mit diesem Raum. Zwar ließ der bereits am 14. Februar 1950, am Ende eines mehrwöchigen Aufenthalts von Mao in Moskau, zwischen der Sowjetunion und China mit einer Laufzeit von 30 Jahren unterzeichnete „Vertrag über Freundschaft, Bündnis und gegenseitigen Beistand" den Eindruck entstehen, daß die *Kommunistische Partei Chinas (KPCh)* bereit war, sich weiterhin mit der de facto-Bindung der Westregion an die Sowjetunion abzufinden.[13] Und dieser Eindruck wurde auch durch das am 27. März 1950 auf dieser Basis in Moskau (gleichfalls mit 30jähriger Laufzeit) unterzeichnete Wirtschaftsabkommen erhärtet; es sicherte der Sowjetunion praktisch eine sehr weitgehende Verfügung über die Rohstoff-Vorkommen (Erdöl, Bunt- und Edelmetalle).[14] Ein zugleich zwischen beiden Ländern geschlossenes Geheimabkommen, das später mit dem Datum vom 29. März 1950 veröffentlichte „Abkommen über Zusammenarbeit auf dem Gebiet der Atomenergie", gestattete der Sowjetunion darüber hinaus die Kontrolle und den Abbau der Uran-Vorkommen Xinjiangs und ihre Verarbeitung in der Sowjetunion.[15]

Aber die neue kommunistische Führung Chinas hatte angesichts der Notwendigkeit, zunächst ihre Macht zu stabilisieren, ganz offensichtlich in einer (befristeten) Fortführung der Sowjetisierung auf der Grundlage dieser Abkommen das kleinere Übel gesehen. Damit war keineswegs ein grundsätzlicher Souveränitätsverzicht im chinesischen Teil Zentralasiens verbunden. Die Maßnahmen zur inneren Konsolidierung ihrer westlichen Provinzen ließen dies deutlich erkennen. Eine wesentliche Rolle hat dabei die relativ rücksichtsvolle Politik gegenüber dem Islam als Religion gespielt. Sie war deutlich von der Erkenntnis geleitet, daß jeder Versuch, die Bräuche der muslimischen Bevölkerung zu ändern oder gar im Sinne der marxistisch-leninistischen Doktrin auszumerzen, von dieser als Absicht hätte ausgelegt werden können, ihren Glauben an der Wurzel zu vernichten. Insofern lassen sich durchaus Parallelen zur sowjetischen Islam-Politik „der ersten Stunde" in den Jahren von 1920 bis 1928 feststellen. Ähnliches gilt im übrigen auch hinsichtlich der Landreform, die den Islam in besonderem Maße treffen mußte. Von der auch in China sofort nach 1949 durchgeführten Enteignung der Landbesitzer wurden die Muslime – im Unterschied zu allen anderen Religionsgemeinschaften – insofern ausgenommen, als ihnen das den Moscheen gehörende Land zur Bewirtschaftung überlassen blieb.

e) Pragmatismus und Opportunismus in der Islam-Politik

Solche Maßnahmen hatten allerdings mit religiöser Toleranz genauso wenig zu tun wie die relativ „weiche" Islam-Politik der Sowjetführung in den zwanziger Jahren. Auch dies läßt sich an einigen wenigen Beispielen aus dieser Periode belegen:[16] Bereits Anfang 1952 wurde in Qinghai unter dem Titel „Umriß und besondere Kennzeichen des Korans" eine neue chinesische Koran-Übersetzung herausgegeben. Sie berücksichtigte nur solche Suren, aus denen sich die „Richtigkeit" der kommunistischen Lehre ableiten ließ. Auch die Einrichtung besonderer islamischer Lehrinstitute in China muß in diesem Zusammenhang gesehen werden. In ihnen wurden auf der Grundlage der neuen Koran-Übersetzung nicht nur Geistliche ausgebildet, sondern auch Kinder unterrichtet – einer Islam-Version also, die den Zielsetzungen und Bedürfnissen des kommunistischen Staates weitgehend angepaßt war.

Schließlich muß hier auch die Gründung zweier islamischer Organisationen erwähnt werden, die der *Chinesischen Islamischen Gesellschaft* und des *Hui-Kulturvereins*. Sie ermöglichte es der chinesischen Staats- und Parteiführung, das religiöse, soziale, ökonomische und politische Leben der islamischen Minderheiten Chinas zu beeinflussen oder zumindest unter ständiger Kontrolle zu halten und zugleich auch außenpolitische Beziehungen zu den islamischen Ländern herzustellen und zu pflegen. Die bemerkenswerten Erfolge der chinesischen Außenpolitik im Vorderen Orient, in Afrika und in Südostasien bis 1963/64 sind nicht zuletzt auch auf die Nutzung dieser Instrumente der Islam-Politik zurückzuführen.[17]

Die zurückhaltende Islam-Politik der Zentralregierung stand also keineswegs im Widerspruch zur Religionsdoktrin des Maoismus, des von der chinesischen Führung praktizierten Marxismus-Leninismus; ihr letztes Ziel war es, auch in China das religiöse Bewußtsein der muslimischen Bevölkerung auszulöschen. Aber die Wirkung dieser Politik zeigte sich dennoch darin, daß es Beijing auf dieser Grundlage durchaus gelang, eine dauerhafte Stabilisierung des sowjetischen Einflusses in Xinjiang zu verhindern.

Die vor allem instrumentale Bedeutung der Islam-Politik in der chinesisch-sowjetischen Konfrontation zeigte sich erneut darin, daß mit dem von Beijing erzwungenen wirtschaftlichen Rückzug der Sowjets aus Xinjiang wieder eine erhebliche Verschärfung der Religions- und Nationalitäten-

Politik des Mao-Regimes in diesem weiten westlichen Grenzraum Chinas einsetzte. Sie löste ursächlich eine Neubelebung des muslimischen Widerstandes aus, der sich vor allem in einer breiten islamischen Untergrund-Befreiungsbewegung organisierte. Mitte 1958 bildete sie sogar eine Regierung der „Uigurischen Republik", die sich gegen die chinesische Zentralregierung richtete.

Über diese Vorgänge ist nur sehr wenig bekannt geworden,[18] wie überhaupt die Angaben in der chinesischen Presse und Literatur dieser Zeit zur Islam-Frage so spärlich sind, daß es nicht möglich ist, sich ein zuverlässiges Bild zu verschaffen. Demgegenüber erlaubt es die bemerkenswert große publizistische Resonanz, die diese Vorgänge in den südasiatischen Ländern hatte, davon auszugehen, daß die gegen Partei und Regierung gerichteten Unruhen der muslimischen turksprachigen Minderheiten Chinas erhebliche Ausmaße hatten. So sprechen diese Quellen übereinstimmend davon, daß den Kern der muslimischen Befreiungsbewegung in den Jahren zwischen 1958 und 1960 etwa 60 000 bewaffnete und gut organisierte Widerstandskämpfer bildeten. Mindestens die Hälfte von ihnen soll von sowjetischen Instrukteuren ausgebildet und mit Waffen aus sowjetischen Arsenalen ausgerüstet gewesen sein.

Ausgelöst wurden diese Unruhen durch massive Sinisierungsmaßnahmen Beijings. Ihr Ziel war es, die ethnischen Minderheiten in Xinjiang zunehmend stärker in der chinesischen Gesellschaft aufgehen zu lassen. Die zur Durchsetzung dieser Umwälzungen eingesetzten Mittel erstreckten sich von der Umsiedlung geschlossener Gruppen von Chinesen aus Zentralchina in diese Gebiete, begleitet von einer erheblichen Verstärkung militärischer Präsenz, über die Einführung der chinesischen Sprache als alleinverbindliche Verwaltungssprache anstelle der Sprachen der islamischen Minderheiten und die damit zusammenhängende sukzessive Ablösung der örtlichen Lehrer durch chinesische sowie die zunehmende Verstärkung des Anteils der Chinesen in der Verwaltung bis hin zur gewaltsamen Förderung von Mischehen, die einem massiven Angriff auf die islamischen Bräuche und Traditionen gleichkam.

Daraus ist auch zu erklären, daß die gegen solche Maßnahmen gerichteten „konterrevolutionären" Bewegungen sich vor allem in religiösen und nationalen Parolen artikulierten.

f) Kulturrevolution und Lebenskraft des Islams in China

In dieser Entwicklung seit etwa 1963 ist das Vorgehen gegen die islamische Gemeinschaft während der Kulturrevolution vorgezeichnet.[19] Die insbesondere von den sogenannten *Huweiping* (Rotgardisten) seit 1966/67 unter der Losung „Zerstört die alte Welt und errichtet eine neue" exekutierte Forderung Maos nach Abschaffung der „Vier Alten" – der alten Sitten, der alten Gebräuche, der alten Ideen, der alten Kultur – richtete sich notwendigerweise in besonders extremer Weise gegen alle religiösen „Erscheinungen" und damit vor allem gegen den monotheistischen Islam. Es ist geradezu symptomatisch für die politische Bedeutung des Islams in China sowie für die Auseinandersetzung zwischen China und der Sowjetunion, daß den Vorgängen in Ostturkestan während der Kulturrevolution durch die Veröffentlichung von Berichten zahlreicher seit Mitte 1966 über die sowjetisch-chinesische Grenze nach Westturkestan geflüchteter Muslime in der Presse der Sowjetunion, aber auch der südasiatischen (und sogar afrikanischen) Länder breite Publizität gegeben wurde.

Aus solchen Berichten war natürlich kein detailliertes Bild vom Ausmaß der gegen den Islam gerichteten Vernichtungsaktionen zu gewinnen. Dennoch ließen sie darauf schließen, daß in deren Verlauf alle islamischen Einrichtungen zerschlagen, nahezu alle Moscheen zerstört, geschändet oder in weltliche Einrichtungen umgewandelt wurden, und daß ein großer Teil der Geistlichkeit physisch vernichtet, zumindest aber durch harte Strafen ausgeschaltet wurde.

Diese extremen ideologischen und physischen Vernichtungsmaßnahmen konnten den Islam als Religion und das kulturelle Eigenleben der muslimischen Minderheiten in China nicht an der Wurzel treffen oder sogar eliminieren. Dies zeigte sich darin, daß sich die Staats- und Parteiführung schon kurze Zeit nach dem Tode Maos im September 1976, vor allem aber seit 1978, gezwungen sah, erhebliche Korrekturen an ihrer Minoritätenpolitik vorzunehmen. Ihnen lag das offene (und öffentliche) Eingeständnis fundamentaler Fehler in der Nationalitäten- und Religionspolitik zugrunde, die sich besonders auf die Turkvölker Xinjiangs katastrophal ausgewirkt haben.[20]

Die Abwendung von der Maoschen Politik war um so glaubwürdiger, als der religiösen Betätigung wieder beachtlich größere Rechte und Freiheiten zugestanden wurden: In der Verfassung von 1978 wurde zum Beispiel festgelegt, daß die Bürger der VR China sowohl die Freiheit des religiösen Bekenntnisses als auch die Freiheit haben, nicht zu glauben und den Atheismus zu propagieren (Art. 46).

Im Verfassungsentwurf von 1982 wurde dieses „Grundrecht" dahingehend präzisiert, daß die Bürger der VR China die Freiheit des religiösen Glaubens haben (Abs. 1), daß kein Organ des Staates, keine öffentliche Organisation und kein Individuum das Recht hat, die Bürger zum Glauben oder zum Nichtglauben zu zwingen oder sie wegen ihres Glaubens oder Nichtglaubens zu diskriminieren (Abs. 2), daß der Staat die von ihm legitimierten religiösen Aktivitäten schützt, daß aber niemand die Religion zu konterrevolutionären Aktivitäten nutzen darf, welche die öffentliche Ordnung untergraben, der Wohlfahrt der Bürger zuwiderlaufen oder das staatliche Erziehungssystem in Frage stellen (Abs. 3) und schließlich, daß die religiöse Betätigung durch fremde Staaten nicht beeinflußt werden darf (Abs. 4).

Bemerkenswert war aber, daß die Revision der Minoritäten- und Religionspolitik keineswegs auf formale Änderungen oder Ergänzungen der Verfassung beschränkt blieb. Ihnen sind vielmehr konkrete Schritte gefolgt, die zeigen, daß Regierung und Partei gewillt waren, die „Rehabilitierung" vor allem der Turkminoritäten nicht nur symbolisch, sondern schnell und mit relativ großem Aufwand durchzuführen. Sie manifestieren sich in zahlreichen Maßnahmen, die nicht nur aus den offiziellen oder offiziösen Publikationen in der VR China abzuleiten, sondern geradezu „handgreiflich" waren. Nur auf einige wenige soll hier hingewiesen werden: Schon in einer im März 1980 herausgegebenen Publikation der neuorganisierten *Chinesischen Islamischen Gesellschaft* wurden zum ersten Mal seit 1949 wieder konkrete Zahlen über die sich zum Islam bekennenden ethnischen Minoritäten veröffentlicht,[21] die später auch durch amtliche Publikationen bestätigt wurden;[22] auf die Problematik aller solcher Zahlenangaben wurde früher hingewiesen: Danach konnte davon ausgegangen werden, daß in der VR China zu dieser Zeit noch immer, d. h. trotz der gegen den Islam gerichteten Maßnahmen während der Kulturrevolution, mindestens 13 Millionen Muslime lebten,[23] die besonders in den westlichen Provinzen Chinas konzentriert waren.[24] Es kann als sicher gelten, daß diese Zahl – wenn sie auch nur annäherend richtig sein sollte – sich seither erheblich vergrößert hat. Dies ergibt sich allein daraus, daß die Turkminderheiten ausdrücklich von allen Maßnahmen der Regierung zur Eindämmung des Wachstums der Bevölkerung Chinas durch Geburtenbegrenzung ausgenommen sind. Fünf bis zehn oder sogar noch mehr Kinder pro Familie können heute noch immer als die Regel angesehen werden.

Besonderes Interesse beanspruchen die Angaben über die seit 1979 wieder geöffneten Moscheen. Die Zahl wurde beispielsweise schon 1981 allein für Xinjiang mit 1900 und für Ningxia mit 1200[25] angegeben. Auch diese Zahlen dürften inzwischen sehr viel höher liegen, wenn man die schon zu dieser Zeit in der Wiederherstellung oder im Neubau befindlichen Moscheen berücksichtigt; ihre Zahl läßt sich allerdings nicht annähernd konkret feststellen.[26] Ähnliches gilt für die Wiederherstellung bzw. den Neubau von Medresen zur Ausbildung des geistlichen Nachwuchses; die in den achtziger Jahren „amtierenden" *Ahongs (imāme)* waren durchweg in einem sehr hohen Alter. Zu erwähnen ist schließlich, daß bereits 1983 von der Chinesischen Islamischen Gesellschaft eine neue Koranausgabe in offensichtlich hoher Auflage herausgebracht wurde.[27] Bereits im Frühjahr 1984 verfügten die meisten Moscheen über jeweils mindestens ein Exemplar dieser Koranausgabe. Sie unterscheidet sich von den seit 1949 gedruckten dadurch, daß es sich um einen ungekürzten Nachdruck der heute verbindlichen offiziellen Kairoer Koranausgabe in arabischer Sprache (kufische Verszählung) handelt.

Diese Angaben reichen sicher nicht aus, um das Ausmaß der „neuen" Politik der Führung in Beijing den zentralasiatischen Turk- bzw. muslimischen Minderheiten gegenüber zu verdeutlichen. Es kann aber keinen Zweifel daran geben, daß die neue Politik zu einer nicht unerheblichen Veränderung der Situation der ethnischen Minoritäten vor allem in Xinjiang geführt hat. Es wäre aber andererseits natürlich abwegig, bei der Bewertung dieser ungewöhnlich weitgehenden Entwicklung etwa zu dem Schluß zu kommen, daß die Ursache für die neue Politik Beijings in einem grundsätzlichen Wandel der Einstellung des chinesischen Marxismus-Leninismus zum Islam oder zur Religionsproblematik ganz allgemein zu suchen ist. Sie ist vor allem eine pragmatische Konsequenz innenpolitischer Fehler und Fehlentwicklungen während der Kulturrevolution. Aber die schonungslose selbstkritische Offenheit, mit der diese Fehler und ihre Folgen von Staat und Partei in der VR China behandelt und korrigiert wurden, war ohne Beispiel in allen Ländern der kommunistisch regierten Welt, insbesondere aber in der Sowjetunion.

Für die Außenpolitik Chinas im Mittleren Osten hingegen war diese gewissermaßen „zur rechten Zeit" vorgenommene innenpolitische Kurskorrektur von erheblichem Nutzen. Eine ihrer Konsequenzen war, daß sich Beijing seither den islamischen Erneuerungsbewegungen des Nahen und Mittleren Ostens gegenüber unbefangener verhielt und deshalb den islamischen Widerstand gegen das moskauhörige Kabuler Regime und gegen die sowjetischen Interventionstruppen in Afghanistan glaubwürdiger politisch, militärisch und wirtschaftlich unterstützen konnte. Und es hat sich nicht zuletzt erwiesen, daß diese Veränderungen auch auf das Verhältnis zwischen der muslimischen Turkbevölkerung Ost- und Westturkestans zurückwirkten, wie dann auch die seit 1992 erfolgreichen diplomatischen Aktivitäten der VR China in den nach dem Zusammenbruch der Sowjetunion unabhängig gewordenen orientalischen Unionsrepubliken Zentralasiens bestätigt haben.

7. Indien

(Munir D. Ahmed)

Die Muslime der Republik Indien bilden mit einem fast 12%igen Anteil an der Bevölkerung die größte religiöse Minderheit im Land. Sie stellen mit ihren über 100 Millionen Gläubigen die größte islamische Minorität in einem nichtmuslimischen Staat dar. Sie waren immer schon eine Minderheit, auch als große Teile des indischen Subkontinents jahrhundertelang von muslimischen Herrschern regiert wurden und Indien als ein islamischer Staat galt. Ethnisch sind die meisten von ihnen, etwa 80%, Inder, deren Vorfahren im Laufe der Zeit zum Islam konvertierten. Die restlichen 20% sind Nachfahren von Einwanderern, die im Gefolge der muslimischen Armeen nach Indien gelangten. Unter ihnen befanden sich Araber, Perser, Afghanen und Angehörige von Turkvölkern, die zwar nominell ihre ethnische Identität bewahrt haben, ansonsten aber in der indischen Gesellschaft voll integriert sind.[1]

Die hinduistischen Überbleibsel in der muslimischen Gesellschaft – bis hin zu Aberglaube und Mythologie – sind eine Realität. Für viele Konvertiten änderte sich mit dem Wechsel zum Islam außer der Namensänderung kaum etwas. Dies zeigt sich in Radschputana in den dreißiger Jahren, als Hindu-Eiferer eine Kampagne zur Rückgewinnung von zum Islam konvertierten Bauern (*Shudhi*-Bewegung) durchführten und große Erfolge verbuchen konnten. Die Konvertiten waren in ihrer Lebensführung Hindu geblieben. Dies trifft mit Einschränkungen mehr oder minder für die meisten indischen Muslime zu. Viele ziehen zum Beispiel beim Erbrecht das Gewohnheitsrecht dem islamischen Recht *(sharīʿa)* vor, um die weiblichen Familienmitglieder vom Realienerbe auszuschließen.

Bei der Konversion dürfte bei vielen das hinduistische Kastensystem eine Rolle gespielt haben. Der Islam muß den rangniederen und benachteiligten Kasten als Rettungsanker vorgekommen sein. Die islamische Gesellschaft ist egalitär, auch wenn sie in Indien gewisse Merkmale eines Kastensystems aufweist. Allerdings sind die Grenzen zwischen den Kasten bei ihr nicht rigide und können gelegentlich übersprungen werden. Vor allen Dingen gibt es keine Unberührbaren und Aussätzigen, die von der sozialen Interaktion ausgeschlossen werden. Die Kastenzugehörigkeit spielt bei der Knüpfung familiärer Bande eine Rolle, zum Teil weil man von der Höherwertigkeit seiner Kaste und Subkaste überzeugt ist, aber noch mehr, um den Zusammenhalt der Sippe, des Klans und der Familie zu sichern. Man geht generell davon aus, daß eine Heirat außerhalb der eigenen Sippe sozial unverträglich ist. Selbst unter den als gleichwertig geltenden Kasten wird auf ungeschriebene, aber dennoch feststehende Regeln geachtet, die es vorschreiben, ob man in die andere Kaste heiraten darf oder nicht. Manche Kasten lehnen es ab, Angehörigen von anderen Kasten, die ansonsten als gleichwertig angesehen werden, ihre Töchter zur Frau zu geben, obwohl sie selbst durchaus eine Frau aus der betreffenden Kaste als Ehefrau nehmen würden.[2]

Indiens Teilung in die Indische Union und Pakistan im Zuge der Unabhängigkeit 1947 bildete einen Scheidepunkt für die Muslime des Subkontinents. Die Forderung nach einem separaten Staat wurde von der *All India Muslim League (IML)* erhoben, die zwar die wichtigste, aber nicht die einzige Partei der Muslime war. Die traditionelle politische Führung lag in der Hand von Personen, die an eine Integralnation aller Inder glaubten und somit natürliche Verbündete des *Indian National Congress (INC)* waren. Darin stimmten mit ihnen viele muslimische Schriftgelehrte aus Deoband, die im aktiven Widerstand gegen die Kolonialmacht standen, überein. Auch die politische Organisation der Schriftgelehrten, *Jamʿīyat al-ʿulamāʾ-i Hind (JUH)*, war davon überzeugt, daß die Muslime gemeinsam mit dem INC für die Unabhängigkeit kämpfen sollten, statt diesen Kampf durch Teilungsforderung zu unterminieren.[3] Indiens Teilung und die Gründung Pakistans bedeuteten für sie eine herbe Niederlage. Millionen Muslime emigrierten nach Pakistan. Zum Teil befanden sich darunter auch solche Personen, die ursprünglich einen separaten Islam-Staat abgelehnt hatten.[4] Zu ihnen zählte unter anderen der Begründer der *Jamāʿat-i islāmī (JI)*, Abū l-Aʿlā al-Maudūdī, der sich gegen Indiens Teilung stellte, weil dadurch die Chance zur Islamisierung Indiens verlorenginge. Er mußte nach der Unabhängigkeit seinen Wohnsitz nach Pakistan verlegen. Ebenso blieb der *Majlis aḥrār-i islām*, der hauptsächlich gegen die *Aḥmadīya* agiert hatte, nur noch der

Umzug nach Pakistan, wo er religiös verbrämte Agitationspolitik fortsetzte, obschon er sich als politische Partei verabschieden mußte.

a) Das Mißtrauen gegen die Muslime

Die indischen Muslime gerieten nach der Unabhängigkeit in eine schwierige Lage, weil ihre Loyalität der Indischen Union gegenüber vielfach angezweifelt wurde. Sicherlich stand dahinter die „Zwei-Nationen-Theorie" von Muḥammad ʿAlī Jināḥ, die die Muslime als eine von Hindus getrennte Nation definierte. Hatte nicht die überwältigende Mehrheit der Muslime in Britisch-Indien für Pakistan gestimmt? Wie konnte und sollte nach der Unabhängigkeit die Erinnerung daran ausgelöscht werden? Für Hindu-Nationalisten stand fest, daß ein Muslim der Indischen Union gegenüber nicht treu sein könne. Dies veranlaßte muslimische Schriftgelehrte dazu, ihre Glaubensbrüder aufzufordern, nach Pakistan auszuwandern, wenn sie Sympathien für dieses Land hegten. Den anderen wurde geraten, Beziehungen zu Pakistan, auch die familiären Bindungen, abzubrechen. Bereits 1948 faßte eine in Lakhnau zusammengerufene Konferenz aller islamischer Organisationen den Entschluß, keine separate politische islamische Partei mehr zu gründen. Die IML, deren Führung bereits nach Pakistan übergesiedelt war, hatte ohnehin ihre Tätigkeit in Indien eingestellt. Maulānā Abū l-Kalām Āzād,[5] der als Erziehungsminister der Regierung angehörte und darüber hinaus Vizepräsident der regierenden Partei INC war, forderte seine Glaubensbrüder auf, in den INC einzutreten, weil nur er den Muslimen Schutz und Geborgenheit bieten könne. Zur gleichen Zeit beschloß die JUH, sich zukünftig nur noch mit den religiösen Angelegenheiten der Muslime zu befassen und sich im sozialen Bereich zu betätigen. Sie trug zum ersten Mal Nichtklerikalen die Mitgliedschaft an und lud nichtmuslimische Redner zu ihren Versammlungen ein. Sie brach alle Verbindungen zu denjenigen Parteibüros ab, die sich auf pakistanischem Territorium befanden. 1958 forderte sie die Muslime auf, in den nächsten zwei bis fünf Jahren auf jegliche politische Forderungen zu verzichten und sich statt dessen um den Aufbau des Landes zu kümmern. Der Rat zur politischen Abstinenz wurde weitgehend befolgt. Die JI trennte sich von der Mutterpartei in Pakistan und beschloß, sich fortan politisch nicht mehr zu betätigen. Dies erstreckte sich auf die aktive und passive Beteiligung an den Parlamentswahlen.[6]

Die Frage, die nach der Unabhängigkeit die indischen Muslime beschäftigte, betraf ihr Verhältnis zu der Hindu-Mehrheit, mit der sie gemeinsam in einem Staat lebten. Die Schriftgelehrten verglichen diese Situation mit der in Medina zu Muḥammads Zeiten. Damals lebten Muslime und Juden in jenem Stadtstaat zusammen. Zwischen ihnen gab es eine schriftliche Vereinbarung *(mīthāq madīna)*, wonach beide Religionsgemeinschaften die Ausübung ihrer jeweiligen religiösen Riten und Pflichten freistand. Sie bildeten gemeinsam eine Nation *(qaum)*, an deren Spitze Muḥammad als Oberhaupt stand. Man sprach mit dem Hinweis auf diese Vereinbarung von einem

„Abkommen" zwischen der Hindu-Mehrheit und der muslimischen Minderheit in Gestalt der Verfassung, die zudem den Staat auf den Säkularismus und damit in religiösen Angelegenheiten auf Neutralität verpflichtete. Allerdings gab es unter den Muslimen unterschiedliche Meinungen zum Säkularismus. Die erste Gruppe sah den Säkularismus als eine Negation der Religion, weshalb er für sie nicht annehmbar war. Die zweite Gruppe glaubte, daß die Religion eine persönliche Angelegenheit jedes einzelnen sei, die vom Säkularismus als solche respektiert werden würde. Die dritte Gruppe, der auffallend viele Schriftgelehrte angehörten, war der Meinung, daß der Säkularstaat den Religionen gegenüber zur Neutralität verpflichtet sei. Deshalb biete er den Muslimen angesichts der erdrückenden Hindu-Mehrheit im Land die beste Überlebensgarantie.

Auch in der Hindu-Bevölkerung wurde die Diskussion über den Säkularismus leidenschaftlich geführt, zumal der Hindu-Fundamentalismus, der sich lange vor der Unabhängigkeit zu formieren begonnen hatte, neue Entfaltungschancen für sich ausrechnete. Ebenso wie der Islam erfaßt der Hinduismus alle Bereiche des Lebens und kennt ursprünglich keine Trennung zwischen Religion und Politik. Die militante *Rashtra Swayam Sevak Sangh (RSS)* strebt die Umwandlung Indiens in ein Hindu-Reich an. Sie lehnt die Idee einer Integralnation, der verschiedene Völker und Religionsgemeinschaften angehören, ab. Für sie kann die indische Nation nur aus Hindus bestehen. Wer dazu gehören will, muß den Hinduismus annehmen. Interessanterweise hatte der spätere Protagonist des islamischen Staates in Pakistan, al-Maudūdī, den Hindus geraten, die Indische Union als einen Hindu-Staat zu organisieren. Nach den Rechten der Muslime in diesem Staat gefragt, hatte er geantwortet, daß sie als eine religiöse Minderheit behandelt werden sollten und daß sie sich mit den Rechten zufrieden geben sollten, die in einem Hindu-Staat für Nichthindus vorgesehen sind. Er konnte sich vermutlich nicht vorstellen, daß eines Tages der Hindu-Fundamentalismus so weit gehen würde, den religiösen Minderheiten die Grundrechte zu verweigern.

Die größte Sorge bereiten den indischen Muslimen gegenwärtig die häufig stattfindenden Übergriffe von seiten der Hindu-Fanatiker auf ihre Wohnhäuser, Geschäfte, Kultstätten und kulturellen Einrichtungen. Das bisher schlimmste Massaker fand im Anschluß an die Schleifung der *Bābarī*-Moschee in Ajudhia (Ayodhya) am 6. Dezember 1992 statt. Die Folge war, daß die Angst vor dem Hindu-Fundamentalismus um sich griff. Die religiöse Intoleranz trifft auch andere Religionsgemeinschaften, etwa Sikh, Christen und Buddhisten. Aber sie stehen nicht im Visier der Fanatiker wie die Muslime, die dafür büßen sollen, was angeblich ihre Vorfahren der Hindu-Bevölkerung während ihrer Herrschaft über Indien angetan hatten.[7]

b) Der Säkularismus und die Muslime

Mehrheitlich bekennen sich die indischen Muslime zum Säkularismus, wobei die Bekenner in zwei Gruppen geteilt sind. Die erste Gruppe bilden diejenigen, die aus dem modernen Erziehungssystem hervorgegangen sind und denen an einer Neuinterpretation des Islams gelegen ist, damit er den Erfordernissen des heutigen Lebens gerecht werden kann. Sie werden wegen ihrer Bejahung des modernen Lebens landläufig als Modernisten bezeichnet, obwohl sie kaum radikale Reformen der islamischen Lehre anstreben. Die zweite Gruppe wird von den Schriftgelehrten angeführt, deren Einfluß auf die breite Masse im Gegensatz zu den Modernisten weitaus größer ist. Traditionell wenden sich die Muslime bei Zweifelsfällen an die bekannten religiösen Schulen und bitten sie um Beistand und Rat, der von diesen in Form von Rechtsgutachten *(fatāwā)* erteilt wird. Aus der jüngsten Vergangenheit bieten sich die zahlreichen Anfragen nach Kastration als Mittel zur Familienplanung als Beispiel an. Auch die Diskussion um die Zulässigkeit von Versicherungen aus religiöser Sicht ging auf Anfragen von besorgten Muslimen zurück. Dies kann dafür gewertet werden, daß die indisch-islamische Gesellschaft nach wie vor religiös bestimmt ist. Der auf die Traditionen seiner Religion pochende Muslim ist nur bereit, neue Ideen und Veränderungen in seinem Lebensraum zu akzeptieren, wenn sie anhand seiner religiösen Traditionen für zulässig befunden werden. Den Schriftgelehrten gefällt der Säkularismus, auf dem die indische Verfassung aufgebaut ist, nur deshalb, weil er die Interessen der Muslime schützt. Er bietet die Garantie dafür, daß die Hindu-Mehrheit das Land nicht in einen Hindu-Staat umwandeln kann, wo es für Muslime keinen Platz geben dürfte. Ansonsten setzen die islamischen Schriftgelehrten in Pakistan und anderen Muslim-Staaten den Säkularismus mit Areligiosität gleich.[8]

Die Schriftgelehrten sind keinesfalls eine homogene Gruppe. Noch während der englischen Kolonialherrschaft gab es eine Zweiteilung. Diejenigen, die sich aktiv am Freiheitskampf beteiligten und deshalb als rebellisch galten, nannte man „Schriftgelehrte der Wahrheit" *(ʿulamāʾ-i ḥaqq)*. Den anderen wurde wegen ihrer angeblichen Kollaboration mit den Regierenden der Name „Schriftgelehrte des Bösen" *(ʿulamāʾ-i sūʾ)* gegeben. Der Erfinder dieser Etikettierung war kein geringerer als Abū l-Kalām Āzād, der später selbst wegen seines Ministeramtes im Kabinett von Nehru als Kollaborateur beschimpft wurde. Im Gegensatz zu ihm bewahrten viele Schriftgelehrte ihre Unabhängigkeit, indem sie religiöse Schulen (arab. sing. *madrasa*, pl. *madāris)* gründeten, wofür sie keine Unterstützung vom Staat begehrten. Die Verfassung der Indischen Union ließ dies auch nicht zu. Damit avancierten sie in den Augen der Muslim-Bevölkerung zu deren wahren Führern. Paradoxerweise begünstigt der Säkularstaat den Führungsanspruch der Schriftgelehrten, die außerhalb des Parlaments und anderer staatlicher Institutionen arbeiten. Die parlamentarische Betätigung bleibt anderen vorbehalten, die mehr schlecht als recht im Namen der indischen Muslime agieren. Meistens kommen sie aus dem Lager der Modernisten. Das Mißtrauen der Wähler ihnen gegenüber ist im Laufe der Zeit statt zurückzugehen weiter gewachsen. Dies zeigte sich bei der Diskussion um die Notwendigkeit einer Anpassung des islamischen Rechts *(sharīʿa)* an das Landesrecht, die von den Modernisten bejaht, aber von den Schriftgelehrten verworfen wird.

c) Das Landesrecht und die sharīʿa

Grundsätzlich sind die Muslime der Auffassung, daß die *sharīʿa* sich auf alle Lebensbereiche erstreckt und daß es ein Bestreben eines jeden Muslims sein sollte, sein Leben nach der sharīʿa zu gestalten. Für die indischen Muslime ist das, was in Pakistan im Zuge der Einführung der sharīʿa geschehen ist, wichtig und nachahmenswert. Sie können davon nur träumen, weil die indische Verfassung ihnen den Weg versperrt. Lediglich im Bereich des Personenstandsrechts steht ihnen ein separates Recht zu, das zwar nicht in allen Teilen der sharīʿa entspricht, aber von ihr inspiriert wurde.[9] Seine Entstehung geht auf die Kolonialzeit zurück (*Muslim Personal Law [Shariat Act]* von 1937), und es wird deshalb von vielen angefeindet. Aber als im Zuge der Verabschiedung des Personenstandsrechts für Hindus (*Hindu Code Bill*, 1955) die Frage aufgeworfen wurde, ob der Staat nicht vielleicht auch das Personenstandsrecht der Muslime neu fassen sollte, gab es heftige Proteste von muslimischer Seite. Die Islamisten waren der Meinung, daß ein mehrheitlich von Hindus besetztes Parlament nicht berechtigt sei, sich mit der sharīʿa zu befassen. Daraufhin verzichtete die indische Regierung aus politischen Gründen auf eine Vereinheitlichung des Personenstandsrechts für alle Staatsbürger. Die Diskussion darüber zeigte aber die kategorische Ablehnung des Muslim Personal Law durch die Modernisten, weil sie es als rückständig betrachteten. Die Radikalen unter ihnen forderten die Annullierung des separaten Personenstandsrechts für die Muslime, das ihrer Meinung nach ihre Integration in die indische Gesellschaft behinderte. Sie betrachteten die Erlaubnis der Mehrehe für die Muslime als überholt, weil die Einehe sich längst durchgesetzt hat. Sie traten für eine Besserstellung von Frauen in der Gesellschaft ein, was im Rahmen der sharīʿa nur dann möglich ist, wenn einige grundlegende Änderungen vorgenommen werden. Sie wiesen auf entsprechende Bestrebungen in verschiedenen islamischen Ländern hin. Aber die Islamisten hielten an ihrem Standpunkt fest, daß der indische Säkularstaat nicht berechtigt sei, Änderungen im Personenstandsrecht der Muslime vorzunehmen. Sie selbst sahen dazu keine Veranlassung.

Von seiten der Modernisten wurden zwei schriftliche Vorschläge zur Änderung des muslimischen Personenstandsrechts vorgelegt. Aṣaf A. A. Faiżī (Fyzee) schlug die Einsetzung eines Familiengerichts vor, das befugt sein sollte, über Eheschließungen und -scheidungen zu befinden. Zur Eindämmung von Mißbräuchen sollte seiner Meinung nach ein Ehevertrag vorgeschrieben werden, in dem gegenseitig zu beachtende Rechte und Pflichten von Eheleuten festgelegt werden könnten. Dagegen schlug Dānīyāl Laṭīfī ein generelles Verbot für Mehrehe und Scheidung sowie die Abschaffung des Schleiers per Gesetz vor. Dies versetzte die Schriftgelehrten in Zugzwang. Die JI nominierte eine Expertenkommission mit dem

Auftrag, eine Auflistung aller Bereiche vorzunehmen, in denen unter Berücksichtigung der sharī ʿa Änderungen als nötig und möglich erachtet werden. Die renommierte Gelehrtenschule *Dār al-ʿulūm* in Deoband verschickte einen Fragenkatalog an Schriftgelehrte und Rechtsexperten, um ihre Meinungen und Wünsche in bezug auf die möglichen Änderungen im Personenstandsrecht zu erfragen. Sie wollten aber, daß eine von muslimischer Seite vorgelegte Gesetzesvorlage ohne irgendwelche Abstriche vom Parlament angenommen werden sollte.

Die Auseinandersetzung verschärfte sich 1985 durch die Gerichtsaffäre um eine Frau namens Shāh Bānō, die nach langjähriger Ehe von ihrem Ehemann verlassen worden war. Er sprach die Scheidung aus und lehnte ihren Anspruch auf Unterhalt mit dem Hinweis auf die sharīʿa ab. Shāh Bānō ging vor Gericht und konnte sich mit ihrer Forderung durchsetzen. Das Gericht verurteilte ihren geschiedenen Mann zur Unterhaltszahlung von 25 Rupien monatlich, die später vom Obersten Gericht von Madhya Pradesh auf 179 Rupien erhöht wurde. Der Antrag des Ehemannes auf Revision unter Berufung auf das Muslim Personal Law wurde vom Gericht abgewiesen. Dies war in den Augen von Schriftgelehrten ein Eingriff des Staates in die sharīʿa-Gesetzgebung. Sie gingen aus Protest auf die Straße und zwangen den Staat zum Nachgeben.

Das Parlament verabschiedete 1986 ein Gesetz *(Muslim Women's Protection of the Right of Divorce Bill)*, wodurch den Musliminnen das Recht versagt wurde, nach dem Strafprozeßrecht *(Criminal Procedure Code)* Unterhaltszahlungen einzuklagen.[10] Der *All India Muslim Personal Law Board*, dem 151 Persönlichkeiten angehören, gab im Oktober 1993 die Schaffung von islamischen Gerichten (arab. *qāḍī*-Courts) bekannt, die von den Muslimen in Personenstandsrechtsfragen eingeschaltet werden können. Auf diese Weise will man versuchen zu unterbinden, daß die ordentlichen Gerichte in Familienrechtsfragen der Muslime tätig werden. Der Auslöser war eine zuvor bekanntgegebene Feststellung eines Gremiums von *Ahl-i ḥadīth* (wörtl.: Anhänger des Hadith, so genannt wegen ihrer Bevorzugung des Hadith als Hauptrechtsquelle), daß eine dreimal mündlich ausgesprochene Ehescheidung, die auf einmal erfolgt, keine Gültigkeit besitzt. Höchstens kann sie als ein einmaliger Scheidungsspruch angesehen werden, der zurückgenommen werden kann.[11] Unter den indischen Muslimen besteht ein Konsens darüber, daß die Korrektheit jenes Scheidungsspruchs zwar zweifelhaft ist, er aber trotzdem die endgültige Trennung bewirkt.

Der dubiose Sieg der Klerikalen über die Zivilgerichte kann nicht darüber hinwegtäuschen, daß ihre Einwirkungsmöglichkeiten in einigen Bereichen vom Gesetzgeber stark eingeschränkt worden sind. Zum Beispiel dürfen Muslime beiderlei Geschlechts nach einem Sondergesetz aus dem Jahr 1954 mit Angehörigen anderer Religionen eine Ehe eingehen, ohne daß sie oder ihr Ehepartner seine oder ihre Religion wechseln müssen. Die Kinder aus diesen Ehen genießen alle Rechte wie die Kinder aus Ehen zwischen Partnern, die der gleichen Religion angehören. Sie sind in vollem Umfang erbberechtigt. Ehen nach diesem Gesetz unterliegen nicht den Erbschaftsregeln der Religionsgemeinschaften der Eheleute. Sie beerben sich gegenseitig und dürfen den Ehepartner als alleinigen Erben bestimmen. Dies steht aus der Sicht der Schriftgelehrten im Gegensatz zum islamischen Recht, wonach eine Ehe zwischen einem Muslim und einer Nichtmuslimin, sofern diese keiner Schriftreligion angehört, nicht gestattet ist, noch darf ein Nichtmuslim bzw. eine Nichtmuslimin einen Muslim beerben. Die Heirat einer Muslimin außerhalb der islamischen Gesellschaft ist nach ihrer Auffassung absolut verboten. Der Gesetzgeber hat durch die Verabschiedung des obengenannten Sondergesetzes die Einwirkungsmöglichkeiten der jeweiligen Religionsgemeinschaft minimiert und gegen die durch die Gemeinde zu verhängenden Sanktionen einen Riegel vorgeschoben.

d) Die veränderten sozialen Bedingungen

Die islamische Gesellschaft in Indien ist im sozialen Bereich mit ernsten Problemen und umwälzenden Veränderungen konfrontiert. Der Zusammenhalt der muslimischen Gemeinde bröckelt immer mehr ab. Viele der mobilen und materiell besser gestellten Männer aus ihrer Mitte sind nach Pakistan ausgewandert oder haben das Land verlassen, um ihr Glück im Vorderen Orient oder im Westen zu suchen. Die dadurch entstandene Lücke macht sich überall bemerkbar. Nicht zuletzt darauf wird die Tatsache zurückgeführt, daß in zunehmendem Maße muslimische Frauen sich mit Nichtmuslimen vermählen. In wenigen Fällen gelingt es der Brautfamilie, den Bräutigam zum nominellen Übertritt zum Islam zu bewegen, damit die religiösen Sensibilitäten der Verwandtschaft nicht gereizt werden und der gute Name der Familie keinen Schaden erleidet. Statistiken über Mischehen liegen zwar nicht vor, aber man nimmt an, daß ihre Zahl in die Hunderttausende geht. Kinder aus diesen Ehen entfremden sich in aller Regel beiden Religionsgemeinschaften. Religionsunterricht in den Schulen ist nicht gestattet, und die private Unterweisung unterbleibt allenthalben, und zwar auch in den Familien, wo beide Elternteile Muslime sind.

Traditionell war Urdu in Nordindien und darüber hinaus die verbreitetste Sprache, die gleichermaßen von Muslimen und Hindus gesprochen wurde. Erst durch die Nationalisten wurde Hindi zur Sprache der Freiheitsbewegung und später zur Nationalsprache Indiens. Urdu dagegen avancierte zur Sprache der *Pakistan-Bewegung* und damit zur Sprache der Muslime. Der Unterschied zwischen Urdu und Hindi ist, soweit er das gesprochene Wort betrifft, nicht sehr groß. Er macht sich erst in der schriftlichen Form bemerkbar. Für Urdu wird eine erweiterte arabisch-persische Schrift und für Hindi die Devanagri-Schrift verwendet. Nachdem Hindi zur Nationalsprache erklärt wurde, fiel Urdu in die Kategorie einer Minderheitssprache zurück. Es bedurfte vieler Proteste und langer parlamentarischer Auseinandersetzungen, bis Urdu zu den 14 offiziellen Sprachen des Landes erklärt wurde. Urdu gilt, mit Ausnahme von muslimischen Schulen in einigen

Bundesstaaten, nicht als Unterrichtsfach. Die Folge ist, daß die junge Generation der Muslime die Bücher ihrer Vorfahren nicht mehr lesen kann. Die Zahl der Buchpublikationen in Urdu geht unaufhaltsam zurück. Die muslimischen Kinder sind gezwungen, in den Schulen Hindi zu lernen, damit sie später in den Staatsdienst eintreten können. Dies bedeutet eine stete Abnahme der Leser für Urdu-Schrift (nach einer Schätzung aus dem Jahr 1992 können nur 10% von 25 Millionen Muslimen in Uttar Pradesh, deren Muttersprache Urdu ist, die Urdu-Schrift lesen). Die gesprochene Sprache wird zwar weiterleben, ob sich allerdings die Urdu-Schrift halten kann, ist ungewiß.[12] Die Abwendung vom persisch-arabischen Wortschatz und die Hinwendung zum Sanskrit machen sich in der modernen Urdu-Literatur Indiens zunehmend bemerkbar. Hinzu kommt, daß namhafte Urdu-Schriftsteller dazu übergehen, ihre Bücher in der Devanagri-Schrift zu veröffentlichen. Urdu bildet die Brücke zu Pakistan, wo sie zwar nicht beheimatet ist, aber als Nationalsprache gilt.

Auf dem Gebiet der Bildung und Ausbildung ist der Rückstand der Muslime augenfällig.[13] Inwieweit dies durch die unbestreitbar vorhandene Diskriminierung gegen sie verursacht wurde, mag dahingestellt bleiben. Tatsache ist, daß ihre Alphabetenrate – 42% gegenüber 52,11% der Gesamtbevölkerung – und bei den Frauen 11% gegenüber 39,42% – unproportional niedrig ist. Geht dies wirklich auf die Lernunwilligkeit der Muslime zurück, wie es gelegentlich behauptet wird, oder muß man die Gründe dafür woanders suchen? Zum Beispiel in der Tatsache, daß bei der muslimischen Bevölkerung die Sozialsymmetrie gestört ist? Die Oberschicht und der Mittelstand sind durch Auswanderung stark zusammengeschrumpft. Die Muslime sind mehrheitlich Bauern, Handwerker, Tagelöhner und Gewerbetreibende, denen der Überlebenskampf es ratsam erscheinen läßt, früh einen Beruf zu ergreifen. Die Einschulung geschieht selektiv (nur 2% der Schüler sind Muslime, obwohl sie fast 12% der Bevölkerung stellen). Der Schulbesuch erstreckt sich in der Regel auf wenige Jahre. Zudem gibt es unter den Muslimen eine ausgeprägte Präferenz für die religiöse Ausbildung, die meistens in der lokalen Moschee begonnen und in einer *madrasa*, die seit der Gründung der Indischen Union durch Privatinitiative überall verstärkt entstehen, fortgesetzt wird.[14] Die Ausbildung in diesen Schulen ist nicht auf die spätere Berufswahl ausgerichtet, daher kann sie jederzeit abgebrochen werden. Mädchen bleiben von dieser Bildungsmöglichkeit weitgehend ausgeschlossen, weil es für sie entsprechende getrennte religiöse Schulen nicht gibt, und in den Schulen für Knaben für sie ein Aufnahmeverbot gilt. Der Grund für die relativ niedrige Anzahl muslimischer Akademiker (nur 2% der Ingenieure und 2,5% der Ärzte in Indien sind Muslime) dürfte darin liegen, daß der Anteil der Mittelklasse unter den Muslimen unproportional niedrig ist. Bekanntlich stellt die Mittelklasse einer Gesellschaft das Gros der Akademiker. Entgegen der Entwicklung der Hindu-Gesellschaft seit der Unabhängigkeit, bei der ein starkes Wachstum der Mittelklasse zu verzeichnen ist, hat sich der Mittelstand in der Muslim-Gesellschaft kaum merklich vermehrt. Die untere Mittelklasse hat sehr lange gebraucht, um sich vom Aderlaß nach der Unabhängigkeit zu erholen. Erst in den letzten zwei Jahrzehnten hat sie sich finanziell so weit stabilisiert, daß sie daran gehen kann, ihre gesellschaftliche Position zu festigen und auszubauen.

Saiyid Aḥmad Khān (1817–1898), den man wegen seiner aufklärerischen Schriften mit Recht als einen Reformer bezeichnen kann, gründete 1876 das *Mohammedan Anglo-Oriental College* in Aligarh und bemühte sich redlich um die Schaffung des Bewußtseins unter den Muslimen, daß ohne eine Hinwendung zu den modernen Wissenschaften kein Fortschritt möglich sein würde. Aus diesem College erwuchs die heutige *Aligarh Muslim University*, die inzwischen keine reine islamische Hochschule mehr ist. Sie ist finanziell auf staatliche Unterstützung angewiesen und besitzt kaum eine nennenswerte akademische Freiheit. Vor der Unabhängigkeit des Landes war es nicht anders, weshalb die nationalistischen Kräfte sich 1920 von ihr trennten und die *Jāmiʿa millīya islāmīya* gründeten, die später nach Delhi verlegt wurde, wo sie heute als eine angesehene Universität gilt. Allerdings mußte auch sie nach der Unabhängigkeit darauf verzichten, eine reine islamische Institution zu sein. Die dritte islamische Hochschule Indiens war die *Osmaniya University* des Fürstentums Hyderabad. Auch sie büßte nach der Unabhängigkeit ihren islamischen Charakter ein. Somit wurden Indiens Muslime ihrer wichtigsten „Kaderschmieden" beraubt, aus denen der Großteil ihrer Führung hervorgegangen ist. Geblieben sind ihnen lediglich die religiösen Ausbildungsstätten, darunter die berühmteste Hochschule, *Dār al-ʿulūm* in Deoband. Sie wurde 1865 von Maulavi Abū l-Qāsim Nanūtawī gegründet, um die Gelehrtentradition von Shāh Walī Allāh weiterzuführen. Sie stand der Kolonialherrschaft ablehnend gegenüber und entwickelte sich zu einem Hort der nationalistischen Schriftgelehrten, die beim Unabhängigkeitskampf an der Seite der INC standen. Sie stellten sich im Gegensatz zur Mehrheit der Muslime Indiens gegen die Forderung nach Teilung des Landes. Auf der anderen Seite waren das Lehrpersonal und die Studierenden der Aligarh Muslim University mehrheitlich Anhänger der Pakistan-Bewegung. Viele von ihnen verließen Indien nach der Unabhängigkeit und siedelten sich in Pakistan an.

e) Die politischen Organisationen der Muslime

Indiens Muslimen schien nach der Unabhängigkeit nichts anderes übrig zu bleiben als, dem Rat Abū l-Kalām Āzāds folgend, darauf zu verzichten, sich politisch getrennt zu organisieren. Angesichts der Abschaffung des getrennten Wahlrechts für Muslime war dies die logische Konsequenz. Allerdings wurde Āzāds Rat zum Eintritt in den INC von dem namhaften Muslim-Führer Rafīʿ Aḥmad Qidwā'ī widersprochen, weil er die Interessen der Muslime besser geschützt sah, wenn sie sich an keine politische Partei binden würden. Diese Linie schlug ebenfalls die JUH ein, die ihre eigene politische Tätigkeit einstellte. Sie empfahl ihren Mitgliedern, bei den Wahlen die Interessen der muslimischen Gemeinschaft – die von Region zu

Region verschieden sein könnten – zu erwägen und jeweils diejenige Partei zu wählen, die ihre Interessen vertritt. Die JI beschloß völlige Enthaltsamkeit von der Politik, bis hin zum Verzicht auf das aktive und passive Wahlrecht. Insgesamt wurde Āzāds Rat wegen seiner prominenten Position in der Regierung von der Mehrheit befolgt, und sie schloß sich dem INC an. Der INC war zwar über die Unterstützung durch die Muslime froh, fürchtete sich aber davor, von ihnen als Wählerblock unter Druck gesetzt zu werden. Deshalb wehrte er alle Forderungen der Muslime von vornherein ab. Dies veranlaßte Dr. Saiyid Maḥmūd 1963 zur Einberufung einer Konferenz führender muslimischer Persönlichkeiten, um über den künftigen Kurs zu befinden. Man beschloß die Gründung einer *Ratsversammlung (Majlis-i mushāwarat)*, die von Fall zu Fall zur Beratung zusammentreten sollte. Sie wollte ausdrücklich keine politische Partei sein, ließ es sich aber nicht nehmen, den Muslimen zu raten, anstelle des INC zukünftig andere Parteien zu wählen, die bereit seien, sich um die Probleme der Muslime zu kümmern. In Uttar Pradesh, wo die Muslime 15% der Bevölkerung stellen, wurde eine politische Partei unter der Bezeichnung *Muslim Majlis* gegründet, die 1969 bei den Provinzwahlen mehrere Parlamentssitze gewann. Im Bundesstaat Bihar entstand die *ʿAwāmī Tanẓīm* und in Delhi entstanden gleich zwei Parteien, *Adam Sena* und *Muslim League*. Am erfolgreichsten war die *Indian Union Muslim League*, die in Südindien beheimatet ist. In Kerala, wo die Muslime 19,5% der Bevölkerung ausmachen, stellte sie 1992 vier Minister in der Koalitionsregierung. In diesem Bundesstaat sind 12% der Beamtenstellen und Studienplätze für Muslime reserviert. In Hyderabad dagegen ist der *Majlis ittiḥād al-muslimīn* zur Bedeutungslosigkeit herabgesunken.

Zum Bruch mit der *Congress Party*, die inzwischen gespalten war, kam es, als Premierministerin Indira Gandhi 1975 den Notstand ausrief und somit viele Gesellschaftskreise, darunter auch die Muslime, gegen sich aufbrachte. Die Muslime wechselten zur *Janata Party (JP)* über, die unter der Führung von Jaya Prakash Narayan 1977 zwar die Wahlen gewann, aber die Erwartungen der Muslime nicht erfüllen konnte. Der *Congress (I)*, wie die Partei von Indira Gandhi nach der Abspaltung vom INC hieß, erhielt Unterstützung von der JUH, die durch eine Kampagne 1979 zur „Rettung des Vaterlands und der Gemeinschaft“ *(Mulk-o millat bachāo tahrīk)* wesentlich zur Rückgewinnung der Muslime für den Congress (I) und zu Gandhis Wahlsieg 1980 beitrug. Ob die 474 pogromartigen Übergriffe gegen die Muslime zwischen 1980 und 1982 in verschiedenen Teilen des Landes im Zusammenhang mit ihrer Unterstützung für Frau Gandhi standen, ist schwer zu überprüfen, aber durchaus vorstellbar. Daß die Übergriffe gegen die Muslime sowohl politisch als auch religiös motiviert waren, ist sattsam bekannt.[15] 1983 mündeten die Wahlen zum Provinzparlament von Assam in schwere Ausschreitungen, bei denen über 3000 Muslime den Tod fanden. Seither hat es unzählige Pogrome gegen Muslime gegeben, deren Urheber kein Geheimnis aus ihren langfristigen Plänen zur Hinduisierung Indiens machen. Der Chef der RSS, Balasahib, sagte 1984, daß seine

Partei eine aus mehreren Völkern zusammengesetzte Nation ablehne. Für sie gibt es in Indien nur eine Hindu-Nation, und wer dazu gehören will, muß sich zum Hinduismus bekennen. Es wird auch davon geredet, daß man muslimische Hindus akzeptieren könnte, wenn sie die spezifisch islamischen Merkmale ablegen und sich sichtbar in die Hindu-Gesellschaft integrieren würden. Wer dazu nicht bereit sei, müsse das Land verlassen und nach Pakistan auswandern.[16] Beide Alternativen sind für die Muslime unannehmbar. Für sie kommt die Aufgabe des Islams ebensowenig in Betracht wie ein Auszug aus Indien. Ein Urdu-Dichter drückte dies in einem Zweizeiler so aus: „Wir werden hier leben und sterben, denn eine zweite Emigration wird es für uns nicht geben." Häufig wird ein anderer Satz der von Existenzangst geplagten Muslime zitiert: „*Qabristān ya Pākistān* – Wir haben die Wahl zwischen Friedhof oder Pakistan."

Auch unter den Muslimen gibt es Kräfte, die sich davor nicht scheuen, die RSS herauszufordern. Die in Kerala beheimatete *Islamic Sevak Sangh (ISS)* gilt als extremistisch. Sie wird für zahlreiche kommunale Auseinandersetzungen zwischen Muslimen und Hindus verantwortlich gemacht. Über sie wurde im Zusammenhang mit den blutigen Kämpfen zwischen Hindus und Muslimen um die Bābarī-Moschee im Dezember 1992 zusammen mit der JI – von den Behörden ebenfalls als radikal eingestuft – ein Verbot verhängt. Auf hinduistischer Seite wurden die RSS und die *Vishwa Hindu Parishad (VHP)*, die die Aktion zur Schleifung der Bābarī-Moschee maßgeblich durchgeführt hatte, ebenfalls verboten. Wenig später wurde allerdings von einem Gericht das Verbot gegen die RSS zurückgewiesen, weil sie für die Schleifaktion formal nicht verantwortlich war. Sie hatte zwar die Aktion gutgeheißen, aber die Schmutzarbeit der VHP überlassen. Die VHP ist in Wirklichkeit eine Schöpfung der RSS mit dem Ziel zur Mobilisierung des Welthinduismus. Sie tritt dafür ein, daß neben der Bābarī-Moschee, die sie als den Geburtsort der hinduistischen Gottheit Rama ansieht, weitere 3000 Moscheen in ganz Indien in Hindu-Tempel verwandelt werden sollten. Unberücksichtigt blieb aber die Rolle der RSS bei den Angriffen auf die Muslime in zahlreichen Städten des Landes, insbesondere beim Massaker in Bombay im Dezember 1992 und Januar 1993, dem Tausende von Muslimen zum Opfer fielen. Wenig später wurde ein Bombenattentat auf die Börse verübt, von dem angenommen wurde, daß dessen Urheber unter den Muslimen zu suchen waren, die auf diese Weise Rache üben wollten. Man brachte üblicherweise Pakistan mit dieser Aktion in Verbindung, ohne konkrete Beweise dafür vorzulegen.

Die Auseinandersetzung um die Bābarī-Moschee hatte ein Nachspiel in Pakistan, wo in zahlreichen Städten Hindu-Tempel zerstört wurden. Bei diesen Aktionen kamen auch Menschen zu Schaden. Die pakistanische Regierung wurde angeblich von der Zerstörungswut der Massen überrascht. Sie handelte sehr zögernd und kam den bedrängten religiösen Minderheiten erst Tage später zur Hilfe. Neben Hindu-Tempeln und Gurdawars der Sikhs wurden auch etliche christlichen Kirchen angegriffen. Die Regierung übernahm allerdings die Renovierung der zerstörten Gebetshäuser. Auch

Indiens Premierminister Narasimha Rao versprach, daß seine Regierung die Bābarī-Moschee am gleichen Platz wiederaufbauen würde. Es ist ungewiß, ob es dazu kommen wird. Raos Kabinettskollege Arjun Singh konnte im Zentralkomitee der Regierungspartei nicht einmal durchsetzen, daß man als Geste der Versöhnung sich bei den Muslimen entschuldigte. Die Hindu-Fundamentalisten haben alle Vorbereitungen zum Bau eines Rama-Tempels getroffen, womit voraussichtlich bald begonnen werden soll. Damit schwindet die Hoffnung der Muslime, die sie einstmals in den Säkularismus gesetzt hatten.

Im Mai 1992 wurde in Bombay der *All India Milli Council (IMC)* gegründet, der sich als ein Rat von muslimischen Persönlichkeiten aus dem ganzen Land versteht. Um konfessionellen Streitigkeiten aus dem Weg zu gehen, wurde als gemeinsamer Nenner für die Mitgliedschaft das Glaubensbekenntnis *(kalima)* erklärt. Der IMC will sich für das Leben, den Besitz, die Ehre und die kulturelle Identität der Muslime einsetzen. Er will keine politische Partei sein und sich deshalb außerhalb der Parlamente betätigen. Bewußt wurde die Frage, ob der IMC an die Stelle der *All India Muslim Majlis Mushawarat (IMMM)* tritt, dem man Untätigkeit vorwirft, offengelassen.

Die Lage der indischen Muslime war nie sehr angenehm.[17] Nicht nur zog man ihre Loyalität dem Staat gegenüber in Zweifel, sondern man warf ihnen auch vor, sich mehr mit der islamischen Welt, speziell mit Pakistan, zu befassen als mit Indien. Es läßt sich nicht von der Hand weisen, daß die indischen Muslime tatsächlich in höherem Maße in Richtung islamische Welt, speziell Golfstaaten, blicken, wo sich lukrative Arbeitsmöglichkeiten anbieten. Oder sie engagieren sich im Nahost-Konflikt auf der Seite der Palästinenser. Jede Regung in der weiten islamischen Welt wird von ihnen registriert. Sie begreifen sich als ein Teil der weltumspannenden islamischen *umma*, in deren Gremien sie aber häufig keinen Einlaß erhalten. Ausgehend von ihrer zahlenmäßigen Stärke – sie sind die viertgrößte islamische Gemeinschaft in der Welt – hatte Marokkos König Ḥasan II. Indien 1979 zur Teilnahme an der Sitzung der *OIC (Organization of Islamic Conference)* nach Rabat eingeladen. Statt nun einen Vertreter der muslimischen Bevölkerung dorthin zu schicken, den man wahrscheinlich akzeptiert hätte, schickte Indien seinen dortigen Botschafter, der obendrein ein Sikh war. Pakistans Präsident Żiyā' al-Ḥaqq nahm daran Anstoß und provozierte einen Eklat, indem er unter Protest das Tagungslokal verließ. Er wollte verhindern, daß speziell Indien und später eventuell andere nichtmuslimische Länder mit einem namhaften Anteil von muslimischer Bevölkerung, etwa die Sowjetunion, China und Jugoslawien, Zugang zur OIC erhalten. Dadurch wurde zwar die Aufblähung der OIC verhindert, die sie zur Zwillingsschwester der *Organisation der blockfreien Staaten* gemacht hätte, man sperrte aber gleichzeitig einen beträchtlichen Teil der Muslime, die in ihren Ländern als Minderheit leben, von der Mitwirkung aus. Nichtsdestoweniger sind Vertreter der Muslime Indiens in nichtstaatlichen Institutionen, etwa in der *Muslim World League*, vertreten, wo sie in mehreren Gremien mitarbeiten.

Dazu zählen die *Islamische Akademie für Jurisprudenz* und die *Kommission für Moscheen*.

f) Kaschmir als Sonderfall

Kaschmir ist der einzige indische Staat, wo die Muslime mit 80% die Bevölkerungsmehrheit stellen. Sein endgültiger völkerrechtlicher Status ist zwischen Indien und Pakistan strittig.[18] Der im Zuge der Unabhängigkeit Indiens erfolgte Beitritt Kaschmirs zur Indischen Union wird von Pakistan nicht anerkannt, weil er angeblich widerrechtlich geschah. Der damalige Hindu-Herrscher handelte, ohne die Meinung des Volkes zu erkunden, und verletzte somit die Prinzipien der Unabhängigkeitsvereinbarung. Dies war der indischen Regierung bewußt, weshalb sie sich vor der *UNO* zur Abhaltung einer Volksbefragung verpflichtete. Diese hat bislang nicht stattgefunden. Als Folge eines Volksaufstandes (1947–1949), bei dem pakistanische Militärverbände und Kämpfer aus dem Stammesgebiet auf der Seite der Kaschmiris kämpften, wurde Kaschmir entlang der Waffenstillstandslinie zwischen Indien und Pakistan de facto geteilt, behielt aber zunächst in beiden Staaten einen Sonderstatus bei. In Pakistan dauert dieser Zustand an, wobei Āzād-Kaschmir verwaltungsmäßig eine selbständige Einheit bildet und dem Bundesstaat nicht als Mitglied angeschlossen ist. Die indische Verfassung gewährte Kaschmir durch Artikel 370 den Status eines Staates mit Sonderrechten. Die Regierung von Kaschmir steuerte eine von Neu-Delhi gewünschte engere Bindung mit Indien an. Dies kam in der Staatsverfassung von Kaschmir zum Ausdruck, die im Januar 1957 in Kraft trat. Sie erklärte Kaschmir zum integralen Teil der Indischen Union. Bis dahin wurden die kaschmirischen Abgeordneten zum indischen Parlament indirekt durch die Volksversammlung von Kaschmir gewählt. Das Staatsoberhaupt von Kaschmir hieß Staatspräsident *(ṣadr-i riyāsat*, und der Regierungschef wurde Premierminister genannt. Im Zuge der Angleichung mit anderen Unionsstaaten wurden diese Bezeichnungen in Gouverneur und Ministerpräsident umbenannt. Seither wird Kaschmir in der indischen Nationalversammlung durch Abgeordnete vertreten, die bei den allgemeinen Wahlen direkt vom Volk gewählt werden. Dies wird von Indien mittlerweile als Zustimmung zu Kaschmirs Beitritt zur Indischen Union gewertet, die die Volksabstimmung zu dieser Frage überflüssig gemacht habe.

Die kaschmirischen Muslime bilden die größte geschlossene muslimische Bevölkerungsgruppe innerhalb der Indischen Union. Sie können ungehindert ihr religiöses Leben entfalten und brauchen keine Rücksicht auf die Sensibilitäten von Hindus zu nehmen. In Kaschmir findet die von den Hindus mißbilligte Kuhschlachtung statt, die in anderen Teilen Indiens regelmäßig zu blutigen Unruhen führt. Auf der anderen Seite wird in Kaschmir der Islam als Religion weder herausgefordert, noch muß er sich täglich bewähren. Die geistige Auseinandersetzung mit anderen Religionen und Weltanschauungen, die in der Regel zu neuen Denkanstößen führt, findet dort nicht statt. Dafür hat Kaschmir den Ruf des am meisten von Problemen geplagten und politisch unruhigsten Staates innerhalb der Indischen Union erworben. Die schlimmsten kommunalen Unruhen fanden im Dezember 1963 statt, als ein heiliges Relikt *(ḥażrat bāl)* aus einem Schrein in der Nähe von Srinagar gestohlen wurde. Vermutlich lag hinter dem Diebstahl politisches Kalkül. Jedenfalls führte der Streit innerhalb der regierenden *All Jammu and Kashmir National Conference (JKNC)* zur Polarisierung und Absplitterung.

Die JKNC, die später den Namen *National Conference (NC)* annahm, ist die wichtigste politische Partei Kaschmirs. Sie stammt aus den dreißiger Jahren und lehnt jede konfessionelle Bindung ab. Sie war während des Unabhängigkeitskampfes und später mit dem INC eng verbunden. Von ihr spaltete sich die *Muslim National Conference (MNC)* ab, die der IML nahestand und ihre Forderung nach Indiens Teilung unterstützte. Sie trat für Kaschmirs Anschluß an Pakistan ein und bildete im befreiten Āzād-Kaschmir die Regierung. Im indischen Kaschmir entstand als eine weitere Absplitterung die *Jammu and Kashmir Plebiscite Front (PF)*, die Unabhängigkeit für Kaschmir, also keinen Anschluß an Indien oder Pakistan, forderte. Sie wurde von einer radikaleren *Jammu and Kashmir Liberation Front (JKLF)* abgelöst, die seit 1990 zusammen mit anderen muslimischen Gruppen einen Volksaufstand führt. Anders als die JKLF sind die *Ḥizb al-mujāhidīn (HM)* und *al-Jihād* betont islamische Gruppen, die für die Errichtung eines islamischen Staates in Kaschmir kämpfen. Die Frage, ob sie bei ihrem Kampf von Pakistan und den afghanischen Mujāhidīn unterstützt werden, läßt sich gegenwärtig nicht mit Sicherheit beantworten. Im September 1993 fand in der *Ḥażrat Bāl*-Moschee die *All Parties Hurriyat Conference* statt, an der folgende Parteien teilnahmen: *ʿAwāmī majlis-i ʿamal, Jamāʿat-i islāmī, Jammu and Kashmir Liberation Front, People's Conference* und *Muslim Conference*. Es wurde ein koordiniertes Vorgehen bei den Bemühungen zur Durchsetzung der Forderung nach der Volksbefragung vereinbart. Da einige der beteiligten Parteien einen Anschluß sowohl an Indien als auch an Pakistan ablehnen, dürfte ein Kompromiß darauf hinauslaufen, daß die dritte Wahlmöglichkeit eines unabhängigen Staates Kaschmir bei der Volksbefragung aufgenommen werden soll.

Kaschmir wird immer mehr zu einer Überlebensfrage für Indien. In Neu-Delhi befürchtet man, daß eine Sezession Kaschmirs eine Kettenreaktion auslösen und Freiheitsbewegungen in anderen Teilen Indiens ermuntern könnte, dem Weg des Widerstandes zu folgen. Insbesondere der bewaffnete Aufstand der Sikhs, die für ein unabhängiges „Khalistan" kämpfen, würde dadurch Auftrieb erhalten, zumal ihr Heimatstaat Pandschab an Kaschmir und Pakistan grenzt. In den übrigen Teilen Indiens dürfte diese Entwicklung zu einem Blutbad zwischen Muslimen und Hindus führen, das von einem Exodus von Muslimen aus Indien begleitet sein könnte. Auf jeden Fall würde dadurch der Säkularismus als Leitfaden der Verfassung Schaden nehmen. Die Folge wäre *Hindu-Rashtra*, die Hindu-Herrschaft, wie sie von der RSS angestrebt wird. Es ist fraglich, ob angesichts des erstarkten

Fundamentalismus sowohl bei den Hindus als auch bei den Muslimen, der die beiden Religionsgemeinschaften nicht zueinander führt, sondern sie gegeneinander aufstachelt, ein einträchtiges Zusammenleben überhaupt möglich sein wird.

g) Sekten und Richtungen des indischen Islams

Die Mehrheit der indischen Muslime (über 80%) sind Sunniten, die zudem überwiegend der hanafitischen Rechtsschule angehören. Daneben gibt es kleinere Gruppen von Schafiiten in Südindien, sowie Hanbaliten, die zahlenmäßig nicht ins Gewicht fallen. Die sogenannten Wahhabiten sind in Wirklichkeit Angehörige der *Ahl-i ḥadīth*, die sich an keine der Rechtsschulen gebunden fühlen, weshalb sie sich als „Nichtnachahmer" *(ghair muqallad* bezeichnen und für sich die Freiheit beanspruchen, ohne Rücksicht auf die Entscheidungen der bekannten Rechtsschulen in theologischen und gesetzlichen Fragen im Lichte der Rechtsquellen selbständig zu entscheiden.[19] Anders als die Wahhabiten auf der Arabischen Halbinsel, die die hanbalitische Rechtsschule befolgen, stehen sie im Kern der hanafitischen Rechtsschule nahe. Sie befolgen den Weg von Shāh Walī Allāh, des Reformers aus dem 18. Jahrhundert, dessen Anliegen es war, die Überbleibsel des Hinduismus im indischen Islam zu beseitigen. Seine Lehre beeinflußte fast alle wichtigen Bewegungen des 19. und 20. Jahrhunderts des Islams in Indien. Zu diesen zählt die von Sir Saiyid Aḥmad Khān initiierte Tradition des liberalen Islams (von den Gegnern als *Nīčirī* [naturgläubig] verfemt) ebenso wie die *Aḥmadīya*, deren Begründer Mīrzā Ghulām Aḥmad aus Qādiyān – weshalb seine Anhänger als *Qādiyānī* bezeichnet werden – in seiner Jugend den Ahl-i ḥadīth nahegestanden hatte. Aḥmad Khān hat zwar durch sein Wirken ein Großteil der Bildungsschicht beeinflußt, begründete aber keine organisierte theologische Gruppe oder Bewegung.

Ghulām Aḥmad dagegen organisierte die *Aḥmadīya jamāʿat*, die 1974 vom pakistanischen Parlament aus dem Islam verstoßen wurde. Seither werden Aḥmadīs in Pakistan verfolgt, weshalb sie in großer Zahl ins Ausland emigrierten – darunter ihr Oberhaupt Mīrzā Ṭāhir Aḥmad, der 1984 das Land heimlich verließ, um einer drohenden Verhaftung und einer möglichen Exekution zuvorzukommen. Er residiert seither in London, soll aber einen Umzug nach Qādiyān (Indien), wo nach wie vor eine kleine Gruppe der Aḥmadīs ausharrt, die zudem als ewiges Zentrum der Aḥmadīya jamāʿat gilt, erwogen haben. Anläßlich der traditionellen Jahresversammlung besuchte er im Dezember 1991 Qādiyān, wo er angeblich von der dortigen Bevölkerung begeistert aufgenommen und zur permanenten Rückkehr ermuntert wurde. Die noch unbeantwortete Frage ist, ob die indische Regierung ihm dies gestatten würde, und wie die Hindu-Fundamentalisten darauf reagieren würden. Er muß zudem bedenken, daß die Rückkehr in seine Geburtsstadt, die er 1947 zusammen mit seiner Familie verlassen mußte, Argwohn erwecken würde. Dies könnte die Loyalität der Aḥmadīs gegenüber Pakistan in Frage stellen, wo man sie ohnehin der Kollaboration mit Israel und anderen Feinden des Islams verdächtigt. Anders als in Pakistan hat die Aḥmadīya bisher in Indien keine Verfolgung zu erleiden gehabt, weder von muslimischer noch von nichtmuslimischer Seite.

Es ist bemerkenswert, aber sicherlich wegen der Minderheitenlage der Muslime in Indien nicht ungewöhnlich, daß zwischen den islamischen Gruppen keine Gewalttätigkeiten vorkommen, wie sie vor der Unabhängigkeit fast zur Routine gehörten und in Pakistan heute noch immer wieder aufflammen. Die Schiiten, die zwischen 15 und 20% der Muslime in Indien ausmachen, werden nach wie vor scharf attackiert. Fast 90% der Schiiten gehören der Richtung der Zwölferschiiten an, die seit jeher militant auftreten und keinem Streit aus dem Wege gehen. Dagegen verhalten sich die Ismailiten und die *Bohra-Khojas* (siehe dazu den Beitrag „Pakistan" im vorliegenden Band) unauffällig, was ihrer vorwiegend kaufmännischen Tätigkeit angemessen ist. Ein wahrer Krieg der Worte tobt zwischen den verschiedenen Richtungen der Sunniten, insbesondere zwischen den Deobandīs und Brailvīs. Die ersteren sind zwar konservativ ausgerichtet, aber wegen ihrer Herkunft aus der Schule von Shāh Walī Allāh keinesfalls rückständig. Die Brailvīs dagegen sind ein Inbegriff des Volksislams, mit einer synkretistischen Mischung aus Aberglaube und Heiligenverehrung. Sie verstehen sich als die wahren Vertreter des Islams, der für sie mehr ist als bloß Religion. Die Fundamentalisten haben diese Begeisterung für ihre Zwecke ausgenutzt und konnten unter ihnen viele Anhänger rekrutieren.

Bemerkenswert ist die Tatsache, daß diejenige Bewegung, die heute in vielen Teilen der Welt als der Motor des Fundamentalismus angesehen wird – nämlich die *Tablīghī jamā ʿat* – eine Gründung von Maulavī Muḥammad Ilyās aus der *Deoband*-Schule ist.[20] Er gründete sie in den dreißiger Jahren, um die Muslime an die Pflicht zu erinnern, die Ge- und Verbote des Islams gewissenhaft zu befolgen. Ursprünglich war bewußt keine Organisation geschaffen worden. Inzwischen ist jedoch eine solche entstanden, die durchaus in der Lage ist, jährlich stattfindende Treffen, an denen Hunderttausende in Indien, Pakistan und Bangladesh teilnehmen, durchzuführen. Sie entsendet Freiwillige, die sich für wenige Tage oder Wochen im Jahr innerhalb und außerhalb ihres Herkunftslandes zur Missionierung (daher die Bezeichnung Tablīghī jamā ʿat, Missionsgemeinschaft) zur Verfügung stellen. Aus dieser Erweckungsbewegung ist mittlerweile eine weltweit operierende Organisation geworden, die angeblich hinter vielen subversiven Aktionen der Fundamentalisten in Europa und den USA steht. In vielen Ländern hat sie bereits feste Missionsniederlassungen eingerichtet, um Nichtmuslime zum Islam zu bekehren.

In Indien befindet sich der Islam ohne Zweifel auf dem Rückzug, obwohl vor wenigen Jahren spektakuläre Übertritte der *Harijans* aus der Kaste der Unberührbaren zum Islam stattfanden. 1981 traten 180 Harijan-Familien aus Meenakshipuram im Bundesstaat Tamil Nadu zum Islam über.[21] Sie nahmen dafür erhebliche Nachteile in Kauf. Zum Beispiel verloren sie dadurch ihr Anrecht auf kostenlose Schulausbildung, auf Stipendien für das Studium, Quotenplätze für Beamtenstellen, billige Kredite für Hausbau und Landschenkungen durch die Regierung. Sie setzten alle diese Privilegien aufs Spiel, die ihnen wegen ihrer Zugehörigkeit zur *Scheduled Caste* zustanden. Als Muslime gehören sie dieser Kategorie nicht an und genießen deshalb auch keinen Schutz durch den Staat. Sie wollten, wie einer ihrer Sprecher es formulierte, nicht länger als „Bürger zweiter Klasse" gelten und ein langsameres Fortkommen dem schnelleren Fortschritt als Bürger zweiter Klasse vorziehen. Diese Aktion rief die Hindu-Fundamentalisten auf den Plan, die mit Drohungen und allerlei Gewaltaktionen verhinderten, daß weitere Harijans diesem Beispiel folgten. Der muslimischen Gemeinde wurde vorgeworfen, diese Aktion durch Petrodollars aus den Golfstaaten vorbereitet zu haben. Der Übertritt der Harijans in zwei Dörfern war aber nicht von muslimischer Seite inszeniert worden, sondern ging von den betreffenden Dorfbewohnern aus, die nach jahrhundertelanger Knechtschaft aus dem Kastensystem aussteigen wollten. Der Wechsel zum Christentum, der von den Harijans traditionell seit der Kolonialzeit vollzogen wurde, hat aus verschiedenen Gründen seine Attraktivität verloren. Nachdem ihnen der Wechsel zum Islam verübelt wurde, scheinen sie sich neuerdings dem Buddhismus zuzuwenden.

Es ist zwar mit Statistiken nicht belegt, daß die indischen Muslime im Gegensatz zu ihren hinduistischen Nachbarn im Durchschnitt mehr Kinder bekommen. Dennoch malt die *Bharatiya Janata Party (BJP)* ein Horrorszenario für Indien bis Mitte des 21. Jahrhunderts. Demnach soll sich die muslimische Bevölkerung bis dahin vervierfacht haben. Spätestens dann werde sie erneut Indiens Teilung fordern, damit sie ihren eigenen muslimischen Staat gründen könne. Dies müsse dadurch verhindert werden, daß Indien zuvor in einen Hindu-Staat verwandelt würde, der keine andere Nationalität und keine andere Religionsgemeinschaft mehr kenne als die der Hindus.

Die Muslime Indiens gehen schweren Zeiten entgegen, in denen ihnen möglicherweise auch die säkulare Verfassung nicht viel wird helfen können.

8. Pakistan

(Durán Khálid / Munir D. Ahmed)

a) Die Problematik des muslimischen Selbstverständnisses

Das Identitätsproblem pakistanischer Muslime

Im Gegensatz etwa zu Afghanistan oder Malaysia stellt sich dem Islam in Pakistan und Bangladesh ein bemerkenswertes Identitätsproblem. Pakistan ist ein Schmelztiegel der Kulturen seiner Nachbarn und steht sozusagen mit dem Rücken zu Indien, das Gesicht nach Arabien gewandt. Der Indus, der das Land etwa in der Mitte von Nord nach Süd durchfließt, könnte, grob verallgemeinernd, als Grenze zwischen dem Mittleren Osten und Südasien betrachtet werden. Gleichzeitig ist er aber auch seit ältesten Zeiten

(5000–7000 Jahren) Siedlungsgebiet einer Flußkultur (Nil und Euphrat vergleichbar), die sich von den Kulturen westlich und östlich von ihr abhebt.

Nach dem Entstehen des Hinduismus im indischen Herzland (dem heutigen Indien) wurden die Gebiete, die heute Bangladesh und Pakistan ausmachen, zu indischen Randgebieten bzw. zu Pufferstaaten. Nach hinduistischer Auffassung waren sie schon nicht mehr ganz „rein" *(pāk)*, sondern allenfalls noch tolerabel. Damit wurde der Grundstein zu einer Art permanenten Revolte dieser beiden Territorien gegen das hinduistische Kernland gelegt. Hinduistische Reformbewegungen und der Buddhismus fanden deshalb in den Gebieten des heutigen Bangladesh und Pakistans eine bereitwilligere Aufnahme als an ihrem Ursprungsort in Indien selbst. Diese Tradition der Auflehnung gegen den Hinduismus kam später dem Islam zugute. Es ist bemerkenswert, daß an den eigentlichen Stätten imperialer Herrschaft der Muslime in Indien (Delhi und Umgebung) die Mehrheit der Bevölkerung hinduistisch blieb, fernab der Verwaltungszentren dagegen, in den oftmals vernachlässigten äußeren Flügeln des Kaiserreiches der Groß-Moguln, die überwiegende Mehrheit der Einwohner den neuen Glauben annahm.

Nur vor diesem Hintergrund ist das Selbstverständnis der Muslime in Bangladesh und Pakistan zu verstehen. Das Vordringen der Araber, Perser, Türken und Afghanen hatte hier einen weitgehend kolonialistischen Charakter, wobei die Verbreitung des Glaubens ein weniger ausschlaggebendes Motiv war als das Plündern der sagenhaften Schätze Indiens. Über Jahrhunderte hinweg war der indische Subkontinent für muslimische Abenteurer aus Bagdad, Buchara, Ghazni und Schiras ein Eldorado – vergleichbar mit der Rolle, die Lateinamerika für die Spanier spielte. Dem leistete die Bevölkerung des heutigen Pakistan in der Regel Vorschub: Oftmals war es so, als warte man nur auf einen Kriegsherren von außen – vorzugsweise mit einer neuen Ideologie –, um gegen Hindustan zu Felde zu ziehen. Das heißt, auf Grund der Ablehnung des als ausbeuterisch, unmenschlich und rassistisch empfundenen Hinduismus zog man es vielfach vor, sich mit rassenfremden Eindringlingen zu identifizieren anstatt mit Verwandten, deren hinduistische Arroganz als unerträglich angesehen wurde. Dieses Grundmuster liegt sowohl der Ausbreitung als auch der partikularistischen Ausformung des Islams auf dem Subkontinent zugrunde. Seine wesentlichen Merkmale gelten auch heute unverändert weiter. Auf Bangladesh läßt es sich jedoch nur mit Abstrichen anwenden, da dort die ausländische Durchdringung nicht so ausgeprägt war wie in Pakistan.

In Bangladesh ist die Zahl der Muslime ausländischer Herkunft kaum nennenswert, in Pakistan dagegen dürfte sie bei 15% der Bevölkerung liegen. Man kann aber auch dort nicht von geschlossenen Siedlungsgebieten sprechen, sondern findet fast überall versprengt und vermischt mit den Einwohnern indischen Ursprungs Sippen arabischer, persischer oder zentralasiatisch-türkischer Herkunft. Andererseits sind die Pakistaner in den verschiedenen Regionen des Landes mit den jeweiligen Nachbarn außerhalb der Landesgrenzen verwandt. Westlich des Indus sind die Belutschen und Paschtunen mit ihren Stammesgenossen in Afghanistan und Iran verwandt bzw. von ihnen durch eine äußerst künstliche Grenze getrennt. In den beiden großen Regionen östlich des Indus – Panjāb und Sindh – besteht eine enge Verwandtschaft zu den Hindus und Sikhs in Indien. Auch hier ist die Grenze willkürlich gezogen und zerreißt landschaftliche, ethnische und sprachliche Einheiten. Für Belutschen und Paschtunen ist ihre Zugehörigkeit zum Mittleren Osten gegeben. Ihre Volksgenossen in Afghanistan und Iran sind alle Muslime, sie kennen daher abgesehen von der politischen Entscheidungsfrage, ob sie sich von Pakistan lösen und ein eigenes Belutschistan bzw. Paschtunistan errichten sollen, keine schwerwiegenden Identitätsprobleme.

In den beiden volkreichen Provinzen Panjāb und Sindh dagegen (zusammen machen sie mehr als zwei Drittel der pakistanischen Bevölkerung aus) befindet man sich seit der Gründung Pakistans im Jahr 1947 in einer fortwährenden Orientierungskrise. Die Menschen hier gehören den gleichen Sippen, Clans und Stämmen an wie die Andersgläubigen jenseits der Grenze, mit denen man bis zur Teilung des Subkontinents zusammengelebt hatte. Erst der Bevölkerungsaustausch zwischen Indien und Pakistan schuf rein muslimische und rein hinduistische Gebiete. In bezug auf Tradition und Sprache, Namen und Sozialgefüge haben die muslimischen Panjābīs und Sindhīs mehr mit ihren hinduistischen Verwandten gemein als mit Arabern oder Türken. Ein Außenstehender kann weder ihre äußere Erscheinung und Kleidung noch ihre Gerichte und ihre Musik von denen der Hindus und Sikhs unterscheiden. Sogar das Kastenwesen existiert in der muslimischen Gesellschaft weiter, wenngleich in abgewandelter und gemilderter Form.

Für die intellektuelle Führungsschicht ergibt sich daraus ein Dilemma der Selbstdefinierung, das bisweilen pathetischen Ausdruck erhält, wenn z. B. mit Nachdruck behauptet wird, man unterscheide sich total von den Hindus und habe keinerlei Gemeinsamkeiten mit ihnen – als Muslim sei man eins mit den Glaubensbrüdern am Bosporus und in Nordafrika. Zahlreiche Autoren, allen voran Pakistans Nationalphilosoph und Dichter, Muḥammad Iqbāl (1879–1938),[1] entwarfen ein Bild vom Pakistaner als einem Araber in der Diaspora. Dem panindischen Nationalismus, wie er unter Gandhi und Nehru von der *Kongreß-Partei* vertreten wurde, hielten muslimische Denker und Politiker Ende der dreißiger Jahre des 20. Jahrhunderts die „Zwei-Nationen-Theorie" entgegen. Dieser vor allem von Iqbāl und dem Staatsgründer Muḥammad ʿAlī Jināḥ (1876–1948) propagierten Theorie zufolge unterscheiden sich auf dem Subkontinent Hindus und Muslime in ihrer Lebensweise so stark voneinander, daß man sie nicht als ein Volk betrachten könne; sie stellten vielmehr zwei deutlich gegeneinander abgehobene Nationen dar.[2]

Die historische Gleichsetzung von Islam und politischer Macht im Volksbewußtsein

Es ist bisweilen gesagt worden, die „Zwei-Nationen-Theorie“ und die daraus entwickelte „Islamische Ideologie Pakistans“ hätten keine Wurzeln in den muslimischen Massen, die früher mit ihren Hindu- und Sikh-Dorfgenossen einträchtig zusammenlebten. Der ganze Pakistan-Gedanke sei das Machwerk einer aufkommenden verwestlichten Mittelklasse der Muslime, die in einem vereinten Indien keine Möglichkeit sah, sich gegen die stärker entwickelte moderne Bildungsschicht der Hindus durchzusetzen. Dieses Urteil trifft zwar in gewissem Umfang zu, ist aber einseitig. Es vernachlässigt den psychologischen Effekt, den die Jahrhunderte muslimischer Herrschaft auch bei einem Großteil der einfachen Massen hinterlassen hatten. Für die Muslime waren dadurch Islam und staatliche Macht gleichbedeutend geworden. Die Vorstellung von den Muslimen als einem „Herrenvolk“ wurde nicht erst von jenen Modernisten erfunden, die sich aus weiter Ferne für Hitler und Mussolini begeisterten. Muslimische Bauern konnten wohl mit Hindus gutnachbarlich zusammenleben; in der Regel taten sie dies jedoch in dem Bewußtsein, etwas Besseres darzustellen. Als das Reich verfiel, nährten sich viele von ihnen von der stolzen Erinnerung, ein „Kriegervolk“ zu sein. Über fünfhundert Jahre muslimischer Glorie in Indien hatten für einen reichen Sagenschatz gesorgt. So lebten zwar Menschen gleicher Rassen- und Sprachzugehörigkeit überwiegend friedlich nebeneinander, orientierten sich jedoch an antagonistischen Vorbildern und Helden sowie an historischen Erfahrungen, die miteinander in Konflikt standen.

Die Muslime lebten in dem Bewußtsein, die staatstragende Bevölkerungsschicht zu sein, Hindus dagegen sahen im Mogulreich ebenso eine Fremdherrschaft wie im britischen Kolonialismus. Der Gegensatz wurde noch dadurch verschärft, daß, besonders in Bengalen, viele Angehörige der untersten Kasten der Hindus zum Islam konvertierten, für ihre hinduistischen Landsleute also Emporkömmlinge und Usurpatoren waren. Konvertiten aus dem Brahmanentum und der Kriegerkaste, an denen es nicht mangelte, wurden in besonderem Maße als Kollaborateure des Feindes angesehen, so wie Hindus und Muslime gemeinsam die späteren Konvertiten zum Christentum als Kollaborateure der britischen Kolonialmacht ansehen mußten.

Nach der Ablösung islamischer Reichsmacht durch die Briten (1857) blieb den gedemütigten Muslimen wenig anderes als die Emigration oder ein Schmollwinkel. Zehntausende wanderten aus, die meisten nach Afghanistan, wobei viele an den Entbehrungen zugrunde gingen. Insgesamt aber pflegten sie abseits des öffentlichen Lebens ihre Traditionen – mit dem Konservatismus von Menschen, die alles durch Auflösung bedroht sehen. Die Epoche islamischer Herrschaft wurde in ihren Erinnerungen vergoldet, romantisch ausgeschmückt und messianistisch als wiederherzustellende Ordnung gepredigt. Insofern ist die Synonymität von staatlicher Souveränität und islamischer Religion durchaus eine Vorstellung, die auch von einem nicht unerheblichen Teil jener ländlichen Massen geteilt wurde, die später die Bevölkerung Pakistans konstituieren sollte.

Davon zeugen auch die Symbole, die sich nach der Entstehung des eigenen Staates als Sinnbilder des pakistanischen Islams herauskristallisierten. Die prächtigsten Baudenkmäler ebenso wie die wichtigsten theologischen Zentren „blieben zurück", d. h. konnten von den Millionen nach Pakistan auswandernden Muslimen nicht aus Indien mitgenommen werden. Bezeichnenderweise verband sich mit keiner Moschee und keinem Grabmal (nicht einmal dem *Tāj Maḥall*) und auch keinem Heiligtum (nicht einmal *Ajmīr Sharīf*) der Symbolwert, den das „Rote Fort" von Delhi erhielt. Kristallisationspunkt für das Kollektivbewußtsein pakistanischer Muslime wurde nicht die in Indien verbliebene theologische Hochschule von *Deoband*[3] (nach Kairos *al-Azhar* eine der wichtigsten Lehrstätten des orthodoxen Islams in der Welt), sondern das Symbol des Mogulkaiserreiches: Vornehmstes Ziel pakistanischer Soldaten in den Kriegen mit Indien war es, auf dem Roten Fort von Delhi die Fahne mit dem Halbmond zu hissen, ein Heldenakt, dem in Liedern und Gedichten sowie in Schulbuchzeichnungen vorgegriffen wird.

Pakistans „Muslimischer Nationalismus"

Das illustriert auch den Identitätskonflikt des pakistanischen Islams. Auf der einen Seite verherrlichte Iqbāl in seinen Gedichten die Kaaba *(kaʿba)* in Mekka sowie die Mezquita von Cordoba, suchte, wenn auch nur intellektuell, die Bande zur indischen Verwandtschaft zu lösen – und setzte damit ein Beispiel, dem noch immer mit großem Eifer gefolgt wird. Auf der anderen Seite bestand auch bei ihm, so wie bei fast allen pakistanischen Muslimen, ein starkes Bewußtsein der Eigenständigkeit innerhalb des Islams, ein Stolz – bisweilen versteckt oder unbewußt, bisweilen auch aggressiv formuliert – auf die eigene Leistung innerhalb der muslimischen Weltgemeinschaft.

Der Rückgriff auf den spezifischen Beitrag indo-pakistanischer Muslime zur Kultur des Islams kam verständlicherweise stärker bei Intellektuellen zum Durchbruch, die in engere Berührung mit der übrigen Welt des Islams gerieten und dabei in ihrem Werben um panislamische Integration auf Unverständnis oder gar Ablehnung stießen. Speziell im arabischen Raum müssen Pakistaner oft erleben, daß von panislamischer Gleichheit kaum die Rede sein kann und daß man ihren Islam nicht voll anerkennt. Außerdem stellen sie fest, daß andere muslimische Völker, so Marokkaner, Türken und selbst die ihnen benachbarten Afghanen, innerhalb der muslimischen Weltgemeinschaft eine ausgeprägte nationale Identität pflegen – eine Identität, die durch nationalspezifische Eigenheiten der religiösen Auslegung und Praxis unterstrichen wird. Dieses Erlebnis führt bei Pakistanern nicht selten zu einer radikalen Umorientierung: Auf einmal empfinden sie ihre Art der Befolgung des Islams als korrekter, wenn nicht gar als die korrekteste. Dabei besteht die Tendenz, von einem Extrem in das andere zu fallen, d. h.

von einer irrationalen Arabienorientiertheit zu einem faschistoiden Nationalislamismus, so etwa wenn ein Religionsgelehrter und führender Beamter die Meinung vertritt, im Grunde genommen gäbe es richtigen Islam nur innerhalb der Grenzen Pakistans; was hinter Wāgah (Grenzübergang zu Indien) oder hinter Zāhedān (Grenzübergang zu Iran) komme, sei alles entstellt. Wie in vielen Dingen macht sich hier bemerkbar, daß sich Konzepte aus dem Hinduismus unmerklich in das muslimische Gedankengefüge einschleichen: Das Eigene ist *Pākistān* (reiner Boden), außerhalb ist alles „unrein" *(nāpāk)*. Damit haben die pakistanischen Muslime häufig ein gebrochenes Verhältnis sowohl zu den Indern als auch zu den Arabern – zu den Iranern ohnehin (soweit es sich nicht um pakistanische Schiiten handelt).

Oft ist es auch so, daß jede Tendenz ihre Protagonisten findet, was dann die starken Spannungen innerhalb des pakistanischen Islams auslöst. Da ist die nach wie vor blindlings nach Mittelost orientierte Gruppe, die beklagt, daß Pakistan keinen Einheitsstaat mit der Türkei bilden könne, weil der Störenfried Iran dazwischenliege. Dann ist da die am indischen Islam orientierte Tendenz, die sich in zwei Gruppen spaltet: zum einen die von den Flüchtlingen aus Indien getragene Nostalgie für Lucknow (Lakhnau) und Hyderabad (Ḥaidarābād), also die Hofkultur dekadenter muslimischer Fürstentümer; zum anderen die *Aligarh*-Gruppe, die sich im wesentlichen aus dem im heutigen Pakistan beheimateten Landadel, Offizieren und Bürokraten zusammensetzt, die die in Indien gelegene moderne Universität von Aligarh besucht haben. Diese Lehrstätte war eine Wiege der Partei des Staatsgründers Jināḥ, der *Muslim-Liga*, und brachte eine Bildungsschicht hervor, die in religiösen Fragen zwar nicht als aufgeklärt bezeichnet werden kann, in der religiösen Praxis jedoch eine vergleichsweise liberale Haltung einnahm und in manchen Fällen auch ein wenig an Freidenkertum erinnerte. In politischer Hinsicht tendierten die Aligarh-Absolventen zu einer Art „Muslim-Demokratie", die sich den Christdemokraten Lateinamerikas vergleichen läßt, speziell dort, wo diese mit Militärdiktaturen kooperieren oder aber die Grenze zwischen Christdemokratie und Militärdiktatur nicht mehr erkennbar ist.

Der vielbeschworene Geist von Aligarh bedeutet jedenfalls ein Fortleben jenes Muslim-Chauvinismus, der zwar nicht einmalig in der Welt ist, Pakistan aber stärker kennzeichnet als andere Länder. Auch zu Zeiten der „islamischen Sozialdemokratie"[4] unter dem hingerichteten Ministerpräsidenten Dhū l-fiqār (Zulfikar) ʿAlī Bhuṭṭō wurde von einem führenden Religionsgelehrten, dem Minister für religiöse Angelegenheiten Kauthar Niyāzī gefordert, ganz Pakistan solle in ein Aligarh verwandelt werden. Hier besteht kein religiöses Kriterium im eigentlichen Sinn; ausschlaggebend ist die Wahrung der Privilegien der Muslime, speziell der pakistanischen, als bevorzugtem Volk. Aligarh als Symbol dieser Loyalität liegt in Indien und sorgt für einen gewissen Revanchismus gegenüber jenen Hindus, die „nicht aufzubegehren gewagt hätten, wären sie nicht von den Engländern dazu verleitet worden".

So ist der pakistanische Islam bei aller Orientierung auf Arabien und romantischen Verklärung der muslimischen Weltgemeinschaft bemerkenswert autark, auf jeden Fall autarker, als vielen Pakistanern bewußt ist. Damit steht er auch in Kontrast zum Islam etwa Nigerias oder Indonesiens. Der indonesische Islam ist für seine intellektuelle Regeneration (oder auch Stagnation) in starkem Maße von Ägyptens theologischer Hochschule al-Azhar abhängig, an der zu jeder Zeit Hunderte von Theologen aus diesem Lande ausgebildet werden. Al-Azhar wird ob seiner Berühmtheit von europäischen Islamkennern häufig als wichtigstes geistiges Zentrum des sunnitischen Islams bezeichnet, bisweilen auch als der Vatikan Kairos. In Pakistan aber kennen nicht einmal alle Theologen den Namen von al-Azhar, geschweige denn die allgemeine Bildungsschicht. Dagegen wird man dort kaum jemanden finden, der nicht die theologische Hochschule von Deoband kennt, die 1880 in Indien errichtet wurde. Für die Muslime des Subkontinents ist Deoband das, was al-Azhar für Ägypten und die umliegenden afrikanisch-arabischen Länder ist.

Das Wort *Deobandī* bezeichnet denn auch eine Denkschule, die unter der Orthodoxie Pakistans tonangebend wurde und sich in der *Jamʿīyat al-ʿulamāʾ islām (JUI)* einen politischen Arm schuf (obwohl nicht alle JUI-Mitglieder Deobandīs sind und es außerdem zahlreiche Deobandī-Rechtsgelehrte gibt, die nicht mit der JUI konform gehen). Auf jeden Fall besteht eine starke Parallele zwischen dem, was der Name *Azharī* etwa im Sudan bedeutet, und der Konnotation der Bezeichnung Deobandī in Pakistan.

Diese Autarkie des indo-pakistanischen Islams beschränkt sich nicht auf die Lehrstätten, sondern spiegelt sich hauptsächlich gerade in den beiden größten Denkern der letzten Jahrhunderte wider. Shāh Walī Allāh,[5] Erneuerer islamischen Denkens im Delhi des 18. Jahrhunderts, wird von einer – wenn auch kleineren – Denkschule sogar als der „National-Imam" des indo-pakistanischen Islams propagiert. Sein im schwer verständlichen Arabisch khurasanischer Mystiker verfaßtes Hauptwerk „Ḥujjat allāh al-bāligha" gilt ihnen als bedeutendstes Werk der islamischen Geistesgeschichte, entweder neben oder sogar noch über dem „Iḥyāʾ ʿulūm ad-dīn" des al-Ghazālī (gest. 1111). Nach Auffassung ʿUbaid Allāh Sindhīs, des 1945 verstorbenen Hauptpropagandisten dieser nach wie vor lebendigen Denkrichtung, war nach der Zerstörung Bagdads die Elite des Reiches nach Delhi ausgewandert. Er verglich das mit der Auswanderung griechischer Gelehrter aus Konstantinopel nach Italien und der dadurch ausgelösten Renaissance. In dieser Sicht wird Delhi schließlich zum Nabel der Welt – zumindest der islamischen.

Ebenso wie al-Azhar nimmt in den meisten Darstellungen islamischer Erneuerung auch der ägyptische Reformtheologe Muḥammad ʿAbduh (gest. 1905) eine zentrale Stelle ein. Auf den leicht nachweisbaren Einfluß des ihm vorangegangenen indo-muslimischen Reformators Saiyid Aḥmad Khān (1817–1898)[6] wird dabei nicht verwiesen. Für die Pakistaner, von denen nur die wenigsten von ʿAbduh gehört haben, ergibt sich auch nicht die Frage eines Vergleichs, für sie ist Saiyid Aḥmad Khān der große Reformer der Moderne und auch der erste geistige Wegbereiter des Pakistan-Gedankens. Viele Pakistaner, besonders die Fundamentalisten und Orthodoxen, lehnen zwar die Koraninterpretation des Aufklärers Saiyid Aḥmad Khān ab; für die Mehrheit der Bildungsschicht ist er jedoch die überragende Figur moderner islamischer Geistesgeschichte, mehr als jeder arabische, persische oder türkische Denker. Diese Autarkie wird noch deutlicher, wenn man sich vergegenwärtigt, daß nach Saiyid Aḥmad Khān es der einstige indische Erziehungsminister Abū l-Kalām Āzād (1888–1958)[7] ist, der die größte Bewunderung als muslimischer Denker genießt, also wiederum nicht jemand von außerhalb des Subkontinents, sondern sogar ein Muslim, der den Pakistan-Gedanken nicht unterstützte, sondern als indischer Nationalist zu einer Art Martin Buber des Islams wurde. Seine interpretierende Urdu-Übersetzung des Korans, von philosophischer Mystik tief geprägt, gilt den meisten Pakistanern als die beste, obwohl Āzād wegen seines Verbleibens in der indischen Regierung viel geschmäht wurde.[8] Somit ergibt sich das Paradoxon, daß die von manchen Hindus zuweilen als paranoid bezeichnete Arabienbezogenheit der pakistanischen Muslime, die von vielen Arabern selbst mitleidig belächelt wird, vordergründig ist und sich bei genauerer Prüfung eher als das Gegenteil herausstellt, nämlich als religiöse Unabhängigkeit von Arabien und eine islamische Verselbständigung, für die es in der übrigen Welt des Islams nur wenige Parallelen gibt.

b) Die Vielfalt islamischer Richtungen und Sekten

Die Ismailiten

Ein hervorstechendes Phänomen des pakistanischen Islams ist seine schier unüberschaubare Aufsplitterung in Bewegungen, Denkschulen, Sekten, Untersekten, Richtungen und Gemeinschaften, zu denen sich noch die zahlreichen Ordensbruderschaften der *ṣūfīs* gesellen. Im Falle Pakistans ist es daher auch schwer, von irgendeiner religiösen Mehrheit zu sprechen, da alles in Unterabteilungen zerfällt.

Fest steht, daß rund 75% der Bevölkerung Sunniten sind und zumindest nominell ausschließlich der hanafitischen Rechtsschule angehören, wenngleich manche tatsächlich der hanbalitischen näherstehen und einige gern ein Bekenntnis zu einem über die Rechtsschulen erhabenen islamischen Katholizismus ablegen. Der Anteil der Schiiten ist sehr umstritten. Sie selbst sprechen gern von 20%, und besonders Eifrige nehmen sogar 30% in Anspruch. Sunnitische Regierungsbeamte beharren dagegen auf einem Anteil von 6,5%. 15% oder etwas darüber scheint eine realistischere Annahme zu sein.[9] Ähnlich wie die Sunniten sind aber auch die Schiiten stark zersplittert. Gewiß hängt die große Mehrheit der Zwölferschia an und fühlt sich als Perser in der Diaspora, ähnlich wie viele Sunniten sich als Araber in der Diaspora empfinden. Hinzu kommen aber noch zwei oder eigentlich drei Gruppen von Ismailiten, unter denen die des Āghā Khān die stärkste ist, gefolgt von den *Bohra* unter Leitung des Imām Burhānuddīn (Burhān ad-

Dīn). Staatsgründer Jināḥ gehörte einer Zweiggruppe der Bohra-Ismailiten an.

Für die Ismailiten des Āghā Khān ist Pakistan zur wichtigsten Heimstätte geworden, nachdem viele Ostafrika verlassen mußten. Die im wesentlichen in Karatschi konzentrierten Ismailiten stammen, ebenso wie ihre Glaubensbrüder in Ostafrika und in England, von Hindu-Konvertiten aus Gujarat ab. Früher war Bombay ihr stärkstes Zentrum, heute ist es die Tochterstadt Bombays, Karatschi. Ethnisch gehören sie zur selben Gruppe wie die *Parsī* und die islamische Sekte der *Memons*.

Alle drei religiösen Gruppen stehen sprachlich und brauchtumsmäßig ihren Hindu-Ursprüngen noch besonders nahe. Mit der gleichen Eindeutigkeit nehmen aber auch alle drei eine persische bzw. arabische Herkunft in Anspruch. Unter den Muslimen sind sowohl die Memons als auch die Ismailiten als heterodox anzusehen. Mitte des 19. Jahrhunderts wurde die ismailitische Häresie gar nicht mehr als Bestandteil der muslimischen Gemeinschaft betrachtet. Ihre Reintegration war eine der Lebensaufgaben des Sulṭān Muḥammad Āghā Khān[10] (Großvater Karīm Āghā Khāns), der 1906 eine führende Rolle unter den muslimischen Notabeln Indiens zu spielen begann. Diese Rolle eines Fürsprechers muslimischer Interessen wird von seinem Nachfolger, Karīm Āghā Khān, der pakistanischer Staatsbürger ist, fortgesetzt und durch ein weltweites Programm philanthropischer Aktivitäten intensiv untermauert.

Das hat zu dem Paradoxon geführt, daß die Ismailiten in der durch Sektenunruhen geschüttelten pakistanischen Gesellschaft wohlgelitten sind, obwohl sie in ihrer religiösen Praxis nach wie vor die häretischste der bekannten muslimischen Sekten sind. Die Ismailiten unterhalten ihre eigenen Moscheen, die sie in Pakistan „Gemeindehaus" *(jamāʿat khāna)* nennen und in denen der gesamte Ritus nicht auf Arabisch, sondern auf Gujarātī abläuft. Auch der Koran wird auf Gujarātī gelesen. Die fünf täglichen Gebete sind auf drei reduziert, Frauen gehen unverschleiert (auf Grund einer religiösen Entscheidung, nicht aus eigenmächtiger Liberalität), und geheiratet wird in der Regel nur innerhalb der eigenen Gemeinschaft.

Hinsichtlich ihrer religiösen Praxis sind die Ismailiten dem orthodoxen Islam also viel ferner als die exkommunizierte *Aḥmadīya*-Sekte, deren Islam-Auffassung in mancher Hinsicht formalistischer ist als die Khumainīs. Während sich aller Haß gegen die Aḥmadīs als vermeintlich Abtrünnige richtet (ähnlich wie in Iran gegen die *Bahāʾīs*), scheint es, als übe man bei den Ismailiten Zurückhaltung, geradezu so wie bei einem verlorenen Sohn, dem man Zeit gibt, sich wieder einzufügen. Ähnlich wie die Aḥmadīs haben die Ismailiten ein effektives System der Sozialfürsorge, wodurch sie leicht den Neid anderer Gruppen erregen. Diese Gefahr ist bei den Ismailiten noch eher gegeben als bei den Aḥmadīs, da die Anhänger des Āghā Khān wohlhabender und besonders unter reichen Kaufleuten und Industriellen anzutreffen sind. Die Aḥmadīs boten jedoch eine noch stärkere Reibungsfläche, weil sie unter sämtlichen religiösen Gemeinschaften Pakistans diejenige mit dem höchsten Bildungsstand (und der geringsten Analphabetenquote) und deshalb gefürchtete Konkurrenten für viele begehrte Plätze in Verwaltung und Wissenschaft waren. Vergleichsweise hatten sich die Ismailiten, ebenso wie ihre „Cousins", die Memons, bis in die sechziger Jahre für kaum etwas außer Handel und Unternehmertum interessiert. Ein Memon, der 1969 mit einem Doktortitel aus der Bundesrepublik nach Karatschi zurückkam, war eine Sensation und mußte überall seine Promotionsurkunde herumreichen. Die Bemühungen des Karīm Āghā Khān um einen höheren Bildungsstand in seiner Gemeinde stellen, so verdienstvoll sie einerseits sind, durchaus auch eine Gefahr für die Zukunft dar; denn Vergleiche zwischen den dynamischen Ismailiten und den Juden sind, aller Duldung ungeachtet, seit langem an der Tagesordnung.

Über die zahlenmäßige Stärke der Ismailiten etwas auszusagen, ist besonders schwer. Zu den *Gujarātī*-Ismailiten in Karatschi müssen noch die kaum zehntausend Seelen zählenden Bewohner des Hunzatals im Himalaya hinzugezählt werden, eine völlig andere Bevölkerungsgruppe. Ob die Ismailiten wirklich über zwei Millionen zählen oder nicht einmal eine, können nur sie selbst mit einiger Genauigkeit beantworten, jedoch sind sie in diesem Punkt nicht sehr entgegenkommend. Ihre wirtschaftliche Macht steht jedenfalls in keinem Verhältnis zu ihrem geringen Anteil an der Gesamtbevölkerung.

Die Zwölferschiiten

Im Gegensatz zu den Ismailiten sind Pakistans Zwölferschiiten alles andere als eine homogene Gemeinde. Sie setzen sich aus fast allen ethnischen Elementen Pakistans zusammen, da die meisten Regionen eine oder mehrere schiitische Enklaven aufweisen. Eine Besonderheit der pakistanischen Entwicklung ist, daß der Islam in weiten Gebieten durch schiitische Prediger verbreitet wurde (hauptsächlich Ismailiten) und man davon ausgehen kann, daß in früheren Jahrhunderten die Mehrheit der Bevölkerung des heutigen Pakistans schiitisch war. Die Entwicklung ist hier insofern im umgekehrten Verhältnis zur iranischen verlaufen, als die afghan-türkischen Kriegsherren und schließlich die Mogulkaiser das Sunnitentum förderten. Das heutige Ismailitentum ist gewissermaßen ein Restbestand, der sich erhalten hat. Religionsgeschichtlich ist es auch insofern interessant, als man an seinem Beispiel den Islam der ersten Generationen von Konvertiten rekonstruieren kann, da in den Kultübungen vielfach nur die hinduistische Nomenklatur durch eine islamische ersetzt worden war. Beispielhaft ist übrigens auch die religiöse Musik der pakistanischen Muslime insgesamt. Speziell bei den Mystikern ist wenig mittelöstlicher Einfluß zu spüren; die Darbietungen sind formell fast unverändert indisch geblieben, nur der Inhalt ist durch einen islamischen ersetzt worden.

Die Zwölferschia dagegen ist im Laufe der Jahrhunderte immer stärker auf persischen Kurs eingeschwenkt, eine Entwicklung, die in der Identifizierung einer Mehrheit unter Pakistans Schiiten mit Khumainīs neuer Ordnung einen Höhepunkt erlebte. Verantwortlich dafür mag sein, daß die schiitische Führungsschicht tatsächlich überwiegend iranischer Herkunft ist, und zwar aus einer Zeit, in der das Mogulkaiserreich enge Freundschaftsbande zu Persien unterhielt und zahlreiche persische Adlige in Indien zu Rang und Würden gelangten. Ihre nach Pakistan emigrierten Nachkommen stellen dort noch immer die obere Beamtenschaft, so daß der Anteil der Schiiten an der Verwaltung und auch am Bildungswesen höher ist als ihr Anteil an der Bevölkerung – ein für pakistanische Minderheiten typisches Syndrom, denkt man z. B. an die Aḥmadīs bis zu ihrer „Exkommunizierung".

Der verhältnismäßig hohe Anteil von Schiiten unter den Zuwanderern aus Indien, die sich überwiegend in größeren Städten, speziell in Karatschi niederließen, ließ das Schiitentum in Pakistan zu einem hauptsächlich urbanen Phänomen werden. Das trägt wiederum zu den Unruhen bei, die alljährlich Todesopfer fordern, und zwar fast immer anläßlich der von Schiiten veranstalteten religiösen Umzüge, namentlich der *Muḥarram*-Prozessionen. Sie führten 1981 zur kriegsähnlichen Verwüstung mehrerer Straßenzüge in Karatschi. Erschien früher den Sunniten die schiitische Begehung des Martyriums von Ḥusain (dem Prophetenenkel) anstößig, so kommt seit der iranischen Revolution hinzu, daß schiitische Prozessionen in Demonstrationen für Khumainī ausarten und entsprechend heftige Reaktionen provozieren. Traditionell ist es jedoch keineswegs so, daß bei diesen Anlässen die Minderheit zum Opfer der Mehrheit wird, sondern Angriffe gehen häufiger noch von den Schiiten aus, deren religiöse Emotionen während der Passionsspiele zur Ekstase hochgepeitscht werden.

Zu einem neuartigen Konflikt ersten Ranges führte 1979 die Einführung der im Koran geforderten *zakāt* als einer Art von Kirchensteuer. Hiergegen erhoben die Schiiten Einspruch und veranstalteten in Islamabad eine Massendemonstration, wie sie die Militärdiktatur bis dahin nicht erlebt hatte und wie sie wohl auch von Schiiten in Pakistan nie zuvor zustande gebracht worden war. (Schätzungen sprechen von bis zu 100 000 Demonstranten, die Schiiten selbst fügen noch eine Null hinzu.) Ihrer Argumentation zufolge ist die zakāt keine Steuer, sondern eine freiwillige Abgabe, ein Almosen. Zum Verständnis der Auseinandersetzung müßte man sich etwa vorstellen, der französische Staat führte eine Kirchensteuer ein, ohne zwischen katholisch und evangelisch zu unterscheiden.

Das sunnitisch-schiitische Spannungsfeld

Das Verhältnis von Schiiten und Sunniten zueinander ist in Pakistan komplex, weist aber durchaus Parallelen zum Verhältnis von Katholiken und Protestanten in manchen europäischen Ländern auf. Bei der sunnitischen Mehrheit bestehen starke Vorurteile gegen die Schiiten, die man als Abweichler, wenn nicht gar als Verunstalter des wahren Glaubens ansieht. Im Zusammenhang mit der „Exkommunizierung" der Aḥmadīs (1974) ist in extrem orthodoxen und fundamentalistischen Kreisen vielfach frohlockt worden, als nächste seien die Schiiten an der Reihe. Das Ziel mancher sunnitischer Fanatiker ist es also, die Schiiten, genau wie die Aḥmadīs, zu einer nichtmuslimischen Minderheit erklären zu lassen, sie also auf eine Stufe mit Christen, Hindus und Parsīs zu stellen.

Die sunnitischen Volksmassen haben eine Vorstellung von den Schiiten, die derjenigen protestantischer Norddeutscher von den Katholiken ähnelt. Volkstümliche Pauschalurteile wie „alle Katholiken sind falsch" werden in Pakistan wortgetreu auf die Schiiten übertragen, und ihr Spitzname im Volksmund lautet „Wanzen" *(kaṭhmal)*. Ihre Striktheit in religiösen Fragen, ihr Formalismus und ihre stärkere Solidarität untereinander rufen bei den Sunniten Argwohn und Mißgunst, aber auch Bewunderung hervor. Sie haben es vermocht, in einer Gesellschaft als besonders fanatisch und intolerant zu gelten, in der viele Gruppen in diesen Eigenschaften Tugenden sehen und darin miteinander wetteifern. Wie auch in europäischen Staaten (Bundesrepublik, England, Frankreich, Niederlande) in der zweiten Hälfte des 20. Jahrhunderts mehr Menschen vom Protestantismus zum Katholizismus übertreten, so treten auch in Pakistan mehr Sunniten zum Schiitentum über als umgekehrt.

Ohnehin hat sich der sunnitische Islam in Pakistan im 20. Jahrhundert teilweise bemüht, den Schiiten nach Möglichkeit entgegenzukommen. So sahen die Sunniten in der Regel kein Problem darin, die Huldigung der auch von ihnen verehrten Prophetenfamilie zu intensivieren, um die Schiiten sich heimisch fühlen zu lassen. Der Trauermonat Muḥarram wurde von den Sunniten zunehmend stärker beachtet, so daß ein ausländischer Sunnit das Gefühl haben konnte, sich in einem ganz und gar schiitischen Land zu befinden. Dieses panislamische Werben der sunnitischen Seite ist jedoch von der Masse der Schiiten wenig honoriert worden. Schließlich gewannen viele Sunniten den Eindruck, daß, je mehr sie sich den Schiiten anzunähern versuchten, diese sich um so mehr entzögen und ihren schiitischen Partikularismus nur noch steigerten.

In der Folge bewiesen sunnitische Konfessionalisten, daß sie auch in Richtung Konfrontation umschlagen können. Dies geschah z. B., indem sie anstelle des ihnen doch nicht ganz legitim erscheinenden Muḥarram lieber einen „Omarstag" *(yaum-i ʿUmar)* einführten. ʿUmar al-Fārūq, der zweite Kalif des Islams (reg. 634–44), gilt bei den Schiiten als Usurpator und wird laut ihrer Tradition stets erneut verflucht. Für sie war daher die Einführung des yaum-i ʿUmar in den siebziger Jahren eine unerträgliche Herausforderung. Die gescheiterte Fraternisierung mit den Schiiten führte auch dazu, daß Namen wie ʿUmar und Fārūq bei den Sunniten wieder modisch wurden, nachdem über längere Zeit „schiitische Namen" (wie Dilāwar Ḥusain, Farzand, ʿAlī etc.) gang und gäbe waren. Daß der Chefideologe des Fundamentalismus, al-Maudūdī,[11] seinen Sohn Fārūq nannte (ebenso sein einstiger Kampfgefährte, der spätere Bhuttō-Minister Kauthar Niyāzī), kam nicht von ungefähr. Namensgebung ist in Pakistan allzu oft Ausdruck eines Bekenntnisses zu einer extrem sunnitischen bzw. einer fanatisch schiitischen Linie. Das war auch einer unter vielen Propagandapunkten der Fundamentalisten gegen den hingerichteten Ministerpräsidenten Bhuttō. Sein eigener – sehr schiitisch anmutender – Vorname Zulfikar Ali (Dhū l-fiqār ʿAlī) konnte auf Grund der geschichtlichen Überlieferung (Dhū l-fiqār ist der Name des legendären Schwertes des ʿAlī ibn Abī Ṭālib) schlecht beanstandet werden; aber daß er sowohl seiner Privatresidenz als auch seinem ältesten Sohn den typisch schiitischen Namen Murtażā gab, wurde als Beweis dafür genommen, daß er seiner Frau zuliebe Schiit geworden sei.

Daß Frau Bhuttō als Schiitin die Nachfolge ihres Mannes als Vorsitzende der *Volkspartei* antreten und in allen Landesteilen große Popularität erlangen konnte, ist wiederum für die religiöse Situation Pakistans kennzeichnend. Politische Führer, die mit Erfolg die Interessen des ganzen Volkes vertraten und offen demonstrierten, daß sie die Belange des Gesamtislams über ihre Sektenzugehörigkeit stellen, haben sich häufig besonderer Popularität erfreut. Das galt für den Āghā Khān und für Jināḥ, für dessen Schwester Fāṭima und für Nuṣrat Bhuttō, sowie anfänglich auch für den schiitischen Präsidenten General Yaḥyā Khān, bevor er den Krieg gegen Indien verlor. Sowohl im Falle der einstmaligen Präsidentschaftskandidatin Fāṭima Jināḥ als auch von Nuṣrat Bhuttō betonte die Gegenpropaganda kaum deren Zugehörigkeit zur schiitischen Konfession, sondern wartete mit dem viel schwerer wiegenden Einwand auf, Frauen dürften kein wichtiges Staatsamt übernehmen.

Das islamische Bewußtsein in Pakistan schwankt somit zwischen gewalttätiger Konfrontation zwischen Schiiten und Sunniten einerseits und kollektiven Bekenntnissen zu einer übergeordneten islamischen Einheit andererseits. In Intellektuellenkreisen gibt es seit den Zeiten des Mogulkaisers Akbar eine Art *Una-Sancta*-Bewegung, die in der Phase der „Aufklärung" unter Einfluß des britischen Liberalismus stark hervortrat und durch die beiden wichtigsten religiösen Reformer illustriert wurde: Saiyid Aḥmad Khān für die Sunniten und Saiyid Amīr ʿAlī für die Schiiten. „The Spirit of Islam", Amīr ʿAlīs in hohen Auflagen verbreitetes Hauptwerk, wurde zu einem Modell für schiitische Kompromißbereitschaft und übte einen nachhaltigen Eindruck auf Persönlichkeiten des politischen und kulturellen Lebens aus, so etwa den raja von Maḥmūdābād, der als Schiit zum Mäzen zahlreicher sunnitischer Akademiker wurde.

In den Bereich dieser Tendenz zu einem panislamischen Einvernehmen gehörte auch die Einigung über den Religionsunterricht an den Schulen, die Anfang der siebziger Jahre erzielt wurde. Danach sollen die Schüler bis zur achten Klasse nach einem gemeinsamen Lehrplan unterrichtet werden. Erst danach sollte in getrennten Klassen ein spezifisch sunnitischer bzw. schiitischer Religionsunterricht erteilt werden. Diese Einigung erfolgte nach langen Jahren bitteren Ringens, das in vielen Fällen dazu führte, daß überhaupt kein Unterricht stattfand. Die iranische Revolution mit ihren Auswirkungen auf die schiitische Gemeinde Pakistans stellte die mühevoll getroffene Regelung wieder in Frage.

Insgesamt gesehen läßt sich über die pakistanischen Schiiten sagen, daß ihre individuelle Einstellung jeweils um eine Nuance schärfer ist als die ihrer sunnitischen Mitbürger. Die religiös-konservativ ausgerichteten Schiiten (deren Anteil höher ist als bei den Sunniten) sind in der Regel noch orthodoxer bzw. noch fundamentalistischer und fortschrittsfeindlicher. Liberale Schiiten dagegen lassen ihre sunnitischen Freunde meist weit hinter sich und frönen gern einem für pakistanische Verhältnisse geradezu dreisten Freidenkertum. Vor der Teilung des Subkontinents war der Anteil von Muslimen unter den Mitgliedern der *Kommunistischen Partei Indiens* unverhältnismäßig hoch, und zwar dominierten darunter die Schiiten. Berühmtester Vertreter jener starken freigeistigen Strömung unter den schiitischen Intellektuellen war Jōsh Malīḥābādī,[12] der libertinistische Dichterkönig der Urdu-Sprache, dessen Werk die Militärdiktatur Żiyā' al-Ḥaqqs[13] mit dem Bann belegte. Von ihm stammt das ironische Bekenntnis, der Islam, speziell der schiitische, sei wie eine unheilbare Krankheit: Wer einmal davon befallen sei, komme nicht mehr davon los, so sehr er sich auch darum bemühe.

Schiitentum in Pakistan ist synonym mit stärkerem Engagement sowohl in religiösen als auch in politischen Belangen. Dieses Engagement kann reaktionär oder auch revolutionär sein, orthodox oder liberal, kapitalistisch oder sozialistisch; auf jeden Fall ist es in der Regel schriller als bei den Sunniten.

Der Volksglaube oder „inoffizielle" Islam als Mehrheitsreligion

Bei den Sunniten in Pakistan ist die auch anderswo zu beobachtende Differenzierung zwischen einem „offiziellen" Islam der Rechtsgelehrten und einem „inoffiziellen" der Massen besonders kraß. Oberflächlich gesehen erscheint diese wie eine Trennung zwischen städtischem und ländlichem Islam, jedoch gibt es auch Rechtsgelehrtenverbände, die in manchen Landgebieten einflußreich sind, während andererseits die Landflucht auch die Religion der Bauern in die Städte verschlagen hat.

Der Volksglaube der pakistanischen Massen, mit anderen Worten die Religion der Bevölkerungsmehrheit, erinnert in mancher Hinsicht an den Katholizismus Mexikos oder lateinamerikanischer Regionen mit überwiegend indianischer Bevölkerung, in denen es zu einer Synthese zwischen präkolumbianischem und christlichem Brauchtum gekommen ist, wobei bald das eine, bald das andere stärker hervortritt. Verallgemeinernd könnte gesagt werden, daß es sich im Kern um bestimmte Kulthandlungen universalen Charakters handelt. Parallelen könnten z. B. auch zur Volksreligion in marokkanischen Gebieten mit Berber-Mehrheit gezogen werden. In jedem Falle steht Heiligenverehrung im Mittelpunkt, und meist handelt es sich dabei um Mystiker und Prediger, die den jetzigen Glauben in dem jeweiligen Land verbreiteten – und dabei womöglich den Tod fanden, also zu Märtyrern wurden. Ihre Grabstätten sind nicht selten den Tempeln der früheren Religionen ähnlicher als dem Standardmodell der neuen Gotteshäuser. Im Mittelpunkt des Religionskalenders steht der Tag dieses Schutzpatrons, der in Lateinamerika als *feria* und im islamischen Bereich als *moussem (mausim), mevlid (maulid)* oder, so die Bezeichnung in Pakistan, als *ʿurs* begangen wird. Mitunter wird so gerechnet, daß mehrere Wallfahrten zum Grab bestimmter lokaler Heiliger einer Pilgerfahrt nach Mekka gleichkommen.

Anläßlich des ʿurs bringen die Gläubigen Blumen zum Grab des „Gottesfreund" *(walī)*, breiten eine neue Prunkdecke *(čādor)* über sein Grab, zünden Kerzen und Weihrauch an, beten, singen und tanzen. Gleichzeitig findet ein Jahrmarkt statt, der bisweilen karnevalistische Züge annimmt, einschließlich Alkohol- und Rauschgiftgenuß sowie vor allem Prostitution. Dem Heiligen, an dessen Grab hauptsächlich um die Erfüllung von Liebeswünschen und um Kindersegen gebetet wird, werden reichlich Spenden gebracht, wodurch die Bauten – im Gegensatz zu den meist sehr schlichten Moscheen – im Laufe der Jahrhunderte erweitert und häufig prunkvoll ausgeschmückt werden konnten. Besondere Aufmerksamkeit wird dem Tor zum Grabmal *(darwāzeh)* geschenkt, das nicht selten aus Gold oder Silber angefertigt wird. Zu den frommen Handlungen der Herrscher, von den Mogulkaisern bis zu General Żiyā' al-Ḥaqq, gehört es, einem berühmten Schrein solch eine mit Koranversen kunstvoll verzierte darwazeh zu spenden.

Schreine werden auch *darbār* genannt, weil hier der Heilige sozusagen Hof hält und die Gläubigen in Audienz empfängt. Wichtigster Schrein ist der des Dātā Ganj Bakhsh genannten Mystikers ʿAlī Ḥujwīrī in Lahore, den man als Pakistans Nationalheiligen bezeichnen könnte. Von besonderer Bedeutung sind ferner die Grabmäler des mystischen Dichters Shāh ʿAbd al-Laṭīf Bhitā'ī und des Laʿl Shāhbāz Qalandar genannten persischen Wanderpredigers ʿUthmān Marwandī, beide in der Südprovinz Sindh gelegen.

Mit dem Aufkommen der Filmindustrie erlebte der Heiligenkult eine Art Durchbruch in die Legitimität, insofern als die pakistanische Filmproduktion rein nach kommerziellen Gesichtspunkten arbeitet. Filme, in denen Tränen am Grab eines Heiligen vergossen und Gebete von diesem erhört werden, stellten sich bald als Kassenschlager heraus und regten zur Nachahmung an, so daß derlei Szenen zum festen Repertoire der stereotypen pakistanischen Filme wurden. Außerdem wurde Laʿl Shāhbāz Qalandar von Filmschauspielern zum Schutzpatron ihres Gewerbes erkoren. Attraktive Filmstars vor den dekorativen Torbögen der stilvollen Grabmoschee erscheinen seitdem regelmäßig in den meisten Illustrierten. Schlagersänger singen bei ihren Besuchen dort gratis, und es gibt keinen geeigneteren Ort für einen Fan, seinem Idol nahezukommen, als die Teilnahme am ʿurs.

Das Stoßgebet eines verliebten Mädchens an diesem Heiligengrab wurde erst zum Volkslied und dann – als Popmusik in über dreißig Versionen vertont und in allen Regionalsprachen gesungen – zu Pakistans populärstem Schlager der siebziger Jahre: „Dam-ā-dam mast Qalandar" („Laß doch kommen was da will, Qalandar!"). Die *Qalandarīya* ist eine der extravagantesten Bruderschaften von Wanderderwischen, die sich einmal im Jahr in Sindh treffen, um gemeinsam ekstatische Tänze aufzuführen. Sie lehnen jede intellektuelle Auseinandersetzung ab und reden allein von Nächstenliebe, ohne moralische Forderungen zu stellen und ohne soziales Engagement zu praktizieren. Letztlich ist auch die nominelle Religionszugehörigkeit in ihren Augen unerheblich, bisweilen findet sich sogar ein Hindu an ihrer Spitze. Bei ihnen wird kein Sünder gescholten, sondern nur liebevoll umarmt. Daher übten sie schon früher eine große Anziehungskraft auf

Prostituierte aus, die von den städtischen Rechtsgelehrten keinerlei Seelsorge erwarten konnten. Daß sie in pakistanischen Diskotheken kopiert werden und man dort nach einem ihrer frommen Lieder tanzt, empfinden die Qalandars nicht als Schande, sondern als Triumph.

Die Politik hat der Volksreligion in Pakistan stets Rechnung tragen müssen. Das kam unter anderem in dem engen Freundschaftsverhältnis zum Ausdruck, das der frühere Präsident Aiyūb Khān[14] längere Zeit zu einem damals hochverehrten Volksheiligen unterhielt. Dennoch fiel es der herrschenden Klasse im großen und ganzen schwer, ihre Bedenken gegen ein Phänomen zu überwinden, das von den Rechtsgelehrten des orthodoxen Islams als Rückfall ins Heidentum verdammt wird. Der erste Politiker, der bewußt die Mehrheitsverhältnisse unter den Gläubigen des Landes in Rechnung stellte und seine Politik allein daran orientierte, was bei den Massen wirklich ankommt, war Bhuṭṭō. Er wurde insofern ein praktizierender Anhänger des „Volksislams", als er keine Gelegenheit ausließ, Heiligengräber zu besuchen, an den verschiedenen ʿurs teilzunehmen und nach Möglichkeit den neuen čādor zu stiften und eigenhändig über das Grab auszubreiten. Eines der populären Mystikerlieder aus seiner Heimatprovinz Sindh wurde auf ihn umgemünzt („Unser Bhuṭṭō ist in die Arena getreten, jetzt sollt ihr mal sehen, wie Gott seinem Freund hilft!") und zum Wahlschlager erkoren. Der Erfolg war umwerfend und führte zu einem Erdrutsch bei den ersten freien Wahlen von 1970. Dementsprechend machte auch General Żiyāʾ al-Ḥaqq später Konzessionen an den Volksislam, indem er z. B. zum Ausbau des „Nationalheiligtums" Dātā Ganj Bakhsh beitrug, obwohl die seinem Fundamentalismus völlig zuwiderlief.

Nun stellt wohl der mystische Volksislam die Mehrheitsreligion in Pakistan dar, von einem einheitlichen Phänomen kann man jedoch keineswegs sprechen. Die überwältigende hohe Stimmabgabe für die *Volkspartei* war die einzige Demonstration dieses Volksglaubens; denn für den einfachen Wähler, vor allem auf dem Lande, stellte sich nicht die Frage einer Wahl zwischen Glaube und Unglaube, Islam und Kommunismus, sondern zwischen zwei Ausdrucksformen des Islams: dem rigiden Formalismus der ihnen unheimlichen Rechtsgelehrten und dem erlösenden Heiligenkult, der ihr ureigenstes Wesen verkörperte. Von dieser Gelegenheit abgesehen gibt es nichts, was die amorphe Masse der einzelnen Kulte in den verschiedenen Landesteilen mit ihren unterschiedlichen historischen Traditionen und Sprachen auf einen Nenner bringt. Zusammengefaßt werden allein Teilaspekte dieser Volksreligiosität und einzelne Gruppen oder Schichten ihrer Anhänger.

Das sind einmal die Orden der Mystiker, von denen es in Pakistan wiederum fast noch mehr gibt als in anderen Ländern. Am weitesten verbreitet ist auch hier wohl die *Qādirīya*, die seit den fünfziger Jahren dadurch noch gefördert wurde, daß das Oberhaupt der Nachkommen des Ordensgründers, Scheich *(shaikh)* ʿAbd al-Qādir al-Gailānī, aus Bagdad nach Pakistan übersiedelte. Von großer Bedeutung ist ferner die der Orthodoxie sehr nahestehende *Naqshbandīya*, die eine Brücke zwischen dem

Gesetzesislam der Rechtsgelehrten und der Volksfrömmigkeit darstellt. Stärker mystisch ausgeprägt ist die ebenfalls weitverbreitete *Čishtīya*. Das Bild wird verwirrend durch die zahlreichen Abspaltungen und Untergruppen, die sich in ihrem Charakter vom „Mutterorden" oftmals erheblich unterscheiden.

Einen organisatorischen Ausdruck haben einige Bruderschaften und Gräberkulte in der *Vereinigung der Ordensmeister (Jamʿīyat al-mashāyikh)* gefunden, die jedoch bei weitem nicht die Tausende von *ṣūfī*-Meistern umfaßt, die in Pakistan *pīr* (der „Weise", das persische Äquivalent zum arabischen shaikh) genannt werden. Die bisweilen auch als politischer Interessenverband auftretende Jamʿīyat al-mashāyikh ist alles andere als eine repräsentative Vertretung des Volksislams in seiner Gesamtheit. Ähnliches gilt für jene Rechtsgelehrtenpartei, *Jamʿīyat al-ʿulamāʾ-ī Pākistān (JUP)*, die gegenüber dem Volksglauben eine versöhnlichere Haltung einnimmt als die orthodoxe *Jamʿīyat al-ʿulamāʾ-ī islām (JUI)*. Die JUP ist gewissermaßen der politische Arm der manchmal als Sekte bezeichneten *Brailvīs (Barailawī)*, so genannt nach einem theologischen Seminar in der im heutigen Indien gelegenen Stadt Rai Baraili (Ràê Barêlī). Bei ihnen gehen der Volksglaube und der Gesetzesislam der Rechtsgelehrten ineinander über, d. h. die Brailvī-Rechtsgelehrten begegnen dem Volksislam mit einer religiösen Haltung des Verständnisses und der liebevollen Fürsorge; letztlich sind sie aber doch Propagandisten des Gesetzesislams. Das zeigt sich unter anderem in der indisch-muslimischen Gemeinde Südafrikas, unter der die Brailvīs eine führende Rolle spielen. Da der Volksislam mangels Heiligengräber in der neuen Umgebung weniger relevant ist, geben sich die Brailvīs in Südafrika einen viel orthodoxeren Anstrich. Im Grunde genommen verkörpern sie eine Entwicklungsphase im islamischen Werdegang, wie er in mehreren Teilen der Welt zu beobachten ist. Die Brailvīs knüpfen an die erste Phase nach der Konversion an und bringen die noch gänzlich von „heidnischem Brauchtum" geprägten Neubekehrten dem arabischen Gesetzesislam eine Stufe näher. Auf lange Sicht sind sie eigentlich Zuträger für die strengere Orthodoxie, wenngleich diese selten fähig ist, die islamisierende Rolle der Brailvīs zu würdigen, sondern sie vielmehr als synkretistisch ablehnt.

Die Hauptzentren religiösen Lebens: Karatschi und Lahore

Beide, die Brailvīs und die streng Orthodoxen, d. h. JUP und JUI, haben als politische Organisationen nur einen sehr geringen Anteil der Wählerstimmen auf sich vereinigen können. Nicht besser erging es den Fundamentalisten von der *Islamischen Partei (Jamāʿat-i islāmī, JI)*.[15] Keine der drei Parteien, die jede auf ihre Weise den Gesetzesislam der Rechtsgelehrten vertritt, kam auf 10%. Das hängt allerdings auch mit den regionalen Bindungen zusammen. So sind die Orthodoxen von der JUI im Nordwesten konzentriert, wo sich ihr geistiger Mittelpunkt befindet, die theologische Hochschule von *Akoṛa Khaṭṭak*. Außerhalb der heimatlichen Region rekrutiert sich ihre Anhängerschaft überwiegend aus ausgewanderten Paschtunen, von denen es allerdings in Karatschi über eine Million geben soll. Die Brailvīs mit ihrer JUP sind zwar nicht auf die Flüchtlinge aus Indien beschränkt, doch bilden diese ihren Hauptstamm. Ihr Zentrum ist deshalb Karatschi als Flüchtlingsmetropole. Das gleiche gilt für die Fundamentalisten (JI), die zwar auch unter den Panjābīs Anhänger gefunden haben und ihr Hauptquartier (Parteizentrale und religiöse Lehrstätte in Personalunion) in Lahore aufschlugen, deren eigentliches Ballungszentrum aber dennoch Karatschi blieb.

Karatschi als größte Stadt und Handelszentrale blieb somit auch das wichtigste religiöse Zentrum Pakistans. In der neuen Hauptstadt im Norden des Landes, Islamabad, sind zwar die meisten Religionen, Konfessionen, Sekten, Bewegungen und Orden durch ein Gotteshaus vertreten, diese haben aber den Charakter einer diplomatischen Vertretung, d. h. daß zwar in Islamabad alle Richtungen präsent sind, das religiöse Leben dennoch lange Zeit steril geblieben ist. Karatschi dagegen ist ein Schmelztiegel und eine Bastion nicht nur für Zwölferschiiten, Āghā Khān- und Bohra-Ismailiten, Memons, Brailvī-Sunniten und Jamāʿat-i islāmī-Fundamentalisten, sondern auch für Parsīs und die früher in Goa beheimateten Katholiken sowie für eine Vielzahl kleinerer islamischer Sekten und Gruppen, die zum Teil eine ausgeprägte Selbständigkeit behaupten. So ist Karatschi wohl auch die einzige Stadt, in der man die sonst nur in unzulänglichen Wüstengebieten Belutschistans lebenden *Dhikrīs*[16] antreffen kann, eine kleine Sekte, die entfernte Parallelen mit den *Yazīdīs* oder „Teufelsanbetern" im Irak aufweist. Von den übrigen Muslimen werden die Dhikrīs als religiös ganz und gar abartig empfunden. Auch in ihrem Fall wurde die Forderung erhoben, sie zu einer nichtmuslimischen Minderheit zu erklären. Alles in allem erscheint die Islam-Szene Pakistans, und besonders die Karatschis, einem arabischen Glaubensbruder – zumal wenn er aus einem religiös relativ homogenen Land wie Jordanien oder Tunesien kommt – als ein unergründliches Dickicht.

Lahore als eigentliche Hauptstadt des Nordens und ursprünglich kulturelles Zentrum Pakistans, hat gegenüber Karatschi an religiöser Vielfalt verloren, blieb aber dennoch unübersichtlich genug. Es zeichnet sich nach wie vor durch seine Intellektuellenkreise aus, die oftmals die Form religiöser Denkschulen annehmen. Dazu gehörte an prominenter Stelle der Modernist Ghulām Aḥmad Parwaiz mit seinem reichen Schrifttum und seinen Sonntagsversammlungen, die für einen Teil der verwestlichten Bildungsschicht zu einer nicht unbedeutenden Einrichtung wurden und Parwaiz den Spitznamen „Bürokratenimam" eintrugen. Ähnliche Kreise und Debattierclubs sind quer durch das gesamte politische Spektrum zu finden – von extrem rechts bis extrem links. Ein Teil dieser Kreise bildet sich um Persönlichkeiten, die in religiös-kulturellen Einrichtungen wie der *Iqbāl*-Akademie, der *ʿulamāʾ*-Akademie, dem *Institut für islamische Kultur* etc. oder in Literatenkreisen *(ḥalqa arbāb-i dhauq)* tätig bzw. mit religiös orientierten Zeitschriften verbunden sind. Darüber hinaus werden auch Vereine wie der *Educators' Club* oder die *Pakistan Philosophical Society* in einem Maße zu Foren religiöser Auseinandersetzung, das in der übrigen Welt des Islams kaum seinesgleichen hat und auf die meisten mittelöstlichen Glaubensbrüder befremdlich wirkt.

Religiös orientierte Zirkel, und zwar gerade in der Oberschicht, formieren sich auch um Handleser und Wahrsager, die in einigen Fällen außerordentlichen Einfluß – auch politischen – ausüben und in der Regel gerade von den Mächtigen im Lande frequentiert werden. Häufig sind solche Hellseher mit einer der mystischen Bruderschaften verbunden und werden von ihren Klienten als pīr oder *murshid* (geistlicher Führer) verehrt. Besonders einflußreich wurde in den siebziger und achtziger Jahren der ṣūfī Ẓahīr, der in seinem Juwelengeschäft in Lahores Hauptgeschäftsstraße führende Akademiker und Spitzenpolitiker als Jünger um sich scharte. Obwohl selbst Mystiker, verband Ẓahīr mit dem fundamentalistischen General Żiyā' al-Ḥaqq das Band der Sippenverwandtschaft, denn beide gehörten der *Arā'in-barādarī* an. Zu den Voraussagen Ẓahīrs, die die politischen Entscheidungen mitbeeinflußt haben dürften, gehörte, daß die Russen als Volk ob ihres Frevels ein solches Schicksal treffen werde, daß sie ganz und gar ausgelöscht werden würden. Ẓahīr veranschaulichte in seiner Person aber auch das Vordringen neosufischer Bruderschaften wie der *Shādhilīya*, die während der siebziger Jahre in der gehobenen Bildungsschicht die Rolle einzunehmen begannen, die früher dem nunmehr verbotenen Freimaurertum zukam.

Der „Islamismus" oder islamische Fundamentalismus

Den Fundamentalisten von der *Jamāʿat-i islāmī* ist all das ein Greuel. Sie vermögen die seelsorgerischen Notwendigkeiten des Sufismus in seinen mannigfachen Ausformungen nicht einzusehen, ersetzen sie folglich auch nicht durch etwas Vergleichbares. Ihre Weltsicht ist humorlos und kunstfeindlich, antiintellektuell und exklusiv. Mit den Orthodoxen haben sie die Betonung der *sharīʿa* gemeinsam, ein Begriff, mit dem die Mehrzahl der Pakistaner nichts anzufangen weiß, vor allem nicht die analphabetischen Massen auf dem Land. Während aber den traditionellen Orthodoxen das Festhalten an der sharīʿa die strikte Erfüllung einer mittelalterlichen Lebensnorm bedeutet, verstehen die Fundamentalisten darunter in Wirklichkeit ein totalitäres System. Dieses System orientiert sich zumindest ebenso stark an Beispielen aus der Moderne wie an den Vorbildern der islamischen Frühzeit. Dabei kommt es der Jamāʿat-i islāmī im wesentlichen auf ihre spezielle Nomenklatur an, die ihr erlaubt, den angestrebten Totalitarismus auch wirklich als Selbstausdruck zu erleben und nicht als Abklatsch. Zudem haben die Fundamentalisten ihre spezifischen Kategorien von Bürgern erster, zweiter und dritter Klasse. Ihre Parteiorganisation kennt bereits eine strenge Hierarchie von Mitgliedern, Sympathisanten, Mitläufern usw. Gesamtgesellschaftlich unterscheiden sie die Muslime in verschiedene Grade der Verläßlichkeit, danach kommen nichtmuslimische Minderheiten wie Christen und *Parsīs*, eine Stufe unter diesen die Hindus. Am Ende rangieren die aus dem Islam Ausgeschlossenen wie *Aḥmadīs* und

Bahā'īs. Gemäß der islamistischen Ideologie handelt es sich bei diesen um Apostaten, die mit der Todesstrafe zu belegen sind.

Für politische Ideologien außer dem Islamismus besteht nicht der geringste Spielraum. Nicht nur Kommunismus, sondern auch Sozialismus und Liberalismus werden als Subversion angesehen, Demokratie und westlicher Parlamentarismus abgelehnt. Frauen werden vom politischen Leben ausgeschlossen, bestimmte Berufszweige wie etwa das Justizwesen werden ihnen verboten, das gesamte Erziehungssystem wird streng nach Geschlechtern getrennt.

Diese gesellschaftspolitischen Vorstellungen, wie sie unter Khumainī in Iran und zu einem erheblichen Teil auch in Pakistan unter Żiyā' al-Ḥaqq seit 1977 zur Anwendung kamen, wurden von dem in Indien gebürtigen pakistanischen Journalisten Abū l-Aʿlā al-Maudūdī in zahlreichen auf Urdu verfaßten Schriften entworfen und durch einen modernen *Public-Relations*-Apparat in etliche Sprachen übersetzt und in aller Welt verbreitet. Die von ihm gegründete Jamāʿat-i islāmī wurde gegen Ende der sechziger Jahre immer massiver von Saudi-Arabien finanziert; dennoch blieb sie stets eine Kaderpartei des städtischen Kleinbürgertums. Bei der überwiegenden Mehrzahl der Pakistaner stieß sie auf heftige Ablehnung und wird eher als politisch denn als religiös verstanden, da ihre Lehren nicht dem entsprechen, was der unter pakistanischen Muslimen gängigen Vorstellung von Religion entspricht. Al-Maudūdīs Gleichsetzung von Religion und Politik wird allenfalls von Teilen der Orthodoxen geteilt, nicht aber von den breiten Massen. Für den einfachen Gläubigen in Pakistan stellen sich die Doktrinen der Jamāʿat-i islāmī und die Lebenshaltung ihrer Kader als wahhabitisch *(wahhābī)* dar. Darunter versteht man in Pakistan einen fanatischen Fundamentalismus, wie er von indischen Bewunderern der arabischen Erneuerungsbewegung der *Wahhābīya* verfochten wurde. Seit jener Zeit ist wahhābī ein Schimpfwort und hat in etwa die Bedeutung von „Kirchenschänder" oder „Gotteslästerer". Da die Affinität zwischen Wahhabitentum und Saudi-Arabien bei den pakistanischen Volksmassen jedoch kaum bekannt ist, haben diese keine Schwierigkeiten, die arabischen Herrscher als Hüter der Pilgerstätten wie Heilige zu verehren.

Die traditionellen Orthodoxen stehen den Fundamentalisten gewiß in mancher Hinsicht näher, lehnen sie aber als Emporkömmlinge wegen mangelnder theologischer Kompetenz ab. Nur wenige der Fundamentalisten sind durch die Mühlen der oft Jahrzehnte dauernden Ausbildung an den orthodoxen Lehrstätten des Gesetzesislams gegangen, sondern sind, wie al-Maudūdī selbst, einem halb traditionellen, halb modernen Bildungsgang gefolgt und vertreten meist das moderne Berufsleben. Die auf ihr Privileg als Hüter der Tradition bedachten orthodoxen Rechtsgelehrten sehen daher in den fundamentalistischen Islam-Gelehrten gefährliche Rivalen und halten al-Maudūdīs Anspruch auf eine religiöse Führerrolle für eine Anmaßung. Dank seiner besseren Beziehungen zu Saudi-Arabien hatte es der 1979 verstorbene al-Maudūdī jedoch geschafft, in der arabischen Welt Anerkennung als islamkundliche Autorität zu finden wie kein Pakistaner außer ihm.

Obwohl er selbst des Arabischen nicht mächtig war, gelang es al-Maudūdī, die Pakistaner, die zuvor in arabischen Ländern meist als häretische oder zumindest doch als exzentrische Muslime betrachtet wurden, hoffähig zu machen und als Islam-Gelehrte anerkannt zu bekommen. Al-Maudūdī erhielt als erster den „König-Faiṣal-Preis für hervorragende Verdienste um den Islam". Nach seinem Tod wurde er als „Erneuerer" *mujaddid* des Islams im 20. Jahrhundert gefeiert. Sein Ansehen unter konservativen Muslimen in zahlreichen Staaten steht in einem deutlichen Mißverhältnis zu der schroffen Ablehnung, auf die er bei der überwiegenden Mehrzahl seiner Landsleute stieß, für die er ein faschistischer Parteiführer und nicht eine religiöse Persönlichkeit war. Im übrigen war und ist bei ihnen unvergessen, daß er lange Zeit die pakistanische Staatsidee abgelehnt hatte.

Der Aḥmadī-Messianismus und das Ringen um eine staatsrechtliche Definition des Muslims

Bis zum Jahre 1974 zählte auch die *Aḥmadīya*[17] zur Palette islamischer Sekten in Pakistan. Sie wurde von dem „verheißenen Messias" Mīrzā Ghulām Aḥmad (gest. 1908) in Qādiyān (Indien) gegründet, daher auch die von den Gegnern meist gebrauchte Bezeichnung *Qādiyānī*. Die Aḥmadīs geben vor, ihren Namen nicht von dem des Sektengründers abzuleiten, sondern von der Verheißung über ihn im Koran. Sie selbst nennen ihre Organisation *Aḥmadīya-Bewegung des Islams* und verstehen sich mehr als Elite der Muslime denn als neue Religion. Obwohl sie aus einer soziologischen und religionsgeschichtlichen Perspektive manches mit den *Bahā'īs* gemein haben, liegt ihr Fall doch insofern anders, als die Aḥmadīs sich nicht selbst vom Islam losgesagt haben, sondern durch Beschluß der pakistanischen Nationalversammlung aus der Gemeinschaft der Muslime ausgeschlossen und zu einer nichtmuslimischen Minderheit erklärt wurden. Von den Aḥmadīs wird das als Ungerechtigkeit empfunden, aber auch als eine Bestätigung, daß die übrige Anhängerschaft des Islams nicht mehr gläubig ist und sie die einzig wahre Gemeinschaft der Endzeit sind.

Stärker noch als andere muslimische Glaubensgemeinschaften in Pakistan neigen die Aḥmadīs dazu, ihre Anhängerschaft verdoppelt und verdreifacht anzugeben. 1994 dürfte ihre Zahl die Millionengrenze überschritten haben, die Schätzung von 4–5 Millionen dagegen ist sicher zu hoch gegriffen. Sie haben sich in einer Landgegend zwischen den Städten Lahore und Sargodha ihre „Hauptstadt", die Siedlung Rabwah geschaffen, in der sie lange Zeit eine eigene Gerichtsbarkeit unter Vorsitz ihres Sektenoberhauptes unterhielten. Der dritte „Kalif des Messias", Mīrzā Nāṣir Aḥmad, ein in England ausgebildeter Enkel des Gründers, trug durch seine überheblichen Herausforderungen der Orthodoxen entscheidend zur landesweiten Anti-Aḥmadī-Agitation von 1974 bei, die der Bhuttō-Regierung dann keine andere Wahl ließ, als die Aḥmadīs, ihre treuen Wahlhelfer von 1970, fallen zu lassen. Zahlreiche der Aḥmadīya angehörenden Technokraten, darunter nicht wenige Spitzenkräfte, wurden durch die diskriminierenden Maßnahmen gegen sie in die Emigration gedrängt, wobei Kanada und Deutschland zu den begehrtesten Aufnahmeländern wurden – wie schon zuvor für die katholischen Goanesen, die ihre kulturelle Existenz durch die Verstaatlichung der Missionsschulen unter Bhuṭṭo bedroht sahen. Prominentester Vertreter der Aḥmadī-Elite ist der Atomphysiker und Nobelpreisträger ʿAbdul Salam (ʿAbd as-Salām), der lange Jahre ein Institut in Triest leitete.

Seit der Gründung des Staates Pakistan hat die Frage der Aḥmadīya das religiös-politische Klima des Landes geradezu monopolisiert. Als es 1953 zu organisierten Gewalttätigkeiten gegen die Aḥmadīs kam, wurde das erste Mal Kriegsrecht verhängt. Vordergründig scheint sich der Konflikt um die theologische Streitfrage zu drehen, ob nach Muḥammad, dem „Siegel der Propheten", noch jemand als Prophet auftreten kann oder nicht. Mīrzā Ghulām Aḥmad nahm für sich in Anspruch, ein „Schattenprophet" zu sein, ohne eigene Offenbarungsschrift, aber als Erfüller des Korans. Gleichzeitig behauptete er aber, die Wiederkunft Jesu und des von den Muslimen erwarteten Mahdi *(mahdī)* in einer Person zu verkörpern. Diese und andere Höhenflüge waren kontrovers genug, schwerwiegender aber war der von Mīrzā und seinen Nachkommen im Stile von Feudalherren erhobene Anspruch auf religiös-politische Führung aller Muslime, die durch Missionen in zahlreichen Ländern unterstrichen wurde. Innerhalb Pakistans wurde die Aḥmadīya zum Intimfeind der Jamāʿat-i islāmī, zumal beide sich in ihrer Islam-Interpretation und vor allem in ihrer sozialen Praxis kaum voneinander unterscheiden: Auch die Aḥmadīs sind hanafitische Sunniten mit stark hanbalitischen Tendenzen. Soziologisch gesehen sind *Jamāʿat-i aḥmadīya* und Jamāʿat-i islāmī verfeindete Zwillinge, die sich mit der gleichen Taktik und Intensität bemühten, speziell das Offizierskorps, den Regierungsapparat und die Universitäten zu infiltrieren.

Die Auslandsmissionen der rigiden Aḥmadīya sind im allgemeinen nicht sonderlich erfolgreich gewesen, vor allem nicht in der westlichen Hemisphäre. Eine Ausnahme bildet Westafrika, wo sie in Nigeria, hauptsächlich aber in Ghana festen Fuß fassen konnten. Ihre rege missionarische Aktivität hat jedoch vielerorts bei Muslimen und Nichtmuslimen gleichermaßen dazu geführt, daß die Stärke, die die Aḥmadīya in Pakistan hat, erheblich überschätzt wird. Der Aḥmadīya kommt religiös gesehen insofern die Rolle eines Katalysators zu, als ihre Missionare die ersten Muslime waren, die der christlichen Mission ernsthaft die Stirn boten. Heutige muslimische Missionstätigkeit, besonders in Afrika, ist durch das Beispiel der Aḥmadīs sowohl angefeuert als auch herausgefordert worden. Nach dem Exodus so vieler Aḥmadīs aus Pakistan erwies sich das Netzwerk ihrer Auslandsmissionen als hilfreich bei der Betreuung der Auswanderer.

Wie alle anderen islamischen Verbände Pakistans ist auch die Aḥmadīya gespalten. Der kleineren Gruppe mit ihrem Hauptquartier in Lahore kommt jedoch kaum noch Bedeutung zu. Sie hatte von Anfang an mehr den Charakter eines Intellektuellenzirkels im Umfeld einer Zeitschrift und stand damit ganz in der muslimischen Tradition Lahores. In Nigeria hat sich eine Gruppe von Konvertiten selbständig gemacht, trägt aber weiterhin den

Namen Aḥmadīya. Weder diese noch die pakistanische Aḥmadīya an sich sind mit der hauptsächlich in Ägypten und im Sudan anzutreffenden Aḥmadīya zu verwechseln, die dort eine populäre *ṣūfī*-Bruderschaft ist.

Die „Exkommunizierung" der Aḥmadīs durch Parlamentsbeschluß ist in der islamischen Geschichte einmalig und wird gerade in Pakistan von vielen Intellektuellen als gefährlicher Präzedenzfall angesehen. Für die wenigsten Abgeordneten handelte es sich dabei um eine religiöse Gewissensfrage. Zur Debatte stand vielmehr, wie politischem Druck auf die taktisch klügste Weise begegnet werden konnte. Die Islamisten sahen in der erzwungenen Entscheidung einen Triumph über die Säkularisten. Die Frage, die sich damit der pakistanischen Bildungsschicht stellte, war nicht so sehr die, inwieweit die allgemein belächelten Prophezeiungen, die Mīrzā Ghulām Aḥmad in falschem Arabisch und holprigem Englisch empfing, als göttliche Offenbarung anzuerkennen waren oder nicht. Es stellte sich vielmehr eine Grundsatzfrage, die an Diskussionen in Israel über das Wesen des Judentums erinnert, nämlich „wer ist eigentlich Muslim?" Die Parallele zum Zionismus wurde von den Islamisten nicht einmal geleugnet, ihnen ging es ja gerade darum zu unterstreichen, daß Pakistan ein ideologischer Staat sei. Das jahrzehntelange Bemühen um eine allgemeingültige Definition des Muslims führte jedoch zu keinem Konsensus. Für einen großen Teil der Bildungsschicht ergab sich daraus eine permanente Verunsicherung sowohl religiöser als auch materieller Art.

c) *Die „Islamisierung" als Staatsziel*

Mit der Machtergreifung durch General Żiyā' al-Ḥaqq im Juli 1977 begann in der Geschichte Pakistans ein neuer Abschnitt, der dadurch gekennzeichnet ist, daß die Einführung des „islamischen Systems" zum Staatsziel erklärt wurde. Zia war keinesfalls der erste pakistanische Staatschef, der sich in den Dienst der Islamisierung stellte. Die meisten seiner Vorgänger hatten den Islam für die eigenen Zwecke instrumentalisiert, wobei es bemerkenswert ist, daß dem Staatsgründer Jināḥ ein liberal-demokratischer Staat nach dem Vorbild von Westminster vorschwebte. Er starb bereits 13 Monate nach der Staatsgründung, als die Grundlinien der Verfassung noch nicht festgelegt waren.

Jināḥs Nachfolger ließen sich von den Islamisten in der Frage der Souveränität in eine Falle locken. Den Islamisten zufolge gebührt die Souveränität nicht dem Volk, sondern Gott. Die Staatsführung maß dieser Sache keine besondere Bedeutung bei, weil sie ihr ohne praktische Konsequenzen erschien. Man nahm die Souveränität Gottes in die Präambel der Verfassung mit dem Hinweis auf, daß sie von Gott an den Staat und das Volk mit der Maßgabe delegiert wurde, sie innerhalb der von Ihm gesetzten Grenzen auszuüben. Dem Koran und der Sunna des Propheten Muḥammad zollte man Respekt und empfahl sie als Richtschnur für die zu erlassenden Gesetze. Man schlug die Bildung einer Kommission zur Überprüfung der bestehenden Gesetze vor, die Vorschläge unterbreiten sollte, wie sie mit den

Lehren des Islams in Einklang gebracht werden könnten. Daneben wurde die Gründung einer Institution für Forschung und Lehre angeregt, die beim Wiederaufbau der islamischen Gesellschaft helfen sollte. Diese als Kosmetik verstandenen Zugeständnisse an die Islamisten, denen es 1953 in der Aḥmadīya-Frage gelungen war, die Straße gegen die Regierung zu mobilisieren, wurden von den Regierenden nicht sehr ernst genommen. Dagegen betrachtete al-Maudūdī die Verfassung von 1956 als einen Etappensieg auf dem Weg zur Islamisierung des Staates, denn die Anerkennung der Souveränität Gottes bedeutete nicht mehr und nicht weniger eine Verpflichtung zur Einführung des von Ihm erlassenen Gesetzes. Man bezeichnete sie fortan als die „islamische Verfassung", der allerdings nur eine Lebensdauer von zwei Jahren vergönnt war. Im Oktober 1958 wurde sie vom ersten Militärmachthaber General Aiyūb Khān kurzerhand außer Kraft gesetzt. Er wollte eine auf seine Person zugeschnittene Verfassung haben, die seiner Vorstellung der „Basisdemokratie" entsprach.

In dieser von ihm 1962 verkündeten Verfassung fehlten nicht nur sämtliche „islamische Paragraphen", sondern es wurde auch aus der Staatsbezeichnung das Adjektiv „islamisch" entfernt; der Staat sollte fortan „Republik Pakistan" heißen. Die Opposition benutzte dies als Knüppel gegen sein Regime und mobilisierte die Straße. Zwei Jahre später sah sich Aiyūb Khān gezwungen, die islamischen Paragraphen wieder einzuführen und den Staatsnamen „Islamische Republik Pakistan" wiederaufleben zu lassen. Darüber hinaus erhielt der *Council of Islamic Ideology*[18] verfassungsmäßigen Status und den Auftrag, dem Parlament beratend zur Seite zu stehen und Auskunft darüber zu erteilen, ob ein zu verabschiedendes Gesetz mit den Lehren des Islams in Einklang stehe oder nicht. Er sollte ferner Vorschläge zur Herbeiführung von Konformität zwischen den existierenden Gesetzen und den Lehren des Islams ausarbeiten. In seinem Eifer erfand das Aiyūb-Regime die „islamische Ideologie", die gelegentlich auch „Pakistan-Ideologie" genannt wird und gegen die keine zugelassene politische Partei gerichtet sein durfte. Sein Versuch, die *Jamāʿat-i islāmī*, die sich vor der Unabhängigkeit gegen Pakistans Gründung ausgesprochen hatte, zu verbieten, wurde vom Obersten Gericht zurückgewiesen, weil ausgerechnet diese Partei in der Vorfront derjenigen Kräfte stand, die Pakistan in einen islamischen Staat umwandeln wollten.

Nach der Sezession von Ostpakistan 1971 (seither Bangladesh) übernahm Dhū l-fiqār ʿAlī Bhuttō die Präsidentschaft Rest-Pakistans. Seine *Pakistan People's Party (PPP)* war ursprünglich links orientiert. Er wollte aber die Islam-Begeisterung im Lande nicht ungenützt lassen und trat daher für den „Islamischen Sozialismus" ein. Unter dem Druck der Opposition, insbesondere von seiten der Islamisten, blieb in der von seiner Regierung ausgearbeiteten Verfassung von 1973[19] vom Sozialismus nicht viel übrig. Gleichzeitig erhöhte sich die Zahl der islamischen Paragraphen und zum ersten Mal wurde der Islam zur Staatsreligion erklärt. Neben dem Staatspräsidentenamt, das auch in den beiden früheren Verfassungen nur von einem Muslim besetzt werden durfte, sollte dies zukünftig auch für das Amt des

Premierministers gelten. Um seine Verdienste für den Islam zu unterstreichen, ließ Bhuṭṭō 1974 die Aḥmadīya vom Parlament zu einer nichtislamischen Religionsgemeinschaft erklären.[20] Vor diesem Schritt waren bis dahin alle seine Vorgänger zurückgewichen, weil sie einer verhängnisvollen Entwicklung keinen Vorschub leisten wollten. Seither fordern die Islamisten den Ausschluß von *Dhikrīs* und Schiiten vom Islam. Bhuṭṭōs Versuch, den Islam für sein Regime dienstbar zu machen, wurde von den oppositionellen Parteien, die sich anläßlich der Wahlen im März 1977 in der *Pakistan National Alliance* zusammengeschlossen hatten, damit beantwortet, daß sie den Koran zu ihrem Wahlmanifest erklärten. Sie entlarvten seine pseudoislamischen Verdienste als Betrug und gaben an, Pakistan in einen echten islamischen Staat verwandeln zu wollen.[21] Die von der PPP-Regierung durchgeführte Wahlfälschung gab Anlaß zu Massendemonstrationen, die den Chef des Heeres, General Żiyā' al-Ḥaqq, zur Machtübernahme ermunterten. Es war daher kein Zufall, daß General Żiyā' später die Islamisierungspolitik zur Festigung seines Regimes und als Legitimation für seine Herrschaft benutzte.[22]

Żiyā' sprach kurz nach der Machtübernahme vom islamischen System, das es einzuführen gelte. Den Grundstein für das Gebäude des islamischen Staates legte er vermeintlich mit der Einführung der Strafe des Handabhakkens für Diebstahl und Straßenraub. Die Verordnungen in bezug auf Unzucht, Eigentumsdiebstahl, Verleumdung in Zusammenhang mit Unzucht und Alkoholprohibition traten bereits am 10. Februar 1979 in Kraft. Vom gleichen Datum an wurden *sharīʿa-Kammern (Shariat Benches)* an allen Landesobergerichten *(High Courts)* errichtet. Im Mai 1980 wurde ein *Bundes-Scheriatgericht* gebildet. Später kam eine *Scheriat-Appellationskammer (Shariat Court)* am Obersten Gerichtshof *(Supreme Court)* hinzu. Sie sollen auf Antrag der Provinz- und Bundesregierungen oder auf Petition von Bürgern tätig werden und prüfen, ob ein Gesetz mit der islamischen Lehre in Einklang steht oder nicht. Daneben wurde eine ständige Rechtskommission mit dem Auftrag zur Beratung bei der Islamisierung von Gesetzen errichtet. An der *Qua'id-i Aʿzam-University* in Islamabad wurde eine sharīʿa-Fakultät gegründet, die später in eine islamische Universität umgewandelt wurde. Gleichzeitig wurde ein Fonds zur Eintreibung von *zakāt*, hauptsächlich von den Bankkonten, eingerichtet.[23] Zur Verteilung dieser Gelder unter den Bedürftigen wurden zakāt-Komitees ernannt, mit deren Hilfe Żiyā' im ganzen Land für sich eine Klientel schuf. Seine Nachfolger haben seither von diesem Instrument regen Gebrauch gemacht, zumal die Gelder im großen und ganzen jeweils nur für die eigenen Anhänger ausgegeben werden.

Die Schiiten rebellierten gegen die Eintreibung und Verwaltung von zakāt durch die staatlichen Stellen. Nach dem zwölferschiitischen Recht *(fiqh jaʿfarīya)* muß dieses Geld an die Geistlichen abgeführt werden, denen es freisteht, es nach eigenem Gutdünken unter Bedürftigen zu verteilen. Durch einen mehrtägigen Streik und einen beispiellosen Marsch auf die Regierungsstellen in Islamabad erreichten sie, daß sie von der Zwangseintreibung von zakāt durch Behörden freigestellt wurden. Was sie allerdings nicht erringen konnten, war die ihnen unter Bhuttō zugesagte Einführung des getrennten Unterrichts für schiitische Schüler im Lehrfach „Islamische Geschichte und Theologie" *islāmīyāt).* Żiyā' setzte sich über die Vereinbarung hinweg und erklärte, daß es nur einheitlichen Unterricht in diesem Fach geben könne. Auf der anderen Seite sicherte er den Vertretern der Schiiten am 6. Juli 1980 verfassungsrechtliche Garantien für das fiqh ja'farīya zu. Heraus kam allerdings im September 1980 lediglich ein Zusatz zu einem Verfassungsartikel, wonach das fiqh ja'farīya für die Schiiten im Personenstandsrecht angewandt werden solle, was der gängigen Praxis entsprach.

Um seiner Herrschaft vermeintlich eine Legitimation zu verschaffen, ließ Zia im Dezember 1984 ein Referendum durchführen, bei dem gefragt wurde, ob man mit seiner Islamisierungspolitik einverstanden sei oder nicht. Obwohl kaum 20% der Wähler ihre Stimme abgaben, ließ Żiyā' proklamieren, daß das Volk mit überwiegender Mehrheit die Frage bejaht und somit ihn für weitere fünf Jahre in das Amt des Präsidenten gewählt habe. Dieser kuriosen Präsidentenwahl folgte im Februar 1985 die Parlamentswahl, an der die politischen Parteien nicht teilnehmen durften. Noch vor der Regierungsbildung, mit der Muḥammad Khān Junējō beauftragt wurde, wurde die Verfassung von 1973 in einer stark geänderten Fassung wiederbelebt. In seiner Eröffnungsrede vor dem Parlament am 23. März 1986 forderte Żiyā' zur Fortsetzung der Islamisierungspolitik auf. Kurz darauf legten zwei islamistische Senatoren offensichtlich mit Billigung von Żiyā' eine private Gesetzesvorlage *(Shariat Bill)* vor, die zugleich vom Senat gebilligt wurde, obwohl die Junējō-Regierung sie mit Vorbehalt betrachtete. In der Nationalversammlung stieß sie auf Ablehnung, weshalb die Regierung eine eigene Verfassungsergänzungsvorlage (9th Amendment) einbrachte, die die Shariat Bill überflüssig machen sollte. Danach sollte die islamische Lehre, wie sie im Koran und der Sunna des Propheten festgelegt ist, das oberste Recht bilden, der Nationalversammlung und den Provinzparlamenten als Rechtsquelle und für die Regierung als Richtschnur dienen. Die Kompetenz des *Bundes-sharī'a-Gerichtshofs* sollte sich auch auf die fiskalischen Gesetze erstrecken, und er sollte auch befugt sein, die Verfassung oder Teile davon für ungültig zu erklären, wenn sie zu den Lehren des Islams im Gegensatz stehen sollten. Obwohl den Islamisten dies nicht ausreichte, votierten sie mit der Regierungspartei, die sich inzwischen gebildet hatte, für die Annahme der 9. Verfassungsergänzung. Auf der anderen Seite beharrten sie auf ihrer Forderung, daß auch die Shariat Bill angenommen werden sollte, womit sie die Souveränität der Verfassung aufheben wollten. Żiyā' unterstützte sie in ihrem Vorhaben und ermunterte sie zur Ausübung von Druck auf die Regierung, die seiner Meinung nach die Islamisierungspolitik vernachlässigt hatte.

Diesen Grund führte er unter anderen auf, als er am 29. Mai 1988 die Junējō-Regierung entließ. Wenige Tage später wurde die *Shariat Ordinance* erlassen, die zwar fast alles enthielt, was die Shariat Bill beabsichtigte, aber nur eine begrenzte Lebensdauer haben konnte und zudem alle vier Monate auf dem Verordnungsweg verlängert werden mußte. Nach dem Tod von Żiyā' am 17. August 1988 verlängerte sein Nachfolger Ghulām Isḥāq Khān am 15. Oktober 1988 ihre Gültigkeit für weitere vier Monate. Aber die inzwischen zur Regierungschefin avancierte Bīnaẓīr (Benazir) Bhuṭṭō war nicht bereit, sie der Nationalversammlung zur Verabschiedung vorzulegen, womit sie am 15. Februar 1989 endgültig ihre Gültigkeit einbüßte. Bīnaẓīr Bhuṭṭō gab mit ihrer Haltung der Opposition die Möglichkeit, ihre Regierung als antiislamisch zu brandmarken. Aber als ihre Regierung am 6. August 1990 von Präsident Ghulām Isḥāq Khān entlassen wurde, tauchte der Vorwurf mangelnder Förderung der Islamisierung als Grund für die Entlassung nicht auf.

Die oppositionelle *Islāmī jumhūrī ittiḥād (IJI)*, in der sich fast alle PPP-Gegner für die anstehenden Parlamentswahlen im Oktober 1990 zusammengefunden hatten, versprach im Wahlkampf die Verabschiedung der Shariat Bill als eine der ersten Maßnahmen nach der Regierungsbildung. Sie löste ihr Versprechen aber anders ein, als die Islamisten es sich vorgestellt hatten. Statt der Shariat Bill leitete die Nawāz Sharīf-Regierung dem Parlament eine eigene Gesetzesvorlage zu, die anschließend mit Mehrheit angenommen wurde. Sharīf war bereits zuvor mit der Bemerkung hervorgetreten, daß er ein „nichtfundamentalistisches" Gesetz machen wolle. Es war bemerkenswert, daß das verabschiedete Gesetz *(The Enforcement of Shariah Act, ESA*, 1991)[24] anders als die Shariat Bill weder die Souveränität der Verfassung antastete, noch den Gerichten anstelle des Parlaments die gesetzgeberische Kompetenz übertrug. Gleichwohl erhob es das sharī'a-Recht zum Landesrecht, obwohl es in der Verfassung bereits als *die* Rechtsquelle vermerkt ist, nach der sich die Gesetzgebung zu richten habe. Überhaupt fällt auf, daß fast alles, was in dieses Gesetz aufgenommen wurde, bereits an hervorragender Stelle in der Verfassung vorhanden ist. So zum Beispiel die Verpflichtung des Staates, Maßnahmen zur Einführung des „islamischen Wirtschaftssystems" zu ergreifen bzw. geeignete Schritte zur Islamisierung der Justiz einzuleiten. Obwohl die Islamisten für die Annahme des ESA stimmten, waren sie im großen und ganzen mit ihm unzufrieden, denn darin war festgelegt worden, daß die parlamentarische Demokratie und das vorhandene Regierungssystem gerichtlich nicht in Frage gestellt werden dürfen. Auch dürfen die in der Verfassung garantierten Rechte der Nichtmuslime und der Frauen nicht angetastet werden.

Die Islamisten betrachteten die Verabschiedung des ESA als einen Etappensieg, weil es zur Islamisierung des Staates beiträgt. Aber sie machten keinen Hehl aus ihrer Enttäuschung über die Sharīf-Regierung, die vor der Kritik aus dem Ausland kapituliert habe. Kurz darauf verließ die Jamā'at-i islāmī die IJI, um, wie sie es formulierte, ihren Kampf für den islamischen Staat allein fortzusetzen. Sie präsentierte sich bei den Parlamentswahlen im Oktober 1993 als „die dritte Kraft" neben den Volksparteien PPP und *Pakistan Muslim League (PML)*. Extra dafür wurde die *Pakistan Islamic Front (PIF)* ins Leben gerufen, die in Wirklichkeit eine Tarnorganisation der

JI war. In den Wahlen schnitt sie ebenso wie die anderen islamischen Parteien miserabel ab. Ihre Hoffnung, daß der Sieger für die Regierungsbildung auf sie als Koalitionspartner angewiesen sein würde, erfüllte sich nicht. Sie versucht sich seither als die einzige saubere und demokratische Partei im Land zu präsentieren, die sich zudem für die Belange der muslimischen Freiheitskämpfer im indischen Kaschmir und in Afghanistan einsetzt. Ein zaghafter Vorstoß seitens der Bīnaẓīr Bhuttō-Regierung im Frühjahr 1994 zur Annullierung oder Abmilderung der berüchtigten Strafbestimmung des Paragraphen 295-C des *Pakistan Penal Code (PPC)* vom 12. Oktober 1986, wonach unter Androhung der Todesstrafe untersagt wird, den Namen des Propheten Muḥammad zu verunglimpfen, wurde von den islamischen Parteien zum Anlaß genommen, gegen die Regierung mobil zu machen.

Dieser Paragraph 295-C des PPC wird mittlerweile zunehmend gegen Nichtmuslime angewandt. In mehreren Fällen wurden Christen unter diesem Paragraphen angezeigt. In mindestens einem Fall wurde ein Beschuldigter vom Gericht zum Tode verurteilt, ohne daß die Strafe ausgeführt wurde. Dagegen wurden mehrere beschuldigte Christen von (angeblich oder tatsächlich) aufgebrachten Muslimen ermordet. Ursprünglich wurde dieser Paragraph geschaffen, um die Aḥmadīs zu bestrafen, deren Glaubensbekenntnis per se als eine Beleidigung des Propheten Muḥammad angesehen wird. Dadurch, daß sie den Begründer der Aḥmadīya als einen Propheten verehren, verunglimpfen sie nach Ansicht ihrer Gegner Muḥammad, den man als den letzten Propheten ansieht. Diese unter Żiyā' al-Ḥaqq geschaffene Strafbestimmung stellte den Höhepunkt einer Entwicklung dar, die er durch seine Anordnung vom 26. April 1984 eingeleitet hatte. Danach wurde den Aḥmadīs unter Androhung einer Freiheitsstrafe bis zu drei Jahren und/oder Geldstrafe untersagt, bestimmte, nach traditionellem islamischem Verständnis den Kalifen, den Gefährten des Propheten Muḥammad und anderen verehrungswürdigen Personen vorbehaltene Bezeichnungen auf andere Personen anzuwenden, ihre Andachtsstätten Moschee *(masjid)* zu nennen und den Gebetsruf *(ādhān)* der Muslime zu verwenden. Ihnen wurde ferner untersagt, sich als Muslime und ihren Glauben als Islam zu bezeichnen, ihren Glauben zu predigen, zu missionieren, andere zur Annahme ihres Glaubens aufzufordern oder die religiösen Gefühle der Muslime zu verletzen. Seither häufen sich Anzeigen gegen die Aḥmadīs wegen der Verwendung der Grußformel „Friede sei mit Euch" *(as-salāmu ʿalaikum)*. Eine Zeitlang provozierten die Aḥmadīs ihre Verhaftung durch das Tragen des Glaubensbekenntnisses „Es gibt keinen Gott außer Allah, und Muḥammad ist sein Prophet" *(lā ilāha illā l'llāhu wa-Muḥammad rasūl allāh)*. Sie wollten damit vor aller Welt demonstrieren, wie unsinnig die betreffende Strafbestimmung war. Wegen dieses Vergehens wurden Tausende von Aḥmadīs von den Gerichten zu mehrjährigen Strafen verurteilt. Zwischenzeitig scheint die Aḥmadīya vom Konfrontationskurs, bei dem sie nur verlieren kann, abgewichen zu sein. Sie ist dabei, ein neues Vokabular für religiöse Dinge zu schaffen, um das Überleben der eigenen Gemeinschaft in Pakistan sicherzustellen. Sie hat sich aber bislang strikt geweigert, den Status einer nichtmuslimischen Religionsgemeinschaft zu akzeptieren. Sie lehnt zum Beispiel die Teilnahme an den Parlamentswahlen ab, obwohl für sie in der Nationalversammlung und im Provinzparlament von Panjāb jeweils ein Sitz reserviert worden ist. Es ist überhaupt dieser Islamisierungstendenz in der pakistanischen Politik zuzuschreiben, daß das getrennte Wahlrecht für Muslime und Nichtmuslime eingeführt wurde.

Der Vorteil der Reservierung von Parlamentssitzen für Nichtmuslime steht in keinem Verhältnis zu den Nachteilen, die das getrennte Wahlrecht mit sich bringt. Angehörige nichtislamischer Religionsgemeinschaften werden vom Volk als Fremdkörper empfunden, deren Loyalität dem Staat und der Gemeinschaft gegenüber als suspekt anzusehen ist. Im Endeffekt hat die Islamisierung des Staates das Volk gespalten. Es ist nur noch eine Frage der Zeit, bis der Staat seinen nichtmuslimischen Bürgern Zugang zu bestimmten Berufszweigen – etwa Militär und sonstige Sicherheitsorgane – verwehren wird. Schon jetzt steht die Forderung der Kleriker im Raume, daß Aḥmadīs und andere Nichtmuslime von den Schlüsselpositionen im Staat und der Gesellschaft entfernt werden sollten. Und darunter kann, wie bereits geschehen, ein Telefonist oder Lokomotivführer fallen. Der nächste Schritt dürfte die Einführung von Sondersteuern *(jizya)* für Nichtmuslime sein.

Die Islamisierung richtet sich auch gegen Frauen, die bereits einige der mühsam errungenen Rechte wieder verloren haben. Dazu zählt ihr erzwungener Rückzug aus der Öffentlichkeit. Der Zwang zur Verschleierung ist in den letzten Jahren stetig gewachsen. Die beruflichen Perspektiven für Frauen schwinden immer weiter. Der Erfolg von Bīnaẓīr Bhuṭṭō, die 1993 zum zweiten Mal zur Premierministerin gewählt wurde, hat wenig damit zu tun, daß sie als Frau kandidierte, sondern hängt mit ihrer Biographie zusammen. Sie ist die Tochter Dhū l-fiqār ʿAlī Bhuṭṭōs, der in den Augen der Bevölkerung zu Unrecht gehängt wurde. Bīnaẓīr Bhuṭṭō kann angesichts des seit 1984 geltenden Zeugenrechts *(Qānūn-i shahādat, Evidence Order)* vor Gericht nur als halbe Zeugin auftreten. Seit der Proklamierung der *Hudood Ordinances* (von arab. *ḥudūd*) 1979 wurden Tausende von Frauen, darunter nicht wenige, die Opfer von Vergewaltigungen waren, des Ehebruchs oder unzüchtiger Handlungen angeklagt und verurteilt. Bīnaẓīr Bhuṭṭōs Regierung dürfte es schwer haben – sollte sie es überhaupt versuchen – das angeblich islamische Zeugenrecht abzuschaffen. In einem Land, in dem die Frauen traditionell benachteiligt sind, wofür der Islam als Rechtfertigung herhalten muß, wird wohl die Emanzipation der Frau sehr lange Zeit brauchen. Und dies wird nicht mit, sondern gegen den Islamismus durchzufechten sein.

9. Bangladesh

(Munir D. Ahmed)

Bis zu seiner Sezession 1971 war Bangladesh ein Teil von Pakistan und bildete die volkreichste Provinz des Staates (mehr als die Hälfte der Gesamtbevölkerung Pakistans lebte dort), die allerdings vom übrigen Land über eintausend Meilen entfernt im Osten der Republik Indien lag. Obwohl die Bengalis die Mehrheit der Bevölkerung stellten, war ihr Anteil an der Staatsführung gering, und sie waren in den wichtigsten Staatsorganen kaum vertreten. Anfänglich sperrte sich die Regierung dagegen, ihre Sprache – Bengali – neben Urdu als zweite Nationalsprache anzuerkennen. Vielen galt sie wegen ihrer starken Anlehnung an das Sanskrit als „unislamisch", und überhaupt mißtraute man der Loyalität der Bengalis zu Pakistan. Dabei waren es gerade sie gewesen, die zur Zeit der britischen Herrschaft 1906 in Kalkutta die erste politische Partei der Muslime Indiens, die *Muslim League*, gründeten. Diese Partei setzte sich später für Indiens Teilung ein und ermöglichte dadurch die Gründung Pakistans. Anläßlich der Jahrestagung der *All India Muslim League* in Lahore (1940) war es ein bengalischer Muslim, Fażl al-Ḥaqq, den man den „Löwen von Bengalen" nannte, der die berühmt gewordene *Pakistan Resolution* zur Abstimmung vorlegte. Mit dieser Resolution erhoben die Muslime ihren Anspruch auf einen eigenen Staat.[1] In der Folgezeit standen die bengalischen Muslime Schulter an Schulter mit den Muslimen aus anderen Teilen Indiens in der *Pakistan-Bewegung*.

Auch als nach der Unabhängigkeit die Forderung nach einer „islamischen" Verfassung für Pakistan erhoben wurde, gehörten etliche Abgeordnete aus Ostpakistan zu den Befürwortern. Jedenfalls standen sie in keiner Weise den westpakistanischen Eiferern nach. Zaghafter Widerstand kam von seiten der Vertreter religiöser Minderheiten. Immerhin waren elf ostpakistanische Abgeordnete der verfassungsgebenden Versammlung Mitglieder der *Kongreß-Partei* und Angehörige der Hindu-Religionsgemeinschaft. Anders als in Westpakistan, wo die religiösen Minderheiten mit weniger als 3% kaum ins Gewicht fielen, hatte Ostpakistan anfänglich eine Hindu-Minderheit von 22% (1951), die sich im Laufe der Zeit durch Auswanderung nach Indien auf 18,4% (1961) reduzierte. Nach der Unabhängigkeit von Bangladesh ging deren Zahl auf 13,5% (1974) weiter zurück.

a) Die Eigenart des bengalischen Islams

In Bangladesh manifestiert sich der Islam teilweise anders als in anderen Gebieten des indischen Subkontinents. Dies liegt sicherlich nicht nur daran, daß die Zahl eingewanderter Muslime aus Westasien dort geringer ist als zum Beispiel in Pakistan. Vielmehr dürften die besonderen Umstände dafür verantwortlich sein, auf die der Islam bei seinem Einzug stieß. Er fand einen sich wieder fest etablierenden Hinduismus vor, der dem vormals in Bengalen verbreiteten Buddhismus schwer zugesetzt hatte. Die Verbreitung des Islams in Bengalen erfolgte etwa um das 13. Jahrhundert und fiel damit zeitlich mit den muslimischen Eroberungen zusammen.[2] Seine allgemeine Akzeptanz verdankt er aber nicht in erster Linie den muslimischen Herrschern, sondern eher den volksnahen *ṣūfī*-Mystikern. Sie waren in höchstem Maße synkretistisch und weitgehend von tantrischen und yogischen Elementen durchdrungen.[3] Sie hatten keine Scheu vor den einheimischen religiösen Traditionen und Praktiken. Zum Beispiel bezogen sie die Hindu-Gottheit Rama in ihre Hymnen ein und setzten sie mit dem *Raḥīm* des Korans gleich.[4] Es ist sicherlich kein Zufall, daß die synkretistischen Bewegungen, die eine Symbiose zwischen dem Islam und dem Hinduismus zum Ziel hatten, bei den Bengalis große Popularität genossen.

Es fällt überhaupt auf, daß die Interaktion zwischen Muslimen und Hindus in Bengalen seit jeher sehr stark war. Letztlich konnte der Islam die Grundfesten der Gesellschaft dort nicht wesentlich verändern. Es gelang ihm zum Beispiel nicht, das von altersher bestehende Wertesystem der Bevölkerung durch ein neues, islamisches zu ersetzen. Vielmehr fand eine Assimilation des Neuen an das Alte statt. Anders ausgedrückt: Die synkretistischen Tendenzen waren geradezu erwünscht. Die Kluft zwischen dem „Gesetzesislam" und dem „Volksislam" ist in Bengalen größer als irgendwo anders auf dem Subkontinent. Zwar kommt die Verehrung der Hindu-Gottheiten unter den Muslimen als Ausnahme auch in anderen Teilen Indiens vor, aber außer in Bengalen hat sie nirgends einen festen Platz bei den Volksfesten. Umgekehrt beteiligen sich die bengalischen Hindus an den Zeremonien der Muslime. Zum Beispiel werden die Umzüge im Zusammenhang mit den *Muḥarram*-Feierlichkeiten von den Hindus und Muslimen (von denen die wenigsten der schiitischen Konfession angehören) gemeinsam begangen. Dahinter verbergen sich hinduistische Festzüge aus vorislamischer Zeit, mit denen die Gottheiten verehrt wurden. Diese Verschmelzung zweier Traditionen setzte sich auf Mauritius fort, wohin die britische Kolonialmacht seit Anfang des 19. Jahrhunderts Plantagenarbeiter aus Ostindien gebracht hatte. Bis vor wenigen Jahren wurden dort *taʿziya*-Prozessionen durchgeführt, bei denen man Nachbildungen des Grabes von Ḥusain in Kerbela unter Beteiligung von Muslimen und Hindus durch die Straßen trug. Anders als in Indien, wo man sie am Ende nach muslimischem Ritus begräbt, wurden sie in Mauritius nach hinduistischem Brauch ins Meer versenkt. Ähnliche Zeremonien finden am Ufer des Golfs von Bengalen statt, wobei es sich häufig um hinduistische Festprozessionen handelt, an denen sich die muslimischen Dorfbewohner beteiligen. Diese führen meistens die Fahne *(ʿalam)* Ḥusains mit sich, die mit den Opfergaben der Hindus den Fluten des Meeres übereignet wird.

Die bengalischen Muslime sind, von wenigen Ausnahmen abgesehen, mehrheitlich Sunniten und gehören überwiegend der hanafitischen Rechtsschule an. Die Zahl der Schiiten ist sehr klein. Zudem gehören sie in der Regel zu den *Bihārīs*, die im Zuge der Unabhängigkeit 1947 aus Indien einwanderten und deren Muttersprache Urdu ist. Der Grund für die Popularität der schiitischen Trauerprozessionen liegt darin, daß die von den Mogulherrschern seit Humāyūns Rückkehr aus Iran eingesetzten Gouverneure durchweg Schiiten waren.[5] Sie zelebrierten die schiitischen Feiertage mit viel Prunk und unter obligatorischer Beteiligung des Volkes. Später gerieten diese Feierlichkeiten, die den Charakter von Volksfesten angenommen hatten, zu einer Art Nationalfeiern, die von Muslimen und Hindus gemeinsam begangen wurden. Erst mit dem Aufkommen der puritanischen *Farā'iżī*-Bewegung,[6] die in gewisser Weise als Wegbereiter der Islamisten in Bengalen angesehen werden kann, wurden die schiitischen Feierlichkeiten zum Gegenstand heftiger Kritik.

Die Farā'iżī-Bewegung entstand am Anfang des 19. Jahrhunderts und war ebenso wie die Schule von Shāh Walī Allāh ad-Dihlawī, aus der später die in Nordindien beheimatete *Ṭarīqa muḥammadīya* von Saiyid Aḥmad Brailvī (Brēlwī) hervorging, unter anderem gegen die unter den Muslimen Indiens verbreiteten hinduistischen Praktiken gerichtet. Beide Bewegungen waren unabhängig voneinander entstanden, hatten aber offensichtlich gemeinsame Wurzeln. Die Inspiration dazu brachten die jeweiligen Gründer aus Mekka mit, wo sie etwa zeitgleich studienhalber gelebt und die Wahhabiten aus nächster Nähe beobachtet hatten. Der puritanische Charakter beider Bewegungen ist ein untrüglicher Beweis für ihre Affinität mit der *Wahhābīya*. Die Farā'iżī-Bewegung wirkte im östlichen Teil von Bengalen, der den heutigen Staat Bangladesh ausmacht. Obwohl dieser Bewegung keine lange Lebensdauer vergönnt war, weil sie sehr bald von der Kolonialmacht bekämpft und als Organisation vollständig vernichtet wurde, hatte sie unter der muslimischen Dorfbevölkerung ein Bewußtsein geschaffen, einer separaten Religionsgemeinschaft anzugehören. Die Folge war eine Abwendung vom Bengalentum, die bis in die Sprache der Muslime nachwirkte. Somit entstand das sogenannte Dhobashi-Bengali, das mit Persisch und Urdu durchsetzt ist. Diese Tendenz wurde nach der Unabhängigkeit von der pakistanischen Regierung gefördert, um eine vom Sanskrit gereinigte Bengali-Sprache zu schaffen. Es gab verschiedentlich (wenig erfolgreiche) Versuche, Bengali in arabischer Schrift zu schreiben. Auf diesem Weg sollte wohl Bengali, das wegen seiner starken Anlehnung an das Sanskrit weithin als Sprache der Hindus galt, „islamisiert" werden. Das Urdu wurde von der Pakistan-Bewegung ohne Rücksicht auf die sich für die Sprache selbst und für das Volk ergebenden Konsequenzen zur Nationalsprache aller Muslime Indiens erkoren, weshalb es gegenwärtig in der Republik Indien stiefmütterlich behandelt wird.

Der Streit um den Status von Bengali als der zweiten Nationalsprache Pakistans war ein untrüglicher Beweis für die Entstehung eines bengalischen Nationalbewußtseins. Es ist erstaunlich, daß die Staatsführung in Karatschi dies nicht wahrnahm oder nicht wahrnehmen wollte. Ebensowenig sensibel zeigte man sich, als es darum ging, die Eigenart des bengalischen Islams zu sehen und zu respektieren. Die harmonische Koexistenz zwischen der muslimischen Mehrheit und der hinduistischen Minderheit in Ostpakistan verlangte andere staatspolitische Konzepte als die, die in der damaligen pakistanischen Hauptstadt Karatschi ausgedacht wurden. Die schleichende Islamisierung der pakistanischen Verfassung hat sicherlich neben der Sprachenfrage dazu beigetragen, daß sich in Ostpakistan ein bengalischer Nationalismus etablieren konnte.[7] Die augenfällige wirtschaftliche Benachteiligung Ostpakistans gegenüber Westpakistan und die angebliche Dominanz des Staatsapparates durch die *Panjābīs* wurde von den Sezessionisten, die Indiens Rückendeckung hatten, geschickt zur Erreichung ihres Zieles ausgenutzt.

Die urdu-sprechenden Bihārīs waren die natürlichen Verbündeten der aus Westpakistan stammenden Staatsführung, die die Sezession mit allen Mitteln verhindern wollte. Die Bihārīs gehören der nordindischen islamischen Tradition an und praktizieren in der Regel einen rigiden Gesetzesislam, der im scharfen Kontrast zum Islamverständnis der Bengalen steht. Die *Jamā ʿat-i islāmī* von al-Maudūdī war unter den Bihārīs besonders populär. Sie kollaborierten im Bürgerkrieg, der der Sezession vorausging, mit den pakistanischen Streitkräften. Wegen ihrer Ortskenntnisse erledigten ihre paramilitärischen Verbände, die den geschichtsträchtigen Namen *al-Badr* trugen, für diese meistens die „Schmutzarbeit“ [8]. Sie gingen brutal gegen alle vor, die ihrer Meinung nach Verräter an der Einheit Pakistans waren. Sie „säuberten“ insbesondere die Universitäten und ermordeten einen Großteil der bengalischen Intelligenz. Indem sie auch gegen Hindus und generell gegen Andersdenkende vorgingen, verwandelten sie den Bürgerkrieg in einen Religionskrieg. Jeder Gegner der Einheit Pakistans war in ihren Augen ein Abtrünniger vom wahren Glauben *(kāfir)* und mußte dafür bestraft werden. Sie beriefen sich auf das öffentliche Bekenntnis der Bangladesh-Führung zum säkularen Staat. Dadurch gelang es ihnen, die bengalischen Islamisten auf ihre Seite zu ziehen. Diese fürchteten die Dominanz Indiens in einem freien Bangladesh und die damit verbundene Rückkehr der Hindu-Grundbesitzer in die alte Heimat. Die dadurch zustandegekommene „islamische Front“ schlug sich auf die Seite der pakistanischen Streitkräfte, die in Wirklichkeit eine aussichtslose Sache verteidigten.

Die Einheit Pakistans war bereits im Dezember 1970 de facto zerbrochen, als Parlamentswahlen stattfanden und die Ostpakistanis geschlossen für Shaikh Mujīb ar-Raḥmāns Partei, die *Awami League*, votierten.[9] Die Spaltung des Landes wäre auch dadurch nicht zu verhindern gewesen, wenn Shaikh Mujīb ar-Raḥmān nach seinem Wahlsieg das Amt des Premierministers, das ihm zustand, übernommen hätte. Denn seine Vorstellung einer künftigen Verfassung entsprach nicht der Meinung des westpakistanischen Machtkartells, weshalb der Führer der unterlegenen *Pakistan People's Party*, Dhū l-fiqār (Zulfikar) ʿAlī Bhuttō, eine Übereinkunft über die Verfassung noch vor dem Zusammentreffen des Parlaments erzielt haben wollte.

Im freien Bangladesh fühlte sich Mujīb stark genug, um eine Säkularverfassung nach dem Vorbild Indiens zu proklamieren. Die Verfassung erklärte die „hohen Ideale von Nationalismus, Sozialismus, Demokratie und Säkularismus" zu Grundprinzipien der Staatspolitik, die im Volksmund den Beinamen *Mujībdād* (Mujibismus) erhielten. Artikel 12 der Verfassung schrieb die Beseitigung des Kommunalismus vor und legte fest, daß keiner Religionsgemeinschaft ein politischer Status gewährt werden solle. Ferner wurde versichert, daß niemand wegen seiner religiösen Zugehörigkeit diskriminiert werden dürfe. Artikel 38 verbot die religiös-politischen Parteien, worunter neben der Jamāʿat-i islāmī auch die Muslim League fiel.

b) Islamisten zwingen den Staat zur Kursänderung

Offensichtlich unterschätzte Mujīb die Fähigkeit der Islamisten, binnen weniger Jahre den Staat zur Kursänderung zu zwingen. Nach seiner Ermordung am 15. August 1975 durch rebellierende Offiziere wurde die Verfassung 1976 dahingehend geändert, daß den religiös orientierten Parteien die Betätigung erlaubt wurde (6. Verfassungsänderung). Bereits ein Jahr später wurde in der Verfassungspräambel der Säkularismus durch das „Absolute Vertrauen in Allah" ersetzt. 1988 wurde durch die Verabschiedung der 8. Verfassungsergänzung der Islam zur Staatsreligion erklärt. Damit kam man den Wünschen der einheimischen Islamisten und der Geldgeber aus den konservativen arabischen Staaten entgegen. Eine darüber hinausgehende Islamisierung des Staates hat es zwar nicht gegeben, aber ganz ausschließen kann man diese Entwicklung in der Zukunft nicht – zumal die Islamisten wieder im Begriff sind, die Straße zu erobern. Dies haben sie im Fall der Schriftstellerin Taslīma Nasrīn unter Beweis gestellt, die wegen ihrer kritischen Schriften gegen den Islam von ihnen 1994 zum Apostaten *(murtadd)* erklärt wurde. Die Islamisten forderten die Verhängung der Todesstrafe gegen sie. Und weil sie den Staat dazu nicht bewegen konnten, wurde Taslīma Nasrīn durch ein religiöses Dekret *(fatwā)* für vogelfrei erklärt, und man setzte auf den Kopf der Schriftstellerin Prämien aus. In diesem Zusammenhang fiel auch der Name der *Ṣaḥāba Sainik Prīshād*, einer Gruppierung, die offensichtlich eine Entsprechung der pakistanischen *Sipāh-i Ṣaḥāba* (Armee der Gefährten des Propheten Muḥammad) darstellt, welche seit Jahren einen mörderischen Krieg gegen die Schiiten in Pakistan führt. Es kann kein Zufall sein, daß sich die Regierung von Bangladesh 1992 gezwungen sah, den ehemaligen Vorsitzenden der *Jamāʿat-i islāmī* in Ostpakistan, Maulānā Ghulām Aʿẓam, freizulassen und auf Anordnung des höchsten Gerichts die ihm vorenthaltene Staatsangehörigkeit zu geben. Er war im Zuge des Sezessionskrieges als Kollaborateur des pakistanischen Machtapparates zum Vaterlandsverräter erklärt worden. Seine Rückkehr aus Pakistan, wohin er nach dem Befreiungskrieg geflüchtet war, geschah unter dem Vorzeichen des gewachsenen Einflusses der Islamisten im Lande. Er wurde nach seinem Eintreffen in Bangladesh in Vorbeugehaft genommen, um ihn vor dem Volkstribunal zu schützen, das ihn in einem Schauprozeß in absentia zum Tode verurteilt hatte. Das Urteil des Volkstribunals war ohnehin für die Regierung nicht bindend, weil es weder ein ordentliches Gericht war, noch im Auftrag der Regierung gehandelt hatte. Offensichtlich wollte man die Jamāʿat-i islāmī nicht verärgern, die als viertstärkste Partei dem Parlament angehört und ein potentieller Koalitionspartner für die Regierung ist.

Der gewachsene Einfluß der Islamisten ist allenthalben im Lande zu spüren. Dies zeigte sich deutlich, als sich nach der Schleifung der *Bābarī*-Moschee in Ajudhia (Indien) die Massen in Bangladesh zur Verfolgung von Hindus hinreißen ließen. Der Roman „Lajja" von Taslīma Nasrīn, der sie endgültig ins Visier der Islamisten brachte, erzählt die Leidensgeschichte einer Hindu-Familie, die nach der Episode um die Bābarī-Moschee von fanatisierten Muslimen verfolgt wurde. In weiteren Schriften ergreift sie Partei für Frauen, die von den illegalen islamischen Gerichten *(thālithī)* auf dem Lande zu drakonischen Strafen verurteilt, öffentlich gesteinigt oder geschlagen werden bzw., um dem zu entgehen, sich vorher selbst töten. Es geht bei diesen Verfahren meistens um Sexualdelikte, derer die Frauen von ihren Ehemännern oder anderen Verwandten bezichtigt werden, um die aufmüpfigen Frauen „zur Raison zu bringen". Das Volk wird mit Parolen wie „Rettet den wahren Glauben" gefüttert und durch Fatwas (arab. *fatāwā*) gegen die Familienplanung und Schulbildung für Mädchen zu einer Konfrontation mit den Behörden aufgewiegelt. Immer vehementer wird ein Schleierzwang für Frauen gefordert. Dabei gelten die im Land verbliebenen Bihārīs wegen ihrer strengeren Befolgung des Schleiers als ein Musterbeispiel.

Ansonsten zeigt man kein Interesse an einem Verbleib von Bihārīs in Bangladesh. Sie leben seit der Gründung des Staates im Dezember 1971 in Lagern und gelten als pakistanische Staatsbürger, die auf ihre Ausreise in die Heimat warten.[10] Hunderttausende sind seither über Indien und Nepal illegal nach Pakistan gelangt. In einer einmaligen Aktion nahm Pakistan eine begrenzte Anzahl von Bihārīs auf. Weitere, angeblich bis zu einer halben Million, Bihārīs warten auf ihre Übersiedlung dorthin, wozu vor Jahren Finanzmittel von einer saudischen Organisation bereitgestellt wurden. Die pakistanische Regierung ist nicht sicher, ob die Aufnahme weiterer Urdu-Sprechender opportun ist, zumal sie in der Provinz Sindh große Schwierigkeiten mit der *Muhajir Qaumi Movement (MQM)* hat, einer politischen Organisation der aus Indien eingewanderten Flüchtlinge *(muhājir)*. Sie würde es lieber sehen, wenn die Bihārīs in Bangladesh verbleiben könnten, wohin sie im Zuge der Unabhängigkeit 1947 immigriert waren. Bangladesh ist de facto einer von drei Nachfolgestaaten Britisch-Indiens und somit neben Pakistan ein Zufluchtsort für die indischen Muslime. Mit diesem Argument versucht man Bangladesh auf die „Zwei-Nationen-Theorie" von Muḥammad ʿAlī Jināḥ zu verpflichten, die die Grundlage für die Teilung Indiens bildete. In Bangladesh sieht man die Sache anders. Dort gilt die Zugehörigkeit zur Bengali-Nation – seit Żiyāʾ ar-Raḥmāns Regierungszeit spricht man von der Bangladeshi-Nation – als Grundlage für die Staatsbürgerschaft. Der Islam ist zwar die Mehrheitsreligion, aber er begründet keinen Anspruch auf die Staatsangehörigkeit.

c) Religiöse Gruppen auf dem Vormarsch

Die religiösen Parteien scheinen immer mehr Anhänger zu finden. Die Zahl der religiösen Schulen *(madrasa)* ist in den achtziger Jahren dramatisch gestiegen. Nach einer Zählung aus dem Jahr 1984 gab es in Bangladesh 3312 religiöse Schulen. Die Gesamtzahl der Studenten dieser Schulen wurde mit 61 860 angegeben. Zwischenzeitlich wurde an allen Schulen des Landes Religionsunterricht eingeführt. An den Hochschulen gilt die Jugendorganisation der *Jamāʿat-i islāmī*, die den Namen *Islāmī Chhatra Shibir* trägt, als die schlagkräftigste aller Studentengruppen. Die Jamāʿat-i islāmī konnte bei den Parlamentswahlen von 1991 immerhin 18 Sitze (1986 waren es nur 10) gewinnen. Die regierende *Bangladesh National Party (BNP)* ging mit der Jamāʿat-i islāmī ein Zweckbündnis ein, um die 30 für Frauen reservierten Sitze, die vom Parlament vergeben werden, unter sich zu verteilen. Ein derartiger Erfolg ist der pakistanischen Jamāʿat-i islāmī bislang nicht beschieden.

Die zweite islamische Gruppierung, die großen Zulauf zu verzeichnen hat, ist die *Tablīghī jamā ʿat*. Ihre jährlichen Versammlungen ziehen mehr Menschen an als in Pakistan oder Indien. Zu den obligatorischen Pflichten eines Mitglieds von Tablīghī jamāʿat gehört freiwillige und unbezahlte missionarische Tätigkeit, die 40 bis 120 Tage im Jahr betragen kann. Die Freiwilligen aus Bangladesh dürften heute das größte Kontingent stellen. Sie ziehen von Stadt zu Stadt und ermahnen die Gläubigen zur Befolgung ihrer religiösen Pflichten. Man begegnet ihnen gelegentlich auch in den europäischen Metropolen auf der Suche nach den dort lebenden Muslimen und deren Gebetshäusern. Sie betreiben eine Art innerer Mission, wofür sie allerdings nicht besonders geschult sind. Die wenigsten von ihnen haben eine fundierte religiöse Ausbildung genossen. Sie kommen aus verschiedensten Berufen, und viele von ihnen sind Rentner, die sich nach dem Ende ihrer beruflichen Laufbahn um das Heil der Gesellschaft kümmern wollen. 1989 wurde die *Bangladesh Islami Janata Party (BIJP)* gegründet, die mit der pakistanischen *Jamʿīyat al-ʿulamā'-i islām* vergleichbar ist. Sie möchte Bangladesh in einen islamischen Staat umwandeln.

Ganz anders als die beiden genannten Gruppierungen präsentiert sich der Volksislam in der Form von Mystikerorden, deren Praktiken sich mittlerweile auf eine Art Gräberkult reduzieren. Wie überall auf dem indischen Subkontinent genießen die Nachfahren von Mystikern in Bangladesh große Verehrung im Volk. Sie sind in der Regel Verwalter von Heiligengräbern *(mazār)* und treten als Sachwalter *(khalīfa)* von Mystikern auf, in deren Namen sie sich zur Entgegennahme der Huldigung *(baiʿa)* des Volkes ermächtigt fühlen. Der einzelne Ordensangehörige *(murīd)* bindet sich durch diesen Akt der Unterwerfung an seinen Mentor *(pīr)*, dem er zur ewigen Treue verpflichtet ist. Auf dem religiösen Sektor spielen die pīrs eine gewichtige Rolle. Aber anders als in Pakistan, wo die pīrs sich in den politischen Parteien betätigen und diese teilweise beherrschen, halten sie sich in Bangladesh von der Politik zurück. Sie sind im Parlament nicht in nennenswerter Zahl vertreten. Dies mag daran liegen, daß die Gesellschaft in Bangladesh anders strukturiert ist als in Pakistan, wo nach wie vor eine Feudalstruktur vorherrscht und die Macht der Großgrundbesitzer, zu denen in der Regel die pīrs zählen, ungebrochen ist. In Bangladesh gibt es die Klasse der Großgrundbesitzer im herkömmlichen Sinne kaum noch. Der frühere Militärmachthaber General Ḥusain Muḥammad Irshād versuchte 1988 im Zuge seiner Bemühungen um die Dienstbarmachung des Islams als Staatsideologie für die pīrs eine Staatspatronage zu etablieren. Dafür wurde er von allen relevanten politischen Gruppen, auch von der Jamāʿat-i islāmī, kritisiert. Auch ohne sein Zutun ist der Einfluß von pīrs im täglichen Leben des einfachen Volkes allgegenwärtig, macht sich aber in der politischen Sphäre kaum bemerkbar. In diesen Bereich stoßen zunehmend die Vorbeter (arab. sing. *imām*) der Moscheen und die Lehrer und Schüler der religiösen Schulen *(madrasa)* vor.

In den achtziger Jahren gelang es den Klerikern, die Straße zu erobern. Lange bevor die Sache mit Taslīma Nasrīn aktuell wurde, waren sie mit ihren madrasa-Schülern auf die Straße gezogen, um gegen die *Non-Governmental Organizations (NGOs)* zu demonstrieren. Sie werfen diesen – meist ausländischen – Organisationen vor, deren Mitarbeiter seien keine Entwicklungshelfer, sondern verkappte Missionare, deren Ziel es sei, den islamischen Charakter von Bangladesh zu zerstören. Deshalb werden häufig die Entwicklungsprojekte der NGOs direkt angegriffen. In einem Fall handelte es sich um 50000 Baumsprößlinge, die ein Schriftgelehrter durch seine Anhänger aus dem Boden reißen ließ, kurz nachdem sie gesetzt worden waren, weil letzteres angeblich unter dem Einfluß des Satans geschehen war. Ebenso wurden zahlreiche Schulgebäude zerstört, wo Mädchen unterrichtet werden sollten. Nicht selten werden Veranstaltungen für Frauen, bei denen ihnen die Methoden der Empfängnisverhütung erklärt werden, angegriffen. Überhaupt ist den Klerikern die Arbeit von NGOs unter den Frauen ein Dorn im Auge. Die Forderungen nach Verschleierungszwang für Frauen werden immer unverhohlener erhoben. Es paßt ganz und gar nicht zum Weltbild der Kleriker, daß sowohl die Regierung als auch die Opposition von Frauen (Khālida Żiyāʾ als Premierministerin und Shaikha Ḥasīna Wājid als Oppositionsführerin) geleitet werden. Sie wollen die „Frauenherrschaft" so bald wie möglich beenden, denn in ihren Augen ist der Mann von Gott für die Leitungsaufgabe bestimmt worden, und die Frauen haben ihm zu gehorchen. Im Herbst 1994 begann mit Demonstrationen und Straßenschlachten der Kampf um die Einführung des Scheriatrechts, der in den kommenden Jahren an Schärfe zunehmen dürfte. Aller Voraussicht nach steht Bangladesh die eigentliche Entscheidungsschlacht um die Rolle der Religion in der Gesellschaft noch bevor.

10. Südostasien

(Olaf Schumann)

a) Indonesien

Die Republik Indonesien ist weder ein säkularer noch ein islamischer Staat. Seit ihrer am 17. August 1945 verkündeten Unabhängigkeit gründet sie ideologisch auf der *Pancasila*, den Fünf Säulen oder Prinzipien, deren erste den Glauben aller Indonesier an die All-Eine Gottheit feststellt, entsprechend den Lehren einer der fünf anerkannten Religionen: (sunnitischer) Islam, Protestantismus, Katholizismus, Hinduismus und Buddhismus. Damit ist Indonesien ein „religiöser" Staat, in dem das religiöse Leben vom Staat geschützt und gefördert wird, doch ist es der Regierung auf Grund der ebenfalls 1945 verabschiedeten Verfassung, in deren Präambel die Pancasila verankert ist, untersagt, sich in die internen Angelegenheiten einer Religionsgemeinschaft einzumischen.

Ursprünglich war die Verfassung (das „Grundgesetz") von 1945 als Provisorium gedacht. Nach der Konsolidierung der innenpolitischen Verhältnisse und der völkerrechtlichen Anerkennung der Unabhängigkeit durch die ehemalige Kolonialmacht, die Niederlande, sollte durch eine frei gewählte *Konstituante* die endgültige Verfassung, und mit ihr die endgültige ideologische Grundlage des Staates, festgesetzt werden. Zur Wahl dieser Konstituante kam es erst 1955. Die islamischen Parteien, die insgesamt 43,5% der Wählerstimmen erhalten hatten, erstrebten eine Staatsform, in der das islamische Recht, die *sharīʿa*, als Grundlage der Verfassung anerkannt würde. Sie traten damit für eine Ablösung der Pancasila ein, die keiner Religionsgemeinschaft Sonderrechte einräumt. Mit ihrem Stimmenanteil konnten die islamischen Parteien zwar ihre Ziele nicht durchsetzen, doch konnten sie die Bildung einer Zweidrittelmehrheit verhindern, die zur endgültigen Anerkennung der Pancasila als Staatsideologie notwendig gewesen wäre. Nach mehrjährigen, in diesem Punkte ergebnislosen Diskussionen erließ der damalige Staatspräsident Sukarno am 5. Juli 1959 ein Dekret, das die Rückkehr zur Verfassung von 1945 und der in ihr formulierten Pancasila bestimmte und die Konstituante auflöste. Diesem Dekret stimmten alle Parteien durch Akklamation zu. Zu diesem Dekret hat sich auch die neue indonesische Regierung unter General Suharto (ab 1967) bekannt. Damit ist die öffentliche Debatte darüber, ob die Pancasila beibehalten werden solle oder nicht, offiziell abgeschlossen; in internen Diskussionen ist sie dies jedoch keineswegs.

So bemühte sich die indonesische Regierung in mehreren Schritten, die Pancasila fest im konstitutionellen und gesellschaftlichen Leben zu verankern: 1978 verabschiedete der Volkskongreß den „Leitfaden zur Belebung und Ausführung der Pancasila" [1] und verpflichtete die politischen Organisationen darauf, die Pancasila als ideologische Grundlage in ihre jeweiligen Grundordnungen aufzunehmen. Im August 1981 wurde eine Verlautbarung veröffentlicht, nach der jeder Indonesier, der das Grundgesetz von 1945 und damit die Pancasila in der Form, in der sie in der Präambel formuliert ist, in Frage stelle, sich der Subversion schuldig mache und die schwersten für solche Vergehen vorgesehenen Strafen zu gewärtigen habe. Gleichzeitig wurden die Vorbereitungen für ein schließlich 1985 erlassenes Gesetz getroffen, das nun auch alle „gesellschaftlichen" Organisationen, zu denen auch die religiösen wie die Kirchen gerechnet werden, zur Aufnahme der Pancasila als „einziger Grundlage im gesellschaftlichen, staatlichen und nationalen Leben" in ihre Grundordnungen verpflichtete.[2] Was veranlaßte die indonesische Regierung zu solch massiven Maßnahmen?

Die indonesische Nation umfaßt die zahlenmäßig stärkste islamische Gemeinschaft. Von den gegenwärtig (1994) rund 180 Millionen Einwohnern ihres Landes betrachten sich nach offiziellen Angaben ca. 80–85% – nach Indiskretionen, die nach dem Zensus von 1980 umliefen, ca. 73% – als Muslime.[3] Viele von ihnen gehören mystischen Bruderschaften an. In der *Partei der Einheit und des Aufbaus (Partai Persatuan Pembangunan, PPP)* sind seit 1973 alle früheren islamischen Parteien verschiedener couleur, von den „Modernisten" bis hin zu der „traditionalistischen" *Renaissance der Rechtsgelehrten (Nahdlatul Ulama, NU)*, im Zuge einer Parteienreform zusammengefaßt worden. Auch ihre Haltung zum Grundgesetz von 1945 und der Pancasila ist ambivalent; zumindest wird sie so von den anderen politischen Gruppen und von der Regierung und dem Militär betrachtet. Ihr ausgesprochenes Ziel ist es, wenn schon nicht über die Verfassung, so zumindest über die Gesetzgebung die Muslime zur Einhaltung der sharīʿa zu verpflichten. Hinter diesen Bemühungen sehen ihre Gegner lediglich eine neue Taktik, das alte Ziel zu erreichen, nämlich einen islamischen Staat zu errichten. Denn wenn alle muslimischen Indonesier auf die sharīʿa verpflichtet sind, dann werden sich verfassungspolitische Konsequenzen auf die Dauer nicht verhindern lassen. Wie schon zu Zeiten der Konstituante die islamischen Parteien so beansprucht nun auch die PPP, im Namen aller Muslime in Indonesien zu sprechen und ihre Einheit zu repräsentieren, was sie durch ihr Parteiwappen, die Kaaba *(kaʿba)*, zum Ausdruck brachte. Erst unter Druck ersetzte sie vor der Wahl 1987 dieses Emblem durch den Stern, der im Pancasila-Wappen die Erste Säule symbolisiert. Zwar haben die Islamisten[4] ihre Treue zur Pancasila wiederholt betont; schließlich haben auch ihre Vertreter 1959 dem Dekret Sukarnos zugestimmt. Doch weisen sie andererseits auch darauf hin, daß sie die Pancasila nur deshalb akzeptieren, weil sie die Erste Säule im Sinne des islamischen *tauḥīd*, dem Bekenntnis zur Einheit und Einzigkeit Gottes, verstehen.

Da die Erste Säule selbst keine Theologie enthält, sondern für jede Religionsgemeinschaft von ihrer jeweiligen eigenen Theologie gefüllt werden muß, ist dieses Argument durchaus legitim. Problematisch wird es erst dann, wenn versucht wird, die islamische Interpretation auch für die anderen Religionsgemeinschaften verbindlich zu machen. Damit wecken sie nicht nur den Widerspruch der Nichtmuslime, sondern auch jener muslimischen Nationalisten, die im Interesse der Einheit des gesamten indonesischen Volkes auf die Durchsetzung speziell islamischer Forderungen verzichtet haben und deshalb oft unzutreffend als „säkulare Nationalisten“ bezeichnet werden. Sie widersetzen sich dem Anspruch der PPP, im Namen aller Muslime zu sprechen.

Beiden Gruppen, den Islamisten und den Pancasilaisten, geht es also um ein bestimmtes Verständnis von Einheit. An ihm offenbart sich der tiefe weltanschauliche Gegensatz, der beide Gruppen trennt und sich hinter den tagespolitischen Streitereien verbirgt.

Die Islamisten sehen in der Einheit der *umma*, des Gottesvolkes, die Entsprechung ihres Bekenntnisses zur Einheit Gottes. Die Einheit der umma manifestiert sich im gemeinsamen Bekenntnis und in der gemeinsamen Befolgung des Rechts als der Grundlage der gesellschaftlichen Ordnungen. Seine Wurzeln führen sie auf die Offenbarung zurück, die sie über den Propheten von Gott erhalten haben. Rechtliche Unterschiede zwischen verschiedenen islamischen Gruppen sind tragbar, sofern sie sich auf Einzelheiten beziehen. In Prinzipienfragen werden sie jedoch nicht akzeptiert.

In Indonesien, so meinen nun die Islamisten, sei in der Vergangenheit diese Einheit der umma ein gutes Stück weit realisiert worden. Allgemein wurde, zumindest bis zum Aufkommen der islamischen Reformbewegungen gegen Ende des vorigen Jahrhunderts, die schafiitische Rechtsschule befolgt. Die islamischen Sultanate hatten bereits große Teile des heutigen Indonesien unter ihre Herrschaft gebracht, allen voran Mataram mit seinem Zentrum in Mitteljava. Unter seinem größten Herrscher Sultan Agung (1613–1648) hatte Mataram sich sogar aufgemacht, das ideelle und territoriale Erbe des letzten großen Hindu-Reiches Majapahit (entscheidend geschlagen 1478 durch Raden Patah, den ersten islamischen Fürsten Javas) anzutreten. Lediglich das Eingreifen der europäischen Kolonialmächte, insbesondere der Niederländer, habe die Einigung Indonesiens unter dem Zeichen des Islams verhindert. Später waren es dann vor allem islamische Reiche oder Fürsten, die den Widerstand gegen die Fremdherrschaft angeführt hätten, und auch die erste nationalistische Organisation in diesem Jahrhundert, die *Serikat Islam*, sei unter dem Banner des Islams gegen die Niederländer angetreten.[5]

Nach Meinung der Islamisten haben jedoch die Niederländer entsprechend der Devise divide et impera versucht, Zwietracht zwischen den Muslimen zu schüren. Daß sie dabei verschiedene islamische Fürsten oder, in neuerer Zeit, verschiedene islamische Organisationen gegeneinander ausspielten, sei zu erwarten gewesen. Verhängnisvoller aber sei ihr Bemühen gewesen, die Rechtseinheit der Muslime zu untergraben, wobei sie sich insbesondere der Kenntnisse des Islamwissenschaftlers C. Snouck Hurgronje bedienten. Dies hätten sie getan, indem sie jene Kreise an den Höfen oder in der Bevölkerung unterstützten, die an der *adat* und am Adatrecht festhielten und damit das islamische Recht nur soweit übernahmen, als es sich der adat anpaßte.[6]

Aus diesem Grunde sahen sich die Islamisten seit den Jahren vor dem Zweiten Weltkrieg in einer Front gegenüber den Vertretern der adat stehen, deren Einfluß nicht nur auf die Niederländer bedeutend war, sondern auch, wenn auch aus anderen Motiven, unter den Nationalisten.[7] In ihren Kreisen fanden sich einige Juristen, die ihre Ausbildung in der von dem Leidener Gelehrten C. van Vollenhoven[8] begründeten Adatrechtschule erhalten hatten. Sie bemühten sich, gemeinsame Grundstrukturen in den verschiedenen Adatkreisen herauszuarbeiten, die dann als authentisches indonesisches Kulturerbe zur ideologischen Grundlage der indonesischen Verfassung und des auf ihr ruhenden Rechtssystems werden könnten. Dies führte dazu, daß sie sich für eine Trennung von Religion und Staat einsetzten und damit in Konkurrenz zu den Islamisten traten, für die Religion – d. h. der Islam – und Staat sich gegenseitig durchdringen.

Auch die Argumentation der Pancasilaisten ist von einem bestimmten Konzept über die Einheit des indonesischen Volkes und seines Kosmos getragen. Dabei treten vor allem altjavanisch-mystische Gedanken in den Vordergrund. Für diese Kreise ist der Islam zunächst als Zerstörer der alten hinduistisch orientierten Ordnung aufgetreten. Es sei ihm nicht gelungen, eine neue Ordnung an die Stelle der alten zu setzen, in der sich das ganze Volk „zu Hause" fühlen könne. Bereits innerhalb der islamischen Gemeinschaft kam es zu den kontinuierlichen Spannungen zwischen den *santri* und den *abangan*,[9] die bis in die Gegenwart anhalten. Grund dafür seien die „arabischen" Elemente im Islam. Sie entstammen einer partikularen Gemeinschaft von Muslimen, nämlich der arabischen, stehen aber zum Wesen des ewigen Islams in keinem näheren Zusammenhang als etwa indonesische Elemente. Jede Gemeinschaft müsse selbst sehen, wie sie den Islam so in ihren Kosmos einfüge, daß fremde, menschlichen Gegebenheiten entstammende Elemente wie die arabischen nicht zu Störfaktoren bei der Heimischwerdung des Islams im indonesischen Kontext werden. Erst dort, wo sich die Lehren des Islams, etwa der Glaube an den Einen Gott oder die Rechtsnormen den indonesischen Ausdrucksformen angepaßt haben, sei der Islam „tolerant" geworden. Doch gerade die Vertreter dieses toleranten Islams werden von den santri und den islamischen Politikern ständig der Häresie verdächtigt. Damit werde deutlich, daß sich ihr Einheitsdenken auf die eigene Gruppe und die in ihr exklusiv gepflegten Überzeugungen bezieht und sich Spannungen nicht nur innerhalb der umma gegenüber den abangan, sondern auch gegenüber den nichtmuslimischen Indonesiern entwickeln, die schließlich die Einheit der Indonesier in einer Nation unmöglich machen.

Dies ist nach pancasilaistischer Argumentation auch an der Geschichte des Serikat Islam deutlich geworden. Als insbesondere nach dem Kongreß von 1921, an dem H. O. S. Tjokroaminoto (s. Anm. 5) nicht teilnehmen konnte, der islamische Charakter der Organisation stärker betont wurde, konnte sie nicht länger die Rolle als Sammelbecken der nationalistischen Gruppen spielen. Sukarno als einer der Wortführer der Nationalisten griff deshalb seit seinem aktiven Eintritt in die Politik 1926 auf die altjavanische Praxis des *gotong royong* zurück, auf die gegenseitige nachbarschaftliche Hilfe und Solidarität, die er mit sozialistischen Ideen verband und als die ideelle Grundlage für das auf Gerechtigkeit und Harmonie ruhende Zusammenleben aller Indonesier propagierte; gotong royong sei, nachdem die Unabhängigkeit erst erreicht sei, neu zu beleben, und mit seiner Verwirklichung werde das von vielen Indonesiern ersehnte Reich des *ratu adil* heraufziehen.[10] Neben sozialistischen enthalte gotong royong auch demokratische Elemente, auch diese in typisch indonesischer und nicht etwa in westlicher Version: Über gemeinsame Beratung, *musyawarat* (arab. *mushāwara*), an der Vertreter aller Gruppen teilnehmen, komme man zum gemeinsamen, einstimmigen Beschluß, dem *mufakat* (arab. *muwāfaqa*, gegenseitige Zustimmung), auch dieser Ausdruck der alle einschließenden Einheit.

Auch hier gibt es eine Affinität zum islamischen Denken, wie die aus dem Arabischen übernommenen Begriffe andeuten. Aber während für die Muslime die Teilnahme an der musyawarat auf die Vertreter der umma beschränkt ist, ging es Sukarno um die Vertreter der ganzen Nation *(bangsa)*. Somit wird deutlich, daß keine der in Indonesien gelebten Religionen, sofern sie als dogmatische Systeme oder soziologisch in Erscheinung tretende Gruppen sich anderen gegenüber abgrenzen, eine Rolle bei der Verwirklichung der Einheit der Nation, übernehmen können. Damit stand Sukarno mit seinen Anhängern auf der Linie des Leitmotivs der Nationalbewegung, das der indonesische Jugendkongreß 1928 in Form eines „Schwures" verkündete: ein Land, ein Volk, eine Sprache. Das religiöse Band, das alle Indonesier verbinde, liege hinter den empirischen Religionen oder, zeitlich gesprochen, vor ihnen: Es ist der Glaube an die All-Einheit des Göttlichen. Dies werde durch die Lehren der Religionen lediglich auf je verschiedene Weise näher bestimmt. Damit gehöre wohl die Religiosität, nicht jedoch die Befolgung einer festgelegten, bestimmten Religion zu den Wesensmerkmalen der Indonesier, die in der Verfassung zu berücksichtigen seien. Jedem Indonesier müsse freigestellt sein, die Religion, der er folge, selbst und frei zu bestimmen.

Sukarno tendierte also zu einer Trennung von Staat und Religion bzw. Religionen und meinte, daß damit auch dem Islam der beste Dienst im Interesse einer Modernisierung seiner Lehren und seines Selbstverständnisses erwiesen werde, wobei er bewundernd auf das Beispiel Mustafa Kemal Atatürks verwies. Dennoch war sein Konzept vom Staat kein säkulares im westlichen Sinne, wie es ihm seitens der Islamisten vorgeworfen und tatsächlich in anderen Kreisen der Nationalisten auch vertreten wurde.

Dies zeigte sich, als Sukarno in den letzten Monaten vor Kriegsende sein Konzept der Pancasila vortrug. Die Verhandlungen über die Verfassung waren in ein akutes Stadium getreten, nachdem die japanische Besatzungsmacht den Indonesiern endlich die Unabhängigkeit versprochen hatte und sich zudem ihre Niederlage im Kriege immer deutlicher abzuzeichnen begann. In einer von ihnen einberufenen Kommission zur Vorbereitung der indonesischen Unabhängigkeit trug Sukarno am 1. Juni 1945 seine als „Geburt der Pancasila" bekannt gewordene Rede vor, in der er die „Seele", die die Verfassung zu beleben habe, in fünf Prinzipien zusammenfaßte:

(1.) *Ketuhanan Yang Maha Esa* (Die All-Eine Göttlichkeit)[11]
(2.) *Kemanusiaan yang adil dan beradab* (Gerechte und zivilisierte Humanität)
(3.) *Persatuan Indonesia* (Die Einheit Indonesiens)
(4.) *Kerakyatan yang dipimpin oleh hikmat kebijaksanaan dalam permusyawaratan/perwakilan* (Volksherrschaft, die durch Weisheit und Klugheit in Beratung und [parlamentarischer] Vertretung geleitet wird)
(5.) *Keadilan sosial untuk seluruh Rakyat Indonesia* (Soziale Gerechtigkeit für das ganze indonesische Volk).

In diesen fünf Prinzipien sah Sukarno die „einheitliche philosophische Grundlage, die ‚Weltanschauung', in der wir alle übereinstimmen. Ich wiederhole: übereinstimmen!"[12]

Dies war in der Tat der Fall. Auf einer Sitzung am 22. Juni 1945 drängten die Islamisten lediglich auf einen Zusatz zum ersten Prinzip: „mit der Verpflichtung, die islamische sharī ʿa durch ihre Anhänger einzuhalten".[13] Dieser Zusatz wurde als Kompromiß von den anderen angenommen, und das in jener Sitzung verabschiedete, als Präambel zur Verfassung gedachte Schriftstück, wurde später als die *Jakarta-Charta* bekannt.[14]

Aber die Geschichte ist über die Jakarta-Charta hinweggegangen. Sie hätte eben doch zur Sonderstellung einer, eben der in ihr genannten islamischen, Bevölkerungsgruppe geführt. Als am Tage nach der am 17. August 1945 proklamierten Unabhängigkeit das noch von den Japanern eingesetzte verfassunggebende Gremium zusammentrat, um die Präambel der Verfassung zu verabschieden, da fehlten die „sieben Worte" im Text. Auf wessen Initiative hin diese Streichung geschah, ist bis heute ungeklärt. Im Hintergrund stand jedoch eindeutig die Furcht, in den nichtislamischen Gebieten könnten sich bei Annahme der Jakarta-Charta separatistische Tendenzen entwickeln, inspiriert durch die Furcht vor einem Islam-Staat. In einer weiteren Formel, die besagte, daß die Unabhängigkeit „auf Grund der Barmherzigkeit Allahs" erreicht worden sei, strich man auf Vorschlag eines hinduistischen Balinesen das Wort „Allah" und ersetzte es durch *Tuhan Yang Maha Kuasa*, „der allmächtige Gott".[15] Noch an einer weiteren Stelle wurde der Verfassungsentwurf „entislamisiert": In Paragraph 6 wurde die Bestimmung gestrichen, daß der Staatspräsident ein Muslim sein müsse. Schließlich sei noch ein weiteres Ereignis erwähnt, das die Hoffnungen der Islamisten enttäuschte: Das im Januar 1946 errichtete Religionsministerium enthielt auch Generaldirektorate für die nichtislamischen anerkannten Religionen. Es war also nicht ausschließlich für die Belange der Muslime zuständig, die mit diesem Ministerium außerdem einen festen Sitz in der Regierung erhofft hatten.

Damit hatten die Pancasilaisten im Ringen um die Staatsideologie die Oberhand gewonnen. Einer ihrer führenden Juristen war R. Supomo, der aus der Schule von C. van Vollenhoven hervorgegangen war. Er hatte maßgeblich an der Formulierung der Verfassung von 1945 und an der Grundlegung der indonesischen Rechtsphilosophie nach der Unabhängigkeit mitgewirkt; er starb 1953.

Die Islamisten gaben sich mit dieser Entwicklung nicht zufrieden. Nur die durch das Erscheinen der Alliierten im Herbst 1945 und das nachfolgende Einrücken der Niederländer heraufbeschworenen Gefahren für die Unabhängigkeit des Landes brachten ihren politischen Flügel dazu, die zunächst aufgekündigte Kooperation mit der nationalen Regierung wieder aufzunehmen. Im Blick auf die muslimische Bevölkerungsmehrheit erhofften sie sich vom Ausgang der ersten freien Wahlen – die schließlich 1955 stattfanden – ein Mandat, um die Verfassung auf legale Weise im islamischen Sinne ändern zu können; der Pancasila-Staat sollte auf konstitutionellem Wege durch einen Islam-Staat ersetzt werden.

Der militante Flügel der Islamisten versuchte dagegen, dieses Ziel mit militärischen Mitteln zu erreichen. Nach einem noch während der Guerillakämpfe gegen die Niederländer 1948 begonnenen Aufstand gegen die nationale Regierung erklärte S. M. Kartosuwirjo 1949 das von den Sundanesen bewohnte Westjava zum *Darul Islam* (arab. *dār al-islām*)[16] und proklamierte dort den „Islam-Staat Indonesien". Bis zu seiner Gefangennahme 1962 wurde Westjava von blutigen Guerillakämpfen zwischen seinem „Islam-Heer" und der Nationalarmee heimgesucht. Zu einer ähnlichen Darul-Islam-Bewegung, die in der Folgezeit auch unter der Zivilbevölkerung viele Opfer forderte, kam es 1950 in Sulawesi unter Kahar Muzakkar. Dort trat erst 1967 eine allgemeine Befriedung ein. Mit dem Anführer der islamischen Aufständischen in Aceh (Nordsumatra), Daud (Dā'ūd) Beureuèh, konnte 1959 ein Kompromiß ausgehandelt werden. Seither ist Aceh die einzige Provinz in Indonesien, in der die sharīʿa offiziell anerkannt ist. Doch ist die Regierung seit einigen Jahren bestrebt, diesen Sonderstatus wieder rückgängig zu machen. Dies hat erneut zur Bildung von Guerillagruppen geführt, wie denn auch in anderen Gegenden periodisch *jihād*-Gruppen auftreten und für lokale Unruhe sorgen.

Diese militärischen Auseinandersetzungen mit den militanten Islamisten haben in der indonesischen Armee zu einem Trauma geführt, das sie gegen jeden Versuch, dem Islam eine Sonderrolle im Staate zu verschaffen, hart durchgreifen läßt. Aus diesem Grunde hält die vom Militär getragene Regierung von Präsident Suharto, trotz aller anderen Kritik am früheren Präsidenten Sukarno, an dessen Dekret von 1959 kompromißlos fest, das die Verfassung von 1945 und die Pancasila zur unveränderlichen Grundlage des indonesischen Staates bestimmte. Sie hat deshalb auch nicht erlaubt, daß nach dem Machtwechsel 1967 die von Sukarno 1960 verbotene, an den Ideen des „islamischen Aufbruchs" orientierte *Masyumi*-Partei sich neu formieren konnte, obwohl die islamischen Kräfte auf Grund ihrer tatkräftigen Unterstützung des Militärs bei den antikommunistischen „Säuberungen" nach 1965 mit einer solchen Erlaubnis gerechnet hatten. Als schließlich Anfang 1968 die *Partai Muslimin Indonesia* entstand, erhielt diese zur Auflage, daß kein führender Vertreter der früheren Masyumi ein Parteiamt übernehmen dürfe. 1973 hatte auch sie teil an der Fusion zur neuen Islamischen Einheitspartei, der PPP.[17]

Insbesondere seit dem Verbot der Masyumi, der führende Intellektuelle der Islamisten angehört hatten, setzte sich unter diesen die Einsicht durch, daß ihr Ziel, die Errichtung des Islam-Staates, zumindest gegenwärtig unerreichbar sei: Bei den politischen Gegnern erweckte es Nervosität, bei der breiten Masse der muslimischen Bevölkerung stieß es auf Gleichgültigkeit oder Ablehnung. Diese Einsicht führte seit Beginn der sechziger Jahre zu einer Intensivierung der *daʿwa* (Bewegung zur Verbreitung und Vertiefung des Islams). Über einen Ausbau des islamischen Schulwesens und einen intensivierten islamischen Religionsunterricht in den staatlichen Schulen, über Erwachsenenbildung, die sich besonders auch an die Frauen wendet, und über die Verteilung islamischer Lehr- und Erbauungsschriften soll das islamische Bewußtsein insbesondere der abangan gestärkt werden, die erheblich die Wahlniederlagen mit verursachten. Neben dem Erziehungsfaktor finden jedoch auch die sozialen Einrichtungen der seit 1912 bestehenden Bildungs- und Wohltätigkeitsorganisation *Muhammadiyah* (arab. *muḥammadīya*) verstärkt Unterstützung, vor allem ihre Hospitäler und Gesundheitszentren.[18] Seitdem die Suharto-Regierung ihre 1969 begonnenen Aufbaupläne durchführt, werden erhebliche Mittel der Staatskasse, die für die Unterstützung religiöser Projekte vorgesehen sind, diesem Programm zur Verfügung gestellt. Außerdem wird ein umfangreiches Programm zum Bau neuer und der Erweiterung alter Moscheen durchgeführt.

Auf dem politischen Sektor richtet sich das Interesse vornehmlich darauf, die Gesetzgebung im islamischen Sinne zu beeinflussen, zumindest, daß islamische Überzeugungen berücksichtigt werden. Es gehe, so heißt es, nicht darum, den Staat auf schleichendem Wege zu islamisieren – darüber habe nicht einmal die Masyumi konkrete Konzepte gehabt, obwohl sie die Errichtung des Islam-Staates verfocht. Da der Islam ein *way of life* sei und nicht nur Religion in engerem Sinne, müsse der Staat seinen muslimischen Bürgern den Raum schaffen, in dem sie entsprechend ihrer Weltanschauung leben können.

Was damit gemeint ist, zeigte sich beispielhaft an den Ereignissen um das neue Ehegesetz, das Ende 1973 vom Parlament verabschiedet wurde. Die Regierung wollte ursprünglich mit ihrer Vorlage die von den Niederländern geerbten, je nach Bevölkerungsgruppe verschiedenen Bestimmungen durch ein einheitliches, staatliches Eherecht ersetzen. Darin sahen die Islamisten jedoch eine Säkularisierung des Eherechts und protestierten. Im schließlich verabschiedeten Gesetzestext wird nun die Ehe in den Rahmen des Bekenntnisses zur All-Einen Göttlichkeit, d. h. der ersten Säule der Pancasila, gestellt, und eine Ehe wird dann als rechtsgültig anerkannt, wenn sie unter Beachtung „des Rechts der Religion und des Glaubens eines jeden (der Ehepartner)" geschlossen wurde (Paragr. 1 und 2). Sie muß allerdings auch zivilrechtlich eingetragen werden. Für Angelegenheiten der Nichtmuslime sind die staatlichen, für solche der Muslime die islamischen religiösen Gerichte zuständig. Jede Entscheidung durch ein islamisches Gericht, etwa auch in Fragen der Ehescheidung, muß durch ein staatliches Gericht bestätigt werden.[18a]

Den Islamisten ging es allerdings nicht nur darum, den islamisch-rechtlichen Charakter der Ehe für die Muslime durch das staatliche Gesetz anerkennen zu lassen. Sie waren auch darum bemüht, die Gültigkeit des Adatrechts zumindest für Muslime soweit wie möglich einschränken zu lassen, um damit zu einer Rechtseinheit für die gesamte islamische Gemeinschaft in Indonesien auf dem Boden der sharīʿa zu gelangen. Ob sie dieses Ziel erreichen, hängt von der Interpretation des Zusatzes „und des Glaubens" im oben zitierten Paragraph 2 ab. Für die Islamisten ist „Glaube" lediglich ein interpretatorischer Zusatz zu „Religion". Andere, mit deren Meinung offensichtlich auch die Regierung sympathisiert, möchten „Glaube" *(kepercayaan)* als Hinweis auf die altindonesischen Glaubensströmungen verstehen; damit gäbe es dann auch Raum für das Adatrecht. In der Praxis können tatsächlich Ehen nach dem Adatrecht geschlossen werden, so daß die Ehepartner selbst bestimmen, auf welches Recht sie sich beziehen. Dieser Weg wird vor allem von Partnern gewählt, die verschiedenen Religionsgemeinschaften angehören, denn Mischehen sind in dem Ehegesetz von 1973 nicht vorgesehen.

Somit geht im Bereich der Gesetzgebung der Kampf gegen das Adatrecht, allgemein betrachtet, der Kampf gegen die altindonesischen Glaubensströmungen, weiter. Einen Höhepunkt erreichte er im März 1978, als der neugewählte Volkskongreß eine Regierungsvorlage beriet, der zufolge die Glaubensströmungen zum förderungswürdigen, die Identität der Indonesier prägenden Erbe erklärt werden sollten. Die Vorlage wurde angenommen, allerdings ohne die Stimmen der PPP-Abgeordneten, die zum ersten Male in der Geschichte des unabhängigen Indonesiens bei einer Abstimmung den Saal verlassen und sich damit dem mufakat versagt hatten. 1978 wurden die Glaubensströmungen als kulturelles Erbe anerkannt. Die Islamisten befürchten jedoch deren Aufwertung als religiöse Gruppe. In diesem Falle würde sich den Glaubensströmungen wahrscheinlich ein beträchtlicher Teil der abangan anschließen und damit die islamische Gruppe verlassen. Eine solche Entwicklung versuchen sie zu verhindern, doch gerade dies führt zu den eingangs erwähnten Spannungen mit der Regierung, unter deren Mitgliedern nicht wenige den Glaubensströmungen anhängen.

Das Parteisymbol der PPP war für lange Jahre die Kaaba. Damit erhob sie den – allerdings selbst von einigen muslimischen Aktivisten kritisierten – Anspruch, mit ihrer Organisation die gesamte muslimische Gemeinschaft in Indonesien zu vertreten. Für ihre Gegner symbolisierte sie dadurch allerdings, daß sie sich nach einem außerindonesischen Zentrum orientiert und sich nicht der Einheit des indonesischen Kosmos einfügen will, wie sie dies auch durch ihre Abwesenheit während der Abstimmungen über die Glaubensströmungen 1978 dokumentiert hatte. In einer Anfang 1981 von der indonesischen Wochenzeitschrift „Tempo" durchgeführten Befragung fand sich kein Befürworter eines Islam-Staates in Indonesien mehr, zumal dieser Begriff nicht nur durch seine Geschichte in Indonesien, sondern auch durch die anfänglich noch wohlwollend verfolgten Ereignisse in Iran zusätzlich diskreditiert wurde.[19] Auch die Bedeutung der Jakarata-Charta wird öffentlich nicht diskutiert. Doch zeigen beispielsweise die Ereignisse um das

Ehegesetz, daß sie nicht vergessen ist. Es sei „das Lebensziel eines jeden Muslims, eine islamische Persönlichkeit und Gesellschaft" auch im Horizont des staatlichen Lebens aufzubauen.[20] Diesem Ziel steht jedoch die tiefe Abneigung der meisten Indonesier gegen alles Fremde, auch alle „arabischen" Merkmale des Islams, gegenüber, was allerdings die Islamisten nicht daran hindert, gerade diese als „islamisch" zu deklarieren und als Elemente ihrer gesonderten Identität herauszustellen, was freilich den Entfremdungseffekt weiter fördert. Auf die Frage, wie ihr Ziel auf indonesische Weise zu erreichen sei, haben die Islamisten noch keine Antwort gegeben.

Streitigkeiten zwischen den Anhängern der früheren NU und der früheren Partei Muslimin Indonesia innerhalb der PPP, die um 1980 bei der Aufstellung der Kandidatenlisten für die bevorstehenden Wahlen offen zutage traten, führten schließlich dazu, daß die NU 1984 auf einem Kongreß in Situbondo (Ostjava) den Austritt aus der PPP und die Rückkehr zur „Linie" von 1926, ihrem Gründungsjahr, beschloß. Zum neuen Vorsitzenden wurde Abdurrahman Wahid (ʿAbd ar-Raḥmān Wāḥid) gewählt, Sohn des früheren Religionsministers Wahid Hasyim (Wāḥid Hāshim) und Enkel des Mitbegründers der NU, Hasyim Asyʿari (Hāshim Ashʿarī). Damit versteht sich die NU nicht mehr als politische, sondern als soziale Organisation. In Glaubensfragen vertritt sie die Traditionen des *Ahl as-sunna wa-l-jamāʿa*, aber in ihren gesellschaftlichen Tätigkeiten anerkennt sie die Pancasila als „alleinige Grundlage" *(satu-satunya asas)*, unter Vorwegnahme der Bestimmungen des dann 1985 erlassenen Gesetzes, das alle „gesellschaftlichen" Organisationen auf diese alleinige Grundlage im Rahmen ihrer gesellschaftlichen und nationalen Tätigkeiten verpflichtet.[21] Da bereits vorher auch die politischen Organisationen (Parteien) einem ähnlichen Gesetz unterstellt waren, sah die NU keinen Grund mehr, lediglich die PPP zu unterstützen, denn auch sie hatte ihren Charakter als exklusiv islamische Partei wenigstens formell aufgeben müssen. Mitgliedern der NU steht also die Mitgliedschaft in jeder Partei offen. Ein anderer Grund, der vor allem die NU-Basis zunehmend von der PPP entfremdet hatte, war die dominierende Rolle der Parteibürokraten, die, da sie über keine eigene Basis im Volke verfügen, der Einflußnahme durch andere Kräfte ausgesetzt oder ausgeliefert sind, um sich ihre Position zu erhalten. Der Preis dafür ist eine Entfremdung vom Volke.

Während die Regierung seit dem Ende der siebziger Jahre die Verankerung der Pancasila im öffentlichen Leben betreibt, warb sie gleichzeitig verstärkt um die Sympathie der Anhänger des „islamischen Aufbruchs", die sich in der Muhammadiyah, in der Bürokratie und unter den Intellektuellen finden. Durch eine Art Koalition zwischen der gesamten Bürokratenschicht und den sogenannten Fundamentalisten erhofft sich die Regierung eine tragfähige Basis, die die Durchführung ihrer Entwicklungspläne unterstützt. Gleichzeitig könnten jene „fanatischen" Gruppen im Islam, die nach wie vor gegen die Regierung agieren, leichter isoliert werden.

Durch die Annäherung der islamischen Bürokraten an die staatlichen, die vor allem in den die Regierung stützenden Berufsgruppen (*Golongan*

Karya, abgekürzt *Golkar*) vertreten sind, verlor die PPP zunehmend auch in Kreisen der Islamisten ihre Attraktivität. Somit kam es zu dem überraschenden Phänomen, daß bei den letzten Wahlen im Juni 1992 die PPP dort am besten abschnitt, wo ihre Kandidatenlisten von Vertretern der NU, und damit vor allem gegenüber ihrer eigenen Klientel verantwortlichen Politikern, angeführt wurden.

Die Annäherung der Regierung an die Islamisten wirkt sich bereits darin aus, daß z.B. in der Gesetzgebung ein Trend entstanden ist, islamischen Forderungen stärker entgegenzukommen. Dies wurde etwa mit dem Gesetz Nr. 7 vom Jahre 1989 über die „islamische Gerichtsbarkeit" *(Peradilan Agama)* deutlich. Den islamischen Gerichten wurde größere Unabhängigkeit gegenüber den dem Justizministerium unterstehenden staatlichen Gerichtshöfen zuerkannt, vor allem in Eherechtsfragen, Erbschaftsangelegenheiten und den „frommen Stiftungen" (arab. *auqāf*, pl. von *waqf*).[22] Erst in dritter Instanz wird der Staatliche Oberste Gerichtshof zuständig. Das Hauptproblem wird jedoch darin gesehen, daß die Muslime juristisch in wichtigen gesellschaftlichen Lebensbereichen zunehmend von den anderen Bevölkerungsgruppen getrennt werden; das noch ungelöste Problem religiöser Mischehen unter Partnern mit derselben indonesischen Staatsbürgerschaft ist durch dieses Gesetz noch schwieriger geworden. Auch das 1989 erlassene Gesetz über das „System der Nationalen Erziehung" räumt dem Religionsministerium, das in diesem Falle in der Regel die islamischen Interessen vertritt, erheblichen Einfluß auf den Religionsunterricht in den staatlichen und nichtislamischen konfessionellen Schulen ein.[23]

Um ihrer eigenen Stimme mehr Profil zu verleihen, planten muslimische, den „islamischen Aufbruch" unterstützende Intellektuelle 1990 die Gründung eines *Verbandes muslimischer Intellektueller in Indonesien (Ikatan Cendekiawan Muslim Indonesia, ICMI)*. Während der Gründungsversammlung wurde starkes Interesse der Regierung deutlich, so daß zum Vorsitzenden schließlich der in Aachen und München ausgebildete Minister für Wissenschaft und Technologie, B.J. Habibie, gewählt wurde. Auch der Minister für Umweltfragen, Emil Salim (Sālim), und der bekannte frühere studentische Aktivist Nurcholis Madjid (Majīd) gehören zum Führungskreis. Als Ziel von ICMI wird benannt, der indonesischen Gesellschaft im 21. Jahrhundert eine moderne, islamisch geprägte Formatur zu geben.[24]

Das Ziel B.J. Habibies, das er im Namen von ICMI und mit der Unterstützung der Regierung verfolgt, ist es, entsprechend der von vielen Indonesiern als manipuliert beargwöhnten Religionsstatistik, derzufolge die muslimische Gemeinschaft 87% der Bevölkerung umfasse, die personelle Besetzung in den staatlichen bzw. vom Staate kontrollierten Organen und Organisationen bis hin zur Zusammensetzung der Regierung durchzusetzen. Damit wiederholt sich, was bereits zu Zeiten der Konstituante die politische Situation vergiftet hatte, daß nämlich eine islamische Organisation mit dem Anspruch auftritt, im Namen der gesamten islamischen Gemeinschaft zu sprechen und „ihre Interessen" zu vertreten, ohne dazu legitimiert zu sein. Erste Erfolge hatte Habibie damit 1993, als die Regierung und das Parlament entsprechend dem Religionsproporz konstituiert wurden. Seither werden von ICMI Zweigstellen bis in Dörfer hinein gegründet, so daß diese Organisation unter seiner Leitung zunehmend als politische, von der Regierung geförderte Partei erscheint.

Daß der Islam in Zukunft eine größere Rolle in der größten muslimischen Nation spielen wird, dürfte kaum zu bezweifeln sein. Die Frage ist jedoch: welche Form des Islams? Gegen die von ICMI unter seiner derzeitigen Führung betriebene Politik einer islamistischen, sich lediglich an äußeren Formen orientierenden Politik, deren Einfluß zudem im wesentlichen auf der Unterstützung durch die Staatsmacht ruht, regt sich zunehmender Widerstand in den großen islamischen Organisationen, für die nach wie vor ein inkulturierter Islam ohne formalistische Zwänge das erstrebenswerte Ziel darstellt.

b) Malaysia

Im Unterschied zu Indonesien ist in Malaysia der Islam zur offiziellen Religion *im* Staate erklärt worden, wenn auch nicht zur offiziellen Religion *des* Staates. Das geschah bereits bei der Gründung der „Malaiischen Föderation" 1957 und blieb so, als sich 1963 Singapur (bis zu seinem erzwungenen Austritt 1965) sowie die beiden britischen Kronkolonien auf Borneo, Sarawak und Sabah (letzteres vorher Britisch Nordborneo) mit der Föderation zum neuen Staat „Föderation Malaysia" zusammenschlossen. Dennoch ist auch Malaysia kein islamischer Staat, denn die *sharīʿa* wurde nicht Grundlage der Verfassung und Gesetzgebung.

Für ein Verständnis der Rolle, die der Islam im heutigen Malaysia spielt, ist zunächst ein Blick auf die geschichtliche, wirtschaftliche und ethnische Entwicklung nötig, die sich seit dem 15. Jahrhundert auf der malaiischen Halbinsel vollzogen hat. Anders als im kulturell und ethnisch eng verwandten Indonesien mit seinem Kraftzentrum Java hat sich in Malaya nie ein Großreich gebildet. Die geographischen Verhältnisse – Dschungel und Gebirge, die die Halbinsel längs durchziehen – gestalten die Verbindungen zwischen der West- und Ostküste schwieriger als die mit den jeweils gegenüberliegenden Küsten von Sumatra und Hinterindien.

Der Übertritt des Herrschers von Malakka zum Islam 1413 führte zur Islamisierung der wichtigsten Handelsplätze an den Küsten und Flußläufen, an deren Ufern sich die ältesten Gemeinwesen in Malaya gebildet hatten. Insbesondere nach der Eroberung Malakkas durch die Portugiesen 1511 entfalteten sich einige dieser Flußstaaten zu Sultanaten, von denen sich neun bis ins 19. Jahrhundert verhältnismäßig ungestört durch äußere Einflüsse entwickeln konnten, abgesehen von ihrem Abwehrkampf gegen die immer wieder von Norden her eindringenden Siamesen.

Erst nach ihrem Abkommen mit den Niederländern 1824 und der dabei getroffenen Abgrenzung der beiderseitigen Interessensphären in Südostasien nahmen die Briten stärkeres Interesse an Malaya, nicht zuletzt auch wegen seiner strategischen Lage auf dem Seewege nach China. Britischer

Oberhoheit direkt unterstellt waren der Distrikt Malakka sowie die Inseln Penang und Singapur. Aber erst nach 1874 sicherten sich die Briten durch Abkommen mit den neun Sultanen deren Zusammenarbeit in wirtschaftlichen und strategischen Fragen. Doch vermieden es die Briten, in die internen Angelegenheiten ihrer neuen Verbündeten einzugreifen, vor allem im kulturellen, rechtlichen und religiösen Bereich. Das wichtigste Band, das einen Sultan mit seinen Untertanen verband bzw. verbindet, war und ist der Islam. Hinzu kommt nach malaiischer *adat* die absolute Loyalität gegenüber dem Herrscher, geregelt in einem strengen Patronatsverhältnis.

Der Islam hat in Malaya einen ausgesprochen traditionsgebundenen Charakter. Zwar herrscht auch hier offiziell, wie in Indonesien, die schafiitische Rechtsschule. In der Praxis jedoch ist die adat weitgehend erhalten geblieben und bestimmt das Hofzeremoniell. Der Sultan ist Oberhaupt des Islams in seinem Gebiet und bestimmt nicht nur die Richter (*kathi*, von arab. sing. *qāḍī*), sondern auch die Rechtsberater *(muftī)* und die *imame.* Die religiösen Abgaben (arab. sing. *zakāt*) werden von seinen Bediensteten verwaltet, alle juristischen Angelegenheiten über die religiösen Gerichtshöfe abgewickelt, deren enge Bindung an den Hof des Sultans die absolute Herrschaft der Fürsten untermauert. Noch in der Verfassung Malaysias wird festgehalten, daß ein Sultan nicht von der staatlichen Gesetzgebung behaftet werden kann.[24a]

In etlichen malaiischen Staaten existieren *Räte für die islamische Religion (Majlis Ugama Islam)*, deren ältester 1916 in Kelantan als *Rat für Religion und malaiisches Brauchtum (Majlis Ugama dan Istaᶜadat Melayu)* entstand.[25] Diese Räte genießen unterschiedliche Autorität in den verschiedenen Sultanaten. Sie sollen den Herrscher in allen Angelegenheiten beraten, die die Religion oder das malaiische Brauchtum betreffen, und beides mit den Gesetzen des Staates in Einklang bringen. Sie können Rechtsgutachten (arab. *fatāwā*, sing. *fatwā*) erteilen und die religiösen Stiftungen (*wakaf*, von arab. sing. *waqf*) verwalten, oft unterstehen ihnen die Friedhöfe, ferner sind einige von ihnen für die Einteilung der einer Moschee zugehörigen Wohnbezirke *(mukim)* zuständig, und schließlich verwalten sie zumeist die religiösen Abgaben, vor allem *zakat fitrah* (arab. *zakāt al-fiṭr* bzw. *ṣadaqāt al-fiṭr*) am Ende des *Ramaḍān.* Oft überwachen sie auch, in der Regel in Abstimmung mit dem Sultan, die imame, kathis und den muftī, der der höchste religiöse Amtsträger in einem Staate ist.

Neben den Majlis Ugama gibt es in jedem Staat ein Departement für religiöse Angelegenheiten, das, in der Regel in enger Zusammenarbeit mit den Majlis Ugama, vor allem für die Verwaltung des islamischen Rechts zuständig ist. Hauptgebiet seiner Tätigkeit ist das Familienrecht, außerdem registriert es muslimische Heiraten, Ehescheidungen und deren Revokation. Damit ist die Rolle der islamischen Gerichtshöfe und der kathis sehr eingeengt: Sie dürfen lediglich über solche Vergehen von Muslimen richten, für deren Bestrafung nach Bestimmung des staatlichen Rechts höchstens sechs Monate Gefängnis oder M$ 1000,- vorgesehen sind.[26]

In der Bevölkerung sind seit jeher die mystischen Orden weit verbreitet, die durch ihre strenge, in geistigen und körperlichen Übungen trainierte Disziplin und ihre traditionsorientierte Haltung ihren Teil dazu beitrugen, daß der malaiische Islam einen altertümlichen Eindruck macht. Ihre Abneigung gegen moderne Entwicklungen hat gelegentlich zu Gewalttätigkeiten geführt. Als Bauern und Fischer blieben sie den Städten fern oder siedelten an ihren Rändern in eigenen *kampungs*. Diese Haltung führte auch dazu, daß die Briten zur Bearbeitung ihrer Kautschukplantagen und Zinnminen nicht mit malaiischen Arbeitskräften rechnen konnten, sondern dafür ausländische Arbeiter herbeischaffen mußten – vorwiegend aus China, weniger zahlreich aus Südindien. Damit war das Problem geschaffen, das bis heute Malaysia beherrscht: die Spannungen zwischen den ethnischen Gruppen, d. h. den einheimischen „Söhnen des Landes" *(bumiputera)* und den zugewanderten „Fremden".

Die Briten bemühten sich, die Vorrechte der bumiputera hinsichtlich des Landerwerbes zu erhalten. Außerdem halfen sie, ein umfangreiches Schulsystem mit Malaiisch als Unterrichtssprache aufzubauen. Dennoch führte die konservative Haltung der Malaien dazu, daß nur zögernd modernistische Ideen seit Beginn dieses Jahrhunderts von der „Gruppe der Jungen" *(Kaum Muda)* unter dem Volk verbreitet werden konnten. Diese „Jungen" waren während der Pilgerreise nach Mekka auch mit den von Muḥammad ʿAbduh (1849–1905) und seiner Schule propagierten Ideen bekannt geworden und versuchten nach ihrer Rückkehr, in den Schulen für eine Erneuerung des islamischen Denkens zu werben. In Kairo hatten einige von ihnen versucht, zusammen mit indonesischen Studenten eine panmalaiische nationale, im Islam gründende Bewegung zu gründen. Die „Gruppe der Alten" *(Kaum Tua)* wurde, wie auch in dem in enger kultureller Beziehung mit Malaya stehenden Westsumatra (Minangkabau), vor allem in den westlichen Sultanaten in die Defensive gedrängt. Dennoch fanden die Gedanken der „Jungen" im Volk wenig Echo und blieben weitgehend auf eine intellektuelle, aus den Städten oder dem Adel kommende Schicht begrenzt. Außer diesen Malaien waren nicht wenige ihrer Anhänger Araber, Inder oder Indonesier, also Ausländer. Die Zurückhaltung der Briten bei der Regelung interner Angelegenheiten der Sultane entzog einer antikolonialen Bewegung weitgehend die Motivation. Nach 1910 wurden sich die Malaien mehr und mehr ihrer ethnischen und religiösen Identität, gerade auch im Gegensatz zu den nichtmalaiischen Ethnien, bewußt. Ein „nichtmuslimischer Malaie" erscheint als Widerspruch in sich selbst.

Nach der Ankündigung der Briten, ihre Kolonialherrschaft zu beenden, kam es seit 1945 in den „Föderierten Malaiischen Staaten" zu einer heftigen Auseinandersetzung darüber, wer von den nun im Lande Lebenden die Staatsbürgerschaft erhalten solle. Die Malaien, die sich 1946 zur *United Malay National Organization (UMNO)* unter Dato Onn ibn Jaafar (Jaʿfar) zusammenfanden, standen gegen die britischen Vorschläge, denen zufolge jeder, der die letzten 10 Jahre in Malaya gelebt habe, Recht auf die Staatsbürgerschaft habe. Zum Sprachrohr der Chinesen wurde die 1949 gegründete *Malayan Chinese Association (MCA)*. Nachdem Tunku Abdul Rahman

(ʿAbd ar-Raḥmān), Sohn des Sultans von Kedah, 1951 den Vorsitz der UMNO übernommen hatte, kam es zu einer Annäherung mit der MCA: Gemeinsam drängten sie die Briten, dem Lande die volle Unabhängigkeit so schnell wie möglich zu geben. Dies Ziel wurde am 31. August 1957 mit der Gründung der „Malaiischen Föderation" erreicht.

Nach der Verfassung konnten die Bürgerrechte[27] erworben werden a) durch einen Gesetzesakt, wobei das Prinzip des ius soli maßgebend war, b) durch Registration, z. B. falls einer der Eltern die Bürgerrechte besaß, oder c) durch Naturalisation. Hinter diesen Auseinandersetzungen stand die Furcht der Malaien, durch die zahlenmäßig starken Zuwanderer, die zudem loyal gegenüber ihrer ursprünglichen Heimat blieben, zu einer Minderheit in ihrem eigenen Lande zu werden. Die Möglichkeit einer doppelten Bürgerschaft der Chinesen beispielsweise wurde erst 1974 bei der Wiederaufnahme der diplomatischen Beziehungen zwischen Malaysia und der Volksrepublik China abgeschafft. In der Zwischenzeit kam es wiederholt zu heftigen Rassenunruhen, deren folgenreichste am 13. Mai 1969 in der Bundeshauptstadt Kuala Lumpur ausbrach.[28]

In der Verfassung von 1957 – und ebenso in der Verfassung von Malaysia 1963 – wird der Islam zur offiziellen Religion im Staat erklärt. Prinzipiell herrscht jedoch Religionsfreiheit: „Jede Person hat das Recht, sich zu ihrer Religion zu bekennen und sie auszuüben, sowie sie zu verbreiten, vorbehaltlich Klausel (4)". Diese Klausel lautet: „Gesetze der Bundesstaaten können die Verbreitung einer jeglichen religiösen Lehre oder eines Glaubens unter Personen, die sich zum Islam bekennen, kontrollieren oder einschränken".[29] Vergehen gegen diese Bestimmung werden vom staatlichen, nicht von einem religiösen (islamischen) Gericht geahndet. Das Recht, eigene Schulen zu errichten, wird jeder religiösen Gemeinschaft zuerkannt. „Aber es soll rechtmäßig für den Bund oder einen Staat sein, islamische Institutionen einzurichten oder zu unterhalten oder dabei Unterstützung zu gewähren, oder solche Institutionen zu unterhalten oder zu unterstützen, die in der islamischen Religion unterweisen, und für diesen Zweck die nötigen Finanzmittel zur Verfügung zu stellen".[30]

Ferner bestimmt die Verfassung von 1957, daß das Englische nach einer Übergangszeit von 10 Jahren durch das Malaiische als offizielle Sprache abzulösen sei. Staatsoberhaupt wurde der *Yang di-Pertuan Agong*, den die neun Sultane, die als *Konferenz der Herrscher* eine Art Dritte Kammer bilden, aus ihrer Mitte für die Dauer von fünf Jahren wählen.[31] In dieser Zeit darf er seine Funktionen als Sultan in seinem Staate nicht ausführen, ausgenommen sein Amt als religiöses Oberhaupt der islamischen Gemeinschaft. Als Staatsoberhaupt ist er nicht das Oberhaupt der gesamten islamischen *umma* in der Föderation, sondern lediglich in seinem eigenen Staate, ferner im Bezirk der Bundeshauptstadt Kuala Lumpur sowie in den nicht von einem Sultan regierten früheren *Straits Settlements* Penang und Malakka, in denen allerdings der Islam nicht die offizielle Religion ist; diese Bestimmung wurde 1963 auf Sabah und Sarawak übertragen.

Bei ihrem Beitritt zu Malaysia übernahmen die beiden Territorien in

Borneo, Sabah und Sarawak, nicht jene Bestimmungen der Verfassung, die den Islam zur offiziellen Religion erklären und der islamischen Gemeinschaft besonderen Schutz und besondere Rechte einräumen, da die Muslime nur eine Minorität ausmachten. Die Malaien galten hier nicht als bumiputera, und die meisten der einheimischen Stämme gehören weiterhin ihren Stammesreligionen an oder waren Christen. Deshalb sollte auch Englisch auf unbestimmte Zeit die offizielle Sprache bleiben.[32]

Um 1970 trat in Sabah jedoch eine Wende ein. Tun Mustapha ibn Harun (Muṣṭafā ibn Hārūn), *Chief Minister* seit 1967, sah die Zukunft der einheimischen Volksstämme in Sabah in ähnlichen Bahnen laufen wie die der Malaien in Westmalaysia. Eines seiner Ziele war deshalb ihre Islamisierung. Über die *United Sabah Islamic Association (USIA)* intensivierte er ein islamisches Erziehungs- und Kulturprogramm. Die Aufnahme von ca. 90 000 muslimischen Flüchtlingen aus den Südphilippinen, bei einer damaligen Bevölkerung von ca. 700 000, verstärkte erheblich das islamische Element in Sabah. Durch einen Zusatz zur Verfassung von Sabah wurde 1973 der Islam auch in diesem Gebiet zur offiziellen Religion erhoben, obwohl die Zahl der Muslime noch immer unter 40% lag. Die Diskriminierung der Nichtmuslime hat schließlich zur Abwahl Mustapha ibn Haruns als Chief Minister im Jahre 1975 beigetragen, obwohl er in Kuala Lumpur einflußreiche Freunde wie den 1971 als Premier zurückgetretenen Tunku Abdul Rahman besaß.[33] Die Bundesregierung unter Tun Abdul Razak (ʿAbd ar-Razzāq) und später Dato Hussein (Ḥusain) Onn war zurückhaltender und entzog ihm die Unterstützung, nachdem der Verdacht aufkam, er wolle unter Einschluß von Mindanao und den Sulu-Inseln, woher er stammt, ein eigenständiges islamisches Territorium schaffen.

Seit 1986 regiert in Sabah die in den Wahlen 1990 bestätigte *Partei der Einheit Sabahs (Parti Bersatu Sabah, PBS)* unter dem Katholiken Joseph Pairin Kitingan, die versucht, durch interreligiöse und interethnische Zusammenarbeit die Infrastruktur Sabahs, das den größten Teil seiner Wirtschaftsgewinne an die Bundesregierung abliefern muß, zu verbessern. Nach dem Austritt der PBS aus der von der UMNO geführten *Nationalen Front* kurz vor den Wahlen 1990 hat die Führung der UMNO beschlossen, zum ersten Male einen Zweig ihrer Partei außerhalb der Halbinsel zu gründen. Gleichzeitig versucht sie, die Zusammenarbeit von Muslimen und Christen in der PBS zu untergraben.[33a] Seit 1977 zeigen sich in Sarawak ähnliche Tendenzen wie in Sabah vorher unter Tun Mustapha. Mit ihrem Auftreten in Sabah sieht sich die UMNO erneut vor die Frage gestellt, ob ihre traditionelle Beschränkung auf die Interessen der Malaien ihrer weiteren Entwicklung nicht hinderlich sei. Ihr Mitbegründer, Dato Onn ibn Jaafar, verlor das Vertrauen seiner Partei, als er 1951 die Öffnung auch für nichtmalaiische Muslime vorschlug. Noch 1989 galt es als selbstverständlich, daß nichtmalaiische Muslime, die der UMNO beitreten wollten, die malaiische adat annehmen mußten. Diese Haltung wird sich zumindest in Sabah weder in ethnischer noch religiöser noch kultureller Hinsicht halten lassen, falls die UMNO dort wirklich Wurzeln schlagen will.

Gegen die exklusive Verquickung von Malaientum und Islam hat es bereits früh Opposition gegeben. 1955 spaltete sich eine Gruppe an Koran und Sunna orientierter *ʿulamāʾ* mit einigen Gefolgsleuten ab und registrierte die *Parti Islam Se-Malaya* (abgekürzt: *PAS*, von einem früheren Namen *Parti Agama Islam*). Obwohl auch sie für Malaiisch als Nationalsprache und die malaiische Kultur als Grundelement der nationalen Kultur eintrat, betrachtete sie die von der UMNO betriebene Politik als *ʿaṣabīya* (Chauvinismus) und damit als unislamisch. In der Regel stand die PAS in Opposition zur Nationalen Front, allerdings gelang es ihr, mehrfach in Kelantan aus den Wahlen als stärkste Partei hervorzugehen, zuletzt 1990, was ihr die Gelegenheit gab, in diesem Staate Vorschriften der sharīʿa durchzusetzen, die auch auf Nichtmuslime angewendet wurden (z. B. Alkohol- und Spielverbot, Einschränkung der Bewegungsfreiheit für Frauen). Insbesondere über den Umfang und die Zielsetzung der von beiden propagierten Islamisierung der malaysischen Gesellschaft kommt es zu anhaltenden Auseinandersetzungen zwischen UMNO und PAS.[34]

Nach den ethnischen Zusammenstößen vom Mai 1969 kam es auch unter den malaiischen Studenten zu einer verstärkten Reflektion über die universalen Werte des Islams, die allerdings vornehmlich durch die auf Englisch zugänglichen Werke von Gelehrten „fundamentalistischer" Orientierung wie al-Maudūdī, Saiyid Quṭb, Muṭahharī u. a. bekannt waren. Unter den damals entstandenen Jugendorganisationen wurde die *Islamische Jugendbewegung in Malaysia (Angkatan Belia Islam Malaysia, ABIM)* zur bedeutendsten unter der Führung von Anwar Ibrahim (Ibrāhīm), gegenwärtig Minister im Kabinett Mahathir ibn Mohamads (Mahāthir ibn Muḥammad).

Gegen die Bemühungen, die malaysische Gesellschaft zu islamisieren, ohne dabei die Interessen und Befürchtungen der Minoritäten (ca. 45% der Bevölkerung von ca. 18 Millionen Einwohnern) um den Verlust ihrer religiösen und kulturellen Identität zu berücksichtigen, versucht seit 1977 die *Bewegung für Staatsbewußtsein (Aliran Kesadaran Negara*, abgekürzt *Aliran*) unter Chandra Muzaffar (Muẓaffar) zu wirken. Ihr geht es darum, die „universalen Werte des Islams" in einer offenen, pluralistischen Gesellschaft, wie es die malaysische im Unterschied zur malaiischen ist, gemeinsam mit den in anderen Religionen und Kulturen vorhandenen Werten für eine moderne Gesellschaft fruchtbar werden zu lassen.[35]

Damit steht Aliran in einer aufreibenden Opposition zur Regierungspolitik, die seit 1981 von Mahathir ibn Mohamad als Premier der Föderation bestimmt wird. Wie in seinem Buch „The Malay Dilemma" bereits skizziert, versucht er, durch „Verschmelzung" *(perpaduan)* die ethnischen Gruppen einander näher zu bringen. Offensichtlich ist damit ein langfristiges Programm der Malaiisierung und Islamisierung anvisiert, dem sich die anderen Ethnien anzupassen haben, etwa derart wie es Tun Mustapha in Sabah versucht hatte. Die von der Regierung kontrollierten öffentlichen Medien wurden in den Dienst dieses Programms gestellt, Opposition dagegen muß mit der Anwendung des 1960 ursprünglich zur Abwehr der kommunistischen Rebellen erlassenen *Internal Security Act (ISA)* und der Beschuldigung, die Einheit Malaysias zu hintertreiben, rechnen.

Obwohl der 1990 verstorbene „Vater Malaysias", der Tunku Abdul Rahman, gegenüber Befürchtungen der Minoritäten sehr sensibel war, hatte er die Abhaltung einer *Asia-Pazifischen Regionalkonferenz* für die Bewegung zur Verbreitung des Islams, *daʿwa*, die von den Ölstaaten des Vorderen Orients erhebliche Unterstützung erhielt, 1980 in Kuala Lumpur begrüßt. Beschlossen wurde eine Verstärkung der daʿwa unter allen Nichtmuslimen dieser Region. Offensichtlich hoffte der Tunku darauf, daß der Islam besonders geeignet sei, die Verschmelzung der Bevölkerung zu beschleunigen und damit Wiederholungen der ethnischen Zusammenstöße in Zukunft zu verhindern. In seinen „Viewpoints" bemerkt er dazu: „Was ich zu tun vorschlage, falls unser Plan gelingt, ist die Regierung zu bitten, den Konvertiten die volle Anerkennung als Muslime und ihnen dieselben Privilegien zu erteilen, deren sich die Malaien erfreuen. Bis dies erreicht ist, werden nicht viele den Islam annehmen".[36] Die Frage ist jedoch, ob der Islam, solange er bewußt oder unterschwellig mit Malaientum identifiziert wird, diese erhoffte integrierende Kraft entwickeln kann.

Das gefährlichste Problem Malaysias ist sein Rassenproblem. Unmittelbar nach den Unruhen im Mai 1969 versuchte die damalige Regierung, eine Solidaritätsbasis für die ganze Nation zu schaffen, indem sie zum Nationalfeiertag 1970 vom Yang di-Pertuan Agong die *Rukunegara* (Harmonie im Staate) proklamieren ließ, eine Art Charta, die, ähnlich wie die indonesische *Pancasila*, aus fünf Prinzipien besteht: 1. Glaube an Gott *(Kepercayaan kepada Tuhan)*, 2. Treue gegenüber König und Staat *(Kesetiaan kepada Raja dan Negara)*, 3. Hoheit der Verfassung *(Keluhuran Perlembagaan)*, 4. Unabhängigkeit der Gesetzgebung *(Kedaulatan Undang-undang)*, 5. Anstand und Sittlichkeit *(Kesopanan dan Kesusilaan)*. Insbesondere Oppositionspolitiker und Bürgerrechtsgruppen wie Aliran fordern, daß die Rukunegara Teil der Verfassung Malaysias werde.

In den vergangenen Jahren ist die Rukunegara jedoch zunehmend in den Hintergrund getreten und hat einer an Intensität zunehmenden Debatte über eine Islamisierung Malaysias Platz gemacht. Dabei wird auch offen über die Möglichkeit der Errichtung eines Islam-Staates diskutiert. Diese Debatte wird durch die von der Regierung kontrollierten Medien verbreitet und wesentlich von Anwar Ibrahim, der inzwischen zum Stellvertreter Mahathir ibn Mohamads in der UMNO und in der Regierung gewählt wurde, bestimmt. Seine guten persönlichen Beziehungen zu einigen der führenden Persönlichkeiten in der PAS entschärfen die Spannungen zu diesem alten Gegner der UMNO. Erst seitdem er als möglicher Nachfolger Mahathir ibn Mohamads als Regierungschef genannt wird, scheint er sich seit dem Frühjahr 1994 auch um ein vertrauensvolles Verhältnis zu den nichtislamischen Gruppen zu bemühen.

Dennoch bleibt das Problem, wie sich die Malaien zu einer solchen Wende, d. h. der Option für einen Islam-Staat, verhalten würden. Die Frage ist also, wie sich die zweifellos anstehenden kulturellen und gesellschaftlichen Veränderungen in der malaiischen Gemeinschaft entwickeln werden. Die Errichtung eines Islam-Staates würde völlig neue Machtstrukturen erfordern und damit einen radikalen Bruch mit der malaiischen Kultur und der an den Sultanen als Rechts-, Adat- und Gemeinschaftshäuptern orientierten Tradition bedeuten. An der Treue zur Tradition haben auch Mahathirs bisherige Versuche, die Macht der Sultane einzugrenzen, prinzipiell noch wenig verändern können. Das kann sich allerdings ändern. Das Hauptproblem liegt jedoch darin, daß die moderne Idee eines Staates, auch wenn dieser ein Islam-Staat werden soll, über keine Tradition im Islam verfügt. Deshalb ist für die meisten Malaien das Verhältnis zum modernen Staat verhältnismäßig unwichtig, solange sie ungestört im Rahmen ihrer malaiischen, selbstverständlich auch als islamisch verstandenen kulturellen und gesellschaftlichen Identität unter der Beschirmung ihres Herrschers oder einer Autorität ihres Vertrauens leben können, und zwar *neben* den anderen Ethnien. Die Zustimmung zu einem Islam-Staat würde den Verlust dieser Identität bedeuten. Somit wird es in den kommenden Jahren eher zu einer weiteren Malaiisierung und damit zu einer indirekten Islamisierung kommen, kaum jedoch zu einem Islam-Staat. Aber auch diese Entwicklung weckt das zunehmende Mißtrauen der Nichtmalaien, die sich zwar nicht in die internen Kulturkonflikte der Malaien einmischen wollen, es aber auch nicht hinnehmen, daß sie in eben diese hineingezogen werden.[37]

c) *Philippinen*

Die Philippinen, der dritte große Staat im malaiischen Raum, sind außer dem Libanon das einzige Land Asiens mit einer christlichen (katholischen) Majorität. Um 1570–1571 hatten die Spanier Mindoro und die Gegend um Manila erobert. Von dort aus führten sie wiederholt Kriege gegen die Sultane, die sich im Süden der heutigen Philippinen, auf Mindanao und dem Sulu-Archipel, etabliert hatten und ihrerseits eine Ausdehnung ihres Herrschaftsbereichs auf die nördlichen Inseln anstrebten. Kulturell fühlten sie sich den anderen malaiischen Sultanaten im Archipel und auf der malaiischen Halbinsel verwandt. Drei Jahrhunderte lang kam es zu Kriegen zwischen Spaniern und *Moros*, wie die Muslime von den Spaniern, in Anlehnung an deren heimatlichen Sprachgebrauch, genannt wurden. Gleichzeitig etablierten die Spanier in den von ihnen beherrschten Gebieten die christliche Religion sowie den Gehorsam gegenüber dem spanischen König.

Trotz ihrer engen Verwandtschaft hat sich nie ein Zusammengehörigkeitsgefühl zwischen den auf ihre Unabhängigkeit bedachten Moros im Süden und den unter spanischer Hoheit lebenden *Filipinos* im Norden entwickelt. Für die Spanier und die Filipinos waren die Moros unzivilisiert und rückständig, in moralischer wie in sozialer und wirtschaftlicher Hinsicht. Auch als seit dem vorigen Jahrhundert nationale Strömungen unter den Filipinos zunächst gegen die Spanier, später (seit 1898) gegen die neue

Kolonial- bzw. Mandatsmacht USA entstanden, kam es nur selten zu einer Kooperation zwischen Filipinos und Moros, die seit der Niederlage des Sultans von Sulu 1876 endgültig ihre politische Unabhängigkeit verloren hatten. Sie orientierten sich eher nach den anderen malaiischen Sultanaten, mit denen sie geschichtliche, genealogische und vor allem religiöse Gemeinschaft verband.

Die Amerikaner waren in der Zeit ihrer Mandatsherrschaft (1898–1946) darum bemüht, das Bildungswesen und die wirtschaftliche Situation der Moros zu heben, nachdem sie einen letzten Aufstand der Moros niedergeschlagen und sie endgültig der Verwaltung der Philippinen unterstellt hatten. Allgemein entspannte sich das Verhältnis zwischen Amerikanern und Moros. Letztere reichten wiederholt Petitionen ein, in denen sie um verfassungsmäßige Garantien dafür nachsuchten, daß der Islam geschützt und nicht verändert werde, daß die Sitten und Gebräuche der Moros nicht verboten werden dürften, daß die noch unbebauten Landstriche in Mindanao den Moros zunächst reserviert bleiben sollten, daß alle Regierungsämter in islamischen Gebieten muslimischen Filipinos übertragen würden, und daß die traditionelle Position der gesellschaftlichen Oberschicht, der *Datus* und Sultane, nicht angetastet werden dürfe.[38]

Mit solchen Vorschlägen stießen sie wohl auf Sympathie der Amerikaner, drangen aber nicht gegen die parlamentarische Majorität der Christen in Manila und deren Lobby durch. Die christlichen Filipinos hatten die Haltung der Spanier geerbt und betrachteten Mindanao und den Sulu-Archipel als Kolonie. Vor allem Mindanao erlebte einen Zustrom christlicher Siedler aus den überbevölkerten nördlichen Inseln, der innerhalb weniger Jahrzehnte die demographische Situation umkehrte. Die Gegend von Cotabatu, Mindanao, beispielsweise wurde 1939 von 55% Muslimen und 45% Christen bewohnt. 1948 waren es 35% Muslime und 65% Christen.

Nach der Unabhängigkeit 1946 verschlechterte sich die Situation. Es kam zu Gewalttaten, bei denen die nationale Regierung mit den Christen sympathisierte. Im Verlauf der Mindanao-Sulu-Krise[39] Ende der sechziger Jahre gründeten die Moros das *Muslim* (später *Mindanao*) *Independence Movement (MIM)*, dessen Ziel die Errichtung einer „Islamischen Republik Mindanao und Sulu“ war. Eine Gruppe von Studenten und Intellektuellen tat sich zur *Moro National Liberation Front (MNLF)* zusammen, um durch Guerillaaktionen die Forderung nach Unabhängigkeit durchzusetzen. Schließlich erklärte Präsident Fernando E. Marcos im Oktober 1972 den Ausnahmezustand und erkannte damit an, daß die Zustände in Mindanao und Sulu einen bürgerkriegsähnlichen Charakter angenommen hatten; die Situation in den Südphilippinen war allerdings nicht der einzige Anlaß zur Ausrufung des Ausnahmezustandes. Sozialrevolutionäre Bewegungen begannen, gegen die Versäumnisse der nationalen Bewegung aufzustehen, die, ähnlich wie der Nationalismus der Malaien aber im Gegensatz zur indonesischen Nationalbewegung unter Sukarno, die traditionellen Machtstrukturen und vor allem das Machtmonopol der Latifundienbesitzer weitgehend unangetastet gelassen hatte und damit gesellschaftspolitisch relativ wirkungslos geblieben war.

Kurze Zeit später ordnete der Präsident jedoch an, daß eine Kommission Möglichkeiten untersuchen solle, die es im Rahmen des Nationalen Rechts Muslimen ermöglicht, Teile des Privatrechts nach der *sharīʿa* zu praktizieren. Durch einen Präsidialerlaß wurde 1977 der *Code of Muslim Personal Laws of the Philippines* veröffentlicht, in dem „das Rechtssystem der Muslime in den Philippinen als Teil des Nationalen Rechts" anerkannt wird, ohne allerdings damit die ganze sharīʿa mit einzubeziehen; kodifiziert werden solle nur das Personalrecht. Da auch muslimische Richter an den staatlichen Gerichten über keine Fachkenntnisse im islamischen Recht verfügen, sollen ihnen *ʿulamāʾ* beistehen. Auch solle ein Mufti (arab. *muftī*) vom Präsidenten ernannt und dem Obersten Gerichtshof unterstellt werden.

Diesem Erlaß folgte 1981 die Anordnung, ein Ministerium für die Angelegenheiten der Muslime einzurichten, ebenfalls mit dem Auftrag, Wege zu finden, um die muslimischen Filipinos gleichberechtigt in die philippinische Nation zu integrieren unter Berücksichtigung ihres Glaubens, ihrer *adat* und ihrer traditionellen Institutionen sowie unter gleichzeitigen Bemühungen, ihre wirtschaftliche und edukative Situation zu verbessern.[40]

Trotz dieser administrativen Maßnahmen hatte sich die Situation durch die zunehmenden militärischen Auseinandersetzungen im Süden und parallel zur allgemeinen Verschlechterung der innenpolitischen Situation in den siebziger Jahren erheblich zugespitzt. Auch die internationale Öffentlichkeit war auf die Ereignisse aufmerksam geworden. Die *Konferenz Islamischer Staaten (Muʾtamar al-ʿālam al-islāmī)* und andere islamische Organisationen schickten wiederholt Delegationen, die insbesondere den Vorwurf des „Völkermordes" auf seine Richtigkeit hin untersuchen sollten. Besondere Unterstützung wurde durch Libyen und Sabah während der Regierungszeit von Tun Mustapha gewährt; Sabah hatte zeitweise (nominell bis 1878) dem Sultan von Sulu unterstanden, und es waren wiederholt Spekulationen aufgekommen, daß Tun Mustapha, der selbst aus Sulu stammt, seine Islamisierungspläne in Sabah mit dem Ziel vorantrieb, diese Gebiete aufs neue zu einem islamischen Reich zu vereinen.

Solche Sezessionspläne sind jedoch Illusion. Sie würden auf den entschiedenen Widerstand Malaysias und der Philippinen stoßen. Die Zukunft der Moros liegt in den Philippinen, lediglich ihre verfassungsrechtliche Position steht zur Diskussion. In der libyschen Hauptstadt Tripolis wurde im Dezember 1976 ein Abkommen zwischen der philippinischen Regierung und Vertretern der MNLF über die Gewährung einer regionalen Autonomie der vorwiegend von Muslims bewohnten Regionen im Süden getroffen, deren Regierungen direkt dem Präsidenten unterstehen sollten. Mangels politischen Willens, die in diesem Abkommen liegenden Chancen zu ergreifen, hat dieses Abkommen jedoch nicht zu einer Befriedung beigetragen, und unter der ziellosen Politik der Präsidentin Corazon Aquino hat sich die Situation noch weiter verschlechtert.

Nicht nur die immer noch vorherrschende koloniale Mentalität der christlichen Filipinos, sondern auch die traditionelle Definition des philippinischen Nationalismus aus der Interessenlage der katholischen Oberschicht heraus macht es den Muslimen schwer, sich als integraler Teil der Nation *(bangsa)* zu verstehen. „Integration" könnte „Assimilation" an diese oft genug gegen sie selbst gerichteten Ziele des Nationalismus und damit ihren Identitätsverlust bedeuten. Durch die geschichtliche Erfahrung und verstärkt durch die Einflüsse des „islamischen Aufbruchs" hat sich unter ihnen ein eigenes Identitätsgefühl als Nation, gebildet.[41] Sie empfinden sich als diejenige Bevölkerungsgruppe in den Philippinen, die sich am frühesten ihre Identität geschaffen und gegen fremde Einflüsse bewahrt hat. Dennoch sind sie bereit, sich als kulturelle Minorität der modernen philippinischen Nation anzuschließen, insofern im Rahmen eines gesellschaftlichen Pluralismus ihre Rechte und ihre Würde anerkannt werden. Führende Vertreter unter ihnen bezeichnen sich deshalb immer häufiger als *Muslim Filipinos*; der Ausdruck *Moros* wird wegen seines abschätzigen Beiklanges immer weniger gebraucht. Bisher haben allerdings nur kleine christliche Gruppen die Bereitschaft zu solcher Anerkennung der Muslime als Teil der philippinischen Nation gezeigt.

d) *Brunei*

Das Sultanat „Negara Brunei Darussalam", an der Nordküste der Insel Borneo gelegen, erlangte 1984 seine volle Unabhängigkeit, nachdem es 1888 britisches Protektorat geworden war und 1906 den ersten britischen Residenten akzeptiert hatte. Dieser beriet den Sultan in allen internen und äußeren Angelegenheiten mit Ausnahme solcher, die die islamische Religion oder die malaiische Kultur und Tradition *(adat)* betrafen. 1959 erhielt es seine erste geschriebene Verfassung, durch die u. a. der Resident durch einen Hochkommissar abgelöst und die Einrichtung einer Gesetzgebenden Versammlung vorgesehen wurde. Einflußmöglichkeiten des Hochkommissars wurden durch einen weiteren Vertrag 1971 auf die äußeren und militärischen Angelegenheiten beschränkt. Schließlich sah der auf Drängen der Briten 1979 zustande gekommene Vertrag die möglichst bald zu erreichende völlige Unabhängigkeit vor. Diese wurde am 1. Januar 1984 von Sultan Hassanal Bolkiah Muʿizzaddin Waddaulah (Ḥasan al-Bolkiah Muʿizz ad-Dīn wa ad-Daula), offiziell 29. Sultan in Brunei, proklamiert. Daraufhin wurde Brunei Mitglied der *Association of South-East Asian Nations (ASEAN)*, der *UNO*, der *Organisation der Islamischen Konferenz* u. a.

Das Staatsgebiet von Brunei (5765 km^2) wird durch das zu Sarawak gehörende Tal des Limbang in zwei Teile geteilt. Von den 265 000 Einwohnern (1990) zählen ca. 69% als Malaien (Muslime), 17,6% sind Chinesen, 5,3% Angehörige verschiedener einheimischer Stämme, der Rest sind Inder, Europäer u. a. Die offizielle Religion ist der Islam mit dem Sultan als dem Oberhaupt der Gemeinschaft der Muslime. Christentum, Buddhismus und die Ausübung altvölkischer religiöser Riten, z. B. der Murut und Iban, sind geduldet, wenn auch gelegentlich behindert. Die Hauptstadt ist Bandar

Sri Begawan, bis 1970 Bandar Brunei (Brunei Town). Durch die Erschließung der vor seiner Küste liegenden Ölvorkommen seit Ende des vorigen Jahrhunderts kam die Sultansfamilie zu großem Reichtum, den sie besonders in der Regierungszeit des vorletzten Sultans, Omar Ali Saifuddin (ʿUmar ʿAlī Saif ad-Dīn), zur Entwicklung des kleinen Landes einsetzte. Brunei soll wieder etwas von jenem Prestige und Reichtum ausstrahlen, die es einst im Mittelalter als Beherrscherin „der ganzen Insel Borneo" besaß, weswegen die Europäer den Namen der Hauptstadt auf die Insel übertrugen.

Schon Jahrhunderte vor der Ankunft des Islams war Brunei, von den Chinesen P'o-ni u. ä. genannt, ein wichtiger Umschlaghafen zwischen China und dem westlichen Teil des Malaiischen Archipels. Als in der Mitte des 15. Jahrhunderts der Fürst von Brunei eine Tochter des „Sultans von Johor" – gemeint ist wohl der Sultan von Malakka[42] – heiratete, konvertierte er zum Islam und führte die malaiische adat und Sprache an seinem Hofe ein. Auch seine zum Islam übergetretenen Untertanen streiften ihre altvölkische adat ab und wurden „Malaien"; dagegen siedelten verhältnismäßig wenig ethnische Malaien in das Sultanat über. Somit wurde auch hier der Begriff „Malaie", wie anderswo auf Borneo, zum Synonym für Islam/Muslim, gegen den sich die Mitglieder der altgläubig gebliebenen autochthonen Volksstämme kulturell, religiös und vor allem auch politisch abzugrenzen versuchten. – Eine Nichte des ersten Sultans von Brunei heiratete einen Araber aus aṭ-Ṭā'if, Sharif Ali (Sharīf ʿAlī), der als Sultan Berkat (Barakat) der dritte Sultan Bruneis wurde. Er bemühte sich weiter um die Islamisierung der Bevölkerung und straffte die Verwaltung Bruneis nach dem Vorbild Malakkas. Der Sultansfamilie gab er die „arabische Legitimation".

Zur Zeit der Ankunft der Europäer beherrschte Brunei praktisch die gesamte Nordküste Borneos und konnte zeitweilig seine Macht auch über den Sulu-Archipel und Mindanao ausweiten. Dort geriet es mit den Spaniern in Konflikt, nachdem diese 1570 Manila gegründet hatten und bemüht waren, ihren Herrschaftsbereich auch im Süden auszudehnen. Ein weiterer Konkurrent erwuchs Brunei in dem aufstrebenden Sultanat auf den Sulu-Inseln, das zeitweise auch Nordborneo, das heutige Sabah, unter seine Botmäßigkeit brachte und damit den bis in die Gegenwart andauernden Konflikt zwischen Malaysia und den Philippinen um Sabah verursachte. Die zunehmende Piraterie wirkte schließlich so destabilisierend, daß der Sultan von Brunei in verschiedenen Etappen seit 1841 den größten Teil des heutigen Sarawak dem „weißen *raja*" James Brooke zur Befriedung und Entwicklung übertrug. Nordborneo (Sabah) wurde 1865 vom Sultan, der damit seinerseits seine Besitzansprüche auf dieses Gebiet dokumentierte, für 10 Jahre an die *Amerikanische Handelsgesellschaft* verpachtet, die 1875 vom österreichischen Konsul Baron von Overbeck aufgekauft wurde. Ein Vertrag von 1877 besiegelte den Verzicht des Sultans auf dieses Gebiet; als Gegenleistung erhielt er eine jährliche Abfindung. 1881 übernahm Overbecks Geschäftspartner, der Brite Alfred Dent, die Kompanie, die er dank eines königlichen Erlasses in die *British North Borneo Company* umwandelte. Als schließlich 1890 die Stammeshäupter im Limbangtal den weißen raja baten, sie von der Mißwirtschaft und Unterdrückung des Sultans zu befreien, beschloß Charles Brooke, dieses Gebiet mit dem Trusantal zur 5. Division Sarawaks zusammenzuschließen, gegen den erfolglosen Widerstand des Sultans. Dessen Hoheitsgebiet war damit schließlich auf das Territorium um die Hauptstadt beschränkt, aufgeteilt zudem in zwei getrennt voneinander liegende Territorien mit einer vornehmlich aus Bauern, Fischern und Jägern bestehenden Bevölkerung und seinem Hofstaat.

Die Bemühungen der Briten nach dem Zweiten Weltkrieg, ihre imperiale Präsenz in Südostasien abzubauen, waren zunächst auf die malaiische Halbinsel gerichtet. Dort waren die ökonomische Entwicklung und das Bildungswesen weiter fortgeschritten als in den Besitzungen im Norden Borneos und in Brunei. Nach der Unabhängigkeit der „Malaiischen Föderation" 1957 verlangte jedoch auch die Frage nach dem Schicksal der drei Territorien auf Borneo nach einer Antwort. 1958 schlugen die Briten die Bildung einer „Föderation Nordborneo" vor mit Brunei, Sarawak und Sabah als Mitgliedstaaten. Sultan Omar Ali Saifuddin, der in den fünfziger Jahren den ersten Fünfjahresplan zur Entwicklung Bruneis erlassen hatte, widersetzte sich jedoch diesem Vorhaben. Wahrscheinlich lag seine wesentliche Befürchtung darin, daß mit Bruneis Geldern auch die Entwicklung der anderen, vorwiegend von nichtmuslimischen Völkerstämmen und Chinesen bewohnten Gebiete finanziert werden müßte. Als dagegen 1961 der malaiische Premier, Tunku Abdul Rahman (ʿAbd ar-Raḥmān), mit seiner Idee an die Öffentlichkeit trat, die „Föderation von Malaya" um Singapur und die drei Territorien auf Borneo zur „Föderation Malaysia" zu erweitern, stimmte auch der Sultan von Brunei zu. Für ihn bedeutete dieses eine größere Annäherung an die kulturell verwandten malaiischen Sultanate und die Gewähr, daß die Rolle des Islams als offizielle Religion, die in einer „Nordborneo-Föderation" nicht hätte durchgesetzt werden können, erhalten bleiben würde. Zudem sollte das Malaiische zur nationalen Sprache Malaysias erklärt werden.

Allerdings sah sich der Sultan einer wachsenden innenpolitischen Opposition gegenüber, die durch Indonesien und die Philippinen, beide heftige Gegner des Malaysia-Planes, Unterstützung erhielt. Auch in Sarawak und Sabah regte sich entschiedener und nahezu einhelliger Widerstand gegen den Malaysia-Plan. Man befürchtete, bei seiner Verwirklichung lediglich die britische mit einer malaiischen Kolonialherrschaft einzutauschen und der Ausplünderung der Naturreichtümer durch die Malaien schutzlos preisgegeben zu sein.

Doch auch das Verhältnis zu Singapur war zwiespältig. Einerseits sahen die Nationalisten im Norden Borneos in der Mitgliedschaft Singapurs ein bedeutendes Gegengewicht gegen eine zu starke Dominierung der Malaien, falls es doch zur Gründung Malaysias kommen sollte. Andererseits erlebte der Inselstaat gerade eine wirtschaftliche Rezession mit großer Arbeitslosigkeit, so daß mit einer Immigration von Arbeitslosen, vor allem Chinesen, in Borneo gerechnet werden mußte.

Bei den Wahlen zu den Distrikträten in Brunei Ende August 1962 hatte die oppositionelle *Volkspartei (Party Rakyat Brunei, PRB)* 54 der 55 zu vergebenden Sitze errungen. Das bedeutete, daß die 16 von den Distrikträten zu besetzenden Sitze der im September gebildeten Gesetzgebenden Versammlung alle von der PRB eingenommen wurden; die übrigen Mitglieder des 33 Sitze umfassenden Organs wurden vom Sultan ernannt. Der Vorsitzende der PRB, Scheich (arab. *shaikh*) Ahmad M. Azahari (Aḥmad Muḥammad Aẓāharī), forderte daraufhin den Sultan auf, seine absoluten Vollmachten als Herrscher aufzugeben, demokratische Reformen im Regierungssystem durchzuführen sowie auf die schnellstmögliche Unabhängigkeit von den Briten im Rahmen einer Föderation mit Sarawak und Sabah hinzuarbeiten. Der Norden Borneos könne erst dann in eine Föderation mit der Halbinsel treten, wenn die ökonomische und politische Position gestärkt und das allgemeine Bildungsniveau gehoben und mit dem auf der Halbinsel erreichten vergleichbar seien.

Der Sultan weigerte sich jedoch, den Forderungen der PRB nachzukommen und unterstrich damit die isolierte Position des Sultanats und seiner Interessen in seiner Umgebung. Im Dezember 1962 unternahm die Party Rakyat einen Putschversuch, in dessen Verlauf sich Azahari, „zufällig" auf einer Reise im für ihn sicheren Manila, zum Premier und den Sultan zum Staatsoberhaupt einer „Föderation Nordborneo" ernannte. Mit Hilfe britischer Truppen wurde die Revolte jedoch niedergeschlagen, die Gesetzgebende Versammlung wieder aufgelöst, die Party Rakyat verboten und ihre Führer, soweit sie nicht hatten fliehen können, inhaftiert. Gleichzeitig wurde der Ausnahmezustand verkündet. Azahari, gebürtig aus Labuan, aber in Indonesien bekannt als Teilnehmer an den Guerilla-Aktionen gegen die Niederländer 1946–1949, fand Zuflucht im Indonesien Sukarnos.[43]

Damit war die innenpolitische Position des Sultans wieder gefestigt. Opposition konnte sich hinfort nicht mehr formieren, jedenfalls nicht im Sultanat. Allerdings wandte sich auch Sultan Omar schließlich gegen den Beitritt Bruneis zur Föderation Malaysia, da er ebenfalls einen zu starken Kapitalfluß nach Kuala Lumpur befürchtete und ihm ein seinen Vorstellungen entsprechender Platz im Kollegium der neun malaiischen Sultane vorenthalten bleiben sollte. 1967 dankte Sultan Omar zugunsten seines damals 21jährigen, u. a. in Sandhurst ausgebildeten Sohnes Hassanal Bolkiah ab, da er sich dem Druck der von den Briten unterstützten Politiker in seinem Lande nicht beugen wollte, die nach des Sultans Weigerung, Malaysia beizutreten, eine zügige innere Demokratisierung des Landes und seine alsbaldige Unabhängigkeit forderten. Als Sultan Hassanal Bolkiah 1984 die Unabhängigkeit proklamierte, war sein Staat nach wie vor ein absolut regiertes Sultanat ohne demokratisch legitimierte Kontrollorgane. Die britische Regierung garantiert weiterhin Bruneis Sicherheit.

Früher delegierte der Sultan wesentliche Regierungsfunktionen an vier auf die alte Regierungsstruktur von Malakka zurückgehende Würdenträger: den *Pengiran Bendahara* (Premier und Schatzmeister), den *Pengiran Digadong* (Finanzen), den *Pengiran Pemancha* (der wohl, ähnlich wie der

Syahbandar, für die die Ausländer und Händler berührenden Angelegenheiten zuständig war) und den *Pengiran Temenggong* (Sicherheit).[44] Im nach 1959 modernisierten Kabinett, in dessen offizieller Titulatur die alten Begriffe teilweise noch auftauchen, ist die Administration der religiösen Angelegenheiten an den Religionsminister delegiert, dem auch die Verwaltung der religiösen Gerichtshöfe zugeordnet ist. Außerdem wird der Sultan von einem von ihm ernannten *Rat für religiöse Angelegenheiten* unterstützt. Sowohl im Rechtsverständnis als auch in der Rechtsprechung bilden Islam und malaiische adat eine Einheit. Da letztere die absolute Treue gegenüber dem Sultan fordert und der Islam seine Herrschaftsrolle religiös legitimiert, ist er praktisch die oberste Instanz, die über Entwicklung und Anwendung des islamischen Rechts entscheidet. In dieser Rolle wurde er durch die Bestimmungen des britischen Protektorats gestärkt, da der Resident sich nicht in die Administration der religiösen und kulturellen Traditionen *(adat)* hatte einmischen dürfen. Trotzdem kam es unter dem Einfluß des britischen Rechtssystems auch hier zu einer Formalisierung dessen, was von den Rechtsgelehrten und Richtern als traditionelles islamisches, wenn auch bisher nicht kodifiziertes Recht angesehen wurde.

So sind Islam und adat die kulturelle Basis und das ideologische Band, die Herrscher und Volk aneinander binden. Deshalb wird nicht nur in der äußeren Repräsentation des Sultanats, sondern auch in den verschiedenen Bereichen der inneren Entwicklung und insbesondere der Erziehung, Nachdruck auf die Stärkung eines in die malaiische Tradition inkulturierten islamischen Bewußtseins gelegt, in dessen Dienst insbesondere die Medien und die Erziehung gestellt sind. Reformerische, aber auch „fundamentalistische" „Neu-"Interpretationen des Islams finden deshalb kaum Zustimmung, und vor „Irrmeinungen" in religiösen Dingen wird kontinuierlich gewarnt. Auf verschiedenen Treffen des Religionsministers von Brunei mit seinen indonesischen und malaysischen Kollegen während der letzten Jahre wurde eine verstärkte Zusammenarbeit der „malaiischen Nationen" im Bereich der *daʿwa*, der islamischen Erziehung *(tarbiya)*, bei der Festsetzung der Daten der islamischen Feiertage u. a. beschlossen.

e) Singapur

In ihrer vorkolonialen Geschichte war die Insel Singapura (Löwenstadt) mit ihrem Hafen Tumasik vor allem als Piratennest bekannt geworden. 1819 schloß Stamford Raffles im (von ihm gesuchten) Auftrage der *East India Company* einen Vertrag mit Hussein (Ḥusain), dem von ihm unterstützten Anwärter auf den Thron des Sultans von Johor, durch den den Briten das exklusive Recht zur Errichtung einer Faktorei gewährt wurde. Mit diesem Vertrag wurde Singapur (Singapore) britisches Territorium, das 1826 mit den anderen britischen Territorien in Malakka und Penang (mit der Provinz Wellesley) zur Verwaltungseinheit der *Straits Settlements* vereinigt wurde. 1832 wurde Singapur ihre Hauptstadt und behauptete diese Rolle als britisches Verwaltungs- und Handelszentrum, nachdem 1867 die Straits

Settlements aus der indischen Kolonialverwaltung gelöst und dem Londoner Kolonialbüro direkt unterstellt worden waren.

Nach dem Zweiten Weltkrieg wurden die beiden anderen Straits Settlements mit den Föderierten und Nichtföderierten Malaiischen Sultanaten 1948 zur „Föderation von Malaya" zusammengeschlossen, die 1957 ihre Unabhängigkeit von Großbritannien erhielt. Singapur war wegen seiner Stellung als Freihafen, besonders aber wegen der problematischen ethnischen Zusammensetzung seiner Bevölkerung mit einer großen chinesischen Mehrheit unter direkter Kolonialverwaltung verblieben und erhielt 1957 den Status eines sich selbst in internen Angelegenheiten regierenden Staates innerhalb des Britischen Commonwealth. Seine Unabhängigkeit von Großbritannien erhielt es 1963, als es mit Sarawak, Sabah und der Föderation von Malaya zur „Föderation Malaysia" vereinigt wurde. Unstimmigkeiten zwischen der politischen Führung in Singapur und der Bundesregierung in Kuala Lumpur führten 1965 zum Ausschluß Singapurs aus der Föderation. Seitdem ist Singapur bemüht, als selbständige Inselrepublik sich politisch, ökonomisch und nicht zuletzt auch kulturell gegenüber den Nachbarstaaten zu profilieren und durchzusetzen.

In der Geschichte Singapurs spiegelt sich auch die Geschichte ihrer muslimischen, vorwiegend aus Malaien bestehenden Bevölkerung. Zur Zeit des Vertragsabschlusses zwischen Raffles und Hussein lebten schätzungsweise nur wenig mehr als 200 Malaien auf der Insel. In der Folgezeit, mit der Entwicklung Singapurs zum „neuen Malakka" als Verwaltungs- und Handelszentrum der Briten, setzte jedoch ein steter Zustrom von vorwiegend chinesischen Arbeitern, aber auch indischen und arabischen Händlern ein. Malaien kamen vor allem aus dem Riau-Archipel und Malakka, später auch aus anderen Gebieten der malaiischen Halbinsel und Sumatras. Zuwanderer aus Java und Bawean sowie anderen Gebieten des damaligen Niederländisch Indien wurden manchmal als besondere ethnische Gruppe registriert, gelegentlich ebenfalls als Malaien betrachtet, zumal dann, wenn sie bereits über mehrere Generationen auf der Insel ansässig waren. Als ethnische Gruppe von den Malaien abgesondert blieben die indischen Muslime und die Araber, von denen nicht wenige (besonders solche aus dem südarabischen Hadramaut) sich als Nachfahren der Familie des Propheten betrachteten und als Saiyids besondere Privilegien und Respekt innerhalb der muslimischen Gemeinschaft forderten. Diese ethnische Absonderung schloß jedoch nicht aus, daß insbesondere die Araber, die in der Regel ohne Familie nach Übersee gingen, in besser situierte malaiische (oder auch chinesische) Familien einheirateten.

Ihr Bildungsstand und auch der der Inder war erheblich höher als der der Malaien. Sie und einige in Singapur verbliebene Mekkapilger aus Java und Sumatra bildeten bereits gegen Ende des vorigen Jahrhunderts eine bescheidene intellektuelle Elite, über die u. a. auch die islamischen Reformideen aus dem Orient im Archipel weiter verbreitet wurden. Die von al-Afghānī und Muḥammad ʿAbduh herausgegebene Zeitschrift „al-ʿUrwa al-wuthqā" wurde über Singapur trotz restriktiver Maßnahmen seitens der niederländischen Kolonialregierung nach Indonesien vermittelt, auch „al-Manār" wurde in Singapur gelesen. Seit 1906 erschien für wenige Jahre eine eigene, in Singapur redigierte Zeitschrift namens „al-Imām", in der auch aus „al-Manār" übersetzte Artikel und Fatwas (arab. *fatāwā*, pl. von *fatwā*) Aufnahme fanden. Wie auf Java und namentlich in der Minangkabau (Westsumatra), so wurden auch in Singapur einige islamische „Reformschulen" *(madrasa)* gegründet. Ihr Einfluß auf die malaiische Bevölkerung in Singapur und auf der Halbinsel scheint jedoch nur gering gewesen zu sein; dort wurde an den traditionellen Koranschulen festgehalten.

Aber auch im von den Briten unterhaltenen Schulwesen waren malaiische Schüler die Ausnahme, und es wurde auch nichts unternommen, um ihren prozentualen Anteil an der Schülerschaft zu erhöhen. Außer wenigen Bauern und Fischern verdienten die Malaien ihr Einkommen als Handwerker oder einfache Gehilfen im Bereich des Handels oder der Verwaltung sowie in diesem Jahrhundert zunehmend auch im britischen Heer. Damit waren sie zwar abhängig von ihren Arbeitgebern, aber unabhängig im Blick auf andere gesellschaftliche Bindungen. Nachbarschaftliche Hilfe, die in ihren Heimatdörfern aufgrund der Familienbindungen selbstverständlich war, fehlte weitgehend in Singapur.[45] Und auch in ihrem Erwerbsleben haben sich Malaien nur äußerst selten mit anderen Malaien zu Genossenschaften zusammengeschlossen. Zwar lebten sie auch in Singapur, wie in ihrer malaiischen oder indonesischen Heimat, in Dorfsiedlungen *(kampungs)*. Bindeglied war hier jedoch nicht die Familie, sondern die Stammeszugehörigkeit, und soziales Zentrum war die Moschee. In ihrem Umfeld wurden jene Persönlichkeiten bestimmt, denen innerhalb der lokalen Gemeinschaft bestimmte Aufgaben und Funktionen übertragen werden sollten. Dabei war als Kriterium die ausgestrahlte Autorität maßgebend, Prestige konnte also nicht zielstrebig erworben werden. Dies erleichterte für die meisten Malaien häufigen Wechsel des Wohnortes. Gesellschaftliche Kontakte zu anderen ethnischen Gruppen jedoch, eingeschlossen zu Muslimen, waren selten. Diese Eigenart traditionellen Verhaltens der Malaien mag zu ihrer allgemeinen Absenz auf der politischen und ökonomischen Bühne, aber auch im Bereich der höheren Bildung beigetragen haben, zumal es in Singapur, anders als auf der Halbinsel, auch keinen malaiischen Adel gab, auf den im übrigen auch auf der Halbinsel die Elite weithin beschränkt blieb.

Diese Kommunalisierung der malaiischen Gemeinschaft hatte noch einen weiteren Grund. Anders als in den malaiischen Sultanaten, wo die Briten ihre Macht „indirekt" über den Herrscher ausübten, dessen Position als Oberhaupt der islamischen Gemeinschaft in ihrem Staat ausdrücklich anerkannt und respektiert wurde, hatte der Sultan von Johor nach 1824 auf Singapur nichts mehr zu sagen. Damit fehlte den Malaien hier das religiöse Oberhaupt und mit ihm eine Instanz, die ihre Interessen bei der britischen Kolonialverwaltung vertreten konnte, zugleich aber auch eine verbindliche zentrale juristische Instanz in Angelegenheiten, die das religiöse Recht betrafen. Letzteres führte dazu, daß in jedem Streitfall der Richter (*kathi*, von arab. *qāḍī*) aufgesucht werden konnte, der das günstigste Urteil versprach. Erst nachdem 1877 von der Kolonialverwaltung ein Protektor für die chinesische Gemeinschaft berufen worden war, verlangte auch eine Gruppe von Muslimen nach einem kathi, der die Eheschließungen ordnungsgemäß registrierte. In der *Mahomedan Marriage Ordinance* von 1880 wurde festgelegt, daß kathis von der Kolonialverwaltung berufen werden sollten, daß sich ihre Tätigkeit jedoch ausschließlich auf die Registrierung von Eheschließungen und Scheidungen innerhalb ihrer eigenen ethnischen Gemeinschaft beschränken solle. Da die Verwaltung die kathis nur auf Vorschlag der islamischen Gemeinschaften ernennen wollte, waren diese immerhin zu größerer Konsultation untereinander gezwungen worden. Ein 1906 errichtetes *Muslim Endowments Board* hatte religiöse und charitative Stiftungen der Muslime zu verwalten.

Malaientum in Singapur definierte sich im wesentlichen durch die Abgrenzung von anderen Ethnien, und diese Haltung wirkte sich auch auf das Gemeinschaftsgefühl innerhalb der islamischen *umma* aus. Der Islam und die malaiische Sprache waren das Band, das die Malaien zusammenfügte, beide Elemente prägten gleichermaßen ihre Identität.

Das bedeutet, daß die islamische Gemeinschaft in Singapur angesichts ihrer ethnischen Komplexität nur mit Vorbehalt als Einheit betrachtet werden kann.[46] Bei einer Bevölkerung von 2,6 Millionen (1980) machen die Muslime 16,3% aus. Dieser Prozentsatz dürfte auch früher mehr oder weniger gültig gewesen sein. Unter dem Gesichtspunkt ethnischer Zugehörigkeit waren 1980 0,1% der Chinesen, 99,4% der Malaien, 21,8% der Inder und 6,5% der „anderen" – darunter fallen auch die Araber – Muslime. Das bedeutet, daß 90,2% der Muslime in Singapur Malaien sind.[47] Obwohl die Malaien also zahlenmäßig eine imponierende Majorität innerhalb der islamischen Gemeinschaft darstellen, haben nicht sie, sondern arabische und indische Muslime die gesellschaftliche, kulturelle und politische Führung übernommen. Damit waren die Malaien nicht nur allgemein innerhalb der Bevölkerung Singapurs, sondern auch innerhalb der islamischen Gemeinschaft in einer schwachen politischen, gesellschaftlichen und ökonomischen Position, nämlich in einem Zustand, der bereits 1894 in der Zeitung „Bintang Timur" die in ein Wortspiel gefaßte Frage weckte: „Kenapa Melayu layu?" („Warum welken die Malaien so dahin?").[48]

Neben der oben angedeuteten Haltung der Malaien gehörte zweifelsohne auch die britische Erziehungspolitik zu den Ursachen dieser Entwicklung. Da die Briten generell in ihren, die koloniale Abhängigkeit einleitenden, Abkommen mit den malaiischen Sultanen strikt darauf bestanden hatten, daß die den Islam und die malaiische Tradition betreffenden Angelegenheiten Sache des Sultans und nicht der Briten seien, waren auch die wenigen auf einen Unterricht in malaiischer Sprache abzielenden Schulpläne der Briten darauf bedacht, zwischen der Unterrichtssprache und den islamischen Inhalten zu trennen. Das galt auch in Singapur und führte deshalb auch hier zu lediglich geringem Interesse an diesen Schulen. Doch auch an den islamischen Reformschulen war, wie bereits vermerkt, das Interesse der Malaien recht gering. So blieben für sie im wesentlichen die Koranschulen, die jedoch ihre Schüler in keiner Hinsicht dazu befähigten, im öffentlichen und wirtschaftlichen Leben Singapurs voranzukommen.

Unter dem Eindruck einer von deutschen Geheimagenten angezettelten Meuterei muslimisch-indischer Soldaten sah sich 1915 die britische Kolonialverwaltung erneut veranlaßt, ihre administrativen Kontakte zu den Muslimen zu verbessern. So richtete sie ein *Muhammadan Advisory Board* ein, durch das die verschiedenen islamischen Organisationen oder Gruppen ihre Anliegen der Regierung vortragen konnten.

Erst nach dem Ersten Weltkrieg gelang es einem kathi, aufgrund seiner persönlichen Autorität als *Chief Kathi* und damit als eine Art Oberhaupt der gesamten islamischen Gemeinschaft in Singapur anerkannt zu werden. Nach seinem Tod setzten die Briten 1936 dann mit Imam Hajji Abbas ibn Taha (Imām Ḥājjī ʿAbbās ibn Ṭāhā) den ersten offiziellen Chief Kathi ein, und zwar mit der Auflage, daß sämtliche Eheschließungen und Scheidungen in geordneter Weise registriert werden müßten. Bereits 1922 hatten die Briten einen Malaien in das *Municipal Council* berufen.

Erst nach dem Zweiten Weltkrieg jedoch wurde es den Briten bewußt, daß die Malaien in Singapur ein Grund für politische und soziale Instabilität bleiben würden, solange nicht in ihren drei alten und wichtigsten Problemfeldern eine Besserung einträte: dem Familienleben, dem der Erziehung und der politischen Repräsentanz. Diese Fragen wurden um so dringender, als die Briten ihre Kolonialherrschaft im malaiischen Raum zu beenden trachteten und sich dabei als besonderes Problem die Situation Singapurs stellte. Zunächst einmal wurde das Inselterritorium von den anderen Straits Settlements getrennt und diese wurden, zusammen mit den Sultanaten, 1948 zur „Föderation von Malaya" zusammengeschlossen.

Als besonders kritisches Feld innerhalb der islamischen rechtlichen Ordnungen unter den Malaien hatte sich das lockere Eheverständnis erwiesen. Anfang der fünfziger Jahre begannen Diskussionen um die Errichtung eines *sharīʿa*-Gerichtshofes mit dem Ziel, die islamischen Ehe- und Familienangelegenheiten besser zu organisieren.[49] Nachdem durch die *Muslims Ordinance* von 1957 die Errichtung des sharīʿa-Gerichts verfügt worden war, konnte es 1958 seine Tätigkeit aufnehmen. Eine seiner Hauptaufgaben war wieder die Registrierung von Eheschließungen und Scheidungen, die jedoch erst nach eingehender Beratung vollzogen werden durften. Damit konnte z. B. die Scheidungsrate von 51,7% im Jahre 1957 auf 17,5% im Jahre 1964 reduziert werden. Anders als in den Nachbarstaaten, in denen die Verwaltung der islamischen Gerichtsbarkeit Religionsministerien zugeordnet ist, wurde in Singapur das Ministerium für *Social Affairs and Community Development* mit der Aufsicht über den sharīʿa-Gerichtshof beauftragt.

Im Bereich der Erziehung wurden erst nach der Gewährung interner Selbstverwaltung 1959 durch die von der *People's Action Party (PAP)* unter Lee Kwan Yew geleitete Regierung eingreifendere Reformen durchgesetzt. Da gleichzeitig die Option an Aktualität gewann, innerhalb weniger Jahre die vollkommene Unabhängigkeit im Rahmen einer „Föderation Malaysia" zu erlangen, entstand nicht nur unter den Malaien eine politische Aufbruchstimmung auf Grund der Hoffnung, endlich aus der Minderheitensituation herauszukommen. Auch die PAP-Regierung sah in einem schnellen und wirkungsvollen Aufbau eines malaiisch-sprachigen Zweiges innerhalb des Erziehungssystems in Singapur – das seit der britischen Verwaltung in sprachlich getrennten Zweigen (Englisch, Chinesisch, weit weniger Tamil und kaum Malaiisch) organisiert war – eine günstigere Ausgangsbasis für ihren Beitritt in die Föderation. Denn auch die PAP hatte inzwischen der Forderung zugestimmt, daß Malaiisch die Nationalsprache in der neuen Föderation und der Islam die offizielle Religion werden sollte.

Die kurze Zeitspanne von zwei Jahren (1963–1965), in der Singapur in der Föderation Malaysia verblieb, war für die Malaien Singapurs eine Zeit gesteigerter Erwartungen, da sie nun, wie die Malaien in den anderen Teilstaaten, zur privilegierten und durch besondere Klauseln in der Verfassung geschützten ethnischen Majorität gehörten. Wie in den anderen Teilstaaten, die nicht durch einen Sultan regiert wurden, übernahm der *Yang di-Pertuan Agong*, das für jeweils fünf Jahre gewählte Staatsoberhaupt aus dem Kreis der Sultane, auch die Rolle eines Oberhauptes der muslimischen Gemeinschaft in Singapur.

Die PAP, nach wie vor stärkste Kraft in Singapur, betrachtete jedoch die Implementation der Sonderrechte der Malaien mit wachsendem Mißvergnügen, da sie ihrer prinzipiellen Vorstellung von einer „multirassischen" und „multikulturellen" Gesellschaft widersprachen. Als deshalb 1964 die *Singapore Malays' National Organisaion* nachdrücklich auf die „Provisionen" in der Verfassung verwies und ihre Verwirklichung in Singapur einklagte, reagierte die PAP mit der Einberufung einer eigenen *Malay Convention*, in der Lee Kwan Yew lediglich verstärkte Unterstützung bei der Ausbildung der Malaien zugestand.[50] Grundsätzlich sollte es jedoch bei dem „multirassischen" Schulsystem bleiben, in dem verschiedene Sprachgruppen administrativ getrennt bleiben, ansonsten aber den gleichen Zugang zu den Einrichtungen einer Schule haben.

Der 1965 von Tunku Abdul Rahman (ʿAbd ar-Raḥmān) durchgesetzte Ausschluß Singapurs aus der Föderation brachte die auf der Insel ansässigen Malaien zunächst zurück in die gewohnte Rolle als Minderheit, diesmal jedoch einerseits gestärkt in dem Bewußtsein, zur Majorität der im nördlichen Nachbarstaat herrschenden Ethnie zu gehören, zum anderen aber auch mit dem Mißtrauen konfrontiert, das die Regierung Singapurs und die Majorität seiner Bevölkerung hinsichtlich ihrer nationalen Loyalität pflegte.

Der Zwang, den Überlebenskampf aufnehmen zu müssen, führte dazu, daß sich die Arbeitssituation der Malaien rasch verbesserte und sie nicht mehr nur in ihrer großen Mehrheit einfache Handlangerjobs verrichteten, sondern auch zunehmend Arbeitsplätze höherer Gehaltsstufen und in der Produktion einnahmen. Auch die Präsenz malaiischer Frauen in der Arbeitswelt nahm spürbar zu.

Auf dem Unterrichtssektor verlangte die *Vereinigung malaiischer Lehrer in Singapur (Kesatuan Guru-guru Melayu Singapura)* seit 1968 die Unterweisung in der islamischen Religion als Pflichtfach für Malaien, die Errichtung malaiischer Eliteschulen und einer Universität mit Malaiisch als Unterrichtssprache, daran erinnernd, daß auch in Singapur Malaiisch noch in der Verfassung als nationale Sprache anerkannt war. Dies jedoch war nur noch eine Formalität, da die Regierung im Interesse ihrer internationalen Kommunikationsfähigkeit und im Interesse besserer interner Kommunikation und Integration nun das Prinzip der Zweisprachigkeit vertritt: Englisch und die ethnische Muttersprache. Auch der Religionsunterricht – ein Pflichtfach, wenn auch die Wahl der im Unterricht behandelten Religion freisteht – findet für die muslimischen Malaien auf der Basis englischer und malaiischer Textbücher statt.

Seit 1981 bemühte sich der *Rat für die Erziehung muslimischer Kinder (Mendaki*, wörtl. „den Berg erklimmen") um eine weitere Verbesserung der Ausbildungs- und Berufschancen der jungen Malaien, unter denen die Zahl der *dropouts*, derjenigen also, die ihre Ausbildung abbrechen, immer noch allzu hoch war. Er wurde von acht islamischen Organisationen unterstützt und vom Minister für Soziales und Umwelt geleitet, der auch der amtierende Minister für islamische Angelegenheiten war.

Mit dem Ausscheiden Singapurs aus der Föderation Malaysia waren auch die administrativen und repräsentativen Bindungen zwischen der muslimischen Gemeinschaft in Singapur und den staatlichen Organen Malaysias zerbrochen. Insbesondere hatten die Muslime Singapurs den Yang di-Pertuan Agong als ihr gemeinschaftliches Oberhaupt verloren. Ein regionaler Islam-Rat, der ihm hätte zur Seite stehen sollen, war noch nicht berufen worden. Dies sollte nun aufs schnellste nachgeholt werden. Bereits 1966 erließ das Parlament in Singapur ein *Administration of Muslim Law Act (AMLA)*, um die Verwaltung der islamischen Gemeinschaft zu organisieren. 1968 wurde aufgrund dieses AMLA ein *Rat für die islamische Religion in Singapur (Majlis Ugama Islam Singapura, MUIS)* eingerichtet[51] und ebenfalls dem Ministerium für Soziales und Umwelt zugeordnet. Seine vornehmste Aufgabe sollte es sein, nicht mehr den Yang di-Pertuan Agong, also einen islamischen Sultan, sondern den Präsidenten der Republik Singapur in die islamische Gemeinschaft betreffenden Fragen zu beraten. Die Mitglieder sollten aus einem Vorsitzenden, vom Staatspräsidenten auf Vorschlag des Ministers ernannt, sowie wenigstens sieben weiteren, von islamischen Organisationen vorgeschlagenen und vom Staatspräsidenten ernannten Mitgliedern bestehen. Außerdem kam es zur schon in den dreißiger Jahren geforderten Ernennung eines Muftis, der jedoch nur in Übereinstimmung mit dem Fatwa-Komitee ein Gutachten erlassen darf. MUIS ist ferner befugt, bei Erbschaften Urkunden über Grundbesitz auszustellen, sofern die Erben einem anderen als dem schafiitischen Rechtsritus angehören. Für Schafiiten ist jedoch der sharīʿa-Gerichtshof zuständig.

Im Verlauf der folgenden Jahre entwickelte sich MUIS zu einer zentralen Verwaltungsstelle, die eine Reihe von Funktionen koordinierte, die früher unabhängig voneinander abgewickelt wurden, wie z. B. die Verwaltung des Zakat (arab. *zakāt*), die Abwicklung der Pilgerfahrten nach Mekka, an der sich jährlich etwa 3000 Pilger beteiligen, die Errichtung von Moscheen in neuen Wohnsiedlungen, in denen nicht, wie früher, lokale Baukomitees tätig werden konnten. Diese neuen Moscheen sind auch soziale und Bildungszentren,[52] in denen eine neue Generation von Muslimen heranwächst, die die in den neuen Wohnsilos ohnehin nicht mehr haltbare ethnische Isolierung überwindet und die Orientierung auf die Tradition durch eine Orientierung auf die sharīʿa als Ausdruck ihrer Identität austauscht. Auch unterstützt MUIS Bemühungen um einen einheitlichen Syllabus für den islamischen Religionsunterricht.

Auf Anregung des Ministers wurde 1985 ein „Fonds für die islamische Gemeinschaft" *(Dana Masyarakat Islam, DANAMIS)* mit dem Ziel eingerichtet, Investitionen muslimischer Geschäftsleute zu fördern. Daneben sammelte er auch finanzielle Unterstützung für die Mekkapilger.

Seit Beginn der achtziger Jahre zeigt sich eine zunehmende Kooperation zwischen der PAP-Regierung und einer Anzahl islamischer Organisationen, nicht zuletzt durch die Vermittlung von MUIS und muslimischen Abgeordneten der PAP, zu denen auch der für die muslimischen Angelegenheiten zuständige Minister gehört. Die Regierung hat, auch durch den Überlebenskampf Singapurs, folgende Prioritäten gesetzt: (1.) wirtschaftliche, technische und technologische Entwicklung, (2.) Schaffung eines von allen getragenen Nationalismus, der die multiethnische und multikulturelle Zusammensetzung der Bevölkerung respektiert, aber zugleich die Privilegierung bestimmter Ethnien vermeidet, (3.) damit zusammenhängend Favorisierung des Gebrauchs des „neutralen" Englisch.

Solange sich die Muslime diesen Prioritäten anpassen, werden sie mit einer breiten Unterstützung zur Bewältigung ihrer Probleme und einer zügigen Integration in die Gesellschaft Singapurs rechnen dürfen.

f) Thailand

Im Königreich Thailand, in dem der Theravada-Buddhismus Staatsreligion ist, bekennen sich bei einer Gesamtbevölkerung von ca. 54,5 Millionen Einwohnern etwa 1 Million zum Islam. Zu ihnen gehören vor allem Malaien, aber auch Einwanderer früherer Jahrhunderte aus dem alten hinterindischen Reich der Cham, dazu Chinesen sowie Indonesier und Inder aus verschiedenen Regionen ihrer Heimat. Etwa 800 000 der Muslime leben in den südthailändischen Distrikten Pattani, Yala und Narathiwat, die früher das Kerngebiet des malaiischen Fürstentums Patani ausmachten,[53] sowie in Satun, das früher zum malaiischen Sultanat Kedah gehörte. In diesen Provinzen stellen sie ungefähr 73% der Bevölkerung. Die hier lebenden Malaien, von den Thai oft geringschätzig als *khaek*, als Besucher oder Fremde angesprochen, fühlen sich dem dynastischen und kulturellen Erbe des alten Patani verbunden und verpflichtet. In Erinnerung an die langen kriegerischen Auseinandersetzungen zwischen Patani und den Thai, verstärkt jedoch durch den Druck der nationalen, auf kulturelle und sprachliche Einheit zielende Politik der thailändischen Regierung, befürchten die

Malaien den Verlust ihrer Identität und Geschichte, so daß es unter ihnen zur Gründung von Widerstandsorganisationen kam. Da sich die anderen, im Lande verstreut lebenden und lediglich in den größeren Städten wahrnehmbar organisierten Muslime weithin den gesellschaftlichen Gegebenheiten assimiliert haben, wird im folgenden nur diese malaiische Volksgruppe im Süden Thailands behandelt.

Vor dem 15. Jahrhundert lag in der Gegend von Patani das Zentrum eines der ältesten Reiche auf der malaiischen Halbinsel, nämlich von Langkasuka, dessen Hauptstadt bereits während des Aufstiegs von Śri Vijaya im 7. Jahrhundert ein seit einigen Jahrhunderten frequentierter, indisch dominierter Handelsstützpunkt auf dem Wege nach China war. Seine geographische Lage eben südlich des Isthmus von Kra, durch den eine seit alten Zeiten benutzte Handelsstraße führte und die Straße von Malakka mit dem südchinesischen Meer verband, hatte zu seiner Bedeutung erheblich beigetragen.[54] Śri Vijaya beherrschte es dann für längere Zeit, aber trotzdem wurden auch an den chinesischen Kaiserhof weiterhin Tribute gesandt. Zu Beginn des 16. Jahrhunderts verschwand Langkasuka plötzlich.

Im Schatten Langkasukas muß sich Patani als Fürstentum entwickelt haben, das zu eigener Bedeutung gelangte, nachdem sein Herrscher 1457 unter dem Einfluß von Malakka zum Islam übergetreten war. Da der Islam nach einigen Traditionen bereits vor der Gründung Malakkas in Patani bekannt gewesen sein soll, haben möglicherweise dort ansässige muslimische Händler aus Pasai die ersten Konversionen veranlaßt und damit den Ruf Patanis begründet, eine der Wiegen des Islams in Südostasien zu sein. Bald blühte es erneut als Handelszentrum an der Ostküste auf. Als nördlichstes der malaiischen Königreiche hatte es allerdings auch die Last zu tragen, daß es immer wieder von den nach Süden drängenden Thai angegriffen und besiegt wurde. Trotz der formellen Anerkennung ihrer Vorherrschaft kam es immer wieder zu Rebellionen seitens Patanis, in denen es zeitweise von Kelantan, Trengganu und Kedah unterstützt wurde, so daß auch diese Königreiche gelegentlich unter die Vorherrschaft Siams kamen. Während diese in der Regel lediglich zu Tributzahlungen verpflichtet wurden, griff das Königshaus von Siam, in dem sich 1782 der Wechsel zu einer neuen, bis in die Gegenwart regierenden Dynastie vollzogen hatte, oft direkt in die internen Angelegenheiten Patanis ein und forderte wiederholt, neben dem jährlich zu entrichtenden Tribut, auch aktive Unterstützung in seinen kriegerischen Unternehmungen. Unter König Rama II. (1809–1824) wurde schließlich das Gebiet von Patani 1816 in sieben Distrikte aufgeteilt und mit deren Verwaltung je ein vom siamesischen König bestellter *raja* beauftragt. Diese waren malaiische Adelige aus Kedah oder Kelantan, die ihrerseits über verwandtschaftliche Beziehungen zur alten Sultansfamilie von Patani verfügten. Patani als Verwaltungseinheit jedoch hörte damit auf zu bestehen.

Das System der verwandtschaftlichen Beziehungen, das zwischen den rajas im (ehemaligen) Patani bestand, ähnelte dem in anderen malaiischen Staaten. Somit konnte gegen Ende des 19. Jahrhunderts der raja des Distrikts von Patani als Repräsentant der Tradition dieses Königreiches auftreten, als die Regierung Siams erneut daranging, im Interesse einer verstärkten zentralen Kontrolle und gleichzeitig mit dem Ziel einer beschleunigten Modernisierung eine Verwaltungsreform durchzuführen. Diese Reform war auch nötig, um gegenüber den kolonialen Aspirationen der Franzosen im Osten und der Briten im Westen (Birma, heute Myanmar) und Süden (Malaya) jeden Anlaß zu vermeiden, der unter Ausnutzung interner Schwächen dazu hätte verleiten können, diesem letzten noch souveränen Königreich in Hinterindien die „Hilfe“ einer Kolonial-Administration aufzuzwingen.

Mit der Ernennung von Prinz Damrong Rajanubhab zum Innenminister 1892 hatte sich König Chulalongkorn (Rama V., 1853–1910, regierte ab 1868) die Persönlichkeit verpflichtet, die seine Reformpläne zielstrebig und effektiv durchsetzte. Die Provinzen wurden in „Kreisen“ *(monthon)*, zusammengefaßt und einem Gouverneur unterstellt. Dieser war u. a. für die Ausweitung des Schulwesens verantwortlich, in dessen Lehrkörper verstärkt gut ausgebildete buddhistische Mönche eingewiesen wurden; der Reform und Ausbildung des Mönchswesens hat das besondere Interesse der Dynastie seit ihrem ersten König gegolten, da für den vorangegangenen Untergang des Reiches von Ayutthaya nicht zuletzt religiöse Laxheit verantwortlich gemacht worden war. Besonders einschneidend war auch die Reform des Steuerwesens, da nun das Steueraufkommen nicht mehr von den Provinznotablen verwaltet werden durfte, sondern an die Regierung abgeliefert werden mußte und die Beamten durch ein Gehalt entlohnt wurden. Diese praktische Entmachtung der traditionellen Oberschicht in den Provinzen führte, als 1902 die Verwaltungsreform durchgeführt werden sollte, vielerorts zu heftigen sozialen Konflikten.

Zum Konflikt kam es auch in Patani, wo sich raja Tunku Abdul Kadir (ʿAbd al-Qādir) der traditionellen Loyalität der malaiischen Bevölkerung gegenüber ihrem Herrscher erfreute. Zum einen stand das alte System der Besteuerung durch die regionale und damit der eigenen Ethnie zugehörigen Nobilität nicht nur im Einklang mit der *adat*, zum andern wurde es von ihr gemeinsam mit ihrem Volke als Ausdruck einer, sei es auch eingeschränkten, Autonomie und damit als Garantie ihrer sozialen Struktur und eigenständigen kulturell-religiösen Identität angesehen. Nun sollte Patani der Provinz Nakhon Si Thammarat (Ligor) angegliedert werden. Dadurch wurde augenscheinlich, daß durch die Verwaltungsreform aus dem militärisch besetzten malaiischen Gebiet Patani nun die siamesische Provinz Pattani werden sollte. Die Allgegenwart und Arroganz der fremden siamesischen Bürokraten in den Amtsstuben und die Schwierigkeiten der sprachlichen Kommunikation verstärkten den Schmerz über die verlorene Unabhängigkeit und das Gefühl, der gesellschaftlichen und kulturellen Entfremdung gegenüber machtlos ausgeliefert zu sein. Ein Aufstandsversuch Tunku Abdul Kadirs 1903, bei dem er vergeblich auf ein Eingreifen der Briten hoffte, endete mit seiner Absetzung und Verbannung. Damit verloren die Malaien in Patani endgültig ihre traditionelle Führung und mit ihr die engen Bindungen an die angrenzenden malaiischen Sultanate. Nicht nur die

Nobilität war eng verschwägert, sondern auch die *ʿulamāʾ* hatten durch die Jahrhunderte hindurch enge Kontakte miteinander gepflegt. Mit diesen Bindungen zerbrach auch die Hoffnung auf wirksame Unterstützung seitens der Nachbarn und Verwandten, zumal Kedah, Kelantan, Trengganu und auch Perlis sich erfolgreich den Briten angenähert hatten. Als es 1909 zu einem Vertrag zwischen den Briten und Thai kam, verzichteten die Thai auf die Oberhoheit über die Sultanate. Patani und ein Teil von Kedah dagegen wurden nun auch von den Briten als Teil von Siam anerkannt; die damals festgelegte Grenze gilt bis heute. Patani selbst ist 1906 noch einmal zu einem monthon zusammengefaßt und in vier Regierungsbezirke *(changwat)* unterteilt worden – mit einem Thai als Gouverneur. Später wurde das changwat Saiburi aufgehoben und zum Teil Patani, zum anderen Teil Narathiwat eingegliedert.

Die Vereinheitlichung des Verwaltungssystems wirkte sich nicht nur im fiskalischen, ökonomischen und edukativen Bereich aus, sondern auch in der Rechtsprechung. Die Rolle der ʿulamāʾ, neben der Nobilität die zweite Stütze der malaiischen Gesellschaft, wurde dadurch zurückgedrängt, daß die Anwendung des islamischen Rechts auf Familien- und Erbstreitigkeiten begrenzt wurde. Die streitenden Parteien durften sich einen *qāḍī* suchen, doch konnte sein Urteil durch einen staatlichen Richter bestätigt oder aufgehoben werden.

Das Gefühl, in jeder Hinsicht seitens der Regierung vernachlässigt bzw. als khaek vorsätzlich diskriminiert zu werden, führte 1922 zu einer neuen Protestbewegung. Anlaß war ein Gesetz zur Einführung der Grundschulpflicht 1921, durch das auch die malaiischen Kinder zum Besuch der staatlichen Schulen und zum Gebrauch des Thai verpflichtet wurden. Einer der führenden Köpfe des Protests war der letzte raja von Patani, Abdul Kadir, der aus seinem Exil in Kelantan Kontakte mit der malaiischen Nobilität und den ʿulamāʾ in Patani aufgenommen und sie in ihrem Widerstand gegen die „Thaiisierung" ihrer Heimat finanziell und politisch unterstützte. Abdul Kadir erhielt Zuspruch aus der Nobilität und den ʿulamāʾ in den „Nichtföderierten Malaiischen Staaten" – außer den vier bereits genannten, an Thailand grenzenden Sultanaten auch Johor –, die ihrerseits befürchteten, daß die Briten ähnliche Eingriffe in die innere Struktur ihrer Staaten planen könnten wie die Thai in Patani; aus diesem Grunde waren sie auch nicht dem von den Briten 1896 geschaffenen „Verbund der Föderierten Staaten Malayas" beigetreten, nachdem sie im britisch-siamesischen Abkommen von 1909 die Unabhängigkeit von Siam zugesprochen erhalten hatten.[55]

Aus Furcht davor, die nationalistischen Strömungen in den malaiischen Sultanaten könnten nach Patani übergreifen, sah sich die Regierung in Bangkok schließlich veranlaßt, ihre Haltung gegenüber den Malaien in Patani zu ändern. In einem Dekret an den Innenminister verfügte König Vajiravudh (Rama VI.) u. a., daß

– keine Verordnungen mehr erlassen werden dürfen, die dem Islam widersprechen oder ihm schaden,

- die von den Malaien einbezogenen Steuern nicht höher sein dürfen als die in den malaiischen Staaten,
- nur ehrliche und gut erzogene Beamte nach Patani versetzt werden dürfen und keinesfalls Strafversetzte.

Bei diesen Zugeständnissen ging es jedoch keineswegs darum, am Staatsprinzip des Königreiches irgendwelche Abstriche zu machen: an der Entwicklung einer nationalen Identität mit Thai als der nationalen Sprache und dem Theravada-Buddhismus als Grundlage der Kultur. Für die Minoritäten mußte innerhalb dieses Schemas ein Platz gefunden werden, für die Möglichkeit größerer Autonomie gab es keinen Raum. Das für die Muslime weiterhin bestehende akute Problem wird bereits daran deutlich, daß es in Thai als der von buddhistischem Gedankengut belegten Unterrichtssprache an den staatlichen Schulen keine Lehrbücher über den Islam gab und damit die enge Verbindung zwischen islamisch und malaiisch erhalten blieb.

Der unüberbrückbare Gegensatz zwischen thai-buddhistisch(-nationalistisch) und malaiisch-islamisch(-sezessionistisch) änderte sich trotz anfänglicher Hoffnungen auch nicht nach dem Staatsstreich von 1932, der Siam von einer absoluten zu einer parlamentarischen Monarchie verwandelte. Zunächst waren auch in Bangkok ansässige Muslime aktiv an den Ereignissen beteiligt, und selbst der Sohn Abdul Kadirs, der Tengku Mahmud Mahyiddin (Maḥmūd Muḥyī ad-Dīn), kam nach Bangkok, um zu erklären, daß die Malaien von Patani nun, da es eine demokratische Verfassung mit gleichen Rechten für alle gebe, zur Kooperation bereit seien.

Bei den Wahlen von 1933 offenbarte sich jedoch ein grundlegendes Dilemma der Malaien: Nur ein einziger malaiischer Vertreter aus dem (ehedem zu Kedah gehörigen) Distrikt Satun kam ins nationale Parlament, während aus dem ganzen Gebiet Patanis nur buddhistische Thai gewählt wurden oder werden konnten.[56] Die Ablehnung des siamesischen Erziehungssystems durch die Malaien hatte nicht nur den Analphabetismus bestärkt, sondern auch die Ausbildung einer malaiischen Elite verhindert, durch die sie in den politischen Strukturen wirkungsvoll vertreten werden konnten.

Die veränderte Verfassungslage führte allerdings zu einem raschen Wandel. Die Möglichkeit einer sinnvollen Partizipation in der Politik ließ die geistige Elite der Malaien, nämlich die ʿulamāʾ und ihre Schüler, rasch aktiv werden. Bereits bei den Wahlen 1937 konnten somit auch aus den drei Provinzen Patanis malaiische Vertreter ins Parlament gewählt werden. Das heißt nicht, daß sich die Malaien bedingungslos auf die neue Situation eingestellt hätten. Ihre Partizipation blieb vielmehr eine eingeschränkte: Wo es zur Besserung der augenblicklichen Situation diente, war Kooperation angesagt. Die Hoffnung auf Autonomie war damit jedoch nicht aufgegeben und richtete sich nach wie vor auf die Rolle und Haltung der alten Nobilität. Der Hoffnungsträger dieser Aspirationen war Tengku Mahyiddin.

Der nationale Geist der Bewegung von 1932 entwickelte sich jedoch bald zum Chauvinismus, und die Programme zur Thaiisierung der Gesellschaft wurden erneut und verstärkt aufgegriffen.

Mit der Ernennung des *Luang* (militärischer Titel) Phibun Songkhram zum Premierminister im Dezember 1938 kam es zu einer völlig neuen Situation.[57] Er hatte im Staatsstreich von 1932 bereits das nationalistische Element vertreten, eine militärische Eliteausbildung genossen und eine besondere Vorliebe für autoritäre, ihren Nationalismus auf das Volk und nicht auf das Land beziehende Führergestalten wie Mussolini und Hitler entwickelt. Unter ihm erhielt der thailändische Nationalismus – auch die Umbenennung des Staates von Siam in Thailand geschah 1939 auf seine Veranlassung hin[58] – einen völkischen Charakter, den allerdings zuerst die im Lande lebenden Chinesen erfuhren. Durch seine Parteinahme für Japan im 1937 ausgebrochenen chinesisch-japanischen Krieg war dann auch die Rolle, die Thailand im Zweiten Weltkrieg an der Seite Dai Nippons („Groß-Japan") spielte, vorgeprägt: Während Japan die Kolonien westlicher Staaten in Südostasien besetzte, konnte „Groß-Thailand" sich einige jener Regionen in Hinterindien wieder einverleiben, auf die es im Laufe der Geschichte Besitzansprüche erhoben und zeitweise durchgesetzt hatte, wie Teile von Laos und Kambodscha (Kampuchea) sowie die Shan-Distrikte in Birma. Auch die vier nordmalaiischen Sultanate wurden erneut besetzt.

Die Politik der völkischen Gleichschaltung wurde vollzogen, indem der Gebrauch des Thai auch als Umgangssprache und die Zugehörigkeit zur buddhistischen Religion als Ausdruck wahrhaftig nationaler Gesinnung propagiert, gleichzeitig aber auch unter einem kulturellen Diktat Vorschriften über die privaten Lebensgewohnheiten wie z. B. das Tragen westlicher Kleidung wie Hosen, Krawatten, Hüte, Handschuhe sowie die Einführung des westlichen Kalenders als Ausdruck für Fortschritt und Zivilisation dekretiert wurden. Dies brachte den Malaien nicht nur Schwierigkeiten beim Tragen ihrer traditionellen Kleidung, sondern nahm ihnen auch das unter Chulalongkhorn noch verbriefte Recht, ihre Familien- und Erbschaftsangelegenheiten nach islamischem Recht von einem qāḍī, wenn auch unter der Aufsicht staatlicher Richter, regeln zu können.

In dieser zugespitzten Situation sah Tengku Mahyiddin eine Chance zur Wiederherstellung Patanis. Mit britischer Unterstützung organisierte er im Untergrund einen malaiischen Widerstand sowohl gegen die japanische – dieses das besondere britische Interesse – als auch gegen die thailändische Besatzung. Auch wandte er sich an die etwa 3000 in Mekka gestrandeten Malaien aus Patani, die nach ihrer Rückkehr als Lehrer für die Sache Mahyiddins und die Unabhängigkeit Patanis eintreten sollten – eine Unabhängigkeit, die sich nach damaliger britischer Vorstellung im Rahmen einer „Malaiischen Union" vollziehen sollte, in der die Rolle der Sultane noch zu definieren war. Einstweilen brauchten sich Briten und Sultane jedoch noch gegenseitig, und die aktive Rolle Mahyiddins ließ beide Seiten eng zusammenrücken.

Zu Beginn des Jahres 1944 trat in Patani eine Gruppe von ʿulamāʾ unter der Leitung von Hajji Sulung ibn Abdul Kadir (Ḥājjī Sulung ibn ʿAbd al-Qādir) hervor, die sich in der Verteidigung des Gehorsams gegenüber der *sharīʿa* gegenseitig unterstützen wollten. Tengku Abdul Jalal (ʿAbd al-Jalāl), ein anderer malaiischer Führer und Parlamentsabgeordneter, verwahrte sich in einem Protestschreiben an die Regierung Phibun Songkhram u. a. dagegen, daß der Gouverneur von Patani die Entweihung des Islams betreibe; dabei bezog er sich besonders auch auf das erzwungene Gebet vor Buddhastatuen. In der Antwort wurde jedoch knapp bestätigt, daß sich der Gouverneur korrekt verhalten hatte.[59] Daraufhin verband sich Tengku Abdul Jalal mit Tengku Mahyiddin und ging ebenfalls nach Kelantan in den Untergrund, wo er mit antijapanischen Guerillas für die Befreiung Patanis kämpfte.

Als sich die japanische Niederlage im pazifischen Krieg abzuzeichnen begann, wurde Phibun im Juli 1944 gestürzt. Die neue Regierung unter dem aus den USA zurückgekehrten Phridi Phanomyong bemühte sich auch um eine Verbesserung ihrer Beziehungen zur malaiischen Minderheit. Anfang 1945 wurde ein *Patronage of Islam Act* erlassen, in dem festgelegt wurde, daß ein Teil des thailändischen Volkes in einer bestimmten Region dem Islam anhänge, und daß ihnen in Verwaltung und Ausübung ihrer Religion Unterstützung zu gewähren sei. Demzufolge wurden die malaiischen Schulen und religiösen Institutionen unter den Schutz der thailändischen Administration gestellt. Gleichzeitig wurde ein zentrales *Büro für islamische Angelegenheiten (Majlis Agama Islam)* mit einem *shaikh al-islām (Chularajmontri)* an der Spitze und Zweigstellen in den betreffenden Distrikten eingerichtet. Als shaikh al-islām wurde der Senator Cham Phromyong berufen. Die Regierung sah ihn nun als Wortführer der islamischen Gemeinschaft in Thailand an und gleichzeitig als Ratgeber des Königs, der zum obersten Schutzherrn aller religiösen Gemeinschaften in Thailand erklärt wurde.

Mit diesem Schritt versuchte die Regierung, durch das Angebot des Schutzes auch die Kontrolle über die islamischen Institutionen und ihre führenden Köpfe zu gewinnen. Das zur Schau gestellte Interesse an den Beschwerden der Muslime sollte außerdem die Sympathien der malaiischen Bevölkerung von Tengku Mahyiddin und seinen Mitstreitern, die inzwischen von den Briten das Abhalten eines Referendums unter der malaiischen Bevölkerung Thailands nach Kriegsende forderten, ablenken und auf sich ziehen.

Während Tengku Mahyiddin und mit ihm die Führer aus der malaiischen Nobilität ihre Hoffnung auf britische Unterstützung und die Einbeziehung Patanis in die Pläne für eine Malaiische Union setzten und mit diesem Ziel die *Malaiische Vereinigung Groß-Patani (Gabungan Melayu Patani Raya, GAMPAR)* gründeten, blieben auch die ʿulamāʾ nicht untätig. Hajji Sulong ibn Abdul Kadir, der inzwischen zum Präsidenten des Distriktbüros für islamische Angelegenheiten ernannt worden war, organisierte mit anderen ʿulamāʾ in Patani das *Patani People's Movement (PPM)*, das die Zusammenarbeit mit GAMPAR suchte. Da Tengku Mahyiddin die erhoffte Unterstützung der Briten nicht erhielt, diese vielmehr die Grenzen von 1909 zwischen Thailand und Malaya bestätigten und damit die von der Nobilität geführte

Bewegung desavouierten, übernahm die von der religiösen Elite geleitete Bewegung die Führung im Kampf um die Unabhängigkeit Patanis.

Im April 1947 überreichten die muslimischen Malaien unter der Leitung von Hajji Sulung der Regierung ein Memorandum, in dem durch ein Sieben-Punkte-Programm Vorschläge für die Gründung einer autonomen Region Patani Raya unterbreitet wurden:

(1.) Die Ernennung eines Hochkommissars, der mit uneingeschränkter Autorität die Region Patani Raya mit der Vollmacht regieren soll, alle Regierungsbeamten, die in jener Region arbeiten, abzulösen, zu beurlauben oder zu entlassen; jene Person soll aus der Gegend stammen und vom Volk durch direkte Wahlen gewählt werden.

(2.) 80% der Regierungsbeamten müssen malaiische Muslime sein, um den Bevölkerungsproporz widerzuspiegeln.

(3.) Die malaiische und die siamesische Sprache sollen die offiziellen Sprachen sein.

(4.) Die malaiische Sprache soll in den Grundschulen gelehrt werden.

(5.) Das islamische Recht soll in der Region gelten, mit islamischen Gerichtshöfen, die getrennt und unabhängig vom Rechtswesen der Regierung sind.

(6.) Alle Steuereinnahmen sollen ausschließlich für das Wohl des Volkes in dieser Region eingesetzt werden.

(7.) Für diese Provinz soll ein *Islamischer Rat (Majlis Ugama Islam)* alle Vollmachten für die Gesetzgebung entsprechend dem islamischen Recht für alle die islamische und malaiische Kultur betreffenden Angelegenheiten erhalten, unter der obersten Autorität des Hochkommissars, wie unter Punkt 1 erwähnt.[60]

Möglicherweise kam es in den folgenden Monaten zu einer Annäherung zwischen Ministerpräsident Phridi und Hajji Sulung. Der inzwischen als Direktor des Erziehungsdepartments im benachbarten Kelantan amtierende Tengku Mahyiddin ist anscheinend als Hochkommissar vorgesehen gewesen. Im November 1947 mußte Phridi jedoch nach einem Staatsstreich fliehen und mit ihm der allseits respektierte Cham Phromyong, der ehemalige Chularajmontri. Im Januar 1948 wurde Hajji Sulung zusammen mit seinem Sohn und einigen anderen führenden ʿulamāʾ verhaftet, nachdem sie zum Boykott der für den 29. Januar 1948 geplanten Wahlen aufgerufen und eine *hijra*-Politik, d. h. die Verweigerung jeglicher Kooperation mit der neuen Regierung, angedroht hatten. Auch der Islamische Rat von Patani wurde verboten.

Die Situation verschlimmerte sich weiter, als im April 1948 Phibun Songkhram erneut die Macht ergriff. Er war zwar nach dem Ende des Zweiten Weltkrieges, als Kriegsverbrecher beschuldigt, für einige Zeit von der politischen Bühne verschwunden. Nun jedoch, nach Ausbruch des kalten Krieges, schien er auch von seinen ehemaligen Feinden als starker Mann für nützlich betrachtet zu werden. In Malaya war es bereits zu ersten kommunistischen Guerilla-Aktionen gekommen. Die Briten, die den Schlüssel zur Lösung des Patani-Problems in den Händen hielten, setzten nun auf gute Beziehungen zur thailändischen Regierung. Und diese zögerte natürlich nicht, ihre Aktionen gegen die Malaien mit dem Hinweis auf die Gefahr kommunistischer Infiltration im Süden des Landes zu rechtfertigen. Hajji Sulung wurde 1952 wieder freigelassen, zwei Jahre später verschwanden er und sein Sohn Ahmad (Aḥmad) To'mina jedoch auf geheimnisvolle Weise. Es hielt sich das Gerücht, daß sie durch Angehörige der Polizei ertränkt worden seien.[61] Damit war deutlich, daß die von Phibun praktizierte Politik der erzwungenen Assimilation gescheitert war. Das Empfinden der malaiischen Patanis wurde von Hajji Sulung in die Worte gefaßt: „Wir, die Malaien, sind uns bewußt, daß wir deshalb unter die Herrschaft Siams kamen, weil wir besiegt wurden. Der Ausdruck ‚Thai-Islam', mit dem wir von der Regierung Siams bekannt gemacht werden, erinnert uns an diese Niederlage. ... Wir bitten deshalb die Regierung, daß sie uns ‚malaiische Muslime' nennt, damit wir vor der Außenwelt von den Thai unterschieden werden können."[62]

Somit konnte auch die „weiche Assimilationspolitik", wie sie nach Phibuns Abgang 1957 erneut in die Wege geleitet wurde, zu keinem Erfolg führen. So wie für die Malaien die Einheit von kultureller und reglіöser Tradition die Basis ihrer Identität und Grundlage ihrer Solidarität mit ihren politischen und religiösen Führern ist, so sind auch in Thailand die Monarchie, der Buddhismus und die ihnen dienende Bürokratie die die Integration der Nation formenden Faktoren. Da die traditionellen islamischen Schulen *(pondok)* das Rückgrat der malaiischen Erziehung waren, versuchten die thailändischen Regierungen nach Phibun, sie durch die Verpflichtung auf die für Privatschulen geltenden Curricula unter ihre Kontrolle zu bringen.[63]

Durch ihre Schwächung erhielt jedoch eine andere Gruppe von Muslimen größere Bedeutung, nämlich diejenigen, die an den Universitäten studierten, dort Kenntnisse über Bürgerrechtsbewegungen oder marxistisch oder islamistisch („fundamentalistisch") geprägte Befreiungsbewegungen erhielten und dadurch imstande waren, der malaiischen Bewegung in Patani einen neuen Charakter zu verleihen. Sie gaben auch jenen separatistischen Organisationen, die bereits länger existierten, eine neue Prägung. Unter ihnen seien erwähnt:

- *Nationale Befreiungsfront Patani (Barisan Nasional Pembebasan Patani, BNPP).* Sie wurde von Tengku Mahyiddin in Kelantan gegründet und erhielt nach der Verhaftung von Hajji Sulung großen Zulauf. Seit 1977 gibt es in ihr verstärkte Bemühungen, das Interesse Saudi-Arabiens auf sich zu ziehen. Viele Patanis studieren an arabischen Universitäten und übernehmen nach ihrer Rückkehr Posten in den malaiischen Regierungen der Halbinsel. Ihr Ziel ist die Wiederherstellung der alten Größe von Patani.
- *Nationale Revolutionäre Front (Barisan Revolusion Nasional, BRN)*, mit dem Ziel, gewaltsam eine „Republik Patani" zu gründen. Sie hat Beziehungen zu kommunistischen Gruppen auf beiden Seiten der Grenze, weshalb sie innerhalb der Befreiungsbewegungen Patanis ziemlich isoliert dasteht.

- *Vereinigte Organisation zur Befreiung Patanis (Pertubohan Persatuan Pembibasan Patani, PPPP* oder, nach den Initialen der englischen Bezeichnung, *PULO).* Diese Organisation wurde 1968 als zentrale Schaltstelle mit dem Sitz in Mekka gegründet und hat zum Ziel, durch Guerilla-Aktivitäten Patani als autonome islamische Region zu restaurieren. Sie gilt als die zielstrebigste der drei Organisationen. Wahrscheinlich wird sie auch von einigen der mystischen Orden (*tarekat*, arab. *ṭarīqāt* oder *ṭuruq*) unterstützt, die auch im malaiischen Raum immer wieder bei politischen oder sozialen Spannungen aktiv eingreifen.[64]
- *Vereinigung junger Muslime in Thailand (Persatuan Belia Muslim Thailand, YMAT).* Diese 1964 gegründete Vereinigung scheint ihr Vorbild in der malaysischen ABIM (s. o.) zu sehen. Sie ist offen für die Ideen des islamischen *revival* und aktiv in der *daʿwa.* Von daher umfaßt ihr Betätigungsfeld nicht nur Südthailand, sondern schließt auch Nord- und Zentralthailand mit ein.

Nach tagelangen Unruhen 1975 haben die nachfolgenden thailändischen Regierungen neben der Fortführung militärischer Aktionen versucht, einerseits durch diplomatische Kontakte jene Länder und Organisationen wie die *Islamic Conference Organization (ICO)*, die die separatistische Bewegung unterstützen, zu einer Sinnesänderung zu bewegen, und zum anderen gelegentlich durch größere „Attraktion", etwa durch Maßnahmen gegen korrupte oder selbstherrliche Regierungsvertreter, die Sympathie der muslimisch-malaiischen Minderheit im Süden zu gewinnen.

Durch einen Ausbau des Schulwesens, durch das auch die traditionellen pondoks – allerdings unter der Maßgabe, daß dem Gebrauch des Thai größerer Raum gewährt werde – unterstützt wurden, und eine Verbesserung der weiteren Ausbildungsmöglichkeiten für jene Muslime, die über unzureichende Sprachkenntnisse verfügen, sowie durch Bemühungen, auch die ökonomische Situation der vor allem in der Landwirtschaft arbeitenden Muslime Patanis zu verbessern, versuchen die thailändischen Regierungen seitdem, das vor allem durch Phibuns Maßnahmen verlorene Vertrauen zurückzugewinnen. Auf der nationalen Ebene gibt es Bestrebungen, einerseits den von den Minoritäten als exklusiv empfundenen theravada-buddhistischen Charakter des Staates zu relativieren und auf den religiösen Pluralismus im Lande zu verweisen, etwa dadurch, daß der König wirkungsvoller als früher als Oberhaupt und Beschützer auch der anderen religiösen Gemeinschaften auftritt. Zum anderen wird versucht, die partikularen, an ihre ethnische Herkunft gebundenen Identitätsverständnisse der verschiedenen muslimischen Gruppen – neben den Malaien die zahlenmäßig sehr viel kleineren Gruppen der chinesischen, indischen und aus Kambodscha geflüchteten Cham-Muslime – zu einer gemeinsamen, in einem Thai-Islam gründenden nationalen Identität zusammenzuführen. Dazu wurde unter anderem Ende der siebziger Jahre in Bangkok ein großes Islamisches Zentrum eingerichtet.

11. Maghreb und Westafrika

(Peter von Sivers)

Die herausragenden Merkmale der Länder des Maghreb und Westafrikas in der Gegenwart sind rasche Bevölkerungsvermehrung und Urbanisierung. In allen Ländern haben sich die Bevölkerungsziffern seit 1900 zwischen 300 und 600% gesteigert. Die Geburtenraten standen 1975 zwischen 4% für Tunesien und 5,2% für Niger. Diese Geburtenraten sind so hoch, weil die Kindersterblichkeit nur langsam zurückgeht und in Nord- und Westafrika noch etwa zehnmal höher ist als in Europa. Wie seit jeher tendieren Eltern zu hohen Geburtenraten, um wenigstens von ein paar erwachsenen Kindern überlebt zu werden. Bisher ist es noch keineswegs eindeutig irrational, große Familien zu zeugen.[1]

Um den Lebensstandard zu halten oder gar zu verbessern, muß die wachsende Bevölkerung intensiver arbeiten, sich spezialisieren (um durch größere Arbeitsteilung mehr zu produzieren) und neue Arbeitsmöglichkeiten schaffen (in der Landwirtschaft durch Spezialisierung, in den Städten durch Industrialisierung). Alle drei Formen – Arbeitsintensivierung, Spezialisierung und Industrialisierung – zwingen die Bevölkerung, sich von bäuerlicher Selbstversorgung in Nahrung, Kleidung und Behausung abzukehren und mehr und mehr auf Marktkonsum umzustellen. Unter der Bedingung raschen Bevölkerungswachstums im Maghreb und in Westafrika ist es allerdings den verschiedenen Bevölkerungsteilen unmöglich, die Umstellung gleichförmig zu vollziehen. Die Landwirtschaft hinkt mangels Marktmöglichkeiten hinterher, eine enorme Landflucht ist die Folge, in den übervölkerten Städten weiten sich die wenig produktiven traditionellen Gewerbe schneller aus als die neuen Industrien. Obwohl historisch eine Verbindung zwischen wachsenden Bevölkerungszahlen und größerem Wohlstand nachgewiesen werden kann, ist die gegenwärtige Bevölkerungsvermehrung zu explosiv, um in naher Zukunft eine gleichmäßige Verteilung des wachsenden Sozialprodukts zu ermöglichen.[2]

Religion spielt in diesem Prozeß drängender gesellschaftlicher Umstellung eine doppeldeutige Rolle. Der Islam verkörpert einerseits den Anspruch auf universale Gerechtigkeit in der menschlichen Zivilisation, ist aber andererseits seit dem Bestehen bisher mit Gesellschaften geringer Bevölkerungszahlen liiert gewesen. Der bisherige Islam enthält daher, trotz seines Universalanspruchs, wenig zur Frage der Gerechtigkeit unter Menschen, die dicht miteinander zusammenleben. Das Problem der Anwendbarkeit eines religiösen Gerechtigkeitsbegriffs, der in der Vergangenheit die Ordnung einer dünn besiedelten Welt garantiert hat, auf Massengesellschaften der Gegenwart ist natürlich nicht auf Nord- und Westafrika beschränkt. Im Christentum hat der Zweifel an der Anwendbarkeit einer unter wenigen Menschen entstandenen Universalreligion auf viele dicht miteinander Lebende zu einer weitreichenden Säkularisierung geführt, an der auch gelegentliche Erweckungsbewegungen wenig zu ändern vermögen. Die Ambivalenz besonders der Offenbarungsreligion zwischen ihrem Universalanspruch und der wenig bevölkerten Welt, aus der sie stammen, ist unter den Bedingungen eines geschichtlich neuartigen, globalen Bevölkerungswachstums religiös schwierig zu beantworten.

Die in Nord- und Westafrika gemachten Versuche, die Ambivalenz des Islams zu bewältigen, stehen in den folgenden vier Abschnitten dieses Kapitels zur Diskussion. (1.) Die Basis der Religion in Nordafrika war bis vor kurzem ein Volksislam, dem eine Mehrheit der Landbevölkerung und der städtischen Unterschichten angehörte. (2.) In den Mittelklassen des Maghreb herrscht ein offizieller Islam vor, dessen (3.) volle Verwirklichung von Anhängern des Islamismus gefordert wird. (4.) In Westafrika ist der lokale Animismus weitgehend vom Islam (oder Christentum) zurückgedrängt worden, der seinerseits von der aufsteigenden Bewegung des Islamismus als zu synkretistisch verurteilt wird.

a) Volksislam im Maghreb

Die unter den gesellschaftlichen Bedingungen relativ geringer Bevölkerungszahlen vorherrschende wirtschaftliche Selbstversorgung ist ein Teilaspekt dessen, was verallgemeinernd „Autonomie" genannt werden kann. Die Gerechtigkeit dieser Autonomie als Lebensform wurde durch eine Volksreligion ausgedrückt. Im Maghreb bestand diese Religion für die weitaus größte Zahl der Bewohner aus einem Islam, der eine Kombination von Festen, Wallfahrten, Heilpraktiken, Gesetzen (hauptsächlich die Familie betreffend, wie Heirat, Brautgabe, Verstoßung, Scheidung, Wiederverheiratung, Vormundschaft und Erbteilung) und Glaubenspflichten (insbesondere die fünf täglichen Gebete, das Fasten im Monat *Ramaḍān* und die Pilgerfahrt nach Mekka betreffend) ist. Die Repräsentanten dieses Islams waren Religionsführer (*muqaddimūn*), Wundertäter (*murābiṭūn*, populär Marabuts), Heilpraktiker (*ṭalaba*, populär Tolba) und Mystikerinnen (*ṣuwāfāt*). Sie waren oft in Bruderschaften (wörtl. „Wege", arab. *ṭuruq*) mit häufig eigenen Litaneien, Gebetsübungen und ekstatischen Praktiken organisiert. Gläubige wie Repräsentanten des Volksislams waren zumeist auf dem Lande anzutreffen, aber auch in den Elends- und Behelfsvierteln der großen Städte besaß dieser Islam viele Anhänger. Seit der Unabhängigkeit des Maghrebs (1956–62) ist der Volksislam stark zurückgegangen, obwohl er in weiten Teilen der Region noch durchaus praktiziert wird.

Ein typisches Beispiel für den Volksislam sind die islamischen Gebräuche in der Kabylei, wie sie im Jahre 1972 beobachtet wurden. Dort fertigten lokale Wundertäter und Heilpraktiker auf individuellen oder kollektiven Seancen für ihre Kunden Amulette (*ḥurus*) an, illustriert mit Koranversen oder kabbalistischen Zeichen, geschrieben mit Tinte aus der verbrannten Wolle eines Opferschafs und, in Wasser aufgelöst, getrunken von den Patienten zur Kur von Krankheit und Sterilität. Andere Amulette aus Leder, Metall, Stoff und Knochen wurden zum Schutz gegen den bösen

Blick am Gürtel oder Halstuch getragen. Austreibungen von Dämonen *(junūn)* fanden auf Sitzungen mit Musikbegleitung statt, auf denen die Patienten mit ekstatisch-konvulsiven Bewegungen tanzten. Weissagungen waren modernisiert. Statt aus Weizenkörnern, Asche, Wasserdampf oder Weihrauch wurde die Zukunft aus Händen oder Karten herausgelesen.[3] Der Großteil der Patienten war weiblich - bei der wenig entwickelten Berufsunabhängigkeit der Frauen Algeriens und der noch deutlich hinter den Männern zurückbleibenden Alphabetisierung wohl kein Zufall.

Die medizinische Versorgung der algerischen Bevölkerung ist zudem noch sehr lückenhaft. Im Schnitt mußte 1974/5 ein Arzt 6846 Einwohner versorgen, gegenüber 680 in Frankreich. Die Einwohner/Krankenhausbettenrate lag 1974 bei 1:340, gegenüber 1:90 in Frankreich. Unter diesen Umständen ist es nicht verwunderlich, daß magische und ekstatische Praktiken fortdauern. Da diese Praktiken sich teilweise mit der Psychoanalyse überlappen, deren Praktiker im übrigen ihrerseits mit mäßigem Erfolg säkularisierte Bevölkerungen im Westen von den nervösen Problemen der Massengesellschaft zu heilen versuchen, wäre es verkehrt, ekstatische Religion als folkloristische Kuriosität in unterentwickelten Ländern abzutun. Es handelt sich hier um sinnhafte Versuche, psychosomatisch gestörte Menschen wieder in ihre Familien einzugliedern.

Die Ekstase, die wir hier in der Kabylei antreffen, ist spezifisch ein Akt der Beschwörung der Familiengemeinschaft aus unteren Bevölkerungsschichten. In der Kabylei hat die Familie begonnen, ihre Fähigkeit zur Selbstversorgung zu verlieren und muß sich zur Befriedigung ihrer Grundbedürfnisse mehr und mehr in den Markt integrieren. Damit verliert die Familie im herkömmlichen Sinn ihren Status als eine der Bedingungen für die Existenz des Haushalts. Die Versorgung kann nunmehr auch durch nichtfamiliäre Wohngemeinschaften gewährleistet werden. Es ist diese Umwandlung der Familie von einer notwendigen in eine voluntaristische Form der Gemeinschaft, die die kabylischen Frauen instinktiv mit Hilfe der Wundertäter zu meistern suchen. Die Umwandlung ist ein emotional spannungsgeladenes Ereignis, wiewohl durch den Übergang von Selbstversorgung auf Marktintegration unvermeidlich. Darum die ekstatische Beschwörung der Familiengemeinschaft durch Dämonenaustreibungen und Kräuter gegen Sterilität und Familienzwist.

Diese Beschwörung der Familie findet sich auch bei den Unterschieden der Städte. Unter den chaotischen Lebensumständen in den Elendsvierteln fungieren ekstatische Praktiken als eine Form des Schutzes für die Familie, die andernfalls in ihre individuellen Bestandteile auseinanderfallen würde. Diese Schutzfunktion tritt deutlich in einer Studie hervor, die in Casablanca unternommen worden ist. Dort existierten 1979 fünfzehn Heiligenschreine mit mehr oder weniger permanenten Gebetsgebäuden. Schreine befanden sich in der Innenstadt, in Vorstädten und an der Peripherie. Das Personal bestand aus Religionsführern, Rechtspraktikern, Wundertätern, Heilpraktikern und Mystikerinnen.

In der Mehrzahl der Schreine konzentrierte sich das Personal auf die

Behandlung sexueller und anderer familiärer Probleme. Ein Schrein war besonders für seine Erfolge bei der Behandlung nervöser Zustände bekannt, die von administrativen Ungerechtigkeiten herrührten. Typische Verwaltungsungerechtigkeiten waren Landspekulation und mangelnde Sicherheit: Elendsquartiere wurden von einem Tag auf den andern von Bulldozern eingeebnet, Hütten und Buden brannten mit großer Regelmäßigkeit ab. Ursprünglich besaßen die Eigentümer der Schreine von König Muḥammad V. ausgestellte „Betriebsgenehmigungen" (Dahirs, von arab. *ẓahīr*), die sein Nachfolger Ḥasan II. bisher nicht erneuert hat, vermutlich, um sich die Schließung der Schreine vorzubehalten. In und um die großen Heiligenschreine herum lebten bis zu 120 Personen, mehr oder weniger aktiv in die ekstatischen Praktiken einbezogen. Spenden, der Verkauf von Eiern und Kerzen sowie die Einnahme von Parkgebühren und Mieten erzeugten in einigen Schreinen Umsätze von bis zu einer Million Dirham, und aus der Beschreibung wird klar, daß die Schreine eine nicht zu unterschätzende Bedeutung für die Praxis des Islams bei den unteren Volksschichten besitzen.

In der Stadt waren die Seancen kurz (eine Stunde) und kollektiv (bis zu 30 Patientinnen). Außerhalb, besonders dort, wo Omnibusse oder andere Verkehrsmittel notwendig waren, gab es längere und individuellere Seancen. Im Mittelpunkt der Seancen standen ekstatische Tänze mit Musikbegleitung, auf denen sich Patientinnen und vortanzende Mystikerinnen gegenseitig schlugen, um die Dämonen den ersteren aus- und den letzteren zuzutreiben. Mystikerinnen „verheirateten" sich mit zahlreichen Dämonen, neben muslimischen auch jüdischen und schwarzafrikanischen, um sie von den befreiten Patientinnen fernzuhalten. Neben diesen Exorzismen gab es Wallfahrten (mit Kerzen und Stoffetzen zur Segnung ihrer Spender an Bäumen, Quellen und Höhlen in der Nähe der Schreine gelassen), Traumdeutungen, Weissagungen, Amulette, Talismane und Pharmaka (aphrodisische Mittel, Kräuter, Salben und Puder), die einzeln oder in Kombination miteinander die ekstatischen Riten vervollständigten. Einige Patientinnen unternahmen in Begleitung männlicher Familienmitglieder kombinierte Wallfahrten, mit genügend Kerzen versehen, um an den Segnungen mehrerer Schreine teilzuhaben.[4]

Zentral in diesem vom Dorf in die Stadt getragenen Volksislam ist offensichtlich die Dämonenaustreibung. Wie auf dem Lande, wo die Natur eine chaotische Nachtseite voll des Übels und Unglücks hat, so existiert auch in den Elendsvierteln die Welt am Rande des Chaos – in Anbetracht der täglichen Misere des Überlebens eine durchaus realistische Beurteilung. Die Verantwortung für diese Misere haben die Dämonen, die als eigenständige Personen aufgefaßt werden. Schuld und Gerechtigkeit sind eindeutig auf Dämonen und Besessene verteilt. Besessene sind unschuldige Opfer, im Gegensatz zur Mittelklassenreligion des offiziellen Islams, wo das Leiden als das Resultat verinnerlichter Schuld, nicht äußerer Dämonen erscheint.

Der Exorzismus der Dämonen ist eine anarchische Handlung am Rande des Chaos. Anarchie ist gewissermaßen die Ordnung kurz vor dem Abgrund. Die Ekstase der Musik, des Tanzes und der Schläge mag dem ordnungsliebenden Mittelklassebürger als die Inkarnation der Unordnung vorkommen. Für die Bewohner der Elendsquartiere ist er die bestmögliche Ordnung inmitten chaotischer Existenz. Diese Existenz wird bemerkenswerterweise primär sozial als eine familiäre Not verstanden. Offensichtlich spielen Arbeitslosigkeit, Bedrohung durch Bulldozer und Kriminalität eine nicht unwichtige Rolle. Aber die wirkliche Verzweiflung kann daran abgelesen werden, daß 90% der Hilfesuchenden Frauen sind. Wie in der Kabylei, so suchen auch in Casablanca die Frauen nach Antworten auf ihre nervösen und psychosomatischen Störungen, von denen sie im täglichen Familienleben befallen werden. Der Abgrund öffnet sich nicht unter dem Kochtopf, sondern unter der Familie um den Kochtopf.

Während auf dem Lande, selbst in Gegenden, wo Marktintegration wächst, Haushaltsautonomie zumindest rudimentär erhalten bleibt, verschwindet diese Autonomie in den Elendsquartieren ganz. In diesen Quartieren wird damit auch die traditionelle Arbeitsteilung hinfällig, dergemäß der Mann auf dem Felde pflügte und die Frau im Hause webte. Der gesamte Primärbedarf an Nahrung, Kleidung und Behausung (soweit nicht in selbstgebauten Buden gewohnt wird) muß durch den Markt gedeckt werden. Der Haushalt sinkt von einer notwendigen Arbeitsgemeinschaft zu einer voluntaristischen biologischen Reproduktionsgruppe ab.

Die Männer, die, wie schon auf dem Lande, so auch in den Städten außer Hause arbeiten (soweit sie bei der mindestens 20% betragenden Arbeitslosigkeit und einer noch höheren Unterbeschäftigungsrate im Maghreb genügend Arbeit finden können), trifft das Absinken der Familie von einer arbeitenden auf eine nunmehr biologische Gemeinschaft wenig. Den Frauen hingegen, die sozusagen zu Hause arbeitslos werden (im Sinne einer der des Mannes gleichrangigen Produktion des Primärbedarfs), bleibt nichts anderes übrig, als sich an ihre biologische Reduktion zu fügen. Statistisch ist ermittelt worden, daß eine Mehrzahl von Frauen nach dem vierten oder fünften Kind von Verhütungsmitteln Gebrauch machen würde, wenn sie nur die Zustimmung ihrer Männer hätte. 14% aller Frauen werden zudem von ihren Männern verstoßen oder verlassen und bilden daher die für den Maghreb neuartige Form matriarchalischer Familien – ein schlagender Beweis für die zunehmend voluntaristische, nicht mehr arbeitsnotwendige Existenz der Familie. Der Konflikt zwischen der ideologisch noch als arbeitsnotwendig geltenden, aber praktisch schon weitgehend voluntaristischen Familie trifft die Männer wenig, ist aber für die Frauen unlösbar, es sei denn, der Wundertäter stellt mirakulöserweise die Vergangenheit wieder her.

Die Wiederherstellung der Vergangenheit bleibt aber notwendigerweise auf die psychosomatische Ebene beschränkt. Hier werden Triumph und Elend der Wundertäter sichtbar. Sie verabreichen psychosomatische Linderungen, ohne aber an der Wurzel allen Übels, der zunehmenden Freiheit von Mann und Frau, die Familie zu erhalten oder aufzulösen, etwas ändern zu können. Sie versuchen eine konservative Reparatur; eine neue Gerechtigkeit der Freiheit wird nicht angeboten.

Man sollte annehmen, daß die konservative religiöse Haltung, die die Bewohner der Elendsquartiere kennzeichnet, von den drei Maghrebregierungen begrüßt wird. Ein konservatives Stillhalten dieser Bewohner, die zusammen mit den noch auf dem Lande verbliebenen, religiös ähnlich konservativen Kleinbauern eine Mehrheit der Bevölkerung darstellen, paßt gut in das Konzept von Technokraten, die für ihr Programm der Marktintegration und Industrieentwicklung nicht von sozialen Unruhen beeinträchtigt werden wollen – und Stillhalten ist in der Tat die einzige Alternative der Bewohner in den Elendsvierteln. Ohne Männer ist ein Aufstand schwer durchzuhalten, und solange letztere wenigstens Teilarbeit finden, haben sie wenig Grund, sich mit den Elendsquartieren zu identifizieren. Lumpenproletarier sind unrevolutionär, weil ihnen die wirkliche, nur von ihren Frauen voll erfahrene Not der Elendsquartiere fremd ist.

Tatsächlich aber flößt der anarchische Zug im ekstatischen Volksislam den ordnungsliebenden Regierungstechnokraten und -theologen *(ʿulamāʾ)* Furcht ein. Die tunesische Regierung versuchte in den sechziger Jahren wiederholt, Genehmigungen für ekstatische Wallfahrten zu verweigern und Schreine auf dem Lande zu schließen. In Algerien war die Feindseligkeit gegen die „archaischen und ungerechten Strukturen der Gesellschaft" bis 1987 Verfassungsgrundsatz (Paragr. 19), und in Marokko teilt Ḥasan II. häufig in seinen Reden Hiebe gegen „Abweichlertum und Scharlatanerie" aus. Den Mittelklassen und Monarchen sind die anarchischen Ekstatiker der unteren Klassen offensichtlich nicht geheuer.

b) Der offizielle Islam der Regierungen und Theologen

Im Gegensatz zum Volksislam, der auf einer mehr oder weniger harmonischen Verbindung von Ekstase, Glaubenspflichten und Gesetzen beruht, ist der offizielle Islam auf Glaubenspflichten und Gesetze reduziert. Dieser Islam ist in der Gegenwart meistenorts gleichbedeutend mit den Doktrinen der *Salafīya*, einer Reformbewegung, die von dem Ägypter Muḥammad ʿAbduh (vgl. den Beitrag von Rudolf Peters im vorliegenden Band) begründet wurde und im Maghreb in der ersten Hälfte des 20. Jahrhunderts eine Anzahl von Theologen und Intellektuellen anzog. Obwohl ʿAbduh, selber aus dem Volksislam hervorgegangen, die Ekstase als persönliche Glaubenserfüllung weiterhin zuließ, so war er doch zentral darum bemüht, den „Rationalismus" der Religion hervorzukehren. Ganz im Sinne der westlichen Aufklärung suchten er und seine Nachfolger den Islam mit Hilfe der Zweckrationalität für die Moderne zu retten: Glaubenspflichten und Gesetze bezwecken die Wohlfahrt *(maṣlaḥa)* der Menschheit und sind darum rational, Ekstase nimmt als Selbstzweck keine funktionelle Rolle ein und ist darum irrational.

Nach der Unabhängigkeit Marokkos und Tunesiens 1956 sowie Algeriens 1962 bzw. nach dem Staatsstreich Oberst Muʿammar al-Qadhdhāfīs in

Libyen 1969 erhoben die maghrebinischen Nationalisten den Salafīya-Islam zur offiziellen Staatsreligion. Obwohl viele dieser Nationalisten dem Milieu des Volksislams entstammten, laizistische Schulen besucht und moderne Berufe ergriffen hatten, erschien ihnen der Reformislam als das zentrale Element, das die nationale Einheit garantierte. (In Marokko behielt sich König Ḥasan II., dessen Legitimität im Volksislam wurzelt, allerdings eine getrennte Identität vor.) Die neue rationale Religion paßte überdies zumindest oberflächlich gut mit den sozialen und wirtschaftlichen Entwicklungsprogrammen zusammen, die in den fünfziger und sechziger Jahren die Politik bestimmten. Dementsprechend nahmen die Nationalisten den Salafīya-Islam in die Lehrpläne ihrer Schulen auf und erließen umfangreiche Familiengesetze.

Marokko rezipierte das bestehende malikitisch-islamische Recht 1957–58 relativ rasch und ohne wesentliche Änderungen in der *Mudawwana*. Tunesien brauchte acht Jahre (1956–64) für seine weitreichende Revision des bestehenden Rechts in der *Majalla*. In Algerien wurde nach 18 Jahren teilweise erbitterter Debatten 1984 ein Familienkodex verabschiedet, der durch seine Bewahrung des Malikismus und gelegentliche hanafitische Emendationen, aber ansonsten durch die Abwesenheit von grundlegenden Revisionen auffiel. In Libyen, wo Qadhdhāfī mit seinen eigenen Ideen den Salafīya-Islam variierte (niedergelegt in den „Grünen Büchern" seiner „Dritten Theorie"), wurde 1984 ein Gesetz über Eheschließungen und Scheidungen angenommen.[5]

Die Unterschiede zwischen den vier Kodizes erklären sich aus unterschiedlichen Haltungen der Nationalisten gegenüber der Salafīya-Doktrin von der Rationalität des religiösen Gesetzes. Sind Gesetze, die von einem Status der Ungleichheit zwischen Männern und Frauen bei Eheschließungen, Scheidungen oder Vormundschaften ausgehen, gerecht? Das islamische Recht, die *sharīʿa*, bejaht diese Frage, und Salafīya-Vertreter, die für die Rationalität der Ungleichheit eintreten, befinden sich auf solider Rechtsgrundlage. Aber sind die Gläubigen vor Gott nicht alle untereinander gleich? Im islamischen Recht wird diese Frage nicht gestellt, obwohl sie theologisch bejaht werden muß. Die Salafīya-Doktrin von der Rationalität des Islams ist daher letzten Endes doppeldeutig: Beide Formen der Gerechtigkeit sind rational, und die Religion selber liefert keine Kriterien dafür, welcher Form eine übergeordnete Position zukommt. Die Kriterien müssen außerhalb der Religion gesucht werden.

Eingangs wurde auf das Faktum des Erscheinens von Universalreligionen im Altertum in einer relativ dünn besiedelten Welt hingewiesen. Statusgleichheit, wiewohl in diesen Religionen als wesentlich unter Gott im Jüngsten Gericht erkannt, war für das Leben auf der Erde eine weitgehend theoretische Schlußfolgerung. Männer und Frauen, Herrscher und Untertanen, Eltern und Kinder blieben in ungleichen Status, und es war weiterhin gerecht, jedem das Seine zu geben. Erst als in der Neuzeit mit dem Aufkommen von nationalen Märkten und Massengesellschaften der Begriff der Gleichheit zwischen Individuen praktische Rechtsfolgen anzunehmen begann, konnte das Konzept der Gerechtigkeit als Gleichheit konkrete Formen annehmen. Der historische Prozeß lieferte also die Kriterien für die jeweils angemessene Form der Gerechtigkeit (genauer: den jeweiligen Kompromiß zwischen den beiden Gerechtigkeitsformen) in der Gesellschaft.

Die Tunesier zeigten die größte Bereitschaft, Gleichheitselemente in ihre Majalla aufzunehmen. Dort können Volljährige die Heirat selber eingehen und benötigen keinen Familienvertreter mehr zur Unterzeichnung der Urkunde. Sie können verschiedenen Religionen angehören. Das Vorrecht des Mannes auf bis zu vier Ehefrauen ist abgeschafft, beide Ehegatten können die Scheidung einreichen. Bei der Bestimmung des Sorgerechts für die gemeinsamen Kinder nach der Scheidung ist der Vater im Prinzip der Mutter gleichgestellt, und die schuldige Partei ist darüber hinaus unterhaltspflichtig. Männliche Vorrechte auf doppelte Erbteile existieren jedoch weiter.

Auch in Marokko und Algerien werden Mündigkeit und Einwilligung der Partner vorausgesetzt, aber der Vater der Braut besitzt weiterhin das Recht auf Einspruch. Polygamie bleibt für den Mann legal, aber in Algerien können die vorhandenen Ehefrauen die Scheidung verlangen. In Marokko entscheidet ein Richter. Auch das Recht des Mannes auf Verstoßung bleibt erhalten, allerdings hat in Algerien die verstoßene Frau bei Gewalttätigkeit des Mannes das Recht auf Entschädigung. In beiden Ländern kann die Frau eine Scheidung nur unter begrenzten Bedingungen erlangen. Die geschiedene Frau besitzt das Sorgerecht für die gemeinsamen Kinder sowie nach drei Monaten Wartezeit das Recht auf eine Abfindung, nicht aber auf Unterhalt. In allen drei Gesetzen besitzt die Frau das Vorrecht auf eine Brautgabe, die eine erhebliche Summe ausmacht und während der Ehe (und nach der eventuellen Scheidung) allein der Frau zur Verfügung steht.[6] In Tunesien bleibt Statusungleichheit trotz zum Teil wichtiger Modifikationen zugunsten der Gleichheit weiterhin ein ausdrückliches Prinzip im Familienrecht, hauptsächlich zugunsten des Mannes, aber in einigen Fällen auch zugunsten der Frau.

Dieselbe Mischung von Ungleichheits- und Gleichheitselementen zeigte sich auch im Alltagsleben in den Jahren 1956–85. In einer statistischen Befragung von 371 Familien im Dorf Berriche in Ostalgerien im Jahr 1973 ergab sich eine interessante Mischung aus Ungleichheits- und Gleichheitselementen. Die durchschnittliche Haushaltsgröße war ganz traditionell neun Personen (davon fünf Kinder), die zu 56% in einem Raum wohnten. Von 368 Ehepaaren waren zum Zeitpunkt der Eheschließung die Frauen im Schnitt 18 und die Männer 29 Jahre alt. Frühehen für Frauen waren hier deutlich im Abnehmen begriffen, obwohl der hohe Altersunterschied zwischen Frau und Mann fortdauerte. Vorherbestimmte Vettern- und Kusinenheiraten waren mit 53% nach wie vor hoch. Die Kindersterblichkeit hielt unvermindert stark an; drei von vier Kindern starben. Dementsprechend blieb auch die Geburtenrate hoch, obwohl eine große Mehrheit von Frauen und Mädchen weniger Kinder befürwortete. Die Abnahme der

Tradition wird hier deutlich sichtbar: Während „nur" 79% der Frauen weniger Kinder haben wollten, äußerten 94% der Mädchen eben diesen Wunsch. Ein verwandter Trend zeigte sich bezüglich der Entbindung. Nur 15% der Frauen entbanden im Krankenhaus, 77% der Mädchen kündigten an, ihre zukünftigen Kinder im Krankenhaus zur Welt bringen zu wollen.

Der Volksislam wurde nur mehr zum Teil praktiziert. Eine Mehrheit der Frauen konsultierte Heilpraktiker (40 gegen 20) und benutzte Amulette (62 gegen 23), aber lediglich eine Minderheit suchte den Wundertäter auf (27 gegen 44). Der Volksislam hatte noch weniger Anhänger unter Mädchen, wo die Raten 14:34 gegen Heilpraktiker, 20:23 gegen Amulette und 6:42 gegen Wundertäter waren. Zum Verständnis dieser für ländliche Verhältnisse überraschenden Zahlen muß allerdings betont werden, daß wir es hier mit aufgeschlossenen, an der Agrarrevolution von 1973–77 interessierten Bauern zu tun haben, die die algerische Regierung mit dieser Befragung vor der Umsiedlung in ein neuerbautes Dorf analysieren wollte.

Auf der anderen Seite aber war die Trennung zwischen Haus und Öffentlichkeit wieder ganz herkömmlich. Von 140 Frauen kauften nur 6% selbst ein, von 43 Mädchen ging nur ein einziges außer Hause. Aber beide Gruppen äußerten nichtsdestoweniger Wünsche nach größerer Bewegungsfreiheit, und insgesamt wird klar, daß im konservativen bäuerlichen Milieu eine Reihe von Gleichheitsgrundsätzen im Begriff waren, sich durchzusetzen.[7]

In einer Untersuchung von 6932 Haushalten in marokkanischen Städten im Jahr 1974 wird eine ebenso interessante Mischung von Ungleichheits- und Gleichheitscharakteristika sichtbar. Hier war zum Beispiel die Zahl der Verdiener um 37% höher als die der Haushalte, was bedeutet, daß neben dem Vater andere Familienmitglieder, darunter auch Frauen, Einkommen nach Hause brachten. Auf der anderen Seite aber blieben die Kinderzahlen mit fünf pro Haushalt weiterhin hoch. Auf die drei Einkommensgruppen „gut", „durchschnittlich" und „wenig verdienend" aufgeschlüsselt, ergaben sich 54, 42 und 8% mehr Verdiener als Haushalte. Die Kurve der Kinderzahlen pro Haushalt verlief mit 5, 6 und 5 überraschenderweise nicht parallel. Offensichtlich mußten sich viele arme Haushalte aus finanziellen Gründen Kinder versagen, für die in durchschnittlich verdienenden Haushalten genügend Geld vorhanden war. Erst in gut verdienenden Haushalten wurde nicht nur ein relativ, sondern auch absolut geringerer Teil des Einkommens für Kinder ausgegeben.

Parallel zum Aufkommen von Mitverdienern neben dem Vater im marokkanischen Haushalt der Stadt stand das Ansteigen der Zahl von Zweigenerationenfamilien. In Casablanca betrug diese Zahl vor dreißig Jahren 39,5% und im Jahr 1974 55% an der Gesamtzahl untersuchter Familien. Die Zahl herkömmlicher Dreigenerationenfamilien (Vater, verheiratete Söhne, Kleinkinder) ging im gleichen Zeitraum von 20 auf 4% zurück. Eine Mehrheit gut verdienender Haushaltsvorstände befürwortete Frauenarbeit außer Hause (41%), aber durchschnittlich verdienende und arme Haushaltsvorstände lehnten sie nach wie vor ab (60 und 67%). Eine eindeutige

Mehrheit gut verdienender Haushaltsmitglieder sprach sich für Wissen und professionelle Bildung anstelle von Religion und Moral als Ziele der Erziehung aus (49%). Durchschnittlich verdienende und arme Haushaltsmitglieder bevorzugten Religion und Moral, aber diese Bevorzugung war mit 51 und 58% weniger deutlich als der Widerstand gegen die Frauenarbeit außer Hause. Diese städtischen Zahlen aus Marokko zeigen recht eindrucksvoll, ebenso wie die ländlichen Zahlen aus Algerien, welch verschiedenartige Kombinationen die Gerechtigkeitsprinzipien Ungleichheit und Gleichheit gegenwärtig in Nordafrika miteinander eingehen können.[8]

Einige Kombinationen fallen besonders auf. Zum Beispiel: Zusatzeinkommen neben dem des Vaters sind mit großen Kinderzahlen vereinbar; Frauenarbeit außer Haus wird stärker abgelehnt als religiös-moralische Erziehung; Zweigenerationenfamilien werden weitgehend ohne Widerstand akzeptiert; Familien mit höherem Einkommen haben in der Regel mehr Kinder; erst wirklich gute Verdienste führen zu einem eindeutigen Abbau überkommener Haltungen. Ausgesprochen schroffe Gegensätze erscheinen außer im Fall der Frauenarbeit außer Hause nicht, und wir können daraus schließen, daß die Trennungslinie zwischen Ungleichheit und Gleichheit als miteinander konkurrierenden Gerechtigkeitsprinzipien keineswegs scharf und geradlinig verläuft.

Überraschende Kombinationen von Ungleichheits- und Gleichheitselementen zeigten sich auch im Falle von 639 arabisch und französisch sprechenden Hilfslehrern *(moniteurs)* des Landkreises von Tizi-Ouzou in der algerischen Kabylei vom Jahre 1972. Daß arabischsprechende Lehrer, die an Erziehung durch herkömmliche Drohung mehr als durch persönliche Überzeugung glauben, zu 67% auch Wallfahrer zu Heiligenschreinen waren, überrascht nicht. Aber daß bei französischsprechenden Lehrern gleichen Glaubens die Wallfahrer nur 44% ausmachten, ist unerwartet. Offensichtlich wurde Erziehung durch Drohung langsamer aufgegeben als das Wallfahren, das aber bei den französischsprechenden Lehrern schon weiter im Abnehmen begriffen war als bei den arabischsprechenden. Ebenfalls unvermutet ist die Tatsache, daß arabisch- und französischsprechende Lehrer, die freitags zur Moschee gingen und/oder regelmäßig beteten, eher Autos und Fernseher besaßen als Kollegen, die unregelmäßig oder gar nicht beteten (Auto: 7 gegen 3%; Fernseher: 4 gegen 1,5%). Ebenso schrieben Moscheegänger und/oder Beter unter den Lehrern häufiger Geschichten und Romane als unregelmäßig oder nicht betende Kollegen (62 gegen 41%). Religiös engagierte Hilfslehrer hatten anscheinend ein stärkeres Bedürfnis nach Konsumgütern als ihre weniger engagierten Kollegen.[9]

Die Beispiele zeigen, daß Maghrebiner in den sechziger und siebziger Jahren in verschiedenen Umgebungen (Dorf, Stadt) verschiedenartige Kompromisse zwischen Ungleichheit und Gleichheit schlossen. Hier und da schimmern Spannungen durch, die die befragten Personen in Algerien und Marokko empfanden und die sie in der Hoffnung auf größere Gleichheit in der Zukunft zu überwinden hofften. Ende der siebziger Jahre wurden Gruppen in der Bevölkerung diesen Spannungen gegenüber deutlich intoleranter und begannen, dem Konzept der Gerechtigkeit als Gleichheit den Islamismus entgegenzusetzen.

c) Der Islamismus

Ende der siebziger Jahre war die erste nach der Unabhängigkeit geborene Generation 18–24 Jahre alt und drängte in das Berufsleben. Sofern die Mitglieder dieser Generation eine Schulbildung erhalten hatten (eine Mehrheit), waren sie die ersten, die im offiziellen Reformislam erzogen worden waren und den Volksislam ihrer Eltern mit Verachtung betrachteten. Sie waren sehr viel zahlreicher als die Nationalisten und fanden daher häufig nicht die ihrer Schulbildung oder ihrem Ehrgeiz entsprechenden Arbeitsplätze und Wohnungen. In einer der wenigen statistischen Mobilitätsstudien, die es für die siebziger Jahre im Maghreb gibt, wurde 1975 für die drei Orte Tadjerouine, Djebel Djelloud und La Goulette in Nordtunesien nachgewiesen, daß nahezu die Hälfte der 20–22jährigen in der Berufskategorie ihrer Väter verblieben und 22% sogar sozial abstiegen.[10] Vor allem aber hatte die neue Generation in ihrem Religionsunterricht gelernt, daß im Zentrum des wahren, „rationalen" Islams das Konzept einer Gerechtigkeit der Statusungleichheit zwischen Männern und Frauen stand. Sie schlossen durchaus logisch, daß dieser Islam mit den von den Nationalisten verfolgten sozialen und wirtschaftlichen Entwicklungsprogrammen nur teilweise übereinstimmte.

Entsprechend entwarfen sie die dem Nationalismus konträre Ideologie des Islamismus. Grundlegend an dieser Ideologie ist die Verwerfung der Gleichheitsidee als westlich und die Beschwörung einer eigenständigen islamischen Kultur, in deren Zentrum die Gerechtigkeit der Ungleichheit steht, charakteristischerweise allerdings durchweg ganz unislamisch interpretiert als geschlechtliche Apartheid. Frauen bedecken ihre Haare und Haut mit Gewändern, die überdies die Körperformen verhüllen und den Gebrauch von Make-up, einem westlichen Produkt, unnötig machen. Männer geben Frauen nicht mehr die Hand und sitzen in Vorlesungssälen und Omnibussen von ihnen getrennt. Theatertruppen und Musikgruppen sind nurmehr männlich und beschränken ihr Programm auf religiöse Erbauung und Gesänge. Frauen steht die Universitätserziehung offen, aber sie sind gehalten, „weibliche" Studiengänge zu wählen und nach Beendigung des Studiums die Gründung von Familien dem Berufsleben vorzuziehen.

Interviews mit Islamistinnen 1979 und 1980 in Tunesien verdeutlichen die Ideologie im Detail. „Gott hat mir einen Mann gegeben, der meine Überzeugungen teilt, und ich habe meine Kinder in dieser Atmosphäre erzogen, ohne sie zum Tragen dieser (islamischen) Kleidung anzuhalten" (Frau eines Eisenbahners). „Unser Vorteil unseren Eltern gegenüber ist, daß wir den Islam auf wissenschaftlicher Basis erklären können" (Studentin). „Man kann nicht (zur gleichen Zeit) Französin und Tunesierin sein. Die Amerikanerin ist Amerikanerin, sie hat eine Kultur, eine amerikanische Art zu leben" (Professorin). „Die Frau muß ihren Kopf hochhalten, um zu machen, was der Mann macht. Jeder hat seine Rolle in der Gesellschaft... Die Frau ist feinfühliger für ihr Kind (als der Mann)... Kann eine Frau Maurerin sein? Gott hat uns für verschiedene Aufgaben geschaffen... Unsere Weiblichkeit ehrt uns nicht mehr, wir lehnen sie heute ab" (Frau des Eisenbahners). „Biologisch ist die Frau anders als der Mann; sie ist dazu bestimmt, Kinder zu gebären" (Professorin).[11] Dominante Ungleichheitsmomente (Segregation, islamische Kleidung, Ethnozentrismus, Gefühlsbetonung, Physiologie) gehen hier durcheinander mit sekundären Gleichheitselementen (eheliche Kommunikation, wissenschaftliche Analyse, Emanzipation). Aber der einigende Unterton eines „Getrennt-aber-gleich-auf-meine-Art-Seins" läßt sich doch aus den Äußerungen dieser selbstbewußten Frauen heraushören.

In seiner militanten Version, z. B. im Programm der *Islamischen Heilsfront (Jabhat al-inqādh al-islāmīya)* Algeriens von 1989, ist der Islamismus eine totalitäre Ideologie. Religion und Politik bilden ein organisches Ganzes in der messianischen Gemeinschaft *(al-mujtamaʿ ar-risālī)*, die den Nationalstaat zu ersetzen hat. Der Religionsgelehrte *(ʿālim)* allein interpretiert Religion und Gesetz und trifft politische Entscheidungen. Sein Anhänger ist der Islamist *(islāmī)*, der durch seine Rechtschaffenheit *(ṣalāḥ)* den gewöhnlichen Muslim anfeuert. An der Basis der Gesellschaft ist dieser der Beschützer seiner Frau, der Mutter der künftigen Generation der Muslime. Der „kreuzfahrende" Westen sucht die muslimische Authentizität *(turāth)* durch Gemeinschaftserziehung, Geschlechtervermischung am Arbeitsplatz und allgemeine Bürgerrechte zu zerstören.[12] Mit diesem Programm eroberte der FIS bei den Wahlen von 1990 auf Anhieb 850 von 1541 Gemeinden, in denen dann sofort Weinläden, Bars und Tanzdielen geschlossen wurden. Inmitten der Parlamentswahlen von 1991, als sich eine Wiederholung des FIS-Wahlsieges abzeichnete, putschte die Armee, konnte die Bevölkerung allerdings nur mit Mühe gegen den in den Untergrund gegangene FIS beschützen und das Land vor dem wirtschaftlichen Kollaps bewahren.

In Tunesien, in dem der allzu antiislamische Präsident Habib Bourguiba (Ḥabīb Bū Rqība) 1987 von dem versöhnlicheren General Zine al-Abidine Ben Ali (Zain al-ʿĀbidīn ibnʿAlī) aufs Altenteil abgeschoben wurde, gründeten Islamisten im gleichen Jahr die *Erneuerungspartei (Ḥizb an-nahḍa)*. Im Gegensatz zu Algerien, wo die Islamisten aufgrund ihrer weltfremden Gemeinschaftsutopie lange Zeit unterschätzt wurden, verweigerte die Regierung der Erneuerungspartei von vornherein die Teilnahme an den Wahlen von 1989 und 1990. Als die Partei daraufhin zum Terror überging, gelang es den Ordnungskräften nach einiger Mühe, 1992 wieder Ruhe herzustellen. Auch in Marokko operierte die nach den schweren Unruhen von 1984 gegründete *Gerechtigkeits- und Wohlfahrtspartei (al-ʿAdl wa- l-iḥsān)* in der offiziellen Illegalität. Organisierter Terror ließ jedoch nach massiven Polizeieinsätzen Anfang der neunziger Jahre nach. In Libyen hat es ebenfalls Untergrundaktionen der Islamisten gegeben, aber über ihre Bedeutung und ihren Umfang fehlen Einzelheiten.

Wie erklärt sich die Virulenz des Islamismus in Nordafrika? Zumindest teilweise ist sie im Nationalismus begründet. Der Opportunismus der Nationalisten bei der Erhebung des *Salafīya*-Islams zur Staatsreligion konnte der neuen Generation kaum verborgen bleiben: Hier waren es die Nationalisten, die diesen Islam selber nie vorlebten und mit sozialen und wirtschaftlichen Entwicklungsplänen so herumexperimentierten, daß sie zu höchst ungleichen Einkommensverteilungen führten. Es überrascht nicht, daß die Geister, die die Nationalisten riefen, sie nunmehr plagen.

d) Islamischer Synkretismus in Westafrika

Waren bis 1900 die Bevölkerungszahlen im Maghreb im Verhältnis zur vorhandenen Agrartechnologie gering, so waren sie in Westafrika minimal. Die Ursachen für diese minimalen Zahlen sind noch umstritten, aber ein wichtiger Faktor war sicherlich die permanente Präsenz von Epidemien, z.B. Malaria, die den Mittelmeerraum nur selten oder gar nicht heimsuchten.

Während die Maghrebiner traditionell ausreichend Land für ihre Pflugarbeit besaßen, standen den Westafrikanern noch viel ausgedehntere Busch- und Waldlandschaften zur Verfügung. Der Pflug wurde zugunsten der Hacke vernachlässigt, obwohl er der Bevölkerung zumindest seit dem Aufkommen eines regelmäßigen Handels mit den Maghrebinern seit dem Ende des 8. Jahrhunderts n. Chr. bekannt war. Im Hinblick auf die minimalen Bevölkerungszahlen war die schwere (wiewohl produktivere) Pflugarbeit gegenüber der leichteren (wenn auch weniger produktiven) Hackarbeit nicht erforderlich.

Den geringen demographischen Ziffern entsprachen Gesellschaftsordnung und Religion. Bevölkerungen waren stärker als im Maghreb voneinander isoliert und Hackarbeit erforderte weniger Arbeitsteilung als der Pflug. Der auf Pflugarbeit gegründete Haushalt der patriarchalischen Dreigenerationenfamilie des Maghrebs war daher in Westafrika nicht weit verbreitet. Auf Hackarbeit beruhende westafrikanische Haushalte waren von einer Mannigfaltigkeit verschiedener patrilinearer und matrilinearer Familien- und Stammesordnungen geprägt. Allerdings, insofern die Westafrikaner in ihren Haushalten auf Autonomie angewiesen waren, tendierten sie in ihren Religionen zur gleichen Definition der Gerechtigkeit durch Ungleichheit, wie sie auch für die maghrebinische Haushaltsautonomie typisch war. Lokalisierte ekstatische Kulte, die den Maghreb dominierten, herrschten auch in Westafrika vor, nur waren sie mannigfaltiger und durch ausführlichere kosmologische Mythen untermauert. Das diesen Kulten zugrunde liegende Muster wird in Westafrika gewöhnlich *Animismus* genannt.[13]

Die Bevölkerungsvermehrung des 20. Jahrhunderts hat zu einem allmählichen Abbau der traditionellen Isolation der Bevölkerungen voneinander geführt. Kulturell sehr unterschiedliche ehemalige Kleingesellschaften sind nunmehr in wirtschaftlichen und politischen Kontakt miteinander geraten, und es ist daher nicht überraschend, daß die neue Gemeinsamkeit religiös mit Hilfe des Ende des 18. Jahrhunderts vorgedrungenen Islams oder des von den Kolonialmächten importierten Christentums ausgedrückt wird.

Je nach ihrer Entfernung von Nordafrika bilden die Muslime Mehrheiten oder Minderheiten in den 16 westafrikanischen Staaten. Mauretanien ist seit langem ein nahezu vollständig islamisches Land und als solches eher dem Maghreb zuzurechnen. Die teilweise saharischen Länder Mali und Niger wiesen im Jahr 1985 68 und 80% Muslime sowie 30 und 19% Animisten auf. In den südlich angrenzenden Ländern waren Muslime und Animisten mit folgenden Prozentzahlen vertreten: Senegal 91/3, Gambia 85/1, Burkina Faso 43/45 und Nigeria 49/6. An den südwestlichen Küstenländern betrugen die entsprechenden Prozentzahlen für Guinea-Bissau 38/51, Guinea 69/30, Sierra Leone 39/52, Liberia 21/44, Elfenbeinküste 24/44, Ghana 16/21, Togo 17/46 und Benin 15/61. Die übrige Bevölkerung dieser Länder bestand aus kleinen christlichen Minderheiten, die nur in Nigeria mit 49% größere Proportionen annahmen. Das insulare Cap Verde im äußersten Südwesten bildete mit einer Mehrheit von 99% Christen eine Ausnahme.[14]

Bekehrung ist in Westafrika im allgemeinen ein langsamer, zunächst unbewußter Prozeß der Islamisierung im Animismus, bevor er im formalen Bekenntnis *(shahāda)*, der ersten Glaubenspflicht des Muslims, bewußt gemacht wird. Ein typisches Beispiel aus dem oberen Senegal verdeutlicht diesen Bekehrungspozeß. Es handelt sich hier um Tonghia, ein Dorf der 6000 Menschen zählenden Badyaranke, in dem zwischen 1950 und 1977 drei Viertel der Bauern zum Islam übertraten. Traditionell lebten die Badyaranke von einer autonomen Landwirtschaft, in der die Männer Hirse und die Frauen Reis als wichtigste Grundnahrungsmittel anbauten. In den letzten zwanzig Jahren wurde die Kultur von Erdnüssen und Baumwolle für den Markt und von Ochsen gezogene Pflüge zur Produktivitätssteigerung eingeführt, hauptsächlich, um eine um 30% angestiegene Bevölkerung zu ernähren.

Die lokale Religion war ein um Ahnen, Dämonen und den Urschöpfer Kodan gruppierter Kult. Vier Dorfrituale wurden alljährlich veranstaltet, um eine gute Ernte, Gesundheit und Schutz vor den Dämonen zu garantieren. Das von Männern gefeierte „Opfer der roten Ziege“ hörte ohne Begründung im Jahre 1965 plötzlich auf. Die beiden von den Frauen veranstalteten Rituale der „hundert Mähler“ und des „Opferbaums“, anläßlich derer Reis- und Hirsekuchen an alle verteilt wurden, dauerten fort, wurden aber zuungunsten der Ahnen dem Gott Kodan geweiht. Ein alljährlich vom Dorfältesten hervorgeholter, seinen Ahnen darstellender Steinfetisch, der mit Bier begossen zum Anlaß allgemeiner orgiastischer Trunkenheit genommen wurde, verschwand 1975. In diesem Jahr hatte der muslimische Sohn das Amt des Dorfältesten übernommen. Die traditionellen dörflichen Amulette, Weissagungen, Heilpraktiken und Exorzismen wurden mehr und mehr durch solche islamischer Wundertäter aus den Nachbardörfern ersetzt.

Parallel zu diesen Veränderungen im Animismus verdienen zwei Wandlungen in der Sozialstruktur Tonghias unsere Aufmerksamkeit. Ein Animist führte die Sitte der Brautgaben-Reziprozität ein, wobei die Familien der Bräute nicht nur eine Brautgabe von der Familie des Bräutigams empfingen, sondern dieser auch umgekehrt ein Geschenk gaben, das etwa ein Viertel der Brautgabe ausmachte. Auf Befragen gab der Animist an, er habe diese Sitte von Muslimen gelernt. Ebenfalls nach der Beobachtung von Gebräuchen in einem muslimischen Nachbarstamm wurde das Inzestverbot der Heirat von Kusinen auf der mütterlichen Seite aufgehoben. Unter diesen Bedingungen religiösen und sozialen Wandels war der formale Schritt zur Bekehrung durch den dörflichen Vorbeter *(imām)* in der seit 1965 bestehenden Dorfmoschee nicht viel mehr als die Bewußtmachung eines schon unbewußt im Animismus begonnenen Islamisierungsprozesses.[15]

An diesem Bekehrungsbeispiel aus dem Senegal ist interessant, daß der Animismus durch die Abschaffung eines Rituals, durch die Entfernung orgiastisch-ekstatischer Praktiken sowie durch die Betonung des Schöpfergottes und die Ersetzung der dörflichen durch eine regionale Wundertäter-Magie allmählich entlokalisiert wird. Zur gleichen Zeit wird der Islam lokal „aufgeladen", nämlich durch die angeblich islamische Brautgaben-Reziprozität und die Heirat mit der Tochter des Onkels mütterlicherseits, für die es im übrigen in den islamischen Ländern im Mittelmeerraum keine Entsprechung gibt. Diese „islamischen" Heiratsformen dienen offensichtlich der Vermeidung von örtlichen Erbteilungen, die jetzt mit dem Steigen der Landwerte aufgrund der höheren Produktivität unwirtschaftliche Mini-Farmen hervorbringen würden.

Eine mehr oder weniger bewußte Umformung des animistischen Erbes in einen islamischen Synkretismus vollzieht sich auch in der Stadt. Ein gutes Beispiel ist Abidjān, die Hauptstadt der Elfenbeinküste, in der 1971/2 eine religionssoziologische Untersuchung von 700 Erwachsenen (repräsentativ für den Arbeiter- und Mittelklassenstadtteil Adjamé) und von 396 Schülern der örtlichen Gymnasien unternommen wurde. Nur 3% der Erwachsenen entstammten Abidjān, und 63% konnten weder lesen noch schreiben. Von den Erwachsenen waren 58% Muslime, 33% Christen, 4% Animisten und 4% religiös Indifferente. Bei den Oberschülern waren die entsprechenden Prozentsätze 75, 12 und 8. Animisten waren deutlich in der Stadt unterrepräsentiert und Christen überdurchschnittlich auf den Oberschulen vertreten.

Wie schon bei den Badyaranke, so wurden auch in Abidjān ausgewählte Aspekte des Animismus in den Islam inkorporiert. Ein Drittel der Muslime (darunter aber nur 10% Hochschulabsolventen) hielten am Glauben an Fetische, nahezu die Hälfte (63% der Schüler) am Glauben an Dämonen und 40% am Glauben an Hilfe durch Ahnen fest. Die meisten begründeten dieses Festhalten mit dem ethnischen Argument ihrer Afrikanität. Drei Viertel aller Muslime gingen weiter zum Heilpraktiker und nur 43% (aber 86% aller Hochschulabsolventen) ausschließlich zum Arzt. Die Hälfte besuchte mindestens einmal im Jahr ihr Heimatdorf und drei Viertel sprachen sich für die Fortsetzung großer Familien in der Stadt aus.

Auf der anderen Seite zeigte sich islamischer Einfluß in der starken Opposition der Muslime gegen Mischehen, die einer ebenso entwickelten Gleichgültigkeit der Animisten Mischehen gegenüber entsprach. Nahezu drei Viertel der Muslime weigerten sich, Frauen Gleichheit einzuräumen, während 43% der Animisten dazu bereit waren. Während 86% der Gesamtheit von Christen, Muslimen, Animisten und Indifferenten Frauenarbeit außer Hause befürworteten, waren es unter Muslimen nur 71%. Wie ersichtlich, liegt diese Prozentzahl aber weit über der Norm im Maghreb.

Die meisten Muslime hatten anscheinend wenig Probleme, Animismus und Islam im Namen der Afrikanität miteinander zu verbinden. Allenfalls waren ein paar Klagen über die Unbequemlichkeiten der Glaubenspflichten zu hören, die aber durch den Stolz auf Solidarität als besondere muslimische Qualität aufgewogen wurden. Im Christentum war es die Einfachheit, die Stolz erweckte – eine Qualität, die oft von westlichen Beobachtern dem Islam unterlegt wird. Aus dieser Abidjān-Untersuchung wird deutlich, daß nicht die angebliche Simplizität, sondern die gemeinschaftsstiftende Kraft des Islams als attraktiv angesehen wurde.

Während die Verbindung zwischen Animismus und Islam wenig Probleme bereitete, war das Verhältnis zwischen Islam und Gleichheitsgerechtigkeit erheblich komplizierter. Auf der einen Seite kam der Gemeinplatz von der „Gleichheit aller Individuen ohne Ansehen von Rasse und Nation" vorbehaltlos von den Lippen der meisten Muslime. Große Mehrheiten wußten die durch den Markt allen eröffnete theoretische Auswahl an Arbeitsmöglichkeiten und Dienstleistungen zu schätzen, besonders unter den Hochschulabsolventen, die die notwendigen praktischen Voraussetzungen, nämlich Ausbildung und Geld, für diese Auswahl besaßen. Die typischen Gleichheitstugenden, das heißt, freie Entscheidung und ungehinderte Entfaltung der Persönlichkeit, standen obenan, was ihre Verwirklichung in Liebe und Heirat, Familie und Erziehung, Beruf und Erfolg betraf, 70% der muslimischen Hochschulabsolventen schrieben ihren Erfolg persönlichen Fähigkeiten zu, und selbst bei den ansonsten so religiös peniblen Händlern und Handwerkern waren es immerhin 38%, die ihren eigenen Talenten mehr zutrauten als der göttlichen Vorherbestimmung.

Auf der anderen Seite aber beklagte sich eine Mehrheit über die Anonymität der Stadt und die Allgegenwart des Geldes. Am lautesten war die Klage unter Animisten (86%). Muslime und Christen befanden sich in der Mitte, aber selbst die religiös Indifferenten beklagten sich noch mehrheitlich mit 54%. Offensichtlich wußten alle von der Gerechtigkeit der Gleichheit für sich selbst zu profitieren, waren aber unfähig, irgendeine gemeinschaftsbildende Kraft an ihr zu entdecken.[16]

Beim Übergang vom Animismus zum Islam spielten und spielen die religiösen Bruderschaften Westafrikas, wie etwa die *Qādirīya*, *Tijānīya* oder *Murīdīya*, eine wichtige Rolle. Ihre Repräsentanten waren örtlichen Gebräuchen gegenüber oft tolerant und selbst wenn sie die Notwendigkeit der Reform betonten (wie die Qadariten, die unter ʿUthmān dan Fodio [1754–1817] die Haussa-Emirate der Steppe eroberten), verstanden sie sich als Träger göttlicher Charismata *(karāmāt)*, die denen der animistischen Medizinmänner nicht nachstanden. Viele dieser Repräsentanten und ihre Abkömmlinge routinisierten ihr Charisma in landwirtschaftlichem oder merkantilem Besitz. Die Murīdīya im Senegal z. B. gründete sich auf eine Art zisterziensische Urbarmachungsideologie und kontrollierte zur Zeit der Unabhängigkeit ein Viertel der Erdnußproduktion. Seit der Unabhängigkeit hat sich die Murīdīya sowohl verstädtert (Wallfahrten und Wunder in St. Louis seit den frühen achtziger Jahren) als auch intellektualisiert („alle können Wunder vollbringen"). Mit der Betonung eines afrikanischen Kulturstolzes sucht die Murīdīya dem beginnenden Islamismus zu begegnen, dem arabisches Hegemoniestreben unterstellt wird.[17]

Der Islamismus ist eine beginnende Kraft in Westafrika. Auch hier zieht er die erste Unabhängigkeitsgeneration an, die vornehmlich in Städten aufwuchs, allerdings ohne Staatsreligion, da die westafrikanischen Staaten religiös pluralistisch sind. Islamisten kehren sich dementsprechend nicht gegen die Regierungsklasse, sondern gegen die Bruderschaften, denen sie einen „falschen", synkretistischen Islam anstelle des geforderten „rationalen" Reformislams vorwerfen. Sie sind besonders aktiv in Nigeria, wo hohe Öleinnahmen in den siebziger Jahren zu einer explosiven Urbanisierung führten und christliche Missionare ihnen oft das Feld streitig machen. Der *Bewegung für die Unterdrückung der Neuerungen und die Einsetzung der Sunna (Jamāʿat izālat al-bidʿa wa-iqāmat as-sunna*, auf Haussa kurz *Yan izala*), z. B. gelang es im Verlaufe der achtziger Jahre, im Gefolge oft blutiger Zusammenstöße mit der Tijānīya und Qādirīya, ihre Moscheen im gesamten Norden zu errichten.[18] Die *Muslim Students' Society*, ursprünglich eine Gruppe für Muslime im christlichen Süden, grenzt sich aggressiv von Christen ab, und ihre Mitglieder prügeln sich regelmäßig mit denen der *Christlichen Studentengemeinschaft*. Die blutigsten Ausschreitungen ereigneten sich 1987 im Staat Kaduna, wo 25 Menschen den Tod fanden und über 100 Kirchen und Moscheen gebrandschatzt wurden.[19]

Am Islamismus fällt auf, daß er die einzige religiöse Antigleichheitsrevolte in der Dritten Welt darstellt. In Lateinamerika oder in Ostasien (mit Ausnahme Indiens, wo der Hindu-Fundamentalismus eine Reaktion auf Spannungen mit Muslimen ist) gibt es keine vergleichbaren Authentizitätsbewegungen. Zur Erklärung wird im Abschluß noch einmal auf das Gleichheitsprinzip zurückgegriffen. Es ist offensichtlich, daß Massengesellschaften und Märkte zwar nicht ohne das Gleichheitsprinzip funktionieren, aber diese Institutionen selber die Gleichheit nur in einem sehr vagen Sinne legitimieren. Gleichheit bedarf massiver zusätzlicher Rechtfertigung, um zur Gerechtigkeit zu werden, so wie es im Westen kumulativ in drei Jahrhunderten der Aufklärung geschehen ist. Das Ergebnis dieser Rechtfertigung ist eine Gleichheitskultur, in deren Zentrum die Demokratie und der Rechtsstaat stehen. Selbst im gegenwärtig im Westen modischen Postmodernismus mit seinen Antigleichheitselementen erdreistet sich kein Intellektueller, Demokratie und Rechtsstaat in Frage zu stellen. Im Mittleren Osten und Nordafrika dagegen gibt es nur den theologischen Begriff der Gleichheit der Gläubigen vor Gott, den die *Salafīya*-Reformer zugunsten der Statusungleichheit im islamischen Gesetz beiseite gelassen haben. Solange es in dieser Region keine Intellektuellen gibt, die eine Verbindung zwischen der Gleichheit vor Gott und der Massen- und Marktgesellschaft herstellen, wird es Islamisten schwerfallen, den Sinn von Demokratie und Rechtsstaat zuzugeben. Die islamistische Polemik gegen die „dekadente" westliche Gleichheitskultur im allgemeinen und die importierten „Fremdkörper" Demokratie und Rechtsstaat im besonderen setzt eine Ableugnung des koranischen Gleichheitsprinzips und seiner rechtlichen Konsequenzen voraus. Aber das unleugbare Faktum der Massen- und Marktgesellschaft hat die Islamisten immerhin schon zum Zugeständnis der Apartheid gezwungen. Ihre Schlacht hat daher eher den Charakter eines Rückzugsgefechts als den einer Welle der Zukunft.

12. Die unabhängigen Staaten Schwarzafrikas

(Jamil M. Abun-Nasr)

Nach neuesten Schätzungen leben weit über 200 Millionen Muslime in Afrika: 109 Millionen in den fünf Ländern des Nordens – Ägypten, Libyen, Tunesien, Algerien und Marokko – und 168 Millionen in Schwarzafrika.[1] Im vorliegenden Beitrag wird die Bezeichnung „Schwarzafrika" für den gesamten Kontinent mit Ausnahme der genannten fünf mediterranen Küstenländer verwendet. Die vorhandenen Zahlenangaben für die schwarzafrikanischen Muslime sind bloße Annäherungswerte. Wissenschaftler sind sich jedoch darüber einig, daß die Zahl der Muslime in Schwarzafrika ständig wächst. Vincent Monteil beschreibt den Islam im Untertitel seines bekannten Buches „L'Islam noir" als „une religion à la conquête de l'Afrique".[2] Der Islam gewinnt an Boden in Schwarzafrika, wo etwa 220 Millionen Nichtmuslime leben, nicht jedoch im Norden, wo die Islamisierung ihre Grenzen erreicht hat und die Zahl der Nichtmuslime kaum sechs Millionen übersteigen dürfte.

Die meisten schwarzafrikanischen Staaten wurden um das Jahr 1960 unabhängig. In mehreren Ländern Schwarzafrikas ist der Islam Teil des traditionellen kulturellen Erbes, dem die politischen Führer Rechnung tragen müssen. Dies gilt nicht nur in Somalia und Mauretanien, wo die gesamte Bevölkerung muslimisch ist, und für Guinea, Mali und Senegal mit mehr als 80% muslimischer Bevölkerung, sondern auch für Länder, in denen die Muslime durch die Beherrschung ganzer Teile des Landes, wie in Nordnigeria, oder durch ihren sozialen und wirtschaftlichen Einfluß, wie in Kenia und Tansania, Bedeutung für das politische Leben besitzen. Dennoch befanden sich die schwarzafrikanischen Muslime in den Jahren unmittelbar nach der Unabhängigkeit im politischen Leben ihrer Länder in der Defensive. Obwohl Muslime in West- sowie Ostafrika die nationalistischen Bewegungen in ihren Ländern unterstützten, versuchten die muslimischen Führer nicht, auf die Gestaltung des politischen Lebens ihrer Staaten nach der Unabhängigkeit Einfluß als Muslime auszuüben. In den letzten Jahren drängt sich jedoch verstärkt der Eindruck auf, daß die schwarzafrikanischen

Muslime nicht mehr bereit sind, die Marginalisierung des Islams im politischen Leben hinzunehmen. Dieser Wandel steht damit in Zusammenhang, daß auf der politischen Szene mehrerer afrikanischer Länder neue muslimische Führer und Gruppierungen in Erscheinung traten, die sich für die Wiederbelebung des Islams im gesellschaftlichen Leben einsetzen.

In Nord- sowie in Schwarzafrika gelangten nach der Unabhängigkeit politische Führer an die Macht, die im Interesse der nationalen Integration und wirtschaftlichen Entwicklung das Recht beanspruchten, die politische Richtung in ihren Staaten sowie deren Entwicklungspläne und Ausbildungspolitik zu bestimmen. Die einen Wandel anstrebenden politischen Eliten in Nordafrika waren alle Muslime, die die islamische Identität ihrer Gesellschaften grundsätzlich anerkannten und mit der Unterstützung ihrer Politik durch offizielle Vertreter des Islams rechnen konnten, auch wenn diese mit den Grundsätzen des Islams nicht in Einklang stand. Demgegenüber legitimierten die politischen Führer der unabhängigen schwarzafrikanischen Staaten ihre Politik durch Berufung auf das afrikanische kulturelle Erbe. Die Vorstellungen, die die politischen Führer in Nord- sowie Schwarzafrika von der Zukunft ihrer Staaten hegten, hatten ihre Wurzeln jedoch nicht im islamischen oder afrikanischen kulturellen Erbe, sondern in den politischen Institutionen und sozio-ökonomischen Strukturen der europäischen Mächte, unter deren Herrschaft sie in der Kolonialzeit gestanden hatten. Die noch erhaltenen herkömmlichen politischen und gesellschaftlichen institutionellen Formen wurden eher als Hindernisse angesehen, die dem Aufbau der neuen nationalen Staaten im Wege standen. Sie wurden zwar geduldet, aber bei der Planung für die Zukunft weitgehend ignoriert.

a) Islam und nationales Bewußtsein

In Nordafrika fand seit den zwanziger Jahren eine Verknüpfung des nationalen Bewußtseins mit dem reformistischen Islam statt. Die reformistische Lehre der *Salafīya* entwickelte sich in diesem Gebiet als religiös-politische Antwort auf die Gleichsetzung der islamischen Kultur mit Rückständigkeit sowie auf den Überlegenheitsanspruch der europäischen gegenüber der islamischen Kultur, der zur Rechtfertigung der Kolonialherrschaft in islamischen Ländern diente. Es war für die Verfechter der Salafīya undenkbar, daß die Schwäche ihrer Gesellschaften im Vergleich zu den europäischen Ländern in Zusammenhang mit dem Islam stünde. Vielmehr wurde sie durch Abweichungen vom wahren Islam erklärt, die im Laufe der Jahrhunderte entstanden seien und sich durch die Macht der Tradition behauptet hätten. Richtig verstanden könne der Islam, so beharrten die Vertreter der Salafīya, die geeignete Grundlage für den Aufbau moderner, wohlhabender und gesellschaftlich progressiver Staaten sein. Dadurch schufen die reformistischen *ʿulamāʾ* im religiösen Bewußtsein der Muslime den Glauben, daß der wahre Islam weder mit seiner überkommenen, im islamischen Recht verankerten Gestalt, noch mit der bestehenden islamischen Lebensführung identisch sei.

Im Gegensatz dazu spielte der Islam in Schwarzafrika, und zwar auch in Ländern mit muslimischen Bevölkerungsmehrheiten, bei der Entstehung des nationalen Bewußtseins nur eine sekundäre, unterstützende Rolle, obwohl die Muslime eine führende Rolle bei der Bekämpfung der Kolonialherrschaft gespielt hatten. Im 19. Jahrhundert wurde die Ausdehnung der europäischen Herrschaft in Westafrika und in der heutigen Republik Sudan im Namen des Islams bekämpft. Der Widerstand gegen die Etablierung der britischen Herrschaft im Norden und der italienischen im Süden Somalias wurde hauptsächlich durch die Derwische unter der Führung von Saiyid Muḥammad ʿAbdille Hassan (ʿAbdallāh Ḥasan) geleistet.[3] Auch im Rahmen der nationalistischen Bewegungen, die den Kampf gegen die Kolonialherrschaft nach dem Zweiten Weltkrieg führten, spielten die Muslime manchmal eine bedeutende Rolle. In Tanganjika (engl. Tanganyika) unterstützten die städtischen Swahili die von Julius Nyerere geführte *Tanganyika African National Union (TANU)* seit ihrer Gründung im Jahre 1948 (ursprünglich als *Tanganyika African Association*).[4] In Westafrika wurden nationalistische Führer wie Sekou Touré in Guinea und Félix Houphouet-Boigny an der Elfenbeinküste von den *Subbanu*-Reformern unterstützt.[5] Die Entstehung reformistischer muslimischer Gruppierungen wie der *Subbanu-Assoziation* in Mali und der *Union Culturelle Musulmane* im Senegal (s. u.) könnte sogar als ein Aspekt der Bekämpfung der Kolonialherrschaft angesehen werden, da ihre Tätigkeiten u. a. auf die Bekämpfung der marabutischen (d. h. den sufistischen Islam repräsentierenden) Führer, die von den Kolonialbehörden als Sprecher der Muslime anerkannt waren, abzielten. Es ist jedoch wichtig daran zu erinnern, daß Muslime auch solche nationalistischen Führer unterstützt haben, die keine Muslime waren und die die nationale Identität mit dem afrikanischen und nicht mit dem islamischen kulturellen Erbe verknüpften.

Drei Faktoren scheinen dazu beigetragen zu haben, daß der Islam bei der Herausbildung des nationalen Bewußtseins in Schwarzafrika eine geringe Rolle spielte. Erstens wurde die Kolonialherrschaft in Schwarzafrika mit dem kulturellen Überlegenheitsanspruch der Europäer den Afrikanern gegenüber, ob sie nun Muslime waren oder nicht, gerechtfertigt. Die Hautfarbe, nicht wie in Nordafrika die Religion, war ausschlaggebend für die Abgrenzung zwischen europäischen dominanten Gruppen und einheimischen Völkern. Die rechtlichen Vorschriften des Islams wurden in die kolonialen Rechtssysteme integriert, aber nur so weit, als sie, wie der englische Terminus lautet, Teil des *native law and custom* waren.[6] Die Kolonialpolitik reduzierte den Islam auf seine an die verschiedenen afrikanischen Gemeinschaften angepaßten Züge. Diese Politik führte zwar nicht zum Verschwinden der islamischen Exklusivität in Gebieten wie der Küste Ostafrikas und Sansibar oder Nordnigeria, wo die Muslime geschlossene Gesellschaften bildeten und eine Tradition der Herrschaft über Nichtmuslime hatten, sondern dazu, daß die Mehrzahl der jüngeren, in der Kolonialzeit herangewachsenen Generationen schwarzafrikanischer Muslime die afrikanische Komponente ihrer politischen Identität verstärkt wahrnahm.

Der zweite Grund, warum der Islam ein geringes Gewicht bei der Herausbildung des nationalen Bewußtseins in Schwarzafrika hatte, bezieht sich auf die Zusammenarbeit zwischen den alten, etablierten muslimischen Familien und den Kolonialbehörden. Im Küstengebiet von Kenia, das während der Kolonialzeit unter der Souveränität des Sultans von Sansibar blieb, wurden Muslime als *liwalis*, Gouverneure von Provinzen, ernannt.[7] Um ihre Stellung als Herrscher in eingeschränktem Rahmen beizubehalten, waren die Emire in Nordnigeria bereit, sich den politischen und wirtschaftlichen Interessen der Briten zu fügen. In Senegal, Guinea und Mali waren muslimische Führer, insbesondere die *marabuts*, bereit, mit den Kolonialbehörden eng zusammenzuarbeiten. Auf diese Weise konnten sie den Einfluß auf ihre Gemeinschaften und ihre wirtschaftliche Macht ausbauen. In Guinea, wo einige der dortigen marabuts aus Mauretanien kamen und eine arabische oder berberische Abstammung geltend machten, wurde ihre Zusammenarbeit mit den Kolonialbehörden von den Nationalisten sowie von den religiösen Reformern besonders heftig angegriffen. In einem Rundschreiben der *Parti Démocratique de Guinée* vom 16. Oktober 1959 wurden die marabuts als Komplizen des Kolonialismus und die Araber als Rassisten beschrieben.[8] Eine ähnliche Darstellung der aus dem Norden kommenden Muslime als Ausbeuter der Afrikaner ist in dem Roman des ghanaischen Schriftstellers Ayi Kwei Armah, „Two Thousand Seasons", zu finden.[9]

Wie bereits erwähnt, gewährten die Kolonialbehörden dem Islam nur im Rahmen seiner in Afrika etablierten und entwickelten Ausprägungen formale Anerkennung. Dennoch betrachteten sich die Kolonialbehörden bewußt oder unbewußt als Nachfolger der Muslime, die in Afrika eingedrungen waren, seine wirtschaftlichen Ressourcen entdeckt und sein politisches Leben stark geprägt hatten. In der europäischen historischen Literatur der ersten Hälfte des Jahrhunderts über Afrika, die teilweise von Kolonialbeamten geschrieben wurde, spiegelt sich dieses Geschichtsbild insbesondere in der Frage der Entstehung von Staaten in Afrika wider. Demzufolge ist die Staatenbildung in Westafrika ausschließlich auf das Eindringen arabischer oder berberischer Gruppen aus dem Norden zurückzuführen.[10] Auf diese Konzeption der politischen Geschichte Afrikas und auf die Zusammenarbeit zwischen den alten führenden muslimischen Familien und den Kolonialbehörden reagierten die Schwarzafrikaner bei der Bestimmung ihrer kulturellen Identität mit einer gewissen Distanzierung vom Islam.

Der dritte Grund, warum der Islam bei der Herausbildung des nationalen Bewußtseins in Schwarzafrika keine wichtige Rolle spielte, war, daß der reformistische Islam weder Anschluß an die Ideologie des Afrikanertums finden, noch große Bedeutung für das religiös-politische Leben der schwarzafrikanischen Muslime entwickeln konnte, obwohl die reformistische Lehre der Salafīya bekannte Vertreter in Schwarzafrika hatte. In Ostafrika hatte sie einen prominenten Verfechter in der Person von Shaikh al-Amīn ibn ʿAlī al-Mazrūʿī (1881–1949), der seit 1932 *qāḍī* (religiöser Richter) von Mombasa und seit 1973 *grand-qāḍī* dieser Stadt war. Er wurde durch die Schriften der Salafīya-Führer Muḥammad ʿAbduh und Rashīd Riḍā inspiriert und gründete im Jahr 1932 die Wochenzeitschrift „al-Iṣlāḥ« (Reform) mit dem Ziel, die reformistische Lehre zu propagieren. Obwohl Shaikh al-Mazrūʿī darauf beharrte, daß die Beherrschung der arabischen Sprache Voraussetzung für den Aufbau moderner islamischer Gesellschaften auf der Basis des reformistischen Islam sei, erschien seine Zeitschrift nicht nur auf Arabisch, sondern auch in Swahili. Er veröffentlichte auch mehrere Bücher in Swahili, in denen er den Muslimen die Kenntnis der islamischen Lehre aus reformistischer Sicht zu vermitteln versuchte. Shaikh al-Amīn al-Mazrūʿī genoß großes Ansehen als Gelehrter, Richter und Mitglied einer Familie, die Mombasa in der Vergangenheit politisch beherrscht hatte. Dennoch war der Einfluß der von ihm vertretenen reformistischen Lehre in Ostafrika sehr gering. In der Zeit zwischen 1900 und 1940, d.h. als durch die reformistische Bewegung das religiös-politische Bewußtsein der Muslime in Nordafrika und im Nahen Osten umgeformt wurde, fand in Ostafrika keine vergleichbare Entwicklung statt. Zu diesem Schluß kam der kenianische Historiker Aḥmad Sālim, der feststellte, daß Ostafrika „can claim no coherent, organized and systematic reform movement". Unter den Muslimen der ostafrikanischen Küste, so Sālim, „there were no guides who attempted to chart the course the community ought to take in the modern world, beyond laying the broad principles of established tradition«.[11]

In Westafrika waren in den Jahren unmittelbar nach dem Zweiten Weltkrieg Reformisten unterschiedlicher Schattierung unter den Muslimen zu finden. Besonders aktiv waren zwei Gruppen. Die eine war die Vereinigung *Subbanu (ash-Shubbān) al-muslimin*, die in den vierziger Jahren in Bamako (Mali) gegründet wurde und von ihren muslimischen, traditionell eingestellten Gegnern als *Wahhābīya* bezeichnet wurde. Die führenden Persönlichkeiten dieser Gruppe waren Gelehrte, deren religiös-politisches Bewußtsein durch das Studium an der *Azhar*-Universität in Kairo sowie durch die Lehre der Muslimbrüder geprägt war. Lansiné Kaba, ein Wissenschaftler aus Guinea, der eine detaillierte Arbeit über diese Vereinigung verfaßte, sagt, daß der größte Teil ihrer Mitglieder aus kleinen und mittleren Händlern bestand, die als Mittelsmänner zwischen den großen europäischen Handelsfirmen und den Afrikanern tätig waren. Die Aktivitäten der Subbanu al-muslimin richteten sich vor allem darauf, die Verbreitung der orthodoxen islamischen Lehre und die Kenntnis des Arabischen durch die Gründung moderner Koranschulen zu fördern. Dennoch unterstützten sie auf politischer Ebene die für eine vollständige Unabhängigkeit des „Soudan Français" eintretende sozialistische Partei *Union Soudanaise-Rassemblement Démocratique Africaine*, die die Wahlen im Jahre 1958 gewann. In den fünfziger Jahren hatte die Subbanu-Vereinigung außer in Mali selbst auch in Guinea, Sierra Leone, an der Elfenbeinküste und in Burkina Faso (damals Obervolta) aktive Mitglieder.[12] Die Subbanu al-muslimin bildeten also eine die territorialen Grenzen Westafrikas überschreitende islamische Bewegung, die durch Geschäftstüchtigkeit sowie strenge Religiosität gekennzeichnet war. Ihr Einfluß auf die Politik beschränkte sich jedoch auf die Tätigkeiten ihrer Anhänger innerhalb einer politischen Partei, in deren Ideologie das Afrikanertum sowie der Sozialismus betont wurden.

Die zweite bedeutende reformistische Gruppe unter den Muslimen Westafrikas entstand in Senegal und wurde von Shaikh Abdoulaye Touré ins Leben gerufen. Shaikh Touré entstammte einer alten Gelehrtenfamilie und kam während seiner Schulzeit in St. Louis in den vierziger Jahren mit den Ideen der Salafīya in Berührung. Er gehörte zu einer Gruppe senegalesischer Studenten, die im Jahre 1952 ein Stipendium für ein Studium in Nordafrika erhielten.[13] Während seines Aufenthaltes in Algerien im Jahre 1952/53 festigte sich seine reformistische Richtung. Die Salafīya-Lehre wurde in Algerien vor allem unter dem Einfluß von ʿAbd al-Ḥamīd ibn Bādīs (gest. 1940) zur Grundlage einer Reformbewegung, die sich für die Belebung der islamischen kulturellen Identität Algeriens einsetzte. Die Reformer gründeten im Jahre 1931 die *Vereinigung der muslimischen Gelehrten (Jamʿīyat al-ʿulamāʾ al-muslimīn al-jazāʾirīyīn).* Diese setzte sich für die Beendigung der Kontrolle ein, die die Kolonialverwaltung über die Moscheen und die Inhaber islamischer religiöser Ämter ausübte, und führte eine religiöspolitische Kampagne gegen die Zusammenarbeit marabutischer Führer mit den Kolonialbehörden. Dadurch sowie durch die von ihnen gegründeten Schulen trugen die Reformer viel dazu bei, daß die Algerier eine reformistische islamische Vorstellung von ihrer nationalen Identität entwickelten.[14] Bis zu seiner Ausweisung aus Algerien im März 1953 stand Abdoulaye Touré in enger Verbindung mit der Jamʿīyat al-ʿulamāʾ und studierte an dem von ihr getragenen *Institut Bin Badis* in Constantine. Kurz nach seiner Rückkehr nach Senegal gründete Shaikh Touré nach dem Vorbild der Jamʿīyat al-ulamāʾ die Union Culturelle Musulmane (UCM). Im Rahmen eines in Dakar im Jahre 1957 abgehaltenen Kongresses wurde die UCM erweitert, um u. a. auch die Mitglieder der Subbanu-Vereinigung aufzunehmen. 1958 wurde die Subbanu-Gruppe in Bamako formell ein Zweig der UCM, und fast zur gleichen Zeit entstanden örtliche Zweige der UCM auch in Guinea, an der Elfenbeinküste und in Burkina Faso.[15]

Islamische Reform bedeutet in Westafrika die Bemühungen gelehrter Muslime, den Synkretismus von Islamischem und Nichtislamischem im Leben der Muslime zu bekämpfen und die genaue Beachtung der rechtlich-religiösen Vorschriften des Islams durchzusetzen. Deshalb betonten die Reformer die Bedeutung des Arabisch-Unterrichts für das religiöse Leben der Muslime. Shaikh Touré ging weiter als die anderen westafrikanischen Reformer, indem er neben der Vermittlung von Kenntnissen über den Islam auch hervorhob, daß die Reform des Islams auch eine Reform des institutionellen Rahmens der islamischen Gesellschaften erfordere. Er verband sich mit Mamadou Dia, einem Freund seines Vaters und einem der prominentesten politischen Führer des Senegal. Mamadou Dia gründete mit Leopold Senghor die spätere Regierungspartei, die *Union Progressiste Senegalaise.* Im Jahre 1958 wurde Mamadou Dia erster Ministerpräsident von Senegal und verfolgte in Anlehnung an die Reformideen der UCM ein gesellschaftliches Reformprogramm, das sich u. a. gegen die Macht richtete, die die marabutischen Führer im politischen Leben des Senegals besaßen. Damit geriet er in Konflikt mit den mächtigen marabuts sowie mit dem christlichen Staatspräsidenten Senghor. Denn dieser benutzte die Angst der marabuts vor einer Dominanz des reformistischen Islams im öffentlichen Leben, um ihre Unterstützung für die Aufrechterhaltung des säkularen Charakters des Staates zu sichern. Im Jahre 1962 wurde Mamadou Dia gestürzt, und damit verlor Shaikh Touré jeden Einfluß auf die Politik in Senegal.[16]

b) Der Islam und die neuen Staatswesen in Schwarzafrika

In den Jahren unmittelbar nach der Unabhängigkeit ihrer Länder befanden sich die schwarzafrikanischen Muslime in einer politisch ungünstigen Situation. In den meisten unabhängigen schwarzafrikanischen Staaten übten in den sechziger Jahren charismatische Staatsoberhäupter uneingeschränkte politische Autorität aus, die sie durch die Betonung ihrer Verpflichtung zum afrikanischen kulturellen Erbe sowie zur Modernisierung ihrer Gesellschaften legitimierten. In mehreren schwarzafrikanischen Ländern wurde der Sozialismus als sicherer und schneller Weg zur Modernisierung und zur wirtschaftlichen Entwicklung propagiert. Der Sozialismus wurde vorwiegend als ein gesellschaftliches System dargestellt, das seine Wurzeln in der vorkolonialen afrikanischen Solidarität zwischen Angehörigen der gleichen Gruppe sowie in der kollektiven Nutzung des Bodens habe. Von der ideologischen Ausrichtung her waren die schwarzafrikanischen Führer in den Jahren nach der Unabhängigkeit der Modernisierung und dem Afrikanertum verpflichtet, ganz gleich, ob sie sich als Sozialisten betrachteten oder nicht. Im Zusammenhang mit dieser zweiseitigen politischen Ideologie und im Rahmen der Strukturen, die daraus entstanden sind, konnten die schwarzafrikanischen Muslime in den sechziger Jahren nur eine marginale politische Rolle als Muslime spielen. Ihre religiöse Loyalität zur gemeinsamen islamischen Welt stand im Widerspruch zur allgemeinen ideologischen Ausrichtung ihrer Gesellschaften, und durch ihr Festhalten am islamischen Schulwesen in der Kolonialzeit hatten sie sich weniger auf eine Beteiligung am Aufbau der neuen nationalen Staaten vorbereitet als andere Teile der Bevölkerung. Aus dieser Situation heraus sowie aus der Tatsache, daß die islamische Reformbewegung das politische Bewußtsein der schwarzafrikanischen Muslime nicht weitgehend umgewandelt hatte, entwickelten sich unter ihnen zwei Tendenzen, die als Aspekte der gleichen defensiven Haltung gegenüber den neuen politischen und gesellschaftlichen Strukturen anzusehen sind.

Die erste Tendenz liegt darin, daß die alten islamischen Familien versuchten, ihre Gemeinschaften als Enklaven innerhalb der neuen Staaten zu erhalten, für die Ausnahmen beim Aufbau der politischen Strukturen und in der Gesetzgebung gemacht würden. Der defensive Aspekt dieser Tendenz ist darin zu sehen, daß diese Familien keinen Anspruch erhoben, die allgemeine politische und wirtschaftliche Entwicklung ihrer Staaten im

Sinne ihrer islamischen Überzeugungen mitzubestimmen. Vielmehr versuchten sie, den ihnen verbliebenen gesellschaftlichen Einfluß im politischen Leben geltend zu machen, um die Berücksichtigung der religiös-kulturellen Besonderheiten ihrer Gruppen durch die nationalen Führer zu gewährleisten. Zur Veranschaulichung dieser Verhältnisse werden im folgenden drei Beispiele aus Senegal, Kenia und Nordnigeria angeführt.

Senegal

In Senegal üben die *ṣūfī*-Bruderschaften großen Einfluß auf das politische Leben aus, obwohl ihre geistigen Führer, die marabuts, formal außerhalb der organisierten politischen Gruppierungen stehen. Etwa 90% der Bevölkerung Senegals sind Muslime, und etwa 95% davon sind Angehörige der ṣūfī-Bruderschaften. Die Bruderschaften beherrschen das Leben der Muslime in Senegal. Dabei entfallen auf die *Tijānīya*-Bruderschaft etwa 50% der Muslime, auf die Bruderschaft der *Mouriden* 30%, auf die *Qādirīya*-Bruderschaft 15%.[17] Der Einfluß der Mouriden im politischen Leben ist noch stärker als der der zahlenmäßig stärkeren Tijānīya-Bruderschaft und wird von den reformistischen Muslimen besonders ablehnend betrachtet. Der große Einfluß dieser Bruderschaft ergibt sich aus ihrem inneren Zusammenhalt sowie ihrer wirtschaftlichen Macht. Diese wirtschaftliche Macht hat ihre Wurzeln in einem alten Brauch der senegalesischen Muslime, der die Schüler verpflichtet, ihren religiösen Lehrern unbezahlte Dienste zu leisten. Diesen Brauch entwickelten die marabuts der Mouriden zum religiösen Frondienst. Die jungen Anhänger der Bruderschaft bewirtschaften die ausgedehnten Erdnußplantagen der marabuts und erhalten für ihre Arbeit kaum eine materielle Vergütung. Donal Cruise O'Brien, der 1971 eine Studie über diese Bruderschaft veröffentlichte,[18] schrieb 1993, daß die senegalesischen Politiker der Fähigkeit der marabuts, das Wahlverhalten ihrer Anhänger zu beeinflussen, weiterhin Rechnung tragen müssen. Selbst der durch die *Parti Socialiste* getragene Staatspräsident Abdou Diouf pflegt gute Beziehungen zu den marabuts, obwohl diese „an embarrassing feudal remnant in the secular outlook of the government's bureaucratic modernisers" darstellen.[19] Die marabuts setzen ihre Stärke ein, um Konzessionen zu erzwingen oder Maßnahmen wie die Ausdehnung der Agrarkollektive zu verhindern, die ihre Machtstellung unterminieren könnten. Sie versuchen jedoch nicht, die politischen Strukturen des Staates mitzubestimmen.

Eine Tradition der Zusammenarbeit zwischen den Inhabern politischer Macht und den führenden marabuts festigte sich schon in der Kolonialzeit. Grundlage dieser Zusammenarbeit war die Begünstigung der großen marabutischen Familien durch die Vergabe von Ländereien und die finanzielle Unterstützung ihrer religiösen Bauten als Gegenleistung für ihre politische Loyalität. Nach der Unabhängigkeit Senegals im Jahre 1960 konnte der Christ Leopold Senghor seine Macht für die Dauer seiner zwanzigjährigen Präsidentschaft durch die Fortsetzung dieser Tradition untermauern.[20] Demgegenüber versuchte der reformistisch gesinnte muslimische Ministerpräsident Mamadou Dia Anfang der sechziger Jahre vergeblich, den Einfluß der marabuts zu beschränken. Nachdem am 1.01.1981 ein Muslim, Abdou Diouf, die Nachfolge Senghors als Staatspräsident antrat, erhielt der Staat zwar ein islamisches Aussehen, behielt jedoch seine säkulare Ausrichtung bei. Diouf stärkte die Beziehungen Senegals zu arabisch-islamischen Ländern und gestattete die Zulassung einer großen Zahl von muslimischen Organisationen, die z. T. eine reformistische Orientierung haben.[21] Durch die Schaffung eines Gleichgewichts zwischen zwei muslimischen Lagern, dem Lager der marabuts und dem der reformistischen Organisationen, die innerlich gespalten sind, konnte er die Herausbildung einer ernstzunehmenden islamischen Opposition gegen seine säkulare Politik verhindern.

Kenia

In Kenia gerieten die Muslime im Jahre 1970 mit dem Staat über ein Gesetz in Streit, das das Erbrecht im gesamten Land vereinheitlichen sollte. Staatspräsident Jomo Kenyatta hatte im Jahre 1967 eine Kommission beauftragt, das Erbrecht neu zu bearbeiten, um u. a. die Ungerechtigkeit zu beseitigen, die dadurch entsteht, daß nach islamischem Recht ein Nichtmuslim einen Muslim nicht beerben darf. Nach dem ab 1970 andauernden heftigen Streit wurde das neue Gesetz vom Parlament im Jahre 1972 verabschiedet. Seine Inkraftsetzung ordnete der Generalstaatsanwalt aber erst im Juni 1981 an. Neben der Gleichstellung nichtmuslimischer mit muslimischen Erben eines Muslims sah das neue Gesetz die Gleichberechtigung der Frau mit dem Mann in Erbschaftsfragen vor. Der *grand-qāḍī* von Mombasa, der als oberste religiöse Instanz der Muslime in Kenia gilt, vermied jede Einmischung in die Auseinandersetzungen über das neue Gesetz. Dagegen führten prominente Muslime unter der Leitung des *Supreme Council of Kenya Muslims* eine heftige Kampagne gegen das Gesetz, obwohl es einem Muslim erlaubt, durch ein Testament zu bestimmen, daß sein Nachlaß nach den Bestimmungen des islamischen Rechts verteilt werden soll.[22]

Die Muslime, die sich gegen das neue Gesetz verwendeten und seine Inkraftsetzung lange verzögern konnten, sind prominente Persönlichkeiten des öffentlichen Lebens und keine dogmatisch strengen Muslime, die auf der Verwirklichung des islamischen Rechts in allen Bereichen des gesellschaftlichen Lebens der Muslime bestehen. Es handelte sich dabei um die Reaktion einer wirtschaftlich noch einflußreichen muslimischen Schicht nichtafrikanischer Abstammung, die das neue Gesetz als Angriff gegen ihre islamische Lebensweise verstehen sowie als Zeichen ihrer Unfähigkeit sehen, politischen Einfluß innerhalb des von nichtmuslimischen Afrikanern geführten Staates auszuüben. Ob die Muslime tatsächlich etwa 30% der Bevölkerung Kenias darstellen, wie dies von Khálid auf der Grundlage von Aussagen der Muslime selbst behauptet wurde,[23] läßt sich nicht feststellen. Bei der Kampagne gegen das Erbschaftsgesetz handelt es sich jedenfalls vor allem um die Interessen der etwa 40 000 Araber und der etwa 140 000 Asiaten (die Nachkommen indischer bzw. pakistanischer Einwanderer).[24] In der Kolonialzeit bildete das Küstengebiet, wo die Mehrheit der Araber und Asiaten lebten und die Souveränität des Sultans von Sansibar galt, ein britisches

Protektorat und wurde getrennt vom Rest des Landes, der Kolonie von Kenia, verwaltet. Das islamische Recht galt dort als *basic law*, obwohl seine Gültigkeit in der Praxis auf Angelegenheiten des Personenstandes der Muslime, d. h. auf Eheschließung, Scheidung, Sorgerecht für Kinder und Erbschaft beschränkt war.[25] Die Asiaten gewannen Einfluß durch ihren Erfolg im Handel sowie dadurch, daß sie als eine in der Fremde lebende Minderheit die Vorteile des modernen Wissens erkannten und die für seinen Erwerb erforderlichen Mittel aufbringen konnten. In der Kolonialzeit bildeten sie eine durch Gruppensolidarität gekennzeichnete Schicht, die in der Verwaltung, in bestimmten Berufen sowie im Handel Einfluß besaß und eine Zwischenstellung zwischen den Europäern und den Afrikanern einnahm.

Die Unabhängigkeit brachte für die Araber und Asiaten große Verluste hinsichtlich der wirtschaftlichen Chancen und des politischen Einflusses mit sich. Die Briten erstellten zwar Pläne für die Aufrechterhaltung eines besonderen politischen Status für das Küstengebiet von Kenia nach der Unabhängigkeit, sie wurden aber bei der Gestaltung der Strukturen des unabhängigen Staates nicht mehr berücksichtigt. Dabei spielte offensichtlich der wachsende Einfluß des ägyptischen Präsidenten Jamāl ʿAbd an-Nāṣir (Nasser) in Afrika sowie die Furcht vor der Entstehung eines mit Ägypten verbündeten arabischen Regimes an der Küste die entscheidende Rolle. In der im Jahre 1960 von der britischen Regierung ausgearbeiteten Verfassung wurde das gesamte Kenia zu einem afrikanischen Land erklärt. Im März 1960 wurde die *Kenya African National Union (KANU)* gegründet. Diese Partei war ein Ableger der 1946 von Jomo Kenyatta gegründeten *Kenya African Union*, durch die das Nationalbewußtsein der Kikuyu konsolidiert wurde. KANU gewann die Wahlen des Jahres 1961, durch die die afrikanischen Mitglieder der von den Briten eingesetzten Regierung bestimmt wurden. Damit erzwang KANU auch die Freilassung ihres Führers Kenyatta aus dem Gefängnis. Im nächsten Jahr gewann Kenyatta mit seiner Partei die allgemeinen parlamentarischen Wahlen. KANU, die enge Verbindungen mit den Kikuyu und Luo hatte und eine nationalistische afrikanische Ideologie vertrat, bildete die Regierung zur Zeit der Unabhängigkeit Kenias im Dezember 1963. Die besondere politisch-rechtliche Stellung der im Küstengebiet lebenden Muslime wurde dadurch beendet, daß die Briten den Sultan von Sansibar im Oktober 1963 dazu brachten, seine Souveränität über dieses Gebiet formal aufzugeben. Die Revolution vom Januar 1964, die die Herrschaft des Sultans beendete und den Weg für die Vereinigung von Sansibar mit Tanganjika zu dem unabhängigen Staat Tansania bahnte, führte zur Auswanderung von Mitgliedern alter arabischer Familien von Sansibar nach Kenia, wo sie Zuflucht und Hilfe bei den dort ansässigen Arabern fanden. Die Araber hatten nach Januar 1964 keine andere Wahl mehr, als in Kenia zu bleiben und zu versuchen, mit ihrem Status als Bürger eines afrikanischen Staates fertig zu werden.[26]

Nach der Unabhängigkeit übte Staatspräsident Jomo Kenyatta uneingeschränkte politische Macht durch die Einheitspartei KANU aus. Das Regime von Kenyatta verpflichtete sich zur Modernisierung unter gleichzeitiger Betonung der Afrikanisierung. Trotzdem konnten die Asiaten durch ihren hohen Bildungsgrad und ihre wirtschaftliche Macht unter diesem Regime einen gewissen Einfluß im öffentlichen Leben bewahren. Für sie sowie für die Araber gewann die weitere Anerkennung der Gültigkeit des islamischen Rechts in Fragen des Personenstandes der Muslime einschließlich des Erbrechts eine besondere Bedeutung, nämlich als Symbol ihrer besonderen Identität, nachdem eine Anordnung vom September 1963 die Zuständigkeit der *quḍāt* (arab. pl. von *qāḍī*) im Bereich des Strafrechts endgültig beendet hatte. In der Kolonialzeit wurde das islamische Strafrecht kaum angewandt, weil Strafsachen nicht von den quḍāt, sondern entweder von den *liwalis* oder von den britischen Verwaltungs- und Rechtsorganen entschieden wurden. Dennoch hatte das islamische Strafrecht bis zur Anordnung vom September 1963 formale Gültigkeit besessen.[27] Das Gesetz von 1972 schränkte die staatliche Anerkennung der verbliebenen Gültigkeit des islamischen Rechts weiter ein. Nach diesem Gesetz wurde die Anwendung des islamischen Rechts in Erbschaftsfragen zu einer persönlichen Angelegenheit der Muslime gemacht, die die testamentarische Verfügung des Verstorbenen und nicht die staatliche Anerkennung seines Status als Muslim als Rechtsgrundlage hat. Die starke Reaktion hierauf läßt sich nur so erklären, daß das Gesetz als weiterer Angriff des von Nichtmuslimen beherrschten afrikanischen Staates auf die besondere Stellung der Muslime verstanden wurde.

Nigeria

Nordnigeria lieferte bis zum Jahre 1967 das beste Beispiel einer traditionellen islamischen Enklave innerhalb eines neuen schwarzafrikanischen Staates. Zur Zeit der britischen Eroberung am Anfang dieses Jahrhunderts war Nordnigeria ein islamischer Staat, der zu Beginn des 19. Jahrhunderts aus der religiösen Reformbewegung von ʿUthmān dan Fodio und dessen Heiligem Krieg gegen die Herrscher der Haussa-Stadtstaaten hervorgegangen war. Die Fulbe – besser bekannt unter dem von den Haussa übernommenen englischen Namen Fulani – bildeten politisch sowie religiös die herrschende Schicht in diesem Staat. Da dieser Staat dezentralisiert war, wurden seine verschiedenen Gebiete von eigenen Emir *(amīr)*-Dynastien im Namen des Kalifen von Sokoto regiert, der als religiös-politisches Oberhaupt des gesamten Staates galt.[28]

Die Emire behielten während der Kolonialzeit im Rahmen des von den Briten in Nordnigeria entwickelten Systems der indirekten Herrschaft einen beträchtlichen Teil ihrer früheren politischen Autorität, gleichzeitig betonten sie – sogar bewußter als in der vorkolonialen Zeit – ihre Rolle als Bewahrer der islamischen religiösen Traditionen. Den lokalen islamischen Rechtsinstitutionen wurde bei der Gestaltung des kolonialen Gerichtssystems in diesem Gebiet Rechnung getragen. *Native Courts* wurden als Teil des kolonialen Gerichtssystems eingerichtet. Die Kolonialbehörden legten die Zuständigkeit dieser Gerichte fest und kontrollierten ihre Arbeit, gleichzeitig betonten sie ihren einheimischen Charakter. Das islamische Recht wurde als das für die Muslime geltende *native law and custom* anerkannt, obwohl seine Gültigkeit dadurch eingeschränkt wurde, daß seine Bestimmungen nicht angewandt werden durften, wenn sie mit dem „rezipierten" englischen statutarischen Recht nicht in Einklang standen oder „natural justice, equity and good conscience" verletzten. Die politische Autorität der Emire sowie die Entscheidung der muslimischen Richter unterlagen einer strengen Kontrolle durch die Kolonialverwaltung. Dennoch blieben während der Kolonialzeit der Charakter Nordnigerias als eines islamischen Gebiets sowie die Dominanz seiner aristokratischen Familien erhalten.[29] Die Ausbildungsordnung des Jahres 1916 bestimmte, daß Missionsschulen nur in nichtmuslimischen Gebieten Nordnigerias gegründet werden durften. Die Schüler, die die für die nördliche Aristokratie bestimmten Schulen, wie das im Jahre 1922 gegründete *Katsina College*, besuchen durften, wurden von den Emiren selbst ausgewählt und dort als muslimische *Gentlemen* nach der Tradition der englischen Public School erzogen.[30] Eine Schwächung des islamischen Charakters Nordnigerias wurde bewußt vermieden, weil der Einfluß der Emire, durch die die Briten ihre Autorität ausübten, eine unabdingbare religiöse Grundlage hatte.

Die Briten beeinflußten die Gestaltung der politischen Strukturen, die Nigeria zur Zeit seiner Entlassung in die Unabhängigkeit am 1. Oktober 1960 hatte, maßgeblich. Seit 1954 war das Land in drei selbständige Regionen – die Nord-, West- und Ostregion – geteilt. Die regionale Teilung blieb im unabhängigen föderativen Staat bis zum Jahre 1967 erhalten und ermöglichte den Muslimen des Nordens, die die Mehrheit unter den Muslimen Nigerias darstellten, ihre Selbständigkeit in einer eigenen Region zu bewahren. Die Emire behielten ihre Autorität als religiös-politische Führer ihrer Gemeinden und übten Einfluß auf den *Northern People's Congress (NPC)* aus, der die Regierung der Nordregion bildete. Ahmadu Bello, ein Nachkomme ʿUthmān dan Fodios, war Vorsitzender dieser Partei, und ihre anderen führenden Persönlichkeiten gehörten zur traditionellen Haussa-Fulbe-Aristokratie.[31] In der Nordregion galt nach der Unabhängigkeit das islamische Recht weiter, obwohl im Straf- und Strafverfahrensrecht die Bestimmungen der *sharīʿa* durch zwei Kodizes ersetzt wurden, die der britische Generalstaatsanwalt der Nordregion ausgearbeitet hatte. Die zwei Kodizes traten in Kraft, als Nigeria in die Unabhängigkeit entlassen wurde. Der NPC stimmte dieser Einschränkung der Anwendung des islamischen Rechts als Gegenleistung dafür zu, daß die britischen Behörden die Abtrennung von Gebieten mit zahlreichen christlichen Minderheiten von der Nordregion verhinderten.[32] Die Nordregion blieb damit hinsichtlich der Fläche und der Bevölkerungszahl größer als die zwei anderen Regionen zusammen. Daher konnten ihre muslimischen politischen Führer in der Politik des gesamten föderativen Staates den Ton angeben. Der erste Ministerpräsident des unabhängigen Staates war Abubakar (Abū Bakr) Tafawa Balewa, Ahmadu Bellos Stellvertreter als Vorsitzender des NPC.

Als Premier der Nordregion war Bello bemüht, u. a. durch die Gründung des *Institutes of Administration* in Zaria im Jahre 1954 sowie der *Ahmadu Bello University* ebenfalls in Zaria im Jahre 1961, die Herausbildung einer eigenen muslimischen Verwaltungselite für die Nordregion zu ermöglichen. Damit sollte eine Dominanz der Verwaltung der Nordregion durch Christen aus Südnigeria verhindert werden. Die vorherrschende Stellung der islamischen, nördlichen Enklave im politischen Leben des föderativen Staates ließ sich jedoch angesichts der Dominanz der Christen des Südens in Wirtschaft, Justiz, Bildungswesen und insbesondere in der Armee auf Dauer nicht aufrechterhalten.

Der Militärputsch jüngerer christlicher Offiziere am 16. Januar 1966 beendete die Vorherrschaft der Haussa-Fulbe-Aristokratie in der Politik des föderativen Staates von Nigeria. Ahmadu Bello sowie Abubakar Tafawa Balewa wurden getötet. Seit damals steht Nigeria unter Militärherrschaft, mit Ausnahme der Zeit zwischen dem 1. Oktober 1979 und dem 31. Dezember 1983, als das Land von dem gewählten Präsidenten Shehu Shagari regiert wurde. Das erste Oberhaupt der Militärregierung, der Igbo General Ironsi, wurde bei einem Gegenputsch muslimischer Offiziere am 29. Juli 1966 getötet. Sein Dekret vom 24. Mai 1966, das die regionale Teilung Nigerias aufhob, rief die Ängste der Muslime Nordnigerias vor einer Beherrschung des Staates durch die Christen des Südens wach und führte zu wahllosen Angriffen gegen die in den großen Städten des Nordens lebenden Igbos. Die Tötung mehrerer Tausend Igbos und die Flucht von etwa 600 000 in ihre Heimat in der Ostregion bildeten den Hintergrund für ihre Sezession von der Föderation. Am 30. Mai 1967 wurde die Ostregion von deren Gouverneur, dem Igbo O. Ojukwu zum unabhängigen souveränen Staat Biafra erklärt. Die Umstände des Krieges gegen Biafra, der bis zur Beendigung der Sezession im Januar 1970 andauerte, benutzte die von Jakubu Gowon geführte Militärregierung, um eine Neustrukturierung des föderativen Staates einzuführen. Dabei verfolgte die Militärregierung das Ziel, das Wiederauftreten des Nordens als einheitlicher islamischer Enklave im säkularen föderativen Staat zu verhindern.

Der Putsch vom Januar 1966 hatte seine Wurzeln in derselben elitären nationalistischen Ideologie, aus der europäisch gebildete Führer wie Senghor in Senegal und Kenyatta in Kenia für sich das Recht ableiteten, nach der Unabhängigkeit ihre Gesellschaften nach eigenen Vorstellungen von den Erfordernissen der Entwicklung neu zu gestalten. Träger dieser Ideologie ist in Nigeria das Militär. Die ethnische Vielfalt Nigerias, die Teilung des Landes seit 1954 in drei selbständige Regionen, die Herausbildung von politischen Parteien, die je mit einer vorherrschenden ethnischen Gruppe der drei Regionen verbunden waren, sowie die entscheidende Rolle, die die Briten bei der Gestaltung der Strukturen des unabhängigen Staates spielten, verhinderten die Entstehung einer nationalistischen Partei, die behaupten konnte, den politischen Willen des gesamten Landes zu vertreten. Diesen Anspruch erhob in Nigeria seit 1966 das Militär. Die höheren Offiziere der Armee versuchten zu erreichen, was den Politikern nicht gelang, nämlich die für die Entwicklung eines einheitlichen, progressiven Staates erforderlichen Strukturen aufzubauen.

Die Auflösung der Regionen im Mai 1967 war für die politische Stellung der Muslime des Nordens im föderativen Staat Nigeria sowie für die Entwicklung des religiös-politischen Bewußtseins der Muslime im gesamten Land von weitreichender Bedeutung. In diesem Jahr wurde die Föderation in zwölf Bundesstaaten aufgeteilt. Sechs davon entstanden durch die Auflösung der Nordregion. Die rechtliche Selbständigkeit der Muslime des Nordens wurde in den Jahren 1966–67 beendet. Die richterliche Autorität der Emire wurde abgeschafft. Zwar galt das islamische Recht weiter in Fragen des Personenstandes der Muslime, aber es wurde von Gerichten angewandt, die nicht mehr als islamische Gerichte anerkannt wurden, sondern als Einheiten des gleichen staatlichen, erstinstanzlichen Gerichtssystems wie die Gerichte der nichtislamischen Gebiete galten. Nur für Berufungen in Angelegenheiten des Personenstandes der Muslime wurden als islamisch anerkannte Gerichte geschaffen. Dies geht aus ihrer Bezeichnung als *Sharia Courts of Appeal* sowie aus ihrer Verfassung hervor. Aber selbst die Einrichtung dieser Gerichte geschah mit dem Ziel, die religiöse Einheit der Muslime zu beenden: An Stelle des im Jahre 1956 eingerichteten zentralen islamischen Berufungsgerichts, des *Muslim Court of Appeal*, der für die gesamte Nordregion zuständig war, wurden neun selbständige Sharia Courts of Appeal als Teile der Gerichtssysteme ihrer jeweiligen Bundesstaaten geschaffen. Die Forderung der Muslime im Rahmen der öffentlichen Debatte über die Verfassung des Jahres 1979 nach der Einrichtung eines islamischen Berufungsgerichts auf Bundesebene – *Federal Sharia Court of Appeal* – führte zu heftigen Auseinandersetzungen, die das politische Leben in Nigeria bis jetzt belasten.[33] Durch diese und andere Maßnahmen der Militärregierung wurde nach 1967 den Muslimen die Möglichkeit genommen, in einer eigenen islamischen Enklave zu leben. Statt dessen wurden sie gezwungen, normale Bürger eines afrikanischen, säkularen Staates zu werden.

Die Neigung der Muslime, in einigen Gebieten Enklaven innerhalb der neuen staatlichen Strukturen zu bilden, ist eine der zwei unter den schwarzafrikanischen Muslimen herrschenden Tendenzen, die die Einstellung zu ihren unabhängigen Staaten in den sechziger Jahren bestimmten. Die zweite Tendenz bestand im Verständnis des Islams als einer persönlichen Religion, die das politische Leben nicht beeinflussen sollte. Dies war die herrschende Tendenz unter den westlich gebildeten Muslimen, die in den Jahren nach der Unabhängigkeit die Notwendigkeit des Zusammenlebens mit ihren nichtmuslimischen Mitbürgern innerhalb der gleichen politischen Strukturen anerkannten. Sie bedeutete die Betonung der moralischen Prinzipien des Islams auf Kosten seiner rechtlichen Bestimmungen, die nach traditionellem Islamverständnis die Basis für das gesellschaftliche Leben der Muslime bilden sollten. Diese Tendenz ist modernistisch und findet ihre Rechtfertigung darin, daß sie es muslimischen Politikern, Beamten und Vertretern der freien Berufe ermöglicht, innerhalb der neuen Machtstrukturen ihre beruflichen Chancen zu erweitern. Diese von vielen gebildeten Muslimen ohne intellektuelle Begründung akzeptierte Richtung fand in den sechziger Jahren in der Person des bekannten Schriftstellers Amadu Hampaté Ba aus Mali einen intellektuellen Vertreter. Amadu Hampaté Ba konnte sich die Entstehung einer Symbiose zwischen dem Islam und den afrikanischen Kulturen vorstellen, weil er den Islam auf moralische Prinzipien reduzierte. Anläßlich eines Kolloquiums im Jahre 1961 in Abidjān über das religiöse Erbe Afrikas hielt er einen Vortrag, in dem er den Islam als Weltreligion vom Arabertum, in dem er eine rassistische Neigung sah, trennte. Demnach besteht das Wesen des Islams aus seinen moralischen Prinzipien, nicht aber aus seinen traditionellen Institutionen oder dem gesellschaftlichen Verhalten der Muslime. Ba zeigte eine genaue Kenntnis von der selektiven Annahme des Islams durch die Schwarzafrikaner, sah aber in dieser Selektivität den Sinn des Islams als Weltreligion. Indem er den Islam hauptsächlich im Rahmen seiner moralischen Prinzipien verstand und diese von den häufig beklagten Praktiken der Muslime, wie ihre Beteiligung an der Sklaverei in der Vergangenheit, trennte, konnte er diese Religion als die größte Kraft der geistigen Befreiung in der Geschichte Afrikas darstellen.[34] In einem Interview im Jahre 1981, in dem er die Unterscheidung zwischen Islam und Arabertum noch einmal betonte, nahm er zum militanten Islam wie folgt Stellung: „A mon point de vue, militer pour la purification du comportement des musulmans et le retour aux sources est une bonne chose, mais à condition de ne point s'en faire un drapeau pour justifier la violence et l'intolérance....“[35]

c) Wiederbelebung des Islams in Schwarzafrika

In den zwanziger Jahren zwischen den zwei Aussagen von Amadu Hampaté Ba änderte sich die Haltung auch der westlich gebildeten Muslime in Schwarzafrika zu ihrer Religion und deren Rolle im politischen Leben. In den sechziger Jahren war sich die Mehrzahl der westlich gebildeten schwarzafrikanischen Muslime mit Ba darüber einig, daß der Islam nicht zu einem politischen Banner werden sollte. Während Ba sich weiter an den Werten der französischen Kultur und der aufgeklärten islamischen Lehre des malischen Sufi *(ṣūfī)* Cerno Bokar orientierte, über dessen Leben und Wirken er ein Buch schrieb,[36] wuchs in den Jahren nach der Unabhängigkeit der schwarzafrikanischen Länder eine Generation gebildeter Muslime heran, die den Islam zunehmend doch zu einem politischen Banner machte. Seit den siebziger Jahren erlebten alle schwarzafrikanischen Länder mit muslimischer Bevölkerungsmehrheit oder mit einflußreichen muslimischen Minderheiten das Emporkommen entschlossener muslimischer Gruppen, die sich dafür einsetzten, Kenntnisse über die islamische Lehre zu verbreiten und die Lebensweise ihrer Gemeinden entsprechend den Erfordernissen dieser Lehre neu zu gestalten. Damit wird versucht, die normative Bedeutung des islamischen Rechts innerhalb der muslimischen Gemeinden wiederzubeleben und seine Anerkennung als für die Muslime geltendes Staatsrecht, mindestens im Bereich des Familienlebens, zu gewährleisten.

Ausgangspunkt dieser Entwicklung war die Empörung gebildeter Muslime über die Fortdauer einer Situation weit über die Unabhängigkeit hinaus, die Elliot Skinner 1974 mit Bezug auf die Hauptstadt des damaligen Obervolta, jetzt Burkina Faso, im Jahre 1974 wie folgt beschrieb: „Ouàgadougou is a 'Christian' town in which the majority of the people are Moslems. This paradox stems from the domination of the town's major institutions by a group of Westernized and Catholicized civil servants and politicians." [37] Die Verhältnisse von Ouagadougou sind extrem und entsprechen nicht ganz denjenigen in anderen afrikanischen Hauptstädten. Von allen schwarzafrikanischen Ländern kann jedoch gesagt werden, daß in den sechziger und siebziger Jahren auch in den Ländern, in denen die Muslime die Mehrheit der Bevölkerung stellten, die herrschenden Eliten entweder keine Muslime waren, oder solche, die sich der islamischen Lebensweise entfremdet hatten. Die Umwandlung des religiös-politischen Bewußtseins der Muslime steht in Zusammenhang mit dem Auftreten neuer Wortführer des Islams. Diese lehnen die defensive Haltung ab, die muslimische Führer der früheren Generation gegenüber dem unabhängigen Staat einnahmen und die dazu geführt hatte, daß der Islam nur als die Religion traditioneller Enklaven toleriert wurde, deren Anhänger nur dann im Staat mitwirken konnten, wenn sie zentrale Grundsätze ihrer Religion verleugneten. Die Aktivitäten der neuen muslimischen Gruppen haben implizit das Ziel, daß die Muslime sich als Muslime politisch im afrikanischen Staat durchsetzen können.

Für diesen Wandel in der Haltung der schwarzafrikanischen Muslime zum unabhängigen Staat bildete der Rückgang der Bedeutung des Afrikanertums als politischer Ideologie eine Rahmenbedingung. Das Gemeinwesen in den unabhängigen Staaten fußt nicht auf dem verbal stark betonten kulturellen Erbe Afrikas. Die Verfassungen der meisten unabhängigen afrikanischen Staaten sind Adaptationen von europäischen demokratischen oder marxistischen Modellen. Die europäischen Sprachen der früheren Kolonialmächte wurden als Sprachen der Verwaltung und der höheren Bildung beibehalten, obwohl daneben afrikanische Sprachen zu Nationalsprachen erhoben wurden. Die Bemühungen, die Rechtsprechung in den verschiedenen Staaten Schwarzafrikas zu vereinheitlichen, führten nicht zu einer Aufwertung des afrikanischen Gewohnheitsrechts. Die rezipierten europäischen Rechtsinstitutionen und -bestimmungen bildeten in den unabhängigen afrikanischen Staaten weiterhin die Grundlage der vereinheitlichten Rechtsordnungen. Das afrikanische Gewohnheitsrecht sowie das islamische Recht fanden in den Rechtsordnungen der schwarzafrikanischen Staaten nur so weit Anerkennung, wie ihre Normen mit dem rezipierten europäischen Recht in Einklang gebracht werden konnten. Die Entwicklungspläne der schwarzafrikanischen Staaten führten zunehmend zur Abhängigkeit von den Industrieländern, nicht aber zur gegenseitigen Unterstützung bei der Überwindung gemeinsamer Probleme. Das neue religiöspolitische Bewußtsein unter den schwarzafrikanischen Muslimen trat zu einer Zeit in Erscheinung, als das Afrikanertum seine Glaubwürdigkeit als politisches Programm verloren hatte und die Fortdauer der wirtschaftlichen und politischen Abhängigkeit der afrikanischen Staaten von den (von den Muslimen als christlich angesehenen) Industrieländern deutlich wurde. Diese Umstände erklären, warum die neuen muslimischen Gruppierungen in Schwarzafrika die europäische Kultur, nicht aber das Afrikanertum als religiös-politische Herausforderung empfinden.

Die Tatsache, daß sie die kulturelle, wirtschaftliche und politische Abhängigkeit ihrer Länder von der europäischen Welt als Herausforderung betrachten, verbindet die neuen Wortführer des Islams in Schwarzafrika mit den islamistischen (sogenannten fundamentalistischen) Gruppen im Nahen Osten und in Nordafrika. Sie erklärt auch ihre Begeisterung für die Schriften islamistischer Intellektueller wie Saiyid Quṭb und für die iranische Revolution. Dennoch wäre es falsch, die muslimischen Gruppen in Schwarzafrika, die sich für eine Wiederbelebung des Islams einsetzen, als Verfechter der gleichen religiös-politischen Ideologie zu betrachten, der die islamistischen Bewegungen des Nahen Ostens und des Maghreb verpflichtet sind. Falsch wäre es auch, der finanziellen Unterstützung durch Länder wie Saudi-Arabien, Libyen und Iran große Bedeutung für die Entstehung der neuen islamischen Bewegungen in Schwarzafrika und für die Festsetzung ihrer Ziele beizumessen. Implizit tut dies der israelische Islamwissenschaftler Oded, der in einem detaillierten Bericht die umfangreichen Tätigkeiten islamischer Staaten des Nahen Ostens sowie Libyens auf dem Gebiet der islamischen *daʿwa* in Schwarzafrika unterstreicht.[38] Durch die Betonung des Einflusses von religiösen islamischen Strömungen und Geldgebern außerhalb Afrikas wird häufig die Bedeutung der lokalen, durch die Entwicklung der politischen Strukturen und sozioökonomischen Rahmenbedingungen der afrikanischen Länder selbst bedingten Faktoren für das Auftreten neuer Wortführer des Islams und für die Bestimmung ihrer Ziele verkannt.

Die Wiederbelebung des Islams in Schwarzafrika ist ein städtisches Phänomen und wird von jüngeren muslimischen Intellektuellen getragen, die in den Jahren nach der Unabhängigkeit ihrer Länder herangewachsen sind. Einige von ihnen haben in einem arabischen Land, an einer traditionellen islamischen Universität wie der *Azhar* in Kairo oder an einem der Zentren der islamischen daʿwa wie dem *African Islamic Centre* in Khartum studiert. Die jüngeren muslimischen Intellektuellen sind an einem Studium in einem arabisch-islamischen Land sehr interessiert, weil es ihnen ermöglicht, auf Kosten muslimischer Geldgeber Erfahrungen in anderen islamischen Ländern zu machen und ihre arabischen Sprachkenntnisse zu verbessern. Dies hebt ihr Ansehen innerhalb ihrer Gemeinschaften. Auch gut etablierte Persönlichkeiten folgen gerne einer Einladung zu einer islamischen Versammlung in Libyen oder Saudi-Arabien. Diese Einladungen gelten als Zeichen der Anerkennung ihrer Stellung innerhalb ihrer Gemeinschaften, und darüber hinaus sind manchmal auch finanzielle Vorteile damit verbunden. Dennoch spielen diese Kontakte mit den arabisch-islamischen Ländern für die Herausbildung der Gruppen, die sich für die Wiederbelebung des Islams in Schwarzafrika einsetzen, keine entscheidende Rolle. Die

Erfahrungen, die afrikanische Muslime auf der persönlichen Ebene sowie in bezug auf ihre Beurteilung des religiös-politischen Lebens in diesen Ländern machen, sind häufig eher negativ. Der Besuch frommer afrikanischer Muslime in einem arabisch-islamischen Land ist nicht selten Anlaß, die Verpflichtung der arabischen Führer für den Islam in Frage zu stellen. Darüber hinaus haben die Forschungen an der Universität Bayreuth über die neuen islamischen Bewegungen in Nigeria gezeigt, daß diese in den meisten Fällen entstanden sind und sich in ihrer Richtung gefestigt haben, bevor seit den siebziger Jahren anerkannte muslimische Persönlichkeiten mit Verbindungen zu den Ölländern finanzielle Unterstützung für Einzelprojekte, wie die Gründung einer Schule oder den Bau einer Moschee, sichern konnten. So hatten beispielsweise für die Entwicklung des Islams im Yoruba-Gebiet in Nigeria Shaikh Kamalu d-Din (Kamāl ad-Dīn, geb. 1907) mit seiner 1944 gegründeten *Ansaru l-Islam Society* und Shaikh Adam al-Iluri mit seinem 1954 in Agege bei Lagos gegründeten *Arabic and Islamic Training Centre* besondere Bedeutung. Beide erhielten erst nach einer langen Pause des persönlichen Engagements für die Ausbreitung des islamischen Wissens in ihrem Gebiet Unterstützung von Ägypten und Saudi-Arabien.[39]

Durch die Auseinandersetzung der gebildeten, in den Jahren nach der Unabhängigkeit herangewachsenen Muslime mit den politischen Strukturen und Rechtssystemen ihrer Länder entwickelte die Wiederbelebung des Islams in Schwarzafrika eine eigene Dynamik. Sie beruft sich häufig auf lokale reformistische Traditionen, wie die Reformbewegung von ʿUthmān dan Fodio in Nigeria und von Shaikh Touré im Senegal, und bekommt neue intellektuelle Impulse aus den Schriften ausländischer muslimischer Intellektueller. Ihre konkreten Ziele sowie die für ihre Verwirklichung angewandten Methoden werden durch die Lage der Muslime innerhalb der politischen Strukturen ihrer Länder bestimmt. Deshalb nimmt die Wiederbelebung des Islams in den verschiedenen schwarzafrikanischen Ländern unterschiedliche Erscheinungsformen an. Dennoch lassen sich einige gemeinsame Züge dieser Entwicklung für das gesamte Schwarzafrika aufzeigen.

Die neuen Wortführer des Islams ersetzen „hereditary family holiness",[40] die früher die Grundlage für das Auftreten der Muslime in Schwarzafrika als religiöse Gemeinden bildete, durch Vereinigungen, die die Muslime in der Öffentlichkeit vertreten und sich für spezifische religiöse Aufgaben einsetzen. Die Notwendigkeit der Gründung solcher Vereinigungen wurde auch von etablierten muslimischen Persönlichkeiten anerkannt. Die von Ahmadu Bello in Nordnigeria im Jahre 1962 gegründete *Vereinigung für die Förderung des Islams (Jamāʿat naṣr al-islām)* und der *Supreme Council of Kenya Muslims* hatten das Ziel, führenden muslimischen Persönlichkeiten zu ermöglichen, im Namen aller Muslime ihres Landes in der Öffentlichkeit Stellung zu islamischen Fragen zu nehmen. Solche Vereinigungen vertreten jedoch die Handlungsweise und politisch-soziale Einstellung einer Schicht, die keinen Bezug zu den Hoffnungen und idealistischen Vorstellungen hat, die die jüngeren muslimischen Generationen von der Rolle ihrer Religion im Leben ihrer Gesellschaften hegen. Diesen Bezug haben jedoch die Vereinigungen, die von engagierten, jüngeren muslimischen Intellektuellen gegründet wurden und häufig aus studentischen Bewegungen hervorgingen. Sie bieten ihren prominenten Mitgliedern die Möglichkeit, sich Zutritt zum öffentlichen Leben zu verschaffen und durch die Vertretung islamischer Gesichtspunkte in spezifischen, auf die Politik des Staates bezogenen Fragen den alten religiösen Familien sowie den etablierten muslimischen Politikern die Autorität als Sprecher im Namen der Muslime streitig zu machen. Die unter den Yoruba-Muslimen in Südwestnigeria im Jahre 1954 gegründete *Muslim Students' Society*, die seit den sechziger Jahren Anhänger in anderen Teilen Nigerias hat, bildet das beste Beispiel einer Vereinigung, die Bedeutung durch organisierten öffentlichen Einsatz für die Berücksichtigung islamischer religiöser Gesichtspunkte gewonnen hat und aus deren Reihen neue Wortführer des Islams hervorgegangen sind.[41]

Im Rahmen der neuen innerislamischen Debatte werden langetablierte religiöse Praktiken und Machtstrukturen der islamischen Gemeinschaften angegriffen. So wird in Ostafrika eine Kampagne gegen die *maulidi* (die Feierlichkeiten, durch die der Geburt des Propheten im *hijra*-Monat *Rabī I* gedacht wird) sowie gegen die übertriebene Verehrung der *shurafā'*, Nachkommen des Propheten) geführt.[42] Als Folge der Wiederbelebung des Islams in Kenia spielen die Swahili im religiösen Leben der muslimischen Gemeinde eine größere Rolle als vorher. „The religious establishment, which formerly used to be of Yemeni extraction, seems now exclusively African and is personified by such illustrious preachers as 'Mwalimu' Hasan ...".[43] Eine ähnliche Entwicklung läßt sich in Nigeria feststellen, wo die Yoruba-Muslime von den Haussa-Fulbe-Muslimen Nordnigerias bis vor kurzem als nicht gleichwertige Muslime betrachtet wurden. Von den Yoruba-Muslimen kommende Initiativen bei der Gründung islamischer Organisationen und Schulen spielten eine so entscheidende Rolle für die Wiederbelebung des Islams in Nigeria wie auch für die Bestimmung ihrer Richtung, daß die alten Führungsansprüche der Muslime des Nordens im religiösen Bereich ihre frühere Berechtigung verloren haben.

Wiederbelebung des Islams bedeutet einerseits Kampf um seine Präsenz im öffentlichen Leben, z. B. die Gründung von großen Moscheen in den Zentren der großen Städte und von kleineren Moscheen auf Flughäfen und auf dem Gelände der Universitäten, die Einführung islamischen Religionsunterrichts in den Schulen und die Veröffentlichung von Artikeln über Fragen des islamischen Glaubens und Rituals in der Presse. Wiederbelebung des Islams bedeutet aber auch die Anerkennung der islamischen Normen, vor allem die Anerkennung des islamischen Rechts als staatliches Recht in dem begrenzten Bereich, in dem es noch gilt. Darin ist die Forderung impliziert, daß der Staat die Existenz einer islamischen religiösen Gemeinde anerkennt. Diese Forderung hat nicht nur in Kenia, wo die Muslime eine Minderheit, und in Nigeria, wo sie mindestens die Hälfte der Bevölkerung darstellen, sondern auch in Senegal mit seiner eindeutigen islamischen

Mehrheit zur Auseinandersetzung der Muslime mit dem Staat geführt. Der in Senegal im Jahre 1972 eingeführte *Code de la Famille* wird seither als Symbol des landesfremden Säkularismus des Staates angegriffen.[44]

Wenn die Wiederbelebung des Islams auch einschneidende Veränderungen in der Lebensweise der Muslime bewirkt, so bedroht sie jedoch die politischen Systeme in den schwarzafrikanischen Staaten nicht ernsthaft. Die neuen Wortführer des Islams setzen sich mit den traditionellen religiösen Praktiken und Normen ihrer Gemeinschaften auseinander und beurteilen sie auf der Grundlage der „reinen“, schriftlich fixierten Normen des Islams. Die Auseinandersetzung mit den traditionellen Normen hat eine befreiende Wirkung insbesondere in bezug auf die gesellschaftliche Stellung der muslimischen Frau. In Nigeria bildete sich seit den siebziger Jahren eine Gruppe gebildeter muslimischer Frauen heraus, die sich für den Islam engagieren und in ihrer Kleidung und ihrem sozialen Verhalten die islamischen Normen streng beachten. Unter der islamischen Kleidung dieser gebildeten Frauen verbergen sich häufig, wie E. Hodgkin[45] über die Islamistinnen im Sudan sagt, muslimische Feministinnen. Muslimische Studentinnen in Nigeria nehmen an den Tätigkeiten der Muslim Students' Society aktiv teil. Auf Initiative gebildeter muslimischer Frauen wurde 1985 in der *Federation of Muslim Women Associations* ein Dachverband aller muslimischen Frauenorganisationen gegründet. Trotz ihrer Betonung des Islams als eines gesellschaftlichen Programms unterscheiden sich die Tätigkeiten und Forderungen dieser Organisation von denen der älteren, explizit säkularen Organisation *Women in Nigeria* kaum.[46] Durch ihr Engagement für die Sache des Islams konnten sich die gebildeten muslimischen Frauen in Nigeria eine Rolle im öffentlichen Leben verschaffen und Forderungen stellen, deren feministische Untertöne auf Dauer nicht überhört werden können.

Durch die Aktivitäten seiner neuen Wortführer erhält der Islam eine modernistische Prägung, die es den neuen Generationen schwarzafrikanischer Muslime ermöglicht, den alten Glauben von der Überlegenheit des Islams gegenüber anderen Religionen ernsthaft zu vertreten und sich gleichzeitig von der historischen Gestalt des Islams zu distanzieren. In seinen modernen Organisationsformen hat der Islam dem Christentum gegenüber einen eindeutigen Vorteil: Wie das Christentum wird der Islam als eine lebendige, der neuen Welt sich anpassende Religion wahrgenommen, ohne aber – wie das Christentum und die historische Gestalt des Islams – durch Identifizierung mit der kolonialen Herrschaft belastet zu sein. Dies ermöglicht es den Muslimen auch, eine moralische Bindung an die arabisch-islamische Welt beizubehalten und sich gleichzeitig als Afrikaner zu verstehen. Das zahlenmäßige Wachstum des Islams in Schwarzafrika und der neue Elan, mit dem er vertreten wird, werden wahrscheinlich ein größeres Durchsetzungsvermögen der Muslime im öffentlichen Leben mit sich bringen. Trotz der Ausschreitungen zwischen organisierten christlichen und muslimischen Gruppen in Nigeria seit den achtziger Jahren[47] dürfte die Wiederbelebung des Islams aber kaum dazu führen, daß durch eine islamische revolutionäre Bewegung in irgendeinem schwarzafrikanischen Land ein islamisches Regime an die Macht kommt.

13. Die Islamisierung des subsaharischen Afrika

(Hans Müller)

Der Islam ist aus zwei Richtungen in den südlich der Sahara gelegenen Teil Afrikas eingeführt worden: von Norden her auf dem Landweg aus Nordafrika durch die Wüste und das Niltal, von Osten her auf dem Seeweg über das Rote Meer und den Indischen Ozean. Die Bevölkerung, auf die er in diesem riesigen, naturräumlich vielgestaltigen Gebiet im Verlaufe seines Vordringens traf, bestand – und besteht – aus zahlreichen Völkern, großen und kleinen Ethnien, die in geistiger, religiöser, sprachlicher, kultureller, sozialer, wirtschaftlicher und politisch-organisatorischer Hinsicht eine außerordentliche Vielfalt aufweisen. Aber auch die Verbreiter des Islams waren im Hinblick auf ihre Herkunft, Bildung, religiöse Ausrichtung und wirtschaftlichen Interessen recht uneinheitlich. Infolgedessen entstand durch die Kombination des Islams mit den jeweils vorgefundenen religiösen, rechtlichen und sozialen Anschauungen und Praktiken eine kaum überschaubare Vielzahl an Formen, Zügen und Strukturen der vom Islam geprägten Kultur in dem auch „Schwarzafrika“ oder „Tropisch-Afrika“ genannten Teil des Kontinents.

Trotz dieses verwirrenden Erscheinungsbildes kann man – freilich nur bei stark vergröbernder Betrachtung – einige Wesensmerkmale des „schwarzen Islams“ herausschälen und das subsaharische Afrika in größere Regionen gliedern, die jeweils eine eigene Islamisierungsgeschichte und relativ einheitliche islamische Verhältnisse aufweisen. So lassen sich die Gebiete des westlichen und mittleren Sahel-Sudan, von den heutigen Staaten Senegal bis Tschad reichend und in die südlich hiervon gelegenen Waldzonen ausstrahlend, unter der verkürzenden Bezeichnung „Westafrika“ zu einer, wenn auch recht differenzierten Region zusammenfassen. Eine zweite Region bildet der östliche, sich um das obere Niltal gruppierende Sudan, der ungefähr dem heutigen Staat Sudan entspricht. Nordostafrika, mit dem Schwerpunkt Äthiopien und dem nördlichen Somalia am Osthorn des Kontinents, ergibt eine dritte Region, Ostafrika, vom südlichen Somalia bis Mosambik sich hinziehend, einschließlich der vorgelagerten Inseln im Indischen Ozean, eine vierte. Alle vier Regionen durchlebten eine jahrhundertelange, in bestimmten Phasen verlaufende Islamisierungsgeschichte, die auch heute noch nicht als abgeschlossen gelten kann.

a) Westafrika

Nach Westafrika kamen die ersten Muslime schon kurz nach der Eroberung des Maghreb durch die Araber. Es waren berberische, bald auch arabische

Händler, die auf den alten Karawanenstraßen von Marokko durch die Wüste in bestimmte Gebiete am Senegal und am Nigerbogen und dann auch von Tunesien und Libyen aus in den mittleren Sahel-Sudan westlich und östlich des Tschadsees zogen. Sie waren in erster Linie am Erwerb von Gold und Sklaven interessiert und boten dafür neben Luxusgütern aus dem Norden vor allem das im Sudan dringend benötigte Salz aus den Lagerstätten in der Sahara. Ihre Handelspartner fanden sie in den Hauptstädten bzw. an den Höfen kleiner Negerreiche, die sich in den Savannen südlich der Wüste gebildet hatten und aus denen bald auch größere hervorgingen.

Die Geschichte der mittelalterlichen islamischen Sudanreiche Ghana (Blütezeit 9.–11. Jahrhundert), Mali (13./14. Jahrhundert), Songhai (11.–16. Jahrhundert) und Kanem-Bornu (11.–19. Jahrhundert), um nur die bedeutendsten zu nennen, ist uns durch arabische Geographen und Reisende einigermaßen gut bekannt. Sie läßt uns, bei allen Unterschieden, hinsichtlich der Islamisierung eine ganze Reihe von Parallelen und vergleichbaren Entwicklungen in den einzelnen Reichen erkennen. So waren es zunächst Händler aus dem Norden, die den Islam mitbrachten und praktizierten, sich aber nur wenig mit der Bekehrung befaßten. In der allerersten Zeit überwogen vermutlich Angehörige kharidschitischer Sekten, hierauf, spätestens nach der kriegerischen Ausbreitung der Reformbewegung der Almorawiden (1061–1147), Sunniten mit malikitischem *madhhab*. Die Händler hatten nicht die Absicht, sich auf Dauer niederzulassen, wohl aber, gesicherte Standorte zu unterhalten. Die Fürsten ließen sie hie und da in eigenen Stadtvierteln Häuser und Warenlager sowie Moscheen errichten und behandelten sie gut, da beide Seiten davon profitierten. Sie nutzten auch ihre Kenntnisse und Fähigkeiten, etwa ihre Fernhandelserfahrung sowie Lesen, Schreiben, Rechnen und Sprachkenntnisse, indem sie einige von ihnen als hohe Verwaltungsbeamte, vornehmlich für die Finanzen, in ihre Dienste nahmen.

Das Prestige, das die Händler genossen, übertrug sich auch auf ihre Religion, die von einigen Herrschern und großen Teilen der städtischen Oberschicht als überlegen und zugleich nutzbringend und herrschaftstabilisierend angesehen wurde. Das war für diese Kreise ein wesentlicher Grund, den Islam anzunehmen, zumindest einige sichtbare rituelle Handlungen wie das gemeinsame Freitagsgebet, nicht aber islamisches Erb-, Familien- und Bodenrecht. Zunächst legten sie auch keinen Wert auf die Islamisierung der breiten Bevölkerung, so daß sich in den Städten wie auf dem Lande in der Lebensweise der Menschen kaum etwas änderte. Der Islam lag gewissermaßen wie ein Firnis über der einheimischen animistischen Religion, auf deren Vorstellungen und Praktiken der Herrscher Rücksicht nehmen mußte, wenn er nicht ein Aufbegehren seiner Untertanen riskieren wollte.

Von den islamischen religiösen Grundpflichten scheint freilich manchem Herrscher, insbesondere des Mali- und des Songhai-Reiches, eine ganz besonders am Herzen gelegen zu haben: die Wallfahrt nach Mekka. In der gesamten islamischen Welt bekannt geworden sind die spektakulären, aufwendigen Pilgerreisen des Mali-Königs Mansā Mūsā 1324 und des Songhai-Herrschers Askia Muḥammad 1496/97. Beide spendeten unterwegs und in Mekka enorme Beträge, brachten zahlreiche Theologen und Gelehrte mit nach Hause – Askia Muḥammad auch seine Ernennung zum Kalifen für den Sudan – und machten Städte wie Timbuktu, Djenne, Walata und Gao zu wirtschaftlichen und geistig-kulturellen Zentren. Auf der anderen Seite haben Westafrikaner auf solchen Pilgerreisen erfahren müssen, daß ihr stark animistisch geprägter Islam durchaus nicht der klassischen islamischen Lehre entsprach. Einige von ihnen begannen nach ihrer Rückkehr, in Verbindung mit zugewanderten Gelehrten, sich für die Durchsetzung der reinen Lehre einzusetzen.

Überhaupt verlagerte sich seit dem 14./15. Jahrhundert die Durchführung der Islamisierung in Westafrika immer mehr auf schwarze muslimische Gelehrte und Händler. Besonders Dyula-Händler und später Fulbe-Gelehrte und Haussa-Händler haben sich in der Verbreitung des Islams hervorgetan. Für dessen speziell afrikanisches Gepräge sind allerdings nicht nur sie, sondern auch die religiösen Bruderschaften verantwortlich, die im 18. Jahrhundert in Westafrika Fuß faßten, sich aber erst im 19. Jahrhundert stark verbreiteten. Vor allem die *Qādirīya* und – später – die *Tijānīya* mit ihren Abzweigungen sind hier zu nennen. Sie kamen aus der westlichen Sahara (Mauretanien) nach Westafrika, hatten aber nicht mehr den betont mystischen Charakter der nordafrikanischen Bruderschaften, sondern boten der inzwischen stärker islamisierten breiten Bevölkerung in erster Linie einen organisatorischen Rahmen, religiöse Führung und soziale wie politische Orientierung, was wiederum die weitere Islamisierung förderte.

Ziemlich gleichzeitig mit der Entfaltung des Bruderschaftswesens in Westafrika – und durchaus auch in Verbindung mit ihm – entstanden im 18. und 19. Jahrhundert *jihād*-Bewegungen, deren Ursachen in manchen Fällen nicht eindeutig geklärt sind, die aber sicherlich vielfältig waren. Die Initiatoren und Führer dieser Bewegungen, in der Hauptsache strenggläubige Gelehrte der Fulbe, wandten sich nicht nur gegen die Animisten, sondern auch gegen muslimische Herrscher und Gruppen, die nach ihrer Meinung nicht der wahren, reinen Lehre folgten. Die relativ hellhäutigen, nomadisierenden und rinderzüchtenden Fulbe waren seit dem 11. Jahrhundert vom heutigen Senegal und Guinea in Schüben teils friedlich, teils kriegerisch langsam nach Osten vorgestoßen, so daß sie heute von Senegal bis in den Staat Sudan verbreitet sind. Trotz ihres ausgeprägten Rassenstolzes und Überlegenheitsgefühls gegenüber den negriden Bauern siedelten sich einige Gruppen von ihnen in Städten und auf dem Lande an und vermischten sich auch teilweise mit der ansässigen Bevölkerung. Auf diese Weise wurden die Fulbe weit verstreut und bildeten fast überall Minderheiten, die in Abhängigkeit zu den jeweiligen Herrschern gerieten. Dies waren sicher Gründe für eine besondere Aufgeschlossenheit der Fulbe einem strengen Islam gegenüber, mit dem sie ihren Überlegenheitsanspruch in einer animistischen Umwelt untermauern konnten. In verschiedenen Gegenden Westafrikas traten Fulbe-Führer und -Gelehrte auf, die zum Teil aus den genannten Bruderschaften hervorgegangen waren und – sofern sie es nicht gar selbst taten – von ihren Gefolgsleuten und Nachfahren als Imam *(almami*, arab. *al-imām)*, Erneuerer *(mujaddid)* oder gar als Mahdi *(mahdī)* oder Kalif bezeichnet wurden. In mehreren Heiligen Kriegen gelang es ihnen, Herrscher zu stürzen und neue, staatsähnliche Gebilde zu schaffen, die sich mehr oder weniger bis zur Kolonialzeit halten konnten: so etwa Futa Toro (im heutigen Nordsenegal), Futa Jallon (in Guinea/Senegal), Masina (in Mali/Burkina Faso), das Sokoto-Kalifat (die ehemaligen Haussa-Stadtstaaten in Nordnigeria und Niger) und Adamaua (in Nordkamerun).

Als in der zweiten Hälfte des 19. Jahrhunderts die Kolonialmächte Frankreich und England in Westafrika vordrangen, begann eine neue Phase der Islamisierung. Nachdem erste kriegerische Auseinandersetzungen überstanden waren, arrangierten sich die Kolonialbehörden im großen und ganzen mit den muslimischen Führern – die Franzosen vor allem mit den Marabuts der großen Bruderschaften in Senegal und Mali, die Engländer mit den Emiren des Sokoto-Reiches. Trotz ihrer unterschiedlichen Verwaltungskonzepte nutzten beide Kolonialmächte die bestehenden politischen Strukturen und muslimischen Organisationen für die Stabilisierung ihrer Herrschaft und die Befriedung des Landes. Da letztere sich nunmehr auch nach Süden in die Waldzonen der Guinealänder ausdehnte, in die bis dahin der Islam noch kaum vorgedrungen war, konnten jetzt muslimische Händler und Missionare auf neuen, gesicherten Wegen weitere Gebiete für den Islam erschließen. Der Islamisierung kam auch zugute, daß zum einen die Kolonialbehörden die christliche Missionstätigkeit, die sie oftmals als hinderlich ansahen, in Schranken zu halten suchten, zum anderen Muslime wie Animisten das Christentum als die Religion der ungeliebten Kolonialherren betrachteten, und zum dritten der Islam sich als wesentlich anpassungsfähiger an die animistischen Traditionen, sozialen Verhältnisse und Glaubensvorstellungen erwies als das Christentum. Diese Gesichtspunkte sollten auch in der nachkolonialen Zeit noch eine wichtige Rolle spielen.

b) Ostsudan

Ganz anders als in Westafrika verlief die Islamisierung des Ostsudans – auch „nilotischer Sudan" genannt –, der sich über das Einzugsgebiet des oberen Nils erstreckt und dessen historischer Einfluß, vor allem in den letzten Jahrhunderten, gelegentlich bis zum Tschadsee reichte und die Geschicke der dortigen muslimischen Reiche Kanem-Bornu, Bagirmi und Wadai – deren Territorien heute überwiegend zum Staate Tschad gehören – mitbestimmte.

Bereits kurz nach der Eroberung Ägyptens im 7. Jahrhundert unternahmen die muslimischen Araber kriegerische Expeditionen den Nil entlang nach Süden, wo ihrem Vordringen von christlichen Staaten Einhalt geboten wurde: von Maqurra (Makuria) mit der Hauptstadt Dongola und von ʿAlwa mit der Hauptstadt Suba in der Nähe des heutigen Khartum. Die Araber eroberten Dongola 651/52 und schlossen mit den Nubiern einen Vertrag, der die Handelsbeziehungen regelte und sie unter anderem zur jährlichen Lieferung bestimmter Waren, vor allem Sklaven, verpflichtete. Dieser Vertrag beließ aber im übrigen den Nubiern ihre christliche Eigenständigkeit und bescherte ihnen einen Frieden, der sechshundert Jahre lang andauern sollte, während derer nur geringe islamische Einflüsse spürbar wurden.

Erst im 13. und 14. Jahrhundert, als die ägyptischen Mamluken Feldzüge nach Nubien unternahmen, arabische Beduinenstämme in größerer Zahl auf der Suche nach besseren Weidegründen einwanderten und kurz darauf islamische Gelehrte und Prediger aus dem Norden wie aus dem Hedschas (Ḥijāz) und Jemen herbeikamen, setzte eine verstärkte Islamisierung und Arabisierung ein. Auch das Gebiet südlich Nubiens, in dem seit dem beginnenden 16. Jahrhundert die muslimisch gewordene Dynastie der Fundsch (Funj) in ihrer Hauptstadt Sennar am Blauen Nil herrschte, sowie Teile der westlich anschließenden Regionen Kordofan und Darfur wurden für den Islam gewonnen, doch blieben die noch weiter südlich gelegenen Gebiete animistisch, teilweise auch christlich, und in zahlreiche Völkerschaften und Stämme zersplittert. Die zugewanderten muslimischen Missionare und ihre einheimischen Schüler, die schon bald einflußreiche klerikale Familien gründeten, verbreiteten einen Islam, der sowohl legalistische als auch mystische Züge trug, da diese Rechtsgelehrten einerseits überwiegend der malikitischen Rechtsschule folgten, andererseits zumeist auch religiösen Bruderschaften – vornehmlich der *Qādirīya* – angehörten.

Im 19. Jahrhundert, während der türkisch-ägyptischen Herrschaft und der Zunahme der Sklavenjagden und des Sklavenhandels, erstarkten die Bruderschaften, zu denen nun neue, reformierte wie die *Sammānīya* und die *Khatmīya* hinzukamen, und erfaßten immer breitere Bevölkerungsschichten, denen sie in den Wirren der Zeit Zuflucht und Orientierung boten. Einen Höhepunkt erreichte diese Entwicklung, als sich 1881 der aus Dongola stammende, dem Sammānīya-Orden angehörende Rechtsgelehrte Muḥammad Aḥmad zum Mahdi erklärte, sich gegen das türkisch-ägyptische Regime und dessen Religionspolitik auflehnte, strenge Reformen predigte und durchsetzte, gar einen aufmüpfigen Staat mit eigener Armee schuf und 1885, kurz vor seinem Tode, Khartum eroberte. Mit seinen Lehren geriet er freilich auch in Konflikt mit den anderen religiösen Orden, die sich von ihm bedroht sahen – besonders mit der Khatmīya. 1898 wurden die Mahdisten von einer britisch-ägyptischen Armee geschlagen, doch besteht ihr Einfluß, trotz der anschließend langjährigen, wechselhaften Bestimmung der Religionspolitik durch die Briten und die recht unterschiedlichen Regierungen seit der Unabhängigkeit des Staates Sudan (1956), bis heute fort. In keinem derzeitigen Staat des subsaharischen Afrika ist die Frage der weiteren Islamisierung und Arabisierung des Landes so aktuell und umstritten wie im Sudan. (Näheres im Beitrag „Sudan“ im vorliegenden Band.)

c) Nordostafrika

Auch in Nordostafrika, dem äthiopisch-somalischen Raum, haben wir es mit einer Vielzahl von Völkern zu tun, die sich aber im Hinblick auf ihre Religion in größere Gruppen zusammenfassen lassen. Stark vereinfacht gesagt, leben in den Hochländern im nördlichen und mittleren Westen der Region die ackerbauenden koptisch/monophysitischen Christen, in den weiten Ebenen der Küstengebiete die nomadischen Muslime, im Südwesten vorwiegend animistische Völkerschaften.

Die Islamisierung Nordostafrikas begann von den Hafenstädten aus durch muslimische arabische Händler, die bereits im 7. Jahrhundert von der Arabischen Halbinsel her übersetzten und das Rote Meer kontrollierten. Sie und ihre Nachfolger drangen ins Landesinnere vor und trugen den Islam zu Nomaden wie Seßhaften. Schon bald entstanden nach und nach an den Handelsrouten mitten im Lande, vor allem in der Provinz Schoa, in der die heutige äthiopische Hauptstadt Addis Abeba liegt, kleine muslimische Staatengebilde wie Ifat, Adal, Mora, Hubat und Jidaya sowie südlich davon Fatajar, Dawaro, Hadiya und Bali. Im Osten Dawaros entwickelten muslimische Fürsten etwa seit dem 12. Jahrhundert die Stadt Harar zu einem religiösen, politischen und wirtschaftlichen Zentrum, das es im Grunde auch heute noch ist.

Das Vordringen der Muslime mußte zu einer Konfrontation mit den ansässigen christlichen Völkern führen, und so ist auch die ganze mittelalterliche Geschichte Nordostafrikas beherrscht von ständigen Kriegen zwischen beiden religiösen Gegnern, die sich des öfteren wechselseitig große Gebiete abnehmen konnten. Berühmt geworden ist hierbei der *jihād* des Imām Aḥmad ibn Ibrāhīm (1506–1543), der mit seinen Afar- und Somali-Kriegern sowohl andere islamische Sultanate bekämpfte als auch die Christen bis in ihre zentralen Gebiete verfolgte, dessen Siege und Eroberungen aber doch nicht von Dauer waren.

Von der Islamisierung wurden aber nicht nur die Völkerschaften im Westen der Region, sondern vor allem die nomadischen Stämme der breiten Küstenebenen betroffen, die heute durchweg alle und seit langem muslimisch sind: im Norden in Eritrea und darüber hinaus bis in heutiges sudanisches Staatsgebiet die Bedja, die auch die Verbindung zum Nil herstellen, südlich anschließend die Afar (Danāqil) bis etwa Dschibuti, und von dort die somalische Küste entlang – dabei weit ins Landesinnere reichend – bis über die Grenze zu Kenia hinaus die Somali. Bei ihrem allmählichen Vorrücken nach Süden hatten die Somali die dort ansässigen animistischen Oromo (Galla) vertrieben, die darauf nach Westen und Nordwesten zogen und sich dabei weit in viele Gruppen zerstreuten. Von diesen sind im Laufe der Zeit einige christlich, andere muslimisch geworden, so daß es heute sowohl im Südwesten Äthiopiens um die Stadt Jimma als auch ganz im Norden an der sudanischen Grenze noch größere muslimische Oromo-Gebiete gibt, die freilich starke animistische Züge aufweisen.

Der Islam in Nordostafrika folgt, zumindest in der Theorie, überwiegend der schafiitischen Rechtsschule, im Norden auch der malikitischen, doch spielten seit jeher animistische Glaubens- und Rechtsvorstellungen und -praktiken sowie die religiösen Bruderschaften eine ganz bedeutende Rolle. Letztere, voran die *Qādirīya*, später gefolgt von der *Tijānīya, Mīrghanīya, Aḥmadīya* und anderen, haben einen wesentlichen Anteil an der Islamisierung und sind in Nordostafrika, jeweils regionale Schwerpunkte bildend, weit verbreitet. Im Abendland am besten bekannt wurde allerdings der kämpferische somalische Führer des rigorosen *Ṣāliḥīya*-Ordens, der „Mad Mullah" Muḥammad ibn ʿAbdallāh Ḥasan (ʿAbdille Hassan, 1864–1920), der den christlichen Kolonisatoren sehr zu schaffen machte und bei den Somali neben dem genannten Imām Aḥmad ibn Ibrāhīm als der zweite Nationalheld gilt. (Näheres im Beitrag „Horn von Afrika" im vorliegenden Band.)

d) Ostafrika

Wie in Nordostafrika, so kam auch in Ostafrika der Islam übers Meer. Arabische Händler aus Südarabien, insbesondere aus Hadramaut, pflegten schon in vorislamischer Zeit rege Beziehungen zur afrikanischen Ostküste, die sich in den folgenden islamischen Jahrhunderten immer enger gestalteten und sich im Verbund wie in Konkurrenz mit indischen und indonesischen Seefahrern auf der anderen Seite bis nach Indien und China erstreckten. Im Unterschied zu Nordostafrika beschränkten die Araber bis ins 19. Jahrhundert hinein ihre Kontakte hier auf die Küste und die unmittelbar vorgelagerten Inseln, ohne weiter in das Landesinnere vorzudringen. Sie gründeten an günstigen Küstenplätzen sowie auf gut anzulaufenden und zu verteidigenden nahen Inseln Niederlassungen. Von denen entwickelten sich manche mit wechselndem Glück zu bedeutenden Warenumschlagplätzen und sogar regelrechten Stadtstaaten von unterschiedlicher Lebensdauer. Von Mogadischu und Barawa im heutigen Somalia reicht die Siedlungskette über Pate, Lamu, Malindi und Mombasa in Kenia, Sansibar und Kilwa in Tansania, bis nach Sofala in Mosambik.

Die muslimischen Händler, am Erwerb von Elfenbein, Gold, Sklaven, Erzen und bestimmten pflanzlichen Produkten interessiert, vermischten sich mit den ansässigen schwarzen Bantu-Völkern. Daraus sowie aus weiteren Zuwanderern, die den unterschiedlichsten islamischen Strömungen angehörten und deshalb oftmals als Vertriebene ankamen, entstand die sogenannte Swahili-(Suaheli-)Kultur (von arab. *sawāḥilī*, Küstenbewohner). Diese brachte eine auf Strukturen und Elementen von Bantu-Sprachen beruhende, zahlreiche arabische Wörter übernehmende Verkehrssprache hervor, das Kiswahili, die heute am weitesten entwickelte und verbreitete afrikanische Sprache in Ostafrika. Trotz eines beachtlichen Zusammengehörigkeitsgefühls der Swahili, bei dem auch eine Legende über die persischen, speziell Schiraser Ursprünge einiger ihrer Dynastien eine Rolle spielt – manche Swahili bezeichnen sich heute noch stolz als Schirasi –, fanden sie sich nicht zu einem gemeinsamen Staatswesen zusammen.

Als um die Wende vom 15. zum 16. Jahrhundert Vasco da Gama an der ostafrikanischen Küste eintraf, begann für die Muslime Ostafrikas die ständige wirtschaftliche und kriegerische Auseinandersetzung mit den christlichen Portugiesen. Von der zweiten Hälfte des 17. Jahrhunderts an brachten ibaditische Araber aus Oman einen großen Teil der Küste und der Inseln in ihre Hand – ohne allerdings für die *Ibāḍīya* besonders zu werben –, sahen sich jedoch im 19. Jahrhundert, als Briten und Deutsche auf den Plan traten, mit zwei weiteren Kolonialmächten konfrontiert. Durch deren Politik wurde aber auch der Zugang zum Hinterland, dem seit langem großen Sklavenreservoir, erleichtert. So gelangten nunmehr muslimische Händler wie auch muslimische Bedienstete der Kolonialbehörden nach Westen zum Victoria-, Tanganjika- und Njassasee (Malawisee) und darüber hinaus, wobei sie mehr oder weniger nebenbei den Islam in diese Gebiete trugen. Jedoch fand dieser, sieht man vom Königreich Buganda (im heutigen Uganda) und den Stämmen der Nyamwezi und Yao (im Süden Tansanias) ab, nur relativ wenige Anhänger.

Die islamischen Bruderschaften, voran die *Qādirīya* und die *Shādhilīya*, breiteten sich ebenfalls erst in der Kolonialzeit stärker aus, beschränkten sich aber auf die Küste und die Inseln. Größere theologische Leistungen haben weder sie noch andere religiöse Institutionen in Ostafrika aufzuweisen, wie überhaupt die gesamte Region im Vergleich zu den drei zuvor genannten recht wenig Eifer in religiösen Dingen zeigt. Das bedeutet freilich nicht, daß nicht auch in Ostafrika heute die innerislamischen und innerafrikanischen Diskussionen und Auseinandersetzungen über die religiöse, kulturelle, politische und wirtschaftliche Zukunft Afrikas wirksam wären. Die größeren Stellen der Region, an denen heute die Muslime weit mehr als die Hälfte der Bevölkerung ausmachen, sind vor allem der Küstenstreifen, die Inseln Sansibar und Pemba sowie die Komoren.

Außer in den genannten vier Regionen finden sich Muslime natürlich auch noch in den meisten anderen Staaten des subsaharischen Afrika, doch nur in geringer Zahl und zumeist auf bestimmte Bevölkerungsgruppen beschränkt. So sind etwa die muslimischen Kap-Malaien in Südafrika Mitte des 17. bis Mitte des 18. Jahrhunderts von den Holländern aus Niederländisch-Indien als Sklaven, politische Gefangene oder Verbannte ans Kap gebracht worden. Von 1860 an folgte eine weitere Welle muslimischer und hinduistischer Einwanderer – diesmal als Vertragsarbeiter aus Vorderindien – vorwiegend nach Natal zum Einsatz beim Zuckerrohranbau, doch führten solche Vorgänge nur in geringem Maße zu einer weiteren Verbreitung des Islams.

14. Horn von Afrika

(Hans Müller)

Vier Staaten bilden heute die Region Horn von Afrika: Äthiopien, Somalia, Dschibuti (Djibouti) und Eritrea. (Ob als fünfter Staat die „Republik Somaliland" hinzukommen wird, ist noch ungewiß, da dieser Nordteil Somalias – das ehemalige Britisch-Somaliland – zwar im Mai 1991 seine Unabhängigkeit erklärt, aber bislang keine internationale Anerkennung gefunden hat.) Auf die Region insgesamt bezogen, ist der Islam heute die vorherrschende Religion, allerdings variiert sein Anteil in der Bevölkerung der genannten Länder beträchtlich: Somalia rund 98%, Dschibuti über 90%, Eritrea etwa 50% und Äthiopien schätzungsweise 45%. In Äthiopien und Eritrea ist das schon Mitte des 4. Jahrhunderts n. Chr. eingeführte koptisch-monophysitische Christentum ungefähr ebenso stark vertreten wie der Islam. Die traditionellen afrikanischen Religionen hingegen sind am Horn in reiner Form heute nur noch sporadisch anzutreffen, doch haben sie dort im Laufe der Jahrhunderte die Art, wie der Islam und das Christentum gelebt werden, in vielfältiger Weise geprägt.

Die Staaten am Horn sind ethnisch, historisch und kulturell stark miteinander verflochten. Infolgedessen weisen sie manches Gemeinsame auf, doch gibt es auch erhebliche Unterschiede. Während der Vielvölkerstaat Äthiopien als das älteste noch existierende Staatswesen Afrikas gilt – wenn auch früher nicht mit den heutigen Grenzen –, haben sich die drei anderen Staaten erst in der Kolonialzeit herausgebildet und gar erst vor kurzem ihre volle Unabhängigkeit erlangt: Somalia 1960, Dschibuti 1977, Eritrea 1993. Die Vielzahl der am Horn lebenden und auf ihre Existenzsicherung bedachten nomadischen und seßhaften Völker, das Aufeinandertreffen von Christentum, Islam und traditionellen afrikanischen Religionen und Kulturen, die Expansionsbestrebungen insbesondere äthiopischer Herrscher, das Eingreifen europäischer Kolonialmächte, aber auch Dürreperioden und manches andere mehr haben das Horn seit Jahrhunderten zu einer ständigen Krisenregion werden lassen. Diese hat besonders in den letzten Jahrzehnten zahlreiche inner- und zwischenstaatliche Konflikte mit zum Teil verheerenden Folgen erlebt. Genannt seien hier lediglich als wichtigste der Eritrea-Krieg (1961–1991), der Tigre- (Tigray-) und der Oromo-Krieg (1975–1991), der Ogaden-Krieg zwischen Somalia und Äthiopien (1977/78) und der Bürgerkrieg in Somalia seit 1988. Diese Konflikte können zwar nicht als Religionskriege bezeichnet werden, doch haben bei ihnen auch religiöse Argumente und Motive eine nicht unwesentliche Rolle gespielt. In der unüberschaubaren Zahl kurzlebiger wie länger bestehender „Befreiungsbewegungen" finden sich auch einige mit ausgesprochen islamischem Charakter.

Bei der Beurteilung der heutigen Situation des Islams in den vier Horn-Staaten ist zu berücksichtigen, daß die Lebensverhältnisse derzeit äußerst unübersichtlich und verworren sind – haben doch die jüngsten Kriege viel Elend, Zerstörung und Tod verursacht und zu tiefgreifenden Bevölkerungsverschiebungen geführt: Hunderttausende mußten in andere Landesteile oder in die Nachbarländer – darunter auch Sudan und Kenia – fliehen, wurden umgesiedelt oder zerstreut, leben in Lagern oder sind ständig unterwegs, entwurzelt und aus ihren Traditionen und sozialen Zusammenhängen gerissen. Was dies alles für die Glaubenspraxis bedeutet, ist noch nicht abzusehen.

a) Somalia

Die Republik Somalia entstand am 1.7.1960 durch die Vereinigung von ehemals Italienisch- und Britisch-Somaliland. Der Staat wurde 1969, nach der Machtergreifung durch die Militärs, in Demokratische Republik Somalia umbenannt. Der Islam ist Staatsreligion. Etwa 98% der Bevölkerung bekennen sich zum sunnitischen Islam und der schafiitischen Rechtsschule, ca. 95% sind ethnisch Somali (genauer: *Somal*, sing. *Somali*) mit gemeinsamer Sprache und Kultur. Diese seltene Einheitlichkeit müßte eigentlich eine ideale Voraussetzung für den Aufbau eines stabilen, homogenen Staatswesens sein. Dennoch leistete sich gerade dieses Land in den letzten Jahren einen selbstzerstörerischen Bürgerkrieg, verbunden mit einer Hunger- und Flüchtlingskatastrophe, die umfangreiche internationale Hilfsaktionen auslöste. Der Grund für dieses Desaster ist in erster Linie in der Struktur des somalischen Volkes und den Ambitionen einiger seiner führenden Politiker zu suchen.

Das Siedlungs- und Wandergebiet der Somali reicht weit über Somalia, in dem nur etwa drei Viertel des Volkes leben, hinaus in den Süden Dschibutis, in den Osten Äthiopiens (den Ogaden) und den Norden Kenias. Das gab und gibt immer wieder für nationalistische somalische Politiker Anlaß zu Konflikten mit den Nachbarstaaten und zu Sezessionsbestrebungen in diesen Ländern. Mitte der achtziger Jahre lebte über die Hälfte der auf etwa sieben Millionen geschätzten Bevölkerung Somalias als Nomaden oder Halbnomaden, etwa ein Viertel als Bauern oder Fischer und der Rest in Städten, deren Bevölkerungsanteil inzwischen freilich stark zugenommen hat.

Das somalische Volk diesseits und jenseits der Landesgrenzen bildet eine segmentäre Gesellschaft mit einer egalitär-demokratischen Struktur. Dieses spezielle, auf Nomaden zugeschnittene Gefüge verhinderte bislang, trotz der erwähnten ethnischen, religiösen und kulturellen Homogenität, das Entstehen einer festgefügten politischen Einheit der Somali. Das Volk gliedert sich in die beiden Abstammungslinien der zumeist nomadischen Samaale – den „eigentlichen“ Somali, bestehend aus den großen Clan-Konföderationen („Clan-Familien“) Darod, Hawiye, Dir und Ishaq – und der überwiegend seßhaften Sab – bestehend aus den Digil und Rahanwein – im Süden des Landes. Diese sechs Clan-Konföderationen setzen sich jeweils aus einer ganzen Reihe von Clans zusammen, die wiederum in Sub-Clans sowie Familien- und Blutzollverbände unterteilt sind, die für den Einzelnen den sozialen Bezugsrahmen abgeben und die maßgebliche Organisationseinheit darstellen. Sind diese kleinen Einheiten im täglichen Kampf ums Dasein wie Wasserstellen und Weideplätze auch Rivalen und oftmals Dauerfeinde, so haben sie doch ein Zusammengehörigkeitsgefühl und – zumindest in den weniger gebildeten Kreisen – den Glauben an ihre gemeinsame Abstammung von den Quraish, dem Stamm des Propheten Muḥammad. Dies war, natürlich neben materiellen und politischen Interessen, auch ein die Bevölkerung überzeugender Grund für den Wunsch Somalias, 1974 der *Arabischen Liga* beizutreten.

Die Betonung der Zusammengehörigkeit aller Somali und ihrer gemeinsamen islamischen Tradition spielte bei der Staatsgründung 1960 eine wesentliche Rolle und war ein wichtiges Mittel, die Integration der beiden Landesteile in einem einheitlichen Staat zu verwirklichen. Das schlug sich auch in der ersten Verfassung des neuen Staates nieder: Der Islam wurde zur Staatsreligion erklärt, der Staatspräsident mußte Muslim sein, alle muslimischen Schüler hatten islamischen Religionsunterricht zu erhalten, der Islam sollte die Hauptquelle des Rechts bilden, und alle Gesetze und Verordnungen hatten mit seinen allgemeinen Prinzipien übereinzustimmen. Der letztgenannte Punkt bereitete insofern erhebliche Schwierigkeiten, als nunmehr vier Rechtstraditionen zu einer einheitlichen Gerichtsbarkeit verschmolzen werden mußten: Der Norden war ja bisher von britischem, der Süden von italienischem Recht bestimmt, während daneben im ganzen Staatsgebiet noch Scheriatrecht und Gewohnheitsrecht praktiziert wurden. Der Versuch der Vereinheitlichung mußte notgedrungen zu Kompromissen führen, die heftige Debatten auslösten. Dabei ist aber zu berücksichtigen, daß in Somalia wie in anderen vom Nomadismus geprägten Staaten die Gesetzgeber in den Städten nur wenig Einfluß auf die Rechtspraxis von Nomaden haben, für die Freiheit, Selbstbestimmung, Gleichheit und wenig Verständnis für eine – wie auch immer geartete – Obrigkeit wesentliche Elemente ihrer Lebensanschauung sind.

Die politische und rechtliche Situation in Somalia änderte sich entscheidend, als 1969 der Generalmajor Muḥammad Ziyād Barre durch einen Staatsstreich ein Militärregime errichtete. Unter ihm wurde das Rechtswesen zunächst vom „Arabischen Sozialismus" und den Rechtsverhältnissen in Ägypten, Sudan und Südjemen beeinflußt. Präsident Barre beschwor in vielen Reden die Übereinstimmung des von ihm propagierten „Wissenschaftlichen Sozialismus" mit dem Islam, die beide in erster Linie die Verwirklichung der Gerechtigkeit im Sinne hätten. Der Islam blieb zwar auch weiterhin Staatsreligion, und das islamische Recht wurde gegenüber dem Gewohnheitsrecht stärker bevorzugt, doch trafen einige neue Gesetzesbestimmungen auf erheblichen Widerstand der islamischen Geistlichkeit: so 1972, als das Somali zur Schriftsprache erhoben und für diese nach längerer Diskussion die lateinische und nicht die arabische Schrift als verbindlich erklärt wurde, und vor allem 1975, als das Familien- und Erbrecht nach dem Gesetzesvorbild der Demokratischen Volksrepublik

Jemen (Südjemen) neu kodifiziert wurde, was zu einer wesentlichen Stärkung der Stellung der Frau im Hinblick auf Ehe, Scheidung, Versorgung und ihr Verhältnis zu den Kindern führte. Nach dem Sturz des inzwischen vom Wissenschaftlichen Sozialismus abgekommenen und der westlichen Welt zugeneigten Diktators Barre (1991), wurde die letzte Verfassung von 1979 aufgehoben und infolge der derzeitigen chaotischen Zustände, trotz bestehender Entwürfe, bisher durch keine neue ersetzt.

Was die religiösen Einrichtungen und die Glaubenspraxis betrifft, so muß man grob zwischen den Städten, den agrarischen Siedlungen und den Nomaden unterscheiden. Die meisten größeren Städte Somalias liegen an der Meeresküste und pflegen seit Jahrhunderten Beziehungen mit der überseeischen, vor allem arabischen Welt. In diesen Städten leben auch arabische Händler und Theologen, hier ist der Einfluß des orthodoxen Islams neben den religiösen Orden am größten, und hier findet man die meisten Moscheen und Koranschulen sowie ein höheres Bildungsniveau. Nicht zuletzt manifestierte sich hier auch der stärkste Widerstand gegen die sozialistischen Reformen und Experimente des Präsidenten Barre. Letzterer beschnitt Anfang der siebziger Jahre in fortschreitendem Maße die Rechte und Privilegien der geistlichen Führungsschicht. Er warf ihr vor, im Dienste des Kapitalismus und Neokolonialismus zu stehen und eine reiche, privilegierte und mächtige Klasse darzustellen, die im Grunde den Islam verrate; dessen Prinzipien würden in Wahrheit nur vom Wissenschaftlichen Sozialismus verwirklicht. Er verlangte von den religiösen Führern, sich nicht in die Politik einzumischen, aber doch aktiv am Aufbau eines sozialistischen Staates mitzuarbeiten. Einige von ihnen, die sich besonders gegen die beabsichtigte Gleichberechtigung der Frau im Erbrecht auflehnten, ließ er Ende Januar 1975 hinrichten. Auch die Lehrmethoden und -inhalte der Koranschulen und der geistlichen Ausbildungsstätten kritisierte er. Er versuchte statt dessen, ein modernes, säkulares Schul- und Ausbildungssystem aufzubauen, das von der Grundschule bis zur Universität reichen, Fachschulen und Einrichtungen der Erwachsenenbildung einschließen und im gesamten Land für alle Bevölkerungsschichten, und zwar für Jungen wie Mädchen, zugänglich sein sollte. Den Islam-Unterricht wollte er in das System integriert sehen. Die Erfolge dieser Bemühungen fielen in den einzelnen Landesteilen recht unterschiedlich aus.

Entscheidend für die weitere Entwicklung wurden jedoch der verlorene, teure Ogaden-Krieg 1977/78, die Kehrtwendung der Sowjetunion (die nunmehr Äthiopien Hilfe leistete), der Niedergang der Wirtschaft und das wachsende Aufbegehren verschiedener Clanverbände und Oppositionsgruppen gegen den diktatorischen Präsidenten, der alle wichtigen Posten seines Regimes nach und nach mit Mitgliedern seines Clans besetzt hatte. Allgemeine Unzufriedenheit und Aufmüpfigkeit machten sich breit und mündeten schließlich in einen Bürgerkrieg. Die bereits nach dem Ogaden-Krieg einsetzende Hinwendung zum Westen bis zur anti-irakischen Haltung in der Golfkrise 1990 bescherten Somalia eine verstärkte Unterstützung durch westliche Länder wie auch durch Saudi-Arabien, Kuwait und die *Islamische Entwicklungsbank (al-Bank al-islāmī li-t-tanmiya)*, wovon bis zu einem gewissen Grad auch islamische Einrichtungen profitieren konnten. Der Ruin des Landes war allerdings nicht aufzuhalten.

Das religiöse Leben der Nomaden, vor allem im Norden und in der Mitte des Landes, verläuft – von den Kriegswirren abgesehen – anders als in den Städten. Die Nomaden können und wollen die islamischen Grundpflichten nicht in dem Maße erfüllen wie die Städter, was sie freilich nicht daran hindert, sich als besonders gute Muslime zu fühlen. Ständig mit ihren Herden unterwegs, leben sie in kleineren Gruppen, obwohl ihre Clans ziemlich groß sind, ja zum Teil über hunderttausend Angehörige umfassen. Die religiösen Verhältnisse sind in den einzelnen Verbänden recht unterschiedlich. Manche von ihnen entbehren jeglicher religiösen Betreuung; andere verfügen über Religionslehrer oder Prediger, die mit ihnen ziehen, ihre Kinder unterrichten und hier und da die Funktion eines *qāḍī* ausüben. Wieder andere sind auf Wanderprediger angewiesen, von denen sie gelegentlich aufgesucht werden. Auch gibt es nicht wenige, die mit einem Dorf oder einer sonstigen Siedlung eng verbunden sind, in denen sich eventuell eine kleine Moschee, ein qāḍī und eine Koranschule befinden. Fast alle jedoch fühlen sich einem religiösen Orden zugehörig, sei es der *Qādirīya*, der *Aḥmadīya/Idrīsīya* oder der *Ṣāliḥīya*, um nur die größten zu nennen. In der Regel gehört ein Clan, Sub-Clan oder Familienverband geschlossen einem bestimmten Orden an, der ihn auch mit Predigern versorgt. Die Orden unterhalten, über das ganze Land verstreut, jeweils in bestimmten Regionen kleinere Niederlassungen. Diese sind zumeist dadurch entstanden, daß sich ein frommer Ordensangehöriger von einem Clan oder Sub-Clan in dessen Gebiet ein Stück bebaubaren Landes zuteilen ließ, das er mit seiner Gefolgschaft bebauen und mit einer Moschee und vielleicht auch einer Koranschule ausstatten konnte. Er trat damit in ein Klientelverhältnis zu seinem Landgeber. Oftmals genoß der Gründer der Niederlassung hohes Ansehen und wurde nach seinem Tode stärker verehrt als die eigentlichen Ordensgründer oder sogar als der Prophet. Eine Wallfahrt zu seinem Grab, von vielen Verbänden jährlich durchgeführt, gilt häufig als vollwertiger Ersatz für die Pilgerfahrt nach Mekka.

Aber nicht nur Ordensmänner konnten bei den Somali zu Heiligen werden. Dieser Rang wurde in vielen Fällen ebenso den Gründern ihrer Clans und Clan-Familien (zumindest bei den Samaale) zuteil. Auch deren Gräber werden verehrt, mit Friedhöfen umgeben und regelmäßig besucht, wobei mitunter auch Zeremonien stattfinden, die auf vorislamische Bräuche zurückgehen, wie Regenopfer und -beschwörung. Gelegentlich übertrug sich die *baraka*, die Segenskraft der Heiligen, auf seine Nachkommen, die seine Nachfolge antraten, seine Grabstätte verwalteten, als qāḍī fungierten und predigten. Es gibt auch Heilige, die nicht einer bestimmten Gruppe zuzuordnen sind, sondern allgemein verehrt werden und vielleicht sogar aus vorislamischer Zeit stammen. Von fast allen Somali wird – unabhängig von seiner Zugehörigkeit zum Ṣāliḥīya-Orden – ihr Nationalheld Muḥammad ibn ʿAbdallāh Ḥasan (1864–1920), den die Engländer „Mad Mullah" nannten, als Heiliger verehrt. Er führte einen *jihād*, einen zwanzigjährigen antikolonialen Kampf gegen Briten, Italiener und Amharen und war ein gewaltiger Prediger und ein bedeutender Dichter, dessen Verse im Volk auch heute noch verbreitet sind.

Die vier großen Clan-Familien der Samaale – Darod, Hawiye, Dir und Ishaq – machen den Großteil der Bevölkerung in den Städten, Savannen, Steppen und Wüsten insbesondere Nord- und Mittelsomalias aus. Im Süden hingegen leben in den dichtbesiedelten und fruchtbaren Flußtälern des Dschuba (Juba) und Schebeli (Shebelli) sowie zwischen diesen beiden Gebieten die vornehmlich Landwirtschaft und Viehzucht betreibenden seßhaften Digil und Rahanwein. Sie werden unter dem Namen Sab zusammengefaßt und von den nomadischen Samaale als nicht ebenbürtig, d.h. nicht so edel wie sie selbst, angesehen. Die Sab sind mit alteingesessenen Bantu, Oromo und Zuwanderern verschiedener Rassen vermischt, was auch ihre Glaubensvorstellungen beeinflußt hat. Im Vergleich mit den Samaale weisen sie größere Unterschiede auf: Sie sprechen einen anderen somalischen Dialekt; ihre Sozialstruktur ist stärker hierarchisiert und von der seßhaften Lebensweise geprägt; ihre Abstammungsstruktur ist infolge der Vermischung mit Angehörigen anderer Völker weniger klar; sie verehren nicht ihre Clan-Gründer, sondern zahlreiche Lokalheilige mit mystischer Macht, Schutzheilige für die Ernte und ähnliches; ihre geistlichen Führer haben größeren Einfluß auf die Politik der Gemeinden und leben zum Teil in religiösen Siedlungsgemeinschaften; sie gehören fast alle der Qādirīya oder der Aḥmadīya an; sie verfügen über mehr Moscheen und religöse Einrichtungen und können ihre Feste und Zeremonien regelmäßiger begehen als die nomadischen Samaale.

b) Äthiopien

Ganz im Gegensatz zu Somalia ist die Bevölkerung Äthiopiens weder religiös noch ethnisch, sprachlich oder kulturell einheitlich. Nach der Abspaltung Eritreas besteht sie immer noch aus etwa 90 Ethnien, von denen die Oromo (früher Galla genannt) wohl gut 40% der über 50 Millionen Einwohner ausmachen. Es folgen die Amharen und Tigreer mit zusammen etwa 30% und als nennenswerte Minderheiten noch Gurage, Kafa, Sidama, Somali und Niloten. Die rund 70 Sprachen Äthiopiens lassen sich in semitische und kuschitische (von je etwa 45% der Bevölkerung gesprochen), omotische und nilo-saharische einteilen. Staatssprache ist das semitische Amharigna (Amharisch), die Sprache einer überwiegend christlichen Bevölkerungsminderheit, die aber politisch und kulturell dominiert. Die beiden größten Religionsgemeinschaften sind die äthiopische (koptisch-monophysitische) Kirche (etwa 40% der Bevölkerung) und der sie – entgegen offiziellen Angaben – seit einigen Jahren überflügelnde sunnitische Islam (ca. 45%). Etwa ein Zehntel der Bevölkerung ist Naturreligionen zuzurechnen. Ferner dürften Protestanten und Katholiken zusammen eine knappe Million Einwohner ergeben. Die Reste der ehemals nördlich des

Tanasees siedelnden Juden Äthiopiens, Falascha genannt, sind in den letzten Jahren fast alle nach Israel evakuiert worden.

Während die Mehrheit der Amharen und Tigreer der äthiopischen Kirche angehört, herrscht der Islam bei den Somali, Harari, Afar und Saho vor sowie bei einigen Tigre sprechenden Gruppen im Norden und größeren Oromo-Gruppen in den mittleren und südlichen Provinzen des Landes. Im großen und ganzen dominiert der Islam in der flachen und hügeligen Osthälfte des Staates und bildet größere und kleinere Inseln in den übrigen Landesteilen, während die islamischen Gebiete im Norden und Nordosten des ehemaligen Staatsgebiets nunmehr zu dem neuen Staat Eritrea gehören. Insgesamt leben also im dichter besiedelten Äthiopien etwa dreimal so viel Muslime wie in dem fast rein muslimischen Somalia.

Wie im Beitrag „Subsaharisches Afrika" kurz skizziert, ist die Islamisierungsgeschichte Äthiopiens durch die ständige Auseinandersetzung mit den christlichen Gruppen gekennzeichnet. Nach den vorübergehenden territorialen Erfolgen, die der Imam *(imām)* Aḥmad ibn Ibrāhīm, bekannt als Grāñ, „der Linkshänder" (1506–1543), mit seinem *jihād* errang, wurden zahlreiche der genannten muslimischen Sultanate nach und nach von christlichen Angreifern erobert und ihre Bewohner getötet, zum Christentum bekehrt oder vertrieben. Zwar entstanden in der ersten Hälfte des 19. Jahrhunderts in der Provinz Sidamo neue kleine Sultanate durch zuvor heidnische Oromo, die von muslimischen Händlern zum Islam bekehrt worden waren, aber in der zweiten Hälfte des Jahrhunderts leiteten die Kaiser Theodoros II. (1855–1868) und Yohannes IV. (1872–1889) die Stärkung der christlichen Zentralgewalt im Hochland ein. Danach gelang es Kaiser Menelik II. (1889–1913) nicht nur, die europäischen Kolonialmächte vom Zentrum seines Reiches fernzuhalten, sondern auch sein Herrschaftsgebiet auf ungefähr die heutige Größe zu erweitern. Er erreichte dies dadurch, daß er vor allem nach Süden, in die heutigen Südprovinzen des Landes, vorstieß und die dort ansässigen nichtchristlichen Ethnien durch den nördlichen Feudaladel sowie amharische Siedler und die äthiopische Kirche militärisch, wirtschaftlich und kulturell unterwerfen ließ. Erst unter Haile Selassie, der 1930 zum Kaiser gekrönt wurde, erhielten die Muslime wieder etwas mehr Freiheit und Selbständigkeit. Insbesondere wurde die Stellung der islamischen Scheriatsgerichte, die stets neben den staatlichen Gerichten bestanden hatten, gestärkt. Sie wendeten in erster Linie schafiitisches Recht an, und ihre Kadis (von arab. sing. *qāḍī*) waren zuständig für Erbangelegenheiten sowie für Fragen der Ehe, Scheidung, Unterhaltsgewährung, elterlichen Gewalt und verwandtschaftlichen Beziehungen unter den Muslimen.

Mit dem Sturz des Kaisers (1974) begann die sozialistische Ära Äthiopiens. Sie führte sogleich zu revolutionären Veränderungen wie der Verstaatlichung von Grund und Boden, Industrien, Banken und Versicherungen. Andererseits entstanden nunmehr auch Widerstands- und Befreiungsbewegungen in Tigre, Eritrea, den Oromo-Gebieten und im Ogaden, die das Land zu spalten drohten. In religiöser Hinsicht war es von großer Bedeutung, daß die neuen Machthaber den vorrangigen Status der äthiopischen Kirche abschafften und die Gleichheit der Religionen unter einem marxistisch-leninistischen Regime verkündeten.

Die Muslime versprachen sich zunächst viel von diesen ihnen demokratisch erscheinenden Grundsätzen, mußten aber bald erkennen, daß ihre Bemühungen, größeren Einfluß auf die Gestaltung des politischen, sozialen und kulturellen Lebens im Lande zu gewinnen, von der Militärregierung immer stärker gebremst wurden. Diese stellte die islamischen Schulen, die zumeist Moscheen angeschlossen waren und wie diese mit Stiftungsgeldern unterhalten wurden, wie alle Privatschulen unter staatliche Kontrolle und konfiszierte zum Teil den Grundbesitz der muslimischen frommen Stiftungen (arab. *auqāf*) ebenso wie den der christlichen Kirchen. Auf der anderen Seite mußte die Regierung, um den Rückhalt in der Bevölkerung nicht zu verlieren, auf deren tiefverwurzelte religiöse Bedürfnisse Rücksicht nehmen. Und so wurden z. B. 1986 bei der Einrichtung einer Kommission zur Erarbeitung einer neuen sozialistischen Verfassung auch die Erzbischöfe der äthiopischen und der katholischen Kirche wie auch die Führer der Muslime und der Lutheraner beteiligt. Das im ursprünglichen Verfassungsentwurf vorgesehene Verbot der Polygamie ließ man mit Rücksicht auf die Muslime fallen. Alles in allem sind aber die Muslime bis heute – also auch noch unter der dem Sturz Mengistu Haile Mariams 1991 folgenden derzeitigen Übergangsregierung – in der Regierung, der staatlichen Verwaltung und im öffentlichen höheren Bildungswesen weit unterrepräsentiert und an vielen entscheidenden Stellen überhaupt nicht vertreten, obwohl sie im Wirtschaftsleben unentbehrlich sind. Im übrigen haben sie sich aber mit großem Einsatz in den Aufstands- und Befreiungsbewegungen der Eritreer, der Somali im Ogaden und der Oromo betätigt.

Muslime bilden den weitaus größten Teil der mehreren Millionen Flüchtlinge, die in den Jahren der Revolution in die Nachbarländer geflohen und bei weitem nicht alle zurückgekehrt sind. In welchem Ausmaß andererseits die Muslime im Binnenland von den zumeist gewaltsam vorgenommenen großen sozialistischen Umsiedlungs- und Verdorfungsaktionen – die inzwischen zum Teil wieder rückgängig gemacht worden sind – betroffen wurden und welche Auswirkungen auf ihre Institutionen und ihre Glaubenspraxis sich daraus ergeben haben, läßt sich bislang weder statistisch erfassen noch qualitativ bewerten. Spürbare dauerhafte Beeinträchtigungen sind aber gewiß entstanden.

Was das religiöse Leben der äthiopischen Muslime grundsätzlich betrifft, so gilt auch bei ihnen, daß die kultischen Pflichten in den Städten eifriger erfüllt werden als in den Dörfern oder bei den Nomaden. Von großer Bedeutung sind in Äthiopien die *ṣūfī*-Orden, die Wallfahrtsstätten und die sonstigen Zentren islamischer Lehre. Hunderte von Niederlassungen der Orden sind über das ganze Land verstreut (mit Ausnahme einiger Gebiete im amharischen Hochland). Die weiteste Verbreitung haben die Niederlassungen der *Qādirīya* gefunden. Die *Tijānīya* ist vorwiegend im Südwesten vertreten, die *Mīrghanīya* in Tigre und Eritrea, die *Ṣāliḥīya* hat im Ogaden Anhänger, die *Sammānīya* in den südwestlichen Provinzen.

Zahlreiche Niederlassungen sind zu heiligen Stätten geworden, an denen ihre Gründer verehrt werden und zu denen man wallfahrtet. Solche Wallfahrten dienen wie in Somalia und anderswo vielen Gläubigen als Ersatz für die Pilgerreise nach Mekka. An diesen Orten, die zumeist weitab von den Städten in einsameren Gegenden liegen, verweilen junge, lernbegierige Anhänger oft mehrere Jahre lang, um sich von gelehrten Scheichs unterweisen zu lassen, wobei sie in manchen Fällen auch zur Feldarbeit herangezogen werden. An einigen Plätzen sind es regelmäßig über tausend solcher Schüler, die sich auf einen geistlichen Beruf vorbereiten. Das bekannteste und bedeutendste islamische Heiligtum in Äthiopien ist der Ort Scheich (arab. *shaikh*) Ḥusain, ein altes Oromo-Heiligtum, etwa 100 km nordöstlich von Goba in der Provinz Bale, nahe am Schebeli gelegen. Dort soll vor vielen Jahrhunderten Scheich Ḥusain die zu ihrem Heiligtum pilgernden Oromo zum Islam bekehrt haben. Heutzutage kommen jährlich (vor allem im Februar und August) Tausende von Pilgern aus ganz Nordostafrika zu seinem Grab, um zu beten und Heilung, Trost und Rat zu suchen – sofern die unklaren politischen Umstände es gerade erlauben.

c) *Eritrea*

Seit etwa 1960 entstanden in Äthiopien nach und nach Aufstands- und Befreiungsbewegungen der größeren Bevölkerungsgruppen, die in unterschiedlicher Weise nach Selbständigkeit strebten, oft recht diffuse und utopische Programme entwarfen, sich spalteten, Konkurrenzbewegungen hervorriefen, zum Teil bald wieder verschwanden oder in anderen Organisationen aufgingen, so daß es oft schwierig ist, sie auseinanderzuhalten. Während, grob gesprochen, die Oromo-Bewegungen Selbständigkeit ihres Volkes und gar einen eigenen Staat Oromia innerhalb der Landesgrenzen Äthiopiens forderten, strebte die größte Bewegung der Tigreer, die *Tigre People's Liberation Front (TPLF)*, lediglich die regionale Autonomie Tigres (Tigrays) innerhalb Äthiopiens an. Die bedeutendste muslimische Somali-Bewegung, die *Western Somali Liberation Front (WSLF)*, wünschte wiederum die Vereinigung aller Somali durch Anschluß der Ogaden-Region an Somalia – also einen grenzüberschreitenden Zusammenschluß. Keine dieser Bewegungen hat bisher, trotz gewisser vorübergehender Erfolge, ihr Ziel erreicht.

Die älteste bewaffnete Befreiungsbewegung in Äthiopien ist jedoch die 1960 gegründete *Eritrean Liberation Front (ELF)*, eine vornehmlich – aber nicht ausschließlich – muslimische Organisation, die für die Unabhängigkeit Eritreas kämpfte und von einigen arabisch-islamischen Ländern unterstützt wurde. Als immer mehr christliche Eritreer und Mitglieder der städtischen Intelligenz der Bewegung beitraten, häuften sich die internen Schwierigkeiten und Differenzen, so daß die Partei sich in mehrere Gruppen spaltete. Dabei ging als militärisch wie politisch stärkste Kraft die 1970 gegründete *Eritrean People's Liberation Front (EPLF)* hervor, in der die Christen dominieren, aber auch viele Muslime mitarbeiten. Zuerst sozialrevolutionär eingestellt, wandte sie sich 1987 vom Marxismus-Leninismus ab und stellte ein Mehrparteiensystem in Aussicht. Sie ist bis heute die maßgebende Partei in Eritrea, und ihr Generalsekretär, Issaias Afewerki, ist Staatsoberhaupt und Regierungschef des – nach einem Volksentscheid – seit 24. 5. 1993 formell selbständigen Staates.

Völkerrechtlich gesehen, kann der dreißigjährige eritreische Befreiungskampf nicht als inneräthiopischer Konflikt bezeichnet werden. Eritrea ist im Grunde eine Schöpfung Italiens, war 1890–1941 dessen Kolonie, stand 1941–1952 unter britischer Militärverwaltung, wurde 1952 auf Beschluß der *UNO* bei innerer Autonomie mit Äthiopien in einer Föderation vereint und 1962 von Haile Selassie völkerrechtswidrig in den äthiopischen Staatsverband eingegliedert. Der letztgenannte Vorgang hatte eine schon zuvor begonnene, nunmehr verstärkte Beeinflussung Eritreas durch das christliche Amharentum zur Folge, die den Widerstand der islamischen und nichtamharischen Bevölkerungsgruppen hervorrufen mußte.

So klein Eritrea mit seinen 3,5 Millionen Einwohnern auf einer Afrika-Landkarte erscheinen mag – es ist ein ethnisch-kulturell wie sozio-ökonomisch heterogener Vielvölkerstaat. Stark vereinfacht gesehen, läßt sich eine Zweiteilung der Bevölkerung vornehmen: Im Tiefland leben die überwiegend muslimischen Nomaden, im Hochland die überwiegend äthiopisch-christlichen Bauern und Städter (deren geistliches Oberhaupt in Addis Abeba residiert). Beide Gruppen sind zahlenmäßig etwa gleich stark. Während die Hochlandbewohner in der Hauptsache Tigrinya oder Tigre sprechen, verwenden die Tieflandbewohner zumeist Tigre oder Afari und Arabisch – freilich alle Sprachen in dialektalen Formen. Tigrinya, gewissermaßen als christliches Symbol, und Arabisch als islamisches – obwohl nur von den wenigsten Muslimen gesprochen – sind die beiden Amtssprachen Eritreas und haben das ungeliebte Amharigna in dieser Funktion abgelöst.

Zu den muslimischen Volksgruppen zählen vor allem im Norden die nomadischen, zum Teil Bedja sprechenden Banū ʿĀmir, die auch die Grenze zu Sudan überschreiten und der *Mīrghanīya* angehören, sowie die meisten der nomadischen und halbnomadischen Tigre sprechenden Gruppen, weiter südlich die halbnomadischen Saho und anschließend die Afar (auch als Danāqil bekannt). Da sich das traditionelle Wandergebiet der letzteren auch nach Dschibuti und in die äthiopischen Provinzen Tigre und Wollo hinein erstreckt – und man somit auch nicht genau angeben kann, wieviele der mehrere hunderttausend Afar zu welchem Land gehören –, ist es nicht verwunderlich, daß auch eine Befreiungsfront der Afar *(Afar Liberation Front, ALF)* entstanden ist, die einen eigenen (muslimischen) Afar-Staat mit der wichtigen Hafenstadt Assab anstrebt. Im übrigen setzen sich Saho wie Afar jeweils aus einer Anzahl kleinerer Ethnien und Stämmen zusammen, die im einzelnen noch nicht genau erforscht sind und von denen sich einige (halb-)seßhafte zum äthiopischen Christentum bekennen. Die muslimische Mehrheit praktiziert – von Gruppe zu Gruppe recht unterschiedlich – einen Islam, der einerseits von der *Qādirīya* beeinflußt, andererseits aber noch stark von kuschitisch-religiösen Elementen wie dem Himmelsgott Zar/Wak, Opferriten, Zauberei, Orakel-Tanz, verdienstvollem Feindtöten und anderem durchsetzt ist.

In den größeren Städten Eritreas trifft man auf alle vier sunnitischen Rechtsschulen, und die religiösen Einrichtungen wie Moscheen, Schulen, Institute und Friedhöfe werden zumeist von frommen Stiftungen *(auqāf)* unterhalten. Die Regierung des neuen Staates zeigt sich bemüht, eine auf Ausgleich bedachte, Kultur und Sprache der einzelnen Volksgruppen respektierende Nationalitätenpolitik zu betreiben. Zwar dominieren an den Schaltstellen der Macht die tigrinya-sprachigen Christen, doch scheint der muslimische Bevölkerungsanteil stärker zu wachsen und mehr Einfluß zu gewinnen. Im August 1992 wurde ein Mufti *(muftī)* als Sprecher der muslimischen Bevölkerung ernannt, nachdem der letzte Mufti bereits 1969 verstorben war. Ein großes Problem bleibt die Rückführung und Integration der über 500000 Flüchtlinge, die in den Kriegsjahren in die Nachbarländer geflohen sind und von denen rund 250000 in Sudan in Lagern untergebracht wurden. Bisher ist nur ein Teil zurückgekehrt. Es ist derzeit noch nicht zu übersehen, inwieweit es sudanesischen Islamisten gelingt, Rückkehrwillige für ihre Interessen zu gewinnen und durch sie die Zukunftsgestaltung Eritreas mitzubestimmen.

d) Dschibuti

Mit Abstand der kleinste Staat am Horn ist Dschibuti (Djibouti), etwa noch fünf- bis sechsmal kleiner als Eritrea. Seine Bevölkerung besteht zu über 90% aus Muslimen. Sie setzt sich neben vielleicht 8% christlichen Europäern (zumeist Franzosen) und 6% muslimischen Arabern in der Hauptsache aus sunnitischen Somali (etwa 45%) und Afar (etwa 35%) zusammen. Die Afar unterhalten enge, wenn auch nicht immer spannungsfreie Beziehungen zu ihren Verwandten im angrenzenden Eritrea und Äthiopien. Die Somali bestehen zum weitaus größten Teil aus dem Issa-Clan und Angehörigen des Gadabursi- und des Ishaq-Clans, die auch im Norden Somalias siedeln oder umherziehen. Die beiden größten Volksgruppen Dschibutis sind also infolge der kolonialen Grenzziehung durchschnitten, was zu ständigen Spannungen führen muß, im Innern wie nach außen. Potentielle Bedrohungen gehen von Somalia aus, in dem der Wunsch nach Vereinigung aller Somali lebendig ist, und ebenso von Äthiopien, das für den lebensnotwendigen überseeischen Transport nur schwer ohne den international bedeutenden Tiefseehafen Dschibutis auskommen kann. Der Hafen und Addis Abeba sind durch eine 781 km lange Eisenbahnlinie und eine Asphaltstraße miteinander verbunden.

Afar und Somali siedelten und weideten schon in vorkolonialer Zeit auf dem Territorium des heutigen Dschibuti. Die Franzosen erwarben zwischen 1862 und 1885 aus strategischen Gründen (Gegengewicht zu Aden, Suezkanal!) von den dort ansässigen Afar- und Issa-Sultanen und in Verhandlungen mit dem äthiopischen Kaiser Menelik II. Gebiete, die 1896 zu

„Französisch-Somaliland" vereinigt wurden. 1967 erhielt die Kolonie die Bezeichnung „Territoire Français des Afars et Issas", und nach Erlangung der Unabhängigkeit 1977 nannte sich der neue Staat „République de Djibouti". Die Franzosen verstanden es, während der langen Kolonialzeit die miteinander verfeindeten Afar und Somali ständig gegeneinander auszuspielen. Auch heute noch tun sich beide Volksgruppen im Umgang miteinander recht schwer, obwohl sie im Grunde genommen gar nicht so verschieden sind: Ihre Religion, ihre stammesmäßige Organisation, ihre egalitär-demokratische Struktur, ihre überwiegend nomadische Lebensweise und überhaupt ihre materielle und geistige Kultur weisen eine weitgehende Gemeinsamkeit auf und stimmen auch mit ihren Verwandten jenseits der Staatsgrenze überein.

Wesentlich größer sind hingegen die Unterschiede zwischen den nomadisierenden Stämmen und der städtischen Bevölkerung – eine Konstellation, die auch die Nachbarstaaten kennen: bei den Nomaden stärkeres Beibehalten traditioneller Verhaltensweisen (Gewohnheitsrecht) und vorislamischer Glaubensvorstellungen und -praktiken, geringere oder fast fehlende Befolgung der islamischen kultischen Pflichten, stärkerer Einfluß der Bruderschaften (hier vor allem der *Qādirīya*); bei den städtischen Afar und Issa hingegen mehr Moscheen, Koranschulen und Einfluß der Orthodoxie. In Dschibuti kommt jedoch noch ein weiteres Problem hinzu: der krasse soziale Gegensatz innerhalb der städtischen Bevölkerung zwischen den zahlungskräftigen französischen Militär- und Zivilpersonen (mit ihren eigenen Institutionen) und den wohlhabenden arabischen und anderen Händlern einerseits und dem aus ehemaligen Nomaden und Flüchtlingen aus den Nachbarländern bestehenden, zum Teil in ärmlichsten Verhältnissen lebenden afrikanischen Bevölkerungsteil andererseits.

Der erste und auch 1994 noch amtierende Staatspräsident, Hassan (Ḥasan) Gouled Aptidon vom somalischen Issa-Clan, hat bei seinem Bemühen, die beiden großen Volksgruppen zusammenzuführen, neben der Beteiligung beider an der Regierung, der Schaffung einer – vorübergehenden – Einheitspartei und manchen anderen auf Ausgleich zielenden Maßnahmen auch an den gemeinsamen islamischen Glauben appelliert. Dies konnte freilich einen bewaffneten Aufstand der Afar Ende 1991 und eine weiter andauernde Rivalität der Volksgruppen nicht verhindern, zumal das Vorgehen des Präsidenten zunehmend autoritärer und von den Afar als nicht neutral angesehen wurde.

In der neuen Verfassung, die am 15. September 1992 in Kraft getreten ist, kehrt Dschibuti zum Mehrparteiensystem und einer demokratischeren Ordnung zurück. Politischen Parteien ist es nach dieser Verfassung (Artikel 6) verboten, sich mit einer Rasse, ethnischen Gruppe, einem Geschlecht, einer Religion, Sekte, Sprache oder Region zu identifizieren. Beachtenswert ist, daß die Sprachen der beiden großen Volksgruppen, das Afari und das Somali (zwei miteinander verwandte kuschitische Sprachen), nicht zu Schriftsprachen gemacht und zu Amtssprachen erhoben wurden. Die offiziellen Sprachen sind vielmehr, nach Artikel 1 der Verfassung, Arabisch und

Französisch. Dschibuti, das seit seiner Unabhängigkeit 1977 der *Arabischen Liga* angehört, hat mit dieser Sprachenentscheidung zusätzliches Wohlwollen der arabisch-islamischen Staatenwelt erworben, in der es sich nunmehr mit noch besseren Möglichkeiten für seine Staatsbürger entfalten kann.

15. Libyen

(Hanspeter Mattes)

Die Geschichte des Islams in den drei historischen Provinzen Tripolitanien, Cyrenaika (arab. Barqa) und Fazzān, die heute das Staatsgebiet Libyens bilden, ist eng verknüpft mit der gesamtmaghrebinischen Entwicklung.[1] Das erste Eindringen arabischer Truppen in die Cyrenaika erfolgte 642 n. Chr. Sie stießen nach Tripolitanien vor, doch gelang ihnen erst nach der zweiten Offensive 645 eine permanente Besetzung der Küstenstädte. Ein erster Vorstoß in den Fazzān fand 663 statt. Dem starken berberischen Widerstand gelang es, die arabisch-muslimischen Eindringlinge 694 bis in die Cyrenaika zurückzudrängen. Anfang des 8. Jahrhunderts konnte sich der Islam durch erfolgreiche Mission unter den Berbern Nordafrikas konsolidieren. Ab Mitte des 8. Jahrhunderts gewann vor allem der Islam kharidschitischer Ausprägung unter ihnen Anhänger. Das Kharidschitentum hatte seine Hochzeit im 9./10. Jahrhundert, konnte sich jedoch bis heute in seiner ibaditischen Ausprägung[2] lediglich in einigen wenigen geographischen Rückzugsgebieten halten (im Wadi Mzab/Algerien, auf der Insel Djerba/Tunesien und in Libyen im tripolitanischen Djebel Nafūsa). Vom 10. Jahrhundert (Einnahme von Tripolis 910) bis zur Invasion der arabischen Stämme der Banū Hilāl und Banū Sulaim 1049 war Tripolitanien Teil des schiitischen Fatimidenreiches. Mit dem Niedergang des fatimidischen Einflusses im Maghreb zersplitterte die Region in mehrere autonome arabisch-berberische Emirate, gehörte im 12. Jahrhundert zum almohadischen, im 13. Jahrhundert zum hafsidischen Reich. Barqa stand größtenteils unter ägyptischer Herrschaft, während der Fazzān, weitgehend arabisiert, bis in die Neuzeit von unabhängigen oder semiabhängigen Staatsgebilden beherrscht wurde, deren ökonomische Grundlage der Transsaharahandel war. Spätestens seit der erfolgreichen Zurückschlagung der *Reconquista* (Rückeroberung von Tripolis durch muslimische Korsaren 1551) und der Unterstellung der Regentschaft Tripolis einschließlich des Verwaltungsbezirks Barqa unter osmanische Suzeränität war Libyen mit Ausnahme des Djebel Nafūsa vollständig sunnitisch (malikitische Rechtsschule). In den folgenden drei Jahrhunderten erfuhr Libyen keine religionspolitischen Veränderungen. Solche ergaben sich erst Mitte des 19. Jahrhunderts durch das Wirken der *Sanūsīya*-Bruderschaft und ab 1975 durch die „religiöse Revolution" Muʿammar al-Qadhdhāfīs. Diese Veränderungen betrafen allerdings nicht den sunnitischen Charakter des Islams, sondern das Religionsverständnis, das Verhältnis Mensch – Gott und die Spaltung der Sunniten in

Anhänger der vier traditionellen Rechtsschulen, die sowohl von der Sanūsīya-Bruderschaft als auch von Qadhdhāfī abgelehnt wird.

a) Die Sanūsīya und die Gründung des Königreiches

Der Begründer der später nach ihm benannten Bruderschaft war der in der Nähe von Mostaganem (Algerien) am 22. 12. 1787 geborene Muḥammad ibn ʿAlī as-Sanūsī al-Khaṭṭābī. Nach dem Studium in seiner Heimat (bis 1805) und in Fes (1805–1820), wo er Aufnahme in die wichtigsten bestehenden nordafrikanischen Bruderschaften *Shādhilīya, Nāṣirīya, Darqāwīya* und *Tijānīya* fand, begab er sich noch vor der Besetzung Algeriens durch französische Kolonialtruppen via Tripolis, Benghazi und Kairo nach Mekka (1826). Dort schloß er sich dem marokkanischen *ṣūfī* Aḥmad ibn ʿAbdallāh ibn Idrīs al-Fāsī (geb. um 1749, gest. 1837; Begründer der *Aḥmadīya* bzw. *Idrīsīya*) an. Zusammen mit Muḥammad ʿUthmān al-Mīrghanī, dem Begründer der sudanesischen *Khatmīya*-Bruderschaft, und Ibrāhīm ar-Rashīd zählte as-Sanūsī zu den drei wichtigsten Schülern von Aḥmad ibn Idrīs.[3] Dieser war „der vollkommene ṣūfī-Meister, den as-Sanūsī stets suchte aber nie fand, bevor er ihn traf". Die idrisische Tradition machte sich bei as-Sanūsī besonders in den Bereichen *fiqh, taṣawwuf* und Gebet bemerkbar, nahm aber erst nach dem Tode seines Lehrmeisters Profil an. Niedergelegt ist das Gedankengut as-Sanūsīs in neun Büchern, von denen drei als theologische Werke im engeren Sinne bezeichnet werden können.[4] In diesen Schriften setzte sich as-Sanūsī u. a. mit den bestehenden Bruderschaften und ihrer religiösen Praxis auseinander, wobei er statt traditionellem Derwischtanz und ekstatischen Singrufen einen intellektuellen Weg zur mystischen Vereinigung mit dem Propheten Muḥammad predigte; jeder einzelne sollte die geistige Auseinandersetzung mit sich selbst suchen. Der Sufismus (taṣawwuf) as-Sanūsīs war ein Sufismus des „kurzen Weges", so benannt, weil er durch Andachtsübungen und spezielle Gebete[5] nicht die mystische Vereinigung mit Gott, sondern mit dem Propheten suchte.

Der zweite wichtige Aspekt seiner Lehre, der in seinen Schriften niedergelegt ist, betrifft die Ablehnung des von den orthodoxen *ʿulamāʾ* praktizierten *taqlīd*, d. h. die stereotype Übernahme seit langem vorliegender (Rechts-)Entscheidungen aus einer der vier anerkannten sunnitischen Rechtsschulen. As-Sanūsī vertrat die Auffassung, daß das „Tor des *ijtihād*" nicht für ewig geschlossen sei, sondern jederzeit die freie Entscheidung von religiös-rechtlichen Fragen auf Grund einer Neuinterpretation von Koran *(qurʾān)* und Sunna erfolgen könne, da nur dies die theologische Erstarrung verhindere. Im Gegensatz zu Muḥammad ibn ʿAbd al-Wahhāb, dem Begründer der *Wahhābīya*, der diesbezüglich zwar die gleiche Auffassung vertrat, jedoch den Rahmen der hanbalitischen Rechtsschule nicht verließ, nahm as-Sanūsī zunehmend für sich in Anspruch, bei seiner Entscheidungsfindung des Beste aus allen Rechtsschulen *(madhhab*, pl. *madhāhib)* auszuwählen, mit eigenen Erkenntnissen zu durchsetzen und so eine vereinheitlichte neue Richtung zu begründen. Sie sollte die Quintessenz der bestehenden madhāhib bilden und an die Zeiten der Prophetengenossen anknüpfen bzw. zu ihnen zurückkehren. As-Sanūsīs Haltung zu den Rechtsschulen brachte ihm sowohl in Kairo als auch in Mekka die Feindschaft der ʿulamāʾ ein, die so weit gingen, in einer *fatwā* as-Sanūsī „Irrung, Halluzinationen und Teufelseinfluß" vorzuwerfen.

Institutionelles Zentrum der Lehre as-Sanūsīs war die 1826 gegründete und 1837 aufgewertete erste sanusische *zāwiya* von Abū Qubays östlich der Großen Moschee von Mekka, der bald weitere zur Konsolidierung der sanūsischen Autorität folgten. Die starke Opposition der ʿulamāʾ von Mekka gegen das sanusische Gedankengut setzte diesen Bestrebungen Grenzen, was Hauptursache für die Suche nach einem neuen Aktionsraum war. Ihn fand as-Sanūsī im nordlibyschen Barqa, wo er im November 1842 die erste zāwiya in al-Baiḍāʾ (Baida) gründete. Dank des Vakuums, das der trotz neuerlicher Intervention 1835 schwindende türkische Einfluß in Libyen hinterlassen hatte, gelang es as-Sanūsī bzw. seinen Missionaren, darunter als berühmteste ʿAbdallāh at-Tuātī und Muḥammad as-Sunnī, Anhänger zu gewinnen und ein ganzes Netz von Stützpunkten (zāwiyas) bis in die Sahelzone hinein zu gründen. Diese Südausdehnung spiegelte sich in der Verlagerung des Sanūsī-Hauptsitzes von al-Baiḍāʾ in die Oase Jaghbūb (1856) bzw. nach dem Tode des *Groß-Sanūsīs* (7.9.1859) und der Übernahme der Führerschaft der Sanūsīya durch seinen Sohn Muḥammad al-Mahdī as-Sanūsī (1844–1902) in die südcyrenaikische Oase Kufra (1895) wider. Der Missionserfolg der Bruderschaft beruhte anfangs auf dem hohen Ansehen, das der Groß-Sanūsī als Religionsgelehrter und Schlichter von Streitfällen zwischen den Stämmen Barqas erlangen konnte. Unter seinem Sohn und Nachfolger wirkten sich zunehmend auch die positiven Effekte der Diesseitsorientierung der Bruderschaft auf die Mitgliederentwicklung und den Einflußgewinn der Bruderschaft aus, waren doch gemäß dem Prinzip „Bete und Arbeite" Landerschließung, Förderung von Handwerk und Handel, Aufbau einer Infrastruktur, Ausbau des Bildungswesens zentrale Aspekte des sanusischen Selbstverständnisses.[6]

Die aus religionspolitisch motivierten Aktivitäten erwachsende staatliche Macht der *Sanūsīya* im Innern Barqas wurde vom osmanischen Staat, der de jure Souverän über das Wilāyat Ṭarābulus war, mit einem *firmān* des Sultans ʿAbd al-Majīd I. 1856 anerkannt. Dem osmanischen Sultan und Kalifen gebührte indes weiterhin die Stellung eines Suzeräns. Der Aufbau eines theokratischen sanusischen Staates auf der Basis von zāwiyas erlebte unter Muḥammad al-Mahdī as-Sanūsī seinen Höhepunkt. Unter seinen Nachfolgern Aḥmad ash-Sharīf as-Sanūsī (1902–1916; ägyptisches Exil) und Muḥammad al-Idrīs as-Sanūsī (1916, ab 1922 gleichfalls ägyptisches Exil) wurde die Sanūsīya in der 1911 beginnenden bewaffneten Konfrontation mit der italienischen Kolonialmacht als politischer Ordnungsfaktor zerschlagen und ihrer religiösen Infrastruktur durch gezielte Zerstörung der zāwiyas beraubt.[7] Die historische Rolle der Sanūsīya in Barqa, ihre Verankerung im Stammeswesen und die Uneinigkeit der politischen Führer Tripolitaniens bewirkten allerdings nach der Niederlage der Italiener im

Zweiten Weltkrieg und während der britischen Militäradministration in Libyen (1943–1951) die Wiederbelebung der Sanūsīya als politischer Faktor; zunächst in Barqa, wo die Briten, ihren strategischen Interessen folgend, Idrīs as-Sanūsī als Emir der nominell unabhängigen Cyrenaika anerkannten (Proklamation von Benghazi 1.6. 1949), ab 1951 in Gesamtlibyen, nachdem die Führer Tripolitaniens Idrīs as-Sanūsī als Herrscher eines „Vereinigten Königreiches" akzeptierten, weil sie darin die einzige Möglichkeit sahen, einen unabhängigen gesamtlibyschen Staat zu schaffen. In dem am 24. 12. 1951 proklamierten Vereinigten Königreich fungierte Idrīs as-Sanūsī jedoch nur als weltlicher Herrscher auf der Basis der am 7. 10. 1951 verabschiedeten Verfassung, wenngleich er als geistiger Führer der Sanūsīya-Bruderschaft auch Schritte zur religiösen Revitalisierung der Sanūsīya-Bewegung einleitete. Zu diesen zählten erste Versuche 1948/49, zwölf traditionelle religiöse Schulen einzurichten, sowie nach der Unabhängigkeit Libyens 1951 die Begründung des Religionsinstituts as-Saiyid Muḥammad ibn ʿAlī as-Sanūsī (Hauptsitz al-Baiḍā'; Zweigstellen in Tripolis und Benghazi), das mit Gesetz vom 29. 10. 1961 zur – finanziell wohldotierten – Islamischen Universität aufgewertet wurde. Anders als das theokratische Gebilde im 19. Jahrhundert war das Königreich Libyen jedoch weder ein Sanūsī-Staat, noch ein ausgeprägt islamischer Staat. Der Islam war zwar gemäß Artikel 5 der Verfassung Staatsreligion, doch war bis auf die klassischen Bereiche (Familien- und Eherecht, *waqf*-Verwaltung), wo malikitisches Recht galt, positives Recht dominierend. Wegen der massiven britisch-amerikanischen Präsenz in Libyen und der seit den ersten Erdölfunden 1959 vorangetriebenen Integration des Landes in den Welterdölmarkt spielte der Islam damals in Libyen keinerlei Rolle für die politische und wirtschaftliche Entwicklung.

b) Die religiöse Revolution Muʿammar al-Qadhdhāfīs

Der Sturz von König Idrīs am 1.9.1969 durch den „Bund der Freien Offiziere" unter Führung von Muʿammar al-Qadhdhāfī war eine Reaktion auf die innenpolitischen und ökonomischen Mißstände, die sich in Libyen seit Mitte der sechziger Jahre als Folge des Ölbooms ergeben hatten und die durch die offensichtliche Abhängigkeit von den USA und Großbritannien um eine außenpolitische Komponente ergänzt und verschärft wurden. Die von dem Revolutionsrat als neuem Entscheidungszentrum eingeleitete Politik der politischen, wirtschaftlichen und kulturellen Selbstbefreiung, inhaltlich stark vom Nasserismus inspiriert, brachte zunächst nur beschränkte Eingriffe in den religiösen Bereich. Zur Konsolidierung des neuen Regimes wurde nach der Entwaffnung der königstreuen Sondertruppen (TRIDEF, CYDEF) die Auflösung des *zāwiyas* verfügt und die Sanūsī-Universität als Fakultät in die staatliche libysche Universität integriert. Der unter der Sanūsī-Monarchie eingetretenen Verwestlichung wurde mit einem Rekurs auf den Islam und entsprechenden, mit der Religion begründeten Maßnahmen wie Alkoholverbot, Schließung von Nachtlokalen, Verbot lateinischer

Schrift, ausschließlicher Gebrauch des Hidschra *(hijra)*-Kalenders, Umwandlung von Kirchen in Moscheen, Verbot von Prostitution und Glücksspiel gegengesteuert und die Wiederherstellung der arabisch-islamischen Identität propagiert.

Diese Maßnahmen bedeuteten indes keine Aufwertung des Islams als politikbestimmendes Element.[8] Der Anspruch der Revolutionsführung, daß die „Septemberrevolution" auch eine „islamische Revolution" sei *(thaurat al-fātiḥ thaura islāmīya)*, konkretisierte sich erst – nach dem Tode von Jamāl ʿAbd an-Nāṣir (Nasser) 1970 – im Jahre 1971, als ein eigens dazu berufenes Komitee die Revision der positiven Gesetzgebung im „Lichte der *sharīʿa*" vornehmen sollte. Die Arbeit des Komitees, in dem aus Gründen der politischen Kontrolle nur zwei Religionsgelehrte saßen, fiel eher dilettantisch aus, wie die offensichtlichen Kohärenzdefizite der beiden am 11. 10. 1972 bzw. am 20. 10. 1973 verabschiedeten, von der Bevölkerung jedoch abgelehnten Gesetzentwürfe bezüglich Diebstahl und Ehebruch zeigten. Diese inhaltliche Re-Islamisierung hatte mit Ausnahme des *zakāt*-Gesetzes und der Umsetzung des *waqf*-Gesetzes vom 16. 9. 1972, das eine Ausdehnung der staatlichen Kontrolle auf den religiösen Stiftungsbereich vorsah, anders als die formale Re-Islamisierung der Jahre 1969/70 keine realen Auswirkungen, wurden doch die kodierten Straf-(sharīʿa-)Bestimmungen wie Auspeitschung oder Amputationen wegen der komplizierten Rechtslage nicht angewendet und waren ab 1975 zudem politisch überholt.[9]

Zwei sich später akzentuierende Elemente sanusischen Gedankengutes tauchten indes in dieser frühen Phase der Islampolitik Qadhdhāfīs bereits auf, ohne daß eine direkte Beeinflussung Qadhdhāfīs durch die Schriften des Groß-Sanūsī nachgewiesen werden kann: Es handelt sich einmal um die Weisung Qadhdhāfīs an das *Komitee zur Revision der positiven Gesetzgebung*, bei der Gesetzesformulierung nicht nur die malikitische Rechtsprechung, sondern auch die anderen drei sunnitischen Rechtsschulen, ferner die schiitischen *Imāmī*- und *Zaidī*-Schulen sowie die ibaditische Rechtsschule zu berücksichtigen; zum anderen handelt es sich um Qadhdhāfīs Haltung zum *ijtihād*. Qadhdhāfī betonte den ijtihād, weil er in ihm ein Mittel sah, den Islam im Sinne der revolutionären Ambitionen des politischen und gesellschaftlichen Wandels neu zu interpretieren. Diese anfangs noch ideologisch unstrukturierte Sichtweise Qadhdhāfīs erhielt im Laufe der 1972 gehaltenen Reden des Revolutionsratsvorsitzenden, spätestens ab 15. 4. 1973 mit der programmatischen Rede von Zuwāra, ein deutlicheres Profil, da der künftige politische Entwicklungsweg und die institutionelle Neuorganisation Libyens eine Neubestimmung des Verhältnisses von Staat und Religion erforderlich machte. Die mit der Rede von Zuwāra eingeleitete „Volksrevolution" *(thaura shaʿbīya)* brachte nicht nur eine Abkehr vom bislang nasseristisch inspirierten Entwicklungsweg, der 1969 zur Übernahme des ägyptischen Verfassungsmodells und im Juni 1971 zur Einführung des Einheitsparteimodells der *Arabischen Sozialistischen Union* geführt hatte, sondern resultierte in einer zunehmenden Kluft zwischen as-Sādāt (Sadat) und Qadhdhāfī in bezug auf den wirtschafts- und außenpolitischen Kurs, und in einer Zentralisierung der libyschen Entscheidungsstrukturen in der Person Qadhdhāfīs, der gleichzeitig einen ideologischen Führungsanspruch erhob.

Die seit 1972 als Ausführungen zur „Dritten Theorie" *(an-naẓarīya ath-thālitha)* apostrophierten Diskurse Qadhdhāfīs wurden von ihm selbst, nachdem er sich Ende 1974 von der Ausübung seiner öffentlichen Funktionen zurückgezogen hatte, in einer politischen Handlungsanleitung konkretisiert und am 27. 4. 1975 der libyschen Öffentlichkeit unter der Bezeichnung „Das Experiment der *jamāhīrīya* – Die Volksherrschaft" *(tajribat al-jamāhīrīya – sulṭat ash-sha'b)* vorgestellt. Ab Dezember 1975/Januar 1976 wurde diese Konzeption in schriftlicher Form als erster Teil der „Dritten Universalen Theorie" *(DUT; an-naẓarīya al-'ālamīya ath-thālitha)* in Umlauf gebracht. Der zweite Teil der DUT („Die Lösung des wirtschaftlichen Problems – Der Sozialismus") und „Die Sozialen Grundlagen der DUT" als ihr dritter Teil erschienen sukzessive im November 1978 und im Juni 1979. Alle drei Teile zusammen bilden das sogenannte „Grüne Buch" *(al-Kitāb al-akhḍar).* Bedeutsam ist, daß in diesem Grundlagendokument an keiner Stelle explizit auf den Islam Bezug genommen wird, wenngleich in der arabischen Version religionsbezogene Textstellen zu finden sind. So wird z. B. der Abschnitt zum „Gesetz der Gesellschaft" im Englischen neutral mit „Law of society" übersetzt, während er im Original in Anlehnung an das islamische Recht mit dem Ausdruck *sharī'at al-mujtama'* bezeichnet wird. Darüber hinaus hat sich das beduinische Umfeld, das Qadhdhāfīs Sozialisation zweifellos stark prägte, im hohen Stellenwert niedergeschlagen, den die DUT der Grundbedürfnisbefriedigung und dem politischen und ökonomischen Egalitarismus einräumt. Dies trifft auch auf die reale Ausgestaltung der Frauenpolitik zu, selbst wenn die im Grünen Buch (Teil III) formulierten Passagen auf den ersten Blick den Eindruck eines konservativen Frauenbildes erwecken.

Religionspolitisch bedeutsam wird der erste Teil des Grünen Buches jedoch deshalb, weil das darin zugrundegelegte, zwischen 1973 und 1975 aufgebaute und auf legislativen *Basisvolkskonferenzen (Mu'tamarāt sha'bīya asāsīya)* und exekutiven *Volkskomitees (Lijān sha'bīya)* beruhende politische System formal direktdemokratisch strukturiert ist, d. h. Mittlerinstanzen in Form von Parteien und folglich parlamentarische Regierungssysteme ablehnt. Diese Zurückweisung fand/findet sowohl im militärischen Sektor mit der seit 1976 angestrebten Auflösung der traditionellen Armee durch die allgemeine Militärausbildung von Männern und Frauen gemäß dem Prinzip „Herrschaft, Reichtümer und Waffen in die Hände des Volkes" *(as-sulṭa wa-th-tharwa wa-s-silāḥ fī yad ash-sha'b)* als auch im religiösen Bereich ihre logische und konsequente Fortsetzung. Am 2. 5. 1975 wurde mit dem Beginn der sogenannten „religiösen Revolution" *(thaura dīnīya)*[10] den Religionsgelehrten und Imamen nicht nur ein Redeverbot zur politischen und ökonomischen Entwicklung des Landes auferlegt – wobei Anlaß für diese Entwicklung die Kritik des Groß-Muftis von Tripolis an der Einbeziehung der weiblichen Staatsbediensteten in die allgemeine Militärausbildung war –, sondern in mehreren Reden von Qadhdhāfī für eine direkte Beziehung zwischen Mensch und Gott, eine Beziehung ohne Mittler und Interpreten in Form von Religionsgelehrten plädiert. Das Komitee zur Revision der positiven Gesetzgebung war zu diesem Zeitpunkt wegen seines unflexiblen Festhaltens am Überlieferten längst aufgelöst.

Indem von Qadhdhāfī einzig der Koran als „Gesetz der Gesellschaft" in den Vordergrund geschoben wurde, durch dessen Studium die Basisvolkskonferenzen mittels ijtihād eine an die Gegenwart angepaßte Neuregelung aller gesellschaftlichen Belange vornehmen sollten, war der weitere Konfrontationskurs mit den Religionsgelehrten vorprogrammiert. Hinzu kam, daß die von der *Allgemeinen Volkskonferenz* als nationales Sammlungsorgan aller Basisvolkskonferenzen- und Volkskomiteevertreter am 2. 3. 1977 auf einer Sondersitzung verabschiedete und Verfassungsrang besitzende „Proklamation der Volksherrschaft" *(iʿlān sulṭat ash-shaʿb)* im dritten der vier postulierten Punkte einzig den Koran zum Gesetz der Gesellschaft bestimmte; von Sunna und Hadith *(ḥadīth)* war als Quelle für die Gesetzgebung keine Rede. Indem Qadhdhāfī den Koran als „Essenz des Islams" *(jauhar al-islām)* beschreibt, den Propheten Muḥammad aber als vergängliches menschliches Wesen, waren für ihn Sunna und Hadith als prophetengebundene Quellen des Islams zweitrangig. Für Qadhdhāfī ist es Götzendienerei *(shirk)*, wenn einige *ʿulamāʾ* Sunna und Hadith so großes Gewicht beimessen, daß sie – so sein Vorwurf – beide fast auf eine Stufe mit dem Koran stellen und ihnen quasi göttlichen Ursprung zusprechen.

Eine Verschärfung des Konflikts zwischen Qadhdhāfī und den Religionsgelehrten folgte 1978. In einer Predigt in der *Mūlāy-Muḥammad*-Moschee (Tripolis) aus Anlaß des Geburtstages des Propheten (19. 2. 1978) und erneut am 3. 7. 1978 anläßlich einer Versammlung von religiösen Würdenträgern in derselben Moschee attackierte er nicht nur die Imame (von arab. sing. *imām)* persönlich („Der Koran ist in arabischer Sprache verfaßt, wir können ihn folglich alle verstehen, ohne daß wir einen Imam brauchen, der ihn uns erläutert"), sondern griff massiv das gesamte Gebäude sunnitischer Lehre und Rechtsprechung an. Qadhdhāfī stellte die Frage nach dem Wert von Sunna und Hadith und postulierte: Wenn der Koran die einzige Quelle für das islamische Recht ist, könne das islamische Gesetz *(fiqh)* – kompiliert in den klassischen Rechtskompendien und aufgespalten in die vier Rechtsschulen – aufgrund seines Zustandekommens (Rekurs auf Sunna, Hadīth, Zurückgreifen auf *qiyās* und *ijmāʿ*) eindeutig *nicht* als islamisches Recht angesehen werden, sondern sei „positives Gesetz" *(qānūn waḍʿī)*, nicht mehr und nicht weniger religiös als das *Römische Recht* oder der *Code Napoléon*. Einzig der Koran sei nicht positiv, und nur durch die Rückkehr zum Koran allein könnten die Rechtsschulen und die religiöse Spaltung der Muslime überwunden werden.[11]

Damit der Neuerungen aber nicht genug. In der Februar-Rede diffamierte Qadhdhāfī auch die praktizierte Heiligenverehrung und das Pilgern zu den Marabut-Gräbern als „präislamischen Brauch". Zudem stellte er erstmals einen expliziten Bezug zwischen dem *jamāhīrīya-Staatsmodell* und dem Islam her, indem er auf die Koransure 42, Vers 38 (*wa-amruhum shūrā bainahum* / „und ihre Angelegenheiten in Beratung untereinander erledigen“) verwies und betonte, daß das Grüne Buch (Teil I) den Weg zur staatsrechtlichen Umsetzung des Korans aufzeige. Im Dezember 1978 schließlich veranlaßte Qadhdhāfī, daß der in muslimischen Ländern übliche Hidschra-Kalender in Libyen durch den auf den Todestag des Propheten bezogenen Kalender ersetzt wurde, sei dieser Tag wegen des damit einhergehenden Endes jeglicher Prophetie doch ungleich wichtiger als die Hidschra von Mekka nach Medina.

Der sich formierenden Opposition der Religionsgelehrten gegen die religiöse Revolution wurde mit einer großangelegten Kampagne im Mai/Juni 1978 (Verhaftung zahlreicher Imame) begegnet, der bis Mitte der achtziger Jahre weitere Kampagnen „zur Reinigung der Häuser Gottes“ [12] folgten. Die repressiven Maßnahmen wurden flankiert von der forcierten Ausbildung sogenannter „revolutionärer Imame“ – und dies, obwohl der offizielle libysche Diskurs Imame für überflüssig hielt. Mit Saudi-Arabien und der *Islamischen Weltliga* kam es über diese von saudischer Seite als „Ketzerei“ bezeichneten qadhdhafischen Neuerungen 1979/80 sogar zu einer außenpolitischen Kontroverse.[13] Gleichwohl hat Qadhdhāfī auch danach an seiner Islam-Politik festgehalten.

c) Die Konfrontation mit den Islamisten

Die Auseinandersetzung der libyschen Revolutionsführung mit den Islamisten datiert nicht erst seit den achtziger Jahren, sondern ist so alt wie die Revolution, wenngleich anfänglich nicht so sehr inhaltliche Divergenzen im Vordergrund standen als vielmehr die konspirativen Tätigkeiten der Islamisten gegen das Regime. Im sogenannten Fünfpunkteprogramm der Zuwāra-Rede von 1973, wo einer der Punkte „die Säuberung des Landes von politisch Kranken“ zum Inhalt hatte, bezeichnete Qadhdhāfī namentlich die Anhänger der *Muslimbruderschaft* und der *Islamischen Befreiungspartei* wegen ihrer Aktivitäten gegen die Revolution als „Schädlinge des Volkes“. Mit Beginn der religiösen Revolution vertiefte sich der Konflikt, wobei die allgemein zu beobachtende Sensibilisierung der Bevölkerung für islamische Fragen Ende der siebziger Jahre (iranische Revolution) auch in Libyen spürbar wurde und weitere islamistische Gruppierungen wie die *Organisation Heiliger Krieg* oder die *Liga der Daʿwa* Anhänger rekrutieren konnten.[14] Zur offenen Konfrontation kam es jedoch erst ab Mitte der achtziger Jahre, als am 17. 4. 1984 zwei islamistische Studenten von Revolutionskomitee-Mitgliedern gehängt wurden und am 8. 5. 1984 Sicherheitskräfte ein infiltriertes Kommando der den Muslimbrüdern nahestehenden libyschen Exilopposition *(National Front for the Salvation of Libya, NFSL)* in Tripolis zerschlugen. Sechs überlebende Mitglieder des Kommandos wurden im Juni während des *Ramaḍān* öffentlich gehängt. Weitere Zusammenstöße mit islamistischen Gruppierungen folgten. Einen Höhepunkt gab es am 8. 4. 1989, als Islamisten auf Moscheebesucher in Benghazi, Misurata und Ajdābiyā schossen, weil jene die offizielle Islam-Version stützten und von den Islamisten folgerichtig als „Häretiker" eingestuft wurden. Der massiv einsetzenden Repression der Sicherheitskräfte lief eine im März 1989 beginnende rhetorische Auseinandersetzung parallel. In über 30 Reden hat seither Qadhdhāfī persönlich zum Problem des „politischen Islams" *(al-islām as-siyāsī)* Stellung bezogen und die „religiöse Tendenz zur Vereinnahmung der Politik" als gefährliche Entwicklung und Disaster bezeichnet. Seine Kritik bezog sich vor allem auf die Muslimbrüder, auf *at-Takfīr wa-l-hijra*, die *Daʿwa-* und die *Jihād-Gruppe*, die er als „Teufel", „religiöse Mafia", „Scharlatane", „gefährlicher als Aids" brandmarkte.[15] Am 19. 7. 1990 rief Qadhdhāfī sogar explizit zu ihrer physischen Liquidierung auf, da sie den Islam von innen her zerstörten, sie sich zum „Wächter der Religion" machten und Muslime als Ungläubige bezeichneten. Diese Vermischung von Politik und Religion sei abzulehnen (Qadhdhāfī z. B. am 30. 9. 1990).

Die Stellung des Islams in Libyen ist zu Beginn der neunziger Jahre ambivalent, was auf das persönliche Auftreten Qadhdhāfīs als auch den langwierigen Prozeß der Positionsbestimmung von Staat und Islam zurückzuführen ist. Qadhdhāfī, einerseits Ideologe der DUT, unermüdlicher Propagandist des Grünen Buches und Initiator des jamāhīrīya-Staatsmodells, ist andererseits als Missionar seiner undogmatischen Islam-Konzeption in die Rolle eines Imams, eines religiösen Erneuerers geschlüpft. Dem seit 1975 erkennbaren Streben der Revolutionsführung nach einem islamisch legitimierten, aber säkularen Staat, dessen Modernisierung und Transformation nicht durch religiöse Vorschriften eingeengt werden soll, der aber zugleich in allen Bereichen von der arabisch-islamischen Kultur und Zivilisation geprägt ist, steht die seit Ende der siebziger Jahre wachsende Strömung jener gegenüber, die mittels Einführung der *sharīʿa* als Grundlage des islamischen Staates *taqlīd* statt *ijtihād* zur Maxime ihres Handelns machen. Aus dieser Kluft resultiert zwangsläufig die unversöhnliche Haltung der Revolutionsführung gegenüber den Islamisten, wobei die angewendeten Repressionsmaßnahmen zugleich die seit 1987 erkennbaren Ansätze zur Liberalisierung des politischen Systems stark einengen.

16. Ägypten

(Alexander Flores)

Der Islam dient in Ägypten unter anderem der Sinnstiftung und Orientierung, der Regulierung des Alltagslebens und der Legitimierung politisch-gesellschaftlichen Handelns.[1] Dieser Umstand unterscheidet ihn kaum von anderen Religionen in vergleichbaren Situationen. Unbefragt erfüllte der Islam die genannten Aufgaben aber nur unter vormodernen Verhältnissen. In seiner diesbezüglichen Wirkung ist er von den seit dem 19. Jahrhundert wirkenden Modernisierungsprozessen in Frage gestellt worden. Nur allzu deutlich springt ins Auge, daß die bisher vorherrschenden islamischen Bewußtseinsformen und Verhaltensnormen den sich rasch wandelnden Lebensverhältnissen nicht mehr entsprechen. Allerdings sind sie darum noch keineswegs ganz außer Funktion gesetzt worden – sie wirken immer noch in einem Maß, das bei der angedeuteten Kluft erstaunt. Und nicht nur die Auflehnung gegen das Bestehende wird islamisch legitimiert, wie es eine bei uns verbreitete Vorstellung nahelegt. Vielmehr verdankt sich die Stabilität von Regierungen und gesellschaftlichen Verhältnissen im arabischen Raum zum guten Teil ihrer – spontanen oder bewußt eingesetzten – islamischen Legitimation bzw. der Trost- und Beruhigungsfunktion der Religion.

In Recht und Staatsverfassung wurde die traditionelle Hegemonie islamischer Bestimmungen und Institutionen seit der Mitte des 19. Jahrhunderts ausgehöhlt; einen großen Schritt in diese Richtung tat Ägypten in seiner „liberalen" Phase von 1919 bis 1952. Europäisches Gedankengut wurde im großen Maßstab aufgenommen, und in den Sektoren von Wirtschaft und Gesellschaft, die nach westlichem Vorbild (und zum großen Teil unter westlicher Dominanz) umgestaltet bzw. neu aufgebaut wurden, erwies sich dieses Gedankengut als angemessen, das alte, mit dem Islam identifizierte aber als untauglich. Die entsprechenden Prozesse erhielten breite Wirkung, als moderne Konzeptionen durch die enorme Ausweitung der Schulbildung größere Bevölkerungskreise erfaßten und eine viel effizientere staatliche Beeinflussung und Kontrolle Platz griff.[2]

Im Ergebnis dieser Prozesse wurde die Hegemonie islamischer Vorstellungen und Institutionen in Frage gestellt. Unzweifelhaft war eine gewisse Säkularisierung von Staat und Gesellschaft eingetreten. Dies wurde den Muslimen auch im allgemeinen nicht zum Problem, zumal die Regierungen und die von ihnen abhängigen geistlichen Autoritäten alles taten, die Entwicklung islamisch akzeptabel zu machen. Zum Problem wurde es für die Bevölkerungsschichten, die von der eingetretenen Modernisierung an den Rand gedrängt wurden. Und zum Problem wurde und wird es darüber hinaus dann, wenn der Staat offenkundig nicht in der Lage ist, eine sich verschärfende soziale Krise zu steuern. In solchen Situationen wird klar, daß die de facto eingetretene Säkularisierung der islamischen Gesellschaften auf der Ebene des Massenbewußtseins keine Entsprechung findet, daß Staat und Politik letzten Endes auf islamische Legitimation nicht verzichten können.[3]

Immer noch war im Bewußtsein breiter Schichten die Annahme lebendig, der Staat müsse oder solle religiös sanktioniert werden; und diese Annahme wurde dann virulent, wenn die „pragmatische" Legitimation des Staates und seiner Politik (nämlich die durch den Erfolg) nicht griff. Diese Situation trat gelegentlich ein, und darum scheuten die Regierungen der islamischen Länder davor zurück, mit der alten islamischen Legitimation offen zu brechen. Die Modernisierung war eben hier nicht so tiefgehend, gründlich und vor allem erfolgreich, daß sie die traditionelle islamische Legitimation des Staates völlig hätte ersetzen können. Welche Folgen das im heutigen Ägypten hat, wird zu zeigen sein.

a) Ein Paradigmenwechsel

Seit den frühen siebziger Jahren kann man in Ägypten ebenso wie in anderen arabischen Ländern eine verstärkte Betonung des Islams konstatieren. Das scheint damit zusammenzuhängen, daß seit jener Zeit soziale Umbrüche im Gang sind, mit deren für große Teile der Bevölkerung mißlichen Folgen der Staat nicht mehr fertig wird, und daß die so erzeugte Verunsicherung die Nostalgie nach der „guten alten Zeit" hervortreibt. Deren Symbol ist für viele der Islam. Was aber auch immer die Gründe sein mögen – das Phänomen selbst ist unbestreitbar. Die Veränderung, die sich damit in der Atmosphäre des Landes und im politisch-intellektuellen Diskurs vollzogen hat, ist treffend als „Paradigmenwechsel" beschrieben worden.[4] Die bis dahin bestehende Dominanz arabisch-nationalistischer Ideen mit einer Tendenz zum „objektiven Marxismus"[5] wurde in der ersten Hälfte der siebziger Jahre allmählich von der neuen Betonung des Islams in den Hintergrund gedrängt. Diese Entwicklung fand ihren Höhepunkt (und eine deutlich politische Zuspitzung) gegen Ende des Jahrzehnts mit der islamischen Revolution in Iran als Katalysator.[6] Sie berührte auch eindeutig säkularistische Intellektuelle und politische Kräfte und läßt sich in solchen Fällen besonders scharf herausarbeiten.[7] Das bedeutet keineswegs das Aufgehen in einer islamisch geprägten Homogenität. Vielmehr werden nach wie vor sehr divergierende Projekte verfolgt. Es ist aber charakteristisch, daß man nach der angedeuteten „Wende" glaubt, sein Anliegen unter Bezugnahme auf den Islam vorbringen zu müssen.

Die stärkere Betonung des Islams und die dadurch bewirkte Veränderung der Atmosphäre in Ägypten lassen sich vornehmlich auf drei Feldern beobachten: (1.) Die Muslime praktizieren ihren Glauben in größerer Zahl in der Öffentlichkeit (vermehrte Teilnahme am Freitagsgottesdienst, „islamische" Barttracht und Kleidungsgebräuche). (2.) In vielen Bereichen werden Bezüge zum Islam hergestellt und artikuliert, wo immer das möglich ist. Insbesondere prägt dieses Phänomen öffentliche Debatten. (3.) Es gibt eine betont islamische politisch-gesellschaftliche Bewegung, die an die unter (1.) und (2.) genannten Erscheinungen anknüpft und sie nach Möglichkeit zu lenken und zu verstärken sucht. Dies ist die Bewegung des politischen Islams, die auch als islamistische oder fundamentalistische Bewegung bezeichnet wird. Sie ist keineswegs einheitlich, sondern besteht aus einer „integristischen" Hauptströmung und vielen radikaleren, meist im Untergrund operierenden kleineren Gruppen.[8]

Alles das hat nicht nur die intellektuelle und kulturelle Atmosphäre in Ägypten, sondern auch die Rahmenbedingungen der politischen Entwicklung verändert. Die islamistische Bewegung wurde zur bestverankerten Oppositionskraft gegen die bestehende Regierung, und wenn vor der Veränderung die Hauptlinie der politischen Auseinandersetzung die zwischen konservativ und progressiv, zwischen prowestlich und antiimperialistisch war, so ist sie nun die zwischen einer Veränderung von Staat und Gesellschaft in islamischer Richtung einerseits und der Bewahrung des

Bestehenden andererseits. Hauptprotagonistin der Veränderung ist die islamistische Opposition – die sich aber über die Methoden der Veränderung nicht einig ist –, Hauptkraft der Bewahrung die Regierung. Alle anderen Kräfte sind genötigt, im Hinblick auf diese Auseinandersetzung Position zu beziehen. Die Auseinandersetzung ist einerseits praktisch-politisch, findet aber auch ihren Niederschlag in intensiven intellektuellen Debatten. Für ihren bisherigen Verlauf ist charakteristisch, daß sie im atmosphärisch-kulturellen Bereich erheblich mehr verändert hat als in den politischen und rechtlichen Realitäten.

b) Rechtliche Verankerungen des Islams

Anfang 1956 wurden die religiösen Gerichtshöfe in Ägypten abgeschafft und die ihnen noch verbliebenen Bereiche der Jurisdiktion den weltlichen Gerichten übertragen. Seitdem ist in Ägypten die gesamte Gerichtsbarkeit säkular. Die in Kraft befindlichen Gesetze haben ebenfalls modern-westlichen Charakter, wenn sie sich auch insbesondere für die Personenstandsregelungen an *sharīʿa*-Bestimmungen anlehnen. Dieser Zustand besteht nach wie vor. Allerdings sind im Zuge der Akzentuierung des Islams die nie ganz gekappten Bezüge des Rechts zur sharīʿa stärker betont und teilweise auch rechtlich verankert worden.

Die ägyptischen Verfassungen seit 1923 bestimmen den Islam als Religion des Staates – allein in der Verfassung der Vereinigten Arabischen Republik von 1958 fehlt eine solche Festlegung. In Artikel 2 der ägyptischen Verfassung von 1971 heißt es über die alte Bestimmung hinausgehend: „Der Islam ist die Religion des Staates und das Arabische seine offizielle Sprache. Die Prinzipien der sharīʿa sind eine Hauptquelle der Gesetzgebung." Im Mai 1980 trat im Ergebnis eines Referendums eine Verfassungsänderung in Kraft, die unter anderem den Wortlaut des Artikels 2 so verschärfte, daß es nunmehr heißt: „Die Prinzipien der sharīʿa sind *die* Hauptquelle der Gesetzgebung." Dieser Artikel sollte nicht die tatsächliche Herleitung der Gesetze aus sharīʿa-Bestimmungen vorschreiben, sondern dokumentieren, daß die faktisch-rechtliche Situation in Ägypten nicht durch offenen Bruch mit der sharīʿa entstanden war und das geltende Recht im Einklang mit dem gesehen wird, was man vorsichtig und unverbindlich die Prinzipien *(mabādi')* der sharīʿa nannte – worunter man einen wie immer auch aufgefaßten „Geist" der sharīʿa verstehen kann, aber auch die *uṣūl al-fiqh*, also die Quellen und Methoden der islamischen Rechtsfindung.[9]

Dieser Verfassungsartikel gibt also der merkwürdigen rechtlichen Situation in Ägypten Ausdruck bzw. trägt ihr Rechnung: Recht und Gerichtsbarkeit haben säkularen Charakter, werden aber in Teilen des öffentlichen Bewußtseins islamisch legitimiert und kommen daher in ihrer allgemeinen Begründung und in manchen Einzelfällen nicht ohne Bezug auf die sharīʿa aus. Diese Situation besteht seit langer Zeit, wird aber seit der neuen Akzentuierung des Islams zum Ausgangspunkt für die Forderung der Islamisten nach Wiedereinführung der sharīʿa. Der genannte Verfassungsartikel etwa wird da nicht als Bekräftigung der Vereinbarkeit geltenden Rechts mit der sharīʿa verstanden, sondern als Aufforderung, das bestehende Recht durch eine Kodifikation der sharīʿa zu ersetzen. Diese Forderung wird seit den frühen siebziger Jahren vorgebracht.

Auch die Regierung kam dieser Forderung entgegen und förderte für eine gewisse Zeit Projekte zur Kodifizierung der sharīʿa. Verschiedene Gremien – von Regierung, Parlament und *al-Azhar* – befaßten sich mit diesen Projekten und legten auch tatsächlich Anfang Juli 1982 dem Parlament Entwürfe für sechs sharīʿa-konforme Gesetzbücher vor. Diese wurden dem zuständigen Ausschuß zugeleitet, aber nie mehr zutage gefördert, weil der Regierung nicht wirklich an der Wiedereinführung der sharīʿa lag. Nachdem sie in den frühen siebziger Jahren islamistische Organisationen zur Bekämpfung des Einflusses von Linken und Nasseristen begünstigt hatte, war sie gegen Ende des Jahrzehnts mit der islamistischen Bewegung in Konflikt geraten und wollte deren Vormarsch aufhalten. Ein Motiv für ihre Befürwortung der Einführung der sharīʿa war somit entfallen. Auch aus anderen Gründen (z.B. Bedenken der USA) stand die Regierung dem Projekt „Wiedereinführung der sharīʿa" reserviert gegenüber. Sie legte darum die entsprechenden Entwürfe auf Eis und begrub sie 1985 völlig.[10]

Auch in den siebziger Jahren ging allerdings die ägyptische Rechtsentwicklung nicht konsequent in eine „islamische" Richtung. 1979 wurde eine Änderung des Personenstandsrechts vorgenommen, die den Frauen z. B. im Fall der Scheidung größere Rechte und Freiheiten einräumte.[11] Diese Änderung, die von der Frau des Präsidenten initiiert worden war und daher auch *Lex Jīhān* genannt wurde, stieß im Parlament auf so viel Widerstand, daß as-Sādāt sie durch Präsidentialdekret in Kraft setzte. Unter dem Vorwand des verfassungswidrigen Zustandekommens wurde sie denn auch 1985 vom Obersten Gerichtshof für nichtig erklärt. Hintergrund dafür war aber der Inhalt des Gesetzes, der konservativen und islamistischen Kreisen in der Erweiterung der Rechte der Frau zu weit ging.

c) Die sharīʿa-Debatte

Die rechtliche Situation Ägyptens wurde von der Akzentuierung des Islams nur wenig verändert. Die Art und Weise, in der sie sich im öffentlichen Bewußtsein darstellt, änderte sich allerdings dramatisch. Obwohl die Ersetzung des geltenden positiven Rechts durch eine wie auch immer kodifizierte *sharīʿa* nicht nähergerückt und auch für die Zukunft wenig wahrscheinlich ist, steht doch die Forderung danach weit oben auf der nationalen Tagesordnung und wird intensiv diskutiert.

Die Forderung nach der Wiedereinführung der sharīʿa war zu Beginn der siebziger Jahre von Vertretern des politischen Islams vorgebracht worden, aber auch staatsnahe Religionsgelehrte hatten sich ihr bald angeschlossen. In den siebziger Jahren widersprachen nur wenige Intellektuelle dieser Forderung, meist nur, indem sie zu Vorsicht und Mäßigung bei der Durchführung der Wiedereinführung aufriefen.[12] In den achtziger Jahren kam eine viel ausführlichere und systematischere Argumentation der Gegner einer Kodifizierung der sharīʿa hinzu – die Argumente der Befürworter blieben im wesentlichen gleich.

Die Argumente *für* die Einführung der sharīʿa sind in den Augen ihrer Befürworter: ihr Charakter als gottgegebenes Gesetz, das als solches allen von Menschen geschaffenen überlegen sei und das unbedingt befolgt werden müsse; die in ihr gegebene enge Verbindung von Rechtsvorschrift und Moral; ihre Betonung sozialer Werte, die Gerechtigkeit fördere und eine Gesellschaftsreform erleichtere; und ihre „einheimische" Natur, welche die Bewährung oder Wiedererlangung der Identität und Unabhängigkeit fördere. Die Argumente *gegen* eine sofortige Einführung der sharīʿa sind: Zweifel daran, daß diese in der vorliegenden Form, die ja dann auch noch von Menschen in all ihrer Schwäche zur Geltung gebracht werden müsse, wirklich Gottes unverfälschtes Gebot sei; die schon früher weitgehende Einschränkung der tatsächlichen Geltung der sharīʿa; ihre Untauglichkeit für die heutigen Verhältnisse bzw. die Schwierigkeit, sie diesen anzupassen; und die Tatsache, daß sharīʿa-Prinzipien im Rahmen des Sinnvollen im geltenden Recht schon berücksichtigt seien.[13]

Obwohl diese Argumente oft vorgebracht wurden, geht es doch weder Befürwortern noch Gegnern der Einführung der sharīʿa ausschließlich um deren Geltung als Gesetz. Vielmehr liegt den Befürwortern mindestens ebensosehr an der Möglichkeit der Agitation gegen die bestehenden Zustände, die sie mit ihrer Kampagne verbunden sehen und durch die sie ihre Macht und ihren Einfluß vergrößern wollen – letzten Endes im Sinne einer Änderung der Verhältnisse, die weit über den bloßen Austausch von Gesetzen hinausgeht. Und die Gegner – oder jedenfalls manche von ihnen – befürchten genau das und bekämpfen deshalb die Forderung schon aus diesem Grund. Es steht vor allem das *Prinzip* der Einführung der sharīʿa zur Debatte, nicht so sehr die Einführung selbst. Es handelt sich im wesentlichen nicht um eine substantiell rechtliche Frage, sondern um einen Kampf zwischen verschiedenen politischen Kräften um die Natur des Staates und die politische Kultur in Ägypten, der mit intellektuellen Mitteln anhand einer rechtlichen Problematik ausgetragen wird.

Vielen Befürwortern einer raschen Einführung der sharīʿa liegt an dem Eindruck, das bestehende positive Recht sei mit der sharīʿa völlig unvereinbar, es müsse also, wenn man diese wolle, durch sie ersetzt werden. In diesem Sinne kam es in den achtziger Jahren oft vor, daß den Islamisten nahestehende Richter nach den bestehenden Gesetzen urteilten, aber gleichzeitig zu Protokoll gaben, diese gesetzlichen Vorgaben widersprächen den Bestimmungen der sharīʿa und sollten daher durch diese ersetzt werden – entsprechend dem Artikel 2 der Verfassung. Einige Richter urteilten auch gleich gemäß sharīʿa-Bestimmungen.[14] Die Absicht war in beiden Fällen die gleiche: die Unvereinbarkeit der bestehenden Gesetze mit der sharīʿa zu zeigen und damit der Kampagne zu deren Einführung zu dienen. Die Demonstrationsabsicht dieses Vorgehens wurde auch darin deutlich, daß solche Urteile große Aufmerksamkeit in der Presse fanden. Solche Urteile wurden in der Regel von der höheren Instanz aufgehoben, aber dennoch kamen sie sporadisch weiterhin vor. Ein besonders krasser Fall war der des Kairoer Linguistikprofessors Naṣr Ḥāmid Abū Zaid, der im Juni 1995 von einem Familiengericht zwangsweise geschieden wurde, weil er durch die Anwendung moderner linguistischer Forschungsmethoden auf heilige Texte vom Islam abgefallen sei.

Eine andere Gelegenheit, bei der die Spannung zwischen den bestehenden Gesetzen und der sharīʿa, aber auch die Berücksichtigung der sharīʿa in der heutigen Rechtsordnung beleuchtet wurden, waren einige Fälle von Vergewaltigung, die um die Mitte der achtziger Jahre die ägyptische Öffentlichkeit stark beschäftigten. In einem dieser Fälle wollte das Gericht den Täter zum Tod verurteilen und konsultierte den Mufti *(muftī)* von Ägypten, wie das die Strafprozeßordnung in diesem Fall vorschreibt. Der Mufti nahm die Vergewaltigung für *zinā'* (Unzucht) und stellte fest, nach den hierbei besonders strengen Vorschriften der sharīʿa für die Beweisführung könne das Verbrechen nicht als erwiesen gelten und insofern könne nicht der dafür vorgesehene *ḥadd* (im Koran vorgeschriebene Strafe) verhängt werden. Er versagte also dem Gerichtsurteil seine Zustimmung. Daraufhin wurde er in den Medien heftig gegeißelt, weil er die strenge Bestrafung von Vergewaltigern behindere.[15] In einem bald danach zu behandelnden ähnlich gelagerten Fall beherzigte der Mufti die Kritik. Er nahm das Delikt diesmal nicht für zinā', sondern für *ḥirāba* (Straßenräuberei) und erklärte diese für hinlänglich bewiesen.[16] Dieser Fall wirft ein Schlaglicht auf den merkwürdigen Zwischenzustand der rechtlichen Situation in Ägypten: Geltung positiven Rechts unter mehr oder weniger fiktiver Berücksichtigung von Erwägungen, die sich auf die sharīʿa gründen.

d) Die politische Auseinandersetzung

Die Debatte um die Einführung der *sharīʿa* hatte letztlich nicht nur rechtlichen, sondern auch politischen Charakter. Andere Debatten im heutigen Ägypten haben einen noch engeren Bezug zur Sphäre der Politik und zu der hier stattfindenden großen Auseinandersetzung um den zukünftigen Weg des Landes. Die islamistische Bewegung hat sich als wichtiger Akteur in diese Auseinandersetzung einschalten können. Ihre Präsenz ist fest etabliert. Auch wenn ihre Organisationen zum großen Teil offiziell noch illegal sind, werden sie doch allgemein als wichtige Kraft anerkannt. Die Hauptkraft der islamistischen Bewegung in Ägypten, die *Muslimbruderschaft*, wendet bei der Verfolgung ihrer Ziele legale Mittel an; die radikalen Gruppen greifen auch zu gewaltsamen Methoden der Auseinandersetzung (Beraubung koptischer Juweliere, Angriffe auf Touristen, Anschläge auf politische Gegner).

Diese Bewegung propagiert die Veränderung der bestehenden Verhältnisse in eine islamische Richtung – nicht wohldefiniert, aber jedenfalls charakterisiert durch die angestrebte Geltung der sharīʿa. Gegen diese Forderung nach Veränderung stehen die politischen Kräfte, die den Status quo wenigstens unter einem Aspekt, nämlich in der Autonomie der Politik von institutionalisierter religiöser Beeinflussung, bewahren wollen. Das sind in erster Linie die Regierung und die sie tragende *Nationaldemokratische Partei*, aber auch die nichtislamistische Opposition (vor allem die *Wafd*-Partei und die *Tajammu*ᶜ-Partei). Einige Oppositionsparteien sind so stark islamistisch beeinflußt und durch Wahlbündnisse an die Muslimbrüder gebunden, daß sie als Teil der islamistischen Bewegung gelten können. Dies gilt in besonderem Maß für die *Sozialistische Partei der Arbeit* und die *Liberale Partei*. Auch in das Regierungslager wirken islamistische Sympathien und Einflüsse hinein.

Die unbestrittene Präsenz der islamistischen Bewegung auf der politischen Szene in Ägypten bedeutet jedoch nicht, daß auch ihre Ziele allgemein gutgeheißen würden. Über sie gibt es heftige Auseinandersetzungen. Der Staat versucht, die islamistische Bewegung mit einer Doppelstrategie einzudämmen: teilweise Kooptation der Muslimbrüder und stärkere „islamische Färbung" des Staates einerseits, harte Unterdrückung der radikalen Gruppen andererseits.[17]

Die Auseinandersetzung findet unter einem (trotz mancher in den letzten beiden Jahrzehnten erfolgten Öffnungen) immer noch autoritären politischen Regime statt. Die Öffnungen wurden nicht in der Rechtsordnung verankert, sondern (oft aus Gründen der Image-Pflege) durch präsidentielles Dekret verordnet. Die Ausnahmegesetze von 1981 sind weiter in Kraft, und das Parteiengesetz verbietet nach wie vor die Bildung von Parteien auf religiöser Grundlage. Die islamistischen Organisationen mit direkt politischem Charakter sind also illegal, wenn auch viele ihrer Aktivitäten – bis hin zur Beteiligung an Wahlen – geduldet werden. Dabei handelt es sich um eine Vergünstigung, die, gnädig gewährt, ungnädig wieder zurückgenommen werden kann.[18] Legal sind dagegen die meisten Wohltätigkeitsorganisationen, die, wenn sie unter islamischem Vorzeichen operieren, sogar einen günstigeren rechtlichen Status haben als ohne einen solchen Bezug.[19] Auch in der Presse – einschließlich der staatlich kontrollierten – hat die islamistische Bewegung große Ausdrucksmöglichkeiten; Radio und Fernsehen behält die Regierung ihrer schärferen Kontrolle vor. Unter diesen Umständen können die Islamisten zwar in der Gesellschaft und im öffentlichen Bewußtsein, aber nicht – jedenfalls nicht legal – bei der politischen Willensbildung ihre Präsenz zur Geltung bringen.

Der Gegensatz links/rechts, prowestlich/antiimperialistisch, der früher die politische Auseinandersetzung in Ägypten prägte, ist nicht bedeutungslos geworden, aber von dem neuen Gegensatz zwischen Kritikern und Verteidigern des status quo in den Hintergrund gedrängt worden. Daraus haben sich für viele Kräfte neue Optionen und Herausforderungen ergeben, z.B. die Frage, ob sie sich im Sinne der eigenen Popularität der neuen Atmosphäre anpassen oder sich zum Zweck der Verteidigung der zivilen Grundlagen von Staat und Gesellschaft der Veränderung entgegenstellen sollen, ggf. sogar im Bündnis mit der bestehenden Regierung.[20]

e) Kontroversen

Einige in den achtziger Jahren geführte Debatten werfen ein scharfes Licht auf den Status des Islams im heutigen Ägypten und auf die ihn betreffende Auseinandersetzung. Eine dieser Debatten betraf die Frage, ob und unter welcher Bedingung der Islam die Auflehnung gegen eine bestehende Regierung rechtfertigt oder gar gebietet. Nachdem Mitglieder der radikalen islamistischen *Jihād*-Gruppe im Oktober 1981 as-Sādāt ermordet hatten, verteidigten sie sich bei der Gerichtsverhandlung mit dem Argument, sie seien damit einem Gebot des Islams gefolgt, nämlich einen als Unrecht erkannten Zustand zu korrigieren, und zwar notfalls mit Gewalt. As-Sādāt habe durch sein Verhalten gezeigt, daß er vom Islam abgefallen sei, und somit habe man ihn töten müssen.[21] In einem Bericht über die Schrift „al-Farīḍa al-ghā'iba", das wichtigste programmatische Dokument der Jihād-Gruppe, sprach sich der Mufti von Ägypten gegen diese Auffassung aus.[22] Er widersprach den Behauptungen, ein Muslim entferne sich durch Fehlverhalten aus dem Islam, der jihād sei eine individuelle Verpflichtung für alle Muslime, Ägypten gehöre nicht zur islamischen Welt und müsse durch den jihād wiedergewonnen werden, sowie ähnlichen Vorstellungen.

Bemerkenswert ist, daß beide an der Kontroverse beteiligten Seiten die traditionelle islamische Konzeption als angemessenes Beurteilungskriterium für einen modernen Herrscher wie as-Sādāt akzeptierten. Dabei hielt sich der Mufti im Rahmen des traditionellen sunnitischen Konsenses, während seine Gegner in der Traditionslinie der Kharidschiten[23] argumentierten. Im Rahmen des *fiqh*, der islamischen Rechtsgelehrsamkeit, hatte der Mufti sicher recht – und beide Seiten argumentierten ja zumindest offiziell in diesem Rahmen. Ebendies ist aber problematisch: Der traditionelle fiqh ist kein angemessenes Instrument zur Beurteilung des Charakters des Sādāt-Regimes oder irgendeines Regimes im heutigen, politisch und gesellschaftlich sehr weitgehend säkularisierten Ägypten.

Der Mufti ging davon aus, das ägyptische Regime sei islamische Herrschaft im traditionellen Sinn, und brachte Argumente vor, die diese Auffassung in den Augen des Publikums plausibel machen sollten – im Sinne und im Auftrag der Regierung, der an einem solchen Image lag. Die radikalen Islamisten hatten wenigstens eine Ahnung davon, daß as-Sādāt kein traditioneller Herrscher war. Sie nahmen aber an, er könne es sein, verstanden seine Politik als Abfall vom Islam, riefen den jihād aus und brachten as-Sādāt um. Sie wußten offenbar um die Säkularisiertheit der Zustände, glaubten aber, sie könnten sie auf ihre gewaltsame Weise auf einen vormodernen Stand zurückschrauben.

Ähnliche Debatten zwischen den angeklagten Islamisten und staatsnahen Rechtsgelehrten über die Fragen, um die es in den Prozessen ging, gab es seinerzeit mehrfach – organisiert und breit publiziert von der Regierung, die auf diese Weise ihr „islamisches" Bild in der Öffentlichkeit aufpolieren wollte. Sie schaffte das im allgemeinen nicht, denn wie sehr auch die Gelehrten den jungen Radikalen theologisch überlegen waren, war es doch offensichtlich, daß sie im Einvernehmen mit der Regierung und in ihrem Sinne handelten, während die Islamisten ebenso offensichtlich aus Überzeugung sprachen und gehandelt hatten.

Eine andere Debatte betraf die Konzeption der „Beratung" *(shūrā)* im Islam und ihre Relevanz für die heutige Zeit. Nach der traditionellen politischen Konzeption des Islams ist ein Herrscher gehalten, sich bei seinen politischen Entscheidungen mit geeigneten Leuten zu „beraten". Es ist allerdings nirgendwo eindeutig festgelegt, wer diese geeigneten Leute sind und wie bindend ihr Rat ist. Im Gegensatz zu dem, was apologetisch behauptet wird, läßt sich auch kaum feststellen, daß dieses Prinzip im Verlauf der islamischen Geschichte autokratische Herrschaft verhindert hätte. Heute wird es gern herangezogen, um auf demokratische Elemente im islamischen Politikverständnis hinzuweisen. Oft wird es auch einfach mit Demokratie gleichgesetzt.

Im Sommer 1985 fragte der bekannte Schriftsteller Yūsuf Idrīs in einem offenen Brief Khālid Muḥammad Khālid, warum er sich in einer so schwierigen Situation, in der es so viele existentielle Probleme gebe, eine so marginale Frage wie die Einführung der *sharīʿa* aufwerfe. Khālid Muḥammad Khālid ist ein an der *Azhar* ausgebildeter Gelehrter, der 1950 als dezidierter Säkularist hervorgetreten war,[24] sich allerdings im Zuge der neuerlichen Betonung des Islams 1981 zur integralistischen Auffassung des Islams bekannte und seitdem die Notwendigkeit eines islamischen Staates und die Einführung der sharīʿa propagiert.[25] Idrīs fragte in seinem offenen Brief weiter, wie der von Khālid geforderte islamische Staat aussehen werde und welche sharīʿa eingeführt werden solle.[26] Hierauf antwortete Khālid: „Warum die sharīʿa...? Wir müssen uns darauf einigen, daß der Islam Religion und Staat ist.... Wenn der Islam aber Staat ist, braucht er ein Recht und Gesetze, die aus ihm als Religion entspringen...!... Das Herrschaftssystem im Islam ist die shūrā. Was ist die shūrā? Sie ist die Demokratie, die wir heute in den demokratischen Ländern sehen." Dann zählte Khālid einige Kennzeichen der Demokratie im modern westlichen Verständnis auf und behauptete ganz einfach, dies seien auch die wesentlichen Charakteristika der shūrā.[27] Khālid will also menschliche, tolerante, fortschrittliche Verhältnisse, die politisch der westlichen Demokratie entsprechen, hält es aber im Sinne ihrer Akzeptanz und Unangreifbarkeit für nötig, diese Verhältnisse mit einem islamischen Vorzeichen zu versehen, ja sie sogar religionsgesetzlich vorzuschreiben, was seiner Auffassung nach dem „eigentlichen" Wesen des Islams entspricht.

In einer Replik auf Khālids Artikel hieß Farag Foda (Faraj Fūda) – der in den achtziger Jahren vehementeste ägyptische Kritiker der islamistischen Position und Praxis – dessen Ziele ausdrücklich gut, hielt es aber für falsch, daß er sie religionsgesetzlich begründete. Das moderne Konzept der Demokratie, wie es Khālid vorstelle, sei nun einmal außerhalb des islamischen Bereichs entwickelt worden. Das hindere die Muslime nicht daran, es zu übernehmen, denn dem Geist des Islams widerspreche es keineswegs. Es für genuin islamisch zu erklären, widerspreche aber dem historischen Sachverhalt. Und überdies werde mit der Ineinssetzung von Demokratie und islamischem Staat dieser akzeptabel gemacht. Wenn er aber erst einmal akzeptiert sei, hätte damit die Mehrheit seiner Befürworter einen Sieg errungen, die ihn ganz anders konzipiere als Khālid, nämlich rückschrittlich, intolerant und repressiv.[28]

Ganz anders der einflußreiche „Ahrām"-Journalist Fahmī Huwaidī: Wie Khālid plädierte auch er dafür, solche Konzepte, für die man werben wolle, in einen islamischen Begründungszusammenhang zu stellen, und zwar mit dem ganz pragmatischen Argument, nur ein derartiges Vorgehen sichere einem Konzept das Gehör der zutiefst religiösen ägyptischen Massen.[29]

Der bekannte Philosoph Fu'ād Zakarīyā – konsequentester ägyptischer Vertreter eines prinzipiellen Säkularismus, der sich häufig auch publizistisch mit den Auffassungen der Islamisten auseinandersetzt – bezweifelte ähnlich wie Foda, daß Khālids Interpretationen im Lager der Anhänger des islamischen Staates und der sofortigen Einführung der sharīʿa viel Beifall finden würden. Ihm war es aber noch wichtiger, daß es Khālid nicht möglich gewesen wäre, diese Interpretationen allein aus der Kenntnis der Grundlagentexte zu entwickeln. Vielmehr seien sie zutiefst von den Bedingungen der heutigen Zeit geprägt. Das unterstreicht einen Gedanken, auf den Zakarīyā auch sonst viel Wert legt, daß nämlich die Entwicklung von sharīʿa-Bestimmungen aus den Grundlagen Menschenwerk ist, das nicht losgelöst von den Bedingungen und Einflüssen der jeweiligen Zeit denkbar ist, und daß es daher einen prinzipiellen Unterschied göttliche Gesetzgebung/menschliche Gesetzgebung nicht gibt.[30]

Es fehlte auch nicht an solchen Stimmen, die Khālid seine Ineinssetzung universalistischer Konzepte mit islamischem Staat und sharīʿa von einem islamistischen Standpunkt aus vorwarfen. So zitierte etwa Jamāl Sulṭān, ein prominentes Mitglied der Muslimbruderschaft, Khālids Gleichsetzung des islamischen Herrschaftssystems mit der westlichen Demokratie und fragte, wann er denn wohl – in seiner Argumentation folgerichtig – die amerikanische und die britische Regierung als islamisch bezeichnen werde.[31]

Hier tauchen die verschiedenen in der Debatte um Islam und Politik vertretenen Positionen sehr deutlich auf. Dabei ist die Position der „islamischen Mitte", die Khālid und Huwaidī einnehmen, sehr populär. Die säkularistische Position Fodas und Zakarīyās wird nur von wenigen Intellektuellen offen vertreten, und auch die radikal-islamistische Haltung Sulṭāns findet sich – jedenfalls offen ausgesprochen – weniger häufig und ist beispielsweise für Äußerungen der Muslimbrüder nicht typisch.

Wenn man die Bedeutung des Islams für die ägyptische Gesellschaft und Politik behandelt, ist eine der wichtigsten Fragen die nach dem Verhältnis der Muslime zu den Nichtmuslimen. Diese Frage wurde in den achtziger Jahren intensiv diskutiert, und hier lassen sich dieselben prinzipiellen Positionen feststellen wie in der eben behandelten Debatte. Es gibt eine – allerdings nur selten offen geäußerte – radikale islamistische Haltung, die dafür eintritt, auch offiziell die rechtliche Diskriminierung der Nichtmuslime wieder einzuführen.[32] Es gibt auch hier die „islamische Mitte", die volle

Bürgerrechte für die Nichtmuslime im Rahmen einer islamisch verfaßten Ordnung befürwortet, aber gleichzeitig die faktische Diskriminierung der Nichtmuslime in der islamischen Geschichte und im heutigen Ägypten herunterspielt.[33] Und es gibt eine säkularistische Position, die sich mit Nachdruck für die Rechte der Nichtmuslime *unabhängig* vom islamischen Verständnis dieser Frage einsetzt und auf die Gefahren hinweist, die mit jeder Diskriminierung religiöser Minderheiten notwendig verbunden sind.[34]

f) Ein neuer Säkularismus

Im Zuge der neuerlichen Betonung des Islams war die säkularistische Geistesrichtung in Ägypten wie in anderen islamischen Ländern in den Hintergrund gedrängt worden. Einige prominente Säkularisten hatten sich zum politischen Islam bekannt. Um die Mitte der achtziger Jahre begann sich eine neue Generation von ägyptischen Säkularisten angesichts der Gefahr, die sie in Gestalt der islamistischen Bewegung und ihres wachsenden Einflusses aufziehen sahen, offen zu äußern. Die Bedenken gegen einen institutionalisierten Einfluß der Religion auf die Politik, die im Zusammenhang mit der Debatte um die *sharīʿa* und einigen politischen Kontroversen erhoben worden waren, äußerten sich nun auch umfassend und prinzipiell und wurden in teilweise weit beachteten Kontroversen mit Vertretern eines integralistischen Islam-Verständnisses verteidigt. Diese Kontroversen kreisten bei all ihrer Verschiedenheit doch um die eine große Frage: Ist der Säkularismus mit dem Islam vereinbar, oder muß der Islam notwendigerweise so verstanden werden, daß er säkularistische Vorstellungen ausschließt? Mit anderen Worten: Schreibt das Bekenntnis zum Islam ein bestimmtes politisches Verhalten vor, das dann auch institutionell durchgesetzt wird, oder läßt es den Muslimen die Freiheit, diese Sphäre nach ihrem eigenen Ermessen zu gestalten?

In der öffentlichen Diskussion wurden – und werden – fünf Autoren aufgrund ihrer meist in Zeitungen publizierten Diskussionsbeiträge besonders mit diesem neuen Säkularismus identifiziert: Farag Foda, Ḥusain Aḥmad Amīn, Fu'ād Zakarīyā, Muḥammad Nūr Farahāt und Muḥammad Saʿīd al-ʿAshmāwī.[35] Sie alle plädierten, in verschiedener Form und mit unterschiedlicher Begründung, für die Autonomie des menschlichen Lebens gegenüber einem institutionalisierten Hegemonieanspruch der Religion.[36] Sie versuchten im allgemeinen, die Gefährlichkeit der integralistischen Konzeption des Islams durch Heranziehung praktischer Beispiele oder durch prinzipielle Überlegungen nachzuweisen. Ihre Gegner wiederum erklärten, die Gefahren seien entweder nicht vorhanden oder erwüchsen aus der falschen Anwendung des Islams und könnten durch seine richtige vermieden werden.

Die Debatte – von 1984 bis 1987 intensiv geführt – stieß recht bald an ihre Grenzen. Es stellte sich heraus, daß keine der beiden Seiten die jeweils andere überzeugen konnte; die beiden unterschiedlichen Auffassungen des

Islams blieben unvereinbar nebeneinander stehen. Die Debatte auf der intellektuellen Ebene machte wieder stärker der praktisch-politischen Auseinandersetzung Platz, die den Anstoß zu ihr gegeben hatte. Das zeigte überdeutlich die Ermordung Farag Fodas durch eine radikale islamistische Gruppe am 8. Juni 1992.

g) *Das Dilemma der Intellektuellen*

Die heutige Situation in Ägypten ist durch die erneut verschärfte Auseinandersetzung zwischen dem Staat und Teilen der islamistischen Bewegung gekennzeichnet. Die Hauptströmung der Bewegung ist in das politische und gesellschaftliche Leben des Landes eingebunden und übt dadurch ihren Einfluß aus. Einige radikale Gruppen befinden sich in direkter gewaltsamer Konfrontation mit dem Staat. Ihre Anhängerschaft ist begrenzt, aber hoch mobilisiert, und durch ihre Aktionen an neuralgischen Punkten (Angriffe auf Kopten und auf Touristen) können sie den Staat empfindlich treffen. Solche Schläge beantwortet die Regierung ihrerseits mit großangelegten Verhaftungsaktionen, exemplarischer Härte (auch ungesetzlicher Art, wie z. B. der Folterung von Verdächtigen) und Propagandakampagnen gegen die radikalen Islamisten. Dabei nimmt sie auch die Hilfe solcher Intellektuellen in Anspruch, die ihr kritisch gegenüberstehen, aber die Auseinandersetzung mit ihr zugunsten der Frontstellung gegen die Islamisten, die sie für die größere Gefahr halten, zurückstellen.

Das Dilemma, in dem sich diese Intellektuellen sehen, wirft ein Licht auf die Situation nicht nur in Ägypten, sondern auch in anderen arabischen Ländern: Große Teile der Gesellschaft finden sich in Opposition zu den bestehenden diktatorischen oder autoritären Regierungen, die gleichzeitig Garanten des Status quo sind. Jede nennenswerte politische oder soziale Bewegung stößt an die von ihnen gesetzten engen Grenzen. Es liegt im Interesse liberaler Intellektueller, die sich heute gern als Vertreter der „Zivilgesellschaft" sehen, daß diese Grenzen ausgedehnt werden. Daher rührt eine unausweichliche Frontstellung gegen die Regierungen und ein „objektives Bündnis" mit der islamistischen Bewegung, der stärksten Oppositionskraft. Andererseits lassen die Konzeptionen mancher Islamisten für den Fall ihrer Machtübernahme ebenfalls einschneidende Einschränkungen der zivilen Freiheiten befürchten. Soll man also mit der Regierung gegen die Islamisten zu Felde ziehen? Oder soll man gegen die Regierung konsequente Demokratie fordern und darauf vertrauen, daß bei deren Walten die Kräfte der Zivilgesellschaft selbst die antidemokratischen Tendenzen vieler Islamisten einbinden werden? Diese Frage beherrscht heute (1995) die politisch-intellektuelle Szene in Ägypten, und sie dürfte das noch für eine Weile tun: Eine rasche Änderung der Verhältnisse steht nicht in Sicht.

17. Sudan

(Hanspeter Mattes)

Der Sudan ist gegenwärtig (1995) das einzige Land der *Arabischen Liga*, dessen politische Struktur und inneres Konfliktpotential sich auf die spezifische Form der Islamisierung des Landes seit dem 16. Jahrhundert zurückführen lassen und dessen vier politische Hauptrichtungen hinsichtlich ihrer Programme zur politischen und gesellschaftlichen Ordnung des Staates eng mit einer Gruppe islamischer Tradition im Sudan verbunden sind: der *Mahdīya*-Bewegung, der *Khatmīya*-Bruderschaft, den *Muslimbrüdern* und den *Republikanischen Brüdern*.

a) Die Ursprünge der Ṭā'ifīya im Sudan

Die Islamisierung des Sudan, eingeleitet im 7. Jahrhundert durch einwandernde Nomaden aus der Arabischen Halbinsel, erhielt 1504 mit der Begründung des ersten islamischen Staatswesens im nordsudanesischen Sennar, dem Fundsch-Sultanat, einen beachtlichen Impuls, da die Fundsch-Dynastien zur religiösen Unterweisung der nomadisierenden Stämme und seßhaften Bevölkerung zahlreiche Religionsgelehrte *(ʿulamā')* und *ṣūfī*-Führer *(shuyūkh)* aus dem Ḥijāz (Hedschas) ins Land holten. Dabei waren vor allem die methodisch an das soziale Umfeld angepaßten Bemühungen der ṣūfīs so erfolgreich, daß der Islam im Sudan nicht nur einen prägenden sufischen Charakter erhielt, ja Sufismus und Islam fortan zu einem Synonym verschmolzen, sondern aus dem Rivalitätsverhältnis zwischen ṣūfīs und ʿulamā' eine die Zukunft des Landes bestimmende Oppositionskonstellation erwuchs.[1]

Bis zum 19. Jahrhundert erlangten zwei im ganzen arabischen Raum verbreitete Bruderschaften auch im sudanesischen Niltal, besonders in der Jazīra-Region, einen dominierenden Einfluß: Es handelte sich erstens um die sich seit Mitte des 16. Jahrhunderts vor allem durch die Lehre des Scheichs (arab. sing. *shaikh*) Idrīs ibn Muḥammad al-Arbāb (geb. 1507) ausbreitende *Qādirīya*-Bruderschaft, und zweitens um die zu Beginn des 18. Jahrhunderts durch Scheich Khupalī ʿAbd ar-Raḥmān (gest. 1743) verbreitete Lehre der *Shādhilīya*. Diese religionspolitische Struktur veränderte sich erst im 19. Jahrhundert durch das Eindringen reformistischen Gedankenguts und durch die auf den Nordsudan einwirkenden Modernisierungsimpulse der türkisch-ägyptischen Administration, die der ägyptische Herrscher Muḥammad ʿAlī 1821 in den unterworfenen Gebieten installiert hatte.[2]

Das reformistische Gedankengut wurde im Sudan in erster Linie durch Anhänger neuer, im Ḥijāz entstandener Bruderschaften verbreitet, unter denen die *Sammānīya* und die Ableger der *Idrīsīya* eine zentrale Rolle spielten. Die Lehre von ʿAbd al-Karīm as-Sammān (1718–1775), die den

Propheten Muḥammad und die Doktrin vom Erscheinen eines Mahdi *(mahdī)* in das Zentrum des sufischen Universums stellt, wurde im Nordsudan ab 1800 von dessen wichtigstem Schüler, Aḥmad aṭ-Ṭaiyib ibn al-Bashīr, verbreitet, der zahlreiche Stämme an sich band und seinen Einfluß nach Westkordofan (Kurdufān) ausweitete. Muḥammad Aḥmad ibn ʿAbdallāh (1844–1885), der spätere Mahdi, war Schüler von Nūr ad-Dā'im (1841–1908), dem Enkel von Aḥmad aṭ-Ṭaiyib. Die Lehre des lange Jahre in Mekka lebenden marokkanischen ṣūfī-Scheichs Aḥmad ibn Idrīs (1760–1837) wurde im Sudan durch drei seiner Schüler – wenngleich teilweise in veränderter Version – verbreitet: Im Darfur besonders durch die von Muḥammad ibn ʿAlī as-Sanūsī (1787–1859) begründete *Sanūsīya* mit ihrem Hauptsitz in der Cyrenaika, im Gebiet des Roten Meeres und in ad-Damer durch die Bruderschaft von Muḥammad al-Majdhūb aṣ-Ṣughayir (1796–1833). Die dritte Bruderschaft, die sich zugleich zur wichtigsten und personell stärksten im Sudan entwickelte, war die *Mīrghanīya* oder *Khatmīya*, deren Gründer, Saiyid Muḥammad ʿUthmān al-Mīrghanī (1793–1853), einer reichen Scherifenfamilie aus Mekka entstammte.[3]

Alle drei Bruderschaften predigten die Zurückweisung der blinden Übernahme bestehender Rechtsinhalte *(taqlīd)*, die Überwindung der vier bestehenden sunnitischen Rechtsschulen, die Wiedereröffnung des „Tores des *ijtihād*" und machten den Propheten Muḥammad zur ausschließlichen Referenz ihres unitären „muhammadanischen" Weges *(Ṭarīqa muḥammadīya)*.

Der türkisch-ägyptische Einfluß hat während der beiden Phasen starker Präsenz zwischen 1821–1849 (Eroberung des Nordsudan und Aufbau einer Zentralverwaltung) und zwischen 1863–1879 (Ausdehnung der Verwaltung bis Darfur und Equatoria) die bestehende Dichotomie zwischen ṣūfī-Scheichs und ʿulamā' verschärft. Das Ziel der türkisch-ägyptischen Gouverneure war neben der Anbindung des Sudan an Ägypten die Verminderung der Macht der Stämme. Da die Stämme die meisten Anhänger der ṣūfī-Scheichs stellten, intervenierte die türkisch-ägyptische Verwaltung zur Durchsetzung ihrer Ziele primär im religiösen Bereich. Die städtischen orthodoxen ʿulamā' sollten durch die Neurekrutierung von *Azhar*-Absolventen, den Bau von Moscheen und die Entsendung von sudanesischen Theologie-Studenten an die Azhar-Universität in Kairo gestärkt werden. Der mangelnde Erfolg dieser Strategie und verschiedene Vermittlungsaktivitäten der Khatmīya führten schließlich im Zeitraum 1860–1870 zu einer Annäherung zwischen der sogenannten *Turkīya* als lokalen Machthabern und der Khatmīya als der wichtigsten Bruderschaft, „im Interesse der Bruderschaft und der Muslime". Diese bis zur Unabhängigkeit des Sudan währende strategisch-politische Allianz von Khatmīya und ausländischen politischen Machthabern, in die die ʿulamā' einbezogen waren, wurde indes von weiten Teilen der Bevölkerung abgelehnt und war eine der Ursachen des Mahdistenaufstandes 1881, der vor allem von den westsudanesischen Stämmen getragen wurde.

Eine weitere, eng damit verknüpfte Ursache war die Ende des 19. Jahrhunderts auch außerhalb des Sudan verbreitete Erwartung eines Mahdi, eines religiösen Führers und Erneuerers, der die Reinheit und Einheit des Islams, Gleichheit und Gerechtigkeit auf Erden wiederherstellen sollte. Die Umwälzungen in der sudanesischen Wirtschaft, die Infragestellung der traditionellen Stammes- und Hierarchiestrukturen durch die Modernisierungspolitik der Administration mobilisierten die Bevölkerung unter dem Banner des auch vom idrisischen Gedankengut geprägten Sammānīya-Scheichs Muḥammad Aḥmad ibn ʿAbdallāh aus Dongola. Dieser gab sich 1881 – drei Jahre nach dem Bruch mit seinem ṣūfī-Lehrer Nūr ad-Dā'im – als der erwartete Mahdi aus. Sein politisch-religiöses Programm bestand aus der Propagierung eines Lebens in Austerität, der Rückkehr zum Islam des Propheten Muḥammad und des *jihād* gegen die Ungläubigen (in erster Linie die türkisch-ägyptische Administration). Der xenophobe Züge tragende Mahdistenaufstand war der Höhepunkt der Konfrontation zwischen ʿulamā' und ṣūfī-Scheichs.

Der vom Mahdi etablierte und nach seinem Tod 1885 von seinem Nachfolger *(khalīfa)* ʿAbd Allāhī ibn Muḥammad at-Taʿā'ishī (hingerichtet 1899) geleitete theokratische Staat wurde zwar durch die britische Militärexpedition mit der Schlacht von Omdurman am 2.9.1898 ausgelöscht, seine Anhänger *(anṣār)* formierten und formieren sich jedoch bis heute zur zweiten politisch-ideologischen Gruppierung des Sudan, die maßgeblich das politische Geschehen mitbestimmt(e). Die Khatmīya und die anṣār der Mahdīya agierten anfangs ausschließlich als Interessenverbände gegenüber der britischen Kolonialmacht. Das Entstehen der sudanesischen Nationalbewegung, die Säkularisierung des Politikbereichs und die in den vierziger Jahren des 20. Jahrhunderts beginnende Gründung politischer Parteien veranlaßte die Khatmīya und Mahdīya, konfessionell gebundene Parteien zu bilden. 1945 begründeten die anṣār die *Umma-Partei*, 1953 organisierte die Khatmīya im Bündnis mit der bereits 1943 legalisierten *Ashiqqā'* die *National Union Party* (*NUP*; ab 1967, *Democratic Union Party, DUP*). Beide Parteien standen vor allem in der Endphase des anglo-britischen Kondominiums in einem offenen Rivalitätsverhältnis, war doch die Khatmīya/NUP bis hin zum Plädoyer für einen Anschluß *(ittiḥād)* stark an Ägypten orientiert, während die anṣār/Umma-Partei für eine Monarchie optierten und eine eigenständige Außenpolitik vertraten. Beide Parteien, von denen jede ein traditionelles religiöses Lager vertrat, waren nach der Unabhängigkeit im Januar 1956 in den Phasen ziviler Herrschaft (1956–58; 1964–69; 1985–89) an der Regierungsarbeit und/oder der Politikgestaltung beteiligt und in den Phasen militärischer Herrschaft (ʿAbbūd-Regime 1958–64; Numairī-Regime 1969–85; Bashīr-Regime seit 1989) ein im politischen Kräftespiel nicht zu vernachlässigender Machtfaktor. Das politische Agieren von Mahdīya und Khatmīya war durch Opportunismus, Konzeptionslosigkeit und ideologisches Vakuum gekennzeichnet. Es war auf den kurzfristigen Machtgewinn ausgerichtetes politisches Sektierertum *(ṭā'ifīya)*, das sich immer stärker als politikbestimmender Faktor erweisen sollte, der die sudanesische Politik bis hin zur Unregierbarkeit des Landes belastete.

b) Der dritte politische Faktor: die Muslimbrüder

Die Modernisierungsimpulse der anglo-sudanesischen Administration im Bildungsbereich, beim Aufbau einer effizienten Verwaltung, bei der Einführung moderner Produktionsmethoden in der Landwirtschaft (Baumwollanbau) und im Verkehrs-/Kommunikationssektor führten – konzentriert in den zentralsudanesischen Städten – seit den zwanziger Jahren dieses Jahrhunderts zur Herausbildung einer Schicht von einheimischen Diplomierten, die in den vierziger Jahren eigene Versuche unternahmen, außerhalb der beiden etablierten politisch-religiösen Strömungen autonome Gruppen zu bilden und politisch-gesellschaftliche Gestaltungskonzepte zu erarbeiten. Dazu zählte zum einen die kommunistische Bewegung, aus der – 1946 gegründet – die einflußreichste kommunistische Partei *(Kommunistische Partei Sudans, KPS)* der arabischen Welt hervorging, bis sie mit dem gescheiterten Putschversuch gegen Numairī 1971 einen bis heute nicht überwundenen Rückschlag erlitt. Zum anderen formierten sich religiös inspirierte politische Bewegungen, deren Konzepte die immobilisierende *ṭā'ifīya* überwinden wollten. Die beiden wichtigsten Gruppierungen dieser Art waren die *Muslimbrüder* und die *Republikanischen Brüder.*

Die sudanesischen Zellen der Muslimbrüder,[4] um 1945 als Ableger der 1928 gegründeten ägyptischen Mutterorganisation entstanden, haben sich 1954 mit Zellen der autochthonen *Ḥarakat at-taḥrīr al-islāmī* zur sudanesischen Muslimbruderschaft *(al-Ikhwān al-muslimūn)* zusammengeschlossen, wobei das Programm zunächst stark vom ideologischen Werk Ḥasan al-Bannās geprägt war und als wichtigstes Ziel die Ausarbeitung einer islamischen Verfassung formulierte. Dieses Ziel wurde durch die von den Muslimbrüdern 1955 gebildete *Islamische Front für die Verfassung* in die Öffentlichkeit getragen. Nach der Unabhängigkeit beteiligten sich die Muslimbrüder vor allem im Anschluß an die Gründung der politisch agierenden *Islamic Charter Front (Jabhat al-mīthāq al-islāmī)* im November 1964 an den Parlamentswahlen, ohne allerdings neben Umma, DUP und KPS eine bedeutende Rolle spielen zu können. Bereits Anfang der sechziger Jahre traten jene beiden Führerpersönlichkeiten der Muslimbrüder politisch hervor, die die weitere Entwicklung der Organisation bestimmen sollten. 1962 wurde Ṣādiq ʿAbdallāh ʿAbd al-Majīd als Nachfolger des inhaftierten ar-Rashīd aṭ-Ṭāhir Führer (*al-murshid al-ʿāmm*) der Muslimbruderschaft, der er heute noch ist, wenngleich die Muslimbruderschaft seit der Verselbständigung der Fraktion um Ḥasan at-Turābī in der *National Islamic Front (NIF; al-Jabha al-islāmīya al-qaumīya)* im April 1985 politisch bedeutungslos geworden ist.[5] Ḥasan at-Turābī (geb. 1930; seit 1961 verheiratet mit der Schwester Ṣādiq al-Mahdīs), der bereits Ende der fünfziger Jahre eine aktive Rolle in der Khartumer Studentenschaft spielte, war 1962 u. a. nach einem Jurastudium an der Sorbonne in den Sudan zurückgekehrt. Wegen seines Charismas, seiner Erfahrung und seines Wissens wurde er zunächst Generalsekretär der neugegründeten Islamic Charter Front, deren Programm (Islamische Charta) u. a. die Einführung eines auf Koran *(qur'ān)*, Sunna und *shūrā* der *umma* basierenden Verfassungssystems, die Einführung der *sharīʿa*, im ökonomischen Bereich die Einführung der *zakāt*, des Zinsverbots, des Verbots der Spekulation und des Hortens von Waren *(iḥtikār)* usw. forderte. Ein Zugeständnis wurde an die Bevölkerung („Minderheiten") im nichtislamischen Südsudan gemacht. Sie sollten das sie betreffende Personalstatut selbst ausgestalten dürfen.

Ein erster Erfolg der Bemühungen zur Durchsetzung einer islamischen Verfassung stellte die Berufung Turābīs in die von der Regierung im Januar 1967 eingesetzte 44köpfige *National Commission for the Constitution* sowie in deren 15köpfiges technisches Komitee dar. Der damit eingeleitete Islamisierungsprozeß des sudanesischen Staates wurde mit der zweiten Militärintervention in die Verfassungsstrukturen am 25.5.1969 ausgesetzt, da der „Bund der Freien Offiziere" unter Führung Jaʿfar an-Numairīs sich zunächst an den ägyptischen Präsidenten Jamāl ʿAbd an-Naṣir (und ab September an den libyschen Revolutionsratsvorsitzenden Qadhdhāfī) anlehnte und entsprechend das ägyptische Verfassungsmodell übernahm, sich am „Arabischen Sozialismus" orientierte und nach ägyptisch-libyschem Vorbild in die religiöse Konfrontation vor allem mit den Muslimbrüdern eintrat. Die Muslimbrüder wurden im August 1973, im September 1975 und im Juli 1976 wegen ihrer regimefeindlichen Aktivitäten Zielscheibe der Repression. Die offene Opposition der anṣār gegen das als kommunistisch apostrophierte Mai-Regime Numairīs wurde ab März 1970 ebenfalls zerschlagen, wobei nicht nur der Führer der Mahdīya, Imām al-Hādī al-Mahdī, sowie zahlreiche anṣār ums Leben kamen, sondern Hunderte von anṣār (einschließlich Ṣādiq al-Mahdī) nach Ägypten zwangsexiliert wurden. Erst die wachsenden inneren Widersprüche der Numairī-Herrschaft, die die Staatsführung veranlaßten, zur innenpolitischen Stabilisierung Koalitionspartner zu suchen, und die – möglicherweise im Zusammenhang mit seiner Krankheit stehende – persönliche Hinwendung Numairīs zum Islam[6] seit Ende der siebziger Jahre brachten nach der 1976 eingeleiteten „nationalen Versöhnung" mit den anṣār (Rückkehr Ṣādiq al-Mahdīs aus dem Exil) eine Annäherung an Teile der Muslimbrüder. Sichtbares Zeichen war die Ernennung Turābīs zum Generalstaatsanwalt 1979.

Damit war der Beginn einer Entwicklung eingeleitet worden, die der Turābī-Fraktion der Muslimbrüder nicht nur einen Zuwachs an politischem Einfluß verschaffte, sondern in Form der sogenannten *Septembergesetze* von 1983 die Islamisierung des sudanesischen Staates vorantrieb. Numairī hatte am 8.9.1983 per Präsidialdekret die Auflösung des bestehenden Rechtssystems verfügt, die sharīʿa zur Grundlage der Gesetzgebung gemacht und die volle Anwendung der in der sharīʿa vorgesehenen *ḥadd*-Strafen für Diebstahl, Raub, Ehebruch usw. per neuem islamischen Strafgesetz angeordnet. Weitere Schritte, u. a. Islamisierungsgesetze für den wirtschaftlichen Bereich und die Einsetzung von Sondergerichtshöfen zur Anwendung des neuen Strafgesetzes, folgten.[7] Wenngleich diese Islamisierung nicht direkt dem Wirken der Muslimbrüder zugeschrieben werden kann, sondern eher unter dem Einfluß direkter Berater Numairīs (u. a. an-Naiyil

Abū Qurūn, Aḥmad al-Jīd) zustande kam, war es Turābī, der die eingeleitete Islamisierungspolitik als vorbildlich und modellhaft bezeichnete und dem Engagement der Muslimbrüder zuschrieb.

Das politische Ergebnis dieser Zwangsislamisierung von oben war hingegen eine Machterosion, bewirkte sie doch sowohl ein erneutes Aufflammen der Auseinandersetzungen mit den für einen säkularen Staat kämpfenden Südsudanesen als auch mit der von den Republikanischen Brüdern angeführten Opposition innerhalb der Muslime gegen die massive und inhumane Anwendung der sharīʿa. Diese Auseinandersetzungen führten in Verbindung mit den Auswirkungen der desaströsen Wirtschaftsentwicklung schließlich zur Entmachtung Numairīs am 6.4.1985 durch einen militärischen Übergangsrat und zur Suspendierung der Septembergesetze. Das Ende des Islamisierungsdruckes war damit allerdings nicht erreicht. Vielmehr formierten sich die Muslimbrüder umgehend um Turābī, nachdem der Übergangsrat unter Führung von General Siwār adh-Dhahab eine Demokratisierung einleitete. Noch im April 1985 gründeten sie die NIF, die bei den Parlamentswahlen im April 1986 mit 51 der 301 Parlamentssitze nach der Umma-Partei (99 Sitze) und der DUP (63 Sitze) drittstärkste politische Kraft wurde.

c) Die Republikanischen Brüder

Die 1983 erfolgte Einführung des islamischen Rechts war nicht unumstritten. Während sich allerdings Ṣādiq al-Mahdī als Führer der *Mahdīya* und Saiyid Muḥammad ʿUthmān al-Mīrghanī, das Oberhaupt der *Khatmīya*, sowie weitere Persönlichkeiten traditioneller islamischer Organisationen in Anbetracht der religiösen Heterogenität des Sudan lediglich gegen die Einführung des islamischen Rechts in der vorgesehenen *rigorosen* Form wandten, vor allem auch wegen der damals im Sudan herrschenden wirtschaftlichen und gesellschaftlichen Bedingungen, waren es die Republikanischen Brüder, die sich als einzige Organisation offen und mit größter Vehemenz grundsätzlich dagegen aussprachen und die Legitimität dieses Schrittes unter Berufung auf den Islam bestritten.[8]

Die Republikanischen Brüder (eigentlich: *Brüder der Republikanischen Partei, Ikhwān al-ḥizb al-jumhūrī*), im Oktober 1945 quasi zeitgleich mit den *Muslimbrüdern* von ihrem spirituellen und politischen Führer, Meister *(ustādh)* Maḥmūd Muḥammad Ṭāhā (1909–1985), gegründet, verstanden sich von Anfang an als islamische Bewegung. Entstanden aus der Auseinandersetzung mit den beiden dominierenden Organisationen der Nationalbewegung, Mahdīya und Khatmīya, trat Ṭāhā weder für einen Anschluß an Ägypten noch eine Monarchie, sondern für einen unabhängigen, demokratischen und republikanischen Nationalstaat ein. Nach der Unabhängigkeit bis Anfang der sechziger Jahre konzentrierten sich die Aktivitäten der Republikanischen Brüder auf die Auseinandersetzung mit den *ṭāʾifīya*-Kräften und deren programmatisch-ideologischen Defiziten, danach auf die Kritik an den Forderungen nach einem „islamischen System", wie sie die

Muslimbrüder erhoben. Die beiden zentralen Werke Ṭāhās, „Der Weg Muḥammads" (1966) und „Die zweite Botschaft des Islams" (1967), sind nicht zufällig zu diesem Zeitpunkt verfaßt worden, stellen sie doch das Fundament für die Auseinandersetzung mit den legalistisch orientierten Kräften des politischen Islams, d. h. in erster Linie den Muslimbrüdern, und den Bezugspunkt für die Kritik an politischen Maßnahmen der staatlichen Entscheidungsträger dar. Maḥmūd Ṭāhā, der der „Propaganda durch das praktische Vorbild" im individuellen wie im gemeinschaftlichen Verhalten der Bruderschaft einen hohen Stellenwert einräumte, schuf mit der *Republikanischen Partei* eine Organisation, die einerseits funktional in der Tradition der mystischen Bruderschaften steht, andererseits wegen der klaren Bezüge zur sozioökonomischen Realität und den daraus abgeleiteten Handlungsanleitungen – z. B. hinsichtlich der gleichberechtigten Stellung der Frau und freien Partnerwahl – über ein ideologisches Fundament verfügt, das sie von traditionellen Bruderschaften unterscheidet. Inhaltlich lehrte Ṭāhā u. a. die Botschaft von der Historizität der *sharīʿa* bzw. von der der sharīʿa inhärenten Entwicklungsfähigkeit: Da sich Gotteswort „jeden Tag in einer anderen Beschaffenheit" offenbare, bestand Ṭāhā auf der Loslösung von den Einzelbestimmungen der historischen sharīʿa zugunsten der Formulierung allgemeinerer Prinzipien, die dazu beitragen sollten, die „tugendhafte Gesellschaft" zu realisieren. Diese beruhe auf den drei Pfeilern der „wirtschaftlichen, politischen und gesellschaftlichen Gleichheit", ergänzt durch das Prinzip einer „toleranten öffentlichen Meinung" *(ra'y ʿāmm samḥ)*. Diese Konzeption stieß ebenso wie Ṭāhās Neudefinition des Sunnabegriffs und seine Ansicht, daß im Koran das Prinzip der Entwicklung angelegt sei, auf scharfe Ablehnung.

Konsequenz dieser Botschaft Ṭāhās war eine unüberwindbare Kluft zunächst nur gegenüber den Positionen der Muslimbrüder, die bereits 1968 Ṭāhā vor dem Obersten sharīʿa-Gerichtshof in Khartum der Apostasie *(ridda)* anklagten und eine Verurteilung zum Tode erlangten, ohne daß dieses Urteil rechtlich durchgesetzt werden konnte. Als indes die Islamisierungsgesetze Numairīs vom September 1983 die politischen und rechtlichen Rahmenbedingungen veränderten, bedeuteten die Botschaft Ṭāhās und seine Kritik an der Einführung der sharīʿa auch eine Herausforderung des Staates, auf die dieser am 5. 1. 1985 mit Verhaftung und einer Anklage u. a. wegen Volksverhetzung und Untergrabung der verfassungsmäßigen Ordnung reagierte. Das Berufungsgericht befand Ṭāhā – trotz Fehlens dieses Straftatbestandes im Septembergesetz – zusätzlich der Apostasie für schuldig. Am 18. 1. 1985 wurde Ṭāhā ungeachtet seines hohen Alters von 76 Jahren im Khartumer Kūbar-Gefängnis gehängt. Die Hinrichtung des „atheistischen Ketzers und Feindes Gottes, Maḥmūd Ṭāhā, Präsident der irreführenden und außerhalb des Islams stehenden Gruppe der Republikanischen Brüder" wurde vom obersten saudischen Rechtsgelehrten, Scheich Ibn Bāz, ausdrücklich begrüßt. Darin zeigte sich die Genugtuung derer, die Ṭāhās Kritik an den *ʿulamā'*, an den Institutionen des „Gesetzesislams" und an der sharīʿa in ihrer tradierten Form ablehnten; die Reaktionen auf Ṭāhās

Hinrichtung reflektierten jedoch auch den grundsätzlichen Konflikt zwischen islamischer Mystik und Rechtsislam.

d) Die forcierte Islamisierung unter al-Bashīr

Die dritte parlamentarische Regierungszeit des Sudan seit der Unabhängigkeit, von April 1986 bis zur neuerlichen Militärintervention am 30.7.1989, war gekennzeichnet von innen- wie außenpolitischem Stillstand und Taktieren. Zum politischen Gegensatz von Aḥmad ʿAlī al-Mīrghanī *(DUP)*, dem Vorsitzenden des fünfköpfigen Staatsrates, und von Regierungschef Ṣādiq al-Mahdī *(Umma)* bezüglich der Lösung des Südsudankonflikts bzw. der Organisierung der angestrebten Verfassungskonferenz kam das Schwanken zwischen politischer und militärischer Lösung des Krieges. Weiter kompliziert wurde die innenpolitische Lage, als die Regierungsparteien Umma und DUP zur Konsolidierung der Regierungsarbeit im April 1988 die *NIF* in die Regierungskoalition aufnahmen. Turābī, in der neuen Regierung Justizminister (und zugleich Generalstaatsanwalt), blockierte indes durch seine rigide Position hinsichtlich der Wiedereinführung der *sharīʿa* jegliche Friedenslösung des Südsudankonflikts – mit der Folge, daß die DUP im Dezember 1988 aus der Regierungskoalition austrat, Turābī zusätzlich das Außenministerium übernahm und eine fast hegemoniale Stellung in der Regierung erlangte.

Die Militärführung drang in einem ultimativen Memorandum vom Februar 1989 auf die Verbesserung der außen- und sicherheitspolitischen Lage. Der indirekt angedrohten Militärintervention folgte im März 1989 eine Regierungsneubildung ohne NIF. Diese Regierung, die die Einführung der sharīʿa ablehnte, wurde am 30.6.1989 vom *Revolutionären Kommandorat zur nationalen Rettung* (*Revolutionary Command Council for National Salvation RCCNS*; *Majlis qiyādat ath-thaura li-l-inqādh al-waṭanī*) unter Führung von Brigadier ʿUmar Ḥasan al-Bashīr entmachtet. Vorgeworfen wurde der abgesetzten Regierung „die Verfälschung der Demokratie, der Mißbrauch der Institutionen, der wirtschaftliche Niedergang, der Ruin der öffentlichen Einrichtungen, die Korruption, die außenpolitische Isolation, der Krieg im Süden und die Vernachlässigung der bewaffneten Streitkräfte" (al-Bashīr). Die bisherigen Verfassungsorgane wurden aufgelöst, die Parteien verboten und alle Parteiführer verhaftet oder wie Turābī unter Hausarrest gestellt. Gerade der Turābī trotz Hausarrest eingeräumte Handlungsspielraum hat, zusammen mit ersten Maßnahmen zur Aufwertung des Islams, schnell offenbart, daß der RCCNS nicht autonom agierte, sondern unter dem Einfluß des NIF stand. So wird Turābī einhellig als die graue Eminenz bezeichnet, die im Hintergrund die Fäden zieht, und der gleichfalls im Hintergrund agierende, von einflußreichen NIF-Anhängern dominierte sogenannte *Rat der Vierzig* gilt als eigentliches Entscheidungsgremium.

Mit der Machtübernahme al-Bashīrs war somit die Wiederaufnahme und Intensivierung des islamistischen Kurses programmiert, der in drei Bereichen bereits ab Herbst 1989 umgesetzt wurde und sich seither zusehends akzentuierte.[9] Zum ersten Bereich zählen die Islamisierungsmaßnahmen im engeren Sinne, darunter 1989 die Förderung der internen islamischen Mission, die Anordnung zur Schließung der Geschäfte während des Freitagsgebetes und die Einführung der *zakāt*, 1990 die Trennung von Männern und Frauen im öffentlichen Transportwesen und das Beschäftigungsverbot von Frisören in Damensalons sowie das Verbot von Bankzinsen. 1991 folgten schließlich der Erlaß der islamischen Kleiderordnung für Schülerinnen und Frauen, Eingriffe in den Medienbereich, der den „Glanz des Islams" nur unvollkommen verbreite, und als weitreichendste Maßnahme im März 1991 die Einführung des islamischen Strafrechts mit Ausnahme der drei Südprovinzen. Hinzu kam 1992 nach langem Vorbereitungsprozeß die Neustrukturierung des Staatsaufbaus auf der Basis von Volkskonferenzen, die das koranische *shūrā*-Prinzip umsetzen sollen.

Der zweite Bereich hat die Lösung des Südsudankonflikts zum Inhalt, wobei entgegen der nach außen propagierten Bereitschaft zu Friedensverhandlungen mit dem *Sudanese People's Liberation Movement (SPLM)* rigoros auf die militärische Lösung hingearbeitet wurde. Diese offen als *jihād* apostrophierten Kampagnen führten 1992 wegen der Spaltung des SPLM im August 1991 in zwei Fraktionen und wegen der innenpolitischen Entwicklung in Äthiopien bereits weitgehend zum Ziel. Die sudanesischen Truppen, unterstützt von bewaffneten NIF-Milizen, konnten dank umfassender iranischer Waffenhilfe 1992 große Gebiete des Südsudan unter ihre Kontrolle bringen.

Der dritte Bereich, die Außenpolitik, steht im Dienste der allgemeinen Islamisierungspolitik. Enge politische Beziehungen zu Iran, vor allem seit dem Besuch des iranischen Staatspräsidenten Rafsanjānī im Dezember 1991, Kooperation in den Bereichen Militär, Justiz und Erdöl sowie der Aufbau eines Kooperationsnetzes zu anderen islamistischen Organisationen in der arabischen Welt (dem algerischen *Front Islamique du Salut, FIS*, der tunesischen *Nahḍa*, den ägyptischen Muslimbrüdern) sind Ausdruck dieser Strategie. Träger dieser Kooperation ist neben dem offiziellen ministeriellen Apparat vorrangig die von Turābī im April 1991 begründete *Popular African and Islamic Conference*, zu deren Generalsekretär Turābī gewählt wurde. Aufgabe der Konferenz ist es laut verabschiedeter Charta, eine „breite antiimperialistische Front islamischer Organisationen zu bilden mit dem Ziel, die Rückkehr des Kolonialismus in die islamische Welt zu verhindern". In diesem Zusammenhang hat Turābī bzw. die NIF in arabischen und afrikanischen Staaten (Rekrutierungs-)Aktivitäten entfaltet, was Anlaß gab, vom Aufbau einer von Turābī kontrollierten „Islamistischen Internationale" zu sprechen. Alle genannten Maßnahmen zusammen haben jedenfalls den Sudan innerhalb von drei Jahren seit der Machtergreifung des RCCNS zu einem Staat mit islamistischer Staatsdoktrin gemacht. Daran hat auch die formale Selbstauflösung des RCCNS im Oktober 1993 und die Betonung des zivilen Charakters der Staatsführung (al-Bashīr ist seither ziviler Präsident) nichts geändert.

18. Israel und die Besetzten Gebiete

(Thomas Philipp)

Das Land Palästina erhält durch Jerusalem seine besondere religiöse Bedeutung im Islam. Nach Jerusalem wandten sich die frühen Muslime im Gebet. Erst nach der Hidschra *(hijra)* wurde in Medina die Gebetsrichtung auf Mekka umgeortet. In seiner berühmten nächtlichen Himmelfahrt soll der Prophet mit seinem Pferd al-Burāq nach Jerusalem gereist sein, um von dort gen Himmel zu steigen. Der Felsendom birgt den Felsen, von dem – gemäß dem Glauben – der Prophet seine Himmelfahrt angetreten haben soll. Zusammen mit der *Aqsā*-Moschee bildet der Felsendom den Bereich *al-Ḥaram ash-sharīf*, der Jerusalem zur drittheiligsten Stadt im Islam macht. Dieser Bereich liegt auf dem Gebiet des früheren jüdischen Tempels. Selbst die Westmauer des Bereichs, die Klagemauer der Juden, hat islamische Bedeutung. Ihr Name al-Burāq verweist auf den Umstand, daß an ihr Muḥammad sein Reittier angehalftert haben soll.

In der geschichtlichen Erfahrung der Muslime erhält Palästina eine weitere, religiöse Bedeutung als Zielland der christlichen Kreuzzüge. Der lang andauernde Angriff auf ein islamisches Kernland und damit auf den Islam selbst wurde abgewehrt, und die politische und militärische Kontrolle der Muslime über dieses Gebiet wurde nach 200jährigem Kampf wiederhergestellt. Besonders als Vergleich für die heutige politische Situation des Gebietes erhält die historische Erfahrung der Kreuzzüge ihre Relevanz für die Muslime.

Danach gibt es keine Hervorhebung des Gebietes, das regional als Teil des *Bilād ash-shām*, des geographischen Syrien, gilt. Im Osmanischen Reich wurde es verwaltungstechnisch zwischen dem *wilāyet* von Damaskus und dem von Sidon (später Beirut) aufgeteilt – mit einem zusätzlichen der Reichsregierung direkt unterstellten Distrikt von Jerusalem.

Erst mit der britischen Besetzung und Einrichtung eines Militärdistrikts Palästina am Ende des Ersten Weltkrieges wird eine territoriale Besonderheit des Gebietes hervorgehoben und dann durch die Mandatsverträge als britisches Mandat für Palästina politisch definiert.

Die politischen Entwicklungen des Gebietes seit dem Ersten Weltkrieg stehen ganz im Zeichen der programmatischen Aktivitäten der zionistischen Bewegung für die Errichtung eines jüdischen Staates in Palästina einerseits und der arabisch-palästinensischen Reaktion dagegen andererseits. Die Großmächte – bis zum Ende des Zweiten Weltkrieges Großbritannien, dann zunehmend die USA – sind aktiv in diesem Konflikt involviert, in erster Linie, um durch Ausspielen der beiden Konfliktparteien gegeneinander die eigenen Interessen zu wahren.

Soweit es eine für das Gebiet Palästinas und die Palästinenser spezifische Entwicklung des Islams – sei es in seinen institutionellen Ausformungen, in seinen politischen Organisationsformen oder in seinen inhaltlichen Aussagen – gegeben hat und gibt, so ist sie in der Reaktion auf zionistische Ambitionen und Eingriffe der Großmächte einerseits und in der Auseinandersetzung mit der palästinensisch-arabischen Nationalbewegung andererseits zu finden.

Mit der Einrichtung des britischen Mandates für Palästina und der Abtrennung Transjordaniens wurden die politischen und legalen Rahmenbedingungen geschaffen: Großbritannien beanspruchte für sich die zeitlich unbegrenzte Verwaltung des Gebietes und verpflichtete sich, die „Errichtung einer nationalen Heimstätte für das jüdische Volk“ zu fördern, ohne dabei allerdings die „bürgerlichen und religiösen Rechte bestehender nichtjüdischer Gemeinden in Palästina zu beeinträchtigen«.[1] Beide Punkte dieses Programms – Errichtung einer jüdischen nationalen Heimstätte und britische Oberhoheit – riefen von Anfang an den Widerstand der einheimischen palästinensisch-arabischen Bevölkerung hervor.

Der palästinensische Widerstand während der Mandatszeit ging durch mehrere Phasen und nahm unterschiedliche Formen an, auf die hier im einzelnen nicht eingegangen werden soll. Führungspersönlichkeiten aus der palästinensischen Gesellschaft, ideologisch orientierte Parteien, soziale und kulturelle Vereinigungen waren die Zentren des Widerstands. Obwohl unterschiedliche Bezugsrahmen benutzt wurden – die Arabische Nation, Großsyrien oder Palästina – fand der Widerstand seine Ausdrucksformen und Legitimation überwiegend in den Symbolen und Begriffen des säkularen Nationalismus.[2]

Jede Diskussion einer Rolle des Islams in der politischen Entwicklung während der Mandatszeit ist eng mit der Persönlichkeit des Muftis *(muftī)* von Jerusalem, al-Ḥājj Amīn al-Ḥusainī, verbunden.[3] Abkömmling der wohl wichtigsten Jerusalemer Familie, wurde er mit nur 26 Jahren und ohne besondere religiöse Ausbildung 1921 zum Mufti ernannt. Seine Ernennung war in erster Linie Ausdruck des Machtanspruches seiner Familie und der britischen Hoffnung, eine probritische Persönlichkeit für die Position des Muftis zu finden. Als Nationalist und antizionistischer Aktivist hatte sich Ḥājj Amīn seit Kriegsende hervorgetan.

Nach dem Zerfall des Osmanischen Reiches wurde der Mufti von Jerusalem de facto Mufti von Palästina und höchste religiöse Autorität für das Gebiet. Diese Position wurde durch den 1921 eingerichteten *Höchsten Muslimischen Rat* untermauert, dem alle Fragen islamischen Rechts, die Verwaltung der Moscheen, die frommen Stiftungen usw. unterstellt wurden. Als Präsident dieses Rates verfügte Ḥājj Amīn über ein geeignetes Instrument, um seine Macht auszubauen. Eine der ersten bedeutenden Unternehmungen war die Restaurierung der beiden Moscheen im Bereich al-Ḥaram ash-sharīf. Zur Finanzierung des Projektes veranstaltete Ḥājj Amīn 1923–24 Geldsammlungen bei den Muslimen im Ausland. Es war eine Gelegenheit für ihn, mit führenden Muslimen im Ausland Kontakt aufzunehmen und gleichzeitig das Augenmerk der Muslime auf Jerusalem und Palästina zu richten.

Der Kampf gegen den Zionismus wurde in den zwanziger Jahren hauptsächlich von Organisationen wie der *Muslimisch-Christlichen Assoziation* und dem *Arabischen Exekutivkomitee* getragen, die allerdings z. T. in heftige Rivalität mit dem von al-Ḥājj Amīn al-Ḥusainī kontrollierten Muslimischen Rat gerieten. Dabei ging es nicht um eine religiöse Ausrichtung der nationalen Bewegung, sondern in erster Linie um die Absicherung der Machtansprüche verschiedener palästinensischer Familien.

Die Vorfälle an der Klagemauer 1928–29 stellten eine gewisse Aufwertung des islamischen Aspekts in der palästinensischen Nationalbewegung dar. Der Disput selbst war alt und für die verschiedenen Religionsgemeinschaften in Jerusalem nicht untypisch. Wie andere heilige Stätten wurde die Klagemauer von zwei verschiedenen Glaubensgruppen beansprucht. Sie war einerseits Teil der muslimischen al-Ḥaram ash-sharīf, und andererseits hatten die Juden traditionell Zugang zu ihr. Beide Religionsgemeinschaften versuchten, ihren jeweiligen Anspruch auszubauen – ein Versuch, an dem sich zunehmend nationalistische politische Elemente beteiligten. Es kam zu Unruhen, die im August 1929 zu schweren allgemeinen Ausschreitungen mit vielen Toten auf beiden Seiten führten. Durch die Politisierung der religiösen Streitigkeiten hatte die palästinensische Nationalbewegung weite Bevölkerungsteile für sich mobilisieren können, während die Zionisten im Ausland Sympathie auch bei den ausdrücklich nichtzionistischen Juden fanden.

Die Rolle des Muftis bei den Unruhen ist unterschiedlich beurteilt worden. Sicher ist, daß er entscheidenden Einfluß in der Nationalbewegung gewann, während er die Zusammenarbeit und Unterstützung der Briten verlor.[4] Die neue Beziehung zwischen Islam und Nationalbewegung und die größere Rolle des Muftis ist beispielhaft dargestellt in seiner *fatwā*, die den Verkauf von Land an Juden verbot und mit Exkommunizierung derer drohte, die das Verbot übertraten.[5]

Der Höhepunkt der Bemühungen des Muftis, den Verlust britischer Unterstützung wettzumachen und die muslimische Welt für den Kampf um Palästina zu mobilisieren, war der von ihm 1931 nach Jerusalem einberufene „Islamische Kongreß". Die vom Kongreß verabschiedeten Resolutionen hatten dann auch hauptsächlich Palästina zum Thema: Jüdische Einwanderung und Landnahme wurden verurteilt. Ein Boykott jüdischer Waren, die Errichtung einer muslimischen Universität (im Gegenzug zu der 1925 gegründeten Hebräischen Universität) und eines Fonds für Landkauf wurden vorgeschlagen.

Mit diesem Kongreß hatte der Mufti endgültig die Aufmerksamkeit der muslimischen Welt auf Palästina richten können. Er selbst gewann an Popularität und Prestige. Der spezifische nationale Kampf der Palästinenser hatte die Unterstützung der muslimischen Religionsgemeinschaft gefunden. Diese Verbindung zwischen säkularer Nationalbewegung und Religionsgemeinschaft war den Zionisten z. T. schon 1929 gelungen, und zwar mit der Reorganisation der *Zionistischen Weltorganisation* und der *Jüdischen Agentur*.

Während al-Ḥājj Amīn al-Ḥusainī erfolgreich den Einfluß islamischer

Organisationen und Institutionen für die Unterstützung der palästinensischen Nationalbewegung instrumentalisieren konnte, ließen sich aber keine konkreten politischen Erfolge für die Ziele der Nationalbewegung verbuchen. Die Kontrolle über die daraus entstehende Radikalisierung verschiedener gesellschaftlicher und politischer Elemente entglitt dem Mufti zunehmend. Eine religiöse Gruppe unter der Anführung von Scheich *(shaikh)* ʿIzz ad-Dīn al-Qassām interpretierte den Kampf gegen den Zionismus und die Briten als einen Heiligen Krieg, einen *jihād*, der sofort in die Tat umzusetzen sei. Bevor die offene Revolte ausbrechen konnte, liquidierten 1935 britische Truppen den Scheich und seine Gefolgsleute.

Sein Martyrium wurde zum Symbol des Widerstands und beschleunigte sicherlich den Ausbruch des großen arabischen Aufstands von 1936. Mit dem Zusammenbruch dieses Aufstands verlor die alte palästinensische Führung die Initiative und ihren Zusammenhalt. Seit den vierziger Jahren machten sich zunehmend die arabischen Nachbarländer die Wahrung palästinensischer Interessen zur Aufgabe. So ist es nicht überraschend, daß 1948 auch die spezifisch islamische Anteilnahme am Krieg zur Verhinderung der Errichtung eines jüdischen Staates von außen kam. Die *Muslimbrüder* in Ägypten hatten die Befreiung Palästinas von der Herrschaft der Ungläubigen zum Teil ihres Programms gemacht. Sie hatten bis 1946 in Jerusalem, Nablus, Tulkarem, Haifa und Jaffa Zweige ihrer Organisation eingerichtet. 1948 sandten sie Freiwillige zur Teilnahme an den Kämpfen um Palästina.

Die Aufteilung Palästinas zwischen dem neugegründeten Staat Israel einerseits und Jordanien und Ägypten andererseits bedeutete zugleich die völlige Auflösung der palästinensischen Nationalbewegung. Auch eine besondere politische oder kulturelle Ausformung des Islams unter den Palästinensern ist zu dieser Zeit nicht zu beobachten.

Im Gaza-Streifen blieben die Muslimbrüder tätig, bis sie 1954 von Jamāl ʿAbd an-Nāṣir (Nasser) in Ägypten unterdrückt wurden. Protest unter den Palästinensern in Israel fand hauptsächlich in Mitgliedschaft in der *Kommunistischen Partei (KP)* Ausdruck. Im Westjordanland organisierten die Muslimbrüder Gruppen in Hebron und anderen Städten. Von der jordanischen Regierung wurden sie 1953 als Verein zugelassen. Sie vermieden sorgfältig politische Aktivitäten und nahmen im allgemeinen eine prohashimitische Haltung ein. Gerade diese Haltung, zusammen mit ihrer Unterdrückung in Ägypten und Syrien, schwächte ihre Position im Westjordanland. Eine weitere islamische Gruppe, *Ḥizb at-taḥrīr al-islāmī*, wurde 1951 von dem Palästinenser Aḥmad Taqī ad-Dīn an-Nabhānī, gegründet. Wegen ihres revolutionären Programms (Umsturz des bestehenden Regimes durch Waffengewalt) wurde sie sofort verboten und konnte nur im Untergrund arbeiten.

Allgemein ist für die Periode 1948–1967 zu beobachten, daß politische Auseinandersetzungen in der arabischen Welt sich hauptsächlich der Terminologie säkularer Ideologien von Nationalismus und Sozialismus bedienten. Islamische politische Ansätze fanden nur wenig Echo und wurden von den meisten Regimen rigoros unterdrückt. Der Konflikt um Palästina wurde von einer panarabischen Ideologie getragen und durch ihre organisatorischen Ausformungen wie *Arabische Liga*, Vereinigte Arabische Republik (VAR) usw. manipuliert. Ein spezifisch palästinensischer Nationalismus ist erst wieder Mitte der sechziger Jahre in Ansätzen auszumachen. Eine besonders auf Palästina bezogene islamische Tendenz ist nicht erkennbar.

Der Krieg von 1967 schuf eine politisch grundsätzlich neue Situation: Alle Teile des früheren Mandatsgebietes Palästina unterstehen seitdem der israelischen Oberhoheit. Der schon seit dem Auseinanderfall der VAR 1961 in Frage gestellte Panarabismus verlor mit der arabischen Niederlage von 1967 vollständig seine Gültigkeit als Ansatz zur Lösung des Palästinakonflikts. Der in anderen Beiträgen des vorliegenden Bandes beobachtete Schub von Islamisierungstendenzen im gesellschaftlichen und politischen Bereich seit den sechziger Jahren kann unter den Palästinensern erst mit deutlicher zeitlicher Verzögerung und nur in begrenztem Ausmaß erkannt werden.[6] Der Hauptgrund für diese Phasenverschiebung und Begrenzung von Islamisierungstendenzen ist wohl im Aufstieg der *Palästinensischen Befreiungsorganisation (Palestine Liberation Organization, PLO)* mit ihrer Suche nach einer spezifisch palästinensisch-nationalen Lösung zu finden.[7] Ihren Anspruch, allgemeine legitime Vertreterin der palästinensischen Interessen zu sein, konnte die PLO erfolgreich durchsetzen.

Die Entwicklung islamistischer Tendenzen unter den Palästinensern ist also auch als ein Prozeß der Abgrenzung und Rivalität mit den bei weitem wichtigsten politischen Gruppierungen, den säkularen, national-palästinensischen Gruppierungen der PLO, zu verstehen. Bei einer Betrachtung der Rolle des Islams in palästinensischer Gesellschaft und Politik muß außerdem bedacht werden, daß die politischen und historischen Umstände in den drei Gebieten – Gaza-Streifen, Israel und Westjordanland – bedeutende Unterschiede aufweisen, was zu sehr differenzierten Entwicklungen und Tendenzen unter den Aktivisten des politischen Islams während der letzten 25 Jahre führte.

Die erste islamische Reaktion auf die israelische Besetzung des Gaza-Streifens und des Westjordanlandes 1967 kam nicht von den dort schon bestehenden islamischen Organisationen, sondern von einer Neugründung: Schon im Juli 1967 konstituierte sich in Jerusalem der *Islamische Rat*, „der die islamischen Angelegenheiten der Westbank und Jerusalems bis zum Ende der Besetzung lenken soll".[8] In diesem Rat war die Elite Ostjerusalems vertreten, und er wurde offiziell von Jordanien unterstützt. Er verfolgte die Interessen des Bezirks al-Ḥaram ash-sharīf und anderer religiös bedeutsamer Stätten, verteidigte fromme Stiftungen vor dem Zugriff der Israelis, kümmerte sich aber auch um Steuerangelegenheiten, Anwendung israelischer Gesetze usw. Seit Ende der siebziger Jahre versucht der Rat zunehmend auch die islamischen Angelegenheiten in Israel selbst zu vertreten. Als offizieller Vertreter islamischer Belange fand der Rat die massive finanzielle Unterstützung Saudi-Arabiens und die politische Anerkennung durch die PLO. Er beschränkte sich für lange Zeit ausschließlich auf islamische religiöse Angelegenheiten, ohne ihnen eine spezifisch palästinensische Färbung zu geben. Er blieb aber auch das einzige politische Machtzentrum im Westjordanland, bis die PLO Ende der siebziger Jahre ihre eigene Infrastruktur dort ausbaute. Danach erhielt auch der Islamische Rat eine mehr palästinensische Ausrichtung.[9]

Alle Studien zu diesem Thema stimmen darin überein, daß bis zum Ende der siebziger Jahre von einem islamischen Aktivismus nichts zu bemerken ist. Gerade die Muslimbrüder und die Ḥizb at-taḥrīr al-islāmī beteiligten sich nicht an Anschlägen auf die Besatzungsmacht und wurden daher von ihr toleriert. Spätere Auseinandersetzungen mit nationalistischen und marxistischen Elementen machten die islamistischen Kreise geradezu attraktiv für die Besatzungsmacht. Von hier stammen auch die nie eindeutig bewiesenen Anschuldigungen, daß diese Kreise durch Israel für lange Zeit geschützt und finanziell gefördert worden seien.[10]

Gleichzeitig führten die islamistischen Gruppen ein Programm der Islamisierung der Gesellschaft durch, die zu einer Verbreitung islamischer Symbole, Begriffe und Argumente führte und eine positivere Atmosphäre für in islamischen Begriffen formulierte politische Programme schuf.

Für die seit Ende der siebziger Jahre deutlich sichtbare Verstärkung islamistischer Aktivitäten werden verschiedene Gründe angegeben: Die politische Erfolglosigkeit der nationalistischen Programme und das Phänomen der iranischen Revolution gelten als wichtigste Faktoren. Sahliyeh erwähnt daneben die Parallelität zunehmender islamistischer Tendenzen und den Aufstieg des *Likud* zur Macht mit seiner religiös gefärbten Argumentation für die Absorbierung der Besetzten Gebiete. Außerdem führt er den Libanonkrieg 1982 an, in dessen Verlauf die unter israelischer Deckung von *Phalangisten* verübten Massaker von Sabra und Shatila bei vielen Muslimen den Eindruck einer „jüdisch-christlichen Verschwörung gegen den Islam" erweckten.[11] Schließlich konnten diese Gruppen auch besser als die nationalistischen Organisationen gedeihen, weil die Besatzungsmacht zögerte, religiöse Stätten wie z. B. Moscheen anzugreifen oder der direkten Kontrolle zu unterstellen.[12]

Hauptsächlich von Entwicklungen in Ägypten angeregt, gründeten sich im Gaza-Streifen verschiedene radikale Gruppen, wie *at-Takfīr wa-l-hijra* oder *aṭ-Ṭalīʿa al-islāmīya*. Diese und andere radikale Gruppen kamen zu dem Schluß, daß erst die gewaltsame Befreiung Palästinas die Wiederherstellung einer islamischen Gesellschaft ermöglichen würde. Dabei ließ man sich von der islamischen Revolution in Iran und den Aktivitäten der *Ḥizbullāh (Ḥizb Allāh)* im Libanon inspirieren. Gleichzeitig wurde die PLO, die sich in den achtziger Jahren auf einen politischen Kompromiß zubewegte, scharf kritisiert. Nur der Organisation von *Fatḥ* gelang es, einige dieser Gruppen in ihren eigenen Wirkungskreis zu ziehen: die *Islamische Vorhut*, den *Islamischen Jihād*, der enge ideologische und personelle Beziehungen mit der PLO hatte[13], und den direkt von Fatḥ organisierten *Islamischen Fatḥ*.[14]

Die militanten Gruppen grenzten sich auch deutlich von den Muslimbrüdern ab, die sie als zu passiv kritisierten. Diese sind, wie auch die radikalen Gruppen, organisatorisch nicht völlig integriert oder definierbar. Innerhalb der Muslimbrüder bestand in den achtziger Jahren zumindest der Unterschied, daß die Gruppierungen im Gaza-Streifen autokephal waren, während sie im Westjordanland von den Muslimbrüdern in Jordanien geleitet und zum großen Teil finanziert wurden. Ziel der Muslimbruderschaft war es, die palästinensische Gesellschaft durch erzieherische Arbeit in eine islamische umzuwandeln. Erst danach würde das langfristige Ziel, die Befreiung Palästinas, verwirklicht werden können. Diese Strategie enthob die Muslimbruderschaft der Verpflichtung zur konkreten politischen oder kämpferischen Aktion. Gleichzeitig konnte die Erfolglosigkeit nationalistischer und marxistischer Ideologien im Befreiungskampf für Palästina angeprangert werden. Die Muslimbrüder grenzten sich von der PLO deutlich ab und boten sich als Alternative, als die „allein richtige Lösung" an.

Nachdem die Islamisten bei weiten Kreisen der Bevölkerung nur wenig Echo fanden, konzentrierte sich ihre Rivalität mit den säkularen Organisationen in den achtziger Jahren auf die Studentenschaft der Hochschulen und Universitäten. 1979 gewann die religiöse Liste in der *Birzeit*-Universität 43% aller Stimmen; in der *Najah*-Universität in Nablus gewannen die Islamisten 1980 alle Sitze des Studentenrats. Seit der Mitte der achtziger Jahre ist aber ein gewisses Abklingen ihrer Stärke zu verzeichnen.[15]

Vor Ausbruch der *Intifāḍa* Ende 1987 besaßen die PLO und der säkulare nationalitische Befreiungskampf die größte Unterstützung und Anhängerschaft in den Besetzten Gebieten. Die Islamisten stellten eine ernsthafte Herausforderung für die PLO und ihre Macht dar. Die Muslimbrüder legten besondere Betonung auf erzieherische Arbeit und kulturelle Aktivitäten zum Zweck der Re-Islamisierung der Gesellschaft. Gleichzeitig setzten sie sich damit dem Vorwurf einer zu passiven und kooperativen Haltung gegenüber der Besatzungsmacht aus. Die militanten islamischen Gruppen übten genau diese Kritik an den Muslimbrüdern und standen mit ihrem Aktivismus ursprünglich der PLO näher. Hier führte allerdings die zunehmende politische Kompromißwilligkeit der PLO zu Spannungen.

Die Datierung des Ausbruchs der Intifāḍa[16] selbst wurde zum Streitpunkt zwischen nationalistischen und islamistischen Gruppierungen. Während die ersteren das Datum auf den 9. Dezember als Reaktion auf einen tödlichen Verkehrsunfall legen, weisen die letzteren auf die Zusammenstöße zwischen Islamisten und Besatzungsmacht im Oktober 1987 hin, die direkt zu der Intifāḍa geführt haben sollen. In der Retroperspektive versuchten die Muslimbrüder die an den Zusammenstößen beteiligten militanten Islamisten als Anhänger der eigenen Bewegung zu vereinnahmen. Die Rivalität zwischen Islamisten und Nationalisten verschärfte sich und wurde aus den Studentenräten und aus den Hochschulen auf die Straße hinausgetragen.

Die Muslimbruderschaft und andere Gruppierungen, die sich bisher auf Aufklärungsarbeit und kulturelle Aktivitäten beschränkt hatten, merkten sehr schnell, daß sie in der neuen Situation des Aufstands entweder aktiv partizipieren mußten oder aber Gefahr liefen, marginalisiert zu werden.

Diese Überlegung ließ sich bei den Muslimbrüdern in Ansätzen schon vor der Intifāḍa erkennen und wurde auch nach ihrem Ausbruch nicht sofort voll in die Tat umgesetzt. Besonders im Gaza-Streifen hatte sich die Rivalität zwischen militanten islamistischen Gruppen, den Muslimbrüdern und den nationalistischen Elementen im Laufe des Jahres 1987 verschärft. Im März 1987 wurde zum ersten Mal ein Flugblatt von der *Islamischen Widerstandsbewegung (ḤAMĀS)* herausgegeben.[17] Ein zweites folgte im November. Nach dem Ausbruch der Intifāḍa gab sich ḤAMĀS auf weiteren Flugblättern als die „starke Hand der Muslimbrüder" zu erkennen.[18] Allerdings war ḤAMĀS erst im Frühjahr 1988 willens, sich auf einen bewaffneten Kampf gegen Israel einzulassen. Dann allerdings wurden die anderen militanten islamischen Gruppen, die von Anfang an aktiv an der Intifāḍa teilnahmen (Islamischer Jihād war die erste Organisation, die am 12.12.87 zum Generalstreik aufrief), bald von ḤAMĀS in den Schatten gestellt. Dadurch, daß die Muslimbrüder und ḤAMĀS nun bereit waren, dem allgemeinen islamischen Bezug eine aktivistische und spezifisch palästinensische Dimension hinzuzufügen, wurden sie als islamistische Alternative Hauptrivalen der nationalistischen Gruppierungen. Dabei blieben regionale Differenzierungen zu erkennen: Die militante Initiative ging von ḤAMĀS im Gaza-Streifen aus, während sich im Westjordanland die Muslimbruderschaft auch weiterhin nicht ganz von ihrem jordanischen Organisationszentrum freimachen konnte.[19]

Eine von ḤAMĀS am 18.8.1988 veröffentliche Charta[20] spiegelt die Wende von einem allgemeinen islamistischen Lösungsversuch zu einem spezifisch islamisch-palästinensischen Bezugsrahmen deutlich wider: Sie bezeichnet sich als „spezifisch palästinensische Bewegung", die dafür kämpft, „die Fahne Gottes über jedem Fußbreit Palästinas zu hissen" (§ 6). Gleichzeitig ist sie aber auch eine globale Bewegung, insofern sie die Muslime aller Welt unterstützen. ḤAMĀS leitet sich von ʿIzz ad-Dīn al-Qassām (s. o.) und den Muslimbrüdern her, versteht sich aber nur als eine von mehreren Gruppen im Heiligen Krieg gegen den Zionismus (§ 7).

Das Verhältnis zur PLO ist komplex, wird aber ausführlich beschrieben: „In der PLO befindet sich der Vater, der Bruder, der Freund. Würde der Muslim sich von seiner Mutter, seinem Bruder, Verwandten oder Freund abwenden? Unser Vaterland ist dasselbe... wir haben einen gemeinsamen Feind." (§ 27) Nur unter dem verwirrenden Einfluß des geistigen Imperialismus, der Orientalistik und der Missionsarbeit habe sich die PLO dem Säkularismus zugewandt. Auf den islamischen Charakter Palästinas allerdings kann ḤAMĀS nicht verzichten: „Am Tage aber, an dem die PLO den Islam als Lebensform annimmt, werden wir (ḤAMĀS) ihre Soldaten werden". Unterdessen bleiben die Beziehungen die von Familienangehörigen. (§ 27)

Die Bewegung betont ihren Patriotismus, *waṭanīya*, der für sie Teil des Glaubens ist. Über alle menschlichen und materiellen Bindungen hinaus besitzt der islamische Patriotismus eine Sicht des Göttlichen, die dem Patriotismus überhaupt erst Geist und Leben verleiht (§ 12).

Um sich als spezifisch palästinensische islamische Bewegung auszuweisen, muß sie sich mit dem Problem von spezieller Territorialität auseinandersetzen, die es innerhalb der islamischen Welt eigentlich nicht geben kann. Palästina wird nun als ein islamischer *waqf*, also Land einer „frommen Stiftung", bezeichnet, von dem auch nur einen Fußbreit aufzugeben, Verrat an der Religion bedeutet (§§ 11, 13) – eine deutliche Warnung an die PLO, keine politischen Kompromisse einzugehen. Die Parallelität mit der Terminologie der israelischen, radikal religiös-nationalen Gruppen ist nicht zu übersehen. Auch bei ihnen geht es um das ganze Gebiet (hebr. *Israel haschlema*), und es ist von der religiösen Bedeutung des Landes die Rede, von *Erez hakodesch*.

Der Arabische Nationalismus in seinen verschiedenen Ausformungen unterschied sorgfältig zwischen Zionismus und Judentum. Während es demzufolge den Zionismus als Teil des europäischen Imperialismus zu bekämpfen galt, wurde ausdrücklich auf das geschichtlich harmonische Verhältnis zwischen muslimischer Gesellschaft und jüdischer Minorität hingewiesen. Das durch den Islam auch legal gesicherte Verhältnis zu nichtmuslimischen, monotheistischen Minoritäten wurde gerade als Argument gegen den Zionismus und gegen die Notwendigkeit eines jüdischen Staates benutzt.

Die Position der Islamisten unterscheidet sich diesbezüglich deutlich von der der Nationalisten. Der Unterschied zwischen Zionisten und Juden wird verwischt, und es ist viel mehr die Rede von den Juden, deren grundsätzliche Feindschaft dem Islam gegenüber mit Koranzitaten belegt wird. Aus der Sicht der Islamisten stellt sich die Lage folgendermaßen dar: Durch Kontrolle der Medien, durch Reichtum und Mithilfe ihrer Geheimorganisationen wie der Freimauer, der Rotarier und des Lions Clubs lenken die Juden die Geschicke der Welt, um ihre zionistischen Ziele zu verwirklichen. Sie verursachten die Französische Revolution, schufen den Bolschewismus, fachten den Ersten und Zweiten Weltkrieg an und kontrollierten die Regierungen der imperialistischen Mächte (§§ 17, 22, 28). Es überrascht nicht, daß als Beweis für diese Behauptungen die „Protokolle der Weisen von Zion" herangezogen werden (§ 32). Der Islam tritt also gegen eine Weltverschwörung der Juden an und kämpft einen Weltenkrieg zwischen Gut und Böse, Wahrheit und Lüge (§ 33). Der Kampf um Palästina ist in diesem Krieg die entscheidende Schlacht, deswegen ist die Befreiung Palästinas die vordringliche Aufgabe.

Inwieweit sich ḤAMĀS mit ihrem Versuch, universelle fundamentalistische Ansprüche mit spezifisch palästinensischen Interessen in Verbindung zu bringen, als echte Alternative darstellen kann, wird hauptsächlich davon abhängig sein, ob die säkularen Nationalisten konkrete Erfolge für die Befreiung der Besetzten Gebiete vorweisen können. Wie prekär die Position von ḤAMĀS werden kann, zeigte sich im zweiten Golfkrieg (1990/91): Während die Sympathien der meisten Palästinenser dem Irak galten, mußte sie auf die Position ihres wichtigsten Geldgebers, Kuwait, Rücksicht nehmen.[21]

Die Besetzung des Gaza-Streifens und des Westjordanlandes hat auch die Grenzen zwischen diesen Gebieten und Israel durchlässiger werden lassen. Islamistische Tendenzen, von den Besetzten Gebieten ausgehend, sind auch in Israel erkennbar. Die erste Organisation, die sich als ein allpalästinensisches Instrument verstand, war der Muslimische Rat. Finanzielle Unterstützung für muslimische Institutionen, Gebäude usw. in Israel war in den siebziger Jahren der erste Schritt in diese Richtung. Seit 1978 ermöglichte der Rat israelisch-arabischen Staatsbürgern die Pilgerfahrt nach Mekka. Im Oktober 1986 nahmen israelische Araber zum ersten Mal an einer durch den Rat initiierten Protestkundgebung in Jerusalem teil.[22]

In den Kommunalwahlen in Israel im Februar 1989 konnten der ḤAMĀS und den Muslimbrüdern nahestehende islamistische Gruppen bemerkenswerte Erfolge für sich verbuchen, die allerdings im „Dreieck" größer waren als in Galiläa. Diesen Erfolgen waren Jahre der Aktivität im sozialen Bereich der Kommunen vorausgegangen. Ähnlich wie bei den Muslimbrüdern in Ägypten in den dreißiger Jahren wurde durch diese Arbeit eine politische Anhängerschaft in der Bevölkerung geschaffen. Trotz dieser Erfolge bleibt die islamistische Bewegung deutlich von ähnlichen Gruppen in den Besetzten Gebieten unterschieden.[23]

Die Tatsache der Teilnahme an Wahlen selbst bedeutete eine Akzeptanz des bestehenden politischen Systems und die Bereitschaft, an ihm teilzunehmen. Ein bewaffneter Widerstand steht nicht zur Debatte. In ihren politischen Zielen lehnt sich die islamische Bewegung in Israel viel enger an die Vorstellungen der PLO an. Der von ḤAMĀS postulierte islamische Staat wird hier nicht als mögliche Alternative zum Nationalstaat betrachtet. Die Bewegung leistet Basisarbeit, um möglichst breite Unterstützung zu finden. Im Unterschied zu den Besetzten Gebieten ist ihre Machtbasis nicht in der Studentenschaft oder bei den Intellektuellen zu finden. Hieraus ist wohl auch zu erklären, daß die Bewegung ihre ideologische Artikulation vernachlässigt und bewußt keine spezifischen Stellungen bezieht. Ihr Aktionsprogramm ist fast ausschließlich auf Sozial- und Gemeindearbeit bezogen, und ihre ideologische Diskussion bleibt unverbindlich, allgemein islamisch gehalten. Die Erfolge bei den Wahlen werden weniger als „islamische Bedrohung" des israelischen Staates, sondern eher als eine Niederlage für die alte Kommunistische Partei unter den Arabern gewertet. Wie weit die islamische Bewegung nun auch ihre tatsächliche Teilnahme an Kommunalpolitik und -verwaltung in Erfolge für sich ummünzen kann, bleibt abzuwarten.

Die Erkenntnis der PLO nach dem zweiten Golfkrieg, daß sie fast alle Unterstützung in der arabischen Welt verloren hatte und daß der kalte Krieg endgültig beendet war, zwang sie, ernsthaft auf Verhandlungsvorschläge mit Israel einzugehen. Die Konferenz von Madrid im Herbst 1991 brachte zum ersten Mal Israelis und Palästinenser direkt und offiziell an einen Verhandlungstisch.

ḤAMĀS hatte sich während der Intifāḍa durch ihren kompromißlosen bewaffneten Kampf gegen die israelische Besatzungsmacht Legitimation erworben und stieg zur zweitgrößten palästinensischen Organisation nach *al-Fataḥ* auf. Die erste Reaktion von ḤAMĀS auf die Verhandlungswilligkeit der PLO war der Versuch, mit syrischer Absegnung eine Ablehnungsfront zu gründen, in der als „Allianz der palästinensischen Kräfte" die marxistischen Gruppierungen *Volksfront zur Befreiung Palästinas (PFLP)* und *Demokratische Volksfront zur Befreiung Palästinas (DFLP)* und die islamistischen Gruppen *Jihād* und ḤAMĀS vereint wurden. ḤAMĀS bestand auf der Fortführung des bewaffneten Kampfes und lehnte jede Art von Verhandlungen ab. Es gelang ihr aber nicht, diese Allianz in ein wirksames politisches Instrument und in eine programmatische Alternative auszubauen. Die Verbannung der 415 ḤAMĀS-Mitglieder im Dezember 1992 durch die israelischen Militärbehörden gab ḤAMĀS erneut Legitimation, schwächte sie aber auch organisatorisch. Schon im März 1993 waren die ersten Stimmen in ḤAMĀS zu hören, die eine partielle Souveränität in Gaza und dem Westjordanland akzeptieren wollten, ohne allerdings den bewaffneten Kampf aufzugeben.[24] Spätestens mit den Vereinbarungen von Oslo zwischen PLO und Israel im September 1993 wurde deutlich, daß der einmal eingeschlagene Kurs von Verhandlungen trotz aller Rückschläge der entscheidende politische Kurs blieb und schließlich zu palästinensischer Autonomie in den Besetzten Gebieten führen würde. Diese Einsicht verursachte einerseits verstärkte extremistische Reaktionen auf beiden Seiten, wie z. B. das Massaker an Palästinensern in der Moschee in Hebron durch einen israelischen Siedler und die wiederholten Sprengstoffattentate von islamistischen Todeskommandos in Israel. Andererseits mußte sich ḤAMĀS die Frage stellen, ob sie sich durch ihre völlige Kompromißlosigkeit nicht selbst marginalisieren würde.

Nachdem im Mai 1994 die palästinensische Autorität in Gaza und Jericho unter der Führung Arafats eingerichtet wurde, konnte – mindestens aus der Sicht der PLO – der weitere bewaffnete Kampf die neuen Institutionen der Autonomie nur gefährden und wurde zunehmend eine direkte Herausforderung an Yasir Arafat (Yāsir ʿArafāt). Es kam zu Massenfestnahmen von Islamisten durch die palästinensische Selbstverwaltung, Aburteilungen und wahrscheinlich auch Attentaten. Diese Situation führt zu einem Abrücken besonders der jüngeren, in der Intifāḍa aufgewachsenen Generation von starren ideologischen Vorgaben aus Sorge, die durch bewaffneten Kampf gewonnene Stärke durch Selbstausschließung vom politischen Prozeß wieder zu verlieren. Gegenwärtig konzentriert sich die Diskussion innerhalb von ḤAMĀS, aber auch in dem radikalen Jihād, auf die Frage der Bedingungen, unter denen eine politische Partizipation und speziell eine Teilnahme an den bevorstehenden Wahlen für die Autonomiebehörden möglich ist.[25]

19. Syrien, Irak, Jordanien

(Thomas Koszinowski)

a) Syrien

Islam und Minderheiten in Syrien

Die Mehrheit der syrischen Bevölkerung (rund 75%) bekennt sich zum Islam sunnitischer Richtung. Daneben gibt es eine Vielzahl religiöser Minderheiten, islamischer (schiitischer) und nichtislamischer (vor allem christlicher).[1] Diese leben geographisch über das ganze Land zerstreut, bilden aber in einigen Gegenden die Bevölkerungsmehrheit. Neben den Sunniten bilden die Alawiten (auch Nusairier genannt) mit etwa 11% die stärkste Bevölkerungsgruppe. Sie wohnen hauptsächlich in der Provinz Latakia. Streng orthodoxe Muslime bestreiten, daß die Alawiten rechtgläubige Muslime sind. Deshalb ließ sich Präsident Ḥāfiẓ al-Asad von dem libanesischen Schiitenführer Mūsā aṣ-Ṣadr 1973 in einem *fatwā* (Rechtsgutachten) bestätigen, daß die Alawiten zu den Schiiten zählen.[2] Die Drusen sind eine religiöse Gemeinschaft, die sich aus der schiitischen Sekte der Ismailiten abgespalten hat. Sie leben im Haurangebiet im Süden des Landes. Ihr Anteil an der Bevölkerung liegt bei etwa 2%. Die Ismailiten, die weniger als 1% der Bevölkerung ausmachen, leben überwiegend in der Stadt Salamiya.

Von den nichtislamischen Minderheiten sind die Christen die wichtigste. Ihr Anteil an der Bevölkerung wird auf rund 12% geschätzt. Die Christen, die in zahlreiche Konfessionen gespalten sind, leben hauptsächlich in den Städten. Ethnisch und sprachlich fühlen sie sich als Araber. Lediglich die armenischen Christen sind Nichtaraber. Die Zahl der Juden, von denen die meisten nach der Gründung Israels das Land verließen, liegt bei rund 400.[3]

Der hohe Anteil von Vertretern der Minderheiten, vor allem der Alawiten,[4] in der Partei, im Staatsapparat sowie in den Streitkräften und Geheimdiensten seit der Machtübernahme durch die *Baʿth*-Partei im Jahre 1963 ist Anlaß zu Kritik aus den Reihen der sunnitischen Bevölkerung und eine wesentliche Ursache für innenpolitische Spannungen.

Der Islam in der Verfassung

Im Zusammenhang mit der neuen Verfassung von 1950 wurde erstmals die Frage aufgeworfen, ob Syrien, der Staat und seine Gesellschaft, als islamisch zu bezeichnen seien und dies in der Verfassung verankert werden müsse.[5] Von seiten der muslimischen Bevölkerung, insbesondere der *Muslimbrüder*, wurde gefordert, daß in der Verfassung zum Ausdruck gebracht werden müsse, daß der Islam Staatsreligion in Syrien sei. Im ersten Verfassungsentwurf wurde dann in Artikel drei tatsächlich ein solcher Passus aufgenommen.

Die religiösen Minderheiten, muslimische sowohl wie christliche, widersetzten sich diesem Ansinnen. Sie fürchteten, daß sie dadurch in ihrer Glaubensfreiheit eingeschränkt würden. Diesen Argumenten schlossen sich auch die Vertreter von Parteien, die sozialistische und säkularistische Programme propagierten, an. Aber auch überzeugte Muslime vertraten einen ähnlichen Standpunkt, weil sie meinten, daß ein derartiger Passus in der Verfassung die Bemühungen um Überwindung der innenpolitischen Gegensätze zwischen den einzelnen religiösen Minderheiten nur erschweren würde.

Man einigte sich schließlich auf einen Kompromiß, der vorsah, daß der Passus: „Der Islam ist Staatsreligion" fallengelassen wurde und statt dessen in Punkt eins von Artikel drei der Satz: „Die Religion des Staatspräsidenten ist der Islam" aufgenommen wurde. Darüber hinaus wurde in Punkt zwei festgelegt, daß „die islamische Rechtswissenschaft *(al-fiqh al-islāmī)* Hauptquelle der Gesetzgebung ist. Damit hatten die Vertreter des sunnitischen Islams mehr erreicht, als die ursprüngliche Fassung vorgesehen hatte. Die Muslimbrüder erklärten sich denn auch mit der Verfassungsänderung einverstanden.[6]

Der Verfassungsstreit machte zweierlei deutlich: (1.) Die Vertreter des orthodoxen sunnitischen Islams waren nicht so stark, daß sie ein rein islamisches Staatsmodell hatten durchsetzen können. Andererseits war ihr Einfluß groß genug, um ein Übergewicht der säkularistischen Kräfte zu verhindern. (2.) Die Vertreter einer progressiven und säkularistischen Politik konnten sich zwar gegenüber dem konservativen muslimischen Lager behaupten, waren aber nicht imstande, eine Politik ohne Rücksicht auf den Islam durchzusetzen.

Dieses schwer definierbare und kalkulierbare Verhältnis zwischen den Vertretern eines konservativen Islams einerseits und den Kräften, die für eine progressive und säkularistische Politik plädierten andererseits, bestimmte fortan die innenpolitische Situation Syriens und die Stellung des Islams.

Die Rolle des Islams in der Ideologie des Baʿth

Dem Anspruch der orthodoxen Muslime widersetzten sich am heftigsten die Vertreter säkularistischer Ideologien, wie Sozialisten, Kommunisten und Baʿthisten. Als wichtigste Kraft erwies sich die Baʿth-Partei, die 1963 die Macht im Staate übernahm. Bei der Einschätzung des Verhältnisses der Baʿth-Partei zum Islam ist zwischen Theorie und Praxis, zwischen der Ideologie und ihrer praktischen Anwendung in der Politik, zu unterscheiden. Der Standpunkt des Baʿth gegenüber dem Islam wird am ehesten deutlich, wenn man bestimmte Prinzipien seiner Ideologie mit Grundsätzen des Islams vergleicht.

Im Mittelpunkt der Baʿth-Ideologie steht der „Arabische Nationalismus". Der Glaube an „die ewige Sendung des Arabertums" fungiert gleichsam als Ersatz für den Islam und ist der Kern der neuen Heilslehre. Die Beschränkung auf das Arabertum steht im Gegensatz zum islamischen *umma*-Gedanken. Für den Muslim kann es nur die Gemeinschaft aller Muslime geben, nicht jedoch die Beschränkung auf die Araber, unabhängig von ihrer Religion.

Der von den Baʿthisten propagierte Sozialismus, auch wenn er sich als „Arabischer Sozialismus" bezeichnet, ist fremden, europäischen Ursprungs. Da er auch kommunistische Elemente enthält, wird er zudem mit dem Atheismus in Verbindung gebracht. Für den Muslim jedoch ist jede Gesellschaftsordnung, die sich vom Islam loslöst, verwerflich. Nach Auffassung orthodoxer Muslime kann nur die islamische Gesellschaftsordnung die Probleme der modernen Gesellschaft lösen.

Die Baʿth-Ideologie steht dem Islam grundsätzlich nicht feindlich gegenüber. Sie betrachtet den Islam als einen wichtigen Aspekt des arabischen Kulturerbes. Da das Arabertum ohne den Islam kaum denkbar erscheint, achtet die Baʿth-Partei auch den Islam. Michel ʿAflaq, der Begründer der Baʿth-Partei, sieht in der „Frühzeit des Islams die Periode, in der die Araber ihr Wesen am besten realisierten. Das Leben und die Taten Muḥammads fassen das Wesen der Araber, das ʿAflaq zu verwirklichen sucht, zusammen. Im Propheten Muḥammad und seinen Genossen sucht ʿAflaq die Inkarnation des wahren und edlen arabischen Geistes. Er fordert die Wiedergeburt *(baʿth)* dieses Geistes."[7]

Für ʿAflaq und die Baʿth-Partei ist der Islam keine göttliche Offenbarung, sondern teilweise ein Fundament des Arabertums. Der Islam hatte zwar zur Zeit seiner Entstehung einen positiven Einfluß auf die Araber und ihre Kultur, aber ebenso ist dem Islam zuzuschreiben, daß die Araber im Zuge der Ausbreitung des Islams über die Grenzen der arabischen Welt hinaus, in dieser untergingen. ʿAflaq sieht so im Islam auch die Ursachen für den Niedergang der Araber. Schließlich hat die positive Einstellung zum Islam auch ganz praktische Gründe. ʿAflaq war sich darüber im klaren, daß eine für die Araber bestimmte Ideologie, die den Islam radikal ablehnte, in der arabischen Welt, die ja überwiegend islamisch ist, zum Scheitern verurteilt wäre. Diese grundsätzlich freundliche Haltung des Baʿth gegenüber dem Islam kann nicht darüber hinwegtäuschen, daß die Baʿth-Ideologie im Grunde ihres Wesens zutiefst Islam-feindlich ist. Für orthodoxe Muslime besteht daran auch kein Zweifel. Die Reduzierung der göttlichen Offenbarung auf einen kulturellen Aspekt des Arabertums ist in ihren Augen reine Blasphemie. Die Beschränkung auf das Arabertum widerspricht dem Postulat von der Einheit aller Muslime. Die Schaffung einer säkularen Gesellschaft unabhängig vom Islam zielt auf den Kern des islamischen Staatswesens. Die Realisierung einer sozialistischen Gesellschaftsordnung nach dem Vorbild der Baʿth-Ideologie bedeutet die gleichzeitige Negation einer islamischen Gesellschaftsordnung.

Die Politik der Baʿth-Partei gegenüber dem Islam

Die Machtübernahme durch die Baʿth-Partei im März 1963 hat sich rückblickend als ein wichtiger Einschnitt in der jüngsten Geschichte Syriens erwiesen. Für das Selbstverständnis der Muslime und ihr Verhältnis zum Staat konnte die Machtergreifung der Baʿthisten nicht ohne Folgen bleiben. Da die Partei nur über eine schmale Basis in der Bevölkerung verfügte, konnte sie ihre Vorstellungen nur mit Gewalt in die Tat umsetzen.

Die Politik der Baʿth-Führung, die auf die Verwirklichung einer sozialistischen Gesellschaftsordnung abzielte, verlief an zwei Fronten. Die eine Front bildete die ideologische. Die neue Führung, die die Massenmedien verstaatlichte und nun allein kontrollierte, war bemüht, für ihre Politik zu werben. Sie war im Stadium der Konsolidierung ihrer Macht nicht daran interessiert, es zu einer direkten Konfrontation mit den Vertretern des orthodoxen Islams kommen zu lassen. In der Propaganda hielt man sich bewußt zurück, um nicht vorhandene Vorurteile gegen den Baʿth zu bestätigen und die Gläubigen zu provozieren.

Die Bevölkerung nahm die Schlagworte der neuen Machthaber auch nicht sonderlich ernst, da sie sie ohnehin nur für Propagandafloskeln hielt. Die Reden von Sozialismus und einer neuen Gesellschaft waren zudem aus den Massenmedien anderer Staaten, wie Ägypten, allzu bekannt.

Die zweite Front betraf den wirtschaftlichen Sektor. Auch auf diesem Gebiet waren die Maßnahmen der Baʿthisten nicht ganz neu, denn bereits während der Zeit der Vereinigung mit Ägypten 1958 bis 1961 hatte es Verstaatlichungen und eine Bodenreform gegeben. Die im Jahre 1964 von der Regierung durchgeführten Verstaatlichungen stießen trotzdem auf heftigen Widerstand. Da dieser Widerstand in den Hochburgen des orthodoxen Islams, in Homs und Hama, am stärksten war, ist zu vermuten, daß hierbei nicht allein wirtschaftliche, sondern auch religiöse Motive eine Rolle spielten. Die Sicherheitskräfte gingen mit allergrößter Härte vor, um Ruhe und Ordnung wieder herzustellen.

Nach dem Sturz des gemäßigten Baʿth und der Machtübernahme durch den Neo-Baʿth im Februar 1966 kam es zu einer Verschärfung an der ideologischen Front. Im April 1967 wurde in der Armeezeitung „Jaish ash-shaʿb“ ein Artikel atheistischen Inhalts veröffentlicht. Dieser Artikel, der in bisher nicht gekannter Schärfe die Religion angriff und die Schaffung einer neuen arabischen sozialistischen Persönlichkeit propagierte, rief bei den Muslimen und auch Christen helle Empörung hervor und führte zu Unruhen, die nur mit großer Mühe unterdrückt werden konnten.

Bemerkenswert an diesen Ereignissen war, daß sie sich diesmal in Damaskus abspielten und die muslimischen Geistlichen die Wortführer der gegen die Regierung gerichteten Aktionen waren. Es zeigte sich erneut, wie bereits bei dem Verfassungsstreit von 1949, daß eine Politik gegen die direkten Interessen des Islams und seiner Vertreter nicht durchführbar war. Um die aufgebrachten *ʿulamāʾ* zu beruhigen, sah sich die Regierung zur Verurteilung des Verfassers und des verantwortlichen Redakteurs gezwungen.

Die Diskreditierung der Baʿth-Führung in weiten Kreisen der Bevölkerung dürfte, abgesehen von wirtschaftspolitischen Maßnahmen, vor allem auch auf die antiislamische Politik zurückzuführen sein. Die enge Anlehnung an den kommunistischen Ostblock dürfte ebenfalls eine Rolle gespielt haben. Die Ablösung der verantwortlichen Politiker durch General Ḥāfiẓ al-Asad im November 1970 sollte die Baʿth-Partei aus der Sackgasse führen.

Asad wollte durch eine liberalere Innen- und Wirtschaftspolitik das Vertrauen der Bevölkerung zurückgewinnen. Er richtete sich vor allem auch an die gläubigen Muslime, um ihre Vorbehalte gegenüber der Partei und der Regierung abzubauen. Ausdruck dieses Bemühens um den muslimischen Bevölkerungsteil sind die demonstrativen Besuche zum Freitagsgebet in der großen Umaiyadenmoschee an hohen islamischen Feiertagen. Rundfunk, Fernsehen und Presse erstatten ausführlich Bericht über diese Auftritte des Staatschefs.

Die Ereignisse im Zusammenhang mit der Verabschiedung der neuen Verfassung im Frühjahr 1973 zeigten, daß sich die Religionspolitik Asads nicht grundsätzlich von der seiner Vorgänger unterschied. In der Verfassung, die bis heute gültig ist, wurde im Gegensatz zu der Verfassung von 1950 keine Aussage über den Islam gemacht, auch nicht über die Religion des Staatspräsidenten. Dies bedeutete, daß nach der Verfassung auch ein Nichtmuslim Staatsoberhaupt werden konnte. Angesichts der Zugehörigkeit Asads zur Sekte der Alawiten war dies nicht nur eine theoretische Überlegung. In verschiedenen Städten kam es wegen der Verfassung zu Protesten und Unruhen. Erst das Nachgeben Asads und die Aufnahme eines Artikels mit dem Passus „die Religion des Präsidenten der Republik ist der Islam" stellten die Ruhe wieder her. Die Beziehungen zwischen Asad und den islamistischen Kräften blieben fortan belastet. Die Krise um die Verfassung war nur das Vorspiel zu dem 1976 einsetzenden Konflikt zwischen den militanten Kräften der Muslimbrüder und dem Staat, der sich Ende der siebziger Jahre fast zu einem Bürgerkrieg ausweitete. Mit dem Aufstand in Hama im Februar 1982 unternahmen die Muslimbrüder einen letzten Versuch, die Baʿth-Herrschaft zu stürzen. Der Aufstand wurde jedoch mit größter Härte niedergeschlagen, wobei Tausende von Zivilisten den Tod fanden (die Zahl der Toten wurde auf 6000 bis über 30 000 geschätzt). Seitdem spielt die islamistische Opposition keine Rolle mehr.

Die Rolle der ʿulamāʾ und ihr Verhältnis zum Staat

Das Erstarken sozialistischer, nationalistischer und säkularer Ideen während der Mandatszeit hatte zur Folge, daß der Einfluß der islamischen Geistlichkeit, der ʿulamāʾ, zurückging. „Es scheint, daß von einer geschlossenen Reaktion der ʿulamāʾ auf die Mandatsherrschaft nicht gesprochen werden kann; sie reagierten offenbar nur dann, wenn ihre eigenen Interessen direkt in Frage gestellt wurden." [8] Diese Charakterisierung der Haltung der ʿulamāʾ trifft im großen und ganzen auch für die Zeit seit der Unabhängigkeit, insbesondere aber für die Baʿth-Herrschaft zu. Gegen die Politik der Baʿth-Führung opponierten die ʿulamāʾ nur in Ausnahmefällen, wie 1973 gegen die neue Verfassung wegen des fehlenden Hinweises, daß die Religion des Präsidenten der Islam sein müsse.

Die relativ passive und indifferente Einstellung gegenüber der Baʿth-Herrschaft hängt auch damit zusammen, daß die Regierung die Besetzung wichtiger Ämter der ʿulamāʾ in ihrem Sinne beeinflußte. Dies trifft z. B. auf den im Jahre 1964 gewählten Groß-Mufti von Syrien, Scheich Aḥmad Kaftārū,[9] zu, der die Politik Asads rückhaltlos unterstützt und die Beziehungen zwischen Staat und Religion als „sehr, sehr gut" bezeichnet.

Die Stellung des islamischen Rechts

Größere Veränderungen in der Gesetzgebung, die auch die Stellung des islamischen Rechts berührten, wurden nach der Machtergreifung durch Ḥusnī az-Zaʿīm vorgenommen. Das aus osmanischer Zeit stammende Zivilgesetzbuch *(Majalla)* wurde im März 1949 durch ein neues Zivilgesetz ersetzt. Die *sharīʿa* blieb auch weiterhin wichtiger Bestandteil der Gesetzgebung. So heißt es in Artikel eins des Gesetzes: „In the absence of an applicable legal provision the judge shall decide in accordance with the principles of the Islamic Sharīʿa, and in absence of these, in accordance with custom."[10]

Fragen des Familienrechts blieben im Zuständigkeitsbereich der Scheriatsgerichte. Durch Gesetz Nr. 39 vom September 1953 wurde das Personalstatutsrecht neu geregelt, wodurch insbesondere der Status der Frau verbessert wurde. Dies bedeutete zugleich eine Einschränkung des islamischen Rechts. Im Rahmen der allgemeinen Politik der Modernisierung wurden in verschiedenen Bereichen Gesetze nach ausländischem, meist europäischem Vorbild eingeführt. Hierdurch wurde der Prozeß der Säkularisierung und der Zurückdrängung der auf dem Islam beruhenden Traditionen begünstigt.

Die von der Idee der Säkularisierung getragene Politik der Baʿth-Partei konnte deshalb bei ihrer Machtübernahme im März 1963 auf dem Gebiete des Rechtswesens an bereits vorhandene Traditionen anknüpfen. Im Prinzip hält auch die Baʿth-Partei an dem Grundsatz fest, daß der Islam *die* Quelle oder zumindest *eine* Quelle der Gesetzgebung ist. Dies kam sowohl in der provisorischen Verfassung von 1964 wie auch in der 1973 verabschiedeten ständigen Verfassung von 1973 zum Ausdruck, wo es in Artikel drei heißt, daß das islamische Recht eine Hauptquelle der Gesetzgebung ist. Der Unterschied zu der Verfassung von 1950 besteht darin, daß diese das islamische Recht als *die* Hauptquelle der Gesetzgebung nannte.

Die Baʿth-Partei hat die Angelegenheiten des Personalstatutsrechts in der Kompetenz der Scheriatsgerichte belassen. Im Streben nach einer Modernisierung der Gesellschaft, vor allem der Gleichberechtigung der Frau, ist durch neue Bestimmungen das islamische Recht noch mehr zurückgedrängt worden. Grundsätzlich unterscheidet sich diese Politik nicht von der benachbarten Staaten wie dem Irak oder Jordanien.

b) Irak

Die Bedeutung der Schia für den Islam im Irak

Der Islam im Irak wird in hohem Maße durch die Schia *(shīʿā)* geprägt. Von der Gesamtbevölkerung, die zu 95% muslimisch ist, sind über 55% Schiiten. Von den Sunniten sind rund 20% Araber und 15 bis 20% (nichtarabische) Kurden. Die Schiiten leben im Süden des Landes, wo sich auch die beiden heiligen Städte Nadschaf und Kerbela mit den wichtigsten schiitischen Heiligtümern, zu denen auch die schiitischen Perser pilgern, befinden. Obwohl die Schiiten die Bevölkerungsmehrheit bilden, sind sie in der Regierung und in der Verwaltung stark unterrepräsentiert. In den führenden Positionen im Staat und in der Partei befinden sich überwiegend sunnitische Araber. Dies ist eine alte Tradition. Bereits während der osmanischen Herrschaft (bis zum Ende des Ersten Weltkrieges) bevorzugten die Türken bei der Besetzung von Verwaltungsposten Sunniten. Dies hatte verschiedene Gründe. Zum einen wiesen die Schiiten einen geringeren Bildungsstand auf, was eine Folge ihres Boykotts des sunnitisch ausgerichteten Erziehungssystems war. Zum anderen galten die Schiiten wegen ihrer engen Beziehungen zu den Persern, mit denen die Türken traditionell verfeindet waren, als wenig zuverlässig.

Säkularistische und antiislamische Tendenzen

Die Reformbewegung und die mit ihr einhergehende Säkularisierung im Osmanischen Reich seit der Mitte des 19. Jahrhunderts hinterließ auch im Irak Spuren. Träger dieser neuen Gedanken waren u. a. irakische Offiziere, die in der osmanischen Armee dienten.[11] Das nationale und zum Teil antireligiöse Programm der Jungtürken fand auch unter den Arabern, in diesem Fall Irakern, Anhänger. Unter den progressiv denkenden Arabern war der Gedanke verbreitet, daß der Fortschritt Europas vor allem auf der Trennung von Kirche und Staat, also der Säkularisierung beruhte. Nach der Erlangung der Unabhängigkeit wurde deshalb von vielen Irakern die Idee der Säkularisierung und der Zurückdrängung des Islams unterstützt, weil man nur so den Anschluß an die modernen Industriestaaten erlangen zu können glaubte.

Ein anderer Grund für die Ablehnung eines vom Islam beherrschten Staatswesens durch viele Politiker war die Spaltung der Bevölkerung in zwei nahezu gleich große Teile. Da die theologischen Traditionen beider „Konfessionen" stark voneinander abweichen, auch die Vorstellungen von einem Staat differieren, würde ein nach sunnitischem Staatsrecht errichtetes Staatswesen von den Schiiten abgelehnt und der Gegensatz verschärft werden. Das Streben nach einem modernen Nationalstaat nach europäischem Vorbild aber erfordert gerade die Überwindung dieser Gegensätze, seien sie religiös oder ethnisch bedingt. Die Errichtung eines säkularen Staatswesens erscheint daher als geradezu zwingend.

Mit dem Studium in Europa kamen viele Iraker in engeren Kontakt mit westlichen Ideen und Ideologien, wie Sozialismus und Kommunismus. Die Anhänger dieser Gedanken propagierten und verbreiteten die neuen Lehren im Irak. Bereits 1934 sah sich die Regierung gezwungen, den unter dem Namen „Ahali" *(ahālī)* bekannten Club in Bagdad zu verbieten, weil er als Gefahr für den Islam betrachtet wurde.[12]

Mitte der dreißiger Jahre konstituierte sich auch die *Kommunistische Partei (KP)*, die zwar, wie überall in der arabischen Welt, nur über relativ wenig Anhänger verfügte, aber aufgrund ihrer guten Organisation und Disziplin sowie ihrer intensiven Propaganda ein breites Echo in der Bevölkerung fand. In den unteren Schichten des Volkes war die Meinung verbreitet, daß soziale Forderungen jeglicher Art und Kommunismus identisch seien. Nachdem die KP mit den Anfangserfolgen Hitlerdeutschlands während des Zweiten Weltkriegs an Einfluß verloren hatte, brachte ihr der Sieg der Sowjetunion neuen Zulauf.

Der Kampf gegen die Zionisten und die Briten stärkte das Ansehen der Kommunisten. An den Schulen herrschte zeitweilig der Eindruck, als seien die Oberschüler fast vollständig kommunistisch beeinflußt.[13] Trotz vieler Rückschläge – 1948 wurde fast die gesamte Führung der KP hingerichtet – konnte sich die Partei als wichtiger innenpolitischer Faktor behaupten. Sie hat entscheidend zur Verbreitung säkularistischer Gedanken in der Bevölkerung beigetragen.[14]

Die Religionspolitik der Baʿth-Partei und ihre Einstellung zum Islam

Neben Sozialisten und Kommunisten sind die Baʿthisten die wichtigsten Vertreter eines säkularistischen Staatskonzeptes. Da sie seit 1968 im Irak die Herrschaft ausüben, sind ihre Vorstellungen für die Gesellschaftspolitik des Landes von entscheidender Bedeutung. Hinsichtlich der Haltung der Baʿth-Partei zu diesem Thema ist zwischen grundsätzlichen, strategischen Vorstellungen und kurzfristigen, taktischen Überlegungen zu unterscheiden. Prinzipiell entsprechen die diesbezüglichen Vorstellungen der irakischen Baʿth-Partei denen der syrischen Baʿth-Partei. Trotzdem sind auch Unterschiede festzustellen. Hierbei ist vor allem zu berücksichtigen, daß die irakische Baʿth-Partei sich stärker an der Baʿth-Ideologie orientiert als die syrische Schwesterpartei, was wohl daran liegen dürfte, daß im Irak die Partei, in Syrien aber das Militär die Politik bestimmt. Die Haltung der gegenwärtigen Baʿth-Führung unter Ṣaddām Ḥusain gegenüber der Religion und dem Islam wird aus einer Rede deutlich, die der Staats- und Parteichef am 11. August 1977 vor dem Informationsbüro hielt.[15]

Nach den Ausführungen des Parteivorsitzenden achtet die Partei die Religion als Bestandteil des nationalen Erbes. Dies bedeutet jedoch nicht, daß „die Philosophie der Partei dieselbe wie das Erbe und die Religion als solche“ ist. Die Vergangenheit nimmt in der Gesellschaft eine zentrale Rolle ein und beeinflußt die ethischen Normen, u. a. auch die Religion.

Jedoch sollen die Interessen des Staates und der Religion auseinandergehalten werden. Die Partei widersetzt sich einer „Politisierung der Religion durch den Staat und die Gesellschaft und der Einmischung der Revolution in die religiösen Angelegenheiten“. „Jeder soll seine gewohnten religiösen Bräuche verrichten, wie er es wünscht, ohne Einmischung in seine Angelegenheiten.“ Wenn der Staat eine Religion in dem Sinne verfolgen würde, daß er gezwungen wäre, in die religiösen Bräuche einzugreifen, würde dies die Massen dem Einfluß der Partei entziehen.

So wie die Partei sich jeder Einmischung in religiöse Angelegenheiten enthält und jede Konfrontation mit ihr vermeidet, erwartet die Partei andererseits von den Vertretern der Religion, den Geistlichen, daß sie sich nicht in die Beziehungen der Partei zur Jugend und ihren sozialen und moralischen Praktiken einmischen.

„Es wäre für die Partei unmöglich, die weltlichen Angelegenheiten der Gegenwart vom religiösen Ansatz her lösen zu wollen, weil sich die Probleme der modernen Gesellschaft grundlegend unterscheiden von den Problemen, mit denen die Frühzeit des Islams konfrontiert war, und in der die Regeln der religiösen Jurisprudenz ausgearbeitet wurden. Die Baʿth-Ideologie ist keine Kopie oder Imitation irgendeiner religiösen Analyse oder Richtschnur. Sie ist das Glaubensbekenntnis der Araber, das ihren Ruf nach Gerechtigkeit, Geradheit, Selbstopfer und Fortschritt umfaßt, einschließlich des Geistes der islamischen Verkündung, aber in neuen Formen und neuen Vorschriften und mit der Bereitschaft zu ständiger Erneuerung und Entwicklung. Aus diesem Grunde ist sie, obwohl sie den Geist der Araber im Islam enthält, kein religiöser Glaube noch eine Alternative oder ein Gegensatz zu irgendeiner Religion. Auf dieser Basis ist die Baʿth-Partei keineswegs neutral zwischen Glauben und Atheismus, sie ist auch kein neuer religiöser Glaube. Sie ist ein neuer weltlicher säkularer Glaube, den die Araber benötigen beim Aufbau ihrer neuen Zivilisation mit einem revolutionären Konzept und einer revolutionären Methode, zugleich aber verbunden mit dem Geist ihres Erbes und ihrer Geschichte."

Jeder soll seine religiösen Bräuche, die er ausgewählt hat, ausüben, ohne Einmischung von außen. Die Bedingung der Partei hierbei ist, daß jeder Gegensatz oder Konflikt mit der Politik der Baʿth-Partei, die Gesellschaft nach ihren Vorstellungen zu ändern und aufzubauen, vermieden wird. Der Mißbrauch der Religion für politische Zwecke und um Gegensätze zwischen der Revolution und ihrem Programm und den religiösen Praktiken andererseits zu provozieren, dient dem Neokolonialismus, also den Feinden und wird hart bestraft.

Der Konflikt zwischen der Baʿth-Partei und dem Islam

Das Ziel der irakischen Baʿth-Partei ist, wie die Ausführungen des Partei- und Staatschefs eindeutig belegen, die Errichtung eines säkularen Staates. Die Religion, der Islam, wird als eine private Angelegenheit betrachtet, die toleriert wird, die aber mit dem Staat nichts zu tun hat. Nach Auffassung der Baʿth-Ideologen ist der Islam als Gesellschaftsordnung überholt und ungeeignet, auf die Herausforderungen der Gegenwart angemessen zu reagieren und eine moderne Gesellschaftsordnung zu verwirklichen. Die neue Gesellschaftsordnung soll nach den Vorstellungen der Baʿth-Partei, nicht jedoch nach den Vorschriften des Islams entstehen.

Diese Politik der Baʿth-Partei führte zwangsläufig zum Konflikt mit den islamischen Kräften, vor allem mit den offiziellen Vertretern des Islams. Schon bald nach der Machtübernahme durch die Baʿth-Partei (1968) formierte sich der islamische Widerstand, der fast ausschließlich von den Schiiten getragen wurde. Bereits 1968 gründeten sie eine Geheimorganisation mit dem Namen *ad-Daʿwa al-islāmīya* (islamische Mission). 1969 protestierte das Oberhaupt der irakischen Schiiten, Āyatullāh Muḥsin al-Ḥakīm gegen die „Degradierung der religiösen Führer"[16] in den heiligen Städten Nadschaf und Kerbela und bezeichnete die dortigen Beamten als

Ungläubige. Nach der Hinrichtung von fünf schiitischen *ʿulamāʾ* im Dezember 1974 trat zunächst Ruhe ein. Anläßlich der *ʿāshūra*-Feiern im Februar 1977 kam es in Nadschaf und Kerbela zu Protestdemonstrationen gegen das Baʿth-Regime, an denen sich auch schiitische Geistliche beteiligten. Die Regierung setzte Militär ein, um die Unruhen zu unterdrücken und ließ rund 2000 Personen verhaften und in den anschließenden Gerichtsverfahren acht ʿulamāʾ zum Tode verurteilen.

Als die Regierung im Zusammenhang mit den wachsenden Unruhen im benachbarten Iran den seit 1964 im Asyl und seit 1965 in Nadschaf lebenden iranischen Āyatullāh Khumainī im Oktober 1978 auf Drängen des Schahs auswies, verstärkte die Daʿwa ihre Aktivitäten, indem sie Parteibüros und Polizeistationen angriff. Die Regierung stellte die religiösen Stiftungen unter staatliche Kontrolle, wodurch die ʿulamāʾ ihre finanzielle Grundlage und damit ihre Unabhängigkeit verloren. Ende März 1979 wurde für die bloße Mitgliedschaft in der Daʿwa die Todesstrafe verhängt. Nach einem Anschlag auf den stellvertretenden Ministerpräsidenten Ṭāriq ʿAzīz wurde Āyatullāh Bāqir aṣ-Ṣadr, einer der führenden Gelehrten des schiitischen Islams, verhaftet und (zusammen mit seiner Schwester) im April 1980 hingerichtet. Um ein Übergreifen der islamischen Revolution auf die Schiiten im Irak zu verhindern, wurden über 200 000 Personen, unter ihnen viele persischer Abstammung, nach Iran ausgewiesen, weil sie angeblich die Rolle einer „fünften Kolonne" für Iran spielten.[17]

Mit dem Angriff auf Iran im September 1980 hoffte Ṣaddām Ḥusain, die Herrschaft Khumainīs zum Einsturz zu bringen und damit die von der islamischen Revolution drohenden Gefahren endgültig bannen zu können. Die von Khumainī inspirierten iranischen Krieger erwiesen sich jedoch als den irakischen Soldaten überlegen. Aber auch die Hoffnung Khumainīs auf einen allgemeinen Aufstand der Schiiten im Irak erfüllte sich nicht. Unter dem Eindruck der islamischen Revolution im Iran und den Aktivitäten der Schiiten änderte Ṣaddām Ḥusain seine Taktik gegenüber dem Islam, indem er verstärkt auf islamische Traditionen und Praktiken in der Öffentlichkeit Rücksicht nahm. Für die Renovierung von Moscheen wurden großzügig Gelder bereitgestellt und den Schiiten mehr Posten in der Verwaltung eingeräumt. Nach dem Überfall auf Kuwait im August 1990 und dem Beginn des zweiten Golfkrieges im Januar 1991 wurde die islamische Propaganda noch verstärkt. Der Krieg wurde zum „heiligen Krieg" *(jihād)* gegen die Ungläubigen erklärt und auf der irakischen Fahne die Worte „Allāhu akbar" (Gott ist groß) eingefügt. Diese Politik verfehlte nicht ihre Wirkung, und überall in der arabischen Welt wurde Ṣaddām Ḥusain von den Islamisten bejubelt.

Im November 1982 gründeten die schiitischen Oppositionellen in Teheran den *Supreme Assembly of the Islamic Revolution (SAIRI)* unter der Führung von Hujjatulislam *(ḥujjat al-islām)* Muḥammad Bāqir al-Ḥakīm als Dachorganisation für die verschiedenen schiitischen Widerstandsgruppen. Ihr Ziel, den Sturz der Herrschaft Ṣaddām Ḥusains und die Errichtung eines islamischen Staates nach iranischem Vorbild, konnten sie nicht erreichen. Auch auf den schiitischen Aufstand nach Ende des Krieges Anfang März 1991 vermochten sie keinen spürbaren Einfluß auszuüben, so daß er schon nach wenigen Tagen zusammenbrach. Der Gründungskonferenz des *Irakischen Nationalkongresses* im Juni 1992 in Wien, an dem über 30 Oppositionsgruppen teilnahmen, blieb der SAIRI fern. Auch lehnte der Führer der schiitischen Opposition, al-Ḥakīm, eine Beteiligung am Exekutivkomitee sowie seine Wahl in den dreiköpfigen Präsidialrat der Exilregierung ab, weil die Verteilung der Sitze nach ethnisch-religiösen Kriterien erfolgte.

Die Rolle des islamischen Rechts

Die Spaltung in Sunniten und Schiiten wirkte sich, ähnlich wie in anderen Bereichen, auch auf das Rechtswesen aus. So stieß die Modernisierung des Personalstatutsrechts auf besondere Schwierigkeiten, weil Sunniten und Schiiten im Privatrecht zum Teil sehr unterschiedliche Traditionen und Rechtsauffassungen vertreten. Ein 1949 entworfenes Personalstatutsrecht konnte nicht verabschiedet werden, weil von schiitischer Seite Einwände erhoben wurden.[18] 1951 wurde ein Zivilgesetzbuch, das die aus osmanischer Zeit bis dahin rechtsgültige *Majalla* ablöste, veröffentlicht und trat 1953 in Kraft. Dieses Zivilgesetzbuch stützt sich auf das ägyptische ZGB, berücksichtigt aber in stärkerem Maße als dieses islamische Elemente.[19] Unter der Regierung Qāsim (Kassem) wurde 1959 ein einheitliches Personalstatutsgesetz eingeführt, das in einigen Punkten von den bisherigen Traditionen stark abwich. Es wurde deshalb nach dem Sturz Qāsims 1963 teilweise entschärft.[20]

Die Personalstatutsgesetzgebung beruht bis heute auf den Grundsätzen der *sharīʿa*. Jedoch sind seit der Machtübernahme durch die Baʿth-Partei zahlreiche Änderungen vorgenommen worden, insbesondere hinsichtlich der Stellung der Frau, deren Rechte gegenüber dem Mann im Interesse der Gleichberechtigung erheblich verbessert wurden.[21] Analog zur allgemeinen Säkularisierung hat sich im Rechtswesen fremdes, nichtislamisches Recht durchgesetzt.

c) Jordanien

Religion

Die Bevölkerung Jordaniens gehört überwiegend der sunnitischen Richtung des Islams an. Rund 93% aller Einwohner sind sunnitische Muslime.[22] Daneben existieren kleinere Gruppen verschiedener schiitischer Sekten, insbesondere unter den im 19. Jahrhundert aus dem Kaukasus eingewanderten Tscherkessen.

Der Anteil der Christen wird auf lediglich 4% geschätzt. Aufgrund der überragenden Bedeutung Jerusalems und des Heiligen Landes insgesamt für die Christenheit genießen die Christen ein relativ hohes Ansehen. Die Regierung nimmt auf die christliche Religion und ihre Gläubigen in entsprechender Weise Rücksicht.

Der Islam als Legitimationsbasis der Herrschaft der Haschemiten

Die Stellung des Islams in Jordanien wird in hohem Maße durch den König bestimmt. Die Dynastie König Ḥusains führt ihre Abstammung auf die Sippe der Haschemiten zurück, also auf denselben Stamm, dem auch der Prophet Muḥammad angehörte. Diese Abstammung verleiht der Familie und vor allem dem König ein ganz besonderes Ansehen. Als Prophetenabkömmling wird der König von der einfachen Bevölkerung zum Teil als eine geheiligte Person betrachtet und dementsprechend verehrt. Des weiteren beruht das Ansehen der Haschemiten auf dem von ihnen jahrhundertelang ausgeübten Amt der Verwaltung der heiligen Städte Mekka und Medina. Die Scherifen (arab. sing. *sharīf*) von Mekka, wie die Herrscher über Mekka genannt wurden, galten als zu den edelsten arabischen Familien gehörig.

König Ḥusain beruft sich ganz bewußt auf seine Abstammung, um dadurch seine eigene Macht zu legitimieren und zu festigen. Es liegt deshalb in seinem Interesse, die Stellung des Islams zu stützen und Versuchen, den Islam und seine Rolle zu schwächen, entgegenzuwirken. Auch in der Abgrenzung gegenüber den progressiven sozialistischen Regimen, die eine säkularistische Politik verfolgen und Ḥusain als Vertreter einer reaktionären Politik zu denunzieren versuchen, beruft sich Ḥusain bewußt auf den Islam, um seine Politik zu rechtfertigen.

Die Betonung der Nachfolgeschaft des Propheten und in diesem Zusammenhang des Islams verfolgt demnach zwei Ziele: „(1.) die Affinität der gläubigen Bevölkerungsteile zum Nachfahren des Propheten zu erhalten und in politische Loyalität zu transformieren und (2.) den Anspruch, Verwalter des religiösen Erbes zu sein, als Mittel der innen- wie außenpolitischen Macht- und Prestigemaximierung und als politische Waffe im innerarabischen Konkurrenzkampf einzusetzen.“ [23]

Aufrund dieser Rolle kommt dem Islam in der jordanischen Öffentlichkeit eine große Bedeutung zu. Dies heißt jedoch nicht, daß in Jordanien die islamischen Gesetze, die *sharīʿa*, besonders streng befolgt und gehandhabt würden, wie etwa in Saudi-Arabien. König Ḥusain sieht sich als aufgeklärter und liberaler Monarch, für den in der Übernahme bestimmter westlicher Lebensformen und Gewohnheiten kein Verstoß gegen die Prinzipien des Islams besteht. Diese Einstellung ist in Jordanien allgemein zu beobachten. Religiöser Fanatismus ist weitgehend fremd.

Die Ursache für diese Einstellung dürfte in der engen Berührung mit Andersgläubigen, d. h. Juden und Christen, zu suchen sein. Im Heiligen Land leben seit Jahrhunderten die verschiedenen Religionsgemeinschaften friedlich nebeneinander. Erste Ansätze zur Säkularisierung setzten im Rahmen der Reformbewegung im Osmanischen Reich ein. Mit der britischen Mandatsherrschaft über Palästina und starkem britischen Einfluß in Transjordanien seit Ende des Ersten Weltkrieges wurde das Land dem westlichen Einfluß geöffnet, und säkularistische Tendenzen und westliche Lebensformen drängten die traditionellen, vom Islam geprägten Gesetze und Gewohnheiten zurück.

Das Verhältnis zwischen Staat und islamischer „Geistlichkeit"

Das Herrscherhaus mit dem König an der Spitze betrachtet den Islam zwar als Legitimation seiner Herrschaft und ist deshalb an dem Funktionieren der vom Islam bestimmten Ordnung und der Einhaltung der islamischen Gesetze interessiert, aber es ist nicht gewillt, sich den eigenen Handlungsspielraum von den Vertretern des Islams, den Rechtsgelehrten und Theologen, einengen zu lassen. Eine Einmischung der *ʿulamāʾ* in die Politik duldet der König nicht. Vielmehr ist es die Regierung, die die islamische Geistlichkeit kontrolliert und darauf achtet, daß diese ihren Einfluß nicht mißbraucht und sich nicht unbefugt in die Angelegenheiten des Staates einmischt.

Als offizielle Verbindungsstelle zwischen der Regierung und den Vertretern der Religion, sowohl des Islams wie auch der anderen Religionen, fungiert das Ministerium für Religiöse Angelegenheiten und Heilige Stätten. Die Regierung bezahlt die Religionslehrer und Theologen und finanziert die Unterhaltung und Instandsetzung der Moscheen und anderen islamischen Gebäude. Diese finanzielle Kontrolle schränkt die Unabhängigkeit der ʿulamāʾ automatisch ein.

Durch Gesetz aus dem Jahre 1955 übt die Regierung offiziell die Zensur über die Predigten in den Moscheen aus. Der Einfluß der Regierung auf die ʿulamāʾ geht sogar so weit, daß diese durch religiöse Gutachten (arab. sing. *fatwā*) oder in Predigten bestimmte Handlungen der Regierung sanktionieren bzw. gutheißen.[24]

Formal ist der Grad der Säkularisierung in Jordanien ebenso weit fortgeschritten wie in einigen sozialistisch ausgerichteten arabischen Staaten, die ganz bewußt eine Politik der Zurückdrängung des Islams betreiben. Dies wird von orthodoxen und militanten muslimischen Kreisen auch deutlich gesehen und kritisiert. Träger dieser religiös motivierten Opposition waren und sind in Jordanien aber nicht die Vertreter der islamischen Geistlichkeit, sondern vor allem die *Muslimbrüder*, die in Jordanien eine große Rolle spielen und auch über einen relativ großen Anhang verfügen. Die Muslimbrüder wurden deshalb 1958, wie alle anderen Parteien auch, verboten, durften sich jedoch politisch betätigen, weil sie keine Partei im eigentlichen Sinne darstellen. Tatsächlich galten die Muslimbrüder immer als wichtige politische Stütze des Königs.

Von der von König Ḥusain nach den Unruhen vom April 1989 eingeleiteten Demokratisierung konnten die Muslimbrüder am meisten profitieren, weil sie, anders als die übrigen politischen Gruppen, über organisatorische Strukturen verfügten. Bei den Parlamentswahlen vom November 1989 errangen sie 22 der insgesamt 80 Parlamentssitze und bildeten gemeinsam mit elf „Sympathisanten" den stärksten Block im Parlament. Sie gelten seitdem als die wichtigste politische Kraft in der jordanischen Politik. In einer Erklärung vom 30.12.1989 vor dem Parlament forderten sie im Rahmen eines 14 Punkte umfassenden Katalogs die strikte Anwendung der sharīʿa.[25] In der im Januar 1991 von Muḍar Badrān gebildeten Regierung stellten sie fünf Minister. Im Golfkrieg unterstützten die Muslimbrüder den irakischen Präsidenten Ṣaddām Ḥusain. Auf ihre Initiative wurde eine Reihe von Maßnahmen zur verschärften Anwendung der islamischen Gesetze (z. B. Alkoholverbot) ergriffen. Sie scheiterten jedoch mit ihrem Versuch, in Schulen die Trennung der Geschlechter durchzusetzen. Da sie sich den Friedensgesprächen mit Israel widersetzten, wurden sie an der von al-Maṣrī im Juni 1991 gebildeten Regierung nicht beteiligt. Nach dem Inkrafttreten des Parteiengesetzes am 1. 9. 1992 bildeten die Muslimbrüder gemeinsam mit unabhängigen Islamisten eine eigene Partei unter dem Namen *Islamische Aktionsfront (Jabhat al-ʿamal al-islāmī)* unter Führung von Isḥāq al-Farḥān (am 8. 12. 1992 offiziell zugelassen). Ziel der Partei ist die Errichtung eines islamischen Staates.

Die Stellung des islamischen Rechts

Nach dem Zusammenbruch des Osmanischen Reiches und der Errichtung des britischen Mandats entwickelte sich das Recht in den Gebieten Palästina und Transjordanien unterschiedlich. Im Mandatsgebiet Palästina wurde das Rechtswesen stark von englischem Recht beeinflußt, was zu einer Zurückdrängung des traditionellen islamischen Rechts führte. In Transjordanien hingegen blieb die aus osmanischer Zeit übernommene *Majalla* weiterhin rechtsgültig. Nach der Angliederung der im arabisch-israelischen Krieg eroberten palästinensischen Gebiete entstand die Notwendigkeit der Angleichung der beiden Rechtssysteme. Im Zuge der Vereinheitlichung des Rechtswesens wurde 1951 die Majalla durch das jordanische Familienrechtsgesetz ersetzt. Nach der Verfassung von 1952 (Artikel 109) fielen alle das Personalstatutsrecht betreffenden Angelegenheiten in den Zuständigkeitsbereich der Scheriatsgerichte, die weiterhin ausschließlich nach dem islamischen Recht urteilten. 1976 trat das Gesetz über das Personalstatut in Kraft. Das jordanische Zivilgesetzbuch, dessen Einführung 1962 zunächst am Widerstand konservativer Kreise scheiterte, trat durch Gesetz Nr. 43/1976 am 1. 1. 1977 in Kraft. Es folgt im Aufbau und in weiten Teilen auch inhaltlich dem ägyptischen ZGB von 1948, berücksichtigt aber stärker islamischrechtliche Normen.[26]

20. Libanon

(Axel Havemann)

Über Stellung und Bedeutung des Islams im Libanon zu reden ist nur möglich, wenn man gleichzeitig auf die nichtislamischen Kräfte schaut und sich klarmacht, daß das eine von dem anderen nicht zu trennen ist. Kein anderes Land des Nahen und Mittleren Ostens wurde und wird in vergleichbarer Weise vom Zusammenleben der Muslime und Nichtmuslime geprägt. Und nirgends hängt die Entwicklung in einem derartigen Ausmaß von der Koexistenz der verschiedenen Religionsgemeinschaften ab. Deshalb wird im folgenden auch immer wieder von den Christen die Rede sein, soweit dies für den Zusammenhang notwendig ist.

a) Bevölkerung und Religionsgemeinschaften

Präzise Angaben über die Zahl der Gesamtbevölkerung sind ebensowenig möglich wie über die Größenordnung der einzelnen Religionsgemeinschaften (*ṭā'ifa*, pl. *ṭawā'if*). Seit 1932 fand keine Volkszählung mehr statt, um Forderungen nach Anpassung des seit Mitte des 19. Jahrhunderts praktizierten Systems eines politisch-administrativen Konfessionalismus *(ṭā-'ifīya)*[1] an das veränderte zahlenmäßige Verhältnis von christlichen zu muslimischen Gemeinschaften nicht erfüllen zu müssen. Zu den demographischen Verschiebungen hatten Faktoren wie unterschiedliche Geburten- und Sterblichkeitsraten innerhalb der Gemeinschaften sowie die seit Anfang des 20. Jahrhunderts stark zunehmende Emigration, zunächst mehrheitlich christlicher Libanesen, wesentlich beigetragen.[2] Wichtigster Streitpunkt, der einem neuen Zensus bis heute entgegenstand, war die Forderung der Christen, besonders der Maroniten, die Auslandslibanesen miteinzubeziehen, was die Muslime permanent ablehnten. Einige von ihnen gingen so weit, die Einbeziehung der Palästinenser im Libanon in eine neue Volkszählung zu verlangen; abgesehen von der Forderung nach Einbürgerung der im Lande lebenden muslimischen Kurden und Beduinen. Deshalb sind alle Angaben zur demographischen Entwicklung nach 1932 lediglich Schätzungen, die z. T. stark differieren, je nachdem, wer sie vornimmt.

Die gesamte Bevölkerung dürfte sich gegenwärtig auf ca. 3 Millionen Einwohner belaufen; einige Autoren gehen von etwas geringeren Zahlen aus, andere sprechen von über 4 Millionen.[3] Mit noch stärkerem Vorbehalt sind Angaben über die Größe der einzelnen konfessionellen Gruppen zu betrachten. Von den 17 staatlich anerkannten Religionsgemeinschaften (11 christlichen, 5 muslimischen bzw. aus dem Islam hervorgegangenen sowie der – verschwindend kleinen – jüdischen) sind die wichtigsten christlichen Gruppen die Maroniten, die Griechisch-Orthodoxen und die Griechisch-Katholischen; die wichtigsten muslimischen Gruppen sind die Sunniten und die Schiiten sowie die esoterische Sekte der Drusen. Aus einem Vergleich der Ergebnisse der Volkszählung von 1932 mit späteren Registrierungs- und Schätzungsdaten (1943, 1953, 1973, 1984, 1988) ergibt sich folgendes Bild: (1.) Vor dem Ausbruch des Bürgerkrieges 1975 scheinen Mehrheiten hauchdünn gewesen zu sein (1932: Christen 50%, Muslime 49%; 1973: Christen 49%, Muslime 51%); darüber hinaus besaß keine der christlichen oder muslimischen Gruppen die absolute Mehrheit, und die jeweils größte – ob Maroniten oder Schiiten – erreichte nicht ein Drittel der Gesamtbevölkerung. (2.) Inzwischen hat sich das Verhältnis von Christen zu Muslimen deutlich zugunsten der Muslime umgekehrt (1984: Christen 43%, Muslime 57%; 1988: Christen 40%, Muslime 60%). (3.) Die Schiiten sind zur größten Gemeinschaft geworden (1988: Bei einer Annahme von 4 Millionen Einwohnern insgesamt über 1,3 Millionen Schiiten, also fast ein Drittel).[4]

Bei aller Vorsicht gegenüber den Zahlen im einzelnen kann man insgesamt sagen, daß sich Größe und Bedeutung der wichtigsten Religionsgemeinschaften entscheidend verändert haben. Das erklärt sich aber keineswegs nur aus dem Verlauf und den Auswirkungen des Krieges der letzten zwei Jahrzehnte, sondern hat weiter zurückreichende Wurzeln, die in der unterschiedlichen historischen, politisch-ideologischen, sozialen, kulturellen und wirtschaftlichen Entwicklung der einzelnen Gemeinschaften liegen. In dieser Untersuchung gilt das besondere Augenmerk den Sunniten, den Schiiten und den Drusen.

b) Die Sunniten

Nach der Auflösung des Osmanischen Reiches am Ende des Ersten Weltkrieges proklamierte die Mandatsmacht Frankreich 1920 den „Groß-Libanon"; durch die Verfassung von 1926 wurde er in Libanesische Republik *(al-Jumhūrīya al-lubnānīya)* umbenannt, blieb allerdings bis zu seiner Unabhängigkeit 1943 weiter unter französischem Mandat. Zuvor hatte sich das gesamte Gebiet fast 13 Jahrhunderte nahezu ununterbrochen unter muslimischer Oberhoheit befunden, davon die letzten 400 Jahre (seit 1516) als Bestandteil verschiedener Provinzen des Osmanischen Reiches: die Region bildete also keine administrative Einheit. Seit 1861 gab es jedoch einen gesonderten Distrikt „Libanon-Gebirge" *(Jabal Lubnān, Mont Liban)*, beschränkt auf das zentrale Bergland ungefähr zwischen Tripolis im Norden, Ṣaidā im Süden und Zaḥle im Osten, aber unter Ausschluß der drei Hafenstädte Beirut, Ṣaidā und Tripolis.[5]

Aufgrund von natürlichen Faktoren (schwer zugängliches Gebirgsland und geographische Lage), teilweise aber auch wegen der Politik der muslimischen Oberherren, bot sich das Gebiet für verschiedenste Minderheiten – christliche wie heterodox-muslimische – an, sich dort niederzulassen und im Rahmen einer begrenzten Autonomie auch politisch zu behaupten. Die wichtigsten dieser Gruppen waren die maronitischen Christen im Norden und die Drusen im Süden. Ob man deshalb das Libanon-Gebirge als „Refugium" im Sinne eines Zufluchtsortes für Verfolgte charakterisieren kann, ist allerdings problematisch und neuerdings in Frage gestellt worden.[6]

Fest steht jedoch, daß die Gemeinschaft der Sunniten – der absoluten Mehrheit der Muslime im Osmanischen Reich – nicht im zentralen Bergland ansässig war, sondern in den Städten an der Küste (und zum Teil im äußersten Norden) lebte. Die Sunniten bildeten die alleinige staatstragende Gruppe – auch für das Gebiet, in dem die Minderheiten wohnten. Diese wurden von der osmanischen Obrigkeit nicht nur als religiöse, sondern auch als „nationale" Gemeinschaften (arab. *milla*, türk. *millet*) behandelt, die ihre zivilrechtlichen Angelegenheiten selbständig regeln durften; zu unterschiedlichen Zeitpunkten erhielten sie einen formalen Status und waren fortan auch de jure anerkannt.

Mit der Errichtung des Groß-Libanon 1920 verloren die Sunniten ihre Funktion als einzige staatstragende Gruppe. Zwar waren sie in dem neuen

Staat, der in etwa die heutigen Grenzen besaß – nachdem man dem Kerngebiet Libanon-Gebirge die Küstenstädte und die Randzonen im Norden, Süden und Osten (vor allem die Biqāʿ-Hochebene) angegliedert hatte –, numerisch die zweitstärkste Gruppe, doch alles andere als zufrieden. Aus ihrer Sicht bedeutete die Loslösung von Syrien und die Eingliederung in den künstlich geschaffenen, maronitisch-französisch dominierten Staat die permanente Trennung von der arabisch-muslimischen Welt und die Gefahr einer Beherrschung durch Nichtmuslime. Ähnlich, obschon in geringerem Maße, empfanden die Schiiten und die Drusen.

Während die christlichen Gemeinschaften sich auf kirchliche Institutionen stützen konnten, mußten für die Sunniten vergleichbare Instanzen erst geschaffen werden: das Amt des Muftis *(muftī)* der Republik und ein ihn unterstützender *Oberster Islamischer Gesetzesrat (al-Majlis ash-sharʿī al-islāmī al-aʿlā)*, 1932 durch Gesetz verordnet. Längere Zeit war der Mufti kaum mehr als der Träger eines ehrenvollen Titels. Erst 1955 wurden seine wesentlichen Aufgaben gesetzlich festgelegt: auf Lebenszeit gewählter geistlicher Führer der Sunniten und ihr Vertreter gegenüber dem Staat; direkter Vorgesetzter der Inhaber von religiösen Ämtern; Überwachung aller religiösen Belange, wie Stiftungen *(auqāf)* und Erteilung von Rechtsgutachten *(fatāwā)*.[7] In der Person des Muftis Ḥasan Khālid (seit 1968 bis zu seiner Ermordung 1989) gewann das Amt auch eminente politische Bedeutung.[8] Trotz weitgehender Befugnisse erstreckte sich die Autorität des Muftis jedoch nicht auf die *sharīʿa*-Gerichtshöfe. Deren Richter wurden vom Staat eingesetzt und kontrolliert, was auf den Unmut der Sunniten stieß. Die richterlichen Kompetenzen beschränkten sich, wie auch bei den übrigen Religionsgemeinschaften, auf das Personenstandsrecht.[9]

Die obenerwähnten Befürchtungen der Muslime, in einem christlich dominierten Staat leben zu müssen, sollten vor allem durch die Fortsetzung des Konfessionalismus zerstreut werden. Dazu legte Artikel 95 der Verfassung fest, „als vorläufige Maßnahme" die verschiedenen Religionsgemeinschaften bei der Besetzung politischer und administrativer Ämter angemessen, d. h. entsprechend ihrer demographischen Größe, zu berücksichtigen.[10] Zunächst konnte damit keine nationale Orientierung erreicht werden – zu unterschiedlich waren die politischen Ideologien über Identität und Bestimmung des Libanon.[11] Aber allmählich entwickelte sich auch bei den Muslimen, vor allem dem sunnitischen Großbürgertum, die Bereitschaft, den Staat zu akzeptieren; schließlich sogar dazu, auf seine Unabhängigkeit hinzuarbeiten. Als diese dann 1943 formal errungen wurde, glaubte man, außen- und innenpolitische Formeln gefunden zu haben, mit denen die divergierenden Loyalitäten der Bewohner des Landes harmonisiert bzw. überwunden werden könnten. In einem ungeschriebenen Abkommen zwischen dem maronitischen Staatspräsidenten und dem sunnitischen Ministerpräsidenten, bekannt als *Nationalpakt (al-mīthāq al-waṭanī)*, wurde vereinbart, sowohl den arabischen Charakter des Libanon als auch seine Offenheit gegenüber dem Westen zu bewahren. Ferner sollte an der Verfassung, und damit auch am Prinzip des Konfessionalismus, festgehalten werden.[12]

Beides erwies sich als Bumerang. Das außenpolitische Prinzip von Integrität und Souveränität wurde immer wieder erschüttert. Und der Konfessionalismus – abgesehen davon, daß er politische Machtverhältnisse auf der Basis irrealer Bevölkerungsangaben festschrieb – trug viel dazu bei, daß sich kein echtes nationales Zusammengehörigkeitsgefühl bei den Bewohnern des Landes entwickeln konnte.

Für die Sunniten – doch keineswegs nur für sie – waren die Ergebnisse von 1943 langfristig unbefriedigend. Zwar hatten sie das zweitwichtigste Staatsamt (das des Ministerpräsidenten) für ihre Gemeinschaft sichern können, aber ihre Gleichstellung mit allen anderen konfessionellen Gruppen und die begrenzte außenpolitische Bewegungsfreiheit (etwa in Richtung auf eine eindeutige „arabische Politik") bewirkten mit der Zeit, daß viele Sunniten nur in der eigenen Gemeinschaft Rückhalt zu finden glaubten. Dazu kamen eine nur mangelhaft entwickelte politische Kultur, ferner soziale, kulturelle und zum Teil auch wirtschaftliche Benachteiligung im Vergleich zu den Christen sowie eine wachsende ideologische Radikalisierung.[13] Nach dem Scheitern des *Shihābismus* (der sogenannten „Reformperiode" unter Präsident Shihāb 1958–1964) und angesichts des Versagens der Ordnungs- und Integrationsfunktionen des Staates blieb vielen Sunniten keine andere Orientierung als die auf ihre traditionellen Führer (*zaʿīm*, pl. *zuʿamā'*), die renommierten Familien entstammten. Die Beziehung zueinander war eher die von „Klienten" zu ihren „Patronen" als von Wählern zu Parteipolitikern.[14]

Ein Beispiel hierfür ist die Beiruter *Maqāṣid*-Gesellschaft *(Jamʿīyat al-maqāṣid al-khairīya al-islāmīya fī Bairūt)*, die wichtigste unter etlichen muslimischen Vereinen, deren Ursprünge im 19. Jahrhundert liegen.[15] 1878 von sunnitischen Notabeln in Beirut gegründet, bildete die Maqāṣid eine Art Wohlfahrtsorganisation mit eigenen kostenlosen Schulen, Krankenhäusern und anderen karitativen Einrichtungen. Bis in die Gegenwart spielt die Gesellschaft eine wichtige Rolle als Ausdruck des Selbstverständnisses und der Selbstbehauptung der Sunniten im Libanon. Von Anfang an lagen Leitung und Kontrolle der Maqāṣid in den Händen weniger einflußreicher Personen, insbesondere aus der Familie Salām. Von diesen wurde die Maqāṣid häufig dazu verwendet, ihre politischen Zwecke durchzusetzen und eine möglichst große Klientel an sich zu binden.[16]

Ungeachtet der Bestrebungen, sich als religiöse Gemeinschaft stärker zu profilieren, wurde auch von den Sunniten immer wieder die Forderung erhoben, den Konfessionalismus zu überwinden. Doch zeigten sich nur wenige bereit, eine völlige Säkularisierung mitzutragen – diese war gegen die religiösen Würdenträger nicht durchzusetzen.[17] Schließlich einigte man sich auf die Formel „politische Säkularisierung", d. h. (nur) Abschaffung des Konfessionsproporzes. Damit wurde deutlich, daß es den Muslimen primär um eine Neuverteilung der Machtpositionen ging.[18] Der 1976 vorgeschlagene *Neue Nationalpakt* versuchte diesen Interessen entgegenzukommen: Aufteilung der Parlamentssitze und höchsten Verwaltungsämter im Verhältnis 1:1 (statt bisher 6:5) unter Christen und Muslimen sowie eine

Stärkung der Position des sunnitischen Ministerpräsidenten.[19] Doch der allein für die traditionellen zuʿamāʾ akzeptable Plan scheiterte.

Im Verlauf des Krieges hatten sich breite Schichten der muslimischen Bevölkerung (Schiiten freilich stärker als Sunniten) immer mehr von der ausschließlichen Führung durch die zuʿamāʾ distanziert. Zum großen Teil dafür ausschlaggebend war die rapide Verschlechterung der wirtschaftlichen und sozialen Lage. Wie die übrigen Gruppen suchten auch die Sunniten nach neuen Vorstellungen und Führungsinstanzen; das hieß angesichts des Krieges: Milizen. Doch die einzige nennenswerte sunnitische Miliz, die *Murābiṭūn*,[20] erwies sich weder als ausreichende Basis noch als Ersatz für die zuʿamāʾ. 1985 wurde sie von Drusen und Schiiten zerschlagen. Schon im Jahr davor hatten deren Milizen das sunnitische West-Beirut eingenommen. Auch der Versuch von militanten sunnitisch-fundamentalistischen Gruppen (*al-Jamāʿa al-islāmīya* und *Ḥarakat at-tauḥīd*, vor allem in Tripolis), die Stellung der Sunniten wieder politisch und ideologisch aufzuwerten, scheiterte, nicht zuletzt an der übergroßen Konkurrenz von seiten der Schiiten.[21]

c) Die Schiiten

Die schiitischen Muslime – fast ausschließlich Zwölferschiiten – lebten im Gegensatz zu den Sunniten in ländlichen Gebieten im Süden (Jabal ʿĀmil) und Osten (Biqāʿ) des Libanon-Gebirges. Bis heute sind die Schiiten hauptsächlich Bauern in den wirtschaftlich, kulturell und sozial am stärksten vernachlässigten Regionen des Libanon; für den Süden kommt seit Ausbruch des Krieges die besonders schwere politisch-militärische Belastung hinzu.[22] Diese Faktoren haben in den letzten Jahrzehnten zu einer starken Landflucht und Ansiedlung in den südlichen Vororten von Beirut geführt, wo große Slumviertel entstanden und wo gegenwärtig wohl ca. 25% der Schiiten leben.[23]

Lange Zeit blieben die Schiiten vom allgemeinen Fortschritt des Landes ausgeschlossen. Die große Mehrheit konnte sich nur in der Abhängigkeit von wenigen Großgrundbesitzerfamilien als verschuldete Pächter oder Landarbeiter behaupten. Nirgends waren die Infrastruktur schlechter, das Sozial- und Gesundheitswesen mangelhafter und die Bildungseinrichtungen weniger ausgebaut; unter den Schiiten fanden sich die meisten Analphabeten. Infolgedessen hatte sich kaum ein politisches und soziales Bewußtsein entwickeln können. Bei keiner der übrigen Religionsgemeinschaften war die Bindung an die *zuʿamāʾ*, die als Großgrundbesitzer gleichzeitig die politische Kontrolle ausübten, stärker verbreitet. Ein Instrument dieser politischen Patronage war die Schaffung der schiitischen Wohlfahrtsorganisation *ʿĀmilīya* (vergleichbar der sunnitischen *Maqāṣid*), deren Leitung in den Händen der *zaʿīm*-Familie Baiḍūn lag.[24] Veränderungen zeichneten sich erst zögernd in der Reformperiode unter Präsident Shihāb ab. Die sprunghafte demographische Entwicklung, die Öffnung von Bildungsmöglichkeiten sowie die verstärkte Emigration nach Übersee – dies alles ließ eine neue soziale Schicht entstehen und förderte auch unter den Schiiten ein größeres Maß an politischem Bewußtsein, mit der Bereitschaft, die Zukunft der eigenen Gemeinschaft aktiv mitzugestalten.

Wie die Sunniten waren auch die Schiiten anfangs nicht mit der Eingliederung in den neuen Staat Groß-Libanon einverstanden. Aber ihr Widerstand legte sich bald, da sie erkannten, daß sie mit dem Status einer großen Minderheit im Libanon sicherer waren als mit dem einer kleinen Minderheit in einem sunnitisch dominierten Syrien. Dazu kam der Umstand, daß die Schiiten 1926 offiziell als eigene Religionsgemeinschaft anerkannt wurden, womit ihnen erstmals eine selbständige Gerichtsbarkeit im Personenstandsrecht zugebilligt wurde. Indessen blieb ihre Autonomie noch längere Zeit stark eingeschränkt (z. B. bei der Einsetzung von Richtern; bei der Wahl des sunnitischen Muftis der Republik, der auch die Schiiten vertreten sollte). Erst 1967 erhielten sie per Gesetz einen *Obersten Schiitisch-Islamischen Rat (al-Majlis al-islāmī ash-shīʿī al-aʿlā)*, der sich zwei Jahre später konstituierte. Dieser Rat – bestehend aus Generalversammlung, Rechtsausschuß für die *sharīʿa*-Rechtsprechung und Exekutivausschuß für soziale, edukative und religiöse Aufgaben (dem neben Religionsgelehrten automatisch auch die schiitischen Parlamentsabgeordneten angehören) – stellt das Organ für die allumfassende Interessenvertretung der Schiiten dar. An seiner Spitze steht ein Präsident, der aber bei seinen Entscheidungen den Rat konsultieren muß. Insofern erscheint seine Autorität begrenzter als die des sunnitischen Muftis. Andererseits steht der Präsident auch der sharīʿa-Gerichtsbarkeit vor, wozu wiederum der Mufti nicht befugt ist.[25]

Zum ersten Präsidenten des Rates wählte man Mūsā aṣ-Ṣadr, einen religiösen Gelehrten aus Iran – jedoch mit libanesischen Vorfahren –, der seit 1959 als Mufti von Tyros im Libanon wirkte und sich darum bemühte, die mißliche Situation der Schiiten deutlich ins Bewußtsein der Öffentlichkeit zu rücken. Neben der sozialen Arbeit setzte sich Mūsā aṣ-Ṣadr in Pressekonferenzen, Vorträgen und Aufsätzen über das Menschenbild und die Soziallehren des Islams für Verbesserungen zugunsten seiner Religionsgemeinschaft ein und profilierte sich allmählich als Repräsentant einer neuen libanesischen Schia *(shīʿa)*. Indem er als Sozialreformer auftrat, fand er im schiitischen Bürgertum einen natürlichen Verbündeten und versuchte deshalb, die Masse seiner Glaubensgenossen von „extremen Tendenzen" (wie Panarabismus, Marxismus, Kommunismus) fernzuhalten. Seine Hoffnungen setzte er dabei hauptsächlich auf den libanesischen Staat.[26]

Mūsā aṣ-Ṣadr machte das Amt des Präsidenten im Schiitischen Rat zu seinem politischen Instrument. Gestützt auf die Zielsetzungen des Rates forderte er immer wieder gleiche politische, ökonomische und soziale Chancen für die Schiiten, Konsolidierung der nationalen Einheit, Zusammenarbeit mit den anderen Religionsgemeinschaften, Schutz und Verteidigung des Südlibanon gegen israelische Angriffe, Unterstützung der Palästinenser und Solidarität mit den arabischen Staaten. Angesichts der konkreten politischen Situation erzielte er mit seinen Appellen beachtliche Erfolge. Dabei spielte auch sein äußerst gespanntes Verhältnis zu den schiitischen zuʿamāʾ, besonders zu Kāmil al-Asʿad, eine wesentliche Rolle; deren politisches Verhalten hatte viel dazu beigetragen, daß große Teile der Schiiten den zuʿamāʾ nicht mehr untertan sein wollten und sich von Mūsā aṣ-Ṣadrs Appellen anziehen ließen. Diese gipfelten darin, daß er 1974 die *Bewegung der Entrechteten (Ḥarakat al-maḥrūmīn)* ins Leben rief, wobei er mit religiöser Sprache und religiösen Symbolen die schiitischen Massen mobilisierte.[27]

Im Sommer 1975 ging aus dieser Massenbewegung eine Miliz hervor, die unter dem Namen *Amal* (Hoffnung) operierte. Bis 1978 – dem Jahr, in dem Mūsā aṣ-Ṣadr während einer Reise nach Libyen unter bisher nicht geklärten Umständen verschwand – gab sich Amal eher reformerisch als militant-revolutionär. Ihr Statut *(mīthāq ḥarakat ʿamal)* betonte u. a. das „große libanesische Erbe", die nationale Einheit, die soziale und ökonomische Gerechtigkeit als Aufgabe des Staates sowie den nationalen, nichtkonfessionellen Charakter der Bewegung; mit anderen Worten: ein Bekenntnis zur nationalen Souveränität und territorialen Integrität des Libanon.[28] Das Programm reflektierte die Überzeugungen von Mūsā aṣ-Ṣadr, der es verstand, geschickt zwischen den Kriegsparteien zu lavieren. So bemühte er sich um einen Dialog mit den übrigen Gemeinschaften, einschließlich den christlichen, für den Erhalt der Nation und erteilte „arabischen" und „panarabischen" Vorstellungen (vor allem der Sunniten und Drusen) ebenso eine Absage wie der Forderung nach völliger Abschaffung des konfessionellen Systems und der Errichtung einer säkularen, laizistischen Ordnung. Ihm ging es vor allem um Verbesserungen für die Schiiten. Diesem Ziel diente auch das vorübergehende Zweckbündnis von Amal mit der *Nationalen Bewegung* und den Palästinensern.[29]

Unter dem Einfluß der weiteren Kriegsereignisse und besonders nach der iranischen Revolution 1979 wurde auch bei den libanesischen Schiiten der Ruf nach radikalen Veränderungen lauter. Der damalige Führer von Amal, Nabīh Birrī (Berrī) – Sohn von schiitischen Emigranten in Westafrika und weder ein Vertreter der zuʿamāʾ noch der Geistlichkeit –, sah sich mehrfach veranlaßt, Sympathien für die Vorgänge in Iran zu bekunden, um seine Stellung gegenüber weniger gemäßigten Personen und Kräften innerhalb der Schia behaupten zu können. Dennoch spaltete sich 1982 eine Gruppe unter dem Namen *Islamische Amal* von der Hauptbewegung ab, die stark auf die islamisch-iranischen Konzepte von Religion, Herrschaft und Politik abstellte. Ihre Führung betonte, daß früher oder später die islamische Revolution auch den Libanon erfassen und dort zu einem islamischen Staat führen würde; das bestehende politische System lehnte man entschieden ab.[30]

Am schärfsten wurden derartige Positionen von *Ḥizb Allāh (Ḥizbullāh)*, der *Partei Gottes*, vertreten – einer Bewegung, unter deren Deckmantel bzw. in deren Namen unterschiedliche militante Organisationen operierten. Ḥizb Allāh, seit 1982 die große Rivalin von Amal, artikulierte die Unzufriedenheit derjenigen, die sich mit einer kompromißbereiten Politik nicht länger abfinden wollten. Ihre Ideen gehen unmittelbar auf die Vorstellungen von Khumainī zurück und lassen sich in mehreren Schriften ihrer religiösen Führer, vor allem ihres Chef-Ideologen Muḥammad Ḥusain Faḍlallāh, nachlesen. Trotz divergierender Ansichten in Einzelpunkten propagieren alle die Errichtung einer „Islamischen Republik Libanon", mehr oder weniger an dem Vorbild Iran orientiert. Dazu wurde auch ein Verfassungsentwurf vorgelegt.[31] In einem 1985 von Ḥizb Allāh veröffentlichten „Offenen Brief" ist explizit davon die Rede, dem „rechtgeleiteten Imam" (d. h. Khumainī) bedingungslos zu folgen, die islamische Herrschaft im Libanon zu errichten und alle Gegner dieses Ziels, innere wie äußere (vor allem die USA und Israel), zu vernichten.[32] Die fundamentalen ideologischen Differenzen zwischen Ḥizb Allāh und Amal, aus denen beide den Anspruch auf alleinige Vorherrschaft ableiteten, führten immer wieder zu schweren militärischen Zusammenstößen. Da beide Seiten von Syrien (oft in Zusammenarbeit mit Iran) unterstützt wurden, konnte keine die Oberhand gewinnen.

d) Die Drusen

Im Verlauf des Krieges im Libanon, der keine religiösen Ursachen hatte, nahmen die Auseinandersetzungen seit Anfang der achtziger Jahre immer stärker konfessionelle Züge an. Der Staat als konfessionsübergreifende Instanz hatte versagt; die beiden nichtlibanesischen Hauptakteure Syrien und Iran waren selbst stark sektiererisch geprägt. Alle Gemeinschaften zogen sich mehr oder minder auf ihre Konfession zurück, selbst diejenigen, die, wie die Drusen, lange Zeit eindeutig für eine säkulare Ordnung plädiert hatten.

Im frühen 11. Jahrhundert aus der *ismailitischen Schia* hervorgegangen, bekennen sich die Drusen zu einer Geheimreligion, die sich weit vom sunnitischen und schiitischen Islam entfernt hat. Seit einigen Jahrzehnten treten unter den Drusen Intellektuelle auf, die sich um eine Öffnung der Gemeinschaft bemühen, zum einen im Hinblick auf die Glaubensgrundsätze, zum anderen die Zugehörigkeit des Drusentums zum Islam und zum „Arabertum" *(ʿurūba)* betreffend. Aus politischen Gründen zählen sich die Drusen heute oft zu den Muslimen oder werden zu ihnen gerechnet. Dennoch hält man strikt daran fest, das Wesentliche und Besondere der eigenen Glaubensgemeinschaft nicht um einer größeren Einheit willen zu opfern.[33] Charakteristisch für die Struktur der drusischen Gemeinschaft ist ein Spannungsverhältnis von Dualität und Einheit, das sich durch ihre gesamte Geschichte zieht: auf der einen Seite religiöse, politische und sozioökonomische Zweiteilung („Wissende" und „Unwissende", arab. *ʿuqqāl/juhhāl*; Faktionenbildung: *Jumblāṭīya/Yazbakīya*; „Landaristokratie", *muqāṭaʿajīya*, und Bauern), auf der anderen Seite soziale und politische Geschlossenheit bzw. ein hohes Maß an Zentralisierung, gestützt auf eine geschickte Bündnispolitik.[34]

Die Drusen leben überwiegend im südlichen Zentral-Libanon, vor allem im Shūf-Gebirge. Ihre Zahl beträgt heute ungefähr 9% der Gesamtbevölkerung. Ferner existieren kleinere Gruppen in Teilen Syriens und Israels. Im Libanon sind sie meist Bergbauern, die relativ bescheiden und zurückgezogen in Dörfern leben – abgesehen von wenigen, die es nach längeren Auslandsaufenthalten oder durch intellektuelles und politisches Engagement in der Heimat zu Ansehen und Reichtum gebracht haben.[35]

Bis ins 19. Jahrhundert waren die Drusen zusammen mit den Maroniten die Hauptakteure der libanesischen Geschichte; gemeinsam wurden sie Träger des autonomen „Libanon-Gebirges". Aufgrund ihrer historischen Bedeutung schon damals de facto anerkannte Religionsgemeinschaft, wurde den Drusen – wie den Schiiten – in der Verfassung von 1926 offizieller Status zugebilligt. Gesetze von 1948, 1960 und 1962 regelten dann ihr Personenstandsrecht, ihre Gerichtsbarkeit und Gemeinschaftsinstitutionen (Wahl des *shaikh al-ʿaql*, des Repräsentanten der Drusen gegenüber dem Staat).[36]

Trotz der offiziellen Anerkennung als Religionsgemeinschaft war die herausragende Rolle, welche die Drusen vom 16. bis 19. Jahrhundert gespielt hatten, in der französischen Mandatszeit verlorengegangen, als sie sich in dem größeren Libanon zahlenmäßig nur noch an fünfter Stelle (statt bisher an zweiter) wiederfanden. Doch dank ihrer großen Fähigkeit zu Flexibilität in Zeiten der Krise konnte die Gefahr der politischen Marginalisierung damit aufgefangen werden, daß die Jumblāṭīya – die von der alten Feudalfamilie Jumblāṭ geführte Faktion – ihre traditionelle probritische Haltung durch eine profranzösische ersetzte.[37] Dieser Kurswechsel erwies sich jedoch nach der Unabhängigkeit 1943 als wenig hilfreich, da eher probritisch orientierte Politiker an die Spitze des Staates gelangten und der Nationalpakt die Sunniten als zweitstärkste politische Gruppe bestätigte. Damit waren die Drusen definitiv von ihrem alten Platz verdrängt.

Um so bemerkenswerter ist das politische Gewicht, das die Drusen bis heute in die Waagschale werfen konnten. Diese Tatsache rührte in erster Linie daher, daß die Gemeinschaft mehr als drei Jahrzehnte von einer Persönlichkeit geführt wurde, die zu den interessantesten der jüngeren libanesischen Geschichte gehört: Kamāl Jumblāṭ.[38] Seit der Unabhängigkeit auf zahlreichen Ebenen und in verschiedensten Ämtern politisch aktiv, vereinigte Jumblāṭ zwei für libanesische Verhältnisse ungewöhnliche Rollen in seiner Person: einerseits traditioneller Führer *(zaʿīm)* seiner Gemeinschaft (mindestens der Jumblāṭīya-Faktion), verstärkt durch den Anspruch auf spirituelle Führung der Drusen, andererseits libanesischer Nationalpolitiker mit einem überkonfessionellen bzw. säkularen Programm. Ausdruck dieser Politik waren die Gründung der *Sozialistischen Fortschrittlichen Partei*, die Beteiligung an verschiedenen, zum Teil über den Libanon hinausgehenden Oppositionsbündnissen (so mit den Nasseristen und später den Palästinensern) sowie die permanente und kompromißlose Forderung nach Abschaffung des Konfessionalismus und Errichtung (bzw. in Jumblāṭs Sicht: Wiedererrichtung) einer säkularen libanesischen Gesellschaft. Zur Lösung dieser Aufgaben war Jumblāṭ nicht nur in der Tagespolitik ungewöhnlich aktiv, sondern entwickelte auch eine historisch-politische Konzeption, die er in zahlreichen Schriften erläuterte.[39] Die wichtigsten Aspekte dieser Konzeption waren: der Aufruf zum Bekenntnis zum Arabertum und arabisch-islamischen Erbe als einigendem Band für alle Libanesen; die Präsentation der Drusengemeinschaft als ausschlaggebenden Faktor für die libanesische Einheit und die arabische Unabhängigkeit; ferner die Bedeutung des Drusentums als Brennpunkt aller Religionen; schließlich ein humaner, harmoniestiftender „Arabischer Nationalismus“, unter Beibehaltung der nationalstaatlichen Souveränität und der Rolle des Libanon als Avantgarde für die übrigen arabischen Staaten.

Weder mit seinen Theorien noch mit seiner praktischen Politik, einschließlich der militärischen Option 1975-76, konnte Jumblāṭ das politische System seines Landes verändern und „die libanesische Krise“ durch eine säkulare Ordnung – wie sie nach seiner Auffassung schon einmal vom 16. bis 19. Jahrhundert, im „Goldenen Zeitalter“, bestanden hatte – lösen. Aber es war ihm gelungen, den Drusen als politischer und militärischer Größe innerhalb des bestehenden konfessionellen Systems mehr Anerkennung zu verschaffen.

Nach der Ermordung Jumblāṭs (1977) entwickelten die Drusen unter der Führung seines Sohnes Walīd erneut einen Grad von Zentralisierung und Geschlossenheit, mit dem sie sich militärisch behaupten konnten, etwa als sie 1983–84 die christlichen Milizen aus dem Shūf-Gebirge vertrieben. Dabei erwies sich durch eine geschickte Politik der Anlehnung sowohl an Syrien als auch an Israel das alte Prinzip drusischer Bündnisstrategie von neuem als erfolgreich. Im Shūf, ihrem alten Hauptsiedlungsgebiet, richteten sich die Drusen nach 1984 eine „homogene Nische“ ein, mit Ansätzen zu einer eigenen kommunalen Verwaltung, Wirtschaft und Infrastruktur.[40] Dieser „Rückzug“ förderte auch bei den Drusen (analog zu den übrigen Gemeinschaften) die verstärkt auftretende Tendenz, auf die eigene Konfession zurückzufallen.

e) Ausblick

Im Herbst 1989 einigte sich in der saudi-arabischen Stadt Taif (aṭ-Ṭā'if) eine Mehrzahl der noch lebenden libanesischen Abgeordneten (seit 1972 war kein neues Parlament mehr gewählt worden) über den Text für ein *Dokument der nationalen Verständigung*.[41] Das Ziel dieses Abkommens, das auf Druck der *Arabischen Liga* zustandekam, bestand darin, einen Prozeß der Befriedung und der Reformen im Libanon in Gang zu setzen.

Der innenpolitische Teil der Vereinbarung stellte in mehrfacher Hinsicht etwas Neues dar. Zwar wurde am Nationalpakt von 1943, also am Prinzip des Konfessionalismus, weiter auf unbestimmte Zeit festgehalten, aber die bisherige Formel der Machtverteilung geändert. Die Sitze im Parlament sollten statt bisher im Verhältnis 6:5 nun paritätisch an Christen und Muslime vergeben werden – ein Vorschlag, der schon 1976 aufgetaucht war (s. o.); dazu wurde die Anzahl der Sitze von 99 auf 108 erhöht. Die Rolle des sunnitischen Ministerpräsidenten und die Funktionen des Ministerrats (Kabinetts) wurden erheblich gestärkt, ebenso erhielt der schiitische Parlamentspräsident mehr Kompetenzen. Die Verschiebung der Machtbefugnisse ging vor allem zu Lasten des christlichen Staatspräsidenten, der nicht länger Chef der Exekutive blieb, sondern sich mit einer weitgehend repräsentativen Rolle begnügen mußte. Insgesamt stellten die Beschlüsse eine wesentliche Verbesserung der politischen Stellung der Muslime, besonders der Sunniten, dar. Die Umsetzung des Reformprogramms dauerte ein Jahr: Erst im Herbst 1990 stimmte das Parlament über die notwendigen Verfassungsänderungen ab.[42]

Hinsichtlich der Befriedung des Libanon sah das Abkommen von Taif die Bildung einer neuen Regierung vor, deren erste Aufgabe darin bestehen sollte, alle Milizen aufzulösen und eine durch den Staat kontrollierte öffentliche Sicherheit und Ordnung zu errichten. Auch die Ausführung dieses Beschlusses kam nur schleppend in Gang und ist bis heute nicht abgeschlossen. Ende 1990 konstituierte sich eine – de facto von Syrien bestimmte – neue Regierung, der es gelang, die Milizen zu einem erheblichen Teil zu entwaffnen und deren Territorium zu übernehmen. Seitdem gilt der Krieg im Libanon offiziell als beendet.

Der Ausgang der libanesischen Parlamentswahlen vom Herbst 1992 ließ indessen deutlich werden, daß auch mehr als drei Jahre nach Taif von einer baldigen nationalen Einheit nicht die Rede sein kann. Im neuen Parlament sind Muslime aller religiösen und politischen Schattierungen vertreten, darunter zum ersten Mal auch schiitische und sunnitische Fundamentalisten.[43] Mindestens ist damit aber die immer wieder erhobene Forderung nach stärkerer politischer Repräsentanz auch derjenigen Gruppen eingelöst worden, die sich lange Zeit nicht genügend berücksichtigt empfanden.

21. Saudi-Arabien und die kleineren Golfstaaten

(Johannes Reissner)

a) Voraussetzungen

Mit Saudi-Arabien und den kleineren arabischen Staaten am Persischen Golf werden in der Regel Vorstellungen einer merkwürdigen Symbiose von Ölreichtum und Zeichen modernster technologischer Entwicklung einerseits und Islam und alten Traditionen andererseits verbunden. Diese Symbiose ist für die Arabische Halbinsel mit Ausnahme des Jemen kennzeichnend, d. h. für Länder, die geradezu als Paradebeispiele ölreicher Rentierstaaten gelten. Dabei müssen die elementaren geographischen Gegebenheiten, welche die Lebensform der Menschen in diesem Gebiet prägen, gleichfalls berücksichtigt werden.[1]

Die überwiegende Landmasse der Arabischen Halbinsel ist in ihrem Innern von Wüsten bestimmt, in denen die Menschen bis in die Mitte des 20. Jahrhunderts, d. h. bis der Ölreichtum gestaltend in die Lebensformen eingriff, als Nomaden oder Oasenbauern tribal organisiert lebten. Nomadismus und Fernhandel waren die wesentlich prägenden Momente der

Wirtschafts- und Sozialstruktur der Halbinsel. Nur in den Küstenregionen am Roten Meer oder am Persischen Golf gibt es seit alters her eine städtische Zivilisation mit handwerklicher Produktion, und nur im Hedschas (Ḥijāz) und in Asir (ʿAsīr) – welcher kulturlandschaftlich schon zum Jemen zu rechnen ist – sowie in Oman war und ist dank der Regenfälle in den gebirgigen Regionen Landwirtschaft mittels Bewässerungssystemen möglich. Das bis in unser Jahrhundert hinein große Gewicht nomadischer gegenüber seßhaften Kulturformen auf der Halbinsel ist einer der Gründe dafür, weshalb die Symbiose zwischen lokalen Prägungen des Islams und der vorwiegend technologischen Modernisierung durch den Faktor Erdöl ein anderes Gesicht hat als etwa im Irak oder in Iran.

Auch die geringe Besiedlung der Halbinsel spielt hier eine Rolle. Die Einwohnerzahl des Großflächenstaats Saudi-Arabien, der mit seinen 2,15 Millionen Quadratkilometern sechsmal so groß wie Deutschland ist, liegt bei nur 14 Millionen. Der überwiegende Teil der Bevölkerung lebt in den küstennahen Regionen; nur sie errangen zeitweilig historische Bedeutsamkeit, sei es aufgrund eigener Entwicklungen wie der Entstehung des Islams im Hedschas mit den heiligen Städten Mekka und Medina, sei es durch das Interesse fremder Mächte.

Diese waren seit dem Beginn der Neuzeit zunächst nur an Stützpunkten für überseeische Unternehmungen in Richtung Indien interessiert. Die Portugiesen störten das arabisch-islamische Handelsnetz, das sich vom Persischen Golf bis nach Indien und Indonesien erstreckte, empfindlich. Die Briten nahmen den Persischen Golf und auch die Küste des Jemen zur Sicherung des Seeweges nach Indien in Beschlag. Im Golf schützten sie zur Unterbindung der Piraterie einzelne Scheichtümer, die im 19. Jahrhundert zu „Vertragsstaaten" wurden und in den kleineren, erst ab 1971 unabhängigen Golfstaaten fortleben.

Am Roten Meer fühlten sich die Osmanen als nominelle Herren der beiden heiligen Städte des Islams, Mekka und Medina, durch Großbritanniens wachsende Präsenz an der jemenitischen Küste herausgefordert. Als 1745 das erste saudische Staatswesen in der Zentralregion der Arabischen Halbinsel, im Nadschd, entstand, war die Halbinsel gewissermaßen von fremden Mächten umspült. Die beiden ersten Wahhabitenreiche unter der Führung der Familie Saʿūd von 1745 bis 1818 und von 1824 bis 1891, die in der ungefähren Ausdehnung des heutigen Saudi-Arabien bestanden (der zweite saudische Staat allerdings ohne den Hedschas), waren regionale Ordnungsmächte, die sich gegen den Druck ausländischer Kräfte zu behaupten hatten und an ihm scheiterten. Erst im Rahmen von Nationalstaaten und dank des Erdöls gelang die Etablierung eines dauerhaften saudischen Staatswesens.[2]

b) Islam und Staat in Saudi-Arabien

Seit 1986 trägt der saudische König den offiziellen Titel „Diener der beiden heiligen Städte" *(khādim al-ḥaramain ash-sharīfain)* als deutliches Zeichen der besonderen Verbindung von Staat und Religion, zwischen Herrscher und Islam in Saudi-Arabien. Die Herrschaftslegitimation der Familie Saʿūd beruhte zunächst auf der von Muḥammad ibn Saʿūd (gest. 1766) gegenüber Muḥammad ibn ʿAbd al-Wahhāb (1703–1792) eingegangenen Verpflichtung, dessen Islaminterpretation als von ihm anerkannter Herrscher zu fördern und mit Waffengewalt zu verbreiten. Ibn ʿAbd al-Wahhābs Lehre ist von strengem Monotheismus gekennzeichnet (weshalb sich seine Anhänger auch *muwaḥḥidūn*, d. h. Bekenner der Einheit Gottes, oder schlicht Muslime nennen) sowie von der Bekämpfung der damals auf der Arabischen Halbinsel weit verbreiteten Heiligenverehrung, strikter Befolgung der hanbalitischen Rechtsschule und der Hinwendung zum Vorbild des Propheten und der „frommen Altvorderen“ *(as-salaf aṣ-ṣāliḥ).*

Ibn ʿAbd al-Wahhābs Lehre ist zuallererst als innerislamische Reformlehre zu begreifen. Ob sie auch als ein Reflex der Fremdeinflüsse an den Küsten der Halbinsel mit ihren konkreten wirtschaftlichen Auswirkungen auf das Innere Arabiens gesehen werden kann, ist schwer zu sagen. Doch die ersten beiden saudischen Staaten rieben sich sehr wohl an fremden Mächten: Im Auftrag der Osmanen zerstörten die Ägypter unter Muḥammad ʿAlī den ersten saudischen Staat, und im Persischen Golf zwangen zum Teil vom Wahhabismus beeinflußte „Piraten“ die Briten, ihre Interessen mit Waffengewalt durchzusetzen. Mit der Brandschatzung der den Schiiten heiligen Stadt Kerbela 1802 machten sich die Wahhabiten auch in Europa als „Fanatiker“ einen Namen. Kämpferische Auseinandersetzungen mit den fremden und ungläubigen Mächten – ohne jedoch Imperialismus und Kolonialismus direkt selbst erfahren und mit ihm in grundlegende intellektuelle Auseinandersetzung geraten zu müssen – kennzeichnen das Aufeinandertreffen von Moderne und Islam unter saudischer Herrschaft bis weit hinein in die Entstehung des heutigen saudischen Staates.

Nach der Zerstörung des zweiten saudischen Staates 1891 gelang es ʿAbd al-ʿAzīz II. – allgemein bekannt als „Ibn Saud“ (gest. 1953) – zwischen 1902 und 1934, das Territorium des heutigen Staates, der als Königreich Saudi-Arabien seit 1932 offiziell besteht, zu erobern. Für die Eroberung verstand er es, sich Muḥammad ibn ʿAbd al-Wahhābs Lehre in spezieller Weise zunutze zu machen.

1912/13 gründete er die Bewegung der *Ikhwān* (Brüder).[3] Sie waren seßhaft gewordene Beduinen, die in eigens errichteten Siedlungen in den Grundlagen des Islams nach wahhabitischer Lehre unterrichtet und zu fanatischen Glaubenskämpfern erzogen worden waren. Diese Siedlungen wurden, wie der Auszug des Propheten von Mekka nach Medina, der zur Bildung eines ersten islamischen Gemeinwesens geführt hatte, *hijar* (sing. *hijra*) genannt. Dabei sollte hijra nun die Abkehr von der als unislamisch angesehenen nomadischen Lebensweise bedeuten. Das Bekenntnis zum Islam gemäß der Lehre Ibn ʿAbd al-Wahhābs und der Einzug in eine hijra-Siedlung beinhaltete prinzipiell auch einen Bruch mit den traditionellen Stammesbindungen, und ʿAbd al-ʿAzīz gehörte zunächst die ganze Loyalität der Ikhwān. Dies änderte sich nach der Eroberung des Hedschas 1924/25, als es zwischen einigen Ikhwān-Führern und ʿAbd al-ʿAzīz zu einem Konflikt kam, der im wesentlichen darauf beruhte, daß die Ikhwān die Grenzen des werdenden Nationalstaates in ihrem Bekehrungseifer nicht anerkennen wollten. 1929/30 besiegte ʿAbd al-ʿAzīz die letzten der Ikhwān-Rebellen, die nun für die Eroberung des weiten Gebietes Saudi-Arabien ihre Schuldigkeit getan hatten.

Nach der Eroberung des Hedschas setzte die Entwicklung Saudi-Arabiens zu einem modernen, islamischen Staat ein.[4] Noch war ʿAbd al-ʿAzīz „König des Hedschas und Sultan des Nadschd und der dazugehörigen Gebiete". Am 28. August 1926 erließ er die „grundlegenden Instruktionen für das Königreich Hedschas" *(at-taʿlīmāt al-asāsīya li-l-mamlaka al-ḥijāzīya)*, die jedoch nur für den Hedschas und de facto nur bis 1932, bis zur Proklamation des Königreiches Saudi-Arabien *(al-mamlaka al-ʿarabīya as-saʿūdīya)*, Gültigkeit hatten. In ihnen wird das Königreich als arabischer, unabhängiger, konsultativer *(shūrawīya)* und islamischer Staat ausgegeben (Art. 2), die Verwaltung lag in der Hand von ʿAbd al-ʿAzīz, der jedoch an die Bestimmungen der *sharīʿa* gebunden war *(muqaiyad bi-aḥkām ash-sharʿ)* (Art. 4), und alle Rechtsprechung des Königreiches *(jamīʿ aḥkām al-mamlaka)* sollte in Übereinstimmung mit dem Buch Gottes, der *sunna* seines Propheten und dem Vorbild seiner Genossen und der frommen Altvorderen stehen.

Es ist die Bindung der Herrschaftsausübung an das islamische Recht, die Saudi-Arabien per definitionem zu einem islamischen Staat macht. Sie wurde immer wieder durch die Formel zum Ausdruck gebracht: Die Verfassung des Landes ist der Koran. De facto Verfassungscharakter hatte die noch kurz vor dem Tod des Staatsgründers ʿAbd al-ʿAzīz 1953 geschaffene Ministerratsordnung (1958 erweitert) insofern, als sie die Staatsform (arabische, unabhängige, islamische und konsultative Monarchie) und die Gewalten (gesetzgebende – *tashrīʿīya*, ausübende – *tanfīdhīya* und administrative – *idārīya*) festlegte. Nicht zuletzt wegen der unbefriedigenden Herrschaftsausübung König Sauds und dessen Rivalität mit Kronprinz Faiṣal gab es Anfang der sechziger Jahre auch innerhalb des Königshauses, angeführt von Prinz Ṭalāl ibn ʿAbd al-ʿAzīz, eine starke Verfassungsbewegung. Von Jamāl ʿAbd an-Nāṣir (Nasser) unterstützt, legte dieser in seiner um 1962 in Kairo gedruckten Schrift „Botschaft an einen Mitbürger" („Risāla ilā muwāṭin") einen Verfassungsentwurf vor. Dieser läßt jedoch keine gravierende Änderung bezüglich der heute noch praktizierten Herrschaftsform und der Bindung des Staates an die Religion erkennen.

Die Bewegung der „freiheitlichen Prinzipien", wie sie genannt wurde, war gewissermaßen nur die Spitze eines stillen geistig-kulturellen Wandels, der Saudi-Arabien etwa seit den zwanziger Jahren allmählich erfaßt hatte. Die Einverleibung Mekkas 1924 hatte durch die Pilgerfahrt zwangsläufig auch zur Auseinandersetzung mit modernistischen Islamauffassungen aus anderen Teilen der islamischen Welt geführt. König ʿAbd al-ʿAzīz hatte nicht nur gegen die Ikhwān das Prinzip des Nationalstaates zu verteidigen, sondern mußte auch die Anwesenheit „ungläubiger" amerikanischer Erdölspezialisten als im Dienst des Islams rechtfertigen. Im Zuge der Anpassung an die Notwendigkeiten eines neuzeitlichen Staatswesens, wobei adäquate Bildung eine wichtige Rolle spielte, transformierte sich die *Wahhābīya* mit der Zeit zu einer „Neo-Wahhābīya", die viel vom modernistischen Gedankengut des *Salafīya*-Islams und z. B. auch der *Muslimbrüder* annahm und zugleich Vertretern dieser Richtung eine neue Heimat bot.[5]

Seit der Besetzung des Heiligtums von Mekka im November 1979 war von der saudischen Regierung immer wieder ein Grundgesetz *(niẓām asāsī)* in Aussicht gestellt worden. Erst Krise und Krieg am Golf nach dem irakischen Einmarsch in Kuwait im August 1991 brachten ausreichenden inneren und äußeren Druck mit sich, der zur Proklamation eines „Grundgesetzes" am 1. März 1992 führte. Im Zusammenhang mit dem Ende des Ost-West-Konflikts und dem Diskurs einer „neuen Weltordnung" erhielt während der Golfkrise die Diskussion um Menschenrechte und Demokratisierung in den ölreichen Staaten der Arabischen Halbinsel neue Nahrung. Vor allem in Kuwait machten sich nicht mehr zu unterdrückende Demokratisierungsbestrebungen bemerkbar. In Saudi-Arabien selbst hatte sich die Spannung zwischen Kräften eines konservativen und fundamentalistischen Islam- und Staatsverständnisses und eher modern denkenden Kräften verschärft. Der konkrete Anlaß war die massive Stationierung amerikanischer und sonstiger „ungläubiger" Truppen einschließlich weiblichen Personals auf „islamischem" Boden. Alte und neue Klagen über unislamischen Lebenswandel der herrschenden Familien und über Korruption bildeten den Hintergrund der Empörung.[6]

Hinsichtlich der konkreten Gestaltung von Herrschaft stellt das „Grundgesetz für die Herrschaftsausübung" *(an-niẓām al-asāsī li-l-ḥukm)* vom 1. März 1992 (27. Shaʿbān 1412) wie erwartet die Festschreibung der bestehenden Verhältnisse dar.[7] Das Grundgesetz, wörtlich „grundlegende Ordnung", ist nicht als Verfassung zu verstehen, da nach islamischer Lehre die von Gott gewollte Ordnung im Koran offenbart und vom Propheten in vorbildlicher Weise praktiziert worden ist und über allen von Menschen gemachten Gesetzen steht. Folgerichtig werden in Artikel 1 des Grundgesetzes Koran und Sunna als „Verfassung" *(dustūr)* Saudi-Arabiens genannt.

Staatsform ist die Monarchie der Söhne und deren Söhne des Staatsgründers ʿAbd al-ʿAzīz, von denen der Kronprinz durch den jeweiligen König bestimmt wird (Art. 5). Die Bürger versprechen dem König auf der Grundlage von Koran und Sunna Gehorsam in guten wie in schlechten Zeiten (Art. 6). In welcher Form und mittels welcher Repräsentation der Bürger diese Huldigung *(baiʿa)* vollzogen werden soll, wird nicht erwähnt. Die Regierungsgewalt basiert auf Koran und Sunna, die zugleich die Kriterien für die Gültigkeit des Grundgesetzes und anderer „Gesetze" des Staates sind (Art. 7). Als weitere bindende Kriterien der Herrschaftslegitimation werden Gerechtigkeit *(ʿadl)*, Beratung *(shūrā)* und Gleichheit *(musāwāt)* gemäß dem islamischen Recht *(ash-sharīʿa al-islāmīya)* genannt (Art. 8).

Die im Grundgesetz festgelegte Herrschaftsform ist keine absolute Monarchie, da über dem Herrscher das islamische Recht steht. Dieses zum Wohl der Bevölkerung zur Anwendung kommen zu lassen, ist in ihm impliziert und macht die Legitimität der Herrschaft aus. Die Einschränkung der Herrschaftsgewalt durch ihre Bindung an das islamische Recht besitzt jedoch insofern nur prinzipiellen Charakter, als islamisches Recht gerade nach der in Saudi-Arabien herrschenden hanbalitischen Rechtsschule vorsieht, daß der Herrscher in Notfällen zum Wohl der Gemeinschaft Bestimmungen des islamischen Rechts zeitweilig außer Kraft setzen kann.

Auch als konstitutionelle Monarchie ist das saudische System nicht zu begreifen, denn die Abwehrrechte des Bürgers gegenüber dem Staat werden gerade über den allgemeinen Hinweis auf die sharīʿa und das Recht des Bürgers, beim König Klagen vorzubringen (Art. 43), hinaus kaum definiert. Bei letzterem ist sowohl alte Beduinentradition mit angesprochen als auch der direkt dem König unterstellte *Beschwerdegerichtshof (Dīwān al-maẓālim)*, dessen neue Prozeßordnung 1989 in Kraft getreten war.

Die Teilung der Gewalten in eine judikative, eine exekutive und eine verordnende ist vorgesehen. Der an die sharīʿa gebundene König ist für alle drei Gewalten oberste Instanz (Art. 44). Was gemäß der sharīʿa sei, wird in Rechtsgutachten (arab. *fatāwā*, sing. *fatwā*) eines Gremiums von Religionsgelehrten festgelegt, dessen Zusammensetzung ein weiteres Gesetz regelt. Wichtigstes Organ der Exekutive ist der Ministerrat mit dem König an der Spitze, der die Mitglieder bestimmt und den Rat auflösen kann (Art. 56/57). Am Tag der Proklamation des Grundgesetzes wurde zugleich die „Ordnung des *Konsultativrats*" *(niẓām majlis ash-shūrā)* nebst einer neuen Provinzordnung erlassen. Das Gesetz zum Konsultativrat abrogiert ausdrücklich das kaum bekannte von 1347 (1928/29).[8] Der Rat setzt sich aus 60 vom König bestimmten Männern saudischer Nationalität zusammen, die über 30 Jahre alt sein müssen (Art. 3). Er wird alle vier Jahre neu bestimmt, ihm kommt ausschließlich beratende Funktion zu. Obgleich *majlis* in vielen islamischen Ländern das Wort für „Parlament" ist und in modernen Islaminterpretationen *shūrā* häufig als Inbegriff „islamischer Demokratie" dargestellt wird, besitzt der neue saudische Konsultativrat keine Funktionen, die als Herrschaftspartizipation gedeutet werden könnten. Mit ihm ist nicht ein Schritt in Richtung Demokratisierung verbunden, sondern nur das Zugeständnis an ein neues politisches Begriffsklima in der islamischen Welt.

Von einer „Verfassung" als einer „Errungenschaft des Volks" kann keine Rede sein. Daß der Schutz des Bürgers vor willkürlicher Verhaftung und die Unversehrtheit seines Hauses ausdrücklich erwähnt werden, wurde in Kommentaren schon als bemerkenswert herausgestrichen. Das Konzept des Staatsbürgers ist letztlich in diesem Gesetz nicht enthalten. Zur Frage der Behandlung von Nichtmuslimen ließe sich noch etwas über die erklärte Gültigkeit der sharīʿa ableiten, doch wie man mit der muslimischen Minderheit der de facto durch den Wahhabismus unterdrückten Schiiten im Lande umgehen will – ob z. B. die jaʿfaritische Rechtsschule Anerkennung findet –, darüber sagt das Gesetzeswerk nichts.

Gleichwohl lassen sich an das Grundgesetz einige theoretische Fragen zum immer wichtiger werdenden Problem des Verhältnisses von Islam und modernem Nationalstaat knüpfen. Liest man die Rede König Fahds zur Proklamation des Grundgesetzes als Präambel – was eindeutig die Intention dieser Rede war –, dann stellt sich das Grundgesetz als Text dar, in dem islamisches Recht, wie in Verfassungen anderer islamischer Länder auch, als *die* Quelle der Rechtsfindung ausgegeben wird, wobei über die konkrete Anwendung im Einzelfall letztlich der König entscheidet. Ansonsten spricht der Text nur von Dingen, die auch in einer nichtislamischen Verfassung stehen könnten. Der Islam erscheint überwiegend in der Präambel, in der seine Gültigkeit mit der Versicherung „so wie es bei den Vätern war" beschworen wird. Eindrücklich wendet sich König Fahd dagegen, daß es in Saudi-Arabien in den sechzig Jahren seit der Staatsproklamation 1932 ein „Verfassungsvakuum" gegeben habe und verweist auf die Gültigkeit der sharīʿa. Im Grundgesetz selbst kommen dann auch moderne Rechtsprinzipien zum Tragen. Neben Ansätzen zur Rechtsstaatlichkeit wie in dem Artikel, der die Unversehrtheit der Häuser zugesteht, und einem beachtlichen Ausmaß an sozialer Sicherheit, für die sich der Staat verbürgt, heißt es in Artikel 26 auch: „Der Staat schützt die Menschenrechte *(ḥuqūq al-insān)* in Übereinstimmung mit der islamischen sharīʿa".

Dieser bündige Satz verweist auf die Spannung, in der das Grundgesetz steht. Gewiß hat die Tatsache, daß sich die saudische Regierung nach langen Jahren des Zögerns nun zum Grundgesetz entschloß, auch mit dem unguten Gefühl der Amerikaner, in der Krise um Kuwait nur nichtdemokratische Regime zu stützen, und mit der breit geführten Diskussion um Demokratisierung nach dem Zusammenbruch der Sowjetunion zu tun. Damit ist aber nicht die weitaus interessantere Frage geklärt, weshalb seit der Staatsgründung mit der Verfassung eines Grundgesetzes gezögert wurde. Der Artikel zu den Menschenrechten signalisiert nicht nur, daß man sich auf diese Kategorie irgendwie einläßt, sondern er impliziert, daß man sich in der Rechtfertigung politischer Macht auf die Legitimationsdiskurse zweier Kulturen stützt. Die potentielle Sprengkraft dessen läßt sich durch die Fragen vergegenwärtigen: „Wozu der Verweis auf die sharīʿa?", oder – und in der heutigen kulturellen Situation auf der Arabischen Halbinsel wäre dies nicht nur fernliegende Theorie – „Wozu die Verpflichtung auf die (westlichen) Menschenrechte?" Eine saudische Menschenrechtsgruppe von Rechtsanwälten und Universitätsprofessoren, die – wohl auch durch die entsprechende Aussage des neuen Grundgesetzes ermuntert – die Einhaltung der Menschenrechte einklagte, bekam im Mai 1993 die tatsächliche Menschenrechtspraxis in Saudi-Arabien mit Verhaftungen und Berufsverboten zu spüren.

c) Die Entwicklung im Rechtswesen

Gerade weil in Saudi-Arabien islamisches Recht nie durch europäisches in seiner Gültigkeit beeinträchtigt wurde, erfordert die dortige Rechtsentwicklung angesichts der Diskussion über die Wiedereinführung der *sharīʿa* in anderen islamischen Ländern Aufmerksamkeit. Zwei Aspekte bestimmen die Entwicklung im Rechtswesen Saudi-Arabiens seit der Gründung des Staates: Erstens die immer straffere Regulierung und Kontrolle der Scheriatsgerichtsbarkeit selbst, zweitens die wachsende Zahl von de-facto-Gesetzen zu Rechtsbereichen, zu denen die sharīʿa kaum Aussagen enthält und die erst in der Moderne zum Problem wurden.

In Saudi-Arabien gilt der Grundsatz, daß Gott alleiniger Gesetzgeber sei. Daher werden die durch königliches Dekret *(marsūm malakī)* erlassenen Gesetze nicht wie üblich *qānūn*, sondern *niẓām* (pl. *anẓima*), d. h. „Ordnung", „Satzung" genannt. Damit soll betont werden, daß von Menschen gemachtes Recht nicht göttlichem gleichgesetzt wird. Viele der Autoren, die eine Darstellung des Rechtssystems in Saudi-Arabien geben, fühlen sich genötigt, das Recht des Herrschers, Gesetze zu erlassen, islamisch zu legitimieren. So ist z. B. die umfangreiche Arbeit von ʿAbd ar-Raḥmān ʿAbd al-ʿAzīz al-Qāsim: „Die islamische Rechtsordnung („an-Niẓām al-qaḍāʾī al-islāmī") (Kairo 1973) auch diesem Ziel gewidmet, und Ṣubḥī Maḥmaṣānī in seinem Buch: „Die Rechtssysteme der arabischen Länder" („al-Auḍāʿ at-tashrīʿīya fī d-duwal al-ʿarabīya") (Beirut 1965) sieht in der saudischen Gesetzgebung, die aufgrund neuer Umstände und Bedürfnisse notwendig geworden ist, die Erfüllung der Forderung einer Politik gemäß der sharīʿa *(as-siyāsa ash-sharʿīya)*, wie sie von mittelalterlichen Staatstheoretikern, insbesondere auch dem Hanbaliten Ibn Taimīya (gest. 1328), erhoben worden war. Letztlich steht hinter der Diskussion dieses Fragenkomplexes die einfache Tatsache und Einsicht, daß ein moderner Staat mit der sharīʿa allein, wie sie uns in den mittelalterlichen Kompendien begegnet, nicht zu führen ist.

Das erste Gesetz zur Organisation der Scheriatsgerichte war das vom 12. August 1927 (4. Ṣafar 1346). Es sah drei Spruchinstanzen vor: (a) Das *Schnellgericht (al-Maḥkama al mustaʿjila)*, das von einem Richter besetzt war, und das nur Streitfälle bis zu einer (im Laufe der Zeit erhöhten) bestimmten Summe und solche Straffälle erfaßte, die nicht Handabschlagen oder Hinrichtung als Strafe implizierten. Für die Beduinen gab es eine weitere Art von Schnellgerichten, in denen Gewohnheitsrecht zur Anwendung kam. (b) Der *Scheriatsgerichtshof (al-Maḥkama ash-sharʿīya)*, in dem sämtliche Fälle behandelt wurden, die die Zuständigkeit der Schnellgerichte überstiegen. (c) Der *Kontrollausschuß (Haiʾat al-murāqaba)*, dem die Kontrolle sämtlicher Scheriatsgerichte unterstellt war und der auch Revisionsaufgaben erfüllte und daher auch *Revisionsausschuß (Haiʾat at-tamyīz)* genannt wurde.

Recht wurde nach hanbalitischer Rechtsschule gesprochen. In einem Beschluß des Kontrollausschusses von 1928 war festgelegt worden, welche hanbalitischen Rechtskompendien die Richter zur Urteilsfindung heranzuziehen hatten.[9]

Schon recht bald wurde diese Grundstruktur der Rechtsprechung in Saudi-Arabien durch eine Reihe wichtiger und z. T. sehr umfangreicher weiterer Gerichts- und Prozeßordnungsgesetze ergänzt. Seit 1975 ist ein neues, umfassendes Gerichtsverfassungsgesetz in Kraft (Dekret Nr. 64 vom 14.7.1395/1975 und Nr. 76 vom 14.10.1395/1975).[10] Es führt einen neuen, aus elf hohen Richtern und Beamten gebildeten *Obersten Justizrat (Majlis al-qaḍā' al-aʿlā)* ein, der die nachgeordneten Gerichte kontrolliert, allgemeine Grundsätze des islamischen Rechts formuliert, Rechtsfragen klärt und Gerichtsentscheidungen, die Todesstrafe, Steinigung oder Handabschlagen implizieren, überprüft. Zu seinen Funktionen gehört ferner die Erstellung von fatāwā, die Aufsicht über die sogenannte Religionspolizei (s. u.) sowie die Kontrolle des Bildungswesens, das in seinen Lerninhalten und Methoden mit der sharīʿa übereinstimmen muß.

Dem Obersten Justizrat sind das *Revisionsgericht (Maḥkamat at-tamyīz)* in Riad, die *Allgemeinen Gerichte (Maḥākim ʿāmma)* und die *Untergerichte (Maḥākim juz'īya)* nachgeordnet, wobei der Kompetenzbereich der beiden letztgenannten Spruchinstanzen den früheren Scheriatsgerichtshöfen und den Schnellgerichten weitgehend gleicht. Die Gerichtsverhandlungen sind in der Regel öffentlich, Urteilsverkündungen müssen es sein. Die Unabhängigkeit der Richter ist vorgesehen, sie sind nur an die sharīʿa und die geltenden Gesetze bzw. Verordnungen *(anẓima)* gebunden. Inwieweit in der letzten Zeit eine Lockerung der strengen Bindung an die hanbalitische Rechtsschule eingetreten ist, läßt sich nicht klar erkennen, doch es wurde darüber gesprochen.

Neben den Scheriatsgerichtshöfen gibt es in Saudi-Arabien weitere Rechtsprechungsinstanzen, die jedoch nicht Gerichte genannt werden. So z. B. die 1954 geschaffene Beschwerdestelle für Streitfälle zwischen Bürgern und Verwaltungsbehörden, der *Dīwān al-maẓālim*, der auf die mittelalterliche islamische Institution der maẓālim-Gerichtsbarkeit des Herrschers zurückgeht.

Für den Bereich der Wirtschaft gibt es eine ganze Reihe von Gesetzen, welche auch Spruchinstanzen im Rahmen des Geltungsbereiches des jeweiligen Gesetzes vorsehen. Sie haben keinerlei spezifisch islamischen Charakter mehr. Schon 1926 war in Dschidda der *Handelsrat (al-Majlis at-tijārī)* geschaffen worden, dessen Ausstattung und Zuständigkeiten 1931 gesetzlich festgelegt wurden. Mit dem Gesetz über ausländische Kapitalinvestitionen vom 25.2.1954 (15. Shawwāl 1383, Dekret Nr. 50) wurde ein besonderer Ausschuß geschaffen, der sich mit ausländischen Kapitalinvestitionen befaßt und im Rahmen dieses Gesetzes recht weitgehende rechtliche Kompetenzen auch bei Streitfällen besitzt. Das Gesetz über die Handelsgesellschaften vom 20. Juli 1965 (22. Rabīʿ II. 1385, Dekret M/6) sieht eine Kommission zur Regelung von Streitigkeiten von Handelsgesellschaften vor und enthält auch eine Reihe von Strafbestimmungen. Mit dem Arbeitsrecht vom 15. November 1969 (6. Ramaḍān 1389, Dekret M/21) wurden für

Arbeitsstreitfälle erstinstanzliche und oberste Kommissionen für die Beilegung von Streitfällen geschaffen.[11]

Die genannten Gesetze zum Wirtschaftsleben sind nur ein kleiner Teil der vielen, im Laufe der Zeit von den saudischen Regierungen erlassenen Gesetze, die im Zuge der Modernisierung des Landes einfach nötig waren. Ein moderner Staat braucht neben einer umfangreichen Wirtschaftsgesetzgebung auch Sozialgesetze, ein Beamtenrecht, eine Straßenverkehrsordnung, Presse-, Rundfunk- und Fernsehrechte etc. All diese Bereiche werden in Saudi-Arabien durch Verordnungen geregelt, die de-facto-Gesetze darstellen. Dabei ist es interessant zu sehen, daß es zu einigen Aspekten des sharīʿa-Strafrechtes auch Kodifizierung durch Verordnungen gibt wie z. B. bei Zahlung der Blutschuld *(diya)* im Falle der Tötung bei Verkehrsunfällen oder beim Alkoholverbot von 1928. Gerade in letzterem Fall wird die Kollision zwischen religiösem und nationalem Prinzip deutlich: Das ursprünglich natürlich nur für Muslime gedachte Verbot des Korans wird zu einem nationalen Gesetz, das in Saudi-Arabien wie in Libyen für alle Personen ungeachtet ihrer Religionszugehörigkeit gilt.

Als wichtige Institution der Kontrolle religiös-rechtlicher Observanz in der Öffentlichkeit ist schließlich die von Ausländern häufig einfach Religionspolizei genannte *Haiʾat al-amr bi-l-maʿrūf wa-n-nahy ʿan al-munkar* zu nennen, deren Bezeichnung „Kommission des Gebietens, was recht ist, und des Verbietens, was verwerflich ist" der entsprechenden, an alle Muslime gerichteten Forderung des Korans (z. B. 7:157, 9:72 und 112, 22:41) entlehnt ist. Sie war nach der Eroberung des Hedschas nicht zuletzt auch deshalb gegründet worden, um die dortige, im Vergleich zu der des Nadschd religiös liberalere Bevölkerung vor Übergriffen der eifernden *Ikhwān* zu schützen. In ihrer Funktion wird die Organisation immer wieder mit der *ḥisba*, d. h. dem Amt des Marktaufsehers der mittelalterlichen islamischen Städte, verglichen, das oft mit dem der „Polizei" *(shurṭa)* gekoppelt war.[12] Heute gehört zu den Aufgaben dieser Religionspolizei die Überwachung der Schließung der Geschäfte während der Gebetszeiten (damit die am Gebet Teilnehmenden nicht durch mögliche Geschäftseinbußen bestraft werden), des Einhaltens des Fastengebots während des *Ramaḍān*, der züchtigen Kleidung der Frauen und ähnliches mehr.

In dieser Institution der Religionspolizei kommt der Konflikt zwischen liberaler Gestaltung privater Lebensstile und dem Ideal einer islamischen Gesellschaft, die das Heil primär im rechtmäßigen Verhalten der muslimischen Gemeinde, der *umma*, sieht, zum Ausdruck. Die Religionspolizei stand und steht im Kreuzfeuer heftiger Kritik sowohl von seiten „linker" oppositioneller Gruppierungen als auch einiger Islamisten, die meinen, daß mit bloß äußerlichen Maßregelungen die Auseinandersetzung mit der Moderne kaum bewältigt werden könne. Das eigenmächtige Vorgehen der Religionspolizei soll auch der Grund dafür gewesen sein, daß der Schutz der Privatsphäre ausdrücklich in das Grundgesetz aufgenommen wurde.

d) Die kleineren Staaten am Persischen Golf

Ebenso wie Saudi-Arabien sind auch die kleineren Staaten am Persischen Golf erdölreiche Rentierstaaten, deren politisches System jedoch nicht in gleich enger Weise mit dem Islam verknüpft ist. Der wesentliche Grund dafür ist, daß sie im Unterschied zu Saudi-Arabien lange Zeit britische Kolonialherrschaft erlebt haben: Kuwait bis 1961, Bahrain, Qatar und die Vereinigten Arabischen Emirate bis 1971. Für Oman blieb Großbritannien bis 1970 Schutzmacht. Der Einfluß Großbritanniens, das an stabilen politischen Verhältnissen interessiert war, führte Ende des 18., Anfang des 19. Jahrhunderts zur Bildung von Herrschaftsdynastien. Im 20. Jahrhundert traten an die Stelle britischer Subsidien die Erdöleinnahmen, durch welche die kaum eingeschränkte Macht der Herrscherfamilien dieser Rentierstaaten gestützt wird. Heute stehen sie mehr und mehr unter dem Druck, ihre Herrschaft sowohl gegenüber Demokratieforderungen als auch gegenüber islamistischen Bewegungen zu legitimieren.

Britische Herrschaft hatte mit ihrer Kanonenbootpolitik entlang der „Piratenküste" und späteren Einbindung der dort Herrschenden mit Verträgen (daher „Vertragsküste" [Trucial Coast]) auch die Wahhabiten im Visier, welche während des ganzen 19. Jahrhunderts zum Persischen Golf hin weitaus größeren Einfluß als im Westen der Halbinsel besaßen. In den Konflikt zwischen den Stammeskonföderationen der Ghāfirī und der Hināwī, der bis heute noch interne politische Auseinandersetzungen in den Vereinigten Arabischen Emiraten beeinflußt, spielt auch die Beziehung zum Wahhabismus mit hinein. Qatar folgt der wahhabitischen Richtung, in Kuwait ist ihr Einfluß unter den dort vorherrschend lebenden Sunniten spürbar.

Neben dem britischen Einfluß ist allgemein auch die geographische Lage der kleineren Golfstaaten für ihre immer wieder festgestellte „liberalere" Bindung an den Islam ausschlaggebend gewesen. Über Jahrhunderte hinweg waren sie Ausgangspunkt oder Zwischenstation weitreichender Handelsunternehmungen nach Südasien. In den omanischen Küstenstädten gehören Inder seit alter Zeit zur Bevölkerung, und seit dem Anbruch des Ölzeitalters bestimmen in den kleineren Golfstaaten Gastarbeiter auch aus anderen asiatischen Ländern das Straßenbild.

Religiöse Minderheiten spielen in den kleineren Golfstaaten eine größere Rolle als in Saudi-Arabien. Während hier die überwiegend an der Ostküste bei den saudischen Ölfeldern lebenden Schiiten nur eine klare, durch den Wahhabismus stark unterdrückte Minderheit darstellen, machen sie in Bahrain mit etwa 70% gegenüber 30% Sunniten eindeutig die Mehrheit aus. Widerstand gegen Benachteiligung von Schiiten spielte früher in Arbeitskämpfe hinein. Seit der Revolution in Iran, in deren Folge von Iran erneut Ansprüche auf Bahrain erhoben worden waren, ist schiitische Opposition, ob von Iran gesteuert oder nicht, in stärkerem Maße religiös motiviert. Doch am Beispiel der Schiiten am Persischen Golf – die in Bahrain und Kuwait, im Unterschied zu den arabischen Schiiten im Irak, obendrein in der Regel iranischer Abstammung sind – zeigte sich einmal mehr, daß die nationalstaatlichen Grenzen, so artifiziell sie auch sein mögen, keineswegs so leicht überschritten werden, wie dies manchmal vermutet wird.[13]

Kuwait besitzt seit 1962 eine Verfassung und zeichnet sich vor den anderen Staaten der Halbinsel durch eine gewisse parlamentarische Tradition aus. Nach der irakischen Invasion am 2. August 1990 konnte die Opposition die Gelegenheit nutzen, dem Herrscher das Versprechen zu Neuwahlen des 1986 aufgelösten Parlaments abzutrotzen. Bei den Wahlen am 5. Oktober 1992 konnten oppositionelle Gruppierungen (politische Parteien sind verboten) über dreißig der insgesamt fünfzig Sitze erringen. Damit war jedoch keineswegs die Macht des Herrscherhauses gebrochen; gegen den Willen der Opposition ist der Kronprinz erneut Ministerpräsident. Die Opposition teilt sich in einen linken und einen islamischen Flügel. Selbst wieder in verschiedene Richtungen gespalten, hatte dieser insgesamt zehn Sitze erringen können, wovon drei an Schiiten gingen.

Über die aktuellen und tatsächlichen Machtverhältnisse mögen das Parlament Kuwaits und seine Zusammensetzung relativ wenig aussagen. Gleichwohl hat es große Bedeutung als Baustein im Prozeß der Ablösung von beduinisch geprägten Herrschaftsstrukturen durch eine verfassungsgebundene Staatsform. Eine nicht minder wichtige Rolle im politisch-sozialen Modernisierungsprozeß nicht nur Kuwaits, sondern vieler arabischer Länder, spielt gerade wegen des häufigen Fehlens von Parteien die Existenz von Vereinen und Interessengruppen. In ihnen wird die Bildung von Bürgersinn greifbar.[14]

Oman, trotz der Ende 1991 eingesetzten beratenden Versammlung eine absolute Monarchie, in der seit 1970 alle Gewalt vom Sultan Qābūs ibn Saʿīd Āl Saʿīd ausgeht, spielt unter den Staaten der Arabischen Halbinsel auch hinsichtlich der religiösen Verhältnisse eine Sonderrolle. Hier hat sich im gebirgigen Innern des Landes die *Ibāḍīya*, ein Zweig der extremistischen *Khārijīya* aus der Frühzeit des Islams, behaupten können.[15] Der ibaditische Imam war 1959 von der Dynastie der Āl Bū Saʿīd 1959 entmachtet worden, gleichwohl gilt die Ibāḍīya in Oman als der Islam schlechthin. Mit der Entwicklung Omans zu einem ölreichen Rentierstaat unter den Bedingungen moderner Nationalstaatlichkeit ist zum traditionellen Spannungsfeld zwischen Küste und Hinterland das der Modernisierung hinzugekommen. Den damit verbundenen Problemen wird einerseits mit Ölgeldern und andererseits mit Bemühungen um eine nachträglich ibaditische Legitimierung des Herrschers als eines glaubwürdigen Anwärters auf das geistliche Imamat entgegengesteuert.[16]

Für die Frage, welche Bedeutung dem Islam in Staat und Recht auf der Arabischen Halbinsel zukommt, läßt die Beobachtung der achtziger und der begonnenen neunziger Jahre folgenden Schluß zu: Trotz der massiv betonten Bindung an den Islam haben auch diese Staaten mit erheblichen oppositionellen islamistischen Strömungen und Bewegungen zu kämpfen. Der wesentliche Grund liegt in der Diskrepanz zwischen Autokratie und Marginalisierung nicht unerheblicher Bevölkerungsteile trotz großzügiger

Streuung des Ölreichtums und trotz jüngerer Versuche, ausgewählte Repräsentanten an der Machtausübung begrenzt teilhaben zu lassen. Sosehr die islamistische Ideologie dem Begriff Demokratie auch ambivalent gegenüberstehen mag, mangelnde Partizipation stärkt sie auch dort, wo angeblich der Anspruch des Islams triumphiert. Die Politisierung des Islams hat auch auf der Arabischen Halbinsel in erheblichem Umfang zugenommen. Die Frage, wo sich da der Einzelne aufgehoben weiß, wird man im Auge behalten müssen.

22. Jemen

(Hédi Eckert)

a) Der Jemen, ein pluraler Großraum in Randlage

Als einziges historisches Verdichtungsgebiet der Arabischen Halbinsel verdient der Jemen besondere Beachtung. Über dreitausend Jahre kontinuierlicher Hochkultur haben sich hier in einem landschaftlich stark differenzierten Raum abgespielt, dessen heute zunehmende Randlage archaisch wirkende Gesellschafts- und Wirtschaftsformen bis in die jüngste Gegenwart hinein erhalten hat. Der Einfachheit halber sollen drei große natürliche Landschaftsräume unterschieden werden:

(1.) Die Tihāma: Ein schmaler, niederschlagsarmer Küstenraum, der sich zwischen dem Roten Meer im Westen und dem Steilabfall der Sarāt-Gebirgskette im Osten in süd-nördlicher Richtung hinzieht. Er ist in der Bibel bereits als Tehom belegt.

(2.) Die Hochplateaus: Zwischen der alpinen Formation der Sarāt-Kette im Westen und nach Osten hin allmählich zur Wüste hin abfallend, erstreckt sich auf über 2000 m über dem Meeresspiegel eine von Monsunniederschlägen begünstigte Hochebene. In Nord-Süd-Richtung verlaufend, stellt sie ein kontinuierliches Siedlungsband dar und bildet das Kernland des „Glücklichen Arabien“. Als Karawanenetappen, Kultmittelpunkte und befestigte Anlagen politischer Machtentfaltung liegen hier im 200 km-Abstand kleinräumige Metropolen wie Sada (Ṣaʿda), Sana (Ṣanʿāʾ) und Taizz (Taʿizz), welche auf die Sabäerzeit zurückgehen.

(3.) Hadramaut (Ḥaḍramaut): Ein von Oasensträngen aufgelockertes Wüstengebiet im Osten mit einer langgestreckten Meeresfassade im Süden (Golf von Aden und Indischer Ozean).

Zu diesem jemenitischen Großraum zählen auch jene Irredenta-Gebiete im Norden der derzeitigen Republik Jemen, die als Provinzen Jīzān, Asir (ʿAsīr) und Nadschran (Najrān) zu Anfang der dreißiger Jahre unter britischem Druck vom unabhängigen Kern-Jemen der zaiditischen Imame für eine Dauer von 60 Jahren saudischer Souveränität überantwortet wurden.

Den Siedlungsschwerpunkt des jemenitischen Großraums bilden bis in die Gegenwart hinein die Hochplateaus, wo weit über 80% der Gesamtbevölkerung des seit 1990 wiedervereinigten Nord- und Südjemen in intensiv bewirtschafteten Agrargebieten leben. Im doppelten Sinne des Wortes – defensiver Rückzugsraum und Stammesgebiet – handelt es sich hier um eine den maghrebinischen Kabyleien vergleichbare großflächige „Kabylei".[1] Namentlich in dieser von Hochgebirgskette und Wüste abgeriegelten Hochplateau-„Kabylei" des zentralen Jemen gleiten im Laufe der Geschichte an der Perlenschnur des Siedlungsstranges die politischen Machtzentren auf und ab. Hier nahmen in der Regel auch jene Reiche ihren Ursprung, die sich bei wachsender Machtfülle den gesamten jemenitischen Nutzraum mit Tihāma im Westen und Hadramaut im Osten untertan machten. In diese geopolitischen Zwänge paßten sich auch zu islamischer Zeit die entweder aufeinanderfolgenden oder miteinander konkurrierenden und von ferner kalifaler Zentralgewalt recht unabhängigen Staatenbildungen ein. Es handelt sich hierbei ganz offensichtlich um Grundvoraussetzungen für eine sonst nur schwerlich zu erklärende Kontinuität in der Entfaltung einer eigenwilligen Kultur. Unter diesem Blickwinkel ist nun nicht nur der Islam im Jemen zu betrachten, sondern auch dessen erst in den Anfängen stehender Anpassungsprozeß an veränderte großräumliche Strukturen.

Das Staatsgebiet der aus der Wiedervereinigung im Jahre 1990 hervorgegangenen Republik Jemen hat mit ca. 530000 km² Fläche die Größe Frankreichs. In diesem Gebiet leben ca. 15 Millionen Menschen. Nur etwa 20% des derzeitigen Staatsgebietes – oder jene 195000 km² des vormaligen Nordjemen – bieten sich als Landwirtschafts- und Siedlungsräume an. Somit liegt eine mittlere Nettobevölkerungsdichte zwischen 120 und 180 Einwohnern pro Quadratkilometer. Aufgrund eines lawinenhaften Verstädterungsprozesses, den 1991 die Ausweisung der jemenitischen Gastarbeiter aus den Golfstaaten und aus Saudi-Arabien noch verstärkte, darf man heute eine Verstädterungsrate von rund 30% der Gesamtbevölkerung annehmen. Mit 1,4 Millionen Einwohnern (1993) liegt die Hauptstadt Sana an der Spitze. Städte wie Aden, Taizz, al-Ḥudaida und al-Mukalla nähern sich der Halbmillionengrenze, wobei infolge der Erdölfunde im Südosten des Landes die Hafenstadt al-Mukalla wie auch der gesamte Siedlungsstrang in Wadi Hadramaut einen Entwicklungsboom erleben, welchen fieberhafte Bautätigkeit eindrucksvoll ausweist.

b) Demographisch-kulturelle Verdichtung und Aufgabe: Ideologiebefrachtete Migrationen

In eine geopolitische Randlage wurde der Jemen wohl erst dann endgültig abgedrängt, als die arabisch-islamischen Eroberungen im 7. und 8. Jahrhundert die geographischen Schwerpunkte des neuen islamischen Imperiums nach Nordosten und Nordwesten, in die Räume des Vorderen Orients und des Mittelmeers, verlagerten und dort festigten. So alt wie die Geschichte dieses Raumes dürfte auch dessen semitischer und im strengen Sinne vorarabischer Name sein. Vor ungefähr 2000 Jahren wurde er den Römern in angemessener und sinngemäßer Übertragung als „Arabia Felix" bekannt.

Al-yaman ist sowohl das Land des Südens – Südarabien – als auch, mit Ausrichtung auf den Sonnenaufgang, das Land zur Rechten und somit das „Land des guten Omens" – hier Niederschlag als Siedlungsbegünstigung – im Gegensatz zu *ash-sha'm*, das Land im Norden und/oder zur Linken, das unfruchtbare Land der Wüste. Schon früh entwickelten sich auf dem Gebiet der monsunbegünstigten jemenitischen Hochplateau-„Kabylei" auf Landwirtschaft und Austausch gegründete Hochkulturen, die jenen Mesopotamiens und des Niltales vergleichbar sind. So konnten organisierte Staaten entstehen mit befestigten städtischen Siedlungen und Umschlagplätzen für landwirtschaftliche Überschüsse wie auch Luxusprodukte wie Gewürze, Harze und Weihrauch.

In diesem von Hochgebirgskette und Wüste beschirmten Refugium des „guten Omens" gelangten im 1. vorchristlichen Jahrtausend Kultur und Reiche der Sabäer zur Blüte. Bilqīs nennt der Koran jene sagenhafte Königin von Saba, die womöglich gerade in der „befestigten Stadt" residierte, die heute noch so, d. h. arabisch Sana (Ṣanʿā') heißt. Die Thora baut diese sabäische Herrscherin in einen Ursprungsmythos ein, welcher alle jemenitischen Reiche verbindet: Saba (mit seiner hier ungenannten Königin), Yisra'el (mit Stammvater und Führer Shlomo oder Salomon) und, jenseits des Roten Meeres, Aksum (mit Menelik, dem Sohn von Bilqīs und Shlomo, im abyssinischen Hochland). Schon früh muß der Bevölkerungsdruck im jemenitischen Hochland periodisch zum Problem geworden sein. Vor diesem Hintergrund werden wohl zwei gewaltige Unternehmungen der Königin von Saba ebenfalls transparent: einmal das Errichten des Staudammes von Ma'rib zur Erschließung der Wüstengebiete am Ostabfall des fruchtbaren Hochlandes und dann die planmäßige Übersiedlung sabäischer Stämme nach Äthiopien. Unter Berücksichtigung der These von Kamal Salibi,[2] derzufolge die Ursprünge Israels im nordjemenitischen Asir-Raum zu suchen wären, läßt sich die Wanderbewegung der hebräischen Stämme ebenfalls in eine der Phasen dieses Prozesses einordnen.

Folgt man dieser Perspektive, so dürfte der Persereinfall im 5. vorchristlichen Jahrhundert nur den politisch führenden Kernverband der Hebräer in die babylonische Gefangenschaft überführt haben. Monotheistische Gruppen verblieben im nördlichen Hochland südlich von Asir. Erblühten deshalb in den frühen nachchristlichen Jahrhunderten östlich der Asir-Bergkette im Oasengebiet von Nadschran starke christliche Gemeinschaften? Zu gleicher Zeit jedoch wandten sich die himyaritischen Nachfolgedynastien der Sabäer entschlossen dem Mosaismus zu und bedrängten die christlichen Gruppen. Unter diesem Vorwand erfolgte jedenfalls der aksumitisch-christliche Feldzug gegen den Jemen im 6. Jahrhundert. Kurz vor der Geburt des Propheten Muḥammad hatten die abyssinischen Beherrscher des Jemen in Sana mit dem Bau eines christlichen, reliquienbefrachteten Schreins und eines gewaltigen Sakralgevierts – auch als „äthiopische Kathedrale" bekannt – ein erklärtes Konkurrenzunternehmen zu Mekka aufbauen wollen, um dergestalt alle arabischen Stämme an sich zu binden. Die militärische Niederlage, welche die Mekkaner im „Jahre der Elefantenschlacht“ – dem Geburtsjahr des Propheten – den Äthiopiern zufügten, dürfte die politischen und demographischen Verhältnisse in Südarabien empfindlich destabilisiert haben, zumal zu jener Zeit auch der Staudamm von Ma'rib brach.

Bereits zu Lebzeiten des Propheten hält der Islam im Jemen Einzug. Die Islamisierung scheint friedlich und ohne nennenswerte Militärexpeditionen vor sich gegangen zu sein. Der Legende zufolge soll der Prophet selbst den Bau der ersten Freitagsmoschee in den Gärten des Ghumdān-Palastes in Sana veranlaßt haben. Dennoch streiten sich bis heute das zaiditische Sana im Norden und das schafiitische Taizz im Süden des Hochlandes um Vorrecht und Anspruch, daß der erste islamische Freitagsgottesdienst in ihren – bzw. der von al-Janad, im Falle von Taizz – Mauern stattgefunden hat. Dessen unbeschadet gilt überall im Jemen der erste Freitag des islamischen Monats *Rajab* als eine Art islamischer Nationalfeiertag. Er muß bis vor kurzem mit einem Aufwand gefeiert worden sein, welcher den beiden islamischen Hauptfesten, Fastenbrechen und Opferfest, recht unkanonische Konkurrenz machen mochte. Angesichts einer sich rasch verschlechternden Wirtschaftslage wirkte im Januar 1992 der erste Freitag des Monats Rajab (nach islamischer Zeitrechnung 1412) farblos, wenn nicht dürftig. Bis auf die üblichen festtäglichen Qāt-Gelage und den allenthalben improvisierten Verkauf von Kinderspielzeug und ohrenbetäubenden Trillerpfeifen, fehlte in Sana die festliche Note der Vorjahre. Bisher schien es üblich gewesen zu sein, nach altem nichtislamischem Brauch Rinder zu opfern und nicht etwa Schafe, eine wiederum jüdisch anmutende Komponente, die auch im ländlichen Maghreb nicht fehlt.

Während trotz mancher zäher Legende die in den nordöstlichen Randgebieten – insbesondere Nadschran – dereinst fest etablierten christlichen Gemeinden wohl schon früh untergingen, vermochten sich starke jüdische Gruppen vor allem im nördlichen Hochland der innerjemenitischen „Kabylei“ zu halten. Dort sollen ganze Siedlungen jüdisch gewesen sein – Verhältnisse, die im arabisch-islamischen Raum bis 1956 nur in den marokkanischen Atlasgebieten anzutreffen waren. Als 1948 mit Genehmigung des Imams israelische Flugzeuge in Sana landen durften, um „Spätheimkehrer“ zur Übersiedlung ins „Gelobte Land“ aufzufordern, erblickten die jüdischen Jemeniten in diesem Transportmittel jenen ihnen verheißenen Adler der Sage und verließen zu Abertausenden ihre uralte Heimat, die meisten Handwerkszweige des bäuerlichen Landes brachlegend.

Weit schwerwiegender und von ganz anderen Ausmaßen war sicherlich – nach den historischen Exodusbewegungen sabäischer Stämme nach Äthiopien und hebräischer Stämme in den nördlichen Randraum von Asir – jener Exodus, den die Islamisierung im 7. Jahrhundert im natürlich begrenzten Lebensraum des „Glücklichen Arabien“ auslöste. Unter anderem mag der rund ein Jahrhundert zuvor erfolgte Dammbruch von Ma'rib auf einem nunmehr eingeengten Nutzraum zunächst die demographischen Voraussetzungen dafür geschaffen haben. Auf der anderen Seite konnten die zahlenmäßig schütteren Stammesverbände von Mekka und Medina wie auch die für den Islam gewonnenen Verbände von Wüstenstämmen nur schwerlich für jenes Aufgebot sorgen, das erforderlich wurde, um den Islam nach Norden auszubreiten, wo Persien und Byzanz gewaltige politische und militärische Bollwerke bildeten. Als die ersten Betroffenen scheinen es die Jemeniten heute noch am besten zu wissen: Jemenitische Stammesverbände aus der Tihāma, dem Hochland und Hadramaut, frühzeitig und friedlich für die Sache der wiederhergestellten abrahamitischen Religion gewonnen, verliehen dem jungen Islam nicht nur sein demographisches Gewicht, sondern vor allem seine erste militärische, zivilisatorische und siedlungspolitische Grundlage. Jemenitische Kontingente zogen nach Syrien und dem Irak, vor allem aber nach Nordafrika und Spanien, wo sie Burgen und Städte anlegten und bevölkerten. Noch heute heimelt es den maghrebinischen Reisenden im Jemen an, wenn er vertraute Worte, Wendungen und Ausdrücke vernimmt, die, gebraucht er sie selbst, im Vorderen Orient allenthalben als unverständlich oder gar „berberisch" belächelt und abgetan werden.

Erst nachdem sich der Jemen vom Aderlaß der islamischen Landnahmekontingente in Ost und West allmählich erholt hatte, konnte er ab dem 15. Jahrhundert, und zwar vor allem von Aden und Hadramaut aus, die indonesisch-malaiische Inselwelt durch seine seefahrenden Kaufleute friedlich und Handel treibend von innen her für den Islam erschließen.

c) *Raum und Islam: Permanenz von Gemeinwesen und Einheit durch Pluralität und Toleranz*

„Allmächtig ist Gott, der Schöpfer... Es erreichten uns Gottes Beistand und der Sieg... Und es stießen die Leute aus dem Jemen zu euch... Sie haben den feinsten Spürsinn und die geschmeidigsten Gemüter... So sind des Jemen die Glaubensstärke und die Lebensweisheit" (Überlieferter Ausspruch des Propheten).[3]

Nach dem Aderlaß der islamischen Eroberungszüge und inmitten der umaiyadischen Gefolgschaftswirren wirft sich im 2. Jahrhundert in Mekka einer der zahlreichen benachteiligten Aliden – und zwar Zaid, ein Enkel von ʿAlī ibn Abī Ṭālib – zum Verfechter einer egalitären Doktrin des Islams auf. Etwa zur gleichen Zeit kündet der ibaditische *qāḍī* ʿAbdallāh ibn Yaḥyā Ṭālib al-Ḥaqq im Hadramaut dem vierten Umaiyadenkalifen Marwān ibn Muḥammad ibn al-Ḥakam den Gehorsam auf, läßt sich als Kharidschiten-Kalif huldigen, erobert Sana und stößt sogar bis nach Mekka vor. Doch ist das glanzvolle ibaditische Intermezzo von kurzer Dauer.[4] Unterdessen taucht nach dem Scheitern der Revolution des Aliden Zaid und dem Ausweichen der Bewegung in den nördlichen Iran wiederum ein Urenkel desselben im 3. islamischen Jahrhundert im Hedschas (Ḥijāz) auf, um die zaiditische Lehre in Arabien durchzusetzen. Im Stammzentrum des Islams hat dieser Alide wenig Erfolg. Doch die traditionell auf Unabhängigkeit und Gesetzesstrenge bedachten Stämme des innerjemenitischen Hochlandes rufen den Zaid-Enkel Yaḥyā al-Hādī ilā l-Ḥaqq nach Sada, wo sie ihn zu ihrem Imam und Oberbefehlshaber ausrufen. Mit Unterstützung der

Stämme, die ihm gehuldigt haben, gelingt es Yaḥyā, bis nach Sana und entlang des Siedlungsstranges weiter nach Süden vorzustoßen und somit für Jahrhunderte den Herrschaftsbereich einer noch wenig typischen *shīʿa*-Richtung des Islams auszuweiten und zu festigen: Die *Zaidīya* im innerjemenitischen Hochland. Seit den Tagen jenes Yaḥyā nun haben in lockerer dynastischer Abfolge die von Zaid abstammenden Alidenabkömmlinge ununterbrochen im Jemen als Imame geherrscht. Zeitweilig wurden sie immer wieder auf das historische Kerngebiet des Zaiditenstaates um Sada abgedrängt. Ihrem 1000jährigen Wirken setzte jedoch erst die Revolution des Jahres 1962 ein jähes Ende.

Diese sich egalitär gebende und angesichts ihrer Toleranz eigentlich sehr gemäßigte shīʿa-Variante – genau genommen eine Frühform, welcher die Ausprägung zur Zwölferschia noch fehlt – unterscheidet sich vom sunnitischen Islam der vier Rechts- und Theologieschulen im wesentlichen nur durch den Stellenwert, den sie der alidischen Abkunft des Oberhauptes der islamischen Gemeinschaft einräumt. In der Kultpraxis und namentlich auf dem Gebiet des islamischen Rechts, das bei den Zaiditen anfänglich sehr stark von den rationalistischen Mutaziliten geprägt ist, heben sie sich nur unerheblich von den Sunniten ab. Verwandte Züge lassen sich eher mit der *Ibāḍīya* feststellen: Gesetzesstrenge bei Toleranz und Aufgeschlossenheit.

Da sie heute noch das Kerngebiet des jemenitischen Hochlandes prägen, sollen folgende Merkmale der Zaiditen kurz als typisch herausgestellt werden: Die Vorrangstellung, welche die Aliden als Führer der Gemeinschaft genießen, hat trotz einer entschieden egalitären Doktrin zur Folge gehabt, daß bis zur Revolution von 1962 die Zaiditengemeinschaft schematisch gesehen einer Kastengesellschaft gleichkam. Eine führende und nach unten abgeschottete Oberschicht stellte außer der eigentlichen Imam-Sippe sämtliche Prophetenabkömmlinge dar, die als *sāda* (pl. von *saiyid*, Führer der Gemeinschaft) in der Regel alle kanonischen Ämter und vorzugsweise das Richteramt bekleideten. Ihre Gefolgschaft bestand aus den Angehörigen der freien kriegerischen, wenn auch fast ausschließlich Ackerbau betreibenden Stämme und Stammesverbände (*qabā'il*, pl. von *qabīla*) der Hochplateaus. Rangmäßig unter ihnen standen in den städtischen Siedlungen die Mitglieder der Großkaufmannschaft und gewisser „edler" Handwerksbranchen. Zu den Paria dieser hierarchischen Gesellschaft zählten die Angehörigen gewisser „minderwertiger" handwerklicher und/oder dienstleistender Berufe, z. B. Metzger, Barbiere und Musikanten ebenso wie die im Klientelverhältnis stehenden Bewirtschafter der mit Ablutionswässern versorgten Nutzgärten in den Städten. In das Klientelverhältnis der Stämme waren ebenso die Ackerbau, Handwerk und Dienstleistungen betreibenden jüdischen Gemeinschaften eingebunden. Weiterhin charakterisiert auch heute noch die Zaiditen eine rigoristisch anmutende Gesetzesstrenge, die sich unter den letzten Imamen bei Einschränkung von Toleranz und Weltoffenheit dialektisch so verschärft zu haben scheint, daß sie geradezu zum Kontrast eines offensichtlichen Laxismus der Praxis werden mußte. Im Vergleich zum landschaftlich verwandten Maghreb bestechen auch hier jene judäischen Züge, welche malikitischer Gesetzesstrenge namentlich in Marokko anhaften. Im Gegensatz zu Nordafrika, Ägypten und dem großsyrischen Raum hat wohl die Zaidīya aus rein historisch-kulturellen Gründen keinen sekundären Volkskult aufkommen lassen, der sich um die Grabstätten von „Gottesfreunden" kristallisiert. Obwohl nun der Prophet selbst – nach der Legende – beim Errichten des ersten islamischen Gebetshauses in Sana Hand anlegte, erinnert kein Schrein an diese Tat oder lädt gar zu Andachtsübungen ein. Allein richtungweisend für Kult und Huldigung Gottes ist die *qibla* oder Orientierungsmarke der Moscheen, welche nach dem Tempel – *bait Allāh* (wörtl. Haus Gottes) – in Mekka ausgerichtet ist.

Trotz zeitweiliger Ausdehnung des zaiditischen Herrschaftsgebietes auf den gesamten jemenitischen Großraum ist dennoch im Laufe der Jahrhunderte das zaiditisch geprägte Stammesgebiet nie über das nördliche und mittlere Hochland hinausgewachsen. Bemerkenswert ist in diesem Zusammenhang, daß noch gegenwärtig das Gebiet der Stämme einmal identisch erscheint mit dem Siedlungsbereich freier und kriegerischer Bauernverbände, welches der Jemenitische Sprachatlas als Verbreitungsgebiet von *Qāf-* und *Jīm*-Sprechern[5] ausweist: ein Bauernland mit Dialekten beduinischer Prägung. Schließlich überwiegt desgleichen im zaiditischen Kernhochland ein Menschentyp, der sich als kleinwüchsig und feingliedrig, auffällig hellhäutig und schmalschädelig kennzeichnen läßt. Ein dunkelhäutiger und vorwiegend rundköpfiger Typ tritt im südlichen Hochland bereits ab der Stadt Ibb auf, während äthiopische, afrikanische und malaiisch-indische Rassemerkmale im westlichen und östlichen Randgebiet von Tihāma und Hadramaut auftreten.

Außerhalb der „Kernkabylei" oder des Zaiditengebietes im engeren Sinne jedoch wird der Islam im Jemen durch die nicht nur weltoffene und tolerante, sondern vergleichsweise eher lax anmutende sunnitische Schule der Schafiiten vertreten. Schafiitische Domäne sind somit der Südteil des inneren Hochlandes, die Tihāma und Hadramaut. Seit der Wiedervereinigung der Arabischen Republik Jemen als Nachfolgerin des Imam-Königreiches mit dem exkolonialen Südjemen der vormaligen Volksrepublik dürften die Schafiiten mit einem Gesamtanteil von über 60% der Bevölkerung die Mehrheit bilden.

Dem zaiditischen Mittelpunkt Sana im Norden des Hochlandes steht bereits historisch im Süden (mit Öffnung hin auf die Tihāma) der schafiitische Mittelpunkt Taizz gegenüber. Aus der glanzvollen Zeit der Rasuliden (13. bis 15. Jahrhundert), in der die Zaidīya abermals nach Norden abgedrängt worden war, stammt hier die prächtige Moschee *al-Muḍaffarīya*, deren Zustand im modernistisch-betonbegeisterten Taizz jedoch inzwischen ein beklagenswerter geworden ist.

Von einer Beziphalie, deren Bild sich vielleicht aufdrängt, kann jedoch in diesem Zusammenhang kaum die Rede sein, sondern vielmehr vom räumlichen Ausdruck periodischer Verschiebungen der Schwerpunkte, welche die Geschichte des Großraumes zeichnen. Zwischen dem 9. und 12. Jahrhundert bildete sich unter den Banī Ziyād und deren Nachfolgern im Mittelpunkt des Teilraumes der Tihāma, in der Stadt Zabīd, ein blühender Schwerpunkt früher islamischer Kultur und Wissenschaft heraus, dessen politischer und geistiger Einfluß sich zeitweilig über Aden hinaus bis nach Hadramaut hinein erstreckte. Entscheidende Impulse sollen von Zabīd in die ganze islamische Welt hinaus gewirkt haben.

Zahlenmäßig kaum ins Gewicht fallend leben außerdem noch unter den toleranten Zaiditen des Kernhochlandes verstreut kleinere ismailitische Gruppen. Die Ismāʿīlīya ist ein weiterer Sprößling der Schia, der sich noch vor der Ausbildung der Zwölferschia abspaltete. Den Zaiditen steht sie in Doktrin und Praxis verhältnismäßig fern. Der religiöse Mittelpunkt der jemenitischen Diaspora-Ismāʿīlīya liegt inmitten der Sarāt-Bergkette im Jabal Ḥarāz unweit des Städtchens Manākha an der Serpentinenstraße von Sana nach al-Ḥudaida. Die Verbindung namentlich zur indischen Ismāʿīlīya scheint eng und kontinuierlich zu sein, denn zum *mausim* der Ismailiten kommen alljährlich zahlreiche „Pilger" nach Manākha. Deren Anwesenheit wird von den jemenitischen Medien gebührend gewürdigt.

Trotz einer zweimaligen Besetzung wichtiger strategischer Punkte des Jemen (Sana, Taizz, Aden, al-Ḥudaida) durch die Osmanen im 16. und 19. Jahrhundert und des damit verbundenen Eindringens turkmenischer und tscherkessischer Klane in die städtische Bürgerschaft, hat die hanafitische Schule des Islams hier nie endgültig Eingang gefunden. Dennoch sind Moscheen im osmanischen Stil im Bild der Hochlandstädte prägend geblieben, während Sana um eine osmanische Gartenstadt bereichert wurde.

Außerhalb einer Zuordnung zum Islam stehende Überbleibsel christlicher Gemeinschaften finden sich auf der zur Republik Jemen gehörenden Insel Soqotra, die ein lebendes Museum der Archaismen zu sein scheint. In dieses Bild paßt, daß die Bevölkerung der Insel immer noch einen alten südarabischen Dialekt spricht.

Trotz des „Adlerfluges" im Jahre 1948 besteht eine jüdische Diaspora im Jemen weiter. Wenn es auch im Qāʿ al-Yahūd, der ehemaligen Judenstadt von Sana, mit ihren atypischen Patiohäusern in einer städtischen Welt von Turmbauten heute keine Juden mehr gibt, so leben dennoch zahlreiche jüdische Gruppen weiterhin in unzugänglichen Bergdörfern des nördlichen Hochlandes. Es sind Handwerker, die regelmäßig den Hauptbasar von Sana besuchen. Für Außenstehende sich in keiner Weise von ihren muslimischen „Vettern" unterscheidend, sind sie hingegen an ihren traditionellen Schläfenlocken zu erkennen, die hier *zunnār* heißen. Ihre Zahl wird auf fünf- bis zehntausend, eventuell noch mehr, geschätzt. *Mutatis mutandis* mag jedoch für die jüdischen Jemeniten noch heute jene lapidare Aussage zutreffen, welche André Chouraqui, Historiker und zeitweiliger Vizebürgermeister von Jerusalem, für die maghrebinischen Juden prägte: „Wir jüdischen Maghrebiner sind Muselmanen mosaischer Konfession."[6] Unbekannt ist, ob diese letzten Vertreter einer uralten israelitischen Bannmeile, die „Perserzug" und „Adlerflug" überstand, weiterhin die babylonische Yeshiva mit Subsidien unterstützen.[7]

d) Islam, moderner Staat und Marktwirtschaft

Als die osmanischen Türken 1914 den Jemen aufgeben müssen, treten die Zaiditen-Imame abermals in den Vordergrund. Gegen den zunehmend handgreiflich werdenden britischen Zugriff schirmen sie sich ab. Unter britischem Druck verzichten sie auf Jīzān, Asir und Nadschran, doch nicht auf die Tihāma. Dort wiegeln die Briten mit Geld und Waffen den mächtigen Stammesverband der Zarānīq gegen die zaiditische Bevormundung auf und ermuntern ihn, einen selbständigen schafiitischen Staat zu gründen. Auf verstärkten Druck vom britisch kontrollierten Aden und (seit den dreißiger Jahren) von Saudi-Arabien reagieren die Imame mit fortschreitender Abkapselung. Damit geraten sie in latenten Konflikt mit den Bildungs- und Wirtschaftseliten in den Städten, wo namentlich die Schafiiten des südlichen Hochlandes ihre Verbindungen zu Aden ausbauen und ihre Söhne in der „englischen Zone" studieren lassen.

Die Revolution von 1962, im wesentlichen von schafiitischen Eliten getragen, wächst sich rasch zum erbitterten Gegensatz zwischen fortschrittsbegierigen schafiitischen Städtern und traditionsverhafteten zaiditischen Stammesverbänden aus. So kommt es zu jenem jahrelang unentschieden hin und her wogenden Bürgerkrieg, den zunehmende Fremdeinwirkung verschleppt und zu einem verkappten Kolonialkrieg werden läßt. Verschleiert wird dadurch das Grundproblem einer existentiellen Auseinandersetzung zwischen zwei sich immer fremder werdenden Welten: die der modernistischen schafiitischen Städte und jene der traditionsverbundenen zaiditischen Bauernstämme. Während die peripheren Räume und Gruppen sich immer weiter nach außen öffnen, widersteht das Kerngebiet im Namen von Islam und Tradition. Als Oberst ʿAlī ʿAbdallāh Ṣāliḥ 1978 Staatspräsident wird und sich um 1980 die junge Republik festigt und der internen Wirren Herr wird, ähnelt die Befriedung eher einem Waffenstillstand. Die wehrhaften Bauernstämme üben weiterhin weitgehende Selbstverwaltung, während die Städte die mannschaftsstarken Garnisonen als Besatzungsmacht anprangern. So mußten Vorbehalte, wenn nicht verkappter Widerstand, gegen die Wiedervereinigung mit dem exkolonialen und als Volksrepublik aufgezogenen Südjemen zwangsläufig aus den Reihen der konservativen Stammesverbände erwachsen, welche sich erneut bedroht fühlten, und zwar diesmal durch die „gottlosen Kommunisten".

Wohl keine andere islamische Gesellschaft ist so plötzlich mit der modernen Welt konfrontiert worden und deshalb so rasch aus den Fugen geraten wie gerade die jemenitische. In ihrem Grundgefüge erinnert sie heute noch weitgehend an jene im Maghreb zunächst durch antikolonialen Widerstand verhärtete, doch inzwischen völlig überlagerte, monarchisch geführte Sippenrepublik islamischer Faktur. Archaisch und vorkapitalistisch, mit einer Egalitarismus und Hierarchie verquickenden Gesellschaftsform bei strenger Trennung von Männer- und Frauenwelt und auf vorwiegend informelle Sozialisierungsmethoden gegründet, hat eine derartige Gesellschaftsform einer von außen hereingetragenen und nicht evolutiv erwachsenen Staatsform kaum etwas entgegenzusetzen, welche mit Heeresaufgebot und Provinzstatthaltern, starrer Bürokratie nach ägyptischem Vorbild und abstrakten Erlässen wie unter dem Einsatz zahlreicher sophistisch-technischer Druckmittel zentralistisch regiert oder besser: zu herrschen bestrebt ist. Dem freien und stolzen Stammeskrieger wie auch dem freien und stolzen Städter – beide tragen heute ohne Unterschied als Ausweis ihres freien wehrhaften Standes den seit der Revolution demokratisierten Krummdolch, die *janbīya* – kann ein so geartetes „franko-ägyptisches Beylik" nur als eine unkanonische Herausforderung erscheinen. Jedoch liefern Motorisierung und vermehrte Beweglichkeit im Raum, Marktwirtschaft und Landflucht und schließlich auch die modernen Medien stille Helfershelfer jener Art von Demokratisierung, welche die Sippe verketzert und allein das Individuum anerkennt. Seit auch Grund und Boden unter Bezugnahme auf den im ägyptisch-revolutionären Gewande als moderne islamische Rechtspflege eingedrungenen *Code Napoléon* zum Handels- und somit Spekulationsobjekt geworden sind, und während sich ausbreitende Lohnarbeit mit gleichzeitig anwachsender Arbeitslosigkeit einhergeht, häufen sich in den Städten beständig zunehmende Scharen von land- und arbeitslosen Bettlern. Es formieren sich Banden, die nächtens Parkplätze ab- und Ladenzeilen ausräumen. Die alte islamische Sippen- und Klientelsolidarität ist überfordert. Nach alter zaiditischer Tradition und Praxis halten sich Gesetzesstrenge und Toleranz dialektisch die Waage. Vielleicht sind auch deshalb die Bestrafungspraktiken von Übertretern des Gesetzes so radikal. Wer die von Gott gestiftete und dereinst von den alidischen Imamen verwaltete Gesellschaftsordnung tätlich bedroht, dem wird Gleiches mit Gleichem vergolten: Wegelagerern, chronischen Autodieben und Ladeneinbrechern wird zur Abschreckung – so die Justiz ihrer habhaft wird – die rechte Hand abgeschlagen. Desgleichen entkommen prominente Sozialistenführer nicht immer den gegen sie ausgeführten Attentaten.

Im vormaligen, auf Hochland und Tihāma beschränkten Kernjemen, wo sich Zaiditen und Schafiiten in etwa die Waage hielten, hatte der von Präsident ʿAlī ʿAbdallāh Ṣāliḥ einberufene und später von ihm selbst geleitete, sozial heterogene Volkskongreß als eine Art Sammelbecken für einen weitgesteckten Konsens gelten mögen, zumal für den jungen Staatschef der allmächtige Stammesverband der Banī Ḥāshid bürgte. Aus der despotischen Schlüsselgewalt des letzten Imams befreit, konnten die Vertreter der Sippen, Stämme und Interessengruppen in vielfältiger Verflechtung konsensuell den Fortschritt organisieren, *sharīʿa*-Rechtspflege kodifizieren und mit ägyptisch-napoleonischen Neuerungen ergänzen. Trotz eines umfangreichen Konzepts, das für die neue Verfassung ausgearbeitet worden war, ist diese nie verabschiedet worden.

Ein Jahr nach der Wiedervereinigung und der politischen Eingliederung der *Sozialistischen Partei (al-Ḥizb al-ishtirākī al-yamanī)* aus dem Südjemen war aus dem *Allgemeinen Volkskongreß* die *Volkskongreßpartei (Ḥizb al-muʾtamar ash-shaʿbī al-ʿāmm)* erwachsen, während sich Stammesvertreter, Konservative und Islamisten in der *Reformpartei (Ḥizb al-iṣlāḥ)* zusammenfanden. 1991 votierte jedoch ein Volksentscheid mehrheitlich zugunsten einer ganzjemenitischen Verfassung, die den Islam nicht mehr als Quelle, sondern nur noch – zum Verdruß der Reformpartei – als unverzichtbare Referenz nennt. Unter großem Aufwand hatten die Islamisten zuvor mit Spruchbändern, Sprayinschriften und Demonstrationen gegen die Befürwortung der neuen Verfassung des Einheitsstaates Stimmung gemacht. Nun vertreten allerdings die Islamisten der Reformpartei die bäuerlich-kriegerischen Stammesverbände und die Sippen des alten Schriftgelehrtenadels der zaiditischen Städte. Allein die Schriftgelehrten scheinen heute noch eine streng formalistische Version des Islams und somit auch die konzessionslose Anwendung der sharīʿa zu verfechten. Der Islam von Stammesleuten und Städtern hingegen ist vor allem Lebensform und orientiert sich weniger an Texten denn an Konzepten und zwischenmenschlichen Umgangsformen. Weiterhin ist zu berücksichtigen, daß vor 1962 in einem überwiegend von Bauernstämmen bestimmten Jemen die Rechtspflege fast ausschließlich in den Händen führender Persönlichkeiten der Siedlungsgruppen lag, was außerdem noch einen Konsens der Sippenvorstände notwendig machte. Jenes auch im (durch britische Kolonialverwaltung und nachfolgende sozialistische Verwaltung beträchtlich säkularisierten) ehemaligen Südjemen vorwaltende diffuse Rechtsempfinden auf islamischer Grundlage verbindet sich desgleichen hier mit einem für archaische wie auch moderne islamische Gesellschaften typischen Vorbehalt, wenn nicht gar Widerwillen, gegenüber der Staatsgewalt. In dieser Grundstimmung mag vielleicht die Erklärung dafür zu suchen sein, daß landesweit eine betont säkularistische Verfassung befürwortet wurde, welche die sharīʿa ausschaltet und ihre neuen Gesetze nur noch auf den Texten von Koran und Sunna zu gründen vorgibt.

Als typisch islamisch darf wohl auch kaum die Tatsache gelten, daß Stiftungen und Liegenschaften der toten Hand im Jemen heute von einem *auqāf*-Ministerium verwaltet werden. Diese Institution schafft ihrerseits Probleme, da sie mit Landwirtschaftsprojekten und sozialem Wohnungsbau die Kompetenz hierfür zuständiger Ministerien zumindest verwässert. Ganz allgemein muß festgestellt werden, daß der Jemen heute nicht mehr ein islamisch verwaltetes Land ist, sondern vielmehr ein Land des Islams, das recht pragmatisch den Anschluß an die moderne Welt sucht.

Als Exponent der traditionsverhafteten Stammesverbände, eher denn als Chef der Reformpartei, hat Scheich *(shaikh)* ʿAbdallāh ibn Ḥusain al-Aḥmar, Oberhaupt des Stammesverbandes der Ḥāshid, das Amt des Parlamentsvorsitzenden übernommen. Andererseits gingen Kongreßpartei und Reformpartei eine Koalition ein, um im Parlament über die Mehrheit zu verfügen. Allerdings fühlte sich dadurch der mit den Ḥāshid traditionell rivalisierende und teilweise auf ehemals südjemenitische Teilgebiete übergreifende Stammesverband der Bakīl übergangen. So benutzte der Bakīl-Verband die sich Ende 1993 anbahnende Regierungskrise dergestalt, daß er zum Schutz seiner eigenen Interessen nunmehr der Sozialistischen Partei Unterstützung und Koalition anbot.

Dieser Gefolgschaftswechsel des Bakīl-Verbandes dürfte zwei grundlegende politische Tatsachen beleuchten: Die traditionelle Politik des plötzlichen Frontenwechsels von Stammesverbänden, wie sie eingehend von Ibn Khaldūn in seiner „Muqaddima“ erläutert wird, ist im Jemen heute noch von hoher Aktualität, weil die Stammesverbände als solche immer noch lebendige politische Gruppen darstellen. Die Verquickung überaus traditionsbewußter Bauernstämme mit einer zwar entsowjetisierten, aber sich dennoch sehr fortschrittlich-säkularistisch gebenden Sozialistischen Partei, die bis vor kurzem noch Teilverbände der Bakīl im volksdemokratischen Jemen zu knebeln versuchte, deckt jedoch noch mehr auf: Das zaiditische Bild von Welt und Gesellschaft löst sich zusehends auf und bietet somit dem Eindringen resolut zukunftsorientierter Ideen wachsenden Spielraum. Schließlich birgt die unerwartete Verzahnung einer ursprünglich südjemenitischen, sich jedoch im Norden in der Mittelschicht ausbreitenden Partei mit einem mächtigen nordjemenitischen Stammesverband jene historisch angelegten Potentiale eines vereinten Jemen in sich, welche die Krisentreiber derzeit zu negieren versuchen. Die Forderungen der Sozialisten, den derzeitigen Zentralstaat zugunsten entwicklungsförderlicher Autonomie der Regionen und Städte des Landes aufzugeben, kommen somit sehr organisch dem stark ausgeprägten Gruppen- und Regionalbewußtsein der Bauernstämme entgegen.

In einem so dynamischen Entwicklungsland wie dem Jemen hat die Wiedervereinigung sehr rasch zu einem Verschiebungsprozeß der politischen Standpunkte und der sozialen Einbettung von Parteien geführt, die heute kaum noch mit denen der beiden Vorgängerstaaten identisch sind. Als dynamische Formationen sind aus der Wiedervereinigung sowohl die traditionsbewußten Stämme als auch die fortschrittsfreudigen Sozialisten hervorgegangen. Der damit einhergehende Prozeß einer Neuformierung der sozialen und politischen Kräfte im Jemen mußte zunächst in eine Staatskrise einmünden. Die namhaften Erdölfunde im Südjemen sowie die sich verschleppenden Verhandlungen mit Saudi-Arabien über die Zukunft der nordjemenitischen Irredenta-Provinzen verdeutlichen die unterschiedlichen Interessen und Ambitionen von Nord und Süd.

Die innenpolitischen Probleme des 1990 wiedervereinigten Jemen konnten nicht durch die *Charta der Versöhnung* (Januar 1994) beseitigt werden. Aus dem Bürgerkrieg (Mai/Juni 1994) ging der ehemalige Nordjemen gestärkt hervor, auf dessen Seite sich islamistische Gruppen wie der *Jihād islāmī* im Kampf gegen den „atheistischen“ marxistischen Südjemen beteiligten. Mit dem Sieg Präsident Ṣāliḥs schied der frühere Südjemen aus der Innenpolitik völlig aus.[8]

In der bemerkenswert kritischen und polemischen Presse des Jemen werden als einzukalkulierende Neider und somit primäre Krisentreiber hie und da auch jene beiden Großmächte genannt, die ihre wirtschaftlichen Interessen durch die Wiedervereinigung und/oder den Regionalfreihafen Aden gefährdet sehen: Frankreich und Saudi-Arabien.

Ein ebenfalls dynamisches Bild bieten die Zentralzonen jemenitischer

Städte. In hektischer Betriebsamkeit reiht sich hier Zelle an Zelle, Laden an Laden, alle „demokratisch" vergleichbar, was die Ausmaße anbetrifft. Wie riesige Basare wirken und funktionieren die Kernräume der Neustädte mit ihrer nach wie vor strengen Branchensortierung. Nach Einbruch der Dunkelheit tut sich hier ein nächtlicher Korso auf mit Imbißbuden, Teestuben und Garküchen. Hier fahnden weder anonyme Steuerschnüffler noch die Ladenschlußpolizei eines recht abstrakt gebliebenen Staatsapparates. Im liberalen Regime scheint jedermann sich frei auftun zu dürfen. Das optische Überwiegen von Importgütern, die in Aluminium, Plastik und Kunstfaser glitzern, drängt den Gedanken an freie Marktwirtschaft geradezu auf. Das branchensortierte Ladengefüge hingegen gemahnt weiterhin an einen, nunmehr aus despotischer Zwangsjacke befreiten, althergebrachten Suk *(sūq)*. Im Jemen sind die Dinge im Fluß. So werden Fragen zunächst überflüssig, ob hier das Chaos einer vom Weltmarkt anarchisch überspülten Konsumwirtschaft regiert oder ein im islamischen Gerechtigkeitssinn verankerter Konsens, oder ob es sich hier, nach alter Tradition, um differenzierte Pluralität in der Einheit handelt.

V. Der Islam in der Diaspora: Europa und Amerika

1. Westeuropa

(Nico Landman)

a) Einleitung

Die muslimischen Gemeinschaften in Westeuropa werden oft noch als Fremdkörper empfunden. Ihr Vorhandensein wird vor allem mit Ausländern und Immigranten assoziiert, die nur unvollkommen in die westeuropäische Gesellschaft integriert worden sind. Diese geringe Integration wird meistens mit dem kulturellen Unterschied erklärt, der angeblich zwischen den Immigranten und der sie umgebenden Gesellschaft bestehe. Andererseits kann man feststellen, daß muslimische Gemeinschaften in Westeuropa in zunehmendem Maße von Muslimen der zweiten Generation getragen und geführt werden, die die Sprache des Landes, in dem sie wohnen, beherrschen, an Kommunikation mit ihrer nichtislamischen Umgebung gewöhnt sind und die geschriebenen und ungeschriebenen Verhaltensregeln der westeuropäischen Gesellschaften kennen. Wenn muslimische Gemeinschaften noch immer isoliert sind, dann ist das immer weniger eine Folge der Sprachbarriere und der Unkenntnis über die Normen und Werte der Umwelt.

Es bestehen zwischen den einzelnen westeuropäischen Staaten beträchtliche Unterschiede, sowohl was die Art der Einwanderung betrifft als auch die weitere Entwicklung der muslimischen Gruppen und ihre Teilnahme an der sie umgebenden Gesellschaft.[1] Als erstes ist hier zu sagen, daß in den einzelnen Ländern die muslimische Präsenz durch verschiedene ethnische Gruppen dominiert wird: z. B. durch Türken in Deutschland, durch Pakistaner in Großbritannien und durch Algerier in Frankreich. Zweitens gibt es Unterschiede hinsichtlich der Dauer und des Verlaufs der Immigration. Unterschiede gibt es ferner im juristischen Status der Immigranten, auch in den gesetzlichen Möglichkeiten einer Unterstützung seitens des Staates für die Bildung von Organisationen, schließlich in der Minderheitenpolitik im allgemeinen. All das führt zu unterschiedlichen Rahmenbedingungen, unter denen sich ein muslimisches Gemeinschaftsleben entfalten kann.

Auf der anderen Seite gibt es Phänomene, die in allen westeuropäischen Ländern mit muslimischen Minderheiten anzutreffen sind: Überall handelt es sich um eine junge Diaspora. Nirgends stellen die Muslime mehr als 5% der Bevölkerung. Überrepräsentiert sind sie in den sozial schwächsten Gesellschaftsgruppen. In allen westeuropäischen Ländern wird die Haltung der nichtmuslimischen Umgebung zu den Muslimen durch ein negatives

Islam-Bild bestimmt. Spezielle Ereignisse wie das iranische Todesurteil gegen den britischen Schriftsteller Salman Rushdie (Salmān Rushdī) haben in allen westeuropäischen Ländern ähnliche Folgen für die Beziehungen zwischen den Muslimen und ihrer Umgebung gehabt. Eine neue Entwicklung, die in den meisten westeuropäischen Ländern zu Sorgen Anlaß gibt, ist die Zunahme von Fremdenhaß und Rassismus, die sich auch gegen die muslimischen Minderheiten richten. Ein weiteres Phänomen, das gleichartige Entwicklungen in den verschiedenen westeuropäischen Ländern hervorruft, ist die Existenz von muslimischen Organisationen, die grenzüberschreitend aktiv sind.

b) Einwanderungsgeschichte

Im 19. Jahrhundert kam ein großer Teil der islamischen Welt unter die Kontrolle europäischer Mächte. Der Handelsverkehr in der kolonialen Periode führte kleine Gruppen von Muslimen in europäische Städte. So findet man afrikanische und asiatische Seeleute mit islamischem Hintergrund, die sich für längere oder kürzere Zeit in europäischen Hafenstädten niederließen. Es gab Studenten aus islamischen Ländern, die in Europa studierten. Zudem fand nach dem Ersten Weltkrieg eine Arbeitsmigration von Algeriern nach Frankreich statt. Eine andere Kategorie von Muslimen stellten Europäer dar, die, meistens nach Reisen in die islamische Welt, zum Islam übergetreten waren und nicht selten die Seele einer islamischen Gemeinschaft oder Studiengruppe wurden.

Eine Zunahme der Muslime in Westeuropa wurde durch die Migrationsströme nach dem Zweiten Weltkrieg bewirkt, die besonders in den sechziger und siebziger Jahren stattfanden. Diese Wanderungsbewegungen waren die Folge politischer und wirtschaftlicher Faktoren. Die Entstehung unabhängiger Staaten in den ehemaligen Kolonien brachte tiefgreifende politische Veränderungen mit sich, die einige Bevölkerungsgruppen veranlaßten, sich in Westeuropa niederzulassen: Pakistaner und Inder in Großbritannien, Algerier und Tunesier in Frankreich, Surinamesen in den Niederlanden. Wegen der speziellen Beziehungen zwischen den ehemaligen Mutterländern und den Kolonien gab es wenig juristische Hindernisse für diese Art der Einwanderung. In den sechziger und siebziger Jahren sollte dann die Arbeitsimmigration eine zunehmend größere Rolle spielen. Das Defizit auf den westeuropäischen Arbeitsmärkten wurde dadurch beseitigt, daß man temporäre Arbeitskräfte in den Mittelmeerländern rekrutierte: Vor allem durch Anwerbung in Nordafrika und in der Türkei nahm die Zahl von Arbeitern mit islamischem Hintergrund zu. Die Anwerbung geschah teils unkoordiniert, aber meistens griffen nationale Behörden regulierend ein, indem sie Aufenthalts- und Arbeitsgenehmigungen erteilten. Entsprechend dem Bedarf variiert die Einwanderungspolitik der westeuropäischen Staaten; die allgemeine Tendenz geht jedoch in die Richtung einer zunehmend restriktiv gehandhabten Genehmigungspolitik – eine Tendenz, die durch den Prozeß der europäischen Vereinigung noch verstärkt wird. Die Folge ist, daß in den meisten Staaten die Arbeitsimmigration nahezu zum Stillstand gekommen ist. Allerdings wachsen die muslimischen Gemeinschaften immer noch durch Geburtenüberschuß und Folgeimmigration. Unter dem letztgenannten Begriff sind sowohl Familienzusammenführung als auch „Heiratsimmigration" zu verstehen. In den achtziger Jahren ist der Asylantenstrom eine wichtige Ursache für die zunehmende Anzahl von Muslimen in Westeuropa geworden. Dadurch nimmt auch die Zahl der Länder zu, aus denen die verschiedenen Gruppen der muslimischen Immigranten stammen.

c) *Einige statistische Daten*

Die Zahl der Muslime kann in den meisten westeuropäischen Staaten nur ungefähr angegeben werden. Sie wird meist aus statistischen Angaben über Einwohner mit ausländischer Nationalität oder ausländischem Geburtsort erschlossen. Diese Angaben sagen zwar etwas über den kulturellen und religiösen Hintergrund der betreffenden Personen aus, aber nichts über ihre persönliche Stellung zur Religion. Verläßliche Daten über etwaige Übertritte zum Islam gibt es fast gar nicht und natürlich auch keine über Muslime ohne Aufenthaltsgenehmigung, die sogenannten Illegalen.

Als Folge seiner kolonialen Vergangenheit ist Frankreich das westeuropäische Land mit den meisten muslimischen Einwohnern, etwa drei Millionen. Die Algerier bildeten dabei stets die Mehrzahl. Bereits 1957 wohnten 313000 Algerier in Frankreich. Die Zahl nahm nach der Unabhängigkeit Algeriens im Jahr 1962 schnell zu, und zwar u. a. durch die Einwanderung von Algeriern, die mit der französischen Kolonialverwaltung assoziiert gewesen waren. 1989 gab es 1,8 Millionen Menschen algerischer Abstammung in Frankreich, von denen mehr als die Hälfte die französische Nationalität angenommen hatte. Seit den sechziger Jahren nahm auch die Zahl der Marokkaner und Tunesier zu. Sie betrug 1989 ca. 450000 bzw. 200000. Kleinere Gruppen von Muslimen in Frankreich sind türkischer oder westafrikanischer Abstammung. Die größten Konzentrationen von Muslimen befinden sich in Paris, Marseille, Lille und Lyon.

Für Westdeutschland verfügen wir neben den Statistiken über Nationalität und Migration über die Daten aus der Volkszählung von 1987, in der auch nach der Religionszugehörigkeit gefragt wurde. Aus diesen Daten geht hervor, daß damals 1,65 Millionen Muslime in Westdeutschland lebten, von denen 1,32 Millionen türkischer Nationalität waren. Der Zustrom der türkischen Arbeitsmigranten begann Ende der fünfziger Jahre und wurde durch ein Anwerbungsabkommen verstärkt, das die Bundesrepublik und die Türkei 1962 schlossen. Weitere Arbeitsmigranten mit islamischem Hintergrund stammen aus Jugoslawien, Marokko, Tunesien und Pakistan. Seit den achtziger Jahren nahm die Zahl muslimischer Asylanten zu. So wanderten 73000 Iraner ein. Das Erscheinungsbild des Islams in Deutschland wird jedoch vornehmlich durch die Türken bestimmt.

Im Vergleich zu Frankreich und Deutschland ist die Zusammensetzung der muslimischen Bevölkerung in Großbritannien heterogener, obwohl Immigranten aus dem indischen Subkontinent die bei weitem größte Gruppe stellen. Es gab 1991 ca. 477000 Pakistaner, 163000 Bangladesher und 134000 Inder, also ungefähr drei Viertel der knapp eine Million zählenden Muslime Großbritanniens. 1962 wurde der freie Zugang, den die Einwohner von Commonwealth-Staaten hatten, eingeschränkt. Aber gerade die Diskussion über diese Einschränkung hatte eine massive Einwanderung von Pakistanern zur Folge. In den achtziger Jahren nahm während des Krieges zwischen dem Irak und Iran vor allem die Anzahl der Araber und Iraner auf ca. 121000 bzw. 50000 zu. Ferner wuchs die Zahl ostafrikanischer Muslime auf ungefähr 99000.

In den Niederlanden wuchs die Anzahl der Personen mit islamischem Hintergrund von ca. 50000 im Jahr 1971 auf 566000 im Jahr 1993. Darunter sind etwa 260000 Türken und 215000 Marokkaner, von denen die meisten die Nationalität ihres Herkunftslandes behalten haben. Schätzungsweise 35000 Muslime stammen aus der ehemaligen Kolonie Surinam, die 1974 unabhängig wurde. Es handelt sich hierbei um Kontraktarbeiter, die von 1873 bis 1939 in Britisch-Indien und Java rekrutiert wurden bzw. um deren Abkömmlinge.

Auch unter den 250–300000 Muslimen in Belgien stellen die Türken und Marokkaner die wichtigsten Gruppen. Ihr Anteil betrug 1985 ca. 72000 bzw. 123000.

Für Italien sind die Daten sehr widersprüchlich, da verläßliche Statistiken über die Immigration fehlen. Vor allem in Süditalien gibt es zahlreiche Arbeitsimmigranten, die weder über eine Aufenthaltsgenehmigung verfügen noch behördlich registriert sind. Eine Schätzung vom 31. Dezember 1991 kommt auf ungefähr 290000 legal niedergelassene Muslime. Neben 91000 Marokkanern, 48000 Tunesiern und 28000 Senegalesen ist ein zunehmender Anteil an Flüchtlingen aus dem ehemaligen Jugoslawien zu registrieren, nämlich im Jahr 1991 ca. 35000, unter denen sich ein unbekannter Prozentsatz Muslime befand. Auch für die seit 1991 immer stärker werdende Einwanderung aus Albanien gilt, daß der Anteil der Muslime unbekannt ist. Zusammen mit den Muslimen aus Pakistan, Iran und Somalia ergibt das für Italien eine sehr heterogene muslimische Bevölkerung.

In der Schweiz und in Österreich sollen schätzungsweise jeweils 100000 Muslime leben. Davon bilden die Türken die größte Gruppe, nämlich mehr als die Hälfte. Dazu kommen vor allem Immigranten aus dem ehemaligen Jugoslawien.

In den skandinavischen Ländern begann die Einwanderung von Arbeitsmigranten aus der islamischen Welt später als in den übrigen westeuropäischen Staaten. Die Zahl blieb zudem gering. In Dänemark wuchs die Zahl der Muslime von ungefähr 2000 im Jahr 1968 auf 60000 im Jahr 1990. In den siebziger Jahren handelte es sich vornehmlich um Türken, die auch jetzt noch ungefähr die Hälfte der muslimischen Bevölkerung Dänemarks ausmachen, und um Pakistaner. Diesen gesellten sich in den achtziger Jahren beachtliche Gruppen aus dem Libanon, dem Irak und aus Iran bei, die vor der unsicheren politischen Lage in ihren Heimatländern geflohen waren. Dieselben Nationalitäten findet man auch in Schweden neben kleineren Gruppen von Marokkanern und Ägyptern. Genaue Schätzungen über die Anzahl werden dadurch erschwert, daß sich unter den Immigranten aus islamischen Ländern relativ viele Christen befinden. Es kann jedoch von ungefähr 50000 bis 70000 Muslimen ausgegangen werden.[2] Für Norwegen wird die Anzahl der Muslime auf 36000 geschätzt, worunter die Pakistaner, Iraner und Türken die größten Gruppen bilden.

In den übrigen westeuropäischen Ländern beschränkt sich die Zahl der Muslime jeweils auf einige Tausend. Eine größere Anzahl von Muslimen gibt es allein noch in Spanien, aber da es sich hier vornehmlich um nordafrikanische Arbeiter handelt, die nicht behördlich registriert sind, haben alle Zahlen, die ab und zu in Publikationen auftauchen, keine solide Basis.[3]

Die Gesamtzahl von Personen mit islamischem Hintergrund, die in den genannten Ländern behördlich registriert sind, beträgt ungefähr sieben Millionen. Davon sind mehr als die Hälfte algerischer und türkischer Abstammung. Die algerische Immigration richtete sich fast ausschließlich auf Frankreich, während die Türken in fast allen westeuropäischen Ländern stark vertreten sind, aber nur in Deutschland die islamische Präsenz dominieren.

Trotz großer Unterschiede im Aufenthaltsstatus, die vom Staatsbürger bis zum chancenlosen Asylanten reichen, kann davon ausgegangen werden, daß die meisten sich auf Dauer in Westeuropa niedergelassen haben. Das nehmen mehr und mehr auch die jeweiligen politischen Instanzen zur Kenntnis.

d) Gründung von Moscheen

In der Zeit vor dem Beginn der Arbeitsmigration in den sechziger Jahren kam es selten zur Gründung von Moscheen. Die wichtigsten Beispiele verdanken ihre Existenz entweder politischen Motiven einzelner westeuropäischer Regierungen oder den Aktivitäten der *Aḥmadīya*-Bewegung. So ließ Kaiser Wilhelm II. 1915 eine Moschee bei dem Gefangenenlager Wünsdorf bauen, wo man Muslime, die in deutsche Kriegsgefangenschaft geraten waren, untergebracht hatte.[4] Eine andere Moschee, die das Resultat der internationalen Politik einer westlichen Macht war, ist die Moschee von Paris, die 1926 eröffnet wurde. Dieses Projekt, das durch den Staat subventioniert wurde, sollte den muslimischen Einwohnern der französischen Kolonien die positive Haltung des französischen Staates gegenüber dem Islam demonstrieren. Darüber hinaus hoffte man – indem man eine loyale Form des Islams unterstützte –, den revolutionären muslimischen Gruppen in Nordafrika den Wind aus den Segeln zu nehmen.[5]

Andere Moscheen wurden durch die Aḥmadīya-Bewegung gegründet, die sich nach dem Tode ihres Gründers Mīrzā Ghulām Aḥmad zu einer internationalen Missionsorganisation entwickelt hatte. Die auf den Westen gerichtete Missionsarbeit konzentrierte sich zunächst auf Großbritannien, wo 1913 in Woking eine Moschee gegründet wurde.[6] Nach dem Schisma innerhalb der Aḥmadīya wurde diese Moschee mit dem sogenannten *Lahore*-Zweig verbunden. Der *Qādiyānī*-Zweig bemühte sich seit 1924 um ein eigenes islamisches Zentrum in Großbritannien. Nach dem Zweiten Weltkrieg wurden Aḥmadīya-Zentren in Hamburg, Frankfurt am Main, Den Haag, Zürich und Kopenhagen eröffnet.

Nachdem eine große Zahl Arbeitsimmigranten aus der islamischen Welt nach Westeuropa eingewandert war, veränderte sich die Art der Moscheegründungen beträchtlich. Erstens nahm die Zahl der Moscheen beträchtlich zu, und zwar von einigen Dutzend im Jahre 1960 auf 3500–4000 im Jahre 1990. Bei dieser Schätzung wird von einer großzügigen Definition von „Moschee" ausgegangen: Eine Moschee ist ein Raum, der permanent für das Gebet einer islamischen Gemeinschaft eingerichtet ist.[7] Die meisten Moscheen wurden in Deutschland – 1200 im Jahre 1993 – und Frankreich – 1000 im Jahre 1987 – gegründet. Großbritannien hatte am Ende der achtziger Jahre ungefähr 500 Moscheen. In den Niederlanden gab es 1992 324 Moscheen; in den restlichen Ländern liegt die Zahl unter 200.

Die Zunahme der Moscheen vollzog sich mehr oder minder parallel mit der Zunahme der Muslime. Sie bekam jedoch weiteren Auftrieb durch die Familienzusammenführungen, die für viele Immigranten die Bedeutung hatte, daß man sich auf einen längeren Aufenthalt in Westeuropa einstellte. Diese veränderte Zukunftsperspektive und das Bewußtsein, daß die Kinder in Europa aufwachsen würden, weckte einen Bedarf an Institutionen, die die Kontinuität religiöser Traditionen garantieren sollten. Diesem Bedürfnis wurde auf unterschiedliche Weise entsprochen: durch inoffizielle Leiter lokaler Immigrantengruppen, durch islamische Bewegungen und durch islamische Staaten.

Das dominante Muster der Moscheegründung in den siebziger und achtziger Jahren spiegelte die marginale gesellschaftliche Stellung der meisten muslimischen Immigranten wider. Der Erfolg von Gründungsinitiativen war einmal abhängig vom Organisationstalent der Initiatoren, weiter von den finanziellen Möglichkeiten der Gefolgschaft, die sie mobilisieren konnte, und schließlich von der Mitwirkung der Behörden. Im allgemeinen verlief der Prozeß der Geldbeschaffung und der Moscheegründung äußerst mühsam, und die Resultate waren bescheiden. Viele islamische Zentren hatten und haben immer noch einen sehr provisorischen Charakter. Sie liegen oft in den ärmeren Stadtvierteln, wo die meisten Immigranten wohnen, und sind in schlechtem baulichen Zustand. Manchmal nimmt man seine Zuflucht zu Gebäuden, die in absehbarer Zeit abgebrochen werden müssen, da sie oft die minimalen Sicherheitsvorschriften nicht erfüllen. Nur in Ausnahmefällen wurden neue Moscheen gebaut. Viel öfter kaufte oder mietete man ein leerstehendes Schulgebäude, eine alte Fabrikhalle, ein aufgegebenes Geschäft oder eine überflüssig gewordene Kirche. Kleinere Gemeinschaften nutzen nicht selten ein umgebautes Wohnhaus als Platz für religiöse Zusammenkünfte.

Die Gelder für diese Moscheegründungen werden in der Regel durch die örtliche Gefolgschaft der verantwortlichen Organisation aufgebracht. Weiter gehören Sammlungen bei den Besuchern bereits bestehender Moscheen oder bei verwandten Gemeinschaften in der Region, und manchmal sogar in anderen Ländern, zu den Methoden der Geldbeschaffung. Auch Schenkungen aus Ölländern oder von kapitalkräftigen Organisationen oder Personen der islamischen Welt haben zum Bau einiger Moscheen in Westeuropa beigetragen. So haben die in Dschidda beheimatete *Islamische Weltliga (Rābiṭat al-ʿālam al-islāmī)* und die *Jāmiʿat ad-daʿwa al-islāmīya* aus Libyen in verschiedenen europäischen Ländern Moscheeprojekte unterstützt – eine Unterstützung, die manchmal mit der Gründung einer lokalen Abteilung dieser Organisationen verbunden war.[8] Seit den achtziger Jahren wurden türkische Moscheegründungen durch das *Türkische Präsidium für religiöse Angelegenheiten (Diyanet)* unterstützt. In Ausnahmefällen erfolgten Moscheegründungen mit Unterstützung europäischer Staaten. Behörden dieser Staaten hatten jedoch auch in anderer Beziehung mit der Gründung von Moscheen zu tun, so z. B. im Rahmen der Stadtplanung.[9]

e) Organisationsaufbau im Zusammenhang mit den Moscheen

Trotz der oft bescheidenen räumlichen Bedingungen entwickelten sich die meisten Moscheen zu Zentren religiöser und erzieherischer Aktivitäten und zu lokalen Kristallisationspunkten bei der Bildung von Organisationen. Ferner dienen sie als Basis für nationale und internationale muslimische Organisationen.

Kernaktivitäten sind das Ritualgebet und der Koranunterricht für die Jugend. Darum herum entwickeln sich zahlreiche Nebenaktivitäten, die darauf gerichtet sind, religiöse Kenntnisse zu vermitteln, das Gemeinschaftsleben zu fördern, manchmal auch die soziale Stellung der Gefolgschaft zu verbessern oder sie politisch zu mobilisieren. Es gibt Moscheen, wo Sprachkurse abgehalten werden, das Abfassen von Bewerbungsschreiben gelehrt und Computerunterricht gegeben wird.

Die Verwaltung der Moscheen und die Verantwortlichkeit für die Aktivitäten liegen meistens bei örtlichen muslimischen Organisationen. Eine neuere Entwicklung ist die Entstehung hierarchisch strukturierter Verbände, denen lokale Moscheeorganisationen angeschlossen sind.

Was die juristische Form dieser muslimischen Organisationen anbetrifft, so bestehen Unterschiede, die ihren Grund u. a. in den Gesetzen haben, mit denen die jeweiligen Länder das Verhältnis zwischen Kirche und Staat regeln.[10] In Frankreich fallen die muslimischen Organisationen unter das *Gesetz über die religiösen Vereinigungen* von 1905, das von zwei Prinzipien ausgeht: Vereinsfreiheit und Nichteinmischung des Staates. Nach einer gesetzlich geforderten Registrierung der Vorstandsmitglieder und der Statuten haben die muslimischen Organisationen denselben juristischen Status wie die christlichen Kirchen – ein Status, der übrigens keine Privilegien mit sich bringt.[11] In Ländern mit einer stärkeren Verflechtung zwischen Kirche und Staat gab es eine Diskussion über den juristischen Status der islamischen Organisationen: Sollten sie den einheimischen religiösen Organisationen rechtlich gleichgestellt werden? Wenn ja – wie sollte sich dann die rechtliche Gleichstellung hinsichtlich ihrer materiellen Unterstützung auswirken? In Österreich führte die offizielle Anerkennung des Islams im Jahre 1979 zu islamischem Religionsunterricht an wenigen Schulen. Auch Belgien gab dem Islam den Status einer offiziell anerkannten Religion, wodurch subventionierter Religionsunterricht im regulären Schulsystem und finanzielle Unterstützung von Gemeindeleitern ermöglicht wurden. Islamische Organisationen in Deutschland haben seit Ende der siebziger Jahre versucht, den Status einer Körperschaft öffentlichen Rechts zu erhalten, analog dem Status der christlichen und jüdischen Gemeinden. Neben den immateriellen würden diese Anerkennung auch bedeutende materielle Vorteile mit sich bringen. Der Staat kann für staatlich anerkannte Religionsgemeinschaften die „Kirchensteuer" einziehen. Ein wichtiger Hinderungsgrund für die staatliche Anerkennung war jedoch, daß auf Landesniveau keine repräsentativen muslimischen Gemeindeorganisationen vorhanden waren. Die Ursache waren Rivalitäten unter den islamischen Organisationen und die oft wenig formalisierten Beziehungen zwischen Organisationen und ihrer Gefolgschaft. Die Folge ist, daß bisher nicht eine einzige islamische Organisation den Status einer Körperschaft öffentlichen Rechts erwerben konnte. Obwohl einige Autoren daraus den Schluß ziehen, daß der Islam in Deutschland eine unterprivilegierte Religion ist,[12] führt dieser Zustand nicht zu einer Einschränkung der Religionsfreiheit. Die meisten muslimischen Organisationen sind entweder als eingetragener Verein mit einem Vorstand, der durch die Mitglieder gewählt wird, oder als Stiftung registriert – eine juristische Form, die mehr Möglichkeiten bietet, den Einfluß bestimmter Personen oder Instanzen zu garantieren.

In anderen westeuropäischen Ländern wirken muslimische Organisationen in vergleichbaren juristischen Formen. Einige haben eine sehr informelle Struktur. Sie bilden sich um einige Autoritätspersonen oder um einflußreiche Familien im Immigrantenmilieu und besitzen keinerlei juristischen Status. Wird jedoch ein Gebäude gekauft oder ein Gebetsraum eingerichtet, gründet man meistens einen eingetragenen Verein oder eine Stiftung. Dazu muß bemerkt werden, daß die Organisationsform und die Entscheidungsprozeduren, die in den Statuten niedergelegt und von den Behörden registriert sind, oft primär für externe Kontakte bestimmt sind, während intern andere, manchmal ungeschriebene Regeln gelten. So wird z. B. in den Statuten einiger *ṣūfī*-Organisationen mit keinem Wort auf den Status des religiösen Leiters, des Scheichs (arab. *shaikh)* oder Pirs (pers. *pīr*, Oberhaupt eines Derwischordens) eingegangen, obwohl dieser de facto eine absolute Autorität innerhalb der Organisation ausübt.

Ein wichtiger Aspekt des Prozesses der Organisationsbildung ist die Anstellung eines Imams, dessen Aufgabe es ist, die Freitagspredigt zu halten, die täglichen Ritualgebete zu leiten, die Jugend zu unterrichten und religiöse Gutachten abzugeben. In der Gründungsphase vieler Moscheen wurden diese Aufgaben auf Freiwillige aus dem eigenen Kreis verteilt, aber sobald man es sich finanziell leisten konnte, stellte man geschulte Imame an, die meistens aus dem Herkunftsland angeworben wurden. Die permanente Anwesenheit eines mit festem Gehalt angestellten „Funktionärs" trägt innerhalb der Organisation zur Stabilität und Kontinuität der Aktivitäten bei. Dieser Prozeß wird durch die Entstehung von Dachorganisationen beschleunigt, die eine koordinierende Rolle bei der Anstellung von Imamen spielen; im Falle der Türken auch noch durch den Beschluß der religiösen Behörden des Heimatlandes, Imame nach Europa zu senden. Als Folge hat sich ein Stand von Imamen gebildet, der durch seine religiöse Autorität der Entwicklung der muslimischen Gemeinschaften in Westeuropa seinen Stempel aufdrücken kann.[13]

Die islamischen Zentren, die mit einer Moschee verbunden sind, richten sich in der Regel an Menschen eines bestimmten Volkes. Nur in Ausnahmefällen gelingt es, die sprachlichen, ethnischen und nationalen Grenzen der Gruppe, durch deren Initiative die Moschee entstand, zu übersteigen. Es geschieht durchaus, daß einzelne Muslime das Ritualgebet in der nächstgelegenen Moschee verrichten, ohne sich weiter um die nationalen oder religiöspolitischen Zugehörigkeiten der betreffenden Moscheeorganisation zu kümmern. Aber die Leitung der Moschee und die Mehrheit der Besucher gehören im Normalfall doch nur *einer* ethnischen Gruppe an.

Das Ritualgebet in der Moschee wird überwiegend von erwachsenen Männern verrichtet. Damit wird das Muster der Herkunftsländer reproduziert, wo Frauen größtenteils aus dem öffentlichen religiösen Bereich aufgrund von traditionellen Normen, die eine Trennung der Geschlechter vorschreiben, ausgeschlossen sind. In westeuropäischen Moscheen wird die Anwesenheit von Frauen durch unzureichende Raumverhältnisse noch weiter beschränkt. Besondere Gebetsräume für Frauen sind zumeist nicht vorhanden. Das religiöse Leben der muslimischen Frauen spielt sich daher größtenteils innerhalb der Familie ab.[14] Dies scheint sich jedoch seit einigen Jahren zu ändern. Immer mehr Moscheeorganisationen entwickeln Aktivitäten, die sich speziell an Frauen richten, und es werden ihnen eigene Räume zur Verfügung gestellt. Möglicherweise ist das eine Reaktion auf die Entstehung von islamischen Frauenorganisationen, die teils durch zum Islam übergetretene, teils durch höher gebildete Frauen aus den Immigrantengemeinschaften getragen werden. Diese Frauenorganisationen betonen die fundamentale religiöse Gleichheit von Mann und Frau, aber akzeptieren und rechtfertigen oft die traditionelle Rollenverteilung in der sozialen Mann-Frau-Beziehung. Die Frauennetzwerke operieren manchmal außerhalb der anderen Dachverbände, manchmal sind sie in die Moscheeorganisationen integriert. Letzteres trifft besonders für einige sehr aktive Organisationen mit fundamentalistischer Tendenz zu, die sich der Bedeutung bewußt sind, die die Teilnahme von Frauen an den öffentlichen Aktivitäten für die Zukunft des Islams in Westeuropa haben wird.

f) Dachverbände und religiöse Strömungen

Während einige Moscheeorganisationen ausschließlich auf lokalem Niveau agieren, sind andere aus einem nationalen oder europäischen Dachverband entstanden oder haben sich diesem angeschlossen. Auch auf dem Niveau der Dachverbände gilt, daß die durch die Herkunft bedingten Grenzen kaum überschritten werden. Die innereuropäischen Grenzen sind hier von geringerer Bedeutung, weil die religiöse Organisationsbildung einer bestimmten ethnischen Gruppe in den verschiedenen westeuropäischen Ländern dieselben Entwicklungsmuster und dieselben Auseinandersetzungen religiöser und/oder politischer Art aufweist. So findet man z. B. alle wichtigen türkisch-islamischen Strömungen in Deutschland, den Niederlanden, in Belgien, Frankreich, der Schweiz, in Österreich und in Dänemark. Unter den Marokkanern in Frankreich, Belgien und den Niederlanden wird die Organisationsform u. a. dadurch bestimmt, daß der marokkanische Staat versucht, Kontrolle über die Moscheen auszuüben.

Im Fall der Türken muß die Bildung der Organisationen auf nationalem und europäischem Niveau vor dem Hintergrund des komplizierten Verhältnisses zwischen Staat und Islam in der Türkischen Republik gesehen werden, das an anderer Stelle dieses Buches behandelt wird.[15] Der türkische Streit zwischen Laizismus und Islamisierung und zwischen dem *Präsidium für religiöse Angelegenheiten (Diyanet)* und oppositionellen islamischen Gruppen bekam eine „europäische Front", indem islamische Gruppen, die in der Türkei in der Illegalität wirkten oder nur eine begrenzte Bewegungsfreiheit hatten, unter den Türken in Westeuropa in aller Freiheit eine Organisation aufbauen, finanzielle Mittel zusammenbringen und ihren Anhang vergrößern konnten.[16] In den siebziger Jahren bauten z. B. die Schüler von Süleyman Hilmi Tunahan, einem 1960 gestorbenen *Naqshbandī*-Scheich, in Deutschland und anderen westeuropäischen Ländern ein umfangreiches Netzwerk islamischer Zentren auf. Dieses Netzwerk wurde hierarchisch strukturiert, mit einem Hauptquartier in Köln und mit Niederlassungen unter der Leitung eines „Hauptimams" in den einzelnen Bundesländern und den Nachbarländern, die ihrerseits die lokalen Zweige kontrollierten. Die Stellung dieser *Süleymanlı*-Bewegung wurde durch den gegen sie erhobenen Vorwurf des Rechtsextremismus und einer erzkonservativen Islaminterpretation geschwächt, der vor allem aufkam, als das Zentrum in Köln Ende der siebziger Jahre den Antrag stellte, als Körperschaft öffentlichen Rechtes anerkannt zu werden.

Die *Millī Görüş*-Bewegung, eine politisch-religiöse Strömung, die die Islamisierung der Türkei anstrebt und politisch in der *Nationalen Heilspartei* (1972–1980) bzw. in der *Wohlfahrtspartei* (seit 1983) organisiert ist, baute unter den Türken in Westeuropa eine ähnliche hierarchische Organisationsstruktur auf. Sie entwickelte sich in den achtziger Jahren zu einer der stärksten islamischen Organisationen in Europa. Ein radikaler Flügel, der sich am revolutionären Iran orientierte, spaltete sich 1983 unter der Leitung von Cemaleddin Kaplan (gest. 1995) ab. Andere Strömungen unter den türkischen Muslimen, die ein europäisches Netzwerk aufbauten, sind die *Nurcus* und die ultranationalistischen Anhänger von Alparslan Türkeş.

Angesichts dieser religiösen Strömungen ergriff das Diyanet in den achtziger Jahren die Gegenoffensive, indem es eine eigene Infrastruktur unter den türkischen Moscheen in Westeuropa aufbaute. Das wichtigste Instrument war dabei die Aussendung von „Religionsfunktionären", deren Aktivitäten von Religionsattachés an den türkischen Botschaften und Konsulaten koordiniert wurden. Ferner wurden Moscheeorganisationen angeregt, sich statutenmäßig an das Diyanet zu binden und die Verwaltung der Moschee an eine Organisation zu übertragen, die durch das Diyanet kontrolliert wurde. In den Niederlanden war diese Politik so erfolgreich, daß die niederländische Diyanet-Organisation *(Islamitische Stichting Nederland)* die Kontrolle über ca. 70% der türkischen Moscheeorganisationen erlangte und rivalisierende türkisch-islamische Organisationen an den Rand gedrängt wurden. In Deutschland leisteten konkurrierende Organisationen mehr Widerstand, aber die *Diyanet İşleri Türk-İslam Birliği (DITIB)* wußte die Hälfte bis zwei Drittel der türkischen Moscheen an sich zu binden. Um diesen Prozeß zu erklären, müssen verschiedene Faktoren genannt werden: der Druck, den türkische Staatsbeamte auf ihre Landsleute in der Fremde ausüben können, der finanzielle und organisatorische Vorteil, den ein vom türkischen Staat bezahlter Imam mit sich bringt, und schließlich die Überzeugungskraft der Propaganda, in der Konkurrenzorganisationen als Extremisten und als Feinde des geliebten türkischen Vaterlandes dargestellt wurden.

Die Beziehung zwischen dem Diyanet und anderen türkisch-islamischen Dachverbänden werden sich möglicherweise in den kommenden Jahren wesentlich verändern. Diese Veränderungen werden von zwei Faktoren abhängig sein: von der Anziehungskraft der verschiedenen Parteien auf die zweite und dritte Generation und von eventuellen politischen Verschiebungen in der Türkei selbst.

Eine neuere Entwicklung unter den Türken schließlich ist das Wiederaufleben und die Institutionalisierung des *alevitischen Islams*.[17] Diese Strömung, deren Anhänger ungefähr 20% der türkischen Bevölkerung ausmachen, wird oft wegen der zentralen Rolle, die ʿAlī in ihren Überzeugungen spielt, zum schiitischen Islam gerechnet. Sie ist aber durch sehr eigene liturgische und soziale Traditionen gekennzeichnet. Darunter sind der *cem* zu nennen, ein liturgisches Gedenken an ein mythisches Mahl von vierzig Heiligen in der Frühzeit des Islams, und das *musahiplik*, ein Bund zwischen zwei Männern und ihren Frauen, der sie zu lebenslanger Solidarität und Gütergemeinschaft verpflichtet.[18] Das Wiederaufleben des alevitischen Islams unter den Türken in Westeuropa ist das Echo einer analogen Entwicklung in der Türkei der achtziger Jahre. Sie ist eine Reaktion auf rechtsextreme Gewalt gegen diese Gruppe am Ende der siebziger Jahre, wurde jedoch auch durch die Repression gegen linke Organisationen verursacht, in denen Aleviten sehr aktiv waren.

Unter den *indo-pakistanischen Muslimen* in Großbritannien haben verschiedene islamische Bewegungen, deren Wurzeln auf dem indischen Subkontinent zu suchen sind, großen Anhang. Besonders ist hier die *Brailvī*-Bewegung zu nennen – mit ihrer Akzeptierung der Heiligenverehrung und der spirituellen Macht der Pirs – sowie ihr puritanischer Rivale, die *Deobandī*-Bewegung. Konflikte in Moscheen werden gewöhnlich als Konflikte zwischen Deobandīs und Brailvīs dargestellt, auch wenn sich dahinter in Wirklichkeit Clan-Auseinandersetzungen verbergen. Die Bewegungen werden durch persönliche Beziehungen zwischen den religiösen Leitern zusammengehalten, sind jedoch nicht durch einen Dachverband zusammengefaßt. Gemeinschaftsaktionen haben oft einen ad hoc-Charakter. Andere Bewegungen indischen Ursprungs sind die *Ahl-i ḥadīth-Bewegung* und die *Jamāʿat-i islāmī.*[19]

Eine Bewegung, die ebenfalls ihre Wurzeln in Indien hat, die aber auch unter nichtindischen Muslimen, besonders unter nordafrikanischen, beträchtlichen Anhang zu werben wußte, ist die *Jamāʿat-i tablīgh*, die sich aus der Deobandī-Bewegung entwickelt hat. Sie hat stets die Betonung auf die Vertiefung des Glaubens und die individuelle Befolgung der islamischen Gebote gelegt. Kennzeichnend für diese pietistische Bewegung ist das gruppenweise Herumreisen und Predigen, um einerseits den Glauben zu verbreiten und andererseits die Frömmigkeit des Predigers selbst zu verstärken. In Großbritannien ist sie vor allem im Zusammenhang mit dem Deobandī-Netzwerk organisiert. Das wichtigste Zentrum ist die islamische Schule in Dewsbury (Yorkshire). Unter den Nordafrikanern in Frankreich, Belgien und den Niederlanden konnte sich diese Bewegung seit Ende der sechziger Jahre eine starke Position aufbauen. Unter dem Namen *Association Musulmane Foi et Pratique* erwarb sie in Frankreich einen formellen Status. Die Zahl der Moscheen, die die Vereinigung gründete, ist gering, aber sie behauptet, alle französischen Moscheen mit ihrer Missionsarbeit zu erreichen.[20] Obwohl das zweifellos übertrieben ist, bringen Organisationsstruktur und Arbeitsweise mit sich, daß sich ihr Einfluß weit über den Bereich der durch sie gegründeten Moscheen hinaus erstreckt. Personen, die für einige Zeit mit den Tablīghīs mitgereist sind und dann in bestehenden Moscheeorganisationen aktiv wurden, bleiben Ansprechpartner der Bewegung.[21]

Während sich die Jamāʿat-i tablīgh auf die persönliche Frömmigkeit konzentriert, haben andere Bewegungen und Dachverbände unter den nordafrikanischen Muslimen mehr oder weniger explizite politische Zielsetzungen, nämlich entweder für oder gegen die Regierungen der nordafrikanischen Staaten. Über die *Organisations Amicales des Travailleurs et Commerçants Marocains* versucht der marokkanische Staat, die monarchistischen und loyalistischen Tendenzen unter seinen Untertanen in Westeuropa zu verstärken und zugleich zu verhindern, daß die marokkanischen Moscheen Zentren religiös-politischer Opposition werden.

In den meisten westeuropäischen Ländern sind *ṣūfī*-Orden aktiv, die ihre eigenen, zumeist informellen und personengebundenen Netzwerke besitzen. Neben den bereits genannten Pirs der Brailvī-Bewegung, die oft in der

Tradition des *Qādirīya*-Ordens stehen, ist auf die beherrschende Stellung hinzuweisen, die Organisationen wie die *Murīdīya* und die *Tijānīya* unter den Senegalesen in Frankreich und Italien einnehmen.[22] Einige der türkischen islamischen Strömungen stammen aus der *Naqshbandīya* – wie die Süleymanlıs und Nurcus – oder stehen auch unter dem Einfluß von Naqshbandī-Scheichs, wie die Millī Görüş. Unter den Marokkanern in Frankreich, Belgien und den Niederlanden hat die *Darqāwīya* einigen Anhang. Ihre organisatorische Stellung scheint jedoch nur marginal zu sein, und ihre Aktivitäten sind unsichtbar für die Außenwelt. Der Orden der *ʿAlāwīya*, gegründet von Aḥmad ibn Muṣṭafā al-ʿAlawī aus Mostaganem in Algerien, der 1934 starb, breitete sich durch die Vereinigung *Les Amis de l'Islam* in Frankreich und von dort in anderen westeuropäischen Ländern aus. Der Anhang besteht vor allem aus Nordafrikanern, aber auch aus Europäern, die, durch das Vorbild des Scheichs des Ordens überzeugt, zum Islam übergetreten sind.

Der schiitische Islam hat in Westeuropa vor allem unter den Iranern Anhänger, ferner gibt es einige Tausend pakistanische Schiiten.

Neben diesen Strömungen und Organisationen, die meistens ethnisch homogen sind, gibt es in allen westeuropäischen Ländern Versuche, ein repräsentatives Organ zu bilden, das im Namen der diversen muslimischen Gruppen und Organisationen mit den Behörden des betreffenden Landes über die religiösen und sozial-ökonomischen Interessen der Muslime verhandeln kann. Das erweist sich jedoch überall als ein mühseliger Prozeß aufgrund der religiösen und politischen Gegensätze zwischen einzelnen Strömungen, historisch gewachsener Rivalitäten unter den Organisationen und persönlicher Interessen der Leiter, die sie den Interessen der Gemeinschaft voranstellen. Nirgends ist es bisher zu einem stabilen und als repräsentativ anerkannten „Rat der islamischen Organisationen" gekommen. Auch die zentrale Position des *Centre Islamique et Culturel de Belgique* in Brüssel, das nach der offiziellen Anerkennung des Islams durch die belgische Regierung eigentlich eine führende Rolle spielen sollte, ist durch andauernde Kritik rivalisierender Organisationen ausgehöhlt worden.[23]

g) Die Reaktion der westeuropäischen Gesellschaften

Die Muslime erhalten in Westeuropa – in bestimmten Grenzen – die Gelegenheit, sich zu organisieren und ihr religiöses Leben zu entfalten. Religionsfreiheit ist gesetzlich garantiert, und durch Verhandlungen mit Behörden und anderen Institutionen hat man sich im öffentlichen Bereich einen Platz erobert.

Aber die Akzeptierung dieser Situation durch die nichtmuslimische Umgebung ist zweifelhaft. Auch wo die permanente Anwesenheit von Immigranten aus islamischen Ländern eine kaum umstrittene Tatsache ist, werden ihr kultureller Hintergrund und besonders ihre Religion doch oft als ein fremdes Element angesehen, das ein Hindernis für ihr Leben als Bürger eines westeuropäischen Staates sein könnte. Diese weitverbreitete Meinung hängt mit dem überwiegend negativen Bild des Islams in der westeuropäischen Öffentlichkeit zusammen, die diese Religion vor allem mit Fanatismus und Intoleranz gegenüber Andersdenkenden assoziiert. Dieses Bild hat sehr alte Wurzeln, wurde aber durch die Revolution in Iran und die Entstehung radikaler islamischer Bewegungen im Vorderen Orient und in anderen Teilen der islamischen Welt verstärkt. Der Widerwille vieler Europäer gegen diese Tendenzen in der islamischen Welt führt nun, nach dem Zusammenbruch des kommunistischen Weltblocks, zur Furcht vor einem islamischen Machtblock, der zu einer Bedrohung Westeuropas werden könnte, und für den dann die islamische Minderheit in Westeuropa eine Art fünfter Kolonne sein würde. Diese Angst wird u. a. von rechtsextremistischen Gruppen und Parteien benutzt, die gegen den Zustrom von weiteren Immigranten agieren. So hat in Deutschland in den neunziger Jahren die Intoleranz gegen Immigranten und Asylanten im allgemeinen und gegen solche aus islamischen Ländern in besorgniserregender Weise zugenommen. Vergleichbare Erscheinungen gibt es in anderen westeuropäischen Ländern. Die Propaganda des *Front National* in Frankreich, des *Vlaams Blok* in Belgien und ähnlicher Bewegungen hat ein deutlich antiislamisches Element.

Der antiislamische Diskurs hat durch die Kontroversen über das Buch „Die satanischen Verse" von Salman Rushdie, das im englischen Original im Herbst 1988 erstmals erschien, stark an Einfluß gewonnen. Die Versuche pakistanischer, in Großbritannien lebender Muslime, das ihrer Meinung nach gotteslästerliche Buch verbieten zu lassen, und eine Bücherverbrennung in Bradford weckten bereits einige Irritationen. Aber vor allem das Todesurteil, das Khumainī am 14. Februar 1989 gegen Rushdie aussprach, und die gegen den Schriftsteller gerichteten Demonstrationen in diversen europäischen Städten führten eine dramatische Verschlechterung der Beziehungen zwischen den Muslimen und ihrer nichtmuslimischen Umgebung herbei. Unter Nichtmuslimen wurden die Proteste vor allem als ein Zeichen für das Erstarken des Fundamentalismus interpretiert, dessen Anhänger elementare Prinzipien wie Meinungsfreiheit nicht zu akzeptieren bereit seien. Auch führende gemäßigte Muslime, die sich zwar von dem Todesurteil distanzierten, aber ihren Abscheu über bestimmte Passagen des Romans nicht verhehlten, konnten nicht auf viel Sympathie rechnen. Unter den Muslimen wurde das bereits vorhandene Gefühl verstärkt, daß die europäische Gesellschaft ihrer Religion feindlich gesonnen sei.

Die Rushdie-Affäre hatte einen polarisierenden Effekt auf die Beziehungen zwischen den europäischen Muslimen und ihrer Umgebung und vergrößerte die Isolierung der muslimischen Gruppen. Auch Jahre nach dem Eklat sind diese Wirkungen noch nicht verschwunden.

2. Ost- und Südosteuropa

(Rudolf Grulich)

Bis zum Ende der kommunistischen Herrschaft in Ost- und Südosteuropa und bis zum Zerfall der Vielvölkerstaaten Sowjetunion und Jugoslawien konnte man etwa von folgenden Zahlen von Muslimen in diesem Teil Europas ausgehen: Europäische Sowjetunion: über 12 Millionen Muslime; Jugoslawien: über 4 Millionen; Albanien: 2,3 Millionen; Bulgarien: 1,5 Millionen; Rumänien: etwa 50000; Polen: einige Tausend. Dazu kamen noch ca. 150000 Muslime in Griechenland. Die Mehrheit stellten die Muslime nur in Albanien.

Seitdem hat sich die Situation grundlegend verändert. Durch den Zerfall Jugoslawiens ist mit Bosnien-Herzegowina ein unabhängiger – von den dort lebenden Serben nicht anerkannter – Staat entstanden, in dem die Muslime die relative Mehrheit stellten, ehe der unmittelbar nach der Unabhängigkeitserklärung ausgebrochene Krieg die neue Republik an den Rand des Abgrundes brachte und bis heute ihre Existenz in Frage stellt. In Jugoslawien (sogenanntes „Restjugoslawien") und Mazedonien stellen die Muslime jeweils ein Drittel der Bevölkerung, und auch in Kroatien und Slowenien gibt es seit Jahrzehnten starke muslimische Gruppen, die durch Flüchtlinge und Vertriebene seit 1991 noch zahlenmäßig zugenommen haben. In Albanien hat sich seit Aufhebung des Verbotes jeder religiösen Tätigkeit nach dem Ende der kommunistischen Alleinherrschaft die Lage entschieden gebessert, ebenso in Bulgarien, wo Türken und Pomaken heute auch eine politische Kraft darstellen.

In den durch die Auflösung der Sowjetunion entstandenen neuen europäischen Staaten wie der Ukraine, Weißrußland und Moldawien, aber auch in den baltischen Staaten, gibt es Zehntausende in sowjetischer Zeit angesiedelter Tataren und anderer Muslimvölker der alten Sowjetunion, so daß man auch hier in Zukunft mit islamischen Gemeinden zu rechnen hat.

a) Ein Blick in die Geschichte des Balkans

Als die Osmanen 1354 über die Dardanellen setzten und 1371 die Bulgaren an der Marica und 1389 die Serben auf dem Amselfeld (Kosovo Polje) beim heutigen Priština (alban. Prishtinë) schlugen, gab es bereits islamische Bevölkerungselemente auf der Balkanhalbinsel. Petschenegen und Kumanen waren in Bosnien, Serbien und Mazedonien ansässig, unter denen der Islam bereits vor dem Einfall der Osmanen verbreitet war.

Entgegen der bei den christlichen Balkanvölkern bis heute weitverbreiteten Ansicht, für den Balkan sei die Türkenherrschaft eine geschichtslose Zeit gewesen, blühte islamisch-türkisches Kulturleben in diesen Teilen des Reiches. Smail Balić hat in verschiedenen Arbeiten den Anteil der südslawischen Muslime an der Kultur der Osmanen dem westlichen Leser aufgezeigt.[1] Obgleich die meisten slawischen Muslime ihre Muttersprache bewahrten und das Slawische auch mit arabischen Buchstaben schrieben, gebrauchten dennoch muslimische Dichter, Schriftsteller, Theologen, Historiker und Rechtsgelehrte in ihren Werken die osmanisch-türkische Sprache. Dichter wie Ahmed ibn Ali Gurbi (Aḥmad ibn ʿAlī Ghurbī, 18. Jahrhundert) aus Novi Pazar und Bosnavī Baba (zweite Hälfte des 19. Jahrhunderts), ein Bektaşi, „dessen Meisterschaft in der Dichtkunst von niemandem angezweifelt wurde" (Mustafa Safayi, [Muṣṭafā Ṣafā'ī]), schufen ihre Diwane (arab. sing. *dīwān*) in dieser Sprache. Dasselbe gilt für einen der letzten Klassiker der osmanischen Literatur, Arif Hikmet (ʿĀrif Ḥikmet/Ḥikmat, 1839–1903), mit dem Beinamen Hersekli, also „aus der Herzegowina", und für den Historiker Ahmed Nesimzade (Aḥmad Nasīm Zādah, auch bekannt als Nesimoğlu oder Hadžinesimović), der u. a. eine Geschichte des Österreichisch-Türkischen Krieges von 1736–1739 verfaßte.

Außerhalb der Garnisonen und der Verwaltung blieben aber die Balkanländer zum allergrößten Teil slawisch bzw. albanisch, ungarisch, rumänisch und griechisch. Nur in den drei mazedonischen Vilayets (Wilayate von arab. *wilāyat*) bildete sich eine stärkere türkische Landbevölkerung heraus. In Albanien waren dagegen Albaner, in Bosnien und der Herzegowina einheimische Slawen Vertreter des Osmanentums und erreichten höchste Staatsstellen. „Die Türken haben niemals eine vollständige Besiedlung des Landes versucht. Im 14. Jahrhundert ging die Eroberung Mazedoniens vor sich, und um die Vorherrschaft dauernd zu besitzen, wurde der unterworfenen Bevölkerung gehöriger Landbesitz in den leicht erreichbaren Ebenen als weltliches Lehen *(timar* oder *ziamet)* an osmanische Besitzer oder als geistliches Lehen *(vakuf)* an Moscheen, Schulen oder Klöster gegeben. Auf diese Weise wurden wohl einige Hunderttausende Osmanen in Mazedonien ansässig."[2]

Die ständigen Gebietsverluste seit dem gescheiterten zweiten türkischen Vorstoß 1683 nach Wien ließen die in den Städten ansässige türkische Bevölkerung zurückfluten. Ihr schlossen sich slawische und albanische Muslime an, die wir seitdem noch nach Zehntausenden zählend in der Türkei und den letzten Gebieten finden, die der Pforte bis 1920 verblieben. Nach 1878 setzte der Abzug der Türken aus Bosnien ein, nach 1912 aus dem Vilayet Kosovo, dem Sandžak von Novi Pazar und Mazedonien.

Aus dieser letzten Zeit osmanischer Herrschaft haben wir eine ganze Reihe Zahlenangaben über die Bevölkerungsverhältnisse, die sich aber stark widersprechen und die Völkerbezeichnungen oft vermengen oder in religiöse Kategorien zwängen. Die osmanische Türkei kannte nur die Zählung des Volkszählungsbüros *(Nüfus nezareti)*, von dem nur die männliche Bevölkerung gezählt wurde und auf ein Familienoberhaupt vier weitere Personen gerechnet wurden.

Da das Millet-System der osmanischen Türkei mit Nation *(millet)* eine religiöse Gemeinschaft bezeichnete, zählen die türkischen Statistiken meist nur Muslime und rechnen ihnen außer Türken auch die zahlenmäßig starken muslimischen Albaner, die Gruppe der Pomaken und Torbeschen (das sind muslimische Bulgaren und Mazedonier), die wenigen muslimischen Walachen sowie die zum Islam übergetretenen Griechen zu. H. R. Wilkinson gibt in seinem Buch „Maps and Politics“[3] eine Übersicht, welche Gruppen je nach Statistik unter „Türken“ erfaßt wurden: „a) Osmanli Turks only, b) Osmanli plus such pre-Osmanli groups as Vardariotes, Uzes and Konariotes, c) Osmanlis and Turkomans, d) Osmanlis and Tatars, e) Osmanlis, Tatars and Gagauzi (Christian Turks), f) Osmanlis and Gypsies, g) Osmanlis and Pomaks, Chams (Moslem Albanians of Chamuria), Arnauts (Moslem Albanians of Old Serbia) and Bosnians (Moslem Serbs).“ Dabei vergaß er noch die Tscherkessen, die nach der russischen Eroberung des Kaukasus seit 1864 in der Dobrudscha, auf dem Kosovo und in Mazedonien angesiedelt wurden.

b) Der Raum des ehemaligen Jugoslawien

Die „Muslime ohne Volkstumsbekenntnis“ der ersten Nachkriegsvolkszählung von 1948 waren seit 1961 in Jugoslawien als „Muslime im ethnischen Sinn“ und als sechstes Staatsvolk Jugoslawiens (neben Serben, Kroaten, Slowenen, Mazedoniern und Montenegrinern) anerkannt worden.

Wie viele Gläubige des Islams es in Jugoslawien wirklich gab, ließ sich stets nur annähernd angeben. Als bei der Volkszählung des Jahres 1953 die Belgrader Regierung zum letzten Male nach der Religionszugehörigkeit ihrer Bürger fragte, bekannten sich über 2 Millionen zum Islam, gegenüber 1,972 Millionen im Jahre 1948 und 1,56 Millionen vor dem Krieg. Von 11,2 % im Jahre 1932 stieg der Anteil der Muslime an der Gesamtbevölkerung auf 12,5% im Jahre 1953.

Bis 1953 bezeichnete der Begriff „Muslim“ nur die Zugehörigkeit zur Religion des Islams. Aber bereits 1948 war bei der Volkszählung auch bei der Frage nach der Nationalität der Begriff „Muslim“ aufgetaucht: 808922 Muslime ohne Volkstumsbekenntnis wurden damals gezählt, davon 778403 in Bosnien-Herzegowina. 1961 tauchte bei der Volkszählung (die, wie erwähnt, nicht mehr nach der Religionszugehörigkeit fragte) der amtliche Begriff „Muslime im ethnischen Sinn“ auf, ebenso bei dem Zensus von 1971, 1981 und 1991. Im Januar 1968 erklärte das „Zentralkomitee des Bundes der Kommunisten von Bosnien-Herzegowina“, es sei „schon früher erkennbar gewesen, daß die Muslime ein Volk für sich sind“. Verstanden werden darunter die Muslime serbischer oder kroatischer Muttersprache in den Republiken Bosnien-Herzegowina, Montenegro und Serbien, wo der alte Sandžak von Novi Pazar noch eine ansehnliche Zahl Muslime zählt (siehe „Jugoslawien“). In Mazedonien, wo sich 1948 noch 37098 Personen als Mazedonier-Muslime erklärten, gelten nach einem Skopioter ZK-Beschluß die mazedonischen Muslime, die Torbeschen, als Mazedonier. Die ethnischen Muslime Mazedoniens sind bosnische Muslime, die nach 1878 ihre Heimat verließen und sich im damals noch türkischen Mazedonien niederließen (siehe „Mazedonien“.)

972953 Personen bekannten sich 1961 in Jugoslawien als „Muslime im ethnischen Sinn", 1971 aber bereits 1,727 Millionen, davon 1,482 Millionen in Bosnien und der Herzegowina. 1981 waren es in Jugoslawien fast genau 2 Millionen, die sich als ethnische Muslime bekannten. Rechnete man zu den ethnischen Muslimen aber die über 2 Millionen Albaner des damaligen Jugoslawien, die zu 95% muslimisch sind, sowie die 100000 Türken, so kam man auf über 4 Millionen religiöse Muslime in Ex-Jugoslawien. Tatsächlich waren es noch mehr, da sich viele Muslime als Serben, Kroaten oder Mazedonier zählen ließen.

Ihr Anteil an der Gesamtbevölkerung Jugoslawiens erreichte damit mehr als ein Sechstel. In Bosnien-Herzegowina betrug ihr Anteil über 40%, und so hatten die ethnischen Muslime die Serben als traditionell stärkstes Volk dieser Republik abgelöst. Nur hier in Bosnien deckt sich die Zahl der ethnischen und der religiösen Muslime, während wir – wie oben gezeigt – in den übrigen Gebieten Jugoslawiens Muslime im ethnischen Sinn und Angehörige der islamischen Nationalitäten addieren müssen, um absolute Zahlen der Muslime im religiösen Sinn zu erhalten. So waren bereits im kommunistischen Jugoslawien in Montenegro über 20% der Einwohner religiöse Muslime (mit den Albanern zusammen), im Kosovo, wo die Albaner allein 90% der Bevölkerung stellten, über 92%. Muslimische Mehrheiten gab es in folgenden Kreisen von Bosnien-Herzegowina: Sarajevo, Donji Vakuf, Foča, Fojnica, Goražde, Gornji Vakuf, Gradačac, Jablanica, Kakanj, Konjić, Lukavac, Olovo, Rogatica, Visoko, Višegrad und Zenica, um nur einige der größeren Kreise und Groß-Gemeinden anzuführen. Der Krieg hat aber seit 1992 die Bevölkerungsstrukturen nicht nur Bosniens, sondern auch anderer Nachfolgestaaten Jugoslawiens stark verändert.

Bosnien-Herzegowina

Die 51129 km² große jugoslawische Republik „Bosna i Hercegovina" mit der Hauptstadt Sarajevo hatte vor dem Krieg, der seit 1992 das Land heimsucht, rund 4,5 Millionen Einwohner, davon waren 43,7% Muslime im ethnischen Sinn, 31,3% Serben und 17,3% Kroaten. Über 7% gaben bei der letzten Volkszählung vom Jahre 1991 als Nationalität „Jugoslawe" an. Nachdem man (1995) von insgesamt fast 300000 Toten bei den Kriegsparteien in Bosnien-Herzegowina ausgehen muß und die Serben 70% des bosnischen Staatsgebietes besetzt halten und in diesen Teilen gnadenlos „ethnisch säubern", sind heute genaue Zahlenangaben über die Bevölkerung und die verbliebenen Einrichtungen des Islams fast unmöglich.

Jahrhundertelang stand vor allem in Bosnien der slawische Islam in enger Verbindung mit der türkischen, arabischen und persischen Welt des Osmanischen Reiches. In Bosnien waren vor allem die Bogumilen, Angehörige einer manichäischen Katharer-Sekte, zum Islam übergetreten, im Süden die meisten albanischen Stämme. Der Rückzug der Osmanen aus Ungarn verursachte eine katastrophale Schwächung des Islams in Bosnien. Die reichen Stiftungen der *ṣūfī*-Klöster *(tekke)* verfielen, weil ihnen die Einkünfte aus den Besitzungen in Ungarn fehlten. Karawansereien, Armenküchen, Krankenhäuser, Bibliotheken, Koranschulen und Moscheen wurden nach dem Rückzug der Türken aus Serbien und seit 1912 auch aus Mazedonien aufgehoben und oft vernichtet, weil man die Türkenherrschaft und jede Erinnerung daran auslöschen wollte. Zwar garantierten auf dem Papier das Königreich Serbien und auch Montenegro den Muslimen Religionsfreiheit, aber viele muslimische Slawen und Albaner emigrierten lieber mit den türkischen Aussiedlern nach Kleinasien.

Als Bosnien 1878 unter österreichische Verwaltung gestellt wurde, wanderten bis 1910 weitere 300000 Muslime aus. In Kuwait und Tunesien, Ägypten und Palästina findet man ihre Nachkommen noch heute. In der Türkei leben sie zum Teil sogar in geschlossenen bosnischen Dörfern, wo sie ihre Muttersprache bis heute sprechen. Trotz Beibehaltung der slawischen bzw. der albanischen Sprache hatten die Muslime des Balkans ganz in der osmanischen Kultur gelebt, ja ihre Muttersprache in arabischer Schrift geschrieben. Die österreichisch-ungarische Verwaltung hatte 1912 für Sarajevo alle Aufschriften auch in arabischer Schrift vorgeschrieben. Bis 1940 wurden in Sarajevo kroatische Bücher in der *arebica* gedruckt. Als liturgische Schrift existiert sie bei alten Muslimen noch heute.

Im Zweiten Weltkrieg, der als Partisanenkampf aller Völker, Religionen und politischen Ideologien in Bosnien am erbittertsten tobte, kamen ca. 200000 Muslime ums Leben.

Die Machtübernahme Titos brachte 1946 die Aufhebung der Scheriatsgerichtshöfe, d. h. des islamischen Gerichtswesens. Damit gingen Prozesse gegen führende Muslime Hand in Hand; es gab all die traurigen Begleiterscheinungen des „Kirchenkampfes“ wie Enteignung von Stiftungsbesitz, Aufhebung islamischer Klöster und Schließung religiöser Schulen, ehe sich die Haltung des Staates in den sechziger Jahren lockerte und vor allem nach der Entmachtung des serbischen Geheimdienstchefs Aleksandar Ranković auch für den Islam dasselbe Klima herrschte, in dem auch Orthodoxie und Katholizismus ihrer Aufgabe nachgehen konnten, bis der Zerfall Jugoslawiens eine neue Situation schuf.

Das Zentrum des Islams in Jugoslawien war Sarajevo, wo das religiöse Oberhaupt, der *ra'īs al-ʿulamā'*, residierte. Heute erstreckt sich seine Jurisdiktion nur auf Bosnien-Herzegowina sowie Kroatien und Slowenien. Als oberstes Verwaltungsorgan fungierte für Jugoslawien die *Hohe Versammlung*, neben der als Exekutiv-Organ der *Hohe Islamische Ältestenrat* für Jugoslawien bestand. Jugoslawien war in vier Regionen bzw. Jurisdiktionen eingeteilt, an deren Spitze jeweils ein Rat *(Sabor)* stand.

In Sarajevo residierte der Sabor für Bosnien-Herzegowina, Kroatien und Slowenien. Hier gab es nach einer Statistik von 1980 insgesamt 889 Imame und drei Oberimame, die in 1074 Moscheen und 363 *Mesdžids* (von arab. *masjid*, entspricht etwa christlichen Kapellen) die Gläubigen betreuten. Daneben existierten 101 Räume für Religionsunterricht. Diese Zahl an religiösen Gebäuden nahm bis 1991 noch gewaltig zu, ehe der Krieg seit 1992 Hunderte dieser Gebäude zerstörte und unersetzliche Kunstwerke und Baudenkmäler vernichtet wurden. Nicht nur in Kriegsgebieten wurden Moscheen zerstört, sondern auch in Landesteilen, in denen keine Kampfhandlungen stattfanden. So sprengten die Serben in der Hauptstadt ihrer selbsternannten „Serbischen Republik Krajina", Banja Luka, alle 16 Moscheen, darunter auch die berühmte *Ferhad Pascha*-Moschee aus dem Jahre 1583, die von Kennern als die schönste Moschee des Balkans bezeichnet wurde.

Auch über die Entwicklung des islamischen Schul- und Pressewesens seit 1992 lassen sich keine exakten Angaben machen. Die 1935 in Sarajevo gegründete Islamisch-Theologische Hochschule, die einen Studiengang von acht Semestern anbot, hatte nach dem Zweiten Weltkrieg nicht mehr weitergeführt werden dürfen. Das Scheriatsgymnasium (gegründet 1918) war eingestellt worden, ebenso eine Islamische Höhere Schule für Mädchen. Da 1950 auch die Schulen *(Mekteb*, von arab. *maktab)* an den Moscheen geschlossen worden waren, war zunächst nur eine Medrese (arab. *madrasa*) in Sarajevo (und eine albanischsprachige in Priština) übriggeblieben. (Vor 1945 hatte es in Jugoslawien noch 40 solcher Medresen gegeben, während der berühmte türkische Reisende Evliya Čelebi gar 100 für das Gebiet des ehemaligen Jugoslawien aufzählte.)

Aber im Jahre 1977 wurde in Sarajevo wieder eine Islamisch-Theologische Fakultät eröffnet, 1978 auch eine Medrese für Mädchen. Die *Gazi Husrev Beg*-Medrese in Sarajevo zählte vor dem 1992 ausgebrochenen Krieg rund 300 Schüler.

Auch das Pressewesen konnte sich – nach Jahren völligen Stillstands nach 1945 – seit den sechziger Jahren wieder relativ gut entwickeln. Bis zum Krieg 1992 erschienen folgende Zeitungen und Zeitschriften: „Preporod" („Wiedergeburt" in Sarajevo, vierzehntägig), „Islamska misao" („Islamischer Gedanke", Sarajevo, monatlich) und „Glasnik" („Herold", zweimonatlich), außerdem ein umfangreicher Jahreskalender „Takvim".

Seit der Herrschaft Österreich-Ungarns in Bosnien (1878–1918) war der bosnische Islam europäisch ausgerichtet. Bis 1992 lebten hier Christen und Muslime friedlich nebeneinander, was heute angesichts der Grausamkeiten und Zerstörungen vergessen wird. Als am 22. Januar 1975 in Sarajevo der ra'īs al-ʿulamā' zu Grabe getragen wurde, erinnerte bei dem Begräbnis der serbisch-orthodoxe Patriarch German von Belgrad in seiner Grabrede daran, daß er bereits ein Jahrzehnt früher mit diesem höchsten muslimischen Würdenträger Jugoslawiens in der alten Patriarchie in Peć auf dem Amselfeld zusammengetroffen war und sich diese Begegnungen wiederholt hatten, so z. B. im Herbst des Jahres 1967, als der Ökumenische Patriarch Athenagoras in Belgrad weilte. Auch verschiedene katholische Bischöfe waren bei der Beerdigung in Sarajevo, für die der Erzbischof von Zagreb, Franjo Kuharić, im Namen der Katholischen Bischofskonferenz Jugoslawiens das Wort ergriff und dieses Begräbnis „eine ökumenische Begegnung vor den Toren der Ewigkeit nannte", zu der der Verstorbene die drei großen Konfessionen Jugoslawiens versammelt habe. Kuharić zitierte mehrfach aus dem Koran, wenn er vom gemeinsamen Glauben an das Leben nach dem Tode sprach, und drückte seine Überzeugung aus, daß der ra'īs al-ʿulamā' nun beim selben Gott des Christentums und des Islams ruhe.

Als im Herbst 1977 die Islamische Theologische Fakultät in Sarajevo eröffnet wurde, sprachen bei der feierlichen Eröffnung ebenfalls katholische Bischöfe und Vertreter der beiden katholischen Hochschulen Sarajevos. Bei Primizen katholischer Neupriester und bei der Einweihung katholischer Kirchen überbrachten islamische Geistliche ihre Glückwünsche und umgekehrt. Die Standesverbände der katholischen, orthodoxen und islamischen Geistlichkeit brachten bis 1992 ein gemeinsames Bulletin heraus. Oft wurde Bosnien mit dem Libanon vor dem Bürgerkrieg seit 1976 verglichen. Heute muß man leider feststellen, daß Bosnien auch im negativen Sinn ein zweiter Libanon geworden ist, seitdem sich die serbisch-orthodoxe Kirche vor den nationalistisch-bolschewistischen Karren des serbischen Präsidenten Slobodan Milošević spannen ließ und bei ihr nichts mehr von den einstigen ökumenischen Aussagen übrigblieb.

Auch eine Gruppe katholischer Kroaten in der Herzegowina betrieb diese antimuslimische Politik und beschwor das Gespenst des islamischen Fundamentalismus. Die selbsternannte Republik Herceg-Bosna führte Krieg gegen die muslimisch dominierte bosnische Armee, zerstörte das muslimische Mostar und sein Wahrzeichen, die berühmte Türkenbrücke, bis die USA mit dem „Washingtoner Abkommen" 1994 eine kroatisch-muslimische Föderation in Bosnien erzwang. Sie umzusetzen und mit Leben zu erfüllen, um den von der *UNO* und der *KSZE* anerkannten Staat Bosnien-Herzegowina zu erhalten, erschien als das Gebot der Stunde.

„Europa verspielt heute am Balkan die Möglichkeit, ein Modell des christlich-islamischen Miteinanders zu verwirklichen. Wer sich ‚klammheimlich' darüber freut, daß die ‚christlich-orthodoxen' Serben in Bosnien und im Kosovo Europa gegen den Islam verteidigen, vergeht sich an der Überlebensfähigkeit der Menschheit, die auch von der Koexistenzfähigkeit der drei abrahamitischen Religionen, des Judentums, des Christentums und des Islams, abhängt", schrieb der katholische Theologe Adolf Hampel angesichts des Versagens der *Europäischen Gemeinschaft* und der UNO in Bosnien.[4]

Bundesrepublik Jugoslawien

Die 102 173 km² umfassende „Savezna Republika Jugoslavija", das sogenannte „Rest-Jugoslawien", mit der Hauptstadt Belgrad hat Ende 1994 10,4 Millionen Einwohner, davon sind 62,7% Serben und 5,5% Montenegriner. Mit 1 700 000 Albanern, 500 000 Muslimen im ethnischen Sinn, 15 000 Türken und einer nicht genau zu bestimmenden, aber in die Hunderttausende gehenden Zahl muslimischer Roma stellen die Muslime rund 30% der Bevölkerung.

Bei der Volkszählung 1981 bekannten sich in Serbien 152 000 als Muslime im ethnischen Sinn, davon 124 000 im Sandžak, dem Gebiet in Südwestserbien, das bis 1912 von Österreich-Ungarn verwaltet wurde. Weitere 60 000 ethnische Muslime gab es im „Autonomen Gebiet des Kosovo", wohin nach 1878, als die Österreicher und Ungarn Bosnien und Herzegowina besetzten, viele Muslime ausgewandert waren, da damals das Kosovo noch (bis

1912) unter osmanisch-türkischer Herrschaft blieb. Ihre tatsächliche Zahl ist aber viel höher, da sich viele Muslime als „Jugoslawen" deklarierten. In Montenegro gab es bei der Volkszählung 1981 über 78000 Muslime, das waren 13,4% der Bevölkerung. In Montenegro war der Prozentsatz der Muslime von 0,1% im Jahre 1948 auf 1,5% im Jahre 1953, 6,5% im Jahre 1961 und 1971 auf 13,4% gestiegen. Das zeigt, wie schwierig es im Jugoslawien der Nachkriegszeit war, den Volkszählungsergebnissen objektiven Charakter einzuräumen. Viele Muslime erklärten sich als Serben oder Montenegriner, weil gegen den Islam als Religion heftige Propaganda gemacht wurde. In den Gemeinden Rožaj (83,9%), Plav (51,9%), Bijelo Polje (37,5%) und Ivangrad (24,9%) lebten die meisten montenegrinischen Muslime. Dazu kamen noch etwa 40000 muslimische Albaner in Montenegro.

In Serbien lebten die meisten ethnischen Muslime in den Gemeinden (bzw. Kreisen) Tutin (91,6% der Bevölkerung), Novi Pazar (67,3%), Sijenica (68,0%), Prijepolje (40,7%) und Priboj (29,3%), also alle im Sandžak. Seit 1991 werden dort die Muslime systematisch unterdrückt und zur Auswanderung gezwungen. Durch Überfälle und Anzünden von Häusern schüchterten die serbischen Behörden die Einwohner ein, aus vielen Dörfern wurden Muslime auch deportiert oder nach Bosnien vertrieben.

Die meisten Anhänger aber hat der Islam in Rest-Jugoslawien unter den Albanern, die hier zu 93% muslimisch sind. Im ehemals Autonomen Gebiet des Amselfeldes (Kosovo) stellen sie über 90% der Bevölkerung, auch in einigen Kreisen Serbiens wie Bujanovac und Preševo sind sie stark vertreten (55,4% bzw. 85,3%). In Montenegro sind 6,5% der Bevölkerung Albaner, die im Kreis Ulcinj sogar die Mehrheit stellen. Massive Schwankungen ihrer Zahl von Volkszählung zu Volkszählung sind nicht mit dem Geburtenzuwachs zu erklären, sondern nur mit der Tatsache, daß die jugoslawischen Behörden diese Zahlen manipulierten. Bis zur Aufhebung der Autonomie des Kosovo gab es in Priština eine Medrese mit albanischer Unterrichtssprache und eine albanische islamische Zeitschrift, „Edukata Islame".

In ganz Serbien gab es unter der Leitung eines *Islamischen Seniorates* 511 Moscheen, nicht eingerechnet eine noch größere Anzahl von Mesdžids. Die Gläubigen wurden bis 1992 von 444 Imamen und sechs Oberimamen betreut. Für Montenegro besteht ein eigenes Seniorat, das vor dem Zerfall Jugoslawiens 70 Moscheen mit drei Oberimamen und 57 Imamen zählte. Die auch in Rest-Jugoslawien durchgeführten „ethnischen Säuberungen", vor allem im Sandžak und auf dem Amselfeld, die Flucht und Abwanderung allein von 200000 Albanern, die Zerstörung vieler Moscheen dauern auch 1995 an und erlauben gegenwärtig keine konkreten Angaben über den derzeitigen Bestand.

Mazedonien

Die trotz des griechischen Widerstandes von einigen Staaten der *Europäischen Union* und der *UNO* anerkannte Republik „Makedonija" umfaßt 25713 km², hat als Hauptstadt Skopje und zählt ca. 2,1 Millionen Einwohner. Davon sind offiziell 68% slawische Mazedonier, die nach dem Zweiten Weltkrieg in Jugoslawien als Staatsvolk anerkannt wurden. Mehr als 20% der Bevölkerung sind Albaner, d. h. mehr als eine halbe Million Menschen. Da die Albaner die Volkszählungen der jungen Republik teilweise boykottierten, sind genaue Angaben nicht möglich. Die Albaner gehen sogar von einem albanischen Bevölkerungsanteil von bis zu 40% aus. Außerdem gibt es rund 100000 Türken und 34000 Muslime im ethnischen Sinn, so daß mit den z. T. muslimischen Roma und einigen Zehntausenden Torbeschen (muslimischen Mazedoniern) und Pomaken auch bei niedrigen Schätzungen für die Albaner von mehr als einem Drittel muslimischer Bevölkerung ausgegangen werden kann.

Besonders stark schwanken die Zahlen für die türkische Minderheit. Die erste Volkszählung des 1918 entstandenen „Königreichs der Serben, Kroaten und Slowenen" ergab 1921 nur 150000 Türken, die Zählung von 1931 nur 133000 Türken. Bis zum Beginn des Zweiten Weltkriegs wurden aber 250000 „Türken" in die Türkei ausgesiedelt, darunter viele Albaner und slawische Muslime sowie Zigeuner. Die Aussiedlungen trafen nicht nur die türkische Volksgruppe im Lebensnerv, sondern auch den Islam, dessen Derwischklöster sich (im Zusammenhang mit der Auflösung in der laizistisch gewordenen Türkischen Republik) auch in Jugoslawien nur noch bis zum Zweiten Weltkrieg halten konnten.

Zu Titos Partisanenarmee stießen nach 1941 sehr bald auch Albaner und Türken, da ihnen die *Kommunistische Partei* nationale Rechte zusicherte. Die junge mazedonische Republik scheint aber trotz der Gewährung des Rechtes auf Muttersprache viele Türken als Mazedonier betrachtet bzw. ihnen diese Erklärung nahegelegt zu haben, denn die Zahl der Türken bei der ersten Volkszählung im kommunistischen Jugoslawien am 15.3.1948 wurde nur mit 98000 angegeben. Daß diese Zahl bis 1953 auf 260000 anstieg, kann nur dadurch erklärt werden, daß erst im Laufe der Jahre bei dem Hauptteil der Türken Einschüchterung und Mißtrauen aus der Vorkriegszeit abgebaut wurden.

Inzwischen setzte aber bereits eine freiwillige Auswanderung in die Türkei ein. Familienzusammenführung, die Ablehnung des kommunistischen Regimes und andere Faktoren begünstigten die „Rückkehr" nach Kleinasien. So sank die Zahl der Türken bis zur Volkszählung 1961 auf 183000, bis 1971 auf 129000 und bis 1981 auf 100000. Machten im Jahre 1953 die Türken noch 15,6% der Bevölkerung des jugoslawischen Mazedonien aus und 4,3% im Kosovo, so waren es 1971 nur noch 6,6% bzw. 1% im Kosovo. Allein zwischen 1950 und 1958 verließen mehr als 100000 Türken das Land.

Unter den Städten und Kreisen mit hohem albanischem Bevölkerungsanteil sind in Mazedonien Gostivar und Tetovo zu nennen, wo die Albaner die absolute Mehrheit stellen, aber auch Debar und Kičevo, wo knapp die Hälfte der Bevölkerung Albaner sind, so daß die Muslime hier zusammen mit den Türken die Mehrheit stellen. Auch die Hauptstadt Skopje mit weit über einer halben Million Einwohner zählt ein Viertel muslimische Einwohner. Während die albanischen Muslime meist im Westen des Landes wohnen, gibt es türkische Dörfer vor allem im Osten; bei Štip (türkisch Istip) östlich von Veles (türkisch Köprülü) zwischen Kočani und Radoviš wohnen auch Yürüken, türkische Halbnomaden. Muslime im ethnischen Sinne sind in Mazedonien nach 1878 aus Bosnien eingewanderte Familien, rund 40000 Menschen, die vor allem auf dem Ovče Polje (Schaffeld) bei Skopje angesiedelt wurden.

Bereits im alten Jugoslawien war in Skopje eine Medrese mit mazedonischer, albanischer und türkischer Unterrichtssprache entstanden, und es hatte auch islamische Publikationen in diesen Sprachen gegeben. Dem *Sabor* des Islamischen Seniorates für Mazedonien unterstanden vor der Auflösung Jugoslawiens drei Oberimame und 324 Imame. Die Zahl von 404 Moscheen und 36 Mesdžids ist seitdem durch zahlreiche Neubauten noch beträchtlich gestiegen.

Kroatien

Bis zur Unabhängigkeitserklärung der Republik „Hrvatska" 1991 lebten in Kroatien nach Angaben des Zagreber Imams rund 100000 Muslime, die zum größten Teil aus Bosnien und der Herzegowina stammten.

Während des Zweiten Weltkrieges hatte die Regierung unter Ante Pavelić alle Muslime Bosniens als Kroaten muslimischen Glaubens bezeichnet und ihnen eine große Moschee in Zagreb zur Verfügung gestellt. Die Minarette wurden 1945 abgetragen und das Gebäude in ein „Museum der Sozialistischen Revolution" umgewandelt. Erst in den achtziger Jahren konnte eine neue Moschee in Zagreb errichtet werden, die zu den größten Südosteuropas gehört. Durch Binnenwanderung innerhalb Jugoslawiens kamen viele Muslime als Arbeitskräfte nach Kroatien, so daß ihre Zahl vor allem in den Industriestädten des Landes ständig wuchs. Das *Islamische Seniorat* in Sarajevo betreute außer Bosnien auch Kroatien und Slowenien.

Der Krieg in Bosnien hat seit 1992 Hunderttausende von Muslimen nach Kroatien geführt, wo sie bei Verwandten oder in Flüchtlingslagern untergebracht sind. Die Moschee in Zagreb ist zu einem Zentrum humanitärer Hilfe für den ganzen Bereich des ehemaligen Jugoslawien geworden, da dort heute humanitäre Organisationen (wie etwa *Merhamet*, von arab. *marḥama*) aus islamischen Staaten, so u. a. aus Kuwait, ihre Niederlassungen haben. Seit 1995 besteht auch eine Medrese im Komplex der Moschee.

Slowenien

Die seit 1991 unabhängige Republik „Slovenija" zählte bei der Volkszählung 1981 nur 13425 Muslime im ethnischen Sinn, doch rechnet man die Muslime unter den damals als „Jugoslawen" gezählten Staatsbürgern sowie die Albaner hinzu, so beträgt die Zahl der Muslime sicher mehr als das Doppelte. Sie wuchs noch seit 1992, als viele Flüchtlinge und Vertriebene aus Bosnien auch in Slowenien Aufnahme fanden. Außer in der Hauptstadt Ljubljana gibt es auch in anderen Orten seit Jahren Moscheen, z. B. in Jesenice oder Velenje.

c) Bulgarien

Die 110993 km² große Republik „Bălgarija" mit der Hauptstadt Sofia zählt 1995 ca. 8,6 Millionen Einwohner. Davon sind über eine Million Türken, deren Zahl trotz der Abwanderung in die Türkei in den letzten Jahren dank der hohen Geburtenrate nicht sinkt, ferner 300000 Pomaken und 10000 Tataren. Auch unter den über 400000 Roma gibt es einen starken muslimischen Anteil.

Die Türken Bulgariens leben meist im östlichen Bulgarien, im Rhodopengebirge und nordöstlich des Balkangebirges. Die Pomaken finden wir vor allem in den Rhodopen. Die Verwaltungskreise mit den meisten Türken (zum Teil über 50% Anteil an der Gesamtbevölkerung) sind Varna, Tolbuchin, Kolarovgrad und Haskovo.

In der ersten Nachkriegsverfassung Bulgariens vom 4. Dezember 1947 hieß es in Artikel 71: „Alle Bürger der Volksrepublik Bulgarien sind vor dem Gesetz gleich. Es werden keinerlei Vorrechte in bezug auf die Nationalität, das Glaubensbekenntnis oder die Vermögenslage anerkannt. Jede Verbreitung von Rassenhaß sowie von nationalem oder religiösem Haß wird nach den Gesetzen bestraft." Artikel 72 garantierte: „Nationale Minderheiten haben das Recht auf Unterricht in ihrer Sprache und auf die Pflege ihrer nationalen Kultur; sie sind zugleich auch zur Erlernung der bulgarischen Sprache verpflichtet."

Die Verfassung vom 8. Mai 1972 schränkte dagegen die Rechte der Volksgruppen ein. Artikel 43 erklärte nur: „Die Bürger nichtbulgarischer Herkunft haben das Recht, auch ihre Sprache zu erlernen, jedoch ist die Erlernung der bulgarischen Sprache für sie verpflichtend." Erst seit dem Ende der kommunistischen Herrschaft genießen die muslimischen Gruppen, vor allem die starke türkische Minderheit, wieder alle Rechte.

Als im Jahre 1878 nach dem Frieden von San Stefano und dem Berliner Kongreß Bulgarien nach fast fünf Jahrhunderten der Türkenherrschaft erstmals wieder selbständig wurde, war noch ein Drittel der Bevölkerung muslimisch. Nach dem Anschluß Rumeliens 1908, den Balkankriegen und dem Ersten Weltkrieg lebten nach der Volkszählung vom Jahre 1920 neben 4,8 Millionen Bulgaren 520000 Türken im Lande. Diese Zahl war bis 1944 auf fast 800000 gestiegen, ehe in den Jahren 1948 bis 1952 rund 150000 Türken das Land verlassen mußten bzw. aufgrund des permanenten Drukkes der Regierung in Sofia auswanderten. Der Plan, alle Türken und mit ihnen auch viele Pomaken zu vertreiben, scheiterte am Widerstand Ankaras, das sich weigerte, alle Türken aufzunehmen, so daß Sofia von nun an versuchte, die Türken und Muslime für den Aufbau des Sozialismus zu gewinnen. Eine Anweisung des Zentralkomitees der bulgarischen *Kommunistischen Partei* verlangte damals: „Die Türken sollen im patriotischen Sinne erzogen werden, damit sie sich als Bürger der Volksrepublik Bulgarien fühlen." Die Zahl der Türken in der Kommunistischen Partei stieg ab Mitte der fünfziger Jahre rasch. Fünf Türken zogen in das Sofioter Parlament ein. Mitbegünstigt wurde diese Haltung Sofias auch durch den neuen

Kurs Moskaus gegenüber den islamischen Staaten des Vorderen Orients und der Dritten Welt.

Die Vertreibungen der Jahre bis 1952 hatten viele türkische Familien auseinandergerissen. Um Härtefälle abzufangen, wurde 1968 zwischen Ankara und der Regierung in Sofia ein Abkommen über die freiwillige Auswanderung von bulgarischen Türken im Rahmen der Familienzusammenführung zu Verwandten in die Türkei unterzeichnet, das 1969 ratifiziert wurde. In dieser Phase der Integrationspolitik wurden türkischsprachige Schulen und Theater ausgebaut und auch neu gegründet. Es erschienen Tageszeitungen in türkischer Sprache bzw. Beilagen bulgarischer Zeitungen in Türkisch wie bei „Rodopska Borba". Der Jugendverband gab für die Pioniere und die türkische Jugend eigene Jugendzeitschriften heraus. Als kulturelle Revue erschien die Zeitschrift „Yeni Işık" („Neues Licht"), worin die türkischen Schriftsteller des Landes ihre Werke veröffentlichten, aber auch in der Türkei verfemte sozialistische Autoren wie Aziz Nesin und Nazim Hikmet schrieben. Eine theoretische Zeitschrift des Sozialismus, „Handbuch für Agitatoren", schulte die türkischen Parteileute, brachte aber auch antireligiöse Beiträge, um den Islam zu schwächen. Diese sprachlich-kulturelle Freiheit der Türken wurde jedoch in den siebziger Jahren drastisch beschnitten: muttersprachliche Schulen, Organisationen und Presse wurden aufgelöst.

Trotz intensiver Atheismus-Kampagnen der regierenden Partei waren die Freitagsgebete jedoch gut besucht, obwohl es keine religiöse Presse gab und nur gelegentlich ein religiöser Kalender erscheinen durfte. Bis zur Wende gab es keine geregelte Ausbildung für die Imame, obwohl der libysche Präsident Gaddafi (Qadhdhāfī) bei einem Staatsbesuch 1980 die Zusage erhalten hatte, es werde eine Medrese eröffnet. Vor dem Ende der kommunistischen Herrschaft in Bulgarien wurde die Zahl der staatlich bestellten Imame mit 500 angegeben, die sechs Muftis und einem Obermufti unterstanden.

Auch in den achtziger Jahren litt die islamische Gemeinschaft schwer unter den Bulgarisierungs-Kampagnen, als allen Muslimen slawische Vor- und Familiennamen aufgezwungen wurden. Bei Unruhen, die deshalb entstanden und bei denen die Polizei und die Sicherheitskräfte gegen Demonstranten mit Waffengewalt vorgingen, gab es Hunderte von Toten und Verletzten. 1989 kam es zu einer fluchtartigen Massenauswanderung von etwa 300000 Türken.

Die Ablösung der kommunistischen Alleinherrschaft Ende 1989 brachte eine erneute Wende in der Nationalitätenpolitik. Sie führte zur Stärkung und Wiederbelebung des Islams. Die muslimische Partei *Bewegung für Rechte und Freiheit*, der Türken und Pomaken angehören, konnte mit 24 Vertretern in das 240 Sitze umfassende Parlament einziehen. Ende 1991 wurde an den Schulen der türkischsprachige Unterricht wieder eingeführt.

d) Rumänien

In der Republik „România" liegt der Anteil der Muslime an der Gesamtbevölkerung mit etwa 50000 Menschen bei weniger als 0,3 Prozent. Die Donau-Fürstentümer Walachei und Moldau hatten aber Jahrhunderte hindurch unter osmanischer Oberhoheit gestanden, ehe sie sich 1859 zum Königreich Rumänien zusammenschlossen. Die islamische Minderheit wohnt zum überwiegenden Teil in der Dobrudscha (Dobrogea) sowie in Bukarest und am „Eisernen Tor", wo die Türken der Donau-Insel Ada Kaleh nach der Überflutung der Insel am Ufer angesiedelt wurden. Die Muslime gehören den nationalen Minderheiten der Türken und Tataren an. Auch unter der kommunistischen Herrschaft war der Islam eine von 14 vom Staat anerkannten Religionsgemeinschaften, deren Führer bei Empfängen und offiziellen Anlässen eingeladen wurden. Eine geregelte Ausbildung der Imame war jedoch in diesem Regime nicht möglich.

Trotz der massiven Auswanderung in die Türkei gibt es heute noch fast 30000 Türken in 28 Orten der Dobrudscha. Die Mehrheit bilden sie nur im Dorf Fintina Mare, sonst leben sie als Minderheit, besitzen aber überall in diesen Orten Moscheen.

Die Dobrudscha stand bis 1878 unter türkischer Herrschaft und wurde erst durch den Berliner Kongreß an Rumänien abgetreten. Mit der Angliederung der Dobrudscha begann bereits die Auswanderung türkischer Familien. Allein 1878/79 verließen zwischen 80000 und 90000 Türken dieses Gebiet, wobei oft zwischen Türken und Tataren noch nicht unterschieden wurde. Unter den Auswanderern waren auch Tscherkessen, die erst nach der russischen Eroberung des Kaukasus 1864 in der Dobrudscha angesiedelt worden waren. Nach den Balkankriegen und zwischen beiden Weltkriegen ging die Auswanderung weiter. Im Jahre 1920 wurden im damaligen Großrumänien noch Türken und Tataren zusammen gezählt. Es waren 222400, deren Zahl bis zur Volkszählung 1931 auf 146000 Türken und 22000 Tataren sank. Im sogenannten Altreich, zu dem die Dobrudscha gehörte, lebten 1920 rund 42000 Türken, im bis 1918 russischen Bessarabien 67000. Durch die Abtretung der Süddobrudscha 1940 an Bulgarien und Bessarabiens an die Sowjetunion sanken die Zahlen beträchtlich.

Bei der Volkszählung vom Jahre 1956 gaben nur 14329 rumänische Staatsbürger an, Türken zu sein, von denen 14218 auch Türkisch als Muttersprache hatten. Sie lebten durchwegs in der Dobrudscha, wo sie eine Reihe türkischer Grundschulen hatten, dazu eine eigene Sektion an einem rumänischen Gymnasium. Bis 1959 stieg die Zahl der türkischen Schulen noch an, ehe die Regierung ihre Politik änderte und in den sechziger Jahren alle türkischen und tatarischen Schulen auflöste. Aus sprachwissenschaftlichen Studien polnischer und slowakischer Turkologen in der Dobrudscha wissen wir, daß sich die Muttersprache dieser Türken bis heute behauptet hat. Das bestätigten auch die ersten Volkszählungsergebnisse (1992) nach dem Ende der Ceauşescu-Diktatur, wonach in Rumänien rund 30000 Türken leben, von denen noch 27000 ihre Muttersprache bewahrt haben.

In dem 1940 rumänisch verbliebenen Nordteil der Dobrudscha leben (1995) rund 25 000 Tataren, in der 1940 an Bulgarien abgetretenen Süddobrudscha weitere 6000. Im Rumänien der Zwischenkriegszeit war ihre Zahl bedeutend größer, da es auch in Bessarabien, das 1940 an die Sowjetunion abgetreten werden mußte, Tataren gab.

Seit dem Mongoleneinfall im 13. Jahrhundert sind Tataren in der Dobrudscha ansässig, doch kam das Hauptkontingent erst im 19. Jahrhundert, vor allem nach dem Türkisch-Russischen Krieg von 1828/29 sowie 1854 zur Zeit des Krimkrieges. Die verschiedenen Einwanderungswellen bedingten verschiedene tatarische Mundarten. Nach dem slowakischen Forscher Josef Blaškovič sollen etwa drei Viertel der Tataren in der Dobrudscha krimtatarisch gesprochen haben, ein Fünftel nogaisch und der Rest eine türkisch-tatarische Mischsprache. Ungarische Turkologen bezeichneten die Sprache der rumänischen Tataren als donautatarisch, der deutsche Forscher G. Doerfer als schwarzmeertatarisch. Die Tataren leben in Konstanza (Constanţa), Kobadin und anderen Orten in gemischtsprachigen Dörfern mit Rumänen und früher auch mit Deutschen.

Als nach dem Zweiten Weltkrieg die rumänische Regierung auch Schulen für diese tatarische Minderheit schuf, führte sie zunächst kazantatarische Lehrbücher ein, da damals die Krimtataren von Stalin „aus der einigen Familie der Sowjetvölker" ausgestoßen und wie die Sowjetdeutschen nach Zentralasien deportiert worden waren. Ihre krimtatarische Sprache durfte nicht mehr gebraucht werden. Da sich aber das Kazantatarische als sprachlich zu weit entfernt vom Dobrudschatatarischen und dadurch für die tatarischen Schulen Rumäniens als Unterrichtssprache ungeeignet erwies, erarbeitete die rumänische „Akademie der Wissenschaften" für die rumänischen Tataren ein eigenes Lateinalphabet und erstellte unter Mithilfe ausgebildeter Tataren (es waren vor allem Nagi A. Geafer und Ismail Ziaeddin, (Ismāʿīl Żiyā' ad-Dīn) schriftsprachliche Normen. Vladimir Drimba stellte dieses Alphabet auf dem *VIII. Internationalen Kongreß der Linguisten* in Oslo vor. Im Schuljahr 1955/56 begann man mit dem Unterricht in dieser Sprache an über 50 Volksschulen und einem Gymnasium. Es wurden in der Folgezeit Schulbücher gedruckt, Übersetzungen angefertigt und ein bescheidenes Literaturschaffen geweckt. Nach 1970 brachten jedoch die Assimilierungsbestrebungen Bukarests für die kleinen nationalen Minderheiten Rumäniens ein Ende der kulturellen Eigenständigkeit. Heute existiert keine tatarische Schule in der Dobrudscha mehr, und die Tataren haben keine Volksgruppenrechte.

Der Rumänientourist kann an der rumänischen Schwarzmeerküste zwischen Mamaia und Neptun immer wieder auf Tataren treffen, vor allem in der Moschee der Hafenstadt Konstanza. Bei der ersten Volkszählung nach dem Sturz Ceauşescus wurden 24 596 Tataren gezählt, von denen noch 22 679 ihre tatarische Muttersprache bewahrt hatten.

e) Albanien

Die 28748 km² umfassende Volksrepublik „Shipëria" mit der Hauptstadt Tirana und (1995) ca. 3,2 Millionen Einwohnern hatte sich 1967 zum ersten atheistischen Staat der Welt erklärt. Bis zum Zweiten Weltkrieg waren 70% der Bevölkerung Muslime gewesen, darunter 15% Bektaşi. 20% waren orthodoxe Christen und 10% Katholiken; aktuelle Zahlen für die Zeit seit der Wende 1990 liegen nicht vor. Die Muslime sind durchwegs Albaner, da es kaum echte Türken in diesem Lande gibt und die nationalen Minderheiten der Griechen, Aromunen, Mazedonier und Montenegriner orthodoxe Christen sind.

Die Verfassung vom 4. Juli 1950, Artikel 15, hatte eine gewisse Toleranz garantiert: „Alle Bürger sind, unabhängig von Nationalität, Rasse oder Glaubensbekenntnis, gleich. Jede Handlung, die Bürgern aufgrund ihrer Zugehörigkeit zu einer Nation, einer Rasse oder einer Religion Vorrechte einräumt oder sie deshalb in ihren Rechten beschränkt, ist verfassungswidrig und wird gesetzlich geahndet. Jede Handlung, die den Zweck verfolgt, Haß und Zwietracht zwischen den Nationalitäten, Rassen oder Konfessionen zu säen, ist eine Verletzung der Verfassung und wird gesetzlich geahndet."

Als am 13. November 1967 Enver Hoxha Albanien zum ersten atheistischen Staat der Welt erklärte, gab er auch die Schließung aller Moscheen des Landes (insgesamt über 2000) bekannt. Die Verfassung vom 28.12.1976 stellte in Artikel 37 jede religiöse Betätigung unter Strafe: „Der Staat erkennt keinerlei Religion an und unterstützt und entwickelt die atheistische Propaganda, um in den Menschen die wissenschaftliche materialistische Weltanschauung zu verwurzeln". In Artikel 55 hieß es: „Verboten ist die Bildung jedweder Organisation mit faschistischem, antidemokratischem, religiösem und antisozialistischem Charakter. Verboten ist die faschistische, religiöse, kriegstreiberische, antisozialistische Tätigkeit sowie die Erzeugung von Völker- und Rassenhaß."

Bis dahin hatten ein *Statut der Islamischen Gemeinschaft Albaniens* und ein *Statut der Bektaşi-Gemeinschaft Albaniens* aus dem Jahre 1945 die Stellung der Muslime geregelt.[5] Zentrale der Sunniten war die Hauptstadt Tirana, wo der Generalrat seinen Sitz hatte. Dann gab es vier Obermuftis in Tirana, Skutari (Shkodra), Koritsa (Korça) und Argyrokastron (Gjirokastra), denen Muftis und Regionalräte unterstanden. Eine General-Medrese in Tirana mit einem Internat und Externat sollte die Ausbildung der Religionsdiener garantieren. Diese war in der Praxis bereits seit dem Ende der vierziger Jahre nicht mehr möglich.

Das gleiche gilt für die Bektaşi. Ihr Statut vom 5. Mai 1945 nannte in der Präambel das Bektaşitum einen „Gedanken der Humanität, mit dem Menschen geboren, von Adam bis Muḥammad repräsentiert und inkarniert bei Ḥājjī Bektaş. Sein Prinzip ist es, daß der Mensch die höchste Tugend erstrebt und den Grund seiner selbst erkennt, daß er also zur Vollkommenheit schreitet." Als Oberhaupt der Bektaşi fungierte der Großdede, dem

Dedes, Babas, Derwische und Kultdiener unterstanden.[6] Sitz des Großdede war Tirana, das übrige Land war in sechs Jurisdiktionsgebiete eingeteilt: Kruja, Elbasan, Koritsa, Argyrokastron, Prishta und Vlora, deren geistige Zentren jeweils eine im Statut genannte *Tekke* waren. Eine religiöse Schule zur Ausbildung der Geistlichkeit gab es nur kurz nach dem Krieg.

Bis zum Ende des kommunistischen Regimes gab es in ganz Albanien keinerlei religiöse Tätigkeit in der Öffentlichkeit. Bei allen Konfessionen drohten harte Strafen für Geistliche, die es wagten, religiöse Riten durchzuführen. Die meisten Moscheen wurden zerstört, manche in Kinos oder Sportstätten umgewandelt. Aus den Klagen der Parteipresse über religiösen Obskurantismus konnte man aber entnehmen, daß der Islam nicht tot war. Jugendliche ließen sich den Halbmond in die Haut tätowieren, um ihre weitere Zugehörigkeit zum Islam zu demonstrieren.

Seit 1990, als die Religionen wieder zugelassen wurden, ist auch ein Wiedererstarken des Islams zu beobachten. Im Gegensatz zu den beiden christlichen Kirchen, die von Griechenland bzw. von Rom starke materielle und personelle Hilfe erhielten, war aber der Islam, und hier insbesondere die Bektaşi-Gemeinde, auf Hilfe aus ihren eigenen Reihen angewiesen.

f) Griechenland

Unter mehr als 10 Millionen fast ausschließlich orthodoxen Einwohnern der „Elliniki Dimokratía" ist nur die muslimische Minderheit in Thrazien durch den „Vertrag von Lausanne" von 1923 anerkannt. Von diesen rund 150000 Muslimen sind über 90000 Türken, die übrigen je zur Hälfte Pomaken und Roma. Hunderttausende von Muslimen sind durch den griechisch-türkischen Bevölkerungsaustausch in die Türkei ausgesiedelt worden. Die Kriterien für den Bevölkerungsaustausch lieferte die Religion: So wurden einerseits orthodoxe Christen – gleich welcher Muttersprache – *aus* der Türkei und andererseits Muslime aller Volkszugehörigkeiten *in* die Türkei umgesiedelt. Nur Ost-Thrazien und in der Türkei Istanbul, die Prinzeninseln sowie Imbros und Tenedos wurden im Vertrag von Lausanne davon ausgenommen. Durch diese Umsiedlung wurden außer Türken auch Hunderttausende von muslimischen Albanern, einige Zehntausend muslimische Griechen in Thessalien und Kreta, aber auch die kleine rumänische Muslimgruppe aus dem mazedonischen Notia (Nonte) in die Türkei gebracht, während andererseits auch turkophone Christen aus Kleinasien, die sogenannten Karamanli, ihre Heimat verlassen mußten. Eine kleine türkische Minderheit gibt es auch noch auf Rhodos, das mit den Inseln des Dodekanes von 1912 bis 1947 zu Italien gehörte.

Die Muslime Griechenlands gebrauchten noch lange nach Atatürks Reformen in der Türkei für ihre in Griechenland erschienenen Publikationen die arabische Schrift. Der Laizismus der Türkischen Republik wurde darin immer wieder angeprangert, und wenn von erneutem Bevölkerungsaustausch die Rede war, erklärten die Religionsdiener, lieber in arabische Länder auszusiedeln als in die Türkei.

Die allgemein minderheitenfeindliche Haltung der Regierung in Athen hat die muslimische Minderheit immer diskriminiert. Sie wurde bei politischen Streitigkeiten zwischen Athen und Ankara stets als Faustpfand und Druckmittel benutzt.

g) Polen

In der Republik „Polska" ist der Islam seit der Zeit der Tataren heimisch, konnte sich aber nur in einigen Dörfern bei Białystok halten. Die dortigen Tataren wurden polonisiert und schrieben Polnisch mit arabischer Schrift. Durch Umsiedlung nach dem Zweiten Weltkrieg kamen polnische Muslime auch nach Warschau und in die ehemals deutschen Gebiete, wo es heute Gemeinden in Danzig (Gdańsk) und Landsberg an der Warthe (Gorzów Wielkopolski) gibt.

3. Amerika[1]

(Durán Khálid)

Auf dem amerikanischen Kontinent finden sich die dichtesten Ballungszentren von Muslimen in Surinam, wo sie rund 20% der Bevölkerung ausmachen, im benachbarten Guayana und auf Trinidad.[2] In allen drei Gebieten handelt es sich – wie in Südafrika – um Nachfahren der als Kolonialarbeiter ins Land gebrachten Inder, zu denen sich in Surinam noch Indonesier gesellen. Obwohl verschiedene islamische Organisationen dort auch Mission betreiben, ist die Zahl der Konvertiten aus der Bevölkerung afrikanischer Herkunft kaum nennenswert. Der Islam wird hier mit den Indern identifiziert, die in einem Rassenkonflikt mit den Afrikanern stehen.

Die zahlreichen nach Lateinamerika ausgewanderten Araber – fast durchweg Syrer und Libanesen, in geringerer Zahl Palästinenser, Iraker und Ägypter – sind überwiegend christlichen Glaubens; dennoch existieren sowohl in Argentinien als auch in Venezuela[3] und Mexiko muslimische Gemeinden mit Moscheen. Die größte Zahl muslimischer Einwohner hat in Lateinamerika Brasilien.

Die Muslime der USA[4] setzen sich aus ziemlich allen muslimischen Nationalitäten zusammen. Unter den Zuwanderern überwiegen Indo-Pakistaner, und eine der zahlenmäßig stärksten Gruppen sind die Albaner und Jugoslawen, gefolgt von der Gemeinde arabischer Einwanderer (vornehmlich aus Ägypten, Syrien und Palästina). Als Folge des Umbruchs in Iran stieg die Zahl der Iraner in den USA 1987 auf fast eine Million an. Mehr als die Hälfte von ihnen waren Muslime. Starke Kontingente muslimischer Flüchtlinge kamen ferner aus Afghanistan und Äthiopien (nicht nur Eritrea). An Zahl und Dynamik bedeutender sind jedoch die afro-amerikanischen Konvertiten, unter denen wiederum die Anhängerschaft des Sektengründers Elijah Mohammed (Muḥammad, gest. 1972) die stärkste ist. Diese

Bewegung des schwarzafrikanischen Nationalismus hatte zu Beginn (Chicago, 1934) mit der Weltgemeinschaft des Islams wenig gemein. Elijah Mohammed, ein Fabrikarbeiter aus Detroit, gelangte wahrscheinlich durch einen orientalischen Mystiker *(ṣūfī)* in Berührung mit dem Islam. Die neue Religion war ihm ein ideologisches Mittel zu ganz konkreten Zwecken. Ihm ging es um die Bekämpfung der Nöte, unter denen die schwarze Bevölkerung der USA besonders litt, nämlich Alkoholismus, der sich daraus ergebende Familienzerfall und die Kriminalität sowie die Vermarktung der Schwarzen im weißen Schaugeschäft.

Elijah Mohammed nannte seine Anhänger die „im Westen verlorengegangene und wiedergefundene schwarze Nation des Islams". In dieser amerikanischen Version des Islams war Gott schwarz und der Teufel weiß. Elijah Mohammed wurde als Prophet bezeichnet, eine Ungeheuerlichkeit für den orthodoxen Muslim; denn laut Koran ist der Araber Muḥammad das „Siegel der Propheten". Die Gotteshäuser der Sekte hießen damals nicht Moscheen, sondern Tempel. Statt auf den Koran bezogen sie sich meist auf die Bibel. Sie verschanzten sich nicht nur gegen Weiße, sondern waren auch orientalischen Muslimen gegenüber abweisend. Der Begründer wollte die Regierung in Washington dazu veranlassen, den Afro-Amerikanern als Entschädigung für die Sklaverei ein unabhängiges Territorium in den USA abzutreten. Von diesem „Schwarzen Separatismus" hört man nach Elijah Mohammeds Tod wenig. Seine Jünger fühlen sich mittlerweile doch wieder mehr als Amerikaner denn als Afrikaner oder Orientalen.

Die Bewegung der schwarzamerikanischen Islam-Konvertiten ist ein einzigartiges Unternehmen der sozialen Rehabilitierung, weil ein Großteil ihrer Anhänger in den Gefängnissen der USA für den Islam gewonnen wurde. Sie haben sich anerkanntermaßen um die gesellschaftliche Wiederaufnahme von Vorbestraften verdient gemacht und können für sich in Anspruch nehmen, mehr für die Genesung Rauschgiftsüchtiger getan zu haben als die staatlichen Stellen. Eine ihrer inzwischen legendären Führerfiguren, al-Ḥājj Mālik Shāhbāz (Malcolm X), einstmals selbst ein „Kleinhändler", richtete bisweilen Herausforderungen an die Behörden, es seiner Bewegung gleichzutun. Die Ermordung des Malcolm X wird denn auch meist der Rauschgiftmafia angelastet, obwohl es nach außen so schien, als sei er das Opfer einer Rivalität mit Elijah Mohammed geworden.

1987 wurde die Zahl der schwarzamerikanischen Muslime auf mindestens drei Millionen geschätzt. Dazu kamen noch fast zwei Millionen Sympathisanten. Wie von Kennern islamischer Geschichte erwartet, hat die ursprünglich höchst eklektische Bewegung eine „Läuterung" erfahren und sich der Orthodoxie angenähert. Elijah Mohammeds Islam war orientalischen Muslimen als solcher kaum erkennbar, doch ließ er einen seiner Söhne orthodox erziehen. Unter dessen Leitung hat seit 1972 eine Angleichung an den Islam der arabischen Ursprünge stattgefunden. Warith Din Mohammed (Wārith ad-Dīn Muḥammad) ist ein gemäßigter „Kirchenführer", ein gebildeter Vertreter der amerikanischen Mittelklasse. Seine soziale Ausgangsposition ist grundlegend anders als die seines weniger privilegierten Vaters.

Elijah Mohammed hatte die Fabrikarbeiter Detroits und später Chicagos, des Zentrums der Bewegung, zum „Schwarzen Kapitalismus" aufgerufen, lange bevor Präsident Nixon seinerzeit mit diesem Schlagwort vor die Öffentlichkeit trat. Als Folge ihres wirtschaftlichen Aufschwungs schien die afro-amerikanische Islam-Bewegung Ende der achtziger Jahre in mancher Hinsicht konservativ. Die schwarzamerikanischen Konvertiten stehen heute exemplarisch für schwarzes Unternehmertum. In ihrer Presse liegt der Nachdruck auf Familie, Bildung und Business.

Verglichen mit der von Warith Din Mohammed geleiteten Mehrheit steht die kleine Anhängerschaft des Malcolm X in engerem Kontakt zu nichtmuslimischen Gruppen afro-amerikanischer Sozialrevolutionäre. Malcolm X wird heute von allen schwarzamerikanischen Muslimen in Ehren gehalten, sein engerer Anhängerkreis ist intellektuell und steht links von den übrigen Gruppen. Seine Autobiographie wurde seinerzeit zu einem Bestseller und die Kassetten mit seinen feurigen Reden verkaufen sich noch immer gut. Die Abfassung des Buches wurde von Alex Haley vorgenommen, der später zum Autor des epochemachenden Werkes „Roots" wurde. Zwischen beiden Büchern besteht ein enger Zusammenhang.

Gewissermaßen rechts von der Mehrheitsströmung stehen die „Schwarzen Hebräer", die wohl eigentümlichste Abart des Islams auf amerikanischem Boden. Sie nennen sich auch *anṣār* (Helfer) und geben vor, eine Fortsetzung der Bewegung des sudanesischen Mahdi *(mahdī)* zu sein, der 1885 einen kurzlebigen Gottesstaat in Omdurman hinterließ. Der New Yorker Begründer dieses exzentrischen Synkretismus gibt vor, der im Sudan unter Präsident Numairī umgekommene ʿIsā al-Hādī al-Mahdī zu sein. Demnach wäre er ein Cousin des gegenwärtigen sudanesischen Ministerpräsidenten Ṣādiq al-Mahdī.

Fast alle Gruppen beziehen Unterstützung aus dem Ausland, obwohl sie durchweg orientalischer Einflußnahme gegenüber mißtrauisch sind und das Ideal propagieren, aus eigener Kraft zu bestehen. Aus Libyen erhielt Din Mohammed Gelder für einen Moscheebau und Louis Farrakhan (Farrakhān) für den Aufbau seiner Organisation. In beiden Fällen sind die Gelder spärlicher geflossen als von den Libyern versprochen, doch war es genug, sie zu Fürsprechern Gaddafis (Muʿammar al-Qadhdhāfī) werden zu lassen. Farrakhan soll sich während des amerikanischen Bombardements in Tripolis befunden haben. Gaddafi rief die 1985er Jahresversammlung der Farrakhan-Gemeinschaft in Chicago über Bildschirm dazu auf, aus der US-Armee zu desertieren und sich gegen die herrschende Klasse zu erheben.

Die Sammelbezeichnung *Black Muslims*, unter der die verschiedenen Gruppen in der Presse häufig zusammengefaßt werden, wurde geradezu zu einer generischen Bezeichnung. Die Islam-Konvertiten lehnen diesen Namen jedoch ab, sie nennen sich auch nicht mehr *Nation des Islams*. Warith Din Mohammed führte erst die Bezeichnung *Amerikanische Islam-Mission* ein, legte sie dann aber wieder ab. Heute gebraucht man als generische Bezeichnung *afrikanisch-amerikanische Muslime*, und zur näheren Beschreibung bezieht man sich auf die einzelnen Moschee-Gemeinden.

Die Situation der muslimischen Diaspora in Kanada unterscheidet sich von der in den USA einmal dadurch, daß das Phänomen der Black Muslims hier nicht ins Gewicht fällt, zum anderen durch den prozentual noch höheren Anteil von Muslimen indo-pakistanischer Herkunft. Die muslimische Diaspora in Kanada weist gewisse Parallelen auf zu der in Großbritannien, wenngleich die Zahl der Muslime kaum halb so hoch liegt (1987 etwas unter einer halben Million).[5]

VI. Die innerislamische Diskussion zu Säkularismus, Demokratie und Menschenrechten

(Smail Balić)

1. Stellenwert, Charakter und Rezeptionsumfang zentraler Aufklärungsinhalte im Islam

Die drei Problemkreise Säkularismus, Demokratie und Menschenrechte stehen sowohl in der islamischen als auch der übrigen Welt im Brennpunkt des öffentlichen Interesses. Während dem der Demokratie und den Menschenrechten zugrundeliegenden Gedankengut in der Regel breite Aufnahmebereitschaft entgegengebracht wird, begegnet man in den islamischen Ländern dem Säkularismus mit Skepsis und Angstgefühlen: Man interpretiert die Verdrängung der Religion in den Bereich der Innerlichkeit als einen Versuch, das religiöse Element aus dem Zivilisationsprozeß und der Weltordnung auszuklammern – was im islamischen Fall alle Tradition über Bord zu werfen droht. Die zuweilen betont negative Einschätzung des Säkularismus durch führende islamische Kräfte hängt eng mit dem islamischen Offenbarungsverständnis zusammen und wird darüber hinaus durch die bitteren Erfahrungen mit dem Kolonialismus Europas, wo der Säkularismus seinen Ursprung hat, verstärkt.

Dem sakralen Wissen des Korans, der Grundquelle der islamischen Lehre, liegt ein statischer Wahrheitsbegriff zugrunde. Dieser steht, nach einer Formulierung des Islamwissenschaftlers Gustave von Grunebaum, im Gegensatz zum „dynamischen Begriff einer relativen, provisorischen, im Verlauf der Geschichte sich ändernden Wahrheit" des westlichen Menschen. Für den dogmatisch vorgeprägten konservativen Muslim gilt ein komplett im Einklang mit der *sharī ʿa*, d. h. mit dem Gesamtkorpus der islamischen Lebensregeln, verlaufendes Leben als die höchste Stufe der Daseinsentfaltung im Sinne der göttlichen Erwartungen. Da die sharīʿa praktisch ein Raster ist, nach dem die Lebensvorgänge der Gläubigen ablaufen sollen, bildet sie eine stete Begrenzung des Freiraums für Eigeninitiative und verhindert das Wagnis einer freien Kreativität.

Die innerislamische Diskussion über den Säkularismus und die damit zusammenhängenden Fragen von Demokratie und Menschenrechten verläuft in der Regel in einer emotional geladenen Atmosphäre. Spannungsreich ist vor allem das Verhältnis zum Säkularismus selbst. Extreme rigoristische Gruppierungen scheuen sich nicht, gegen exponierte Fürsprecher des Säkularismus, besonders wenn diese aus den Reihen der Religionsgelehrten *(ʿulamāʾ)* kommen, tätlich vorzugehen. So bezahlten allein innerhalb des letzten Jahrzehnts u. a. folgende Personen ihr Bekenntnis zu freidenkerischen und säkularistischen Ideen mit dem Leben: der ägyptische Kultusminister Muḥammad adh-Dhahābī, ermordet 1977; der stellvertretende libanesische Mufti *(muftī)*, im konkreten Fall stellvertretendes Oberhaupt der sunnitischen Gemeinschaft im Libanon, Dr. Ṣubḥi Ṣāliḥ, erschossen auf einer Beiruter Straße 1986; der Führer einer unter dem Namen *Republikanische Brüder* agierenden sudanesischen reformistischen Bewegung des Islams, Maḥmūd Ṭāhā, hingerichtet 1985, und der ägyptische Publizist und Religionshistoriker Dr. Faraj Fūda (Farag Foda), ermordet 1992. Auch manche andere Freidenker befinden sich auf der „schwarzen Liste" extremistischer Gruppen. Als erbitterte Gegner jeglichen Intellektualismus im Islam haben sich die beiden fundamentalistischen Untergrundgruppen *at-Takfīr wa-l-hijra* (Exkommunikation/Sühne und Exodus/Auswanderung), und *al-Jihād* (Heiliger Kampf) ausgewiesen. Diese Leute werden von der ägyptischen Öffentlichkeit vielfach als moderne Kharidschiten (von arab. *kharaja*, "ausziehen")[1] angesehen.

In der Konfrontation mit dem islamischen Rigorismus haben es Kräfte, die von vornherein auf jede religiöse Konfrontation verzichten – wie etwa türkische und indonesische Laizisten –, verhältnismäßig leichter als jene Kräfte, die einen innerislamischen Ausbruch aus den verkrusteten theologischen Denkstrukturen versuchen.

Wie schwer es theologisch motivierte Denker im Islam haben, die ein Überdenken der sharīʿa fordern oder sich gar an die Bewältigung dieser Aufgabe herantrauen, signalisiert folgender Satz eines im interreligiösen Dialog tätigen Religionsgelehrten: „Das Versäumnis eines Muslims, ohne zwingenden Hintergrund die sharīʿa zu beachten, zieht eine Intervention des Staates nach sich, aber eine Person verliert die Mitgliedschaft in der muslimischen Gemeinschaft, wenn sie die Autorität der sharīʿa leugnet."[2]

Es liegt in der Natur der Sache, daß die innerislamische Diskussion über die neue Weltordnung vorrangig auf religiöse Argumente angewiesen ist. Die Eingebundenheit in das religiöse Denken bildet einen Unsicherheitsfaktor in der Legitimierung säkularistischer Wertvorstellungen. Der ägyptische Religionsgelehrte Khālid Muḥammad Khālid, einst ein profilierter Fürsprecher der Säkularisierung, hat sich inzwischen zu einem Fundamentalisten gewandelt und ist damit ein lebendes Beispiel dieser Unbeständigkeit. In seinem 1950 in Kairo erschienen Buch „Von hier an beginnen wir" („Min hunā nabda'"), setzt er sich mit der Theokratie auseinander und tritt vehement gegen die Verkoppelung des Islams mit der Politik auf, um sich etwa 30 Jahre später einer völlig entgegengesetzten Anschauung anzuschließen. Möglicherweise hat Khālid ein tieferes Eingehen in die behandelte Materie zur Aufgabe des früheren Standpunktes veranlaßt; denkbar ist aber auch, daß die erfolgte Umkehr eine indirekte Folge der erstarkenden fundamentalistischen Tendenzen in der ägyptischen Gesellschaft ist.

Selbst der westliche Säkularismus greift vielfach unbewußt auf die christlichen Wurzeln seines Umfelds zurück: „Er hat", so Muḥammad Zakī Badawī, „einen großen Teil der kulturellen Aspekte des mittelalterlichen Christentums und fast alle seine Vorurteile beibehalten und absorbiert."[3]

Den festesten Bestand scheinen in muslimischen Ländern jene säkularen Strukturen zu haben, bei denen von vornherein keine religiöse Legitimierungsbasis angestrebt worden war, wie in der kemalistischen Türkei, im Indonesien der *Pancasila*[4] und in einigen ehemals kommunistischen Ländern, wo gebietsweise ein unumschränktes Bekenntnis zum demokratischen Europa (Bosnien) oder ein öffentliches Eintreten für die Demokratie (muslimische Demokraten von Tadschikistan) zu registrieren sind.

Die Haltung breiter Bevölkerungsschichten diesem Kulturkampf gegenüber bleibt oftmals indifferent, solange er nicht auf die Politik und die brennenden Probleme des Alltags übergreift. Die Mehrheit der Muslime bewegt sich mit Vorliebe auf den alteingefahrenen Pfaden der Vorfahren.

Einem christlichen Missionar gegenüber versuchte ein Student in Bangladesh dies in folgender Weise zu erklären: „Sie müssen sich darüber im klaren sein, daß es uns Muslimen nicht gestattet ist, sich über den Koran und den Propheten in irgendeiner Weise kritisch zu äußern. Der Koran und die Person des Propheten sind von Gott gegeben, unantastbar. Wer sich daran nicht hält, wird von der islamischen Gesellschaft gestraft, sogar gefoltert oder getötet, wie es mit kritischen College-Lehrern in Sylhet und Thakurgaon kürzlich passierte. Für uns Muslime ist die Hingabe an Allah, den einzigen und allmächtigen Gott, die höchste Glaubensweisheit. ... Wir erscheinen oft als rückständig, weil wir nur so weit mit der Zeit gehen, als dies die Hingabe an Allahs Willen nicht beeinträchtigt. Der Wille Allahs steht höher als die stolzeste wissenschaftliche Erkenntnis. Vor allem den Frauen gegenüber haben wir eine ganz andere Einstellung, weil wir ihnen keine andere Aufgabe geben, als ganz für den Mann und die Kinder da zu sein, wenngleich es auch in diesem Bereich langsame Entwicklungen gibt. Denken Sie nur an die zunehmende Zahl der islamischen Universitätsstudentinnen! Doch scheint in der islamischen Welt alles langsam zu geschehen, was seinen Grund darin hat, daß der Wille Allahs nie auf dem Spiel stehen darf."[5]

Diese Weltsicht, in der sich die Statik der islamischen Theologie bekundet, ist freilich ein bevorzugter Gegenstand säkularistischer Kritik. Bassam Tibi äußert sich dazu folgendermaßen: „Die Überwindung von Unterentwicklung in der islamischen Welt würde nicht nur einen Strukturwandel erfordern, sondern auch ein umfassendes gesellschaftspolitisches Konzept und eine veränderte, dynamische kulturelle Weltsicht. Der politische Islam als ein politisches Aktionsprogramm bietet beides nicht. Er ist ein fundamentalistischer Glaube an einen autoritativen Text und erschöpft sich darin. Auf diesen Text wird aber nicht nur selektiv zurückgegriffen, er wird auch im Kontext der Moderne gelesen, ohne daß man sich dessen bewußt ist. In den Augen der Fundamentalisten ist der Text gleichermaßen heilig, absolut, allein maßgebend und dazu noch überzeitlich – überräumlich – gültig. Dennoch gibt es viele Lesarten und unterschiedliche Interpretationen des Textes, so daß die Fundamentalisten charismatische Führer brauchen, die mit ihrer Autorität dafür bürgen, daß sie die einzig gültige Auslegung des Textes vermitteln."[6]

2. Die ersten Modernisierungs- und Reformversuche

Erste Impulse einer inneren Erneuerung und Anpassung an die Moderne erhielt der Islam auf dem indischen Subkontinent und in Ägypten durch die Begegnung mit dem englischen bzw. französischen Denk- und Lebensstil.[7] Der indische Gelehrte Sir Saiyid Aḥmad Khān (gest. 1898) gab den Gläubigen durch eine Neuinterpretation der für Konfliktsituationen vorgesehenen Abwehr- und Einsatzpflicht *(jihād)* grünes Licht für eine konstruktive Zusammenarbeit mit nichtmuslimischen Macht- und Kulturstrukturen. Eine Zusammenarbeit sei überall dort zulässig, wo dem Islam religiöse Freiheit gewährleistet sei. Aḥmad Khāns theologisch gut begründeter Standpunkt ist wohl der erste säkulare Denkansatz im islamischen religiöswissenschaftlichen Betrieb, der letztendlich auf die Trennung von Politik und Religion hinausläuft. Bedrängt durch eine intensive Missionstätigkeit der englischen Kirchen, nahm der indische Islam unter elitären Kreisen modernistische und liberale Züge an, gestaltete sich vielfach auch apologetisch und nicht immer quellenkonform. Die Antwort der ägyptisch-islamischen Lehrautoritäten auf die Herausforderungen der Zeit gestaltete sich unter einer viel strengeren Beachtung der Quellen, vor allem des Korans und der glaubwürdigen Traditionen. Die zentrale Rolle im islamischen Modernismus fiel dem Reformtheologen Muḥammad ʿAbduh (gest. 1905) zu.[8] Die von ihm aufgestellte Losung: „Zurück zu den Quellen!" sollte nach seinem Tode zum Kampfruf eines regressiven Islams werden, wodurch sie in ihr Gegenteil verkehrt wurde. ʿAbduhs Puritanismus war demgegenüber auf eine Befreiung des Islams vom historischen und folkloristischen Ballast und auf Gewinnung von Freiräumen für moderne theologische Gedanken angelegt. Während Abū Ḥāmid Muḥammad al-Ghazālī (gest. 1111) den Islam mit der Mystik versöhnt hat, ist die Aussöhnung mit der säkularisierten Weltsicht von ʿAbduh theologisch eingeleitet worden. Von äußerst brauchbarem Wert ist der von ihm aufgestellte Grundsatz: „Keine tragfähige Koranexegese ohne ein tragfähiges Menschen- und Weltbild!"[9]

Die Entwicklung eines besonderen Forschungszweiges innerhalb der Koranexegese, der den äußeren Veranlassungen der einzelnen Offenbarungsinhalte nachgeht *(ʿilm asbāb an-nuzūl)*, spricht dafür, daß der Koran – wie jedes andere heilige Buch – zumindest teilweise in Zeit und Raum eingebunden ist. In diesem Faktum sehen Säkularisten eine Rechtfertigung ihrer Bemühungen um die Anpassung des angestammten Religions- und Kulturerbes an die eigene Zeit und den eigenen Lebensraum.

Die gegenwärtig in einem Teil der Dritten Welt sich machtvoll geltend machende Rückbesinnung auf die Ursprünge des eigenen Glaubens mündet bei den Muslimen in eine „Arabisierung" des Geistes und des Lebens. Rückgriffe auf Handlungsmuster der Frühzeit des Islams, in denen sich vielfach der Zustand einer dem Beduinengeist verhafteten Gesellschaft widerspiegelt, bedeuten gleichzeitig eine Verflachung der Religiosität. Selbst Gelehrte der puritanischen *Salafīya*-Bewegung, so etwa Muḥammad al-Ghazzālī (geb. 1917) von der *Azhar*-Universität, sehen darin lediglich Auswirkungen einer bedauerlichen Ignoranz. Die mißverständliche Benutzung der Hadithe führt er auf ihre Loslösung vom sozialen Kontext, in dem sie entstanden sind, auf das Nichtbegreifen ihres eigentlichen Inhalts, auf mangelnde Kenntnis der Hadith-Materie und/oder den niedrigen Bildungsgrad ihrer Benutzer zurück.[10]

3. Die Vorzugsthemen des Diskurses

Vorherrschender Diskussionsgegenstand ist freilich das Verhältnis des Islams zur Politik. In enger Verbindung damit wird der Problemkreis „Demokratie" angegangen. Säkularisten sehen in der Demokratie eine global geltende, positive Errungenschaft der fortschrittlichen Menschheit; Fundamentalisten hingegen differenzieren zwischen einer „islamischen" und einer „westlichen" Demokratie. Letztere ist für sie mit moralischem Verfall, der Anwendung von zweierlei Maßstäben in der Weltpolitik, mit Drogensucht, Pornographie, Gruppensex, Vermarktung der Frau, Ausbeutung des Menschen durch das Großkapital und einem schamlosen Machtstreben identisch.[11]

Versuche, eine umfassende Akzeptanz der Menschenrechte religiös zu legitimieren, stoßen wegen eines konservativen *sharīʿa*-Verständnisses auf Schwierigkeiten. Dennoch sind sich aufgeklärte *ʿulamāʾ* darüber im klaren, daß z. B. die der Rechtswissenschaft *(fiqh)* entsprechende Aufteilung der Welt in das „Haus des Islams" *(dār al-islām)* und das „Haus des Krieges" (*dār al-ḥarb*) sowie die Todesstrafe für den Abfall vom Islam in der heutigen Welt nicht zu rechtfertigen sind, zumal sie nicht im koranischen „Klartext" *(naṣṣ)* begründet sind. Vielmehr bejaht der Koran religiösen und kulturellen Pluralismus. Anders seien, so die Meinung der Säkularisten, drei wichtige Maximen des Korans nicht zu verstehen: „In der Religion gibt es keinen Zwang. ..." (2:256), „Jeder hat eine Richtung, auf die er eingestellt ist. Wetteifert nun nach den guten Dingen! Wo immer ihr sein werdet, Gott wird euch allesamt beibringen. Er hat zu alledem die Macht." (2:148) und „... Und wenn Gott gewollt hätte, hätte er euch zu einer einzigen Gemeinschaft gemacht. Aber er wollte euch in dem, was er euch gegeben hat, auf die Probe stellen. Wetteifert nun nach den guten Dingen! ..." (5:48).

In der Diskussion nimmt die rechtliche Lage der Nichtmuslime in einem islamischen Staat breiten Raum ein. Bezeichnend für das neue staatspolitische Denken ist das Erscheinen der Abhandlung „Mitbürger – nicht Schutzbefohlene!" („Muwāṭinūn lā dhimmīyūn!") von Fahmī Huwaidī (Kairo, 1991).

Weitere Themen der innerislamischen Diskussion sind die ambivalente Rolle des scheriatsrechtlichen sowie jedes anderen Strafgesetzes in orientalischen Kulturen, die Frauenfrage in ihren verschiedenen Aspekten (Gleichberechtigung, Polygynie, Scheidungsrecht, Erziehungsrecht, Verschleierung usw.), die Koedukation und die *jihād*-Problematik.

Die Verfechter des Säkularismus beteiligen sich lebhaft an interreligiösen Gesprächen. In diesem Zusammenhang müssen sie sich gelegentlich mit einem neuzeitlichen Phänomen des intellektualistischen Islams auseinandersetzen: mit der sogenannten „Islamisierung der Wissenschaft", einem Vorhaben, das recht unklare Umrisse aufweist, der Natur der wissenschaftlichen Forschung widerspricht und obendrein nur dazu geeignet ist, Muslime mit weiterer Weltfremdheit zu überziehen.

4. Diskurs über Politik und Staat

Mit Muḥammads Auswanderung von Mekka nach Medina im Jahre 622 n. Chr. ist der Islam in die politische Geschichte eingetreten. Zwar sind viele soziale und rechtliche Bestimmungen, die während der medinensischen Wirksamkeit des Religionsverkünders in den Koran Eingang gefunden haben, hauptsächlich in das Familien- und Gemeindeleben, nicht aber in den Staat, eingebunden; dennoch sind dadurch Grundlagen des politischen Denkens im Islam gelegt worden. Die damals vom Koran statuierten Leitgedanken sind auf die konkrete arabische Situation zugeschnitten. Die politischen Aussagen des Korans haben also eine Zeit- und Raumdimension. Dadurch fehlt ihnen die Präexistenz, die dem Koran von orthodoxen Schriftgelehrten zugeschrieben wird.

Die Politisierung des Islams hat die Spaltung in Schia *(shīʿa)* und Sunna bewirkt. Auf ihr Konto sind auch fast alle späteren Sekten- und Gruppenbildungen mit theologischer Scheinglasur zu schreiben. Der politisierte Islam bietet heute, wie kaum jemals zuvor, das Bild einer heillosen Zerrissenheit.

Bei näherem Hinsehen entpuppt sich die sogenannte „Renaissance des Islams" als eine gegen Überfremdung und vermeintlichen westlichen Kulturimperialismus gerichtete geistige und politische Strömung.

Im allgemeinen sind es nicht orthodoxe Gelehrte, die Kritik in die Koranexegese und den *sharīʿa*-Betrieb einbringen, sondern vielmehr Modernisten und sufisch inspirierte Persönlichkeiten. Muḥammad Khalafallāh, ehemals Leiter der Abteilung für theologisches Hochschulwesen im Kultusministerium der Arabischen Republik Ägypten und Pionier einer fragmentarischen historisch-kritischen Koranexegese, steht auf dem Standpunkt, daß der Islam der säkularen Weltordnung das Wort spricht. Ibrāhīm Saʿda, Kolumnist der Kairiner Tageszeitung „Akhbār al-yaum", geht mit unzivilisiertem Verhalten rigoristischer Extremisten scharf ins Gericht. Er wirft ihnen Heuchelei und böses Spiel mit der Religion vor. Ṣāliḥ Qalansuwa protestiert gegen die politische Sinngebung mit dem Koranvers „Ini l-ḥukm illā li-llāh" (6:57, 12:40, 12:67), den er korrekt mit: „Das (End-)Urteil gehört Gott" übersetzt haben möchte.

Das staatstheoretische Denken im Islam beginnt Anfang des 11. Jahrhunderts. Zwei Rechtsgelehrte begründeten die islamische Staatstheorie: ʿAbdallāh al-Māwardī (gest. 1058) und ʿAbd al-Malik al-Juwaynī (gest. 1085). Von al-Māwardī stammt die Denkschrift „Das Regelwerk des Regierens"

(„al-Aḥkām as-sulṭānīya"). Für ihn ist wichtig, daß der Staat einen, wenn auch nur nominellen, muslimischen Herrscher hat. Im idealen Staat sollte allerdings alles unter der Ägide der Religion, der des Islams, stehen.[12]

Al-Juwaynī ist demgegenüber realistischer. Schon zu seiner Zeit mußten sich Muslime damit abfinden, daß die Staatsmacht in einer zunehmenden Verweltlichung begriffen war. So deutet al-Juwaynī das Regieren zweckgebunden und nicht mehr religiös. Es sei entscheidend, daß der fähigste unter den Anwärtern auf die Macht diese auch bekommt. Die Aufgabe der Religion und ihrer Hüter bestehe lediglich in moralischer Kontrolle und Anleitung. Schriftgelehrte von der Macht fernzuhalten, sei theologisch gerechtfertigt und legitim. Die Frömmigkeit der Staatslenker sei völlig irrelevant, weil sie bei der Wahrnehmung der Staatsaufgaben keine erkennbare Funktion erfülle. Die soziale, politische und kulturelle Entwicklung eines muslimischen Staates könne zuweilen zu der Situation führen, daß die sharīʿa auf einige wesentliche Kernpunkte reduziert werde. Dann müsse nach dem Grundsatz verfahren werden, „daß alle Handlungen und Dinge erlaubt seien, deren Verbot nicht eindeutig in den Bestimmungen der sharīʿa zu finden sei."[13]

Die Säkularisierung im neuzeitlichen Islam hat dreierlei Fürsprecher:

(1.) unabhängige Denker und Literaten wie den Türken Ziya (Ẓiyāʾ) Gökalp (gest. 1924), von der Krim Ismāʿīl Gaspralı (Ismail Gasprinski, gest. 1914), die Ägypter Ṭāhā Ḥusain (gest. 1973), Najīb Maḥfūẓ (geb. 1911) und den Syrer Ṣādiq Jalāl al-ʿAẓm (geb. 1934).

(2.) Reformtheologen wie den Ägypter Muḥammad ʿAbduh (gest. 1905), Schüler des panislamistischen Ideologen Jamāl ad-Dīn al-Afghānī (gest. 1897) aus Iran, und den Bosniaken Husein (Ḥusain) Djozo (gest. 1982), und

(3.) Modernisten wie Mohammed Arkoun (Muḥammad Arkūn) aus Algerien (geb. 1928), und Ḥasan Ḥanafī (geb. 1935) aus Ägypten.

Die erste Gruppe fordert einen vollständigen Anschluß an die globale westliche Kultur. Die zweite strebt Reformen an, durch die ein „Reformislam" Gestalt annehmen sollte. Die eigentliche Offenbarungsbotschaft wird von den Vertretern dieser exegetischen Richtung in den religiös-ethischen Aussagen des Korans und der Sunna gesehen. Die Modernisten agieren darüber hinaus – analog der verwandten Bewegung in der katholischen Kirche – auf der Grundlage einer innerweltlichen Gotteserfahrung. Bezeichnend für sie ist die ausgiebige Einbeziehung der Wissenschaftlichkeit in theoretische Überlegungen. Modernisten treten für die Trennung von Religion und Staat ein. Die Grenzen zwischen Reformismus und Modernismus sind fließend, so daß eine genaue Klassifizierung nicht immer möglich ist.

5. Das zwiespältige Verhältnis zur Demokratie und den Menschenrechten: ein Dilemma der Säkularisten

Für einen frommen Muslim besteht das vorherrschende Prinzip darin, in Übereinstimmung mit Gottes Willen zu handeln, wie sich dieser in der Offenbarung niederschlägt. Der Glaubende meistert sein Leben im Zeichen der Hingabe an einen so erkennbaren Gott.

Nur ein mündiger, im Vollbesitz seiner geistigen Kräfte befindlicher Gläubiger, ob Mann oder Frau, ist religionspflichtig und für sein Handeln verantwortlich *(mukallaf)*. Der Islam wandelt sich mit zunehmendem Alter des Gläubigen von einer ontischen[14] zu einer bewußtseinsorientierten Kategorie. Für Säkularisten ist das ein wichtiger Hinweis auf die dem Individuum zukommende religiöse Entscheidungsfreiheit. Durch Anknüpfung an diesen und andere ähnliche Denkansätze innerhalb der islamischen Tradition gewinnt der Säkularismus unter Umständen eine islamische Artikulation, auf die er dringend angewiesen ist. Widrigenfalls ist er chancenlos, es sei denn, hinter ihm steht als bewegende Kraft eine reine Brachialgewalt.

Säkularisten sind der Ansicht, daß die islamische Tradition noch immer das Bewußtsein von der Freiheit des Menschen besitzt, soweit diese in Anbetracht der vielfältigen Zwangsmechanismen, die den Naturgesetzen innewohnen, wahrnehmbar ist. Sehr gerne wird in diesem Zusammenhang ein Vorfall aus der Frühgeschichte des Islams nacherzählt: Den vierten Kalifen ʿAlī (656–661) erreichten aus Ägypten Klagen über unterdrückerische Maßnahmen seines dort amtierenden Gouverneurs Mālik ibn Ḥārith, genannt al-Ashtar.[15] Empört darüber schrieb der Kalif seinem Statthalter: „Wer gibt dir das Recht, Menschen zu versklaven, wo sie doch von ihren Müttern frei geboren sind?“[16] Darin sehen muslimische Geschichtsinterpreten Anzeichen einer demokratischen Gesinnung.

Die westliche Demokratie geht aber über dieses Verhaltensmuster weit hinaus. Neben Freiheit und Gleichheit aller Bürger ist die Beteiligung der Volksmassen an den Entscheidungsprozessen und vor allem an der Gesetzgebung ihr wesentliches Merkmal. In der parlamentarischen Demokratie hat jeder mündige und im Vollbesitz seiner geistigen Kräfte befindliche Staatsbürger ohne Ansehen des Geschlechts, der Religion, der politischen Überzeugung und der Herkunft das Recht auf die Wahl der von ihm gewünschten Volksvertreter. Ein demokratischer Staat ist ein Rechtsstaat mit Gewaltenteilung. Das Herrschaftssystem eines nach der *sharīʿa* konzipierten islamischen Staates ist ideologisch vorbestimmt. Ein solcher Staat kennt keine Gewaltenteilung. Seine Führung liegt, wenigstens formalrechtlich, in den Händen von vorwiegend religiös motivierten Kräften. Dadurch ist die Ausschaltung des politischen Willens aller anders gesinnten Interessengruppen unvermeidlich. Zu diesen gehören vor allem Schutzbefohlene (*dhimmīyūn*): Juden, Christen und alle anderen Monotheisten, vorausgesetzt, daß sie vorher nicht vom Islam abgefallen sind. Via facti zählen dazu selbst islamische Säkularisten.

Diese Ausgangspositionen im traditionellen politischen Denken stellen die säkularen und demokratischen Kräfte vor schwierige Aufgaben. In einer ähnlichen Lage befinden sich die Frauen. Diese nehmen ihr Machtpotential nicht richtig wahr, sind mit demokratischen Strukturen wenig vertraut und beteiligen sich an Streitgesprächen zu den hier diskutierten Themen nur sporadisch und schwach.

Die Rückführung des Glaubens auf seine Ursprünge – gemeinsames Anliegen von Säkularisten und Fundamentalisten – nimmt in der Praxis die Gestalt eines Reduktionsprozesses an: Manches im angestammten Glaubens- und Traditionserbe wird mit Fragezeichen versehen, manches als nicht ausreichend legitim aufgegeben, Korrekturen und Anpassungen werden vorgenommen, neue Einsichten erschlossen. Aus fundamentalistischer Sicht werden alte Wertvorstellungen neu akzentuiert und als längst überwunden geltende gesellschaftliche Verhaltensweisen wiederbelebt, weil es gilt, sich von einer feindlich empfundenen Welt abzugrenzen und die eigene Identität zu festigen. Säkularisten hingegen wollen die durch Reduktion gewonnenen Freiräume mit neuen, zeitgemäßen Inhalten auffüllen. Dabei darf die theologische Grundlage nicht mißachtet werden. Fundamentalisten verschließen sich nicht grundsätzlich Neuerungen, allerdings dürfen solche nur auf dem Zivilisationsgebiet (Technik, Wissenschaft, Kunst) stattfinden, wodurch sie unbewußt eine Trennungslinie zwischen Religion und Innerweltlichkeit – *dīn wa-dunyā* – ziehen. Im Umgang mit der Modernität gehen sie eklektisch vor. Die Entscheidung über die jeweilige Akzeptanz einer Neuerung wird charismatischen Autoritäten überlassen. Mit dem Aufkommen solcher Autoritäten in ihren eigenen Reihen dürfen Säkularisten kaum rechnen. Ihr kritischer Bezug zur Tradition bringt sie automatisch auf Distanz zu den einfachen Gläubigen, wobei der Eindruck entsteht, Säkularisten seien Außenseiter, mögen die von ihnen verwendeten Argumente auch noch so einleuchtend sein.

Die fünf etablierten Rechtsschulen des Islams – die hanafitische, schafiitische, malikitische und hanbalitische bei den Sunniten, und die jaʿfaritische bei den Schiiten – gewähren zuweilen wirkungsvollere Hilfestellungen zur Bewältigung von Gegenwartsproblemen als der unmittelbare Rückgriff auf die Quellen. Die vielfach divergierenden Ansichten dieser Schulen erweisen sich im Säkularisierungsprozeß als recht brauchbar. So ist z. B. nach Ansicht der hanafitischen Interpretationsschule, nach der sich die meisten muslimischen Bürger in Europa richten, der juristische Teil der sharīʿa, darunter vor allem die Strafbarkeit, in Diaspora-Situationen aufgebbar. Die Gläubigen werden vielmehr aufgerufen, sich dem Orts-, Landes- und Staatsrecht ihres Lebensraumes zu unterwerfen. Der Islam greift überhaupt nur sekundär in den rechtlichen und staatspolitischen Lebensbereich ein. Der zentrale und nichtaufgebbare Lehrgehalt gilt religiösen und ethischen Fragen.

Die Neigung, von der „äußeren Hülle" abzurücken und sich dem inneren Sinn zuzuwenden – eine beliebte Methode säkularen Denkens, die auch von islamischen Mystikern gerne in Anspruch genommen wird –, ist schon in der Frühzeit des Islams bezeugt worden. So hat der zweite Kalif ʿUmar ibn al-Khaṭṭāb (gest. 644) eine Rechtsprechung gepflegt, die nicht immer mit dem Wortlaut des Korans und der Überlieferung konform gegangen ist. Die sharīʿa ist in ihrem vollen Umfang so gut wie nie zur Geltung gekommen. Ihr Verständnis, wie es sich in der Rechtswissenschaft *(fiqh)* niederschlägt, ist auch nie einheitlich gewesen. Die sharīʿa hat in ihrer praktischen Erscheinungsform stets auch eine säkulare Dimension gehabt. Spätestens seit der Zeit des Sultans Sulaimān al-Qānūnī (türk. Süleyman el-Kanuni, „der Gesetzgeber", gest. 1566) hat es im Osmanischen Reich neben den sharīʿa-Regeln noch weltliche Gesetze *(qānūn)* gegeben, denen sich alle Untertanen unterwerfen mußten. Daneben ist seit altersher in der islamischen Machtsphäre das *Gewohnheitsrecht* verschiedener unterworfener Völker in Gebrauch gewesen. Dies macht die neuzeitliche Rechtsentwicklung in der Türkei verständlicher, die inzwischen alles, was nicht zur reinen Religion oder Ethik gehört, dem unmittelbaren Einfluß der Theologie entzogen hat. Dennoch *lebt* in der Türkei heute der Islam fort und gewinnt zunehmend sowohl im Privatleben als auch in der Politik an Einfluß. In Anbetracht dieser Sachlage ist es unberechtigt, den Islam – wie das vielfach geschieht – als eine antidemokratische, den Verfassungen des Westens zuwiderlaufende Religion hinzustellen. Die islamische Lehre läßt sich letztlich problemlos lebensnah und grundgesetzkonform entwickeln. Die Ideale der „abendländischen Demokratie" – Gerechtigkeit, Freiheit, Rechtssicherheit, sozialer Schutz, zwischenmenschliche Solidarität und vor allem Humanität – zählen auch im Islam zu den erstrebenswerten Zielen des religiösen Vollzugs.

Demokratie fußt auf einer demokratischen Gesellschaftsstruktur, einem demokratischen Bewußtsein und einer demokratischen Praxis. Die genannten Voraussetzungen vermißt man heute weitgehend in der islamischen Welt. Reste einer feudalen Ordnung, Servilität der Untertanen, absolutistische Regierungsformen, Militärdiktaturen, Stammesbewußtsein, Übervorteilung der Armen durch Reiche u. a. m. sind zu offensichtlich, als daß man dort von einer wirklichen Demokratie sprechen könnte. Es fehlt zudem an tragfähigen Organisationsstrukturen, welche die politische Bildung unter Bevölkerung und Elite vermitteln könnten. Die Unzufriedenheit der Volksmassen mit den sozialen Zuständen macht sich am Erstarken isolationistischer Bewegungen und des politischen und religiösen Extremismus bemerkbar.

Das zur religiösen Pflicht erhobene Prinzip der Beratung *(shūrā)* wird als Ausgangsbasis demokratischen Denkens im Islam gedeutet. Durch die Anwendung dieses Prinzips allein glaubt man, dem demokratischen Repräsentativsystem in der Politik Genüge leisten zu können. Nach Saʿīd Ramaḍān, einem führenden Mitglied der ägyptischen Muslimbruderschaft, wohnt dem Islam die Idee vom „allgemeinen Schutz der grundlegenden Menschenrechte" inne, so daß er weder eine Minderheit noch eine Mehrheit kenne. Eine solche Unterscheidung stünde im Widerspruch zum Grundsatz der Gleichheit aller Menschen vor der göttlichen Gerechtigkeit.[17]

Ein solches Denken ist freilich nicht für jedermann nachvollziehbar: Kritische Rückfragen der säkular und demokratisch gesinnten Kräfte sind auf das konkrete Leben in muslimischen Ländern und auf die dort herrschenden Regime, die eher despotisch als demokratisch agieren, gerichtet.

Die Ideale der Demokratie werden zwar vom Islam bejaht, doch ist die Praxis der muslimischen Völker weit davon entfernt, mit den Begrifflichkeiten westlicher Demokratien vertraut zu sein. Zwei Studien aus jüngster Zeit haben die Theorie vom eminent politischen Charakter des Islams ernstlich erschüttert: „Islam und Politik" („al-Islām wa-s-siyāsa") von Ḥusain Fauzī an-Najjār (Kairo, 1977) und „Der politische Islam" („al-Islām as-siyāsī") von Muḥammad Saʿīd al-ʿAshmāwī (Kairo, 1989). Darin wird der Beweis erbracht, daß eine Verschmelzung von Politik und Religion einer auf religiösen Quellen begründeten Kritik nicht standhalten kann. Folglich widerspreche säkulares Denken nicht dem Islam. Des weiteren sei die sharīʿa kein konstituierender Teil der Religion, sondern vielmehr eine Frucht religiösen Denkens.

6. Das Ringen um die Anerkennung der „Allgemeinen Deklaration der Menschenrechte"

Fast alle islamischen Länder haben die „Allgemeine Erklärung der Menschenrechte der Vereinten Nationen" vom 10. Dezember 1948 mitunterzeichnet. Die Türkei ist auch der „Europäischen Konvention zum Schutze der Menschenrechte und Grundfreiheiten" vom 4. November 1950 beigetreten.

Das türkische „Grundgesetz über die nationale Erziehung" vom 14. Juli 1973 zielt darauf ab, die Staatsbürger zu verantwortungsbewußten Menschen zu erziehen, die ihre Pflichten gegenüber dem nationalen, demokratischen, laizistischen und sozialen Staat erfüllen. Erwartet wird eine Verantwortung, die „auf den Menschenrechten und den in der Präambel der Verfassung enthaltenen Grundwerten basiert".

Unter Schirmherrschaft des *Islam-Rates für Europa* (*Islamic Council for Europe*) wurde von einer Gruppe anonym gebliebener islamischer Gelehrter eine „Allgemeine islamische Menschenrechtserklärung" ausgearbeitet und am 19. September 1981 in Paris veröffentlicht. Sie trägt eine betont traditionalistische Handschrift und wirkt im Vergleich zu der Allgemeinen Erklärung der Menschenrechte der *UNO* enggefaßt. Immerhin weist sie eine Reihe von eindrucksvollen Vorleistungen des Islams auf dem Gebiet des Menschenrechtsschutzes auf. Ihr größter Mangel ist, daß sie nicht von den dem Menschen angeborenen Rechten ausgeht, die auch vom Islam anerkannt werden, sondern allein die „Religionsraison" als das oberste Kriterium aller Werte gelten läßt. All das, was an humanem Geist die Erklärung bewogen hat, ist gleichfalls in der *sharīʿa* enthalten. Jene Elemente der sharīʿa, die bei Säkularisten Unbehagen auslösen, werden indessen verschwiegen. Das macht die Pariser Erklärung für Diaspora-Muslime wenig hilfreich.

In der Pariser wie in den beiden späteren islamischen Menschenrechtserklärungen versuchen die Autoren, eine Anzahl von international anerkannten Rechten vom Zentrum des Glaubens her zu begründen.[18] Das mit Hinblick auf die voraussichtliche Reichweite seines Einflusses wohl wichtigste und inhaltsmäßig liberalste Dokument dieser Art, „Die Kairoer Erklärung der Menschenrechte" von 1990, ist wegen seiner Eingebundenheit in das konventionelle sharīʿa-Denken und der dadurch bedingten unreflektierten Hinnahme des kontroversen sharīʿa-Straf- und Familienrechts der Kritik weltoffener Kreise ausgesetzt.[19] Ähnliches gilt für die 1990 verabschiedete „Teheraner Islamische Erklärung der Menschenrechte", die zwar die Grundprinzipien der Allgemeinen Erklärung der Menschenrechte der UNO bestätigte, aber die Rechte auf Erziehung, Information, Meinungs-, Rede- und Versammlungsfreiheit den Bestimmungen der sharīʿa unterwirft. Ob diese mit der zentralen koranischen Maxime „In der Religion gibt es keinen Zwang...." (2:256) übereinstimmen, daran werden wiederholt Zweifel geäußert.

Unter den Gelehrten, welche die erste der angeführten Erklärungen indirekterweise als unzureichend ablehnten, waren Sozial- und Religionswissenschaftler wie der Ägypter Ḥusain Aḥmad Amīn, Autor der kritischen Schrift „Vademecum des betrübten Muslims",[20] der Pakistaner Fażlur Raḥmān, ein reformistischer Theologe (gest. 1988), Mohammed Arkoun (Muḥammad Arkūn) von der *Sorbonne Nouvelle*, der Libanese Ḥasan Ṣaʿb, Verfasser des Werkes „Der Islam und die Herausforderungen der Zeit", der ägyptische Sozialkritiker Ḥasan Ḥanafī, Autor des Werkes „Das Erbe und die Erneuerung", sein Landsmann Muḥammad ʿAmāra, dessen Studie „Der Islam und die Zukunft" große Beachtung gefunden hat, der Türke Ibrahim Agāh Çubukçu, der sich u. a. mit der Frage des Kopftuchtragens muslimischer Frauen kritisch auseinandergesetzt hat, und der Bosniake Fikret Karčić, der in seiner Belgrader Dissertation den gesellschaftlichen und rechtlichen Aspekten des islamischen Reformismus nachgeht. Da sich die Menschenrechte erst im Verlauf eines mühsamen historischen Entwicklungsprozesses herausgebildet haben, muß man davon ausgehen, daß sie kein endgültig abgeschlossenes Wertesystem darstellen. Neue Einsichten und Veränderungen liegen in der Luft. Einem grenzenlosen Wertrelativismus steht die Religion allerdings ablehnend gegenüber. Das ist verständlich, stützt sie doch ihre Forderungen auf letztgültige Verantwortlichkeiten.[21]

7. Methoden und weitere tragende Persönlichkeiten der Diskussion

Neue Sichtweisen innerhalb der theologischen Diskussion werden hauptsächlich durch die vier folgenden, z. T. umstrittenen Denkmethoden angestrebt: *ijtihād* (intellektuelle Anstrengung um religiös unbedenkliche Urteile über neuaufgetretene Probleme), *istiḥsān* (utilitaristisches Vorgehen bei der Religionsdeutung), *taṭmīn al-maṣlaḥa* (bei Neuregelungen dem Allgemeinwohl den Vorzug gewähren) und *tajdīd* (Erneuerung bestehender religiös geprägter Strukturen).

Eine hochinteressante und, wie es scheint, weitergehende Säkularisierungsform als jene im jüdisch-christlich-islamischen Raum ist im hinduistisch-buddhistischen Kulturraum (Indien, Bangladesh, Indonesien) festzustellen. In Bombay wirkt unter dem Namen *Amān* (Sicherheit, Frieden, Vertrauen) ein Forum aufgeschlossener islamischer Gelehrter, das weit über die Grenzen des indischen Subkontinents Anklang findet. Die Gesellschaft gibt das Halbjahresmagazin „Islamic Perspectives" heraus. Begehrt unter der Gefolgschaft von Amān ist die Koranübersetzung von Abū l-Kalām Āzād (gest. 1958) in Urdu und dessen Übertragung ins Englische von Saiyid Abdul Latif (ʿAbd al-Laṭīf). Einer der prominentesten Amān-Sprecher, Asghar Ali (ʿAlī) Engineer, Herausgeber des beachtenswerten Werkes „Sufism and Communal Harmony" (Jaipur, 1991), hat bei einem interreligiösen Kolloquium in Genf im Dezember 1992 den Vorstoß unternommen, die Wirksamkeit des Forums Amān auf Europa, Afrika und Amerika auszudehnen.

Unter den Frauen haben sich als Trägerinnen des säkularistischen Gedankens hervorgetan: Hudā Shaʿrāwī (gest. 1947), Naẓīra Zain ad-Dīn, Fāṭima Mārnīsī (Mernissi, geb. 1940), Rifʿat Ḥasan (Riffat Hassan), Beyza Bilgin und Lāle Yalçın-Heckmann, die beiden letzten vielfach in der bundesdeutschen muslimischen Diaspora auftretend. Die inzwischen stärker gewordene Beteiligung von Frauen an innerislamischen Diskussionen zu Säkularismus, Demokratie und Menschenrechten signalisiert bevorstehende tiefere Umwälzungen in der geistigen Landschaft des Islams.[22]

8. Intensität und Fortbestand der Diskussion

Das Interesse an der Diskussion über Säkularismus, Demokratie und Menschenrechte entwickelt sich anscheinend parallel zu dem Interesse am Dialog mit dem jüdisch-christlichen Abendland. Mit der Zunahme politischer Spannungen und der Verschärfung des wirtschaftlichen und sozialen Nord-Süd-Gefälles nimmt das Interesse am Dialog ab. Im arabischen Raum ist ein allmählicher Rückgang säkularistischer Tendenzen bemerkbar. Es gibt sogar Übertritte zum Gesinnungslager religiöser Rigoristen. Die Wellen des nationalen und religiösen Exklusivismus, die einige Teile der Welt bespülen, die Hochstilisierung des Islams zum Feindbild Nr. 1 durch westliche Massenmedien, die Anwendung von zweierlei Maßstäben in der Weltpolitik und der jüngste Massenmord an der bosnisch-muslimischen Bevölkerung, der vor den Augen des demokratischen Westens ungestraft begangen werden darf, sowie Europas halbherzige Reaktion darauf, lassen an der Aufrichtigkeit des Redens von Säkularismus, Demokratie und Menschenrechten zweifeln. Enttäuschung hat sich vieler Gemüter bemächtigt.

Eine weiterreichende Erklärung des Phänomens eines zunehmenden islamischen Fundamentalismus liefert Bassam Tibi: „Warum entwickeln sich muslimische Intellektuelle, die bisher westlich-säkularistisch dachten, zu Fundamentalisten? Meine zentrale These lautet: Der islamische Orient durchläuft seit den siebziger Jahren eine schwere Krise, die sowohl intern als extern bedingt ist. Der Islam, als Ausdruck einer autochthonen Kultur, bietet die geeignetsten und für die Bevölkerung akzeptabelsten Symbole der Deutung und Bewältigung dieser Krisensituation. Islamische Fundamentalisten münzen die eigene, aus der Konfrontation mit der Moderne entstandene Krise in eine Krise der Moderne um. Islamische Symbole helfen ihnen dabei zum einen, eine Situation, in der die fremde, d. h. nicht-islamische Umwelt als Bedrohung der eigenen Identität perzipiert wird, in autochthoner Begrifflichkeit politisch-religiös zu deuten. Zum anderen haben mittels islamischer Symbole artikulierte politische Inhalte die Chance, breite Bevölkerungsschichten anzusprechen und zu mobilisieren, eine Chance, die säkularistische Ideologien als städtisches Eliten-Gedankengut nicht haben."[23]

Das Beispiel der modernen Türkei zeigt aber, daß dem nicht immer so sein muß. Die Einführung des europäischen Rechts unter Kemal Atatürk kann nicht mehr rückgängig gemacht werden.[24] Auch viele andere säkularistische Züge der modernen Türkei sind unumkehrbar. Wie Klaus Kreiser richtig erkannt hat, bot der türkische Islam selbst in den achtziger Jahren ein moderneres Gesicht als ein Jahrzehnt zuvor.[25] Die Säkularisierung der muslimischen Gesellschaft in einer mehr oder weniger radikalen Weise ist unvermeidlich, mag sie auch schleppend vor sich gehen. Eine Abschottung von der übrigen, nichtislamischen Welt ist auf Dauer nicht möglich. Die innerislamische Diskussion über die Themen Säkularismus, Demokratie und Menschenrechte wird daher noch geraume Zeit anhalten.

VII. Die Frau im Islam heute

(Wiebke Walther)

1. Einführung

Seit nahezu zweihundert Jahren gehört das Thema „Frau im Islam" zu den umstrittensten interkulturellen Themen überhaupt.[1]

Voranzuschicken ist, daß nicht alles, was das Leben von Frauen in islamischen Ländern bis heute existentiell tangiert, ja determiniert, vom Islam herrührt, auch wenn der Islam wie keine andere Religion den Anspruch erhebt, das Leben seiner Gläubigen zu prägen und zu bestimmen. So läßt sich weder für die in einigen arabischen Ländern bis heute trotz inzwischen erfolgter gesetzlicher Verbote (etwa in Ägypten 1959) übliche Mädchenbeschneidung noch für den auch in anderen Ländern des Mittelmeerraumes verbreiteten Jungfräulichkeitskult eine Bestimmung oder eine Empfehlung in frühislamischen Quellen finden. Als einen Beweis für die Wertschätzung der Jungfräulichkeit zu Muḥammads Lebzeiten und durch Muḥammad kann man freilich die koranische Vorstellung oder besser: die des Mannes Muḥammad sehen, daß den männlichen Muslim im Paradies gute, schöne, schwarzäugige junge Frauen *(ḥūrīs)* erwarten, „in Zelten zurückgezogen, die weder Mensch noch *jinn* vor ihnen (d. h. den Gläubigen) defloriert haben" (55:72 ff.). Die weitere Ausschmückung dieser Schönen mit einer ständig neu erwachsenen Virginität blieb späteren Zeiten vorbehalten.[2]

Obwohl zu bedenken ist, daß Frauen wohl überall weitaus mehr sozialen Zwängen unterliegen als Männer, hat es immer wieder Frauen gegeben, die – resultierend aus ihren sozialen wie individuellen Prämissen – den Alltag überragten und innerhalb der oder auch gegen die ihnen vom Islam auferlegten soziokulturellen Grenzen zu Persönlichkeiten wurden, denen Historiker und Biographen ihre Beachtung schenkten.[3]

Wenn im folgenden die Position der Frau in islamischen Ländern der Gegenwart, genauer gesagt, vom Beginn der Modernisierung im vorigen Jahrhundert bis heute, umrissen werden soll, dann muß eine Konzentration auf die Länder des Vorderen Orients, also vorwiegend den arabischen Raum, die Türkei und Iran, erfolgen.

Aus dem Bericht des ägyptischen Historikers al-Jabartī (1753–1825/6) in seinen „ʿAjāʾib al-āthār" über die Zeit der Besetzung Kairos durch französische Truppen während der Napoleonischen Expedition 1798–1801 wird deutlich, daß sich Frauen während dieser Zeit, genauso wie Männer, zu Friedhofsbesuchen außer Haus begaben.[4] Al-Jabartī berichtet auch, daß sich Männer, vorwiegend aber Frauen unterer sozialer Schichten, die sich über den Grabstätten des Azbakīya-Friedhofs eigene Grabstätten errichtet hatten, aus benachbarten Vierteln zusammenrotteten und laut schreiend vor dem Haus Napoleons im Azbakīya-Viertel dagegen protestierten, daß das Wachpersonal der Franzosen angefangen hatte, diese Bauten einzureißen, denn Napoleon hatte angeordnet, die Friedhöfe der Innenstadt nicht mehr zu belegen. Napoleons Dolmetscher hätten sich daraufhin bei der aufgebrachten Menge entschuldigt, und die Zerstörungsaktion sei abgebrochen worden.[5] Aus al-Jabartīs Ausführungen wird ebenfalls deutlich, daß die Frau des Mamluken Murād Bey, allerdings auf Druck der Franzosen, finanziell im größeren Umfang als Mittlerin tätig wurde.[6] Frauen scheinen also zu jener Zeit in Kairo nicht nur die passive, auf das Haus beschränkte Rolle gespielt zu haben, in der sie europäische Orientreisende des späten 19. Jahrhunderts zeichneten.[7] Auch von türkischen Frauen der Oberschichten wird aus dem 19. Jahrhundert berichtet, daß sie, begleitet von Dienerinnen, wie es schon in „Tausendundeiner Nacht" verschiedentlich und aus unterschiedlichen Städten erzählt wird, auf dem Basar einkauften und in Kutschen Ausflüge unternahmen.[8]

In Anerkennung aller durch den Islam vorgegebenen Gemeinsamkeiten für die Gläubigen hat es natürlich immer Unterschiede in der Position von Frauen, abhängig von ihrer familiären, sozialen, regionalen und kommunalen Zugehörigkeit, gegeben. Heute ist allerdings durch moderne Massenkommunikationsmittel eine Nivellierung vor allem in regionaler Hinsicht zu erwarten: Rundfunk- und Fernsehsendungen können auch von Analphabeten rezipiert werden. Transistorradios können mit ihren Informationen Feld- und Stallarbeit begleiten. Doch zeigt sich immer wieder, daß seit Jahrhunderten übliche Bräuche und tief verwurzelte Traditionen nicht von heute auf morgen und nicht durch Gesetzesreformen und/oder staatliche Erlasse zu überwinden sind. Im Gefolge eines wachsenden Selbstbehauptungswillens gegen Einflüsse einer Zivilisation, die sie bis zum Ersten Weltkrieg in ihren Grundzügen für bewunderns- und nachahmenswert hielt, besinnt sich die arabische, türkische und persische Bildungselite autochthoner Traditionen. Daß sie diese Traditionen auf die Werte hin kritisch durchdenkt, die in der Gegenwart noch als verbindlich, als soziokulturell stabilisierend und zugleich vielleicht als Vorläufer „westlicher" Lebens- und Denkweisen begriffen werden können, ist dabei nicht zu übersehen. Wenn Angehörige unterer sozialer Schichten bis heute im Hinblick auf die Verschleierung/Verhüllung der Frauen und ihre Beschränkung auf ihre traditionelle Rolle und ihren weitgehenden Ausschluß aus der Öffentlichkeit auf überkommenen Traditionen beharren, so mögen auch aus sozialer Not erwachsene fehlende Bildung und eine wiederum daraus resultierende mangelnde Reflexionsfähigkeit als Ursachen angenommen werden.

2. Umdenken – Modernisierung – Wiederbelebung von Traditionen seit dem 19. Jahrhundert – Erneuerung

Die Frauenbewegung in den islamischen Ländern des Vorderen Orients wie die Bestrebungen von männlichen Vertretern der arabischen *Nahḍa* und der sozio-kulturellen Erneuerungsbewegung in der Türkei und in Iran zur Reformierung der Situation der Frau können von der Frauenbewegung in Europa und den USA ebensowenig getrennt gesehen werden wie von der politischen, administrativen, wirtschaftlichen und kulturellen Modernisierung, die im 19. Jahrhundert nach der Begegnung mit Vertretern einiger Länder Westeuropas einsetzte.

In der Türkei begannen publizistische Debatten um die Durchsetzung einer schulischen Bildung für Mädchen, Kritik am Recht des Mannes auf eine polygyne Ehe, Ersetzung der islamischen Kleidung durch europäische, das heißt auch, das Recht der Frau, sich unverhüllt zu zeigen, früher als in den arabischen Ländern, nämlich bereits bald nach der Jahrhundertmitte.[9]

Wohl die erste muslimische Araberin, die sich für die Verbesserung vor allem der Bildung der Frauen einsetzte, war die ägyptische Dichterin ʿĀ'isha at-Taimūrīya (ʿĀ'isha ʿIṣmat Taimūr, 1840–1902) aus der angesehenen, literarisch engagierten und durch ihre kostbare Bibliothek bekannten Familie Taimūr Pascha in Kairo. Sie veröffentlichte seit den achtziger Jahren des vorigen Jahrhunderts in ägyptischen Zeitungen Artikel über die pädagogischen und psychologischen Fähigkeiten von Frauen ebenso wie über die Notwendigkeit, ihnen, auch im Interesse ihrer Ehemänner, ihrer Ehen und vor allem ihrer Kinder, eine bessere Bildung zu vermitteln.[10]

Umfassender als sie, aber wie sie angeregt durch westliche Vorbilder und doch im Sinne eines arabischen Nationalgefühls, setzte sich ihre Zeitgenossin Zainab Fawwāz (1845 oder 1860–1914) für Frauenemanzipation ein. Über ihr Leben weiß man wenig. Vermutlich war sie als junges Mädchen oder junge Frau aus dem Südlibanon nach Kairo emigriert.[11] In einem 1893/4 (1311) erschienenen[12] Lexikon mit 456 Viten berühmter Frauen aus dem Vorderen Orient wie aus Europa, das den Ziertitel „Prosaperlen über die Klassen der vornehmen Damen" („ad-Durr al-manthūr fī ṭabaqāt rabbāt al-khuḍūr") trug,[13] wollte sie vermutlich auch beweisen, daß Araberinnen bzw. Orientalinnen schon vor europäischen Frauen einen Platz in ihrer Gesellschaft wie in deren kulturellem Leben einzunehmen gewußt hätten. Sie verweist in ihrem Vorwort darauf, daß es ihr als verschleierter, in Segregation lebender Frau nicht leicht gefallen sei, dieses Lexikon aus den zahlreichen von ihr genannten arabischen Quellen, darunter vermutlich diverse Handschriften, europäische Quellen nennt sie leider nicht, zusammenzustellen.[14] Daß die Zahl der hier vorgestellten Araberinnen aus vorislamischer und islamischer Zeit höher ist als die der Europäerinnen, ist ebenso bezeichnend wie die Tatsache, daß Zainab Fawwāz dem Lexikon Ausschnitte aus Artikeln u. a. der libanesischen Christin Sāra Naufal,[15] einer ungarisch-österreichischen Schriftstellerin Esterházy und der libanesischen

Christin Hannā Kūrānī (1870–1898) voranstellt. Letztere legte dieses Werk (oder einen Vorabdruck?) im *Women's Department* der Weltausstellung in Chicago 1893 vor und reiste danach drei Jahre, Vorträge haltend, von denen sie lebte, durch nordamerikanische Großstädte.[16] Nach ihrer Rückkehr in den Libanon war sie als Lehrerin und Übersetzerin aus dem Englischen tätig, verstarb aber jung.[17] Zainab Fawwāz hatte bereits 1893 ein durchgängig in Versen und Reimprosa gehaltenes Lesedrama mit dem Titel „Die Geschichte von Leidenschaft und Treue" („Riwāyat al-hawā' wa-l-wafā'") veröffentlicht, in dem sie, ihrem Vorwort zufolge, ihren Geschlechtsgenossinnen ein realistisches Bild (reiner, keuscher) orientalischer Sitten geben wollte. Sie veröffentlichte 1899 einen Familien-, 1905 einen historischen Roman. Am aufschlußreichsten für ihre emanzipatorischen und politischen Ambitionen sind sicher ihre, leider nur im ersten Band, von ihr selbst gesammelten und veröffentlichten „Briefe" („Rasā'il") bzw. Artikel zu Zeit- und vor allem Frauenfragen seit 1892. Hier setzte sie sich prononcierter als einige Jahre später Qāsim Amīn und nach ihm Malak Ḥifnī Nāṣif für Frauenbildung und für die Einbeziehung von Frauen in das politische Leben sowie für die Gleichheit und Gleichberechtigung von Mann und Frau ein.[18] Daß arabische/islamische Frauen sich schriftlich äußerten und an die Öffentlichkeit gingen, war seit Jahrhunderten nicht mehr üblich. Die junge Presse blieb also nicht Männermedium. Wohl die erste Araberin, die sich in der Presse zu Frauenfragen äußerte, war die aleppinische Christin Maryānā Marrāsh (1848–?), die ebenfalls aus einer literarisch engagierten Familie stammte. Sie veröffentlichte 1870 in der von ihrem christlichen Landsmann Salīm al-Bustānī (1848–1884) herausgegebenen Zeitschrift „al-Jinān" („Die Gärten") einen Artikel, in dem sie ihre Landsmänninnen aufforderte, sich mit Wissen statt mit Gold, Juwelen und kostspieligen Gewändern zu schmücken.[19] Salīm al-Bustānī äußerte sich hier selbst zu diesem Thema, ein Beweis dafür, daß die Probleme christlicher und muslimischer Araberinnen zu dieser Zeit ähnliche waren. Nur hatten führende christliche libanesische Familien einen besseren Kontakt zu Amerikanern und Europäern in Beirut und damit bessere Kenntnisse von der amerikanischen und europäischen Frauenbewegung als muslimische. In der auf Anregung des amerikanischen Missionars Eli Smith 1848 in Beirut gegründeten „Syrischen Gesellschaft für Wissenschaften und Künste", in der syro-libanesische Christen, darunter auch der Vater der oben genannten Sāra Naufal, Salīm Naufal, mit Amerikanern, Engländern, auch Franzosen und Deutschen, zusammenarbeiteten, hatte der Vater von Salīm al-Bustānī, Buṭrus al-Bustānī (1819–1883), bereits 1849 einen Vortrag zum Thema „Frauenbildung" gehalten.[19a]

Im Zuge des Durchdenkens eigener religiöser und sozialer Standorte, das durch die Konfrontation mit den europäischen Kolonialmächten seit dem ausgehenden 18. Jahrhundert zunächst in der Türkei, dann in Ägypten, in anderen arabischen Ländern und in Iran etwas später ausgelöst wurde, setzte allmählich auch eine Neu- oder doch Uminterpretation des Korans vor allem hinsichtlich derjenigen Verse ein, die die Situation der Frau als besonders ungünstig erscheinen lassen.

Muḥammad ʿAbduh, von 1899 bis zu seinem Tod 1905 ägyptischer Groß-Mufti, interpretierte beispielsweise Sure 4:34 („ar-rijālu qawwāmūna ʿalā n-nisā'i", in älteren deutschen Koranübersetzungen mit „Die Männer stehen über den Frauen" wiedergegeben) und Sure 2:228 („wa-li-r-rijāli ʿalaihinna daraja", „Und die Männer stehen bei alledem eine Stufe über ihnen [den Frauen]") dahingehend, daß die Überlegenheit des Mannes über die Frau lediglich in seinen größeren Körperkräften bestehe. Sure 4:3, einen Vers, in dem man jahrhundertelang die Sanktionierung polygyner Ehen gesehen hatte, erklärte er aus der historischen Situation Muḥammads und seiner Gemeinde nach der Schlacht bei Uḥud, in der viele Muslime gefallen waren, die zu versorgende Frauen und Kinder zurückließen: In Verbindung mit Sure 4:129, die dem Mann die Fähigkeit abspricht, alle seine Ehefrauen gleichmäßig gerecht zu behandeln, legte er den Vers dahingehend aus, daß der Islam im Grunde von jeher die Monogynie zur Pflicht gemacht habe, daß lediglich historische Umstände jahrhundertelang andere soziale Gegebenheiten begünstigt hätten. Auch spätere, in manchem konservativere, Reformer wie Muḥammad Rashīd Riḍā (1865–1935), der ʿAbduhs Korankommentar ergänzte und nach seinem Tod edierte, schlossen sich dieser Interpretation an.[20]

Qāsim Amīn (1863–1908), ein ägyptischer Publizist, hatte während eines Aufenthaltes in Paris zu Beginn der achtziger Jahre des vorigen Jahrhunderts die dortigen Debatten über die Situation der Frau in der französischen Gesellschaft kennengelernt und die Ereignisse in Ägypten aus der Distanz eines Europaaufenthalts verfolgt. Er schrieb 1894 eine Replik „Les Égyptiens" auf eine sehr kritische Darstellung der sozialen Verhältnisse in Ägypten, die der Franzose Duc d'Harcourt 1893 unter dem Titel "L'Égypte et les Égyptiens" veröffentlicht hatte. Während Qāsim Amīn sich hier noch veranlaßt gefühlt hatte, die soziale Situation der Ägypterinnen gegenüber scharfer Kritik aus Europa zu verteidigen, verfolgte er mit seinen beiden Büchern „Die Befreiung der Frau" („Taḥrīr al-mar'a", 1899)[21] und dessen auf heftige Angriffe vor allem ägyptischer orthodox-muslimischer Kreise hin revidierter Neuauflage „Die neue Frau" („al-Mar'a al-jadīda", 1901) ein anderes Ziel. Sicher nicht zu Unrecht begründete er die seit Jahrhunderten vorherrschende Unterdrückung der Frau im Vorderen Orient mit dem dort ebenfalls seit Jahrhunderten dominierenden politischen Despotismus, der den sozial Stärkeren, den Mann, dazu bringe, den sozial Schwächeren, die Frau, die Tyrannei kosten zu lassen, die ihm selbst zuteil werde. Er kritisierte die (an der Ausbildung „höherer Töchter" in Europa orientierte) schulische Bildung, die man damals in Kairo Mädchen (aus Oberschichtfamilien) zuteil werden ließ (Lesen und Schreiben in Arabisch sowie einer Fremdsprache, ferner Nähen, Sticken und Musik). Männer und Frauen seien gleich erschaffen. Ein Volk, das eine progressive Entwicklung anstrebe, könne diese nur realisieren, wenn es Frauen nicht nahezu alle Bildungsmöglichkeiten und die Teilnahme am öffentlichen Leben versage. Er sah in Geschlechtersegregation, Aussperrung der Frau aus dem öffentlichen Leben und Schleierzwang wesentliche Ursachen für die Rückständigkeit der islamischen Welt. Eine intensivere ethische Bildung für Frau und Mann würde auch zur Durchsetzung der Einehe und damit zur Verbesserung sozialer Strukturen beitragen. Seine Forderungen nach Einschränkung der zu dieser Zeit unbegrenzten Möglichkeit des Mannes, seine Frau zu verstoßen, sind auch als Zeitzeugnis interessant.

Qāsim Amīns Schülerin Malak Ḥifnī Nāṣif (1886–1918) war in ihren Schriften[22] insgesamt konservativer. Sie war es vor allem im Hinblick auf die Verschleierung, vermutlich weil sie als Frau das Schamgefühl von Frauen kannte, die schon als Kinder daraufhin sozialisiert wurden, von der Pubertät an ihr Gesicht zu verhüllen. Sie ermutigte aber ihre Mitbürgerinnen in ihren Schriften und öffentlichen Reden, sich an prominenten Araberinnen aus der Frühzeit der islamischen Geschichte wie an der sozialen Aktivität und Dynamik von Europäerinnen ein Vorbild zu nehmen.

3. Bildungs- und Ausbildungsmöglichkeiten

Bildungsmöglichkeiten für Mädchen außerhalb der Familie wurden von der zweiten Hälfte des vorigen Jahrhunderts an zunächst durch Vertreter christlicher Missionen, später auch von staatlichen Institutionen geschaffen. Sie wurden, ähnlich wie in Europa, vor allem von Töchtern aus Familien der Oberschicht oder doch oberer städtischer Mittelschichten wahrgenommen.

In Istanbul war das erste staatliche Seminar zur Ausbildung von Lehrerinnen bereits 1863 gegründet worden, weil man verhindern wollte, daß Familien der Oberschicht europäische Hauslehrerinnen mit der Ausbildung ihrer Töchter betrauten. Die Sozialisation von Mädchen in autochthonen Werten konnte nur durch einheimische Lehrerinnen erfolgen. Diese Sozialisation erschien unabdingbar, denn aus Mädchen, dessen wurde man sich nun mehr als je zuvor bewußt, werden die Mütter der künftigen Generation.

Amerikanische Missionare gründeten 1835 eine Mädchenschule in Reżaʾīye, 1875 eine weitere in Teheran, die seit etwa 1895 auch von muslimischen Mädchen besucht wurden.[23] Französische Missionare richteten nach 1860 Mädchenschulen in Mossul und Bagdad ein. Generell war es zunächst so, daß muslimische Kinder diese Schulen nicht besuchten. Um nur anhand einiger Zahlen die zeitlichen Unterschiede der Entwicklungen deutlich zu machen, seien hier folgende Daten genannt: 1873 wurde die erste staatliche Mädchenschule in Kairo, 1898 in Bagdad (eine türkische Schule mit viel Handarbeitsunterricht),[24] 1918 in Teheran,[25] 1928 in Bahrain, 1956[26] in Riad eröffnet. (Die erste säkulare Schule für Knaben war in Riad allerdings auch erst 1942 gegründet worden.) In der Türkei soll die erste säkulare Mädchenschule mit Zweijahreskursen bereits vor dem Gesetz über die Säkularisierung der Ausbildung (1869), nämlich im Jahr 1858/59, eröffnet worden sein.[27]

Während eine offizielle Zulassung von Frauen zum Studium in West- oder Mitteleuropa vor 1900 nur in Österreich und der Schweiz, in Deutschland seit 1900 möglich war,[28] wurden im Vorderen Orient, abhängig von der späteren Gründung säkularer Universitäten, die Möglichkeiten für ein Frauenstudium meist erst nach dem Ersten Weltkrieg geschaffen. Doch wurden in Istanbul Frauen seit 1893 als Hörerinnen an der Medizinischen Fakultät der Universität, seit 1899 zu einem Medizinstudium generell zugelassen, sicher weil türkische Frauen eine Behandlung durch Ärztinnen der durch Ärzte vorzogen. Im Oktober 1913 wurde in Istanbul eine „Frauenuniversität" gegründet, und ab Februar 1914 führte man regelmäßige Frauenkurse an der Universität Istanbul ein. Erst seit 1921 gab es gemeinsame Hörsäle für Studentinnen und Studenten in Istanbul.

Darüber, daß die nach 1920 genehmigte Möglichkeit eines gemeinsamen Studiums von Studenten und Studentinnen an Universitäten, die zunächst nur von sehr wenigen Frauen aus Oberschichtfamilien wahrgenommen wurde, für beide an Segregation gewöhnte Geschlechter nicht ohne Schwierigkeiten verlief, berichtet der ägyptische Schriftsteller Najīb Maḥfūẓ[29] ebenso wie eine iranische Autorin,[30] die zu den ersten zwölf Studentinnen der 1935 gegründeten Universität Teheran gehörte. Letztere ließ seit 1938, nach einem Erlaß des Schahs, Frauen zu einem Studium zu. Dasselbe Dekret gab Frauen Zugang zu Berufen und zur Übernahme von Ämtern in der Regierung. Die privaten Gründerinnen und die Lehrerinnen der ersten Mädchenschulen in Iran sowie die ersten Studentinnen der Universität Teheran waren Lebensbedrohungen ausgesetzt.[31]

Im fundamentalistisch-islamischen Saudi-Arabien sind an der 1959 gegründeten Universität Riad und der 1970 gegründeten Universität von Dschidda Frauen zum Studium zugelassen, doch folgen sie den Vorlesungen männlicher Professoren über Video-Geräte, stellen Fragen zu den Vorlesungen per Telefon und dürfen die Universitätsbibliothek nur an Tagen benutzen, an denen diese für männliche Benutzer nicht geöffnet ist.[32] Nicht nur an der traditionsreichen islamischen *Azhar*-Universität in Kairo, an der bis zum Ende der fünfziger Jahre nur Männer studieren durften, besteht bis in die Gegenwart eine Studienmöglichkeit für Mädchen nur an einer besonderen Mädchenfakultät. Koedukation gibt es an Schulen in den Ländern des Vorderen Orients wenn überhaupt, dann meist nur bis zur Pubertät, also maximal bis zur vierten Klasse.

Der Ägypter Rifāʿa aṭ-Ṭahṭāwī (1801–1873), der zwischen 1826 und 1831 mit der ersten größeren Studiendelegation in Paris gewesen war und später viele Sachbücher aus dem Französischen ins Arabische übersetzte oder adaptierte, auch Leiter der ersten Übersetzerschule in Kairo wurde, hatte sie schon in seinem aus Anlaß der Gründung der ersten staatlichen Mädchenschule in Kairo 1873 erschienenen umfangreichen Buch „al-Murshid al-amīn li-l-banāt wa-l-banīn" („Der treue Führer für Mädchen und Jungen") gefordert. Das sei die beste Vorbereitung für eine spätere gute Ehe und ein harmonisches Familienleben, das wiederum die Grundlage eines gesunden Staatswesens sei.[32a] Sie war in amerikanischen Schulen seit dem frühen 19. Jahrhundert Regelerziehung, wurde in Europa aber erst 1876, zunächst in skandinavischen Ländern, eingeführt.

Die *UNESCO*-Statistik für 1991 weist aus, daß die weibliche Einschulungsquote in den arabischen Ländern zwischen 1975 und 1988 von 27% auf 42% gestiegen ist, und zwar bei einer für denselben Zeitraum zwischen 40 und 42% liegenden Rate für die Entwicklungsländer insgesamt. Die Statistik von 1994 zeigt weitere Steigerungsraten, vor allem für den zweiten und dritten Level, zwischen 1980 und 1992 und für die Zahl von Lehrerinnen in dieser Zeit. Immer noch bestehen allerdings in den unteren sozialen Schichten der städtischen Bevölkerung ebenso wie auf dem Land stärkere Vorbehalte gegen Mädchenbildung als dagegen, Jungen zur Schule zu schicken. Diese Vorbehalte sind in sozialer Not, aber auch in der Konservierung eines traditionellen Frauenbildes begründet. Kinderarbeit von Jungen, die dann keine Schule besuchen können, gibt es im gesamten Vorderen Orient bis heute, je nach politischem System und sozialer Lage im Land in unterschiedlicher Häufigkeit, nicht selten zu Bettelei und Kinderkriminalität ausartend. Kinderarbeit von Mädchen findet selten in der Öffentlichkeit statt. In Iran[33] gibt es bis heute Mädchen aus armen Familien, die etwa vom Alter von sechs Jahren an wegen ihrer zarten, geschickten Hände und guten Augen als Teppichweberinnen arbeiten und dabei so ausgenutzt werden, daß sie bis zur Pubertät oder doch bis zum Erwachsenenalter gesundheitlich verschlissen sind.

4. Frauen im Beruf

Die ersten Frauenberufe im Vorderen Orient, für die seit Mitte des vorigen Jahrhunderts Ausbildungsmöglichkeiten geschaffen wurden, waren der der Hebamme (mit der Gründung einer Hebammenschule durch Muḥammad ʿAlī 1832 in Ägypten, für die erst 1836 die ersten acht Schülerinnen – Sklavinnen und Waisenmädchen – gefunden werden konnten)[34] und der der Lehrerin an Mädchenschulen. Die Händlerin und die mithelfende Fellachin hatte es schon Jahrhunderte vorher gegeben, wie es sicher jahrhundertelang Frauen gegeben hat, die Gebärenden beistanden.

Mit der insgesamt gewachsenen Schulbildung bei Mädchen und Frauen ist die Zahl der Studentinnen wie die der in akademischen Berufen tätigen Frauen angestiegen. Die staatliche Förderung des Frauenstudiums, nicht nur durch offizielle Ermutigungen, sondern auch durch die Zahlung von Stipendien, ebenso die Förderung weiblicher Berufstätigkeit auch oder gerade in solchen Berufen, die für Frauen in islamischen Ländern des Vorderen Orients aufgrund jahrhundertealter Rollenkonventionen für tabuisiert gehalten wurden, gilt in manchen Ländern als ein Indiz für Progressivität. Dies war lange Zeit besonders in den Ländern der Fall, die einen wie auch immer gestalteten Sozialismus oder doch säkulare Tendenzen propagierten. Zu solchen – wohl eher als staatlicherseits intendierte Demonstration von Progressivität zu wertenden – Einsätzen von Frauen in für sie bis dahin ungewohnten, gegen die Geschlechtersegregation verstoßenden, Berufen zählen die Verkehrspolizistinnen in Tunis ebenso wie weibliche Angestellte an Tankstellen im Irak zu Beginn der achtziger Jahre. In Syrien wie in Libyen gibt es seit geraumer Zeit die allgemeine Wehrpflicht für Frauen, im Irak bestehen spätestens seit dem ersten Golfkrieg Frauenregimenter.

In Fabriken in Ägypten wie im Irak, und das dürfte in anderen Ländern des Vorderen Orients genauso sein, gibt es ganze Abteilungen, in denen nur Frauen arbeiten. Begründet wird dies damit, daß Frauen aus Unterschichtfamilien, die ein zusätzliches Einkommen benötigen, nur unter solchen Bedingungen überhaupt zu einer Arbeit in der Industrie bereit seien (bzw. von ihren männlichen Familienangehörigen die Erlaubnis zu einer Arbeit außer Haus erhalten). Denn immer noch steht im sozialen Wertesystem der meisten Länder des Vorderen Orients die verheiratete nicht berufstätige Frau höher als die unverheiratete Berufstätige. Ein Mann, der weibliche Familienangehörige unter Aufsicht anderer Männer arbeiten läßt, kann nach dem generellen Ehrbegriff im Vorderen Orient als eine Art Zuhälter angesehen werden.

Einige Berufe, die in vielen Ländern Europas nach dem Ersten, spätestens aber seit dem Zweiten Weltkrieg zu Frauenberufen geworden sind (etwa der der Verkäuferin, der Sekretärin, der Buchhalterin, der Kellnerin) sind in islamischen Ländern aufgrund immer noch herrschender Vorstellungen der notwendigen Geschlechtertrennung bis heute meist Männern vorbehalten.

1922 eröffnete die erste türkische Ärztin, 1927 die erste Rechtsanwältin ihre Praxis in Istanbul, 1930 gab es dort die erste Richterin, 1932 die erste Staatsanwältin. Mit der Übernahme des Schweizer Zivilrechts 1926 wurde in der Türkei Frauen das Recht auf einen Beruf, darunter auch auf eine Beamtenlaufbahn, zugesprochen. Vom Beruf des Richters sind Frauen in fast allen islamischen Ländern bis heute ausgeschlossen. Länder, die Progressivität demonstrieren wollen, etwa Syrien, setzen Frauen als Familienrichterinnen ein. 1979 wurden im Irak drei Rechtsanwältinnen zu (Familien-)Richterinnen ernannt.

Atatürks säkulare Reformen der zwanziger Jahre eröffneten Frauen in der Türkei zunächst Bildungs-, Berufs- und auch rechtliche Möglichkeiten, die sie in anderen Ländern des Vorderen Orients kaum oder gar nicht hatten. Die ersten Frauen in der akademischen Hierarchie gab es an türkischen Universitäten seit Beginn der dreißiger Jahre. Auch wenn bereits seit 1949 in der Türkei sich allmählich verstärkende islamische Tendenzen zu verzeichnen sind, war im Jahr 1978 bei einer weiblichen Berufstätigkeitsrate von 10% der gesamten erwerbstätigen städtischen Bevölkerung jeder fünfte praktizierende Rechtsanwalt und jeder sechste Arzt im Lande eine Frau.[35]

Die erste Irakerin wurde 1937 an der Amerikanischen Universität in Beirut zum Doktor der Medizin promoviert. In vielen arabischen Ländern, auch in der Türkei, seltener in Iran, gibt es heute Frauen in relativ hohen Verwaltungspositionen und Regierungsämtern.

Daß staatlich verordnete Segregation in fundamentalistisch orientierten Staaten einer Berufstätigkeit der Frau nicht unbedingt hinderlich sein muß, beweist Saudi-Arabien, wo es Banken und andere Unternehmungen mit einer rein weiblichen Belegschaft und vermutlich auch einer ausschließlich weiblichen Kundschaft gibt.[36] Auch in Libyen gibt es Abteilungen mit einer rein weiblichen Belegschaft in Banken, weibliche Angestellte an den Universitäten und in anderen Verwaltungen. Frauen in manchen dieser Länder haben allerdings den Eindruck, daß man sie lediglich als Indiz einer (scheinbaren) Modernisierung in bestimmte und gerade in (scheinbar) leitende Positionen setzt, ohne ihnen dabei irgendeine Entscheidungsbefugnis zu gewähren.[37]

Die erste arabische Ministerin war 1959 eine Irakerin an der Spitze des Landwirtschaftsministeriums. Seit den siebziger Jahren gibt es in den Regierungen mehrerer Länder des Vorderen Orients jeweils *eine* Ministerin, wiederum sicherlich als Indiz einer Modernisierung. Man überläßt Frauen gern Ministerposten, die der traditionellen Frauenrolle am ehesten angemessen erscheinen, also den der Sozialministerin (in Ägypten seit 1962)[38] oder der Hochschulministerin (die iranische Hochschulministerin der Jahre 1968 bis 1978 wurde 1979 unter der Anschuldigung, Prostitution und Korruption im Lande verbreitet und gegen Gott Krieg geführt zu haben, hingerichtet).[39] In Syrien ist seit 1980 eine Frau Kulturministerin. Ins Zentralkomitee der *PLO* wurde 1980 eine Frau gewählt. Erheblichen Widerstand von konservativ-muslimischen Kreisen gab es 1989 in Pakistan gegen Bīnaẓīr Bhuṭṭō als Ministerpräsidentin. 1993 wurde sie wiedergewählt. Und vom Juni 1993 bis zum Oktober 1995 war Frau Tansu Çiller erste Ministerpräsidentin der Türkei.

5. Frauenorganisationen – Frauenzeitschriften – Frauenwahlrecht

Der organisierte Kampf für soziale, juristische und politische Rechte von Frauen wurde von Frauenorganisationen getragen. Als Malak Ḥifnī Nāṣif 1911 in der ägyptischen Gesetzgebenden Versammlung im Alleingang ihre Forderungen nach stärkerem rechtlichen Schutz für Frauen vor allem in ihren familiären Beziehungen vortrug, wurde sie in allem abgewiesen.[40] Auf die Initiative von Hudā Shaʿrāwī (1879–1924), der späteren Vorsitzenden der Frauenorganisation der *Wafd*-Partei, wurde 1914 mit der Unterstützung von Prinzessinnen aus dem Haus der Khediven ein Erziehungsverein für Frauen aus Oberschichtfamilien in Kairo gegründet, der Vorträge und Bildungsveranstaltungen organisierte.[41] Als Hudā Shaʿrāwī im März 1919 Demonstrationen verhüllter Frauen anführte, die Spruchbänder mit nationalen Forderungen durch Kairo trugen, wurde die Verbindung zwischen Frauen- und Nationalbewegung deutlich.[42]

In der Türkei gab es in der zweiten Verfassungsperiode 1908–18 mehrere Frauenvereinigungen. In Iran hatten sich Frauengruppen bereits vor der Forderung nach der ersten Verfassung 1906 zusammengefunden, aber eine organisierte Frauenrechtsbewegung setzte in stärkerem Maß auch erst nach dem Ersten Weltkrieg ein.[43]

Die ersten Frauenzeitschriften entstanden im Gefolge der Zeitschriftengründungen in einigen Ländern des Vorderen Orients im letzten Jahrzehnt des vorigen und zu Beginn dieses Jahrhunderts. Sie setzten sich für mehr Rechte von Frauen ein, zunächst für das Recht auf Bildung, dann für Reformen des islamischen Familienrechts, darunter das Recht der Frau, selbst die Scheidung zu fordern, ihr Recht auf einen Ehemann eigener Wahl, nicht der ihrer Eltern; für das aktive und passive Wahlrecht der Frau, ihr Recht auf Arbeit in einem anderen Bereich als dem ihres eigenen Hauses und Haushalts. Die erste arabische Frauenzeitschrift war die 1892 in Alexandria von der libanesischen Emigrantin Sāra/Hind Naufal gegründete „Das Mädchen" („al-Fatāt"), die literarische, sozialhistorische und pädagogische Kenntnisse ebenso vermitteln wollte wie solche über Haushaltsführung, Hygiene, Malen und Handarbeiten. Die erste von einer ägyptisch-muslimischen Herausgeberin publizierte arabischsprachige Frauenzeitschrift war „Die Zeitschrift für den Fortschritt der Frau" („Majallat tarqiyat al-mar'a", 1908) von Fāṭima Rāshid.[44] Die erste iranische Frauenzeitschrift, gegründet 1910, charakterisierte ihr Ziel durch den Titel „Wissen" („Dānish").[45] In der Türkei gab es zwischen 1908 und 1918 mehrere Frauenzeitschriften unterschiedlicher Ausrichtungen wie „Schönheit" („Maḥāsin"), „Die Frau" („Kadın") und „Die Welt der Frauen" („Kadınlar ʿĀlemi").[46]

Es waren Frauen der Oberschicht, die, angeregt durch die europäische Frauenbewegung, diese Zeitschriften gründeten und die Frauengruppen und -organisationen ins Leben riefen. Sie setzten sich zunächst vorwiegend für die Verbesserung der Position von Frauen ihrer eigenen sozialen Schicht ein, d. h. ihr Kampf um Reformen kam zunächst vorwiegend diesen Frauen zugute. Sie propagierten aber auch Frauenbildung und Kenntnisse in Hygiene und Haushaltsführung unter Frauen niedrigerer sozialer Schichten.

Die Möglichkeit zu wählen generell (wie die Art der Wahlen) hängt natürlich vom politischen System des jeweiligen Landes ab. Sie setzt eine parlamentarische Demokratie oder doch eine konstitutionelle Monarchie, jedenfalls die Existenz eines Parlaments, voraus. Und selbst dann kann ein autoritäres Regime willkürlich Wahlen verschieben oder auch ganz entfallen lassen.

Bei den folgenden Zahlen sollte zur Relativierung ins Gedächtnis gerufen werden, daß im Parlamentarischen Rat der Bundesrepublik im Herbst 1949 nur vier Frauen vertreten und bis 1987 die Frauen mit weniger als 10% im Bundestag repräsentiert waren. In Österreich wurde die Zehnprozenthürde bei den Wahlen 1983 überschritten.[47]

Das aktive Wahlrecht erhielten Frauen in Ägypten 1956, also vier Jahre nach der ägyptischen Revolution. 1957 wurden die beiden ersten Frauen ins ägyptische Parlament gewählt, das damals eine Gesamtzahl von 360 Mitgliedern umfaßte.[48] Die Zahl von Frauen in diesem Parlament blieb bis in die achtziger Jahre, mit Schwankungen, sehr niedrig. 1982/83 betrug sie 35 bei insgesamt 390 Mitgliedern, also noch keine 10%.

In der Türkei, wo der Islam seit der Verfassungsänderung von 1928 – im

Gegensatz zu den meisten arabischen Ländern und zu Iran – nicht mehr Staatsreligion ist, erhielten Frauen bereits 1930 das aktive Wahlrecht und konnten seit 1933 in den Ältestenrat und seit 1934 in die Große Nationalversammlung gewählt werden. 1935 zogen zum ersten Mal 18 weibliche Abgeordnete (13 von ihnen waren Lehrerinnen) in die Nationalversammlung ein, aber 1950 waren nur noch drei Frauen Parlamentsangehörige, und zwischen 1954 und 1983 schwankte die Zahl zwischen vier und zwölf weiblichen Abgeordneten. Bei einer Gesamtzahl von 400 Angehörigen der Nationalversammlung[49] waren und sind Frauen also hoffnungslos unterrepräsentiert. Generell sind politische Aktivitäten von Frauen im Vergleich zu den ersten Jahren der Türkischen Republik eher zurückgegangen. Da sie in der Regel mit öffentlichen Auftritten verbunden sind, werden sie in einer männerdominierten Gesellschaft angesichts der immer noch vorherrschenden Rollenvorstellung für Frauen als Hausfrauen und Mütter (die allerdings in der Türkei durchaus mit weiblicher Berufstätigkeit einhergehen kann), nicht geschätzt.[50]

Die Erforschung weiblichen Wahlverhaltens ergab, daß die Mehrheit der Frauen, jedenfalls nach ihren eigenen Angaben, eigenständig wählt, selbst wenn sich die meisten vorher mit ihren Männern über die Stimmabgabe beraten.

Spätestens seit Mitte der sechziger Jahre haben Frauen in den meisten Ländern des Vorderen Orients das aktive Wahlrecht, doch finden in manchen Ländern Wahlen nur in sehr großen Abständen statt, abhängig von der Stabilität der jeweiligen Regierung. In Kuwait, einer konstitutionellen Monarchie, in deren Parlament allerdings das Königshaus ein sehr starkes Mitspracherecht hat, einem Land mit einem hohen Prozentsatz gut ausgebildeter Frauen und einer starken Frauenbewegung, haben Frauen bis heute nicht das Recht zur Stimmabgabe. Die Dekanin der Fakultät für Religiöses Recht soll einen ihrer Studenten Mitte der achtziger Jahre gefragt haben, wie er sich von einer Frau ausbilden und prüfen lassen könne, die noch nicht einmal wählen dürfe.[51]

In Algerien haben Frauen an der Befreiungsbewegung in erheblichem Maße teilgenommen und, in den unkenntlich machenden schwarzen Umhang gehüllt, Bomben in Europäer-Vierteln gelegt. Sie wurden nach der politischen Unabhängigkeit 1962 bei der Suche des Landes nach seiner soziokulturellen Identität zunächst wieder weitgehend in ihre traditionelle Rolle zurückgedrängt. Das Wahlrecht (für einen Staat mit einer alles dominieren wollenden Einheitspartei) hatten sie bald nach der Unabhängigkeit des Landes in den sechziger Jahren erlangt. Sie haben nach und nach weitere Rechte erkämpft. In Algerien haben seit einigen Jahren Männer das Recht der stellvertretenden Stimmabgabe für ihre Frauen, und zwar mit der Begründung, man wolle den Frauen den beschwerlichen Weg zum Wahllokal ersparen, und sie seien ohnehin die „graue Eminenz" in der Familie, d. h. also, beeinflußten ihre Männer bei den Wahlen.[52]

Generell ist zu beobachten, daß in den meisten Ländern des Vorderen Orients die Geschlechtersegregation auch bei Wahlen stattfindet: Männer und Frauen wählen getrennt voneinander in verschiedenen Wahllokalen oder benutzen getrennte Eingänge für unterschiedliche Räume in demselben Gebäude.

6. Kleidung – Ver- oder Entschleierung als Indiz für Lebenshaltungen

Erst nach dem Ersten Weltkrieg begannen Frauen in islamischen Ländern bewußt, den Schleier abzulegen. Zwar hatte der Khedive Ismāʿīl anläßlich der Gründung der ersten staatlichen Mädchenschule in Kairo 1873 angeordnet, daß Mädchen, die in die Pubertät eingetreten waren, entgegen bisherigen Traditionen unverschleiert in die Schule kommen sollten. Doch erwies sich dies damals als verfrüht.

Hudā Shaʿrāwī legte nach der Rückkehr von einer internationalen Frauenkonferenz in Rom 1923 bei der Ankunft im Hafen von Alexandria ostentativ ihren Schleier ab und tat dasselbe noch einmal bei der Ankunft auf dem Kairoer Hauptbahnhof.[53] Sie war allerdings damals in einem Alter, in dem der Islam eine strenge Verhüllung der Frauen nicht mehr für notwendig erachtet. Doch haben auch Frauen in diesem Alter – jedenfalls aus den städtischen Oberschichten – aus Gründen der Tradition und der Eitelkeit diese Konvention gewahrt. Die Frau Shaʿrāwī damals begleitende, wesentlich jüngere Sā'iza Nabarāwī, die es ihr bei derselben Gelegenheit zunächst hatte gleichtun wollen, schreckte dann doch vor der Entschleierung zurück. Dennoch fand Hudā relativ schnell Gleichgesinnte in Kairo.

Der Schah hatte am 7.1.1936 durch einen Erlaß den Iranerinnen verboten, den Schleier zu tragen, nachdem seit 1934 Lehrerinnen und Schülerinnen ermutigt wurden, unverschleiert in der Öffentlichkeit zu erscheinen. Er selbst besuchte, in Begleitung seiner Frau und seiner beiden ältesten Töchter – letztere unverschleiert und in europäischer Kleidung –, die neu gegründete Universität Teheran.[54] Nach seiner Abdankung 1941 wurde dieses Dekret zurückgenommen, weil der Widerstand dagegen zu stark war. Nicht wenige Frauen der älteren Generation hatten seitdem das Haus nicht mehr verlassen. Selbst Männer hatten es – aus Furcht, unverschleierten Frauen auf der Straße zu begegnen – vorgezogen, jahrelang zu Hause zu bleiben.[55] Im März 1979, wenige Wochen nach der iranischen Revolution, ordnete Khumainī an, daß berufstätige Frauen sich islamisch zu kleiden, also zu verhüllen hätten. Trotz Protestdemonstrationen betroffener Frauen wurde die Verhüllung im Sommer 1980 als obligatorisch für alle Mitarbeiterinnen und Besucherinnen öffentlicher Institutionen und seit April 1983 auch für alle Ausländerinnen erklärt, ein Zeichen für die Stabilisierung des Systems.[56]

Generell war Kleidung nach europäischem Vorbild in allen vorderorientalischen Ländern zunächst ein Charakteristikum der Oberschicht, später auch der städtischen oberen Mittelschichten. In den letzten beiden Jahrzehnten ist in unmittelbarem Zusammenhang mit der zunehmenden „Re-Islamisierung" oder doch der wieder stärkeren Akzeptanz des Islams und islamischer Lebensvorschriften, auch unter den intellektuellen und sozialen

Eliten, ein Trend der Rückkehr zu einer „islamischen" Kleidung für Frauen und junge Mädchen zu beobachten. Während in den zwanziger/dreißiger Jahren arabische, türkische und persische Schriftsteller und Schriftstellerinnen die Verschleierung oder Verhüllung der Frau als ein Zeichen von Heuchelei verpönten, da äußerliche Anonymität jede Art sozial nicht konformen Verhaltens „decken" könne, gilt heute in vielen islamischen Ländern des Vorderen Orients die Verhüllung der Frau als äußeres Zeichen ihrer wie ihrer Familie/ihres Mannes Entscheidung für ihre kulturelle Identität und Ehrbarkeit.

Daß diese Verhüllung auch ausgesprochen modisch, individuell gestaltet und sogar verspielt sein kann, beweisen junge Mädchen und Frauen in moderneren Vierteln in Kairo (etwa Heliopolis). Dortige Verkaufshäuser bieten „Mode für Frauen, die sich verhüllen" *(mūdat al-muḥajjabāt)* an. Gerade junge Frauen begründen ihre Entscheidung für die islamische Kleidung damit, daß sie ihnen gestatte, in männerdominierten beruflichen Bereichen tätig zu sein, ohne zum männlichen Sexualobjekt degradiert zu werden, und daß ihnen die individuelle Identität verbergende Kleidung eine größere soziale Dynamik und Mobilität gestatte als europäische Kleidung.[57]

7. Das islamische Familienrecht
Konservierung – Reformierung – Restituierung

Die Frauenorganisationen versuchten seit ihrem Entstehen, Einfluß auf Reformen des muslimischen Familienrechts zu nehmen, wie sie religiöse Reformer wie Muḥammad ʿAbduh und Jamāl ad-Dīn al-Afghānī schon vorher grundsätzlich angestrebt hatten. Auch hier ist man in den einzelnen Ländern je nach dem herrschenden politischen System unterschiedlich verfahren.

In Saudi-Arabien hat man bis heute die *sharīʿa* beibehalten. In Libyen hat man sie nach Qadhdhāfīs (Gaddafis) Machtantritt 1969 wieder eingeführt – allerdings mit nach und nach erfolgten Modifizierungen zugunsten der Frau, etwa der Festsetzung eines Ehealters für Mann und Frau, das die sharīʿa nicht vorsieht, auch mit der Betonung des Rechts der Frau, eine Scheidung zu fordern. In Iran hat man die Familienreformgesetze von 1969 und 1975 nach dem Sturz des letzten Schahs für ungültig erklärt und die sharīʿa wieder eingeführt. Damit wurden uneingeschränkt das nahezu absolute Scheidungsrecht des Mannes und ein weibliches Heiratsalter von neun Jahren wieder legal.[58]

In anderen islamischen Ländern des Vorderen Orients, so im Sudan und selbst in Ägypten und in Algerien, gab es in den letzten Jahren immer wieder Debatten über die Wiedereinführung des islamischen Familienrechts.

Über bestimmte, durch den Koran festgelegte, Satzungen kann sich kein islamisches Land hinwegsetzen, wie etwa die, daß zwar ein Muslim eine Christin oder Jüdin, also eine Angehörige der Offenbarungs- oder auch Schutzreligionen, heiraten darf, nicht aber ein Christ oder Jude eine Muslimin. Da ein Muslim nicht konvertieren darf, darf eine Muslimin nicht den Islam aufgeben, um einen Christen heiraten zu können. Der Satzung liegt die Vorstellung zugrunde, daß Kinder der Religionszugehörigkeit des Vaters zu folgen haben.

Die Türkei, die unter Atatürk eine sehr starke Säkularisierung anstrebte, hat 1926 das Schweizer Zivilrecht en bloc übernommen, das damals konservativste Rechtssystem in Westeuropa. Sie hat also als einziges islamisches Land die sharīʿa annulliert. Bei der Durchsetzung dieses völlig anderen Rechtssystems hat sie allerdings bis heute Schwierigkeiten. Zwischen 1935 und 1981 gab es acht staatliche „Amnestiegesetze" zur Legalisierung von Kindern aus „Imamehen", d. h. aus der Ehe eines Mannes mit einer Frau, die er zu seiner ihm nach staatlichem türkischen Recht allein zustehenden Ehefrau ohne standesamtliche Registrierung und damit staatliche Genehmigung, lediglich mit dem „Segen" eines Imams, hinzugeheiratet hatte. Erst 1984 wurden die bis dahin strengen Heiratsformalitäten gelockert. Die Scheidungsmodalitäten sind nach wie vor sehr umständlich. Ein Urteil des türkischen Verfassungsgerichts vom 11.9.1987 führte zur Aufhebung eines Artikels im Zivilgesetzbuch, der Kindern aus Imamehen nicht dieselben Erbrechte zugestand wie solchen aus staatlich anerkannten Ehen, und machte damit weitere Amnestiegesetze unnötig.[59] Daraus wird deutlich, wie häufig diese Form der Ehe auch in den achtziger Jahren, also 60 Jahre nach der Verpflichtung zur Monogynie durch das Schweizer Zivilrecht, noch war.

Die Reformierungen hatten damit begonnen, daß man aus jeder der vier Rechtsschulen die für die Frau günstigsten Bestimmungen übernahm. Doch blieben bei allen Reformierungsbestrebungen die Satzungen des Korans als „geoffenbartes Wort Gottes" unantastbar.[60]

So ist bis heute Tunesien das einzige arabische Land, in dem die Polygynie mit einem Gesetz aus dem Jahr 1956, dem Jahr der Unabhängigkeit, verboten wurde. Daß eine Zusatzbestimmung aus dem Jahr 1959 demjenigen eine strenge Bestrafung androhte, der eine solche Ehe zu schließen versuchte, beweist, daß das nach wie vor geschah.

In nahezu allen anderen Ländern[61] muß der Mann, wenn er eine zweite Frau zu seiner ersten Ehefrau dazuheiraten will, diese um Erlaubnis bitten oder doch informieren und außerdem vor Gericht nachweisen, daß er finanziell in der Lage ist, einen zweiten Hausstand zusätzlich zum bereits bestehenden zu unterhalten: Schreibt doch das islamische Familienrecht dem Mann vor, daß er jeder seiner Ehefrauen einen eigenen Haushalt einzurichten habe, sei es auch nur für jede ein Stockwerk oder gesonderte Räume in einem Haus. Daß Frauen als die sozial Schwächeren sich zur Duldung einer Zweitehe ihres Mannes zwingen lassen, vor allem, wenn sie keine Kinder bekommen, wird auch aus den modernen Literaturen des Vorderen Orients deutlich.

In den meisten Ländern wurde schon aus demographischen Gründen, spätestens seit der Erringung der politischen Unabhängigkeit in den fünfziger Jahren, ein minimales Ehealter, meist von 18 Jahren für den Mann und

16 Jahren für das Mädchen, festgesetzt. Länder mit hohem Geburtenzuwachs bei wirtschaftlicher Unterentwicklung, wie z. B. Tunesien 1959, Iran 1974, haben die Grenze höher angesetzt, nämlich 20 Jahre, in Algerien 1984 sogar 21 Jahre für den Mann und 17 bzw. 18 für das Mädchen, weil man davon ausging, daß bei der nach wie vor großen Familien- und Kinderfreundlichkeit der Muslime Ehen zum Zweck der Fortpflanzung geschlossen werden oder doch dazu führen.

In Ländern mit einer so bedrohlich anwachsenden Bevölkerung wie Ägypten oder Tunesien wird staatlicherseits für Familienplanung geworben. Doch wendet sich diese Werbung an die Frau. Sie wird meist nur von Frauen der Oberschichten oder auch der städtischen oberen Mittelschichten realisiert. In einigen Ländern, etwa Libyen, Tunesien und Algerien, kann eine Frau, wenn die Zustimmung ihres Mannes dazu vorliegt, bei medizinischer Indikation einen Schwangerschaftsabbruch erhalten. Dies wird, ebenso wie Familienplanung, mit der grundsätzlich positiven Einstellung bereits früher Hadithe (von arab. sing. *ḥadīth*) zum *Coitus Interruptus (ʿazl)* als Mittel der Schwangerschaftsverhütung begründet.

Der *jabr*, das Recht des Vaters oder Vormunds, ein minderjähriges Mädchen zu einer Ehe zu zwingen, wurde zwar gesetzlich verboten, scheint aber in ländlichen Gegenden immer noch praktiziert zu werden.

Die sharīʿa sieht keine Gütergemeinschaft zwischen Mann und Frau vor. Die Frau hat das Recht auf eigenen Besitz und ist zum Unterhaltsbeitrag für die Familie theoretisch nicht verpflichtet. Der Ehemann muß für den Unterhalt *(nafaqa)* von Frau und Familie aufkommen. Da bei fast allen Rechtsschulen der Grundsatz der sozialen Ebenbürtigkeit *(kafāʾa)* gilt, muß der Mann der Frau, wenn sie Bedienung gewohnt ist, eine solche stellen. Wenn die Familiengesetzgebung einiger Länder, etwa Tunesiens oder des Südjemen zur Zeit des sozialistischen Regimes, vorsahen, daß auch die Frau zum Unterhalt der Familie beizutragen habe, so wurde das damit begründet, daß die Frau als finanziell mitverantwortlich betrachtet werden sollte.

Auch die Familienschutzgesetze des Schahs von 1967 und 1975 verboten, trotz heftigster Polemik der iranischen Frauenorganisationen, nicht die „Ehe auf Zeit" *(mutʿa)* oder auch „Genußehe", die nur bei den Zwölferschiiten legal ist. Sie verlangten allerdings die Zustimmung eines Gerichts zu einer solchen Ehe oder doch ihre offizielle Registrierung. Tatsächlich soll die Zahl der mutʿa-Ehen nach dem Erlaß des Familienschutzgesetzes von 1967 mit seinem größeren Zwang zur Monogynie zugenommen haben.[62] Der generell konservativ eingestellte ägyptische (sunnitische) Schriftsteller ʿAbbās Maḥmūd al-ʿAqqād (1889–1964) sah 1947 in der mutʿa für arabische Studenten in Europa oder den USA ein legitimes Mittel, ihre Sexualität zu befriedigen, und gleichzeitig einen Beweis der Überlegenheit der koranischen/islamischen Gesetzgebung gegenüber der „westlichen".[63]

Wenn es dem Ehemann laut sharīʿa gestattet war, seine Frau willkürlich – ohne Angabe von stichhaltigen Gründen und ohne Hinzuziehung eines Richters zu verstoßen, so wurde dies durch die Rechtsreformen der Gegenwart eingeschränkt. Den „Maqāmen" al-Ḥarīrīs zufolge war dies allerdings auch früher nicht uneingeschränkt durchführbar.[64]

Die Möglichkeiten der Frau, vor Gericht eine Scheidung von ihrem Mann zu verlangen, wurden erweitert. So kann im Irak nach der Gesetzesnovelle von 1978, die auch auf die Gesetze des Hammurabi (Hammurapi) Bezug nimmt, eine Frau die Scheidung auch bei Untreue ihres Mannes verlangen. Inwieweit eine Frau diese Möglichkeit überhaupt wahrnimmt, hängt von ihrem Selbstbewußtsein ebenso wie von der sozialen Situation der geschiedenen Frau ab. Bis heute wurde mir bei Befragungen von Frauen in islamischen Ländern immer wieder gesagt, Musliminnen seien so sehr auf die Wahrung ihres Familienlebens bedacht, daß sie auch eine wenig glückliche Ehe einer Scheidung vorzögen. Ein Grund dafür mag sein, daß auch die reformierten Familiengesetze islamischer Länder (mit Ausnahme Ägyptens) meist keinerlei Versorgungspflicht des Mannes für die geschiedene Frau vorsehen. Diese muß also mit ihren Kindern zu ihrem Vater oder einem ihrer Brüder ziehen und von diesem versorgt werden. Die Novelle zum ägyptischen Familiengesetz von 1985 legte fest, daß der Mann bei einer Scheidung nach mehrjähriger Ehe seiner geschiedenen Frau wenigstens die bisher gemeinsam bewohnte Wohnung (wichtig angesichts der Wohnungsknappheit vor allem in ägyptischen Großstädten) zu überlassen und bis zu einem gewissen Grad für ihren, wie für den Unterhalt der Kinder zu sorgen habe.[65]

Generell hat in den meisten muslimischen Ländern bis in die Gegenwart die Mutter das Sorgerecht für die Kinder, und zwar bei Söhnen bis zum Alter von sieben, in Algerien seit 1984 von zehn Jahren, bei Töchtern bis zur Volljährigkeit.

Tunesien wie auch der Südjemen bis zum politischen Umsturz 1986 haben eine gesetzliche Begrenzung des Brautgeldes *(mahr)* vorgenommen. In Tunesien wurde es auf einen Dinar festgesetzt. Damit sollte unterbunden werden, daß Eltern die Ehe ihrer Tochter mit einem von ihnen unerwünschten Partner verhinderten, indem sie den mahr besonders hoch ansetzten. Tatsächlich ist der mahr in vielen Ländern zu einem Indiz für den Sozialstatus der Braut geworden oder doch in den Verhandlungen zwischen dem Bräutigam und seinen Angehörigen sowie dem *walī*, dem Vater oder Fürsprecher der Braut, vor einer Ehe so behandelt worden. Man hat in Tunesien allerdings festgestellt, daß nach dieser Eingrenzung des mahr das vom Bräutigam traditionsgemäß zusätzlich der Braut zu übergebende Geschenk zum Verhandlungsgegenstand vor Hochzeiten geworden ist. Es ist also immer wieder zu konstatieren, daß jahrhundertealte Traditionen nicht innerhalb kurzer Zeit durch Reformgesetze abzuschaffen sind.

Nach dem Sturz des Schahregimes wurden in Iran die Familienreformgesetze außer Kraft gesetzt und die sharīʿa reinstituiert. Daß Khumainī, der Begründer der Islamischen Republik Iran, selbst an Ehen mit Mädchen von neun Jahren keinen Anstoß nahm und die sharīʿa wörtlich begriff, ist seinen Schriften zu entnehmen.[66] Die Schriften von Muṭahharī zeigen eine etwas liberalere Interpretation der sharīʿa und der Beziehungen zwischen Mann und Frau in der Ehe.[67] Jedenfalls sind in den letzten Jahren gewisse

Lockerungen zu verzeichnen, die auch durch den irakisch-iranischen Krieg und dessen soziale Folgen bedingt sein dürften. Zwar wurden bald nach der iranischen Revolution alle unverheirateten staatlichen Beamtinnen zwangsweise auf ihre Virginität untersucht, und wenn sich herausstellte, daß sie sie verloren hatten, wurden sie entlassen. Doch blieb zum Beispiel die Betonung der Wichtigkeit der mutʿa durch schiitische Theologen nach 1979 nicht unwidersprochen. Die aus einer bekannten schiitischen Familie stammende Anthropologin Shahla Haeri (Ḥāʾirī) veröffentlichte 1989 in London das Ergebnis ihrer sozialanthropologischen Feldforschungen in Iran zur mutʿa. Nach Darstellung der Autorin bot ihr legales Weiterbestehen nach der Errichtung der Islamischen Republik im Zuge der rigiden Abrechnung mit oppositionellen Kräften dem männlichen staatlichen Gefängnispersonal die Möglichkeit, junge Mädchen aus Familien von Oppositionellen vor ihrer Hinrichtung zu einer mutʿa zu zwingen. Als Jungfrauen wären sie nach muslimischer Vorstellung nach ihrem Tod ins Paradies eingegangen. Dies sollte verhindert werden, da sich ihre Familien der Islamischen Republik entgegengestellt hatten.[68] Die Autorin legt anhand von Fallstudien dar, daß die Institution der mutʿa als Möglichkeit gesehen werden kann, die Ehe- und Sexualmoral des Islams, vor allem die strengen Strafen für außereheliche sexuelle Beziehungen, durch die Legalisierung zeitlich begrenzter Verbindungen zu umgehen. Dabei gereiche die mutʿa den Frauen meist eher zum Nachteil, da sie oft ihre Rechte nicht kennen, bzw. nicht imstande seien, sich gegen von Männern ausgeübte soziale und legale Zwänge zu wehren. Generell wird, den Feststellungen der Autorin zufolge, die mutʿa besonders von geschiedenen Frauen als Möglichkeit betrachtet, ihrer sozialen Stigmatisierung durch eine legale, wenn auch zeitlich begrenzte Beziehung zu einem Mann zu entgehen. Freilich sehen diese Frauen ihre *ṣīgheh*–Position[69] als sozial minderwertig gegenüber der Frau an, die in einer normalen Ehe lebt. Nach Beobachtungen der Autorin werden Frauen bis heute in Iran sozial nach ihrer Bindung an einen Mann definiert.

8. Ein Exempel: Das algerische Familiengesetz vom 9. 6. 1984

Das algerische Familiengesetz vom 9. Juni 1984,[70] eine Revision des Gesetzes vom September 1981, das seinerseits seit Februar 1979 von einer Kommission des algerischen Justizministeriums vorbereitet worden war, mag als Beispiel dafür dienen, wie sich religions- und traditionsgebundene Vorgaben einerseits und ein scheinbares Reformstreben andererseits für Frauen in vieler Hinsicht nicht gerade vorteilhaft auswirken können:

Der Richter kann nach § 7 dieses Gesetzes aus Gründen eines Interesses oder der Notwendigkeit das gesetzlich festgesetzte Heiratsalter „aussetzen", das heißt vor allem, das Heiratsalter eines Mädchens herabsetzen.

Nach § 8 hat der Mann das Recht zur Ehe mit mehr als einer Frau in den Grenzen der *sharīʿa*, wenn ein berechtigter Grund dafür vorliegt und die Bedingungen und die Absicht der Gerechtigkeit gleichermaßen gewährleistet sind, sofern er vorher die bisherige sowie die künftige Gattin informiert hat. Hier wird weder definiert, was ein „berechtigter Grund", was „die Bedingungen und die Absicht der Gerechtigkeit" zu sein haben, noch in welcher Form der Mann seine Heiratsabsicht zu äußern hat. Für das letztere werden noch nicht einmal Zeugen verlangt. Ein Mann kann also mit der Behauptung, seine erste wie seine zweite Frau informiert zu haben, beide vor die Tatsache seiner Doppelehe stellen.

Für die Eheschließung sind die Zustimmung beider Partner, die Anwesenheit des „Vormunds der Braut" *(walī, tuteur matrimonial)*, zweier Zeugen und die Brautgabe erforderlich. Über diese, deren Höhe nicht definiert wird, kann die Braut frei verfügen. Das ist allerdings bereits durch den Koran (4:4) vorgegeben. Da hier nirgendwo ausdrücklich gesagt wird, bis zu welchem Alter eine Frau eines walī bedarf, ist anzunehmen, daß er unabdingbar ist. Nach hanafitischem Recht – in Nordafrika war allerdings die malikitische Rechtsschule verbindlich – hatte eine schon einmal verheiratete Frau das Recht, selbständig, also ohne Vormund, eine Ehe einzugehen.

Aus der Tatsache, daß nach § 12 der Vater das Recht hat, sich der Verheiratung seiner minderjährigen Tochter zu widersetzen, wenn das in ihrem Interesse ist, läßt sich schließen, daß die Heirat mit minderjährigen Mädchen von heiratswilligen Männern immer noch angestrebt wird. Jedenfalls muß eine Ehe vor einem Notar oder Standesbeamten geschlossen werden.

Nach § 37 ist der Ehemann im Rahmen seiner Möglichkeiten zum Unterhalt seiner Frau verpflichtet, es sei denn, sie verließe die eheliche Wohnung. Wenn er mit mehreren Frauen verheiratet ist, muß er diese gleich und gerecht behandeln, ein Bezug auf Sure 4:3, ein Vers, der allerdings durch 4:129 relativiert wird. Die Frau hat nach § 38 das Recht, „gemäß den Sitten und Gebräuchen ihre Eltern zu besuchen und zu empfangen" sowie über ihr eigenes Vermögen frei zu verfügen. Das erstere heißt, daß sie wenigstens zum Besuch ihrer Eltern das Haus verlassen, eventuell auch an einen anderen Ort reisen darf. Daß sie nach § 39 verpflichtet ist, ihrem Mann zu gehorchen und ihn in seiner Eigenschaft als Familienoberhaupt zu respektieren, relativiert § 38. Außerdem ist sie dazu verpflichtet, „seine Nachkommenschaft zu stillen, wenn sie dazu in der Lage ist, und sie aufzuziehen", sowie die Eltern und Verwandten des Mannes zu respektieren. Das dürfte vor allem bedeuten, daß sie sich seinen Eltern, seiner Mutter, zu fügen hat, denn wenn die Großfamilie noch zusammenlebt, ist die Ehe patrilokal, d. h., die junge Frau zieht zur Familie ihres Mannes.

Nach § 48 kann eine Scheidung auf Wunsch des Mannes, in gegenseitigem Einverständnis (s. unten § 54) oder auch auf Wunsch der Frau erfolgen. Diese muß allerdings gesetzlich definierte Gründe angeben können. Ein Mann dagegen braucht nach wie vor keinen Grund zu nennen. Nach § 51 ist ihm die von der sharī ʿa zwar mißbilligte, aber doch erlaubte, Verstoßung, bei der ein Mann die entsprechende Formel dreimal hintereinander ausspricht *(ṭalāq al-bidʿa)*, gestattet. Es ist ihm, wie nach Koran 2:230 vorgeschrieben, eine Wiederheirat derselben Frau nur möglich, wenn sie zwischenzeitlich mit einem anderen Mann verheiratet wurde, der sie wiederum verstoßen muß. Hier wird also „der Löser“ *(muḥallil)*, über den sich der ägyptische Schriftsteller Maḥmūd Taimūr noch in den dreißiger Jahren lustig machte, gesetzlich festgeschrieben. Nach § 52 kann allerdings ein Richter der Frau das Recht auf Schadenersatz zuerkennen, wenn er feststellt, daß der Mann von seiner Möglichkeit zur Verstoßung der Frau übermäßig Gebrauch gemacht hat. Wenn ihr das Pflegerecht für die Kinder zuerkannt wird und sie keinen Vormund hat, der bereit ist, sie aufzunehmen, muß ihr, solange die Kinder bei ihr sind, im Rahmen der Möglichkeiten ihres Mannes ein Recht auf Wohnung garantiert werden – ein wichtiger Aspekt bei der Wohnungsnot in Großstädten. Von dieser Entscheidung ist die eheliche Wohnung ausgeschlossen, wenn es nur die eine gibt. Eine geschiedene Frau verliert dieses Recht bei der Wiederverheiratung oder wenn sie „des Vergehens ständiger Unmoral“ (also wohl der Prostitution) überführt ist (§ 52).

Wenn eine Frau die Scheidung verlangen will, muß sie nach § 53 einen der folgenden Gründe geltend machen können: (1.) daß der Mann nicht in der Lage ist, den vom Gericht festgesetzten Unterhalt zu erbringen, es sei denn, die Frau hätte zum Zeitpunkt der Eheschließung die Unfähigkeit ihres Mannes hinsichtlich der – den Unterhalt betreffenden – Paragraphen 78, 79 und 80 dieses Gesetzes anerkannt; (2.) bei einer Unsicherheit, die die Realisierung des durch die Eheschließung angestrebten Ziels verhindern könnte; (3.) wenn ihr Mann ihr länger als vier Monate den sexuellen Verkehr verweigert; (4.) wenn der Mann zu einer Freiheitsstrafe von mehr als einem Jahr verurteilt wird, die die Familienehre beeinträchtigt und ein gemeinschaftliches Leben unmöglich macht; (5.) wenn der Mann länger als ein Jahr, ohne Unterhalt zu zahlen und ohne stichhaltigen Grund, abwesend ist; (6.) bei jedem gesetzlich anerkannten Schaden, vor allem bei Verletzung der Paragraphen 8 und 37 durch den Mann (die Information über eine beabsichtigte zweite Eheschließung und die Unterhaltszahlung betreffend); (7.) bei jedem als schwer anerkannten Verstoß (von seiten des Mannes) gegen die Moral.

Unter der Scheidung in gegenseitigem Einverständnis wird nach § 54 der bereits aus vorislamischer Zeit bekannte Freikauf der Frau vom Mann *(khulʿ)* – sein Einverständnis vorausgesetzt – durch die Zahlung einer Summe, die den Wert der Brautgabe nicht überschreiten darf, verstanden. Beibehalten wurde auch die durch den Koran eingeführte Wartezeit *(ʿidda)* der Frau nach einer Scheidung bzw. dem Tod ihres Mannes bis zur Wiederverheiratung. Während dieser Zeit hat die Frau Anspruch auf Unterhalt, dessen Höhe nicht definiert wird.

Die Erziehung *(ḥaḍāna)* der Kinder in der Religion des Vaters obliegt der Mutter, bei Söhnen bis zum Alter von zehn Jahren, bei Töchtern bis zur Heiratsfähigkeit. Die Vormundschaft über die Kinder hat allerdings der Vater. Dieser ist verpflichtet, nach dem Vollzug der Ehe zum Unterhalt seiner Frau sowie der Kinder (Nahrung, Kleidung, medizinische Versorgung, Wohnung und alles, was nach Sitte und Brauch für notwendig gehalten wird) beizutragen, sofern es nicht seine Möglichkeiten übersteigt. Falls der Vater nicht in der Lage ist, für den Unterhalt der Kinder aufzukommen, ist die Mutter dazu verpflichtet, sofern ihr das möglich ist.

Die Frau hat nach diesem Gesetz also insgesamt weniger Rechte (etwa auf Unterhalt) und mehr Pflichten, als das nach der sharīʿa üblich war. Das Gesetz widerspricht dem wichtigen Grundsatz der algerischen Verfassung, daß alle Bürger, also Mann und auch Frau, vor dem Gesetz gleich sind. Diese Diskrepanz trifft aber, schon im Hinblick auf die Möglichkeit zur Polygynie, auf fast alle Staaten des Vorderen Orients zu.

9. Großfamilie – Kernfamilie. Geschlechtersegregation

Die Begegnung mit Westeuropa, mit anderen Sitten und Lebensformen, ebenso wie die Veränderung wirtschaftlicher und politischer Strukturen, das Überdenken eigener Traditionen und Lebensverhältnisse vor allem bei den intellektuellen Eliten führte allmählich zu Veränderungen im Familienleben und im sozialen Leben generell. Das geschah allerdings in den urbanen Mittel- und Oberschichten schneller als in den Unterschichten oder auf dem Lande.

Daß die patriarchalische Großfamilie in den Großstädten allmählich zugunsten der Kern- oder Kleinfamilie an Bedeutung verliert, ist für Frauen nicht immer positiv, können sie doch dann einem autoritären Ehemann stärker unterworfen sein als in der Großfamilie, in der das „Frauennetzwerk" ihnen eher Schutz bieten kann. Dieses soll gerade in Vierteln des urbanen Proletariats und des Kleinbürgertums für ein internes Informationssystem und für die Knüpfung familiärer Beziehungen, vor allem für die Vermittlung von Eheschließungen, von großer Wichtigkeit sein.[71] Die in den unteren und mittleren sozialen Schichten immer noch vorherrschende Geschlechtersegregation hat offensichtlich traditionelle soziale Netzwerke konserviert. Sie hat sie möglicherweise noch gestärkt, denn auch Frauen aus diesen Schichten sind nicht mehr so stark wie früher auf das Haus be- und damit in ihrer Mobilität eingeschränkt. Sie können sich innerhalb ihrer engeren Wohngegend durch einen guten Zusammenhalt gegenseitig sozial stützen und auch auf ihre männliche Umgebung Einfluß nehmen.

Nach Beobachtungen der französischen Anthropologin C. Lacoste-Dujardin in Nordafrika hat die Mutter des Mannes überall da, wo die Großfamilie noch zusammenlebt oder mehrere Generationen miteinander in einem Haus leben, bis heute die Autorität über die jüngeren Frauen der Familie, also ihre Schwiegertöchter und ihre unverheirateten Töchter. Mütter von Söhnen werden zu Reproduzentinnen patriarchalischer Strukturen, zu „Hohepriesterinnen der Männerherrschaft",[72] zu Unterdrückerinnen der Frauen der jüngeren Generation. Diese Form der Mutterherrschaft sei für Frauen der extrem patriarchalischen Gesellschaft dieses Kulturkreises die einzige Möglichkeit der Selbstverwirklichung.[73] Mütter erzögen ihre Töchter nach patriarchalischen Traditionen und manipulierten Männer, nämlich ihre Söhne, auch sexuell. Die Mutter-Sohn-Beziehung sei die einzig mögliche heterosexuelle Paarbeziehung in der patriarchalischen, patrilinearen Gesellschaft Nordafrikas überhaupt. Das dürfte auch auf andere Länder des Vorderen Orients, vielleicht mit graduellen und individuellen Unterschieden, zutreffen.

Man hat durchaus den Eindruck, wenn man arabische Länder bereist und dort Ehepaare der mittleren Generation kennenlernt, daß Ehefrauen in der Kleinfamilie, vor allem wenn sie über ein entsprechendes Maß an Bildung, Ausstrahlungskraft und eine eigene berufliche Position verfügen, Ansichten und Lebenseinstellungen ihrer Ehemänner und Kinder, Söhne wie Töchter, beeinflussen können. Ebenso ist zu beobachten, daß kluge Frauen gehobenen Bildungsgrads in entsprechenden beruflichen Positionen als Kolleginnen oder unmittelbar beruflich Unterstellte einen erheblichen Einfluß auf Männer in Führungspositionen nehmen können.

Daß Frauen allein leben, also ohne Einbindung in ihre Familie, kommt bei geschiedenen oder verwitweten Frauen mittleren, auch höheren Alters in Prestigeberufen vor.

Bis in die Gegenwart wird das Straßenbild, selbst in Großstädten und in Gegenden, auf die europäische Touristen und vor allem Touristinnen prägend eingewirkt haben könnten, weitgehend von Männern bestimmt. Doch gibt es auch hier graduelle Unterschiede von einem Land zum anderen. Das einzige Land des Vorderen Orients, in dem Frauen nicht einmal Auto fahren dürfen, ist Saudi-Arabien. In Libyen, wo Frauen im weißen oder auch bunten Umhang in Kleinstädten durchaus zum Straßenbild gehören – im Gegensatz zu den Großstädten Tripolis und Benghazi – sieht man Frauen (der Oberschicht) allein fahrend am Steuer großer Wagen.

Die Geschlechtersegregation wurde zunächst auch bei der Einführung moderner Verkehrsmittel mit getrennten Abteilen für Männer und Frauen, etwa bei der Straßenbahn, realisiert. Sie wurde in Iran 1980/81 wieder eingeführt und soll in einigen Ländern auf Grund der Überfüllung der öffentlichen Verkehrsmittel ebenfalls zur Pflicht gemacht werden, um Frauen vor Belästigungen zu schützen. Man kann beobachten, daß sie, etwa bei der Benutzung von Abteilen im Zug, natürlicherweise gewählt wird: Allein reisende Frauen setzen sich nicht oder doch selten in ein Abteil, in dem Männer sitzen. Wobei die Vorschrift der *sharīʿa*, daß eine unverheiratete Frau, wenn überhaupt, dann nur in Begleitung eines Verwandten oder einer anderen Frau verreisen soll, meist eingehalten wird.

Schiitische Theologen wie Sharīʿatī, Ṭabāṭabāʾī und Muṭahharī, die die iranische Revolution ideologisch vorbereiteten, stellen Muḥammads Tochter Fāṭima in ihrer asketischen, arbeitsamen und vor allem familienorientierten Lebenshaltung iranischen Frauen der Gegenwart als Vorbild dar.[74] Die idealisierte Fāṭima soll ein Identifikationsmodell sowohl gegen eine oberflächliche Verwestlichung (und damit gegen ein konsumorientiertes Leben) als auch gegen ein pseudomuslimisches Frauenbild der materiellen Versklavung zunächst durch den Vater, dann durch den Ehemann, sein.

Fāṭima ist nicht nur liebende und aufopferungsvolle Tochter, Ehefrau und Mutter, sondern wird zum Symbol der Freiheit, der Gleichheit der Rechte von Mann und Frau und der moralischen Integrität, denn sie ist verantwortliches Glied in einer Kette, die von Abraham über Noah, Moses, Jesus, Muḥammad zu Ḥusain als religiösen Führergestalten und Kämpfern für soziale Gerechtigkeit führt.[75]

10. „Womanpower" durch „Female Writing"

Davon, daß Frauen (zunächst in Ägypten) schon relativ früh zugunsten der weiblichen Emanzipationsbewegung schreibend in diese eingriffen, war bereits die Rede. Seit einigen Jahrzehnten ist die Zahl der schreibenden Frauen in nahezu allen vorderorientalischen Ländern erheblich gewachsen. Auch die Qualität der literarischen Werke von Schriftstellerinnen ist besser geworden.[76]

Laṭīfa az-Zaiyāt (geb. 1924), damals Professorin für Anglistik an der *ʿAin-Shams*-Universität in Kairo, ließ in ihrem 1959 erschienenen Roman „Die geöffnete Tür" („al-Bāb al-maftūḥ") am Beispiel der Heldin die Schwierigkeiten eines jungen Mädchens aus einer städtischen Mittelschichtfamilie deutlich werden, einen eigenbestimmten Weg ins Leben und einen Mann ihrer Wahl zu finden. Sie läßt erkennen, wie sehr die Behütung dieses Mädchens durch Vater und Bruder, der viel mehr selbstverständliche Freiheiten genießt als sie, zur verhaßten Überwachung werden, die es ihr kaum gestattet, sich als Individuum zu entwickeln.

So berechtigt dieser Roman für die damalige Zeit war, Schriftstellerinnen der Folgezeit zeichnen die psychischen Schwierigkeiten von Frauen in einer extrem patriarchalischen Gesellschaft mit größerer Subtilität – so etwa die Ägypterin Alīfa Rifʿat (geb. 1930), die erst relativ spät zu schreiben begann. Zu ihren Themen gehören die für ein ganzes Leben zum Trauma werdende Beschneidung bei einem kleinen Mädchen ebenso wie etwa die Qualen von Frauen in Ehen mit ungeliebten, von der Familie ausgewählten Männern.[77]

Die Ärztin Nawāl as-Saʿdāwī (geb. 1931) erregte zu Beginn der siebziger Jahre durch ihre Sachbücher über die Sexualität der Frau und des Mannes Aufsehen. Sie schöpfte nicht nur aus der Freudschen Psychoanalyse und der Neopsychoanalyse, sondern auch aus amerikanischen sexualkundlichen Untersuchungen wie dem „Kinsey-Report", den Untersuchungen von Masters und Johnson und verglich deren Ergebnisse mit ihren Kenntnissen über ihr Heimatland und das dortige Sexualverhalten. In ihrem Buch „Die Frau und die Sexualität" (1971) versucht sie immer wieder, bei aller Kritik, die Verhältnisse in Ägypten gegenüber denen in den von ihr benutzten europäischen und amerikanischen Darstellungen zu verteidigen oder zu relativieren. Trotzdem wurde sie nach dem Erscheinen dieses Buches ihres Amtes als Direktorin einer staatlichen Klinik enthoben. Das Thema, zumal in dieser auch aufklärenden Form der Darstellung etwa der physiologischen Voraussetzungen für den Orgasmus der Frau, war bis zu dieser Zeit in arabischen Ländern tabuisiert. Das hinderte Nawāl as-Saʿdāwī nicht daran, weiter zu schreiben, etwa anhand von Fallstudien – vorsichtig wie schon in ihrem ersten Buch und doch kritisch – die Folgen der sexuellen Repression bei Frauen darzulegen. Nawāl as-Saʿdāwī hat eine Fülle von Büchern publiziert. Auch ihre Erzählungen und Romane, größerenteils sehr subtil, Lektüre für Intellektuelle, aber von harter Sozialkritik, wurden u. a. ins Englische und ins Deutsche übersetzt, sind also auch interessierten Lesern zugänglich, die nicht über arabische Sprachkenntnisse verfügen.[78]

Ähnlich kritisch ist die marokkanische Soziologin Fāṭima Mārnīsī (Fatima Mernissi, geb. 1940), die in mehreren, größerenteils ebenfalls ins Deutsche übersetzten Sachbüchern unter Benutzung historischer Quellen der älteren arabischen Literatur nachzuweisen sucht, daß Frauen früher in arabischen bzw. arabisierten Ländern mehr Selbstbewußtsein besaßen, als das heute der Fall ist. Sie will vor allem ihre weiblichen Landsleute dazu aufrufen, ausgehend vom Status gebildeter und ihrer selbst bewußter Frauen in der Frühzeit des Islams, eine Verbesserung ihres soziokulturellen Status zu erreichen.[79] Fāṭima Mārnīsī dreht auch Kurzfilme, in denen sie die Geschlechterbeziehungen im Land ironisch-satirisch beleuchtet, wichtig gerade in Regionen, in denen bis heute nur wenige imstande und bereit sind, Bücher zu lesen.

Die Zahl der Frauen, die eine Prosa schreiben, in der Frauenprobleme eine verinnerlichte und kritische Darstellung erfahren, hat erheblich zugenommen. Hier ist neben und nach Alīfa Rifʿat die Kuwaiterin Lailā al-ʿUthmān (geb. 1945) zu nennen,[80] die in handlungsintensiven Erzählungen literarisch transparent macht, wie Frauen und junge Mädchen sich gegen männliche Gewalt, gegen ihnen aufgezwungene Sexualität mit Gegengewalt zur Wehr setzen. Das ist wahrscheinlich weniger literarische Wirklichkeitserfassung als gedankliches Ventil, aber jedenfalls eine in der modernen arabischen Literatur neue, auffällige Form des Versuchs der Wirklichkeitsbewältigung.

Unter den Autorinnen des Libanon ist Lailā Baʿlabakkī (geb. 1936) mit ihrem am Existentialismus orientierten Roman „Ich lebe" („Anā aḥyā") aus dem Jahr 1958 zu nennen, künstlerisch ausgereifter als Laṭīfa az-Zaiyāts „al-Bāb al-maftūḥ", obwohl aus etwa derselben Zeit stammend. Līnā, die Heldin des Romans,[81] Tochter eines Großkaufmanns, rebelliert gegen alle ihr vom Elternhaus und von der Umgebung vorgegebenen Wert- und Rollenvorstellungen, letztlich ohne ein realisierbares Glückskonzept für ihr Leben entwickeln zu können. Eine Geschichte ihres Erzählbandes, „Schiff der Zärtlichkeit zum Mond" („Safīnat ḥanān ilā l-qamar"), in der sie die leidenschaftlichen physischen und psychischen Empfindungen einer jungen Frau und eines jungen Mannes füreinander darstellt, trug ihr 1964, neun Monate nach Erscheinen des Buchs, eine gerichtliche Klage wegen „Verstoßes gegen die öffentliche Moral" und die Androhung einer sechsmonatigen Haft ein. Unter „Verstoß gegen die öffentliche Moral", das wird aus der Anklageformulierung deutlich, [82] verstand das Gericht die Erregung sexueller Empfindungen durch eine zu offene Gestaltung von Liebesszenen. Lailā

Baʿlabakkī wurde freigesprochen, doch der Band verschwand vom Buchmarkt.

Ḥanān ash-Shaikh (geb. 1945) entstammt wie Lailā Baʿlabakkī einer südlibanesischen schiitischen Familie. Sie hat vor allem durch ihre beiden Romane „Zahras Geschichte" („Ḥikāyat Zahra", 1980) und „Gazellenmoschus" („Ghazal al-misk", 1988) Aufsehen erregt.[83] Im ersten Roman verbindet sie ein Frauenschicksal voller traumatischer Erlebnisse in einer Welt der Männergewalt mit dem Bürgerkrieg im Libanon, stellt den Krieg als alle menschlichen Werte zerstörend dar. Im zweiten Roman,[84] der ihrem mehrjährigen Aufenthalt in einem der Golfstaaten entwachsen ist, gestaltet sie anhand von vier Frauenfiguren in einer fiktiven Stadt der Golfregion Frustration und Doppelmoral in einer Gesellschaft, in der Frauen aus der Öffentlichkeit verbannt sind. Daß sich diese Verhältnisse für Frauen viel gravierender auswirken als für Männer, wird aus den Ich-Berichten der vier Frauen unterschiedlicher soziokultureller Herkunft (zwei Einheimischen, einer Amerikanerin und einer Libanesin im Alter zwischen 25 und 35) und mit existentiellen, wenn auch variierenden, weiblichen Erfahrungen von Liebe, Ehe und Mutterschaft deutlich.

Unter den Schriftstellerinnen, die den Bürgerkrieg im Libanon aus weiblicher Sicht dargestellt haben, ist neben der Christin Emily Naṣrallāh (geb. 1933)[85] vor allem Ghāda as-Sammān (geb. 1942 in Damaskus) zu nennen, die nach Beirut übersiedelte und dort einen Verlag für die Publikation vor allem ihrer eigenen Werke gründete. In ihren Romanen „Die Alpträume von Bairut" („Kawābīs Bairūt")[86] und „Bairūt-Bairūt" fängt sie die Unmenschlichkeit dieses Krieges und seine Auswirkungen auf mehrere Generationen und unterschiedliche soziale Schichten ein. Sie stellt in ihrem Werk immer wieder Probleme der gebildeten, berufstätigen Araberin in einer patriarchalischen, männlich-chauvinistischen Gesellschaft in den Vordergrund. Nicht umsonst hat sie die bisher erschienenen zwölf Bände ihrer Erzählungen und Romane „Die unvollständigen [unvollkommenen] Werke" („al-Aʿmāl al-ghair kāmila") genannt.

Die Frage einer freieren Sexualmoral als mögliches Indiz für Emanzipation stellt sich Ghāda as-Sammān wie auch anderen arabischen und vorderorientalischen, türkischen und persischen[87] Schriftstellerinnen. Doch sehen sie sexuelle Emanzipation selten losgelöst von Emanzipation allgemein, sie betrachten sie eher für eine Frau – die nun einmal anders empfindet als ein Mann, aber als Frau in einer Männergesellschaft leben muß – als psychosozial nachteilig.

Eine literarische Opposition gegen rigide Sexualmoral ist sicher die Zeichnung der Prostituierten als die eines Menschen, der sich mehr Liberalität, damit auch mehr Humanität bewahrt hat als die gutbürgerliche, sich offiziellen Moralvorstellungen konform verhaltende Gesellschaft. Es ist eine Idealisierung, die ihre Anregungen aus der französischen Romantik wie dem russischen Frührealismus bezogen haben mag, die ihre Wurzeln aber in den immer noch strengen Normen für die Geschlechterbeziehungen hat.[88]

Wie sich die Position der Frau in den islamischen oder islamisch geprägten

Ländern des Vorderen Orients in Zukunft gestalten wird, bleibt abzuwarten. Prognosen lassen sich nicht geben. Sie wird immer in dieser oder jener Weise abhängig sein von der politischen und wirtschaftlichen Situation des jeweiligen Landes, von Außenbeeinflussungen bzw. den Versuchen, sich mit ihnen auseinanderzusetzen, sie abzuwehren, natürlich aber auch von individuellen und familiären Faktoren.

VIII. Die militant-islamischen Gruppen

(Johannes Reissner)

Seit Beginn der achtziger Jahre hat der sogenannte islamische Fundamentalismus, der im öffentlichen Bewußtsein des Westens wesentlich von militant-islamischen Gruppen bestimmt, ja mit ihnen gleichgesetzt wird, kulturell, politisch und sozial ganz erheblich an Bedeutung zugenommen. Die Literatur zu diesem Phänomen grenzt an Unüberschaubarkeit. Eine erschöpfende Nennung aller Gruppierungen kann hier gar nicht angestrebt werden; H. Dekmejian hat 1985 allein für die arabische Welt 90 aufgelistet.[1] Hier soll exemplarisch auf grundlegende Charakteristika und Entwicklungstrends solcher Gruppen des 20. Jahrhunderts eingegangen werden, die für die totale Gültigkeit des Islams als „religiöses" wie auch die weltlichen Angelegenheiten umfassendes System eintreten. Es handelt sich um Gruppen, die diesen Anspruch kämpferisch und zumeist in Opposition zu bestehenden Regimen und Verhältnissen, aber nicht notwendigerweise mit Waffengewalt, durchsetzen wollen. Kaum behandelt werden Gruppen, die primär als Widerstandsgruppen (z. B. Afghanistan, Palästina) agieren, sosehr sie auch ideologisch auf der Linie der hier zu betrachtenden stehen mögen. Die Schwierigkeiten der Grenzziehung werden im folgenden deutlich werden.

Geistiges Vorbild der militant-islamischen Bewegung wie der Strömung des „Islamismus" überhaupt ist die stark idealisierte Zeit des ersten Erfolgs des Islams, die Zeit der frommen Altvorderen *(as-salaf aṣ-ṣāliḥ)*. Dieses Vorbild, das sich hauptsächlich auf die Zeit des Propheten Muḥammad und der ersten vier „rechtgeleiteten" Kalifen bezieht, war als Teil islamischen Selbstverständnisses immer auch Bezugspunkt innerislamischer Auseinandersetzungen gewesen. Im 19. Jahrhundert wurde es jedoch unter Einschluß auch späterer Frommer und der kulturellen Blütezeit des Islams zum Fundament islamischer Selbstbehauptung in der Auseinandersetzung mit dem nichtislamischen, siegreichen Europa.[2] Der Rückgriff auf den idealisierten Urislam wurde im sogenannten *Salafīya*-Islam zur Waffe gegen Imperialismus, Kolonialismus und fortschreitende Säkularisierung aller Lebensbereiche.

Es setzte also jene Entwicklung ein, die zur Bildung des Schlagworts führte, der Islam sei Religion und Staat *(dīn wa-daula)*, und welche als Ideologisierung und/oder Politisierung der Religion bei uns so verpönt ist. Die Nutzung der Religion zur Durchsetzung politischer Interessen gab es – wie in anderen Kulturen auch – seit der Entstehung des Islams. Schließlich war schon zu Lebzeiten des Religionsstifters, des Propheten Muḥammad, in Medina ein islamisches Gemeinwesen, ein Staat, entstanden. Ein anderer kollektiv verbindlicher Bezugsrahmen der Argumentation als der der Religion existierte nicht. Gerade während der Blütezeit islamischer Kultur lassen sich auch deutliche Tendenzen der Verselbständigung von Teilbereichen politischen und gesellschaftlichen Lebens quasi unter dem Dach des Islams erkennen. Mit dem 19. Jahrhundert aber tritt die Argumentation zur Durchsetzung von Interessen mehr und mehr vor den Hintergrund der Denkbarkeit nicht nur einer nichtislamischen, sondern tendenziell auch einer säkularen Welt. Gegenüber dem alle Lebensbereiche erfassenden Druck der Fremdbestimmung durch das siegreiche Europa – heute *„der* Westen" – blieb als das Eigene, Identität und Würde (Hegel) Verleihende die Religion, der Islam. Darin liegt der Grund für die große Mobilisierungskraft der militant-islamischen Gruppen, von denen – im Unterschied zu den „etablierten" Religionsgelehrten *(ʿulamāʾ)* – die Auseinandersetzung mit Europa nach dem Vorbild von Reformern des Salafīya-Islams wie Jamāl ad-Dīn al-Afghānī, Muḥammad ʿAbduh und Rashīd Riḍā wesentlich getragen wurde. Auch darin, und nicht nur in regionaler, gesellschaftsspezifischer und entwicklungsmäßiger Partikularität, liegt ein Grund für die recht weitreichende Verschiedenartigkeit und Flexibilität in konkreten Konzepten zu Staat, Gesellschaft und Wirtschaft. Die prinzipielle Gültigkeit der Religion hat im Kampf um Selbstbehauptung Vorrang gegenüber der Frage ihrer programmatischen Gestaltung. In dem Identität und Würde verleihenden Moment der Religion ist schließlich auch der Grund für das kämpferische Moment der Selbstbehauptung zu sehen, wobei jedoch die Bereitschaft zur Gewaltanwendung wesentlich von der politischen Kultur der jeweiligen Staaten abhängt, in denen sich die einzelnen Gruppen bewegen.

Der Prozeß der Säkularisierung zeigte sich nicht nur in der Verdrängung des Islams aus wichtigen Bereichen des gesellschaftlichen Lebens – wie etwa des Erziehungs- und Rechtswesens, wo er am deutlichsten zur Geltung kam –, sondern auch im Auftreten nationalistischer Ideologien im Zusammenhang mit der Entstehung von Nationalstaaten im Gebiet des ehemaligen Osmanischen Reiches. Die Nation als Identifikationsrahmen trat im antikolonialen Kampf an die erste Stelle, auch wenn dieser häufig zugleich als islamischer begriffen wurde. Das Ringen um den Islam als den entscheidenden, kollektiv verbindlichen Bezugspunkt des Lebens gewann nach dem Zweiten Weltkrieg, als die Aufteilung der Welt in zwei rivalisierende Machtblöcke mit konträren Gesellschaftssystemen offensichtlich wurde, deutlich die Qualität eines „Dritten Weges". Der Islam wurde zum „islamischen System", das Kapitalismus und Kommunismus überlegen sei. Auch nach dem Ende des Ost-West-Konflikts wird weiterhin um islamische Authentizität in einer immer stärker von Verflechtung gekennzeichneten Welt gerungen.

1. Die Muslimbrüder

Die 1928 in Ägypten gegründete Organisation der Muslimbrüder – *al-Ikhwān al-muslimūn* – ist die älteste und bis heute wichtigste der militant-islamischen Gruppen.[3] Ihr Begründer, Ḥasan al-Bannā (1906–1949), hatte zunächst eine traditionelle Erziehung und dann eine Ausbildung zum Grundschullehrer an der ersten „modernen" Hochschule Ägyptens, *Dār al-ʿulūm*, erhalten. Von frühester Jugend an war er in Gruppen zur Bewahrung der islamischen Moral und der Bekämpfung christlicher Mission wie auch in *ṣūfī*-Kreisen sehr aktiv gewesen. An der antibritischen Revolte 1919 hatte er teilgenommen und patriotische Gedichte verfaßt, und in Kairo kam er mit den führenden Köpfen des *Salafīya*-Islams, allen voran Rashīd Riḍā, in Kontakt.

Ḥasan al-Bannās Leben galt der von ihm geschaffenen Organisation. Was ihn geprägt hatte, prägte auch sie. In den ersten Jahren ihres Bestehens glich sie den vielen islamischen Vereinen (arab. *jamʿīyāt*), in denen Ḥasan al-Bannā tätig gewesen war und von denen als wichtigster der der *Muslimischen Jungen Männer (Jamʿīyat ash-shubbān al-muslimīn)* zu nennen ist. Erziehungswesen und Wohltätigkeit waren die hauptsächlichen Tätigkeitsbereiche solcher Vereine, die die Gesellschaft bessern wollten. Anders als die meisten der offiziellen *ʿulamāʾ* ihrer Zeit sahen die in solchen Gesellschaften tätigen Muslime die wahre Situation, in der sich ihre Religion befand. Sie strebten eine Erneuerung der Gesellschaft an durch eine – nicht zuletzt die sozialen – Werte des Islams betonende Erziehung. Das islamische Recht hatte für sie zwar prinzipielle Gültigkeit, doch blinde Befolgung des Gesetzes einer der Rechtsschulen gab es für sie nicht. Sie betonten den ethischen Gehalt der religiösen Pflichten und versuchten durch philosophische und ethische Interpretationen einen zeitgemäßen Sinn in ihnen zu finden. Im Erziehungswesen wollten sie keineswegs die modernen Wissenschaften ausgeschlossen wissen, doch der Muslim, den sie schaffen wollten, sollte von den Werten des Islams geprägt sein. Mag es heute auch schon schwerfallen, dies nachzuvollziehen, so muß man doch feststellen, daß die islamischen Aktivisten der damaligen islamischen Vereine im Verhältnis zur Mehrzahl der ʿulamāʾ ihrer Zeit durchaus fortschrittlich gesinnt waren und nicht selten im Widerspruch zu ihnen standen. Ihr grundsätzliches Festhalten am Islam und ihr Einsatz im Kampf um nationale Unabhängigkeit brachten ihnen schon damals von den Kolonialherren den Vorwurf des Fanatismus ein.

Gegen Ende der dreißiger Jahre ist ein starkes Anwachsen der Muslimbrüder zu verzeichnen, und auf ihrer fünften Generalkonferenz in Kairo 1939 wurde ihre grundlegende Doktrin festgelegt. Sie besagt, daß der Islam (1.) ein vollständig auf sich selbst beruhendes, totales System sei, (2.) auf Koran und *sunna* basiere und (3.) zu jeder Zeit und an jedem Ort anwendbar sei. Diese Behauptung der Existenz der „Ordnung des Islams" *(niẓām al-islām)* war zuallererst Anspruch. Anders als Abū l-Aʿlā al-Maudūdī, der

Begründer der pakistanischen *Jamā ʿat-i islāmī*, hatte sich Ḥasan al-Bannā um eine systematische Darlegung dieses Anspruches wenig bemüht. Seine Sendschreiben (arab. *rasāʾil)*, neben den ab 1933 bestehenden Zeitschriften das wichtigste Indoktrinationsmittel der Organisation, sind entweder Stellungnahmen zu aktuellen Fragen oder enthalten nur Grundsätzliches. Die Ausarbeitung der Ideologie der Muslimbrüder wurde von anderen führenden Mitgliedern geleistet.

Die vierziger Jahre brachten den Höhepunkt in der Geschichte der Muslimbrüder, aber auch schon die erste gravierende Niederlage. Um 1946 konnten sie rund 500000 Mitglieder zählen, sie beanspruchten – Sympathisanten eingerechnet – für eine Million Muslime zu sprechen. Die Mitglieder kamen aus allen Schichten der Gesellschaft, doch Angehörige der städtischen aufsteigenden Mittelschicht und Bauern überwogen. Die in den vierziger Jahren endgültig ausgebildete Organisation war hierarchisch gegliedert. An der Spitze stand Ḥasan al-Bannā als „allgemeiner Führer", *al-murshid al-ʿāmm*, ein den mystischen Orden entlehnter Titel, mit dem auch die geistige Führerschaft beansprucht war. Die Mitglieder waren durch die *baiʿa* (das Gefolgschaftsgelöbnis) dem allgemeinen Führer auf absoluten Gehorsam eingeschworen. Neben der vertikalen Gliederung der Organisation gab es noch die in einzelne Komitees, deren Namen allein zeigen, welches die Zielgruppen der Muslimbrüder und welches ihre vornehmsten Aktivitäten waren. Es gab ein Bauern-, ein Arbeiter- und ein Studentenkomitee, eines für die Beziehungen zur islamischen Welt, für Mission sowie für Presse und Übersetzung. Daneben bestanden noch Pfadfindergruppen und paramilitärische Einheiten. Für Frauen gab es eine eigene Organisation. Etwa von der Mitte der vierziger Jahre an bestand der in der Gesellschaft selbst umstrittene „geheime Apparat", der für illegale Aktivitäten zuständig war. In Ägypten waren die Muslimbrüder eine gut organisierte Massenpartei, sie bildeten ihrer Tendenz nach einen islamischen Staat im Staate. Die Muslimbrüder konnten soziale Funktionen erfüllen, die damals vom Staat nicht wahrgenommen wurden, was ein wichtiger Grund für den Zulauf war, den sie besaßen.

Ihr wichtigster politischer Gegner war die *Wafd*-Partei. Wie die Muslimbruderschaft bekämpfte sie den Hof und die jeweiligen Minderheitsregierungen, weil auch diese ihrer Ansicht nach nicht entschieden genug in ihrer Politik gegenüber den Engländern waren, die immer noch in Ägypten standen. Gleichzeitig kämpften Muslimbrüder und Wafd-Partei um die politische Vorherrschaft in Ägypten. 1948 wurde von einem Muslimbruder der Ministerpräsident Nuqrāshī Pascha erschossen. Dies führte zur Auflösung der Organisation und zur Ermordung Ḥasan al-Bannās durch Mitglieder der politischen Polizei am 12. Februar 1949.

Entsprechend dem panislamischen Grundzug der Muslimbrüder – der sie jedoch nicht hinderte, für die Nation im Sinne eines Vaterlandes einzutreten – bestanden seit den vierziger Jahren auch in anderen arabischen Ländern Muslimbrüder-Organisationen. Neben Jordanien, Irak und Libanon ist vor allem Syrien zu nennen. Hier spielten die Muslimbrüder unter der Führung

Muṣṭafā as-Sibāʿīs (1915–1964) eine politisch wichtige Rolle. 1947 waren drei ihrer Mitglieder ins Parlament gewählt worden. Das Beispiel der damaligen syrischen Muslimbrüder im Vergleich zu den ägyptischen macht deutlich, daß ihr politisches Verhalten wesentlich von den Verhältnissen der Länder, in denen sie auftraten, bestimmt war. In Syrien waren die Muslimbrüder in den Jahren 1947 bis 1952 eindeutig für die parlamentarische Demokratie eingetreten. Sie konnten von 1950 an sogar Minister stellen, von denen besonders Muḥammad al-Mubārak, der zur 1949 gebildeten *Islamischen Sozialistischen Front (al-Jabha al-ishtirākīya al-islāmīya)* gehörte, und Maʿrūf ad-Dawālībī, der politisch jedoch der *Volkspartei (Ḥizb ash-shaʿb)* angehörte, zu nennen sind. In Ägypten hingegen hatte Ḥasan al-Bannā schon 1936 in seinem Sendschreiben „Hin zum Licht" („Naḥw an-nūr") vom König die Auflösung des Parlaments und der Parteien gefordert. Eine klare Festlegung auf eine bestimmte Staatsform kannte die damalige Lehre der Muslimbrüder von der „Ordnung des Islams" nicht, sondern nur den Grundsatz, daß in einem islamischen Staat die *sharīʿa* Anwendung finden müsse. Hinsichtlich der Frage der Wiedereinführung der sharīʿa in die bestehende Gesellschaft haben sich die Muslimbrüder damals jedoch sehr pragmatisch verhalten.

Das Palästinaproblem war und ist bis heute für die Muslimbrüder nicht nur eine arabische, sondern auch eine gesamtislamische Frage. Seit der arabischen Rebellion 1936–39 in Palästina haben sich die Muslimbrüder wie auch ihnen ähnliche Organisationen stark in der Palästinafrage engagiert. Nach dem Beschluß der Teilung Palästinas in den *Vereinten Nationen* am 30. November 1947 wurde von der 1945 gegründeten *Arabischen Liga* das arabische Befreiungsheer, das aus Freiwilligen bestand, gebildet. In ihm kämpften ca. 700 Muslimbrüder aus Ägypten, Syrien und Jordanien. Besonders gute Kontakte pflegten die Muslimbrüder zu al-Ḥājj Amīn al-Ḥusainī, dem Mufti (arab. *muftī)* von Jerusalem. Die ägyptischen Muslimbrüder waren auch noch im offiziellen Krieg zwischen den arabischen Staaten und dem am 14. Mai 1948 gegründeten Staat Israel beteiligt. Die Kontakte, die dabei zu den Offizieren geknüpft wurden, sollten für die Zukunft Bedeutung haben.

Die Enttäuschung über das Versagen der bürgerlichen Politiker im ersten arabisch-israelischen Krieg war nicht nur unter den Militärs, sondern auch unter den Muslimbrüdern und in weiten Kreisen der Bevölkerung groß. Diese Stimmung erleichterte den Putsch von Oberst Ḥusnī az-Zaʿīm in Syrien am 1. April 1949, dem ersten folgenschweren Putsch in der arabischen Welt. Die Muslimbrüder wurden verboten, doch bald wieder erlaubt, nachdem Ḥusnī az-Zaʿīm im Sommer des gleichen Jahres einem Gegenputsch zum Opfer gefallen war.

In Ägypten pflegten die seit 1949 (s. oben) verbotenen Muslimbrüder Kontakte zu den „Freien Offizieren". Es heißt, daß Anwar as-Sādāt – einer der Freien Offiziere – auch zu den Muslimbrüdern gehört habe, jedenfalls stand er ihnen sehr nahe. Nach dem Putsch der Freien Offiziere am 23. Juli 1952, der zum Ende der Monarchie in Ägypten führte (1953), wurden die

Parteien verboten. Die Muslimbrüder aber, die als religiöse Organisation galten, wurden wieder erlaubt. Ṣāliḥ ʿAshmāwī, der Stellvertreter Ḥasan al-Bannās, hatte nach dessen Tod die Muslimbruderschaft ungeachtet des offiziellen Verbots weitergeführt. Im Oktober 1952 war Ḥasan al-Huḍaibī, ein angesehener Richter, zum neuen Führer der Muslimbrüder gewählt worden. Zwar sollten auch Muslimbrüder in die neue Regierung aufgenommen werden, doch zwischen al-Huḍaibī und Nasser (Jamāl ʿAbd an-Nāṣir), der sich anfangs noch im Hintergrund gehalten hatte, bestanden von Anfang an Differenzen. Nachdem im Januar 1954 die Muslimbrüder unter das allgemeine Parteienverbot gestellt worden waren, kam es zu einer Reihe blutiger Demonstrationen der Muslimbrüder. Die Situation verschärfte sich, und am 26. Oktober 1954 wurde von einem Muslimbruder in Alexandria ein Attentat auf Nasser verübt, das jedoch fehlschlug. Nasser wurde für die Masse des Volkes zum Helden, den Muslimbrüdern brachte die Tat den vorläufigen Untergang. Viele Hunderte von ihnen wurden festgenommen, ein Militärgericht verurteilte al-Huḍaibī zu lebenslänglicher Zwangsarbeit, sechs Muslimbrüder wurden im Dezember öffentlich gehängt, und viele andere erhielten lange Gefängnisstrafen. Die ganze Ära Nasser hindurch waren die Muslimbrüder Ägyptens verboten, erst unter as-Sādāt setzte eine Lockerung ein. Davon soll im letzten Abschnitt dieses Beitrags die Rede sein.

Damaskus wurde Mitte der fünfziger Jahre zeitweiliges Ersatzzentrum der Muslimbrüder. Muṣṭafā as-Sibāʿī galt als Kandidat für das oberste Gremium der Muslimbrüder. Die wichtige Monatszeitschrift „al-Muslimūn“ wurde eine Zeitlang von ihm herausgegeben. Später gelangte die Herausgeberschaft in die Hände von Saʿīd Ramaḍān, der sie im neu errichteten Islamischen Zentrum in Genf redigierte.

Die Situation der Muslimbrüder in Ägypten und das Verbot der Bruderschaft in Syrien während der Diktatur Adīb ash-Shīshaklīs 1953 bis 1954 hatten zu einer intensiven Diskussion der Frage geführt, inwieweit man in die Politik eingreifen sollte. Ob diese Frage eine Rolle bei der Ablösung Muṣṭafā as-Sibāʿīs in der Führung der syrischen Muslimbrüder durch ʿIṣām al-ʿAṭṭār gespielt hat, ist unklar. Zur Zeit der Union Syriens mit Ägypten 1958–1961 waren auch die syrischen Muslimbrüder wieder verboten, konnten aber 1962 mit ʿIṣām al-ʿAṭṭār im syrischen Parlament noch einmal einen beachtlichen Erfolg erringen. Doch nach dem Putsch von 1963, der die *Baʿth*-Partei in Syrien an die Macht brachte, kamen auch für die syrischen Muslimbrüder düstere Jahre. In der Hama-Revolte 1964 machten sie noch einmal von sich reden; im gleichen Jahr ging ʿIṣām al-ʿAṭṭār in die Bundesrepublik Deutschland ins Exil. In Ägypten setzte im Sommer 1965 eine Verhaftungswelle gegen Muslimbrüder ein, denen vorgeworfen wurde, einen Staatsstreich zu planen. 1966 wurden vier Muslimbrüder, unter ihnen der bekannte Autor Saiyid Quṭb, öffentlich gehängt.

Die Ideologie der „Ordnung des Islams“ war hinsichtlich der konkreten Fragen der Staatsform und der Gesellschafts- und Wirtschaftsordnung zu wenig ausgearbeitet, als daß sie tatsächlich die einzelnen politischen Ziele der Muslimbrüder hätte bestimmen können. In der Zeitung der syrischen Muslimbrüder, „al-Manār", war 1949 einmal die aufschlußreiche Behauptung zu lesen, zwar habe man noch keine islamische Wirtschaftslehre ausgearbeitet, man könne aber versichern, daß sie weder kapitalistisch noch kommunistisch sei. Die Behauptung, daß man angesichts der sich immer deutlicher abzeichnenden Teilung der Welt in zwei Machtblöcke mit unterschiedlichen Gesellschaftssystemen im Islam ein eigenes System besitze, war die grundlegende Funktion des ideologischen Anspruchs der „Ordnung des Islams". So waren auch die Muslimbrüder mit die ersten, die (nicht zuletzt aufgrund der Erfahrung im Palästinakonflikt) eine Politik der Neutralität zwischen den Großmächten forderten.

Die Muslimbrüder waren in der Lage, wesentliche Entwicklungen und Tendenzen ihrer Zeit mitzutragen. Die „Ordnung des Islams" war ihnen dabei die identitätsverleihende Ideologie; ihre politischen und sozialen Ziele waren im wesentlichen die des damaligen sunnitischen Kleinbürgertums. Zur Durchsetzung ihrer Interessen schreckten sie in Ägypten, wo in den vierziger Jahren ein Klima der Gewalttätigkeiten herrschte, auch nicht vor politisch motiviertem Mord zurück. In Syrien versuchten sie, das Parlament zu nutzen.

2. Abū l-Aʿlā al-Maudūdī und die Jamāʿat-i islāmī in Pakistan

Anders als Ḥasan al-Bannā, dessen Islamkonzeption erst nach der Gründung der Muslimbrüder seine Formulierung fand, besaß Abū l-Aʿlā al-Maudūdī (1903–1979) schon eine weit ausgereifte Ideologie des „Islamischen Systems", als er 1941 im damaligen Britisch-Indien die *Jamāʿat-i islāmī*, die *Islamische Gemeinschaft*, ins Leben rief.[4] Teilnahme an islamischen Bewegungen wie der 1919 gegründeten proosmanischen *Khilāfat*-Bewegung in Indien und rege publizistische Tätigkeit hatten seine Jugend bestimmt. 1927 veröffentlichte er sein erstes Buch, „Der Jihad im Islam", und mit seinem 1930 erschienenen Buch „Towards Understanding Islam"[5] wurde er zu einem anerkannten muslimischen Theologen in Indien.

Die langjährige Diskussion über einen eigenen Nationalstaat der indischen Muslime war der Hauptgrund, der zur Bildung der Jamāʿat-i islāmī führte. Die einen solchen Staat befürwortende, von Muḥammad ʿAlī Jināḥ geführte *Muslim-Liga (All Muslim League)*, hatte 1940 im indischen Kongreß eine Resolution eingebracht, in der deutlich wie nie zuvor ein eigener Staat für die Muslime gefordert wurde. Abū l-Aʿlā al-Maudūdī lehnte jedoch einen muslimischen Nationalstaat ab, in dem die Muslime wie säkulare Herrscher regieren würden. Er forderte die Verwirklichung des *islamic way of life*. Diesem Ziel sollte die 1941 gegründete Jamāʿat-i islāmī dienen. Nach der Machtergreifung von General Zia ul-Haq (Żiyāʾ al-Ḥaqq) 1977, der der Gesellschaft als Sympathisant *(muttafiq)* angehörte, kam sie nach jahrzehntelangen Kämpfen mit dem Staat Pakistan in die Lage, ihre Version eines islamischen Staates mit Hilfe der Militärdiktatur durchzusetzen.

Die Organisation der Jamāʿat-i islāmī ist dem von al-Maudūdī geformten Ideal eines islamischen Staates nachgebildet, das sich wesentlich an den Schriften mittelalterlicher Theoretiker orientiert. An der Spitze steht der *amīr* (Befehlshaber, Leiter), der von einem beratenden Gremium, der *Majlis ash-shūrā*, gewählt und beraten wird. Ist der amīr der Jamāʿat-i islāmī für fünf Jahre im Amt, so der amīr des idealen islamischen Staates auf Lebenszeit. De facto war al-Maudūdī der Führer der Jamāʿat auf Lebenszeit. Nur in den letzten Jahren vor seinem Tode (September 1979) hatte er das Amt des amīrs an Miyān Ṭufail Muḥammad abgegeben, fungierte aber noch als oberste ideologische Autorität. Zwar kann laut Satzung der Jamāʿat-i islāmī der amīr mit Zweidrittelmehrheit des Majlis ash-shūrā abgewählt werden, für den amīr des anvisierten islamischen Staates jedoch ist eine solche Einschränkung seiner Macht ebenso vage gehalten wie bei den mittelalterlichen Staatstheoretikern: Kriterium für den islamischen Staat selbst bleibt, daß der Herrscher die *sharīʿa* zur Anwendung bringt, doch in der Beurteilung der Frage, was der sharīʿa gemäß sei, hat er die entscheidende Stimme. Der ideale islamische Staat al-Maudūdīs ist letztlich entgegen allen apologetischen Versicherungen kein Präsidialsystem – dazu fehlen ihm ausreichende Kontrollinstanzen –, sondern eine totalitäre Herrschaft.

Die Unterscheidung zwischen aktiven Mitgliedern der Jamāʿat-i islāmī, deren Zahl sich ab 1946 im Schnitt auf etwa 2000 belief, und den Sympathisanten *(muttafiqūn)*, deren Zahl 1962 z. B. 43000 gewesen war, wird strenger durchgeführt als bei den Muslimbrüdern. Glichen letztere mehr einer zentralistischen Massenpartei, so geht die Organisation der Jamāʿat eher in Richtung auf eine Kaderpartei. Wie bei den Muslimbrüdern gliedert sich die Organisation noch in einzelne Komitees mit speziellen Aufgaben und Zielgruppen. Auch paramilitärische Gruppen fehlen nicht. Die der Jamāʿat eigene Frauenorganisation soll noch weniger Zulauf als die entsprechende der Muslimbrüder gehabt haben – wohl nicht zuletzt deshalb, weil al-Maudūdīs Ansichten über die Stellung der Frau in der Gesellschaft noch konservativer als die der Muslimbrüder sind.

Abū l-Aʿlā al-Maudūdī gilt als der konsequenteste Denker des fundamentalistischen Islams, und die Ideologie der Jamāʿat ist bei weitem stringenter als die der Muslimbrüder, die von al-Maudūdī selbst stark beeinflußt sind. Intensiver als die Muslimbrüder, denen die Ideologie der „Ordnung des Islams“ zuallererst Legitimationsrahmen ihrer politischen Forderungen war, bemühte sich die Jamāʿat-i islāmī in Pakistan um die Durchsetzung des „islamischen Systems“. Daher fällt bei ihr das inkonsequente Verhalten gegenüber der eigenen Ideologie stärker ins Auge, der Wille zur Macht ist das einzig deutlich erkennbare Kontinuum in ihrem politischen Verhalten.

Al-Maudūdīs Haltung gegenüber einem eigenen Staat für die indischen Muslime war zunächst von panislamischen, universalistischen Tendenzen geprägt, die Verwirklichung des „islamischen Systems“ sollte sofort durchgeführt werden. Doch von 1948 an übernahm er das Prinzip einer schrittweisen Einführung der sharīʿa, wofür er die Muslim-Liga zuvor aufs heftigste attackiert hatte. Ab 1949 hatten einige Gruppen in Pakistan darauf gedrängt, daß die Sekte der *Aḥmadīya* zu einer nichtmuslimischen Minderheit erklärt werde. Obgleich diese Forderung ganz der Linie al-Maudūdīs entsprach, nahm die Jamāʿat an dieser Kampagne zunächst nicht teil, da sie von politischen Gegnern geführt wurde. Erst Mitte 1952, als weite Kreise der Bevölkerung von der Kampagne gegen die Aḥmadīya erfaßt waren, schloß sich ihr auch die Jamāʿat mit Vehemenz an. Nachdem 1953 „direkte Aktionen" gegen die Aḥmadīya gefordert worden waren, wurde das Kriegsrecht verhängt, und al-Maudūdī kam für zwei Jahre ins Gefängnis.

Der Kampf der Jamāʿat-i islāmī um eine islamische Verfassung kam mit dem Putsch von 1958 zu einem vorläufigen Ende. Bis 1962 blieb die Organisation verboten. In dem sich anschließenden intensiven Kampf der Jamāʿat gegen das Regime Aiyūb Khāns ging al-Maudūdī so weit zu erklären, daß im Kampf gegen das „Böse" schon einmal islamische Prinzipien verletzt werden dürften, ein Kandidat mit schlechtem Charakter von der Opposition sei besser als ein aufrechter Muslim aus den Reihen der Aiyūb-Anhänger. Bei den Präsidentschaftswahlen 1965 unterstützte dann auch die Jamāʿat die Schwester Muḥammad ʿAlī Jināḥs, Fāṭima Jināḥ, gegen Aiyūb Khān, obgleich das „islamische System" al-Maudūdīs ebenso wie das der Muslimbrüder Frauen die Ausübung öffentlicher Ämter, und besonders das des Staatsoberhauptes, untersagt.

Während des Regimes Zulfikar Ali Bhuttos (Dhū l-fiqār ʿAlī Bhuṭṭō) von 1969 bis 1977 waren eine Reihe von Islamisierungsmaßnahmen, wie die Verankerung intensiveren Unterrichts der Religion und der arabischen Sprache in der Verfassung von 1973, die Prohibition und die Verlegung des öffentlichen Ruhetages von Sonntag auf Freitag, durchgeführt worden. Doch die Jamāʿat und andere oppositionelle Religionsparteien schraubten ihre Ansprüche nur höher.

Die Frage einer islamischen Herrschaftsform ist seit der Gründung des Staates in Pakistan ein wichtiger politischer Diskussionspunkt. Unter Aiyūb Khān wie unter Bhutto wurde ein Präsidialsystem nach dem Modell der Vereinigten Staaten als „islamischer" als die westeuropäischen Demokratien ausgegeben. Einverstanden mit dieser These zeigte sich die Jamāʿat jedoch erst dann, als mit General Zia ul-Haq einer der ihren an die Macht gekommen war. Nach der sogenannten Oktober-Operation von 1979, die zur endgültigen Beseitigung der parlamentarischen Demokratie zugunsten des „islamischen Systems" führte, wurde die enge Beziehung zwischen der Jamāʿat und der Junta, an der in Pakistan zuvor ohnehin niemand gezweifelt hatte, offensichtlich. Die Verfassung von 1973 wurde durch Ergänzungen de facto außer Kraft gesetzt, auch wenn man die Fiktion ihrer Gültigkeit aufrechterhielt.

Während Zia ul-Haqs Herrschaft (1977–1988) gehörte die Jamāʿat nicht offiziell zur Regierungskoalition, aber auch nicht zur Opposition. 1985 hatte sie eine Gesetzesvorlage eingebracht, nach der die sharīʿa oberstes Recht werden sollte. Trotz Zia ul-Haqs Unterstützung wurde dies nicht erreicht. In Pakistan unter Zia ul-Haq erwies sich das „islamische System" weder als Theo-Demokratie (Maudūdī) noch als ein System, das die Vorteile von Demokratie und Diktatur vereint, sondern, wenn z.B. unter dem Deckmantel islamischer Strafrechtsbestimmungen Oppositionelle durch Auspeitschung eingeschüchtert wurden, oft als bloßes Machtmittel totalitärer Herrschaft.

3. Extremisten und Islamisierung

Die Muslimbrüder und die Jamāʿat waren straffe Organisationen und umfassende Bewegungen zugleich, die für die Verbreitung des Anspruchs der „islamischen Ordnung" gewissermaßen Pionierarbeit geleistet hatten. Für den mit diesem Schlagwort verbundenen Kampf entstanden in den siebziger Jahren neue Rahmenbedingungen. Der direkte Kolonialismus hatte 1971 mit dem Abzug der Briten aus den Emiraten am Persischen Golf sein Ende gefunden. Die Idee des umfassenden, von seiner prinzipiellen Tendenz her säkularen „Arabischen Nationalismus", wie er von Nasser verkörpert wurde, war in seiner Wirkungskraft durch die arabische Niederlage im Sechstagekrieg gegen Israel 1967 erschüttert worden. Durch den Ölboykott nach dem Oktober-Krieg von 1973 gewannen die erdölreichen, konservativen Staaten des arabischen Lagers an Gewicht, allen voran Saudi-Arabien. Daß dem saudischen König Faiṣal 1975 (kurz vor seiner Ermordung) sogar der Kalifentitel angetragen worden war, war nur *ein* Zeichen einer neuen Islamorientierung. Mit der Gründung der *Islamischen Konferenzorganisation (Munaẓẓamat al-muʾtamar al-islāmī*, (1969/73) entstand eine neue internationale Staatengemeinschaft unter islamischem Vorzeichen.

In Saudi-Arabien, das aufgrund der heiligen Städte des Islams, Mekka und Medina, in der islamischen Welt ohnehin eine Sonderstellung besaß und diese mit Hilfe des Ölreichtums ausspielen konnte, hatte sich unter dem Einfluß von im saudischen Exil lebenden Muslimbrüdern die strenge *Wahhābīya* zu einer weltoffenen Ideologie im Sinne des „islamischen Systems" gewandelt. Das Klima der allgemeinen Islamorientierung trug dazu bei, daß sich viele Muslime unter partiellem Bezug auf die ohnehin nicht in sich geschlossene Idee der „Ordnung des Islams" auch in der modernen Welt selbstbewußter als Muslime verstehen und zeigen konnten. Die Grenzen zwischen Muslim und Muslimbruder wurden fließender, und schließlich ließ sich staatlicherseits eine so große Zahl von Menschen, wie sie die Muslimbrüder und ihnen ähnliche Gruppen und Organisationen repräsentierten, nicht permanent ausgrenzen. In Ägypten unter Anwar as-Sādāt wurden die Muslimbrüder wieder geduldet, sie brachten eigene Zeitschriften wie „ad-Daʿwa" und „al-Iʿtiṣām" heraus, und auch bei Wahlen konnten sie sich im Zusammenhang mit anderen politischen Kräften erfolgreich behaupten.

Diese Entwicklung förderte zugleich die Differenzierung zwischen weniger und stark militanten Gruppierungen und Organisationen. Alte extremistische Vereinigungen erhielten Auftrieb und neue entstanden. Am 18. April 1974 wurde in Ägypten von Mitgliedern der *Islamischen Befrei-*

ungsorganisation (Munaẓẓamat at-taḥrīr al-islāmī) unter Dr. Ṣāliḥ Sarrīya ein bewaffneter Anschlag auf die Militärakademie in Kairo-Heliopolis verübt. Die Befreiungsorganisation stand in enger Beziehung zu der in den fünfziger Jahren von dem Jordanier Taqī ad-Dīn an-Nabhānī in Ostjerusalem gegründeten *Islamischen Befreiungspartei (Ḥizb at-taḥrīr al-islāmī)*. In den Schriften Nabhānīs reduziert sich, anders als bei den Muslimbrüdern und al-Maudūdī, die Auseinandersetzung mit der Moderne auf ihre bloße Ablehnung. Im Unterschied zu ihnen tritt er für die Wiederherstellung des Kalifats ein, wie in seinen beiden Schriften „Das Kalifat" („al-Khilāfa") und „Die Herrschaftsordnung im Islam" („Niẓām al-ḥukm fī l-islām") dargelegt wird. Er fragt auch nicht, ob sein aus den mittelalterlichen Rechts- und Staatslehren erstelltes islamisches Herrschaftssystem in die heutige Zeit passe, sondern es soll in der ganzen Welt – nicht nur der islamischen – durch gewaltsamen Kampf errichtet werden.

Hier deutet sich an, was für militante islamische Gruppen im engeren Sinne seit den siebziger Jahren – und keineswegs erst seit der Revolution in Iran – kennzeichnend wird: An die Stelle der streitbaren Selbstbehauptung des Islams in der Gesellschaft tritt ihre radikale Ablehnung der eigenen Gesellschaft als unislamische; nicht Reform, sondern Kampf ist die Parole und die Tat. Dies kommt bei der ägyptischen *Gemeinschaft der Bezichtigung des Unglaubens und der Aufgabe der unislamischen Lebensweise (Jamāʿat at-takfīr wa-l-hijra*, im folgenden *Takfīr*-Gruppe genannt) schon im Namen zum Ausdruck. An ihr wird auch erkennbar, wie die jahrelange Verfolgung der Muslimbrüder zur Radikalisierung beigetragen hatte; die Gefängnisse waren zu Brutstätten geworden. Shukrī Aḥmad Muṣṭafā, Muslimbruder und späterer Führer der Takfīr-Gruppe, hatte 1965 mit Saiyid Quṭb im Gefängnis Kontakt bekommen. Dessen Schriften bilden bis heute für viele radikale militante Gruppierungen das geistige Rüstzeug (es existierte auch eine kleine militante Gruppe, die sich einfach „Anhänger Quṭbs" *Quṭbīyūn*, nannte).[6] 1977 wurde von der Takfīr-Gruppe der ehemalige Minister für religiöse Angelegenheiten, Muḥammad Ḥusain adh-Dhahābī, der die Gruppe öffentlich als unislamisch bezeichnet hatte, entführt und ermordet. Die Führung der Gruppe einschließlich Shukrī Aḥmad Muṣṭafās wurde gefaßt, und zwölf ihrer Mitglieder wurden im März 1978 gehängt.

Im Verlauf der siebziger und achtziger Jahre wurde eine ganze Reihe von Organisationen bekannt, bei denen sich allein schon aus ihrer Benennung Bereitschaft zur Militanz erkennen läßt. Namensbildungen mit „Befreiung" *(taḥrīr)* (Ägypten, Jordanien), „Armee" (Gottes; des Barmherzigen) oder „Soldaten" (arab. sing. *jund*, pl. *junūd*) (hauptsächlich Ägypten; Libanon), „Bataillone" *(katā'ib)* (in Syrien), „Aktion" (*ʿamal*) (Tunesien), „Bewegung" *(ḥaraka)*, und natürlich *jihād* haben ihre Aussagekraft. Größere Bekanntheit haben jihād-Gruppen im Libanon und in den israelisch besetzten Gebieten im Zusammenhang mit der *Intifāḍa* erlangt. Als eine der frühesten ist die *Jihād-Organisation (Munaẓẓamat al-jihād*, auch: *Tanẓīm al-jihād*) zu nennen, die ihr Zentrum im Süden Ägyptens, in Asiut hat. Die

Gruppe wurde zuerst durch Übergriffe auf Kopten bekannt. Hauptsächlich sie und ähnliche Gruppierungen sind heute für die Überfälle auf Touristen in Ägypten, durch die der Staat in einer seiner wichtigsten Einkommensquellen geschädigt werden soll, verantwortlich. Im Unterschied zur Takfīr-Gruppe, der mit Shukrī Aḥmad Muṣṭafā eine charismatische Persönlichkeit vorstand, wird die Jihād-Organisation kollektiv geführt. An der Spitze ihres Rats *(Majlis ash-shūrā)* stand der blinde Scheich ʿUmar ʿAbd ar-Raḥmān, der sich nach New York abgesetzt hatte und im Zusammenhang mit dem Bombenanschlag auf das dortige World Trade Center Anfang 1993 Schlagzeilen machte. Von ihm stammten die Rechtsgutachten *(fatāwā*, pl. von *fatwā)*, in denen die Aktionen der „Befreiungsorganisationen" gerechtfertigt wurden.

Der Kampf gegen jeden nichtislamischen Einfluß und für ein rein auf der *sharīʿa* beruhendes Staatswesen geht für die Jihād-Organisation so weit, daß der Jihād zur grundsätzlichen Pflicht eines jeden Muslims erklärt wird. Dies schließt auch den Kampf gegen politische Führer ein, die im Westen von „Christen, Kommunisten und Zionisten" ausgebildet worden sind.[7] Die spektakulärste Tat der Jihād-Organisation war die Ermordung Anwar as-Sādāts während einer Militärparade im Oktober 1981 durch Leutnant Khālid al-Islāmbūlī. Daß mit Sādāt jemand getroffen wurde, der selbst zeitweilig den Muslimbrüdern nahegestanden und wesentlich den Re-Islamisierungstrend auf staatlicher Ebene mitgetragen hatte, zeigt zugleich die desperate Situation sowohl der extremen militanten Gruppen als auch der Gesellschaft, in der sie operieren. Nach Sādāts Ermordung wurden über 3000 Anhänger der Jihād-Organisation und der Takfīr-Gruppe festgenommen, was eine ungefähre Vorstellung von der Zahl derer gibt, die die eigene Gesellschaft als unislamisch verwerfen. Eine grundsätzliche Änderung ägyptischer Politik unter Sādāts Nachfolger Ḥusnī Mubārak hat jedoch nicht stattgefunden; der Friedensvertrag mit Israel ist nicht nur weiterhin in Kraft, sondern Ägypten ist längst wieder in der arabischen und islamischen Gemeinschaft rehabilitiert. Gemäßigte Islamisten werden weiterhin geduldet und konnten sich auch in Wahlen behaupten; radikale werden verfolgt, und die Grauzone bleibt als Bürde bestehen.

Im Prozeß gegen den Sādāt-Attentäter Islāmbūlī wurde bekannt, daß zu seinen Inspirationsquellen nicht nur das bekannte Werk von Muḥammad ʿAbd as-Salām „Die abwesende (vergessene) Pflicht", d. h. der jihād, („Farīḍa al-Ghā'iba", gehörte, sondern auch die „Sieben Sendschreiben" des Juhaimān al-ʿUtaibī, der zwei Jahre vor Sādāts Ermordung, im November 1979, mit ca. 500 Anhängern die große Moschee in Mekka besetzte.[8]

Bei den Moschee-Besetzern handelte es sich um den Kern einer Gruppe, die sich *Ikhwān* nannte und in Saudi-Arabien schätzungsweise 3000 Anhänger besaß. Das Datum der Moschee-Besetzung fiel mit dem Beginn des 15. Jahrhunderts nach islamischer Zeitrechnung zusammen. Und wie schon früher in der Geschichte des Islams wurde an diesem geschichtsträchtigen Tag ein Mahdi *(mahdī)* proklamiert, der den *dajjāl*, den „Antichrist", besiegen werde. Eigentlicher Führer der Moschee-Besetzer war Juhaimān al-ʿUtaibī. In seinen Ansichten und Forderungen lassen sich Einflüsse der von Ibn Saud zu Beginn des Jahrhunderts gegründeten Ikhwān-Bewegung leicht nachweisen. Neben bestimmten Kleidungsvorschriften teilte er mit ihnen die Ablehnung des Bestehens von Nationalstaaten im Gebiet des Islams *(dār al-islām)*, eine Ansicht, die auch für Taqī ad-Dīn an-Nabhānī wesentlich ist. Die Moschee-Besetzer forderten die Ausweisung der nichtmuslimischen Gastarbeiter in Saudi-Arabien und die unbegrenzte Einreisemöglichkeit für Muslime.

Die Ikhwān, die Kontakte zu ähnlichen Gruppen in Kuwait besaßen und wahrscheinlich auch zur Takfīr-Gruppe, waren der Regierung nicht nur bekannt gewesen, sondern hatten auch die Unterstützung einiger einflußreicher *ʿulamāʾ* des Landes. Nur die ungeheuerliche Tat der Moschee-Besetzung, in deren Folge viele Hunderte von Menschen den Tod fanden, stellte die Ikhwān außerhalb all dessen, was für Anhänger des fundamentalistischen Islams noch erträglich ist. Im Januar 1980 wurden 63 der Moschee-Besetzer hingerichtet.

4. Das Vorbild „Islamische Revolution"

In seiner Art ist die Moschee-Besetzung in Mekka von 1979 als singuläres Ereignis zu betrachten, höchstens mit dem Raub des Schwarzen Steins der Kaaba durch die Karmaten im 10. Jahrhundert vergleichbar. Für die internationale Politik als Gespenst, für nicht wenige aber auch als Hoffnungsschimmer, schwebte über dem Ereignis die „islamische Revolution" in Iran von 1979. Die bange Frage, ob nicht im erdölreichsten Land der Erde, dessen Führung hinsichtlich eines „verwestlichten Lebenswandels" keineswegs über jeden Verdacht erhaben war, ähnliches passieren könnte, beschäftigte Politiker, Medien und Fachwissenschaftler.

Die entscheidende Wirkung, die von der Revolution in Iran ausging und ihr bis heute gerade aufgrund ihrer Einmaligkeit einen Vorbildcharakter verleiht, bestand in der Tatsache, daß es sich um eine Massenbewegung handelte, der es gelang, unter Berufung auf den Islam eine verhaßte Herrschaft zu stürzen.[9] In diesem Sinne hatte Khumainīs Nachfolger Ayatollah (Āyatullāh) Khāminaʾī recht, als er in seiner Predigt zum Fest des Fastenbrechens des Jahres 1993 nun auch gegenüber der eigenen Bevölkerung, und nicht nur wie schon lange vorher überwiegend nach außen gesprochen, das Ende des Revolutionsexports mit den Worten proklamierte: „Zugleich mit ihrem Stattfinden wurde die Revolution in die Welt exportiert. Die Revolution geschah einmal, und damit hat die Sache ein Ende." [10]

So, wie einige Revolutionäre in Iran es sich gewünscht hatten, funktionierte der Revolutionsexport nicht. Nicht selten bestand er in bloßer finanzieller Unterstützung einzelner militanter Gruppen aus politischem Kalkül und fand ebenfalls nicht selten im Terrorismus seinen Ausdruck, auch wenn hier Iran allzu pauschal und häufiger verantwortlich gemacht wird, als es gerechtfertigt ist. Die Differenzen zwischen Schia *(shīʿa)* und *sunna* erwiesen sich bald nach der ersten Begeisterung als Hindernis für die Übernahme des „Khomeinismus", und selbst bei den Schiiten hatte er nur begrenzten Erfolg. In den arabischen Staaten am Persischen Golf hatten sich letztlich die Einbindung der Schiiten in die Nationalstaaten und die Tatsache, daß es sich überwiegend um Araber handelt, als wirksamer als der Appell der islamischen Revolution erwiesen.[11] Nur im Libanon, wo seit dem Bürgerkrieg ab 1975 keine durchsetzungsfähige Staatsmacht mehr existierte, konnte sich – vor allem auch in Reaktion auf den israelischen Einmarsch in Beirut 1982 – mit der *Ḥizb Allāh (Ḥizbullāh)* eine Gruppe entwickeln, die als reiner Ableger der iranischen islamischen Revolution gelten kann; doch machte sich später auch hier die Eigenständigkeit der libanesischen Verhältnisse bemerkbar.[12] In Afghanistan war Irans Unterstützung nicht ausschließlich auf Schiiten ausgerichtet. Der Revolutionsexport konnte allerdings nur einzelne Gruppen der afghanischen Widerstandskämpfer erreichen. Generell trug für die Schiiten das Bekenntnis zum Khomeinismus nicht selten zu ihrer ohnehin bestehenden Ghettoisierung im sunnitischen Umfeld bei.[13] Die grundsätzliche Gemeinsamkeit der Behauptung des Islams gegen Säkularisierung und Verwestlichung erweist sich angesichts konkreter Interessenunterschiede als wenig tragfähig. Auch in den überwiegend von Muslimen bewohnten südlichen Republiken der Sowjetunion fand entgegen westlicher Befürchtungen eine iranisch inspirierte islamistische Umarmung nicht statt. Sie wurde von Iran gar nicht erst angestrebt, weil man Instabilität fördernde Verstrickungen in die vielschichtigen Identitätsstrukturen der ohnehin überwiegend sunnitischen Regionen (bis auf Aserbaidschan) fürchtet.

Sosehr auch kurzsichtige Betrachtungsweise in den Medien und in der Politik lieber nach konkreten „Drahtziehern" für das Erstarken militant-islamischer Bewegungen fragt, lassen sich folgende allgemeinere Gründe dafür nennen: (1.) Das Moment der Fremdbestimmung war mit dem Ende direkter kolonialer Herrschaft (Abzug der Briten „östlich von Suez" 1971) keineswegs aufgehoben. (2.) Von den herrschenden Eliten (Militärs, Könige oder Scheiche) wurden wichtige Bevölkerungsgruppen – insbesondere die für die Entwicklung der Länder bedeutsame aufsteigende städtische Mittelschicht – wie unter kolonialer Herrschaft an den Rand gedrängt. (3.) Soziale Ungleichheit vergrößerte sich trotz sozialistischer Experimente oder Beteuerungen von islamischer sozialer Solidarität; der Ölboom von 1973/74 hatte die Diskrepanzen nur offensichtlicher werden lassen. (4.) Wachsende Ablehnung der „korrupten" Regime, die weder für die sozialen noch die politischen Belange der Bevölkerung eintreten.

Diese Gründe wirken nicht monokausal. Im Zusammenhang mit ihnen ist das Erstarken islamistischer Bewegungen immer auch als diffuse Protestbewegung gegen fremdbestimmte Modernisierungsprozesse zu verstehen. Diese Prozesse, die vor allem auch auf dem Wege der technischen Modernisierung in die alltägliche Lebensgestaltung und selbst in die Beziehungen zwischen den Geschlechtern vielfältig und tief eingreifen, bewirken Orientierungslosigkeit. Letztere wird, anders als in den Industrienationen, in ihrer Wirkung nur unzureichend durch soziale Sicherung und Rechtssicherheit, relativ stabile politische Systeme und Wahrung der Menschenrechte abgefedert. Nicht mehr in bezug auf westliche Fremdherrschaft soll der Islam *die Lösung* sein, sondern im Hinblick auf die eigene Verstrickung in Verwestlichung, die auch dort, wo westliche Technologie überreichlich angekauft werden kann, neue Formen menschlichen Zusammenlebens erfordert.

Unter diesen Voraussetzungen überrascht es nicht, daß während der siebziger Jahre auch in den erdölreichen Staaten Organisationen entstanden, die der Muslimbruderschaft ähnlich sind. In Kuwait besteht seit Ende der sechziger Jahre die *Gesellschaft für Reform und soziale Orientierung (Jamʿīyat al-iṣlāḥ wa-t-taujīh al-ijtimāʿī*, in der Regel kurz: *Jamʿīyat al-iṣlāḥ al-ijtimāʿī*). Reform heißt hier, wie die Zeitschrift der Gesellschaft, „al-Mujtamaʿ" zeigt, die Bewahrung islamischer Werte und die Islamisierung der Gesellschaft. Seit 1974 hat die Gesellschaft eine Zweigstelle in Dubai in den Vereinigten Arabischen Emiraten. Viele Muslimbrüder wirken in ihr mit, und speziell für die syrischen Muslimbrüder im Exil war die Zeitschrift „al-Mujtamaʿ" wichtiges Sprachrohr. Bei den Wahlen in Kuwait im Oktober 1992, als die Opposition dem Herrscher (nach dem irakischen Überfall auf Kuwait im August 1990) Wahlen und die Wiedereinsetzung des 1986 aufgelösten Parlaments abgetrotzt hatte, konnten die Kandidaten der Gesellschaft vier von insgesamt zehn Sitzen des „islamischen Blocks" erlangen.

Die Vorstellung, Islamisten könnten durch demokratische Wahlen legal an die Macht gelangen, bereitet seit den Wahlen in Algerien Ende Dezember 1991, bei denen der *FIS (Front Islamique du Salut, Jabhat al-inqādh al-islāmīya)* die Mehrheit erringen konnte, im Westen Alpträume – und für nicht wenige Muslime ist die westliche Genugtuung über die Machtergreifung der algerischen Armee, um die legale Machtübernahme der Islamisten zu verhindern, nur ein weiterer Beweis dafür, daß der Westen antiislamisch sei.[14] In Jordanien sind seit den Wahlen von 1989 Muslimbrüder mit 20 Sitzen nicht nur im Parlament, sondern bilden mit 11 weiteren islamistischen Abgeordneten einen islamischen Block, dessen Mitglieder auch im Kabinett zu finden sind. Im Jemen konnten Ende April 1993 in den ersten Wahlen nach der Vereinigung von 1990 die Islamisten des *Jemenitischen Blocks der Reform (at-Tajammuʿ al-yamanī li-l-iṣlāḥ)* nach der regierenden *Partei des Volkskongresses (Ḥizb al-muʾtamar ash-shaʿbī al-ʿāmm)* und vor der *Jemenitischen Sozialistischen Partei (al-Ḥizb al-ishtirākī al-yamanī)* mit zwischen 60 bis 70 von 301 Sitzen zur zweitstärksten Kraft werden. Daß man sich aufgrund dieses Wahlerfolgs im Jemen Sorgen macht, im Falle einer Regierungsbeteiligung der Islamisten könnten dem Land Abstriche bei der bitter notwendigen Entwicklungshilfe gemacht werden, zeigt nur, welche Wirkung in westlichen Medien und westlicher Politik dem Islam zugestanden wird, eine Wirkung, die sich nur noch als Islam-Hysterie bezeichnen läßt.[15]

Wahlerfolge von Muslimbrüdern und ähnlichen islamistischen Gruppierungen beruhen zunächst einmal darauf, daß sie in „islamischer" Sprache das ansprechen können, was die Menschen bewegt. Es sind ja nicht so sehr die extremistischen Gruppen, die zur Wahl antreten, sondern die islamischen Reformer, die in der Lage sind, Probleme und Belange heutiger Lebensgestaltung mit dem Islam in Verbindung zu setzen. Die Führung solcher Organisationen setzt sich überwiegend nicht aus Religionsgelehrten, sondern aus Vertretern moderner Berufe der städtischen Mittelschicht zusammen, deren konkrete Zielsetzungen sich sehr wohl mit denen unserer bürgerlichen Mittelschichten vergleichen lassen.[16] Außerdem können die islamistischen Gruppen mittels ihrer zum Teil sehr weitreichenden, vielfältigen und effektiven Organisationen konkret etwas für die Bevölkerung tun. Ihre umfangreichen sozialen Aktivitäten in solchen Bereichen, wo der Staat zu wenig, zu ineffektiv und oft von Bürokratie gebremst wirksam wird, wird nach wie vor im öffentlichen Meinungsbild des Westens übersehen.

Die Wahlerfolge islamistischer Gruppen sind auch Ausdruck eines Differenzierungsprozesses. Die Bemühungen verschiedener Regierungen um „Integration der Integristen"[17] hat im Zuge der allgemeinen Islamorientierung auch zur Differenzierung innerhalb des weitgefächerten Lagers der islamistischen Bewegungen beigetragen, für die das Stichwort „militanter Islam" nicht mehr ausreicht. Die Trennung zwischen Desperado-Islam und Islamisten, die unter Wahrung der Gültigkeit des Islams gestaltend in der Gesellschaft sinnvoll mitwirken wollen, ist deutlicher geworden. Pauschale Gleichsetzungen verbieten sich, wenn nach dem Ende des Ost-West-Konflikts die Tendenz zum „neuen Feindbild Islam" nicht verheerende Wirkung haben soll.

IX. Die mystischen Bruderschaften und der Volksislam

(F. De Jong)

1. Mystische Bruderschaften

Islamische mystische Bruderschaften (Derwisch- oder *ṣūfī*-Orden; arab. *ṭarīqa*, pl. *ṭuruq*) sind zu definieren als hierarchisch organisierte initiatorische Verbände, die auf einem mystischen Konzept des Islams beruhen.[1] Grundlegend für dieses Konzept ist die implizite oder explizite axiomatische Einstellung, daß der Mensch zu einem Stadium direkter Erkenntnis Gott oder einer Einheit mit Gott kommen kann. Dieses mystische Konzept des Islams findet seinen Ausdruck in zahlreichen Bruderschaften und strukturiert deren Lehre und religiöse Praxis.

An der Spitze der Hierarchie einer Bruderschaft steht der mystische Lehrer *(shaikh, murshid, pīr)*. Dieser rechtfertigt im allgemeinen seine Ansprüche als Lehrer und Leiter durch die Tatsache, daß er selber von einem mystischen Lehrer in eine bestimmte mystische Tradition eingeweiht und von ihm unterrichtet wurde und schließlich die Erlaubnis erhalten hat, seinerseits als Lehrer aufzutreten. Es ist für einen mystischen Lehrer notwendig, nachweisen zu können, daß er in einer möglichst ununterbrochenen Nachfolge mystischer Lehrer steht. Diese Kette mystischer Nachfolge soll möglichst auf den Propheten zurückführen, in dessen Lebensweise und Äußerungen, neben dem Koran, die verschiedenen Strömungen innerhalb der islamischen Mystik die letzte Rechtfertigung für einen Großteil ihrer Lehre und Praxis finden.

Das Maß der formellen Organisation mystischer Bruderschaften scheint eine Funktion des Umfangs des Mitgliederbestandes zu sein. Sie kann variieren von einem mystischen Lehrer mit einer kleinen örtlichen Gruppe von Anhängern, die nicht selten in einer Art von Klostergemeinschaft *(khānaqāh, tekke, zāwiya, dargāh)* und ohne formalisierte Funktionen zusammenwohnen, bis zu einer supranationalen hierarchischen Struktur mit allen Merkmalen einer bürokratischen Organisation. Gleiche Namen von Bruderschaften (die oft auf den mehr oder weniger fiktiven Gründer verweisen)[2] geben keine Sicherheit hinsichtlich der Identität ihrer theologischen Systeme, ihres Rituals und ihrer mystischen Methoden: Gruppen von Mystikern, die unter dem gleichen Namen auftreten, können, auch wenn sie in bezug auf Zeit und Ort nicht weit voneinander getrennt sind, aufgrund verschiedener mystischer Methoden praktizieren. Die Grundelemente sind für fast alle Bruderschaften gleich und enthalten das Rezitieren oder das Lesen von Gebetsformeln und Texten *(aurād, aḥzāb)*, liturgische Zusammenkünfte mit Gesang und Tanz *(ḥaḍra)*, allgemeine Lebensregeln – zugespitzt auf die Ethik der sozialen Interaktion *(ādāb)* – und manchmal Vorschriften in bezug auf periodische Fastenzeiten und Exerzitien *(khalwa)*.

In der westlichen Islamliteratur wurden und werden die mystischen Bruderschaften oft als Organisationsformen gesehen, die die primäre Funktion haben, bestimmte geistige Bedürfnisse zu befriedigen, denen die zentrale Tradition innerhalb des Islams nicht entgegenkommt. Eine derartige Deutung des Phänomens der mystischen Bruderschaften scheint allerdings aus einer ganz bestimmten philosophisch-anthropologischen Haltung in bezug auf die Existenz grundsätzlicher religiöser Bedürfnisse des Menschen zu stammen. Neuere Studien ergeben ein etwas anderes Bild von diesen Funktionen und der Bedeutung dieser Bruderschaften: Es hat sich gezeigt, daß diese in Vergangenheit und Gegenwart neben ihrer rein religiösen Funktion auch soziale und politische Funktionen haben. Die Beziehung dieser Gruppen und ihrer Führer, die bisweilen um weltliche Macht, Prestige und Besitz konkurrieren, scheint oft von entscheidendem Einfluß auf ihre historische Entwicklung gewesen zu sein.

Führer von mystischen Bruderschaften haben an verschiedenen Orten und zu verschiedenen Zeiten Positionen von großer Macht und großem Einfluß bekleidet, und in einigen Fällen haben sich durch mystische Bruderschaften kontrollierte Gebiete zu politischen Einheiten und sogar zu selbständigen Staaten entwickelt. Beispiele aus neuerer Zeit sind der Idrisidenstaat im ʿAsīr (1909–1928) und das Königreich Libyen (1951–1969), das aus der *Sanūsīya* entstanden ist.

Nur in einem einzigen Fall – dem der *Mevlevīye*[3] – verfügen wir über Unterlagen, aus denen sich ergibt, daß eine mystische Bruderschaft mit mehr als lokaler Bedeutung während einer Periode von einem Jahrhundert oder länger eine in gewissem Sinne zentralisierte Autorität gekannt hat. Eine andere mystische Gruppierung, bei der dies auf den ersten Blick der Fall zu sein scheint, ist die *Bektāshīye* (Bektaşiye).[4] Durch ihre organischen Beziehungen mit dem Korps der Janitscharen konnte diese Gruppierung im Osmanischen Reich sehr einflußreich werden, bis sie im Jahre 1826 zusammen mit dem erwähnten Korps aufgelöst wurde. Vor 1826 und erneut von der Mitte des 19. Jahrhunderts an stellen die Bektāshīs eine zentral geführte Organisation dar, die nach dem Ende des Osmanischen Reiches einen supranationalen Charakter bekam. Innerhalb dieser Gruppierung finden sich aber spezifische theologische Konzepte, die mit dem Dogma von der göttlichen Natur des ʿAlī ibn Abī Ṭālib (des Schwiegersohns des Propheten und vierten Kalifen gemäß der sunnitischen Lehre) verbunden sind. Diese Konzepte sowie die liturgische Praxis dieser Gruppe und ihre sowohl vom sunnitischen als auch vom schiitischen Islam stark abweichenden Auffassungen der islamischen Pflichtenlehre lassen es richtiger erscheinen, das Bektaschitum als eine besondere mystische Sekte oder sogar als eine selbständige Religion zu qualifizieren. Deshalb ist es auch nicht richtig, in dieser Gruppierung eine mit der Mevlevīye vergleichbare mystische Bruderschaft zu sehen.

Im allgemeinen scheinen die verschiedenen islamischen mystischen Bruderschaften ein sehr geringes Maß interner Kohäsion aufzuweisen. Hierzu muß das Fehlen der Autoritätsstrukturen – welches seinen Ursprung in dem unvermeidlichen Konflikt zwischen dem zu effizienter mystischer Führung notwendigen Charisma und der für die Kontinuität dieser Führung notwendigen Institutionalisierung findet – in erheblichem Maße beigetragen haben. Paradox ist die Erscheinung, daß schismatische Gruppierungen innerhalb einer mystischen Bruderschaft oft in der Region auftreten, in der diese Bruderschaft ihr Zentrum hat, während Abteilungen derselben Bruderschaft in den Randgebieten der Welt des Islams davon unberührt bleiben und oft mit diesem Zentrum intensive Kontakte pflegen. Die Erklärung für dieses Phänomen scheint darin zu liegen, daß eine Bruderschaft in dem Gebiet, wo sich ihr spirituelles Zentrum befindet, oft die größte Anhängerschaft hat, wobei eine Vergrößerung der Mitgliederzahl die Durchsetzung der persönlichen Autorität erschwert, und eine Delegation der (Führungs-)-Funktionen notwendig wird, wodurch (semi-)autonome Machtpositionen entstehen können, die in eine schismatische Bewegung ausmünden.

Ein Beispiel hierfür ist die *Saʿdīya*, eine Bruderschaft mit ihrem Zentrum in Damaskus, wo das spirituelle Oberhaupt residierte. In Syrien selbst hat sich diese Bruderschaft im Laufe des neunzehnten Jahrhunderts in zahlreiche autonome Sektionen gespalten, während sich zum Beispiel Abteilungen in Makedonien und Albanien weiterhin als der Autorität des ursprünglichen Zentrums in Damaskus untergeordnet betrachteten. Auch die Dokumente, in denen innerhalb dieser Abteilungen mystische Lehrbefugnisse übertragen wurden und durch die man bestimmte Führerschaftsfunktionen delegierte, wurden manchmal zur Beglaubigung oder zur Redaktion nach Damaskus geschickt.[5]

2. Volksislam

Der problematische Charakter des Ausdrucks „Volksislam" als soziologische Kategorie geht unter anderem aus den verschiedenen Bedeutungen hervor, in denen er sowohl in der populärwissenschaftlichen als auch in der Fachliteratur verwendet wird, und weist zur gleichen Zeit auf den noch sehr unterentwickelten Stand der religionssoziologisch orientierten Islamwissenschaft hin. In der Literatur wird der Begriff Volksislam in mindestens fünf unterschiedlichen Bedeutungen verwendet. Diese werden häufig in unzulässiger Weise nebeneinander bzw. im falschen Zusammenhang gebraucht. Es handelt sich um die folgenden:

(1.) regionale Varianten des Islams;
(2.) die Art und Weise, wie die breite, zum größten Teil analphabetische Masse den Islam versteht;
(3.) sich im Heiligenkult und in mystischen Bruderschaften manifestierende Formen von Frömmigkeit;
(4.) Ideen und Praktiken, die identisch mit der Mystik sind;
(5.) Aberglaube und Häresie.

In allen Fällen steht der Ausdruck Volksislam als Begriff für den nichtkanonischen Islam, also eine Form des Islams, die mehr oder weniger in Opposition zum „offiziellen" Islam steht und auch entsprechende negative Konnotationen hat.

In der Welt des Islams wird der Ausdruck Volksislam in der Regel nicht verwendet. Vielmehr werden die Phänomene, die in der europäischen Literatur so bezeichnet werden, unter die Kategorien *ʿādāt* und *taqālīd* (Gewohnheiten und Traditionen), *bidʿa* und *kufr* (ungesetzliche Erneuerung und Polytheismus) eingeordnet. Hierbei muß bemerkt werden, daß die beiden erstgenannten Begriffe ziemlich frei von Werturteilen sind und sich mehr oder weniger unter dem Ausdruck Volksbrauchtum erfassen lassen, während dies bei den beiden zuletzt genannten Ausdrücken nicht der Fall ist: Sie implizieren eine direkte Verurteilung der so bezeichneten Phänomene.

Der Unterschied zwischen Volksislam und Hochislam wird dadurch weiter kompliziert, daß es im Islam in bezug auf die als bidʿa und kufr zu qualifizierenden Phänomene nur ein relatives Maß an Konsensus gibt, wodurch man sich als Außenstehender bei jedem Versuch einer Klassifikation implizit fast immer für oder gegen ein bestimmtes Konzept des Islams ausspricht: Man stellt sich zwangsläufig entweder auf die Seite der Apologeten oder der Kritiker der jeweiligen Konzepte.

Ferner ist die Kategorie Volksislam auch deshalb problematisch, weil Beziehungen zu religiösen Institutionen wie dem *zār* und dem Heiligenkult (die in der westlichen Literatur meistens, und im allgemeinen zutreffend, als Manifestationen einer Volksreligion gesehen werden) bis zu einem gewissen Grade auch bei den gebildeten Schichten bestehen. Dies gilt auch für die formell ausgebildeten religiösen Spezialisten *(ʿulamāʾ)*, die gewöhnlich als Träger der zentralen Tradition des sunnitischen Islams gesehen werden, aber oft an der Heiligenverehrung und an der Magie teilnehmen und zu ihrer Kontinuität beitragen können.[6]

Trotzdem werden die Ideen und die Praktiken, um die es sich hier handelt – unabhängig davon, wie sie bezeichnet werden –, bei den gebildeten Schichten meistens als Manifestationen der Rückständigkeit und der Unterentwicklung angesehen, die deswegen lieber nicht studiert werden sollten, und schon gar nicht von westlichen Forschern, die, so meint man, mit der Veröffentlichung ihrer Forschungsergebnisse nur zur Verbreitung von „unrichtigen" Vorstellungen über den Islam beitrügen. Aufgrund dieser oder ähnlicher Überlegungen machen es die Behörden in den entsprechenden Ländern den Forschern, auch wenn es sich um Einheimische handelt, oft schwer oder unmöglich, Forschungen auf dem Gebiet des Volksislams zu betreiben.

In bezug auf die verschiedenen Ideen und Praktiken, die unter die vorher genannten Bedeutungen des Ausdrucks Volksislam fallen, wollen wir uns hier mehr oder weniger auf eine Behandlung von Ideen und Praktiken im Zusammenhang mit der islamischen Mystik beschränken. Dabei geht es um die Erscheinungsformen, die sich in den mystischen Bruderschaften manifestieren. Wir verzichten auf die Behandlung der Kategorien regionaler Varianten des Islams. Diese werden an anderer Stelle in diesem Band behandelt. Dabei machen Komplexität und Vielfalt dieses Gedankengutes und dieser Praktiken eine gewisse Simplifikation und Generalisierung im Rahmen des vorliegenden Beitrages unumgänglich.

Der Einfluß des mystischen Islams ist deutlich erkennbar in den gängigen Vorstellungen vom Wesen und vom Rang Muḥammads. Ihm wird eine Stellung zuerkannt, die über die im Glaubensbekenntnis genannte Eigenschaft des Propheten Gottes hinausgeht. Manchmal wird auf ihn mit dem Ausdruck *aṣl al-wujūd*, „Grund alles Seienden", verwiesen. Dies entspricht der Auffassung, daß alles Seiende mittels eines stufenweise verlaufenden Prozesses aus dem Licht des Propheten *(an-nūr al-muḥammadī)*, das in der ersten Schöpfungstat durch Gott selber von seinem Licht abgetrennt wurde, geschaffen worden ist. Dieser weitverbreitete Glaube an die Präexistenz Muḥammads[7] findet seinen literarischen Ausdruck unter anderem in den unzähligen *maulids*. Es sind dies Berichte in Gedichtform über die Geschehnisse vor, während und kurz nach der Geburt des Propheten, die bei verschiedenen festlichen Anlässen (vor allem beim *maulid an-nabī* und beim *miʿrāj*) sowie bei liturgischen Zusammenkünften rezitiert werden.[8] Daneben lebt die weitverbreitete Auffassung von Muḥammad als dem Erlöser und Vermittler aller Gnaden, der bei Gott im Himmel für seine Gemeinde eintritt und dessen Geist auf wunderbare Weise beim liturgischen Ritual der Bruderschaften *(ḥaḍra)* und beim Lesen bestimmter Stellen aus den maulids anwesend ist.[9]

Für die breite Masse aber scheinen die Heiligen im alltäglichen Leben von größerer Wichtigkeit als der Prophet zu sein. Es sind lokale oder regionale Heilige, die man anruft, um die herum sich ein wichtiger Teil des religiösen Lebens konzentriert und die man sich neben Muḥammad als ethische Vorbilder wählt.[10] Auch muß auf die weitverbreiteten, mehr oder weniger explizit monistischen bzw. pantheistischen Konzepte Gottes hingewiesen werden, die sich in Versuchen manifestieren, Gott durch die Buchstabenformen des arabischen Alphabets oder mittels Berechnungen aufgrund des Ziffernwertes von Buchstaben zu deuten.[11] Außerdem werden den Buchstaben des arabisch-persischen Alphabets, einzeln oder in Kombination, besondere Kräfte beigemessen. Dies erklärt zum Teil den weitverbreiteten Gebrauch geschriebener Texte in der Magie, unter anderem auf oder als Teil von Amuletten und Talismanen. Hiermit haben wir auf zwei weitverbreitete Komplexe von Ideen und Praktiken hingewiesen, die von der Mystik getragen werden bzw. mit ihr verknüpft sind und die mehr oder weniger mit einem System kosmologischer Konzepte zusammenhängen.[12]

Auf diese beiden Komplexe richtet der nichtmystische Islam seine hauptsächliche Kritik.

3. Magie und Verwandtes

Das Problem, einen adäquaten Unterschied zwischen Religion und Magie zu machen, ist in der anthropologischen/ethnographischen Literatur schon viele Male zur Diskussion gestellt worden. Auch im Islam ist es problematisch, diesen Unterschied zu machen. Im Rahmen des vorliegenden Kapitels scheint es uns nicht angebracht, einen Beitrag zur Lösung dieses Problems leisten zu wollen. Deswegen beschränken wir uns nach dem Vorbild von Kriss[13] auf den Hinweis, daß Religion und Magie sich im Islam überschneiden: Man trifft Magie als Teil der Religion an, während Teile der Religion mit der Magie verknüpft sind. Wir werden uns auf eine Darlegung der Phänomene beschränken, die sich im allgemeinen als Magie klassifizieren lassen.

In bezug auf die Formen der Magie wird im Islam ein Unterschied zwischen erlaubter *(ruqya)* und unerlaubter Magie *(siḥr)* gemacht. Letztere wird ausgeübt von (und als bekannt vorausgesetzt bei) einigen Spezialisten, obschon es in dieser Hinsicht implizite und explizite Verbote im Koran und in der Tradition gibt. Die unerlaubte Magie soll es möglich machen, Menschen Schaden zuzufügen und Macht zu erteilen über Leben und Tod. Die Kenntnis dieser Form der Magie soll seit (und durch) Salomo ununterbrochen bis auf die Zauberer unserer Tage übertragen worden sein, während sie nach einer anderen Version von Hārūt und Mārūt und vom Teufel stammt, die die Zauberer in dieser Geheimwissenschaft unterrichtet haben sollen.[14] Zur Ausübung der erlaubten Magie wird unter anderem das Schreiben von Amuletten gerechnet *(ḥijāb*, pl. *aḥjiba)*, so lange sich hierin kein *shirk* (Beigesellung, Götzendienst) manifestiert oder ein Fall von *daʿwa* (hier: Invokation zum Schutz und/oder Exorzismus mittels der Verwendung von rezitierten oder geschriebenen Texten oder Gebeten) vorliegt. Muḥammad selber soll die Verwendung von bestimmten Formeln gegen den bösen Blick empfohlen haben.[15] Trotzdem wird dies von vielen abgelehnt, weil es shirk sei oder weil es im Widerspruch zu der Forderung nach Gottvertrauen *(tawakkul)* stehe.

Viele Amulette sind primär dafür gedacht, Schutz gegen das böse Auge *(al-ʿain, an-naẓra, al-ḥasad)*, die *jinn* und die *ʿafārīt* zu bieten. Für den weitverbreiteten Glauben an die Existenz der erstgenannten geheimnisvollen Kraft des Bösen wird sowohl im Koran wie in den prophetischen Traditionen *(ḥadīth)*[16] eine Grundlage gefunden. Dies gilt ebenfalls für die jinn. Diese werden meist als luftige Wesen mit durchsichtigen Körpern beschrieben, die verschiedene Gestalten annehmen können, aus Feuer erschaffen sind und Zwischenwesen zwischen Menschen und Engeln darstellen.[17] Der Glaube an die Existenz der ʿafārīt[18] dagegen ist vom Koran und vom Hadith her schwer zu rechtfertigen und befindet sich nicht in Übereinstimmung mit den meisten gängigen Konzepten über das Schicksal der Geister der Verstorbenen zwischen Tod und Auferstehung. Bei dieser Kategorie handelt es sich namentlich um böse Geister, die aus dem Blut eines Menschen geschaffen wurden, der eines gewaltsamen Todes gestorben ist, das heißt also Totengeister. Daneben gibt es einen weitverbreiteten Glauben, vor allem im Niltal, daß jeder Mensch von Geburt an ein Duplikat in der Welt des Unsichtbaren *(ʿālam al-ghaib)* hat. Dieser Zwillingsbruder *(qarīn)* oder diese Zwillingsschwester *(qarīna)* kann, zum Beispiel aus Eifersucht, das Leben seines Bruders oder seiner Schwester in der Welt des Diesseits erschweren.[19] Vor all diesen drohenden, potentiell bösartigen und also gefährlichen Kräften schützt man sich unter anderem, indem man Amulette trägt, auf denen bestimmte Verse des Korans, Teile prophetischer Traditionen, bestimmte Gebete oder magische Formeln und Zeichen – manchmal in bestimmten Mustern und mit anderen Substanzen als normaler Tinte – geschrieben sind. Zu diesen magischen Formeln und Zeichen gehören unter anderem die „sieben Siegel Salomos", die sogenannten „Ringbuchstaben" sowie Kombinationen der sieben Buchstaben des arabischen Alphabets, die nicht im ersten Kapitel des Korans vorkommen.[20] Diese sieben Buchstaben weisen auf die sieben Könige der jinn und weiter auf ein kosmologisches System hin, das hier nicht weiter erörtert werden kann und auch nicht erläutert zu werden braucht, weil dessen Kenntnis kein Gemeingut ist und einigen Spezialisten vorbehalten bleibt.[21]

Diese Spezialisten finden sich zum Teil unter den Mitgliedern und Führern mystischer Bruderschaften, die im allgemeinen als besonders sachverständig für das Schreiben von Amuletten angesehen werden, zumal die Überzeugung besteht, daß sie in die Geheimnisse der jinn eingeweiht sind, sie sehen und sogar einen jinn als Diener haben können. Manchmal wird von einem derartigen Spezialisten sogar behauptet, daß er einen jinn als *shaikh* gehabt habe und von diesem in eine mystische Bruderschaft initiiert worden sei.[22] Daneben befassen sich diese Spezialisten mit Wahrsagerei und Divination. Je nach den verwendeten Techniken wird dabei meistens ein Unterschied gemacht zwischen *istikhāra, ḍarb ar-raml, fatḥ al-kitāb* und *ḍarb al-mandal,*[23] während die Vermischung von magischen Praktiken und volksmedizinischen Kenntnissen dazu führt, daß sie sich auch oft mit Praktiken der Vermittlung durch ein Medium beschäftigen. Dies läßt sich in erheblichem Maße von dem Glauben her erklären, daß viele Krankheiten und Leiden von den jinn verursacht werden. Außerdem steht dahinter die gängige Überzeugung, daß die Heiligkeit des koranischen Arabisch auf die Tinte (oder eine andere Substanz) übergeht, mit der die Korantexte oder die Formeln in arabischen Buchstaben geschrieben werden. Gelöst in Wasser wird diese Tinte als Medizin getrunken in der Annahme, daß dies zur Heilung führen oder beitragen werde.

Um sich gegen die bösen Kräfte eines jinn o. ä. zu schützen, ist man nicht ausschließlich auf die Dienste der bereits erwähnten Spezialisten in Magie und Volksmedizin (die oft mit Bruderschaften verbunden sind) angewiesen. Man kann sich auch selber zu helfen versuchen, und das ist es, was man in den meisten Fällen zunächst auch tun wird: Namentlich geschieht dies durch die Verwendung von Amuletten (darunter die „Hand der Fāṭima" und blaue Glasperlen in der Form eines Auges), die fertig gekauft werden können, und von Stoffen (unter anderem Salz, Eisen und Stahl), von denen bekannt ist, daß sie „das Auge brechen" und jinn abschrecken. Dasselbe Ziel wird angestrebt, wenn Blutopfer gebracht werden: Ein Tier wird geschlachtet (meistens im Kontext eines umfangreichen Rituals), und das ausströmende Blut wird an Stellen (Haus, Grab, Getreidelager) angebracht, die man gegen jinn (oder ʿafārīt) zu schützen oder aus denen man jinn zu vertreiben wünscht.[24] In Vergangenheit und Gegenwart sind diese vor allem auf dem Lande weitverbreiteten Blutopfer[25] meist von denjenigen als potentielle Quelle des shirk verurteilt worden, die sich zu Verteidigern des wahren Islams aufwerfen, und zwar deshalb, weil dieses Opfer als ein Opfer an den jinn aufgefaßt werden kann.

Die zentrale Stellung des jinn-Glaubens im allgemeinen ist von Zbinden zutreffend charakterisiert worden als die „via regia, auf der das ganze Wesen der orientalischen Magie und Divination im Verein mit dem ganzen Volksaberglauben in der mohammedanischen Religion eine Heimstätte gefunden hat".[26] Die zahlreichen Volkserzählungen, in denen jinn eine Rolle spielen, die vielen im Druck erschienenen Abhandlungen über jinn und auch die vielen Seiten, die in den meisten der gängigen Magie-Handbücher auf die Identifikation, Klassifikation, Neutralisierung oder sonstige Beeinflussung der jinn verwendet werden, beweisen die Richtigkeit dieser These.[27]

Eine besondere Form der Beschwörung der jinn findet im *zār*-Kultus statt, der in Äthiopien, Eritrea, Dschibuti, Somalia, auf der Arabischen Halbinsel, in Süd- und Südwestpersien, Ägypten und dem Sudan verbreitet ist. Bei diesem Kultus, der in verschiedenen Veröffentlichungen detailliert beschrieben worden ist,[28] handelt es sich um einen oder mehrere jinn, die zār-Geister, von denen man glaubt, daß sie den Körper eines Menschen als Wohnort gewählt haben und diesen Menschen krank machen. Es geht nun darum, den oder die jinn zu beruhigen und dazu zu bewegen, daß der Mensch, in dem sie wohnen, nicht mehr belästigt wird. Art und Zahl dieser jinn werden festgestellt von einer Person, von der man annimmt, daß sie über die erforderlichen Kenntnisse verfügt und auch selber mit dem oder den entsprechenden jinn Kontakt aufnehmen kann.

Eine derartige Person ist meistens eine Frau, die zur gleichen Zeit Führerin *(kūdiya)* einer zār-Gruppe ist, welche aus Sängern, Musikern und gelegentlich aus weiteren Mitwirkenden besteht. Im Einklang mit den Forderungen und Instruktionen des oder der jinn werden zunächst die Einzelheiten für das Ritual – vor allem in bezug auf die Kleidung, die vom „Patienten" getragen werden soll, und die Art und die Zahl der Tiere, die geopfert werden sollen – festgelegt. Der wichtigste Teil des Rituals ist ein ekstatischer, meistens gemeinsamer Tanz mit dem Patienten als Mittelpunkt. Diese zār-Sessionen können bei dem Patienten zu Hause oder in speziell hierfür eingerichteten Räumen in Privathäusern, wo regelmäßig Sessionen ein und derselben zār-Gruppe abgehalten werden, stattfinden. An der Organisation dieser zār-Sessionen, an denen sich oft ausschließlich Frauen beteiligen, die aber auch gemischt sein können, sind häufig lokale

Führer mystischer Bruderschaften beteiligt, die eine regulierende, koordinierende und/oder allgemein organisierende Rolle erfüllen.

Trotz der vielfachen Kritik, die seit den achtziger Jahren des 19. Jahrhunderts am zār als einer Manifestation des shirk und als überhaupt unislamisch geübt worden ist, hat dieser nichts an Bedeutung eingebüßt. Besonders nach dem arabisch-israelischen Krieg von 1967 scheint in Kairo eine Zunahme der zār-Sessionen stattgefunden zu haben. Sie wurden zu festgelegten Zeiten und in Räumen abgehalten, die dazu eigens hergerichtet waren. Es war notwendig, hierfür die Erlaubnis der Verwaltung einzuholen, die wahrscheinlich damit beabsichtigte, diese Entwicklung unter Kontrolle zu halten und, wenn möglich, einzudämmen. Es kommt oft vor – vor allem auf dem Lande –, daß zār-Sessionen in Heiligengräbern abgehalten werden, obwohl dies verboten ist. Dies kann zum Beispiel gemäß den Instruktionen des jinn geschehen, der beruhigt werden muß. Vielfach jedoch scheint dies in der Hoffnung und Erwartung zu geschehen, daß die mysteriöse heilsame Kraft *(baraka)* des Heiligen auf den Patienten übergehen und zugleich den jinn beruhigen werde. Nahezu überall in der islamischen Welt begegnet man Heiligengräbern, wovon eine Anzahl eine überregionale, ja sogar übernationale Bedeutung als Pilgerzentrum hat. Die Leistung mehrerer Pilgerfahrten *(ziyāra*, pl.: *ziyārāt)* zu einem der Gräber dieser Kategorie wird manchmal als der Leistung einer Pilgerfahrt *(ḥajj)* nach Mekka gleichwertig angesehen,[29] und im allgemeinen weisen bestimmte Elemente des ziyāra-Rituals eine gewisse Übereinstimmung mit dem ḥajj auf.[30] Daneben kennt man auch lebende Heilige, deren Ruf auf die Vollbringung von Wundern *(karāmāt)* gegründet ist und die meistens (lokale) Führer einer mystischen Bruderschaft sind. Es sind diese Wunder, die zur Kanonisierung führen. Weder findet dazu vorher eine formelle Prozedur statt, noch gibt es allgemein akzeptierte Kriterien für die endgültige Zuerkennung des Status eines Heiligen. Dieser kann aber auch wieder verlorengehen, wenn sich keine Wunder mehr einstellen.[31] In bezug auf die baraka eines Heiligen – dies kann auch eine Frau sein, obwohl es seltener vorkommt – ist man überzeugt, daß sie in gewissem Maße vererbt wird, d. h. daß sie auf die biologische oder spirituelle Nachkommenschaft übergeht. Außerdem glaubt man, daß ein Teil dieser baraka mehr oder weniger ständig auf andere Personen oder Gegenstände übergehen kann.[32] Der Wunsch oder die Erwartung, eines Teils dieser baraka teilhaftig zu werden, ist wohl eines der wichtigsten Motive für den Besuch eines Heiligengrabes. Darin liegt auch die Motivation, Orte (Bergspitzen, Grotten, Bäume, Quellen) aufzusuchen, die mit Heiligen in Verbindung gebracht werden. Daneben werden Heiligengräber mit dem Ziel besucht, den Schutz des Heiligen anzurufen und ihn um Hilfe oder Schlichtung bei der Lösung von Problemen verschiedener Art zu bitten.

Baraka wird auch allem zugeschrieben, was sich kürzere oder längere Zeit am Grab befunden hat, wie etwa der Tuchbedeckung über dem Grab *(kiswa)*. Diese wird in vielen Fällen jährlich während der Festlichkeiten anläßlich des Geburtstages des Heiligen *(maulid, mausim, ʿurs, ḥaulīya)* erneuert. Stückchen der alten Bedeckung werden bei dieser Gelegenheit häufig unter die Anwesenden verteilt, die diese Stückchen anschließend als Amulett verwenden. Letzteres geschieht bisweilen auch mit Staub, der beim Grab gesammelt wird, und mit der Erde um das Grab.[33] Diesem Staub und dieser Erde, wie auch anderen Sachen (z. B. Olivenöl, das man einige Zeit am Grab hinstellt) schreibt man gleichfalls baraka zu, und diese werden deshalb oft in der Magie und in der Volksmedizin verwendet. Bei letzterer spielen die Heiligen(-gräber) auch deshalb eine Rolle, weil man durch Übertragung von oder Kontakt mit der baraka Schutz gegen – oder Heilung von – Krankheiten erwartet. Neben einer Kategorie von Heiligen(-gräbern), die aufgesucht werden in der Hoffnung auf Heilung von Krankheiten im allgemeinen, wird eine andere Kategorie von Heiligen aufgrund des Rufes besucht, den sie für erwiesene Heilung von ganz bestimmten Krankheiten oder Gebrechen (darunter Unfruchtbarkeit) erworben haben.[34]

Bei den maulids wie bei der Verwaltung der Heiligengräber spielen die Bruderschaften eine wichtige Rolle. Dies kann sich aus der Tatsache ergeben, daß der Heilige selber – wie es oft der Fall ist – eine Bruderschaft gegründet oder einer solchen angehört hat, oder es resultiert daraus, daß das Grab von jemandem verwaltet wird, der einer bestimmten Bruderschaft angehört. Von einer großen Anzahl von Heiligengräbern ist bekannt, daß der betreffende Heilige in Wirklichkeit irgendwo anders begraben liegt. In diesen Fällen handelt es sich um ein Grab, das an einer Stelle errichtet wurde, wo der Heilige sich irgendwann einmal auf wunderbare Weise manifestiert hat,[35] oder das errichtet wurde, nachdem jemand in einem Traum oder in einer Erscheinung des Heiligen hierzu den Auftrag erhielt. Bei Heiligengräbern beider Kategorien trifft man oft eine breite Skala von frommen Gaben *(ṣadaqāt)* und Votivgaben *(nadhr*, pl. *nudhūr)* an, die von Eßwaren bis zu Gegenständen zur Verschönerung des Grabes reichen.[36] In einigen Fällen weist die Art der Geschenke – wie Schiffsmodelle, die man bei Gräbern in Ägypten antreffen kann – auf den Fortbestand von Restelementen religiöser Gebräuche aus vorislamischen Zeiten hin. Soziologisch interessant ist das Phänomen, daß der Komplex der Heiligenverehrung eine Anzahl soziologischer Kontexte strukturiert, an denen sich Männer und Frauen in gleicher Weise und gleichzeitig beteiligen können.[37]

Soweit die Wunder der Heiligen nicht als das Ergebnis göttlicher Gnade aufgefaßt werden, sondern als die Manifestierung wunderwirkender Kräfte des Heiligen selber, soweit Kontakt mit seiner baraka nicht als Mittel zu indirekter Kommunikation mit Gott gesucht wird, sondern als Ziel an sich, und auch soweit Votiv und fromme Gaben, einschließlich des Opferns von Tieren, als für den Heiligen bestimmt oder als Ehrung des Heiligen und nicht für Gott aufgefaßt werden, wird die Heiligenverehrung vom Gesichtspunkt des orthodoxen Islams her als shirk verurteilt.

Im Zusammenhang mit dem Glauben an die Fähigkeit der Heiligen, auf wunderbare Weise bei Gott zugunsten eines Gläubigen zu intervenieren oder selbständig in der Welt tätig zu sein, gibt es auch den Glauben an eine Hierarchie der Heiligen in der Welt des Verborgenen. An der Spitze der

Hierarchie steht der *quṭb*, um den herum das Universum evolviert. Diese Heiligen sollen ein inneres Konzil *(dīwān bāṭinī)* in der Welt des Verborgenen bilden, durch das sich Gott in der Welt aktualisieren soll. Diese Konzepte findet man in einer Reihe von mystischen Traktaten mit vielen Einzelheiten dargestellt.[38]

Außerhalb der Zeit der maulids treten die Bruderschaften in einer Anzahl von Ländern (unter anderem in Ägypten, im Sudan, in Syrien) bei den verschiedenen allgemeinen muslimischen Feier- und Gedenktagen und in den Nächten des Monats *Ramaḍān* an die Öffentlichkeit. Bei diesen Gelegenheiten veranstaltet man eine Prozession *(maukib)* der Bruderschaften und unter Umständen auch öffentliche liturgische Zusammenkünfte *(ḥaḍra/dhikr)*.

In der arabischen Welt zeigen sich die Bruderschaften seit eh und je in Prozessionen anläßlich der Beschneidung und der Bestattung in der Öffentlichkeit. Bei diesen Gelegenheiten bezahlt man Mitglieder der Bruderschaften dafür, daß sie sich mit Fahnen und Musikinstrumenten an Beschneidungsprozessionen beteiligen, um diese feierlicher zu gestalten. Bei Begräbnisprozessionen treten sie nur mit Fahnen auf. Durch die Rezitation von Gebeten während der Prozession und durch das Abhalten eines dhikr am Grabe des Toten sollen sie die Qual des Begrabenseins und die endgültige Trennung von Körper und Seele erleichtern. In Ägypten ist es auf dem Lande ferner üblich, einem Toten ein Exemplar des Korans und manchmal auch noch andere Gegenstände mit ins Grab zu geben und auch das Tuch, in das die Leiche eingewickelt worden ist, mit Koranversen zu beschreiben, und zwar vor allem mit *sūrat al-kahf* und *sūrat yāsīn*,[39] obwohl diese Gebräuche von der orthodoxen Tradition her verurteilt werden. Auf Wunsch der Hinterbliebenen wird manchmal am Ende der Trauerzeit, am vierzigsten Tage nach dem Ableben, am Grab ein dhikr abgehalten.

4. Die mystischen Bruderschaften im heutigen Islam

In den letzten Jahrzehnten sind überall in der islamischen Welt die mystischen Bruderschaften mehr und mehr aus der Öffentlichkeit verschwunden, und auch ihre Teilnahme an Übergangsriten ist selten geworden. Eine Anzahl mystischer Bruderschaften hat sogar ganz aufgehört zu existieren, und obwohl auch neue Bruderschaften aufgetreten sind, ist seit der Periode zwischen den zwei Weltkriegen von einem Verfall der organisierten islamischen Mystik die Rede. Im allgemeinen scheint es gerechtfertigt, diesen Verfall in erster Linie dem Säkularisierungsprozeß zuzuschreiben, und zwar als Ergebnis von – und zusammenhängend mit – Prozessen sozialer und wirtschaftlicher Entwicklung, die sich zum Teil unter dem Einfluß des Westens vollzogen haben. Dies hat sich in einer wachsenden Autonomie der verschiedenen Lebenssphären, der Kunst und der Wissenschaft, der Politik und der Wirtschaft, der Moralität und der Religion manifestiert – wobei Religion als solche eine Änderung erfuhr, und zwar von „gelebter Religion“

zu „gewollter Religion".[40] Daneben dürften auch die Kritik und die Aktivitäten der nicht- oder antimystischen Strömungen innerhalb des Islams von Bedeutung für den Verfall der organisierten Mystik gewesen sein.

Seit dem Ende des vorigen Jahrhunderts ist die islamische Mystik vor allem Angriffen seitens reformistisch gesinnter, entweder traditionalistisch oder modernistisch orientierter Personen und Organisationen ausgesetzt gewesen. Indem sie den sunnitischen nichtmystischen Islam so darstellten, als befinde er sich optimal in Übereinstimmung mit der menschlichen Natur, und indem sie einen gewissen Nachdruck auf den logischen Charakter dieser Religion legten, bildeten die Ablehnung mystischer Konzepte des Islams und die hiergegen geführte Opposition ein notwendiges Korrelat.

Außer diesem islamischen antimystischen Aktivismus haben sich noch einige laizistische Strömungen gegen die islamische Mystik gewendet, und zwar aufgrund eines von ihnen behaupteten kausalen Zusammenhangs zwischen Unterentwicklung und mystischen Konzepten des Islams – vor allem dort, wo diese die oben behandelten Komplexe der Magie und der Heiligenverehrung bestimmen. Weil sich diese Konzepte am deutlichsten in den mystischen Bruderschaften manifestieren, werden diese als Hindernisse auf dem Wege einer sozial-wirtschaftlichen Entwicklung angesehen. Unter anderem während des kommunistischen Regimes in Albanien und im ehemaligen Jugoslawien[41] sowie in Tunesien und in der Türkei haben diese und ähnliche Gedanken im Zusammenhang mit den in diesen Ländern jeweils gegebenen politischen Ideologien zu einem allgemeinen, obwohl nicht immer und überall gleich eingehaltenen, gesetzlichen Verbot geführt. In einigen islamischen Ländern, so u. a. in Syrien und Südjemen, ist auf indirekte und vielleicht nicht einmal beabsichtigte Weise der Existenz bzw. der bedeutenden sozialen Rolle der Bruderschaften ein Ende gemacht worden. Dies geschah dadurch, daß die frommen Stiftungen *(auqāf)* saniert oder aufgelöst wurden, wodurch die Einnahmen der Bruderschaften erheblich reduziert wurden und die Autoritätspositionen innerhalb dieser Organisationen viel von ihrer finanziellen Basis verloren. Nichtsdestoweniger gibt es nur wenige Regionen sowohl in der islamischen Welt[42] als auch in den nichtislamischen Ländern mit einer muslimischen Minderheit,[43] in denen keine Anhänger mystischer Konzepte des Islams im Kontext einer mystischen Bruderschaft tätig wären. Auch in den Ländern, in denen das Abhalten mystischer liturgischer Zusammenkünfte ausdrücklich verboten ist und wo mystische Bruderschaften als Organisationsform nicht auftreten dürfen, lebt der mystische Islam in der Form solcher Bruderschaften weiter, und es werden mehr oder weniger geheime Zusammenkünfte abgehalten.

Die Vitalität der mystischen Bruderschaften, auch in einer Situation der Verfolgung und Unterdrückung, wird u. a. deutlich aus dem, was über die Kontinuität der Bruderschaften während der kommunistischen Herrschaft in Zentralasien, im Kaukasus und in Kasan jüngst bekannt geworden ist. Hier haben sich große Orden wie die *Naqshbandīya* und die *Qādirīya* behauptet – trotz atheistischer Propaganda und vieler Maßnahmen, die das Ziel hatten, die Bruderschaften zu vernichten.[44] Im Zusammenhang mit den

Re-Islamisierungsbewegungen in den genannten Gebieten scheint jetzt auch ein Wiederaufleben des mystischen Islams stattzufinden. In einigen Ländern, wie z. B. im Sudan, kann man neben direkter und weniger planmäßiger Intervention der Behörden in einzelnen Fällen auch deren Versuche beobachten, zu einer zentralisierten, von ihnen direkt oder indirekt kontrollierten Organisationsform der mystischen Bruderschaften zu gelangen. Diese Versuche scheinen auch dem Wunsch und der Notwendigkeit zu entspringen, sich die Unterstützung der Massen mittels der Stimulierung und Privilegierung von Organisationen zu sichern, die auf bei dieser Masse weitverbreitete Konzepte des Islams gegründet sind und die einen wichtigen Teil dieser Massen als Anhänger haben.

5. Der Sonderfall Ägypten

Einem der frühesten Versuche seitens der Behörden eines islamischen Landes, zu einer zentralisierten Kontrolle mystischer Bruderschaften zu gelangen, begegnen wir im osmanischen Ägypten am Anfang des neunzehnten Jahrhunderts. In den folgenden Jahrzehnten entwickelte sich ein in der islamischen Welt einzigartiger organisatorischer Rahmen. Sein wichtigstes strukturelles Merkmal war eine Zweiteilung in vom Staat offiziell anerkannte und nicht offiziell anerkannte Bruderschaften. Weiter wurde dieser Rahmen durch zwei Verordnungen bestimmt, die seit 1903 beziehungsweise von 1905 bis 1976 in Kraft gewesen sind. Obiges hat auch in den in neuerer Zeit erfolgten Reformen der Verwaltung und der Verwaltungspraxis der mystischen Bruderschaften in diesem Lande weitergewirkt.

Diese Reformen haben den juristischen Rahmen eines Gesetzes gebildet, das im September 1976 vom ägyptischen Parlament genehmigt wurde. Im Januar 1978 wurde als präsidentielles Dekret eine ergänzende „Verwaltungsordnung“ erlassen. Damit ist die Bedeutung des mystischen Islams innerhalb des organisatorischen Rahmens dieser Bruderschaften betont worden. Bereits in den fünfziger Jahren war die organisierte Mystik in Ägypten in erheblichem Umfang aufgelebt. Unter den Auspizien des *ṣūfī*-Rates wurden Kolloquien über die Mystik organisiert, wurde eine Zeitschrift gegründet („al-Islām wa-t-taṣawwuf“) und wurden verschiedene neue Bruderschaften anerkannt. Die Mitgliederzahl der Bruderschaften nahm generell zu. Bei dem erwähnten ṣūfī-Rat handelte es sich um eine zentrale, koordinierende Instanz, die aus einem permanenten Vorsitzenden und vier für die Dauer von vier Jahren amtierenden Mitgliedern bestand. Dieses Gremium wurde aus der Mitte der Leiter der anerkannten Bruderschaften gewählt und hatte Entscheidungsbefugnisse für die meisten der die Bruderschaften betreffenden Angelegenheiten.

Ferner erhielt die organisierte Mystik eine prominente Rolle anläßlich der verschiedenen religiösen Festlichkeiten. Auch wurden mehr *maulids* abgehalten; diese Festlichkeiten fanden sogar in größerem Umfang als in den Jahrzehnten vor der Revolution statt. An der Organisation der maulids war fast immer die „Arabische Sozialistische Union" beteiligt, und bei dieser Gelegenheit wurde zugleich Propaganda für das Regime mittels Pamphleten, Transparenten und politischer Ansprachen gemacht. Auch dienten die Bruderschaften und der Dachverband ihrer Organisation in zunehmendem Maße als Kanäle für die Verbreitung von politischer und ideologischer Propaganda. Die Arabische Sozialistische Union trat auch auf andere Weise verstärkt in Erscheinung: So wurde es zum Beispiel bei der Ernennung für eines der Ämter innerhalb der Hierarchie der offiziell anerkannten Bruderschaften notwendig, ein Führungszeugnis vorzulegen, das von einem Mitglied des örtlichen Ausschusses der Partei unterschrieben war. Auch wurden die Bruderschaften dazu verpflichtet, einen Antrag auf Anerkennung beim Ministerium für Religionsangelegenheiten *(Wizārat al-auqāf)* zu stellen, und in einigen Fällen mischten sich die Behörden in Ernennungsprozeduren von Leitern der Bruderschaften ein.[45] Zweifelsohne wurde diese aktive Einmischung des Regimes einerseits von dem Wunsch bestimmt, die Entstehung oder den Fortbestand unkontrollierter Machtkonzentration unmöglich zu machen, und andererseits davon, die weitverbreiteten mystischen Bruderschaften an sich zu binden. Eine offizielle Schätzung nimmt an, daß deren Mitgliederzahl am Anfang der siebziger Jahre drei Millionen betrug.[46] Diese Popularität hat ihre Wurzeln in einer traditionellen, einzigartigen Form des Islam-Erlebens, und der Regierung war daran gelegen, die Institutionen zu kontrollieren, in denen dieses Erleben zum Ausdruck kommt. Die zunehmende Einmischung der Behörden, einschließlich der Arabischen Sozialistischen Union, in die Angelegenheiten der Bruderschaften hat jedoch eine – wohl unerwartete – Nebenwirkung gehabt, nämlich ein Wachstum derjenigen Bruderschaften, die offiziell nicht anerkannt worden waren, sowie die Entstehung einiger neuer nicht anerkannter Bruderschaften.

6. Die neue Gesetzgebung

Auffällig an dem oben erwähnten neuen Gesetz des Jahres 1976 ist, daß der aus vier Mitgliedern und einem Vorsitzenden bestehende *ṣūfī*-Rat durch einen Ausschuß ersetzt wird, der aus 15 Mitgliedern besteht. Diesem Ausschuß sollen vier Vertreter verschiedener Ministerien (darunter ein Vertreter des Ministeriums für Religionsangelegenheiten) und ein vom Rektor der *Azhar*-Universität ernannter Vertreter angehören.

Ferner gehören dem Ausschuß zehn Mitglieder an, die Leiter einer offiziell anerkannten Bruderschaft sind. Diese Erweiterung gegenüber dem früheren ṣūfī-Rat dürfte die Folge der neuerlichen Zunahme der Zahl offiziell anerkannter Bruderschaften sein, die jetzt (1994) 67 beträgt.[47] Die Aufnahme von fünf „externen" Mitgliedern, die nahezu die gleichen Befugnisse haben wie die Obrigen, impliziert tatsächlich eine Minderung der Autonomie der offiziell anerkannten organisierten Mystik. Gleichzeitig jedoch bedeutet die neue Zusammensetzung des Rates einen Schritt auf dem Wege der Integration der Organisation der Bruderschaften und der Azhar im Zusammenhang mit der Organisation des Ministeriums für Religionsangelegenheiten. Da die organisatorischen Aspekte des Islams in Ägypten in erheblichem Maße, direkt oder indirekt, von Organisationen bestimmt werden, die Teile dieser beiden Institutionen sind, könnte der ṣūfī-Rat in seiner neuen Form bewirken, daß die Bedeutung der Bruderschaften für die Art und Weise, wie sich der Islam in Ägypten manifestiert, zunehmen wird. Daneben beinhalten das Gesetz und die Verwaltungsordnung von 1978 noch verschiedene Artikel, die auf eine Minderung der Autonomie der Leiter der Bruderschaften hinauslaufen. So sollen sie unter anderem sämtliche Einkünfte in Geld oder Naturalien dem ṣūfī-Rat melden und werden verpflichtet, jährlich über das Tun und Lassen der von ihnen geleiteten Bruderschaft zu berichten. Auch wird der ṣūfī-Rat eine jährliche Kontrolle sämtlicher Verwaltungsunterlagen der Bruderschaft vornehmen.

Diese Maßnahmen scheinen primär dazu gedacht zu sein, mehr Einsicht in die Aktivitäten der Bruderschaften zu ermöglichen, um diese Organisationen besser in den Griff zu bekommen. Diesem Ziel entsprechen auch die vielen Formulierungen im Gesetz und in der Verwaltungsordnung, in denen die Absicht bekundet wird, das Niveau zu erhöhen und die Kontinuität der organisierten Mystik zu sichern: Auch dies ermöglicht eine gewisse Überwachung der Führungskader und der Aktivitäten der Bruderschaften. Was diese Aktivitäten betrifft, so schreibt die Verwaltungsordnung unter anderem den lokalen Führern der Bruderschaften vor, wöchentlich eine rituelle Versammlung abzuhalten. Über diese Versammlung soll schriftlich vom Leiter der Bruderschaft an die Inspektion berichtet werden. Neben den Artikeln, die gewisse Qualifikationen der verschiedenen Kaderpositionen in den Bruderschaften stipulieren und vorschreiben, enthalten das Gesetz und die Verwaltungsordnung die gesetzliche Grundlage für Institute mystischer Studien. Ein Diplom eines derartigen Instituts wird, so heißt es in der Verwaltungsordnung, bei Ernennungen für Ämter innerhalb der Verwaltungshierarchie der Organisation der Bruderschaften einen Vorteil verschaffen vor Kandidaten, die nicht im Besitz eines solchen Diploms sind. Der ṣūfī-Rat begann seine Aktivitäten 1981 mit einem sehr bescheidenen Institut. Jetzt werden dort regelmäßig mehrwöchige Kurse angeboten, die von 20 bis 40 Teilnehmern besucht werden.

7. Wiederbelebung der islamischen Mystik – Ziele und Implikationen

Die Gründung von Instituten für mystische Studien steht noch immer auf der Agenda des ägyptischen *ṣūfī*-Rates, und noch immer sind es die Regelungen in bezug auf die formelle, spezialisierte Ausbildung in der islamischen Mystik – deren Diplom Aussicht auf eine Karriere in einer Bruderschaft bietet –, die den wohl bemerkenswertesten Teil des neuen Gesetzes und der Verwaltungsordnung bilden. Von den zu schaffenden Lehrinstituten dürfte ein Beitrag zur Wiederbelebung, zur Kultivierung und zur

Verbreitung der islamischen Mystik im allgemeinen und zur Konsolidierung der Position der Bruderschaften in Ägypten im besonderen zu erwarten sein. Diese Stärkung der Position der Anhänger eines mystischen Konzeptes des Islams wird wahrscheinlich zu einer Verschärfung der Gegensätze zwischen diesen Strömungen und jenen Gruppierungen führen, die mystische Konzepte ablehnen und bekämpfen, weil sie als eine korrumpierte Form des Islams, ja sogar als Unglaube *(kufr)* oder Polytheismus *(shirk)* aufgefaßt werden.

Die gegen die Mystik eingestellten Gruppierungen sind weitgehend identisch mit den Kreisen, in denen sich bis heute die von religiösen Überzeugungen her argumentierende Opposition gegen die Mubārak-Regierung konzentriert (und wohl auch in Zukunft konzentrieren wird). Der seit 1978 in Ägypten bestehende gesetzliche Rahmen der Mystik hat einen institutionellen Kontext geschaffen, in dem der mystische Islam sich in Loyalität zu dem Regime, das dies ermöglicht hat, entwickeln kann und somit dessen Interessen dient. Auf diese Weise kann das Regime zur Verstärkung seiner eigenen Position beitragen, weil die Mystik auf den weithin anerkannten Elementen des Weltbildes des Volksislams fußt und zum Teil mit ihm identisch ist. Daß eine derartige Entwicklung beabsichtigt ist, wird auch durch die Tatsache bestätigt, daß in das Gesetz und in die Verwaltungsordnung weder spezifische Regeln in bezug auf die mystischen Praktiken und das Ritual noch in bezug auf die *maulids* aufgenommen worden sind. Im Hinblick auf diese Praktiken beschränkt man sich auf einen Passus, in dem verordnet wird, daß diese und alles andere, was während der maulids stattfindet, in Übereinstimmung mit den Verhaltensvorschriften des Islams stehen müsse, ohne daß diesbezüglich eine nähere Spezifikation gegeben wird. Die Ordnung enthält allerdings einen Hinweis auf eine künftige Prüfung der Möglichkeiten zur Korrektur und zur Bestrafung eines nicht vom Islam sanktionierten Verhaltens. Dies weist darauf hin, daß man versucht hat, die meist ekstatischen und weit-verbreiteten mystischen Bruderschaften *(ar-Rifāʿīya* und *al-Aḥmadīya)* zu schonen.

Nach dem vorstehend Gesagten kann man die jüngsten Reformen als eine Fortsetzung der während der Regierung Jamāl ʿAbd an-Nāṣirs (Nasser) eingeschlagenen Politik sehen, die darauf ausgerichtet war, die mystischen Bruderschaften zu kontrollieren mit dem Ziel, diese Organisationen dem Regime dienstbar zu machen, und zwar mit der Absicht, mittels einer Privilegierung der im Volksislam verwurzelten mystischen Bruderschaften ein Höchstmaß an Legitimität zu erhalten.

Die Wiederbelebung des mystischen Islams in Ägypten hat in der Periode an-Nāṣirs am Ende der fünfziger Jahre angefangen und sich ein Vierteljahrhundert später im Ägypten as-Sādāts fortgesetzt, wo das Regime sich anscheinend mit Hilfe des mystischen Islams gegen die religiös inspirierte Opposition wappnen wollte. Im Ägypten Mubāraks wird diese Politik weiter fortgesetzt und intensiviert. Das geschieht als Reaktion auf die gegen das Regime agierende islamische Opposition, u. a. im Rahmen von Tagungen zur Korrektur und Bekämpfung abweichender religiöser Meinungen, wie sie in der Verordnung von 1978 vorgesehen wurden. Die Leiter und Mitglieder der Bruderschaften werden ideologisch gegen die radikale islamische Opposition mobilisiert. Dieser Opposition, die sich vor allem im Milieu des nicht- oder antimystischen Islams konzentriert, werden hierdurch allerdings zusätzliche Argumente zur Rechtfertigung ihrer Ablehnung dieser Regierung und ihrer Legitimität geliefert. Deswegen wird die Fortsetzung einer auf weitere Belebung, Konsolidierung und Stimulierung der Mystik ausgerichteten Politik zu einer Verschärfung des Konflikts zwischen Regime und islamischer Opposition beitragen. Auch wenn das Regime diese Politik ändern und seine Unterstützung der Bruderschaften vermindern sollte, werden sie, schon aufgrund ihrer vielen Mitglieder und ihrer Verankerung in der ägyptischen Gesellschaft, ein bedeutendes konstitutives Element der ägyptischen Politik bleiben.

X. Sekten und Sondergruppen

(Werner Schmucker)

Eine fiktive Prophetenüberlieferung, welche Traditionssammlungen und Häresiographien mitteilen, läßt Muḥammad vorhersagen, seine eigene Gemeinde werde sich in einundsiebzig Sekten spalten. Mochte dies eine grobe literarische Richtzahl gewesen sein, die historische Wirklichkeit war noch vielgestaltiger. Der muslimische Zeitgenosse darf nun aber zufrieden konstatieren, daß das unübersehbare Spektrum der klassischen Sekten bis auf eine Handvoll zusammengeschmolzen ist und daß in der Neuzeit nur ein paar wenige, z. B. *Bahā'īs* und *Aḥmadīs*, hinzukamen. Angesichts der sonstigen Zerrissenheit der *umma* mag ihn dieser Zugewinn des Einheitsgedankens trösten, ihn vielleicht sogar zum Schlusse führen, es sei also doch die Sunna, auf welche sich die Anschlußworte der genannten Prophezeiung, nämlich „nur eine einzige Gemeinschaft werde der Erlösung teilhaftig", bezögen. In diesem Sinne mag er dies denn auch als Niederlage der islamischen Mitbewerber um diesen Titel auslegen.

Tatsächlich behaupten nahezu alle Sekten, die erwähnte Gruppe zu sein. Deren Erwähltheitsgedanken, deren Anspruch, *die* islamische Heimstätte zu verkörpern, die Neigung bei ihnen, die anderen Muslime für ungläubig zu erklären, folglich mit Heiligem Krieg überziehen zu müssen, dies und anderes weisen ebendarauf hin. Ihre Militanz, ihren Zelotismus haben sie äußerlich längst fallenlassen. Sie kehrten zurück zu Quietismus, Verbergung ihrer Lehren und Riten, leben ruhig und in sich gekehrt.

Die vergangenen Jahrzehnte standen fast ausschließlich im Zeichen der beiden „Großen", Sunna und Zwölferschia, die den Islam heute erneut polarisieren. Die überlebenden „Kleinen" mit teilweise ruhmreicher (bzw. berüchtigter) Vergangenheit, die Ibaditen, Ismailiten, Alawiten, Drusen sowie die ziemlich altertümlichen Synkretisten – etwa die *Ahl-i ḥaqq* und die Yeziden – waren weniger im Gespräch als die neueren Islamabspaltungen der Bahā'īs und Aḥmadīs. Gelegentlich beleuchten Schlagzeilen noch ihre Existenz, wie in den Nahostkriegen oder im libanesischen Bürgerkrieg diejenige der Drusen (Kamāl Jumblāṭ war ein herausragender Vertreter). Den Ismailiten Āghā Khān erwähnt die Presse gelegentlich. Die Aḥmadīya-Bewegung macht durch ihre Missionsarbeit in Europa von sich reden. Den Büchermarkt auch hierzulande bereichern seit längerem Erzeugnisse der unaufdringlich missionierenden Bahā'ī-Universalreligion, die der schiitischen Gedankenwelt entstammt. Die innere Krise Syriens machte auf die angeblichen Mitverschwörer des *Ba'th*, die Alawiten oder Nusairier, aufmerksam, wobei die Tiraden der unduldsamen Muslimbrüder für zusätzliche „Presse" sorgen.

Daß sich Bahā'īs und Aḥmadīs so aktiv gebärden, liegt unter anderem daran, daß sie, an den sechs übrigen Gruppen gemessen, junge, aktuelle Bewegungen, im Schwunge ihrer Sendung und ziemlich unverbraucht sind. Sie fußen bereits auf dem islamischen Modernismus bzw., wie die Bahā'īs, suchen die Friktionen und Frustrationen des Schiismus zu überwinden, um schließlich universale Horizonte neben und außerhalb des Islams zu gewinnen. Beider Sendung machte sie von Beginn an zu aktivistischen, aufständischen, reformistischen Eroberern.

Das ist nicht mehr so bei den übrigen: Ehemals eingeschworene – bzw. von den anderen zu solchen erklärte – Feinde des herrschenden Islams, bereits historisch gescheitert in der Durchsetzung ihrer religiös-politischen Ideale, durch freie Wahl und durch Verfolgung in den Untergrund gegangen bzw. in die Abschließung gedrängt, (außer den Ibaditen) Geheimreligionen mit *arkān*-Disziplin, wurden Mission und Werbung illusorisch, wenn nicht gar ausdrücklich untersagt. Werden sie nun überhaupt an die Öffentlichkeit gezwungen, sind weniger Polemik als Apologetik, Selbstrechtfertigung und eine äußerst heikle Selbstverteidigung (weniger wieder bei den Ibaditen) gefragt. Noch immer bilden sie nämlich eine hoffnungslose, geächtete oder doch belächelte Minderheit in einer Mehrheit, die ihre historischen (damals von ihrem Standpunkt aus teilweise berechtigten) Vorurteile aufrechterhielt. Die *Ibāḍīya* ist bei ihrer genuinen Nähe zum Islam und dank ihrer Anpassungsfähigkeit weit weniger betroffen und vermag im Islam ihren Sondergeist ungefährdet zu bewahren. Bei den anderen, den Extremisten der Geschichte, hat es den Anschein, als sollte sie weniger der Zeitgeist als vielmehr eine neue Herausforderung seitens der Majorität zum Handeln, d. h. zu aktueller Selbstdarstellung oder gar zu Reform und Erneuerung veranlassen. Allenfalls auf Drusen, Ismailiten und Alawiten mochte der Druck der Moderne einwirken. Ansonsten ist auch bei ihnen der Hang zur Bewahrung und Verschwiegenheit so mächtig, daß eine Bewegung im Innern schwerlich zustande gekommen wäre, hätte nicht eine von außen an sie herangetragene herausfordernde Polemik zunächst eine Gruppe von Intellektuellen unter ihnen aufgestört. Eine Beharrungs-, wenn nicht gar Erstarrungsneigung findet sich vollends bei den Ahl-i ḥaqq und Yeziden. Die Reibung an der Realität von heute, Mitgliederschwund etc., blieben bislang, wie es scheint, ohne Gegenreaktion von ihrer Seite.

Ob es nun ein Selbsterwachen oder ein Gewecktwerden von außen ist, beides ist sehr problematisch. Sie treffen diese – so ihre Kritiker – „Gralshüter der Geheimnisse", der starren, altertümlichen Vorstellungen und Strukturen beinahe wehrlos an. Das Beispiel der eben jetzt beunruhigten Alawiten, welchen die *Muslimbruderschaft* sogar ihr Schriftengeheimnis entriß, ist lehrreich. Die urplötzliche Konfrontation mit der Moderne, die leichtfertige Bloßlegung ihrer religiösen und sozialen Innenwelt, ihres sozialen Selbst, der Verlust der Identität können nicht wiedergutzumachenden Schaden anrichten. Sofern überhaupt vorhanden, sind die Bemühungen, die Gegenwart zu bewältigen, von Gruppe zu Gruppe nicht völlig einheitlich.

Verhältnismäßig einfach ist diese Aufgabe für die älteste Sekte, die

Ibāḍīya (oder *Abāḍīya*), einen Zweig der unversöhnlichen, extremistischen *Khārijīya* des Frühislams. In ihrer relativen Mäßigung gelingt es ihr sogar, die Beziehungen zum sunnitischen Islam zu festigen, ja sunnitisch zu erscheinen, von ein paar bemerkenswerten Zeichen eines neuen Selbstbewußtseins abgesehen. Seit einigen Jahrzehnten bemühen sich einige ibaditische Autoren aus Libyen und dem Maghreb sogar nachzuweisen, daß die Ibāḍīya mit den frühislamischen Kharidschiten – die sowohl den Sunniten als auch den Schiiten als anarchistische Fanatiker gelten – nichts zu tun habe. Es handle sich bei dieser (unter den anderen Muslimen üblichen) Identifizierung um ein Mißverständnis, das auf diffamierende Äußerungen der alten sunnitischen Häresiographen zurückgehe.

Kleinere Inseln der geschichtlich bedeutsamen Ibaditen hielten sich in Tripolitanien, Südalgerien, auf der Insel Djerba, auf Sansibar, in Oman. Seit der Umaiyadenzeit (661–750) in Nordafrika währte ihre aktivistische Phase bis ca. 960. Als Krieger, Missionare und Kaufleute verbreiteten sie ihre Islamlehre, aber auch den Islam, bis nach Schwarzafrika hinein, und in dessen Gefolge auch die sakrale islamische Baukunst. Großen Erfolg hatte unter den (Berber-)Stämmen ihre kharidschitische egalitäre Werbung, die soziale Erschütterungen bis nach Südspanien nach sich zog, und ihre Predigt eines schlichten Volksislams.

Eine religiös-geistige Einheit des Ibadismus von Ost bis West leuchtete kurzfristig während der eindrucksvollen Machtentfaltung der Rustamiden in Tahert (777–909) auf. Die Etablierung der Fatimiden in Nordafrika (909) wie innere Spaltungen – Untersekten existieren bis heute – entpolitisierten sie allmählich, ohne daß sie in ihren Rückzugsoasen (Wargla, Mzab) die innere Dynamik gänzlich einbüßten. Gerade heute gibt es Anzeichen für ein wiedererwachendes Gemeindeleben. Es basiert auf neuerschlossenen religiösen Sektenschriften, einer Intensivierung kharidschitisch-ibaditischen Koranunterrichts und auf einer Verlebendigung der rigorosen Pflichtenlehre.

Das religiöse Gemeindeleben formiert sich wohl, zumindest im Mzab, noch immer um die *ḥalqa*-Einrichtung, die als „Kirchenrat" die politische Entmachtung von 1882 seitens der Franzosen überlebte, bis heute *die* religiöse und moralische Instanz bildet und noch immer vom historischen Zwölferrat mit offenbar auch sozialen Funktionen angeführt wird. Es ist durchaus denkbar, daß von diesen ehemaligen Keimzellen einer religiösen Renaissance (spätestens 14. Jahrhundert) Anstöße für eine ibaditische Erneuerung ausgehen könnten. Es wäre leicht möglich, sie auf Varianten jener zugleich theokratischen und demokratischen Führungskörperschaften, den Rätekollektiven, aufzubauen, welche ja in sich die ibaditische Gemeinde verkörperten: Gemeinde als Heilsgemeinde mit Selbstverwaltung, die sich kraft ihrer Gottesweihe selbst konstituiert, und dazu nicht unbedingt eines Imamats bedarf. Es existierte ja sogar im Falle des Übermächtigwerdens eines Führers (Scheichs *[shaikh]* oder Imams *[imām]*) ein beaufsichtigendes Vertretungselement, eben der Rat der (12) Scheichs. Das Ganze gewann so etwas Demokratisches, bot der Gemeinde gewisse Mitspracherechte.

Auch bei den östlichen Ibaditen, in Oman, vollzieht sich eine Neuorientierung. Die Ibāḍīya vertritt dortzulande sozusagen den Islam, rekrutiert ihre Anhänger zuallererst aus den einflußreichsten Hināwī- und Ghāfirī-Stämmen. Es ist die vielleicht älteste südarabische Bastion der Ibāḍīya, die vom Lehr- und Missionszentrum Basra aus errichtet wurde. Die geschichtliche Bedeutung der Ibāḍīya für dieses Land scheint sich trotz des Übergangs vom Imamat zum weltlichen Sultanat fortzusetzen. Zwar wurde der Imam 1959 vollends entmachtet. Gleichwohl verfügt das abwesende geistliche Oberhaupt der Ibaditen bei den landeinwärts siedelnden Stämmen über beträchtlichen, den Sultan fast täglich herausfordernden Rückhalt. Infrastrukturverbesserungen vermögen die Stammesleute zu besänftigen, nicht aber mit der staatlichen Macht ohne weiteres auszusöhnen.

Der Sultan und seine Umgebung hegen deshalb, scheint es, umfassendere Pläne. Sie werben nicht nur Anhänger des Imamrivalen ab, suchen sich vielmehr dessen Gewalten anzueignen, vielleicht sogar ein quasi-imamitisches Sultanat zu inaugurieren. Die noch halbverdeckten Vorgänge lassen einiges davon ahnen, wohin die Entwicklung gehen soll. Omanische Medien erneuern das ibaditische Erbe, wobei sie freilich auf dessen Mäßigung und Nähe zum sunnitischen Islam bauen. Es ist die Rede davon, daß man eine „altehrwürdige islamische Gemeinschaft" wiedererwecken wolle; man fühlt sich auch den nordafrikanischen Glaubensbrüdern verbunden, betont aber vorab die unversehrbaren Bindungen zum Islam. Implizite, in Libyen gar ausdrücklich, wird darauf verwiesen, die historische Ibāḍīya sei ein gemäßigter Sproß der Khārijīya, Bannerträger der *Sunna*, der Prophetentradition, auf zeitweiligen Ausgleich mit den Umaiyaden bedacht; auch sei sie der *Muʿtazila* nahe gewesen, ohne das unversöhnliche Feindbild anderer Khārijīya-Zweige in ihrer Theorie, ferner austauschfähig mit anderen, deren Besitzstand sie achtete. Demgegenüber soll aber das Eigene nicht zu kurz kommen.

Zugeständnisse an die herrschende religiöse Mehrheitsrichtung sind notwendig; auch die Landestradition erfordert dies. Die traditionellen Widersacher des Sultanats, mit dem Überlieferungsstrom der Ibāḍīya verhaftet, sollen ihren Teil bekommen, ohne daß das Sultanat selbst dabei leer ausgeht! Eine Re-Ibadisierungswelle überflutet so das Land. Ungewöhnlich ernst, pedantisch bis skrupulös stimuliert man die islamische Pflichtenlehre, insbesondere den sozialen „Pfeiler" des Almosengebens, dessen bewußt altertümliche Handhabung hervorsticht; unzeitgemäß erscheinende Regelungen fast urislamischen Geistes (Beuteverteilung, Blutgeld, *lex talionis* etc.) werden eingeschärft; kriegerische und sozialethische Werte (*jihād*, Selbstopferung) werden gepredigt. Die Sensibilität der Kharidschiten gegenüber „leichten/schweren Sünden" ist allgegenwärtig! Editionen von ibaditischen Quellentexten begleiten diese Kampagne. Die Neuschreibung der Geschichte weist warnend auf die verhängnisvolle, zählebige Zwietracht mit Stammesfehden und Imamatsnachfolgestreitigkeiten, führt „böswillige" Imamatsprätendenten vor, wirbt aber auch für den Eigenstolz und ein Nationalgefühl der Omanis.

Die offiziöse Auswertung der Landesgeschichte ist aber noch hintergründiger. In der monarchistischen Verherrlichung Aḥmad ibn Saʿīds, des Begründers der Āl Bū Saʿīd-Dynastie, liegt mehr als Ahnenstolz: Sein Verhalten setzt einen historischen Präzedenzfall, der es seinen dynastischen Nachfahren gestattet, ihre eigene Usurpation der Macht zu rechtfertigen. Auch der Urahn stützte sich bereits auf das ibaditische Prinzip der Absetzbarkeit eines „sündigenden" Imam. Das geschah angeblich im Jahre 1741. Alles deutet auf eine gewollte Verbindung zwischen Ahnherr und Sproß Qābūs; denn beide lassen sich feiern als die Bewahrer der muslimischen Herrschaft – d. h.: sie sind die getreuen Ibaditen –, die Zerbrecher der Macht der „Scheinheiligen", die Reformatoren, die Glaubenskämpfer schlechthin. Es geht offensichtlich darum, Qābūs' gerechte Anwartschaft auf die Nachfolge im geistlichen Imamat glaubhaft zu machen. Qābūs soll wie sein Ahn als politisch-religiöser Einiger, Überwinder des Stammesdenkens, Förderer der Religion in die Geschichte eingehen. Die Ibāḍīya spielt so eine zentrale religiöse, soziale, integrierende, aber auch machtpolitische Rolle im heutigen Oman und mag eine nicht zu unterschätzende Zukunft haben. Sie dient der Regierung wie der Opposition als Waffe, könnte die eine wie die andere zu vernichten helfen. Ein islamisches Verdammungsurteil hat sie obendrein kaum zu erwarten bei ihrem „Standpunkt der Mitte" im theologischen Spektrum.

1. Ismailiten, Alawiten, Drusen

Weniger glimpflich ereignet sich der Übergang aus der heilen inneren Welt in die stets als „heillos" betrachtete äußere für Ismailiten, Alawiten und Drusen. Ihre Islamität ist bis heute verdächtig, wenngleich der religiöspolitische Radikalismus (besonders der Ismailiten, ismailitischen Assassinen, Karmaten), der ihr Verhältnis zum Islam und ihre Beziehungen zueinander prägte, abgelegt ist. Beargwöhnt werden immer noch ihre Geheimlehren und -riten, ebenso wie, zumal in arabischer Umgebung, ihre religiös-soziale Isolation, die entweder (als elitäre Absonderung) von ihnen selbst gewählt oder ihnen (durch Verfolgungen) aufgezwungen worden war. Dies verlieh ihrer Existenz einen gewissen Volkscharakter oder sah jedenfalls nach Eigenbrötelei und Araberfeindlichkeit aus. Während sich die Zwölferschia stolz als der Sunna gleichwertige Macht und als ein genuiner Teil des Islams ausgibt und Anerkennung findet, haftet diesen drei extremeren Absplitterungen der Schia *(shīʿa)*, welche in der Geschichte den institutionalisierten Islam, das Kalifat, dogmatisch und politisch-militärisch (Ismailiten) offen und versteckt bekämpft hatten, das Mal des Verräters, Todfeindes, Zerstörers der Sunna an.

Ihre heutigen Siedlungsgebiete sind, abgesehen von den Ismailiten mit dem syrischen Salamiya und im Jemen, nicht die Entstehungsregionen. Die Bewegungen der Proto-*Ismāʿīlīya* und der Karmaten setzten ab dem ausgehenden 8. Jahrhundert im Irak, in Westiran und Ostsyrien ein, die der

Alawitenvorfahren um die nämliche Zeit, wobei sich ihre Doktrin in Stufen und Schichten aus kufischen extremschiitischen Lehrpositionen erst bis Mitte des 11. Jahrhunderts vorläufig festigte. Die Drusen erscheinen als Dissidenten der ismailitischen Fatimiden 1018 in Ägypten. Am meisten beeindruckt die seit dem 9. Jahrhundert betriebene ismailitische Ausdehnung, die von einer hierarchisch gestuften, wendigen, universalen Werbung gefördert wurde. Ismailiten leben heute noch, zum Teil mit mehreren Untersekten, in Ost- und Westsyrien, im Jemen, in Nadschran (Saudi-Arabien), versprengt in Indien allenthalben, in Ostafrika, Iran, Afghanistan, Zentralasien. Die Alawiten kommen hauptsächlich im sogenannten Ansariergebirge zwischen Orontes und Mittelmeerküste in Westsyrien, im Küstengebiet von Antakya und Iskenderun, über Adana, Tarsus bis Mersin in der Türkei, in und um Hama sowie Aleppo vor. Drusen befinden sich schließlich im Libanon, in Syrien, Israel und Jordanien. Alle drei Gruppen haben eine vitale Diaspora in der Neuen Welt.

Seit geraumer Zeit bemühen sich auch diese drei Sekten um eine zeitgemäße Selbstdarstellung im islamischen und/oder arabischen Verbund. Die führenden Interpreten sind fast ausnahmslos Syrer und Libanesen.

In der Ismāʿīlīya, seit 1096 in die später wieder unterteilten Hauptlinien der *Mustaʿlīs* und der *Nizārīs* gespalten, sind es überhaupt weniger die ersteren, theologisch konservativeren bis wissenschaftsfeindlichen, als die ehemals religiös-politisch radikalen (Assassinen), zu Imamapotheose, Abrogierung der *sharīʿa* und (besonders in Indien) zu Synkretismus neigenden, aufgeschlossenen Nizārīs (Anhänger Āghā Khāns) in Syrien, die, vertreten durch einige Literaten, eine Neudeutung ihrer historischen Sendung versuchen. Wie bei Drusen und Alawiten handelt es sich um einheimische „Orientalisten" oder um gläubige kritische Laien. Diese neoismailitischen Intellektuellen verstehen sich zunächst als Lehrmeister ihrer zurückgebliebenen Gemeinde. Ihre Ansichten sind nicht unbedingt mit denen der konservativen Scheichs identisch. Auf jeden Fall sind sie problembewußter und engagieren sich breiter. Gewisse Sozial- und Bildungsprogramme, die in Syrien mit Geldern der wohlhabenden indischen Gemeinden auf Betreiben Āghā Khāns gefördert wurden, trugen, wie sie zugeben, schon erste Früchte. Sie beklagen indes das Vorherrschen des ökonomischen, administrativen und karitativen Reformkonzepts der Nizārīs, unter denen zunächst die Leute der Wirtschaft das Sagen hätten. Dadurch wurde angeblich die Behebung der Misere im Institutionellen, mehr noch im Erziehungssektor verschleppt. Hauptleidtragender sei die richtungslose Jugend, die es zu erwecken und mit dem ismailitischen Erbe zu ertüchtigen gelte. Sie behaupten, es stehe nicht besser um den Zusammenhalt der Gesellschaft überhaupt: Tribal-familiäre Instinkte dominierten dort, nicht der versöhnlich-brüderliche Umgangsstil der alten Ismailiten; unsoziale Besitzgier, nicht der traditionelle ismailitische Güteraustausch noch die finanzielle Opferbereitschaft.

Besagte Kritik an den „Ökonomisten" meint natürlich nicht den hochgeschätzten Imam Āghā Khān, der weiterhin als der inspirierte unfehlbare Weisungsgeber gilt, der in seiner „unfaßlichen Weisheit" seinerseits bereits die Umrisse der den Ismailiten würdigen Reform zeichnete und darin von den erwähnten Intellektuellen voll unterstützt wird. Sein bekanntlich fortschrittliches, humanitäres Trachten gelte demnach auch dort, wo Ökonomisches betroffen sei, dem Wesen ismailitischer Existenz; seine wirtschaftlich-sozialen Förderungsmaßnahmen sind Ausdruck idealistischen Opfersinns, Mahnung an die Mitbrüder, es ihm gleichzutun, das Wohl und Wehe der Gemeinschaft nicht an Steuern zu binden, sondern an engagiertes, freiwillig-karitatives und solidarisches Tun, um so das Groschenopfer und das Liebesmahl der Vergangenheit nachzuahmen. Wie der Imam selbst sagt, will er keine bloßen Almosenempfänger. Pragmatisch, wie er ist, wenngleich mit religiösem Unterton, erinnert er an Initiative, Schöpfergeist und Eigenverantwortlichkeit der syrischen Anhänger, denen, wie einst den Vorfahren, untätiges Schmarotzertum das Unangemessenste wäre. Weiter sollten sie – wieder wie ihre Väter – das Geschick ihrer Gruppe in die eigene Hand nehmen, aber dabei nicht sektiererisch vorgehen und andere verdammen, sondern in Brüderlichkeit und Menschlichkeit mit den Andersgläubigen verkehren. Als Schrittmacher der „Liga für Islamische Einheit" liegt dem Āghā Khān natürlich sehr daran, den Dienst am Ganzen (Islam) oder an einem „Teilganzen", dem Vaterland (Syrien) und Arabertum, zu betonen, um so den Anschuldigungen eines ismailitischen Alleingangs entgegenzutreten.

Hier wie bei den Drusen und Alawiten fällt jedoch auf, daß die Idee der Einheit des Islams so gefaßt wird, daß sie nicht den Sondercharakter der Sekte verwischt, also nicht zum Diktat einer Majoritätsreligion über alle anderen wird; jede Gruppe soll darin selbständig, geachtet, aktiv existieren. Philanthrop, der er ist, verbindet Āghā Khān seine Rassen-, Hautfarbe-, Besitzstandsschranken mißbilligenden Ideale gerne mit Hinweisen auf den Verbrüderungseffekt der geschichtlichen Ismāʿīlīya. Auf diesen universellen Zug ist er ebenso stolz wie auf die essentielle Geistigkeit der Bewegung, deren geschichtliche Vitalität er gleich den anderen Interpreten, getreu dem Hauptmerkmal der Ismāʿīlīya überhaupt, dem nach der überzeitlichen Substanz, nicht nach der oberflächlichen starren Tradition, gerichteten Sinnen zuschreibt. Gerade hieraus und aus dem Selbstvertrauen sowie aus der Solidarität und aus der unbedingten Loyalität an den/die Führer leitet er die Befähigung der Ismailiten zur Erneuerung her.

Die Intellektuellen füllen mit ihrer Neuschreibung der Geschichte der Ismāʿīlīya und über eine Kommentierung ismailitischer Texteditionen den vom Āghā Khān skizzierten Plan aus. Es ist eine beispiellos idealisierende, suggestiv-doktrinäre Historiographie – will sie doch Idealnormen für heute in modernen Begriffen vermitteln. Überdies verrät sie eine totale schiitische Geschichtsauffassung, wobei sie ihre eigene Bewegung allenfalls als genuinstes Bestreben der Schia nach Verwirklichung ihrer legitim geglaubten Islamherrschaft und nach Reform eines von einem Machtkartell der Reaktion entstellten Islams darstellt.

Die innerschiitischen Querelen verblassen in der Rückschau angesichts eines gemeinsamen schiitischen Reformanliegens. Man umwirbt die Nichtismailiten, indem man die Nachfolgerechte Ismāʿīls, des Sohnes des sechsten Imam Jaʿfar aṣ-Ṣādiq (gest. 765) zwar stützt, aber nicht überbetont, dafür gerade Jaʿfar, der allen Richtungen heilig ist, als geistigen Ahn und Vater der esoterischen Bewegungen im Islam (sogenannte *Bāṭinīya*) feiert. Die Ruhmesworte der Neoismailiten überstürzen sich förmlich, wenn sie „diese unbegreifliche, übermenschliche Persönlichkeit", welcher die Bāṭinīya die wesentlichen Impulse verdanke, zu definieren suchen. Was die Jünger seiner Geistesschule dann lehrten, ist angeblich nichts anderes als seine systematisierte, „progressive Ideologie", die man mit den „Ismen" wie Idealismus, Humanismus, Rationalismus, gläubigem angewandtem Sozialismus und revolutionärem Radikalismus umschreibt.

Der einstmals großartige, freilich sehr spekulative Versuch ihrer besten Denker, eine stimmige und maßgebliche heilsgeschichtliche Seinserklärung zu liefern, und zwar als provokatives und jedem intellektuellen Niveau angepaßtes Pendant der bestehenden Geisteskultur, Herrschafts- und Gesellschaftsordnung, verführt die Neoismailiten zu maßloser Übertreibung und Einseitigkeit bei sich selbst, zu Abwertung, ja Diffamierung der ebenso grandiosen und seriösen Bestrebungen der sunnitischen Gegenseite. Die zwangsweise so sehr auf islamische Integration bedachte, zu einem Ausgleich zwischen dieser und der Erhaltung ihrer Sonderexistenz gerufene Gemeinschaft der syrischen Ismailiten wird sich schwertun, ihren zerbrechlichen Standpunkt in der Majorität auf diese Weise zu behaupten, wenn sie nun, den wissenschaftlichen Aufwind für ihre Rehabilitierung nutzend, in haltlose Polemik verfällt. Die wiederbelebende Kraft, die der eigenen Gesellschaft zunächst zugute kommt, könnte in der Beziehung zur immer noch argwöhnischen Außenwelt wie ein Bumerang wirken. Es bedarf da schon des Augenmaßes eines souveränen Āghā Khāns, die neue Orientierung zu präzisieren.

Die Erhöhung des Imamats hielt sich bei Ismailiten, besonders in der Theologie der Fatimiden (909–1171), im allgemeinen in Grenzen – anders bei den Alawiten oder Nusairiern. Ursprünglich Zwölferschiiten, kam es infolge eines Konfluxes extremschiitischer Lehranschauungen zur Überhöhung, ja Vergöttlichung der Imame. Wie bei Ismailiten und Drusen ideenhaft präexistent, treten diese, wie eine gnostisch-spekulative Kosmogenese lehrt, in Abstufungen in die körperhafte Welt hinab, die eigentlich ihr, der demiurgischen Inkarnationen, Werk ist und wo sie ihren in mehreren Zyklen und Perioden sich wiederholenden Erlösungsauftrag wahrnehmen. Dem Sinne nach eine einheitliche Manifestation, erscheinen sie einzeln oder in Gruppen (z. B. Pentaden) unter verschiedenen Namen, gefolgt von weiteren Verkörperungen kosmisch-geistiger Unterprinzipien, zu welchen auch zahlreiche Persönlichkeiten der früheren Sektengeschichte der Alawiten zählen.

Die Erscheinung des Göttlichen in ʿAlī bzw. unter dem Namen „ʿAlī" beherrschte früh das übermächtige (Re-)Inkarnationsdenken, welches naturgemäß zum wichtigsten literarischen Topos wurde. Was aus ihrem Geheimglauben an die Vergöttlichung der Schia-Heiligen und -Imame an die Öffentlichkeit sickerte, empörte die Andersgläubigen ebenso wie die Gerüchte um ihren Kultus, etwa die symbolreiche dreistufige Initiation der Mysten wie alles Ritual in seiner krausen ultraschiitischen Allegorese der kanonischen Riten des Islams, ferner ihr synkretistischer Festkalender, überhaupt ihr bizarres religiös-soziales Brauchtum, die fremdartigen Wiedergeburtsvorstellungen, ganz zu schweigen von einem nusairischen „Koran" in ihrer Liturgie.

Nicht allein Sunniten, auch die ihnen geistesverwandten Drusen und Nizārī-Ismailiten befeindeten diese – wie sie sagen – „Erzketzer" bis in die Gegenwart. Nach einer kurzen Atempause umbrandet sie nun eine neue Hetzwelle, von den *Muslimbrüdern* aufgewühlt, welche die komplexen Hintergründe der alawitisch-baʿthistischen Klientel und ihrer Interaktion verzerren. Sie sprechen nur von „unheiliger Allianz" und führen eine Kampagne mit Aufklärungsschriften, die Wahres und Erdichtetes wahllos mischen, wodurch sie eine gefährliche Pogromstimmung erzeugen. Die Preisgabe ihrer Mysterien trifft die Geheimsekte völlig unvorbereitet.

Die Bewußtseinslage ist noch nicht so reif, noch nicht so souverän wie bei Ismailiten oder Drusen, um die heiklen dogmatischen Positionen in abstrakter philosophischer Gewandung und entmythologisiert darzustellen. Eine sufisch allegorisierende Deutung wie bei den Drusen ist allenfalls im Ansatz vorhanden; aber auch diese wird, nicht ganz zu Recht, von den Muslimbrüdern als hermeneutische Finesse attackiert. Ansonsten beschränkt man sich auf naive Ableugnung dessen, was wesenhaft nusairisch ist. Diese Einstellung kommt objektiv einer „Selbstverleugnung" gleich. Das Abstreiten von Tatsachen verstärkt nun gerade wieder die Brisanz des Konflikts; die Muslimbrüder weisen nämlich inzwischen gesicherte wissenschaftliche Fakten über die Natur des Alawitentums vor. In die als naiv bezeichnete alawitische Rechtfertigung fallen beispielsweise: die Darstellung ihres geschichtlichen Arabertums, ihres zwölferschiitischen Alidentums, ihres Koranglaubens, Prophetenschafts- und Imamatsverständnisses. Das (wie sie sagen) „natürliche Anderssein in wenigen Punkten", die beargwöhnte Heimlichkeit erklären sie mit der angeborenen Innerlichkeit ihrer batinitischen Religiosität, aber auch mit der geschichtlich erzwungenen Introversion: Eine aus Verfolgungstraumata entstandene Untergrundsmentalität führte demnach zu sufisch-meditativen und passivistischen Einstellungen sowie innere und äußere Knechtung zu Leidens-, Unterwürfigkeits- und Demutshaltungen mit religiös-sozialen Erlösungserwartungen.

Dieses nicht so wie bei den Drusen vertiefte Motiv trägt allerdings bis in die Gegenwart hinein eine reale Explosivkraft, nämlich in merkwürdiger Vermengung alawitischer Imam-Mahdi-, also religiösen Parusieerwartungen und sozialen Befreiungssehnsüchten. Neuere Deutungen der Dogmata scheinen sich der Anziehungskraft des sufisch-mahdistischen Erlösungsgedankens in Verbindung mit der Idee göttlicher Vergegenwärtigung zur Erneuerung der Minderheit zu bedienen. Nicht von ungefähr rückt die große Gestalt des Dichterfürsten Ḥasan al-Makzūn (gest. um 1240) mit seiner mystischen Symbolpoesie wieder mehr in den Vordergrund. Dies sollte nicht nur eine Geste der Tarnung unter sufischem Deckmantel sein!

Schließlich befindet sich auch das Drusentum, auf seine Islamität und „Arabität“ angesprochen, in der peinlichen Zwangslage, seine geschichtliche Mission verbrämen zu müssen. Einwandfreie wissenschaftliche Forschungsergebnisse werden größtenteils zurückgewiesen, und das auch mit der Begründung, daß nur „Wissende“, das sind Eingeweihte, verstünden, worum es im Drusentum gehe. Gewiß, es ist vieles erdichtet und verleumderisch behauptet worden. Tatsachen bleiben jedoch fürs anfängliche und fürs mittelalterliche Drusentum: Es richtete sich gegen die religiösen und politischen Grundfesten des Islams, was man etwa aus der Selbsterklärung der Initiatoren der Bewegung 1018 in Kairo entnehmen kann. Das bedeutete den Bruch der religiös-politischen Loyalität gegenüber Sunna und Schia, die Aufkündigung der Gesetze beider (Sunna, Schia) und die Errichtung einer eigenen „geistigen Gesetzgebung“. Darauf hin weist auch die Selbstbezeichnung als „Dritter Weg“ mit dem Ausschließlichkeitsstandpunkt einer alleinseligmachenden Heilsgemeinschaft und einem „geistigen Imamat“ an der Spitze, das absolute Unterordnung unter sein Gesetz fordert. Wohin man zielte, zeigen ferner die Lossagungsformeln von der alten Ordnung und die vertragliche Verpflichtung auf eine neue Ordnung und die Selbstisolierung nach der Einstellung der Missionierung schon 1043. Die Unmöglichkeit des Übertritts und das Beschränken der Möglichkeit des Heilsgewinns ab jetzt nur auf die schon Übergetretenen sowie – bei der Teilung in „Wissende“ und „Unwissende“ (15. Jahrhundert) – die Begrenzung der „wahren Zugehörigkeit“ auf den innersten Sektenkreis – weisen in dieselbe Richtung.

Der Islam, das heißt die Sunna, nimmt an, daß diese grundsätzliche Einstellung eine von der Geschichte noch nicht überlebte, ewige der Drusen sei. Von den Kreuzzügen bis zu den Nahostkriegen will man bezüglich Islam und Arabertum drusische Desintegrationsneigungen, sektiererischen Egoismus, nationalen Verrat erkennen. Die drusische Erwiderung, in der sich fast gesetzmäßig Faktoren moderner schiitischer Apologetik wiederholen, ist sehr komplex und die reifste unter allen gegebenen Antworten. Im Grunde mehr als bloße Rechtfertigung, ist sie schon Neuorientierung, ein Versuch der Erneuerung, am weitesten im Libanon und in der amerikanischen Drusendiaspora vorangeschritten.

Aus leidenschaftlich geführten Debatten schälten sich sogar mehrere Richtungen heraus, während die strenggläubige Orthodoxie im Drusentum noch zögert und sehr skeptisch bleibt. Zuoberst steht die Frage nach der Beibehaltung oder Preisgabe des *arkān*-Charakters. Die Verfechter des gnostischen Weges und die Strenggläubigen sind für, Diasporadrusen und sozial engagierte Pragmatiker etwa gegen die Geheimhaltung. Die Gegner berühren entscheidende Punkte: Eine Religion in der Religion ist undenkbar; man schließt damit die Massen aus, die sich von den „Abfällen“ des Glaubens ernähren dürfen; man diskriminiert die Mehrheit („Unwissende“), fördert die Ungleichheit und entfremdet sich vollends die schwankende Jugend. Die Klagen über Ungleichheit und Ungerechtigkeit münden häufig in eine Kritik des Systems ein. Das letztere wünscht man sich demokratischer, weniger absolutistisch regiert durch eine Oberste Geistliche Leitung, die sich gerne als Nachfolgerin des Imamats bezeichnet.

Alles dies, ferner die Selbstgefälligkeit der „Wissensträger", die aus Angst vor irdischer Befleckung ausschließlich dem „Himmlischen" zugeneigt sind, erbringen vielfache Vorstöße bis ins Herz der drusischen Doktrin: Dies besteht in den Dogmata der Gottmenschlichkeit des fatimidischen Imam-Kalifen al-Ḥākim (reg. 996–1021), der übrigen neun Manifestationen vor ihm, der zyklisch sich verkörpernden göttlichen Prinzipien und der himmlischen Urbilder in der Propagandahierarchie mit ihrer in Kosmogonie wie in der Heilsgeschichte schöpferisch-erlöserhaften unersetzlichen Mittlerfunktion.

Nicht nur Strenggläubige, auch „Liberale" im Dienste der Orthodoxie wollen die Essenz der Glaubenssätze retten. Die letzteren suchen mittels philosophischer und gnostisch-mystischer Überdeutungen das Skandalon der Apotheose abzuschwächen, die verspielte esoterische Allegorese der Heiligen Schriften zu versachlichen, die meditative Versenkung der „Wissenden" als gnostischen Pfad der Läuterung (Katharsis), Selbstverwirklichung in der Einsamkeit mit dem Heiligen zu erklären, Mystenweihe und Schweigepflicht als Postulat der Gnostiker aller Zeiten zu erläutern. Das sittliche Element bei den „Wissenden" ist allen Erneuerungsrichtungen ein Kernanliegen: Seit den Reformen im mittelalterlichen Drusentum (15.–17. Jahrhundert) spätestens gilt nämlich die individuelle Selbstverwirklichung als Schritt zur Erkenntnis des Göttlichen.

Aber der rigorosen Selbstheiligung der „Wissenden" bescheinigen nun manche Kritiker, sie sei selbstsüchtig und undemokratisch; sie verlangen statt dessen die kollektive Sozialreform zur Erbauung der Massen. Deren Grundwerte erschließen auch sie aus den klassischen drusischen Glaubens- und Sittlichkeitsnormen, einem durch Allegorese aus den „Säulen des Islams" *(arkān al-islām)* gewonnenen sieben- bis zehnfältigen Gebots-/Verbotskatalog, den man unter anderem für die Erreichung des innergesellschaftlichen Friedens (der durch familienpolitische Streitigkeiten seit Jahrhunderten gestört ist) einsetzen will.

Die genannten Werte, die sich bei der Ismāʿīlīya übrigens auch finden, sollen nun als drusische Integrations- und Disziplinierungskräfte vollends entschränkt werden, nachdem sie vom Mittelalter bis heute nur im innersten Kreis der „Wissenden" geübt wurden, sollen zu Gemeinschaftsnormen der heutigen Gesamtgesellschaft werden. In den Kreisen, wo diese Veräußerlichung der Drusenbotschaft empfohlen wird, beobachtet man eine gewisse Abkehr vom Buchstaben ihrer aus der Gründerzeit stammenden Heiligen Schriften, eine Profanisierung des Imamats, damit die Rehabilitierung der ismailitischen Fatimiden, eine gewisse Koranaufwertung. Die in neuester Zeit lange umstrittene Oberste Geistliche Leitung in Beirut ist, eher konservativ, nicht unbedingt die Wortführerin der diversen Reformbestrebungen, wirkt aber koordinierend durch ihre Ratszusammensetzung. Sie ist bzw. sie sieht sich gerne als Sprecherin des Drusentums, auch nach Syrien und Israel hinein, vertritt so auch die politische Dimension.

Politisch erfahren und national engagiert durch die Teilnahme von Drusenrepräsentanten am libanesischen Proporz, fand das Drusentum im Libanon eine Plattform, um seine historische, religiöse und politische Rolle, wie seine Vertreter sie sahen, von oben herab zu verkündigen. Wortgewaltige Botschafter eines – wider alle Gerüchte – national-arabischen, islamischen und propalästinensischen Drusentums, verwiesen sie die Zweifler auf seine Verwicklung in die oft mit seinem Blut geschriebene syrisch-libanesische Geschichte, um die Vorwürfe, man sei unpatriotisch, zu widerlegen.

Dennoch – eine Parallele zu Ismailiten und Alawiten – sind die Drusensprecher peinlichst darauf bedacht, das behauptete Engagement für die größere Einheit nicht zu Lasten der Eigenpersönlichkeit ihrer Sekte gehen zu lassen. Sie fordern die Erhaltung ihrer traditionellen oder ihnen übertragenen Sonderrechte und die Würdigung ihrer geschichtlich gewachsenen Besonderheiten, was, mit ersterem im Bunde, auf einen gefahrvollen Balanceakt zwischen Selbstbehauptung und Austausch mit der höheren Einheit (Regionalstaat, Arabertum, Islam) hinausläuft.

Der für islamische Minderheiten beispiellose Prozeß dortzulande ist allerdings heute gefährdet: Die religiösen und politischen Überreizungen im Islam und im Arabertum ihrer Umwelt sind so gravierend, der Verlust an Reformerpersönlichkeiten im Bürgerkrieg so schwer, die Tradition so mächtig, daß es fraglich ist, ob dieses einmalige und hochstehende Experiment, welches die monistische Leitidee drusischer Geistigkeit in immer neuen Varianten ausführt und in die Gegenwart philosophisch und gesellschaftspolitisch hineinwebt, auf Dauer bestehen und eine geistig-moralische wie politisch-religiöse Standortfindung in der Moderne markieren kann. Die Tatsache, daß ein nicht geringer Teil der in Israel lebenden Drusen sich dem jüdischen Staat gegenüber loyal verhält und sogar der Wehrpflicht nachkommt, belastet die Situation der in arabischen Staaten lebenden Drusen.

2. Ahl-i ḥaqq

Gleich den vorhergehenden drei Sekten bekunden die *Ahl-i ḥaqq* („Besitzer der Wahrheit") a priori die soteriologische Exklusivität ihres Glaubens. Bekenner einer nicht ganz gleichförmigen, über keine kanonische Heilige Schrift verfügenden Geheimreligion, verbindet sie die Akkulturation extremschiitischen Gedankenguts mit den obigen: Sie zählen sieben aufeinanderfolgende göttliche Manifestationen sowie in deren Gefolge je fünf Epiphanien göttlicher Hypostasen, Engel oder Minister geheißen, dem Göttlichen entflossen und jeweils eine einzige Wesenheit bildend. Wenn im zweiten Zyklus islamische Vertreter – allerdings in extremschiitischer Gewichtung: ʿAlī-Prophetengenosse Salmān al-Fārisī-Muḥammad – überwiegen, ist dies für das Gesamtsystem unmaßgeblich, da die Ausfüllung mit muslimischen Namen nur der in solchen Religionstypen notorischen „islamischen Ära" (neben anderen) Rechnung trägt. Besagte Ära ist in der Tat nur eine Vorstufe auf dem Weg zur vollkommenen Erkenntnis, da diese, zwar in der Vorewigkeit durch die Gottheit potentiell angelegt, gleichwohl – das ist wieder Gedankenteil der Extremschia – der Reife entgegenwächst. Ebensowenig darf die Auffüllung früherer Zyklen mit Gestalten der islamischen, jüdischen, christlichen und muslimisch/arabischen Volks- bzw. Religionsgeschichte so gewertet werden, als beherrschten diese Namen die Gesamtheit der Manifestationsformen (der Seelenwanderungsglaube gestattet ja jede beliebige Versetzung und Vermehrung der Hypostasen!). Der Schwerpunkt liegt vielmehr im vierten Zyklus, den die Manifestation Sultan Ṣuhāks, wohl des eigentlichen Stifters der Religion, überstrahlt.

Das bedeutet aber, daß gerade im Geschichtsumfeld der Ahl-i ḥaqq der Glaube, die eine Wahrheit zur Reife gelangt. Bereits etliche Weltentstehungsmythen reflektieren diese Tatsache; erst recht regionalbedingt und urtümlich wirken die Legenden, welche sich um die Manifestationen ab dem dritten Zyklus ranken. Ja, wenn die Erscheinungen der Gottheit und die Nebenerscheinungen vom dritten Zyklus an „wandern", scheint diese Verschiebung ebendie Entwicklung und die Ausbreitung dieses Glaubens zu markieren: von Luristan über Gūrān (vierter Zyklus. Heilige Sprache des Gūrānī!) nach Aserbaidschan (spätestens Beginn des 18. Jahrhunderts). Dem entspricht etwa ihre heutige Verteilung: Westiran (Luristan; Kurdistan, besonders Gūrān; Aserbaidschan) und Nordirak.

Das auffällige Lokalkolorit ihres Pantheons, ihre schillernde schiitische Religiosität, der urwüchsige Synkretismus ihrer Riten, ihre Eschatologie (der ersehnte Messias veranstaltet sein Endgericht in ihrer Heimat!) verweisen für die Herausbildung dieses Glaubens unter anderem ins Milieu der turkmenischen schiitischen Heterodoxie, in Safawiden- und *Kızılbaş*-Nähe und in Richtung der *Kara-Koyunlu* zurück. In ihren religiös-sozialen Zusammenkünften finden sich so originelle Praktiken wie der *dhikr* der Sufis (von arab. *ṣūfī*), ekstatische Derwischpraktiken, unverzichtbare regulierte Gaben- und Opferdarreichungen, ausdrucksstarke Einführungsriten mit „geistigen Hochzeiten" u. a. Die im übrigen mehr von den unteren Sozialschichten getragene Religion zeigt in ihren wuchernden Wundergeschichts- und Folkloreelementen in den Überlieferungen einen sehr volkstümlichen Charakter.

Fast alles, was die Ahl-i ḥaqq in ihrer Volksgeschichte berührte, scheint religiös-sozial assimiliert, ohne daß sich in einigen Fällen die Vorzeichen geändert hätten: Die ersten drei islamischen Kalifen und auch Muʿāwiya und ʿĀ'isha bleiben wie in der Extremschia negativ, der teuflischen Finsternis verbunden; sie haben nämlich eine „Schwarzlehmnatur", d. h. eine negative Urqualität. Muḥammad, obzwar sonst keineswegs hervorragend, besitzt eine „Gelblehmnatur", d. h. eine positive Urqualität.

Im Zusammenhang mit dem Bösen begegnet noch ein auffälliges – bei den Yeziden dann noch mehr dominierendes – Phänomen: Dieses scheint seinen „Stachel" zu verlieren, wodurch vielleicht eine ewige Hölle entfällt, während auch das Paradies unstofflicher Natur sein könnte.

Zumindest der geschichtliche Befund machte es nicht unwahrscheinlich, daß diese so vieles verkraftende und absorbierende, letztlich dem Islam ferne Religion in Zukunft weiter anpassungsfähig bleibt. Eine neuere Theologie eines Angehörigen der *Khāmūshī*-Gruppe (gest. 1920) läßt hierüber keine Prognosen zu. Andererseits schufen phänomenologische Ähnlichkeiten mit anderen Gemeinschaften, etwa die millenarische Erwartung der (oder weiterer) Manifestation, Verbindungen zu völlig Milieufremden: Man weiß von Übertritten von Ahl-i ḥaqq zu den *Bahā'īs*, in deren Mitte sie gerade die Erfüllung ihrer Erwartungen suchten, fanden und folgerichtig ihre ehemaligen Glaubensgenossen aufforderten, die „Zeichen der Zeit" ihrerseits zu erkennen.

3. Yeziden

Vom Islam noch weniger gezeichnet sind schließlich die Yeziden. Sie siedeln vom Jabal Sinjār im Westen von Mossul bis Aleppo, nordöstlich über Armenien bis Transkaukasien, in der Osttürkei, am dichtesten aber nördlich von Mossul im Shaikhān-Gebiet, wo ihr kultisches Zentrum mit dem Grabmal ihres Nationalheiligen, Shaikh ʿAdī, liegt. Straff nach Stämmen und Sippen gegliedert, verteilen sie sich außerdem auf fünf Diözesen. Obwohl sie bevorzugt ein kurdisches Idiom sprechen, ist ihr rassisches und soziales Gepräge längst nicht eindeutig kurdisch. Sie hängen wieder einer exklusiven Geheimreligion an, die allein aufgrund ihres Abstammungsmythos die Vermischung mit Nichtyeziden unter Exkommunikationsstrafe verbietet. Der Exklusivität nach außen entspricht auch eine innere: Es ist nämlich kein Übergang von Laien zu Geistlichen möglich. Letztere bilden ihrerseits wiederum unverwechselbare Kasten, die jeweils streng endogam sind.

Es herrscht strikte Geheimzucht mit der üblichen schiitischen Konsequenz: äußerliche Anpassung an Nachbarreligionen zur Deckung. Auch die Yeziden traf nämlich, allein wegen ihrer Verehrung des sonst meistgehaßten Umaiyaden, Yazīd (die Herleitung ihres Namens von diesem Kalifen ist noch ungeklärt), der Bannfluch der Sunna. Ihr war bis zu den Osmanen einschließlich jedes Mittel recht, ihre Bekehrungs- und Ausrottungsmaßnahmen zu rechtfertigen. Nicht umsonst kennen die Yeziden selbst einen (Gegen-)*jihād*, den ihr höchster Geistlicher, Shaikh Nāṣir, auszurufen befugt ist.

Der religiös-kulturelle Wildwuchs, noch üppiger als bei den *Ahl-i ḥaqq*, verleitete förmlich zu üblen Nachreden. In Wahrheit sind sie weder „Teufelsanbeter" noch „Sittenstrolche", verehren auch keine Gestirne. Es handelt sich bei allem inhaltlichen Gemengsel sogar um eine lichtvoll-optimistische Religion, der das Gute und Sittsame alles bedeutet. Allein das ist aufschlußreich, daß die in der extremen Schia präexistent angelegten, sich in den Zyklen als Widersacher der guten Mächte reproduzierenden bösen Mächtigkeiten bzw. ihre Inkarnationen hier kaum existent sind! Das imposante Pfau/Hahnensymbol („Engel Pfau“, *malak ṭā'ūs*) ist gänzlich positiv geworden.

Unerhört nicht nur für die extreme Schia ist ferner die „Umpolung“ des satanischen Sinnbilds im Kalifen Yazīd ins Undämonische. Hinter dem überragenden Pfauensymbol versteckt sich zwar der gefallene, dafür zeitweilig „satanisierte“ Engel. Seine Reue und Gottes Gnade brechen indes die Souveränität des Bösen, überwinden das Böse, die Hölle und Höllenstrafe grundsätzlich. Entsprechend sollte auch die Wiedergeburt, als Läuterungsweg aufgefaßt, nur zum Adel der Seele gereichen und zum Paradies hinführen. Die Vernichtung des Bösen im malak ṭā'ūs ist so vollständig, daß er gar zum eigentlichen Vollstrecker des göttlichen Willens, zum Schöpfer und Erhalter des Alls wird.

Wie die Welt im einzelnen entsteht, lehren die sinnreichen Perl-Weltei-Vogelmythen. Eigentlich sind es bereits beim Schöpfungswerk die sieben Gottengel, mit malak ṭā'ūs, die demiurgenhaft, Gott ablösend, im Bunde tätig werden, so daß der Hochgott schließlich über allem Kult steht, malak ṭā'ūs und den Engeln alles Gedenken und liturgische Handeln zukommt. Gleich den Hypostasen bei den extremen Schiiten und bei den Ahl-i ḥaqq gebären sich die sieben Gottengel ins Raum-Zeitliche hinein oder es läutern sich gewisse (7) den Yeziden hochheilige Persönlichkeiten durch Wiedergeburt zu Gottheiten, dargestellt im Kultus durch die sieben Pfau/Hahnenfiguren *(sanjaqs)*, allerheiligste Symbole und Gegenstände allgemeiner Andacht. Darunter befinden sich, bunt gemischt, jüdische (David), islamisch-arabische (Yazīd ibn Mu'āwiya; Ḥasan al-Baṣrī; der Mystiker Manṣūr al-Ḥallāj), aber auch regionale (Shaikh 'Adī), d. h. dem eigenen Milieu einverleibte (denn hinter Shaikh 'Adī steht der historische *ṣūfī*-Scheich 'Adī ibn Musāfir aus dem 12. Jahrhundert) Namensträger. Ihre zwischen Göttlichem und Menschlichem vermittelnde Stellung ist heilswichtig, wobei – selbst bei Shaikh 'Adī – ihre gottmenschliche Natur nur vage bestimmt bleibt.

Schließlich erscheinen auch bei den Yeziden im Gefolge der zyklischen Manifestationen sekundäre Heilsgaranten, z. B. „Propheten“ wie Muḥammad und Jesus (das Jesusbild des Islams herrscht vor). Seien es islamische, seien es christliche Gestalten, der Dualismus ist wieder aufgelöst; das Licht dominiert klar. Wie schon gesehen, verliert selbst Yazīd in „sufyānischer“ (Sufyānī: umaiyadische Mahdi *[mahdī]*-Figur) Verklärung und dem malak ṭā'ūs paralleler Umwertung das Un-Engelhafte: Das Böse ist lediglich eine Phase im Verlaufe des Guten gewesen; letzteres kehrt auf seinen angestammten Platz, faktisch alleinherrschend, zurück. So etwa verhält es sich auch mit jenen Nebengestalten!

Der aus Vorstellungen und Brauchtum vieler Kulturen gemischte Wildwuchs setzt sich in den religiösen Feierlichkeiten fort, in denen sich wiederum keine abfälligen Äußerungen gegen andere Religionen und ihre Rituale, wie behauptet wurde, feststellen lassen. Eine weihevolle Würde dominiert, ob in den Hauptgebeten, Engelanrufungen, ob bei den feierlichen sanjaq-Prozessionen, bei der Wallfahrt zum Grabe Shaikh 'Adīs, beim

Neujahrsfest, oder in den von hohem Sozialethos geprägten Initiationsriten. Altorientalische, iranische Mythenvorstellungen, muslimische und christliche Überlieferung sind stark, noch beherrschender im Falle engen Zusammenlebens mit den Muslimen oder Christen. Überhaupt überschattet die vielschichtige mündliche Überlieferung oftmals ihre zwei Heiligen Bücher, deren Inhalte von ersterer erheblich abweichen können.

Wenn sich Glaube und Ritual der Yeziden bis in Einzelheiten der Lebensführung erstrecken, rührt das daher, daß sie gleichsam ein einziges Gottesvolk bilden, in welchem die Laien, obschon von den Klerikern kastenhaft geschieden, individuell als Novizen mystisch den *pīrs* oder Scheichs der Geistlichkeit verbunden sind. Neben den eigentlichen, nicht selten zölibatär-asketisch lebenden Geistlichen und Seelsorgern, verdienen gewisse, nach Art der Derwische oder sogar der Schamanen, agierende Kleriker, besonders die *faqīre, qawwāles* und *kočaks*, z. T. in Bruderschaften freiwillig dienend, hervorgehoben zu werden. Manche, wie die kočaks, lassen auch mit veränderten Funktionen ihre unheimliche schamanistische Vergangenheit ahnen oder erinnern wenigstens an die mahdistische sozioreligiöse und politische Kraft, über welche ihre (nun ausgestorbenen) Namensvettern im meist nomadenhaften Milieu „verfügten".

Trotz zahlloser islamischer Details ist das Yezidentum der größte Außenseiter der hier beschriebenen Sondergruppen. Sein religiöser Eigenstatus, durch die artspezifische soziale Entität noch verstärkt, bietet kaum Austauschmöglichkeiten, während die Toleranz dieser Religion eine Kommunikation mit ihr fördern könnte. Bei der Verquickung von Religiösem und Sozialem dürfte freilich jeder gesellschaftliche Wandel im Innern die Gesamtsubstanz der Minorität berühren und die einmalige Harmonie aller Elemente beenden.

4. Bahā'īs

Die weltweit missionierende Universalreligion der *Bahā'īs* steht im Grunde der Schia *(shīʿa)* gedanklich näher, als manche ihrer Publikationen in primärer Vorstellung der universalistischen Tendenzen oder des fertigen Systems erkennen lassen. Eine Bahā'ī-Religion ist schwerlich ohne zwei Vorbewegungen gänzlich schiitisch-mahdistischen und reformistischen Charakters denkbar, die wiederum nicht hätten zwangsläufig ineinander übergehen und im Bahā'ī-Glauben kulminieren müssen! Eine nonkonformistische innerschiitische Gruppe, die *Shaikhīs*, wollte mit der Suche nach dem geheimen Vertrauensmann des verborgenen 12. Imam, *bāb* (Tor) genannt, Zugang zum verheißenen Mahdi *(mahdī)* selbst erlangen. Die Umstände ließen die Wahl auf Saiyid ʿAlī Muḥammad als bāb fallen; der *Babismus*, die zweite Vorbewegung, war geboren.

Das Selbstverständnis dieses bāb ist indes nicht so klar zu ersehen, wie es die Bābīs selbst und wie es die Folgebewegung der Bahā'īs darstellen. Dieser bezeichnete sich 1844 in Schiras zwar als bāb, also Vorläufer eines anderen, könnte aber später mit dem Gedanken gespielt haben, selbst ein endzeitlicher Imam, ein Mahdi, zu sein. Daß ein „Mittler" (bāb) oder ein „Zeugnis" *(ḥujja)* zum Imam aufrückte, wäre in der Schiageschichte gar nichts Neues. Wie dem auch sei, des bāb dunkles Anspielen auf einen „von Gott noch zu offenbarenden" Größeren, welcher weltweit eine neue Zeit einleiten, einen neuen Hauptzyklus im Weltgeschehen eröffnen würde, diese Prophezeiung, auf wen immer sie zutraf, stand provozierend im Raum. Als ob der bāb selbst in mahdistischem Anflug gewaltsam den neuen Äon herbeiführen wollte, sagte er sich auf dem Konvent von Badasht (1848) vom Islam los und abrogierte die *sharīʿa*, das Gesetz: eine totale Aufkündigungsgeste, wie sie die Extremschia seit langem kennt, also noch keine universalistische Orientierung im späteren Bahā'ī-Sinne.

Mit seinem mahdistisch-reformatorischen Programm machte der bāb konsequent Ernst. Die realen Mißstände im geistlichen und weltlichen Bereich prangerte er schonungslos an und bekundete zugleich unerhört fortschrittliche Absichten für eine umfassende Neuordnung. Grausame Unterdrückungsmaßnahmen der iranischen Behörden zwischen 1849–52 trafen eine noch selbst militante Minderheit. In der folgenden Verbannung (Bagdad, Konstantinopel, Edirne, Haifa) formte sich aus den Exil-Bābīs der jetzt pazifistische, klar universalistisch werdende Bahaismus.

Der Übergang geschah nicht völlig reibungslos und hat etwas Willkürliches an sich, weil er unter Spannungen um die bāb-Nachfolge sich vollzog (1863/64). Um den Titel des vom bāb Verheißenen, „dessen, den Gott offenbaren wird", bewarben sich die Bābīs Bahā' Allāh und sein Halbbruder Ṣubḥ-i Azal. Die Mehrheit entschied sich für Bahā' Allāh, die sogenannten *Azalīs* blieben eine Minderheit. Die von der Schia überkommene Legitimationsproblematik sollte sich nach Bahā' Allāhs Tod erneut zeigen: Testamentsanfechtungen, Aufhetzung und Verleumdung trübten die Eintracht, bis sich ʿAbd al-Bahā', Bahā' Allāhs ältester Sohn, durchsetzte und durch seine überragenden Leistungen im Theologischen, Administrativen und in der Mission jedenfalls bewies, daß er des höchsten geistlichen Amtes überaus würdig war. Ähnliches gilt für seinen Nachfolger Shogi Efendi (Shauqī), der offenbar unangefochten die Leitung übernahm.

Der Bahā'ī-Glaube übernahm modifiziert die Theologie des Babismus. Natürlich steht nun die Manifestation, der Prophet des neuen Zeitalters im Mittelpunkt; der Zug zum Universalen verstärkt sich, während schiitische Terminologie und Symbolik nachwirken; die Organisation und Administration des Bahā'ī-Systems bilden sich rasch heraus.

Im Religiösen wird der bāb, als sei es eine Bestätigung von dessen eigenem späteren Anspruch, als der wahre, unabhängige, wenn auch zeitlich begrenzte Manifestation anerkannt. Bahā' Allāh wird die überragende Heilspersönlichkeit. Der völlig transzendente Gott veräußerlicht sich gewissermaßen in kontinuierlichen Schöpfungsakten, offenbart oder „spiegelt sich" am reinsten in den Propheten, die, zwar Menschen, die in der Schia diesen und den Imamen vorbehaltene übernatürliche Erhöhung erfahren. Bahā' Allāhs Vorgänger sind die im Islam gezählten Propheten des Judentums und Christentums und Muḥammad. Hinzu kommt neu Zoroaster. Das bedeutet, die früheren Religionen sind wesenhaft wahr, aber nicht mehr zeitgerecht. Der jetzt zeitgemäße ist der Bahā'ī-Glaube. Diesem können nach seinem Millennium durchaus andere, dann angemessenere, Manifestationen folgen.

Der Hereinbruch der Ewigkeit ins Zeitliche in der körperhaften Manifestation fördert das Spirituelle; der Geist des Glaubens wird zum wirklichen Lebensstrom, überschüttet das ganze Dasein mit Licht. Es bedarf wie in der Schia jedoch des existentiellen Erfaßtseins von der Manifestation, des einzigen Unterpfands des Glücks und der Erlösung. Die eschatologische Welt verliert an Selbstwert; das künftige geistige Geschick beginnt sich unter dem Eindruck des erschienenen Göttlichen vorwegzuformen. So gibt es keine leibliche Auferstehung (auch keine Wiedergeburt), kein Paradies, keine Hölle, einzig ein der Vollendung Entgegenwachsen im Geiste, durch göttliche Gnade nach dem Tode weiterbewirkt.

Trotz der Hervorhebung des Spirituellen rühmen sich die Bahā'īs mit Recht der „horizontalen Dimension" ihres Glaubens mit seinem Diesseits- und Gesellschaftsbezug. Sie teilen mit ihrem Vorläufer bāb das hohe und rigorose Ethos in der Sitten- und Pflichtenlehre, universalisieren allerdings dessen schiitischen innergesellschaftlichen Reformismus und geben die Kleinlichkeit vieler Regelungen des bāb auf. ʿAbd al-Bahā' und Shogi Efendi drangen auf die Einheit der Menschen wie auf die wesenhafte Einheit aller Religionen, die völlige nationale, religöse, rassische, politische Vorurteilslosigkeit, die Förderung des Weltfriedens, die Verbesserung universeller Erziehung u. a. Es ist sicherlich Ausfluß ihrer Vorbewegung, des Babismus, wenn die Bahā'īs mit der Selbstheiligung das Laienapostolat unterstreichen, den Klerikalismus (nach den Erfahrungen des bāb mit den schiitischen Theologen), öffentliche Zeremonien ablehnen, ihre Versammlungen aber als eine Art von Gottesdienst betrachten und als solchen vollziehen. Überhaupt sind ihre wohlgeordneten komplexen Führungs- und Verwaltungskörperschaften, gleichsam von Gott gestiftet, bereits als ein Vorgriff auf eine künftige ideale Weltordnung bzw. -regierung gedacht.

Die Zugehörigkeit zu diesem „Idealstaat" im Kleinen schließt übrigens eine Parteimitgliedschaft aus. Sie missionieren für ihre Sache oder, besser, werben für sie, indem sie ihre Ideale vorleben. Dank ihrer religiösen Duldsamkeit gegen Andersgläubige stehen auch ihre Tempel allen Bekenntnissen offen, und da ihre Mission in hohem Maße eine erzieherische ist, sollten Gotteshäuser von Lehr- und Sozialeinrichtungen umgeben sein. Eine gewisse Vorzugsstellung nehmen ihre heiligen Stätten, besonders am Berge Karmel in Haifa, mit dem Weltzentrum und den Gründergräbern ein. Dies ist symbolisch in sich für diese universell gewordene Bewegung, die in der religiösen und nationalen Enge ihrer iranischen Heimat nicht gedeihen konnte, die dem Islam, vor allem der Schia, als abtrünnig gilt, die bis in die späten fünfziger Jahre in Iran nicht drucken durfte und jetzt nach der Revolution erneut Repressalien ausgesetzt ist. Ihr beispielhafter Idealismus und Einsatzeifer scheinen jedoch überall ungebrochen zu sein.

5. Aḥmadīs

Millenarische Bewegungen, vielfach von den Schiiten ausgelöst, lassen sich durch die gesamte Geschichte des Islams bis in die Gegenwart verfolgen. Das 19. Jahrhundert brachte einen neuen Höhepunkt des Mahdismus sogar in der Sunna.Die *Aḥmadīs* liefern dafür ein östliches Beweisstück, genauer ein solches des indischen Islams, in dessen Umfeld hinduistische Avatāra-Ideen und spätindische *ṣūfī*-Vorstellungen ein zusätzliches Stimulans erbringen konnten.

Der Stifter dieser innerislamischen Erneuerungsbewegung ist Ghulām Aḥmad aus Qādiyān im Pandschab (ca. 1839–1908). Eine religöse und beschauliche Natur, wohl seherisch und „auditiv" veranlagt, beruft er sich ab 1889 auf göttliche Offenbarungen, die er empfangen habe. Verstärkter Widerstand regt sich gegen ihn und seine Schüler ab 1891, als er von sich selbst behauptet, der Messias oder Mahdi *(mahdī)* zu sein, ein Vorherwissen zu besitzen, Wunder vollbringen zu können, ein herabgestiegener Kṛṣṇa, wiedergekehrter Jesus, wiedererschienener Muḥammad zu sein.

Ein Dissens, der wohl schon unter seinem Nachfolger, „Kalif" genannt, geschwelt hatte, brach beim Tode dieses „Kalifen" 1914 offen in der Bewegung aus: Eine Minderheit wurde mit Sitz in Lahore aktiv. Der Auszug der Dissidenten beraubte die Bewegung zunächst ihrer administrativen Elite, auch – trotz ihrer westlichen Bildung – eines mäßigenden Elements, das überdies panislamisch und antiimperialistisch gesinnt war. Ihr theologischer Haupteinwand gegen die Majorität war wohl der, daß ihnen Ghulām Aḥmad nicht als Prophet, sondern lediglich als Erneuerer galt. Sie eiferten, wie es scheint, mehr für den Islam an sich, für den sie auch eher als für sich selbst nach ihrer intellektualistischen Konzeption warben. Mit weltweitem Publizieren, Missionieren, besonders im englischsprachigen Islam, blieben sie bis heute aktiv.

Die Mehrheit verweilte auch nach dem Schisma von 1914 zunächst noch in Qādiyān, bekundete so vielleicht selbst äußerlich ihre Anhänglichkeit an ihre Prophetenfamilie und an das Nachfolgeprinzip des „Kalifats". Sie zählte damals (1914) den 25jährigen Sohn Ghulām Aḥmads als „Zweiten Kalifen des Verheißenen Messias", das „Oberhaupt der Aḥmadīya-Bewegung des Islams". Zumeist meint man ebendiese Majorität, wenn von der Aḥmadīya-Bewegung die Rede ist. Sie ist heute neben Indien und Pakistan in Westafrika, Südostasien, eigentlich im ganzen Islam – wenngleich in einigen (arabischen) Ländern verboten bzw. sehr umstritten –, sowie in Europa und Amerika verbreitet. Das Hauptquartier befindet sich seit 1947 in Rabwah/Pakistan.

Die Mitgliederzahl von über einer Million und das aufwendige Werbenetz deuten auf eine beträchtliche Finanzkraft und besonders auf eine straffe, zentralistische Organisation hin. Letztere ist sozusagen der Kitt der Gemeinschaft, wobei die Regsamkeit des korporativen Lebens, Schulungs- und Bildungsprogramme in eigens dafür geschaffenen Einrichtungen ihr

Eigenprofil ebenso betonen, wie dies ihre Ausübung eigener rechtlicher Souveränität tut. Die Bewegung ist so, wie sie sich heute darstellt, fast noch die Schöpfung des Gründersohns Ḥażrat Mīrzā Bashīr ad-Dīn Maḥmūd Aḥmad und des Gründerenkels Mīrzā Nāṣir Aḥmad (geb. 1909).

Die Gestalt des Stifters und der ersten „Kalifen" leben denn auch weiter im Lehr- und Gemeindevermächtnis; die „Kalifen" wirken jeweils als Oberste Gewalt und als Interpreten der Schriften. Der Erben Anspruch liegt nicht weit unter jenem des Stifters, dessen Gemeinschaft – wie bei den vorausgegangenen sechs Gruppen – von der gewagten Prätention des Gründers zehrt: Sie betrachtet sich als die einzige wahre Verkörperung des Islams, den „Aḥmad" (man assoziiert wohl an das Synonym Muḥammads: Aḥmad!) wiederbelebte und neu offenbarte und den die „Kalifen" im Geiste des „Gottesgesandten" weiter leiteten.

Das Selbstverständnis eines solchen „Kalifen", der vielleicht auch die politische Implikation des „Kalifats" nicht gänzlich aus den Augen verlor, spricht für sich selbst: Es spiegelt sich am sogenannten „Heiligen Propheten", Muḥammad, grenzt sich mühevoll von ihm ab. Der Koran ist alles, endgültige Offenbarung. Man leitet jedoch aus bestimmten Koranstellen die Möglichkeit bzw. sogar die Notwendigkeit ab, daß, um die vergeßliche, irrige, widersetzliche Menschheit neu aufzurichten, weitere erleuchtete heilige Männer erscheinen, die ihr geistiges Licht vom Heiligen Propheten (Muḥammad) empfangen: Reformatoren oder Propheten, die aber nach den strengen Weisungen des Heiligen Propheten vorgehen. Man liest des weiteren aus dem Koran wie aus anderen Heiligen Schriften das Erscheinen eines „Überpropheten", des geistigen Ebenbildes des Heiligen Propheten, dem er fast gleichwertig ist. Das Ebenbild ist bald der Messias, bald der Mahdi der kanonischen Traditionssammlungen des Islams, bald ein anderer „Herabkömmling". Er soll der lebendige Beweis für die Wahrheit des Korans werden, von Gott dazu berufen, die Herrschaft des Islams wiederherzustellen.

Ghulām Aḥmad wurde nach dem Glauben der Majorität (die Minderheit sprach ja, wie gesehen, nur vom „Erneuerer") von Gott ebendiese Prophetenschaft verliehen, freilich – schwächt man ab – unter der Bedingung, als vollkommener Nachfolger des Heiligen Propheten den Koran zu befolgen. Er erläßt auch kein neues Gesetz. Gleichwohl steht er über allem Menschlichen: Ähnlich dem Heiligen Propheten weist er durch gewaltige Beglaubigungswunder auf seine einmalige Würde, durch Beweise seines Vorherwissens, durch Weissagungen auf sein „Wissen" hin. Selbst sein allseitiges Verfolgtwerden ist – Erbe aller Propheten – Zeichen seiner Erwähltheit. Und genauso wie einst die Väter des Drusentums in ihren Schriften den gottmenschlichen Jüngling al-Ḥākim gegen eine sophistische Welt der Bosheit und Intrigen triumphieren ließen, erscheinen die Erben, „Kalifen" des Propheten Aḥmad als gottgeleitete, unerschrockene Helden: Die Lahore-Gruppe, von westlichen Ideen beeinflußt, wollte angeblich das „Kalifat" abgeschafft wissen. Die ausführenden Organe der Gemeinschaft waren ja gerade von diesen „Kalifatsgegnern", sagt man, kontrolliert. Es grenzt nun ans Wundersame für die Nachkommenschaft des Propheten Aḥmad, wie die ihres intellektuellen, exekutiven und administrativen Elitepotentials entblößte Gruppe unter der Führung eines unerfahrenen Jünglings, nämlich des Sohnes (zweiten Kalifen) des „Verheißenen Messias", sich erhob und – siegte. Dieser Sohn, der zweite Kalif, gibt seinerseits vor, weitere Offenbarungen empfangen zu haben. Er wertet sich selbst auf, bezeichnet sich als den „Verheißenen Sohn", da er bereits fünf Jahre vor seiner Geburt (1884) durch den (visionären) Verheißenen Messias, seinen Vater Aḥmad also, angekündigt worden sei. Er nennt sich „autorisierter Interpretationsquell des ewig recht behaltenden Korans", dessen Stimmigkeit mit neuen Wissenschaftstheorien er jeweils nachweist.

Er verficht ein echt mahdistisches Programm, konzentriert es jedoch ganz auf den Koran, will und „wird die absolute Herrschaft des Korans aufrichten", die paradiesische Ordnung und den innerweltlichen Idealzustand damit herbeiführen, „Gottes Königreich initiieren". Auch diese Behauptung ist eine Vision; sie ist in eine Prophezeiung gekleidet, wiederholt den Anspruch des schiitischen oder allgemein-mahdistischen Heils- und Gerechtigkeitsbringers. Dies alles soll im Dienste und kraft des Korans geschehen.

Man verteidigt in der Tat fast fanatisch eine neue Einzigartigkeitstheorie des Korans, die die klassische theologische Formel (arab. *iʿjāz*) verwendet, aber zu einer grotesken Überhebung führt. Es ist da nur folgerichtig, wenn die Aḥmadīs größte Mühe darauf verwenden, die Minderwertigkeit, Fehlerhaftigkeit und Widersprüchlichkeit anderer Heiliger Schriften wie des Alten und des Neuen Testaments oder der Veden aufzuzeigen. Ihre Mängel sind indessen nicht so schwerwiegend, da ebenjene anderen Heiligen Bücher der Aḥmadīya „wahre Prophezeiungen" auf den Islam als *die* Wahrheit, auf den Koran als das Buch der Bücher liefern!

Ihre verstiegene Korangläubigkeit, das parallele unbändige missionarische Sendungsbewußtsein, eingeflößt vom überspannten prophetischen Mahdismus des Stifters und der „Kalifen", erklären die Missionserfolge der Aḥmadīya, aber auch, wie unheimlich den anderen Muslimen, die von den Aḥmadīs obendrein als „Ungläubige" bezeichnet werden, dieser Übereifer wird. Die Assoziation an die schiitischen Schwärmer, zu welchen einige der obigen Sekten nach der Terminologie der alten Häresiographen zählen, liegt da nicht allzu fern.

XI. Der Islam und die nichtislamischen Minderheiten

(Albrecht Noth)

Es mag trivial klingen, scheint mir aber in diesem Zusammenhang noch einmal betont werden zu müssen, daß der Begriff und die Sache „Minderheit“ de facto vorwiegend als Negativum zu verstehen ist. Die gedanklichen Assoziationen in bezug auf eine Minderheit sind etwa Unterlegenheit, Wehrlosigkeit, ausdrücklich festgelegte oder auch nur in der Praxis feststellbare Beschränktheit in rechtlicher Hinsicht, Ausgeschlossensein bis hin zur Unterdrückung und Verfolgung, dazu kann – als gefühlsmäßige Einstellung Außenstehender – Mitgefühl oder Mitleid kommen; entsprechend werden bei der jeweils dazugehörigen Majorität Vorurteile, Exklusivität, Diskriminierung in indirekter und direkter Form, Intoleranz bis zur Anwendung von physischer Gewalt und Ausrottung etc. assoziiert. Selbst für den Fall, daß in einer Gesellschaft eine Minorität zur bestimmenden oder herrschenden Gruppe wird, bleiben negative Implikationen: Zumindest die komplementäre Majorität – dies kann aber durchaus auch für Außenstehende gelten – sieht darin einen unnatürlichen Zustand.

Diese Feststellungen gelten mit graduellen – aber nicht qualitativen! – Unterschieden für alle Typen von Minderheiten in allen Formen von Gesellschaften, und es dürfte kaum eine Gesellschaft geben, die nicht über Minoritäten verfügt. Minderheiten, die durch eine Religion, oder allgemeiner: Weltanschauung, definiert sind, können unter diesem allgemeinen Aspekt nicht als Sonderfall betrachtet werden.

Es ist sicherlich verständlich, einer sachlichen Betrachtungsweise aber keineswegs dienlich, wenn Außenstehende gleicher Religion gewollt oder ungewollt eindeutig Partei für eine religiöse Minderheit ergreifen, wenn z. B. Christen der sogenannten westlichen Welt sich ihren Glaubensgenossen in islamischen Ländern besonders verbunden fühlen, sie etwa als „Inseln unter dem Kreuz“ [1] verstehen. Eine solche Parteinahme hat allerdings in Abhandlungen, die Objektivität intendieren, nichts zu suchen. Der Verweis auf die – als unausweichliche Konsequenz der Glaubensspaltung – in Europa schließlich überall gesetzlich geforderte religiöse Toleranz [2] genügt da nicht: Nichtreligiöse Minderheiten mit den negativen Belastungen der beschriebenen Art bestehen im „Abendland“ de facto auch vielfach weiterhin, und solche faktisch bestehenden Minoritäten, die – so lehrt die Erfahrung – in nahezu jeder Gesellschaft vorhanden sind und wohl auch in Zukunft vorhanden sein werden, stellen das angemessene tertium comparationis auch zu den nichtislamischen Minderheiten in islamischen Ländern dar – ein kaum einmal verwirklichtes Ideal allgemeiner Gleichheit und Toleranz taugt hier als Maßstab nicht.

Mit diesen Bemerkungen ist nun weder beabsichtigt, das Streben nach Gleichheit und Toleranz in irgendeiner Weise abzuwerten, noch gar, bestimmte Positionen des Islams zu verteidigen. Es geht nur darum, eine sachgemäße, d. h. von Fakten und nicht von Idealen geprägte, Betrachtungs- und Beurteilungsweise von Minderheitenfragen, hier nun speziell im islamischen Bereich, zu definieren und zur Grundlage zu machen.

Wie Minderheiten allgemein, so sind auch die nichtislamischen Minderheiten in islamischen Ländern der Gegenwart unter mehreren Aspekten negativ belastet. Immerhin muß aber doch als Tatsache festgehalten werden, daß ihr vom Islam verschiedener Glaube und ihr andersartiger religiöser Kultus allein nicht zum Anlaß offizieller Diskriminierung genommen werden dürfen, vielmehr beides, desgleichen ihre Gemeindeorganisationen, gesetzlich und durch die Praxis der Geschichte geschützt sind.[3] Man kann dies als „verachtende Toleranz" bezeichnen,[4] treffender scheint mir jedoch das Urteil von B. Lewis zu sein: „– yet second-class citizenship which is rooted in tradition, respected by law and custom, and effectively maintained, is better than first-class citizenship on paper only".[5]

Die Ausrichtung der folgenden Skizze sei in Kürze so umrissen:

- Unter nichtislamischen Minderheiten werden vor allem Christen und Juden in den zentralen Ländern der islamischen Welt begriffen.
- Nicht von einzelnen nichtislamischen Minderheitsgruppen wird die Rede sein, sondern von den allen Gruppen gemeinsamen Charakteristika und Problemen.
- Es kann hier nur darum gehen, einige mir wesentlich erscheinende Komponenten des gegenseitigen Verhältnisses von Islam und nichtislamischen Minderheiten in der Gegenwart herauszuarbeiten; dabei wird sich allerdings hin und wieder ein Rückblick auf Historisches nicht vermeiden lassen. Im übrigen sind die hier besprochenen Komponenten mannigfach untereinander verschränkt; allein des besseren Überblicks wegen werden sie schwerpunktmäßig getrennt behandelt.
- Die Auswahl der Gesichtspunkte wird sich nach den spezifisch islamischen Spielarten allgemeinerer Minderheitenproblematiken richten.

Begonnen sei mit Auszügen aus einem Streitgespräch zwischen einem muslimischen und einem christlichen Literaten (beide Libanesen), das 1971 veröffentlicht wurde.[6] Diese Auswahl geschah nicht etwa aus qualitativen Gesichtspunkten – politischer Einfluß der Gesprächspartner oder hoher Standard der Diskussion –, sondern gerade deswegen, weil hier in der Abfolge der Thematik und in der Akzentsetzung der Argumentation typischer und damit aufschlußreicher Durchschnitt geboten wird.

Zunächst wird der christliche Literat von seinem muslimischen Gegenüber deswegen gerügt, weil er in seiner Dichtung die (libanesisch-)arabische Umgangssprache – und nicht das Hocharabische – bevorzuge. Denn: Die Verwendung der Umgangssprache „beraubt die arabische Welt eines wesentlichen Faktors ihrer Einheit" und „gehört zu den Einflüsterungen der Kolonialisten". Der Christ verteidigt sich: Wie könne denn ein künstliches

Gebilde von der Art der arabischen Hochsprache ein brauchbares Fundament arabischer Einheit sein? Im übrigen könnten gerade die Kolonialisten, an ihrer Spitze Israel, ein Interesse an der Förderung der Hochsprache haben, da diese das Denken der Araber zur Schizophrenie führe und es den Realitäten entfremde. Die Frage des Muslims, ob die Flucht des Christen vor dem Hocharabisch so etwas wie eine Flucht vor dem Erbe dieser Sprache sei, beantwortet der Christ mit der Feststellung, er sehe da keine Verbindung. Der Muslim wird deutlicher: Gegenüber seinem Gesprächspartner sei der Verdacht aufgekommen, er sei in Wirklichkeit kein Araber, weil seinem literarischen Schaffen „der arabische Wesenszug" *(nazi'a 'arabīya)* fehle. Die Antwort: Ihm sei nicht ersichtlich, wieso man von *dem* „arabischen Wesenszug" schlechthin sprechen könne, dessen Beiseitelassen dann das Ausscheiden aus dem Arabertum bedeute. Wie sei denn dieser „arabische Wesenszug" definiert? Die pathetische Antwort des Muslims lautet: „Es handelt sich um jene Flamme *(lahab)*, welche die Araber als zivilisierte Gemeinschaft in die Welt getragen haben, und etwas anderes als diese Flamme oder Darüberhinausgehendes können die Araber auch heute noch – nach vierzehn Jahrhunderten – nicht bereitstellen."

Der Christ formuliert seine scharfe Reaktion so: „Wenn du den Islam meinst und ihn als grundlegendes Element des ‚arabischen Wesenszuges' verstehst, wenn dann auch jeder Nichtmuslim als einer zu betrachten ist, dessen Wesen nicht arabisch ist, dann bin ich – zum Beispiel – kein Araber. Auch könnte ich dann nicht dafür getadelt werden, daß ich nach der Schaffung einer nichtislamischen Gesellschaft strebe, oder anders ausgedrückt: einer christlichen Gemeinschaft, in der ich meinem Wesen Ausdruck verleihen und meine Natur verwirklichen kann. Damit sind wir auch schon beim Kernpunkt aller jener Bewegungen, welche nichtmuslimische Araber gegründet haben, um sich eine eigene Gesellschaft oder Nation zu schaffen. Christlichen Arabern – oder einigen von ihnen – ist es (so z. B.) gelungen, die libanesische Nation zu errichten, und verdenken kann man ihnen dies nicht, solange man sie nicht als Araber betrachtet, nur weil sie nicht Muslime sind."

Nach einem Wortwechsel über libanesische Spezifika wendet sich die Diskussion dann – mit nahezu idealtypischer Folgerichtigkeit – der Frage zu, welche grundlegenden Konzepte und Anschauungen den Islam und das (Orient-)Christentum in der Einstellung zu den Entwicklungen der modernen Zeit trennen. Der Islam, so will es der Christ sehen, habe sich durch die Petrifizierung des Korans und seiner traditionalistischen Auslegung bereits frühzeitig (und endgültig) an den Rand der allgemeinen menschlichen Kulturentwicklung manövriert, einer Kulturentwicklung, die im Mittelmeerraum (Griechen, Römer) ihren Ausgang nahm und die Grundlage für allen Fortschritt bildet. „Das Problem der Muslime ist heute, daß sie machtlos den Erben dieser Kultur gegenüberstehen, die auf allen Gebieten die Macht besitzen. Solange im Bereich des Islams nicht ein Bewußtsein ersteht, das für diese unteilbare menschliche Kultur offen ist, kann ich für den Islam und die islamische Welt nur eine dunkle Zukunft sehen."

Nachdem der Muslim darauf hingewiesen hat, daß sich der Islam sehr intensiv mit dem Erbe der Griechen befaßt und dieses sogar dem seinerzeit geistig verödeten Europa weitergegeben habe – worauf der Christ erwidert, die Befassung des Islams mit der griechischen Philosophie sei ja doch nur oberflächlich, „mechanisch“ und ohne bleibende Tiefenwirkung gewesen, durchgesetzt habe sich dagegen der nichtrationale Traditionalismus –, folgt nunmehr die aggressive muslimische Fundamentalkritik an der Entwicklungsgeschichte und dem gegenwärtigen Standort des Christentums: Im Unterschied zum Islam, der seine Identität habe bewahren können, sei die ursprünglich reine Lehre des Christentums unter dem Einfluß der verschiedenen Völker, die sich ihm anschlossen, immer weiter verändert und entstellt worden. Dies habe bereits früh durch die Einwirkung von Idol-Kulten mit der Vergöttlichung des Christus begonnen, „und *heute* ist das Christentum eine andere Religion, ein Konglomerat aus den Religionen und Rationalismen all derjenigen Völker, die sich (nach und nach) zu ihm bekannt haben. Der Islam dagegen hat aufgrund seiner Beharrlichkeit im Verlauf der Geschichte seine Identität wahren können, und dies obwohl auch er mit den gleichen Völkern wie das Christentum in Verbindung gekommen ist.“

Gegen Ende des Disputs – und auch dies gehört zur inneren Logik eines Streitgesprächs zwischen einem Muslim und einem Orientchristen – stellt der Muslim seinem Gesprächspartner die „Testfrage“: „Wie stellst du dir vom Standpunkt des Orientchristentums die zukünftige Entwicklung der Palästinafrage vor, wo doch ein großer Teil der Christen (außerhalb) die Ansicht vertritt, die Errichtung des Staates Israel entspreche einer biblischen Prophezeiung?“[7] Der Christ nimmt bezeichnenderweise zu der biblischen Prophezeiung nicht Stellung. Im übrigen versucht er, einen neutralen Standpunkt zu beziehen, lehnt vor allem die Ansicht ab, Israel sei ein „Brückenkopf des Westens“ und weist darauf hin, daß aufgrund der Geschichte der Juden die Israelfrage ein Weltproblem sei und nicht ausschließlich als ein palästinensisches oder arabisches Problem reklamiert werden könne.

Das Spektrum der in diesem Streitgespräch behandelten Fragen, ebenso aber auch der gesamte Tenor, in dem die Gesprächspartner ihre Ansichten vertreten, vermag die wichtigsten Aspekte des gegenwärtigen Verhältnisses von islamischer Majorität und nichtislamischen Minderheiten eindrucksvoll zu charakterisieren. Dabei entsprechen den Abstraktionen des Disputs vielfach durchaus sehr konkrete, ja alltägliche, Formen und Muster des gegenseitigen Verhaltens. Wie das Streitgespräch, so ist auch das reale heutige Beziehungsgeflecht zwischen islamischer Majorität und nichtislamischen Minderheiten gekennzeichnet von einer deutlichen Spannung zwischen möglicher Integration und möglicher Abweisung, wobei – das ist sehr nachdrücklich zu betonen – beide Positionen von beiden Gruppen bezogen werden können, die Minderheiten also nicht nur „Opfer“, sondern auch „Täter“ sind.

Wenn wir zunächst die Linie der Integrationsvoraussetzungen und -tendenzen verfolgen, so läßt bereits die Atmosphäre unseres Streitgesprächs keinen Zweifel daran, daß man bei aller Härte der Auseinandersetzung letzten Endes doch über eine gemeinsame Gegenwart und Zukunft spricht. Für die islamische Majorität sind in der Geschichte wie in der Gegenwart die nichtislamischen Minoritäten ein dazugehöriges Element, prinzipiell weder Gegenstand der Mission noch der Vertreibung. Hier hat eine lange historische Entwicklung – und nicht so sehr die Übernahme europäischer Menschenrechtsforderungen – die wesentlichen Fixpunkte gesetzt: die im islamischen Recht und in der Rechtspraxis verankerte Schutzverpflichtung des Islams, die sich auf die nichtislamischen Gemeinschaften insgesamt einschließlich ihrer Organisationen bezieht, und der ein (zu bezahlender) Anspruch der Minderheiten auf Schutz *(dhimma)* entspricht;[8] die darauf aufbauende Organisation begrenzt autonomer nichtislamischer Gemeinschaften *(millet)* im Osmanischen Reich;[9] schließlich die Aufnahme der Nichtmuslime als – verfassungsmäßig – vollberechtigte Bürger in die auf dem Boden des Osmanischen Reiches entstandenen neuen islamischen Staaten.[10] Letzteres ist allerdings vorwiegend ein formales Zugeständnis an das europäische Konzept der *égalité*, in der Praxis sind durchaus noch Elemente des alten dhimma/millet-Status wirksam. Die unterschiedliche Namengebung (auf die allerdings auch von seiten der Minderheiten Wert gelegt wird), die Beschränkungen für Heiraten untereinander und die Schwierigkeiten, denen Nichtmuslime beim Aufstieg in höhere Positionen des Staatsdienstes begegnen, seien als Beispiele genannt.

Der Integration der Nichtmuslime in ihre muslimische Umgebung ist immer wieder ihre Unentbehrlichkeit für die Majorität in den verschiedenen Lebensbereichen zugute gekommen. Das in diesem Zusammenhang von der muslimischen Orthodoxie traditionell und auch heute noch herangezogene und kommentierte Koranwort: „Ihr Gläubigen, nehmt euch die Juden und Christen nicht zu Helfern!" (Koran 5:51) ist in der Praxis jedenfalls sehr viel öfter umgangen als befolgt worden. Hingewiesen sei auf die jahrhundertelange monopolartige Stellung der Kopten in der ägyptischen Finanzverwaltung ebenso wie auf die Beherrschung ganzer Handwerkszweige durch die Minderheiten, etwa der Gold- und Silberschmiedekunst, und ihre führende Rolle bei der Abwicklung von Geldgeschäften, bei denen die Muslime aufgrund des koranischen Zinsverbotes schwerwiegenden Beschränkungen unterworfen waren. So sind z. B. ägyptische Juden im ausgehenden 19. und beginnenden 20. Jahrhundert als Bankiers zu außerordentlichem Reichtum und Einfluß gelangt und haben auf dieser Grundlage wesentlich zum Aufbau einer modernen Infrastruktur im neuzeitlichen Ägypten beigetragen; die Beispiele ließen sich leicht vermehren. Heute sind mit dem Aufzug des technischen Zeitalters neue Domänen der nichtislamischen Minoritäten hinzugekommen. Die frühzeitige Inanspruchnahme europäischer Bildungsmodelle, sei es im eigenen Land, sei es durch Studium in europäischen Ländern, hat den Minoritäten einen deutlichen prozentualen Vorsprung gerade in den heute gefragten technischen Berufen, z. B. im Ingenieurwesen und in der modernen Medizin, verschaffen können; einer Kontinuität ihrer faktischen Unentbehrlichkeit ist dieser Tatbestand zweifellos förderlich.

Den von der muslimischen Majorität zugelassenen oder geförderten Integrationstendenzen sind in ähnliche Richtung gehende Traditionen und Aktivitäten der Minderheiten an die Seite zu stellen, d. h. die nichtislamischen Minoritäten sind – wie erwähnt – auch „Täter". Aufschlußreich ist in diesem Zusammenhang die Sprach-Diskussion unseres Streitgespräches. Wir erinnern uns, daß der Christ entschieden dagegen protestiert, daß der muslimische Gesprächspartner an seinem „Arabertum" Zweifel anmeldet.[11] Damit steht er durchaus repräsentativ für den ganz überwiegenden Teil der nichtislamischen Minoritäten. Die Sprache ist dabei übrigens nur ein – allerdings sehr wichtiger – Bestandteil eines größeren Ganzen. Dieses größere Ganze, in dem sich die nichtislamischen Minderheiten seit Jahrhunderten ohne Zwang der islamischen Umwelt angepaßt haben, umfaßt neben der Sprache nahezu alle Lebensbereiche bis in die – in ihrer Summe so maßgeblichen – Details des alltäglichen Lebens; dies konnte mitunter sogar bis zur gemeinsamen Begehung religiöser Feiertage führen. Charakteristisch ist eine auf dieser Grundlage basierende Loyalität der nichtmuslimischen Minderheiten zu ihrer jeweiligen muslimischen Umwelt. Daß diese Loyalität vorwiegend opportunistische Züge trägt, auch auf dem Fehlen einer besseren Alternative beruhen mag, ändert nichts an der Tatsache ihrer Existenz und Beständigkeit.

Hierher gehört denn auch die gewichtige Rolle, die nichtislamische Minderheiten bei der Formierung und dem Ausbau bestimmter Richtungen des arabischen Nationalgedankens gespielt haben und bis heute spielen.[12] Ihre im Vergleich zur islamischen Majorität älteren, engeren und weniger belasteten Beziehungen zu europäischen Ländern – die libanesischen Christen sind hier vor allem zu nennen – ließen sie auch zu Pionieren in Import, Verbreitung und regionaler Anpassung europäischer Nationalideen werden. Wesentlich ist in unserem Zusammenhang, daß nichtislamische Minderheiten bei dieser Anpassung der europäischen Ideen überhaupt auf den Gedanken kommen konnten, das Arabertum, das arabische Erbe, zur Basis einer nationalen Bewegung zu machen, was seinerzeit keineswegs selbstverständlich war. Dies reflektiert vielmehr den Tatbestand oder auch nur das Empfinden einer tragfähigen Gemeinsamkeit mit der muslimischen Majorität jenseits religiöser Gegensätze, auf der Ebene von Sprache, Kultur und Lebensgewohnheiten. Der Pflege der arabischen Sprache und Literatur als wesentlicher Elemente dieser Gemeinsamkeit galt denn auch das intensive Bemühen von nichtislamischen Vertretern eines arabischen Nationalgedankens; das Wirken eines Buṭrus (Petrus) al-Bustānī (1819–1883) ist hier repräsentativ.[13]

Gegenliebe bei der islamischen Majorität fanden die Minderheiten mit ihrem arabischen Nationalgedanken vor allem deswegen, weil – und solange – er sich auch gegen gemeinsame Gegner richtete: die türkischen Osmanen und die europäischen Kolonialmächte; keineswegs jedoch wegen seiner säkularisierenden Tendenzen. Vor allem können die nichtsislamischen Minderheiten einer bestimmten Entwicklungsrichtung des „Arabischen Nationalismus", die bereits um die Jahrhundertwende sichtbar wurde und sich in jüngster Zeit zunehmend verstärkt, – naturgemäß – nicht folgen: der Definition der arabischen Komponente im Nationalgedanken als vornehmlich oder ausschließlich islamisch. Dadurch daß die islamische Majorität das von den Minderheiten importierte Konzept einer großen arabischen Nation zwar übernahm, „arabisch" aber mehr oder weniger mit „islamisch" gleichsetzte (was durchaus nicht fernliegend war), tendierte sie im Grunde wiederum zu panislamischen Vorstellungen, innerhalb derer die Minderheiten – zumindest als gleichberechtigte und tragende Gruppen – nichts zu suchen haben. Der ausführliche Wortwechsel in unserem Streitgespräch über den „arabischen Wesenszug" kennzeichnet die unterschiedlichen Standpunkte sehr treffend: Das Verständnis des Muslims von „Arabertum" ist eindeutig islamisch, und die aggressive Antwort des Christen: „Wenn du den Islam als grundlegendes Element des ‚arabischen Wesenszuges' verstehst..., dann bin ich kein Araber", signalisiert sowohl die notwendige Konsequenz, die ein Nichtmuslim aus einer solchen Definition des Arabertums ziehen muß, wie auch – und das ist gleichermaßen kennzeichnend – die Absicht des Christen, eine derartige Inhaltsbestimmung des Arabertums ad absurdum zu führen.

Es ist nur folgerichtig, daß Angehörige der nichtislamischen Minderheiten heute vor allem in solchen Strömungen des „Arabischen Nationalismus" ihren Platz finden und sich engagieren, in denen der Islam kein konstitutives Element ist. Dazu gehört etwa die von einem Christen (Michel ʿAflaq) mitbegründete *Baʿth*-Bewegung, die ihre Ziele mit „(Arabische) Einheit – Freiheit – Sozialismus" beschreibt;[14] dazu gehört auch die weitgehend säkularisierte *Palästinensische Befreiungs-Organisation*, in welcher Christen stark repräsentiert sind, ein bestimmendes Element gerade auch in deren extremen Flügeln.

Die andere den Minderheiten-Gruppen sich anbietende und auf den ersten Blick sogar näherliegende Möglickeit, europäische Nationalideen in ihrer Umgebung zu verwirklichen, nämlich die Gründung eigener „Staaten", hat in den zentralen Gebieten des Nahen Ostens keine beherrschende Rolle gespielt.[15] Bezeichnenderweise wird sie auch in dem Streitgespräch von dem Christen nur als ultima ratio gleichsam „angedroht".[16] Die Errichtung des Staates Libanon gehört – unter mehreren Aspekten – nur mit starken Einschränkungen in einen solchen Zusammenhang, ist auf jeden Fall atypisch.[17] Die Gründung des Staates Israel dagegen ist bekanntlich nicht das Werk der autochthonen jüdischen Minderheiten gewesen, von ihnen auch keineswegs durchgehend befürwortet worden.

Mit der Beschreibung der Schranken, die im Rahmen des arabischen Nationalgedankens den integrativen Tendenzen auf seiten der islamischen Majorität und der nichtislamischen Minderheiten gesetzt sind, ist bereits der Problemkreis der gegenseitigen Abgrenzung und Abweisung von Majorität und Minderheiten angesprochen, der jetzt noch genauer zu charakterisieren ist. Wenn wir dabei wiederum von den Vorstellungen der islamischen Majorität ausgehen und Majorität und Minderheiten als Gruppen ins Auge fassen (d.h. Relationen von Individuen ausklammern), so läßt sich als vielleicht auffälligste Grundhaltung der Muslime ein aus verschiedenen Quellen gespeistes Mißtrauen gegenüber den Minoritäten namhaft machen. Eine wesentliche Quelle für diese Haltung war und ist mit Sicherheit die durchschnittliche „schulische" Unterweisung in der Religion des Islams, vor allem Koran und (frühe) islamische Geschichte; der ausgefeilten, islamischen Theologie und Dogmatik kommt hier nur sekundäre Bedeutung zu, da sie – eine Domäne weniger Spezialisten – bei weitem nicht diese Breitenwirkung hat. Koran und islamische Frühgeschichte aber, die als zu jeder Zeit aktuell aufgefaßt werden, lassen diejenigen Gemeinschaften, die den Muslimen als Minderheiten begegnen, in – zumindest – sehr zweideutigem Licht erscheinen: Im Koran überwiegen zunächst einmal rein quantitativ die negativen Aussagen über Christen und Juden bei weitem [18] – dies kann nicht deutlich genug gesagt und in seiner Breitenwirkung (große Teile des Korans werden ja in der Jugend von den meisten Muslimen auswendig gelernt) kaum überschätzt werden. Die zum Beweis islamischer „Toleranz" mitunter herangezogenen, für Christen und Juden günstigen oder auch nur allgemein neutralen, Koranverse, die im wesentlichen den früheren Phasen von Muḥammads Prophetentum angehören,[19] fallen demgegenüber wenig ins Gewicht, können vor allem auch – auf der Grundlage der Methode islamischer Koraninterpretation – als später „abrogiert" *(mansūkh)* verstanden werden. Abgesehen einmal von den Höllenstrafen, die den Christen und Juden immer wieder im Koran prophezeit werden, erscheinen sie vor allem als Lügner und Verräter, und zwar sowohl in bezug auf die Religion als auch auf den Propheten. Auch ihnen ist nämlich früher einmal, wie dem Propheten, die reine Lehre in schriftlicher Form offenbart worden (sie sind „Leute des Buches/Buchbesitzer"), doch sie haben diese Lehre im Laufe der Zeit verfälscht, d.h. nicht (passive) Unwissenheit, sondern (aktive) Entstellung ist ihr Vergehen; zudem ist ihre Haltung gegenüber der Person des Propheten – dies gilt vor allem für die Juden (von Medina und Umgebung; doch leicht zu verallgemeinern) – von Heuchelei und Verrat gekennzeichnet.

Die populär verstandene und unterrichtete frühislamische Geschichte fügt diesem Bild dann vor allem noch die Charakteristika des „Erniedrigtseins" *(dhull)* und der „Unterwürfigkeit" *(ṣighār)* hinzu. Der nach seinem Selbstverständnis auf der ganzen Linie – und letzten Endes immer – siegreiche Islam duldet zwar Nichtmuslime in seiner Ökumene, hat sie auch als Gemeinschaften zu schützen, aber eben im Status der Erniedrigung und als Individuen, die für ihr Wohnrecht auf islamischem Gebiet Tribut zu entrichten haben „in demütiger Haltung" (so in Anlehnung an Koran 9:29 und die Unterwerfungsverträge der Eroberungszeit).

Schulische Lernstoffe dieser simplifizierenden Art verfehlen, selbst wenn die Praxis mitunter anders aussehen mag, ihre Wirkung nicht; sie sind vor allem in fortgeschrittenerem Alter schwer wieder loszuwerden oder auch nur zu neutralisieren, selbst wenn die gute Absicht dazu vorhanden ist – es genügt hier, auf die Parallele europäischer Vorstellungen vom Islam hinzuweisen. Der sicherlich nicht ungebildete muslimische Gesprächspartner des Christen in dem Streitgespräch – von 1971! – nimmt denn auch die gleichen uralten Grundmuster vom Verrat der Christen und der Überlegenheit des Islams wieder auf, wenn er sie auch ein wenig anspruchsvoller formuliert: Entstellung des wahren Glaubens, beginnend mit der Vergöttlichung des Messias und sich bis in die Gegenwart fortsetzend mit der permanenten Integration glaubensfremder Denkformen anderer Völker; demgegenüber der reine Islam, der allen diesen Versuchungen siegreich widerstanden hat.[20]

Die Überzeugung der islamischen Majorität von der eigenen Überlegenheit und der geringen Vertrauenswürdigkeit der Minoritäten, beides – da der Islam als umfassende Daseinsordnung verstanden wird – vom Gebiet der Religion ohne Mühe übertragbar auf alle Bereiche des Zusammenlebens,[21] hat immer sehr konkrete praktische Konsequenzen gehabt. Diese lassen sich allgemein beschreiben mit dem Bestreben der islamischen Majorität, die Minoritäten daran zu hindern, besonders auffällig, bestimmend oder gar beherrschend in Erscheinung zu treten, sofern Muslime in größerer Zahl davon direkt oder indirekt betroffen sind. Die ansonsten garantierte freie Religionsausübung sollte sich nicht zu demonstrativ vor den Augen einer muslimischen Öffentlichkeit manifestieren.[22] Tätigkeiten oder Berufe, in denen ernsthafte muslimische Konkurrenz besteht, sollten nicht von Angehörigen einer Minderheit beherrscht werden. Eine geradezu typische Reaktion der Minderheiten auf letzteres ist ihr Ausweichen auf von Muslimen weniger frequentierte berufliche „Freiräume“: in neuerer Zeit z. B. Ingenieurwesen, (bereits traditionell) Medizin, Rechtswesen (soweit es mit den importierten europäischen Rechtsformen zu tun hat) und (ebenfalls bereits traditionell) Bankwesen. Probleme mit der muslimischen Majorität können sich jedoch auch bei derartigen Tätigkeiten immer dann abzeichnen, wenn durch ihre Ausübung – etwa im Geldgeschäft – bedeutender Einfluß erworben oder von der Majorität auch nur vermutet wird.

Die Fähigkeiten von Angehörigen nichtislamischer Minderheiten in bestimmten Bereichen der „staatlichen“ Verwaltung und ihre daraus resultierende Unentbehrlichkeit sind in der islamischen Geschichte ebenso traditionell wie die unterschiedlich starke Opposition und Stimmungsmache gegen die Beschäftigung von Nichtmuslimen in administrativen Funktionen, da hier die Gefahr einer – nicht zu tolerierenden, ja undenkbaren – Beherrschung von Muslimen durch Nichtmuslime gesehen wurde. Aus den gleichen Gründen, wenn sie auch – mit Rücksicht auf den Verbalismus der Gleichheit – anders geäußert werden, haben Nichtmuslime heute ungleich größere Schwierigkeiten als Muslime, leitende Positionen in der Hierarchie der Staatsbeamten zu bekommen und zu behalten. Vielfach wird auch ihr realer Einfluß (und ihre Unentbehrlichkeit) vor der Öffentlichkeit verborgen, indem ihre wirklichen hochrangigen Funktionen nicht mit den entsprechenden Titeln und deren äußeren Begleiterscheinungen (Protokoll!) versehen werden; auf die Viten und das Auftreten zeitgenössischer nichtislamischer Politiker in islamischen Staaten sei hierzu verwiesen. In solchen Zusammenhängen ist übrigens nicht selten – dies hat bereits längere Tradition – ein Zusammengehen der herrschenden muslimischen Schicht mit von ihr protegierten nichtislamischen Fachleuten *gegen* den Widerstand von islamischer Geistlichkeit und Bevölkerung zu beobachten.

Ein undenkbarer Zustand ist es schließlich für Muslime, in irgendeiner Form auf „eigenem Territorium" selbst Minderheit unter der Herrschaft einer ihrer ehemaligen nichtislamischen Minoritäten zu werden oder auch nur in die Nähe einer solchen Situation zu geraten: Nicht nur, aber auch unter diesem Aspekt können die bereits seit längerer Zeit zu beobachtenden Friktionen, schließlich der Ausbruch der offenen Feindseligkeiten in dem labilen Proporz-Staat Libanon gesehen werden.

Der mißtrauischen Abwehrhaltung der islamischen Majorität gegen ein bestimmendes Auftreten von Minderheiten auf allen Ebenen des inneren Gefüges eines muslimischen Landes korrespondiert die jahrhundertealte und gerade heute wieder sehr lebendige Befürchtung der Muslime, die Minderheiten tendierten zur Kollaboration mit den auswärtigen, nichtmuslimischen, Gegnern islamischer Staaten. Nun haben die Minderheiten zwar oft genug – gerade auch in entscheidenden Situationen – ihre, wie auch immer motivierte, Loyalität gegenüber ihrer muslimischen Umgebung bewiesen,[23] doch gibt es eben auch Ausnahmen, und vor allem der Verdacht der Kollaboration ist bei den Muslimen stets latent vorhanden – oder anders ausgedrückt: Die nichtislamischen Minderheiten haben in der Regel die Beweislast zu tragen.

Nahrung hat dieser durch die gesamte islamische Geschichte zu verfolgende Verdacht in neuerer Zeit vor allem durch das Eindringen europäischer Nationalideen und durch die Gründung des Staates Israel erhalten. Zwar blieben die von außen hereingetragenen und z. T. auch geförderten nationalen Selbständigkeitsbestrebungen vor allem der Griechen und Armenier im asiatischen[24] Osmanischen Reich des 19./20. Jahrhunderts im wesentlichen auf dessen anatolische Gebiete beschränkt, waren zudem auch ohne bleibenden Erfolg und – gerade im Falle der Armenier – zum eigenen Schaden, doch konnten sie das allgemeine Mißtrauen der Muslime gegen die Zuverlässigkeit ihrer Minoritäten wieder einmal als gerechtfertigt erscheinen lassen.[25] Der in den zentralen Gebieten des Nahen Ostens von Christen entwickelte und propagierte arabische Nationalgedanke ist allerdings eher geeignet, das – auch mögliche – Gegenteil zu demonstrieren.

Daß die Gründung des Staates Israel und deren Vorgeschichte die Lage der jüdischen Minderheiten im gesamten Nahen Osten und darüber hinaus grundlegend verändert hat, ist bekannt und in den Details hier nicht zu behandeln. Doch auch das Verhältnis der islamischen Majorität zu ihren Minoritäten allgemein wird von der Existenz Israels überschattet: Tatsache ist für die Muslime, daß in diesem Falle zumindest durch die Mitwirkung ehemaliger Minderheiten „Islamgebiet" *(dār al-islām)* von zentraler Bedeutung und Tradition wiederum zu „Kriegsgebiet" *(dār al-ḥarb)*[26] geworden ist. Wenn zwar den christlichen Minoritäten der Gründung des Staates

Israel vergleichbare Absichten und Ziele realistischerweise nicht unterstellt werden, so müssen sie sich mindestens die mißtrauische Frage gefallen lassen, wie sie sich zu diesem „Fremdkörper" Israel stellen wollen, eine Frage, die, wie die jüngsten Ereignisse im Libanon zeigen, gar nicht einmal so unberechtigt ist. In durchaus charakteristischer Weise ist auch in unserem Streitgespräch von diesem Thema die Rede. Der Muslim vermutet eine Prädisposition seines Gesprächspartners zur Billigung der Existenz Israels, und der Christ bezieht in seiner ausweichenden Antwort zumindest nicht die islamisch-arabische Position.[27]

Der zuletzt angesprochene Wortwechsel des Disputs führt uns in den weiteren Zusammenhang eines immer latent vorhandenen Vorwurfs der islamischen Majorität gegen ihre – vor allem christlichen – Minderheiten, dessen Inhalt man „geistige Kollaboration" mit den auswärtigen Nichtmuslimen nennen könnte. Auch für dieses Phänomen sind Passagen unseres Disputs exemplarisch. Gemeint ist der Verdacht des Muslims, der Christ vermeide in seinem literarischen Schaffen in arabischer Sprache absichtlich jeden Bezug zu den islamischen Traditionen, die mit dieser Sprache verbunden sind, ferner der Vorwurf an alle (Orient-)Christen, daß sie sich durch ihre permanente Bereitschaft, neue Gedanken und Theorien fremder Völker aufzunehmen, von der wahren und einzigen Religion immer weiter entfernten.[28]

Mit diesen seinen Bemerkungen nun hat der Muslim so unrecht nicht. Er spricht damit diejenigen Bereiche an, innerhalb derer sich die nichtislamischen Minderheiten traditionell und bis heute von ihrer islamischen Umgebung aktiv abgrenzen (und z. T. auch abgrenzen müssen); dazu abschließend noch einige Worte. Während den Minderheiten eine Anpassung an die islamische Majorität auf vielen Gebieten des alltäglichen Lebens bis hin zu gemeinsamem Kultus auf volksreligiöser Ebene möglich war und ist, verbietet sich eine solche in Grundsatzfragen. Die Definition „arabisch" = „islamisch", ob sie sich nun auf das über weite Strecken mit der Majorität gemeinsame kulturelle Erbe oder auf die nationale Identität bezieht, können die nichtislamischen Minderheiten – auch nur tendenziell – nicht akzeptieren. Das Äußerste an Entgegenkommen dürfte durch christliche Ideologen der säkularistischen Baʿth-Partei markiert sein – die Abstrahierung des Islams zu einer exemplarischen „revolutionären Bewegung" (Michel ʿAflaq) oder die „universalhistorische" Deutung von Ilyās Faraḥ: „... Der Islam hat es den Arabern ermöglicht, einander besser kennenzulernen und aus der Unterentwicklung, der kulturellen und räumlichen Isolation herauszukommen. Damit schuf er die Voraussetzungen für die Solidarität, den Zusammenschluß und die Einheit. Der Islam setzte neue schöpferische Kräfte frei, brachte Kultur und humanistische Bildung."[29]

Ein in dieser Weise säkularisierter Islam hat nun allerdings mit dem Islam-Verständnis der muslimischen Majorität kaum mehr etwas gemein. Wogegen sich die Minoritäten heute abgrenzen wollen, ist die traditionalistische Islam-Auffassung, von der ihre muslimische Umgebung weitgehend beherrscht ist. Auch hier setzt unser Streitgespräch wiederum die charakteristischen Akzente.[30] Den Stolz des Muslims auf seine immer gleich gebliebene, rein erhaltene, von Neuerungen nicht pervertierte Religion (und Lebensform) will der Christ nicht teilen, er sieht in dieser fehlenden Entwicklung einen Nachteil, ja eine große Gefahr: Der Islam sei damit an den Rand der allgemein-menschlichen Kulturentwicklung geraten und deren Repräsentanten nun nahezu hoffnungslos unterlegen. Die Christen dagegen seien immer fähig geblieben und auch jetzt bereit dazu, den fortschrittlichen Entwicklungen in der Welt zu folgen. Diese – durchaus von hohem Selbstbewußtsein, wenn nicht Überheblichkeit, getragene – Standortbestimmung des Christen innerhalb seiner muslimischen Umgebung kann in vielerlei Hinsicht als repräsentativ für das gegenwärtige Selbstverständnis nichtislamischer Minoritäten gelten.

XII. Internationale islamische Organisationen

(Johannes Reissner)

Am Anfang der Entwicklung, die zur Bildung heutiger internationaler Organisationen führte, stand die Idee eines allislamischen Kongresses. Sie war schon in der zweiten Hälfte des 19. Jahrhunderts von Vertretern des Reformislams wie Muḥammad ʿAbduh und Jamāl ad-Dīn al-Afghānī ins Auge gefaßt worden. Motor dieser Idee war die Ideologie des Panislamismus. Sie aber wurde vom osmanischen Sultan, dessen Stellung als Kalif und damit als „Bewahrer der islamischen Religion" in der osmanischen Verfassung von 1876 bekräftigt worden war, politisch mit dem Ziel genutzt, die Einheit des Osmanischen Reiches gegenüber aufsteigenden Nationalbewegungen, von denen vor allem die arabische zu nennen ist, zu bewahren. Doch auch der antiosmanische Panarabismus war von der Ideologie des Panislamismus geprägt. ʿAbd ar-Raḥmān al-Kawākibī z. B. hatte in seinem Buch „Umm al-qurā" (ein anderer Name für Mekka) das Protokoll einer fiktiven panarabischen Konferenz niedergelegt, das die Schaffung eines Kalifats unter der Führung eines Arabers aus dem Stamm der Quraish mit rein „spirituellem" Wirkungsbereich vorsah. Da der Panislamismus sich politisch in proosmanische und antiosmanische Tendenzen teilte, verliefen die ersten Bemühungen um einen allislamischen Kongreß – zu nennen sind vor allem diejenigen zu Beginn des 20. Jahrhunderts von Ismāʿīl Gasprali – im Sande.[1] Erst nach dem Zusammenbruch des Osmanischen Reiches 1920 und insbesondere nach der Abschaffung des Kalifats durch Kemal Atatürk 1924, wodurch die Muslime diejenige Institution verloren, die den Gedanken der prinzipiellen Einheit der Muslime wenigstens noch hätte symbolisieren können, war der Weg für islamische Konferenzen geebnet. Die Beseitigung des Kalifats als eine Form der Herrschaft haben die Muslime im Grunde leicht verwunden; als Symbol der Einheit der muslimischen Gemeinde, der *umma*, gilt es hingegen immer noch als erstrebenswert. Heute bestehende internationale islamische Organisationen werden angesichts der Zersplitterung der islamischen Welt in Nationalstaaten entweder als zeitgemäßer Ersatz für das Kalifat oder gar als zukunftsträchtige Vorläufer für ein neu zu errichtendes angesehen.

1. Die ersten internationalen islamischen Konferenzen

Noch im Jahr der Abschaffung des Kalifats hatte König Ḥusain vom Hedschas eine *Konferenz der Pilgerfahrt (Mu'tamar al-ḥajj)* einberufen. Sein Ziel war, als Nachfolger des Propheten und Beherrschers der heiligen

Städte Mekka und Medina für seinen Anspruch auf das Kalifat Unterstützung zu erhalten. Doch wenige Monate danach wurden Mekka und Medina von den Wahhabiten unter Ibn Saud (ʿAbd al-ʿAzīz Āl Saʿūd), dem Begründer des heutigen Königreiches Saudi-Arabien, erobert.

In Kairo fand im Mai 1926 ein Kalifats-Kongreß statt. Seine Initiatoren hatten ursprünglich beabsichtigt, den ägyptischen König Fu'ād als Kalifen auszurufen, doch im Verlauf des Kongresses sahen sich seine Teilnehmer gezwungen, die Frage des staatsrechtlichen Charakters des Kalifats generell zu klären, und selbst die Behandlung dieser Frage mußte wegen bestehender Meinungsverschiedenheiten aufgeschoben werden.

Während der Monate Juni und Juli des gleichen Jahres fand in dem nun saudischen Mekka der *Islamische Weltkongreß (Mu'tamar al-ʿālam al-islāmī)* statt. Es ging darum, Fragen der Organisation der Pilgerfahrt und der Verwaltung der heiligen Städte nach der wahhabitischen Eroberung zu klären. Denn zwischen den Wahhabiten und anderen islamischen Richtungen – insbesondere der Schia *(shī ʿa)* in Iran – war es zu erheblichen Konflikten gekommen.[2]

Fragen der Pilgerfahrt wurden während und im Anschluß an diesen Kongreß geklärt. Das Kalifat bildete seit dem Kongreß in Kairo in der internationalen Politik der jungen Nationalstaaten der islamischen Welt keinen ernsthaften Gegenstand mehr. Doch bei dem 1931 in Jerusalem abgehaltenen und vom Mufti *(muftī)* der Stadt, al-Ḥājj Amīn al-Ḥusainī, einberufenen *Allgemeinen Islamischen Kongreß (al-Mu'tamar al-islāmī al-ʿāmm)* stand ein Problem im Mittelpunkt der Beratungen, das bis heute als Katalysator internationaler islamischer Kongresse und Organisationen wirkt: das Palästinaproblem.

Auf diesem Kongreß wurde erreicht, was auf denen von 1926 schon angestrebt worden war, die Schaffung einer ständigen Organisation, des Exekutivkomitees; 1932 folgte die Errichtung eines Zentralbüros.[3] Auch wenn es nur für drei oder vier Jahre tätig war, bringt es den Wunsch zum Ausdruck, eine zentrale Institution für die Belange der Muslime in aller Welt über die Grenzen der Nationalstaaten hinaus zu besitzen. Ein weiteres Novum dieses Kongresses war, daß zu ihm bewußt Vertreter neuer, mittelständischer muslimischer Vereine wie etwa der *Gesellschaft der Muslimischen Jungen Männer* aus Ägypten geladen worden waren; d. h. Vertreter jener Gruppen, die – wie später vor allem die *Muslimbrüder* – an der Entwicklung internationaler islamischer Organisationen wesentlich Anteil hatten.

M. Kramer, der den ersten zusammenhängenden Überblick der jungen Geschichte internationaler islamischer Organisationen geschrieben hat, sieht in ihnen vor allem auch ein Ersatzbetätigungsfeld für *'ulamā'* und „muslimische Aktivisten des *Salafīya*-Islams" wie z. B. Rashīd Riḍā. Denn der traditionelle Aktionsbereich der 'ulamā', das Erziehungs- und Rechtswesen, war durch die Reformen im Osmanischen Reich im 19. Jahrhundert und die Entwicklung der säkularen Nationalstaaten erheblich eingeschränkt.

Es ist wohl generell richtig, wie M. Kramer ausführt, daß die bisher genannten Kongresse mehr die Uneinigkeit der Muslime zutage brachten als ihre beschworene Einheit. Doch der Wille, trotz der noch neuen Gliederung der islamischen Welt in Nationalstaaten nach neuen Formen der Einheit der Muslime zu suchen, bestand weiter.

Die durch den Kolonialismus bedingte Stärkung nationalistischen Gedankenguts in den dreißiger und vierziger Jahren ließ den panislamischen Gedanken in den Hintergrund treten. Außer dem von Shakīb Arslān 1937 in Genf abgehaltenen Kongreß gab es zwischen 1931 und 1949 keine internationalen islamischen Konferenzen. Es war das 1947 als islamischer Staat gegründete Pakistan, das neue Initiativen in die Bemühungen um internationale islamische Organisationen brachte. 1949 fand in Karatschi ein internationaler Kongreß statt, der nun auch wesentlich von den Muslimbrüdern aus den arabischen Ländern mitgetragen wurde. Auf ihm wurde der Islamische Weltkongreß gegründet, der 1951 ebenfalls in Karatschi einen nationalen und 1962 in Kuala Lumpur einen regionalen Kongreß veranstaltete. Der Kongreß ist die erste, heute noch bestehende internationale islamische Organisation. Seine treibende Kraft war sein langjähriger Generalsekretär, Inʿāmullāh Khān. 1962 war al-Ḥājj Amīn al-Ḥusainī zum Präsidenten des Kongresses gewählt worden, danach war es Maʿrūf ad-Dawālībī, ein früher bedeutender syrischer Politiker und ehemals Mitglied der syrischen Muslimbrüder.

Doch die Bedeutung des Islamischen Weltkongresses ist seit der Gründung der *Liga der Islamischen Welt* 1962 und der sich ab 1969 formierenden *Organisation der Islamischen Konferenz* sekundär geworden.

2. Die Liga der Islamischen Welt

Während des Pilgermonats 1962 war in Mekka die *Liga der Islamischen Welt (Rābiṭat al-ʿālam al-islāmī)* im Verlauf einer internationalen islamischen Konferenz gegründet worden. 26 prominente muslimische Gelehrte aus 22 Ländern, darunter auch *ʿulamāʾ* aus Ceylon und China, bildeten das Gründungskomitee. Auch wenn einige der Gründungsmitglieder offizielle Positionen innehatten, wie etwa Muḥammad ibn Ibrāhīm Āl ash-Shaikh, Großmufti von Saudi-Arabien, oder der damalige Premierminister Nordnigerias, al-Ḥājj Ahmadu Bello, so ist die Liga der Islamischen Welt dennoch keine Organisation auf staatlicher Ebene, sondern wird von Individuen und islamischen Vereinen getragen.

Ziel der Liga laut ihrer Satzung ist: „In Erfüllung der Pflicht, die Gott uns auferlegt hat, die Botschaft *(daʿwa)* des Islams zu verbreiten, seine Prinzipien und Lehren zu erläutern, die Zweifel an ihm zu zerstreuen und die gefährliche Verschwörung, durch die die Feinde des Islams die Muslime von ihrer Religion fortlocken und ihre Einheit und brüderliche Verbundenheit *(ukhūwa)* zerstören wollen, zu bekämpfen; ferner ist auf die Angelegenheiten der Muslime in einer Weise zu achten, die ihre Interessen *(maṣāliḥ)* und ihre Hoffnungen wahrt und zur Lösung ihrer Probleme beiträgt."

Als Mittel zur Erreichung dieses Ziels wird laut Satzung die jährliche Pilgerfahrt nach Mekka, die als eine Art natürliche internationale islamische Konferenz angesehen wird, genannt, um Seminare abzuhalten und die Pilger zu belehren. Ferner waren die Errichtung eines islamischen Rundfunksenders, der Druck von Büchern und die Errichtung eines permanenten Büros (das heute in Mekka besteht) vorgesehen.

Die allgemeine Politik der Liga bestimmt das Gründungskomitee, an dessen Spitze der Generalsekretär steht. Dieser, der laut Satzung für fünf Jahre gewählt wird, soll immer zu den „Söhnen des Landes" gehören, d. h. aus Saudi-Arabien stammen.

Nicht nur diese Bestimmung, sondern auch die ideologische Richtung mancher Gründungsmitglieder der Liga, wie etwa Abū l-Aʿlā al-Maudūdī aus Pakistan und die ehemals führenden Muslimbrüder Saʿīd Ramaḍān (Ägypten) und Maḥmūd aṣ-Ṣawwāf (Irak) lassen erkennen, daß diese Organisation von Saudi-Arabien als panislamisches Gegengewicht zum „revolutionären" Arabismus Jamāl ʿAbd an-Nāṣirs (Nasser) gedacht war. Dieser hatte versucht, die schon seit 1961 in Kairo bestehende *Akademie für Islamische Forschung (Majmaʿ al-buḥūth al-islāmīya)* als Gegenpol der Liga aufzubauen und ließ sie 1964 eine eigene, von ihr einberufene internationale islamische Konferenz abhalten. Für die offiziöse ägyptische Zeitung „al-Ahrām" galt damals die Liga nur als Mittel, um die Religion für die „reaktionären, imperialistischen und kapitalistischen Kräfte" zu nutzen; die Konferenz der ägyptischen Akademie der islamischen Wissenschaften hingegen sei allein zu dem Zweck einberufen, „Gott und der Wissenschaft zu dienen".[4]

Doch der Kampf zwischen „progressiven" und „reaktionären" arabischen Staaten begann schon nach dem Juni-Krieg 1967, in dessen Folge Nasser auf Gelder aus Saudi-Arabien angewiesen war und König Faiṣal sein Konzept der islamischen Solidarität mehr und mehr in die Politik einbrachte, an Schärfe zu verlieren.

Heute ist die Liga die wichtigste internationale islamische Organisation, die nicht auf staatlicher Ebene operiert. In den Vereinten Nationen besitzt sie Beobachterstatus; ihr langjähriger Generalsekretär war Shaikh Muḥammad ʿAlī al-Ḥarakān (gest. 1983). Der Liga angeschlossen ist der *Internationale Oberste Rat für Moscheen (al-Majlis al-aʿlā al-ʿālamī li-l-masājid).* Die monatliche Zeitschrift der Liga – „Majallat rābiṭat al-ʿālam al-islāmī" – erscheint auch in englischer Sprache. Die politischen Aktivitäten der Liga gelten in erster Linie dem Palästinaproblem und der Unterstützung muslimischer Minderheiten und Widerstandsgruppen wie etwa auf den Philippinen. Auch missionarische Tätigkeit in Europa und den USA spielt eine beachtliche Rolle.

Da der Islam keine Institution kennt, die gewissermaßen ex cathedra verkünden könnte, was die rechte Lehre sei, verdient die Liga in ihrer mit der Zeit gewachsenen Funktion, sich zu Fragen der Lehre des Islams zu äußern – und dies überwiegend im Sinne des islamischen Integralismus – Interesse. Im Februar 1979 z. B. wurde Muʿammar al-Qadhdhāfī (Gaddafi), der die Gültigkeit der Sunna *(sunna)*, so wie sie in den Hadith *(ḥadīth)*-Sammlungen festgeschrieben ist, leugnet, von einer internationalen Delegation von ʿulamāʾ, der führende Persönlichkeiten der Liga angehörten, zu einem öffentlichen Bekenntnis der Reue aufgefordert.

Ihre satzungsmäßige Verpflichtung, die Botschaft zu verbreiten, führt die Liga auch in politische Konflikte, so etwa aufgrund der erheblichen finanziellen Unterstützung islamistischer Gruppen in der Türkei, die gegen die laizistische Verfassung kämpfen. Im ganzen gesehen ist die Liga nach wie vor als ein Organ des konservativen, saudisch geprägten Islamismus zu sehen. Die Spannungen zwischen Sunniten und Schiiten, die besonders nach der islamischen Revolution im politisch-ideologischen Konflikt zwischen Iran und Saudi-Arabien unterschwellig eine wichtige Rolle spielten, wenigstens abbauen zu helfen – daran hat die Liga bislang wenig Interesse gezeigt.[5]

3. Die Islamische Konferenzorganisation

Die etwa seit den dreißiger Jahren bestehende ideologische Vorherrschaft der Idee der arabischen Nation über den Anspruch der prinzipiellen Einheit der Muslime läßt sich äußerlich auch daran erkennen, daß zwar 1945 die *Arabische Liga* gegründet werden konnte, eine vergleichbare islamische Organisation auf Regierungsebene aber erst Anfang der siebziger Jahre entstand. Es ist die *Islamische Konferenzorganisation (Munaẓẓamat al-muʾtamar al-islāmī* – oft nach der englischen Bezeichnung als *ICO, Islamic Conference Organization* [bis Mitte der achtziger Jahre] *Organization of Islamic Conference, OIC)* übersetzt und abgekürzt.

Der entscheidende Katalysator für die Gründung der Organisation war der Brand der *Aqṣā*-Moschee am 21. August 1969 in Jerusalem, der dritten der heiligen Städte des Islams nach Mekka und Medina. Im Anschluß auf den Anschlag auf die Moschee hatten im Herbst desselben Jahres Saudi-Arabien und Marokko zur ersten Islamischen Gipfelkonferenz in Rabat (22.–25. September) eingeladen. Während dieser Konferenz wurde für das kommende Jahr eine Islamische Außenministerkonferenz, auf der die Errichtung eines ständigen Sekretariats erörtert werden sollte, geplant. Doch erst auf der dritten Islamischen Außenministerkonferenz in Dschidda (29. 2. – 4. 3. 1972) gelang es, einen entsprechenden Entschluß zu fassen. Vor allem Syrien und der Irak hatten sich zuvor gegen die Schaffung einer ständigen Einrichtung mit der Begründung gewehrt, daß die Islamische Konferenz nichts für Jerusalem und die arabische Sache bewirken könne und sie letztlich nur einem Machtzuwachs der konservativen arabischen Staaten diene.

Der entscheidende Durchbruch gelang der Islamischen Konferenzorganisation mit der zweiten Gipfelkonferenz in Lahore vom 22. bis 24. Februar 1974. Der Teilsieg der Araber im Oktoberkrieg 1973 und der sich anschließende Ölboykott hatten dazu beigetragen, die Differenzen zwischen „progressiven" und „konservativen" arabischen Staaten abzubauen. Zwar waren Syrien und der Irak in Lahore nur als Beobachter anwesend, dennoch war die Gipfelkonferenz, an der 36 Staaten teilnahmen, ein Erfolg, insbesondere für Saudi-Arabien. Hatten doch Anwar as-Sādāt, Muʿammar al-Qadhdhāfī und der damalige Ministerpräsident des Nordjemen, al-Iryānī, König Faiṣal von Saudi-Arabien sogar den Titel eines Kalifen, „Beherrscher der Gläubigen" *(amīr al-mu'minīn)* angetragen, was er jedoch wohlweislich ablehnte. Glaubt man einem Bericht des Berliner Tagesspiegels vom 27. Januar 1971, gab es am Rande der dritten Islamischen Gipfelkonferenz in Taif (aṭ-Ṭā'if, Saudi-Arabien) vom 26. bis 28. Januar 1981 Gerüchte, daß der damalige saudische Monarch, König Khālid, zum Kalifen ausgerufen werden sollte. Die Faszination des Kalifats als Symbol der Einheit der Muslime ist noch vorhanden.

Abgesehen von spektakulären Islamischen Gipfelkonferenzen haben sich wohl die Errichtung eines ständigen Sekretariats der Konferenz in Dschidda und die jährliche Abhaltung von Außenministerkonferenzen der islamischen Länder als wichtigste Gremien zur Verwirklichung des hochgesteckten Zieles erwiesen, der Einheit der islamischen Welt einen Schritt näherzukommen.

Laut Artikel III der auf der dritten Islamischen Außenministerkonferenz in Dschidda (29. 2. – 4. 3. 1972) von dreißig Staaten verabschiedeten Charta der ICO setzt sich diese zusammen aus (a) der Konferenz der Könige und Staats- und Regierungsoberhäupter, (b) der Konferenz der Außenminister, die laut Artikel V jährlich abgehalten werden soll, und (c) dem Generalsekretariat und seinen ihm angeschlossenen Organen. Den Gipfelkonferenzen kommt die höchste Autorität zu. Sie werden einberufen, wann immer es als notwendig erachtet wird (Art. IV). Die Aufgaben der Außenministerkonferenz sind: (1.) Maßnahmen zur Verwirklichung der Politik der Konferenz zu erwägen, (2.) auf die Verwirklichung der Beschlüsse vorangegangener Konferenzen zu achten und (3.) Resolutionen von gemeinsamem Interesse zu verfassen. Die Beratung des Finanzplanes und die Wahl des Generalsekretärs sind die wichtigsten organisatorischen Aufgaben der Außenministerkonferenz (Art. V). Der Generalsekretär wird für zwei Jahre gewählt und kann maximal für zwei weitere Jahre mit diesem Amt betraut werden (Art. VI). Seine Hauptaufgabe ist die Organisation der Gipfel- und Außenministerkonferenzen und die Koordination der Arbeiten des politischen, kulturellen, sozialen und wirtschaftlichen Ausschusses. Die Finanzen der ICO werden von den Mitgliedsstaaten entsprechend ihrem nationalen Einkommen getragen (Art. VII), wodurch die arabischen Ölstaaten ein erhebliches Gewicht besitzen. Zur Mitgliedschaft fähig ist laut Art. VIII jeder islamische Staat. Da auch Libanon, wo offiziell die Christen in der Mehrheit sind, und Senegal, dessen Staatsoberhaupt bis Januar 1981 der Christ Leopold Senghor war, Mitglieder der ICO sind, ist der Begriff „islamischer Staat" also recht weit gefaßt.

Als wichtigste Einrichtungen der Islamischen Konferenzorganisation sind der „Islamische Solidaritätsfonds" und die „Islamische Entwicklungsbank" zu nennen. Die Schaffung des Islamischen Solidaritätsfonds *(Ṣandūq at-taḍāmun al-islāmī)* war auf der fünften Islamischen Außenministerkonferenz in Kuala Lumpur 1974 beschlossen worden. Sein Zweck ist, im Falle von Krisen und Naturkatastrophen finanzielle Hilfe zu gewähren, islamische Länder, muslimische Minoritäten und Gemeinschaften beim Bau von Moscheen, Krankenhäusern und Schulen zu unterstützen, islamische Universitäten und Jugendgruppen zu fördern und der Mission *(daʿwa)* zu dienen. Saudi-Arabien trägt ein Drittel des Gesamtbudgets des Fonds.

Die Islamische Entwicklungsbank *(al-Bank al-islāmī li-t-tanmiya)* ist am 20. Oktober 1975 in Dschidda eröffnet worden. Es ist die wichtigste der heute bestehenden islamischen Banken, die gemäß der *sharīʿa* keine Zinsen für Darlehen nehmen. Das laut Satzung autorisierte Kapital der Bank beträgt zwei Milliarden Islamische Dinare, wobei ein Dinar einem Sonderziehungsrecht der Weltbank (1977: 1,92 US Dollar) entspricht. Mit 21,88% Anteilen ist Saudi-Arabien vor Libyen (13,87%), den VAE (12,27%) und Kuwait (11,20%) der wichtigste Anteileigner. Darlehen an arme islamische Länder in Asien und Afrika, nicht zuletzt zur Deckung der gestiegenen Ölpreise, machen den Löwenanteil der Projekte der Bank aus.

Ferner gehört zur ICO noch der „Jerusalem-Fonds", der in Dschidda 1975 beschlossen worden war. Seine Aufgabe ist es, den islamischen Charakter der dritten der heiligen Städte des Islams zu bewahren. Die Deposita dieses Fonds bei der Islamischen Entwicklungsbank betrugen 1976/77 fast 4 Millionen Islamische Dinare.

Neben den monetären Organen der ICO gibt es noch die *Internationale Islamische Nachrichtenagentur (IINA)*. Sie war auf der Außenministerkonferenz in Dschidda 1972 ins Leben gerufen und 1974 mit einem Etat von 2,5 Millionen US Dollar ausgestattet worden. Die ersten Versuchssendungen einer „islamischen Radiostation" wurden laut saudischen Pressemeldungen am 11. Mai 1979 in Dschidda ausgestrahlt.

Mit ihrer nicht geringen finanziellen Kraft, die die Islamische Konferenzorganisation besitzt, können jedoch die z. T. großen politischen Unterschiede ihrer heute 42 Mitgliedstaaten nicht ausgelöscht werden. Größte Geschlossenheit hat die Konferenz bisher in der Palästinafrage zeigen können. Als schwierigstes Problem hat sich das der Dominanz der arabischen Staaten über die asiatischen und schwarzafrikanischen Mitglieder erwiesen.

Das Palästinaproblem ist die einzige politische Frage, die in der Charta der Konferenz direkt angesprochen wird. In Artikel II, 5 wird die Koordinierung der Anstrengungen zur Bewahrung der heiligen Städte und die Unterstützung des Kampfes des palästinensischen Volkes als Ziel der Konferenz genannt. Die *PLO* besitzt in der Konferenz Beobachterstatus. Wie aber die Appelle der Konferenz und der Liga der Islamischen Welt, Palästina sei wegen Jerusalem eine Angelegenheit aller Muslime, indirekt zeigen, ist für Staaten wie z. B. Senegal oder Malaysia das Problem weniger drängend als für Israels arabische Anrainer. Die Tatsache, daß die Türkei seit langem diplomatische Beziehungen zu Israel unterhält – Iran pflegte sie bis zum Sturz des Schah – war ein wichtiger Punkt der Auseinandersetzung auf der dritten islamischen Gipfelkonferenz in Taif Anfang 1981.

Das Problem der Dominanz der arabischen Staaten in der Organisation kam im Zusammenhang mit der bislang wohl wichtigsten Entscheidung ihrer Mitglieder, nämlich der Suspendierung der Mitgliedschaft Ägyptens, die auf der Außenministerkonferenz in Fes vom 8. bis 12. Mai 1979 beschlossen worden war, zum Tragen. Auf der Außen- und Wirtschaftsministerkonferenz der Arabischen Liga vom 27. bis 31. März 1979 in Bagdad war der ICO wie auch der *OAU (Organization of African Unity)* die Suspendierung Ägyptens für den Fall eines Friedensschlusses mit Israel anempfohlen worden. Nach dem Friedensschluß am 26. April wurde zwar in diesem Sinne von der ICO abgestimmt, doch Oman, Sudan, Somalia und Nordjemen hatten sich der Debatte enthalten. Indonesien und Malaysia hatten zuvor in der Öffentlichkeit den Friedensvertrag begrüßt, dann aber zugestimmt. Senegal, Gabun, Gambia, Niger, Obervolta und Guinea-Bissau übten Stimmenthaltung, was – so die Zeitschrift „The Middle East" vom 11. Mai 1979 – dahingehend gewertet wurde, daß sie mit den Hilfeleistungen durch die Islamische Konferenzorganisation unzufrieden seien.

Als noch im gleichen Jahr ein neuer Generalsekretär gewählt werden sollte, kam das Problem der arabischen Dominanz erneut zur Sprache. Die asiatischen Mitgliedstaaten forderten, daß der Generalsekretär abwechselnd aus den Reihen der asiatischen, der arabischen und der schwarzafrikanischen Mitgliedstaaten gewählt werde. Die Annahme dieses Vorschlages hätte die Anerkennung regional bedingter Sonderinteressen bedeutet. Er wurde von Libyen und Kuwait mit dem Hinweis auf die Einheit der islamischen *umma*, die keine geographische Trennung kenne, zu Fall gebracht.

In der Tat hat es die ICO in den nunmehr zwanzig Jahren ihres offiziellen Bestehens verstanden, trotz der zum Teil ganz erheblichen ideologischen und politischen Differenzen zwischen den Mitgliedstaaten, die insbesondere während des irakisch-iranischen Krieges zum Ausdruck kamen, Blockbildungen zu vermeiden. Gewisse Koalitionen sind gleichwohl zu erkennen. So ließe sich von einer saudi-arabischen Fraktion und einer schwarzafrikanischen Fraktion sprechen. Nach dem Zerfall der Sowjetunion wurden 1992 sechs ehemalige sowjetische Republiken mit muslimischer Bevölkerungsmehrheit in die ICO aufgenommen, womit die Zahl der Mitgliedstaaten auf ca. 50 angewachsen ist. Die Suspendierung der Mitgliedschaften Ägyptens und Afghanistans ist wieder aufgehoben worden.[6]

Als Block in der internationalen Politik hat sich die ICO nicht erweisen können, ihre konkrete Bedeutung liegt mehr in der Förderung von Süd-Süd-Kooperation, und zwar vor allem durch die ihr angegliederten Organisationen. Politische Einigung kommt in der ICO am ehesten dann zustande, wenn der islamischen umma Gefahr von außen droht. An erster Stelle steht nach wie vor das Palästinaproblem, zu dem neuerdings das der Muslime in Bosnien-Herzegowina getreten ist. Bei den Vermittlungsbemühungen innerhalb des islamischen Lagers zeigte sich die ICO im ganzen gesehen verständlicherweise weniger erfolgreich; die endgültige Vermittlung im Jemen-Konflikt 1991 sowie die Vermittlungsbemühungen in den siebziger Jahren im philippinischen Moro-Konflikt sind eher die Ausnahme. Ein Konflikt von den Ausmaßen der durch den irakischen Einmarsch hervorgerufenen Kuwait-Krise übersteigt die Kräfte der staatlich organisierten islamischen Solidarität völlig.

An der Islamischen Konferenzorganisation ist oft ähnliche Kritik geäußert worden wie an der Arabischen Liga: Das Ausmaß an konkret erreichter Einheit stehe weit hinter der benutzten Rhetorik von Einigkeit bzw. im Falle der ICO von islamischer Solidarität zurück. Unter dem Gesichtspunkt historischer Entwicklung scheint aber die Tatsache wichtiger, daß mit der Organisation unter Anerkennung des Prinzips des Nationalstaates (was für die Muslime nach wie vor nur bedingte Selbstverständlichkeit ist) ein allislamisches Gremium der Konsultation auf höchster Staatsebene geschaffen worden ist. Als einzige internationale Organisation von Staaten, die einer Religion verpflichtet sind, steht sie unter der Forderung, daß die Religion nicht durch einseitige politische Bindung Schaden nehmen darf.

Dritter Teil

Islamische Kultur und Zivilisation in der Gegenwart

I. Orientalistik und Orientalismus

(Reinhard Schulze)

1.

Nicht ohne Stolz verfaßten in den vierziger und frühen fünfziger Jahren dieses Jahrhunderts mehrere Orientalisten wissenschaftsgeschichtliche Betrachtungen[1] zur Entstehung und Entwicklung der Orientalistik[2] und rekonstruierten ganz in der Tradition historisch-biographischer Reflexionen den langen Werdegang der Orientalistik:[3] Das Studium der orientalischen Sprachen war zunächst eine der Theologie verpflichtete Hilfswissenschaft, die seit dem Konzil von Vienne 1311/2 an den Universitäten unter anderem von Paris und Oxford eingerichtet werden sollte. Um 1600 erst begann sich ein akademischer Diskurs zu entfalten, der auch orientalische Sprachen einschloß; in Leiden wurde 1599, in Cambridge 1631 und in Oxford 1635 jeweils ein Lehrstuhl für Arabisch eingerichtet. Doch die Verpflichtung für die Theologie blieb weiterhin bestehen. Johann Fück verknüpfte die Emanzipation der orientalistischen Disziplinen von der Theologie, die um 1730 begann, eng mit der „europäischen Aufklärung": Tatsächlich setzte sich nun allmählich ein „neues Orientbild" durch, getragen von dem exotischen Verlangen des Bürgertums und der Fürstenhöfe. Während sich die Theologen weiterhin aus exegetischen Interessen mit dem Arabischen befaßten, sahen manche Gebildete im Islam einen Spiegel ihrer eigenen aufklärerischen Ambitionen. Der Orient wurde nicht nur zum exotischen Idyll, das Antoine Galland (1646–1715) durch seine recht eigenwillige Paraphrase der Erzählungen aus 1001 Nacht mitgeschaffen hatte und das schon wenig früher (1697) durch die berühmte *Bibliothèque orientale* des französischen Enzyklopädisten und Orientalisten Barthélémy d'Herbelot zusammengestellt worden war. Er wurde auch zum Ort der perfekten, rationalen Gesellschaft, feierte doch gar manch einer, wie der französische Romancier Henry Boulainvilliers (1658–1722), den Propheten Muḥammad als den Künder einer dem Christentum überlegenen, vernünftigen Religion.[4] Dem Orient wurde gehuldigt, aber er wurde auch verdammt: Voltaire ließ es sich nicht nehmen, in seiner 1741 uraufgeführten Verstragödie „Le fanatisme ou Mahomet le prophète" den Propheten als Inbegriff des Despoten zu charakterisieren[5]; der Dramatiker James Miller brachte 1744 Muḥammad als „Hochstapler" auf die Londoner Bühne.[6]

Um 1740 setzte auch in den Universitäten ein Sinneswandel ein, der dieser mehrdeutigen orientalischen *imagerie* gerecht werden sollte. An der 1738 gegründeten Universität Göttingen wurden die arabischen Studien der philosophischen Fakultät zugeordnet. Damit wuchs ein völlig anderes

Legitimationsgerüst für die akademische Beschäftigung mit dem Orient, die Johann Jacob Reiske (1716–1774) in seinen „didaktischen Vorreden" zur „muḥammedanischen" Geschichte auf den Punkt zu bringen versuchte: „Kurz, im Studium der mohammedanischen Geschichte wird genug und reichlich finden, um sich zu beschäftigen und zu ergötzen, wer immer die verschiedenen Glaubensartikel der Völker über Gott und göttliche Dinge und die Geschichte der Religion kennenlernen will oder die Sitten, Gesetze und Rechtsordnungen der Geschlechter und Staaten und die Formen der Regierung, jeder auch, den die Geschichte der Naturgegenstände, der Krankheiten und Heilmittel fesselt, oder der die Gestalt des Erdkreises im Wandel der Zeiten und den Aufstieg und Untergang der Städte zu betrachten liebt."[7]

Die Welt durch den Orient zu betrachten war das ungestüme Programm Reiskes; den methodologischen Schliff aber erhielt die neue Orientalistik – der Begriff tauchte erstmals Ende des 18. Jahrhunderts auf[8] – im frühen 19. Jahrhundert: Noch hatte man den Orient als „Fundgrube" oder als „Schatztruhe" gesehen, aus denen das Material für die romantische Selbstbestimmung des Bürgertums gewonnen werden konnte. Doch jetzt, wo sich die Orientalistik als unabhängige Disziplin an den Universitäten eingerichtet hatte, bestimmten mehr und mehr das akademische Weltbild und das hiermit eng verknüpfte Lehrer-Schüler-Verhältnis die Entwicklung des Fachs. Da waren die Mentoren wie Josef von Hammer-Purgstall (1774–1856) und Antoine Silvestre de Sacy (1758–1838), die den Gelehrten des 19. Jahrhunderts den Weg bahnten: Der Philologe Georg Wilhelm Freytag (1788–1861) kam an die Universität Bonn, der Romantiker Friedrich Rückert (1788–1866) wurde an die Universität Erlangen berufen. Ein anderer Schüler de Sacys, Heinrich Leberecht Fleischer (1801–1888), brach schließlich mit der romantischen Tradition und führte die damals hochmodernen kritischen Methoden der Philologie in die Orientalistik ein. Der Historismus, beherrscht von Leopold von Ranke, wurde bald auch zum Leitbild der orientalischen Historiker in den deutschen Ländern. Der Orientalist geriet zum Kritiker des Orients: Als Philologen und Historisten entwarfen sie ein nüchternes, ja im Verhältnis zu den Romantikern trockenes Bild der islamischen Frühgeschichte, immer mit dem Ziel vor Augen, gemäß der historistischen Dogmatik die Einzigartigkeit des Einen und Anderen herauszustellen. Die Forscher arbeiteten, ja gruben sich immer tiefer in die Frühgeschichte ein; dort wähnten sie sich auch sicher vor dem alles beherrschenden Zugriff der historischen Universalisten um von Ranke, die sich der politischen Ordre gemäß gerade auch zu zeitgeschichtlichen Fragen äußerten und dabei den Orient als „ihr" Terrain betrachteten. Die orientalistischen Studien sollten weg vom „Völkergeschehen" hin zu einer „essentialistischen" Betrachtung des Orients führen.[9] Auch wenn sich verschiedentlich Anwälte einer Betrachtung des zeitgenössischen Orients das Wort redeten und dies sogar schon in die Aufgabenstellung der 1845 gegründeten *Deutschen Morgenländischen Gesellschaft* aufgenommen hatten, waren doch der Rückzug in die orientalische Frühgeschichte und die kritische Sichtung des textlichen und sprachlichen Materials zur Hauptaufgabe der Orientalistik geworden, die sich so von der orientalischen Realienkunde abgrenzte.[10] Als Philologen und Historisten hatten sie sich zwischenzeitlich ganz dem Relativismus der Zeit verschrieben: Die orientalischen Gesellschaften wurden nicht mit Hilfe eines dynamischen Entwicklungsbegriffs betrachtet, sondern in ihrer Individualität festgeschrieben. Das wissenschaftliche Terrain der Orientalistik schien damit gesichert, denn kaum ein Historiker der Zeit konnte mit den philologischen Kenntnissen der Orientalisten konkurrieren. Als Kritiker vermochten die Orientalisten des späten 19. Jahrhunderts folglich zwischen der „Blüte des Islams" (dem Gegenstand ihrer Forschungen) und dessen „Verfall" (dem Grund für die Nichterforschung) zu unterscheiden; August Dillmann (1823–1894), Ordinarius in Kiel und später Rektor der Friedrich-Wilhelms-Universität zu Berlin, sagte 1876: „Historische Kritik, die Chemie der Geisteswissenschaften, die Kunst, Wahrheit von Dichtung zu scheiden, niemals gekannt im Orient, am wenigsten in der islāmischen Welt, ist mit eine Frucht des neuen Geistes unserer Zeit."[11]

Damit hatten sich die Orientalisten von der romantischen Tradition endgültig losgesagt; der Orient wie der Islam waren zu einem Objekt reduziert, dessen „wahre Tatsachen" kritisch zu erarbeiten fortan die Aufgabe des Faches sein sollte. Dillmann verheimlichte auch nicht die eigentliche Zweckbestimmung der historischen Kritik: „Erst das durch sie gereinigte Christenthum wird seine weltüberwindende Kraft ganz bewähren, bewähren einst auch an der Welt, die ihm bis jetzt am zähesten widerstand, den Völkern des Islām."[12]

Die historische Kritik wirkte wie eine Zensur: Das „Wahre" des Orients wurde durch die Orientalistik bestimmt; der Islam der Frühzeit wurde als Totalität gesehen, welche – ganz im Anschluß an Wilhelm Dilthey (1833–1911) – als „zentrierende Bedeutung" der islamischen Geschichte überhaupt zu verstehen sei.[13] Als zu Beginn des 20. Jahrhunderts der Historismus u. a. durch Ernst Troeltsch (1865–1923) und die Brüder Max und Alfred Weber kritisch gesichtet[14] und durch ein spezifisches Kulturverständnis erweitert wurde, paßten sich Orientalisten wie Carl Heinrich Becker (1876–1933) oder sein Schüler Hans-Heinrich Schaeder (1896–1957) dieser Strömung an und lösten die Islamwissenschaft allmählich aus dem Bereich der orientalischen Philologie, die, meist noch unter der Bezeichnung „Semitistik", die wissenschaftliche Erörterung des Orients dominiert hatte.[15] Der Historismus stand nun in der Orientalistik auf zwei Beinen: das eine stellte die kritische Philologie, das andere die Religions- oder Kulturgeschichte dar. Hatte die Philologie die „objektive Eigentümlichkeit" der orientalischen Geschichten und Sprachen herausgestellt, arbeiteten die Islamwissenschaftler nun an einer Bestimmung der Individualität der islamischen Kultur; sie sahen diese fest verankert in den von den Philologen akribisch herausgearbeiteten „Tatsachen" der Frühgeschichte, aus der es kein Entrinnen gebe.

Durch die Aufnahme der Islamwissenschaft in den Kanon der orientalischen Fächer hatte die orientalische Philologie keineswegs ihr Selbstbewußtsein eingebüßt: Für die Philologen stellte gerade auch der Koran eine außerordentliche Herausforderung dar. Zwar hatten sich schon im 19. Jahrhundert verschiedene berühmte Orientalisten dem Koran philologisch genähert; doch sah man sich noch nicht in der Lage, eine „kritische Ausgabe des Korans" herstellen zu können. Erst 1930 wagte der Philologe Gotthelf Bergsträsser (1886–1933) den Versuch, einen Plan für eine kritische Edition des Korans vorzulegen; nach seinem frühen Tod führte sein Schüler Otto Pretzl (1893–1941) diesen Plan – allerdings ohne Erfolg – weiter.[16] Eine „kritische Ausgabe" des Korans hätte den Sieg der Philologie über die Religion bedeutet.

2.

Mit Theodor Nöldeke (1836–1930) hatte die kritische Philologie, mit Ignaz Goldziher (1850–1921), dem genannten C.H. Becker, mit C. Snouck Hurgronje (1857–1936) und Martin Hartmann (1851–1918) die Islamwissenschaft ihren Höhepunkt erreicht. Bis in die frühen sechziger Jahre des 20. Jahrhunderts waren ihre Arbeiten das Modell für die meisten Orientalisten. Sie blieben sehr viel länger als Geschichts- oder Religionswissenschaftler dem Historismus verhaftet; die mit Nietzsche einsetzende Kritik am Historismus wurde von den Orientalisten praktisch nicht nachvollzogen, so daß zwischen den systematischen Wissenschaften und den Orientalisten allmählich eine tiefe Kluft entstand. Die „hermeneutische Besinnung", die in den zwanziger Jahren in der Geschichtswissenschaft und Philosophie zu beobachten war und die zu einer allmählichen Verdrängung des Historismus führte, ließ die Orientalistik unberührt[17] wie der Positivismusstreit, der die deutschen Sozialwissenschaften ab 1961 prägte. Noch 1966 schrieb der Tübinger Orientalist Rudi Paret: „Ziel und Zweck unserer Gelehrtenarbeit ist es, den durch die eigene Umwelt gesetzten geistigen Horizont zu durchbrechen und einen Blick in die Welt des Morgenlandes zu werfen, um am fremden Wesen die Möglichkeiten menschlichen Daseins und damit letzten Endes auch unser eigenes Selbst besser verstehen zu lernen."[18]

In dieses Idyll nicht nur deutscher orientalistischer Forschungstradition kam Anfang der sechziger Jahre Unruhe. In Ägypten hatte 1961 der in Hamburg ausgebildete Orientalist Muḥammad al-Bahī (1905–1982) eine kleine Schrift publiziert,[19] in der er die wissenschaftlichen Interessen der Orientalisten direkt mit den kolonialen Ambitionen christlicher Missionare verband. Die Verknüpfung des Kolonialismus mit der christlichen Mission war schon länger ein Leitmotiv islamischer Intellektueller gewesen; nun aber wurde die Orientalistik selbst als Magd der Mission und mithin des Kolonialismus identifiziert. Im gleichen Jahr wies der den *Muslimbrüdern* nahestehende ägyptische Gelehrte Muḥammad al-Ghazzālī (geb. 1917) die Ergebnisse der historischen Kritik Goldzihers der islamischen Religionsgeschichte vehement zurück.[20] Dies, so schrieb Paret, nahmen die Orientalisten „gelassen hin".[21] Als aber 1963 zwei arabische Wissenschaftler, der ägyptische Soziologe Anouar Abdel-Malek (Anwar ʿAbd al-Malik, geb. 1924) und der palästinensische Historiker ʿAbdallaṭīf (ʿAbd al-Laṭīf aṭ-Ṭībāwī, 1910–1981) die Ergebnisse der orientalistischen Forschung kritisch hinterfragten,[22] kam Unruhe auf: Beide schrieben für eine westliche Öffentlichkeit und suchten die direkte Berührung mit den Orientalisten. Ṭībāwīs These, daß der Islam – wie jede Religion – im Grunde nur von den Muslimen verstanden werden könne, berührte unmittelbar das orientalistische Monopol über die Islamwissenschaft. Abdel-Malek stellte die Orientalistik in einen direkten Bezug zum Imperialismus, welcher den „Orientalen" als Studienobjekt ansah, und polemisierte heftig gegen den Geist des kritischen Historismus in der Orientalistik, der es verhindert habe, die Entwicklungslinien der orientalischen Gesellschaften zu sehen. Auch aus Nachbardisziplinen wurde Kritik an der Orientalistik laut: Norman Daniel hatte sich zwischenzeitlich intensiv mit dem Islambild im europäischen Mittelalter und in der Neuzeit auseinandergesetzt und gezeigt, daß dieses eng mit der europäischen Kulturgeschichte verknüpft war und auch den wissenschaftlichen Diskurs der Orientalisten geprägt hat.[23] Der Religionswissenschaftler Jacques Waardenburg griff die Idee der Spiegelung der europäischen Identität in der orientalistischen Forschung auf und widmete sich intensiv fünf Exponenten der europäischen Orientalistik.[24]

Diese kritischen Stimmen lassen sich auf drei Thesen konzentrieren: Erstens habe die Orientalistik nicht ihre politische Abhängigkeit vom Kolonialzeitalter erkannt; zweitens habe sie einen eigenen, fundamentalistischen Diskurs über den Islam begründet, indem die islamische Frühzeit zum Mittelpunkt des Verstehens erklärt wurde und somit jeden Entwicklungsgedanken und insbesondere jede Erörterung der Gegenwart als Ergebnis historischer Kontinuität oder Diskontinuität mißachtet; und drittens schließlich habe sie nicht erkannt, daß ihr eigenes Islambild durchweg dem exotischen Verlangen des Bürgertums verhaftet war.

In den frühen siebziger Jahren war zumindest ein Kritikpunkt von vielen Orientalisten aufgegriffen worden: wie selbstverständlich wurde nun auch dafür plädiert, gegenwartsbezogene Fragestellungen in den Aufgabenbereich der Orientalistik mitaufzunehmen.[25] Allerdings trennte man sich hierbei nicht von den Grundthesen des Historismus, denn die Gegenwart der orientalischen Länder wurde als Spannungsgefüge zwischen dem sinnstiftenden Islam, wie ihn die Orientalisten in der Frühzeit herausgearbeitet hatten, und der europäischen Moderne gesehen.[26] Eine Gegenthese, die von einer gesetzmäßigen Entwicklung der orientalischen Gesellschaften bis zur Gegenwart ausging, wurde zwar vor allem von marxistischen Historikern versucht; doch konnten sie hierbei kaum auf die Forschungsergebnisse der klassischen Periode der Orientalistik verzichten, so daß die einmal festgelegte Betrachtung der islamischen Frühzeit erhalten blieb und nun durch eine deutliche Betonung der Gegenwart ergänzt wurde. Das islamische Mittelalter oder der Beginn der Neuzeit wurde kaum gesondert gewürdigt, so daß sich auch hier die Dichotomie Frühzeit/Gegenwart ergab.[27]

Die gegenwartsbezogene Orientforschung kann daher auch nicht als logische Fortschreibung der klassischen Orientalistik angesehen werden, auch wenn, wie schon bemerkt, sporadisch gegenwartsbezogene Fragestellungen bei den Orientalisten zu finden waren. Vielmehr spielte die Öffnung der systematischen Wissenschaften zu nichteuropäischen Ländern eine entscheidende Rolle, wobei der Geographie und der Politologie eine wichtige Funktion zukam.[28] Eine erste Bestandsaufnahme 1972 und 1974 aber zeigte, daß von einer wirklich gegenwartsbezogenen Orientforschung noch nicht die Rede sein konnte.[29]

Orientalistik und Orientforschung unterscheiden sich, so die gängige Meinung, auf Grund der Frage, welche Quellenart bzw. Textsorte in den Vordergrund gestellt wird. Die Orientalistik als eine auf den geschriebenen Text bezogene Wissenschaft wird daher immer historische, literatur- und sprachwissenschaftliche, religions- und wissenschaftsgeschichtliche Fragestellungen betonen. Da aber die Methoden der kritischen Philologie nicht hinreichend den Entwicklungsprozeß einer Kultur erfassen können, ist die Orientalistik immer auch auf eine Erweiterung ihrer methodologischen Grundlagen angewiesen. Einen entscheidenden Impuls hat sie hierbei durch die Sozialwissenschaften erhalten. Die idealtypischen Modelle Max Webers hatten ja auch, wenn auch im recht beschränkten Umfang, die islamischen Gesellschaften berührt[30] und waren unter anderem schon von C. H. Becker positiv rezipiert worden. In den achtziger Jahren mehrten sich Stellungnahmen der Orientalisten zu der Anwendbarkeit der Weberschen Kategorien auf islamische Gesellschaften.[31] Das Ergebnis war durchweg negativ: im Zusammenhang mit der Eurozentrismusdiskussion wurde immer wieder darauf verwiesen, daß die Orientalistik nicht europäische Idealtypen auf „andere" Kulturen übertragen dürfe, wolle sie verhindern, daß sie europäische Deutungsmodelle „fremden" Kulturen überstülpe. Dennoch blieb der Anspruch auf eine Einbettung der Orientalistik in einen übergeordneten sozialwissenschaftlichen Diskurs bestehen und prägte vor allem die gegenwartsbezogene Orientalistik, die naturgemäß einen recht schweren Stand gegen die Orientforschung der systematischen Disziplinen wie der Geographie, Soziologie oder Politologie hatte.

Die wissenschaftsinterne Kritik an der Orientalistik ging zögerlich weiter; Maxime Rodinson verwies auf das historisch gewachsene theoretische Defizit und forderte das Ende der Vorherrschaft der Philologie und des auf die islamische „Klassik" bezogenen „Kulturessentialismus".[32] Andere versuchten, das Islambild einiger Orientalisten zu hinterfragen, und nahmen sich hierbei besonders des österreichisch-amerikanischen Gelehrten Gustave Edmund von Grunebaum (1909–1972) an, der fortan im Mittelpunkt der Kritik stehen sollte.[33]

3.

1978 schockierte der (palästinensisch-)amerikanische Literaturwissenschaftler Edward Said (Saʿīd) mit seinem berühmten Buch „Orientalism" die Orientalistik.[34] Said versuchte nachzuweisen, daß das, was sich selbst Orientalistik nennt, in einen weitreichenden europäischen Diskurs einzugliedern sei, den er *Orientalism* nannte. Saids machtvolle Kritik gründete auf Michel Foucaults vor allem zwischen 1966 und 1975 ausgearbeiteter Diskursanalyse.[35] Mit ihm sieht Said den Orientalismus als ein kulturspezifisches System der Machtausübung, das sich in der Kreation eines europäischen Orients darstellt, der durch die Wissenschaft und Kunst so bewahrheitet wurde, daß er den „Orientalen" als Zwang auferlegt werden konnte. Die Dekonstruktion des Orients drohte in eine Dekonstruktion der Orientalistik umzuschlagen. Erstmals waren die Orientalisten, meist noch dem kritischen Historismus verhaftet, direkt mit einer neuen philosophischen Strömung konfrontiert; in den zahlreichen Repliken auf Edward Said[36] wurde versucht, die orientalistischen Studien aus dem Diskurs des Orientalismus herauszuhalten. Doch die jahrelang vernachlässigte theoretische und methodologische Diskussion innerhalb der Orientalistik rächte sich: Es waren vor allem die Vertreter der am Orient interessierten Nachbardisziplinen, die einer allzu breiten Verallgemeinerung der Saidschen Thesen entgegentraten. Ihre Kritik lastete Said einen Hang zum Reduktionismus an und hielt ihm in der Auswahl seiner Belege einen Hang zur Bestätigung seiner vorgefertigten Meinung vor.[37]

Das Thema wurde nun vielfach aufgegriffen und regte innerhalb der Orientalistik eine sehr verspätete Kritik der erkenntnistheoretischen und methodologischen Grundlagen des Faches an. Die Kritik aber wurde kaum von Edward Saids Thesen geprägt: Dessen Dekonstruktion fehlte, da sie sich eng an Michel Foucault hielt (dessen früher Tod eine Ausarbeitung seiner Philosophie verhinderte), eine zweite, konstruktive Seite, nämlich „das Suchen nach anderen Spielregeln" im Umgang mit dem Orient. Der Damaszener Philosoph Ṣādiq al-ʿAẓm (geb. 1934) verwies auf den „umgekehrten" Orientalismus von Said, da dieser nun im Gegenzug das Wesen eines antiorientalisch eingestellten Westlers kreiert habe.[38]

Mit Edward Said konnte die Orientalistik, nun selbst zum Objekt eines wissenschaftlichen Diskurses geworden, einen erzwungenen Blick in die zeitgenössische philosophische Diskussion werfen; was sie erfuhr, schien vielen Orientalisten gefährlich, denn hätten sie sich erst einmal auf die Spielregeln der Diskurstheorien eingelassen, bliebe ihnen kaum noch ein Raum für ihre orientalistischen Studien. Der philosophisch-soziologische Diskurs, der auf Foucault aufbaute, verlangte mehr, als die Orientalistik zu leisten bereit war. Die Wiederentdeckung Nietzsches und Heideggers,[39] die Umdeutungen des Wahrheitsbegriffs im Rahmen einer neubestimmten Hermeneutik und die Kritik am *going native* – einem anthropologischen Pendant zum Orientalismus innerhalb der Sozialwissenschaften[40] – fegten über die Orientalistik hinweg, ohne sichtbare Spuren zu hinterlassen. Ausnahmen sollen genannt werden: So versuchte der Pariser Islamwissenschaftler Mohammed Arkoun (Muḥammad Arkūn, geb. 1928), die historische Hermeneutik in die Orientalistik einzuarbeiten;[41] ähnliche Wege wies auch der türkisch-amerikanische Historiker Şerif Mardin. Das „neue Verstehen des Islams", zum Beispiel durch eine „Neulesung [relecture] des Korans" aber, das Arkoun forderte, war unter den Orientalisten kaum vermittelbar, da „die damit verknüpften Erwartungen (...) kaum erfüllt werden dürften".[42]

In gewisser Weise hat die Auseinandersetzung um Saids Thesen den alten Kulturpluralismus von Ernst Troeltsch, wie ihn vor allem der Orientalist Jörg Krämer rezipiert hatte,[43] wiederbelebt: Die Theoriedebatte wurde auf die Frage reduziert, ob die von der Orientalistik erarbeiteten oder bestätigten Verstehenskategorien universeller Art seien oder einen Eurozentrismus spiegelten. 1980 publizierte der französische Soziologe und Islamwissenschaftler Jean-Paul Charnay eine ausführliche Studie, in der er den Werdegang des Eurozentrismus in der Orientalistik nachzeichnete.[44] „Wir sind vorsichtiger geworden", sagte 1980 auch Jacques Waardenburg und meinte die bislang gängigen Versuche, den Sinngehalt des Islams zu bestimmen und auf dieser Grundlage die islamischen Gesellschaften zu vergleichen, und plädierte für eine semiotische Deutung des Islams „als Netzwerk von Zeichen".[45] Diese Vorsicht bezieht sich auch auf den Umgang mit dem Anderen, um nicht in den Verdacht des Eurozentrismus oder des Orientalismus zu geraten. Entsprechend forderte später die Würzburger Islamwissenschaftlerin Angelika Hartmann: „Keine Beschäftigung mit den Quellen ohne die sorgfältige Prüfung des doppelten Rahmens bei der Übertragung von Terminologien."[46] Aber schon wieder wies Maxime Rodinson auf die Gefahren eines Ethnozentrismus („Xenozentrismus") in der Orientalistik hin, der nur eine Umkehrung des Eurozentrismus darstelle und im wesentlichen mit ihm parallel verlaufe.[47]

Das Problem des Eurozentrismus hat in jüngerer Zeit die Orientalistik mehr beschäftigt als der Vorwurf, Teil eines westlichen Diskurses über den Orient zu sein. Waren erst einmal die europäischen wissenschaftlichen Diskurse als Macht gegenüber den studierten Objekten enttarnt, stellte sich sofort die Frage, wie über das Andere gesprochen werden könne, ohne diese Macht auszuüben. Dieses Dilemma haben islamische politische Kreise bald gesehen und noch Salz in die Wunden gestreut. Denn die zeitgemäße Forderung der Orientalisten, „Respekt vor der historisch gewachsenen Eigenart der Partner im Orient [zu] vermittel[n] und zugleich die tiefen Bindungen gemeinsamer Voraussetzungen und geschichtlicher Erfahrungen zwischen der islamischen Welt und Europa bewußt [zu] mach[en]",[48] verstärkte ihre Hoffnung, daß endlich ihre eigenen, „islamischen" Kategorien und ihre eigenen gelebten Bedeutungen zur Geltung kommen könnten.

Manche Orientalisten und Ethnologen drehten nun den Spieß um und konstruierten einen „Gegen-Orient" auf der Grundlage dessen, was sie als die Sicht des Anderen annahmen. Die Relativität, die schon die Historisten in Extremfällen auf ihre Fahnen geschrieben hatten, erlebte in einem Kulturrelativismus eine neue Blüte. Ganz gleich ob Euro- oder Ethnozentrismus, das Andere blieb das Andere, das „fremde Wesen".

4.

Trotz allen theoretischen Verlangens ist die Orientalistik eine Textwissenschaft geblieben. Daß eine Quelle philologisch zu erschließen ist, steht außerhalb jeder Debatte; insofern zielte die Orientalismus-Kritik auch nicht auf die philologische Orientalistik als solche. Vielmehr ging es vorrangig um die Deutung eines historischen Geschehens, in deren Mittelpunkt ein auch neben der Wissenschaft konstruierter Orient gerückt wurde, der Montesquieu fasziniert, Voltaire aber bisweilen abgestoßen hatte, der den Phantasien des Nichtorientalen Raum zu einer Metamorphose ließ, zu einem verkleideten, aber „wahren", „besseren" Orientalen zu werden, und der gleichzeitig der Ort sein konnte, der das genaue, abschreckende Gegenteil des Okzidents, eben der Osten war. Die historische Kritik hat diese Zuordnungen nicht verhindern können: Es ist auffällig, daß die Orientalisten eine wahre Vorliebe für den „letzten Vertreter" einer rationalen islamischen Philosophie Ibn Rushd (Averroes, gest. 1198), für den Kulturhistoriker Ibn Khaldūn (gest. 1406) und den mystischen Rebellen al-Ḥallāj (hingerichtet 922) entwickelten und zu Merkmalen eines anderen Orients machten, den sie im Gegensatz zu den Muslimen selbst verwalteten. Deren Bevorzugung von Ibn Sīnā (Avicenna, gest. 1037), des Moralisten Abū Ḥāmid Muḥammad al-Ghazālī (gest. 1111) und des Mystikers Ibn ʿArabī (gest. 1240) teilten nur wenige westliche Orientalisten.[49] Die orientalistische Lesart des Orients entsprach sicherlich in weiten Bereichen den Selbstsichten der europäischen Forscher, die in ihren Studienobjekten die Spiegelung eigener Identitäten sahen; sie deckte sich nur selten mit der islamischen Geschichtsrezeption, die genau das Gegenteil dessen zu tradieren schien, was die Orientalisten kreiert hatten.

Schließlich wurde ein solchermaßen kritisch erarbeiteter Orient zum Mittelpunkt des Verstehens erhoben. Der orientalistische Diskurs verfügte so genau über jene „Prozeduren", die Michel Foucault für alle Diskurse herausgestellt hat.[50] Ist nun ein solcher Diskurs zwingend? Kann sich die Orientalistik über die Geisteswissenschaft aus diesen Prozeduren befreien und soll sie dies? Und kann sich der machtvolle orientalistische Diskurs in einen humanistischen Dialog verwandeln, in dem zwei Subjekte sich wechselseitig ansprechen und aussprechen und jedem vorübergehend die Rolle eines Okzidentalen und eines Orientalen zukommt?[51]

1973, als gegenwartsbezogene Fragestellungen mehr und mehr in die orientalistischen Forschungen drängten, vermerkte Maxime Rodinson, daß für manche Betrachter die Orientalistik „am Ende" sei.[52] Sie schienen davon überzeugt, daß der sozialwissenschaftliche Diskurs zu einer „Amerikanisierung" des Faches führen würde, das heißt zu einer Aufgliederung der Orientalistik auf die systematischen Disziplinen. Tatsächlich wurde, auch auf Drängen der *UNESCO* hin, nun nach 1973 der Begriff „Orientalistik" aus dem Namen des Weltkongresses aller orientalistischen Disziplinen getilgt; trotzdem gelang es dem Fach, seine akademische Unabhängigkeit zu bewahren und im Gegenzug verstärkt sozialwissenschaftliche Modelle in die eigenen Forschungen zu integrieren. Die hierbei angestrebte Verbindung von philologischer Tradition und Sozialwissenschaften im weitesten Sinne förderte neue Fragestellungen, die auch das alte Orientbild der Orientalistik zunehmend kritisierten. Immer deutlicher wurde, daß der „frühe Islam" nicht mehr als Mittelpunkt des Verstehens der islamischen Welt angesehen werden kann; auch rückte die Forschung mehr und mehr von den essentialistischen Deutungen ab, durch die das Wesen des Einen, alles bestimmenden Islams festgeschrieben worden war. Hierdurch wurde Raum geschaffen, die islamische Kultur als dynamischen, historischen Prozeß zu verstehen.

In den frühen achtziger Jahren hatte die Orientalismus-Debatte erneut Zweifel an der Berechtigung einer unabhängigen akademischen Orientalistik aufkommen lassen. Unbestreitbar war die Einsicht, daß der europäische Orientalismus auch die wissenschaftliche Beschäftigung mit den orientalischen Gesellschaften geprägt hatte. Diesmal wurden nicht, wie in der Debatte um die Sozialwissenschaften in den siebziger Jahren, die philologischen Methoden und ihre Forschungsergebnisse kritisiert; jetzt ging es um den generellen Deutungshorizont, in den die Forschungsergebnisse „eingepaßt" wurden. Bryan Turner war wohl einer der ersten, der auf die verheerende „Defizitthese" der Orientalistik hinweis. Dieser These zufolge verfügte der islamische Orient eben wegen seiner „islamischen Essenz" nicht über die Merkmale der europäischen Identität. Turner bezog sich vor allem auf das Konzept der „zivilen Gesellschaft", das als Eigentümlichkeit der europäischen Moderne angesehen wurde und – wie viele andere Erscheinungen der Moderne auch – dem islamischen Orient vorenthalten wird.[53]

Tatsächlich zeigte sich nun, daß in der Orientalistik allgemein genau jene Epochen und Themen ausgespart worden waren, welche die Eigenart, ja Singularität der europäischen Moderne kennzeichnen: historische Forschungen zur frühen Neuzeit in den islamischen Gesellschaften, zu geistesgeschichtlichen Entwicklungen im 17. und 18. Jahrhundert, zur Frage einer islamischen Aufklärungstradition und zu sozialgeschichtlichen Fragen im Übergang zur Zeit des europäischen Kolonialismus wurden kaum in Angriff genommen.[54] Noch heute ist die Gegenüberstellung des dynamischen, auf Individualität basierenden Westens einerseits und des statischen, auf das Kollektiv ausgerichteten islamischen Ostens andererseits sehr populär. Immer deutlicher trat nun aber hervor, daß der Westen auch mittels der klassischen Orientalistik sich seine eigene, fortschrittliche Identität gegenüber dem „anderen", „rückständigen" Orient zu beweisen versuchte. In dem Moment, wo die Funktionalität des Orientalismus in der Selbstdefinition Europas erkannt worden ist, sei, so die Meinung vieler Kritiker im

Anschluß an Said, „das Ende der Orientalistik" erreicht. Der Arabist und Islamwissenschaftler Aziz (ʿAzīz) al-Azmeh resümierte, daß „der Beitrag der Orientalistik für die [allgemeine] wissenschaftliche Erkenntnis sehr gering [gewesen] ist".[55]

Die Orientalismusdebatte hat gezeigt, daß eine „Modernisierung" der Orientalistik zwingend notwendig ist, will sie nicht den Anschluß an die allgemeine Wissenschaftsentwicklung endgültig verlieren. Das „Ende der Orientalistik" scheint mir noch lange nicht erreicht, gilt es doch, sich den fachlichen Defiziten zu stellen, welche die orientalistischen Wissenschaftstraditionen allzu lange bestimmt haben. Gerade in der Orientalistik könnte die westliche Wissenschaft beweisen, daß sie zu einer Überwindung des Orientalismus in den eigenen Gesellschaften beitragen kann. Sie sollte Alternativen zu einer essentialistischen Betrachtung der orientalischen Gesellschaften finden und deren dynamische Entwicklungsprozesse anerkennen und deuten helfen. Sie sollte versuchen, den westlichen Gesellschaften ihr taxonomisches Verständnis anderer Kulturen zu nehmen, das sich in den immer wiederkehrenden Stereotypen von der Andersartigkeit der islamischen Welt äußert. Vielleicht gelingt es so, den Diskurs des Orientalismus durch einen humanistischen Dialog zu ersetzen.

II. Islam und kulturelle Selbstbehauptung

(Rotraud Wielandt)

Kulturelle Selbstbehauptung ist kein menschliches Grundbedürfnis, das überall und zu jeder Zeit empfunden würde. Der Wunsch nach ihr ist vielmehr Symptom einer Krise: Menschen verspüren ihn nur dann, wenn sie die tragenden Werte ihrer angestammten Kultur durch eine fremde, für sie neuartige bedroht sehen. Für das Gefühl heutiger Muslime geht eine solche Bedrohung von der technisch-industriellen Zivilisation des modernen Europa aus. Das Bewußtsein, man werde von ihr in der eigenen kulturellen Existenz gefährdet, hat sich in der islamischen Welt weit verbreitet, seit dort im Zeichen der politischen und ökonomischen Übermacht europäischer Staaten die Verwestlichung der hergebrachten Lebensformen begann. Gegenwärtig erfüllt es zudem nicht wenige Muslime in der mittel- und westeuropäischen Diaspora, so zum Beispiel türkische Gastarbeiter in Deutschland, denen der Gedanke einer weitgehenden Anpassung an ihre neue Umwelt Unbehagen bereitet.

Muslime stehen – genau wie etwa Christen – in einer komplexen Kulturtradition, an deren Herausbildung nicht allein die Religion, sondern eine Vielzahl geschichtlicher Kräfte mitgewirkt hat. Ihre kulturellen Gruppenmerkmale ergeben sich darum objektiv betrachtet nicht nur aus ihre Religionszugehörigkeit, sondern aus der Teilhabe an einem ganzen Bündel verschiedener kulturprägender Faktoren. In der Selbsteinschätzung der meisten Muslime kommt dem Islam unter diesen Faktoren eine besondere Bedeutung zu. Dabei wird allerdings das genaue Verhältnis zwischen Islam und Kultur recht unterschiedlich aufgefaßt. Die einen halten die Kultur, in der sie leben oder doch leben möchten, in allem Entscheidenden für eine Frucht des islamischen Glaubens und der von ihm inspirierten menschlichen Kreativität. Die anderen sind zwar überzeugt, daß vom Islam wichtige kulturelle Impulse ausgegangen sind oder daß er sogar die integrierende Mitte des geistigen Lebens ihrer Gesellschaft ist, erkennen in der eigenen Kultur aber auch noch ganz andere Komponenten, denen sie Wesentliches zu verdanken meinen. Über Eigenart und Herkunft dieser Komponenten gehen die Anschauungen auseinander, und ebenso variiert der Stellenwert, den man ihnen innerhalb der Gesamtkultur zuschreibt.

Daß Muslime von den Grundlagen ihrer Kultur so unterschiedliche Vorstellungen haben, ist nicht verwunderlich: Zunächst einmal sind die historischen Voraussetzungen, von denen aus man sich beispielsweise in Indonesien, in der Türkei, in Saudi-Arabien, in Ägypten, in Marokko und in Nigeria zur Botschaft des Propheten bekennt, so uneinheitlich, daß der Islam den Bewohnern all dieser Länder tatsächlich in stark divergierenden kulturellen Kontexten vor Augen steht und darum von ihnen auch nicht durchweg in genau demselben Sinne als für die eigene Identität bedeutsam erfahren werden kann. Wenn einzelne oder Gruppen die Leistung des Islams für ihre Kultur unterschiedlich beurteilen, so liegt das weiter daran, daß man sich bald mehr an einem zeitlosen Ideal dieser Religion, bald mehr an ihrem historischen Erscheinungsbild orientiert; viele muslimische Aussagen über die kulturstiftende Kraft des Islams beruhen auf gläubiger Begeisterung, nicht auf empirischen Feststellungen. Im übrigen hat sich im Laufe der letzten anderthalb Jahrhunderte unter Muslimen der Begriff davon, was Kultur überhaupt ist und wodurch die Einheit der sie tragenden Menschen konstituiert wird, aufgrund europäischer Einflüsse zum Teil erheblich gewandelt und insgesamt sehr differenziert. Das hatte wiederum unterschiedliche Deutungen der Relation zwischen Islam und Kultur zur Folge.

Noch in den sechziger und siebziger Jahren des 19. Jahrhunderts, als der Transfer europäischer Bildungsgüter in die islamische Welt auf breiter Front in Gang kam, war für Muslime die primäre kulturelle Bezugsgruppe im allgemeinen ganz selbstverständlich die eigene Glaubensgemeinschaft und der kostbarste Kulturbesitz die islamische Offenbarung. Unter solchen Prämissen stand für sie Wert und Zukunft ihrer Kultur noch außer Frage, auch wenn sie sehr wohl wahrnahmen, daß sich diese Kultur momentan im Vergleich zur europäischen auf einigen Gebieten von großer praktischer Relevanz in einem bedenklichen Entwicklungsrückstand befand. Die Frage war nur, wie man in diesen Rückstand geraten war und wie man auf dem schnellsten Wege wieder aus ihm herauskommen konnte. Sie erhob sich um so dringlicher, als die faktischen Machtverhältnisse die gottgewollte historische Rollenverteilung in ihr Gegenteil zu verkehren schienen: Nach islamischem Staatsrecht und nach der in Jahrhunderten zivilisatorischer Hochblüte verfestigten frommen Volksmeinung war der Herrschaftsbereich der Gläubigen dazu bestimmt, sich immer weiter über die bewohnte Erde auszubreiten. Statt dessen schoben nun die ungläubigen Europäer den ihren durch überlegenes Wissen und Können ständig weiter in das „Haus des Islams" vor; das Osmanische Reich, die Vormacht des Islams, mußte unter ihrem Druck eine Position um die andere räumen, und vielerorts in der islamischen Welt hatten sie politisch und wirtschaftlich das Sagen, vereinzelt sogar schon die Kolonialherrschaft, deren Ausweitung man befürchten mußte. Wie war das möglich geworden?

Gläubige Muslime konnten die Ursachen für Rückständigkeit und äußere Schwäche ihrer Glaubensgemeinschaft nicht im Wesen der islamischen Religion suchen. Oft wollten sie sie nicht einmal bei deren Anhängern suchen. Darum erfreut sich seit dem späten 19. Jahrhundert ein Erklärungsmodell großer Beliebtheit, das ihnen dieses peinliche Unternehmen erspart: die Rückführung des Niedergangs der islamischen Zivilisation auf den verderblichen Einfluß äußerer Mächte. Jüdische Spaltungsbemühungen, eingeschleuste iranische Glaubenslehren oder griechische Philosopheme, destruktive Verhaltensweisen nicht wirklich bekehrter Mongolen oder Türken, das barbarische Wüten der Kreuzfahrer, ja schließlich sogar der europäische Kolonialismus – der in Wirklichkeit erst nach der Entstehung eines Zivilisationsgefälles Erfolg haben konnte – werden dafür verantwortlich gemacht, daß die islamische Glaubensgemeinschaft ihre kulturelle Lebenskraft und ihre machtvolle politische Stellung eingebüßt hat. Neben diesem Schema bequemer Selbstrechtfertigung standen und stehen allerdings selbstkritische Diagnosen. Eine von ihnen, die bereits der Ägypter aṭ-Ṭahṭāwī (1801–1873) formulierte, lautet, daß die Muslime ihre Unterlegenheit durch jahrhundertelange Vernachlässigung bestimmter nützlicher Wissensgebiete, die ihnen durchaus offengestanden hätten, ja zu deren Pflege sie an sich sogar durch ihre Religion verpflichtet gewesen wären, selbst verschuldet haben. Eine andere Diagnose, die durch den aus Persien stammenden Agitator Jamāl ad-Dīn al-Afghānī (1839–1897) und den ägyptischen Reformtheologen Muḥammad ʿAbduh (1849–1905) populär geworden ist, macht für die Rückständigkeit der islamischen Welt den Umstand verantwortlich, daß muslimische Gelehrte schon im 9. Jahrhundert willkürlich „das Tor des *ijtihād* für geschlossen", d. h. die Möglichkeit eigenständiger Normenfindung durch Analogieschlüsse zu den Aussagen von Koran *(qurʾān)* und Hadith *(ḥadīth)* für beendet erklärten und damit die Fortentwicklung des Rechtswesens blockierten. Die salafitische Bewegung Ägyptens, von der zahlreiche fundamentalistische Gruppierungen der Gegenwart bis hin nach Westafrika und zum Malaiischen Archipel beeinflußt sind, setzte eine Generation nach Muḥammad ʿAbduh den Sündenfall der islamischen Zivilisation noch früher und noch umfassender an: Sie erklärte die Denk- und Lebensweise der „rechtschaffenen Vorfahren", d. h. der ersten vier Kalifen und ihrer Zeitgenossen, zur vollkommenen historischen Verwirklichung des Islams und jede spätere Abweichung von diesem Vorbild zur Degeneration.

Je weniger Muslime ihr Selbstbewußtsein angesichts der Übermacht Europas auf die neuere Geschichte gründen konnten, desto freudiger besannen sich viele von ihnen auf die mittelalterliche. Diese lieferte nämlich, wie sie glaubten, den Beweis dafür, daß Islam und zivilisatorische Höchstleistungen nicht nur vereinbar sind, sondern eigentlich sogar fest zusammengehören. Die Erinnerung an die glanzvollen zivilisatorischen Errungenschaften des islamischen Mittelalters ist ein wirksamer Schutz gegen Minderwertigkeitsgefühle. Eben deshalb nimmt sie im muslimischen Schrifttum des 19. und 20. Jahrhunderts breiten Raum ein. Damals, so kann man sich sagen, war die islamische Welt Europa weit voraus, damals gingen Europäer bei Muslimen in die Schule, beispielsweise auf den Gebieten der Philosophie und der Medizin. Durch die Tatsache, daß ein solcher Kulturzusammenhang in einigen Bereichen zweifellos besteht, glaubte man sich häufig zu der viel weiter gehenden Schlußfolgerung berechtigt, die moderne europäische Zivilisation sei in allen ihren positiven Aspekten aus der mittelalterlichen islamischen Kultur hervorgegangen. Diese These wurde erstmals 1867 in einem Werk Khair ad-Dīn at-Tūnisīs ausführlich entwickelt und seither an vielen Stellen wiederholt. Die Theorie, der Aufschwung der europäischen Zivilisation in der Neuzeit beruhe ganz und gar auf Anregungen aus dem mittelalterlichen Islam, hat, so irrig sie auch ist, für Muslime, die in bestimmten Hinsichten von Europa lernen möchten, die positive Funktion, die psychische Hemmschwelle, die dem entgegensteht, herabzusetzen: Sie nimmt Arbeitsmethoden und Zivilisationsgütern, die man sich aneignen will, das Odium des Fremdartigen und potentiell Bedrohlichen; denn holt man sich mit Anleihen aus Europa nur zurück, was ursprünglich ohnehin von einem selbst stammt, dann mischt man der eigenen Kulturtradition nichts bei, was ihrem Wesen zuwiderlaufen und sie vielleicht gar zerstören könnte.

Die Assimilierung europäischer Kulturelemente wird insgesamt so lange als verhältnismäßig unproblematisch erlebt, wie man glauben kann, sie berühre nur Randbezirke des eigenen Lebensvollzugs, nicht aber den Kern des Weltverständnisses und der Verhaltensnormen. Dieser Meinung waren im 19. Jahrhundert noch prominente muslimische Fürsprecher einer Modernisierung nach europäischem Muster, so etwa in Ägypten Rifāʿa Rāfiʿ aṭ-Ṭahṭāwī und ʿAlī Mubārak (1823–1892), in Tunesien Khair ad-Dīn at-Tūnisī (1810–1890). Ihrem Urteil nach wurde die Mitte der heimischen Kulturtradition, die islamische Glaubenslehre mit den auf ihr aufbauenden Wissenszweigen und Verhaltensmustern, durch die erstrebte Anpassung an die Europäer überhaupt nicht tangiert, sondern nur äußerlich ergänzt, und zwar durch auf diesseitigen Nutzen gerichtetes Wissen und Können. Der Kulturwandel erschien also als ein rein additiver Vorgang, der nach Inhalt und Ausmaß das Wesentliche an der bisherigen Kultur nicht veränderte.

Diese Sicht der Dinge setzte allerdings voraus, daß die betroffenen Muslime in der Lage seien, den europäischen Kultureinfluß von sich aus auf einige von der Religion nicht normierte Teilbereiche ihres Denkens und Handelns zu beschränken. Und wie sich alsbald zeigte, war ihnen gerade das nicht möglich. Schon wenn man sich um des praktischen Nutzens willen erfolgreich mit moderner Naturwissenschaft befassen wollte, mußte man sein Weltbild so weit an demjenigen zeitgenössischer Europäer ausrichten, daß Konflikte mit dem islamischen Dogma zu gewärtigen waren. Außerdem brachten die Modernisierungsbemühungen, die europäische Kolonialpolitik und die fortschreitende wirtschaftliche Verflechtung der Kontinente einen immer größeren Personenkreis mit europäischen Lebensformen in Kontakt; und viele Menschen reflektierten nicht erst über deren Verträglichkeit mit den hergebrachten Wertmaßstäben, sondern imitierten sie ganz einfach, zumal die europäische Zivilisation durch Macht und Wohlstand beeindruckte. Im übrigen entfaltete der Verwestlichungsprozeß eine Eigendynamik, die nicht zu bremsen war: Gewiß, man mochte die Kenntnis europäischer Sprachen, den Besuch europäisch organisierter Bildungseinrichtungen oder das Studium im europäischen Ausland zunächst nur zum Zweck des Erwerbs nützlicher Fähigkeiten etwa in der Medizin oder im Ingenieurwesen erstrebt haben; doch sie eröffneten Menschen, die nun einmal nicht nur auf solchen Gebieten interessiert und begabt waren, unweigerlich zugleich den Zugang zu ganz anderen Bereichen europäischer Kultur, etwa der Philosophie, dem Literaturschaffen, der Kunst und dem politischen Denken. Und hier gab es Möglichkeiten der Realitätsdeutung und Wertung zu entdecken, die mitunter den herkömmlichen islamischen Vorstellungen und Grundsätzen klar widersprachen, die aber trotzdem auch manchen gläubigen Muslim unmittelbar faszinierten. Unter diesen Umständen ließ sich das Prinzip, das eigene religiös fundierte Weltverständnis und Wertsystem hermetisch gegen europäisches Gedankengut abzuriegeln, nicht durchhalten.

Mit der Einsicht in diesen Tatbestand, die bei ägyptischen Autoren bereits um die Jahrhundertwende anzutreffen ist, trat der Prozeß der Annäherung an die europäische Zivilisation in ein kritisches Stadium. Fortan wurde die Ambivalenz des an Europa orientierten Fortschritts deutlich empfunden: Wenn es keine festen Grenzen für den westlichen Kultureinfluß gibt, besteht dann nicht das Risiko, daß man bei allem, was man durch den Modernisierungsvorgang an politischer Stärke und materieller Wohlfahrt gewinnen mag, Entscheidendes verliert – seine Religion, sein ganzes geschichtliches Erbe und damit seine kulturelle Identität? Seit man sich dieser Gefahr bewußt geworden ist, hat das Problem der kulturellen Selbstbehauptung nicht aufgehört, Muslime zu beschäftigen. Am klarsten manifestiert sich dieses Problem bei Intellektuellen: Sie setzen sich explizit mit ihm auseinander und können es dabei auch besonders tief ausloten, denn sie sind sowohl über die islamische Tradition als auch über ihre möglichen europäischen Alternativen besser unterrichtet als die Mehrzahl ihrer Glaubensgenossen und wissen darum genauer, was auf dem Spiel steht. Doch handelt es sich nicht nur um ein Intellektuellenproblem: Die Masse der weniger geschulten Gläubigen äußert ihre Sorge um die eigene kulturelle Identität zwar nicht in subtilen Gedankengängen, wohl aber in Neuerungsängsten und manchmal auch in pauschalen antiwestlichen Ressentiments, wie man sie in jüngster Vergangenheit vor allem in Iran aufbranden sah.

Für die wenigsten Muslime ist das Dilemma des Eingespanntseins zwischen eigener Tradition und der modernen westlichen Zivilisation so lösbar wie für den ägyptischen Schriftsteller und Gelehrten Ṭāhā Ḥusain (1889–1973), der in den dreißiger Jahren in einer vielbeachteten bildungspolitischen Programmschrift erklärte, sein Vaterland sei von Europa eigentlich gar nicht durch einen Kulturunterschied getrennt, ja es sei sogar in gewissem Sinne kulturell immer Teil Europas gewesen, insofern es nämlich ebenso wie Europa seit jeher zu der einen „mittelmeerischen" Kultur gehört habe.[1] Gewöhnlich bleibt Europas Kultur, so sehr man sie auch in einzelnen Zügen schätzen mag, immer die fremde Kultur, gegenüber der man sich auf das Spezifische der eigenen Kultur besinnen muß. Dem Kulturdilemma durch die Flucht ins andere Extrem, d. h. durch die schlichte Leugnung jeglicher kultureller Gemeinsamkeit zwischen der eigenen Bezugsgruppe und den neuzeitlichen Europäern zu entkommen, ist von fundamentalistisch gesonnenen Individuen und Gruppierungen gelegentlich versucht worden. Aber auch diese Lösung ist in den Augen der meisten heutigen Muslime nicht gangbar, denn sie vertauscht die jedermann sichtbare Realität gegen eine romantische Utopie: Angehörige der *Muslimbruderschaft* oder Anhänger

Khumainīs mögen noch so sehr wünschen, in einer „rein" islamischen Kultur zu leben – in Wahrheit ist auch ihre Gesellschaft bereits in vielen Hinsichten irreversibel verwestlicht, und wenn sie unter menschenwürdigen Bedingungen überleben will, wird sie vorerst nicht darum herumkommen, noch mehr vom Westen zu lernen. Muslime, und insbesondere die Intellektuellen unter ihnen, wissen in der Regel sehr wohl, daß ihre Gegenwartskultur – wie alle anderen Kulturen von größerer Reichweite auch – bis zu einem gewissen Grade synkretistischen Charakter hat. Was aber die meisten von ihnen nicht wollen, ist ein Synkretismus, der durch einen unbesonnenen Bruch mit der Vergangenheit jegliches islamische Proprium ihrer Kultur zunichte macht und gänzlich unkontrolliert dahinwuchert. Aus diesem Grunde sind im 20. Jahrhundert vielfältige gedankliche Anstrengungen unternommen worden, um eine Strukturformel für eine moderne Kultur zu finden, die ihre Bindung an die islamische Geschichte nicht verleugnet, dabei aber zur schöpferischen Bewältigung aller Gegenwartsaufgaben fähig ist, insbesondere der Aufgabe, an den Zivilisationsstandard des modernen Europa Anschluß zu suchen.

Eine solche Formel muß, damit sie das Gewünschte leisten kann, so beschaffen sein, daß sie dem Zusammenwirken heterogener Kulturfaktoren Raum gibt, aber gerade in ihm doch immer etwas Unverwechselbares und Unverwischbares am Werk sieht. Beides läßt sich besonders gut durch Zuhilfenahme des Begriffes der Nation erreichen, der um die Mitte des 19. Jahrhunderts aus Europa in die islamische Welt übernommen wurde. Eine Nation kann recht unterschiedlich definiert werden: Man kann sie als ethnische Einheit auffassen oder auch nicht; man kann für sie die Gemeinsamkeit der Sprache oder auch der Religion als konstitutiv deklarieren, muß es aber nicht; man kann für sie einen fest umrissenen, gleichbleibenden geographischen Lebensrahmen postulieren, aber auch darauf verzichten. Unabdingbar ist jedoch die Annahme eines wie immer beschaffenen spezifischen gemeinsamen historischen Erbes aller ihrer Angehörigen, das sich mit seinen wesentlichen Komponenten durch die Zeiten hält. Gerade weil das Konzept eines solchen nationalen Erbes mit ganz verschiedenen inhaltlichen Komponenten ausgefüllt werden kann und zugleich in allem Variablen etwas Konstantes voraussetzt, ist es in der gesamten islamischen Welt oft und gern für den Versuch benutzt worden, das Problem, wie man in dem mit der Verwestlichung gegebenen Kulturwandel sein geschichtlich gewordenes Selbst behaupten könne, analytisch zu durchdringen.

Seit dem späten 19. Jahrhundert gehen viele Muslime ganz selbstverständlich von dem Axiom aus, daß ihre Kultur eine Nationalkultur ist. Dieses Konzept besagte noch nicht immer, daß man jetzt anstelle der Glaubensgemeinschaft eine anders definierte Einheit als kulturtragend betrachtete: Der Panislamismus – ob nun zum Beispiel in der Spielart des türkischen Dichters Namık Kemal (1840–1888) oder in der Jamāl ad-Dīn al-Afghānīs – setzte die Gemeinschaft der Gläubigen als ganze mit einer Nation gleich; für ihn war also die Nationalkultur nach wie vor identisch mit der islamischen Kultur. Von der Jahrhundertwende an dominierten allerdings andere Begriffe der

Nation, die nicht mehr einseitig auf die islamische Komponente des geschichtlichen Erbes gegründet waren. Bis zum Zweiten Weltkrieg war Nationalismus in der islamischen Welt, soweit es ihn gab, vor allem ein territorial bestimmter Nationalismus: Man faßte die Nation als die Bevölkerung eines geographisch genau umgrenzten Vaterlands auf, das seit langem eine historische Einheit bildete und sich von benachbarten Ländern durch die spezifische Zusammensetzung seiner Traditionen abhob. Dieses Verständnis der Nation dominierte seinerzeit etwa in Ägypten, im Irak und – seit Gründung der Republik – auch in der Türkei. Vor seinem Hintergrund bedeutete kulturelle Selbstbehauptung das Bewahren sämtlicher auf dem Territorium zusammengeflossenen Traditionen, die man als für sich besonders relevant empfand. Zu diesen Traditionen wurde überwiegend auch der Islam gezählt. Aber er bildete für die Intellektuellen nicht in jedem Falle den Angelpunkt ihres nationalen Kulturbewußtseins. Denn sie waren häufig vor allem an dem interessiert, was ihr Vaterland von anderen Ländern unterschied, und dies war eben nicht der Islam, sondern primär die weiter zurückliegende Vergangenheit. So war der ägyptische Nationalismus jener Epoche „pharaonistisch" bestimmt, d. h. er betonte einen aus dem alten Ägypten stammenden unverlierbaren Kern der Nationalkultur, an den sich die verschiedensten anderen Kulturelemente angelagert hatten, die islamische Tradition des Landes ebenso wie neuerdings einige Züge der modernen europäischen Zivilisation. Seine kulturelle Identität gegenüber Europa zu behaupten, hieß unter diesen Prämissen in erster Linie, sich stets des „pharaonischen" Erbes bewußt zu bleiben, und erst in zweiter, auch das islamische zu wahren.

Vom Zweiten Weltkrieg an setzte sich in den arabischen Ländern weithin ein umfassenderes Nationalitätskonzept durch, das bis heute sehr einflußreich ist: das des Panarabismus. An die Stelle der territorial definierten kleineren Nationen trat nun die durch gemeinsame Sprache, Geschichte und nach Meinung mancher auch Rasse konstituierte große „arabische Nation". Der Glaube an sie hat dem Islam im Bemühen um kulturelle Selbstbehauptung wieder einen höheren Stellenwert verschafft. Die islamische Religion nämlich und die in ihrem Zeichen entstandenen Kulturschöpfungen nehmen in der arabischen Geschichte zweifellos einen hervorragenden Platz ein, und darum muß es sich jeder, der seine kulturelle Identität primär aus dieser Geschichte beziehen will, angelegen sein lassen, ihnen dauerhafte Anerkennung zu verschaffen. Der panarabische Nationalismus hat den Islam übrigens nicht nur für arabische Muslime, sondern mitunter auch für arabische Christen zu einem erstrangigen Gegenstand kultureller Selbstbesinnung gemacht. Denn wenn er auch nicht ihre Religion ist, so ist er doch, sofern sie sich als Glieder der einen arabischen Nation verstehen, ein zentrales Stück ihres geschichtlichen Erbes. Im Bewußtsein dieser Tatsache hatte schon zu Beginn dieses Jahrhunderts der libanesische Christ Jurjī Zaidān, einer der geistigen Vorläufer des Panarabismus, eine fünfbändige „Geschichte der islamischen Zivilisation" verfaßt, und 1943 hielt Michel ʿAflaq, der Gründer der *Baʿth*-Partei und gleichfalls ein Christ, eine berühmt gewordene Rede zum Geburtstag des Propheten Muḥammad, in der er den Islam als Manifestation eines weltumspannenden arabischen Humanismus und seinen Stifter als Verkörperung des arabischen Genius feierte.[2]

In den letzten beiden Jahrzehnten ist freilich der Begriff der Nation gerade arabischen Autoren als Instrument zur Erfassung der Selbstbehauptungsproblematik wieder zunehmend fragwürdig geworden. Dies hauptsächlich aus zwei Gründen: Zum einen stehen in der arabischen Welt heute immer noch bis zu einem gewissen Grade Panarabismus und territorial begrenzte Nationalismen unversöhnt neben- und gegeneinander, so daß es schwer ist, die Leser auf einen einheitlichen Begriff von Umfang und konstituierenden Merkmalen ihrer Nationalkultur festzulegen. Zum anderen sehen arabische Intellektuelle jetzt vielfach klarer als vor hundert Jahren, daß auch Nationalbewußtsein nicht einfach eine durch die Zeiten hin feststehende historische Realität erfaßt, sondern seinerseits eine geschichtsbedingte und nur begrenzt sinnvolle Denkform europäischen Ursprungs ist. Beides hat – zusammen mit einem neueren Ergebnis des Verwestlichungsprozesses, nämlich der Aneignung moderner kulturpsychologischer Beschreibungskategorien – dazu geführt, daß man in Diskussionen über die Schwierigkeit kultureller Selbstbehauptung seit einiger Zeit das zu wahrende Eigene häufig nicht mehr als nationale Identität, sondern lieber als kollektive „Persönlichkeit" *(shakhṣīya)* bezeichnet. Diese „Persönlichkeit" wird je nachdem, welche äußere Eingrenzung und welche inhaltliche Akzentuierung seines kulturellen Selbst man für richtig befindet, mit Attributen wie „islamisch", „arabisch-islamisch" oder „ägyptisch" versehen.

Heute koexistieren in der islamischen Welt all die besprochenen Grundmuster kultureller Identifikation: Nach wie vor begreifen sich zahlreiche Muslime, vor allem solche aus von der Verwestlichung relativ wenig erfaßten Bevölkerungskreisen und Regionen, primär von der Religion her; andere, die an den durch Europa angeregten ideologischen Entwicklungen stärker partizipieren, betrachten sich als Träger der einen oder anderen Form von Nationalkultur; einige Intellektuelle schließlich sind auf der Suche nach ihrer kulturellen „Persönlichkeit". Welche dieser Bezugsgrößen auch jeweils im Zentrum des Selbstverständnisses und damit zugleich des Selbstbehauptungsstrebens stehen mag: sie verbindet sich zumindest unausgesprochen mit einem Urteil darüber, wie man es überhaupt macht, im Fluß der Zeit und unter wechselnden äußeren Einflüssen „man selbst" zu bleiben. Erhält eine Kulturgemeinschaft ihr Selbst, indem sie so bleibt, wie sie anfangs war? Oder wenigstens, indem sie immer dieselben Normen zu verwirklichen sucht, an denen sie sich in ihren Ursprüngen orientierte? Anhänger des Wahhabismus Saudi-Arabiens, des salafitischen Reformismus und neuerer fundamentalistischer Strömungen würden für sich entweder beide Fragen oder mindestens die zweite positiv beantworten. Für sie ist kulturelle Selbstbehauptung immer ein Weg zurück: Rückbesinnung auf die Prinzipien des „reinen" Urislams, Rückkehr zu ihrer möglichst konsequenten Anwendung, Wiederentdeckung derjenigen Phasen der eigenen Vergangenheit, in denen sie angeblich vollkommen verwirklicht waren. Die Kultur, die auf diese Weise gegenüber der europäischen durchgehalten werden soll, ist also in ihrem Wertsystem gänzlich statisch. Doch vertreten auch etliche Muslime unserer Zeit einen dynamischeren Kulturbegriff. Sie sind der Überzeugung, daß Kulturgemeinschaften ebenso wie Individuen nicht von Anfang an ein für allemal „sie selbst" sind, sondern daß sie ihr Wesen verwirklichen, indem sie die ihnen innewohnenden Möglichkeiten in der Auseinandersetzung mit neuen Situationen und Gedanken ständig weiter entfalten. Von daher ist für sie kulturelle Selbstbehauptung ein Weg nach vorn: Ergründung und Erprobung dessen, was das islamische Erbe unter veränderten historischen Bedingungen und in einem neuen Bildungshorizont fürderhin bedeuten kann. Es geht nach ihrem Empfinden nicht um die Bewahrung eines immer Gleichen, sondern um die Bewährung der Tragfähigkeit einer sich kontinuierlich fortentwickelnden Tradition. Eine solche Vorstellung von der Zukunft arabisch-islamischer Kultur haben während der letzten dreißig Jahre vor allem Denker des arabischen Westens verfochten, so zum Beispiel die Tunesier Maḥjūb ibn Mīlad[3] und Hishām Juʿaiyiṭ (Hichem Djait), ferner der Marokkaner ʿAbdallāh al-ʿArwī (Abdallah Laroui).[4]

Der Prozeß, den man vereinfachend als „Re-Islamisierung" zu bezeichnen pflegt, hat dafür gesorgt, daß gegenwärtig Anhänger einer statisch verstandenen islamischen Kultur viel Beachtung finden. Doch bleibt abzuwarten, ob nicht Muslime, die eine Neuinterpretation ihres geistigen Erbes im Lichte der Intellektualität des 20. Jahrhunderts für legitim und notwendig halten, auf die Dauer für die Lösung konkreter Zeitprobleme Besseres zu leisten vermögen.

III. Der Islam und lokale Traditionen – synkretistische Ideen und Praktiken

1. Der Begriff des Synkretismus

(Olaf Schumann)

Der Begriff „Synkretismus" entstammt der Antike, läßt sich allerdings nur selten belegen. Plutarch berichtet in seiner Schrift „Über die brüderliche Liebe" vom Brauch der sonst häufig untereinander zerstrittenen Kreter, sich angesichts eines gemeinsamen Feindes schnell zu versöhnen und zu vereinen. Dies werde von ihnen *synkretismos* genannt. In verallgemeinerter Form nahm Erasmus von Rotterdam diesen Begriff auf, als er 1519 Melanchthon zu einem friedfertigen Verhalten gegenüber den Humanisten ermahnte. Er leitete das Wort vom griechischen *synkeránnymi* „zusammenmischen" ab. Die von ihm intendierte positive Bedeutung wandte sich später im Zeitalter der lutherischen und calvinistischen Orthodoxie ins Negative: Als synkretistisch wurden Versuche eines Brückenschlags zwischen den sich befehdenden protestantischen Richtungen disqualifiziert. Ähnlich verhielt es sich innerhalb der katholischen Theologie zwischen verschiedenen Schulmeinungen.

In der Religionswissenschaft wurde der Begriff Synkretismus zuerst und vor allem auf die Phänomene der spätantiken Religionsgeschichte angewandt. Seit Alexander dem Großen breitete sich die Tendenz aus, Götter, Kulte usw., die sich ursprünglich voneinander getrennt in verschiedenen Kulturkreisen entwickelt hatten, miteinander zu verbinden oder gar zu identifizieren.

Die stärkere Beschäftigung mit den außerantiken, teilweise noch lebenden Religionen seit der 2. Hälfte des 19. Jahrhunderts ließ dort ähnliche Phänomene und Prozesse synkretistischer Art entdecken, wie sie aus der spätantiken Religionsgeschichte bekannt sind. Allerdings stellte sich damit auch die Forderung ein, den Begriff des Synkretismus strenger zu definieren und verschiedene Arten des Synkretismus voneinander zu unterscheiden, die gegebenenfalls mit verschiedenen Unterbegriffen wie Assimilierung, Symbiose, Parallelismus, Relationierung u. ä. bezeichnet werden können.

In den letzten Jahren hat sich vor allem der Göttinger „Sonderforschungsbereich 13" mit einer Klärung und Systematisierung dessen beschäftigt, was als synkretistisch zu bezeichnen sei. Ulrich Berner stellt in einem ersten Anlauf fest, daß Synkretismus stets auf einen Prozeß hinweist, der entweder durch die Begegnung verschiedener Religionen oder auch durch eine sich entwickelnde Konkurrenzsituation verschiedener Traditionen innerhalb derselben Religion entsteht. Bei der Begegnung von zwei Religionen kann sich dieser Prozeß auf zwei Ebenen vollziehen: auf der Ebene der Systeme beider Religionen, durch die ihre Grenzen gegeneinander aufgehoben werden, oder auf der Ebene einzelner Elemente bzw. einzelner religiöser Vorstellungen, die miteinander verbunden werden. Als Ergebnis dieses Prozesses bieten sich verschiedene Möglichkeiten an: Es kann ein neues System entstehen, das sich von denen seiner Umwelt unterscheidet, aber selbst keine neuen Elemente enthält; oder es vollzieht sich ein schöpferischer Prozeß, an dessen Ende eine Synthese steht, die neue Elemente enthält. Schließlich gibt es eine Reihe möglicher Relationierungen, die die verschiedenen Systeme oder bestimmte Elemente zueinander in Beziehung setzen (etwa nach dem Schema „alt – neu", „vorläufig – endgültig"), sei es in der Absicht zu harmonisieren, zu distanzieren oder zu differenzieren.

Berner geht es zunächst um die Erstellung eines heuristischen Modells. Die beiden folgenden Beispiele synkretistischer Erscheinungen aus der Welt des Islams lassen deutlich werden, daß es im Lebensvollzug einer Religion stets zu einer Varietät verschiedener Prozesse von der Harmonisierung bis zur Distanzierung kommt.

2. Nordafrika

(Alfred Willms)

a) Grenzen und Struktur der maghrebinischen Brauchtumsprovinz

Hinsichtlich der synkretistischen Erscheinungen setzt sich Nordwestafrika als ein Bereich für sich ab. Nordwestafrika wird hier auf das Atlasgebirge und sein saharanisches Vorland eingegrenzt und das so umschriebene Gebiet in Anlehnung an Ibn Khaldūn als Maghreb bezeichnet. Es umfaßt somit die drei Atlasländer Marokko, Algerien und Tunesien sowie den nordwestlichen Teil Libyens. Der Maghreb zeichnet sich synkretistisch durch die folgende Konfiguration von Praktiken aus:

- Ackerbräuche mit europäischen Parallelen;
- Kalenderriten, die zum Teil ebenfalls Entsprechungen nördlich des Mittelmeeres haben, wobei sich insbesondere auch römischer Einfluß geltend macht;
- Regenriten, deren Herkunft schwierig zu bestimmen ist und die wegen Klima, Wirtschaftsform und fehlender Parallelen als autochthon angesehen werden können;
- Verehrung personifizierter Dämonen mit Zügen eines Besessenheitskultes therapeutischer Funktion durch Angehörige der urbanen Unterschicht auf der Grundlage islamischen wie auch westafrikanischen Geisterglaubens.

Der Unterschied zwischen dem Maghreb einerseits und dem restlichen Nordafrika andererseits erklärt sich aus klimatischen, wirtschaftlichen, soziologischen und geschichtlichen Gründen. Die Bevölkerung des Maghreb ist zum weitaus überwiegenden Teil berberischer Herkunft, obgleich sie nur noch zum Teil berberisch spricht. Man veranschlagte den Anteil der Berberophonen an der Bevölkerung in der Kolonialzeit mit 45% in Marokko, 30% in Algerien und 1% in Tunesien. Die Homogenität der Bevölkerung, das hohe Alter eines Teiles der Bräuche und Riten und die erst im Mittelalter greifende Akkulturation der Berber an die arabische Kultur sind die Gründe dafür, daß das Brauchtum so oft die Sprachgrenze zwischen Arabophonen und Berberophonen im Maghreb überspringt, daß man von ihm als einer Brauchtumsprovinz innerhalb des Gebietes des Islams sprechen kann.[1]

Wie vor allem den verhältnismäßig gut dokumentierten marokkanischen Verhältnissen zu entnehmen ist, sind örtliche Unterschiede im Brauchtum hauptsächlich durch die folgenden beiden Faktoren bedingt:
- Wirtschaftsform;
- Intensität des Kontaktes bzw. Maß der Entfernung.

Die erwähnte Dämonenverehrung durch Angehörige der Unterschicht lehrt, daß sich die Verbreitung der synkretistischen Phänomene ferner nach der Gesellschaftsschicht richtet. Die Ackerbräuche sind Kulturgut illiterater Bauernbevölkerung. Regenriten scheinen gleichermaßen auf dem Lande als auch in der Stadt praktiziert zu werden (oder worden zu sein). Die Kalenderriten sind jedoch Besitz des Volksganzen, insbesondere soweit sie ihres ursprünglichen funktionalen Bezuges verlustig gegangen und zu Bestandteilen von Volksfesten herabgesunken sind. In dieser Form werden sie möglicherweise auch künftig lebendig sein, wohingegen die Ackerbräuche und Regenriten von der technischen und kulturellen Entwicklung der Neuzeit im Mahreb in hohem Maße in ihrem Fortbestand bedroht werden.

Daß zwischen den Bräuchen und Riten außerislamischen Ursprungs einerseits und dem offiziellen Islam andererseits für viele Nordafrikaner kein Widerspruch besteht, erklärt sich erstens daraus, daß der Mann aus dem Volke wegen mangelnder Bildung nur eine unvollständige Kenntnis vom Islam der Schriften haben kann, und zweitens daraus, daß Brauch und Ritus als Gruppenverhaltensnormen im Maghreb Lebensbereiche abdekken, für die der aus anderem Milieu stammende „offizielle" Islam entweder keine oder nur eine unzureichend präzisierte oder eine weniger geeignete Richtschnur bzw. Methode zu bieten hat. Schließlich besitzen Bräuche und Riten, die kollektiv ausgeführt werden, eine große Bedeutung für den Zusammenhalt einer Gruppe – eine Tatsache, die allerdings in präkolonialer Zeit wegen der zahlreichen Fehden mehr Gewicht hatte als heutzutage. Vor dem obigen Hintergrund sind die Versuche älterer Autoren wie Douttée, Laoust und Westermarck (s. die Literaturliste am Schluß des Buches) zu sehen, die den Bräuchen und Riten unterliegenden Glaubensvorstellungen und Handlungsmotive zu eruieren und mit den kühnen Rekonstruktionen vorgeschichtlicher Feldkulte usw. aus dem vorigen Jahrhundert in einen Zusammenhang zu bringen. Dem steht jedoch die Tatsache entgegen, daß die von Nordafrikanern in arabischer und berberischer Sprache gelieferten

Beschreibungen von Bräuchen und Riten diese in der Regel lediglich als Prozeduren darstellen und nicht auf etwaige Inhalte, Zwecke oder Folgen eingehen.[2] Somit ist das präislamische Kulturerbe des Maghreb zu einem Teil des Programms bäuerlicher Interaktion umfunktioniert worden. Für schwarzafrikanisches Glaubensgut gilt hinsichtlich seiner Verarbeitung durch die urbane Unterschicht im Maghreb sinngemäß das gleiche. Die bei einem rituellen Anlaß vorgenommenen diversen einzelnen Handlungen treten vielfach in bunter Mischung solcher islamischen und außerislamischen Ursprungs auf.

Die folgenden Beispiele bieten eine knappe Auswahl aus der Fülle der maghrebinischen Bräuche und Riten. Ferner muß hier im allgemeinen darauf verzichtet werden, einen Brauch oder einen Ritus hinsichtlich der lokalen Variationen zu behandeln.

Ackerbräuche

Die Ackerbräuche sind um Weizen und Gerste zentriert. Andere Getreidearten, Hülsenfrüchte und Gemüse sind in weitaus geringerem Maße mit Bräuchen verbunden. Die Bräuche betreffen alle wichtigen Tätigkeiten des Weizen- und Gerstenanbaus: Pflügen, Saat, Jäten, Worfeln, Ernte, Dreschen, Messen des Korns und Speicherung. Sie sind zumeist Männerarbeit. Nur das Jäten und die Nachlese werden von den Frauen ausgeführt. Männer und Frauen müssen sich im Zustand der Reinheit befinden, wenn sie mit dem Korn umgehen bzw. die Bräuche ausführen. Derjenige, welcher das Korn mißt, sollte ein Mann sein, der regelmäßig betet. Pflugtiere und Korn müssen vor dem bösen Blick[3] geschützt werden, z. B. indem man einen Oleanderzweig zwischen die Hörner der Ochsen tut bzw. eine Sichel in den Haufen gedroschenen Korns pflanzt. Diese Methode wirkt zugleich gegen die Dämonen,[4] gegen die u. a. Salz und Pech angewendet werden. Das Korn muß ferner vor Schädlingen bewahrt werden. Beispielsweise werden Ameisen bekämpft, indem man ein Zwergpalmenblatt mit der Aufschrift „Unser Herr Salomo sagt euch: Dreht dieses Seil oder geht heraus von diesem Ort!" in ihr Loch steckt. In Südmarokko hält man die Vögel dadurch vom reifenden Korn fern, daß eine alte Frau Korn, Eier, Honig und Butter im Dorfe sammelt und dann in Begleitung des gesamten Dorfes diese Opfergaben unter einen Busch legt, wobei die Frauen „Gott schütze unsere Felder vor allem Schaden! Hier ist euer Teil, Vöglein, und euer Teil, Dämonen!" singen. Außerdem gibt es Meidegebote zum Schutze des Getreides. So dürfen die Frauen der Ait Nḍir, eines Berberstammes in Mittelmarokko, während des Pflügens im Herbst keine Augenschwärze anwenden, damit der Weizen oder die Gerste nicht schwarz werden.

Eine Reihe von Handlungen, die zum Teil wie die eben aufgeführte als imitative Magie verstanden werden können, dienen dazu, das Wachstum des Getreides zu fördern bzw. das geerntete Korn zu mehren. Zu Beginn des Pflügens, vor der Ernte und nach dem Messen und Speichern des Korns wird vielerorts ein zeremonielles Mahl gegeben. Dabei spielen Brot und andere Getreideprodukte eine wichtige Rolle. Das Mahl wird oft auf dem

Felde bzw. dem Dreschplatz eingenommen. Im Anschluß daran wird Gottes Segen herabgefleht.[5] Ferner zerbricht der Pflüger vor der zeremoniellen Mahlzeit Brot über den Hörnern der Ochsen oder einige Granatäpfel über der Pflugschar,[6] und er rasiert sich nicht, damit das Getreide sprieße wie seine Haare. Im Frühling wurde von Westermarck folgender von nordmarokkanischen Stämmen unregelmäßig geübter Brauch beobachtet: Etliche Frauen, die sich gründlich gesäubert und festlich gekleidet hatten, jedoch ohne Hose waren, jäteten das Weizenfeld des Schulmeisters und stießen dabei Freudentriller aus. Nachdem sie ein zeremonielles Mahl bestehend aus Brot und Käse eingenommen hatten, fertigten sie eine Puppe an. Sie nahmen dafür ein zwei Fuß langes Schilfrohr und kleideten es als Mädchen mit verschiedenen Kleidungsstücken und hingen ihm eine Glasperlenkette um den Hals. Ein berittener Dörfler nahm die Puppe von den Frauen und ritt mit ihr davon. Andere Reiter suchten sich der Puppe zu bemächtigen. Ein Reiter aus einem anderen Dorfe schaltete sich in das Rennen um die Puppe ein, die im Falle seines Erfolges gegen gutes Essen hätte ausgelöst werden müssen. Das Rennen fand über Weizen- und Gerstenfelder und Brachland statt.[7] Auf das zu dreschende Korn wird Hefe gestreut, um den Haufen wachsen zu lassen. Aus dem gleichen Grunde wird ein Stück Brot in den Haufen gedroschenen Korns versenkt.

Das Korn enthält im besonderen Maße numinose Segenskraft, *baraka*.[8] Dies erfordert bestimmte Formen des Umganges mit ihm. Vielerorts lassen die Schnitter das Getreide auf einem Stück des Feldes stehen, es wird „Flechte des Feldes“ oder „Braut des Feldes“ genannt. Meistens sind es die Frauen des Dorfes, die die stehengebliebenen Ähren ernten dürfen. Es ist jedoch nicht statthaft, daß die Ähren mit der Sichel abgeschnitten werden, sondern sie sind mit der Hand zu pflücken. Man darf nicht über das Saatgut schreiten oder auf dem Sack, der es enthält, sitzen. Wird das Saatgut mit dem für den Verzehr bestimmten Korn gemischt, so wirkt es wie Gift, und die Ernte leidet ebenfalls darunter. Man darf kein Brot verschwenden, darauf treten, mit dem Messer schneiden oder verkaufen. Der Beruf des Brotverkäufers ist ein Schandberuf.

Die frühesten Zeugnisse der Kultivierung von Getreidepflanzen finden sich im Neolithikum Vorderasiens. Auf afrikanischem Boden scheinen sich die Agrarkulturen von Oberägypten aus verbreitet zu haben.[9] Folglich kann eine Parallele wie die zwischen der maghrebinischen „Braut des Feldes“ und dem europäischen Garbenopfer an den „Korndämonen“[10] nicht ohne die gesicherten Ergebnisse weiterer interdisziplinärer Forschung erklärt werden.“ [11]

Kalenderriten

Da der auf dem Mondjahr basierende muslimische Kalender für die zeitliche Festlegung der Tätigkeit im Getreidebau ungeeignet ist, bedient man sich in Nordafrika seit präislamischer Zeit des julianischen Kalenders, für dessen Monate die lateinischen Bezeichnungen in leicht veränderter Form mit lokalen Variationen gebräuchlich sind.[12] Dieser auf dem Sonnenjahr beruhende Kalender enthält zwei Feste, nämlich das Neujahrsfest und das Mitsommerfest.

Am Neujahrstag oder an seinem Vorabend wird keines der üblichen Gerichte gegessen, sondern Getreidebrei, geröstete Gerste oder eine besondere Brotsorte, ferner getrocknete Feigen, Nüsse und Granatäpfel. Man glaubt, daß das, was jemand an diesem Tage tut, für ihn das ganze neue Jahr über charakteristisch sein wird. Bei einem Teil der Stämme werden die Herdsteine oder ein Teil davon erneuert. Kräuter und Gras werden gesammelt und im Zelt bzw. Haus aufbewahrt oder als Medizin verwendet. Am Neujahrstag wird keine Reise begonnen und auch nicht gepflügt. Es finden Umzüge verkleideter Personen statt. Bei den Ait Warain, einem zentralmarokkanischen Berberstamm, maskieren sich zwei Männer zusammen als Kamel. Ihre Begleitung bilden zwei als Juden verkleidete Personen und eine Schar junger Männer mit Oleanderstöcken. Dieser Trupp geht im eigenen Dorfe und in benachbarten Dörfern von Haus zu Haus. Die Teilnehmer des Umzuges singen, und die Leute geben ihnen Geld und Nahrungsmittel. Wer das nicht tut, wird vom Anführer des Trupps verflucht, wobei er seinen Oleanderstock zerbricht.

Das Mittsommerfest ist durch Rauch- und Wasserzeremonien gekennzeichnet. Das Material für das Feuer besteht u. a. aus verschiedenen Kräutern, getrockneten Kuhfladen, Blättern bestimmter Bäume und/oder Stroh. Das Feuer wird im Viehpferch, Obst- und Gemüsegarten, auf dem Dreschplatz und auf einem offenen Platz des Dorfes angezündet. Die Menschen befreien sich mit dem Feuersprung vom Übel, das an ihnen haftet. Der Rauch des Feuers läßt die Haustiere gedeihen und schützt die Obstbäume vor dem bösen Blick. Bei den Wasserzeremonien handelt es sich darum, daß man in Gewässern badet oder sich gegenseitig mit Wasser begießt. Ihnen werden auch die Haustiere ausgesetzt. Bad oder Guß wird die folgenden Wirkungen zugeschrieben: Krankheit und Unglück werden beseitigt, es gibt ein gesegnetes Jahr, die Witterung wird im Jahreslauf kühler. Ferner werden am Mittsommertag die Fruchtbäume vielfach mit Erde beworfen, um zu verhindern, daß die Früchte unreif abfallen. Außerdem wird die Befruchtung der Feigen durchgeführt. An vielen Orten findet auch bei diesem Anlaß ein zeremonielles Mahl statt, bei dem Feldfrüchte oder Brot gegessen werden. Zauberei und Wahrsagerei werden vorzugsweise zu beiden Zäsuren des Sonnenjahres praktiziert.

Die obigen Kalenderriten des Sonnenjahres sind von vielen Gruppen der Bevölkerung auf zwei Festtage des muslimischen Mondjahres übertragen worden. Und zwar sind Rauch- und Wasserzeremonien des Mittsommertages dem *ʿāshūrā*-Tag im ersten Monat des muslimischen Mondjahres zugewachsen. Darüber hinaus kennt man an diesem Tage, der funktionell dem Neujahrsfest entspricht, Umzüge verkleideter Personen, womit er also zusätzlich ein Charakteristikum des solaren Neujahrstages übernommen hat.

Jedoch hat vor allem das Opferfest im letzten Monat des muslimischen Mondjahres die Umzüge auf sich gezogen. Allerdings ist es damit zur

Einführung einer neuen Person in das Rolleninventar der Umzüge gekommen: Als Hauptfigur des Umzuges zum Opferfest erscheint oft Bū-Žlūd, „der Fellebesitzer", eine mit Fellen von Opfertieren maskierte Person.[13] Wie die anderen Umzüge mit verkleideten Personen zeichnen sich die mit Bū-Žlūd durch burlesken Charakter aus, der ihnen die Bezeichnung Karneval eingebracht hat.

Meistens im Frühjahr, zum Teil aber auch im Herbst, wird ein rituelles Ballspiel am Nachmittag eines oder mehrerer bestimmter Tage abgehalten. Das Spiel wird je nach Landstrich als Stockballspiel ähnlich dem Hockey, als eine Art Fußball oder als Fangballspiel mit Behinderung des Gegners, etwa dem Rugby vergleichbar, auf einem Dreschplatz bzw. auf einer Esplanade neben der Moschee betrieben. Für das Fangballspiel ist zum Teil eine Beschränkung auf die Studenten des Islams gegeben. Außerdem kann das rituelle Ballspiel als Bestandteil der Regenbittzeremonie auftreten.[14]

Karneval und Feuersprung in der Johannisnacht sind eindrucksvolle Gemeinsamkeiten im Brauchtum Europas und des Maghreb. Mit einer Reihe anderer alter Kulturzüge weisen sie auf engere kulturelle Zusammengehörigkeit der Atlasländer mit Europa als mit Afrika in präislamischer Zeit – zumindest während eines Zeitabschnitts – hin. Wie schwierig es jedoch gegenwärtig ist, die alten Kulturbeziehungen des Maghreb zu anderen Gebieten zu präzisieren, zeigte sich bereits im Zusammenhang mit der eingangs aufgeworfenen Frage nach dem Inhalt von Brauch und Ritus wie auch mit der Aufgabe, die Parallelen bei den Ackerbräuchen zu erklären.

Regenriten

Entsprechend den klimatischen Verhältnissen und den Erfordernissen des Ackerbaus und der Gartenkultur im Maghreb bieten sich die Wetterriten hauptsächlich in Gestalt von Regenbittzeremonien dar, die zusätzlich zum islamischen Regengebet existieren. Sie laufen als Umzüge mit Puppe oder verkleidetem Tier oder als Wallfahrten ab.

Weit verbreitet sind die Umzüge der Frauen und/oder Mädchen mit einer Puppe, die aus dem großen Wasserschöpflöffel, einem quer darüberliegenden Stück Schilfrohr oder zweitem Löffel und Frauenkleidern und Schmuck gefertigt wird.[15] In Zentralmarokko wird eine mit einem Burnus bekleidete Strohpuppe[16] verwendet, die von einem Knaben getragen und von Männern begleitet wird. Statt mit einer Puppe geschieht der Umzug lokal auch mit einer mit Frauenkleidern drapierten Eselin, auf der ein jungfräuliches Mädchen mit dem Gesicht zum Schweif sitzend reitet. Die Eselin wird einem Manne entführt, der als reizbar bekannt ist. Desgleichen werden von den Teilnehmern des Umzuges einer Frau, die in zweiter Ehe mit einem jungen Manne verheiratet ist, die Herdsteine weggenommen. Die betroffenen Personen sollen zum Schimpfen gebracht werden. Die Umzüge mit Puppe oder verkleidetem Tier erfolgen in den Dörfern und um die Gräber der Heiligen, die im Rufe von Regenmachern stehen. Puppen, Reiterin bzw. Begleiter werden von anderen Frauen des Dorfes mit Wasser begossen, oder man besprengt Zelt, Vieh und Leute mit Brei. Mit der Verwendung des

Wasserschöpflöffels, dem Versuch, reizbare Leute zur „Entladung" zu bringen, und den Wassergüssen treten Züge der imitativen Magie deutlich hervor.

Die Wallfahrten nach den Heiligengräbern unterscheiden sich von den obigen Umzügen dadurch, daß ihnen deren Staffage fehlt und daß sie ohne Rundweg durch die Ansiedlung auf geradem Wege nach dem Heiligengrab erfolgen. Jedoch werden die Wallfahrten im allgemeinen ebenfalls von den Geschlechtern getrennt durchgeführt. Aus der Literatur ist eine Wallfahrt von Frauen aus der Umgebung von Tanger bekannt, wobei diese barhäuptig und mit entblößter rechter Brust Banner tragen und Bittgesänge singen. Die sie begleitenden Kinder sind nackt.[17] Die Männer in den Städten machen die Wallfahrt teilweise nach Zünften geordnet. Bei diesem Anlaß spielen die Jäger mit speziellem Brauch eine besondere Rolle.

Gibt es für einen Brauch oder einen Ritus keine Parallele außerhalb des Maghreb, so ist es schwierig zu entscheiden, ob er in vorislamischer Zeit oder nach der Einführung des Islams im Maghreb entstanden ist. Da das berberophone Gebiet infolge der arabischen Invasionen zu einer Insellandschaft geworden ist, kann davon ausgegangen werden, daß ein Brauch oder ein Ritus alt ist, also möglicherweise vorislamisch, wenn er in weit auseinanderliegenden Enklaven der Atlasberber vorkommt. Das trifft für den Schöpflöffelritus zu. Dagegen legt das kleine Verbreitungsgebiet des Strohpuppenritus die Annahme nahe, daß wir mit ihm einen relativ rezenten Ritus vor uns haben.

Verehrung personifizierter Dämonen

Als Bestandteil des offiziellen Islams ist der Glaube an Dämonen (s. Anm. 4) dadurch gekennzeichnet, daß die Dämonen zwar als Art von Wesen mit Eigenschaften versehen sind, jedoch mit wenigen Ausnahmen keine individuellen Züge tragen. Sie fügen dem Menschen vielfach Schaden zu, vor allem können sie bestimmte Krankheiten verursachen. Solcher Fälle nimmt sich normalerweise der Schriftgelehrte an, wobei u. a. Räuchermittel verordnet werden. Prophylaktisch werden Amulette getragen. Andererseits können sie dem Menschen dienstbar gemacht werden, was im orientalischen Zaubermärchen seinen literarischen Ausdruck gefunden hat.

Demgegenüber besitzt der südlich der Sahara bei den Songhai am Mittellauf des Niger herrschende Geisterglaube personifizierte Dämonen, zu denen der Mensch in ein enges Verhältnis treten kann. Die Besessenheit durch einen Geist wird hier zum gewollten Ereignis, und der Besessene hat z. B. sexuelle Beziehungen zum Geist.[18] Die Besessenheit ist also bei den Songhai ein kultisches Phänomen, wohingegen sie im offiziellen Islam die Folge eines Unglücksfalles oder Ausdruck einer Krankheit ist.

Nach der Eroberung des Songhai-Reiches durch die Marokkaner gegen Ende des 16. Jahrhundert unserer Zeitrechnung wurden in beträchtlichem Maße Menschen von dort in den Maghreb gebracht.[19] Ursprünglich als Sklaven in den Oasen eingesetzt, haben diese Schwarzafrikaner ein ansehnliches Kontingent von Arbeitskräften für die niederen Tätigkeiten in den

Städten des Maghreb abgestellt. Aus ihnen rekrutiert sich die muslimische Bruderschaft der *Gnāwa*. Die Gnāwa sind Dämonenverehrer und als Exorzisten tätig. Von ihnen hat die in Marokko konzentrierte Bruderschaft der *Ḥmādsha* in hohem Maße Praktiken entliehen. Besonders eng ist die geistige Verwandtschaft zwischen den Gnāwa und denjenigen Ḥmādsha, die in der Kanisterstadt leben. Für diese ist weniger die Hautfarbe als vielmehr Psychopathie, mangelnde Ausbildung, unregelmäßige niedere Tätigkeit und unterschichtiger gesellschaftlicher Kontext charakteristisch.

Sie verehren vor allem einen weiblichen Dämon, ʿĀʾisha Qandīsha, und auch andere personifizierte Dämonen. Bei ihren Veranstaltungen werden von spezialisierten Musikern bestimmte Melodien gespielt, auf die jeweils der betreffende Teilnehmer bzw. sein Dämon anspricht. Die aktiven Teilnehmer versetzen sich durch Tanz in Trance, in der ihnen ʿĀʾisha Qandīsha usw. erscheint.[20] Teilweise bearbeiten sich die im Zustand der Besessenheit befindlichen Ḥmādsha den Kopf mit Taschenmessern, Äxten, Eisenkugeln und dergleichen. Die Trance hat therapeutischen Effekt, und der Besessene empfindet danach zumindest eine Linderung seines psychischen Zustandes bzw. seines körperlichen Leidens. Daher ist es die Regel, daß Ḥmādsha in gewissen zeitlichen Abständen tanzen. Speichel und Blut der Besessenen werden zur Heilung von Kranken eingesetzt.

Für die Symbiose zwischen personifizierten Dämonen und weißafrikanischen Kanisterstadt-Ḥmādsha, die aus ihren Veranstaltungen therapeutisch und pekuniär Gewinn ziehen, lieferte die islamische Mystik mit der Einrichtung der Bruderschaften die Institution, der Geisterglaube des offiziellen Islams die allgemeine sozio-religiöse Grundlage und der Besessenheitskult der Songhai über die Dämonenverehrung und die exorzistischen Praktiken der schwarzafrikanischen Gnāwa im Maghreb das Aktionsmuster.

b) Die Fallgruppen des Synkretismus im Maghreb

Die im Maghreb vorhandenen synkretistischen Phänomene gehören zu zwei Arten des Verschmelzungsprozesses von Religionen.

Die erste Art liegt für den Maghreb in seiner ganzen Ausdehnung vor. In ihrem Falle bestehen Bräuche und Riten der Vorzeit und des Altertums in Lebensbereichen fort, die von der überlagernden Hochreligion wenig berührt werden, weil die aufeinandertreffenden Kulturen strukturell und qualitativ erheblich differieren. Wo sich beide Glaubenssysteme berühren, hat eine mehr oder minder starke Durchsetzung des berberischen Kulturerbes mit Zügen des Volksislams stattgefunden, wie beispielsweise die Wallfahrten zu Heiligengräbern als Regenbittzeremonien zeigen. Daher ist es vielfach schwierig, maghrebinisches Brauchtum als islamisch oder präislamisch einzustufen. Für das Verhalten der Nordafrikaner in diesem Verschmelzungsprozeß ist es entscheidend, daß die Entleerung des heidnischen Kulturerbes so weit fortgeschritten ist, daß dieses in keinen Glaubensfragen mit dem Islam rivalisiert.

Im zweiten Falle des Kontaktes zwischen Religionen hat der Vorgang zwischen zwei Superstraten stattgefunden, nämlich zwischen dem Islam und einer westafrikanischen Religion, während das berberische Substrat dabei offensichtlich nicht mitwirkte. Dies geschah im Verlaufe eines komplexen gesellschaftlichen Entwicklungsprozesses: Integration einer gebenden fremdstämmigen Randgruppe plus Urbanisation mit Proletarisierung seitens eines nehmenden einheimischen Bevölkerungsteiles. Es hat sich mit der Verehrung personifizierter Dämonen ein Verschmelzungsprodukt ergeben, das aus ähnlichen Inhalten zweier sonst grundverschiedener Religionen geflossen ist, die sich lediglich im Geisterglauben nahekommen. Das Ergebnis ist seiner Art nach zwangsläufig bevölkerungsgruppenspezifisch. Der personifizierte Dämon wird nicht wie ein Gott verehrt, sondern bekommt als mächtiger und gefährlicher Partner einer Symbiose seine Forderungen erfüllt. Ein Interessenkonflikt mit dem offiziellen Islam ist folglich nicht gegeben, zumindest nicht aus der Sicht der Dämonenverehrer und ihrer Kundschaft.

Alle behandelten Züge des Synkretismus in Nordafrika gehören der Ebene der Volkskultur an und werden von den Vertretern des offiziellen Islams verworfen. Da ja kein Konflikt zwischen Glaubenssystemen vorliegt, geht es hierbei um die Bewältigung eines gesellschaftlichen Problems, das weltweit als Widerstreit zwischen ideellen Forderungen und Notwendigkeiten des Alltags vorhanden ist. Dann, wenn solche Notwendigkeiten vom betroffenen Teil der Bevölkerung als nur vermeintliche erkannt werden, können die damit zusammenhängenden Bräuche und gruppenspezifischen Kulte als gegenstandslos aufgegeben werden.

3. Indonesien

(Lode Frank Brakel)

In der Zeit, als der Islam zur Weltreligion wurde, war Indonesien schon längst in das internationale Handelsnetz einbezogen worden. Weil nun muslimische Kaufleute sich in immer wachsendem Maße an diesem Handelsnetz beteiligten, liegt die Vermutung nahe, sie seien bald auch an die indonesischen Küsten verschlagen worden. Tatsächlich bestätigt eine lange Reihe von Reiseberichten arabischer und persischer Kapitäne und Kaufleute die Richtigkeit dieser Annahme.[1] Trotzdem sollten noch Jahrhunderte verstreichen, bis endlich zum ersten Male – gegen Ende des dreizehnten Jahrhunderts – ein islamisches Königreich in unseren Regionen erwähnt wird.

Dieser paradox anmutende Sachverhalt läßt auf zweierlei schließen: Erstens haben wir es in Indonesien mit einem langsamen, äußerst allmählichen Prozeß der individuellen, friedlichen Penetration des Islams zu tun, wobei es den Muslimen erst nach sehr langer Zeit gelang, sich als politische, wenn auch nicht unbedingt faktische Majorität durchzusetzen. Und zweitens besteht offenbar ein – noch zu wenig erforschter – Zusammenhang mit den Entwicklungen in Indien selbst, dem Stammland der bis dahin im indonesischen Bereich vorherrschenden Hochreligionen, dem Hinduismus und dem Buddhismus. Erst nachdem sich nämlich die islamische Vorherrschaft bis nach Gujarat und Bengalen durchgesetzt hatte, nachdem zumal im dreizehnten Jahrhundert die große buddhistische Universität von Nalānda (im heutigen Bihar), zu welcher das sumatraische Großreich Śri Vijaya von jeher enge Beziehungen gepflegt hatte, zerstört worden war, war offenbar auch in Indonesien, und besonders in den ehemaligen buddhistischen Zentren an der Nordost-Küste Sumatras, dem Islam der Weg zum politischen Sieg geebnet worden.

Hierauf folgten bis ca. 1600 drei Jahrhunderte reger Islamisierung, nachdem auch die Staaten von Südcelebes sich zur „neuen" Religion bekannt hatten[2] und ein sehr großer und wichtiger Teil des Archipels wenigstens nominell unter islamische Vorherrschaft geraten war. Dabei sind zwei Gesichtspunkte besonders zu betrachten: Erstens fiel diese Periode zusammen mit einer Intensivierung des internationalen Gewürzhandels, die immer mehr Fremdstämmige anzog – darunter auch in steigendem Maße Europäer, welche sich 1511 mit der Eroberung Malakkas durch die Portugiesen hier eine Machtbasis schufen. Laut einer Theorie soll sogar das „Wettrennen mit den Portugiesen" eine wesentliche Rolle bei der weiteren Verbreitung des Islams über große Teile des Inselreiches gerade im sechzehnten Jahrhundert gespielt haben. Nicht weniger wichtig erscheinen wiederum die Entwicklungen in Indien, und zwar diesmal in Südindien, von wo aus die Inseln Java und Bali ihren shivaitisch gefärbten Hinduismus entliehen hatten. Mit dem Fall des letzten hinduistischen Großreiches Vijayanagaram war das Ende der Hindu-Staaten Javas gleichsam vorweggenommen. Der Islam, welcher erstmals im vierzehnten Jahrhundert in der Form einer kleinen, von den offiziellen Dichtern und Chronisten nicht beachteten Glaubensgemeinschaft in der Hauptstadt des javanischen Hindu-Reiches Majapahit Fuß gefaßt[3] und sich anschließend einiger wichtiger Hafenstädte an der Nordküste bemächtigt hatte, wurde schließlich im neugegründeten Reiche Mataram (Mitteljava) zur Staatsreligion.

Diese historische Übersicht, wie schematisch sie auch anmuten mag, ist insofern nicht unwichtig, als sie uns zum Verständnis der noch heute im indonesischen Islam obwaltenden Divergenzen und Probleme Hilfe leisten kann. Grob gesprochen sehen wir uns also einer Religion gegenüber, die sich ein Gebiet erkämpfen mußte, in dem synkretistische Tendenzen schon längst gang und gäbe waren: Einerseits hatten sich schon die beiden indischen Hochreligionen mit den angestammten „Altreligionen" auseinanderzusetzen gehabt, andererseits waren, zumal in Java und Bali, vielleicht auch in Minangkabau (Mittelwestsumatra), die beiden Hochreligionen selbst schon weitgehend miteinander verschmolzen, oder besser: eng verbunden.[4] Dabei vermochte sich aus den Altreligionen vielleicht weniger das Glaubenssystem als vielmehr das (mit einem aus dem Arabischen stammenden Ausdruck) meistens *adat* (arab. *ʿāda*) genannte, überlieferte normierende Verhaltens- und Benehmenssystem zu behaupten, welches als Satzungen der gottähnlichen Ahnen aufgefaßt wurde.

Man wird deshalb wohl nicht fehlgehen, wenn man aufgrund des oben Gesagten den indonesischen Islam nach drei Gruppen gliedert. Am intensivsten hat er sich durchsetzen können, wo der Boden gleichsam schon von mahayanistisch-buddhistischen Vorstellungen vorbereitet worden war, d. h. hauptsächlich in den alten Handelszentren an den Küsten. In den alten shivaitischen Zentren Mitteljava und Ostjava ist seine Rezeption nur teilweise gelungen, in Bali ist sie sogar fast vollständig ausgeblieben. Noch weniger Erfolg war dem Islam anfangs bei den von den indischen Hochreligionen weitgehend unberührt gebliebenen Altvölkern im meist noch primitiven und nur schwer zugänglichen Inland beschieden. Erst nachdem die Holländer im Laufe des letzten und während der ersten Jahrzehnte unseres Jahrhunderts ihre Herrschaft auch bis dahin ausgedehnt hatten, hat der Islam hier wesentliche Fortschritte gemacht, allerdings im scharfen Konkurrenzkampf mit dem Christentum. In unserer Darstellung werden wir uns auf die ersten zwei Gruppen beschränken.

Eine weitere, für das Verständnis des indonesischen Islams wichtige Tatsache soll hier noch hervorgehoben werden: daß er nämlich vorwiegend über ein Gebiet (Indien) kam, wo er selbst schon synkretistische Züge aufwies, und dies nicht nur in bezug auf die indischen Religionen, sondern auch innerlich, da sunnitische und schiitische Elemente sich dort mehr als anderswo miteinander vermischt hatten. Das ältere indonesisch-islamische Schrifttum sowie einige beibehaltene Bräuche lassen vermuten, daß es einmal in Indonesien nicht viel anders bestellt war. Zudem haben sich im religiösen Vokabular noch einzelne Ausdrücke erhalten, welche eindeutig auf persisch-indische Provenienz hinweisen, so wie *abdas* (pers. *ābdast*) für: „rituelle Waschung“ *(wuḍū’)*, *bang* (pers. *idem*) für: „Aufruf zum Gottesdienst“ *(ādhān)* und *kanduri* (pers. *kandūrī*) für: „zeremonielle Heilmahlzeit“ *(walīma)*. Allmählich aber ist dieser indisch-persische Einfluß von einem arabischen (besonders von Mekka, Medina, Kairo und Hadramaut ausgehenden) abgelöst worden, wobei, ähnlich wie in Südindien, die schafiitische Richtung zur maßgebenden wurde. Besondere Beachtung verdient weiter der Umstand, daß der Islam sich in Indonesien erst zu einer Zeit durchsetzen konnte, da er schon ein weitgehend festgefügtes Lehrgebäude aufwies, so daß er in schon ziemlich abgeschlossenem Zustand rezipiert wurde. Weit und breit wurde dabei Abū Ḥāmid al-Ghazālī (1058–1111) als der autoritative und maßgebende Lehrer anerkannt.

Uns aber geht es jetzt an erster Stelle darum, den Unterschied zwischen dem javanischen und dem nichtjavanischen Islam zu umreißen. Dieser Unterschied ist inzwischen derart gravierend, daß weitgehend verfehlt wäre, von einem einheitlichen „indonesischen“ Islam (der übrigens auch das heutige Malaysia und die südlichen Philippinen mit einschließen sollte) reden zu wollen. Während der Islam sich außerhalb nämlich Ost- und Mitteljavas nur mit dem angestammten Brauchtum auseinanderzusetzen hatte, unterlag er in Java einer weitgehenden Umdeutung in spekulativmystischem Sinne.

a) Der Islam außerhalb Javas

Betrachten wir zunächst einmal den Islam, wie er sich in den wichtigsten Zentren außerhalb der Insel Java (wozu ohne Zweifel die Küstengebiete Sumatras und Kalimantans [Indonesisch-Borneo] sowie die Inseln Madura und Südcelebes gehören) entwickelt hat. Im wesentlichen unterscheidet er sich hier nicht allzusehr von dem, was man überall dort antreffen kann, wo er ältere, teilweise angestammte Kulturen überlagert hat. Es herrscht nämlich ein fortwährender Kampf zwischen dem islamischen Pflichtgesetz *(sharīʿa)* und dem angestammten Brauch, wobei in der Praxis der letztere meistens obsiegt, ohne daß die sharīʿa, die ja ideal-theoretisch ausgerichtet ist, auf ihre allgemein anerkannte Vorrangstellung verzichtet. Verbunden damit wird das Fortbestehen alter Kulturelemente (wie Musik, Tanz usw.) von den Schriftgelehrten *(ʿulamā')* teilweise scharf abgelehnt und angegriffen. Es gibt darunter schwerwiegende Fälle, wie z. B. das bekannte mutterrechtliche System der Minangkabau, dem zufolge sowohl Erbschaft als auch Abstammung matrilinear verlaufen, sich also scharf von dem patrilinearen islamischen System abheben, während es außerdem auch noch matrilokale Züge aufweist.[5] Ebenfalls existierte eine *bissu* (wohl vom buddhistischen *bhikṣu/bhikku*, „Bettelmönch" abgeleitet) genannte Priestergruppe unter den in Südcelebes beheimateten Bugis.[6]

Erstaunlich dabei ist immer wieder das Streben nach Harmonie, das dazu führt, daß die Divergenzen aufgehoben oder, besser gesagt, miteinander ausgeglichen werden. Dieses Streben hat sich auch in der Sprache niedergeschlagen. Zu den in den indonesischen Sprachen beliebtesten Ausdrücken gehören die arabischen Fremdwörter *musyawarat (mushāwara)* und *mufakat (muwāfaqa)*, welche „Beratung" und „Übereinstimmung" bedeuten. Das arabische Wort *rukn* hat eine Umwandlung in *rukun* erfahren und bedeutet „Harmonie". Nur in einigen isolierten Fällen, welche meistens einen (zumindest teilweise) politischen Anlaß hatten, ist es manchmal zu gewaltsamen Entwicklungen gekommen. So wurde während des sogenannten Padri-Krieges (erste Hälfte des neunzehnten Jahrhunderts) in Westsumatra der Versuch gemacht, das alte Brauchtum mit Stumpf und Stiel auszurotten und somit dem islamischen Gesetz zum Siege zu verhelfen. Und in Aceh (Nordsumatra) führte der langjährige Kampf gegen die Holländer (dieser fing 1873 an und dauerte mit Unterbrechungen bis zur japanischen Invasion 1941) zu einer Auseinandersetzung zwischen Schriftgelehrten und traditionellen Häuptlingen. Schließlich ist es in der unruhigen Nachkriegsperiode in Nordsumatra und Südcelebes wiederholt zu schweren Zusammenstößen zwischen islamischen Eiferern und ihren Widersachern gekommen.[7]

Dieser Kampf gegen den angestammten Brauch findet auch in den Schriften der islamischen Gelehrten seinen Widerhall. In einem interessanten Artikel[8] hat Drewes darauf hingewiesen, wie sich bei dem bedeutenden südsumatraischen Gelehrten des 18. Jahrhunderts ʿAbd aṣ-Ṣamad al-Palimbānī polemische Äußerungen gegen bestimmte vor- und nichtislamische

Gepflogenheiten wiederfinden. Dazu gehören das Transvestitentum, das Darbringen kleiner Opfer zur Beschwichtigung gefährlicher Mächte und das Aufrichten von Puppen, die als Stellvertreter für den vom Unheil Bedrohten eingesetzt werden. Auch der große mystische Dichter Ḥamza Fanṣūrī (Ende des 16. Jahrhunderts, Nordsumatra) wehrt sich energisch gegen das Überleben hinduistischer Yogapraktiken.[9] Von ihm gibt es ein großartiges Gedicht, in welchem er den von derartigen Praktiken durchsetzten Wäldern des Inlands das weltoffene Meer und die islamisierten Küsten entgegenstellt, eine Einteilung also, welche fast genau der geographischen Verbreitung des indonesischen Islams entspricht.[10]

Solchen Fällen zum Trotz läßt sich kaum daran zweifeln, daß das Bewußtsein der nichtjavanischen islamisierten Völkerschaften sowohl ethnisch wie ethisch vom Islam ausgefüllt wird. Minangkabau, Aceher, Madurese oder Makassare zu sein schließt zwangsläufig auch die Angehörigkeit zum Islam mit ein. Man ruft sich mit islamischen Namen, die Moschee prägt (wenn auch oft in einer Form, die noch deutlich vorislamischen Ursprung verrät) den Dorfplatz und die traditionelle Literatur wird vorwiegend mit arabischen Schriftzeichen geschrieben. Es gibt zwar Bräuche, welche einem nichtindonesischen Muslim als dem Islam ziemlich wesensfremd erscheinen mögen (wie die schon oben erwähnte *kanduri*, die bei jedem festlichen oder feierlichen Anlaß abgehaltenen religiösen Mahlzeiten, wobei es darum geht, des den Speisen innewohnenden, durch Gebete hervorgerufenen Segens teilhaftig zu werden). Dabei macht sich doch immer wieder der Versuch bemerkbar, solche Bräuche durch Annäherung an in den islamischen Gesetzbüchern erwähnte Rituale (in unserem Falle also die *walīma*) in den Islam einzugliedern. Hierbei weisen gerade die ausgesprochenen Wünsche, Sprüche und Heilbitten (*mantera* genannt) eine eigenartige Mischung auf, wie sie für den Synkretismus bezeichnend ist.[11] Der Medizinmann, bei vielen islamisierten Völkerschaften noch immer eine überaus angesehene Persönlichkeit, bezieht sein Wissen sowohl aus einheimischen als auch aus hinduistischen Quellen und ruft in ausgeglichener Harmonie Geister und Götter dreier Kulturen und Religionen an.

b) Java

Von der Lage in den nichtjavanischen Gebieten hebt sich diejenige auf Java bedeutend ab. Tatsächlich bekennt sich zwar der weitaus größte Teil der javanischen Landesbevölkerung seit Jahrhunderten zum Islam, und es besteht, wie Snouck Hurgronje richtig hervorgehoben hat, grundsätzlich kein Anlaß dazu, dieses Bekenntnis anzuzweifeln. Betrachtet man aber den javanischen Islam im Rahmen des Gesamt-Islams, so fällt es nicht leicht, über einzelne, zum Teil sogar gravierende Unterschiede hinwegzusehen, welche gerade die Eigenart dieser Glaubensform bestimmen. Am stärksten zeigt sich dies wohl in der Tatsache, daß wesentliche Teile des javanischen Volkes die völlige Identität ihrer Völkerschaftszugehörigkeit und des Islams nicht unbedingt wahrhaben wollen, sondern letzterer eine *agama Jawa* genannte Variante gegenüberstellen, welche ein hohes Ausmaß shivaitischen Gedankengutes aufweist. Dies hat Soziologen dazu geführt, die von den Javanen selbst empfundene Zweiteilung in eine streng-islamische (*putihan*, „Die Weißfarbigen" genannte) Minorität und eine *abangan* („Rot"- oder „Braunfarbige", also die echten Javanen) genannte Mehrheit als empirische Wirklichkeit anzunehmen. Tatsächlich aber sind die putihan zugleich auch Javanen, während sich die meisten abangan nach wie vor zum Islam bekennen, obwohl ihre typische Grundhaltung sich nur durch Bezugnahme auf das altjavanische und shivaitische Erbe verstehen läßt. Vielmehr ist hier also von einem Kontinuum die Rede, wobei es darauf ankommt, ob man bei den immer wieder aufbrechenden Konflikten die „javanischen" oder die „islamischen" Werte vorzieht.[12]

Man kann dem sich daraus ergebenden, überaus komplizierten Sachverhalt vielleicht am besten dadurch gerecht werden, daß man einerseits zwischen Brauchtum und Schrifttum unterscheidet, andererseits beim letzteren zwischen rein-, synkretistisch- und antiislamischen Bestandteilen differenziert.

Bräuche

Beispiele für die Halbheit, mit der islamisches Kulturgut rezipiert wurde, findet man bereits während der Herrschaft Sultan Agungs (1613–1645), Javas größtem islamischen Fürsten und König des Reiches Mataram. Zwar wurde der islamische Mondkalender eingeführt, dabei aber zugleich die alte hinduistische *Shaka*-Ära beibehalten. Auch konnte sich die *pegon* genannte arabische Schrift gegen eine Variante der hinduistischen Schrift nicht endgültig durchsetzen, und sie wurde nunmehr vorwiegend nur in den *pesantren* (religiösen Internaten) weiter gepflegt.

Auch in der Terminologie des javanischen Islams kommt das alte Erbe noch klar zum Ausdruck. So wird der Fastenmonat *Ramaḍān* meistens *wulan puasa* (oder *pasa*) genannt, eine Reminiszenz an die *upawāsa* geheißenen hinduistischen Fastenriten. Der diesem Monat vorausgehende achte Monat *Shaʿbān* heißt *ruah* (arab. *arwāḥ*, Seelen [der Verstorbenen]). Während dieses Monats huldigt der Javane nämlich dem altindonesischen Ahnenkult, indem er die Gräber der Verstorbenen besucht, um sie mit Blumen zu schmücken. Letzterer Brauch heißt *nyadran*, ein Ausdruck, der sich vom Sanskrit *shraddhā* ableitet, einem Wort, das im alten Java die Zeremonien der großen Todesfeier bezeichnete. Studenten eines islamischen Internats für fortgeschrittene religiöse Studien heißen *santri* (ein Ausdruck, der wohl dem Sanskrit *shāstri*, Doktor der heiligen Lehre, entstammt); ihre Schule wird allgemein pesantren (Ort der santri) genannt.

Unter den synkretistisch angehauchten Bräuchen verdienen die nachfolgenden besondere Erwähnung:

Viele der älteren Gottheiten leben noch immer fort, zumal auf dem Lande, wo der Jahreskreislauf weitgehend von weit zurückreichenden Ackerbräuchen geprägt wird. Wir nennen Dewi Sri (Sanskrit Shrī, die *shakti* oder Gattin des Hindugottes Wishṇu), welche als Göttin des Reisbaus besondere Verehrung genießt; die Göttin der Südsee Nyai Lara Kidul und den geheimnisvollen „großen Jäger“ Bau Reksa, welcher um Schutz und Hilfe angefleht wird. Auch die Göttin Umā oder Durgā genießt im Krendawahana-Wald, unweit der alten Hauptstadt Surakarta, noch immer Verehrung. Weiter hat sich das herkömmliche Schattenspiel *(wayang)* wie auch das Orchester *(gamelan)* und der Tanz *(beksa)* trotz Bedenken orthodox-islamischer Kreise behaupten können. Das Schattenspiel ist noch immer weitgehend den altindischen, aus den Epen „Mahābhārata“ und „Rāmāyaṇa“ geschöpften Sagen gewidmet, wobei aber das typisch Javanische in der den Helden zugesellten Dienerschaft zum Ausdruck kommt. Da findet man z. B. den alten ungeschlechtlichen Semar, hinter dem sich der javanische Stammesahne verbergen soll, mit seinen beiden Söhnen: Petruk (aus Sanskrit, *pitara,* Geister der Ahnen?) und Nalagareng. Besonders klar kommt aber der hergebrachte religiöse Charakter des wayang bei den *ngruwat* genannten exorzistischen Aufführungen zum Ausdruck, wobei es darum geht, den zerstörerischen Gott Kāla (einen Sohn des Hindu-Gottes Shiva) zu beschwichtigen.

Auf Dorfebene treten diese vorislamischen Bräuche am klarsten beim jährlichen Ritual des *mbersih desa* (Dorfreinigung) an den Tag, das an erster Stelle der Ehrung der Seele des verstorbenen Dorfgründers *(cakal bakal)* gewidmet ist, zugleich aber den Charakter einer Lustration trägt. Es enthält neben zahlreichen Ritualen wie wayang, Maskentänze, Tranceaufführungen usw. auch die üblichen *slametan* (Heilmahlzeiten). An den Königshöfen findet es in den dreimal jährlich stattfindenden *gerebeg* sein Gegenstück.[13] Diese Paraden, wie sie allen politischen Änderungen zum Trotz in den alten Residenzstädten wie Cirebon, Surakarta, Ngayogjakarta und Demak noch immer stattfinden, richten sich nach dem muslimischen Kalender und markieren die wichtigsten Feste von *muludan* (arab. *maulid*), nämlich den Geburts- und Todestag des Propheten Muḥammad am *12. Rabīʿ al-auwal,* das am Ende des Fastenmonats, am ersten *Shawwāl* stattfindende „Kleine Fest“ sowie das „Große Fest“ anläßlich der Pilgerfahrt nach Mekka am *10. Dhū l-ḥijja.* Ihr islamischer Bestandteil bleibt jedoch hauptsächlich darauf beschränkt, daß große, als „männlich“ und „weiblich“ eingestufte Reisberge *(gunungan)* vom Palast in die Moschee getragen werden, bevor sie an die wartende Masse weiterverteilt werden, die sich davon, ähnlich wie beim slametan, Segen verspricht. Ansonsten besteht das Ritual hauptsächlich aus zwei Teilen: Erstens aus dem *sekaten* genannten Abendmarkt, der eine Woche vor dem Prophetenfest anfängt und sich dadurch auszeichnet, daß während seiner Dauer anhaltend die Töne des fürstlichen gamelan erklingen. Dieser Brauch wird dem Apostel des Islams im Inland Javas, Sunan Kalijaga, zugeschrieben, einem der *wālī sanga* oder neun Heiligen des Islams, denen die Verbreitung des Glaubens in Java zu verdanken sei. Es heißt, er habe damit beabsichtigt, die Javanen allmählich für die neue Religion zu gewinnen.

Und am Festtage selbst erfolgt dann eine Parade, wobei die Reisberge feierlich herumgeführt werden, begleitet von kriegerisch ausgestatteten

Korps. Vor der Revolution von 1945 nahmen die Fürsten selbst an diesen Umzügen teil, wobei sie die Gottheit gleichsam in sich versinken ließen.

Pigeaud[14] hat versucht, die gerebeg mit den großen Hoffesten der Hindu-Zeit, *Caitra-Phālguna* und *Shrāwaṇa-Bhādra*, zu identifizieren. Darüber hinaus ließe sich auch an die jährlichen „Großen Feste" denken, wie sie noch heute bei den „primitiven" Völkerschaften Indonesiens begangen werden, wo sich der ganze Stamm zeremoniell vereinigt, um im Ritual die Selbsterneuerung der Welt nachzuvollziehen.

Pigeaud[15] erinnert ferner daran, wie sich im pesantren manche Züge der *āshrama* oder *maṇḍala* genannten shivaitischen Siedlungen wiederfinden. Merkwürdig ist es auch, daß die fünf *pancamakāra* (mit M anfangend) genannten Tabus des indischen Tantrismus sich im heutigen Java noch immer nachweisen lassen, und zwar als: *minum* (trinken), *madon* (Umgang mit Frauen), *main* (spielen), *madat* (Opium schieben) und *maling* (stehlen).

Resümierend darf man wohl behaupten, daß der Islam nur mangelhaft in das javanische Geistesleben integriert worden ist und zugleich eine gewisse Abwandlung erfahren hat. Es nimmt daher nicht wunder, daß viele Javanen statt islamischer noch immer hinduistische Namen tragen (oder auch eine Kombination beider), daß Übertritte zu einer anderen Religion, obwohl nicht häufig, doch keineswegs als so durchaus verpönt gelten wie sonst in der islamischen Welt, und daß auch Ehen javanisch-islamischer Frauen mit Angehörigen anderer Religionen nicht unbedingt den Übertritt des nichtislamischen Partners voraussetzen. Für den Durchschnittsjavanen stellt der Islam nur einen von vielen Wegen dar, deren man sich bedienen kann, um das Ziel, das Aufgehen in das Göttliche, die Aufhebung des Unterschiedes zwischen Herr und Diener, zu erlangen. Damit huldigt er einer religiösen Toleranz, wie sie sonst in der islamischen Welt – auch in Indonesien – eher zu den Ausnahmeerscheinungen gehören dürfte. Von den formellen Vorschriften und Pflichten „seiner" Religion hält er verhältnismäßig wenig, wobei freilich der Pilgerfahrt und der Abgabe der religiösen Steuern mehr Bedeutung zukommt als etwa dem Fasten oder dem fünftäglichen Pflichtgebet.

Vor manchmal an ihn ergehenden Aufforderungen zur strengeren Einhaltung der Gebote flüchtet er sich in die mystisch-theosophisch ausgerichtete, *kebatinan* genannte religiöse Bewegung, wo die „Reinigung des Herzens" der Befolgung des Ritualgesetzes vorgezogen wird. Während der letzten Jahre hat diese Bewegung sogar die Anerkennung als besondere Religion neben dem Islam erringen können. Nicht umsonst hat Indonesien, der Bevölkerungszahl nach das größte islamische Land der Welt, es bis jetzt immer abgelehnt, den Islam zur Staatsreligion zu proklamieren. Damit nimmt dieser Staat eine Ausnahmestellung innerhalb der islamischen Welt ein. Diese Weigerung ist wohl weniger der Rücksicht auf die christlichen und hinduistischen Minderheiten, als vielmehr dem Einfluß der synkretistisch-javanischen Mehrheit zuzuschreiben, welcher ja auch die zwei bisherigen Staatspräsidenten Sukarno und Suharto angehör(t)en. Vieles deutet darauf hin, daß die Rolle des Islams im heutigen Java sich mit der des

Buddhismus im vorislamischen Zeitalter vergleichen läßt. In beiden Fällen steht eine „fremde" Religion, welche stark doktrinär ausgerichtet ist, einer synkretistischen Volksreligion gegenüber, verschmilzt aber zugleich mit ihr.

Das Schrifttum

Das rein-islamische Schrifttum, wie es sich in den *pesantren* entwickelt hat, unterscheidet sich nur geringfügig von demjenigen außerhalb Javas und ist vor allem stark durch die malaiische Sprache und Literatur beeinflußt worden. Ähnlich wie dieses ist es interessant wegen der polemischen Stellen, in denen mit dem „reinen" Islam nicht eben in Einklang stehende Lehren und Bräuche gerügt werden. Als Beispiel dafür mögen zwei von Drewes herausgegebene Fragmente dienen,[16] welche aus dem 16. Jahrhundert datieren mögen. Darin heißt es u. a., es sei Unglaube zu behaupten, es gebe in dieser Welt keine Ge- und Verbote, weil Gott gibt, und ich esse und trinke, ohne zwischen Verbotenem und Erlaubtem einen Unterschied zu machen. Sollte weiter ein Muslim sich weigern, sich den Kopf zu rasieren, sich einen Tulband (Turban) aufzusetzen und sich die Nägel zu schneiden und damit dem Beispiel des Propheten zu folgen, so sei er ein *kāfir* (ein Ungläubiger). Auch sei es Unglaube, danach zu fragen, ob der javanische oder der islamische Glaube der bessere sei usw.

Für das javanische Ethos ist indes die Literaturgruppe, die wir als synkretistisch-islamisch werten, bezeichnender. Es handelt sich hier um ein größeres Schrifttum, welches metrisch verfaßt ist und dem Vortrag dient. Es ist öfters in Dialogform gestaltet. Dabei fallen zwei Themen ins Auge: Erstens wird Wert darauf gelegt, daß der Javane sich in seinem Brauchtum nicht zu sehr islamisch-arabischen Sitten anpassen soll. Er soll ja an erster Stelle Javane bleiben! Zweitens wird versucht, über die Mystik eine Brücke zwischen dem alten und dem neuen Glauben zu schlagen. Über die vier auch aus der sumatraischen Mystik bekannten Stufen der *sharīʿa, ṭarīqa, ḥaqīqa* und *maʿrifa* versucht man, einen Zustand zu erreichen, in dem der dualistische Unterschied zwischen Gott und Diener aufgehoben wird, wo es in einem Zustand des Nichtbewußtseins keinen Herrn und keinen Knecht mehr gibt:

> „Es besteht kein Unterschied
> zwischen Verehrer und Verehrtem,
> beide sind Er allein,
> weil das Sein des Universums
> unteilbar ist.
> Ob jetzt oder in aller Ewigkeit
> ist es wie immer schon."[17]

Eine hervorragende Rolle spielt dabei der Begriff des *suksma*. Damit wird, laut Zoetmulder, das göttliche Unstoffliche gemeint. Dieser Begriff ist dem Shivaismus entnommen (Sanskrit, *sūkṣma*). Er bezeichnet sowohl die höchste Gottheit *(Hyang Suksma)* als auch „jenen Teil des Menschen, der mit der Gottheit verbunden und ihr wesensgleich ist". Er ermöglicht dem Menschen erst die göttliche Immanenz, die Einheit und das Aufgehen. Er wird durch *rasa* (intuitives Empfinden) ermittelt.

Für beide oben erwähnten Sätze nun ist ein Text aus der zweiten Hälfte des 19. Jahrhunderts, der „Serat Wedaṭama" [18] („Schrift der höchsten Erkenntnis") besonders aufschlußreich. Dieser Text (wohl zu unrecht dem Fürsten Mangkunegara IV. aus Surakarta zugeschrieben) soll dem jungen javanischen Adelsmann gleichsam ein Wegweiser auf seinem Lebenspfad sein. Bei den Javanen selbst gilt er als eine Art Credo. Man findet darin (II, 7):

> Solltest Du danach streben,
> des Propheten Beispiel zu folgen,
> so wirst Du, Junge, Dein Ziel nicht erreichen.
> Du bist doch eben ein Javane!

und weiter (II, 10, 11):

> Weil ich ein Adliger bin,
> würde es um mich als frommem Muslim schlimm bestellt sein.
> ... Besser sei es, die Gesetze der Ahnen ehrfürchtig zu befolgen
> von den ältesten Zeiten an bis heute.

Und im letzten, vierten Sang versucht der Dichter, den Weg zur mystischen Erfahrung zu zeigen, welche im folgenden gipfelt:

> Jetzt möchte ich mitteilen
> die vierte Weise der Verehrung.
> Die Verehrung des *rasa*, in dem man das
> tiefste Geheimnis des Daseins erfährt.
> Ihr Werdegang läßt sich nicht lehren;
> er spielt sich im Innerlichen ab.

Der denselben Kreisen entstammende „Serat Cenṭini"[19] enthält ebenfalls viele Beispiele für diese islamisch-javanische Geisteshaltung. Der Sohn des Heiligen von Giri (Nordjava, unweit von Surabaya), Amongraga genannt, wandert quer durch Java und heiratet Tabangraras. Ihr gibt er Religionsunterricht, und seine Lehre macht den Hauptbestandteil des langen Textes aus. Seine Lehre verführt aber viele seiner Anhänger zu einem betonten Antinomismus, worauf der Sultan ihn ins Meer werfen läßt. Seine Witwe widmet sich der Askese, bis auch sie stirbt. Beide erscheinen aber denjenigen Gläubigen, welchen es gelingt, durch mystische Übungen *(dhikr)* und Ekstase sich zur Bewußtseinsvernichtung zu steigern. Sie werden dann des höchsten Unterrichts teilhaftig. Darin sind alle Unterschiede aufgehoben; wie beim *wayang*-Spiel erblickt man nicht mehr die Figuren an sich, sondern empfindet sie wesentlich vermischt. Trotzdem sollte man nicht so weit gehen, sich als Gott zu betrachten. Denn Gottes Wesen sei nur im Nichtbewußtsein, in der Stille und Leere, zu fassen.[20] Obwohl das Gesetz keine Verachtung verdient und für die Massen seine Gültigkeit behält, entzieht sich ihm der wahre Mystiker, „weil es ja ohne Diener keinen Gottesdienst geben kann".

Hatten wir es bis jetzt noch mit eher gemäßigten Formen der Auseinandersetzung zwischen hergebrachtem javanischen und neueingeführtem islamischen Gedankengut zu tun, so wird im antiislamischen Bereich die Grenze überschritten und der Islam im Namen der angestammten Religion geradezu bekämpft. Für diese Richtung sind zwei Schriften bezeichnend, welche miteinander in Zusammenhang stehen und welche beide aus den siebziger Jahren des neunzehnten Jahrhunderts datieren mögen: der „Serat Dermagaṇḍul“[21] und der „Serat Gaṭoloco“.[22] Im ersteren wird dem Studenten Dermagaṇḍul (wie den meisten Namen in diesen Schriften kommt auch diesem phallische Bedeutung zu) von seinem Lehrer Kalamwadi erklärt, wie die *walī* aus dem Norden 1478 dem hindu-buddhistischen Reich Majapahit ein Ende setzten und der Bevölkerung ihre Religion aufzwangen. Mit Hilfe der holländischen Wissenschaft (in der ostjavanischen Stadt Probolinggo wurde 1879 eine Ausbildungsstelle für die Söhne indonesischer Häuptlinge eröffnet) sollen sich aber die Javanen nach vier Jahrhunderten von Arabien abwenden und zum Glauben ihrer Vorväter zurückfinden. Dabei spart der Verfasser keineswegs mit Gehässigkeiten gegen die Muslime. Die Javanen sollten sich zunächst ihrer angestammten Weisheit zuwenden, für arabische Studien seien sie sowieso ungeeignet. Deshalb würden sie sich niemals zu wahren Muslimen entwickeln. Die arabische Erde sei verwünscht. Man halte sich dort Sklaven und wohne Sklavinnen bei ohne Eheschließung. Die Muslime seien verachtenswert wegen ihrer bizarren Gebetsbewegungen und ihrer widerlichen Speisegesetze. Ihre Prediger seien Heuchler. Sie bewährten sich besser beim *ṣalāt* und dhikr als im Kampf, weil ihr höchstes Streben dem Kochtopf gelte. Dem walī Sunan Kalijaga werden Äußerungen phallischen Charakters zugeschrieben: so müsse die *shahāda* als Sexualakt aufgefaßt werden. Die *santri* werden mit Fröschen verglichen, die Mekkapilger sollen Grillen ähneln. Arabische Muslime seien wie Ratten, welche das javanische Reich unterwühlt haben, während die Muslime im allgemeinen wegen ihrer Stachel (Gier) mit Bienen gleichzusetzen seien. Sowohl santri wie auch Chinesen glichen den Reihern wegen ihrer Habsüchtigkeit.

In der zweiten Schrift vereinigt sich das Monster Gaṭoloco in einer Höhle mit der Einsiedlerin Perjiwati, nachdem er im Streitgespräch mit einigen santri den Sieg davongetragen hat. Dabei scheut er sich nicht, den Gottesnamen *Allāh* mit dem javanischen Wort *ala* (häßlich) in Zusammenhang zu bringen, die santri des Unglaubens zu bezichtigen, weil sie die Religion der Väter verleugnet haben, und den Islam *(sarak Rasul)* als *larasan unsul* (einer falschen Lehre folgend) umzudeuten.

Sicher handelt es sich in den beiden Fällen um extreme Ausnahmeerscheinungen, welche zugleich auch politisch-ökonomisch bedingt sein mögen. Andererseits aber lassen sich die Ereignisse seit 1965, als Millionen Javanen – vor die Wahl gestellt, sich zu einer anerkannten Religion zu bekennen – sich statt für den Islam für das Christentum oder gar für den Hinduismus entschieden, sich doch nur aus der unter breiten Schichten der javanischen Bevölkerung lebenden Abneigung gegen den Islam erklären.

In den zwanziger Jahren dieses Jahrhunderts besuchte der indische

Dichter Tagore die Insel Bali, wobei er bemerkte, daß er Indien zwar überall wahrnahm, es aber nirgendwo wiedererkennen konnte.

Ein Jahrzehnt später wurde Java von dem französischen Islamkundler Bousquet bereist. Zu seinem Erstaunen fand er den javanischen Fürsten Mangkunegara VII. außerstande, seine Frage, in wessen Namen in seinem Reiche die *khuṭba* (Freitagspredigt) verlesen werde, zu beantworten.

Beide Fälle mögen den eigenartigen, durch die Fähigkeit zum Synkretismus bedingten Charakter illustrieren, welchen die Hochreligionen im indonesischen Bereich angenommen haben.

IV. Ein islamischer Sprachraum? Islamische Idiome in den Sprachen muslimischer Völker

(Otto Jastrow)

Nach muslimischem Verständnis stellt der Koran ein sprachliches Wunder dar. Sein einzigartiger Charakter verbietet von vornherein eine Übersetzung in andere Sprachen, ja läßt einen solchen Gedanken unsinnig erscheinen. Der Koran kann allenfalls in anderen Sprachen erläutert und erklärt werden – so wie ja auch der arabischsprachige Muslim durchaus auf die Erklärung vieler Stellen angewiesen ist –, doch gelesen und öffentlich rezitiert werden kann der Koran nur im arabischen Urtext. Das gleiche gilt vom rituellen Gebet *(ṣalāt)*, beginnend mit dem Gebetsruf, den der Muezzin auf arabisch erschallen läßt, über die während des Gebets rezitierten Koranverse bis hin zur Schlußformel *as-salāmu ʿalaikum wa-raḥmatu llāh*, „Friede sei mit euch und Gottes Erbarmen!" Von daher bedeutet Muslim zu sein zugleich einen ständigen Kontakt mit der arabischen Sprache, und sei es auch nur in der Form von unverstandenen Koranrezitationen.

Die arabisch-islamische Kultur des Mittelalters entwickelte eine enorme Sogwirkung, die nicht auf die religiöse Sphäre beschränkt blieb, sondern die Sprachen der islamisierten Völker tiefgreifend beeinflußt hat. Ein beträchtlicher Teil der für den Islam gewonnenen Gebiete wurde ohnehin auch in sprachlicher Hinsicht völlig arabisiert. Man möge bedenken, daß bis zur Entstehung des Islams die arabische Sprache auf die Arabische Halbinsel und die angrenzenden Gebiete Syriens und des Irak, also die Ränder des sogenannten Fruchtbaren Halbmonds, beschränkt war; das restliche Syrien und Mesopotamien, Ägypten und Nordafrika wurden erst im Zuge der Islamisierung zu Gebieten arabischer Sprache. Wenn auch die übrigen islamischen Kulturräume – der iranische, der indische, der indonesische, der türkische und der schwarzafrikanische – von einem völligen Aufgehen im Arabischen bewahrt blieben, so hat nichtsdestoweniger das Arabische auch auf diese Sprachgruppen einen tiefgreifenden Einfluß ausgeübt.

Das zeigt sich bereits darin, daß die wichtigsten Sprachen aller dieser islamischen Kulturräume das arabische Schriftsystem übernahmen – ohne Rücksicht auf etwa bereits bestehende Schrifttraditionen und ohne Rücksicht darauf, daß das arabische Alphabet sich zur Wiedergabe etwa des Türkischen, Urdu oder Haussa mehr schlecht als recht eignete und oft durch Zusatzzeichen mühsam an das Lautsystem der betreffenden Sprachen angepaßt werden mußte. Namentlich die defektive Vokalschreibung des Arabischen wirkte sich für all diese Sprachen als sehr hinderlich aus. Dennoch wurde das arabische Alphabet für die meisten Islamsprachen erst im 20. Jahrhundert abgeschafft und durch das lateinische Alphabet ersetzt, so beim Türkischen, beim Swahili und Indonesischen (Malaiischen). Für die in der Sowjetunion gesprochenen Turksprachen (wie Aserbaidschanisch, Usbekisch, Turkmenisch, Tatarisch etc.) wurde ein modifiziertes kyrillisches Alphabet eingeführt; nach dem Zusammenbruch der Sowjetunion haben Usbekistan und Aserbaidschan den Übergang zum lateinischen Alphabet beschlossen. Neben dem Arabischen selbst haben jedoch Persisch, Urdu und Paschto, eine der nationalen Sprachen Afghanistans, bis heute an der arabischen Schrift festgehalten. Die Ablösung des arabischen Alphabets hatte neben dem reinen Zweckmäßigkeitsgedanken meist auch einen nationalistischen und – wie z. B. im Falle der Türkei – laizistischen Zug; deshalb stieß die Einführung der Lateinschrift in der Türkei auch auf die feindselige Ablehnung weiter muslimischer Kreise, eine Ablehnung, die noch heute, mehr als 70 Jahre nach der Schriftreform, bei einzelnen Gruppen fortbesteht.

Neben der arabischen Schrift war es vor allem der arabische Wortschatz, der massiv in die Sprachen der islamisierten Völker eindrang. Beginnend bei den Ausdrücken des religiösen Lebens über das islamische Recht bis hin zur Sprache der Philologie, der Philosophie, der Medizin und der Naturwissenschaften, ja darüber hinaus bis in die Alltagssprache drangen zahllose Ausdrücke des Arabischen in die übrigen Islamsprachen ein. Für die Sprachen des türkischen und indischen Raumes wirkte dabei das Persische als Vermittler, d. h. diese Sprachen schöpften nicht direkt aus dem Arabischen, sondern übernahmen die Ausdrücke aus dem Persischen, das für den türkischen und indischen Raum jahrhundertelang die überragende Kultursprache darstellte. Das läßt sich leicht an der persischen Lautgestalt zeigen, die bei vielen dieser Lehnwörter noch durchschimmert. So wurde etwa die arabische Femininendung *-ah* im Persischen häufig *-at* gesprochen und findet sich in dieser Form auch in Lehnwörtern des Türkischen, Urdu, Paschto etc., z. B. arab. *ḥaqīqah* „Wahrheit“ > pers., Paschto *haqīqat*, türk. *hakikat*; arab. *ḍarūrah* „Notwendigkeit“ > pers., Urdu, Paschto *ẓarūrat*, türk. *zaruret*; arab. *barakah* „Segen“ > pers. *barakat*, türk. *bereket*, Urdu *barkat*; arab. *ḥukūmah* „Regierung“ > pers., Paschto *hukūmat*, türk. *hükümet*. Bei Entlehnung ins Persische wurde das komplexe Konsonantensystem des Arabischen an das einfachere des Persischen angepaßt; so fielen etwa arab. *s*, *ṣ* und *th* mit pers. *s* zusammen, arab. z, *dh*, *ḍ* und *ẓ* mit pers. z, arab. *h* und ḥ mit pers. *h*. Diese vereinfachte Aussprache wurde in die indischen und Turksprachen übernommen, wie aus dem vorausgegangenen Beispiel erkennbar ist.

Im Bereich des afrikanischen Islams fehlt eine vermittelnde Sprache wie das Persische im Osten; die afrikanischen Sprachen haben ihre arabischen Elemente vielmehr überwiegend direkt aus dem Arabischen selbst entlehnt. Dennoch haben einzelne der bedeutenderen afrikanischen Islamsprachen in einem kleineren geographischen Rahmen als Vermittler arabischen Wortguts gewirkt, so namentlich Haussa und Swahili sowie Tamasheq, die südlichste Berbersprache. Als Beispiel für die Entlehnung arabischen Wortguts in die islamischen Sprachen sei ein kleiner Ausschnitt des Wortschatzes, nämlich die Namen der Wochentage vorgestellt und kurz kommentiert. Die Tabelle (s. u.) zeigt die arabischen Bezeichnungen der Wochentage und ihre Entsprechungen in den wichtigsten Islamsprachen (Persisch, Urdu, Türkisch, Haussa und Indonesisch). Wir können beobachten, daß diese Wortserie in unterschiedlichem Umfang übernommen worden ist, doch haben alle Islamsprachen die arabische Bezeichnung für den Freitag, den muslimischen Feiertag, eingeführt. Das Haussa hat die ganze Serie übernommen, ebenso auch das Indonesische, doch hat hier der Sonntag, der Feiertag der Christen, seinen Namen aus einer europäischen Sprache erhalten, nämlich aus portugiesisch *domingo*. Im Persischen existieren für alle Tage außer Freitag einheimische Bezeichnungen, und gleiches gilt auch für Urdu. (Interessant, obgleich nicht unbedingt hierhin gehörig, ist die Feststellung, daß im Persischen die Wochentage durch ein einfaches Zählsystem ausgedrückt werden: *yak* bis *panj* sind die Zahlen von eins bis fünf; vergleichbar damit im europäischen Raum ist das Portugiesische mit *segunda-feira, terça-feira* etc.) Das interessanteste System von Wochentagsbezeichnungen findet sich zweifellos im Türkischen. Es zeigt besonders schön den Mischcharakter dieser kosmopolitischen einstigen Weltsprache, denn es kombiniert einheimische Bezeichnungen mit arabischen und persischen Entlehnungen. Einheimisch ist das Wort *salı* „Dienstag" sowie *ertesi* „folgender Tag", mit dem die Bezeichnung *cumartesi* „auf Freitag folgender Tag", d. h. Samstag und *pazartesi* gebildet sind. Auch hier ist der Name für Freitag dem Arabischen entnommen: *cuma* (*c* = *j*, d. h. dsch zu sprechen), während die übrigen Bezeichnungen aus dem Persischen stammen.

Das Eindringen arabischen Lehnguts in die Islamsprachen ist nicht als zeitlich begrenzter einmaliger Vorgang zu sehen, vielmehr handelt es sich um einen lange andauernden Prozeß der fortschreitenden Anreicherung. Das Arabische wurde ja nicht nur von der Schicht der religiösen Gelehrten weiter gepflegt, sondern gehörte zum Bildungsgut des akademisch erzogenen Muslims. Ähnlich wie das Latein für die Sprachen Europas stellte das Arabische einen Fundus dar, aus dem immer wieder neue Fremdwörter für den wissenschaftlichen, aber auch für den administrativen Gebrauch geschöpft werden konnten. Dabei wurde es, ähnlich wie das mittelalterliche Latein, von den nichtarabischen Benutzern weiterentwickelt, so daß wir im Persischen und Türkischen nicht selten arabische Neubildungen finden, die im Arabischen selber gar nicht vorkommen; ebenso können arabische Termini neue Bedeutungen erhalten, die sie im Arabischen selbst nie gehabt haben. Als Beispiel möge die im Persischen und Osmanisch-Türkischen sehr beliebte Ableitungsendung *-īyāt* erwähnt werden, die eigentlich einen Plural bezeichnet, häufig aber auch als Singular aufgefaßt wird, z. B. pers. *nashrīyāt*, türk. neşriyat, „Veröffentlichung(en)" zu arab. *nashr* „Veröffentlichen", oder pers. *naqlīyat*, türk. *nakliyat* „Transport(e)", zu arab. *naql* „Transport(ieren)". Als Beispiel aus der osmanischen Staats- und Verwaltungssprache sei die Bezeichnung für den Großwesir genannt: *ṣadr-ı aʿẓam*. Diese setzt sich aus zwei arabischen Wörtern zusammen, *ṣadr* „Brust, Vorderteil; Führer" und *aʿẓam* „bedeutendster, gewaltigster", der daraus gebildete Fachausdruck ist jedoch eine rein osmanische Prägung. Zu *ṣadr-ı aʿẓam* wiederum ist das Abstraktum *ṣadāret* „Großwesirschaft“ gebildet worden, eine zwar auch im Arabischen mögliche Ableitung, die jedoch dort nicht diese Bedeutung hat. Aus dem Osmanischen sind solche neugeschaffenen oder mit neuer Bedeutung versehenen Ausdrücke bisweilen in die moderne arabische Schriftsprache zurückentlehnt worden, z. B. *qaḍāʾ*, das im klassischen Arabisch das Amt des Richters *(qāḍī)* bedeutet; im Osmanischen erhielt das Wort zusätzlich die Bedeutung einer territorialen Verwaltungseinheit (Gerichtsbezirk, Landkreis, Distrikt) und wird in dieser Bedeutung heute im arabischen Sprachgebrauch Syriens und des Irak verwendet.

Die Staatssprache des Osmanischen Reiches, das Osmanisch-Türkische, speiste sich mithin aus einer Anzahl verschiedener Quellen (darin durchaus der Sprache eines anderen Weltreichs, dem Englischen, vergleichbar) und erreichte dadurch einen hohen Grad von Komplexität, von sprachlicher Vielschichtigkeit, der den Ausdruck der feinsten Nuancen erlaubte. Der stets für Neuentlehnungen verfügbare persisch-arabische Wortschatz ermöglichte die Bildung neuer Fachtermini, wann immer diese benötigt wurden; dies ist vergleichbar mit dem lateinisch-griechischen Wortschatz, der für die europäischen Sprachen als Quelle von Fachausdrücken diente und dient. In den vergangenen Jahrzehnten hat die von Atatürk initiierte Sprachreform jedoch zu einer weitgehenden Eliminierung der persisch-arabischen Lehnwörter geführt, und da zugleich der persische und arabische Sprachunterricht abgeschafft wurde, fanden sich die nachwachsenden Generationen vom kulturellen Erbe ihrer Väter völlig abgeschnitten. Es wurde versucht, das entstandene lexikalische Vakuum durch türkische Neuprägungen zu füllen. Die türkische Sprache hat dadurch jedoch ihre kulturelle Vielschichtigkeit und ihren Nuancenreichtum weitgehend eingebüßt. Paradoxerweise führte diese sogenannte Sprachreinigung, d. h. das Zurückdrängen der persisch-arabischen Elemente, zu einem massiven Einströmen von Lehnwörtern aus dem Französischen, um das entstandene terminologische Vakuum wieder aufzufüllen. So sagt man für „gesunden Menschenverstand“ nicht mehr *aklıselim* (arab.), sondern *bonsans* (franz. *bon sens*), für die Sphinx von Gizeh nicht mehr *ebülhevil* (arab.), sondern *sfenks* (franz. *sphinx*). – (Die französischen Fremdwörter werden, wie aus diesen Beispielen ersichtlich, mit türkischen Lautwerten phonetisch wiedergegeben, was zu sehr abweichenden Schriftbildern führen kann, vgl. z. B. noch *mayo* „Badeanzug“ aus franz. *maillot*.) Diese europäischen Lehnwörter im französischen Gewand tun der Sprache jedoch in viel stärkerem Maße Gewalt an als die persisch-arabischen Bestandteile, da sie sich schlechter als diese in die türkische Laut- und Silbenstruktur integrieren lassen.

Es ist oft und mit Recht hervorgehoben worden, daß der Islam nicht nur eine Religion, sondern ein *way of life* ist, d. h. daß die Religion das ganze Leben durchdringt. Dies zeigt sich auch sprachlich in der Verwendung religiöser Formeln in vielen stereotypen Alltagssituationen. Der Name Gottes – *Allāh* – oder Formeln wie *yā Allāh* „Oh Gott!“, *yā rabb* „Oh

Herr!“ werden sehr häufig von den Gläubigen ausgerufen und können je nach Tonfall die verschiedensten Emotionen, von Entzücken, Freude, Überraschung bis zu Schrecken und Wut ausdrücken. *bi-smi-llāh* „im Namen Gottes“ sagt man zu Beginn einer Tätigkeit, bei Antritt einer Reise, am Anfang einer Ansprache und in vielen vergleichbaren Situationen. Wenn der Muslim eine Absicht äußert, vergißt er nie, ein *in shā'a-llāh* „wenn Gott will“ hinzuzufügen; eine Feststellung wie „Morgen werde ich in die Hauptstadt fahren“ ohne ein angefügtes *in shā'a-llāh* müßte wie eine Ketzerei klingen. Als Ausdruck der Bewunderung verwendet man *mā shā'a-llāh*, wörtlich „was Gott will“. Freude, Dankbarkeit und Erstaunen werden durch den Ausdruck *al-ḥamdu li-llāh* „Preis sei Gott!“ ausgedrückt, Gottes Vergebung erfleht man mit den Worten *astaghfiru-llāh* „ich bitte Gott um Verzeihung“. Dankbarkeit einem anderen gegenüber artikuliert man durch Formeln wie *bāraka-llāhu fīk* „Gott segne dich!“, Gottes Schutz ruft man an mit den Worten *aʿūdhu bi-llāhi (min ash-shaiṭāni r-rajīm)* „ich suche Schutz bei Gott (vor dem verfluchten Satan)!“

Diese Formeln, die in die Frühzeit des Islams zurückgehen, gehören zum Grundbestand muslimischer Ausdrucksweisen und werden überall in der islamischen Welt in ihrer (klassisch-)arabischen Form gebraucht, natürlich jeweils in der landesüblichen Aussprache. Darüber hinaus gibt es einen großen Fundus an Formeln und mehr oder weniger standardisierten Redensarten, die gleichfalls eine religiöse Konnotation haben und bei bestimmten Anlässen verwendet bzw. vom Gesprächspartner erwartet werden, z. B. Gruß- und Abschiedsformeln, Glückwunsch- und Beileidsformeln, feststehende Wendungen, die man gebraucht, wenn z. B. jemand eine Reise antritt, von der Pilgerfahrt zurückkehrt, soeben ein Bad genommen hat oder vom Friseur kommt, wenn man einen Todesfall mitteilt, wenn man jemanden bei der Arbeit antrifft und bei vielen anderen Anlässen. Dieser zweite, sehr viel umfangreichere Fundus von Redensarten ist nicht im klassischen Arabisch gehalten, sondern in der jeweiligen Landessprache; im arabischsprachigen Raum sind diese Ausdrücke gleichfalls nicht klassisch-arabisch, sondern entstammen dem jeweiligen Dialekt. Inhaltlich und formal sind diese Ausdrücke jedoch sehr ähnlich und können meist wortwörtlich von einer Sprache in die andere transponiert werden. Zu dieser zweiten Gruppe gehören beispielsweise die Grußformeln. Neben der klassisch-arabischen Formel *as-salāmu ʿalaikum* „Friede sei über euch!“ – Antwort: *(wa-)ʿalaikum as-salām* „(Und) über euch sei Friede!“ – existieren überall einheimische Wendungen, die oft verbreiteter sind als die klassische Formel. So verwendet man in der Türkei meist das volkstümliche *merhaba* (ein gleichfalls aus dem Arabischen stammendes Wort) oder das etwas förmlichere, nach europäischen Vorbildern geschaffene *günaydın* „Guten Tag!“ Auch die moderne arabische Schriftsprache und die arabischen Dialekte kennen neben *as-salāmu ʿalaikum* eine nichtreligiöse, auf die Tageszeit bezügliche Grußformel, die durchaus nicht selten verwendet wird: *ṣabāḥ al-khair* „Guten Morgen!“, *masā' al-khair* „Guten Abend!“. In Persien verwendet man zwar am häufigsten *salām ʿalaikom*, doch lautet die Antwort identisch, nicht wie im Arabischen mit Umstellung der beiden Satzteile. Etwas komplizierter sind die Abschiedsformeln. Der Weggehende sagt sinngemäß: „Gott befohlen!“, der Zurückbleibende: „Gott sei mit dir!“ Im Türkischen lauten diese beiden Formeln *Allaha ısmarladık* „Ich empfehle (dich) Gott“, die Antwort *güle güle* „Mit Lachen (d. h. möge es dir gut gehen)!“ Im Persischen sagt man ganz analog *khodā ḥāfeẓ* „Gott sei (dein) Beschützer!“ oder *be-khodā sepordamat* „Ich habe dich Gott empfohlen“ – Antwort: *be-amāne khodā* „In der Sicherheit Gottes!“ Der arabische Raum kennt regional unterschiedliche Formeln. Im Irak verabschiedet man sich mit *fī amāni-llāh* (meist *fīmāllā* gesprochen) „In Gottes Sicherheit!“, die Antwort lautet *aḷḷa wiyyāk* „Gott sei mit dir!“ In Syrien ist die übliche Formel *khāṭrak*, etwa „Bleib mir gewogen!“, Antwort *maʿis-salāme* „mit Wohlbehaltenheit!“ In Ägypten und Marokko verabschiedet man den Weggehenden mit *maʿ is-salāma* bzw. *be-s-slāma*, worauf die Antwort *aḷḷa ysallimak* bzw. *ḷḷāh isellmek* „Gott erhalte dich wohl!“ gegeben wird.

Wie aus den vorausgegangenen Beispielen ersichtlich, werden Höflichkeitsformeln häufig in Form eines Dialogs ausgetauscht, der gewissermaßen automatisch abläuft, sobald die entsprechende soziale Situation eintritt. Die vom ersten Sprecher gewählte Formel löst automatisch eine feststehende Antwortformel aus. Charles A. Ferguson hat in einem Aufsatz über Höflichkeitsformeln im syrischen Arabisch (der analog für den ganzen arabischen Raum gilt) sehr schön gezeigt, wie die verbale oder nominale Wurzel (d. h. die sinntragenden drei Konsonanten, die einem Nomen oder Verb zugrundeliegen), die im ersten Teil eines formelhaften Dialogs verwendet wird, im darauf bezüglichen Antwortteil wieder auftauchen muß. Wenn man z. B. jemandem, den man beim Arbeiten antrifft, die Formel *aḷḷa yaʿṭik ilʿāfye* „Gott gebe dir Kraft!“ zuruft, so ist die Antwort darauf nicht einfach „Dankeschön!“, sondern unweigerlich *aḷḷa yʿāfīk* „Gott kräftige dich!“ Das Substantiv *ʿāfye* „Kraft“ und das Verb *yʿāfīk* „er kräftige dich“ (dich = *-k*) zeigen deutlich die gleiche Wurzel. Bei freudigen Ereignissen wie Hochzeit und Geburt, aber auch zu neugekauften Kleidungsstücken und dergleichen gratuliert man in Syrien mit *mabrūk* „gesegnet!“ Die Antwort muß lauten: *aḷḷa ybārek fīk* „Gott segne dich!“; auch hier wiederholt sich in beiden Formeln die Wurzel *brk*, die „segnen“ bedeutet. Schwieriger zu übersetzen ist *naʿīman*; es wird zu jemandem gesagt, der gerade vom Friseur oder aus dem Bad kommt. Es bedeutet etwa: „Mögest du dich wohlfühlen!“, und die Antwort darauf ist: *aḷḷa yinʿam ʿalēk* „Gott schenke dir Wohlgefühl!“ Ähnliche Formeln begegnen auch außerhalb des arabischen Sprachraums, doch entfällt das „echoartige“ Wiederaufgreifen der Wortwurzel, das nur im Arabischen möglich ist. In den anderen Islamsprachen folgt diesen unterschiedlichen Wünschen meist eine unveränderte Dankesformel. So sagt man etwa in der Türkei zu einem Arbeitenden *kolay gelsin* „möge es leicht fallen!“ oder *allah kuvvet versin* „Gott möge Kraft geben!“, in Persien *khodā qovvet dehad* „Gott möge Kraft geben!“ Gratulieren kann man in Persien mit *mobārak-ast*, in der Türkei mit *tebrik ederim*, und zu einem frisch Rasierten oder dem Bade Entstiegenen sagt man in der Türkei *sıhhatlar olsun* „es gereiche zur Gesundheit!" Für diese und ähnliche Wünsche dient in Persien *motashakker-am* als Dankesformel, in der Türkei *teşekkür ederim* „ich danke", *sağ olunuz* „Seien Sie gesund!" oder *eksik olmayınız* „möge es Ihnen an nichts fehlen!"

Wer zum Islam übertritt, nimmt in der Regel einen islamischen, d.h. überwiegend einen aus dem Klassisch-Arabischen stammenden Namen an. Typisch arabische Personennamen wie (männlich) *ʿUmar, ʿAlī, ʿUthmān* oder (weiblich) *Zainab, Fāṭima, ʿĀʾisha* haben sich deshalb mit dem Islam von Schwarzafrika bis Indonesien verbreitet. Der wohl häufigste und beliebteste Namen ist der des Propheten selbst – *Muḥammad*, wörtlich „der Gepriesene". Der Glaube an die Segenskraft dieses Namens hat zu allen Zeiten Eltern dazu bewogen, ihren Söhnen diesen Namen zu geben; namentlich der Erstgeborene wurde sehr gerne *Muḥammad* benannt. Daran änderte auch die gleichfalls verbreitete Gegenansicht nichts, der Name des Propheten müsse für die Späteren tabu bleiben, um Lästerungen des Propheten zu vermeiden (etwa wenn ein *Muḥammad* genannter Mensch sich als Verbrecher entpuppt). Häufig allerdings begegnen wir der Tendenz, den Namen des Propheten *Muḥammad* anders auszusprechen als die entsprechende profane Namensform, wobei die Aussprache des Prophetennamens sich stärker an der klassisch-arabischen Norm orientierte als die des profanen Namens. Am charakteristischsten ausgeprägt ist diese Erscheinung in der Türkei, wo sie seit dem Mittelalter belegt ist. Während der Name des Propheten als *Muhammed* ausgesprochen wurde, galt für den Profannamen die Form *Mehemmed*, woraus sich die volkstümliche Form *Mehmed* entwickelte. Diese ist bis heute – unter der Form *Mehmet, Memet* – die in der Türkei allein übliche geblieben.

Eine bedeutende Gruppe innerhalb der islamischen Namen stellen die sogenannten theophoren, d.h. mit dem Namen *Allāh* zusammengesetzten Personennamen dar. Der Urtyp dieser Namen ist *ʿAbdallāh* bzw. *ʿAbdullāh*, entstanden aus *ʿabd Allāh* „Diener Gottes". Indem man nun für *Allāh* einen der übrigen 99 Namen Gottes (der „schönen Namen") einsetzte, z.B. *ar-Raḥmān* „der Barmherzige", *al-Ghafūr* „der Verzeihende", *al-ʿAzīz* „der Starke", *al-Qādir* „der Mächtige", *al-Karīm* „der Edle", entstanden so weitverbreitete Namen wie *ʿAbdurraḥmān, ʿAbdulghafūr, ʿAbdulʿazīz, ʿAbdulqādir, ʿAbdulkarīm* etc. Herrscher legten sich nicht selten Namen bei, die mit *dīn* „Religion" oder *daula* „Staat" als zweitem Bestandteil gebildet sind, wie *Saifaddīn* „Schwert der Religion" oder *Saifaddaulah* „Schwert des Staates". Gleichfalls erwähnt werden sollten Namen, die mit *nūr* oder *ḍiyāʾ (ziyā)* – beides bedeutet „Licht, Glanz" – als erstem Bestandteil gebildet sind, z.B. *Nūraddīn* (türk. *Nurettin*) „Licht der Religion", *Ẓiyāʾ al-Ḥaqq (Zia ul-Haq)* „Glanz Gottes". In westlichen Medien werden zusammengesetzte Namen dieses Typs gerne verkürzt, dabei aber nicht selten falsch abgetrennt – einen „Abdul" oder „Abdur" kann es nicht geben, denn *–l–* und *–r–* sind verkürzte Formen des Artikels und gehören bereits zum folgenden Wort *(ʿAbdu-r-Raḥmān = ʿAbd ar-Raḥmān)*!

Obgleich sich die wichtigsten Namen wohl in allen islamischen Ländern finden, lassen sich doch gewisse regionale Besonderheiten beobachten. So erfreuen sich in schiitischen Gebieten die Namen *ʿAlīs* sowie seiner beiden Söhne *Ḥasan* und *Ḥusain* großer Beliebtheit. Typisch iranisch sind Namen wie *Reżā* und *Mīrzā*. Typisch osmanisch sind männliche Personennamen mit der Femininendung *-at*, *-et* (arabische Femininendung, die im Arabischen selbst *-ah* gesprochen wird, s. o.), z. B. *Ismet, Şevket, Behcet, Saffet* etc. Auch dieser Namenstyp wurde ins Arabische zurückentlehnt und ist heute vor allem noch in Ägypten anzutreffen, z. B. *ʿIṣmat, Shaukat, Bahgat, Ṣafwat* etc. Gleichfalls in Ägypten beliebt sind männliche Personennamen mit der Endung *-ī*, z. B. *Fauzī, Ramzī*.

Die Namen der Wochentage in einigen wichtigen Islamsprachen

Arabisch	*Persisch*	*Urdu*	*Türkisch*	*Haussa*	*Bahasa Indonésia*	
al-jumʿah	jom'e	jum'a	cuma	júmmá'a:	djuma'at	„Freitag"
as-sabt	shambe	sanīchar	cumartesi	asábat	sabtu	„Samstag"
al-aḥad	yak shambe	itwār	pazar	láhadi:	minggu	„Sonntag"
al-ithnain	do shambe	somwār	pazartesi	littinīn	senin	„Montag"
ath-thalātha'	se-shambe	mangal(wār)	salı	talá:ta	selasa	„Dienstag"
al-arbaʿā'	chahār shambe	budh(wār)	çarşamba	lá:rabá:	rebu	„Mittwoch"
al-khamīs	panj shambe	jum'a rāt	perşembe	alhamīs	kemis	„Donnerstag"

V. Der Islam im Spiegel zeitgenössischer Literatur islamischer Völker

(Johann Christoph Bürgel)

1. Einleitung

Wie einst die islamische Expansion große Teile Asiens sowie beträchtliche Randgebiete Afrikas und Europas erfaßte und für immer verwandelte, so hat in der Neuzeit die europäische Zivilisation praktisch die gesamte Welt überschwemmt und verändert. Dies gilt auch für die Literatur. Die in Europa entstandenen literarischen Formen und Ausdrucksmittel sind zum Modell der Literaturen der sogenannten Entwicklungsländer geworden, freilich nicht ohne ein Weiterwirken autochthoner literarischer Traditionen, die, sich mit westlichem Einfluß verschmelzend, neue eigene Ausdrucksformen hervorzubringen vermochten. Der Prozeß der literarischen Erneuerung in den nichteuropäischen Ländern weist in der Regel einige große gemeinsame Züge auf: Einführung von Druckerei und Zeitung, dadurch veränderte soziale Basis des Schriftstellers – er kann sich aus der Hofabhängigkeit lösen und zur Stimme des Volkes werden –, Übersetzungen aus der europäischen Literatur und erste eigene Versuche nach diesem Vorbild, wachsende kritische Selbstreflexion in bezug auf Vergangenheit und Gegenwart, kritisches Engagement für nationale Unabhängigkeit und geistig-soziale Erneuerung.

Für die islamische Welt, wo die ungeheuren Anfangserfolge, die sich mit wechselnder Trägerschaft über nahezu ein Jahrtausend fortsetzten, ein triumphales Überlegenheitsgefühl erzeugt hatten, bedeutete die plötzliche Konfrontation mit dem technisch und in mancherlei Hinsicht auch zivilisatorisch fortgeschrittenen Abendland einen enormen Schock. Die Reaktion war anfangs vielfach Bewunderung für die in Europa scheinbar verwirklichten Ideale von Freiheit und Gleichheit, die Garantie der menschlichen Grundrechte in den Verfassungen europäischer Staaten, die europäische Wissenschaft und Technik. Neben Befürwortern radikaler Verwestlichung erhoben sich freilich bald auch skeptische Stimmen, und die imperialistische Praxis mußte oft gerade bei denen, die an die abendländischen Ideale geglaubt hatten, bittere Enttäuschung auslösen.

Drei Zeugnisse mögen dies belegen:

Sadullah (Saʿd Allāh) Pascha, ein einflußreicher türkischer Intellektueller (1838–91), dichtete eine Ode auf das 19. Jahrhundert, in der es u. a. heißt:

> Die Rechte der Person und des Besitzes sind vor Übergriffen geschützt.
> Eine neue Ordnung ist der zivilisierten Welt verliehen worden.

Ein klares unumstößliches Gesetz bildet die Grundlage für die Gleichheit aller.
Die Verbreitung der Wissenschaft hat die Geister der Menschen erleuchtet.
Die Druckerpresse hat vollendet, was noch fehlte.
Im Abendland ist die Sonne des Wissens aufgegangen.
Nichts ist verblieben vom Ruhm Anatoliens und Ägyptens, der Araber und der Perser.
Die Zeit ist eine Zeit des Fortschritts, die Welt eine Welt der Wissenschaft.
Kann ein Volk überleben, wenn es in Unwissenheit verharrt? [1]

Dagegen warnt Ziya (Ḍiyā') Pascha (1825–80), einer der Pioniere literarischer Erneuerung und alles andere als ein konservativer Obskurant, vor sklavischer Imitation des Westens:

Denen, die für den Glauben eifern, Fanatismus vorzuwerfen
und Männern ohne Glauben Weisheit beizulegen, das ist heute Mode!
Islam, sagen sie, ist ein Hemmschuh für den Fortschritt der Gesellschaft.
Diese Rede war früher unbekannt, jetzt ist sie Mode!
Unsere Treupflicht gegenüber dem Glauben zu vergessen
und in allen Dingen den „fränkischen" Ideen zu folgen, das ist jetzt Mode! [2]

Und hier noch drei bittere Verse des ägyptischen „Dichterfürsten" Aḥmad Shauqī aus seiner Antwort auf die Abschiedsrede Lord Cromers von 1907:

Heute hat ihr Versprechen gebrochen eine Regierung, deren Versprechen wir für das Evangelium hielten,
die Ägypten betrat im Zeichen von Freundschaft und Verpflichtung, die sie uns auferlegte; doch diese Ankunft glich der Schwindsucht.
Sie zerstörte Ägyptens Wegzeichen, stürzte seine Säulen um und raubte die erhoffte Unabhängigkeit.[3]

Der Konflikt, in den die islamische Welt durch die Begegnung mit Europa gestürzt wurde, ist damit angedeutet. Er führte zu einer schweren Identitätskrise, aus der nach und nach, gestützt auf die eigene glorreiche – und oft zusätzlich verklärte – Vergangenheit sowie auf den Glauben an die Werte der eigenen Tradition, ein neues Selbstbewußtsein hervorwuchs. Schriftsteller der gesamten islamischen Welt haben, ihrer Verpflichtung bewußt, mit Lob und Kritik, Erinnerung und Appell an dieser Entwicklung mitgewirkt; sie läßt sich daher nun auch an ihrem Werk ablesen.

Aus der Fülle des Materials kann in diesem Rahmen nur einiges Wenige ausgewählt werden. Riesige islamische Gebiete wie Indonesien und Malaysia müssen zudem außer Betracht bleiben, weil sie außerhalb des Kompetenzbereichs des Schreibenden liegen. Ziel der Darstellung ist, den Überblick möglichst ausgewogen, facettenreich und repräsentativ zu gestalten.

Der Stoff ist wie folgt gegliedert:

(I.) Die Auseinandersetzung mit der Vergangenheit: Koranische Stoffe. Muḥammad. Die islamische Geschichte.

(II.) Die Auseinandersetzung mit der Gegenwart: Kritik an islamisch bedingten Erscheinungen. Bejahung der lebendigen Tradition.

2. Koranische Stoffe

Beginnen wir mit einem Drama des in der arabischen und wohl auch in der islamischen Welt bedeutendsten Vertreters dieser von Europa übernommenen Gattung, Taufīq al-Ḥakīms (geb. 1898), mit dem Titel „Der Weise Salomo", ein Stück, das zeigt, wie man einen Stoff der islamischen Tradition sehr frei umgestalten kann, ohne dabei typisch islamische Anliegen aus dem Auge zu verlieren. Eigenen Angaben zufolge stützt al-Ḥakīm sich auf drei Quellen: Koran (Sure 27: 17–44), Bibel und „Tausendundeine Nacht" (es handelt sich um Motive aus den Märchen „Der Fischer und der Geist" sowie „Die Messingstadt").

Die Personen des Stückes sind Salomo, sein Wesir Āṣif, sein Priester Ṣadūq, ein Fischer und ein Geist, Bilqīs, die Königin von Saba, deren Wesir und Generäle, sowie ihre Zofe Shahbā' und ihr Gefangener Mundhir. Zwischen diesen Personen entwickelt sich ein kompliziertes Beziehungsgeflecht im Zeichen von Macht und Liebe. Salomo liebt Bilqīs, diese Mundhir, Mundhir aber liebt die Zofe. Die Verknüpfung der um Fischer und Dämon kreisenden Handlung mit der Figur Salomos beruht auf der jüdisch-islamischen Tradition – die auch in der „Messingstadt" begegnet –, wonach Salomo die ihm nicht botmäßigen Geister in Flaschen eingesperrt habe. Eine solche Flasche gerät zu Beginn des Dramas dem Fischer ins Netz. Der Geist bedroht ihn zunächst, läßt sich aber, als Salomos Schiffe am Horizont auftauchen, wieder in die Flasche sperren und bittet den Fischer, Fürsprache bei Salomo für ihn einzulegen. Salomo willfahrt diesem Anliegen unter der Bedingung, daß der Fischer die Konsequenzen tragen müsse – so, wie der Körper die Konsequenzen des in ihm wohnenden Geistes trage. Eine Symbolfunktion dieses Dramas wird hier also explizit gemacht: Der Dämon steht für menschlichen Geist, Verstand und Erfindung. Er wird später eingesetzt, um Bilqīs zur Hingabe zu zwingen. Als Salomo, gewohnt, daß die Frauen sich ihm zu Füßen werfen, bei Bilqīs auf Widerstand stößt, wendet er sich an den Dämon. Und dieser rät, mit Tat und Kampf zum Ziel zu gelangen. „Glaubst du wirklich, daß man mit Tat und Kampf den Schlüssel eines menschlichen Herzens erobern kann?" zweifelt Salomo, und ähnlich der Fischer: „Ist das erlaubt in der *sharī ʿa* des Herzens und der Liebe?" Doch schließlich geht Salomo auf den Vorschlag des Dämons ein: Mundhir wird in eine Statue verwandelt und in ein Marmorbecken gestellt. Um ihn zu erlösen, muß Bilqīs so lange weinen, bis ihre Tränen das Becken füllen und zum Herzen der Statue reichen. Allabendlich erscheint der König und lacht die Weinende aus. Als nur noch wenige Tropfen fehlen, lockt er sie mit einem Vorwand vom Becken. Ihre Zofe weint die letzten Tropfen, Mundhir ist erlöst, und die Liebenden sinken sich in die Arme. Als Salomo und Bilqīs hinzutreten, lacht er nochmals, sie aber erstarrt und bricht zusammen. Doch die Reue folgt auf dem Fuß. „Wie konnte ich das tun?" fragt Salomo. Ṣadūq sucht ihm einzureden, er habe keine Sünde begangen, da er als Prophet – Salomo gehört nach koranischer Lehre zu den Propheten

– ja unfehlbar sei. Doch der König ist anderer Ansicht. Und nun setzt der Dichter zu einem zentralen Dialog über das Wesen der Religion und namentlich der Propheten an. Gegenüber der Unfehlbarkeitstheorie des Priesters, seiner Sorge, wie denn das Eingeständnis der Fehlbarkeit auf die Menge wirken müsse, läßt er Salomo mit Vehemenz seine Sündigkeit bekennen, betonen, „daß ich in nichts besser bin als sie, es sei denn in dem Schmerz, der mich quält, sooft ich an meine Verfehlung denke!" Für den Priester ist Religion eine Kunst, deren Prinzipien es zu meistern gilt, für Salomo dagegen ist sie „das Eigentliche *(ḥaqīqa)* des menschlichen Herzens mit seinen guten und bösen Anlagen; sie ist das sichere Empfinden, daß wir Menschen Vollkommenheit nicht zu erreichen vermögen, und unser unablässiges Bemühen zum Guten, wobei wir so manchesmal über die Schleppen unserer schlechten Anlagen stolpern... Die Religion ist Hoffnung und Trost."

In wenigen Szenen führt nun der Autor das Drama zu Ende. Der Geist wird wieder in seine Flasche gesperrt und ins Meer geworfen, Salomo und Bilqīs versöhnen sich, wobei das menschliche Herz als „das größte Wunder" gepriesen wird. Salomo erkennt, daß es aller irdischen Macht überlegen ist, daß nur Gott es zu öffnen vermag, und Bilqīs bemerkt daraufhin: „Es erschreckt mich, daß du das nicht wußtest, Salomo!" Die letzte Szene schildert den Tod des Titelhelden in Übereinstimmung mit der koranischen Legende (vgl. Koran 34:14).

Zwei Dinge zumindest sind eminent islamisch in diesem Stück. Einmal die betonte Fehlbarkeit des Propheten. Muḥammad pflegte ja, wie wir aus dem Koran (18:110) wissen, zu bekennen: „Ich bin ein Mensch wie ihr." Insofern freilich, als schon das Mittelalter aus ihm eine überirdische Lichtgestalt machte, ist hier auch innerislamische Polemik im Spiel. Das zweite ist die Bedeutung des Herzens, die vor allem in der islamischen Mystik seit eh und je im Mittelpunkt steht.

Taufīq al-Ḥakīm hat auch einen weiteren Stoff aus dem Koran, die „Siebenschläferlegende" (Sure 18:9–22), in einem Drama behandelt und darin den vergeblichen Kampf des Menschen gegen die Zeit entwickelt.[4] Zu erwähnen ist schließlich sein Muḥammad-Drama, ein Gegenstand, der uns zu einem neuen Abschnitt, der Behandlung des islamischen Propheten in der Gegenwartsliteratur, führt.[5]

3. Muḥammad

Die Verehrung Muḥammads, ein zentrales Element islamischer Frömmigkeit, hat bis in unsere Tage nichts von ihrer Bedeutung eingebüßt und einige der namhaftesten Schriftsteller zu wichtigen Werken inspiriert. Nicht näher eingehen wollen wir auf traditionelle Lobgedichte im Stil der berühmten „Mantelode" al-Buṣīrīs,[6] wie sie in jüngerer Zeit u. a. von al-Bārūdī (1839–1904) und dem „Dichterfürsten" Aḥmad Shauqī (1868–1932) verfaßt wurden. Sie zeichnen das traditionelle Bild eines in jeder Beziehung vollkommenen, überirdischen Menschen. In Shauqīs „Burda"-Gedicht kommt jedoch als neues Element der Versuch hinzu, Muḥammad als friedliebenden Propheten zu zeichnen, der nur notgedrungen zum Schwert griff – eine wohl durch Angriffe christlicher Missionare oder auch die objektiven Darstellungen der Islamwissenschaft provozierte polemische Reaktion. Der kriegerische Geist Muḥammads und des frühen Islams wird dagegen unbedenklich verherrlicht in einem 450 Seiten starken Versepos mit dem Titel „Diwan des islamischen Ruhms oder islamische Ilias" von Aḥmad Muḥarram (1877–1945).[7] Wie stark die Persönlichkeit des Propheten auch auf aufgeklärte Schriftsteller, ja solche, die den Islam oder einzelne seiner Institutionen kritisch beleuchtet haben, noch immer wirkt, möge der folgende Überblick zeigen.

Einer der fruchtbarsten ägyptischen Schriftsteller unseres Jahrhunderts, Maḥmūd Taimūr (1894–1973), der, wie wir noch sehen werden, im einzelnen herbe bis sarkastische Kritik an islamisch bedingten Erscheinungen geübt hat, widmete dem Gesandten Gottes eine Reihe von Aufsätzen, die unter dem Titel „Der menschliche Prophet und andere Abhandlungen" erschien. Das Buch enthält einen autobiographischen Abriß, der die spirituelle Entwicklung des Autors von blindem Glauben über zermürbenden Zweifel zu einem aufgeklärten und gefestigten Glauben dartut. Bei dieser Bekehrung hat das Bild des Propheten eine wichtige Rolle gespielt. Er schreibt: „Der Schlüssel für das Verständnis der islamischen Botschaft wurde mir zuteil, als ich mich mit dem Leben des Propheten in all seinen Aspekten vertraut machte. Hier fand ich eine Persönlichkeit, reich ausgestattet mit all jenen Tugenden, die nötig sind, um eine Nation aufzubauen, ebenso aber auch für die moralische Disziplin des Individuums, für eine richtige Lebensführung von Menschen jeglicher Art. Diese hervorragende Persönlichkeit nahm mich bei der Hand und führte mich zum Weg der Wahrheit und des Glaubens, mit dem Ergebnis, daß ich diese Religion und die von ihr übermittelte Botschaft der Rechtleitung und Barmherzigkeit zu lieben begann. Die Persönlichkeit des Propheten ist eine lebendige Ausdeutung des Buches Gottes ... Gott wollte offenbar, daß der in seinem Buch vorgezeichnete Glaubensweg seine praktische Anwendung finden sollte im Leben Muḥammads, und daß dieser ein Modell für alle Menschen werde."[8]

Taimūr beeindruckte, daß Muḥammad gleichzeitig ein Mensch des Glaubens und ein Mensch dieser Welt war.

„Muḥammad liebte die guten Freuden des Lebens, erstrebte sie wie ein guter Mensch auf gute Weise, denn er sah Gott in allem, was er tat, indem er sein Gewissen als wachsamen Zensor einsetzte ... das ist das wahre Wesen der Religion ... das ist Islam. Der Islam nämlich ermuntert dich, dein Leben hier voll und nach Herzenslust zu genießen ... zu genießen, wonach dich verlangt an Speise und Trank und Kleidung, und überhaupt jedes Vergnügen im Rahmen des Statthaften auszukosten ... solange du dabei nicht das Maß überschreitest und anderen Schaden zufügst ...

Muḥammad liebte und haßte, belohnte und strafte, behandelte jeden wie es ihm zukam, ohne übermäßig barmherzig oder grausam zu sein, außer wo

Weisheit Härte erforderte... So lebte Muḥammad in dieser Welt als ein Teil von ihr; weder löste er sich ab von ihr noch verhielt er sich gegen die Menschheit wie einer, der nicht dazugehört. Wie Muḥammad, so ist auch seine Religion menschlich. Wer ihre Geheimnisse begreift, wird in ihr die Wurzeln des menschlichen Wesens finden mit all seinen Trieben und Entwicklungsstufen bis zur höchsten Vollendung."[9]

Wie Taimūr, so hat auch ein anderer sehr bekannter ägyptischer Autor, bei dem indessen im Unterschied zu jenem das essayistische Werk überwiegt, ʿAbbās Maḥmūd al-ʿAqqād (1889–1964), dem Propheten ein Buch gewidmet mit dem Titel „Das Genie Muḥammads". Es enthält Kapitel über die beiden am stärksten kritisierten Eigenschaften des Propheten, seinen kriegerischen Sinn und sein Verhältnis zu Frauen, und sucht zu beweisen, daß Muḥammad, obwohl er kämpfte, den Glauben nicht durch das Schwert verbreitete und daß seine neun Frauen nicht der Befriedigung fleischlicher Lust gedient hätten. Al-ʿAqqād bemüht sich, Muḥammads Größe als Prediger, Staatsmann, Administrator, Feldherr, Mensch, Gatte und Vater zu zeigen. In allen diesen Bereichen habe er die Grenzen menschlicher Vollkommenheit erreicht, „ein Mensch, der nicht seinesgleichen hat unter den Menschen."[10]

Im Unterschied zu Taimūrs und al-ʿAqqāds essayistischen Muḥammad-Büchern tragen die im folgenden zu besprechenden vier Werke stärker literarischen Charakter.

Al-Ḥakīms schon erwähntes Theaterstück beschreibt Badawī, auf den wir uns hier stützen, als im schlechten Sinne brechtisch. Es besteht in einem losen Gefüge von fast 100 Szenen, die der Biographie des Propheten folgen. Der Autor hält sich eng an die Quellen und übernimmt z. T. sogar wörtliche Zitate. Das Schwergewicht liegt auf Muḥammads Verhältnis zu den Menschen, nicht auf seinem Verhältnis zu Gott. Al-Ḥakīm zeigt uns den Propheten auch in seinen menschlich-allzumenschlichen Zügen – die häuslichen Schwierigkeiten mit eigenwilligen Frauen, die eine strenge Ermahnung im Koran zur Erfolgung hatten, nicht ausgenommen. Sogar das Massaker an den Banū Quraiẓa, dem mehrere hundert jüdische Männer zum Opfer fielen, während Muḥammad eine der hinterbliebenen Witwen, Raiḥāna, für seinen Harem wählte, wird weder verschwiegen noch entschuldigt, und der Autor führt einen der Juden vor, wie er mit Mut und Würde in den Tod geht. Bemerkenswert objektiv wirkt auch der kurze Dialog zwischen Muḥammad und jener Jüdin, die versucht hatte, ihn zu vergiften.

> Muḥammad (zu der Frau): „Was hat dich veranlaßt zu tun, was du getan hast?"
> Die Jüdin: „Du hast nicht wenig Not über mein Volk gebracht. Du hast meinen Vater, meinen Onkel und meinen Gatten getötet. So sagte ich mir: Ist er wirklich ein Prophet, so wird's ihm nicht schaden, ist er aber ein Lügner, so werde ich mein Volk von ihm befreit haben."
> Muḥammad (zu den Umstehenden): „Tötet die Frau!"[11]

Echter, offener ist in unserm Jahrhundert die Atmosphäre der Anfänge des Islams wohl selten von islamischer Seite geschildert worden.

Im Unterschied zu al-Ḥakīms um die Gestalt des Propheten kreisendem Drama hält sich ein anderer großer ägyptischer Schriftsteller, Ṭāhā Ḥusain (1889–1973), „Am Rande der Biographie" (Muḥammads), wie es der Titel seiner Sammlung von erfundenen Skizzen und Erzählungen andeutet.

„Diese Blätter", schreibt Ṭāhā Ḥusain in der Einleitung, „wurden nicht für Gelehrte und Historiker geschrieben ... sie geben ein Bild wieder, das sich in meinem Geiste formte, während ich über das Leben des Propheten nachlas ... Ich wurde durch einen inneren Zwang genötigt, dieses Buch zu schreiben. Als ich über das Leben Muḥammads las, fühlte ich meine Seele schwellen, mein Herz überfließen und meine Zunge sich lösen."

Wie al-Ḥakīm schließt auch Ḥusain das Wunderbare, Übernatürliche ein, und zwar ganz bewußt, weil es Herz und Gefühl anspreche. Im wesentlichen lassen sich die Geschichten in zwei Kategorien einteilen – nämlich solche, deren Helden schlichte, hingebungsbereite Gläubige sind, und solche, in denen ruhelose, zweifelgeplagte Geister, wie z. B. „der irrende Philosoph", nach Wahrheit suchen. Der Prophet erscheint dabei als ein Mensch mit tiefer geistlicher Erfahrung, der eine neue Beziehung zwischen Gott und Mensch begründet. Von seinen kriegerischen Unternehmungen ist kaum die Rede.[12]

Zwei weitere Werke tragen den Stempel moderner politischer Ideologie. Muḥammad wird darin, wie zuvor schon von einzelnen westlichen Forschern, als Sozialrevolutionär porträtiert. In Fatḥī Raḍwāns „Der größte Rebell" kommt dieses Moment allerdings weniger zum Ausdruck als der Titel erwarten lassen würde. Dagegen ist ein anderer Aspekt bemerkenswert, nämlich das Bemühen des Autors, die Jugendlichkeit der meisten Anhänger des Propheten herauszustellen. Bei ihrer Bekehrung sind viele der später führenden Köpfe des Islams noch sehr jung: ʿUmar ist 26 Jahre alt, ʿAlī 14, Saʿd ibn Abī Waqqāṣ, einer der großen Heerführer des frühen Islams, 17 etc. Wörtlich schreibt der Autor: „Der Prophet segnete auf dem Totenbett die Jugend, und Gott wählte als Verteidiger seines Glaubens junge Leute. Möge man also überall den Jungen Platz machen!" Hier wird offensichtlich durch das Medium der Historie eine aktuelle Lehre erteilt für diejenigen, die die Offiziere der ägyptischen Revolution wegen ihrer Jugend und Unerfahrenheit kritisieren.[13]

Schließlich ist der Roman „Muḥammad, Apostel der Freiheit" des marxistischen Autors ash-Sharqāwī (geb. 1920) zu nennen. Was er schreiben wollte, ist „die Geschichte eines Menschen von beträchtlichem Heldenmut, der gegen brutale Mächte der Unterdrückung und für universale Brüderlichkeit, Gerechtigkeit, Freiheit und Würde der Bedrückten, für Liebe, Barmherzigkeit und eine bessere Zukunft für alle ohne Ausnahme kämpfte – für jene, die an ihn glaubten und jene, die nicht an ihn glaubten."[14]

Ash-Sharqāwī zeichnet das Bild eines menschlichen Revolutionärs, eine säkularisierte Muḥammad-Figur. Selbst dessen Offenbarungen erscheinen als bloße Träume, die üblichen Wunder und übernatürlichen Vorgänge fehlen völlig. Der Autor sieht den Kampf des entstehenden Islams als einen Klassenkampf, einen Kampf zwischen den kapitalistischen Kaufleuten und

Geldleihern von Mekka, unterstützt von der Priesterschaft der mekkanischen Götter, und den Habenichtsen, die aller Rechte beraubt waren, die Männer meist Sklaven, die Frauen zur Prostitution gezwungen (was ideologische Überzeichnung ist). Ash-Sharqāwīs Muḥammad kämpft nicht nur für die Armen, er setzt sich auch ein für Sklavenbefreiung, freie wissenschaftliche Forschung und den „Arabischen Nationalismus", er glorifiziert die Handarbeit und greift das Mönchtum an, weil es die Unterstützung der Ausbeuterklasse impliziere. Mit historischer Realität hat das alles nur noch wenig zu tun. Denken wir nur daran, daß der Islam die Sklaverei keineswegs abschaffte, ihr vielmehr durch die Institution des Heiligen Krieges, dessen Gefangene nach islamischem Recht Sklaven sind (die Männer dürfen, wenn die Umstände es nahelegen, auch getötet werden), ganz neuen Auftrieb verlieh.

4. Die islamische Geschichte

Muḥammad und die Frühzeit des Islams bis etwa zu Hārūn ar-Rashīd, manchmal aber nur noch bis zum Tode ʿAlīs, also dem letzten der vier sogenannten „rechtgeleiteten" Kalifen, sind in der Auseinandersetzung mit der eigenen Geschichte heute vielfach das letzte Tabu, das letzte Bollwerk, an dessen Erhabenheit über jede Kritik nicht gerührt werden darf. Die spätere islamische Geschichte dagegen erscheint zwar bei manchen Autoren wie etwa Ḥālī und Iqbāl (vgl. unten) auch stark idealisiert, wurde andererseits aber auch schon im vorigen Jahrhundert kritisch reflektiert.[15]

Das hier vor allem zu nennende Romanwerk von Jurjī Zaidān (1861–1914) stellt allerdings die Reflexion eines christlichen Autors dar. Es durfte sich aber auch in islamischen Kreisen lange Zeit hoher Wertschätzung rühmen. Als Beispiel für die „aufklärerischen" Tendenzen Zaidāns sei sein Roman „al-ʿAbbāsa, die Schwester Hārūn ar-Rashīds" genannt. Die Handlung des Romans beruht auf der alten Überlieferung, wonach Hārūn, um gleichzeitig mit seinem ständigen Gesellschafter, Berater und Wesir, dem Barmakiden Jaʿfar, und mit seiner Lieblingsschwester al-ʿAbbāsa zusammensein zu können, die beiden eine Scheinehe schließen ließ, aus der dann aber eine wirkliche wurde – auch Kinder kamen –, was ihn zur Rettung der Familienehre gezwungen habe, Jaʿfar – und mit ihm das Geschlecht der Barmakiden – hinzurichten. Zwar gab es Historiker, die die Wahrheit dieser Geschichte anzweifelten, und andere, die glaubten, Hārūn selber habe sie erfunden zur Rechtfertigung seines Mordes, der sonst Anstoß erregt hätte, als Ahndung einer der Familienehre angetanen Schmach dagegen entschuldbar erschien. Zaidān aber läßt die Ereignisse in einem völlig anderen Licht erscheinen. Ihm dient der Stoff zur Anprangerung der Despotie, die er in der Gestalt des Kalifen symbolisiert und durch den Mund al-ʿAbbāsas verurteilt. Doch geht es dabei weniger um persönliche Eigenschaften Hārūns als um die despotische Ordnung selber, die die menschliche Natur verstümmelt. Der Mensch Hārūn, das Menschliche in ihm, wird durch den Kalifen überdeckt und schließlich verdrängt. Der Mensch Hārūn wäre bereit, mit dem einstigen Freund Mitleid zu haben, der Schwester zu verzeihen. Der Kalif vermag es nicht. Warum – das erklärt Zaidān mit den Worten: „Von Jugend an an die Ausführung des Kalifenbefehls gewöhnt, war ihm der Despotismus zur zweiten Natur geworden, die sich Verstand und gesundes Empfinden unterordnete, namentlich in Augenblicken des Zorns."[16]

Die Deutung Zaidāns ist um so kühner, als sie im Widerspruch steht zu der Auffassung des großen Historikers und Geschichtsphilosophen Ibn Khaldūn (1332–1406), der die Erzählung von der illegalen Verbindung einer Abbasiden-Prinzessin mit dem Abkömmling eines persischen Freigelassenen für unvereinbar hält mit dem Adel und der Frömmigkeit jener frühen Kalifen und daher nach dem Prinzip, daß nicht sein kann was nicht sein darf, die Überlieferung als Fälschung zurückweist.[17]

a) Die Glorie der Vergangenheit

Die Anprangerung der Despotie im Medium historischer Romane, die Zaidān sicherlich nicht ohne Seitenblick auf das damals noch bestehende osmanische Sultanat vorgenommen hat, ist nur eine Möglichkeit, die Gegenwart vermittels der Historie kritisch zu beleuchten. Auch das moderne arabische Theater hat sich mehrfach historischer Stoffe bedient, um solchermaßen indirekt Kritik an der Gegenwart zu üben, namentlich dann, wenn Eingriffe oder Verbote der Zensurbehörde zu befürchten waren.

Gegenwartskritik kann sich jedoch auch mit der Verklärung der Vergangenheit verbinden, wobei diese dann die doppelte Funktion hat, der düsteren Darstellung gegenwärtiger Mängel als helle Folie zu dienen und das darob empfundene Unbehagen, ja Minderwertigkeitsgefühl, durch ein neues historisch begründetes Selbstbewußtsein zu ersetzen.[18] Dies geschieht in besonders typischer Weise bei den beiden hindustanischen Dichtern Ḥālī (1837–1914) und Muḥammad Iqbāl (1877–1938). In seinem berühmten, in sechsversigen Strophen *(musaddas)* gehaltenen langen Lehrgedicht „Ebbe und Flut des Islams" konfrontiert Ḥālī die ihm durchaus negativ erscheinende islamische Gegenwart seiner Epoche einmal mit der verklärten eigenen Vergangenheit, zum anderen mit der glanzvollen Gegenwart des Westens, die er den muslimischen Zeitgenossen als verlorenes Ideal und nacheifernswertes Vorbild vor Augen hält. Der Islam, und namentlich die Araber, erscheinen darin als Retter verirrter Völker und verkommener Kulturen, ein Segen für die gesamte Menschheit:

> Die Christen nahmen von ihnen Wissenschaft und Kunst,
> die Geistlichen erwarben Ethik,
> die Isfahaner (Perser) lernten von ihnen Bildung.
> Die Monotheisten kamen herbei und riefen „labbaik!"
> Aus allen Herzen wurde die Wurzel der Unwissenheit herausgerissen,
> kein Haus in der Welt im Dunkel gelassen.[19]

Die Blüte der europäischen Wissenschaft wird also eigentlich den Arabern verdankt:

Die Historiker, die heute Forschung treiben
und deren wissenschaftliche Methoden großartig sind,
die die Archive der Welt ausloten
und die Oberfläche der Erde ergründen,–
die Araber haben ihr Herz angefeuert,
von den Arabern haben sie die rasche Gangart gelernt.

Kurz, welche Kunst auch immer mit Religion und Staat zu tun hat,
Naturwissenschaft, Theologie, Mathematik, Philosophie,
Medizin und Chemie, Geometrie und Astronomie,
Politik, Handel, Architektur, Landwirtschaft,
wo immer ihr ihnen nachforscht,
werdet ihr auf ihre Spuren treffen.

Zwar ist zertrampelt der Garten der Araber,
aber eine Welt besingt noch die Araber,
alles hat zum Grünen gebracht der Regen der Araber,
auf allen Menschen ruht der Segen der Araber.
Jene Völker, die heute die Krone von allem sind,
werden den Arabern immer verpflichtet bleiben.[20]

Das Motiv des zertrampelten Gartens wird dann schonungslos entfaltet. Der Autor läßt den Leser von einem hohen imaginären Berg auf die Welt herabblicken. Er sieht viele blühende Felder und Gärten. Ein Garten jedoch ist gänzlich verwüstet: die islamische Welt, „wo durch Entschlußlosigkeit alles in Trümmern liegt".[21] Ḥālīs Selbstkritik an den indischen Muslimen erreicht kaum vorstellbare, wahrhaft vernichtende Ausmaße in Strophen wie den folgenden:

Kein Ansehen bei den Völkern, kein Gewicht in den Sitzungen,
kein Vertrauen untereinander, kein Zusammenhalt gegenüber Fremden,
Schlaffheit in den Temperamenten, Dünkel in den Hirnen,
Niedrigkeit in der Phantasie, Abscheu vor den Tugenden,
Feindschaft verhüllt, Freundschaft zur Schau getragen,
berechnende Demut, berechnende Schmeicheleien.

Wir sind weder vertrauenswürdige Regierungsbeamte
noch stolz gegenüber Hofleuten,
weder verdienen wir Achtung in den Wissenschaften,
noch sind wir in Handwerk und Industrie ausgezeichnet.
(Selbst) dem Dienertum haben wir keinen Rang gelassen.
Unser Handel erzielt keinen Profit.[22]

Es ist gut, solche Zeilen nicht ganz zu vergessen, zeigen sie doch, welchen Schock die plötzliche Begegnung mit der damals überlegenen westlichen Zivilisation ausgelöst hat und – was mehr ist – in welchem Maß es den Muslimen inzwischen gelungen ist, Versäumtes aufzuholen. Ḥālīs in mitreißendem Pathos vorgetragene Predigt, die ungeschminkte Darstellung der gegenwärtigen Misere und die Beschwörung der glorreichen Vergangenheit, verbunden mit dem Appell zu neuem Selbstbewußtsein und dynamischer Erneuerung, haben dazu einen ersten wesentlichen Beitrag geleistet. Dieses sein Verdienst gilt es festzuhalten, auch wenn Ḥālī heute weithin im

Schatten Iqbāls steht. Was Ḥālī in einigen hundert musaddas-Strophen entwickelt, hat Iqbāl[23] in zwei längeren, je nur einige dreißig Strophen der gleichen Form umfassenden Gedichten entfaltet, die seinen frühen Ruhm begründen halfen, den Gedichten „Klage" und „Antwort auf die Klage". Das Provozierende dieser beiden Gedichte lag einmal darin, daß hier die Selbstverklärung sich verbindet mit dem an Gott gerichteten Vorwurf, weshalb denn die Muslime trotz all ihrer Verdienste um die Ausbreitung des wahren Glaubens in der Gegenwart soviel schlechter als die Ungläubigen dastünden, und zum anderen darin, daß die Kritik am zeitgenössischen Islam, aber auch der Aufruf zur Erneuerung, Gott in den Mund gelegt wird. In der Klage heißt es u. a.:

Sag doch, wer riß die Pforte von Khaibar heraus?
Wer nahm die Stadt ein, die des Kaisers war?
Wer zerbrach die Figuren erschaffener Götter?
Wer zersprengte der Ungläubigen Heer?
  Wer hat den Feuertempel Irans zum Erkalten gebracht?
  Wer Gottes Gedenken wieder lebendig gemacht?

Welches Volk hat lediglich Dich gesucht?
Für Dich die Mühe des Kampfes erduldet?
Wessen Schwert war welterobernd, weltbeherrschend?
Wessen *Allāhu akbar* erweckte Deine Welt?
  Vor wessen Gewalt erstarrten die Götzen in Furcht?
  fielen auf ihr Antlitz und riefen: „Gott ist Einer!"

Wenn mitten in der Schlacht Gebetszeit war,
küßte, nach Mekka gewandt, den Boden das Volk von Hedschas;
in einer Reihe standen Maḥmūd und Ayās,
keiner war Knecht, keiner Gönner von Knechten!
  Knecht und Herr, Reicher und Armer waren eins;
  in Deiner Botmäßigkeit waren alle eins.
  (...)
Vom Pergament der Zeit tilgten wir das Nichtige,
den Menschen erlösten wir aus Sklaverei,
Deine Kaaba bevölkerten wir mit unsern Stirnen,
Deinen Koran hefteten wir an unsere Brust.
  Und dennoch klagst Du, wir seien nicht treu.
  Sind wir nicht treu, so bist Du herzlos![24]

In späteren Versen wird geklagt, „... daß die Ungläubigen Huris und Schlösser haben / Die armen Muslime dagegen nur die Verheißung der Huris."[25]

Warum findet sich bei den Muslimen kein irdisches Glück?
Deine Macht ist doch unbegrenzt und unermeßlich!
Willst Du's, so sprudelt Wasser aus dem Herzen der Wüste hervor
und den Wüstenwanderer überschwemmt die Flut gewordene Fata Morgana.
Hier aber ist nur Spott der Feinde, Schmach und Entbehrung.
Ist denn der Lohn für das Sterben um Deinetwillen das Elend?
Die Feinde haben sich jetzt die Welt dienstbar gemacht.

Für sie ist die Welt zu einem Traumland geworden.
Wir sind entlassen, andere verwalten die Welt.[26]
(...)

Es klingt stellenweise wie ein alttestamentlicher Psalm. In Gottes „Antwort auf die Klage" aber lesen wir u. a. (hier einmal in Verse gebracht, zur Verdeutlichung der Strophenform):

Wer war es, der das Nichtige getilgt vom Pergament der Zeit?
Wer hat das menschliche Geschlecht von seiner Sklaverei befreit?
Wer hat sich mit geneigter Stirn dem Dienst im Heiligtum geweiht?
Wer heftete sich den Koran an seine Brust in Freud und Leid?
Es waren eure Väter doch! Was aber seh' ich euch besorgen?
Die Hände in den Schoß gelegt, harrt ihr der Gunst von morgen![27]

Ḥālīs „Ebbe und Flut" hatte auf einem eher pessimistischen Ton geschlossen. Er endet mit einem Gebet, dessen letzte Strophe lautet:

Rette sie vor dem beklemmenden Unglück,
daß Wanderer und Führer den Weg verlieren,
daß keine Hilfe mehr ist zwischen Freund und Gefährten,
daß Hand und Stab keine Stütze mehr versprechen!
Daß rechts und links die Finsternis hereinbricht,
und in den Herzen Kummer wohnt statt Hoffnung!

Iqbāls „Antwort auf die Klage" schließt dagegen mit einer Apotheose Muḥammads und einem damit verknüpften Appell, sein Licht in der ganzen Welt zu verbreiten. Hier nur noch eine Strophe als Muster des beschwörend-prophetischen Tons, den Iqbāl so oft in seinen Gedichten anschlägt:

Wie Duft in der Knospe bist du gebunden, zerstreu dich!
Werde zum unbehausten Wind der Gartenbeete!
Bist du auch arm an Mitteln, werde vom Atom zur Wüste!
Werde vom Lied der Woge zum Tosen des Taifuns!
Erhöhe alles Niedrige durch die Kraft der Liebe!
Mach licht die Zeit durch den Namen Muḥammads![28]

Was uns bei Iqbāl begegnet, ist eine neue Form des islamischen Triumphalismus, der zum Charakter dieser Religion gehört wie zum Charakter des Christentums ursprünglich der leidensbereite Pazifismus, so daß hier im Grunde einer der Wesensunterschiede der beiden Religionen vorhanden ist, den allerdings die Geschichte allzu oft verwischt hat. Iqbāls ganzes Bemühen als Dichter und Denker zielt darauf ab, den Idealtyp des muslimischen Gläubigen aus der Vergangenheit herzuleiten, ihn als die anthropologische Vorbedingung islamischer Größe zu postulieren und als den eigentlichen Inhalt islamischer Botschaft immer neu zu beschwören. Iqbāl, der islamische Tradition und koranische Offenbarung, von ihm oft kühn und textfern interpretiert, mit Elementen islamischer Mystik sowie Einflüssen europäischen Denkens – Goethes Persönlichkeitsbegriff und faustischer Tatendrang, Nietzsches Übermenschentum und Bergsons *élan vital* sind vor allem zu nennen – auf geniale Weise verschmolz, schwebt ein vollkommener

Mensch mit kosmischen Dimensionen vor, und er sieht ihn in großen Gestalten der islamischen Geschichte – Muḥammad, ʿAlī, dem Mystiker al-Ḥallāj u. a. – verwirklicht. Er arbeitet mit einem aus dem Neuplatonismus stammenden, dynamischen Liebesbegriff: Liebe entfacht sich an Schönem, und Schönes ist Erscheinung des Göttlichen in Schöpfung und Geschichte. So kann Iqbāl sagen, daß die islamischen Heere, die die Welt eroberten (und die, neutral gesprochen, eines der größten Kolonialreiche der Geschichte gründeten) von Liebe getrieben wurden. Liebe ist Tatendrang aus Glauben, und Pflicht des Glaubenden ist es, dem göttlichen Schönen zur vollen Erscheinung zu verhelfen, an der Vollendung der noch unvollkommenen Schöpfung mitzuwirken. Der Aufruf, eine neue Welt zu erbauen, zieht sich denn auch durch seine Dichtung, und er selber versteht sich als Prophet dieser neuen, im Geist des Islams zu errichtenden Welt. Voraussetzung dafür ist die Abkehr von der auf Selbstaufgabe, auf Askese und Entwerden ausgerichteten mystischen Tradition und die Ausbildung des Selbst, des Ego, der Persönlichkeit, eben jenes islamischen Idealtyps, der, obwohl arm, stolz ist und die Könige zittern macht, der, statt sein Schicksal von den Sternen regieren zu lassen, selber auf die Gestirne einwirkt. Prototyp dieses kosmischen Menschen ist natürlich vor allem Muḥammad, und zwar aufgrund seiner nicht im Koran, wohl aber in der Tradition verankerten Himmelfahrt *(miʿrāj)*. Das zeigt etwa das folgende „Miʿrāj" überschriebene Gedicht:

> Jenes Sonnenstäubchen, dem das Brodeln der Sehnsucht die Lust
> des Fluges verleiht, vermag Mond und Sonne zu plündern.
> Nicht schwierig ist, Gefährten der Aue, der Kampf mit dem Falken,
> sofern in der Brust des Rebhuhns eine glühende Seele wohnt!
> Der Muslim ist eine Lanze, ihr Ziel die Plejaden!
> Das Geheimnis des Königszeltes der Seele ist die Himmelfahrt.
> Hast du den Sinn von „Und bei dem Stern" nicht begriffen, was Wunders!
> Deine Gezeiten sind jetzt des Mondes bedürftig![29]

b) Iqbāls Ewigkeitsbuch

Iqbāls Dichtung ist mitreißend und beschwörend. Sie leidet jedoch an einem Gebrechen, das ihm auch von muslimischer Seite Kritik eingebracht hat: Sie ist utopisch und idealistisch-abstrakt, vermeidet das konkrete historische Detail ebenso wie realistische Vorschläge für die Gegenwart. In Iqbāls Dichtung erscheinen die Gestalten der Geschichte als Typen, als Symbole von Ideen oder Verhaltensweisen. Fārābī (gest. 950) und Ibn Sīnā (gest. 1037) etwa, die großen Philosophen, deren Denken (wie das der gesamten islamischen Philosophie, von wenigen Ausnahmen abgesehen) im Zeichen der Bemühung stand, Religion und Philosophie, Vernunft und Offenbarung zu versöhnen, sind in seiner Dichtung bloße Chiffren für den der Liebe entgegengesetzten Verstand, die kalte, der „Narrheit" des Rausches und der Begeisterung unfähige *ratio*. Typenhafte Repräsentanten von Ideen sind auch die Gestalten in Iqbāls vielgerühmtem Hauptwerk, dem genialen

„Ewigkeitsbuch", das in Anlehnung an mittelalterliche Beschreibungen von Muḥammads Himmelfahrt und andere Seelenreisen – zu denken ist namentlich an das Versepos „Reise der Gottesknechte ins Jenseits" des persischen mystischen Dichters Sanāʾī (gest. 1141), die parodistische Jenseitsvision des arabischen Skeptikers Abū l-ʿAlāʾ al-Maʿarrī (gest. 1057), aber natürlich auch an Dantes „Divina Comedia" – eine visionäre Reise durch den von Geistern Verstorbener bewohnten Planetenhimmel beschreibt. Bemerkenswert ist, daß diese dichterische Deutung und Verarbeitung der Geschichte nicht nur bis in die jüngste Vergangenheit reicht, so daß etwa der Mahdi vom Sudan oder Reformer wie Jamāl ad-Dīn al-Afghānī und Saʿīd Ḥalīm Pascha auftreten, sondern daß sie den islamischen Rahmen sprengt und Gestalten wie Nietzsche und Lord Kitchener, indische Weise und die Bahāʾī-Dichterin Ṭāhira Qurrat al-ʿAin einbezieht. Zusammen mit Iblīs, dem koranischen Satan, mit dem 922 von der Bagdader Obrigkeit als Ketzer hingerichteten Mystiker al-Ḥallāj und mit dem hindustanischen Dichter Ghālib (1797–1869), einem Minnesänger von morbider Süße, bewohnt Ṭāhira die Jupitersphäre und repräsentiert mit jenen zusammen die Gruppe der großen Liebenden.[30] Iqbāls Liebesbegriff, sonst häufig mit „Islam" gleichgesetzt, wird hier also deutlich weiter gefaßt und mit einem Geruch von Ketzerei versehen, wie ja die Liebe in der islamischen Mystik und der von ihr beeinflußten persischen Ghaselendichtung schon früh begann, sich als eine Art Häresie gegenüber der Orthodoxie abzusetzen, und sich rühmte, den „Gürtel" (arab. *zunnār* von gr. *zonarion*), das vorgeschriebene Merkmal der monotheistischen Nichtmuslime, zu tragen.[31] Es ist hier nicht der Ort, auf diesen Fragenkomplex näher einzugehen. Halten wir aber fest, daß weder das sozialrevolutionäre Engagement von al-Ḥallāj noch Ṭāhiras Eintreten für die Emanzipation der iranischen Frau, noch der genußsüchtige Egoismus Ghālibs ihn beschäftigen.[32] Seine Dichtung schwebt, auch wenn er die moderne Erziehung, den Kapitalismus, die Frauenbefreiung geißelt, stets über den konkreten Details mit rhetorischem Schwung dahin.

c) Die Tragödie des al-Ḥallāj

Betrachten wir nun aber noch ein Werk neueren Datums, das eine der auch von Iqbāl thematisierten Gestalten, den Mystiker al-Ḥallāj, in den Mittelpunkt stellt und seine Anliegen deutlich zur Sprache bringt: das Drama „Die Tragödie des al-Ḥallāj" des ägyptischen Dichters Ṣalāḥ ʿAbd aṣ-Ṣabūr (gest. 1981).[33] Al-Ḥallāj wurde, wie wir bereits sagten, als Ketzer hingerichtet. Er hatte Obrigkeit und Orthodoxie mehrfach provoziert, einmal durch seinen in mystischer Ekstase ausgestoßenen Ruf „Ich bin die Wahrheit (Gott)!", der die Identifikation von Gott und Mensch zu beinhalten schien, nach mystischer Lehre freilich nur den Zustand völligen Entwerdens anzeigt; sodann durch seine Kritik an Steuererlässen der Abbasiden-Regierung, durch sein Eintreten für die Armen, seine Wundertaten und schließlich – dieses Delikt spielte beim Prozeß, der zu seiner Verurteilung führte, eine wichtige Rolle – seinen Vorschlag, die Pilgerfahrt nach Mekka durch eine einfache häusliche Zeremonie zu ersetzen und das so eingesparte Geld für die Speisung von Waisenkindern zu verwenden.[34] Ohne auf diesen letzten, noch immer heiklen Punkt einzugehen, arbeitet ʿAbd aṣ-Ṣabūr doch klar das soziale Engagement und den charismatischen Charakter des großen Mystikers heraus, dessen geistige Verwandtschaft mit Jesus in der ihm gewogenen Tradition seit je gesehen wurde, während ihn die Orthodoxie als Ketzer, Aufrührer und Betrüger einzustufen pflegte.

In einem durchaus modern anmutenden Stück entwickelt der Autor in nur fünf Szenen den dramatischen Ablauf des Geschehens, wobei die erste Szene das Ende vorwegnimmt: Auf einem öffentlichen Platz sieht man im Hintergrund al-Ḥallāj an einem Baum hängen. Ein Bauer, ein Kaufmann und ein Prediger unterhalten sich über ihn und fragen nach der Ursache seiner Hinrichtung. Eine Gruppe von Handwerkern, die „die Menge" repräsentiert, gibt Auskunft. Die folgenden vier Szenen zeigen in Rückblende die wichtigsten Stationen des Geschehens: al-Ḥallāj im Gespräch mit dem Mystiker Shiblī (einer historischen Figur), den er vergeblich von der Notwendigkeit konkreten Kampfes gegen die Armut zu überzeugen sucht. Al-Ḥallāj, der während einer öffentlichen Predigt gegen die Armut als der Mutter aller Verbrechen verhaftet wird. Al-Ḥallāj im Gefängnis, im Gespräch mit dem Mitgefangenen, das um Jesus und um die Frage des gerechten Herrschers kreist. Im Unterschied zu Jesus, der als einziger fähig gewesen sei, Tote lebendig zu machen, nimmt al-Ḥallāj für sich lediglich in Anspruch, tote Seelen durch seine Worte erwecken zu können. Die letzte Szene schließlich zeigt uns den Helden vor seinen Richtern und vor der Menge, die befragt wird wie einst im Prozeß um Jesus. Der Richter fragt nur, und die Menge ist es, die ruft: „Ketzer, Ketzer!" – „Tod, Tod!" und: „Sein Blut komme über uns!" So klagt das Stück die Verquickung von Religion und Macht, die Korrumpierbarkeit der Richter, die Ängstlichkeit der Frommen – Shiblī verweigert die Zeugenaussage vor Gericht – und die Verführbarkeit der Menge an.[35]

5. Kritik an islamisch bedingten Erscheinungen

a) Grundsätzliches

ʿAbd aṣ-Ṣabūrs Drama, das einen großen Erfolg hatte, führt uns zu einem weiteren Aspekt unseres Themas, der konkreten Kritik zeitgenössischer Autoren an islamischen Institutionen und Traditionen ihrer Gesellschaft. Während generelle Kritik am Islam als Religion selten begegnet und wohl auch eher ein Gegenstand für philosophische Abhandlungen ist, sind einzelne auf dem islamischen Recht oder auf islamischer Tradition beruhende gesellschaftliche Erscheinungen – zumal solche, die der heutige aufgeklärte Betrachter geneigt ist als Mißstand zu deuten – beliebter und häufig aufgegriffener Erzählstoff. Dabei haben einerseits die literarische Ergiebigkeit – sei es aufgrund von Emotionen und Sentimenten, wie beim Frauenthema, sei es infolge kriminalistischen Einschlags wie in den Blutrache-Erzählungen, sei es dank pittoresker Details wie bei der Schilderung von Volksglauben, Heiligenkult und mystischen Zeremonien – andererseits aber auch das eingangs erwähnte sozialkritische Engagement als Antrieb gewirkt und wirken noch immer. Nicht alle in der sozialkritischen Gegenwartsliteratur behandelten Themen sollen und können also hier behandelt werden, vielmehr nur solche, bei denen ein Bezug zum Islam deutlich erkennbar ist.

Grundsätzliche Kritik am Islam ist freilich auch deswegen selten, weil dies ein heikles und für den Urheber womöglich nicht ungefährliches Unterfangen ist. Solche Kritik pflegt sich daher, wo sie sich überhaupt hervorwagt, in ein symbolisches Gewand zu hüllen, in verschlüsselter Form aufzutreten, andere Religionen einzubeziehen oder offen zu lassen, ob der Islam oder vielleicht eine andere Religion gemeint sei.[36] Zwei bekannte und literarisch bedeutende Beispiele seien im folgenden kurz beleuchtet.

Im Jahre 1955 veröffentlichte der spätere tunesische Kultusminister Maḥmūd al-Misʿadī ein Drama mit dem Titel „Der Damm", das gleich nach seinem Erscheinen eine lebhafte, ja erregte Diskussion auslöste, an der u. a. kein Geringerer als Ṭāhā Ḥusain teilnahm. Das Drama, von allen arabischen Kritikern einhellig als Meisterwerk moderner arabischer Prosa gerühmt, von manchen als Grundstein einer neuen literarischen Schule gefeiert, für die u. a. der Name „islamischer Existentialismus" gefunden wurde, hat folgenden Inhalt: Im Mittelpunkt steht Ghailān, ein Einzelgänger, ein religiös emanzipierter, von leidenschaftlichem Willen zur großen Tat erfüllter Intellektueller, der begonnen hat, die Dürre und Unfruchtbarkeit eines Wüstentals durch die Errichtung eines Dammes zu beseitigen. Die Schwierigkeiten, die er zu überwinden hat, sind nicht nur praktischer, sondern stärker noch ideologischer Art. Die Bewohner des Wadis verehren nämlich Ṣahabbā, die Göttin der Hitze und Dürre; ihre Priester verfluchen den Dammbau, und die Stimmen ihres Propheten warnen vor Auflehnung gegen die Göttin, gegen das Schicksal. Maimūna, die Frau Ghailāns, schenkt diesen Warnungen mehr und mehr Gehör. Sie ist nicht bereit, die gesicherte Wirklichkeit für eine gefährliche Möglichkeit aufs Spiel zu setzen. Ghailān dagegen läßt sich in seinem Glauben an die Tat durch keinen Rückschlag erschüttern. „Es geht darum, Gesetze, Grenzen und Hindernisse zu leugnen, Schwäche und Ergebung nicht hinzunehmen, das Nichts nicht gelten zu lassen, kurz, um den Glauben an die Tat!" Dies ist seine Devise. Maimūna dagegen sagt von den Stimmen des Propheten: „Sie verkündigen jedem Lebendigen, was ihm bestimmt ist im Leben und warnen und setzen ihm Grenzen." Maimūna kehrt sich von Ghailān ab – gleichzeitig ein symbolischer Vorgang, denn sie verkörpert seine Zweifel. An ihre Stelle tritt eine feenhafte Schönheit, die seinen Wunschtraum personifiziert. Sie ermutigt ihn nicht nur, die Arbeit am Damm fortzusetzen, vielmehr schwärmen sie beide gemeinsam davon, Stürme zu erschaffen und selbst die Götter menschlichen Zielen dienstbar machen. Doch als der Damm vollendet scheint, zieht ein Unwetter apokalyptischen Zuschnitts auf, zerstört das Bauwerk und reißt die kühnen Utopisten mit sich in die Lüfte.[37]

Man sieht, der Autor ergreift nicht einseitig Partei, vielmehr scheint er den Leser – das Stück ist auf dem Theater nicht darstellbar, wurde aber als Hörspiel in mehreren Sprachen gesendet – vor eine Aporie zu stellen: Die traditionelle Religion lähmt den Fortschritt, obwohl dieser für das Wohl der Gemeinschaft bitter erforderlich wäre; aber die Protagonisten des Fortschritts verfallen der Hybris und schließlich vernichtet sie die Natur, als vollzöge sie die Rache der beleidigten Religion. Doch auch diese Festlegung geht nicht auf, denn der Held und seine enthusiastische Gefährtin erleben den Untergang als Vollendung, als Aufbruch in neue, der irdischen Drangsal entrückte Bereiche. Der Autor steht sichtlich auf ihrer Seite. Was nun aber die Relevanz des Stückes für unser Thema und seine Anstößigkeit für den traditionellen muslimischen Leser ausmacht, ist der Umstand, daß der Autor, wenn Ghailān die dem Dammbau im Wege stehende Schicksalsergebenheit angreift, mehrfach das Wort *islām* verwendet, daß er die Priester der Ṣahabbā eine Zeremonie vollführen läßt, die deutlich an die Meditationsveranstaltungen mystischer islamischer Orden erinnert, und daß er auch sonst den Ṣahabbā-Kult in einer Weise präsentiert, die dem Leser die Gleichsetzung mit dem Islam zumindest nahelegt. Ṭāhā Ḥusains These, daß die triste Dürftigkeit und lähmende Unfreiheit dieser Dürre-Religion die Zeit des französischen Kolonialismus symbolisiere, ist denn auch von al-Misʿadī selber zurückgewiesen worden.

Doch überlassen wir anderen den Streit um die Deutung und wenden wir uns nun einem symbolischen Roman zu, dessen Chiffrierung so durchsichtig ist, daß über das Gemeinte kein Zweifel bestehen kann. In ihm jedoch geht es nicht nur um den Islam, sondern die drei großen monotheistischen Religionen werden in Frage gestellt. Es handelt sich um ein Werk des unumstritten bekanntesten ägyptischen Erzählers unseres Jahrhunderts, Najīb Maḥfūẓ (geb. 1911), den Roman „Die Kinder unseres Viertels"; der 1959 als Fortsetzungsserie in der Zeitschrift „al-Ahrām" veröffentlicht wurde und ein geradezu sensationelles Aufsehen erregte. Konservative Kräfte, vor allem an der altehrwürdigen religiösen *Azhar*-Universität, empörten sich über das „freche Antasten heiliger Dinge", und die Ablehnung wurde so scharf, daß die Regierung sich veranlaßt sah, nicht nur ein Erscheinen in Buchform, sondern jede weitere öffentliche Diskussion zu unterbinden. Die geniale Idee des Buches besteht darin, die Geschichte des Monotheismus mit seinen drei großen Stifterfiguren in den Alltag eines Kairoer Stadtviertels zu projizieren, d. h. Religionsgeschichte wird hier vom Konzept her vor allem als Sozialgeschichte gewürdigt und kritisch „hinterfragt".

Im „leeren Raum" zwischen dem alten Kairo und der Bergwüste des Muqaṭṭam hat sich ein alter Mann unklarer Herkunft namens al-Jabalāwī (= Gott) einen umfangreichen Besitz geschaffen, den er als *waqf*, als (im islamischen Recht verankerte) Stiftung seiner Familie hinterlassen will. Doch er hat wenig Freude an seinen Söhnen. Idrīs (= Iblīs, Satan) will sich nicht damit abfinden, daß der Vater die Verwaltung des waqf dem jüngeren Adham (= Adam) überträgt, und Adham versucht, die vom Vater streng geheimgehaltene Stiftungsurkunde zu lesen. Er verstößt daher beide und sucht einen Sohn Adhams namens Humām (= Abel) wieder ins Haus zu holen, doch auch dieser Plan scheitert, weil Humām von seinem Bruder Qadrī (= Kain) aus Eifersucht erschlagen wird. Nach diesen trüben Erfahrungen zieht sich al-Jabalāwī ganz in die Einsamkeit seines großen Hauses zurück und überläßt die Verwaltung einem Aufseher, Symbol des irdischen Machthabers, der denn auch bald die Einwohner des inzwischen auf dem Grundstück entstandenen Stadtviertels um den Ertrag der Stiftung betrügt, ohne daß der Alte eingreift.

Schlägergruppen machen sich breit, vom Aufseher geduldet, ja benutzt. Doch als die Zustände unerträglich werden, erhebt sich ein gewisser Jabal (= Mose) und erkämpft mit seinen Anhängern den ihnen zustehenden Anteil am Stiftungsgut. Nicht lange danach tritt Rifāʿa (= Jesus) auf, der jedoch nicht am waqf-Ertrag interessiert, sondern nur darauf bedacht ist, die Leute von den bösen Geistern ihrer Begierden zu erlösen. Da er jedoch Anhänger gewinnt und beansprucht, im Namen al-Jabalāwīs zu sprechen, betrachten ihn der Aufseher und die Schlägertrupps als Gefahr und bringen ihn um. Wieder verschlechtert sich die Lage; da erscheint eine weitere Führerfigur, Qāsim (= Muḥammad), bricht, abermals mit Gewalt, den Terror der Halbstarkenbanden und läßt nun erstmals den Ertrag der Stiftung allen Bewohnern des Viertels ohne Unterschied von Sippe und Geschlecht zukommen. Doch auch nach seinem Tod währt es nicht lange, bis die alten Mißstände wieder einreißen, weil die Bewohner die Lehren ihrer Führer vergessen. Nun aber nimmt der Gang der Handlung eine für Maḥfūẓ typische Wendung. Ein Zauberer namens ʿArafa (der Name ist von der arabischen Wurzel *ʿrf* „wissen" abgeleitet) folgt auf die Epoche der Propheten, und es kann kein Zweifel bestehen, daß er die Wissenschaft symbolisiert. Obwohl keiner der drei Gruppen zugehörig, siedelt er sich im Unterbezirk der Rifāʿīya (= Christen) an. Er nimmt den Kampf gegen den Terror der Banden und für gerechte Verteilung des waqf auf. Doch um sich Klarheit über den Inhalt der Urkunde zu verschaffen, dringt er in das Haus des Alten ein, im Zweifel, ob dieser überhaupt noch am Leben sei. Er tötet unbeabsichtigt den die Urkunde bewachenden Diener, flieht und begibt sich in die Dienste des Aufsehers, dem er eine gefährliche Waffe zur Verfügung stellt, die dieser benutzt, um die Schlägertrupps zu beseitigen. Als der Aufseher nun aber mit Hilfe des Zauberers wiederum die Bewohner des Viertels zu unterdrücken beabsichtigt, rafft dieser sich auf und entflieht, wird aber von den Häschern des Aufsehers gefaßt und getötet. Die Hoffnung der Bevölkerung richtet sich nun auf Ḥanash, den Bruder ʿArafas, der mit dem Zauberbuch entkommen ist. Die Leute, die ʿArafa anfangs der Ermordung al-Jabalāwīs beschuldigt hatten, finden sich bald damit ab, daß der Alte, wohl aus Schreck über den Tod seines Dieners, gestorben ist. „Die Vergangenheit kümmert uns nicht. Unsere Hoffnung liegt allein in der Zauberkunst ʿArafas. Wenn wir zwischen al-Jabalāwī und der Zauberkunst wählen sollen, dann wählen wir die Zauberkunst."[38]

Maḥfūẓ' in späteren Werken durch Skepsis und eine Hinneigung zur Mystik gedämpfter Glaube an die Wissenschaft erscheint in diesem Roman noch nahezu ungebrochen. Die Religionen werden geschildert als höchst menschliche, wenig wirksame Versuche gerechter Verteilung des Sozialprodukts. Marxistisches Gedankengut verrät auch die Idee, daß Jabal und Qāsim sowie der Vater Rifāʿas – Rifāʿa selber verträgt es nicht – eifrige Haschisch-Raucher sind, während der Zauberer es ablehnt, da seine Arbeit Wachheit und Aufmerksamkeit verlange. Dabei werden aber die Unterschiede im Charakter der Religionsstifter sorgfältig und gerecht nuanciert, und die Rolle der Wissenschaft wird insofern relativiert, als der Zauberer in die Dienste des Aufsehers tritt (eine Anfälligkeit, die freilich in kaum minderem Maß auch für die Religionen gilt!).

b) Kritik an einzelnen Mißständen

Betrachten wir nun aber Kritik einzelner Phänomene anhand einiger weniger ausgewählter Beispiele.

Geistlichkeit: Eine häufige Zielscheibe literarischer Kritik ist, was kaum überraschen kann, der Stand der *mullās*, Imame, Moscheeprediger. Vorgeworfen wird ihnen vor allem Obskurantismus und Unterstützung der herrschenden und besitzenden Schichten. So steht etwa in dem großen Bauern-Roman „Die Erde“ des schon erwähnten ägyptischen Autors ash-Sharqāwī der Moscheeprediger auf seiten der Herrschenden.[39] Wie sehr diesem engagierten Erzähler die sozialen Probleme am Herzen liegen und wie schonungslos er die Verquickung von Religion und Gesellschaftsstruktur aufdeckt, vermag jedoch schon eine Kurzgeschichte wie „Skorpione“ zu zeigen. Die Handlung spielt in einer kleinen Ortschaft während des Zweiten Weltkriegs. Ein junger Mann verdingt sich nach mehreren vergeblichen Versuchen, Arbeit zu finden, beim Moscheeprediger als Skorpionenjäger. Es ist derselbe Imam, der ihn kürzlich davongejagt hatte, weil er, als Wasserträger für monatlich fünf Piaster beschäftigt, sich beim Bürgermeister über den Hungerlohn beschwert und eine Verdoppelung des „Gehalts“ verlangt hatte. Der Imam ist mit dem „Effendi“, dem Gutsbesitzer, auf gutem Fuß, einem Mann, der die Teuerung skrupellos ausnützt, Mais und Dünger zu stark überhöhten Preisen verkauft. Vor Ḥasan aber, dem Helden der Erzählung, spuckt unser Prediger aus. Die Moschee wimmelt indessen von Skorpionen, und Ḥasan geht an einem tödlichen Stich zugrunde.[40] Eine Erzählung von zugespitzter Sozialkritik und symbolischer Dichte, die das Versagen der religiösen Instanz im Hinblick auf die gerechte Verteilung des *waqf*-Ertrags akzentuiert.

Najīb Maḥfūẓ, der uns in seinem oben behandelten symbolistischen Roman Mose und Muḥammad als Haschisch-Raucher vorführt, läßt es an aktuellen Ergänzungen dieses Bildes ebenfalls nicht fehlen: In seinem Roman „Geschwätz auf dem Nil“, der das Problem der Flucht in die Droge behandelt, wird ein Kreis von Künstlern, Journalisten und Beamten, Männern und Frauen, die sich allabendlich auf einem Hausboot zum Plaudern zusammenfinden, vom Wächter des Bootes, der gleichzeitig der Imam des nahegelegenen Gebetsplatzes ist, mit Haschisch versorgt, und einer der Teilnehmer überdies nach Wunsch mit Prostituierten.[41]

In der persischen Literatur hat vor allem Hidāyat mehrfach die Figur des heuchlerischen, hinterhältigen *ākhūnd* gezeichnet. Doch mag es mit diesen wenigen Beispielen sein Bewenden haben.

Eng verwandt mit der Kritik an den Geistlichen ist jene an bestimmten Erscheinungen der Volksfrömmigkeit und der Mystik. Wie den Imamen und Moscheepredigern, so wird auch den Mystikern oft vorgeworfen, ihren Einfluß zu mißbrauchen. Schon um die Jahrhundertwende dichtete der persische Schriftsteller S. A. Gīlānī (1971–1934):

> Als ich eine Waise war, hat ein Scheich mir das Haus geraubt,
> Grundbesitz und Vermögen an sich gerissen und aufgegessen.
> Die ‚Asketen' haben schon viele Häuser verschlungen,
> den Hilflosen ihren Lebensunterhalt genommen.[42]

Und in dem literarisch geformten tagebuchartigen Dokumentarbericht über ein ostanatolisches Dorf, den der türkische Schriftsteller Mahmut Makal unter dem Titel „Unser Dorf" 1950 erscheinen ließ, ist es eine mystische Bewegung, die die Frömmigkeit und die Einfalt der Bauern gleichermaßen ausnutzt.[43] Und hier noch ein persisches Beispiel: Nach der Losung „Die Welt will betrogen werden" verschafft sich ein durch bittere politische Erfahrungen desillusionierter und innerlich gebrochener Intellektueller den einträglichen Aufseherposten in einem persischen Heiligengrab, indem er durch ein vorgetäuschtes Heilungswunder selber in den Geruch der Heiligkeit gerät. Der Stoff dieser „Gesinnungswandel" betitelten Erzählung stammt bezeichnenderweise von dem Islam-kritischen Hidāyat, der aber nicht mehr dazu kam, ihn auszuarbeiten, so daß Jamālzādah ihn dann gestaltete.[44] Auch Maḥfūẓ hat in einer Erzählung die Figur eines despotischen Ordensführers, der, unberührt von der ihn umgebenden Armut, in Luxus sein Leben genießt, gezeichnet. Hier jedoch schreitet eine Gruppe Jugendlicher zum Aufstand, und als sich herausstellt, daß ihr Anführer ein unehelicher Sohn des Mystikers ist, muß dieser einlenken, und am Ende stehen Einsicht und Versöhnung.[45]

Sind es in den angeführten Beispielen Heuchelei, Machtgier, Irreführung und Ausbeutung der Menge, die kritisiert werden, so nehmen andere Autoren den Obskurantismus aufs Korn. Iqbāl etwa kritisiert die zeitgenössische Sufik (arab. *taṣawwuf*) als eine des alten wahren Geistes der Mystik ermangelnde Verfallsform:

> Im *ṣūfī*-Zirkel schwand die Glut der Sehnsucht,
> übrig sind nur die Wunderlegenden.
> Sultanspalast und Derwischkloster sind zerstört.
> Wehe! Thron und Betplatz sind reine Heuchelei!
> Einst wird den Richter des Jüngsten Tages in Scham versetzen
> das Buch des ṣūfī und die Banalität des *mullā*![46]

Was uns an diesen Versen freilich wieder stört, ist jener oben schon kritisch beleuchtete Grundzug der Iqbālschen Dichtung – die Generalisierung und damit Klischeehaftigkeit vieler seiner Aussagen. Es gibt noch heute eine lebendige Mystik und Volksfrömmigkeit, und es gibt gerade in mystischen Kreisen oft soziales Engagement und Impulse karitativen und politischen Handelns, wie ja in der islamischen Geschichte Aufstände sozial benachteiligter Gruppen nicht selten von Mystikern angeführt wurden.

Mutig ist die Kritik, die der bedeutende ägyptische Autor ʿAbd al-Ḥakīm Qāsim in einer seiner Erzählungen an den Muslimbrüdern geübt hat. Beitritt zu dieser Vereinigung, aus welchen Gründen auch immer, laufe immer auf eine Erziehung zum Fanatismus hinaus.[47]

Blutrache: Ein mehrfach aufgegriffenes brisantes Thema ist die Blutrache, die im Koran (2:179) verankert und Teil des islamischen Rechtes ist, wobei allerdings heute muslimischerseits betont wird, daß der Koran empfehle, sich friedlich zu einigen. Als Selbstjustiz-Instrument in einer nomadischen Gesellschaft entstanden, war die Institution der *talio* im Koran wohl als einmaliger Racheakt am Mörder zur Wiederherstellung der Gerechtigkeit gedacht, pflegte aber im Sinne einer Sippenhaft gehandhabt zu werden und oft über Generationen hin fortzudauern. Genau diesen Tatbestand schildern zwei „Blutrache" betitelte Novellen, die eine von dem syrischen Schriftsteller Ḥabīb Jamātī,[48] die andere von dem bekannten ägyptischen Erzähler Iḥsān ʿAbd al-Quddūs (geb. 1922). Jamātī schildert die Ausrottung einer ganzen Familie bis auf den letzten Sproß, der dem gleichen Schicksal nur dadurch entgeht, daß er sich palästinensischen Freischärlern anschließt und bei einem Gefecht fällt. ʿAbd al-Quddūs schildert den Versuch eines jungen aufgeklärten Ägypters, der, als die Reihe an ihn kommt, die Blutrache zu vollziehen, sich weigert, seiner Pflicht nachzukommen, dafür aber von seiner Familie geächtet wird.[49] Daß Blutrache auch im heutigen Beirut noch eine Rolle spielen kann, läßt sich dem realistischen Roman „Im Taxi nach Beirut" der Syrerin Ghāda as-Sammān entnehmen.

Die *Frauenproblematik*: Eines der heikelsten Themen in der Auseinandersetzung nicht nur zwischen Muslimen und Kritikern des Islams, sondern auch in der innerislamischen Diskussion zwischen Konservativen und Modernisten ist das Thema „Frau". Zwar nimmt die islamische Apologetik schon seit Jahrzehnten den Standpunkt ein, keine Religion habe mehr für die Befreiung und Würde der Frau getan als eben der Islam, und moderner Exegese ist es gelungen, nicht nur so ziemlich alle anstößigen Stellen im Koran umzudeuten, sondern auch Muḥammads Mehrehe damit zu rechtfertigen, daß ihn andere als sinnliche Motive dazu bewegt hätten.[50]

Tatsächlich haben sich modernisierende Tendenzen teils in praxi, teils in den Verfassungen und Gesetzgebungen einzelner islamischer Staaten weitgehend durchgesetzt. Das traditionelle islamische Recht hat jedoch noch immer (bzw. erneut) erheblichen Einfluß auf die Situation der Frau in der Gesellschaft. Was in Koran und Recht nicht verankert ist, findet seine Stütze oft in überlieferten Aussprüchen des Propheten, die, auch wenn sie nicht selten später erfunden sind, kaum weniger stark sanktionierend gewirkt haben. Eines jedenfalls belegt die kritisch engagierte Belletristik zu diesem Thema: Es gibt im islamischen Recht, in islamischer Tradition verwurzelte Frauenprobleme, auch wenn die muslimischen Apologeten dies nicht wahrhaben wollen.

Ich übergehe hier Erzählungen, die das Thema der sogenannten „Schande", d.h. des vorehelichen Verkehrs, behandeln und wende mich gleich dem spezifisch islamischen Thema der Mehrehe zu, deren Probleme und, namentlich für die Frau, mißliche Folgen in zahlreichen Romanen und Erzählungen beleuchtet werden. Dies geschieht etwa in einer Kurzgeschichte des international angesehenen Völkerrechtlers Maḥmūd Kāmil mit dem Titel „Scheich Mursī heiratet das Feld".[51] Da wird ein junger, glücklich verheirateter Mann von seinem Vater gedrängt, noch seine Tante und seine Schwägerin zu ehelichen, um auf diese Weise den Landbesitz der verstorbenen Verwandten in der Familie zu erhalten. Der junge Mann leistet dem väterlichen Gebot Folge, tut es jedoch widerwillig und sogar gegen sein muslimisches Gewissen, da er, wie heute die moderne Exegetik allgemein, den Vers „So nehmt zu Weibern, die euch gut dünken, zwei oder drei oder vier, und so ihr fürchtet, (sie) nicht gerecht zu behandeln, dann nur eine ..." als eine Aufforderung zur Einehe begreift.[52]

Noch schärfer in der sozialen Kritik ist eine Erzählung des ebenfalls ägyptischen Autors A. Rushdī Ṣāliḥ (geb. 1920) mit dem Titel „Die zweite Frau." Ein reicher, aber kinderloser Geizkragen sieht sich genötigt, um der Erhaltung des Besitzes willen eine zweite Frau zu nehmen. Da diese jedoch gegenüber der ersten nur die Stellung einer Magd haben, nichts kosten und garantiert fruchtbar sein soll, kommt nur die Frau eines armen Dörflers, die schon Kinder geboren hat, in Frage. Das Opfer ist ein glückliches Paar mit drei Kindern. Als der Mann das Ansinnen des reichen ʿUthmān erfährt, ist er verzweifelt, wagt aber weder, sich zu weigern, noch erlaubt ihm sein Stolz, das Problem offen mit seiner Frau zu besprechen. Statt dessen bricht er einen Streit vom Zaun, der zur Verstoßung führt. Fāṭima wird ʿUthmāns zweite Frau und gebiert ihm den erhofften Sohn. Aber ihr und ihrer Familie Glück ist zerstört.[53]

Das Ausbleiben von Kindern, genauer: von Söhnen, war oft der Grund für das Heiraten einer zweiten Frau. In „Wallfahrt der Sühne" schildert der schon erwähnte große persische Erzähler Hidāyat (1903–1951) ebenfalls einen solchen Fall; doch stellt er nicht den Mann, sondern die betroffene erste Frau und ihre Gefühle in den Mittelpunkt seiner Erzählung. In dem Maße, wie die Liebe des Mannes sich von ihr ab- und der neuen Frau zukehrt, wächst in ihr die Eifersucht und treibt sie schließlich ins Verbrechen. Sie ermordet das Kind der beiden, und dann auch das zweite und dritte, ohne daß ein Verdacht auf sie fällt. Dann aber wird sie von Reue gepackt und tritt die „Wallfahrt der Sühne" nach Meschhed an, wo sie einer Reisegefährtin ihre Schandtaten beichtet. Doch auch diese hat einen Mord auf dem Gewissen: Sie hat die erste Frau ihres Mannes beseitigt. Beide aber fühlen sich nun entsühnt, denn: „Hast du's nicht unter der Kanzel gehört:

Sobald der Pilger seine Absicht erklärt und die Reise antritt, mögen dann seine Sünden auch so zahlreich sein wie die Blätter an den Bäumen, er ist geläutert und so rein wie ein Heiliger!"[54]

Hidāyats Erzählung wirkt etwas dick aufgetragen, ist aber doch wohl eine realistische Verdichtung zahlloser Frauenschicksale in seiner Heimat.

Wenden wir uns nun noch literarischen Gestaltungen eines Aspekts der islamischen Scheidungsgesetze zu, der den modernen Betrachter kaum anders als skurril, ja grotesk und mit menschlicher Würde schwer vereinbar anmuten kann, weshalb wir gut begreifen, daß zwei berühmte Erzähler dieses Motiv satirisch beleuchtet haben, während ein dritter, ebenfalls sehr berühmter Erzähler versucht hat, ihm doch eine menschliche, ja idyllisch-romantische Spielart abzugewinnen.

Es handelt sich um den sogenannten *taḥlīl*, was man mit „Zwischenheirat" übersetzen kann. Bekanntlich konnte der Mann nach islamischem Scheidungsgesetz seine Frau durch Aussprechen einer einfachen Formel verstoßen, sie dann aber, wenn er den Schritt bereute, ohne weiteres wieder zurücknehmen. Damit sich nun dies Spiel nicht endlos wiederhole, hat der Koran (2:229-30) einen Riegel vorgeschoben, zugleich aber wieder einen Durchschlupf offen gelassen mit einer Bestimmung, die vorschreibt, daß ein Mann, der seine Frau zum dritten Mal verstoßen (oder die dreifache Verstoßungsformel gesprochen) hat, sie nicht mehr zurücknehmen darf, es sei denn, sie habe inzwischen einen anderen Mann geheiratet und sei auch von diesem wiederum verstoßen worden. Aus dieser Vorschrift entstand die Institution des „Zwischengatten" *(muḥallil)*.

In seiner diesbezüglichen Erzählung „Scheich Naʿīm oder der Heiratsmeister" schildert Maḥmūd Taimūr einen frommen, nicht mehr ganz jungen Dorfgeistlichen, an den eines Tages ein bedrückter Fellache mit dem Ansinnen herantritt, er, der Scheich, möge ihm als Zwischengatte dienen. Der Scheich läßt sich nach einigem Widerstreben schließlich überreden, diese Bitte zu erfüllen, da er glaubt, sich dem frommen Dienst nicht entziehen zu dürfen. Bald aber erscheint ein zweiter Bittsteller mit dem gleichen Anliegen, und so entwickelt sich der schüchterne Scheich in Kürze zu einem Zwischengatten von Gottes Gnaden. Das geht so eine Weile gut, bis folgendes passiert: Der Interimsgatte verliebt sich in eine der ihm auf Abruf Angetrauten so unsterblich, daß er sie nicht wieder herausrücken will; und da der Klient auf sein Recht pocht, verteidigt der Scheich sogar von der Kanzel herab sein Handeln und wiegelt die ihm treu ergebene Gemeinde auf, den Nebenbuhler mit Schimpf und Schande aus dem Dorfe zu jagen, während der Held „aufgeplustert wie ein Truthahn aus der Moschee und in Richtung seines Hauses davonschritt, umwoben und umwallt von einer Aura von Ehrfurcht und Würde, und umringt von einer gewaltigen Traube ihm gläubig ergebener Jünger."[55]

In Hidāyats Erzählung „Der Zwischengatte" begegnen sich zwei ältere Männer in einem Kaffeehaus; sie kommen ins Plaudern, und bald beginnt der eine aus seinem Leben zu erzählen. Nach zwei kurzen „Genußehen" (bei den Zwölferschiiten erlaubte Ehen auf Zeit) hat er ein neunjähriges

Mädchen geheiratet, drei Jahre lang glücklich mit ihr gelebt, dann aber durch die Absicht, eine reiche Witwe als zweite Frau zu ehelichen, die Liebe der ersten verscherzt, und, durch ihren Zornesausbruch herausgefordert, sie dreifach verstoßen. Alsbald von Reue geplagt, sucht er nach einem Zwischengatten und glaubt ihn in einem Tölpel von Krämer gefunden zu haben. Eine Abfindungssumme wird vereinbart, der Krämer heiratet die Verstoßene, doch als der frühere Gatte sie am nächsten Tag abholen will, sagt ihm der Krämer lachend, er werde sie auch für tausend Tuman nicht mehr hergeben. Seitdem habe er ein ruheloses, freudloses Leben geführt. Wahrscheinlich sei es Rache jener beiden früher genossenen Frauen. Der Erzähler ist so in seine Beichte vertieft, daß er die zunehmende Unruhe seines Gegenübers gar nicht bemerkt. Dieser ist jedoch kein anderer als der „Tölpel von Krämer", dem die einst Ergatterte auch längst davongelaufen ist.[56]

Die dritte das Motiv des Interimsgatten behandelnde Erzählung entstammt dem Spätwerk Jamālzādahs, das sichtlich das Bemühen verrät, die eigene Tradition wieder positiver zu zeichnen, als er das in früheren Werken, vor allem seinem berühmten Erstling, der Novellensammlung „Es war einmal", getan hat.[57] Das Problem der Zwischenheirat stellt sich hier für einen jungen Mann aus herrschaftlichem Hause, dessen aufbrausendes Temperament ihn verleitet, seine Frau, die er eigentlich liebt und verehrt, wegen einer Lappalie mit der dreifachen Formel zu verstoßen. Nun wird ein möglichst harmloser Zwischengatte gesucht, und die Wahl fällt auf den alten Schuster des Hauses, eine Seele von Mensch, der diesen Dienst ehrfurchtsvoll auf sich nimmt und die Hochzeitszeremonie mit der jungen vornehmen Frau wie einen paradiesischen Traum durchlebt.[58]

Das führt uns zum letzten Abschnitt: Erzählungen, in denen die Tradition ohne utopische Selbstverklärung bejaht und in ihrem Wesen – nicht feindlich, aber deutlich – gegenüber dem Westlich-Abendländischen abgesetzt wird.

6. Bejahung der lebendigen Tradition

Ein weitverbreitetes Klischee bei der Charakterisierung von Orient und Okzident lautet, daß im Morgenland der Spiritualismus, im Abendland dagegen der Materialismus beheimatet ist. Daß dies nicht zutrifft, hat Ṭāhā Ḥusain in seiner programmatischen Schrift „Die Zukunft der Kultur in Ägypten" in aller Klarheit festgestellt. „Es gibt gewiß ziemlich viel Materialismus in der europäischen Zivilisation, aber es wäre absurd zu leugnen, daß sie geistigen Gehalt besitzt" und er betont, daß der Nahe Osten „ja die Quelle jener Offenbarungsreligionen war, die sowohl von Europäern wie von Orientalen, Christen, Juden und Muslimen, angenommen wurden. Können diese Religionen im Osten Geist, im Westen dagegen Materie sein?"[59] Diese Kritik trifft auch Iqbāls – wiederum klischeehafte – Zuordnung der alten, in der islamischen Mystik seit je betonten Polarität von Liebe und Verstand auf Orient und Okzident, wobei nochmals daran erinnert sei, daß für Iqbāl auch die Eroberungen islamischer Heere ein Akt der Liebe waren. Nehmen wir aber „Liebe" im christlichen Verständnis, so ist Iqbāl der Vorwurf nicht zu ersparen, daß er dem christlichen Abendland genau jene historische Dimension verweigert, mittels derer er die Ehrenrettung der eigenen Religion vollzieht und auf die das neue islamische Selbstbewußtsein sich gründet. Reduziert man indessen das Blickfeld auf die Gegenwart, so scheint etwas Wahres an seiner These zu sein. Jeder, der im islamischen Orient gereist ist, hat Erfahrungen mit jener spezifischen Herzlichkeit und Wärme, die einem dort begegnen kann, und die der Orientale in Europa oft bitter vermissen mag. Jene Erzählungen, die die eigene Tradition bejahen, ohne, wie Iqbāl, in utopische Zukunftsvisionen zu verfallen, legen denn auch Wert auf jene Kraft des Herzens, in der einst Jörg Krämer das Besondere, den eigentlichen Wesenskern des Islams erblicken wollte,[60] während es sich hier doch um ein Erbe vor allem der Mystik handelt, in deren Kreisen *mullā* und *faqīh*, also die Vertreter des Rechtes und der Theologie, seit je als zur Partei des kalten Verstandes gehörig betrachtet wurden.

Mystik und Volksfrömmigkeit sind es denn auch, die in den drei nun noch kurz zu behandelnden Erzählungen als positive islamische Kraft im Mittelpunkt stehen.

Da ist zunächst ein Roman des persischen Schriftstellers Jalāl Āl-i Aḥmad zu nennen (1924–1970), der zusammen mit Jamālzādah und Hidāyat in die Reihe der großen persischen Prosaisten dieses Jahrhunderts gehört. Seine manifestartige Schrift über die „Westliche Krankheit" oder „Okzidentalitis" *(gharbzadigī)* hat für die Rückbesinnung auf die Werte der eigenen Tradition eine wichtige Rolle gespielt, und Āl-i Aḥmad hat, nach seiner Abkehr vom Marxismus, sein Werk bewußt in den Dienst dieser Rückbesinnung gestellt und in einem fiktiven „Brief des Heiligen Paulus an die Schriftststeller und die Dichter" die Verantwortung des Schreibenden für Wahrheit und Menschlichkeit als eine heilige Pflicht ins Bewußtsein gerufen.[61] Auf diese Verpflichtung spielt auch der Titel seines Romanes „Nūn wa-l-qalam" an; das ist der Anfang von Sure 68, dessen erste Verse u. a. dazu auffordern, keine schönen Worte zu machen, nicht dem Verleumder zu gehorchen, der das Gute verhindert, Übertretungen begeht und sich versündigt. Āl-i Aḥmad war ein dezidierter Gegner des Schah-Regimes, und sein frühzeitiger Tod, offiziell infolge eines Herzinfarkts, wird in Iran weithin als ein kaschierter Mord der Sawak betrachtet. In seinem 1952 erschienenen Roman, dessen Inhalt heute wie eine Weissagung wirkt, schildert er den Aufstand einer Gruppe von Qalandar-Derwischen gegen die Schah-Regierung einer nicht näher bestimmten Vergangenheit. Der Aufstand gelingt; der Schah muß fliehen, und die Derwische errichten eine Selbstverwaltung, ein Gemeinwesen, zu dem jeder das Seine beiträgt, die Frauen z. B. durch Heimarbeit. Das Militär jedoch hält dem Schah die Treue, und als es zum Gegenschlag ausholt, ist der Derwischtraum zu Ende.[62]

Volksfrömmigkeit als beharrende Kraft und Hüterin humanistischer

Werte aufzuzeigen ist auch das Anliegen des sehr bekannt gewordenen sudanesischen Autors aṭ-Ṭaiyib Ṣāliḥ (geb. 1929).[63] Seine Erzählungen spielen fast alle im Wad Ḥāmid, einem Dorf am Ufer des Nil im nördlichen Sudan, dessen Name sich auf einen Heiligen bezieht. Symbol dieses Heiligen und seines Dorfes ist eine Doum-Palme, Symbol auch der Dauer (*doum* bedeutet „Dauer"). Doch es gibt nicht nur das Gedenken an einen toten, es gibt im Dorf auch einen lebenden Heiligen, al-Ḥanīn, dem Wunderkräfte, z. B. die Fähigkeit der Bilokation, zugeschrieben werden. Und die Dorfbewohner leben einfach wie ihre Heiligen – „wir sind Menschen, die von dem leben, was Gott uns zu geben für gut hält!"; sie sind glücklich und zufrieden. Al-Ḥanīns Freund und besonderer Schützling ist der zu Streichen aufgelegte az-Zain, der Held der Erzählung „Die Hochzeit az-Zains", der im Dorf beliebt ist, weil er sich der Kranken und der Krüppel annimmt. Der einzige, den az-Zain nicht ausstehen kann, ist der mürrische, arrogante Imam, ein *Azhar*-Absolvent, der an den Problemen der Dorfbewohner kaum Anteil nimmt. Im Vordergrund steht jedoch nicht der Gegensatz zwischen Volksfrömmigkeit und Orthodoxie – wenn auch der Autor keinen Hehl daraus macht, von wo er das Heil für die Zukunft erwartet – sondern zwischen Land und Stadt, Tradition und Moderne. Der Konflikt bricht auf, als eine Haltestelle für den Dampfer angelegt und dafür die Palme gefällt werden soll. Die Dorfbewohner widersetzen sich gewaltsam und erfolgreich, und das noch ein weiteres Mal, als die Regierung eine Wasserpumpe für ein landwirtschaftliches Projekt errichten lassen will. Das ganze Land folgt diesmal dem Aufruf des Heiligen, und die Regierung stürzt an ihrem Widerstand. Der Autor ist aber nicht gegen den Fortschritt, er plädiert nur dafür, daß er die überkommenen Werte nicht zerstöre. Er läßt den Erzähler sagen: „Es wird nicht notwendig sein, die Palme zu fällen, und es besteht auch keine Veranlassung, das Heiligengrab zu beseitigen. Das Problem besteht vielmehr darin, daß all den Leuten bisher entgangen ist, daß für alle diese Dinge genug Platz vorhanden ist – für die Palme, für das Grab, für die Pumpe und für die Anlegestelle."

Eine der gelungensten arabischen Erzählungen zum Thema „Tradition und Moderne" ist ohne Zweifel „Die Lampe der Umm Hāshim" des Ägypters Yaḥyā Ḥaqqī (geb. 1905). Leidenschaftliches Engagement, menschliche Wärme und reife Erfahrung sowie eine meisterhafte Schilderungskunst machen dieses Stück Prosa zu einem Juwel der modernen arabischen Literatur.[64]

Ismāʿīl, Sohn eines kleinen Krämers in einem Kairoer Altstadtviertel, hat in England Medizin studiert und kehrt nun, erfüllt vom Bewußtsein der Überlegenheit westlicher Zivilisation im allgemeinen und Medizin im besonderen, in seine Heimat zurück. Armut und Rückständigkeit schockieren ihn sogleich bei der Ankunft, aber noch entsetzter ist er, als er erleben muß, wie seine Mutter der im Haus lebenden Base Fāṭima die kranken Augen mit dem Öl aus der Lampe der nahen Moschee der Umm Hāshim behandelt, das als heilkräftig gilt, besonders für Augenleiden. Es kommt zu einem erregten Dialog, in welchem er der Mutter Aberglauben und ihm der hinzutretende

Vater Unglauben vorwirft. Schließlich schleudert er das Ölkännchen aus dem Fenster, stürzt aus dem Haus, kommt in die Moschee der Umm Hāshim, wo er eine Zeitlang dem ihn abstoßenden Treiben der Gläubigen um die Ampel herum zuschaut, und zerschlägt diese dann in höchster Wut. Fast gelyncht von der rasenden Menge, wird er im letzten Moment erkannt und blutüberströmt nach Hause getragen. Wieder genesen, geht er mit Energie an die Behandlung seiner Base. Doch vergeblich. Obwohl ihm die Professoren der Augenklinik die Richtigkeit seiner Methode bestätigen, verschlimmert sich das Leiden, und eines Morgens scheint Fāṭima erblindet. Der Mißerfolg löst bei Ismāʿīl eine innere Krise aus. Wochenlang irrt er tatenlos umher und fragt sich, warum er gescheitert ist. Die Antwort auf diese Frage findet er zugleich mit der Lösung seines persönlichen, in der Entfremdung vom Ursprung beruhenden Konflikts. Er beginnt, Ägypten wieder mit anderen Augen und Europa distanzierter zu sehen. Am nächsten Fest der Umm Hāshim leuchtet auch ihm erneut das Licht der Wunderampel; er erkennt, daß es keine Wissenschaft ohne Glauben geben kann. Aus dieser neuen Haltung heraus gelingt ihm nun auch die Heilung seiner Base, er heiratet sie und eröffnet eine Praxis in einem Kairoer Armenviertel.[65]

Der Reiz der Erzählung, der stark im Atmosphärischen ruht, läßt sich mit wenigen Worten nicht wiedergeben; doch mag der Leser wenigstens ahnen, wie hier ein ganz im Wirklichen verankertes Geschehen sich zum Symbol verdichtet. Die Ampel und ihr Öl stehen dabei, das muß kaum betont werden, nicht für die Aufrechterhaltung abergläubischer Praktiken – allenfalls mögen sie die Ambivalenz religiöser Potenzen andeuten –, sie sind aber doch vor allem, und zwar in den Traditionen aller drei Abrahamsreligionen, bekannte Symbole des Heiligen. Es geht also Ḥaqqī um die Bewahrung spiritueller Werte, die die *ratio* ergänzen müssen, soll es nicht zu einer Verkümmerung und Verödung des menschlichen Wesens kommen.

Schlußbemerkung

Wir stehen am Ende unseres kurzen Rundgangs durch zeitgenössische Literatur islamischer Länder. Der Islam hat sich dabei in den verschiedensten Brechungen und Einschätzungen gezeigt, vom überholten, fortschrittshemmenden, gegen Erfordernisse der Menschenwürde verstoßenden System bis zum bewährten wie zukunftsträchtigen Ideal-Modell für die gesamte menschliche Gesellschaft. In der Regel freilich nimmt der engagierte Schriftsteller einen einzelnen Mißstand (der auch literarisch attraktiv sein sollte) aufs Korn, ohne über die Frage, wie weit die islamische Tradition dafür verantwortlich ist, sonderlich nachzugrübeln. Im allgemeinen jedenfalls steht er auf seiten der Erneuerung, macht sich, wie weithin auch die islamische Apologetik, zum Sprecher von Anliegen, die der Abendländer gewohnt war, als christlich-humanistische Ideale zu betrachten, während sie nun muslimischerseits als Teil und Auftrag der eigenen Tradition empfunden werden. Achtung, ja warme Verehrung gegenüber den spirituellen und emotionalen Werten des eigenen Erbes macht sich denn auch bei einer wachsenden Zahl maßgeblicher muslimischer Autoren schon seit einiger

Zeit bemerkbar. Die Erneuerungsfähigkeit des Islams, dessen Gesicht der Umbruch unserer Epoche verwandelt hat, aber auch seine bewahrende Kraft zeigen sich u. a. auch im Spiegel seiner Literatur, die an diesem Prozeß nicht nur als Berichterstatter, sondern weithin auch als Weichensteller beteiligt ist.

VI. Zeitgenössische Malerei und Graphik in der islamischen Welt

(Peter Heine)

1. Zur Vorgeschichte der modernen bildenden Kunst

Zwei künstlerische Bereiche sind es, in denen sich die heutige islamische Welt nur in einem sehr geringen Maß auf ihre eigenen Traditionen beziehen kann, nämlich die verschiedenen Formen des Musik- und des Sprechtheaters einerseits und die bildende Kunst andererseits. Gewiß kennt die mittelalterliche islamische Welt Ansätze zu verschiedenen dramatischen Formen, aber eine umfassende Übernahme aus der Antike, wie sie sich doch in den Bereichen der Naturwissenschaften und der Medizin abspielte, hat im Fall der griechischen Tragödie und Komödie nur in einem ganz geringen Maß stattgefunden. Nicht viel anders verhält es sich mit der bildenden Kunst. Antike Plastiken an Tempel- und Palastanlagen waren dem islamischen Mittelalter noch aus der Anschauung bekannt, fanden aber keinen Niederschlag in entsprechenden Werken islamischer Künstler. Eine vergleichbare Entwicklung läßt sich auch für die Teile der islamischen Welt feststellen, die in Kontakt mit den Hochkulturen des indischen Subkontinents oder der indonesischen Inselwelt waren, in denen sich ebenfalls alte Traditionen bildlicher Darstellung finden. Allerdings haben die entsprechenden hellenistischen, indischen oder javanischen Traditionen und Techniken in Malerei und Graphik ihre Nachahmung und Weiterentwicklung im islamischen Mittelalter gefunden. Doch handelte es sich dabei nur um einen quantitativ sehr geringen Umfang an künstlerischen Aktivitäten, wenn man bedenkt, wie groß der zeitliche und geographische Rahmen ist, mit dem wir es hier zu tun haben. Den bildenden Künstlern und ihren Werken fehlte das Moment einer weitergehenden gesellschaftlichen Relevanz, da ihnen ein größeres Publikum für befruchtende Auseinandersetzungen fehlte. Es waren immer nur die Eliten der islamischen Welt, die die Produkte der bildenden Kunst zur Kenntnis nehmen konnten. In der Regel handelte es sich bei diesen Produktionen um Miniaturmalerei und Buchillustrationen, die den Malern die Möglichkeit des künstlerischen Ausdrucks boten, also sehr intime Formen, die nur für eine kleine Zahl von Betrachtern gedacht waren. Dadurch war ein Teil der formalen Möglichkeiten bildnerischer Darstellung, die größere Formate bieten, von vornherein ausgeschlossen. Monumentale Arbeiten waren nahezu unmöglich. Experimente formaler Art ließen sich ebenfalls nur schwer durchführen. Die Künstler waren zudem durch die zu illustrierenden Texte in der Auswahl ihrer Motive eingeschränkt.

Ursache für diese Einschränkung der künstlerischen Möglichkeiten war das sogenannte „Bilderverbot" im Islam. Es handelte sich dabei nicht um ein generelles Verbot bildlicher Darstellung. Lediglich die Darstellung von lebenden Wesen, vor allem aber Menschen, hatte lange Zeit den Beigeschmack des Unerlaubten und Unseriösen. Zwar finden sich im Koran, im Gegensatz zum Alten Testament (Exodus 20,4), keine Hinweise auf eine derartige Prohibition. Doch zahlreiche Prophetentraditionen (Hadithe, von arab. sing. *ḥadīth*), in denen aus Furcht vor Idolatrie gegen die Erstellung von Bildern polemisiert wurde, haben für eine sehr reduzierte Entwicklung der bildenden Kunst in der islamischen Welt gesorgt.[1] Die sich im Laufe der Jahrhunderte entwickelnden Reaktionen künstlerisch begabter Muslime auf diese Situation lassen sich als sehr unterschiedlich beschreiben. Einerseits findet sich die schon angesprochene Buch- und Miniaturmalerei, andererseits aber auch die Hinwendung zu einer besonderen Form der Abstraktion, nämlich der Kalligraphie.[2] Die arabische Schrift, die auch auf die persische und die türkische Sprache sowie auf die Sprachen anderer islamischer Völker angewendet wurde, bot den Künstlern dafür reiche Entfaltungsmöglichkeiten, die zudem die Aura religiösen Verdienstes hatten, da es sich bei den zu gestaltenden Texten vor allem um das Glaubensbekenntnis, den Namen Gottes oder Koranzitate handelte. Und das Schreiben des Wortes Gottes ist ein *Allāh* wohlgefälliges Werk.[3] Von der Kalligraphie aus war es dann kein weiter Weg mehr hin zu einer in sich verschlungenen, mäandrierenden Abstraktion, die als Arabeske auch Eingang in die europäische Kunst der verschiedenen Epochen gefunden hat.[4] Eine derartige künstlerische Ausdrucksform hatte den Vorteil der gesellschaftlichen Anerkennung, sie war öffentliche Kunst an Moscheen und staatlichen Gebäuden, konnte jedoch auch in Privathäusern Verwendung finden, ohne daß diese Kunstwerke vor Besuchern versteckt werden mußten. Ein solcher Umgang mit der Kalligraphie und ihren Weiterentwicklungen hat in einigen Ländern der islamischen Welt, nicht zuletzt durch staatliche Hilfe, im Rahmen eines eindrucksvollen Kunsthandwerks bis heute bewahrt werden können und hier auch einige Modernisierungen erfahren.

Entlang den zwei Linien der gegenständlichen und der aus der Kalligraphie entwickelten abstrakten Kunst des islamischen Mittelalters entwickelte sich eine bildnerische Ausdrucksweise, die man auch in der Gegenwart als eigenständige islamische Kunst bezeichnen kann. Diese islamische Kunst stellt sich trotz der Größe des geographischen Raumes und der unterschiedlichen gesellschaftlichen und wirtschaftlichen Bedingungen in den einzelnen modernen Staaten der islamischen Welt von einer bemerkenswerten Einheitlichkeit dar, auch wenn die Faktoren, die auf die einzelnen Künstler einwirken, zahlreiche Unterschiede aufweisen.[5] Die grundlegende Differenzierung, die man innerhalb der modernen islamischen Kunst vornehmen kann, liegt in dem Maß, in dem die Kunstwerke einer gegenständlichen oder aber einer abstrakten Tradition verbunden sind. Dabei läßt sich in der aktuellen Situation ein gewisser Unterschied ausmachen zwischen Ländern, in denen entweder der sunnitische oder der schiitische Islam vorherrschend ist: Der schiitische Islam weist vor allem in seinen volksreligiösen Ausprägungen bilderfreundlichere Tendenzen auf,[6] wie dort ja auch in den Passionsspielen des Trauermonats *Muḥarram* einer der wenigen Belege für eine dramatische Tradition in der islamischen Literatur festzustellen ist. Auf zahlreichen wohlfeilen Drucken wird seit langer Zeit das Martyrium der verschiedenen Heiligengestalten der schiitischen Religionsgemeinschaft bildhaft dargestellt, die als Illustrationen eben dieser Geschichte dienen und mit der *Biblia Pauperum* des mittelalterlichen christlichen Abendlandes zu vergleichen sind. Die aus der Volksreligion entwickelten künstlerischen Ausdrucksformen haben einerseits eine Fortsetzung in den Produkten der Volkskunst Irans, Afghanistans und Pakistans gefunden, wie sie in der *lorry-art*, der Ausschmückung von Lastkraftwagen mit religiösen und nichtreligiösen populären Motiven zu finden ist.[7] Andererseits haben sich nationale Malerschulen entwickelt, die – wie die der Kadscharenzeit (1779–1924) – einen speziellen und deutlich erkennbaren eigenen künstlerischen Stil entwickelten.[8]

In der Folge der direkten Konfrontation der islamischen Welt mit dem modernen Westen zu Beginn des 19. Jahrhunderts wurden die Muslime auch mit dessen verschiedenen künstlerischen Ausdrucksformen und der Organisation des Kunstlebens konfrontiert. Völlig neutral verhält sich dabei das Mitglied einer ersten ägyptischen Studienmission in Frankreich, Rifāʿa aṭ-Ṭahṭāwī, wenn es bei der Aufzählung der verschiedenen Akademien in Paris feststellt: „Ferner ist da die königliche Akademie, genannt ‚Akademie der schönen Künste' *(Académie des Beaux-Arts)*. Sie besteht aus fünf Abteilungen: 1. Graphik; 2. Bildhauerei; 3. Architektur; 4. Malerei; 5. Kompositionslehre. Ihr angeschlossen ist die *‚École des Beaux-Arts'*; das ist eine Schule, die auf den Unterricht in Zeichnen und verwandten Fächern ausgerichtet ist. Da lernt man Graphik, Malerei und Baukunst."[9] Diese eher lakonische Katalogisierung macht eine gewisse Distanz zur bildenden Kunst deutlich, dokumentiert aber gleichzeitig die Zurkenntnisnahme dieses westlichen Phänomens durch einen muslimischen Besucher. Zunächst blieben Werke muslimischer Künstler jedoch weiterhin auf die traditionellen Bereiche, vor allem der Kalligraphie, beschränkt, wenn sich auch eine größere Öffentlichkeit für die gegenständliche Kunst entwickelte. Das geschah durch die Illustrierung von Büchern, die vor allem seit dem späten 18. Jahrhundert in der islamischen Welt gedruckt wurden. Speziell die verschiedenen Volksromane und Märchensammlungen wurden mit Illustrationen versehen, die sichtlich in der Tradition der Miniaturmalerei standen. Natürlich fand sich das Publikum auch mit den Darstellungen der jeweiligen Helden auf den Buchumschlägen konfrontiert. Diese Form der Begegnung mit künstlerischen Ausdrucksformen der bildenden Kunst wurde von der Öffentlichkeit in den islamischen Ländern weitgehend akzeptiert. Hier bot sich ein Bereich der angewandten Kunst, in dem sich der Betrachter inzwischen einer reißerischen und häufig kaum auf die Inhalte der Bücher eingehenden Gebrauchsgraphik gegenübersah. Der Weg von der mittelalterlichen Miniaturmalerei bis zu den modernen Buchillustrationen verlief also durchaus konsequent, wenn auch unter qualitativen Gesichtspunkten nicht unbedingt aufwärts. Wichtig in diesem Zusammenhang ist jedoch die Tatsache, daß die islamische Welt hier zum ersten Male mit Gebrauchsgraphik bekannt gemacht wurde, die in der Folgezeit für die Sehgewohnheiten der Muslime eine erhebliche Rolle spielen sollte.

2. Die Entwicklung der modernen Kunst[10]

Die Geschichte großer Teile der islamischen Welt des 19. und frühen 20. Jahrhunderts ist durch zwei Tendenzen gekennzeichnet. Es herrscht einerseits in politischer und religiöser Hinsicht eine deutliche Ablehnung des Westens vor, die sich bis in die Gegenwart fortgesetzt hat. Andererseits kann man aber auch eine große Bewunderung für die technischen und sozialen Errungenschaften des Westens im Vergleich mit der islamischen Welt feststellen. Aus dieser Faszination resultierte dann die mehr oder weniger kritiklose Übernahme von westlichen Technologien, wirtschaftlichen Praktiken und ideologischen Systemen. Daher kann es nicht erstaunen, daß auch die verschiedenen bildenden Künste des Westens auf manche Muslime nicht ohne Eindruck blieben. Als Zeichen von Aufgeschlossenheit gegenüber dem Westen und dessen Modernität wurde von manchen politischen Kräften seit der zweiten Hälfte des 19. Jahrhunderts neben dem Bau von Opernhäusern die Einrichtung von Kunstmuseen betrieben. In diesen wurden dann allerdings vornehmlich die Werke europäischer Künstler ausgestellt. In den zwanziger und dreißiger Jahren des 20. Jahrhunderts entstanden in einigen Hauptstädten der islamischen Staaten Kunstakademien, deren Lehrpersonal entweder aus Europäern bestand oder aber aus Einheimischen, die ihrerseits an europäischen Akademien ihre Ausbildung erhalten hatten. Daher ist für diese Zeit und bis in die späten fünfziger Jahre in der islamischen Welt eine deutlich europäisch geprägte akademische Maltradition festzustellen, wobei die vorislamischen Maltraditionen in den östlichen Regionen der islamischen Welt, z. B. in Indien oder Indonesien, nicht vernachlässigt wurden. Diese Generation von Künstlern sah sich nicht zuletzt mit den technischen Problemen bildnerischer Darstellungen konfrontiert. Man muß sich dabei immer vor Augen halten, daß es sich bei jenen Künstlern um junge Menschen handelte, die sich auch mit der „Bilderfeindlichkeit" ihrer Kultur auseinandersetzen mußten, für die die Wiedergabe von Menschen und anderen Lebewesen also auch ein emanzipatorischer Akt gegenüber religiös geprägten ästhetischen Normen darstellte.[11] Die öffentliche Förderung, die bildende Künstler in Ländern der islamischen Welt mit säkularen Staatsideologien erfahren, hat nicht zuletzt mit der Distanz dieser Ideologien zum Islam zu tun.[12]

3. Die „Staatskunst"

Inhaltlich und formal ist die Kunst der islamischen Welt seit dem 19. Jahrhundert und bis weit in die Mitte des 20. Jahrhunderts hinein geprägt von den Vorbildern der europäischen Kunstszene. Zunächst spielt dabei die Tatsache eine Rolle, daß in der westlichen Kunst vor allem des 19. und frühen 20. Jahrhunderts der Orientalismus von einiger Bedeutung war. Künstler der verschiedensten Stilrichtungen, von J. A. D. Ingres über E. Orlik bis zu P. A. Renoir, A. Macke und P. Klee hatten sich durch Reisen nach Nordafrika oder in die Länder der Levante inspirieren lassen und orientalische Sujets verwendet. Diese Kunstwerke stießen vor allem bei den entstehenden neuen Eliten in der islamischen Welt auf deutliches Interesse, ein Interesse, das bis auf den heutigen Tag anhält. Bei der Umsetzung der westlichen Vorbilder durch muslimische Künstler ist in stilistischer Hinsicht zunächst eine gewisse Nachzeitigkeit gegenüber den europäischen Entwicklungen festzustellen. So malten syrische und libanesische Künstler noch in den fünfziger Jahren in einem Stil, den man mit dem europäischen Impressionismus der Jahrhundertwende vergleichen kann. Andere setzen sich in ihren Werken mit den Arbeiten von P. Picasso, G. Braque, J. Gris und anderen aus den ersten Jahrzehnten dieses Jahrhunderts auseinander.

Mit einer Verbesserung der Kommunikationswege seit den sechziger Jahren nahm auch bei den Künstlern in der islamischen Welt die Kenntnis der künstlerischen Entwicklungen in Europa und Amerika deutlich zu. Die größeren formalen Freiheiten, die sich die westlichen Künstler erarbeiteten, blieben bei den muslimischen Künstlern nicht ohne Eindruck. Die verbesserte Kenntnis der künstlerischen Situation im Westen (einschließlich des Ostblocks) hatte allerdings in Verbindung mit der wachsenden Bedeutung europäischer Ideologien wie des Nationalismus und des Sozialismus in einigen Staaten der islamischen Welt die Übernahme von ideologisch geprägten Stilformen, so etwa des „Sozialistischen Realismus", zur Folge. Das lag einerseits an der engen politischen und wirtschaftlichen Zusammenarbeit der entsprechenden Länder mit den sozialistischen Staaten, andererseits aber auch an der aus dieser Zusammenarbeit resultierenden Tatsache, daß zahlreiche Künstler aus der islamischen Welt in Moskau, Prag oder Warschau ihre Ausbildung erhalten hatten. Vor allem in der Staats- und Propagandakunst feierte – und feiert zum Teil auch noch heute – diese Schule fröhliche Urständ. Dabei vereinigen sich einerseits oft die Naivität der Motive mit technischen Unzulänglichkeiten zu schwer erträglichen Machwerken, andererseits finden sich aber auch beeindruckende Monumentalwerke der „Staatskunst" von internationalem Rang. Als Beispiel sei auf die Reliefs von Jawād Sālim aus den sechziger Jahren am *Bāb sharqī* in Bagdad hingewiesen. Arbeiter und Bauern, aber auch Soldaten und Freiheitskämpfer sind die bevorzugten Sujets dieser Kunstrichtung. Parallel dazu läßt sich eine deutliche Tendenz zur Historienmalerei feststellen, die häufig auch vorislamische Darstellungsformen und Themen heranzieht und zur Legitimierung der aktuellen politischen Machtverhältnisse beitragen soll.

In gleicher Weise hat die Gebrauchsgraphik vor allem für Zwecke der politischen Agitation und Propaganda ein durchaus international vergleichbares Niveau erlangt. Wie in den einstigen sozialistischen Ländern läßt sich auch in diesem Bereich formal und inhaltlich nur ein geringes Maß an Experimentierfreude feststellen. Besonders beliebt und häufig von hoher Qualität ist die Arbeit der Karikaturisten in vielen Ländern der islamischen Welt. Als angewandte Kunst bietet sie den Graphikern zahlreiche Möglichkeiten zu formalen Experimenten und stellt zugleich eine Möglichkeit subtiler oder offener Kritik an den herrschenden sozialen, wirtschaftlichen und politischen Verhältnissen dar. Sie erfreut sich daher weiter Beliebtheit.[13] Auch die in den autoritären Staaten der islamischen Welt übliche Allgegenwart der Portraits der jeweiligen Staatschefs hat sich auf die Kunstszene der jeweiligen Länder ausgewirkt. Einerseits verschafft sie den Künstlern eine Existenzgrundlage, andererseits hat das Interesse der politischen Führung an der bildenden Kunst eine Vorbildfunktion für bestimmte Kreise der politischen, wirtschaftlichen und intellektuellen Eliten dieser Länder. Die Tatsache, daß einflußreiche Persönlichkeiten des politischen Lebens Kunstausstellungen eröffnen oder an Vernissagen teilnehmen, führt dazu, daß sich auch Angehörige solcher gesellschaftlicher Gruppen für die Gegenwartskunst ihres Landes zu interessieren beginnen, die ihr zuvor eher fern standen. Typisch für diese Konstellation ist der Irak, wo sich unter der Herrschaft der sozialistischen *Baʿth*-Partei eine besonders lebhafte Kunstszene entwickelt hat.[14] Dabei spielt die besondere Situation des Landes, in dem eine Vielzahl von unterschiedlichen Ethnien und Religionsgemeinschaften leben, eine wichtige Rolle. Mit der staatlichen Förderung eines künstlerischen Bezugs auf die altorientalischen Kulturen wird versucht, eine Ethnien übergreifende irakische nationale Identität zu schaffen.[15] In Ländern, in denen die Kunstförderung durch den Staat ein Schattendasein führt, haben es die Künstler dagegen sehr viel schwerer.[16]

Es liegt in der Natur der genannten unterschiedlichen Formen der angewandten Kunst, Malerei und Graphik/Karikatur, daß Gegenständlichkeit die erste Forderung an den Künstler darstellt, auch wenn bestimmte Symbole wie z.B. die Taube, die Kalaschnikow oder die Tulpe sehr abstrahiert erscheinen können. Die Erkennbarkeit des jeweiligen Symbols muß gegeben sein, um die gewünschte Wirkung beim Betrachter zu erzielen. Außer dieser Voraussetzung jeder „Staatskunst“ lassen sich allerdings kaum außerkünstlerische Normen feststellen, die von den politischen Führungen in einer Vielzahl der islamischen Länder an die Kunstschaffenden herangetragen werden. Es muß in diesem Zusammenhang darauf aufmerksam gemacht werden, daß auch in den hinsichtlich der persönlichen Freiheit der Bürger rigideren Staaten der islamischen Welt die Freiheit der bildenden Künstler nie so weit eingeschränkt wurde, daß nicht auch andere als die offiziell geförderten Stile möglich waren und sind. Ferner ist die Gründung von zahlreichen Künstlervereinigungen nicht behindert worden, so daß

Maler, Graphiker oder Bildhauer die Möglichkeit der Kooperation und der gegenseitigen Anregung finden können.

4. Die islamischen Abstrakten

Gerade diese Künstlervereinigungen haben auch eine wichtige Rolle bei der Auseinandersetzung der Künstler mit den sich immer schneller vollziehenden Entwicklungen in der westeuropäischen und nordamerikanischen Kunstszene gespielt. Dabei haben die verschiedenen abstrakten Richtungen auf die muslimischen Künstler einen besonders starken Einfluß gehabt, während Pop-art und Fotorealismus auf ein geringeres Interesse stießen. Bei der Umsetzung derartiger westlicher Vorbilder in die eigene Bild-/Formensprache und Ausdrucksweise lassen sich in so unterschiedlichen Staaten wie Saudi-Arabien und Senegal erstaunliche Übereinstimmungen feststellen. Zum Beispiel sind Formen der Aktions-Kunst oder eines besonders expressionistischen, abstrakten Malens in beiden Staaten, aber auch in den anderen vielfältigen Kunstszenen der islamischen Welt, kaum auf Gegenliebe gestoßen. Die in diesen Kunstrichtungen zum Ausdruck kommende individuelle Exaltiertheit und der damit zusammenhängende Nonkonformismus sind Lebenshaltungen, die den islamischen Gesellschaften wohl zu fremd sind, als daß sie von den Künstlern hätten rezipiert werden können. Statt dessen finden sich Werke, die in ihrer formalen Ausdrucksweise mit denen von Klee oder Bagheer zu vergleichen sind, also Arbeiten, bei denen die Künstler in häufig spielerischer, aber doch sehr bewußter und disziplinierter Weise Landschaften oder architektonische Szenarien immer weiter abstrahieren, bis sich der optische Eindruck der Kunstwerke von der Vorlage völlig gelöst hat. Ungeachtet der Abhängigkeit von den westlichen Vorbildern ist dabei – von den Besonderheiten der Landschaften und der spezifischen Architektur der islamischen Welt ausgehend – eine eigene, ganz typische Formensprache entstanden, die trotz der verschiedenen Kunstszenen in den einzelnen Staaten überraschend einheitlich erscheint. Auch der Umgang mit Farben, vor allem die Bevorzugung von Grün- und Blautönen, kann als ein typisches Merkmal dieser Kunstrichtung angesehen werden. Die Vermeidung von lebenden Wesen als Motiven dieser Kunst reflektiert zugleich das islamische „Bilderverbot" auch in dieser abstrahierenden und abstrakten Kunst. Die Produkte dieser Kunstrichtung erfreuen sich anscheinend einer gewissen Beliebtheit beim Publikum, jedenfalls wenn man von der Zahl der Vernissagen und den entsprechenden Reaktionen in Zeitungen und Zeitschriften in der islamischen Welt ausgehen darf.

5. Die arabische Kalligraphie und die moderne Kunst

Seit den siebziger Jahren macht sich eine gewisse Lösung der Kunstproduktion islamischer Künstler von europäischen und amerikanischen Vorbildern bemerkbar. Die künstlerische Entwicklung in den westlichen Ländern wird von den Künstlern allerdings weiter genau beobachtet. Neue Verfahren wie Spritz- und Bürsttechniken und der Umgang mit neuen Werkstoffen wie Acryl werden im Experiment ausprobiert und von einigen Künstlern übernommen. Doch im inhaltlichen Bereich stellen sich eine Reihe von Besonderheiten heraus, die sich aus der kulturellen Tradition der islamischen Welt ergeben und die islamische Kunst mehr und mehr beherrschen. Dabei spielt zunächst der Umgang mit der Linie eine entscheidende Rolle. In diesem Zusammenhang ist immer wieder das Vorbild von Paul Klee festzustellen. Verwendung findet dabei vor allem die arabische Schrift, die als graphische Fixierung des Korans in der gesamten islamischen Welt besondere Verehrung genießt und in einigen kulturellen Kontexten nicht ohne eine gewisse magische Kraft erscheint. Die Übereinstimmung in der Bewertung der arabischen Schrift in der gesamten islamischen Welt (bis zu einem gewissen Grade sogar in der laizistischen Türkei) hat in der modernen Kunst dieser Länder ein gemeinsam akzeptiertes künstlerisches Ausdrucksmittel hervorgebracht, das zu dem Eindruck der Einheitlichkeit der aktuellen islamischen Kunst durchaus beiträgt. Aus der spielerischen Gegenständlichkeit entwikkelt sich diese Kunst hin zur Verwendung von kalligraphischen Signalen, die zwischen einer traditionellen islamischen Schriftkunst und experimentellen Graphemen oszillieren. So finden sich Stadtansichten, die auf der graphischen Basis von arabischen Buchstaben wie *kāf*, *lām*, *bā* oder *alif* konstruiert worden sind. Auch Lebewesen werden aus einzelnen arabischen Schriftzeichen zusammengesetzt. Dabei bilden die Buchstaben keine sinnvollen Wortzusammenhänge, sondern sind ganz auf ihren graphischen Wert reduziert. Übrigens findet sich diese Verwendung der arabischen Schrift nicht nur in Graphik und Malerei, sondern besonders häufig auch im Bereich der künstlerischen Keramik, die in einigen islamischen Ländern in den letzten Jahren einen erfreulichen Aufschwung genommen hat. Doch nicht nur die einzelnen Buchstaben finden in diesem Zusammenhang Verwendung. Auch Worte mit konkreter Bedeutung wie *Allāh* in arabischer Schrift werden durch die Verwendung verschiedener Schriftgrößen und graphische Intensität auf ihren visuellen Eindruck hin überprüft.[17] Von dieser Technik der Verwendung arabischer Buchstaben oder von einzelnen Worten zur Darstellung von Gegenständen und Personen ist es dann nurmehr ein Schritt zu einer Abstraktion, die auf den visuellen Eindruck der arabischen Schrift verkürzt wird. Hier geht es den Künstlern offensichtlich nicht um die Vermittlung einer konkreten, aus der Schrift und ihrer inhaltlichen Bedeutung resultierenden Information. Vielmehr bleibt die Erfahrung des graphischen Werts eines einzelnen Buchstabens im Vordergrund, so wenn der Buchstabe *wāw* in unterschiedlicher Dichte und Größe oder in verschiedenen Farben variiert und abgewandelt wird. Man könnte hier von einem gewissen Minimalismus der islamischen Kunst sprechen. Ob es – zumindest auf theoretischer Ebene – Beziehungen zu westlichen Formen der Verwendung von Schrift im graphischen Bereich gibt, wie sie in den sechziger Jahren üblich waren, müßte in einer genaueren Untersuchung festgestellt werden. Immerhin bietet sich hier eine Ausdrucksform, deren islamischer Charakter aufgrund der Verwendung der arabischen Schrift nicht ohne weiteres in Frage gestellt werden kann. Die öffentliche Akzeptanz dieser künstlerischen Form ist sehr hoch, zumal einige der Künstler sich auch als echte Kalligraphen einen Namen gemacht haben. Typisch für diese Phase der künstlerischen Entwicklung in der islamischen Welt ist ein deutliches Beharren in der Schrift als einem als solches erkennbaren graphischen System.

In den neunziger Jahren läßt sich nun eine noch weiter gehende Abstraktion feststellen, in der aus der (aus Linien und Punkten bestehenden) arabischen Schrift die Punkte getilgt werden, so daß nur noch die Linie, der sogenannte *rasm*, eines Buchstabens erhalten bleibt. Diese Entwicklung ermöglicht dem Künstler einen sehr viel freieren und expressiveren Umgang mit dem graphischen Material der Schrift. Aus dem Schriftduktus heraus entwickelten die Künstler eine floreale oder vegetative Formsprache, die der traditionellen Kalligraphie nurmehr ähnlich ist. Aber es finden sich auch an architektonische Formen erinnernde Ausdrucksweisen, die auf der altarabischen Schrift des *kūfī* zu beruhen scheinen. Die Konsequenz aus der Konzentration auf den rasm für die künstlerische Ausdrucksweise ist vielschichtig. So wird in diesem Kontext hohe Emotionalität im Ausdruck zum ersten Mal möglich. Ein Identität stiftender Rückbezug auf traditionelle Formen bleibt aber gleichermaßen gegeben. Natürlich ist deshalb auch die Kombination von traditioneller Kalligraphie mit den modernen Reduktionen aus der arabischen Schrift leicht möglich, wodurch nicht selten eine beeindruckende Ausdrucksform erreicht wird.

6. Die moderne islamische Kunst als Reflex der ideologischen Entwicklung

Die Entwicklung einer modernen Kunst – zumal einer Kunst, die einer Gesellschaft traditionell nur zum Teil vertraut ist – steht in einem schwierigen Wechselverhältnis zum sozialen, politischen und kulturellen Wandel in eben dieser Gesellschaft. Da die bildende Kunst, von der Kalligraphie abgesehen, an sich als unislamisch beschrieben werden kann, waren Maler und Graphiker seit dem verstärkten westlichen Einfluß auf die islamische Welt zunächst in einem höheren Maße gesellschaftlich marginalisiert als z. B. muslimische Schriftsteller, die sich bei westlichen Vorbildern Anregungen holten, oder Musiker, die in einem ganz erheblichen Maße den traditionellen Formen verhaftet blieben und von den modernen Musikformen und Schulen kaum Kenntnis nahmen. Produzenten von bildender

Kunst stellten daher sehr häufig die Avantgarde der gesamten Kulturszene der islamischen Welt dar. Von Ausnahmen abgesehen ist das säkulare Moment in Malerei, Graphik und Plastik in höherem Maße vorhanden als in anderen künstlerischen Ausdrucksformen. Mehr als andere Kunstarten waren Malerei und Graphik auf die Bewegungen in der westlichen Kunstentwicklung ausgerichtet. Die gesellschaftliche Akzeptanz ihrer Werke war abhängig von der Haltung der führenden Schichten gegenüber dem Westen. So lassen sich Parallelen zwischen der künstlerischen Entwicklung und den die Gesellschaft bestimmenden ideologischen Strömungen in der islamischen Welt aufzeigen.

Die frühe Geschichte der modernen islamischen Kunst ist gekennzeichnet durch eine Nachahmung der westlichen Kunstströmungen, wobei sich eine bis zu fünf Generationen zurückreichende Nachzeitigkeit feststellen läßt. Hier spiegelt sich die – häufig vergebliche – Bemühung von Politikern und Ideologen um eine Modernisierung ihrer Gesellschaften, die durch eine Verwestlichung erreicht werden sollte, wider. Die staatlicherseits – so besonders durch den Kemalismus in der Türkei – versuchte Zurückdrängung der Religion aus der Gesellschaft in den privaten Bereich verschaffte der gegenständlichen Kunst einen Freiraum, den sie nutzen konnte. Ihre Akzeptanz bleibt jedoch auf die sogenannten neuen Eliten beschränkt, wenn sie überhaupt auf Echo stößt. Die relative Erfolglosigkeit der Modernisierung im Sinne von Verwestlichung einerseits und die „Re-Islamisierung", wie sie seit der Mitte der sechziger Jahre festzustellen ist, andererseits, können Malerei und Graphik allerdings nicht völlig marginalisieren. Diese Kunstform ist nicht zuletzt durch ihre angewandten Formen aus dem gesellschaftlichen Kontext kaum mehr wegzudenken. Die Suche nach einer islamischen Identität hat im übrigen zur Zeit der beginnenden Re-Islamisierung auch in der bildenden Kunst begonnen. Die Parallelität der künstlerischen und gesellschaftlich-politischen Entwicklung wird hier ganz deutlich. Die Rezeption von Traditionen islamischer Kalligraphie führt zu einer eigenständigen, von westlichen Vorbildern weitgehend unabhängigen Kunst. Sie hat jedoch auch einen universalen Charakter, weil sie eine Formensprache und einen künstlerischen Ausdruck entwickelt hat, zu dem auch der im Umgang mit moderner westlicher Kunst geschulte Betrachter, der aus einer anderen Kultur kommt, Zugang finden kann.

VII. „Islamische" Architektur und darstellende Kunst der Gegenwart

(Mohamed Scharabi)

Die Fragestellung: gibt es eine „islamische" Architektur und darstellende Kunst der Gegenwart? zwingt zu einer weiteren, nämlich: gab es überhaupt eine „islamische" Architektur und darstellende Kunst? Folglich ist es notwendig, auf die Bau- und Kunstgeschichte des angesprochenen Kulturraums der Zeit vor dem Eindringen europäischer bzw. westlicher Lebens- und Wirtschaftsformen, d. h. auf die eigentliche lokale Tradition, einzugehen, bevor die gegenwärtige Situation erörtert wird.

1. Die Tradition

Der frühislamische Städtebau sowie die damit verbundene Architektur und bildende Kunst wurden von der Auseinandersetzung mit den vorgefundenen Kulturen geprägt. Für die neugegründeten „Residenzstädte" boten sich z. B. der Typus des römischen *Castrums* (z. B. ʿAnjar) oder der mesopotamisch-iranischen Rundstadt (Bagdad, Abb. 1) an.

1. Bagdad. Der linke Teil des Bildes gehört zu Shāriʿ ar-Rashīd (1916), einer Wohn- und Geschäftsstraße. Die Bauten einer quer zu dieser gelegenen Straße stammen aus etwa derselben Zeit, auch diese zeigen – allerdings in abgeschwächter Form – die Tendenz zur Verwestlichung der Architekturaussage.

Aber obwohl die islamische Kultur zum Teil auf Grundlagen der griechischen und römischen Antike beruht, sind z. B. die *Agora*, das *Forum* und das *Theater* als öffentliche und offene Plätze dem Wesen der Stadt im traditionell islamischen Raum in der Regel fremd geblieben. Da der öffentliche und offene Platz schon während der byzantinischen Zeit an Bedeutung verlor, ergab sich zunehmend die Verwendung der Straße als Grundelement für die Gliederung des Stadtzentrums. Begünstigt wurde diese Veränderung nicht nur durch die Einführung der Kirche und später der Moschee als Gotteshaus und öffentlichen Versammlungsraum – im Gegensatz zum antiken Tempel –, sondern auch durch die klimatischen Verhältnisse. Die antike Bauform der Agora und des Forums eignen sich offensichtlich eher für den nördlichen Mittelmeerraum. Dagegen werden die Innenhöfe, Arkadengänge, Säulenhallen und überdachten Straßen des *sūq* bzw. *bāzār* der islamisch-orientalischen Stadt dem Klima des östlichen und südlichen Mittelmeerraumes und der an ihn angrenzenden Gebiete eher gerecht. Die klimatischen Verhältnisse allein können aber nicht ausschlaggebend gewesen sein. Wir wissen aus der Überlieferung und von der heutigen Bausubstanz mancher Bauwerke, daß die städtischen Märkte in Spanien während der islamischen Ära ähnlich konzipiert waren wie die der marokkanischen bzw. arabischen sūq-Anlagen [1]. Dagegen haben die heutigen *Mercados* bzw. *Zoccos* z. B. in Cordoba, Malaga und Toledo, einst Hochburgen des islamischen Westens, keinerlei Parallelen mehr im Orient, vielmehr aber in Frankreich oder Italien. Der Untergang der althergebrachten Bauform des bāzārs in Spanien ist der Beweis dafür, wie diese Form von bestimmten ethischen, sozialen, wirtschaftlichen und rechtlichen Faktoren, nämlich denen des alten Orients und des Islams, abhängig ist. Sobald sich diese verändern, verändert sich auch die Bauform.

Eine gewisse kulturelle Kontinuität im Städtebau hat es mit sich gebracht, daß man nur langsam zu gewachsenen und eigenständigen Leistungen gelangen konnte. Dies zeigt sich auch bei der Betrachtung der Stadtelemente wie z. B. des Wohn- und Palastbaus, des Gotteshauses, der Handelsanlagen und sonstigen Zentraleinrichtungen sowie bei der Entfaltung der bildenden Künste.

Die zahllosen Agglutinate im Nahen und Mittleren Osten, deren Hofhäuser die Öffnung nach außen scheuen und eine fast schmucklose, massive und geschlossene Bauweise anstreben, haben ihre unmittelbaren Vorläufer insbesondere im syrisch-mesopotamischen Raum. Die sogenannten Wüstenschlösser im syrischen Raum, so z. B. das im Jahre 727 erbaute *Qaṣr al-Ḥair al-Gharbī* und das im Jahre 744 erbaute Schloß *Mshatta*, sind quadratische, von Rundtürmen umgebene Paläste mit um einen Hof angeordneten Wohntrakten nach dem Vorbild der römischen Limeskastelle.

Der im Jahre 691 vollendete Felsendom in Jerusalem, ein oktogonaler Zentralbau mit konzentrisch eingestelltem kreisrundem und achtseitigem Arkadenkranz, hat sich offensichtlich an lokalen christlichen Vorläufern orientiert. Die christlichen *Xenodochia* oder *Pandocheia*, die seit dem 4. Jahrhundert im griechischen Osten und im lateinischen Westen errichtet wurden, können zu den Vorläufern der *khān*-Anlagen gezählt werden. Ihnen lagen bisweilen den khān-Anlagen ähnliche Planschemata zugrunde.

Die kulturelle Kontinuität zeigt sich nicht nur in bautypologischer, sondern auch in stilistischer Hinsicht. Die syrisch-umaiyadischen und mesopotamisch-abbasidischen Architekturformen wurden in die jeweiligen, von den Machtzentren abhängigen lokalen Residenzen getragen. Die umaiyadische Formensprache fand in Spanien eine von der gleichzeitigen Abbasiden-Architektur unabhängige Fortsetzung. Bei der großen Moschee in Cordoba (gebaut im Jahre 785) und der Palaststadt *Madīnat az-zahrā'* (gebaut im Jahre 936) hat sich ein Lokalstil entwickelt, der sowohl von den umaiyadischen als auch von den örtlichen Bautraditionen (z. B. Hufeisenform) beeinflußt war. Dagegen zeigt sich der enge Kontakt mit dem Irak in Kairuan (große Moschee) und Kairo (*Ibn Ṭūlūn*-Moschee). Zur Fatimidenzeit blieben die abbasidischen Architekturformen (z. B. die große Moschee in Mahdia und die *Azhar*-Moschee in Kairo) mit einigen lokalen Interpretationen vorbildlich. Mit zunehmender Ausdehnung und Etablierung des Fatimiden-Reiches unter dem Kalifen Mustanṣir (1036–1094) wurde auch die Austauschbarkeit von lokalen Bauformen möglich. Diese Austauschbarkeit, verbunden mit lokalen Traditionen, begünstigte die Entwicklung von eigenständigen Formen, die aber immer an das Vorislamische erinnern. Nicht viel anders vollzog sich die Entwicklung im Osmanischen Reich, ganz besonders nach der Eroberung von Konstantinopel.

Durch ihre menschen- und tierbildfeindliche Einstellung hat die islamische Religion figürliche Darstellungen erschwert. Die allgemein erlaubten Themen sind Pflanzen und Dinge, die keinen „Lebensodem" haben. Eine gelegentlich sich durchsetzende liberale Auslegung des Korans und des Hadith *(ḥadīth)* trugen jedoch dazu bei, die Wiedergabe von Menschen und Tieren zu gewissen Zeiten und an manchen Orten zu ermöglichen.[2] Die dogmatische Einstellung wurde jedoch mit der Zeit stärker. Sie bot immer weniger Möglichkeiten für die Entfaltung von Figurenmalern. Das künstlerische Wollen konzentrierte sich in vegetabilischen und geometrischen Ornamentformen, aber auch in einer besonderen Art der Schriftgestaltung (Kalligraphie), die sich im gesamten islamischen Raum nachweisen läßt.[3] Allen Ornamenten und Kalligraphien ist die Tendenz zur Abstraktion, zur rhythmischen Gliederung und zur vollkommenen Füllung der Flächen eigen, wobei die Möglichkeit besteht, Glieder des Ornaments und der Schrift in alle Richtungen beliebig zu erweitern. Das Ornament und die Kalligraphie nehmen nicht immer direkten Bezug zum Objekt. Sie unterliegen einer eigenständigen Gesetzmäßigkeit.

Die islamische Kultur kennt ursprünglich keine Heiligenbilder, weil die göttliche Botschaft selbst durch einen gewöhnlichen Menschen, den Propheten, in ihrer verbalen Form übertragen wurde. Anstelle von Heiligenbildern verwendete man die Schrift und das Ornament zum Schmuck von Bauwerken und Gegenständen. Ihrem Wesen nach hatte diese Kunst weder eine religiöse Funktion, noch konnte sie für die epische oder dramatische Dichtung verwendet werden, wie in der byzantinischen Welt. Diese Kunst hatte weder historische Schilderungen, Legenden oder Allegorien zu illustrieren, noch wollte sie lyrischem oder visionärem Fühlen Ausdruck verleihen. Das Porträt lag nicht in ihrem Wirkungsbereich. Und der menschliche Körper, die Grundlage der klassischen Kunst, wurde in der Regel außer acht gelassen. Ausnahmen finden wir jedoch in einigen islamischen Kulturräumen, und zwar besonders in Iran und Indien. Hier gab es während des islamischen Mittelalters und bis in die Gegenwart hinein Malerei mit durchaus religiösen Themen, z. B. Darstellungen Muḥammads und der schiitischen Imame.[4]

Zusammenfassend können wir feststellen, daß der Islam nicht wenige Elemente der älteren Kulturen Asiens und Afrikas bewahrt, und nur bis zu einem gewissen Grad den Städtebau, die Architektur und die bildende Kunst durch seine Lehre beeinflußt hat. Es wäre jedoch nicht richtig zu behaupten, daß es dadurch zu einem einheitlichen Städtebau oder zu einer einheitlichen Architektur und darstellenden Kunst gekommen sei. Dazu waren die kulturellen Voraussetzungen und späteren Einflüsse in den einzelnen Regionen der islamischen Welt im Laufe der Geschichte zu unterschiedlich. Als letzte bedeutende Epoche der islamischen Bau- und Kunstgeschichte hat die der Osmanen große Tragweite gehabt. Dennoch kann man auch in dieser Phase nicht von einer einheitlichen Entwicklung sprechen, d. h. man kann die osmanische keineswegs mit der gesamten islamischen Architektur und Kunst dieser Epoche gleichsetzen.

Vielleicht sollte man abschließend fragen: Was ist „islamisch" und was ist „orientalisch"? Gibt es eine orientalische Architektur, bei der sich Geometrie und vor allem Dekoration in typischer Weise entwickelten? Denken wir an die glasierten Ziegel in Babylon mit ganzen Bilderwänden, an die mit Erzählungen überzogenen altägyptischen Bauten und an die charakteristische Gestaltung von Wänden mit Kacheln vom 13. bis zum 19. Jahrhundert im ganzen islamischen Orient. Ist diese Tradition eigentlich gebrochen? (Im abendländisch-griechischen Raum ist dagegen der Dekor immer etwas, was die Tektonik unterstreicht, wobei sicherlich in neuerer Zeit der Jugendstil herausfällt.) Dabei spielt das „Zeitgefühl" im Orient und damit auch im Islam eine bedeutende Rolle. Die altägyptische, altiranische und mesopotamische Kunst kennt keine „Entwicklung" im abendländisch-neuzeitlichen Sinne. So hat man ein anderes historisches Bewußtsein, bei dem die Vergangenheit als Teil der Gegenwart angesehen wird. Ist es im islamischen Orient von heute dabei geblieben? Oder hat sich etwas geändert?

2. Verwestlichung, Klassizismus, Neobarock, Jugendstil und Neoklassizismus

Der große Einbruch, der deutliche Verzicht auf Erfahrungen, Fähigkeiten, Kenntnisse und Einsichten der Vorfahren fand im Zeitalter des Barock und Rokoko statt. Als neues Stadtzentrum entstand in der safawidischen Stadt Isfahan der *Maidān-i Shāh*. Dieser ist ein etwa 500 × 150 m großer Platz, an dem fast alle Zentraleinrichtungen einer traditionellen islamischen Stadt angelegt sind. Die Überdimensionierung sowie die einheitliche und klare Gliederung des Platzes erinnern an europäische städtebauliche Konzepte. Auch die Wandmalereien des Palastes des *ʿĀlī Qāpū* am Maidān-i Shāh zeigen deutliche Züge der gleichzeitigen niederländischen Schule. Der Perser Muḥammad Zamān studierte im späten 17. Jahrhundert in Italien. Durch sein Wirken gewann der damals schon vorhandene Einfluß Europas auf die Malerei an Breite.

Im Jahre 1774 unterzeichneten die Osmanen einen Friedensvertrag mit den Russen. Die Osmanen verloren weite Gebiete am Schwarzen Meer und in Europa. Das war der Anfang vom Ende der Großmacht Türkei und somit auch des letzten kosmopolitischen islamischen Staates. Auf seinem Territorium entstanden unabhängige Nationalstaaten. Im Laufe des 19. und 20. Jahrhunderts vollzog sich eine weitere politische und kulturelle Aufspaltung des islamischen Raums. Im Osten wurden Afghanistan, das Reich der Sikhs und Persien britischer Einflußbereich. Im Westen brachte Frankreich die nordafrikanischen Länder Algerien (1830), Tunesien (1881) und (zusammen mit Spanien) Marokko (1912) unter seine Kontrolle. Libyen wurde 1911 Kolonie Italiens. Nach dem Ersten Weltkrieg wurden Syrien/Libanon, Palästina und Irak Mandatsgebiete Frankreichs bzw. Großbritanniens. Von 1882 an hielt Großbritannien Ägypten für einige Jahrzehnte besetzt.[5] Diese politische Entwicklung war für die Entfaltung des Städtebaus, der Architektur und der Kunst maßgebend, und zwar im Sinne einer tiefgreifenden *Verwestlichung*. In Ägypten zeigt sie sich bereits nach der Eroberung des Landes durch die Franzosen im Jahre 1798 und nach dem Abfall Ägyptens vom Osmanischen Reich unter Muḥammad ʿAlī (1805–1848). Als die Engländer Ägypten im Jahr 1882 besetzten, war das Land schon seit Jahrzehnten fremden Einflüssen ausgesetzt gewesen, und die kulturelle Landschaft Ägyptens hatte sich bereits stark verändert. In der Stadt Kairo, Heimstätte der in der ganzen islamischen Welt angesehenen *al-Azhar*-Universität, hatte die französische Armee überdimensionale, geradlinige Geschäfts- und Wohnstraßen und offene Plätze nach Pariser Muster geschaffen. Muḥammad ʿAlī selbst wollte das Werk der Franzosen vollenden, indem er mehrere *bāzār*-Anlagen abreißen und „modernisieren" ließ. Einige Stadtviertel, wie z. B. al-Azbakīya, zeigen den Einfluß des französischen Städtebaus. Selbst die Moschee Muḥammad ʿAlīs, die im Jahr 1830 gebaut wurde und die in ihrer Konzeption noch osmanisch blieb, verrät in den Einzelheiten deutlich barockes Formengut. Neue, importierte Bautypen, wie die des Hotels, veränderten das funktionale Gefüge der traditionellen Stadt. Die alten *khān*-Anlagen verloren schnell ihre Bedeutung als Handelsanlagen mit Übernachtungsmöglichkeit, sie zerfielen zugunsten der neuerbauten Hotels, die in den neugeschaffenen Stadtvierteln entstanden, wie z. B. Shepheard's Hotel (erbaut 1845). Parallel zu den khān-Anlagen zerfielen, wenn auch langsamer, die traditionellen Wohnbauten, deren Bewohner, sobald sie es sich leisten konnten, in die neuerrichteten „Apartmenthäuser" der „modernen" Stadtviertel zogen. Der Prozeß der Verwestlichung verstärkte sich zur Zeit des Khediven Ismāʿīl (reg. 1863–79). Ismāʿīl versuchte, das Land und seine Städte mit der in seinen Augen bedeutenderen, an technischen Erfahrungen reicheren westeuropäischen Kultur in Einklang und Übereinstimmung zu bringen. Zur feierlichen Eröffnung des Suezkanals ließ Ismāʿīl ein Opernhaus in Kairo in klassizistischen Formen nach dem Vorbild der Scala in Mailand erbauen. Er ließ sein Schloß von einem deutschen Baumeister und seinen Park von französischen Architekten anlegen.[6]

Ebenfalls klassizistisch (und nach etwa 1915 neoklassizistisch) ist die Bauform anderer neuer Bautypen, die während der zweiten Hälfte des 19. Jahrhunderts und der ersten Hälfte des 20. Jahrhunderts z. B. in Aleppo oder Kairo eingeführt wurden. Das Wohnhaus an der Shāriʿ al-Mutanabbī in Aleppo aus dem Jahr 1933 in seiner neoklassizistischen mediterranen Erscheinungsform erinnert in keiner Weise an das traditionelle Formenvokabular Syriens (Abb. 2).

Das ägyptische Museum in Kairo, das in seiner heutigen Form aus dem Jahr 1911 stammt, aber als Bauaufgabe schon 1858 eingeführt wurde, erinnert nicht im geringsten an altägyptische oder islamische Bauformen. Es könnte in seiner ausgesprochen klassizistischen Ausformung in Italien, Frankreich oder in Deutschland stehen (Abb. 3). Kaufhäuser (z. B. Sed-

2. Aleppo-Wohnhaus an der Shāriʿ al-Mutanabbī (1933), Architekt Ṣubḥī Kabāba.

3. Kairo: Ägyptisches Museum, 1911. Ein klassizistischer Bau, der auch in Italien, Frankreich oder Deutschland stehen könnte.

naoui und Omer Efendi) und Banken (z. B. Bank Miṣr), die um die Jahrhundertwende und später entstanden, sind sowohl ihrer inneren Struktur als auch ihrer äußeren Gestalt nach mit den Pariser *magasins* und Bankgebäuden identisch; sie zeigen den Einfluß der Pariser *École des Beaux-Arts*, wie wir ihn auch in Mitteleuropa kennen, sehr deutlich.[7] Aber auch die Architektur der neuerbauten Markthallen am *Maidān al-ʿAtaba* verraten die Affinität zu den Pariser Markthallen aus der Mitte des vorigen Jahrhunderts. Dagegen zeigt sich der britische Einfluß u. a. bei den Hauptgebäuden der Post und der Feuerwehr, ebenfalls am Maidān al-ʿAtaba, die in einer Art Kastell-Architektur englischer Prägung gestaltet wurden. Die Form zahlloser Wohn-, Geschäfts- und Verwaltungsbauten nicht nur in den neuen Stadtvierteln, sondern auch in der Altstadt von Kairo (z. B. Darb Qirmiz Nr. 4), folgte den Strömungen europäischer Architektur des 19. Jahrhunderts und veränderte damit die gebaute Umwelt für eine Gesellschaft, die selbst durch neue Wirtschafts- und Bildungssysteme der eigenen Tradition den Rücken kehrte.[8]

Die Entwicklung in Kairo ist nur als Musterbeispiel anzusehen. In der Metropole des Osmanischen Reiches, in Istanbul, vollzog sich das Gesche-

4. Kairo-Būlāq. Im Vordergrund Papierfabrik, 1. Hälfte des 19. Jahrhunderts. Im Hintergrund neuere Verwaltungsbauten anstelle älterer Industrieanlagen und der Fachhochschule aus demselben Zeitraum.

hen auf dem Gebiet der Stadtplanung und der Architektur nicht viel anders, allerdings mit einiger Zeitverschiebung. Auch hier, wie in Kairo, wurden lange und geradlinige Straßen (Boulevards) sowie offene Plätze innerhalb und außerhalb der traditionellen Stadt durchgebrochen, die den Stadtgrundriß und das Stadtbild zunehmend veränderten. Für die Architektur des Neobarock liefern die Beispiele der *Ortaköy*-Moschee (erbaut 1854) und des *Beylerbey Sarayı* (erbaut 1865) einen guten Beleg. In Bagdad wurde im Jahr 1916 Shāriʿ ar-Rashīd, eine Wohn- und Geschäftsstraße, angelegt, die sich am europäischen Vorbild des „Kolonnadenstils" orientiert.[8] (Abb. 3) In Damaskus wurde *Sūq al-Ḥamīdīya* in den siebziger Jahren des 19. Jahrhunderts neu angelegt. Seine Seitenbebauung ist zweigeschossig – im Gegensatz zur traditionellen Norm des eingeschossigen Ladenbaus im *sūq*-Bezirk; ihre Einzelheiten sind klassizistisch gefärbt. Die Stahlüberdachung von Sūq al-Ḥamīdīya erfolgte im Jahre 1878, d. h. gleichzeitig mit der Überdachung der Galleria Vittorio Emanuele II. in Mailand, die ähnlich konzipiert ist.[9]

Die Beispiele für die Verwestlichung der Stadt- und Bauform sind zahllos und können im Rahmen dieser Abhandlung nur angedeutet werden. Es sei jedoch darauf hingewiesen, daß der europäische Klassizismus nicht nur in Ägypten, der Türkei und im syrischen Raum sowie in den benachbarten Gebieten weite Verbreitung gefunden hat, sondern auch im islamischen Osten (z. B. der königliche Palast in Kabul) und Westen (z. B. das Opernhaus in Algier). Er wurde allmählich, wie in Europa, vom Jugendstil abgelöst. Charakteristische Beispiele des Jugendstils finden wir u. a. in Kairo (Synagoge an der Shāriʿ Abd al-Khāliq Tharwat) sowie bei vielen

5. Al-Ismāʿīlīya. Getränkefabrik Schweppes, 1985. Die Bauform unterscheidet sich von denen Europas und Nordamerikas nicht.

Bauten im Stadtteil „Garden City", in Alexandria (Pastroudis Cake Shop) und in Istanbul (ägyptisches Konsulat in Bebek, das als Sommerhaus des ägyptischen Khediven diente).

Auf dem Gebiet der darstellenden Kunst weitete sich der Hang zum Portraitieren aus. Fast alle Herrscher und Großbürger ließen sich – und manchmal auch ihre Frauen – malen (z. B. Ismāʿīl Pascha in Ägypten). Das traditionelle Kunstgewerbe blieb zwar weiterhin lebendig, aber die Vorbilder kamen zunehmend aus Europa. Sämtliche Stilrichtungen Europas des 19. Jahrhunderts wurden nachgeahmt, und es fällt dem Betrachter heute in einem Land wie Ägypten schwer zu erkennen, ob die vorgefundenen kunstgewerblichen Gegenstände von damals aus Europa importierte oder im Lande selbst hergestellte sind.

3. Nationalismus, Übernationalismus (Islamismus) und Internationalismus

Die Gefahr der kulturellen Entwurzelung wurde vielen bewußt. Ein unverkennbarer Nationalismus weitete sich aus und wirkte sowohl in der Politik als auch im Kulturbereich. Auch hier liefert Ägypten mit der von Aḥmad ʿUrābī geführten Bewegung ein lehrreiches, in mancher Hinsicht wegweisendes Beispiel.[10]

Mit der Durchsetzung des Nationalismus veränderte sich der historische Horizont, verlagerte sich das Interesse eines Teils der Kunstschaffenden. Manche wandten sich bewußt der Darstellung vorislamischer Stilmethoden zu. Die Vertreter dieser Richtung sahen in der Verherrlichung der altägyptischen Kultur (und außerhalb Ägyptens in der Leistung z. B. der Perser, Phönizier oder Türken) das Heilmittel gegen die Hilflosigkeit und Ratlosigkeit angesichts eines für sie übermächtigen und fremden Einflusses. Andere sahen im Nationalismus eine aus Europa importierte Rassenvorstellung und versuchten zum Schutz vor Überfremdung und vor Unterbrechung der kulturellen Kontinuität die für sie noch gültigen „islamischen" Formen zu verwenden.

Vertreter des „nationalen" Stils bauten für König Fārūq sein Rasthaus am Fuße der Pyramiden in Gize in Anlehnung an altägyptische Bau- und Dekorationsformen. Der ägyptische Bildhauer und Maler Maḥmūd Mukhtār modellierte in den zwanziger Jahren „Nahḍat Miṣr" („Das Erwachen Ägyptens") als freistehende Plastik einer Frau, die eine auferstehende Sphinx mit ihrem Kopftuch schirmt, im Sinne und im Formenrepertoire Altägyptens. Derartige Kunstleistungen verkörpern nicht nur den Bruch mit der islamischen Tradition, die freistehende Plastik nicht kennt; sie verkörpern darüber hinaus die Politisierung der Kunst – eine Erscheinung, die der traditionellen islamischen Kultur in dieser direkten Form bis dahin unbekannt war. Maḥmūd Mukhtār schuf Reliefs, die sowohl ihrem Inhalt als auch ihrer Technik und ihrer Gestaltungsweise nach altägyptisch anmuten, wie z. B. sein Relief der Gewerbetreibenden (Abb. 6). Dagegen waren

6. Maḥmūd Mukhtār: Gewerbetreibende, Relief. Sowohl Inhalt als auch Gestaltungsweise erinnern an altägyptische Reliefs.

die Vertreter des Übernationalismus (Islamismus) während der ersten Hälfte des 20. Jahrhunderts mit der Verarbeitung althergebrachter islamischer Bau- und Kunstformen für die neue Zeit beschäftigt. In Kairo z. B. wurden ganze Wohn- und Geschäftsblöcke (u. a. in Heliopolis-Roxy und Zamalek) in pseudoislamischen Formen gestaltet (Abb. 7), und selbstverständlich wurden die gleichen Formen für die Gestaltung des „Islamischen Museums" verwendet. In Istanbul wurde der *Vakıf Hanı* im Jahre 1918 gebaut. Es handelt sich dabei um ein sechsgeschossiges Wohn- und Geschäftshaus, das in seiner Organisation sowie seinem Aufbau mitteleuropäischen Wohn- und Geschäftshäusern der zweiten Hälfte des 19. Jahrhunderts nahesteht und weniger dem eigentlichen khān-Typus. Aber seine äußere Form lehnt sich an islamische Vorbilder an. Ebenfalls in Istanbul entstand die Bebauung der *Fuat Paşa Caddesi* Anfang des 20. Jahrhunderts. Ihre äußere Gestalt verrät die Absicht, „islamisch" bauen zu wollen, wenn auch dabei ein klassizistischer Hauch nicht zu verleugnen ist. Fast gleichzeitig entstand in Fes al-Jedīd die Bebauung des Shāriʿ Abū Khusaisāt. Ihre Form stellt den Versuch dar, die eigene islamische bzw. maurische Tradition wieder zu beleben. Parallel dazu setzte sich – insbesondere seit den dreißiger Jahren – nahezu in allen islamischen Ländern die Orientierung an der Entwicklung der Architektur Europas und Amerikas fort. Die Architektur der „Sachlichkeit", des „Internationalen Stils" und des „Bauhauses" gewann an Einfluß. Auch die „organische" Architektur Frank Lloyd Wrights,

7. Kairo-Heliopolis, Roxy: Wohn- und Geschäftshäuser. Die pseudoislamische Architektur ist unverkennbar.

8. Beirut. Haus Corm an der Shāriʿ al-Mathuf. Ein Beispiel einer importierten expressionistischen Architekturform (vom Bürgerkrieg stark zerstört).

dessen unmittelbare Schüler im Nahen Osten und besonders in Ägypten wirkten, breitete sich aus. Beispiele für diese Bauformen und Stile sind mühelos in allen Städten aufzufinden. Aber auch Bauformen des Expressionismus, wie wir ihn in Mitteleuropa kennen, fanden ihre Entsprechung, z. B. im Haus Corm an der Shāriʿ al-Matḥaf in Beirut (Abb. 8).[11]

Auch die darstellende Kunst war und ist primär von den europäischen Strömungen und Richtungen geprägt. In eingerahmten „Gemälden" und nicht mehr in der Strukturierung der Wände, Decken und Fußböden, wie wir sie aus der Tradition kennen, konzentriert sich das Schaffen der neuen Künstler. Impressionistisch malten die Ägypter Aḥmad Ṣabrī („Nach dem Lesen", 1926), kubistisch Gadibiya (Jādhibīya) Sirrī („Nilpanorama", 1950?) sowie Ṣalāḥ ʿAbd al-Karīm („Der Kolonialismus", 1962), dem Formenkanon der „Neuen Sachlichkeit" folgend, Maḥmūd Saʿīd („Aktmodell", 1943).[12] Kann man da noch von einer islamischen Kunst sprechen?

4. Der Industriebau

Gewiß wurde die Veränderung der Gesellschaft, ihrer Stadtstruktur und ihrer Architektur nicht nur formal vollzogen, sondern auch inhaltlich. Hauptsächlich in Ägypten (aber auch anderswo im Nahen Osten, so z. B. in Syrien) wurden große Anstrengungen unternommen, um eine Industriewirtschaft einzuführen. Muḥammad ʿAlī, der Herrscher über Ägypten während der ersten Hälfte des 19. Jahrhunderts, beschäftigte eine große Anzahl von Europäern, um ihn und sein Regime bei der angestrebten Industrialisierung Ägyptens beratend zu unterstützen. Er begünstigte den Anbau bestimmter landwirtschaftlicher Erzeugnisse, um Rohstoffe für die Textilindustrie zu gewinnen. Neue Manufakturen und Werkstätten entstanden nicht nur in Kairo und Umgebung, sondern auch an vielen Orten in Ober- und Unterägypten, und zwar für die Herstellung von Textilien aus Wolle, Baumwolle und Seide, sowie für Chemikalien, Waffen, Munition u. a. m. Die Bausubstanz dieser Anlagen ist weitgehend zerstört worden, einerseits weil die Industrieunternehmen M. ʿAlīs nach der Niederschlagung seiner Armee im Jahr 1841 weitgehend untergingen, andererseits weil der Industriebau naturgemäß auf die schnellen Veränderungen der wirtschaftlichen Zusammenhänge in seiner Substanz ebenso schnell reagiert. Trotzdem gibt es heute noch einige Anlagen, so z. B. die Papierfabrik in Būlāq, die zur Zeit M. ʿAlīs errichtet wurde, welche die Bedeutung jener Industrieunternehmen eindrucksvoll vermittelt (Abb. 4). Industrieanlagen dieser Größenordnung wurden während der zweiten Hälfte des 19. Jahrhunderts so gut wie gar nicht mehr gebaut, weil die Briten als Kolonialherren eine feindliche Einstellung gegenüber der Industrialisierung Ägyptens zeigten. – Seit den zwanziger Jahren unseres Jahrhunderts (hauptsächlich seit der Gründung von Bank Miṣr), aber eigentlich erst nach 1936, als Ägypten eine gewisse fiskalische Autonomie erhielt, begann die Industrie Ägyptens auf breiter Basis zu wachsen. Der Zweite Weltkrieg wirkte in dieser Hinsicht sozusagen „stimulierend“. Nach dem großen Einschnitt in die Wirtschafts- und somit in die Industriegeschichte Ägyptens, den der Militärputsch des Jahres 1952 verursachte, aber insbesondere seit etwa 1970 und im Zusammenhang mit der Liberalisierung der Wirtschaft Ägyptens zur Zeit as-Sādāts, machte die Industrialisierung des Landes große Fortschritte. Ihre Baugebiete und Baulichkeiten unterscheiden sich von denen Europas und Nordamerikas kaum (Abb. 5). Ihre Architektur ist anonym, und anonym sind auch ihre Werktätigen geworden, die sich nunmehr seit 1899 in der *niqāba* (Gewerkschaft) organisieren und nicht mehr durch die *ḥirfa* (Zunft) vertreten lassen.[13]

5. Ortsbezogene Architektur und Stadtplanung

Das Gefühl, im Übergang zu stehen, nur Halbgültiges vorzuweisen zu haben, ist einigen Stadtplanern und Architekten, die im „islamischen“ Raum beheimatet sind oder waren, aber auch einigen Ausländern, insbesondere in den letzten zwei Jahrzehnten, bewußt geworden. Ihnen ist klar geworden, daß der Nationalstaat gesiegt hat, die Nation jedoch nicht. Ihnen ist unklar geblieben, ob der Islam, die Einzelnation, die islamische Übernation *(umma)* oder die sprachliche Verbundenheit von Einzelstaaten der Rahmen des Morgen werden soll. Ihnen erscheint es als die eigentliche Aufgabe, ortsbezogene, d.h. den geographischen, gesellschaftlichen und wirtschaftlichen Gegebenheiten der Gegenwart entsprechend zu planen und zu bauen, um die kulturelle Kontinuität zu wahren und eine Entfremdung der gebauten Umwelt zu vermeiden.

Der ägyptische Architekt Hassan Fathy (Ḥasan Fatḥī) kritisiert die Beengtheit und die Gleichförmigkeit der importierten Grundrisse. Er plädiert dafür, überlieferte Erfahrungen der Bautechnik zu übernehmen und lokale Baumaterialien zu benutzen. Das „Gourna village“ vom Ende der vierziger Jahre ist der Versuch, seinen theoretischen Ansatz in die Praxis umzusetzen.[14] Auch Omar Azzam (ʿUmar Aẓẓām), ebenfalls ägyptischer Architekt, tritt dafür ein, daß die Erkenntnisse und Lebensformen der einheimischen Bevölkerung der Ausgangspunkt für jede neue Entwicklung sein müssen. Er bezweifelt, daß die Einführung neuer Technologien, die Nachahmung der Industrialisierung des Westens in geraffter Form eine Lösung der Probleme bringen können.[15]

Der irakische Architekt Rifʿat al-Jādarjī geht auf die Bedeutung des Begriffs „Stil“ ein. Er hält die Wiederholung von Formen, die jahrhunderte –, wenn nicht jahrtausendelang erprobt worden sind, für notwendig (ohne dabei formalistisch zu werden), um das formale Chaos zu vermeiden. Seine Entwürfe und Bauten zeigen die Vorliebe für die Verwendung von Backstein, das Licht-Schatten-Spiel, die kleinteilige, aber einheitliche Gliederung und die Wechselbeziehung zwischen Innenraum und Außenraum (Abb. 9).[16]

9. Rifʿat al-Jādarjī: Bagdad, ʿImārat al-Auqāf, sechziger Jahre des 20. Jhs. Bewußte Wiederholung von Formen und Techniken, die jahrhundertelang im mesopotamischen Raum erprobt worden sind.

10. Rolf Gutbrod u. a.: Mekka, Hotel- und Konferenzzentrum, 1969–74. Ortsbezogene Architektur, an deren Verwirklichung lokale Künstler tätig waren.

Unter den auswärtigen Architekten, die im islamischen Raum tätig sind, und die sich ernsthaft mit der lokalen Tradition auseinandersetzen, ist der Deutsche Rolf Gutbrod zu nennen. Gutbrod und Partner bauten während der Zeit zwischen 1969 und 1974 ein Hotel- und Konferenzzentrum in Mekka. Obwohl die Bauaufgabe keine traditionelle, sondern eine neuzeitliche ist, ist ihre Lösung nach den lokalen Gegebenheiten orientiert (Abb. 10). Die Nähe der Kaaba und die schönen Berge des Wadis verlangten nach einem Bauwerk, das sich unaufdringlich und harmonisch in die Landschaft einpaßt. Offensichtlich konnten sich die Architekten dieses Bauwerks die Hitze, die Wüste und somit den großen Wert von Oasen, also von Wasser, Pflanzen und Schatten, vorstellen. Ihnen war bewußt, daß man nicht einfach westliche Architektur, Architektur des „Bauhauses“, des „Brutalismus“ oder etwa des „Rationalismus“ dorthin verpflanzen sollte. Die geplanten Oasen sind mit Kafessen, die auf spinnennetzartig gespannten Drahtseilen lagern, beschattet. Die Fensterwände erhielten senkrechte Kafesse. Diese Kafesse sind Holzgitter, die wir im Hedschas (z. B. in Mekka, Medina, Dschidda und Taif) an traditionellen Häusern finden. Für die Hauptsäule des Konferenzzentrums wurden in Anlehnung an den traditionellen Zeltbau Hängedächer aus Drahtseilen und aus wärmeisolierenden Baustoffen verwendet. Lokale Holzschnitzer schnitzten Schrifttafeln. Es wurden arabische Schrifttafeln auch aus Aluminium entwickelt, die z. B. die großflächigen Treppenhäuser gliedern.[17]

Zwei weitere Projekte sollen dieses Kapitel abschließend behandeln. Es sind dies das „Civic Centre“ in Dschidda und die Siedlung Klein-Jubail.

Beide wurden von der Arbeitsgemeinschaft Omar Azzam, David und Hiram (Hirām) Corm und Mohamed Scharabi (Muḥammad Sharābī) u. a. zwischen 1972 bis 1978 konzipiert. Nach einer eingehenden Bedarfsuntersuchung haben die Architekten für das Civic Centre ein differenziertes Raum- und Bauprogramm entwickelt, das ein Kultur- und Geschäftszentrum vorsieht und sich an dem *bāzār*, d. h. an dem eigentlichen Zentrum der traditionellen Stadt im islamischen Raum, orientiert. Die durchgehende Ladenstraße, die Halle als absperrbare Erweiterung und die Hofanlage als abgeschiedener Privatraum oder Lagerhaus sind die eigentlichen Handelseinrichtungen des bāzār. Weder das Warenangebot noch die Branchensortierung haben sich auf die Typenentwicklung der drei genannten Elemente – Ladenstraße, Halle und Hofanlage – ausgewirkt. Vielmehr sind der bāzār und seine Einrichtungen durch ein hohes Maß an Nutzungsanonymität

11. Arbeitsgemeinschaft Omar Azzam, David und Hiram Corm und Mohamed Scharabi u. a.: Dschidda, Civic Centre, 1973. In Anlehnung an den bāzār sieht die Planung eine überdachte Ladenstraße vor, die verschiedene Kultur- und Geschäftsbauten miteinander verbindet.

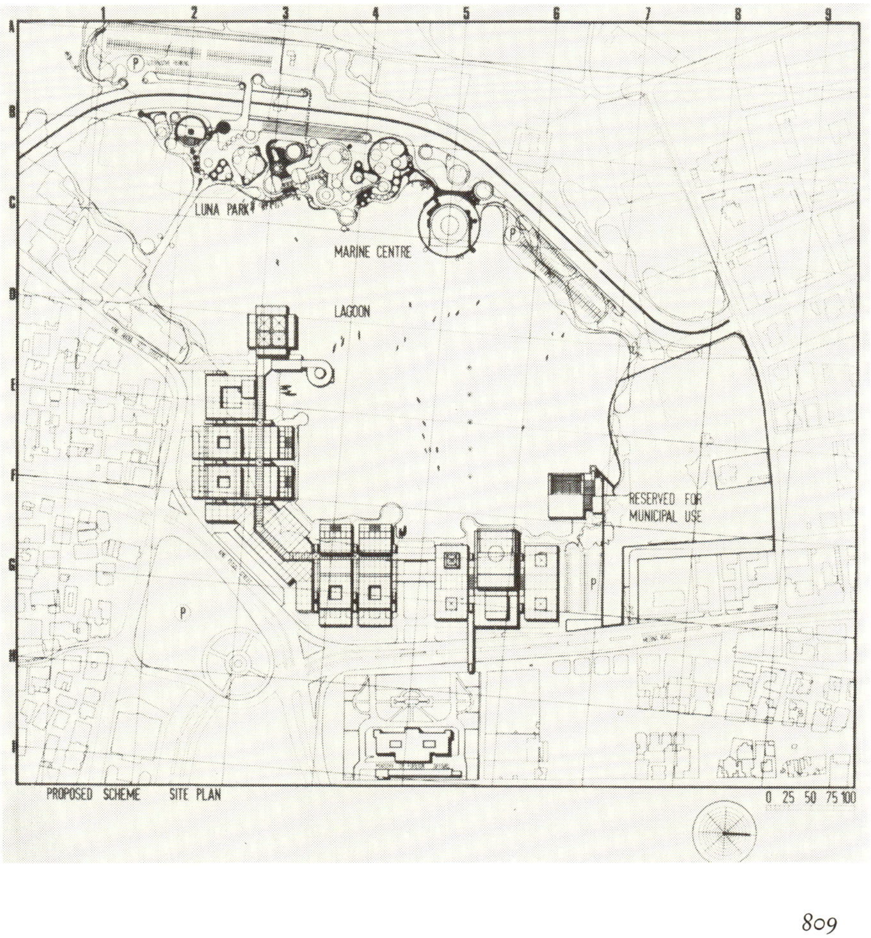

gekennzeichnet, welche Austauschbarkeit der Branchen und überhaupt der Nutzungen erlaubt. Darüber hinaus und bedingt durch seine Lage im Stadtgefüge sowie die Additionsmöglichkeit von Bauanlagen ist der bāzār ein flexibles Gebilde, welches Ausdehnung und Schrumpfung ohne weiteres erlaubt.[18] Diese Aspekte u. a. waren bei der Planung des Civic Centre in Dschidda maßgebend. Die Konzeption war darauf angelegt, eine gewisse Kontinuität zum alten *sūq*, d. h. zum alten bāzār von Dschidda, herzustellen. Sie sieht eine überdachte Ladenstraße vor, die verschiedene Kultur- und Geschäftsbauten miteinander verbindet. Diese Bauten sind in der Mehrzahl Hofanlagen, die multifunktional dienen sollen. Die Anlage kann stufenweise ausgebaut werden und läßt sich beinahe beliebig ausdehnen (Abb. 11).[19]

Das zweite Projekt ist quasi eine kleine Stadt für etwa 16000 Einwohner. Sie liegt in der Nähe von Jubail am Arabisch-Persischen Golf. Die Planer machten es sich zum Ziel, eine Konzeption zu entwickeln, die den natürlichen Gegebenheiten des Baugeländes, dem Klima und einer neuen „islamischen Gesellschaft" entspricht. Um diese islamische Gesellschaft zu verstehen, sollte man sich an die städtische Gesellschaft Mitteleuropas im 19. Jahrhundert erinnern. Hier entstand eine relativ breite Schicht von Akademikern und Halbakademikern, die sich privilegiert fühlten und es tatsächlich auch waren. Diese Gesellschaftsgruppe strebte das Ideal und die Lebensform des Adels und des Großbürgertums an. Sie war sich des neuen Industriezeitalters bewußt, gleichzeitig aber der Tradition verhaftet. Sie konnte und wollte die alte Denk- und Lebensweise nicht aufgeben und schloß einen Kompromiß mit der neuen Zeit. Dieser Kompromiß bestand darin, die althergebrachte Grundordnung der Familie zu pflegen, die traditionelle Gesellschaftsstruktur zu wahren und ein Nationalgefühl zu entwikkeln. Dabei hat man sich der modernen technischen Errungenschaften bedient. Gewollt oder ungewollt hat man die Gesetze der sich schnell entwickelnden Zeit- und Arbeitsteilung über sich ergehen lassen. Es entstand ein neuer Lebensrhythmus, der von den industriellen Produktionsbedingungen bestimmt war. Eine ähnliche Entwicklung vollzieht sich in der heutigen islamischen Gesellschaft. Für diese Gesellschaft wurde Klein-Jubail geplant.

Es ist bekannt, daß die traditionelle Stadt im Nahen Osten normalerweise dicht bebaut ist. Ihre Struktur ist überwiegend vom Typus des Hofbaues geprägt. Dem meist unregelmäßigen Straßenraum gegenüber steht der ruhige, rechteckig angelegte Innenhof. Die Bauten zeigen in der Regel keine große Mannigfaltigkeit an Grundrißformen, sondern ein wenig veränderte Wiederholung einer bestimmten Anzahl von Varianten. Die klimatischen und gesellschaftlichen Hintergründe für die Bildung von Innenhöfen liegen auf der Hand. Auffallend bei den traditionellen Wohnhäusern ist die reiche Gestaltung des Innenhofes, aber auch der Innenräume überhaupt. Die äußere Gestalt der Häuser ist dagegen meistens schlicht. Es fällt dem Betrachter dieser Häuser vom Äußeren her schwer zu erkennen, ob die Bewohner arm oder reich sind. Armut oder Reichtum zeigen sich im

12. *Arbeitsgemeinschaft Omar Azzam, David und Hiram Corm und Mohamed Scharabi, Klein-Jubail, Gesamtanlage. Die Bildung von Innenhöfen wurde sowohl für die städtebauliche Konzeption als auch für die Einzelbauten zum obersten Planungsziel erhoben.*

Innenausbau. Neben diesem Gestaltungskanon existiert eine Vielzahl von Gestaltungsmitteln, die dem Schutz vor äußeren Einflüssen dienen sollen. Dabei spielt die Frage der Beschattung sowie der Be- und Entlüftung eine große Rolle. Die innere Organisation dieser Häuser ist denkbar einfach und überschaubar. Es handelt sich immer wieder um zwei bis drei Bereiche, die räumlich voneinander getrennt sein sollen. Das sind der private bzw. familiäre Sektor, der öffentliche bzw. Gästesektor und schließlich – bei den wohlhabenden Bewohnern – der Sektor für das Dienstpersonal. Es wurde – und es wird immer noch – großer Wert darauf gelegt, diese Bereiche strikt voneinander zu trennen.

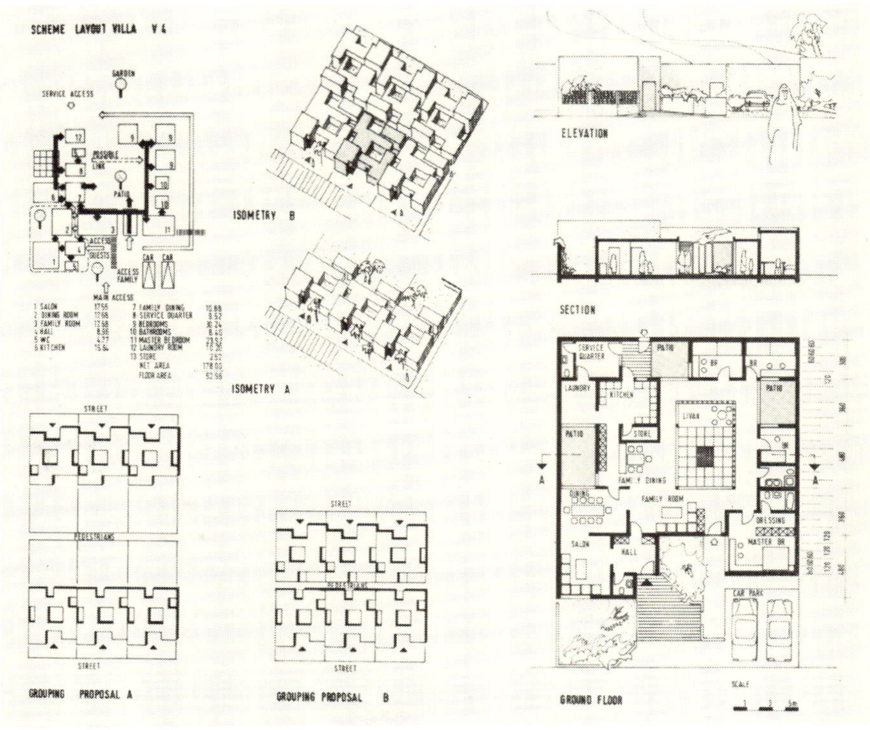

13a und 13b. Arbeitsgemeinschaft Omar Azzam, David und Hiram Corm und Mohamed Scharabi, Klein-Jubail, Ein- und Mehrfamilienhäuser. Bei ortsbezogener Architektur kommt es darauf an, von der traditionellen Form zu schöpfen, sie aber keineswegs zu kopieren.

Diese Aspekte u. a. waren Leitmotive bei der Gestaltung von Klein-Jubail (Abb. 12). Gleichzeitig haben sich die Planer leiten lassen von Grundlagen des neueren Städtebaus, die von den gegenwärtigen und künftigen infrastrukturellen Erfordernissen bestimmt sind. Zwei Hauptfaktoren haben die Planung wesentlich beeinflußt: Eine ständige Belüftung der Stadt durch die Meeresluft – wir haben es hier mit warmfeuchtem Klima zu tun – und eine reibungslose Verkehrsstruktur. Der Plan sieht vier Wohnviertel vor, die sich um das Hauptzentrum, den sūq bzw. bāzār, gruppieren. Die Bildung von Innenhöfen wurde aus den schon angeführten gesellschaftlichen und klimatischen Bedingungen zum obersten Planungsziel erhoben. Die vier Nachbarschaften gruppieren sich quasi zu einem öffentlichen Hof, der die vorhandenen Sanddünen und sonstige Vegetation beinhaltet und sich zum Golf hin öffnet. Die Nachbarschaften selbst sind so geplant, daß durch die höhere Randbebauung ein Innenhof entsteht. Und schließlich ist die Mehrzahl der Häuser selbstverständlich als Hofanlagen konzipiert. Dem Beispiel der traditionellen Stadt folgend, erhalten die Häuser eine fast einheitliche Erscheinungsform. Die althergebrachte Teilung in *ḥarāmlik* und *salāmlik*,

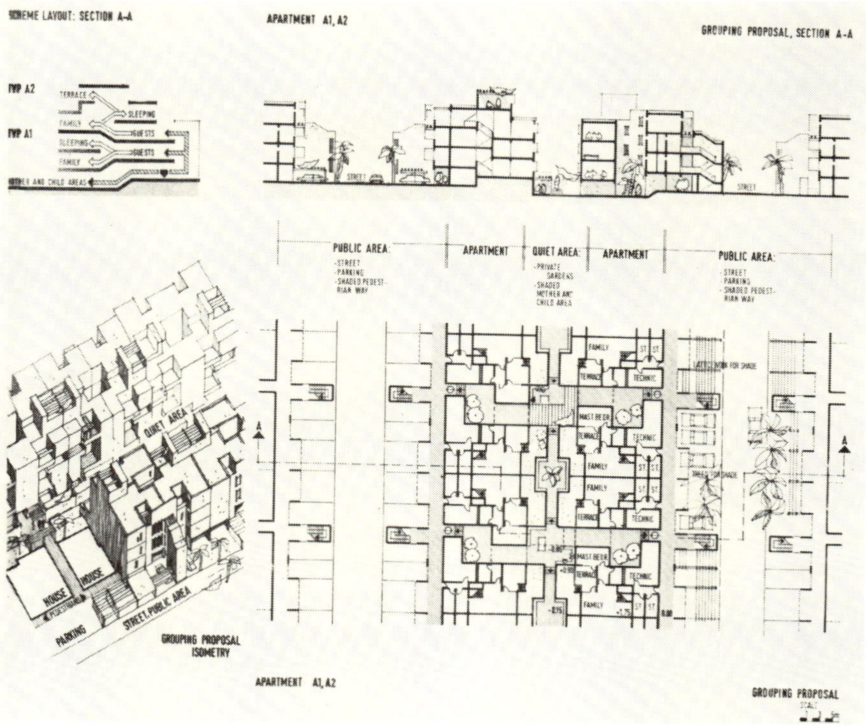

13 b.

d. h. in private und öffentliche Bereiche, wird hier praktiziert. Das gilt nicht nur für Einfamilienhäuser, sondern auch für Wohnungen in Mehrfamilienhäusern (Abb. 13). Die Einfamilienhäuser sind überwiegend Flachbauten, die Mehrfamilienhäuser bestehen aus vier Etagen, so daß nirgends ein Fahrstuhl benötigt wird.

Die Anwendung alter Bauregeln führt dazu, keine einzeln stehenden „Villen“ einzuplanen. Gemeinsame Wände, Rück- und Vorsprünge in horizontaler und vertikaler Ebene, Bildung von kleinen Höfen sowie Orientierung der Räume zu denselben machen eine mechanisierte Klimaanlage beinahe überflüssig. Auch die Anwendung von Ziegeln als Hauptbaustoff ist in dieser Hinsicht wichtig. Die wenigen Öffnungen an den Außenfronten sind so klein gehalten, daß ein zusätzlicher Sonnenschutz nicht notwendig wird. Alle Häuser sind weiß gekalkt, damit die Sonnenstrahlen mehr reflektiert und weniger absorbiert werden. (Abb. 14).

Mit obigen Ausführungen sollte zum Ausdruck gebracht werden, daß es bei ortsbezogener Stadtplanung, Architektur und darstellender Kunst darauf ankommt, aus dem Wesen der traditionellen Bauformen zu schöpfen, sie aber keineswegs zu kopieren. Das Entscheidende an diesen Bemühungen ist, daß man versucht, in sinnvoller Weise an die traditionellen Formen von Architektur und Kunst anzuknüpfen, ohne dabei den weitgespannten Anspruch zu erheben, „islamisch“ gestalten zu wollen.

14. Klein-Jubail (1989). Arbeitsgemeinschaft Omar Azzam, David und Hiram Corm und Mohamed Scharabi.

Dennoch bleibt die Versuchung groß, doch „islamisch" gestalten zu können. Dafür bietet die im Nahen Osten mißverstandene Kultur der „Postmoderne" viele Möglichkeiten. In Aleppo, z. B., entstanden Bauten unterschiedlicher Gattungen, welche an die Architektur längst vergangener Epochen anknüpfen sollen (Abb. 15). Eine Art Historismus ist wiedererstanden, dem es an innerem Gehalt und Kraft fehlt.

15. Aleppo. Villa im Neubaugebiet ash-Shahbāʾ (1992).

Anhang

Anmerkungen

Erster Teil
Historische Ausbreitung, Politik- und Religionsgeschichte

III. Der schiitische Islam *(Werner Ende)*

1. S. den Beitrag von *W. Schmucker* im vorliegenden Band.
2. *M. G. S. Hodgson:* How did the early Shiʿa become sectarian? In: Journal of the American Oriental Society 75 (1955) 1–13. Zum weiteren geistesgeschichtlichen und religiös-politischen Zusammenhang s. *T. Nagel:* Staat und Glaubensgemeinschaft im Islam, Band I, Zürich u. München, 1981, besonders 81–109 u. 131–279.
3. *E. Kohlberg:* Some Shīʿī views of the antediluvian world. In: Studia Islamica (Paris) 52 (1980) 41–66.
4. *W. Ende:* Arabische Nation und islamische Geschichte, Beirut u. Wiesbaden, 1977, 11–19 u. 113–169; *ders.*: Sunniten und Schiiten im 20. Jh. In: Saeculum (Freiburg/München) 36 (1985) 187–200.
5. *M. M. Ayoub:* Redemptive Suffering in Islam. A Study of the Devotional Aspects of ʿĀshūrāʾ in Twelver Shiʿism, Den Haag (etc.), 1978. Zur legendären Ausschmückung der Ereignisse von Kerbela in der schiitischen Literatur s. z. B. *F. Wüstenfeld:* Der Tod des Ḥusein ben Ali und die Rache (...), Göttingen, 1883 (Abhandlungen der histor.-philolog. Classe der Kgl. Gesellschaft der Wissenschaften zu Göttingen, XXX).
6. Zur frühen Entwicklung der zwölferschiitischen Imamatstheorie s. *H. Modarresi:* Crisis and Consolidation in the Formative Period of Shiʿite Islam, Princeton, 1993.
7. Zum klassischen schiitischen *tafsīr* s. *H. Gätje:* Koran und Koranexegese, Zürich u. Stuttgart, 1971, 313–323.
8. *D. Monchi-Zadeh:* Taʿziya, das persische Passionsspiel (...), Stockholm, 1967, u. *P. Chelkowski* (ed.): Taʿziyeh. Ritual and Drama in Iran, New York, 1979, sowie „ʿAzādārī" (v. *J. Calmard*). In: Encyclopaedia Iranica, edited by *E. Yarshater*, III, London u. New York, 1989, 174–177.
9. *W. Ende:* The Flagellations of Muḥarram and the Shiʿite ʿUlamāʾ. In: Der Islam 55 (1978) 19–36.
10. S. Orient (Hamburg) 14 (1973) 3, 103. – Der 1981 abgesetzte iranische Staatspräsident Abū l-Ḥasan Banī Ṣadr gehört nicht zu dieser Familie.
11. Dazu mehrere Beiträge in *S. A. Arjomand* (ed.): Authority and Political Culture in Shiʿism, Albany/New York, 1988.
12. *Ayatollah Chomeini:* Der islamische Staat, Berlin 1983, 102–106 u. passim; vgl. *K.-H. Göbel:* Moderne schiitische Politik und Staatsidee, Opladen, 1984, besonders 206–219.
13. Aus der Fülle der Literatur zu diesem Thema s. etwa *D. Menashri* (ed.): The Iranian Revolution and the Muslim World, Boulder/Colorado, 1990.

14. S. On the Sociology of Islam. Lectures by *Ali Shariati*, translated by H. Algar, Berkeley, 1979.
15. S. den Artikel „Ghulāt“, in: EI^2 (The Encyclopaedia of Islam), second edition, II, 1093–95, und *H. Halm:* Die Schia, Darmstadt, 1988, 186–192.
16. S. dazu *M. El-Azzazi:* Die Entwicklung der Arabischen Republik Jemen, Tübingen u. Basel 1978, und *M. W. Wenner:* The Yemen Arab Republic. Development and Change in an Ancient Land, Boulder/Colorado, 1991.
17. Zur Rolle der Stämme in Geschichte und Gegenwart s. *P. Dresch:* Tribes, Government, and History in Yemen, Oxford, 1989.
18. *G. vom Bruck:* „Jemen“. In: *M. u. U. Tworuschka* (Hrsg.): Religionen der Welt, München, 1992, 228–230.
19. Eine diesbezügliche Wortmeldung des im Exil lebenden, 1962 gestürzten Imams Muḥammad al-Badr Ḥamīd ad-Dīn findet sich in „Arab News“ (Riad), 7. Okt. 1990, 9.

V. Das Verbreitungsgebiet der islamischen Religion: Zahlen und Informationen zur Situation in der Gegenwart

(Peter Heine)

1. *S. M. Zwemer u. a. (ed.):* The Mohammedan World of Today, London/Edinburgh, [2]1906, 289.
2. *G. Baer:* Population and Society in the Middle East, London, 1964, 36.
3. *H. Adrian:* Ethnologische Fragen der Entwicklungsplanung. Gbeniki – Die ethnologische Erforschung eines Bariba-Dorfes, Meisenheim, 1975, 25.
4. *Ibn Baṭṭūṭa:* Voyages d'Ibn Battuta, Texte Arabe accompagné d'une traduction par C. Defremery et B. R. Sanguinetti, Paris, [4]1922, 422.
5. *B. G. Martin:* Muslim Brotherhoods in Nineteenth-Century Africa, London, 1976, die Seiten 17, 73, 82.
6. *I. A. G. Panjwani:* Muslims in Malawi. In: Journal Institute of Muslim Minority Affairs 1/2-2/1 (1979/80), 158–168, hier 167.
7. *I. Wilks:* The Position of Muslims in Metropolitan Ashanti in the Early 19th Century. In: *I. M. Lewis* (ed.): Islam in Tropical Africa, London, 1966, 328.
8. *ʿUmarī:* L'Afrique moins l'Égypte, traduite par M. Gaudefroy-Demombynes, Paris, 1927, 60; *Bakrī:* Description de l'Afrique Septentrional par el-Bekri, traduite par M. de Slane, Alger/Paris, 1913, 178 f.
9. *J. S. Trimingham:* Islam in West Africa, Oxford, 1959, 31.
10. *I. M. Lewis* (ed.): Islam in Tropical Africa, London, 1966, 60.
11. *C. C. Adams:* Islam and Modernism in Egypt, London, 1933, Reprint New York, 1968, 195 f.
12. Vgl. den Beitrag „Internationale islamische Organisationen“, Abschnitt „Die Organisation der Islamischen Konferenz“, von *J. Reissner* im vorliegenden Band.
13. *A. Alkazaz:* Regionale Organisationen. In: Nahost Jahrbuch, herausgegeben vom *Deutschen Orient-Institut (Koszinowski, T.* u. *H. Mattes),* Opladen, 1994, 175–184, besonders 181 f.
14. The Muslim World. Basic Informations about the Member Countries of the Islamic Secretariat, Karachi, 1974.
15. Von 1960–1981 war mit Senghor ein Christ Staatspräsident des Senegal; vgl. den Beitrag „Die unabhängigen Staaten Schwarzafrikas“ von *J. M. Abun-Nasr* im vorliegenden Band.

16. Die Bevölkerungsangaben in einigen Beiträgen des vorliegenden Bandes weichen zum Teil von den hier genannten ab. In der Tabelle „Muslimische Weltbevölkerung" wird in Fußnoten auf die differierenden Angaben hingewiesen. Zusätzliche Quelle für Bevölkerungszahlen, aus denen die Zahlen der muslimischen Bevölkerung hochgerechnet wurden, sind die betreffenden Länderbeiträge. In: Nahost Jahrbuch 1993, herausgegeben vom *Deutschen Orient-Institut (Koszinowski T.* u. *H. Mattes),* Opladen, 1994.
17. Diese Zahl wurde dem Beitrag „Horn von Afrika" von *H. Müller* im vorliegenden Band entnommen.
18. *H. Müller* nennt in seinem Beitrag „Die Islamisierung des subsaharischen Afrika" (im vorliegenden Band) die nicht gesicherte Schätzung von 30% Muslimen in Kenia.
19. Nach *U. Clausen:* Marokko. In: Nahost Jahrbuch 1993: op. cit., 118, ergibt sich eine Zahl von 24,4 Millionen Muslimen.
20. Nach *H. Mattes:* Sudan. In: Nahost Jahrbuch 1993: op. cit., 143, ergibt sich eine muslimische Bevölkerung von 18,4 Millionen.
21. Deutlich niedrigere Zahlen bei *M. D. Ahmed:* Afghanistan. In: Nahost Jahrbuch 1993: op. cit., 49.
22. Vgl. den Beitrag „China" von *H. Bräker* im vorliegenden Band, nach dem Zahlenangaben rein spekulativ sind.
23. Die GUS-Staaten sind Nachfolgestaaten der ehemaligen Sowjetunion. *H. Bräker* geht in seinem Beitrag „Rußland, Islamische Republiken des Kaukasus und Zentralasiens" im vorliegenden Band von ca. 50–60 Millionen Muslimen aus.
24. Nach inoffiziellen Angaben (1980) sind nur 73% der indonesischen Bevölkerung Muslime; vgl. den Beitrag „Südostasien", Abschnitt „Indonesien" von *O. Schumann* im vorliegenden Band.
25. Nach *A. Alkazaz:* Golfstaaten. In: Nahost Jahrbuch 1993: op. cit., 63, sind es 1,974 Millionen.
26. Geht die Berechnung von einer Gesamtbevölkerung von 4 Millionen (Stand 1990) aus, so ergibt sich die Zahl von 2,4 Millionen Muslimen im Libanon.
27. Nach *O. Schumann:* op. cit., Abschnitt „Thailand", sind es nur eine Million Muslime.
28. Die Angaben für die Staaten des ehemaligen Jugoslawien stammen von *R. Grulich:* „Osteuropa und Balkan", die Daten für „Westeuropa" von *N. Landman,* beide im vorliegenden Band. Wo den Daten nur Schätzungen zugrunde liegen, fehlen Prozentangaben.
29. *N. Landman:* op. cit., spricht von nur knapp einer Million Muslime in Großbritannien.
30. *N. Landman:* op. cit., gibt 290000 Muslime an.
31. *N. Landman:* op. cit., gibt 472000 Muslime an.
32. *Grulich:* op. cit., gibt nur 50000 Muslime, also 0,3% der Gesamtbevölkerung, an.

Zweiter Teil
Die politische Rolle des Islams in der Gegenwart

I. Die innerislamische Diskussion zur modernen Wirtschafts- und Sozialordnung (*Johannes Reissner*)

1. Vgl. den Artikel „Sozialismus“ von *W. Ende*. In: *K. Kreiser* u. a. (Hrsg.): Lexikon der islamischen Welt, Stuttgart, 1974, III, 115–117.
2. Englische Übersetzung in: *S. A. Hanna* u. *G. H. Gardner:* Arab Socialism, a Documentary Survey, Leiden, 1969, 275–288.
3. Auszugsweise englische Übersetzung in: *S. A. Hanna* u. *G. H. Gardner:* op. cit., 205–216.
4. Englische Übersetzung in: *S. A. Hanna* und *G. H. Gardner:* op. cit., 266–274. – Zu Abū Dharr s. *U. Haarmann:* Abū Dharr – Muhammad's Revolutionary Companion. In: Muslim World (Hartford/Connecticut) 68 (1978) 285–289.
5. Für den indisch-pakistanischen Raum vgl. das Kapitel „Three Theories of Islamic Socialism“. In: *A. Ahmad:* Islamic Modernism in India and Pakistan 1857–1964, London, 1967, 195–207.
6. Vgl. *J. Reissner:* Ideologie und Politik der Muslimbrüder Syriens 1947–1952, Freiburg, 1980, 316–321.
7. Zu diesen beiden Gruppen vgl. die Kapitel A II und III bei *W. Ule:* Der arabische Sozialismus und der zeitgenössische Islam, Opladen, 1969, 58–103. Auch die Darstellung der Diskussion aus marxistischer Sicht bei *N. Balluz:* Nichtkapitalistische Entwicklung und Islam, 1970.
8. Vgl. *D. Khálid:* Die politische Rolle des Islams im Vorderen Orient, 1978, 133 f.
9. Zu der Islamischen Entwicklungsbank und der Islamischen Konferenz vgl. den Beitrag von *J. Reissner* „Internationale islamische Organisationen“ im vorliegenden Band.
10. Außer den hier schon erwähnten Werken von Saiyid Quṭb und Muṣṭafā as-Sibā'ī nennt Muḥammad al-Mubārak noch „Der Islam und die gegenwärtigen Wirtschaftsordnungen“ („al-Islām wa-n-nuẓum al-iqtiṣādīya al-mu'āṣira“) von Abū l'A'lā al-Maudūdī und „Iqtiṣādunā“ von Muḥammad Bāqir aṣ-Ṣadr. Zu letzterem s. *A. Rieck:* Unsere Wirtschaft. Eine gekürzte kommentierte Übersetzung des Buches „Iqtiṣādūna“ von Muḥammad Bāqir aṣ-Ṣadr, Berlin, 1984.
11. Englische Übersetzung des entsprechenden Kapitels in: *S. A. Hanna* u. *G. H. Gardner:* op. cit., 149–179.
12. Vgl. *A. Rieck:* op. cit.
13. Von Banī Ṣadr liegt nicht nur ein Buch mit dem allgemein gehaltenen, „üblichen“ Titel „Wirtschaft gemäß dem Islam“ („Eqteṣād dar maktab-e eslām“), aus dem Arabischen übersetzt von Ali Hojjati-Kermāni, Teheran, 1350 (1971) vor, sondern auch ein nach der Revolution verfaßtes über die Arbeiterfrage: „Arbeit und Arbeiter im Islam“ („Kār wa kārgār dar eslām“), Teheran, 1359 (1980). Zu den Volksmujahidin und der sozialen Einheit, die aus der ontologischen resultiert, vgl. *K. Rajavi:* La révolution iranienne et les moudjahédines, Paris, 1983, 111.
14. *A. Schirazi:* The Problem of the Land Reform in the Islamic Republic of Iran. Complications and Consequences of an Islamic Reform Policy, Berlin, 1987 (Ethnizität und Gesellschaft, Occasional Papers, 10).

15. Zu konkreten Entwicklungen vgl. *A. Gärber:* Islam, finanzielle Infrastruktur und wirtschaftliche Entwicklung. Eine Analyse ökonomischer Implikationen der Revitalisierung des Islams unter besonderer Berücksichtigung der Länder Pakistan und Ägypten, Frankfurt/Bern/New York/Paris, 1992. Ferner *J. Kooroshy:* Wirtschaftsordnung der Islamischen Republik Iran. Anspruch und Wirklichkeit, Hamburg, 1990 (Deutsches Orient-Institut, Mitteilungen, 39).
16. *V. Perthes:* Die Fiktion des Fundamentalismus. Von der Normalität islamistischer Bewegungen. In: Blätter für deutsche und internationale Politik (Februar 1993) 2, 188–200.
17. So der Titel der in Hamburg 1993 vorgelegten Habilitationsschrift, die die Vielfalt der aktuellen innerislamischen Diskussion zum Gegenstand hat: *G. Krämer:* Islam, Menschenrechte und Demokratie. Studien zu Theorie und Praxis zeitgenössischer sunnitischer Muslime.

II. Islamische Ökonomik in der Praxis: Zinslose Banken und islamische Wirtschaftspolitik
(Volker Nienhaus)

1. Laufende Informationen über die Aktivitäten islamischer Banken finden sich u. a. in folgenden Periodika: Middle East Economic Digest, The Middle East, The Banker. Für Fallstudien und zusammenfassende Würdigungen vgl. etwa *R. Wilson* (ed.): Islamic Financial Markets, London, New York, 1990; *V. Nienhaus:* The Performance of Islamic Banks. Trends and Cases. In: *C. Mallat* (ed.): Islamic Law and Finance, London, 1988, 129–170.
2. Grundlage der Finanzierungen ist bislang im wesentlichen das von den Mitgliedstaaten eingezahlte Kapital; in Zukunft sucht die Bank aber auch nach Wegen, um zinslos Mittel am Kapitalmarkt zur Finanzierung ihrer Tätigkeiten aufzunehmen. Am Ende des Geschäftsjahres 1412H (= 30. 6. 1992) betrug das genehmigte und gezeichnete Kapital rd. 2,6 Mrd. US-$, wovon rd. 2,2 Mrd. US-$ eingezahlt waren. Am 4. 7. 1992 beschloß der Gouverneursrat eine Verdreifachung des genehmigten Kapitals auf fast 8 Mrd. US-$. Dieses zusätzliche Kapital soll im Laufe der nächsten Jahre zur Zeichnung angeboten und schrittweise eingezahlt werden. Auf die drei größten Kapitalzeichner der Bank entfallen zusammen mehr als 50% des Kapitals und der daran gekoppelten Stimmrechte: auf Saudi-Arabien 25%, auf Libyen 15%, auf Kuwait 12%; nach einer Aufstockung seines Kapitalanteils ist Iran mit knapp 9% der viertgrößte Kapitalzeichner vor der Türkei mit 8% und den Vereinigten Arabischen Emiraten mit 7%; vgl. *Islamic Development Bank:* Annual Report 1412H (1991–1992), Dschidda, 1992.
3. Es existiert in Dänemark eine Bank mit einer Banklizenz nach nationalem Recht, die ihre Geschäfte aber so weit wie möglich nach islamischen Grundsätzen abwickeln will; eine ähnlich arbeitende Bank in Großbritannien wurde 1994 (nicht aus wirtschaftlichen Gründen) geschlossen. Außerdem wurde in der Schweiz eine bankähnliche Finanzinstitution errichtet, aus der eine Handelsbank hervorgehen soll. Investmentgesellschaften existieren u. a. in Großbritannien und in den USA. Schließlich sind Holding-Gesellschaften insbesondere der DMI-Gruppe zu erwähnen, die ihren Sitz in der Schweiz, in Luxemburg und auf den Bahamas haben.
4. Bei dieser Reihung sind allerdings die in Bahrain tätigen Offshore-Banken der DMI- und der Albaraka-Gruppe nicht berücksichtigt.

5. Zum Vergleich: International weisen mehr als 10 Banken individuelle Bilanzsummen von 240 Mrd. US-$ und mehr (maximal 445 Mrd. US-$) aus, darunter allein 7 japanische Banken; die Bilanzsumme der Deutschen Bank betrug 296 Mrd. US-$.
6. Im Vergleich dazu: Allein die drei nach Kapital weltweit größten Banken (japanisch) hatten 1991 zusammen ein Kapital von ca. 48 Mrd. US-$.
7. Die größte islamische Investmentgesellschaft ist die Mitte der siebziger Jahre gegründete und zur DMI-Gruppe gehörende *Islamic Investment Company of the Gulf* (Sharjah und Bahrain); die von ihr angelegten Gelder erreichen eine Größenordnung von 2 Mrd. US-$.
8. Islamische Banken sind nicht nur in der Finanzierung des Binnenhandels, sondern auch in der Außenhandelsfinanzierung engagiert; zur Verringerung der wirtschaftlichen und politischen Risiken wurde von der IDB mit einem genehmigten Kapital von rd. 200 Mio. US-$ eine *Islamic Investment and Export Credit Insurance Corporation* gegründet, die zunächst Exportkreditversicherungen gegen wirtschaftliche und politische Risiken beim Handel zwischen Mitgliedsländern der IDB anbietet. Investitionsfinanzierungs- und Rückversicherungen sollen folgen. Ein anderes Modell zur Absicherung von Außenhandelsfinanzierungen wurde von den Zentralbanken Malaysias und Irans entwikkelt; dabei begleicht jeweils die Zentralbank des importierenden Landes im Garantiefall Forderungen der Exporteure des anderen Landes. Auf diese Weise können z. T. erhebliche Gebühren eingespart werden, die internationale Banken für solche Garantien verlangen.
9. Das islamische Recht gibt ja nur das Prinzip vor und legt nicht fest, was bei Unternehmen, die auf Dauer angelegt sind, der relevante Gewinn oder Verlust ist. Die Probleme mit der Zurechnung und Periodisierung von Kosten in Gestalt von Abschreibungen (und die daraus resultierenden Bewertungsspielräume) traten in der historischen Phase der Ausformulierung des islamischen Wirtschaftsrechts bei den typischen Handelsgeschäften, für die Gewinn- und Verlustbeteiligungen vereinbart wurden, kaum auf: Wenn man gemeinsam Kapital zur Ausrüstung einer Handelskarawane bereitstellt, läßt sich nach der Rückkehr der Karawane und Verkauf der Handelsgüter der Gewinn als einfacher Überschuß leicht bestimmen.
10. Ob damit auch ein System geschaffen wird, das die gleiche oder sogar eine noch höhere Leistungsfähigkeit besitzt wie die auf Zins beruhenden Kapitalmärkte, ist eine andere Frage, die hier nicht diskutiert werden kann. Vorbehalte gegenüber sehr optimistischen Einschätzungen muslimischer Ökonomen sind jedoch angebracht.
11. Die dafür in Pakistan und im Iran entwickelten Praktiken dürften einer genaueren islamrechtlichen Prüfung nur schwer standhalten.
12. Dies darf nicht mit einem Rückgriff auf das große Arsenal der Rechtskniffe und Umgehungsgeschäfte verwechselt werden: Dabei ging es stets darum, nur einen Handel bzw. ein Realgeschäft zu konstruieren (vorzutäuschen), um dem Kreditnehmer letztlich nicht das Sachgut, welches Gegenstand des Handels ist, sondern Liquidität zu seiner freien Verfügung zu verschaffen. Bei der Aufschlagsfinanzierung islamischer Banken ist aber nicht das das Ziel, sondern es geht tatsächlich darum, dem Finanzierungsnachfrager das betreffende Sachgut oder die Nutzungsrechte daran zu verschaffen.
13. Für laufende Informationen vgl. neben den in Anm. 1 genannten Periodika auch die „Far Eastern Economic Review“ sowie die vom *Deutschen Orient-Institut* herausgegebenen Nahost Jahrbücher.

14. Die im Gesetz enthaltene Forderung nach Eliminierung des Zinses (innerhalb von drei Jahren, wenn das Parlament die Frist nicht verlängert) ist bereits seit 1956 in der Verfassung enthalten.
15. Die Entrichtung von *zakāt* – einer oft als Almosen-, Armen- oder Sozialsteuer bezeichneten Abgabe – ist eine der höchsten religiösen Pflichten der Muslime. Grob gesagt ist zakāt eine Abgabe von 2,5% des Nettovermögens einer Person, sofern dieses einen bestimmten Freibetrag überschreitet. Ergänzt wird zakāt durch *ʿushr*, eine Abgabe von 5 bzw. 10% der Erträge landwirtschaftlicher Produktion (bei natürlicher bzw. künstlicher Bewässerung der Felder), soweit wiederum bestimmte Freibeträge überschritten werden. Die Regeln für zakāt (insbesondere hinsichtlich der Verwendung) werden bei ʿushr analog angewandt. Die zakāt-Mittel dürfen nur für bestimmte, im Koran abschließend aufgezählte Gruppen von Empfangsberechtigten verwendet werden, insbesondere für Arme und Bedürftige. Am 20. Juni 1980 trat die (später wiederholt geänderte) zakāt- und ʿushr-Verordnung in Kraft; der Teil, der sich auf ʿushr bezog, wurde erst ab 1983 bei bestimmten Agrarerzeugnissen angewandt. Während bei Bankguthaben ein Quellenabzugsverfahren praktiziert wird, liegt der Abgabe bei den übrigen Vermögensobjekten und bei den landwirtschaftlichen Erträgen eine Selbsteinschätzung zugrunde. Es überrascht daher nicht, daß die Einnahmen hinter den Erwartungen zurückgeblieben sind. Die zakāt-Mittel fließen zakāt-Fonds zu, die regional-hierarchisch gegliedert sind (von der Bundes- über die Provinz- und Distrikt- zur Bezirks- und Gemeindeebene) und von Räten bzw. Komitees verwaltet werden. Die Entscheidung über die Verwendung der zakāt-Mittel wird an der Basis von den lokalen zakāt-Komitees getroffen, die grundsätzlich von der Staatsbürokratie unabhängig sein sollen; das bedeutet allerdings nicht, daß bei den Verwendungsentscheidungen stets nur nach Bedürftigkeit vorgegangen wird. Von verschiedenster Seite (Politik, *ʿulamāʾ*, Großgrundbesitzer usw.) wurde immer wieder versucht, die lokalen Komitees zu beeinflussen oder unter Druck zu setzen. Das Aufkommen an zakāt und ʿushr ist mit ca. 2–3 Mrd. Rupien gering und erreicht nur eine Größenordnung von 10% der laufenden Ausgaben von Bundes- und Provinzregierungen für soziale Dienste, die wiederum nur 10–15% der gesamten laufenden Ausgaben ausmachen.
16. Bei der Anwendung der islamisch zulässigen Finanzierungsformen ergibt sich für die Banken das Problem, daß sie säumigen Schuldnern keinen Strafzins mehr berechnen können und die Gefahr besteht, daß sie durch Gewinnmanipulationen bei Erfolgsbeteiligungsfinanzierungen (ganz oder teilweise) ihre Erträge einbüßen. Um ihre (berechtigten) Ansprüche aus islamisch zulässigen Finanzierungen durchzusetzen, sind die Banken auf die Hilfe und auf Sanktionsandrohungen des Staates angewiesen. Dem wurde mit der am 1. Januar 1985 in Kraft getretenen *Banking Tribunals Ordinance* Rechnung getragen, durch welche spezielle Gerichte für Rechtsstreitigkeiten im Zusammenhang mit Bankgeschäften errichtet wurden. Dem früheren Strafzins vergleichbare finanzielle Sanktionen sollen von diesen Gerichten (und nicht von den Banken, wie es im konventionellen System der Fall wäre) verhängt werden.
17. Dieses Gericht war am 26. 6. 1980 durch Order von General Zia ul-Haq eingerichtet und mit der Befugnis ausgestattet worden, jedes unislamische Gesetz für ungültig zu erklären, wenn es nicht innerhalb von 6 Monaten nach dem Urteil geändert worden ist. Davon waren für eine zunächst dreijährige, dann zweimal um jeweils ein Jahr und schließlich nochmals um 5 Jahre verlängerte (insgesamt also 10jährige) Übergangszeit Gesetze aus dem Bereich der

öffentlichen Finanzen und des Banksystems ausgenommen. Als die Übergangszeit auslief, hatte das *sharīʿa*-Gericht 119 Fälle zu bearbeiten, in denen es darum ging, daß verschiedenste Wirtschaftsgesetze des Landes unislamisch seien.

18. Bereits vor ihrer Einführung hatte der *Rat für islamische Ideologie* auf die problematische Zinsnähe hingewiesen und empfohlen, diese Instrumente möglichst durch erfolgsbeteiligte Finanzierungstechniken zu ersetzen.
19. Vgl. dazu *N. A. Zaidi:* Eliminating Interest from Banks in Pakistan, Karachi, 1987.
20. Die Formulierung im üblichen *Agreement for Financing* lautet: „The Customer has agreed to sell the Bank raw materials / finished goods / spares / machinery, etc. ... (and) to purchase the same from the Bank on the basis of mark-up on terms and conditions hereinafter appearing." *A. R. Akhtar:* The Law and Practice of Interest-Free Banking with Banking Tribunals Ordinance, Lahore, 1988, 185.
21. Vgl. zum folgenden *J. Kooroshy:* Wirtschaftsordnung der Islamischen Republik Iran, Hamburg, 1990; *I. Hetsch:* Islam und Unterentwicklung: Konzeptionelle Ansätze zur Überwindung der Unterentwicklung in islamischen Wirtschaftstheorien – Das Beispiel Iran, Berlin, 1992.
22. Bazargan trat für eine Art islamisch reformierter und moderierter Marktwirtschaft ein und damit für ein Konzept, das funktionsfähig hätte sein können. Aber weder die politischen Mehrheitsverhältnisse noch die realen Gegebenheiten in der unmittelbaren Umbruchszeit waren so, daß es eine Chance für eine Umsetzung gab. Erst 10 Jahre später – nach Khomeinis Tod und unter der Präsidentschaft Rafsanjanis – hat sich das politische Klima in einer Weise gewandelt, daß eine „islamische Marktwirtschaft" mit starken sozialen Komponenten und einer durchaus nicht nur passiven Rolle für den Staat zum Leitbild der Wirtschaftsordnung werden kann.
23. In der Praxis spielten als Instrumente der staatlichen Umverteilungspolitik und Wirtschaftslenkung religiöse Stiftungen eine beachtliche Rolle. Die größte dieser Stiftungen ist die nach der Flucht des Schahs *(Shāh)* errichtete *Stiftung der Entrechteten (bonyad-e mustażʿafīn)*, der zunächst das Vermögen des Schahs und seiner Familie, später auch konfiszierte Betriebe zur treuhänderischen Verwaltung im Interesse der Armen und Entrechteten übertragen wurde. Die Zahl der von der Stiftung kontrollierten Betriebe ist von gut 600 1982/83 auf 1700 1986/87 angestiegen; die Leitung der Stiftung übernahm die schiitische Geistlichkeit. Stiftungsvermögen stellt neben privatem und staatlichem Eigentum eine neue Form von gesellschaftlichem Eigentum dar. Sowohl von der Führungsstruktur her als auch wegen der fehlenden Wirtschaftlichkeitskontrollen, der Überbetonung von Umverteilungs- und der Vernachlässigung von Effizienzzielen haben sich Stiftungen im allgemeinen allerdings nicht als besonders wirksame Institution zur Nutzung von Produktivvermögen im Interesse der ärmsten Bevölkerungsschichten erwiesen. Stiftungen und Staat kontrollierten Mitte der achtziger Jahre etwa zwei Drittel der ökonomischen Aktivitäten in der Islamischen Republik Iran.
24. Vgl. *R. Brauksiepe:* Das Bankwesen der Islamischen Republik Iran – Konzepte, Erfahrungen und Perspektiven, Bochum, 1992 (Materialien und kleine Schriften, 138).

III. Tendenzen der Rechtsentwicklung *(Konrad Dilger)*

1. Staatsreligion *(dīn ad-daula)* ist der Islam nach den Verfassungen z. B. in: Ägypten (Art. 2); Algerien (Verfassung von 1989, Art. 2); Tunesien (Art. 1); Libyen (Art. 2 der Verfassungsproklamation); Sudan (Verfassung von 1973, Art. 16); Irak (Art. 4 der provisorischen Verfassung); Kuwait (Art. 2); Qatar (Art. 1 der provisorischen Verfassung); Bahrain (Art. 2); Vereinigte Arabische Emirate (Art. 7 der provisorischen Verfassung). – In Syrien muß nach Art. 3 der Verfassung lediglich der Präsident der Republik Muslim sein.
2. Bei der mit Wirkung vom 1. 3. 1992 von König Fahd erlassenen „Grundordnung für die Regierung" *(an-Niẓām al-asāsī li-l ḥukm)* handelt es sich um eine Art Grundgesetz. Zum Gesetz (bzw. Statut) über die *shūrā* und zu einem weiteren über die Regionalverwaltung, s. *J. Teitelbaum.* In: Middle East Contemporary Survey 16 (1992), edited by *A. Ayalon*, Boulder, Colorado, 1995, 668–672 und 691–697 (Texte in englischer Übersetzung).
3. Hauptquelle der Gesetzgebung ist der Islam nach den Verfassungen beispielsweise in: Ägypten (Art. 2); Syrien (Art. 3); Kuwait (Art. 2); Qatar (Art. 1); Bahrain (Art. 2); Vereinigte Arabische Emirate (Art. 7); Somalia (Art. 50, vgl. auch Art. 98 – allerdings ist die Verfassung in Somalia im Anschluß an den Staatsstreich vom 21. 10. 1969 suspendiert worden. – In der Verfassung des Sudan von 1973 waren das islamische Recht *(sharīʿa)* und das Gewohnheitsrecht gleichberechtigt nebeneinander die Hauptquellen der Gesetzgebung. Nach Phasen der Zurückdrängung der sharīʿa ist ihre Anwendung seit dem 7. 12. 1989 erneut freigegeben. Vgl. hierzu *O. Köndgen:* Das islamisierte Strafrecht des Sudan. Von seiner Einführung 1983 bis Juli 1992, Hamburg, 1992, besonders 21, 131 f. (Deutsches Orient-Institut, Mitteilungen, 43). – In den Verfassungsgesetzen der Maghrebstaaten ebenso wie in der libyschen Verfassungsproklamation ist dem islamischen Recht keine besondere Rolle zugesprochen. In der provisorischen Verfassung des Irak von 1970 ist die früher in Art. 3 der provisorischen Verfassung von 1964 enthaltene Hervorhebung des Islams als Grundlage der Verfassung fallengelassen worden. Die Verfassung der Volksrepublik Jemen beschränkte sich in Art. 31 auf den Ausspruch, daß der Staat das arabische und islamische Erbe schützen wird (vgl. auch Art. 41, 117 und 119).
4. Literatur zum Phänomen der „Re-Islamisierung" bei *D. Khálid:* Reislamisierung und Entwicklungspolitik, Köln, 1982 (Bibliographie 245–63); s. ferner die Literatur-Listen zu den Beiträgen von *R. Peters, J. Reissner* und *U. Steinbach* im vorliegenden Band.
5. Vgl. zur Rechtsentwicklung in Algerien und im Sudan etwa *K. Dilger:* Die Stärkung des islamischen Rechts in Afrika als Folge der Emanzipation afrikanischer Mitgliedsstaaten der Arabischen Liga. In: Die Welt des Islams 18 (1978) 153–177; sowie: Jahrbuch für Afrikanisches Recht 1, herausgegeben von *K. Madlener*, Heidelberg, 1980, 53–75 mit englischem Summary; vgl. speziell zur Rechtsentwicklung im Sudan *O. Köndgen:* op. cit.; vgl. zur Rechtsentwicklung in Somalia *K. Dilger:* Rechtserneuerung und Islam in Somalia. In: Verfassung und Recht in Übersee 1979, 15–24, sowie *ders.:* Die Rolle des islamischen Rechts im ostafrikanischen Raum. Ein Beitrag zur Rechtsentwicklung in Somalia, in der Volksrepublik Jemen und in Äthiopien. In: *K. Madlener* (Hrsg.): Jahrbuch für Afrikanisches Recht 2, Heidelberg, 1981, 3–42 mit englischem Summary.
6. Zur Rolle des islamischen Strafrechts vgl. unten Abschnitt 3 sowie *K. Dilger:*

Das islamische Strafrecht in der modernen Welt. Ein Beitrag zur Rechtskonzeption im Islam. In: Zeitschrift für die gesamte Strafrechtswissenschaft 93 (1981) 1311–1332.

7. Es gilt nunmehr in der Fassung von 1991. Vgl. demnächst: Strafgesetze der islamischen Republik Iran, Übersetzung und mit einer Einführung versehen von *S. Tellenbach*. In: Sammlung Außerdeutscher Strafgesetzbücher 106, Berlin, 1995.
8. Art. 1041 des iranischen ZGB wurde durch Verordnung Nr. 7/955 (veröffentlicht im Amtsblatt Nr. 9960) in seiner Fortgeltung bestätigt.
9. Vgl. *R. Gaïl* (Hrsg.): Ayatollah Khomeini – Meine Worte [Auszüge aus drei Hauptwerken, aus dem Französischen übersetzt], München, 1980, 35. Die Unsicherheit in der deutschen Rechtsprechung und Literatur ist schon deswegen unbegründet, weil Richter nach Art. 170 der iranischen Verfassung von 1979 keine Gesetze durchführen und aufrechterhalten dürfen, die gegen islamische Vorschriften und Prinzipien verstoßen. Vgl. auch die Artt. 4, 72, 94 und 167 der iranischen Verfassung.
10. Ord. VII 1979: Offence of Zina Ordinance; Ord. VIII 1979: Offence of Qadf Ordinance; Ord. IX 1979: Whipping Ordinance.
11. Vgl. den Beitrag von *V. Nienhaus* im vorliegenden Band, in dem er explizit auf die Ökonomien Pakistans und Irans Bezug nimmt.
12. Der Text der Verfassungsänderung von 1980 findet sich in: Maghreb-Machrek 89 (1980) 92–93; vgl. auch den Beitrag von *A. Flores* im vorliegenden Band.
13. Vgl. *K. Dilger:* Ziviltrauung und religiöse Eheschließung in der Türkei – Zum Problem der Rezeption fremden Rechts. In: Die Welt des Islams 17 (1976) 194–206; auch: Das Standesamt (StAZ) 1976, 353–356 und 372.
14. Vgl. *A. M. Tier:* Islamization of the Sudan Laws and Constitution: Its Allure and its Impractibility. In: Verfassung und Recht in Übersee 25 (1992) 199–219; *O. Köndgen:* op. cit., 78. Das sudanesische Strafgesetzbuch von 1991 sieht jedoch die Anwendung des islamischen Strafrechts im Bereich der *ḥadd*-Strafen nach dem Territorialitätsprinzip nur im islamischen Norden vor.
15. Zu den nordafrikanischen Personalstatutsgesetzen vgl. *H. G. Ebert,* Familiengesetze im Maghreb. Das Spannungsverhältnis von islamisch-rechtlicher Tradition und soziokulturellem Wandel. In: Orient 33 (1992) 61–79; *S. Tellenbach:* Änderungen im marokkanischen Familienrecht – Zur Stellung der Frau in Marokko. In: Zeitschrift für das gesamte Familienrecht 1994, 943–946.
16. Vgl. *K. Dilger:* Ehegesetz von Afghanistan. In: Das Standesamt (StAZ) 1980, 48–51. Die Aussagen über Somalia und Afghanistan haben nur noch historische Bedeutung. Nach dem Zusammenbruch der Staatlichkeit in Somalia und Afghanistan können über neuere Entwicklungen keine Aussagen gemacht werden.
17. Vgl. *M. Forstner:* Änderungen im ägyptischen Eherecht. In: StAZ 1986, 130–134.
18. Vgl. zu diesen Gesetzen: *M. Forstner:* Das neue algerische Ehe- und Kindschaftsrecht – Gesetz und soziale Wirklichkeit. In: StAZ 1987, 197–221 und 237–249; *M. Borrmans:* Le nouveau Code Algerien de la famille dans l'ensemble des codes musulmans de statut personnel principalement dans les pays arabes. In: Revue Internationale de Droit Comparé 38 (1986) 133–139; *G. Wiedensohler:* Kodifikation des traditionalen Familienrechts in Libyen. In: StAZ 1989, 1–6.
19. Vgl. *M. Forstner:* Das neue jemenitische Ehe- und Kindschaftsrecht von 1992. In: StAZ 1993, 256–269 und 280–293.
20. Vgl. dazu *N. J. Coulson:* A History of Islamic Law, Edinburgh, 1964, 172ff., 211; *N. Anderson:* Islamic Law in the Modern World, London, 1959, 91.

21. Vgl. *K. Dilger:* Spannungen im algerischen Scheidungsrecht – Zur Problematik der Verstoßung. In: Rabels Zeitschrift für ausländisches und internationales Privatrecht (RabelZ), 1971, 258f.; *ders.:* Rechtsfortbildung durch *siyāsa* – dargestellt am *ṭalāq* in Iran. In: Islamkundliche Abhandlungen aus dem Institut für Geschichte und Kultur des Nahen Ostens an der Universität München, 1974, 49–62 (Beiträge zur Kenntnis Südosteuropas und des Nahen Orients, XVII).
22. Vgl. dazu ausführlich Gutachten zum internationalen und ausländischen Privatrecht (IPG) 1974 (herausgegeben vom Max-Planck-Institut für ausländisches und internationales Privatrecht), Nr. 31 *(Dilger)*, 326–337.
23. Vgl. *N. J. Coulson:* op. cit., 199 (Kombination von hanafitischem und malikitischem Erbrecht).
24. So etwa Art. 1 Abs. II irakisches Personalstatutsgesetz (PStG) vom 19. 12. 1959.
25. Vgl. Art. 17 des iranischen Familienschutzgesetzes *(qānūn-i ḥimāyat-i khānwāde)* in der Fassung vom 15. 6. 1967 mit unwiderruflicher Bevollmächtigung *(wakāla bilā ʿazl)* der Ehefrau zur Durchführung der Scheidung *(ṭalāq)*, falls die vertraglichen Bedingungen *(sharāʾiṭ)* gegeben sind; vgl. dazu *K. Dilger:* Rechtsfortbildung durch *siyāsa*, a. a. O., 55.
26. Das Verbot der Adoption beruht auf Koran 33:4 und 37; vgl. dazu statt aller *Th. W. Juynboll:* Handbuch des islamischen Gesetzes, Leipzig, 1910, 187.
27. So etwa in Art. 58 des irakischen Jugendgesetzes *(qānūn al-aḥdāth)* von 1972 (Gesetz Nr. 64/1972, veröffentlicht im irakischen Amtsblatt Nr. 2153 vom 17. 6. 1972), womit das aufgenommene Kind als das legitime Kind des aufnehmenden Mannes gilt. Damit hat sich die Bestimmung in Art. 66 des früher geltenden Jugendgesetzes von 1962 (Gesetz Nr. 11/1962, veröffentlicht im irakischen Amtsblatt Nr. 654 vom 17. 3. 1962) erübrigt, daß mit der endgültigen „Aufnahme" *(ilḥāq)* eines „Findelkindes" *(ṭifl laqīṭ)* dieses „Mitglied" *(ʿuḍw)* der Familie wird und den Familiennamen *(laqab)* erhält. Vgl. aber auch Art. 8 ff. des tunesischen Gesetzes Nr. 27/1958 vom 4. 3. 1958 über die Adoption.
28. Vgl. dazu *N. J. Coulson:* op. cit., 202ff. sowie *ders.*, Conflicts and Tensions in Islamic Jurisprudence, Chicago/London, 1969, 48.
29. Die Polygamie wurde unter Berufung auf den wahren Sinn des islamischen Rechts durch Art. 18 tunesisches PStG ausdrücklich verboten: „Die Polygamie ist verboten" *(taʿaddud az-zaujāt mamnūʿ)*.
30. Vgl. *N. J. Coulson:* A History of Islamic Law, a. a. O., 210.
31. So zutreffend *de Lagrange:* Le législateur tunisien et ses interprètes. In: Revue tunisienne de droit 1968, 24 („inquiétude créatrice").
32. Vgl. *K. Dilger:* Das Schweigen des Gesetzgebers als Mittel der Rechtsordnung im Bereich des islamischen Rechts. In: Die islamische Welt zwischen Mittelalter und Neuzeit, Wiesbaden, 1979, 81–93 (Festschrift für Hans Robert Roemer, Beiruter Texte und Studien, 22).
33. Vgl. *K. Dilger:* Das Recht unter dem Einfluß des Sozialismus in der Volksrepublik Jemen, in: Zeitschrift für vergleichende Rechtswissenschaft 1974, 1–44 (2). Im folgenden wird auf die Rechtslage bis zur Vereinigung von Nord- und Südjemen Bezug genommen.
34. Vgl. *K. Dilger:* Der Grundsatz der Gleichberechtigung im neuen Familienrecht der Demokratischen Volksrepublik Jemen. In: StAZ 1979, 86–87.
35. Vgl. *R. Gaïl:* op. cit., 35. (Das FamSchG sei gegen den Geist des Islams.)
36. Vgl. *Bergmann* u. *Ferid* (Hrsg.): Internationales Ehe- und Kindschaftsrecht (1952ff.), s. v. Iran.
37. Vgl. dazu *K. Dilger:* Die Stärkung des islamischen Rechts in Afrika als Folge der Emanzipation afrikanischer Mitgliedsstaaten der Arabischen Liga. In: Die Welt

des Islams 18 (1978) 154f.; auch in: Jahrbuch für Afrikanisches Recht 1, herausgegeben von *K. Madlener*, Heidelberg, 1980, 54.

38. Vgl. den Artikel „Medjelle" in EI[2] (The Encyclopaedia of Islam), volume VI, Leiden, 1991, 971–972.
39. Einzelne Vorschriften sind ausdrücklich bestätigt worden (wie z. B. Art. 1041 ZGB über das Heiratsalter trotz Widerspruches zum islamischen Recht, vgl. Verordnung Nr. 7/955 im iranischen Amtsblatt Nr. 9960).
40. Vgl. etwa *A. Amir-Soleymani:* La formation et les effets des contrats en droit iranien comparés avec le droit français, Paris, 1936, passim.
41. *Niẓām tiǧārī* durch: Königliches Dekret Nr. 32 vom 15. *Muḥarram* 1350, veröffentlicht im Amtsblatt Nr. 347 vom 7. 8. 1931 bis Nr. 376 vom 26. 2. 1932 in dreißig Folgen.
42. Vgl. etwa *B. Russel:* An Introduction to Business Law in the Middle East, London, 1975, 13.
43. Vgl. dazu *K. Dilger:* Das Rechtswesen in Ägypten. In: *H. Schamp* (Hrsg.): Ländermonographie Ägypten, Tübingen/Basel, 1977, 509–529.
44. Vgl. dazu *J. Y. Brinton:* The Mixed Courts of Egypt, New Haven/London, 1968.
45. Vgl. bezüglich des Vorbehalts zugunsten islamischen Rechts im ägyptischen ZGB kritisch: *N. Anderson:* The Sharīʿa and Civil Law – The Debt Owed by the New Civil Codes of Egypt and Syria to the Sharīʿa. In: Islamic Quarterly 1954, 31 f.; auch *G. Tedeschi:* The Movement for Codification in the Moslem World – Its Relationship with Western Legal Systems (o. J.), 9.
46. Vgl. dazu *N. Anderson:* The Sharīʿa, a. a. O., 33 und *A. Sanhoury:* Le droit musulman comme élément de refonte du code civil égyptien. In: Introduction à l'étude d'un droit comparé. Recueil d'études en l'honneur d'Edouard Lambert (1938) 2, 629.
47. Vgl. *N. Anderson:* The Sharīʿa, a. a. O., 34 und *A. Sanhoury:* op. cit., 634.
48. Vgl. *L. de Bellefonds:* Le droit musulman et le nouveau Code civil égyptien. In: Revue Algérienne (1956) 1, 215 ff. (Mit Widerlegung entsprechender Behauptungen zum ägyptischen ZGB).
49. Vgl. *N. Anderson:* The Sharīʿa, a. a. O., 35.
50. Vgl. *J. Schacht:* G. Bergsträsser's Grundzüge des islamischen Rechts, Berlin/Leipzig, 1935, 66 f.; *N. Anderson:* The Sharīʿa, a. a. O., 34 und *A. Sanhoury:* op. cit., 627, 633.
51. Vgl. *J. Schacht:* op. cit., 77 und *N. Anderson:* The Sharīʿa, a. a. O., 42.
52. Vgl. *J. Schacht:* op. cit., 58; *N. Anderson:* The Sharīʿa, a. a. O., 40 ff. und *A. Sanhoury:* op. cit., 624.
53. So die Übersetzung bei *J. Schacht:* op. cit., 61.
54. Ebd., 61; *L. de Bellefonds:* Traité de droit musulman comparé, Paris (1965) I, 146 ff. und *N. Anderson:* The Sharīʿa, a. a. O., 35.
55. Vgl. *J. Schacht:* op. cit., 95; *N. Anderson:* The Sharīʿa, a. a. O., 38 und *A. Sanhoury:* op. cit., 625.
56. Vgl. *J. Schacht:* op. cit., 70, 73. – Dies gilt nach dem islamischen Recht auch für die Miete, da sie als Verkauf eines Nutzens aufgefaßt wird. Doch fehlt eine entsprechende Bestimmung im ägyptischen ZGB und den von ihm abhängigen Zivilgesetzbüchern.
57. Vgl. *A. Sanhoury:* op. cit., 625.
58. Vgl. dazu *J. Schacht:* op. cit., 73 (hanafitisch) und *E. Sachau:* Muhammedanisches Recht nach schafiitischer Lehre, Stuttgart/Berlin, 1897, 552; auch *N. Anderson:* The Sharīʿa, a. a. O., 37 und *A. Sanhoury:* op. cit., 635 f.

59. Vgl. *N. Anderson:* The Sharīʿa, a. a. O., 40 und *A. Sanhoury:* op. cit., 625.
60. Vgl. *J. Schacht:* op. cit., 58; *N. Anderson:* The Sharīʿa, a. a. O., 40ff. und *A. Sanhoury:* op. cit., 624.
61. Vgl. *K. Dilger:* Das sudanesische Zivilgesetzbuch von 1971 und sein Verhältnis zu den anderen arabischen Zivilgesetzbüchern. In: Zeitschrift für vergleichende Rechtswissenschaft 1974, 39–65.
62. Vgl. *K. Dilger:* Die Stärkung des islamischen Rechts, a. a. O., 168ff.
63. Das HGB von Kuwait (Gesetz Nr. 68/1980) stammt aus dem Jahre 1980.
64. Vgl. *K. Dilger:* Rechtserneuerung und Islam in Somalia. In: Verfassung und Recht in Übersee 1979, 15–24.
65. Vgl. *K. Dilger:* Das sudanesische Zivilgesetzbuch von 1971, a. a. O., 62ff.
66. Vgl. zu den einzelnen Ländern *K. Dilger:* in: *H.-H. Jescheck* u. *K. Löffler* (Hrsg.): Quellen und Schrifttum des Strafrechts, München, 1976, Band II (Außereuropäische Staaten), 2. Lieferung (Asien-Nordafrika).
67. Vgl. oben Anm. 3.
68. Vgl. oben Anm. 1.
69. Vgl. dazu *K. Dilger,* in: Quellen und Schrifttum des Strafrechts, a. a. O., s. v. Saudi-Arabien, 199.
70. Vgl. zu Oman *K. Dilger,* in: Quellen und Schrifttum des Strafrechts, a. a. O., s. v. Oman, 185.
71. Hinsichtlich Einzelheiten vgl. *K. Dilger,* in: Quellen und Schrifttum des Strafrechts, a. a. O., unter den verschiedenen Ländern.
72. Vgl. zur Entwicklung des Strafrechts im Südjemen *K. Dilger:* Das Recht unter dem Einfluß des Sozialismus in der Volksrepublik Jemen. In: Zeitschrift für vergleichende Rechtswissenschaft 1974, 1ff. (20) sowie *K. Dilger,* in: Quellen und Schrifttum des Strafrechts, a. a. O., s. v. Jemen, Demokratische Volksrepublik, 146. (Die Entwicklung seit der Vereinigung der beiden jemenitischen Staaten kann hier nicht berücksichtigt werden.)
73. Vgl. *S. Beck* (Hrsg.): Das Afghanische Strafgesetzbuch vom Jahre 1924. Aus dem Persischen übersetzt und mit einer allgemeinen Einleitung in die afghanische Strafgesetzgebung versehen. In: Die Welt des Islams 1928, 67–157, sowie als Abdruck, Berlin, 1928.
74. Andere große Kodifikationen aus der Schahzeit gelten noch fort. Einzelne Vorschriften sind ausdrücklich bestätigt worden (wie z. B. Art. 1041 ZGB über das Heiratsalter trotz Widerspruch zum islamischen Recht durch Verordnung Nr. 7/855 im Amtsblatt Nr. 9960). Zum Strafrecht in Iran s. *S. Tellenbach:* Zur Re-Islamisierung des Strafrechts in Iran. In: Zeitschrift für die gesamte Rechtswissenschaft 101 (1989) 1, 202; *R. Peters:* The Islamization of Criminal Law: A Comparative Analysis. In: Die Welt des Islams 34 (1991) 2, 260–262.
75. Vgl. zum islamischen Strafrecht in Libyen unter Anm. 79.
76. Vgl. zu Abu Dhabi *K. Dilger,* in: Quellen und Schrifttum des Strafrechts, a. a. O., s. v. Abu Dhabi, 42ff., sowie *K. Dilger:* Grundbegriffe der Eigentumsordnung zwischen Wandel und Tradition auf der Arabischen Halbinsel. In: Zeitschrift für vergleichende Rechtswissenschaft 1978, 21ff. (33 mit Anm. 58).
77. Vgl. *K. Dilger,* in: Quellen und Schrifttum des Strafrechts, a. a. O., s. v. Libyen, 246ff.; implizit auch *A. E. Mayer:* Libyan Legislation in Defense of Arabo-Islamic Sexual Mores. In: The American Journal of Comparative Law 1980, 287–313.
78. Vgl. für Syrien das Gesetz über das Verbot des Angebots von alkoholischen Getränken und ihrer Verabreichung auf öffentlichen Empfängen (Gesetz Nr. 83 vom 22. 6. 1955, Amtsblatt Nr. 30 vom 30. 6. 1955, 3910; weitere Nachweise

einschließlich französischer Übersetzung bei *K. Dilger*, in: Quellen und Schrifttum des Strafrechts, a.a.O., s.v. Syrien, 215); für Abu Dhabi: The Trucial States Alcoholic Drinks Regulation, 1954 (Queen's Regulation Nr. 1/1954 vom 30.4.1954; Nachweis bei *K. Dilger*, in: Quellen und Schrifttum des Strafrechts, a.a.O., s.v. Abu Dhabi, 42); für Bahrain: The Bahrain Alcoholic Drinks Regulation, 1954 (Queen's Regulation Nr.4/1954 vom 30.4.1954; Nachweise bei *K. Dilger*, in: Quellen und Schrifftum des Strafrechts, a.a.O., s.v. Bahrain, 49). Zu Pakistan, Sudan und Iran vgl. *R. Peters:* op. cit., 258ff.

79. Vgl. dazu *Minganti:* Ricezione di pene hadd nella legislazione della Repubblica di Libia. In: Oriente Moderno 1974, 265–274; *Atallah:* Le droit pénal musulman ressuscité. In: Annuaire de l'Afrique du Nord 1974, 227–252 (speziell zu Diebstahl und Raub); *A.E. Mayer:* op. cit., 287–313; *R. Peters:* op. cit., 255f.

80. Vgl. *A. El Baradie:* Gottes-Recht und Menschenrecht – Grundlagenprobleme der islamischen Strafrechtslehre, Baden-Baden, 1983; *M.Ch. Bassiouni*, (ed.): The Islamic Criminal Justice System, London, 1982; *Th.W. Juynboll*, Handbuch des islamischen Gesetzes, Leipzig, 1910, 284ff.; *R. Maydani*, ʿUqūbāt: Penal Law. In: *M. Khadduri* u. *H.J. Liebesny* (ed.): Law in the Middle East, Washington, 1955, 223ff.; *J. Schacht:* op. cit., 96ff., 108; *ders.:* Introduction to Islamic Law, Oxford, 1964, 175ff.

81. Die Strafe der Steinigung ist nicht im Koran enthalten, sondern beruhte auf der Tradition. Vgl. dazu ausführlich *Th.W. Juynboll:* op. cit., 301f. (Die im Koran Sure 4:15 verhängte Strafe, unzüchtige Frauen im Haus gefangenzusetzen, betrachtete man später als wieder abgeschafft.) – Vgl. ferner zum Verbrechen der Unzucht *E. Gräf:* Die Todesstrafen des islamischen Rechts. In: Bustan 1 (1965) 9–22; *A. El Baradie:* op. cit., 101ff.

82. Pressemeldungen ist zu entnehmen, daß z.B. in Saudi-Arabien der Genuß von alkoholischen Getränken mit 80 Schlägen bestraft wird. Zu Iran vgl. *R. Peters:* op. cit., 261. – Zur Auslegung des »Weinverbots« vgl. ausführlich *E. Gätje:* Koran und Koranexegese, Zürich/Stuttgart, 1971, 264ff.; *A. El Baradie:* op. cit., 122f.

83. Vgl. etwa *Th.W. Juynboll:* op. cit., 290, auch 300ff. – Gelegentlich wird fälschlich die Wiedervergeltung im Fall des Totschlags als *ḥadd*-Strafe angesehen. – Zur Blutrache vgl. *E. Gätje:* op. cit.; *A. El Baradie:* op. cit., 129ff.

84. Vgl. zum Begriff der Gleichwertigkeit ausführlich *B. Johansen:* Eigentum, Familie und Obrigkeit im hanafitischen Strafrecht. In: Die Welt des Islams 1979, 2ff., 26ff., auch 12ff.; *A. El Baradie:* op. cit., 136f.

85. Vgl. zur Stellung der Nichtmuslime (nach hanafitischem Recht) *B. Johansen:* op. cit., 18, 28 und 30. – Nach anderer Auffassung ist für einen getöteten Christen nur ein Drittel des üblichen Blutgeldes *(diya)* zu zahlen, für einen Paganen nur ein Fünfzehntel; so *N. Anderson:* Law Reform in the Muslim World, London, 1976, 28 (für Nigeria). *Talio* schied insoweit völlig aus.

86. So z.B. *Th.W. Juynboll:* op. cit., 296. – Vgl. zur *diya* ausführlich auch *B. Johansen:* op. cit., 7ff.; ferner *J. el-Hakim:* La diya et les atteintes aux personnes physiques dans le droit syrien et libanais. In: Annales de la faculté de droit et des sciences économiques de Beyrouth 1957, 249ff. – In Kuwait ist durch eine Verordnung *(marsūm)* im Amtsblatt Nr.1340 vom 1.2.1981 auf S.20 die prozentuale Höhe der *diya* für die verschiedenen Körperverletzungen festgesetzt worden.

87. So *Bureau of Crime Prevention, Ministry of Interior, Kingdom of Saudi Arabia* (ed.): Comparative Field Research on the Effect of Application of Islamic Criminal Law on the Security in Saudi Arabia, Riyadh, 1976, 24.

88. Vgl. *E. Gräf:* Vom Wesen und Werden des islamischen Rechts. In: Bustan 2 (1960), 10–21, besonders 19. (Die Strafe wegen verleumderischer Bezichtigung der Unzucht enthalte neben einem überwiegend göttlichen Rechtsanspruch auch einen menschlichen Anspruch. Deshalb werde sie nur auf Antrag verfolgt.) – Vgl. auch *B. Johansen:* op. cit., 38ff.; *A. El Baradie* op. cit., 175ff.
89. Vgl. *E. Gräf:* Vom Wesen und Werden des islamischen Rechts, a. a. O., 19. (Die *talio* enthalte auch einen göttlichen Rechtsanspruch, nämlich die Reinigung der Erde vom Verbrechen); vgl. auch *B. Johansen:* op. cit., 36.
90. Näheres dazu bei *E. Gräf:* Vom Wesen und Werden des islamischen Rechts, a. a. O., 18 sowie *ders.:* Probleme der Todesstrafe im Islam (erweiterte Antrittsvorlesung). In: Zeitschrift für vergleichende Rechtswissenschaft 1957, 83–122 (118 mit Anm. 85a). – Vgl. auch *M. Kara:* The Philosophy of Punishment in Islamic Law, Ann Arbor/Michigan/London, 1977, 256f. und *Th. W. Juynboll:* op. cit., 307.
91. Vgl. zum Prozeßrecht *E. Gräf:* Probleme der Todesstrafe, a. a. O., 110; ferner *B. Johansen:* op. cit., 44f. sowie *ders.:* Zum Prozeßrecht der ʿUqūbāt. In: Zeitschrift der Deutschen Morgenländischen Gesellschaft (ZDMG), Supplement III 1 (1977), 477ff.; auch *J. Schacht:* op. cit., 118.
92. Vgl. zum *taʿzīr* den Artikel „Taʿzīr". In: EI[1] (Enzyklopaedie des Islām), Band IV, Leiden, 1934, 769f.; *A. El Baradie:* op. cit., 146ff.; auch *E. Tyan:* Histoire de l'organisation judiciaire en pays d'Islam, Leiden, 1960, 569ff. und *Th. W. Juynboll:* op. cit., 308; ausführlich *B. Johansen:* Eigentum, Familie und Obrigkeit (...), a. a. O., 47ff. – Zur Begründung des *taʿzīr* wird auf verschiedene Koranstellen verwiesen (z. B. Sure 4:59: Gehorchet Gott, dem Gesandten und denen unter euch, die zu befehlen haben ...).
93. Vgl. dazu etwa *J. Schacht:* op. cit., 119ff. (121); auch *ders.:* Introduction to Islamic Law, op. cit., 76ff. (84); vgl. ferner für die Verhältnisse in Iran *J. Greenfield:* Die geistlichen Schariagerichte in Persien und die moderne Gesetzgebung. In: Zeitschrift für vergleichende Rechtswissenschaft 1933, 157ff. (160f.); vgl. auch *I. Goldziher:* Muhammedanisches Recht in Theorie und Wirklichkeit. In: Zeitschrift für vergleichende Rechtswissenschaft 1889, 406ff.; *J. Kohler:* Die Wirklichkeit und Unwirklichkeit des islamitischen Rechts. In: Zeitschrift für vergleichende Rechtswissenschaft 1889, 424ff.; auch *E. Pritsch*, in: *Bünger* u. *Trimborn* (Hrsg.): Vom Wesen des islamischen Rechts: Religiöse Bindungen in frühen und in orientalischen Rechten, Wiesbaden, 1952, 42f.
94. So *Bureau of Crime Prevention* (s. Anm. 87), 24.
95. Ebd., 24.
96. So *Z. Rahman Khan Lodi:* Modernity of Penal Justice of Islam. In: Islamic Culture 1967, 155ff. (165), unter Berufung auf einen Ausspruch des Propheten.
97. Vgl. *Bureau of Crime Prevention* (s. Anm. 87), 3. (Todesfälle infolge von Verkehrsunfällen sind nicht in die Statistik der Tötungsdelikte aufgenommen.)
98. So der saudi-arabische Standpunkt (Shaikh Ṣāliḥ ibn Muḥammad al-Lihidān) 1976 auf einer Konferenz über die Anwendung des islamischen Strafrechts, vgl. *Bureau of Crime Prevention, Ministry of Interior, Kingdom of Saudi Arabia* (ed.): Scientific Arab Symposium on the Application of Islamic Criminal Law and its Effect on Crime Prevention, Final Report, Riyadh, 1396 H. = 1976, 4; vgl. auch etwa *A. Z. Yamani:* Islamic Law and Contemporary Issues, Jidda, 1388 H., 34 (medizinische Untersuchung zum Nachweis des Ehebruches). Zur Lage z. B. im Sudan vgl. *R. Peters:* op. cit., 265. – Im Gegensatz zum Scheriatrecht genügt im Rahmen einer *taʿzīr*-Bestrafung auch nur ein Zeuge und sogar allein das Wissen des Richters. Ein Geständnis kann hier nicht zurückgenommen

werden; vgl. etwa den Artikel „Taʿzīr". In: EI[1], op. cit., 769 und *B. Johansen:* Eigentum, Familie und Obrigkeit, a. a. O., 59f.

99. So *A. Z. Yamani:* op. cit., 34 bezüglich Ehebruchs. Nach Shāfiʿī habe der Prophet Muḥammad gesagt, wer seine Sünden verberge, dessen Taten werde Gott verdecken.

100. Im Rahmen der *taʿzīr*-Strafen wurden eigene Prozeßregeln entwickelt. Zuweilen wurde selbst Folter als Vernehmungsmethode zugelassen. Einzelheiten vgl. bei *B. Johansen:* Eigentum, Familie und Obrigkeit, a. a. O., 59f.

101. Vgl. Gesetz Nr.70/1973 über die Unzucht *(zināʾ)*.

102. Allerdings beruhte die Strafe der Steinigung auch nur auf der Tradition und ist nicht im Koran enthalten, s. Anm. 81.

103. Vgl. Gesetz Nr.89/1974 (1394 H.) über das Weinverbot *(taḥrīm al-khamr)*.

104. Vgl. Gesetz Nr. 148/1972 (1392 H.) über die Festsetzung der *ḥadd*-Strafen für Diebstahl *(saraqa)* und Raub *(ḥarāba)*. Nach Zusicherung des Präsidenten des Obersten Gerichtshofes und anderer namhafter libyscher Juristen im April 1980 ist bislang noch kein Urteil auf Amputation einer Hand vom Obersten Gerichtshof erlassen oder bestätigt worden. Im Gegensatz zu den Prügelstrafen scheint man die Handamputation in der Praxis nicht als Strafe zulassen zu wollen.

105. *H. Mattes:* Gaddafi und die islamistische Opposition in Libyen. Zum Verlauf eines Konflikts, Hamburg, 1995 (Deutsches Orient-Institut, Mitteilung 51).

106. Vgl. dazu *M. el-Awa:* Taʿazir in the Islamic Penal System. In: Journal of Islamic and Comparative Law, Zaria (Nigeria) 1976, 41–59 (58); auch *B. Johansen:* Eigentum, Familie und Obrigkeit, a. a. O., 60f.; *S. Tellenbach:* Zur Re-Islamisierung des Strafrechts in Iran, a. a. O., 202ff.

107. Vgl. etwa *J. Schacht:* Introduction to Islamic Law, a. a. O., 53. Nach *M. Kara:* op. cit., 250 soll der politische Führer zu gewissen Zeiten auch „über dem Recht" *(above the law)* gestanden haben, was von der Rechtstheorie her sicher unrichtig ist.

108. Zu dem wichtigen Begriff *maṣlaḥa* bzw. *maṣlaḥa ʿāmma* (öffentliches Interesse) vgl. *M. Khadduri:* The maslaha (Public Interest) and ʿilla (Cause) in Islamic Law. In: Journal of International Law and Politics 1979, 213ff.; auch *F. Rahman:* Towards Reformulating the Methodology of Islamic Law: Sheikh Yamani on „Public Interest" in Islamic Law. In: Journal of International Law and Politics 1979, 219ff.

109. Vgl. dazu *K. Dilger:* Rechtsfortbildung durch *„siyāsa"* – dargestellt am Beispiel des *ṭalāq* in Iran. In: Islamkundliche Abhandlungen (Festschrift für H.-J. Kissling), München, 1974, 49ff. (55ff.) mit weiteren Literaturhinweisen; ausführlich *E. Tyan:* op. cit., 446ff.; auch *M. el-Awa:* op. cit., 57; zum Verhältnis von *taʿzīr* und *siyāsa* *B. Johansen:* Eigentum, Familie und Obrigkeit, a. a. O., 54ff. Nach ihm sind taʿzīr und siyāsa seit Marghīnānī (Ende des 12. Jahrhunderts) sogar als Synonyme benutzt worden. – Als Ziel der siyāsa wird schon von Ibn Farkhūn (gest. 799) neben fünf weiteren Punkten die Beseitigung jeder „Korruption" genannt, vgl. *N. J. Coulson:* The State and the Individual in the Islamic Law. In: The International and Comparative Law Quarterly 1957, 49ff. (51). Bei dem Begriff Korruption handelt es sich also um einen alten Terminus.

110. Vgl. dazu *N. Anderson:* Codification in the Muslim World, Some Reflections. In: Rabels Zeitschrift für ausländisches und internationales Privatrecht 1966, 249 sowie *K. Dilger:* Rechtsfortbildung durch *„siyāsa"*, a. a. O., 57.

111. Vgl. *N. J. Coulson:* The State and the Individual, a. a. O., 52.

112. So *M. el-Awa:* op. cit., 57.
113. Ebd., 58; entsprechend auch die saudi-arabische Delegation auf einer Konferenz mit europäischen Juristen im März 1972 in Riad über die Menschenrechte im Islam (im Fall von „harm to society"), vgl. *Ministry of Justice, Kingdom of Saudi Arabia* (ed.): Conferences in Riyad, Paris, Vatican City, Geneva, and Strasbourg on Moslem Doctrine and Human Rights in Islam between Saudi Canonists and Eminent European Jurists and Intellectuals, Riyad, um 1975, 22.
114. Vgl. *M. el-Awa:* op. cit., 58; auch *B. Johansen:* Eigentum, Familie und Obrigkeit, a.a.O., 61.
115. So die saudi-arabische Delegation auf der Konferenz im März 1972 in Riad, vgl. Conferences (s. Anm. 113), 22.
116. Im gleichen Sinne auch *M. el-Alwa:* op. cit., 58. – In der iranischen Verfassung von 1979 heißt es sophistisch in Art. 36: Strafurteile dürfen nur von den zuständigen Gerichten und aufgrund des Gesetzes erlassen und vollstreckt werden. Vgl. dazu den Text bei *S. Tellenbach:* Untersuchungen zur Verfassung der Islamischen Republik Iran vom 15. November 1979, Berlin, 1985.
117. Vgl. auch *M. el-Awa:* op. cit., 58. – Die in den osmanischen *qānūnnāme* enthaltenen Rechtsregeln fanden ihre Rechtfertigung durch die Theorie der *siyāsa sharʿīya*, vgl. den Artikel „Taʿzīr". In: EI[1]: op. cit., 769; *J. Schacht:* Sharīʿa und Qānūn im modernen Ägypten. In: Islam 1932, 211f.; auch *B. Johansen:* Eigentum, Familie und Obrigkeit, a.a.O., 56. – Zum Begriff der qānūnnāme vgl. eingehend *K. Dilger:* Untersuchungen zur Geschichte des osmanischen Hofzeremoniells im 15. und 16. Jahrhundert, München, 1967, passim. (Die qānūnnāme waren bis zum 19. Jahrhundert Rechtsbücher, dagegen keine Gesetz- oder Verordnungsbücher im modernen Sinn.)
118. Auf einer Konferenz über die Anwendung des islamischen Strafrechts im Oktober 1976 in Riad betonte Shaikh Muḥammad ibn Jubair im Rahmen der Quellen des islamischen Strafrechts den Vorrang des öffentlichen Interesses *(maṣlaḥa ʿāmma)*, vgl. Scientific Arab Symposium (s. Anm. 98), 4.
119. Vgl. *A. Humphreys:* Islam and Political Values in Saudi Arabia, Egypt and Syria. In: The Middle East Journal 33 (Winter 1979) 1, 1ff. (5). – Von saudi-arabischer Seite wird *ijtihād* schlechthin mit „jurisprudence" übersetzt; vgl. Conferences (s. Anm. 113), 83 (Konferenz in Paris, Oktober 1974).
120. Vgl. *M. el-Awa:* op. cit., 56f.
121. Ebd., 54f.
122. Allerdings sollen *taʿzīr*-Strafen (nach hanafitischer Lehre) die *ḥadd*-Strafen nicht erreichen (also etwa nur höchstens 39 Schläge statt 40; Gefängnis weniger als ein Jahr), vgl. *N.J. Coulson:* The State and the Individual, a. a. O., 54; vgl. auch *M. el-Awa:* op. cit., 44 und 50.
123. Vgl. *M. el-Awa:* op. cit., 45ff. sowie – für Saudi-Arabien – Scientific Arab Symposium (s. Anm. 98), 8.
124. Vgl. *N.J. Coulson:* The State and the Individual, a. a. O., 53; entsprechend der saudi-arabische Standpunkt auf einer Konferenz über die Anwendung islamischen Strafrechts (1976), vgl. Scientific Arab Symposium (s. Anm. 98), 3 (public and individual deterrance).
125. Ebd., 54.
126. Ebd., 55. – „Korrupt" ist ein Begriff, der auch in der inländischen Presse – ohne Wissen um seinen Bedeutungsinhalt – Verwendung findet (vgl. Anm. 109).
127. Vgl. *N.J. Coulson:* The State and the Individual, a. a. O., 54 sowie *M. el-Awa:* op. cit., 52.
128. Vgl. für Libyen das Gesetz Nr.80/1975 (Amtsblatt Nr.45 vom 18. 8. 1975).

129. Vgl. *S. Tellenbach:* Zur Re-Islamisierung des Strafrechts in Iran, a. a. O., 203 f. (Artikel 11 bis 16 des Gesetzes).
130. Vgl. *N. J. Coulson:* The State and the Individual, a. a. O., 54 f.; auch *A. Z. Yamani:* op. cit., 34.
131. Der Weg, modernes Strafrecht einzuführen, gleichzeitig aber einen allgemeinen Vorbehalt zugunsten gewisser Grundprinzipien des islamischen Rechts zu machen (wie ihn das türkische StGB von 1858 beschritten hat, vgl. Art. 1), ist völlig unpraktikabel, so zu Recht *E. Gräf:* Probleme der Todesstrafe im Islam, a. a. O., 115. – Erste Ansätze einer Verdrängung des islamischen Strafrechts finden sich in den osmanischen *qānūnnāme*, vgl. *J. Schacht:* Sharīʿa und Qānūn im modernen Ägypten, a. a. O., 211. Vgl. auch *N. Anderson:* Law Reform in the Muslim World, a. a. O., 16.
132. So *E. Gräf:* Probleme der Todesstrafe im Islam, a. a. O., 114; vgl. auch *N. Anderson:* Law Reform in the Muslim World, a. a. O., 38.
133. So *Ch. Chehata:* La religion et les fondements du droit en Islam. In: Archives des Philosophie du Droit 1973, 17 ff. (23) aufgrund von Ibn Khaldūn.
134. Ebd., 21 ff.
135. Deshalb verfiel ʿAbd ar-Rāziq auch der Ächtung durch die *Azhar*-Hochschule. Zum ganzen vgl. *E. Gräf:* Probleme der Todesstrafe im Islam, a. a. O., 115 f. sowie *ders.:* Vom Wesen und Werden des islamischen Rechts, a. a. O., 21.
136. So *E. Gräf:* Probleme der Todesstrafe im Islam, a. a. O., 116.
137. So wie teilweise in Libyen stillschweigend durch die Gesetzgebung versucht wurde.
138. Vgl. *E. Gräf:* Probleme der Todesstrafe im Islam, a. a. O., 116.
139. So *E. Gräf:* Vom Wesen und Werden des islamischen Rechts, a. a. O., 21.
140. Vgl. *E. Gräf:* Probleme der Todesstrafe im Islam, a. a. O., 116.
141. Ebd., 117.
142. Ebd., 117; *ders.:* Vom Wesen und Werden des islamischen Rechts, a. a. O., 21. – Dem steht in Saudi-Arabien die Meinung (von Shaikh Mannaḥ Qaṭṭān) gegenüber, daß mit mehr Gläubigkeit die Verbrechen nahezu ganz verschwinden würden, vgl. Scientific Arab Symposium (s. Anm. 98), 5.
143. Vgl. *E. Gräf:* Vom Wesen und Werden des islamischen Rechts, a. a. O., 21 sowie *ders.:* Probleme der Todesstrafe im Islam, a. a. O., 122.
144. Ebd., 122.
145. So die saudi-arabische Ansicht (Shaikh Nāṣir [oder: Naṣīr] ibn Ḥamad ibn Nāṣir) 1976 auf einer Konferenz über die Anwendung des islamischen Strafrechts. Vgl. Scientific Arab Symposium (s. Anm. 98), 7.

IV. Die Stellung des Islams und des islamischen Rechts in ausgewählten Staaten

1. Einleitung: Vom islamisch-westlichen Kompromiß zum Islamismus *(Udo Steinbach)*

1. Zum Verhältnis zwischen dem Islam und nichtislamischen Minderheiten s. den Beitrag von *A. Noth* im vorliegenden Band.
2. Zum Problem, das sich für Muslime als Minderheiten in nichtislamischen Staaten stellt, s. *B. Lewis:* The Political Language of Islam, Chicago/London, 1988, 104 ff., bzw. die deutsche Übersetzung unter dem Titel: Die politische Sprache des Islam, Berlin, 1991.

3. S. die entsprechenden regionalen Beiträge von *H. Bräker, M. Ahmed, N. Landmann*, und *R. Grulich* im vorliegenden Band.
4. Zu diesen Entwicklungen s. *M. Tworuschka:* Die Rolle des Islam in den arabischen Staatsverfassungen, Walldorf, 1976; s. den Artikel „Dustūr" in EI[2] (The Encyclopaedia of Islam), second edition, II, 638–677, sowie „Madjlis", ibid., V, 1031–1082.
5. Zur institutionellen Modernisierung auch in Saudi-Arabien, das keine Verfassung im europäischen Sinne besitzt, s. *Gh. Y. Shanneik:* Die Modernisierung des traditionellen politischen Systems in Saudi-Arabien. In: Orient 21/3 (1980) 300–319; *ders.:* Politischer Wandel und die Entwicklung der öffentlichen Verwaltung in Saudi-Arabien seit 1953. In: Orient 21/4 (1980) 486–501.
6. Am 1. 3. 1992 wurde von König Fahd eine *Grundordnung für die Regierung (al-niẓām al-asāsī li-l-ḥukm)* nebst einer *Ordnung des Konsultativrats* und einer *Provinzordnung* proklamiert; s. dazu *J. Reissner:* Saudi-Arabien, in: *U. Steinbach* et al. (Hrsg.): Politisches Lexikon Nahost/Nordafrika, München, 1994, 232–235.
7. In diese Richtung spekuliert *R. Büren:* Nassers Ägypten als arabisches Verfassungsmodell, Opladen, 1972.
8. S. dazu die jeweiligen Kapitel in *U. Steinbach* et al. (Hrsg.): Politisches Lexikon Nahost/Nordafrika, München, 1994; sowie in *U. Steinbach* u. *R. Robert* (Hrsg.): Der Nahe und Mittlere Osten, Band 2: Länderanalysen, Opladen, 1987.
9. Siehe dazu die jeweiligen Kapitel in *W. Draguhn* et al. (Hrsg.): Politisches Lexikon Asien, Australien, Pazifik, München, 1989.
10. Siehe dazu *U. Steinbach:* Die Menschenrechte im Verständnis des Islam. In: Verfassung und Recht in Übersee, 1/1975, 47–59; *ders.:* Die Gewalt im Islam. In: *E. J. M. Kroker* (Hrsg.): Die Gewalt in Politik, Religion und Gesellschaft, Stuttgart/Berlin/Köln, 1976, 150–178; zusammenfassend *J. Schwartländer* u. *H. Bielefeldt:* Christen und Muslime vor der Herausforderung der Menschenrechte, herausgegeben von der wissenschaftlichen Arbeitsgruppe für weltkirchliche Aufgaben der deutschen Bischofskonferenz, Bonn, November 1992. S. ferner den Beitrag von *S. Balić* (mit Literaturliste) im vorliegenden Band.
11. Ausführlich dazu der Beitrag von *K. Dilger* im vorliegenden Band.
12. Eine Übersicht über die Fundorte der Verfassungen bei *M. Tworuschka*, a. a. O., 187–188.
13. S. dazu den Beitrag von *J. Reissner:* Internationale islamische Organisationen, im vorliegenden Band.
14. Eine Auswahl grundlegender Literatur dazu ist in die Literaturliste aufgenommen worden. Als einführenden Aufsatz s. dazu *R. H. Dekmejian:* The Anatomy of Islamic Legitimacy Crisis, Ethnic Conflict and the Search for Islamic Alternatives. In: The Middle East Journal 34/1 (1980) 1–12.
15. So bei *B. Tibi:* Religion und Politik im islamischen Orient. In: Gegenwartskunde 2/79, 165.
16. Zu al-Afghānī s. *N. R. Keddie:* Sayyid Jamāl ad-Dīn „al-Afghānī". A Political Biography, Berkely, 1972, sowie den Artikel „Afgānī" in: Encyclopaedia Iranica, I, London, 1985, 481–486. Ferner dazu *N. R. Keddie:* An Islamic Response to Imperialism: Political and Religious Writings of Sayyid Jamāl al-Dīn „Al-Afġhānī", Berkeley, 1972; *H. Srour:* Die Staats- und Gesellschaftstheorie bei S. G. al-Afghani. Ein Beitrag zur Reform der islamischen Gesellschaften in der zweiten Hälfte des 19. Jahrhunderts, Freiburg, 1977; *H. Laoust:* Le

réformisme orthodoxe des salafiyya et les caractères généraux de son orientation actuelle. In: Revue des Études Islamiques 6 (1932) 175–224. S. auch den Beitrag von *R. Peters* im vorliegenden Band.

17. S. den Beitrag von *J. Reissner* über Saudi-Arabien im vorliegenden Band.
18. *S. F. Rahman:* Islamic Modernism. Its Scope, Method and Alternatives. In: International Journal of Middle East Studies 1/4 (1970) 317–333; und *U. Steinbach:* Ideengeschichte im Zeichen von Kolonialismus, Unabhängigkeitsbewegung und Modernisierung, in: *U. Steinbach* u. *R. Robert:* Der Nahe und Mittlere Osten, Band 1: Grundlagen, Strukturen und Problemfelder, Opladen, 1988, 135–184.
19. Als Einführung noch immer geeignet sind die Arbeiten von *I. M. Husaini:* The Muslim Brethren, Beirut, 1956, und *R. P. Mitchell:* The Society of the Muslim Brothers, London, 1969; als neuere Ergänzung dazu s. *A. S. Aly* u. *M. W. Wenner:* Modern Islamic Reform Movements: The Muslim Brotherhood in Contemporary Egypt. In: The Middle East Journal 36/3 (1982) 336–361. Zu Syrien s. *J. Reissner:* Ideologie und Politik der Muslimbrüder Syriens, Freiburg, 1980.
20. Zu Faiṣal s. *W. A. Beling* (ed.): King Faisal and the Modernisation of Saudi Arabia, London, 1980; und *T. Nagel:* König Faiṣal von Saudi-Arabien und die „Islamische Solidarität". In: Orient 17/1 (1976) 52–71.
21. Unter den zahllosen Studien sei als deutschsprachige Einführung in die Entwicklung der siebziger Jahre an dieser Stelle lediglich auf *W. Ochel:* Die Industrialisierung der arabischen OPEC-Länder und des Iran. Erdöl und Erdgas im Industrialisierungsprozeß, München/London, 1978, verwiesen; eine gute englischsprachige Zusammenfassung bietet *Y. A. Sayigh:* The Arab Economy: Past Performance and Future Prospects, Oxford, 1982.
22. S. dazu auch die Beiträge von *H. Busse* und *B. Radtke* im vorliegenden Band.
23. Zur *Jamāʿat-i islāmī* s. *K. Bahadur:* The Jama'at-i Islami of Pakistan. Political Thought and Political Action, Lahore, 1978; zu ihrer Rolle in der Politik vgl. *D. Khálid:* The Final Replacement of Parliamentary Democracy by the „Islamic System" in Pakistan. In: Orient 20/4 (1979) 16–38; zu al-Maudūdī s. *S. R. Ahmad:* Maulana Maududi and the Islamic State, Lahore, 1976.
24. Zur *Nationalen Heilspartei* s. *J. M. Landau:* Radical Politics in Modern Turkey, Leiden, 1974; *ders.:* The National Salvation Party in Turkey. In: Asian and African Studies 11/1 (Jerusalem 1976) 1–57.
25. S. dazu *N. N. Ayubi:* The Political Revival of Islam. The case of Egypt. In: International Journal of Middle East Studies 12/4 (1980) 481–499; *S. D. Ibrahim:* Anatomy of Egypt's Militant Islamic Groups. Methodological note and preliminary findings. In: ebd., 423–253; *F. Kogelmann:* Die Islamisten Ägyptens in der Regierungszeit von Anwar as-Sādāt (1970–1981), Berlin, 1994.
26. Zu den verschiedenen Aspekten des „Fundamentalismus" siehe *M. Lüders* (Hrsg.): Der Islam im Aufbruch? Perspektiven der arabischen Welt, München/Zürich, 1992.
27. *U. Steinbach:* Flucht in die Geschichte? Zur Genesis und Wirkung islamistischer Strömungen, in: *M. Lüders* (Hrsg.), a. a. O., 76–93.
28. Zu Saiyid Quṭb s. *G. Kepel:* Le Prophète et Pharaon. Les mouvements islamistes dans l'Égypte contemporaine, Paris, 1984 bzw die deutsche Übersetzung unter dem Titel: Der Prophet und der Pharao, München/Zürich, 1995.
29. S. den Beitrag von *U. Steinbach* über die Islamische Republik Iran im vorliegenden Band.
30. Auszüge des umfangreichen Textes in Summary of World Broadcast/Middle East/0210/A 2–9, 22. Juli 1988.

31. S. den Beitrag von *J. Reissner* über die innerislamische Diskussion zur modernen Wirtschafts- und Sozialordnung im vorliegenden Band.
32. S. *B. Etienne:* L'Islamisme radical, Paris, 1987, insbesondere 206–226.
33. *Ajatollah Chomeini:* Der islamische Staat, Berlin, 1983.
34. S. *S. Faath* u. *H. Mattes:* Algerien. Keine Demokratie für die Feinde der Demokratie? In: Blätter für deutsche und internationale Politik, Bonn, 3 (1992), 291–298; Dokumente 377–379.
35. Zu einem in diesem Sinne „typischen" Verfassungsentwurf siehe *R. Badry:* Muṣṭafā Kamāl Waṣfī und der Traum von einer „islamischen Verfassung". In: *U. Tworuschka* (Hrsg.): Gottes ist der Orient – Gottes ist der Okzident. Festschrift für Abdoljavad Falaturi zum 65. Geburtstag, Köln/Wien, 1991, 83–107.
36. S. *G. Kepel* u. *Y. Richard* (Hrsg.): Intellectuels et militants de l'Islam contemporain, Paris, 1990, 13–25.
37. *B. Tibi:* Die islamische Dimension des Balkan-Krieges. In: Europa-Archiv 48 (1993) 22 (25. 11. 1993) 635–644.

2. Türkei *(Ursula Spuler-Stegemann)*

1. Statistische Daten liegen nicht vor. Schätzungen liegen zwischen 15 und 20%. Die Alevi selbst nennen – völlig überzogen – Zahlen von bis zu 25 Millionen (= 40%).
2. Die anatolischen Alevi oder Aleviten dürfen nicht mit den syrischen ʿAlawiten oder Nuṣairi verwechselt werden. Die Bezeichnung „Alevi" hat sich bei den Wissenschaftlern durchgesetzt, obwohl sich die in Deutschland lebenden Alevi selbst „Aleviten" nennen.
3. Sehr kenntnisreich ist *M. van Bruinessen:* Agha, Scheich und Staat. Politik und Gesellschaft Kurdistans. Beiträge zur Vergleichenden Sozialforschung, Berlin, 1989.
4. Dazu zählen langjährige Haftstrafen für kurdische Parlamentsangehörige, Verschleppung und Ermordung prokurdischer Journalisten und Intellektueller, eine mit der Verfassung unvereinbare Medienzensur, Folter in Gefängnissen und parteiische Rechtsprechung. Es bleibt abzuwarten, in welchem Maße die Verfassungsreformen vom Juli 1995 Abhilfe schaffen werden.
5. Siehe *R. C. Repp:* The Müftü of Istanbul. A Study in the Development of the Ottoman Learned Hierarchy, Oxford, 1986, XIX; ferner 115 f., 120 f.
6. Seit dem Inkrafttreten des Gesetzes Nr. 3716 vom 16. 5. 1991 zur Legalisierung eheähnlicher Verhältnisse mit mindestens einem Kind (fast ausnahmslos Imamehen) bis zum 30. 12. 1993 sind 67074 Ehen mit 239979 Kindern standesamtlich registriert worden. Die Anzahl der weiterhin nicht registrierten Imamehen ist unbekannt. Entsprechende „Amnestie-Gesetze" wurden seit 1933 im Abstand von in der Regel 5 Jahren erlassen.
7. Die anderen Staatsnormen des Artikels 2 der Verfassung von 1937 waren Republikanismus *(cumhuriyetçilik)*, Nationalismus *(milliyetçilik)*, Populismus *(halkçılık)*, Etatismus *(devletçilik)* und „Revolutionärer Reformismus" *(inkılāpçılık)*. Artikel 2 der Verfassung von 1982 hat sie modifiziert. Zu letzterer s. *E. Hirsch:* Die Verfassung der Türkischen Republik vom 9. November 1982. In: Jahrbuch des Öffentlichen Rechts der Gegenwart, Neue Folge, 32 (1983) 507–623.
8. Ausführlich zu § 163 und den gemäßigten §§ 141 und 142 s. *Ch. Rumpf:* Laizismus (s. Literaturverzeichnis), 61. Nach Ansicht hochrangiger Juristen

fehlt nunmehr jede rechtliche Handhabe, die Verfassung gegen Islamisten durchzusetzen. Türkische Zweige der Terror-Organisationen wie der *Ḥizbullāh*, des *İslāmī jihād*, der *Ḥizb at-taḥrīr* oder die *İBDA-C (İslāmī Büyük Doğu Akıncılar Cephesi)* werben nicht nur in eigenen Periodika („Tahkim", „Taraf", „Selam" etc.), sondern auch in anderen islamistischen Blättern.

9. *M. van Bruinessen* weist in seinem Aufsatz „Die Türkische Republik, ein säkularisierter Staat?" in: Jahrbuch (s. Literaturverzeichnis), 47 Anm. 7 auf den unter Insidern üblichen Gebrauch von *Süleymanlı* anstelle von *Süleymancı* hin.
10. Die Nurcu haben mit *P. Safa:* Bediüzzaman Said Nursī ve Devlet Felsefesi (Bediüzzaman Said Nursī und die Staatsphilosphie), Istanbul, 1976, in der Diskussion um ein islamisches Demokratie-Modell innerhalb der islamistischen Gruppen eine Vorreiterposition, sind aber in dieser Frage selbst gespalten.
11. Z. B. „Türkiye" (Auflage 300000), „Zaman" (225000) oder „Yeni Asya". Religiös-konservativ ist auch „Tercüman". Vergleichsweise hat die linksliberale Zeitung „Cumhuriyet" nur noch eine Auflage von knapp 60000. Religiöse Zeitschriften, einige von hoher Fachkompetenz, haben eine Gesamtauflage von weit über einer halben Million.
12. *Diyanet Dergisi* 6 (Juli 1994) gab für diesen Zeitpunkt die Zahl von etwa 460000 Schülern an. Die exakten Zahlen nannte der Generaldirektor für Religiöse Erziehung im MEB im persönlichen Gespräch.
13. Angesichts dieser desolaten Zustände erklärte sich der Erziehungsminister im Oktober 1994 widerstrebend dazu bereit, weitere 81 von Bürgern selbst errichtete *İmam-Hatip*-Schulen bzw. Erweiterungsbauten offiziell in Betrieb zu nehmen und personell auszustatten.
14. Aussagen des Korans – z. B. zum Beginn der Menschheitsgeschichte mit der Erschaffung Adams – werden ohne Auseinandersetzung mit der Evolutionstheorie kommentarlos verabsolutiert; oder „die Geschichte des Judentums" wird zwar sachgemäß dargestellt, jedoch nicht mehr mit Bildern der Klagemauer und dem Inneren einer Synagoge illustriert, sondern mit der *Aqṣā*-Moschee in Jerusalem und einem Panoramablick über die gesamte Stadt.
15. Die neuesten Theologischen Fakultäten sind je eine zweite in Ankara und Istanbul sowie zwölf neue in Adana, Antalya, Çanakkale, Diyarbakır, Elazığ, Isparta, Malatya, Sakarya, Sivas, Trabzon, Urfa und Van. Absolventen Theologischer Fakultäten werden – mit pädagogischer Zusatzausbildung – Religionslehrer an den Schulen, bekommen Stellen in der Religionsverwaltung, z. B. als *müftü* oder *vaiz* (Prediger an großen Moscheen), im Medienbereich oder in Bibliotheken.
16. Dazu *U. Spuler-Stegemann:* Islam (s. Literaturverzeichnis), 594f.
17. Für den Erwerb eines *Hafız*-Diploms als Nachweis dafür, daß man den gesamten Koran auswendig gelernt hat, werden zwei Jahre veranschlagt.
18. In den Jahren 1982–1984 bezahlte die *Islamische Weltliga* Auslandspersonal des DİB mit monatlich 1100 Dollar, und zwar mit Wissen des damaligen Staatspräsidenten Kenan Evren, der maßgeblich am letztlich aufgrund fundamentalistischer Aktivitäten ausgelösten Putsch von 1980 beteiligt gewesen war. Die Dokumentation des Skandals in „Rabıta" (Istanbul), [13]1994, bezahlte der „Cumhuriyet"-Chefredakteur Uğur Mumcu 1993 mit dem Leben.
19. So *G. Jäschke:* Neuordnung der geistlichen Verwaltung in der Türkei. In: Welt des Islams, Neue Serie, 10 (1965–67) 181ff. Dazu auch *A. F. Başgil:* Din ve Laiklik (Religion und Laizismus), Istanbul, 1962.
20. Vgl. *U. Spuler-Stegemann:* Islam (s. Literaturverzeichnis), 602f.
21. So hat die saudi-arabische *al-Baraka Türk Özel Finans Kurumu* ein *bereket vakfı*

gestiftet, dessen Zwecke – Moscheenbau, Korankurse etc. – im Grunde auf die Islamisierung der Türkei hinauslaufen. Auch die *Faisal Finans* unterhält enge Geschäftsverbindungen zur *Vakıf Bank*. Parlamentarische Anfragen nach dem Kapital der zinslosen Banken wiegelte die Regierung mit dem Hinweis auf das Bankgeheimnis ab. Unkontrollierbaren Geschäften und Verflechtungen mit der Wirtschaft, ebenso der „Geldwäsche" – noch dazu mit Steuervergünstigungen – wird faktisch Tür und Tor geöffnet.

22. S. *K. Kehl-Bodrogi:* Die „Wiederfindung" des Alevitums in der Türkei. Geschichtsmythos und kollektive Identität. In: Orient 2 (1993) 267–282 mit Literaturangaben, sowie *G. Väth:* Zur Diskussion über das Alevitum. In: Zeitschrift für Türkeistudien 6 (1993) 2, 213–222.
23. In diesen Zusammenhang gehören die Pogrome in Kahramanmaraş, Çorum und Sivas 1978, das auf den Dichter Aziz Nesin abzielende Attentat in Sivas 1993, dem 37 alevitische Dichter und Sänger zum Opfer fielen, oder die blutigen Ausschreitungen vor allem in Istanbul und Ankara im März 1995.
24. *M. F. Bozkurt:* Das Gebot. Mystischer Weg mit einem Freund, Hamburg, 1988, „orientiert sich" an dieser einen von mehreren unterschiedlichen Ausgaben.
25. Religionswissenschaftlich betrachtet sind die Alevi am ehesten als eigenständige, „islamisierte" synkretistische Religion einzustufen.

3. Iran *(Udo Steinbach)*

1. Siehe dazu den Beitrag von *W. Ende:* Der schiitische Islam, im vorliegenden Band.
2. S. dazu *H. R. Roemer:* Persien auf dem Weg in die Neuzeit. Iranische Geschichte von 1350–1750, Beirut/Stuttgart, 1989.
3. *H. Algar:* Religion and State in Iran 1785–1906, Berkeley, 1969; *H. Busse:* Der persische Staatsgedanke im Wandel der Geschichte. In: Saeculum (Freiburg/München) 28 (1977) 53–74; *N. R. Keddie:* Iran: Islam and Revolution. In: Iran in der Krise. Weichenstellungen für die Zukunft (s. u. Anm. 4), 37–50.
4. Zu den vielfältigen Aspekten der iranischen Revolution s. die Beiträge in dem Sammelband: Iran in der Krise. Weichenstellungen für die Zukunft, herausgegeben vom Forschungsinstitut der Friedrich-Ebert-Stiftung, Bonn, 1980.
5. Kurzbiographie in: Orient 19 (1978) 4, 10–13 *(K.-H. Göbel)*; umfassendere Darstellungen bieten *A. Taheri:* Khomeini und die Islamische Revolution, Hamburg, 1985 und *B. Moin:* Khomeini. Sign of God, London, 1994.
6. Zu den Ereignissen s. *P. Avery:* Modern Iran, London, 1965, 95–105; *N. R. Keddie:* Religion and Rebellion in Iran: the Tobacco Protest of 1891–1892, London, 1966; *A. K. S. Lambton:* The Tobacco Regie: Prelude to Revolution. In: Studia Islamica 22 (1965) 119–157; 23 (1965) 71–91.
7. *P. Avery:* op. cit., 106–139; noch immer lesenswert ist *E. G. Browne:* The Persian Revolution of 1905–1909, Cambridge, 1910.
8. Vgl. *Sh. Akhavi:* Religion and Politics in Contemporary Iran. Clergy-State Relations in the Pahlavi Period, Albany, 1980, 15f.; im Kontext der neueren iranischen Geschichte s. *Y. Richard:* Die Geschichte der Schia in Iran. Grundlagen einer Religion, Berlin, 1983.
9. *Sh. Akhavi:* op. cit., 25–32.
10. *Y. Richard:* Ayatollah Kashani – ein Wegbereiter der Islamischen Republik? In: Religion und Politik im Iran. mardom nameh. Jahrbuch zur Geschichte und Gesellschaft des Mittleren Orients, herausg. vom Berliner Institut für Vergleichende Sozialforschung, Frankfurt/Main, 1981, 277–305; *W. Floor:* Iranische Geistliche als Revolutionäre. Wunschdenken oder Wirklichkeit?, ibid., 306–336.

11. *A.K.S. Lambton:* The Persian Land Reform 1962–1966, Oxford, 1969; *H. Algar:* The Oppositional Role of the Ulama in Twentieth-Century Iran. In: *N.R. Keddie* (ed.): Scholars, Saints and Sufis, Berkeley, 1972, 231–255.
12. *Sh. Akhavi:* op. cit., 91–116.
13. *Sh. Akhavi:* op. cit., 117–129.
14. *Ajatollah Chomeini:* Der islamische Staat. Aus dem Persischen übersetzt und herausgegeben von *N. Hassan* u. *I. Itscherenska*, Berlin, 1983. Zum Hintergrund vgl. den Beitrag von *W. Ende* „Der schiitische Islam", im vorliegenden Band; zu Khumainīs Denken im Kontext seiner Zeit s. *K.-H. Göbel:* Moderne schiitische Politik und Staatsidee, Opladen, 1984; s. auch *N. Calder:* Accomodation and Revolution in Imami Shiʿi Jurisprudence: Khumayni and the Classical Tradition. In: Middle Eastern Studies 18 (1982) 1, 3–20.
15. Eine ebenso informierte wie lebendige Darstellung des Lehrbetriebs an der *madrasa* im heutigen Iran gibt *M.M.J. Fischer:* Iran. From Religious Dispute to Revolution, Cambridge, Massachusetts/London, 1980, 61–103; *R. Mottahedeh:* Der Mantel des Propheten oder Das Leben eines persischen Mullah zwischen Religion und Politik, München, 1987.
16. *N.R. Keddie:* The Roots of the Ulama's Power in Modern Iran. In: Studia Islamica 29 (1963) 31–53; s. auch *M. Naficy:* Klerus, Basar und die iranische Revolution, Hamburg, 1993.
17. Vgl. *M. Fischer:* op. cit., 104–135.
18. *Sh. Akhavi:* op. cit., 23.
19. Bücher des Schahs: *Pahlevi, Mohammed Reza:* Im Dienste meines Landes, Stuttgart, o. J.; *ders.:* Antwort an die Geschichte. Die Schah-Memoiren, München, 1980.
20. Zum Verlauf der iranischen Revolution unter diesem Aspekt, s. *M. Fischer:* op. cit., 181–231.
21. Typisch für die Kritik dieses Prozesses aus religiöser Sicht ist die Darstellung durch *A. Falaturi:* Die iranische Gesellschaft unter dem Einfluß der westlichen Kultur. In: Iran in der Krise, a. a. O., 51–75.
22. Einzelheiten bei *M. Fischer:* op. cit., 213ff. Detailliertere neuere Untersuchungen zu diesen Entwicklungen durch *Sh. Bakhash:* The Reign of the Ayatollahs. Iran and the Islamic Revolution, New York, 1984. Informativ auch *S. Zabih:* Iran since the Revolution, London, 1982.
23. *U. Steinbach:* Die Entwicklung des politischen Systems in Iran seit der Revolution. In: Iran in der Krise, a.a.O., 105–118; *ders.:* Iran – Halbzeit der islamischen Revolution? In: Außenpolitik 31 (1980) 1, 52–69; *Sh. Bakhash:* op. cit., 52–70; *G. Thoß* u. *H.-H. Richter:* Ayatollah Khomeini. Zur Biographie und Hagiographie eines islamischen Revolutionsführers, Münster, 1991.
24. *Sh. Bakhash:* op. cit., 71–91; umfassend die Arbeit von *S. Tellenbach:* Untersuchungen zur Verfassung der Islamischen Republik Iran vom 15. November 1979, Berlin, 1985.
25. *M. Milani:* Shiʿism and the State in the Constitution of the Islamic Republic of Iran. In: *S.K. Farsoun* (ed.): Iran: Political Culture in the Islamic Republic, London, 1992, 133–159; *H.E. Chehabi:* Klerus und Staat in der Islamischen Republik Iran. In: Aus Politik und Zeitgeschichte (Beilage zur Wochenzeitung „Das Parlament") B 33/93 (13. August 1993) 17–23.
26. Zu neueren Entwicklungen s. *A.K. Moussavi:* A New Interpretation of the Theory of „vilayat-i faqih". In: Middle Eastern Studies 28 (January 1992) 1, 101–107.
27. Siehe dazu *S. Tellenbach:* Zur Änderung der Verfassung der Islamischen Repu-

blik Iran vom 28. Juli 1989. In: Orient 31 (1990) 1, 45–66; *A. Schirazi:* Die neuere Entwicklung der Verfassung in der Islamischen Republik Iran. In: Verfassung und Recht in Übersee 24 (1991) 2, 105–122.

28. Zur Politisierung der Wallfahrt s. *M. Glünz:* Das Manifest der Islamischen Revolution: Ayatollāh Khomeinīs Botschaft an die Mekkapilger des Jahres 1407/1987. In: Die Welt des Islams 33 (1993) 235–255.
29. Siehe dazu Yearbook Iran 1988 (by Moini-Biontino Verlagsgesellschaft mbH, Bonn), 116–119. Das Jahrbuch enthält auch sonst zu Länderkunde, Politik, Gesellschaft und Wirtschaft der Islamischen Republik sehr nützliche Informationen.
30. *S. Tellenbach:* Zur Re-Islamisierung des Strafrechts in Iran. In: Zeitschrift für die gesamte Strafrechtswissenschaft 101 (1989) 1, 188–205; Yearbook Iran 1988, a. a. O., 92–107.
31. *N. Ramazani:* Women in Iran. The Revolutionary Ebb and Flow. In: The Middle East Journal 47 (Summer 1993) 3, 409–428.
32. Siehe den Beitrag von *J. Reissner* „Die innerislamische Diskussion zur modernen Wirtschafts- und Sozialordnung", im vorliegenden Band. Darüber hinaus vgl. *A.-H. Banisadr* u. *P. Vieille:* Quelle révolution pour l'Iran?, Paris, 1980; *V. Nienhaus:* Islamische Ökonomik. Entwicklungen, Inhalte und Probleme. In: Zeitschrift für Wirtschaftspolitik 30 (1981) 3, 245–300; *ders.:* Literature on Islamic Economics in English and German, Köln, 1982; *A. Rieck:* Unsere Wirtschaft. Eine gekürzte, kommentierte Übersetzung des Buches „Iqtiṣādunā" von Muḥammad Bāqir aṣ-Ṣadr, Berlin, 1984.
33. *A. Schirazi:* The Problem of Land Reform in the Islamic Republic of Iran. Complications and Consequences of an Islamic Reform Policy, Berlin, 1987; *ders.:* Texte zur Agrargesetzgebung in der Islamischen Republik Iran, Berlin, 1988; *Sh. Bakhash:* The Politics of Land, Law, and Social Justice in Iran. In: The Middle East Journal 43 (Spring 1989) 2, 186–201; *A. A. Kiafar:* Urban Land Policies in Post-revolutionary Iran. In: *C. Bina* (ed.): Modern Absolutism and Islamic Ideology in Iran, London, 1992.
34. *U. Steinbach* (Hrsg.): Der Golfkrieg. Ursachen, Verlauf, Auswirkungen, Hamburg, Landeszentrale für politische Bildung, 1988; *D. Menashri:* The Iranian Revolution and the Muslim World, San Francisco/Oxford, 1992.
35. Siehe ausführlich *A. Rieck:* Die Schiiten und der Kampf um den Libanon. Politische Chronik 1958–1988, Hamburg, 1989; zur ideologischen Dimension s. *Ch. Mallat:* Shiʿi Thought from the South of Lebanon, Oxford, 1988; *Asʿad A. Khalil:* Ideology and Practice of Hizballah in Lebanon. In: Middle Eastern Studies 27 (1991) 3; *A. R. Norton:* Amal and the Shiʿa: Struggle for the Soul of Lebanon, Austin, 1987.
36. Summary of World Broadcast (SWB)/Middle East/0210/A/2ff., 22. 7. 1988.
37. Zum Text des Aufrufs s. SWB/ME/0385/A/2, 15.02 1989; ferner *H. Busse:* Salman Rushdie und der Islam. In: Geschichte in Wissenschaft und Unterricht 4 (1990) 193–215; zum politischen Hintergrund in Iran sowie zum internationalen Echo s. *R. Schulze:* The Forgotten Honor of Islam. In: Middle East Contemporary Survey, *M. Kramer:* The Invasion of Islam. In: Middle East Contemporary Survey, edited by *A. Ayalon*, Boulder, Colorado/Oxford, volume XIII (1989), 173–180 sowie volume XIV (1990) 177–180.
38. S. dazu *N. R. Keddie* u. *E. Hooglund* (eds.): The Iranian Revolution and the Islamic Republic, Syracuse/New York, 1986, 67–90.
39. *U. Steinbach:* Die „zweite Islamische Revolution". Der Gottesstaat auf dem Weg in die Normalität. In: Außenpolitik 41 (1990) 1, 73–90.

40. S. jeweils das Kapitel „Iran“, in: Nahost Jahrbuch. Politik, Wirtschaft und Gesellschaft in Nordafrika und dem Nahen und Mittleren Osten, herausgegeben vom *Deutschen Orient-Institut (T. Koszinowski u. H. Mattes)*, Opladen, 1992ff.

4. Afghanistan *(A. Ghanie Ghaussy)*

1. Die Provinz Khurasan umfaßte die heutigen afghanischen Provinzen Herat, Farah und Badghis und reichte östlich bis Faryab, Jusjan und Balkh (Baktrien). Westlich umfaßte sie die gleichnamige östliche Provinz Irans sowie Teile des heutigen Südturkmenistan. Die damals bedeutenden Zentren der Provinz waren Herat, Tus und Merw. Die Provinz Sistan mit der Hauptstadt Zaranj umfaßte die heutigen afghanischen Provinzen Nimruz, Teile von Hilmand und Farah sowie die gleichnamige ostiranische Provinz Sistan. Die in der Alexanderzeit bekannte Provinz „Darangiana“ um den Hilmandsee erhielt erst nach dem Eindringen der Saken den Namen Sakastan bzw. Segistan, aus dem dann später Sistan wurde. Vgl. *D. Bivar:* Die Nomadenreiche und die Ausbreitung des Buddhismus. In: Fischer Weltgeschichte, Band 16, Frankfurt am Main, 1966, 51f.
2. Dieser Tempel wurde in der Nähe der Stadt Balkh ausgegraben.
3. Der Begriff *dihqān* bedeutet im heutigen Persisch „Bauer“. Er wird für die das Land pachtenden Bauern, Bauern mit kleinerem Landbesitz und landlosen Bauern gebraucht. Damals wurde allerdings der Begriff dihqān auf Grundherren und Grundbesitzer angewandt, die neben den Feudalherren und Geistlichen eine bedeutende Stellung in der gesellschaftlichen Ordnung des Landes hatten, meistens auch mit den letztgenannten Gruppen machtpolitisch verbunden waren. Nöldeke benutzt dafür den Begriff des „bäuerlichen Landadels“. Vgl. *Th. Nöldeke:* Geschichte der Perser und Araber zur Zeit der Sasaniden. Aus der arabischen Chronik des Tabari übersetzt, Leyden, 1879, 440.
4. Die Handwerker in den Städten galten bei den Zoroastriern häufig als unrein.
5. Vgl. hierzu *B. Spuler:* Iran in frühislamischer Zeit, Wiesbaden, 1952.
6. Vgl. *M. G. A. Ghobar:* Afghānistān dar Masīr-ı Tārīkh, 1368 ([4]1989), 72.
7. Abū Muslim wurde später Opfer der Abbasidenintrigen. Er wurde vom Kalifen Manṣūr, der die Macht Abū Muslims fürchtete, nach Bagdad gelockt und im Jahre 755 ermordet. Abū Muslim wird nicht nur in Khurasan, sondern in ganz Afghanistan bis heute verehrt.
8. Näheres vgl. *W. Barthold:* Turkestan down to the Mongol Invasion, London, 1968.
9. Zu den Saffariden vgl. *C. E. Bosworth:* The History of the Saffarids of Sistan and the Maliks of Nimruz (247/861 to 949/1542-3), Costa Mesa, California/New York, 1994 (Columbia Lectures on Iranian Studies 8).
10. Vgl. hierzu *Malek ash-Shuʿarāʾ Bahār* (Hrsg.): Tārīkh-i Sīstān, Teheran, 1314 (1935).
11. Dabei wurde der bekannte hinduistische Tempel bei Sejawand im Logartal zerstört.
12. Der Begründer der Dynastie, Naṣr ibn Aḥmad Sāmānī, war von den Tahiriden als Statthalter von Transoxanien ernannt. Der eigentliche Reichsbegründer war Ismāʿīl ibn Aḥmad (892–907).
13. Da die Samaniden aus dem alten Landadel stammten, fanden sie große Unterstützung bei den *dahāqin* (pl. von *dihqān*). Am Hofe der Samaniden entwickelten sich die neupersische Dichtung, deren erster bedeutender Vertreter Rūdakī

war, und die Prosa weiter. Auch wurden arabische Werke in die neupersische Sprache übertragen.

14. So wird es bei Baihaqī berichtet. Vgl. *A. Bahmanyār* (Hrsg.): Ẓāhir ad-Dīn ʿAbd al-Ḥusain Baihaqī: Tārīkh-i Baihaqī, Teheran, 1317 (1938/39).
15. Zu den Ghoriden und dem Sultanat von Delhi vgl. näher *M.A. Ghaffur:* The Ghorids: History, Culture and Administration, Dissertation Hamburg, 1960; *R.A. Majumdar:* The Delhi Sultanate, Bombay, 1960.
16. Im Frühjahr 1221 fiel Balkh, später wurden Merw und Herat geplündert.
17. Berühmt wurde die Kunstschule von Herat.
18. Bābur, Mogulkönig und Timuride, zugleich ein Zeitzeuge, berichtet, als Sultan Ḥusain Mīrzā Herat eroberte, „wollte er während des Freitagsgebets *(khuṭba)* die Namen der zwölf Imame verlesen lassen. ʿAlī Shīr Beg und einige andere verhinderten es jedoch. Später ordnete und verwaltete er alles nach dem Gesetz der Sunna." In: *Ẓāhir ad-Dīn Muḥammad Bābur:* Die Erinnerungen des Großmoguls von Indien. Das Bābur-nāma, Zürich, [2]1990, 423.
19. Ebd., 474.
20. Mit Afghanistan bezeichnete er übrigens nur die Siedlungsorte der Paschtunenstämme. Sein Grabmal liegt in Kabul im nach ihm benannten Garten Bābur Shāh. Er lobte und liebte die Schönheit und das gute Klima Kabuls, wo er nach seinem Testament die letzte Ruhe finden wollte. Bābur beschrieb die Stadt als „ein vortreffliches Handelszentrum. Die Leute hier machen keinen geringeren Gewinn, als wenn sie nach China oder in die Länder von Rum (Kleinasien) gingen... Viele Kaufleute sind aber nicht einmal mit einem Gewinn von 30 oder 40 auf zehn (300 bis 400 Prozent) zufrieden! Man kann in Kabul alle Waren, ob aus Khurasan, Irak oder China finden." Bābur, a. a. O., 347f.
21. Mit den Eroberungen des persischen Königs Nādir Shāh Afshār wurden weitere schiitische Familien zur Verwaltung des Landes von Afghanistan angesiedelt, die später im kulturellen Leben der Städte, besonders Kabuls, eine besondere Stellung erlangten.
22. Vgl. hierzu *N. Keddie:* Artikel „Iran" und „Afghanistan". In: *E. von Grunebaum* (Hrsg.): Der Islam II, Fischer Weltgeschichte, 15, Frankfurt am Main, 1971, 176f.
23. Ausführlicher in: Encyclopaedia Iranica, edited by *E. Yarshater*, London, 1985, volume I, Artikel „Afghanistan", Abschnitt: „Political History", 547ff.
24. Während das Vordringen der Usbeken im Norden des Landes begrenzt werden konnte, verlor Afghanistan im ersten (1839–1842) und zweiten anglo-afghanischen Krieg (1878–1880) die Hauptprovinzen des Südens und Südostens an Großbritannien.
25. Die afghanischen Könige konnten damit seit dem Ende des 19. Jahrhunderts, insbesondere seit der Herrschaft von Emir ʿAbd ar-Raḥmān die geistigen Würdenträger politisch mißbrauchen und sie zu bedeutungslosen und vom König abhängigen Opportunisten umfunktionieren. Vgl. hierzu die Studie von *M.H. Kakar:* Government and Society in Afghanistan. The Reign of Amir Abdal-Rahman, Austin/London, 1979.
26. Da in der Fakultät ägyptische Dozenten wirkten, die vermutlich eine besondere Nähe zur Muslimbruderschaft hatten, war es nicht verwunderlich, daß aus der Fakultät weniger aufgeklärte Muslime als vielmehr Islamisten hervorgingen. Einige der heutigen Führer der religiös-fundamentalistischen Gruppierungen Afghanistans haben diese Fakultät besucht.
27. Im Parlament kam es zu Handgreiflichkeiten, nachdem die religiösen Abgeord-

neten die bekannten Vertreter der kommunistischen Parteien unter dem Ruf *Allāhu akbar* tätlich angriffen und sie verletzten.

28. Dieser Orden ist ursprünglich in Buchara entstanden, von wo aus er sich im 14. Jahrhundert in Zentralasien, in den nördlichen Provinzen Afghanistans und in der Provinz Herat ausbreitete, wo er auch politisch besondere Bedeutung erlangte. Im 16. Jahrhundert breitete er sich auch in Indien aus. Der bekannteste Ordensträger war Aḥmad Sarhindī, der in der Mogul-Zeit für einen „orthodoxen" Islam eintrat und zeitweise aus Delhi verbannt wurde. Vgl. hierzu *A. Schimmel:* Der Islam im indischen Subkontinent, Darmstadt, 1983, 68 ff.
29. Weil er im Kabuler Altstadtteil *Shūr bāzār* residierte und dort sein *khāniqāh* hatte.
30. Nach dem Tode von Fażl ʿUmar Mujaddidī 1956 wurde sein Sohn Muḥammad Ibrāhīm, bekannt als Shīr Pača, als *pīr* anerkannt, der zusammen mit seinen gesamten in Kabul anwesenden männlichen Familienmitgliedern von Kommunisten ermordet wurde.
31. Der Orden leitet seinen Namen von ʿAbd al-Qādir al-Gailānī ab, der 1078 im persischen Gailan geboren wurde und im Alter von 17 Jahren nach Bagdad kam, um die hanbalitische Jurisprudenz zu studieren. Zur Zeit seines Todes (1127) hatte er als *ṣūfī* bereits eine große Anhängerschaft, die sich *Qādirī* nannte. Vgl. hierzu *A. J. Arberry:* Sufism. An Account on the Mystics of Islam, London/Boston/Sydney, 1979, 85. Ab dem 13. Jahrhundert verbreitete sich der Orden in Zentralindien, später in Pandschab und Afghanistan. Vgl. *A. Schimmel,* a. a. O., 86.
32. Besonderen Ruhm erlangten neben dem Begründer des Ordens vor allem Niẓām ad-Dīn Auliyāʾ und der *ṣūfī*-Dichter Amīr Khusrū ad-Dihlawī, die auch in Afghanistan besonders verehrt werden. Der Mogulkaiser Akbar soll diesem Orden besonders zugetan gewesen sein. Vgl. *A. Schimmel,* a. a. O., 62.
33. So rief beispielsweise Shāh Walī Allāh ad-Dihlawī (1703–1762) in Indien gegen den *Maharatten*-Bund zum *jihād* auf und spornte den afghanischen König Aḥmad Shāh Abdālī zum Eingreifen an, was zum Sieg Aḥmad Shāhs in der Schlacht von Panipat führte. Vgl. *A. Schimmel,* a. a. O. Einige Führer des *Naqshbandīya*-Ordens riefen 1878 in den Provinzen Kuhdaman, Parwan und Nangharhar zum jihād gegen England auf. 1879 rief *mullā* Mushk-i ʿĀlam zum jihād gegen England auf. Er war auch die treibende Kraft des Widerstandes der Paschtunenstämme gegen Emir ʿAbd ar-Raḥman Khān in den Jahren 1883–1884, der allerdings erfolglos blieb. Andere Führer des gleichen Ordens waren 1924 in der Revolte von Khust, später im Aufstand gegen Amānullāh aktiv. Vgl. hierzu *O. Roy:* Islam and Resistance in Afghanistan, Cambridge u. a., 1986, 60 und 65 ff.
34. Als Präsident wurde Burhānuddīn Rabbānī, als Stellvertreter ʿAbd ar-Rasūl Saiyāf und als Generalsekretär Ḥabīb ar-Raḥmān, 1975 Gulbuddin Ḥikmatyār bestimmt. Vgl. *O. Roy,* a. a. O., 73.
35. Ausgenommen die *Ḥarakat*-Partei Muḥsinīs, die mit den sunnitischen Parteien zusammenarbeitete.
36. Zum Begriff s. EI^2 (The Encyclopaedia of Islam), volume I, 263 f.
37. Vgl. *B. Tibi:* Wer ist Souverän? Die Gottesherrschaft als islamische Spielart des Totalitarismus. In: Frankfurter Allgemeine Zeitung (FAZ) vom 20. 04. 1994, 13.

5. Rußland, islamische Republiken des Kaukasus und Zentralasiens *(Hans Bräker)*

1. Zur Bestandsaufnahme des Islams in der Sowjetunion s. *A. Bennigsen* u. *S. E. Wimbush:* Muslims of the Soviet Empire. A Guide. Foreword by *H. Bräker*, London, 1986 (umfangreiches Literaturverzeichnis).
2. Am 30.8.1991 Aserbaidschan, am 31.8.1991 Usbekistan und Kirgistan (Kirgisistan), am 9.9.1991 Tadschikistan, am 27.10.1991 Turkmenistan, am 16.12.1991 Kasachstan.
3. Zur Problematik des *jihād* vgl. u. a. den Artikel „Djihād" in EI² (The Encyclopaedia of Islam), english edition, volume II, Leiden/London, 1965, 538ff.
4. Zur Entwicklung des Islams im zentralasiatischen Raum siehe die Titel im Literaturverzeichnis.
5. Hierzu G. A. *Pugačenkova:* Samarkand, Buchara, Moskva, ²1968.
6. Hierzu u. a. die umfassende und mit Dokumenten versehene Darstellung des Sufismus im Kaukasus und in Zentralasien von *A. Bennigsen* u. *Ch. Lemercier-Quequejay:* Le soufi et le commissaire. Les confréries en URSS, Paris, 1987.
7. S. die Beiträge von *B. Radtke* (Der sunnitische Islam) und von *F. De Jong* (Die mystischen Bruderschaften und der Volksislam) im vorliegenden Band.
8. Zur russischen Expansion: *H. Uebersberger:* Rußlands Orientpolitik in den letzten beiden Jahrhunderten. I. Bis zum Frieden von Jassy, Stuttgart, 1913; *O. Hoetzsch:* Rußland in Asien. Geschichte einer Expansion, Stuttgart, 1966; *E. Sarkisyanz:* Geschichte der orientalischen Völker Rußlands bis 1917, München, 1961.
9. Die Widerstandsbewegungen vor und nach 1917 sind bisher relativ wenig untersucht worden. Bisher vorliegende Ergebnisse sind vor allem in Central Asian Survey (CAS) veröffentlicht worden: *P. B. Henze:* Fire and Sword in the Caucasus. The 19th Century Resistance of the North Caucasian Mountaineers, CAS 2 (1983); *M. Broxup:* The Basmachi, CAS 2 (1983); *G. Frazer:* Basmachi – I, CAS 6 (1987) 1; II, CAS, 6 (1987) 2; *H. Aymen de Lageard:* The Revolt of the Basmachi, According to Red Army Journals (1920–1922), CAS 6 (1987) 3; *U. Halbach:* „Heiliger Krieg" gegen den Zarismus. In: *Kappler* u. a. (Hrsg.): Die Muslime in der Sowjetunion und in Jugoslawien, Köln, 1989; neuerdings auch: *B. Hayit:* „Basmatschi". Nationaler Kampf Turkestans in den Jahren 1917 bis 1934, Köln, 1992.
10. Hierzu: *T. Yuan:* Jakub Bek (1820–1877) and the Moslem Rebellion in Chinese Turkestan. In: Central Asiatic Journal 6 (1961); *J. C. Y. Hsü:* British Mediation of the China's War with Yakub Bek, 1877. In: Central Asiatic Journal 2 (1964); *H. Bräker:* Nationality Dynamics in Sino-Soviet Relations. In: *S. E. Wimbush* (ed.): Soviet Nationalities in Strategic Perspective, London/Sidney, 1985.
11. Zum folgenden: *H. Bräker:* Die muslimische Erneuerungsbewegung in Rußland. In: *G. Katkov* u. a. (Hrsg.): Rußlands Aufbruch ins 20. Jahrhundert. Politik-Gesellschaft-Kultur 1894–1917, Olten/Freiburg, 1970.
12. Zum „Turanismus": *F. Ahmad:* The Young Turks. The Committee of Union and Progress in Turkish Politics 1908–14, London, 1969; *G. Jäschke:* Der Turanismus der Jungtürken. In: Die Welt des Islams, 23 (1941) 1/2.
13. Russischer Text: Obraščenie k vsem trudjaščimsja musul'-manam Rossii i Vostoka (7. Dez. 1917). In: *J. V. Klučnikov i A. Sabanin:* Meždunarodnaja politika novejšego vremeni v dogovorach, notach i deklaracijach, Moskva, 1926, Teil II; deutsche Übersetzung (nach der hier zitiert wird): *B. Hayit:* Sowjetrussische Orientpolitik am Beispiel Turkestans, Köln/Berlin, 1962.

14. Hierzu insbesondere: *A. Bennigsen* u. *S. E. Wimbush:* Muslim National Communism in the Soviet Union. A Revolutionary Strategy for the Colonial World, Chicago, 1979; *A. Bennigsen* u. *Ch. Lemercier-Quelquejay:* Sultan Galiev. Le père de la révolution tiers-mondiste, Paris, 1986.
15. Safarovs Rede auf dem 10. Parteitag der RKP (B) in: Desjatyj s-ezd RKP (B), Mart 1921 goda, Stenografičeskij otčet, Moskva, [2] 1963.
16. Zum folgenden: *H. Schaeder:* Moskau das Dritte Rom, Darmstadt, [2] 1963.
17. Die Dokumente der sowjetischen Religionsgesetzgebung (in deutscher Übersetzung): *O. Luchterhand:* Die Religionsgesetzgebung in der Sowjetunion, Berlin, 1978.
18. Zur Entwicklung des islamischen Rechts s. den Artikel „Šariat". In: Bol'šaja Sovetskaja Ėnciklopedija, Band 64, Moskva, 1934, Spalte 852–855 (ohne Verfasserangabe).
19. Zur Entwicklung des *waqf*-Besitzes in Rußland (vor 1917) s. Artikel „Vakuf". In: Ėnciklopedičeskij Slovar', V, St. Peterburg, 1891, Spalte 390ff. (mit zahlreichen Literaturangaben); sowie den Artikel „Vakuf". In: Bol'šaja Ėnciklopedija, IV, St. Peterburg, 1902, 315 (mit Literaturangaben). Zur sowjetischen Beurteilung: *N. Fioletov:* Vakufnoe pravo. In: Bol'šaja Sovetskaja Ėnciklopedija, VIII, Moskva, 1927, Spalte 608f.
20. *N. M. Vagabov:* Bol'še vnimanija sovetskomu islamovedeniju. In: Voprosy filosofii 12 (1966).
21. *N. M. Vagabov:* In: Izvestija Severo-Kavkazkogo Naučnogo Centra Vysšej Školy 4 (1978).
22. Zur Problematik der Einrichtung von religiösen Verwaltungen für die Muslime in der Sowjetunion s. *A. Kolosov:* Religija i cerkov' v SSSR. In: Bol'šaja Sovetskaja Ėnciklopedija, (ohne Bandnummer, Gesamttitel: Sojuz Sovetskich Socialističeskich Respublik), Moskva, 1948, Spalte 1775–90; Islam Today in the Soviet Union, München (ohne Verfasser, ohne Jahr, wahrscheinlich 1960); *K. Islamov:* Stalin i musul'manskij vopros. In: Svobodnyj Kavkas, 1 (Oktober 1951); *W. Kolarz:* Die Religionen in der Sowjetunion, Freiburg/Basel/Wien, 1963; *A. Bennigsen* u. *Ch. Lemercier-Quelquejay:* „Official" Islam in the Soviet Union. In: Religion in Communist Lands, volume 7, 3 (1979).
23. Zu ihnen gehörten alle Vorsitzenden der „Geistlichen Verwaltungen" in Baku, Buinaksk (Machatschkala), Ufa und Taschkent: Ali (ʿAlī) Zade (Baku) war vor seiner Einsetzung wegen religiöser Betätigung schweren Verfolgungen ausgesetzt und dann in die Verbannung geschickt worden; Gebekov (Buinaksk) hatte 14 Jahre im Gefängnis und in der Verbannung verbracht, bevor er in sein Amt eingesetzt wurde; Rasulajev (Ufa) hatte wegen religiöser Betätigung wiederholt im Gefängnis gesessen und wurde schließlich aus dem Exil zurückgeholt; Babahan (Taschkent) mußte zur Übernahme seines Amtes aus der Verbannung geholt werden.
24. Praktisch in allen wichtigen Dokumenten der „Geistlichen Verwaltungen", veröffentlicht auch in der offiziösen Presse, vor allem aber in der seit 1968 in Taschkent herausgegebenen Monatszeitschrift „Muslims of the Soviet East" (s. auch Anmerkung 27).
25. S. hierzu (neben den in Anmerkung 6 genannten Titeln) vor allem *H. Bräker:* Islam – Way of Life, Religion, Nationalism, 2 papers, zur Konferenz „Central Asia: The Decades Ahead" in München, 18.–20. August, 1985.
26. S. hierzu: *H. Bräker:* Die Islam-Frage als Problem der sowjetischen Religions- und Minderheitenpolitik. In: Sowjetunion 1980/81, München, 1981.
27. „Muslims of the Soviet East" war in der sowjetischen Zeit die einzige offizielle

Zeitschrift der „Geistlichen Verwaltungen". Sie erschien in Usbekisch, Arabisch, Dari, Farsi sowie Englisch und Französisch, nicht jedoch in Russisch.

28. So in dem Leitartikel: Holy Qur'an and Hijrat. In: Muslims of the Soviet East 2 (1980).
29. Siehe hierzu den Artikel des Muftis von Taschkent, Babahan: Ibn Sina. Great Thinker and Philosopher. In: Muslims of the Soviet East 2 (1980).
30. Text in: Muslims of the Soviet East 4 (1979). Zu diesem Symposium s. auch den Bericht in der Neuen Züricher Zeitung vom 23./24. September 1979: „Sowjet-Islam auf dem langen Marsch. Strategie der Anpassung an den atheistischen Staat". Die sowjetische Presse hat über dieses Symposium, an dem Vertreter aus mehr als 30 Ländern teilnahmen, wenn überhaupt, nur sehr kurz berichtet – so z. B. die Literaturnaja gazeta 39 (1979) in Form eines kurzen Interviews mit Mufti Babahan.
31. Muslims of the Soviet East 4 (1979) 5.
32. Veröffentlicht unter dem Titel: O podgotovke k 50-letiju obrazovanija Sojuza Sovetskich Socialističeskich Respublik. In: Pravda vom 22. Februar 1972.
33. Wortlaut in: Pravda vom 24. Februar 1981.
34. Wortlaut in: Pravda vom 22. Dezember 1982.
35. Hier zitiert nach einem ausführlichen Bericht in: Pravda vostoka vom 25. November 1986; der volle Wortlaut der Rede wurde nach meiner Kenntnis nicht veröffentlicht.
36. Pravda vom 16. Januar 1987.
37. Zum folgenden im einzelnen: *H. Bräker:* Moskaus orientalische Frage. Gorbatschow vor der Zerreißprobe? In: Osteuropa 9 (1988).
38. *I. Beljaev* in einem zweiteiligen Aufsatz, in: Literaturnaja gazeta vom 13. und 20. Mai 1987.
39. So z. B. *Talib Saidbaev*, in: Literaturnaja gazeta vom 10. Juni 1987.
40. S. Anmerkung 20 und 21.
41. Vgl. Anmerkung 2.
42. Zu dieser Problematik allgemein: *H. Bräker:* Es wird kein Friede sein. Der islamische Orient im Zangengriff von West und Ost, München/Zürich, 1992.
43. S. hierzu *H. Pommerening:* Der chinesisch-sowjetische Grenzkonflikt. Das Erbe der ungleichen Verträge, Olten/Freiburg, 1968, insbesondere 139–149.
44. Zum folgenden s.: *D. Tschižewskij:* Zwischen Ost und West. Russische Geistesgeschichte II, 18.–20. Jahrhundert, Reinbek bei Hamburg, 1961, und die hier aufgeführte Literatur.
45. Zitiert nach: *J. Holthusen* u. *D. Tschižewskij:* Versdichtung der russischen Symbolisten. Ein Lesebuch, Wiesbaden, 1959 [im russischen Originaltext].
46. Die führenden Köpfe der „Eurasier" wie Savickij, Suvčinskij und Trubeckoj haben ihre Ideen zum ersten Mal 1921 in einem in Sofia erschienenen Sammelband veröffentlicht (Exodus nach Osten ...), dem sie unter anderen Titeln vier weitere Sammelbände in den Jahren 1922 (Moskau/Berlin), 1923 (Berlin), 1925 (Berlin) und 1927 (Paris) sowie eine „Eurasische Chronik" und ab 1928 auch eine Zeitung „Eurasia" folgen ließen. Den deutschsprachigen Lesern wurden die Eurasier zum ersten Mal in der Zeitschrift Orient und Okzident 17 (1934) vorgestellt. S. hierzu auch *V. Zenkovskij:* Der Geist der Utopie im russischen Denken. In: Orient und Okzident 16 (1934) und *ders.:* Russian Thinkers and Europe, Ann Arbor, Michigan, 1934.
47. Aus der relativ breiten Behandlung der „Eurasien"-Frage in den russischen Medien werden hier nur einige wichtige Titel aufgeführt: *A. Šaryi:* Evrazijskij Brjussel' ili slavjanskij basar? In: Rossija, 18.–24. 12. 1991; *Vl. Kedrov:* Dvu-

glavyi orel i polumesjac: vragi ili sosedy. In: Rossija, 18.–24. 12. 1991; *N. Michalkov:* Most meždu Evropoj i Asiej. In: Pravda vom 7. 11. 1991; dazu auch das Interview mit Michalkov, in: Rossijskaja Gazeta vom 14. 12. 1991; *I. Malašenko:* Na polputi k Evrope. Sostoitsja li Evrazijskoe soobščestvo? In: Nezavisimaja Gazeta vom 21. 11. 1991. Instruktiv zur Diskussion des „Eurasismus“ in Rußland auch die Beiträge in Moskau News (deutschsprachige Ausgabe).

48. *S. Dunaev:* Musul'manin v ėtom mire – strannik. Islam v kontekste pljuralizma. In: Nezavisimaja Gazeta vom 5. 11. 1991. Dunaev ist der Koordinator der geistigen Kontakte in der *Islamischen Partei der Wiedergeburt.*
49. Mufti Sadik Muhammad Jusuf (Ṣādiq Muḥammad Yūsuf) in einem Interview, das er der Nezavisimaja Gazeta am 4. 1. 1992 gegeben hat.

6. Volksrepublik China *(Hans Bräker)*

1. *Th. Ohm:* Die Religionen Asiens, Köln/Opladen, 1954 (Karte „Verbreitung des Islam“).
2. *G. A. Nasser:* Die Philosophie der Revolution, deutsch in: *F. R. Allemann* (Hrsg.): Die arabische Revolution. Nasser über seine Politik, Frankfurt am Main, 1958, 56.
3. Diese Zahl wurde laut dpa vom 4. 4. 1980 auf einem Kongreß der „Chinesischen Islamischen Vereinigung“ in Peking veröffentlicht.
4. Nach AFP wurde dieser Kampfaufruf der 20 Millionen chinesischer Muslime am 6. 1. 1980 von der chinesischen Nachrichtenagentur „Neues China“ (Xinhua) verbreitet.
5. Über diese Schätzung „chinesischer Experten“ berichtet AFP am 16. 4. 1980.
6. Zur Geschichte des Islams in China s. außer den im Literaturverzeichnis aufgeführten Werken: *J. Gernet:* Die chinesische Welt, Frankfurt/Main, 1979, 240ff.; *J. Osterhammel:* China und die Weltgesellschaft, Vom 18. Jahrhundert bis in unsere Zeit, München, 1989, 415–430; *M. Hartmann:* Vom chinesischen Islam. In: Die Welt des Islams I (1913) 178–210; *ders.:* Zur Geschichte des Islam in China, Leipzig, 1921 (Quellen und Forschungen zur Erd- und Kulturkunde, 10). Zur frühen Periode des Islams in China: *F. S. Drake:* Mohammedanism in the T'ang-Dynasty. In: Monumenta Seriea 8 (1948) 1–40; *I. Mees:* Die Hui – Eine moslemische Minderheit in China. Assimilationsprozesse und politische Rolle vor 1949, München, 1984.
7. S. hierzu: *T. Yuan:* Yakub Bek (1820–1877) and the Moslem Rebellion in Chinese Turkestan. In: Central Asiatic Journal 6 (1961); *J. C. Y. Hsü:* British Mediation of China's War with Yakub Bek, 1877. In: Central Asiatic Journal 2 (1964); s. hierzu auch Kapitel IV.5 „Rußland, Islamische Republiken des Kaukasus und Zentralasiens“.
8. *H. Pommerening:* Der chinesisch-sowjetische Grenzkonflikt. Das Erbe der ungleichen Verträge, Olten/Freiburg, 1968, 139–149.
9. Literatur zu dieser Auseinandersetzung s. Anm. 10.
10. Zum folgenden s. *H. Bräker:* Sinkiang zwischen der Sowjetunion und China. In: Aus Politik und Zeitgeschichte. Beilage zur Wochenzeitschrift „Das Parlament“ B 10/70 vom 7. März 1970.
11. Zur Revolution von 1911 s. *W. Franke:* Das Jahrhundert der chinesischen Revolution 1851–1949, München, 1958, insbesondere 86–126.
12. Zur sowjetischen Zentralasien- (Sinkiang)-Politik in den dreißiger Jahren s. auch: *Aitchen K. Wu:* China and the Soviet Union. A Study of Sino-Soviet

Relations, London/New York, 1950; *W. Whiting:* Sheng Shih-ts'ai, Sinkiang: Pawn or Pivot, East Lansing/Michigan, 1958; *Li Chang:* The Soviet Grip on Sinkiang. In: Foreign Affairs, April 1954; Sowjetische Wirtschaftsaggression in Sinkiang (chinesisch), Taipeh, 1950 (herausgegeben vom chinesischen Außenministerium in Taipeh); *A. Whiting:* Sinkiang and Sino-Soviet Relations. In: China Quarterly 3 (1960).

13. Text des Vertrages in: Sovetsko-Kitajskie otnošenija 1917–1957 gg. Sbornik dokumentov, Moskau, 1959, 47.
14. Text des Vertrages in: „Izvestija" vom 29. März 1950.
15. Nach Amar Lahiri: Communist New Deal in Sinkiang. In: United Asia 2 (1950) 141 ff.
16. Zum Islam in der VR China seit 1949 liegen nur wenige brauchbare Publikationen vor. Die wichtigsten sind im Literaturverzeichnis zu diesem Beitrag zusammengestellt.
17. S. hierzu *H. Bräker:* Die Sowjetunion und China im Wettbewerb um die Entwicklungsländer. In: Die Internationale Politik 1963, München/Wien, 1969; *ders.:* Die sowjetisch-chinesische Rivalität in Asien und Afrika. In: Die Internationale Politik 1968/69, München/Wien, 1974.
18. Die bekanntgewordenen Fakten sind in *H. Bräker:* Sinkiang zwischen Sowjetunion und China, a. a. O., verarbeitet worden.
19. Zum folgenden: *H. Bräker:* Nationality Dynamics in Sino-Soviet Relations. In: *S. Enders Wimbush* (ed.): Soviet Nationalities in Strategic Perspective, London/Sidney, 1985, 101–157.
20. Die folgenden Ausführungen stützen sich vor allem auf Untersuchungen, die der Verfasser 1984 während eines mehrwöchigen Forschungsaufenthalts (auf Einladung der Chinesischen Akademie der Gesellschaftswissenschaften) in China, insbesondere in Beijing, Urumtschi und Kashgar durchführen konnte.
21. *Haj Ilyas Shen Wiawi* (Chinese Islamic Association): General Conditions of Muslims in China, Beijing, March 1980.
22. Dem Xinjiang-Regionaldienst von Radio Urumqi (28. 10. 1982) zufolge gab es 1982 in Xinjiang folgende Nationalitäten: 5949661 Uiguren; 5286533 Han; 903370 Kasachen, 570788 Hui; 117460 Mongolen; 112979 Kirgisen; 27364 Sibo; 26484 Tadschiken; 12433 Usbeken; 9137 Mandschu; 4360 Tahur; 4106 Tataren; 2662 Russen; 54335 Angehörige anderer Nationalitäten.
23. Nach der in Anmerkung 21 angeführten Quelle.
24. Die in Anmerkung 22 genannten Zahlen sind nicht zuletzt insofern interessant, als sie über das starke Anwachsen des Anteils der Han-Bevölkerung in Xinjiang auf ca. 40% als Folge der während der Kulturrevolution durchgeführten Umsiedlungsmaßnahmen Aufschluß geben. Noch in den fünfziger Jahren hatte der Anteil der Han an der Gesamtbevölkerung Xinjiangs höchstens 14% betragen.
25. Nach: Xinhua News Agency vom 7. Mai 1983.
26. Die Regierung hat offenbar beträchtliche finanzielle Mittel für die Wiederherstellung und den Neubau von Moscheen und Medresen bereitgestellt; die Höhe der Summe war jedoch nicht festzustellen. In allen von mir 1984 überprüften Fällen in den Provinzen Xinjiang und Gansu haben jedoch die islamischen Gemeinden darauf verzichtet, diese Mittel in Anspruch zu nehmen und lediglich die Transporteinrichtungen des Staates bzw. der jeweiligen örtlichen Kommunen für die zur Wiederherstellung bzw. zum Neubau von Moscheen und Medresen erforderlichen Materialanlieferungen kostenlos genutzt. In allen diesen Fällen wurden die Mittel für das Baumaterial durch die Gläubigen selbst aufgebracht *(zakāt)*.

27. Die genaue Höhe der Auflage war auch an Ort und Stelle (in Beijing) nicht festzustellen; nach Xinhua News Agency vom 7. Mai 1983 entfielen aber allein auf das Autonome Gebiet Ningxia 10000 Exemplare dieser Koranausgabe.

7. Indien *(Munir D. Ahmed)*

1. S. dazu *K. S. Lal:* Growth of Muslim Population in Medieval India: A. D. 1000–1800, Delhi, 1973; *ders.:* Indian Muslims: Who are they? New Delhi, 1993.
2. *I. Ahmad:* Caste and Social Stratification among the Muslims, New Delhi, 1973; *S. P. Jain:* The Social Structure of Hindu-Muslim Community, Delhi, 1975.
3. *Y. Friedmann:* The Attitude of the Jamʿīyyat al-ʿulamā'-i Hind to the Indian National Movement and the Establishment of Pakistan. In: Asian and African Studies (Jerusalem) 7 (1971) 157–180; *ders.:* The Jamʿīyyat al-ʿulamā'i Hind in the Wake of Partition. In: ebd., 11 (1976) 181–211.
4. Für eine eingehende Studie siehe: *P. Hardy:* Partners in Freedom – and True Muslims. The Political Thought of Some Muslim Scholars in British India: 1912–1947, Lund, 1991; *Z. ul-H. Faruqi:* The Deoband School and the Demand for Pakistan, Bombay, 1963.
5. Abū l-Kalām Āzād war ein gefeierter Koranexegete und Autor. S. dazu: *H. Kabir:* Maulana Abul Kalam Azad: A Memorial Volume, London, 1959; vgl. den Artikel „Āzād". In EI^2 (The Encyclopaedia of Islam), english edition, supplement, Fasc. 1–2, Leiden, (1980) 106f.
6. Der Rückzug aus der Politik dauert an. Nach der Schleifung der Bābarī-Moschee im Dezember 1992 wurde die *Jamā 'at-i islāmī* von den Behörden als eine radikale Gruppe eingestuft und ihr wurde politische Betätigung gerichtlich untersagt.
7. S. dazu *K. R. Malkani:* The Politics of Ayodhya and Hindu-Muslim Relations, New Delhi, 1993.
8. Die Diskussion über den Säkularismus hat zwischenzeitig etwas nachgelassen. Für eine ausführliche Darstellung s. *H. Dalwai:* Muslim Politics in Secular India, New Delhi, 1972.
9. S. dazu *T. Mahmood:* Muslim Personal Law: The Role of the State in the Subcontinent, New Delhi, 1977; *I. A. Ansari:* Muslim Personal Law in India. In: Journal Institute of Muslim Minority Affairs (JIMMA), London, 1/2 (1979/80) 1, 86–96; *P. Risso:* Indian Muslim Legal Status (1964–1986). In: Journal of South Asian and Middle Eastern Studies 16 (Winter 1992) 2, 55–74.
10. Die Affaire um Shāh Bānōs Recht auf Unterhalt entfachte eine Diskussion über die Notwendigkeit einer Reform des *sharīʿa*-Rechts. S. dazu: *S. J. Hussain:* Shariʿah, Shah Bano and the Supreme Court of India. In: Islamic and Comparative Law Review (New Delhi) 12 (1992) 1, 13–24; *K. Zarwmba-Radziwill:* L'affaire Shah Bano: ses implications juridiques, politiques et sociales. In: Hemispheres Studies on Cultures and Societies, Semper, 7 (Contributions 1990) 53–64.
11. Eine Entscheidung des *Allahabad High Court* (Lucknow Bench) im April 1994 in diesem Sinne führte zu landesweiten Protesten.
12. Das Überleben der Urdu-Sprache hat sich zu einem zentralen Problem für die indischen Muslime entwickelt. S. dazu *O. Khalidi:* Urdu Language and the Future of Muslim Identity in India. In: JIMMA (London) 7 (1986) 2, 395–403. *K. Schwerin:* Die indischen Muslime und die Hindi-Urdu-Kontroverse in den United Provinces, Wiesbaden, 1972.

13. S. dazu *I. Ahmad:* The Problem of Muslim Educational Backwardness in Contemporary India: an inferrential analysis. In: JIMMA (London) 2/3 (1980–81) 55–71.
14. S. dazu *O. Fahad:* The Role of India's Madrasa System in Islamic Revival. In: The Muslim World League Journal (Jeddah) 21 (Mai 1994) 11, 47–54.
15. Ausschreitungen gegen die Muslime haben sich zum Kardinalproblem für sie entwickelt. S. dazu *Riyāḍ ar-Rahmān Shīrwānī:* Musalmanān-i hind se waqt ke muṭālabāt (Die Forderungen der Zeit von Indiens Muslimen), Neu-Delhi, 1987.
16. S. dazu *J. G. Tiwari:* R. S. S. Policy Toward Indian Muslims: Origins and Development. In: JIMMA (London) 8 (1987) 1, 79–87.
17. *M. R. A. Baig:* The Muslim Dilemma in India, New Delhi, 1974; The Muslim Situation in India, herausgegeben von *I. A. Ansari*, New Delhi, 1990; *M. K. A. Siddiqui:* Hindu-Muslim Relations, Calcutta, 1993.
18. Für eine ausführliche Darstellung dieses Konflikts siehe: *M. S. Chaudhry:* Der Kaschmirkonflikt. Seine Ursachen, sein Wesen sowie Rolle und Bemühungen der Vereinten Nationen, München, 1976.
19. Die Zentrale der indischen *Tablīghī jamāʿat* befindet sich in Delhi. Der namhafte Autor und Schriftgelehrte Abū l-Ḥasan ʿAlī Nadwī soll ihr angeblich angehören. Über ihr Wirken in Frankreich s. *G. Kepel:* Die Rache Gottes. Radikale Moslems, Christen und Juden auf dem Vormarsch, München, 1991.
20. S. dazu *M. A. Kalam:* Religious Conversion in Tamil Nadu (India). In: JIMMA (London) 10 (1989) 2, 343–350.

8. Pakistan *(Durán Khálid/Munir D. Ahmed)*

1. Iqbāls Leben und Werk ist in zahlreichen Publikationen dokumentiert. S. dazu: *Masud-ul-Hasan:* Life of Iqbal. General Account of his Life, Lahore, 1978; *W. Köhler* (Hrsg.): Muhammad Iqbal und die drei Reiche des Geistes./ Muhammad Iqbal and the Three Realms of the Spirit, Hamburg, 1977; eine gute Einführung zu seinen religiösen Ideen bietet *A. Schimmel:* Gabriel's Wing. A Study on the Religious Ideas of Sir Muhammad Iqbal, Leiden, 1963; sie hat auch Iqbāls poetische Werke übersetzt: Muhammad Ikbal/Das Buch der Ewigkeit (Jāwīd-nāma), München, 1957; Muhammad Iqbal. Botschaft des Ostens (als Antwort auf Goethes West-Östlichen Diwan), Wiesbaden, 1963.
2. Iqbāls Idee eines separaten muslimischen Staates in Nordindien wurde später von Jinnah (Jināḥ) mit seiner „Zwei-Nationen-Theorie" untermauert. S. dazu *Sh. A. Khan:* Two Nations Theory – as a Concept, Strategy and Ideology, Karachi, 1985; *M. Ahmed:* Iqbal and Jinnah on the „Two-Nations-Theory". In: *K. J. Newman* (Hrsg): Pakistan. 35 Jahre nach der Staatsgründung./ Pakistan. 35 years after Independence, Hamburg, 1983, 83–113 (deutsche Zusammenfassung 115–124); zu Leben und Werk von Jinnah s. *A. Jalal:* The Sole Spokesman. Jinnah, the Muslim League and the Demand for Pakistan, Cambridge, 1985; *M. H. Saiyid:* Muhammad Ali Jinnah. A Political Study, Chicago, 1978; *H. Bolitho:* Jinnah. Creator of Pakistan, London, 1964; *G. Allana:* Quaid-e-Azam Jinnah. The Story of a Nation, Lahore, 1967; *S. Wolpert:* Jinnah of Pakistan, New York, 1984.
3. S. dazu *B. D. Metcalf:* Islamic Revival in British India. Deoband, 1860–1900, Princeton, New Jersey, 1982.
4. Jamāl ad-Dīn al-Afghānī soll diese Bezeichnung bereits 1890 in Istanbul benutzt haben. S. dazu *F. Rahman:* Sources and Meaning of Islamic Socialism. In: *D. E. Smith* (ed.): Religion and Political Modernization, Princeton, New Jersey,

1974; zu Leben und Werk von Bhuttō s. *K. Niyāzī:* Dīdawar (Der Sehende), Lahore, 1977; *S. Wolpert:* Zulfi of Pakistan. His Life and Times, New York, 1993; *A. H. Syed:* The Discourse and Politics of Zulfikar Ali Bhutto, New York, 1992.

5. S. den Beitrag „Indien" im vorliegenden Band.
6. S. den Beitrag „Indien" im vorliegenden Band.
7. S. den Beitrag „Indien" im vorliegenden Band.
8. *I. H. Douglas:* Abul Kalam Azad. An Intellectual and Religious Biography, Delhi, 1993 (edited by *Minault, G.* u. *C. W. Troll*).
9. Näheres dazu in *M. D. Ahmed:* The Shi'is of Pakistan. In: *M. Kramer* (ed.): Shiism, Resistance and Revolution, Boulder, Colorado, 1987, 275–287.
10. Siehe seine Autobiographie: The Memoirs of Agha Khan: World Enough and Times, London, 1954. Die deutsche Ausgabe: Die Memoiren des Agha Khan: Menschen und Zeiten, Wien, 1954.
11. Abū l-Aʿlā al-Maudūdī (1903–1979), Gründer der *Jamāʿat-i islāmī* und Autor zahlreicher Schriften über den Islam, gilt als der wichtigste Theoretiker des Islamischen Staates. S. dazu *S. R. Ahmad:* Maulana Maududi and the Islamic State, Lahore, 1976; *ders.:* Maududi's Concept of the Islamic State, Lahore, 1976; *Ch. Adams:* The Ideology of Maulana Mawdudi. In: *D. E. Smith* (ed.): South Asian Politics and Religion, Princeton, New Jersey, 1966, 371–397; *E. Lerman:* Mawdudi's Concept of Islam. In: Middle Eastern Studies 17 (1981) 492–509.
12. Jōsh Malīḥābādī wurde wegen seiner antiimperialistischen Verse „Dichter der Revolution" genannt. Seine Autobiographie erregte ob der Offenheit, mit der er über seinen Lebenswandel berichtet, großes Aufsehen: Yādūn kī barāt (Hochzeitszug der Erinnerungen), New Delhi, 1988.
13. S. dazu *Żiyā' al-Islām Anṣārī:* Janaral Muḥammad Żiyā' al-Ḥaqq: Shakhṣiyat aur kārnāme (General Muhammad Zia ul-Haq: Persönlichkeit und Heldentaten), Lahore, 1990.
14. S. dazu *M. A. Khan:* Friends not Masters: A Political Autobiography, London, 1967 (Deutsche Ausgabe: Erinnerungen und Bekenntnisse. Eine politische Autobiographie, Tübingen, 1968).
15. Literatur der Jamāʿat-i islāmī ist in vielen Sprachen erhältlich. S. über sie: *S. A. Gailānī:* Jamāʿat-i islāmī: 1941 tā 1947 (Jamaʿat-i islami: von 1941 bis 1947), Lahore, 1992; *K. Bahadur:* The Jamaʿat-i Islami of Pakistan. Political Thought and Political Action, Lahore, 1978.
16. *Dhikrīs*, ursprünglich *mahdawīya*, sind Anhänger von Muḥammad Jaunpūrī (1443–1505), der sich zum Mahdi *(mahdī)* proklamierte. Er und später seine Anhänger waren staatlicher Verfolgung ausgesetzt. Durch die Verheimlichung der Lehre und ihre mündliche Weitergabe sowie den Rückzug in entlegene Gebiete konnte nur mühsam ein Überleben der Gruppe sichergestellt werden. Der Verlust an Schrifttum hat bewirkt, daß die dhikrīs auf die Stufe von Naturglauben zurückgefallen sind. Lediglich in Daccan (Indien) soll es noch gebildete dhikrīs geben. Einer davon brachte es in British-Indien bis zum Premierminister des Fürstentums Hyderabad-Daccan. Näheres über deren Geschichte und Lehre bei *S. A. A. Rizvi:* Muslim Revivalist Movements in Modern India in Sixteenth and Seventeenth Centuries, Agra, 1965, 68–134.
17. Zur Lektüre werden empfohlen: *M. B. M. Ahmad:* Ahmadiyya or the True Islam, Rabwah, 1959; *M. Z. Khan:* Ahmadiyyat. The Renaissance of Islam, London, 1978; *L. Spencer:* The Ahmadiyya Movement. A History and Perspective, Delhi, 1974; *Y. Friedmann:* Prophecy Continuous. Aspects of Ahmadiyya

Religious Thought and its Medieval Background, Berkeley, 1988; *M.D. Ahmed:* Ahmadiyya. Geschichte und Lehre. In: *P. Antes* u.a. (Hrsg.): Der Islam III, Stuttgart, 1990 (Die Religionen der Welt, Band 25, 3 und 415–422).

18. S. dazu *S.J. Malik:* Legitimizing Islamization. The Case of the „Council of Islamic Ideology" in Pakistan, 1962–1981. In: Orient 30 (1989) 2, 251–268.
19. S. dazu *M.D. Ahmed:* The Permanent Constitution of Pakistan. In: Orient 18 (1973) 3, 118–126.
20. S. dazu *M.D. Ahmed:* Ausschluß der Ahmadiyya aus dem Islam. Eine umstrittene Entscheidung des pakistanischen Parlaments. In: Orient 16 (1975) 1, 112–143.
21. S. dazu *M.D. Ahmed:* Die Wahlen in Pakistan im März 1977. Eine erste Bilanz. In: Orient 18 (1977) 1, 102–127.
22. S. dazu *D. Khálid:* The Final Replacement of Parliamentary Democracy by the „Islamic System" in Pakistan. In: *W.-P. Zingel* (ed.): Pakistan in its Fourth Decade, Hamburg, 1983, 147–174.
23. S. dazu *C. Gierths* u. *J. Malik:* Die Islamisierung der Wirtschaft unter Zia-ul-Haq, Bad Honnef, 1986.
24. Näheres dazu bei *M.D. Ahmed:* Islamisierung in Pakistan. In: *D. Conrad* u. *W.-P. Zingel* (Hrsg.): Pakistan, Wiesbaden, 1992, 69–76 (Zweite Heidelberger Südasiengespräche).

9. Bangladesh *(Munir D. Ahmed)*

1. Abū l-Qāsim Fażl al-Ḥaqq (1872–1962) hatte sich als Führer der Muslime aus Ostbengalen einen Namen erworben. Obwohl er sich zeitweilig von der „Pakistan-Bewegung" trennte, bekleidete er nach der Unabhängigkeit verschiedene politische Ämter in Pakistan. Für die Zeit vor der Unabhängigkeit s. *S. Sen:* Muslim Politics and Bengal: 1937–1947, New Delhi, 1976.
2. S. dazu *R. Eaton:* Islamisierung im spätmittelalterlichen Bengalen. In: *W. Schluchter* (Hrsg.): Max Webers Sicht des Islams, Frankfurt am Main, 1987, 156–179; *ders.:* Islam in Bengal. In: *G. Michell* (ed.): The Muslim Heritage of Bengal, Paris, 1984, 23–36; *S.M. Khan:* Impact of Islam on Medieval Bengal. An Overview. In: Islamic Culture (Hyderabad) LIX (1985) 163–188.
3. S. dazu: *A. Ahmad:* Sufismus und Hindumystik. In: Saeculum 15 (1964) 1, 57–73; *R.P. Das:* Problematic Aspects of the Sexual Rituals of the Bauls of Bengal. In: Journal of the American Oriental Society 112 (1992) 3, 388–432.
4. Wörtlich: barmherzig; *Raḥīm* gehört zu den 99 „schönen Namen" Allāhs.
5. Der zweite Mogulkaiser Nāṣir ad-Dīn Muḥammad Humāyūn (1530–1556) mußte 1539 nach seiner Niederlage gegen Shīr Shāh Sūrī nach Iran fliehen. Erst 1555 gelang ihm mit Hilfe einer iranischen Armee die Rückkehr nach Delhi. Für die geleistete Unterstützung wurden iranische Würdenträger mit hohen Staatsämtern belohnt.
6. Der Begründer der *Farā'iżī*-Bewegung, Ḥājjī Sharīʿat Allāh (1781–1840), lebte Anfang des 19. Jahrhunderts über 20 Jahre in Mekka. Für Näheres über seine Bewegung s. *M.A. Khan:* History of the Farā'iḍī Movement in Bengal (1818–1906), Karachi, 1965.
7. S. dazu *R. Jahan:* Pakistan. Failure in National Integration, New York, 1972; *D.N. Banerjee:* East Pakistan. A Case-study in Muslim Politics, Delhi, 1969; *N. Islam:* Islam and National Identity. The Case of Pakistan and Bangla Desh. In: International Journal of Middle East Studies 13 (1980), 55–72; *H. Schuman:* Note on the Rapid Rise of Mass Nationalism in East Pakistan. In: American Journal of Sociology 78 (1972) 2, 290–298.

8. Prophet Muḥammad schlug die angreifenden Mekkaner trotz zahlenmäßiger Unterlegenheit seiner Krieger in der Schlacht von Badr (624 n. Chr.).
9. S. dazu *S. Mahmood:* The Deliberate Debacle, Lahore, 1976; *ders.:* Pakistan Divided. Study of the Factors and Forces Leading to the Breaking of Pakistan in 1971, Lahore, 1989; *M. Ahmed:* Bangladesh. Constitutional Quest for Autonomy. 1950–1971, Dacca, 1979; *H. Zaheer:* The Separation of East Pakistan: The Rise and Realization of Bengali Muslim Nationalism, Oxford, 1994
10. *A. Shafiqul Haque:* Stranded Pakistanis and Burmese Muslims in Bangladesh. Historical and Contemporary Dimension. In: Journal Institute of Muslim Minority Affairs (London) 12 (1990) 273–294.

10. Südostasien *(Olaf Schumann)*

1. *I. Wandelt:* Der Weg zum Pancasila-Menschen. Die Pancasila-Lehre unter dem P4-Beschluß vom Jahre 1978, Frankfurt am Main, 1989. – Indonesische und malaiische Begriffe werden in der 1973 in beiden Ländern eingeführten offiziellen Orthographie geschrieben.
2. *O. Schumann:* Herausgefordert durch die Pancasila: Die Religionen in Indonesien. In: *U. Tworuschka* (Hrsg.): Gottes ist der Orient – Gottes ist der Okzident, Festschrift A. Falaturi, Köln/Wien, 1991, 322–343.
3. Diese Indiskretionen erschienen Anfang 1981 in der indonesischen Presse.
4. Mit „Islamisten" werden im folgenden die Politiker aus den Kreisen der *santri* (zum Begriff vgl. den Beitrag zum Synkretismus von *L. F. Brakel* im vorliegenden Band) bezeichnet, die in islamischen Parteien oder Organisationen tätig sind. Die muslimischen und nichtmuslimischen Politiker, die seit 1945 die *Pancasila* unterstützen, werden als „Pancasilaisten" bezeichnet, um den ungenauen, aber anderswo gebrauchten Begriff „säkulare Nationalisten" zu vermeiden. Wo dieser gebraucht wird, wird er den „islamischen Nationalisten" gegenübergestellt, um zu betonen, daß beide Gruppen „Nationalisten" waren bzw. sind.
5. Die *Serikat Islam* wurde 1911 als Nachfolgerin einer Vereinigung islamischer Batikhändler in Solo gegründet. 1929 formierte sie sich endgültig zu einer Partei. Ihr bedeutendster Vorsitzender (von 1912–1934) war Hajji Oemar Said Tjokroaminoto, der einer javanischen *adat*-Familie entstammte. Dem Islam fühlte er sich weniger aus religiösen denn aus politisch-ideologischen, d. h. antiwestlichen Gründen verbunden; für sozialistische Gedanken war er sehr aufgeschlossen. Der junge Sukarno, später erster indonesischer Staatspräsident, verbrachte einige Jahre seiner Jugend in Tjokroaminotos Haus in Surabaya.
6. *Adat*, von arab. *ʿāda* (Sitte, Gewohnheit). Sie wird als Setzung der Ahnen verstanden.
7. Diese Front war freilich nicht neu, sondern zieht sich durch die gesamte Geschichte Indonesiens seit Ankunft des Islams. In den gelegentlich blutigen Auseinandersetzungen ergriffen die Niederländer in der Regel die Partei der *adat*-Gruppen.
8. *C. van Vollenhoven:* Het Adatrecht van Nederlandsch Indië, 3 Bände, Leiden, 1911–1933.
9. Zu beiden Begriffen vgl. den Beitrag von *F. L. Brakel* im vorliegenden Band.
10. Der *ratu adil* (gerechter König) gilt seit dem 17. Jahrhundert in der javanischen Bevölkerung als messianischer Herrscher, der aus dem Chaos die neue Weltordnung hervorbringt. Die aus dieser Erwartung entstandenen Strömungen vereinen in sich islamisch-schiitische, hinduistische und buddhistische Elemente, die

auf die Ankunft des Mahdi, des 10. *avatara*-Wishnus oder des Maitreya-Buddha gerichtet sind. Schon Tjokroaminoto hatte früher gelegentlich auf diese Erwartung angespielt; in seinem Namen ist das Element *cokro* (sanskr. *cakra*), der Gerechtigkeit bewirkende radförmige Pfeil Vishnus, enthalten; vgl. *A. P. E. Korver:* Sarekat Islam, 1912–1916, Amsterdam, 1982. – Es ist das bleibende Verdienst Bernhard Dahms, auf die zentrale Bedeutung der javanischen Mythologie und der ratu-adil-Erwartungen für Sukarnos politisch-gesellschaftliche Ideologie hingewiesen zu haben. *B. Dahm:* Sukarnos Kampf um Indonesiens Unabhängigkeit, Frankfurt am Main/Berlin, 1966, passim.

11. Vgl. *B. J. Boland:* The Struggle of Islam in Modern Indonesia, 's Gravenhage, 1971, 17–27; *B. Dahm:* op. cit., 255–261; *W. Wawer:* Muslime und Christen in der Republik Indonesia, Wiesbaden, 1974, 100–111.
12. B. Dahm: op. cit., 256.
13. Im indonesischen Text sind dies die berühmten „sieben Worte": „dengan kewajiban menjalankan syari'at Islam bagi pemeluk-pemeluk-nya".
14. Der indonesische Text bei *B. J. Boland:* op. cit., 243. Vgl. *E. S. Anshari:* Piagam Jakarta 22 Juni 1945, Bandung, Pustaka, 1981.
15. Der Text der schließlich festgesetzten Präambel zum Grundgesetz von 1945 übersetzt in *T. B. Simatupang:* Gelebte Theologie in Indonesien, Göttingen, 1992, 168f.
16. *C. van Dijk:* Rebellion under the Banner of Islam. The Darul Islam in Indonesia, s'Gravenhage, 1981; *K. D. Jackson:* Traditional Authority, Islam and Rebellion, Berkeley, 1980; *H. H. Dengel:* Darul-Islam. Kartosuwirjos Kampf um einen islamischen Staat Indonesien, Wiesbaden, 1986; *B. Sillars Harvey:* Tradition, Islam and Rebellion: South Sulawesi 1950–1965; Dissertation (indonesische Übersetzung: Pemberontakan Kahar Muzakkar, Dari Tradisi ke DI/TII, Jakarta, 1989).
17. *K. E. Ward:* The Foundation of the Partai Muslimin in Indonesia, Ithaca, 1970.
18. *Alfian:* Muhammadiyah. The Political Behavior of a Muslim Modernist Organization under Dutch Colonialism, Yogyakarta, 1989. – Der Gründer der *Muhammadiyah*, K. H. Ahmad Dahlan, stand den Gedanken der von Muḥammad ʿAbduh in Ägypten ins Leben gerufenen *Salafīya*-Bewegung nahe.

18a. Diese Bestimmung wurde durch das 1989 verabschiedete Gesetz über die „Religiöse Gerichtsbarkeit" aufgehoben (s. u.).

19. Die Wochenzeitschrift Tempo (Jakarta) vom 2.5.1981, 12–17: Soal „Negara Islam" (Problem: „Islam-Staat").
20. *H. E. Saifuddin Anshary*, in: Tempo, a. a. O., 16.
21. Vgl. *E. Sitompul:* NU dan Pancasila, Jakarta, 1989.
22. *A. G. Abdullah* (Hrsg.): Himpunan Perundang-undangan dan Peraturan Peradilan Agama, Jakarta, 1991.
23. Sistem Pendidikan Nasional (UU RI Nomor 2 tahun 1989) beserta Peraturan Pelaksanaannya 1990, herausgegeben vom CV. Eko Jaya Verlag, Jakarta, 1990.
24. *A. Muhammad* (Hrsg.): ICMI dan harapan umat, Jakarta, 1991.

24a. Dieses Sonderrecht wurde erst 1993 auf Initiative des Premierministers Mahathir ibn Mohamed (Mahāthir ibn Muḥammad) durch ein Gesetz abgeschafft.

25. *A. Ibrahim:* The Position of Islam in the Constitution of Malaysia. In: *Tun M. Suffian* u. a. (ed.): The Constitution of Malaysia, Kuala Lumpur, ^{3}1979, 41–68, 53.
26. Ebd., 59.
27. *V. Venturini:* Politik und Verfassungsrecht in Malaysia. In: *B. Grossmann* (Hrsg.): Studien zur Entwicklung in Süd- und Ostasien, Neue Folge, Teil 4:

Malaysia, Frankfurt am Main/Berlin, 1966, 19–64, 52ff.; *V. Sinnadurai:* The Citizenship Laws of Malaysia. In: *Tun M. Suffian* u. a. (Hrsg.): op. cit., 69–100. – Zur *MCA* vgl. *Heng Pek Koon:* Chinese Politics in Malaysia. A History of the Malaysian Chinese Association, Singapore, 1988 (East Asian Historical Monographs).

28. Dazu *Mahathir ibn Mohamad:* The Malay Dilemma, Singapore, [4]1979. Der Verfasser ist seit Sommer 1981 malaysischer Premierminister.
29. *P. G. Gowing:* Christen und Moslems in Ostasien. In: Evangelische Mission 1978, Hamburg, 1978, 56; *A. Ibrahim:* op. cit., 41–68, besonders 51–52.
30. *A. Ibrahim:* op. cit.
31. *Y. A. M. Raja Azlan Shah:* The Role of Constitutional Rulers in Malaysia. In: *F. A. Trindade* u. *H. P. Lee* (eds.): The Constitution of Malaysia. Further Perspectives. Essays in Honour of Tun Mohamed Suffian, Singapore, 1986, 76–91.
32. *J. P. Ongkili:* Modernization in East Malaysia, 1960–1970, Kuala Lumpur/Singapore, 1972, 102; *H. Luping:* The Formation of Malaysia Revisited. In: *J. G. Kitingan* u. *M. J. Ongkili* (eds.): Sabah 25 Years Later: 1963–1988, Kota Kinabalu, 1989, 1–59, besonders 31ff.
33. *T. Abdul Rahman:* Viewpoints, Kuala Lumpur, 1978, 142–145; *P. Means:* Malaysian Politics: The Second Generation, Singapore, 1991, 40ff.

33a. Auch 1994 gewann die PBS die Wahlen zum Regionalparlament. Durch den finanziell schmackhaft gemachten Übertritt einiger ihrer Abgeordneten zu Parteien der „Nationalen Front“ wurde sie jedoch um den Sieg betrogen.

34. *I. Ahmad:* Konflik UMNO-PAS dalam isu islamisasi, Petaling Jaya, 1989, besonders 51ff.; *Ch. Muzaffar:* Islamic Resurgence in Malaysia, Petaling Jaya, 1987, 55–97.
35. Dazu *Ch. Muzaffar:* op. cit., passim; *ders.:* Challenges and Choices in Malaysian Politics and Society, Penang, 1989.
36. *T. Abdul Rahman:* op. cit., 157.
37. Eine kritische Analyse der gegenwärtigen Diskussion legte *H. Mutalib* vor: Islam in Malaysia. From Revivalism to Islamic State, Singapore, 1993.
38. *P. G. Gowing:* Muslim Filipinos – Heritage and Horizon, Quezon City, [2]1979, 173.
39. Ebd., 191–198.
40. Zur Erziehung vgl. die beiden Beiträge von *A. G. Macawaris* u. *A. T. Madale:* Muslim Society, Higher Education and Development: The Case of the Philippines (1) und (2). In: *Sh. Ahmat* u. *Sh. Siddique* (eds.): Muslim Society, Higher Education and Development in Southeast Asia, Singapore, 1987, 78–127.
41. *N. Madale:* Kebangkitan Kembali Islam dan Nasionalisme di Filipina. In: *T. Abdullah* u. *Sh. Siddique* (eds.): Tradisi dan Kebangkitan Islam di Asia Tenggara, Jakarta, LP3ES, 341–384, 342ff.
42. Johor war damals Vasall Malakkas und kam erst nach dem Fall Malakkas in Händen der Portugiesen 1511 zu größerer Bedeutung, vgl. *C. M. Turnbull:* A History of Malaysia, Singapore and Brunei, North Sydney, 1989, 53. Obwohl auch die offizielle Überlieferung in Brunei von einer Prinzessin aus Johor spricht, ist doch eine Beziehung zu Malakka wahrscheinlicher; so auch zu ergänzen Artikel „Brunei“ in EI[2] (The Encyclopaedia of Islam), second edition (Supplement).
43. Zur Rolle Azaharis und der PRB siehe ausführlich *D. S. R. Singh:* Brunei 1839–1983, Singapore, 1991, 130ff.
44. *L. Yock Fang:* Undang-undang Melaka, The Laws of Malaka, The Hague, 1976, 62ff.

45. Vgl. *Tania Li:* Malays in Singapore. Culture, Economy and Ideology, Singapore, 1989, z. B. 130.
46. Vgl. *Sh. Siddique:* Administration of Islam in Singapore. In: *T. Abdullah* u. *Sh. Siddique* (eds.): Islam and Society in Southeast Asia, Singapore, 315–331, besonders 317ff.
47. *Sh. Siddique* u. *Y. R. Kassim:* Muslim Society, Higher Education and Development: The Case of Singapore. In: *Sh. Ahmat* u. *Sh. Siddique* (eds.): op. cit., 128–176, besonders 128; vgl. *Sh. Siddique:* Der Einfluß von Politik, Wirtschaft und Gesellschaft auf den Islam in Singapore. In: *W. Draguhn* (Hrsg.): Der Einfluß des Islams auf Politik, Wirtschaft und Gesellschaft in Südostasien, Hamburg, 1983, 141–153.
48. Zitiert bei *Sh. Siddique* u. *Y. R. Kassim:* op. cit., 128.
49. Dazu die ausführliche Arbeit von *J. Djamour:* The Muslim Matrimonial Court in Singapore, London, 1966.
50. *Sh. Siddique* u. *Y. R. Kassim:* op. cit., 141.
51. *Sh. Siddique:* Administration of Islam (...), a. a. O., 326f.
52. Dazu *Sh. Siddique:* Der Einfluß von Politik (...), a. a. O., 149f.
53. Pattani ist die thai, Patani die malaiische Schreibweise.
54. Zu den Quellen vgl. *P. Wheatly:* The Golden Khersonese, Kuala Lumpur, 1980, 252–267; *A. Teeuw* u. *D. K. Wyatt:* Hikayat Patani. The Story of Patani, The Hague, 1970, volume I, 1–3 (Bibliotheca Indonesia, 5).
55. Dazu ausführlicher *S. Pitsuwan:* Islam di Muangthai, Jakarta, 1989, 49ff.
56. *S. Pitsuwan:* op. cit., 59; der malaiische Name Tui Minabdulla muß wohl als Tuimin Abdullah transkribiert werden. Vgl. zum Problem der parlamentarischen Vertretung auch ebd. 64.
57. Vgl. *D. K. Wyatt:* Thailand: A Short History, London/Bangkok, 1981, 252ff.
58. *S. Pitsuwan:* op. cit., 69; *D. K. Wyatt:* op. cit., 253f.; *D. G. E. Hall:* A History of Southeast Asia, a. a. O., 813.
59. Wie malaiische Zeitzeugen die Politik Phibuns empfanden ist nachzulesen in der unter dem Pseudonym *Ibrahim Syukri* um 1950 in Kelantan veröffentlichten Schrift „Sejarah Kerajaan Melayu Patani". Ihre Verbreitung wurde kurz nach ihrer Veröffentlichung sowohl in Thailand als auch in der Malaiischen Föderation verboten. Englische Übersetzung mit Einleitung von *C. Bailey* und *J. N. Miksic:* History of the Malay Kingdom of Patani, by *Ibrahim Shukri*, Athens, Ohio, 1985, dort besonders 63ff. (Monographs in International Studies, Southeast Asia Series, No. 68). Zu Shukris Schrift vgl. auch *A. Teeuw* u. *D. K. Wyatt:* Hikayat Patani, volume I, The Hague, 1970, 46–49.
60. Vgl. *S. Pitsuwan:* op. cit., 117f.; *I. Shukri:* op. cit., 71f.; *O. Farouk:* Malay-Muslim Nationalism, Southern Thailand. In: *T. Abdullah* u. *Sh Siddique* (eds.): Islam and Society in Southeast Asia, Singapore, 1987, 250–281, besonders 262f.
61. *S. Pitsuwan:* op. cit., 127.
62. *S. Pitsuwan:* op. cit., 133.
63. *P. Thim Kham/D. Baka/P. Petkla:* Muslim Society, Higher Education and Development: The Case of Thailand. In: *Sh. Ahmat* u. *Sh. Siddique* (eds.): Muslim Society, Higher Education and Development in Southeast Asia, Singapore, 1988, 177–219.
64. *U. Dulyakasem:* Emergence and Escalation of Ethnic Nationalism: Southern Siam. In: *T. Abdullah* u. *Sh. Siddique* (eds.): Muslim Society (...), a. a. O., 208–249; besonders 229ff.; vgl. auch *A. D. W. Forbes:* Thailand's Muslim Minorities: Assimilation, Secession or Co-existence? In: *Ders.* (ed.): The Muslims of Thailand, volume 2, Gaya/India, 1989, 167–182, besonders 173f.

11. Maghreb und Westafrika *(Peter von Sivers)*

1. Zu allen statistischen Angaben in diesem Kapitel, soweit nicht anders angegeben, s. Annuaire de l'Afrique et du Moyen Orient (1979) 297–520.
2. Für die hier nur in Umrissen skizzierten Zusammenhänge zwischen Bevölkerungszahlen, vorhandener Technologie und technologischem Wandel s. *E. Boserup:* The Conditions of Agriculture Growth, Chicago, Aldine, 1966, und *J. L. Simon:* The Economics of Population Growth, Princeton, 1977.
3. *D. Provansal:* Le phénomène maraboutique au Maghreb. In: Genève-Afrique 14 (1975) 68–76.
4. *B. Etienne:* Magie et théraphie à Casablanca, unveröffentlichtes Manuskript, 1980.
5. *M. Borrmans:* Documents sur la famille au Maghreb de 1940 à nos jours. In: Oriente Moderno 59 (1979) 1–438. Siehe auch *H. G. Ebert:* Familiengesetze im Maghreb: Das Spannungsverhältnis von islamisch-rechtlicher Tradition und soziokulturellem Wandel. In: Orient 33 (1992) 61–79.
6. *Ebert:* op. cit.
7. *F. Corrèze:* Femmes de mechtas, Paris, Edition françaises unies, 1976, 201–21.
8. *A. Radi:* L'adaption de la famille au changement social dans le Maroc urbain, 1977, 1–36.
9. *M. Haddab:* Changement socio-culturel et système scolaire en Algérie, 1976, 957–70.
10. *J. Allman:* Social Mobilization, Education and Development in Tunesia, Leiden, 1979, 138–50.
11. *S. Belhassen:* Interview des femmes intégristes tunesiennes, unveröffentlichtes Manuskript, 1980. Siehe auch *ders.:* L'Islam contestataire en Tunesie. In: Jeune Afrique 49–51 (1979) 82–84, 65–69 und 89–92.
12. *A. Kapil:* Les partis islamistes en Algérie: éléments de présentation. In: Maghreb-Machrek 133 (1991) 103–111. S. auch *A. Rouadjia:* Les frères et la mosquée. Enquête sur le mouvement islamiste en Algérie, Paris, 1990.
13. *A. G. Hopkins:* An Economic History of West Africa, New York, 1973, 8–77.
14. World Christian Encyclopaedia, Nairobi, 1982.
15. *W. S. Simmons:* Islamic Conversion and Social Change in a Senegalese Village. In: Ethnology 18 (1979) 303–23.
16. *R. Deniel:* Religions dans la ville. Croyances et changements sociaux a Abidjan, Abidjan, INADES, 1975.
17. *D. Cruise O'Brian:* The Mourides of Senegal, Oxford, 1971, 214–36; *L. C. Behrman:* Muslim Politics and Development in Senegal. In: Journal of Modern African Studies 15 (1977) 261–77; *D. Cruise O'Brian:* Charisma Comes to Town: Mouride Urbanization 1945–1986. In: *D. Cruise O'Brian* u. *C. Coulon* (eds.): Charisma and Brotherhood in African Islam, Oxford, 1988, 135–55.
18. *D. S. Gilliland:* African Religion Meets Islam: Religious Change in Northern Nigeria, Lanham, Maryland, 1986, Kapitel 6–7; *O. Kane:* Les mouvements religieux et le champ politique au Nigeria septentrional: les cas du réformisme musulman à Kano. In: Islam et sociétés au sud du Sahara 4 (1990) 7–24.
19. *D. Ohadike:* Muslim-Christian Conflict and Political Instability in Nigeria. In: *J. O. Hunwick* (ed.): Religion and National Integration in Africa: Islam, Christianity and Politics in the Sudan and Nigeria, Evanston, Illinois, 1992, 101–23.

12. Die unabhängigen Staaten Schwarzafrikas *(Jamil M. Abun-Nasr)*

1. *P. Balta:* La Progression de l'Islam, in: Le Monde, 16. Janvier 1985, 5. Vgl. die Zahlen vom Nahost Jahrbuch 1994, herausgegeben vom *Deutschen Orient-Institut (Koszinowski, T.* u. *H. Mattes*), Opladen, 1995 sowie den Beitrag „Verbreitungsgebiet“ von *P. Heine* im vorliegenden Band.
2. *V. Monteil:* L'Islam noir: une religion à la conquête de l'Afrique, Paris, [3]1980.
3. *I. M. Lewis:* A Modern History of Somalia, London, 1980, 63–91. Bei *H. Müller*, (s. auch Beitrag im vorliegenden Band): Saiyid Muḥammad ʿAbdallāh Ḥasan.
4. *M. Bates:* Social Engineering, Multi-Racialism and the Rise of TANU: the Trust Territory of Tanganyika. In: *D. A. Law* u. *A. Smith* (eds.): History of East Africa, Band 3, Oxford, 1976, 168–169.
5. *L. Kaba:* The Wahhabiyya, Islamic Reform and Politics in French West Africa, Evanston, Illinois, 1974, 184–194.
6. *J. N. D. Anderson:* Islamic Law in Africa, London, 1978, 3–7.
7. *A. I. Salim:* The Swahili-Speaking Peoples of Kenya's Coast, 1895–1965, Nairobi, 1973, 78–85.
8. *J. C. Froehlich:* Les Musulmans d'Afrique Noire, Paris, 1962, 292; und *Monteil:* op. cit., 404–480.
9. *A. K. Armah:* Two Thousand Seasons, London, 1973; s. insbesondere Kapitel 2 u. 3.
10. Für eine Analyse dieser Einstellung zur Geschichte Afrikas s. *J. D. Fage:* A History of Africa, New York, 1979, 61 ff.
11. *A. I. Salim:* op. cit., 159–168, zit. 159.
12. *L. Kaba:* op. cit., 64–72 u. 135–154.
13. *M. M. Diouf:* Contribution à l'étude des associations islamiques au Sénégal. Mémoir de Maîtrise, Faculté de Lettres, Université de Dakar, 1988, 74.
14. *J. M. Abun-Nasr:* Islam und die algerische Nationalidentität. In: Die Welt des Islams 18 (1978) 183–192.
15. *L. Kaba:* op. cit., 234–243.
16. *O. Kane:* Pourqoui études islamiques. In: Études Islamiques 23 (Sept. 1984) 4.
17. *M. Diallo:* Le Senegal: Geographie physique, humaine, économique, Paris, 1989, 36.
18. *D. Cruise O'Brien:* The Mourides of Senegal, Oxford, 1971; s. insbesondere Kapitel 8 und 9.
19. *D. Cruise O'Brien:* Senegal: The Byways of Democracy. In: West Africa 15–21 (Feb. 1993) 238.
20. *Ch. Coulon:* Le Marabout et le Prince (Islam et pouvoir au Sénégal), Paris, 1981, 145–262.
21. *M. Magassouba:* L'Islam au Sénégal, Paris, 1985, 145 ff.
22. *F. Constantin:* Loi de l'Islam contre loi de l'État: Petite chronique d'un été Kenyan. In: Islam et sociétés au sud du Sahara 3 (1989) 207–220.
23. *D. Khálid:* A Survey of Islam in Kenya from Mid-January till the End of February 1984. In: Orient 25 (1984) 323.
24. *A. Shorter:* East African Societies, London, 1974, 15.
25. *J. N. D. Anderson:* op. cit., 81.
26. *A. I. Salim:* op. cit., 222–246.
27. Ebd., 245.
28. *R. A. Adeleye:* The Sokoto Caliphate in the Nineteenth Century. In: *J. F. A. Ajayi* u. *M. Crowder* (eds.): History of West Africa, volume 2, London, 1974, 57–92.

29. *J. M. Abun-Nasr:* The Recognition of Islamic Law in Nigeria as Customary Law: Its Justification and Consequences. In: *J. M. Abun-Nasr / U. Spellenberg/ U. Wanitzek* (eds.): Law, Society and National Identity in Africa, Hamburg, 1990, 31–43.
30. *A. Osuntokun:* Power Broker: A Biography of Sir Kashim Ibrahim, Ibadan, 1987, 11–16.
31. Für das Leben und Wirken von Ahmadu Bello s. *J. Paden:* Ahmadu Bello, Sardauna of Sokoto, Zaria, 1986.
32. *J. M. Abun-Nasr:* Zur politischen Bedeutung der Berufungsgerichte für die Muslime in Nigeria. In: Die Welt des Islams 28 (1988) 50–54.
33. Ebd., 38–39 u. 58–61.
34. *A. Hampaté Ba:* L'Islam et l'Afrique Noire. In: Colloque sur les Religions, Abidjan 5/12 April 1961, Paris, 1962, 101–118.
35. Le Monde Dimanche, 25. Okt. 1981.
36. *A. Hampaté Ba:* Vie et Enseignement de Tierno Bokar, Le Sage de Bandiagara, Paris, 1980.
37. *E.P. Skinner:* African Urban Life: the Transformation of Ouagadougou, Princeton, 1974, 302.
38. *A. Oded:* The Promotion of Islamic Activities by Arab Countries in Africa – Contemporary Trends. In: Asian and African Studies 21 (1987) 281–304.
39. *S. Reichmuth:* ʿIlm und Adab: Islamische Bildung und soziale Integration in Ilorin, Nigeria, seit ca. 1800, Habilitationsschrift Universität Bayreuth, 1991, 339–414.
40. *E. Hodgkin:* Islamism and Islamic Research in Africa. In: Islam et sociétés au sud du Sahara 4 (1990) 84.
41. *R. Loimeier:* Die Dynamik religiöser Unruhen in Nord-Nigeria. In: Africa Spectrum 92 (1992) 73.
42. *J. Kagabo:* L'Islam en Afrique orientale: Notes de recherche. In: Cahiers d'études Africaines 27 (1987) 416–417.
43. *D. Khálid:* op. cit., 324.
44. *S. Guinchard:* Droit patrimonial de la famille au Sénégal, Paris, 1980, 33 ff.
45. *E. Hogkin:* op. cit., 86.
46. *A. Kleiner-Bossaller* u. *R. Loimeier:* Radical Muslim Women and Male Politics in Nigeria. Vortrag gehalten am Kolloquium „Gender and Identity in Africa", Universität Bayreuth, Juli 1992.
47. *R. Loimeier:* op. cit., 69–77.

15. Libyen *(Hanspeter Mattes)*

1. Vgl. hierzu das ältere Standardwerk von *E. F. Gautier:* L'Islamisation de l'Afrique du Nord. Les siècles obscurs du Maghreb, Paris, 1927, oder *J. Abun-Nasr:* A History of the Maghrib, Cambridge, [1] 1975.
2. Vgl. hierzu den Beitrag von *J. Reissner* „Saudi-Arabien und die kleinen Staaten am Persischen Golf" im vorliegenden Band.
3. Zum Einfluß von Aḥmad ibn Idrīs auf seine Schüler vgl. *R. S. O'Fahey:* Enigmatic Saint. Ahmad Ibn Idrīs and the Idrīsi Tradition, London, 1990.
4. Gemeint sind die drei Werke: as-Salsabīl al-maʿīn fī ṭ-ṭarā'iq al-arbaʿīn; Bughyat al-maqāṣid fī khulāṣat al-marāṣid; Īqāz al-washnān fī l-ʿamal bi-l-ḥadīth wa-l-qur'ān. Vgl. zu den Inhalten dieser drei Werke *N. A. Ziadeh:* Sanusiyah. A Study of a Revivalist Movement in Islam, Leiden, 1958, 73–98 (Sanūsī Philosophy).

5. Zum Beispiel das „aṣ-Ṣalāḥ al-ʿazīmīya" von Ibn Idrīs, dem angeblich „besten Gebet für den Propheten", das in das sanūsische „al-Wird al-kabīr" vollständig integriert wurde.
6. Vgl. zu dieser Funktionsweise der *zāwiyas* die Details bei *H. Klopfer:* Aspekte der Bewegung des Muḥammad Ben ʿAlī as-Sanūsī, Wiesbaden, 1967, 40–53.
7. Vgl. zur Entwicklung der Sanūsīya als politischer Ordnungsfaktor das Standardwerk von *E. E. Evans-Pritchard:* The Sanusi of Cyrenaica, Oxford, 1949.
8. Vgl. zu diesen frühen Maßnahmen *H. Mattes:* Die innere und äußere Mission Libyens, Mainz/München, 1986, 24–28.
9. Vgl. zur Islamisierung von oben ebd., 28–52 u. *A. E. Mayer:* A Survey of Islamifying Trends in Libyan Law since 1969. In: Society for Libyan Studies (London), Annual Report 1975–76, 53–55. Aus libyscher Sicht ist grundlegend *ʿA. ʿA. Manṣūr:* Khutwa rā'ida naḥwa taṭbīq aḥkām ash-sharīʿa al-islāmīya fī l-jumhūrīya al-ʿarabīya al-lībīya, Beirut, 1972.
10. Vgl. zu den Inhalten der religiösen Revolution *H. Mattes:* Islam und Staatsaufbau. Das theoretische Konzept und das Beispiel der SLAVJ, Heidelberg, 1982.
11. Vgl. hierzu *Y. M. ʿUraybī:* al-Islām bidūni madhāhib, Tripolis, o. J. (1981).
12. Vgl. z. B. die Ausgabe der Zeitung der Revolutionskomitees, az-Zaḥf al-akhḍar vom 21. 5. 1984: Daʿwa li-taṭhīr buyūt allāh.
13. Vgl. zu den saudischen Vorwürfen *H. Mattes:* Die innere und äußere Mission Libyens, a. a. O., 78 ff., und die saudische Streitschrift: Die entscheidende Antwort auf die Lügen al-Qadhdhāfīs (ar-Radd ash-shāfī ʿalā muftarayāt al-Qadhdhāfī), Dschidda, 1980. Eine libysche Erwiderung stammt von *K. Jawwād:* ar-Radd al-wāfī ʿalā ar-radd ash-shāfī, Tripolis, 1983.
14. Vgl. hierzu den Überblick von *G. Joffé:* Islamic Opposition in Libya. In: Third World Quarterly 2 (1988) 615–631; *H. Mattes:* Gaddafi und die islamistische Opposition in Libyen. Zum Verlauf eines Konflikts, Hamburg, 1995 (Deutsches Orient-Institut, Mitteilungen, 51).
15. Vgl. hierzu auch „the statement on Islam's judgement on the heresy of Al-Takfir wa Al-Hijra delivered by Muslim Imam Muammar Qaddafi", abgedruckt in der Monatszeitschrift der Libyschen Missionsgesellschaft: Rissalat al-Jihad, La Valletta/Malta 75 (1991) 90–100 (Judgement). Vgl. auch: Qadhafi criticises islamic extremist groups, in: BBC-London. Summary of World Broadcasts, ME/1670, A9-13, 23. 4. 1993.

16. Ägypten *(Alexander Flores)*

1. S. auch den Ägypten-Beitrag von *M. Muranyi* in den bisherigen Auflagen des „Islam in der Gegenwart" und die dort angegebene Literatur.
2. *A. Schölch:* Säkularistische Traditionen im Vorderen Orient. In: Jahrbuch 1985/86 des Wissenschaftskollegs zu Berlin, Berlin, 1987, 191–201; *D. Crecelius:* The Course of Secularization in Modern Egypt. In: *J. L. Esposito* (ed.): Islam and Development, Syracuse, 1980, 49–70.
3. *A. Schölch:* op. cit., 198–200.
4. So etwa von *G. Krämer:* The Change of Paradigm. Political Pluralism in Contemporary Egypt. In: Peuples méditerranéens 41–42 (oct. 1987 – mars 1988) 283–302.
5. Damit sind Elemente der marxistischen Analyse und Programmatik gemeint, die sich in der Dritten Welt unabweislich aufdrängen sollen; s. *A. Laroui:* L'idéologie arabe contemporaine, Paris, ^{2}1973, 139–155.

6. *M. Arkoun:* La pensée arabe, Paris [3] 1985, 4.
7. So geschehen etwa von *S. J. al-ʿAzm:* Orientalism and Orientalism in Reverse. In: Khamsin 8 (1981) 22–25; u. *E. Sivan:* Radical Islam. Medieval Theology and Modern Politics, New Haven/London, 1985, 153–190.
8. Zusammenfassende Darstellungen der islamistischen Bewegung in Ägypten bei *R. P. Mitchell:* The Society of the Muslim Brothers, London, 1969; *G. Kepel:* Le prophete et pharaon, Paris, 1984; in deutscher Übersetzung von G. Deja: Der Prophet und der Pharao. Das Beispiel Ägypten: Die Entwicklung des muslimischen Extremismus, München/Zürich, 1995; *E. Sivan:* Radical Islam, New Haven/London, 1985.
9. *M. Saʿīd al-ʿAshmāwī:* Uṣūl ash-sharīʿa, Beirut, o. J., 183–195.
10. *M. Martin* u. *R. M. Masʿad:* Return to Islamic Legislation in Egypt. In: CEMAM Reports 1976 (Beirut) 1978, 47–78; *R. Peters:* Divine Law or Man-Made Law? Egypt and the Application of the Sharīʿa. In: Arab Law Quarterly (August 1988) 3, 231–253.
11. Der Text der Gesetzesänderung und ein Kommentar dazu in: CEMAM Reports 1978–79 (Beirut) 1981, 203–219.
12. *E. S. Sabanegh:* Débats autour de l'application de la loi islamique (sharī ʿa) en Égypte. In: MIDEO 14 (1980) 329–384.
13. Zu der Debatte s. *E. S. Sabanegh:* op. cit.; *R. Peters:* op. cit.; *A. Flores:* Secularism, Integralism and Political Islam. The Egyptian Debate. In: Middle East Report 183 (July-August 1993) 34f.
14. *R. Peters:* op. cit., 240–243.
15. Revue de la presse égyptienne 19, 2–85, 81–91, 98–100.
16. Revue de la presse égyptienne 19, 2–85, 102–104.
17. *G. Krämer:* The Integration of the Integrists: A Comparative Study of Egypt, Jordan and Tunisia. In: *Gh. Salamé* (ed.): Socio-Economic Change and Political Mobilization in the Arab World, London, 1993.
18. Diese Formulierung entlehne ich von *W. Grab:* Der deutsche Weg der Judenemanzipation 1789–1938, München, 1991, 8.
19. *S. Zubaida:* Islam, the State & Democracy: Contrasting Conceptions of Society in Egypt. In: Middle East Report 179 (Nov.-Dec. 1992) 2–10.
20. *A. Flores:* op. cit., 36–38.
21. Aussagen der Angeklagten in dem Prozeß sowie der Text ihres programmatischen Dokuments „al-Farīḍa al-ghā'iba" finden sich im Anhang zu *N. Jinīna:* Tanẓīm al-jihād. Hal huwa al-badīl al-islāmī fī Miṣr? Kairo, 1988, 147–273. Englische Übersetzung von „al-Farīḍa...", in: *J. J. G. Jansen:* The Neglected Duty. The Creed of Sadat's Assassins and Islamic Resurgence in the Middle East, New York/London, 1986.
22. Der Text des Berichts in *Jinīna:* op. cit., 275–311; englische Übersetzung in: CEMAM Reports 1981, Beirut, 1985, 55–86.
23. Vgl. den Beitrag von *H. Busse* im vorliegenden Band.
24. *Kh. M. Khālid:* Min hunā nabda', Kairo, 1950. Englische Übersetzung: *Kh. M. Khalid:* From here we start, Washington, 1953.
25. *Kh. M. Khālid:* ad-Daula fī l-islām, Kairo, 1981. Zu seiner „Wandlung" s. *R. Wielandt:* Zeitgenössische ägyptische Stimmen zur Säkularisierungsproblematik. In: Die Welt des Islams xxii, 1982 (erschienen 1984) 129f.
26. al-Ahrām, 17. 6. 1985.
27. al-Ahrām, 24. 6. 1985.
28. al-Ahrām, 1. 7. 1985. Zu Fōda, s. *A. Flores:* Egypt: A New Secularism? In: Middle East Report 153 (July-August 1988) 27–30.

29. al-Ahrām, 25. 11. 1986.
30. al-Ahrām, 12. 8. 1985. Zu Zakarīyās Positionen, s. *F. Zakariya:* Laïcité ou islamisme. Les arabes à l'heure du choix, Paris, 1991; *ders.:* Das kulturelle Erbe historisch sehen. In: Kopfbahnhof. Almanach 4. Orient-Express. Ansichten zum Islam, Leipzig, 1991, 167–179; *ders.:* Säkularisierung – eine historische Notwendigkeit. In: *M. Lüders* (Hrsg.): Der Islam im Aufbruch? Perspektiven der arabischen Welt, München/Zürich, 1992, 228–245. Beim letztgenannten sehr wichtigen Aufsatz ist allerdings durchweg „Säkularisierung" übersetzt, wo es „Säkularismus" heißen müßte.
31. *J. Sulṭān:* Ghazw min ad-dākhil, Kairo, 1988, 38f.
32. So z.B. *ʿAbdaljawād Yāsīn:* Muqaddima fī fiqh al-jāhilīya al-muʿāṣira, Kairo, 1986, 53–64, 97–102.
33. Auch unter diesem Aspekt ist Fahmī Huwaidī der geschickte Vertreter einer „islamischen Mittelposition": *F. Huwaidī:* Muwāṭinūn lā dhimmīyūn, Beirut u. Kairo, 1985. Zu der Debatte um die Problematik insgesamt, s. *Th. Philipp:* Nation State and Religious Community in Egypt – The Continuing Debate. In: Die Welt des Islams xxviii (1988) 379–391; sowie *F. Rasoul:* Die Gemeinschaft der Kopten in ihrer Beziehung zu Staat und Gesellschaft. In: *ders.:* Kultureller Dialog und Gewalt. Aufsätze zu Ethnizität, Religion und Staat im Orient, Wien, 1991, 67–104.
34. Eine typische Publikation: *F. Fōda, Y. Labīb* u. *Kh. ʿAbdalkarīm:* aṭ-Ṭā'ifīya... ilā aina!? Kairo, 1987.
35. Al-ʿAshmāwī war Richter am ägyptischen Obersten Gericht für Staatssicherheit und hat sich inbesondere mit der Forderung nach der unmittelbaren Einführung der sharīʿa kritisch auseinandergesetzt; zu seinen Auffassungen s. *M. S. al-Ashmawy:* L'islamisme contre l'islam, Paris, 1989; *R. Wielandt:* op. cit., 125–133; *D. Saqiv:* Judge Ashmawi and Militant Islam in Egypt. In: Middle Eastern Studies 28.3 (July 1992) 531–546.
36. Zur Säkularismusdebatte in Ägypten s. *A. Flores:* op. cit., 32–38; *A. Roussillon:* Islam, islamisme et démocratie: recomposition du champ politique. In: Peuples méditerranéens 41–42 (oct. 1987 – mars 1988), 320–329. Wichtige Beiträge der Debatte finden sich in dem Dossier „Islam, islamisme et politique". In: Revue de la presse égyptienne 23, 2–86, 6–105. Die Aufzeichnung einer im Frühjahr 1989 in Kairo geführten Debatte um Islam und Säkularismus, bei der von säkularistischer Seite eher gemäßigte Stimmen zu Wort kamen, findet sich in: *F. Rasoul:* op. cit., 139–201.

17. Sudan *(Hanspeter Mattes)*

1. Vgl. zur Entstehung der Bruderschaften im Sudan *A. S. Karrar:* The Sufi Brotherhoods in the Sudan, London, 1992.
2. Die religiöse Entwicklung analysiert zusammenfassend *N. Grandin:* Traditions religieuses et politiques au Soudan contemporain. In: *M. Lavergne* (Hrsg.): Le Soudan contemporain, Paris, 1989, 227–270; vgl. ebenfalls *J. S. Trimingham:* Islam in the Sudan, London, 1965.
3. Vgl. *R. S. O'Fahey:* Enigmatic Saint. Ahmad Ibn Idris and the Idrisi Tradition, London, 1990, besonders 130ff. (zu as-Sanūsī und al-Mīrghanī).
4. Zu den Muslimbrüdern im Sudan vgl. *Ḥ. M. M. Aḥmad:* Ḥarakat al-ikhwān al-muslimīn fī s-Sūdān 1944–1969, Khartūm, 1982; *ders.:* al-Ḥaraka al-islāmīya fī s-Sūdān, Khartūm, 1988; *G. Prunier:* Les frères musulmans au Soudan: un islamisme tacticien. In: *M. Lavergne* (Hrsg.), op. cit., 359–380.

5. Zu at-Turābī bzw. zur *NIF* vgl. *A. El-Affendi:* Turabi's Revolution. Islam and Power in Sudan, London, 1991; *P. N. Kok:* Hasan Abdallah al-Turabi (Kurzbiographie). In: Orient 2 (1992) 185–192; *Ḥ. at-Turābī:* al-Ḥaraka al-islāmīya fī s-Sūdān. At-Taṭawwur, al-kasb, al-minhāj, Khartūm, 1989.
6. Vgl. hierzu die beiden Publikationen *Numairīs:* The Islamic Way: Why? Khartum, 1978 u. The Islamic Way: How? Khartum, 1982.
7. Vgl. zur Islampolitik Numairīs: *G. R. Warburg:* The Sharī ʿa in Sudan: Implementation and Repercussions, 1983–1989. In: The Middle East Journal 4 (1990) 624–637; *C. Fluehr-Lobban:* Islamic Law and Society in the Sudan, London, 1987; *H. Bleuchot:* Kadhafi, Numeiri et l'Islam. In: Annuaire de l'Afrique du Nord 1987 (Paris) 1989, 477–490.
8. Zu den Republikanischen Brüdern vgl. *M. M. Taha:* The Second Message of Islam. Translation and Introduction by Abdullahi Ahmed An-Naʿim, New York, 1987; *J. Rogalski:* Die Republikanischen Brüder im Sudan. Ein Beitrag zur Ideologiegeschichte des Islam in der Gegenwart, Berlin, Magisterarbeit 1990; *M. Khayati:* Introduction à la pensée de Mahmud Muhammad Taha. In: *H. Bleuchot* u. a.: Sūdān. History, Identity, Ideology, London, 1991, 287–298.
9. Zur Islamisierungspolitik unter al-Bashīr vgl. *R. Marchal:* Le Soudan entre islamisme et dictature militaire. In: Monde Arabe. Maghreb-Machrek 137 (1992) 56–79; *G. Prunier:* Soudan: Les „frères" et l'armée. In: Les Cahiers de l'Orient 27 (1992) 53–70; *H. Mattes:* Sudan. In: Nahost-Jahrbuch 1989 (1990, 1991, 1992, 1993, 1994), herausgegeben vom *Deutschen Orient-Institut (T. Koszinowski* u. *H. Mattes),* Opladen, 1990 (1991, 1992, 1993, 1994, 1995).

18. Israel und die Besetzten Gebiete *(Thomas Philipp)*

1. Balfour Declaration.
2. S. dazu *Y. Porath:* The Emergence of the Palestinian-Arab National Movement 1918–1929, London, 1974; *ders.:* The Palestinian Arab National Movement 1929–1939, London, 1977; *A. Moseley Lesch:* Arab Politics in Palestine 1917–1939, Ithaca, 1979; *Muḥammad ʿIzza Darwaza:* al-Qaḍīya al-filasṭīnīya fī mukhtalif marāḥilihā, 2 volumes, Sidon, 1951; *J. S. Migdal:* Palestinian Society and Politics, Princeton, 1980; *Ch. D. Smith:* Palestine and the Arab Israeli Conflict, New York, 1988.
3. S. *P. Mattar:* The Mufti of Jerusalem, New York, 1988.
4. *P. Mattar:* op. cit., 49; *Ch. D. Smith:* op. cit., 90.
5. *Y. Porath:* op. cit., 205.
6. *Y. ʿAbd al-Qādir:* ḤAMĀS- Ḥarakat al-muqāwama al-islāmīya fī Filasṭīn, Kairo, 1990; *I. Barghouti:* Religion and Politics among the Students of the Najah National University. In: The Middle East Studies 27/2 (April 1991) 203–218; *J.-F. Legrain:* Islamistes et lutte Nationale Palestinienne dans les Territoires Occupés par Israel. In: Revue Française de la Science Politique 36 (1986) 227–247; *ders.:* Les islamistes palestiniens à l'épreuve du soulèvement. In: Maghreb-Machrek 121 (Sept. 1988) 5–42; *T. Mayer:* Pro-Iranian Fundamentalism in Gaza. In: *E. Sivan* u. *M. Friedman* (eds.): Religious Radicalism and Politics in the Middle East, New York, 1990; *A. Navarro:* Palestiniens: L'expansion Islamiste. In: Les Cahiers de l'Orient 7 (1987) 51–65; *E. F. Sahliyeh:* The West Bank and the Gaza Strip. In: *Sh. T. Hunter:* The Politics of Islamic Revivalism: Diversity and Unity, Washington, 1988; *M. K. Shadid:* The Muslim Brotherhood Movement in the West Bank and Gaza. In: Third World Quarterly 10/2 (April 1988) 658–682.

7. *E.F. Sahliyeh:* op. cit., 90.
8. Zitiert in *R. Paz:* Islamic Radicalism in the Westbank and Gaza, unpublished paper, 1987.
9. S. *R. Paz:* op. cit.
10. *E.F. Sahliyeh:* op. cit., 91; *Z. Schiff* u. *E. Yaʿari:* The Intifada, New York, 1990, 223ff.; *J.-F. Legrain:* op. cit., 246; *M.K. Shadid:* op. cit., 648.
11. *E.F. Sahliyeh:* op. cit., 90; *M.K. Shadid:* op. cit., 662 und *R. Paz:* op. cit.
12. *J.-F. Legrain:* op. cit., 242.
13. Für eine ausführliche Diskussion dieser Beziehungen s. *H. Muṣṭafā:* at-Taiyār al-islāmī fī l-arḍ-muḥtalla. In: al-Mustaqbil al-ʿArabī (Juli 1988) 75–90.
14. *R. Paz:* op. cit.; *M.K. Shadid:* op. cit., 667.
15. *J.-F. Legrain:* op. cit., 229; *M.K. Shadid:* op. cit., 679.
16. Zur Intifada s. auch: *J.R. Nasser* u. *R. Heacock* (eds.): Intifada. Palestine at the crossroads, New York, Praeger, 1990.
17. Ḥarakat al-muqāwama al-islāmīya, mit dem Akronym ḤAMĀS, was soviel bedeutet wie Begeisterung, Eifer, Enthusiasmus.
18. *R. Paz:* Hagorem ha-islāmī be-intifāda. In: *G. Gilbar* (ed.): Beʿayīn ha-sikh-sūkh: ha-intifāda, Tel Aviv, 1992, 11.
19. Ebd., 84–87.
20. „Mithāq ḥarakat al-muqāwama al-islāmīya: Filasṭīn", Palestina 1. Muḥarram 1409, 18. August 1988.
21. Zu diesen Schwierigkeiten siehe *J.-F. Legrain:* A Defining Moment: Palestinian Islamic Fundamentalism. In: *J. Piscatori* (ed.): Islamic Fundamentalism and the Golf Crisis, Boston, 1991, 70–87. Im Jahre 1989 hatte Kuwait ḤAMĀS anscheinend mit 60 Millionen Dollar unterstützt, ebd., 75.
22. *R. Paz:* Islamic Radicalism in the Westbank and Gaza, unpublished paper, 1987, 15.
23. Für die folgenden Ausführungen s. besonders *R. Paz:* The Islamic Movement in Israel and the Municipal Elections of 1989. In: The Jerusalem Quarterly 53 (Winter 1990) 1–26; vgl. auch *E. Zureik* u. *A. Haider:* The Impact of the Intifada on the Palestinians in Israel. In: International Journal of the Sociology of Law 19 (1991) 475–495.
24. *W. Kristianasen Levitt:* De l'islamisme radical à la logique nationaliste. In: Le Monde Diplomatique (Mai 1993); *dies.:* Hamas se prépare à la nouvelle donne. In: Le Monde Diplomatique (Februar 1994).
25. *W. Kristianasen Levitt:* Islamistes palestiniens, la nouvelle génération. In: Le Monde Diplomatique (Juni 1995).

19. Syrien, Irak, Jordanien *(Thomas Koszinowski)*

1. Über den Anteil der einzelnen religiösen Minderheiten liegen keine zuverlässigen Zahlen vor, da bei den offiziellen statistischen Erhebungen nach der Religionszugehörigkeit nicht gefragt wird.
   Nach Eugen Wirth ist der Anteil der einzelnen Religionsgemeinschaften wie folgt: Sunniten knapp 70%, Alawiten knapp 12%, Drusen 3%, Ismailiten 1%, griechische Christen 7%, armenische Christen 4%, syrische Christen 2%. Vgl. *E. Wirth:* Syrien. Eine geographische Landeskunde, Darmstadt, 1971, 175–178. Infolge höheren Geburtenwachstums bei den Muslimen und Auswanderung der Christen dürfte sich das Verhältnis noch stärker zugunsten der Muslime verschoben haben.
2. Vgl. *P. Seale:* Asad of Syria. The Struggle for the Middle East, London, 1988, 173.

3. Nachdem die syrische Regierung auf amerikanischen Druck im Frühjahr 1992 das Ausreiseverbot vorübergehend aufgehoben hatte, verließen bis Ende des Jahres 2400 der 4000 in Syrien lebenden Juden das Land. (International Herald Tribune, Paris, 16. 12. 1992). Im Frühjahr 1994 erhielten alle Juden Ausreisevisa; bis auf 400 verließen die restlichen Juden das Land.
4. Zum Anteil der Vertreter von Minderheiten in der *Baʿth*-Partei vgl. *N. van Dam:* The Struggle for Power in Syria, London, 1979, u. *I. Rabinovich:* Syria under the Baʿth 1963–66, Jerusalem, 1972.
5. Zur Diskussion um die Verfassung von 1950 vgl. *J. Reissner:* Ideologie und Politik der Muslimbrüder. Von den Wahlen 1947 bis zum Verbot unter Adīb ash-Shīshaklī 1952, Freiburg, 1980, 338–354.
6. Vgl. *Reissner:* op. cit., 352.
7. *K. A. Jaber:* The Arab Baʿth Socialist Party. History, Ideology and Organization, Syracuse, 1966, 129.
8. *Reissner:* op. cit., 77.
9. Zur Biographie Kaftārūs vgl. *C.-F. Reinhardt:* Sheikh Ahmed Kaftarou. Eine Begegnung mit dem Großmufti der Syrischen Arabischen Republik. In: Horizont (Berlin/Ost) 21 (1980) 14–15.
10. Zitiert nach *D. Pearl:* A Textbook on Muslim Law, London, 1979, 198.
11. So wurde der Aufstand gegen Sultan Abdülhamit II. im Jahre 1909 in Saloniki von dem aus Bagdad stammenden Maḥmūd Shaukat Pascha angeführt. Vgl. *B. Vernier:* L'Iraq d'aujourd'hui, Paris, 1963, 23.
12. Vgl. *Vernier:* op. cit., 102f.
13. Vgl. *W. Laqueur:* Communism and Nationalism in the Middle East, London, 1956, 200.
14. Hierbei ist zu bemerken, daß anfangs viele Mitglieder der KP Minderheiten entstammten, vor allem Juden und Christen.
15. Veröffentlicht im Baghdad Observer vom 9. und 10. 6. 1978.
16. *M. Farouk-Sluglett* und *P. Sluglett:* Der Irak seit 1958. Von der Revolution zur Diktatur, Frankfurt, 1991, 209. Zur schiitischen Opposition vgl. auch *J. N. Wiley:* The Islamic Movement of Iraqi Shiʿas, Boulder/London, 1992.
17. *E. Sciolino:* The Outlaw State. Saddam Hussein's Quest for Power and the Gulf Crisis, New York, 1991, 95.
18. *J. N. D. Anderson:* Islamic Law in the Modern World, New York, 1975, 36.
19. Vgl. *H. Krüger:* Das internationale Privat- und Zivilverfahrensrecht des Irak. In: IPRax, 1988, 180–85.
20. Vgl. *J. Schacht:* An Introduction to Islamic Law, Oxford, 1964, 104.
21. Vgl. „RCC issued the fourth amendment to the law of Civil Status No. 188, 1959", Baghdad Observer, 17. 3. 1980.
22. *Statistisches Bundesamt:* Länderbericht Jordanien 1992, Wiesbaden, 1992, 27.
23. *M. Haas:* Husseins Königreich. Jordaniens Stellung im Nahen Osten, München, 1975, 181f.
24. So geschehen im Zusammenhang mit dem Import von Gefrierfleisch aus Australien, gegen dessen Einfuhr zunächst Bedenken erhoben worden waren. Vgl. Area Handbook for the Hashemite Kingdom of Jordan, Washington, 1969, 158.
25. Vgl. Monitor-Dienst der Deutschen Welle, Köln, 4. 1. 1990.
26. Vgl. *G. L. Behrens:* Das Kollisionsrecht Jordaniens, Frankfurt/Berlin, 1970 und *H. Krüger:* Das internationale Privatrecht Jordaniens, in: IPRax 1987, 126–131.

20. Libanon *(Axel Havemann)*

1. Seit 1861 wurde das System zur Grundlage von Politik und Verwaltung; Ansätze dazu gab es schon in den vierziger Jahren: *J. P. Spagnolo:* France and Ottoman Lebanon 1861–1914, London, 1977; *E. D. Akarli:* The Long Peace. Ottoman Lebanon, 1861–1920, Berkeley/California, 1993.
2. Vgl. die Beiträge im ersten Teil von *A. Hourani* u. *N. Shehadi* (eds.): The Lebanese in the World. A Century of Emigration, London, 1992.
3. So schon für 1988 *M. Halawi:* A Lebanon Defied: Musa al-Sadr and the Shiʿa community, Boulder/Colorado, 1992, 50: 4,04 Millionen; für 1991 *M. Jansen*, in: The Middle East Review (1992): 2,9 Millionen.
4. *Th. Hanf:* Koexistenz im Krieg, Baden-Baden, 1990, 117–121; *M. Johnson:* Class and Client in Beirut, London, 1986, 24 u. 226; *M. Halawi:* op. cit., 50; andere Autoren geben schon für frühere Jahre eine viel stärkere Dominanz der Muslime an, z. B. in: Maghreb-Machrek 73 (1976) 69.
5. *K. S. Salibi:* The Modern History of Lebanon, London, 1965; *T. Touma:* Paysans et institutions féodales chez les druses et les maronites du Liban du XVIIe siècle à 1914, 2 Bde., Beirut, 1971–72; *J. P. Spagnolo:* op. cit.; *E. D. Akarli:* op. cit.
6. *K. S. Salibi:* A House of Many Mansions, London, 1988, 130–150.
7. *H. Bartels:* Das Waqfrecht und seine Entwicklung in der libanesischen Republik, Berlin, 1967, 110; al-Fikr al-islāmī (Sondernummer Juli-August 1974) 46f.; *L.-H. de Bar:* Les communautés confessionelles du Liban, Paris, 1983, 28f.
8. Vgl. die Haltung des Muftis in der „Affäre al-ʿAẓm“: *S. Wild:* Gott und Mensch im Libanon. In: Der Islam 48 (1972) 206–253, besonders 229ff.; nach 1970 Kooperation mit den libanesischen arabisch-nationalistischen Kräften und den Palästinensern (nach Khālid „die Armee des Islams“), vgl. *Th. Hanf:* op. cit., 425; Konfrontation mit Ṣā'ib Salām, dem Chef der *Maqāṣid:* s. Anm. 16.
9. al-Fikr al-islāmī (1974) 93f.
10. Text in: *H. Miller Davis:* Constitutions, Electoral Laws, Treaties of States in the Near and Middle East, New York, 1970 (Reprint), 291–305.
11. Zur Haltung der Sunniten vgl. *R. Solh:* The Attitude of the Arab Nationalists towards Greater Lebanon during the 1930s. In: *N. Shehadi* u. *D. H. Mills* (eds.): Lebanon, a History of Conflict and Consensus, London, 1988, 149–165; zur Haltung der maronitischen Christen vgl. *F. Kiwan*, ebd., 124–148.
12. *F. el-Khazen:* The Communal Pact of National Identities: The Making and Politics of the 1943 National Pact, Oxford, 1991.
13. Zur Wirtschaft vgl. *de Bar:* op. cit., 34–36; zu Kultur und Bildung s. *Th. Hanf:* Erziehungswesen in Gesellschaft und Politik des Libanon, Bielefeld, 1969; zur jüngeren Entwicklung s. *B. Labaki:* Education et mobilité sociale dans la société multicommunautaire du Liban, Frankfurt am Main, 1988.
14. *M. Johnson:* op. cit., besonders 45ff., 82ff.; *A. Hottinger:* Zuʿama' in Historical Perspective. In: *L. Binder* (ed.): Politics in Lebanon, New York, 1966, 85–105.
15. *L. Schatkowski:* The Islamic Maqased of Beirut: A Case Study of Modernization in Lebanon, M. A. thesis American University of Beirut, 1969.
16. Ṣā'ib Salām war über zwanzig Jahre Präsident der *Maqāṣid*; allerdings wurde ihm dieses Amt mehrfach streitig gemacht, zwar ohne Erfolg, aber mit brisanten politischen Implikationen; dazu *M. Johnson:* Factional Politics in Lebanon: The Case of the ‚Islamic Society of Benevolent Intentions‘ (Al-Maqasid) in Beirut. In: Middle Eastern Studies 14 (1978) 56–75; *de Bar:* op. cit., 30f.
17. *J. Reissner:* Säkularisierung des Libanon? Äußerungen von Muslimen zum neuen Schlagwort ʿAlmana. In: Orient 17 (1976) 13–37.

18. *Th. Hanf:* Koexistenz im Krieg, a. a. O., 175 ff., besonders 181–183.
19. Text in: Maghreb-Machrek 72 (1976) 81–83.
20. *P. Sluglett* u. *M. Farouk-Sluglett:* Aspects of the Changing Nature of Lebanese Confessional Politics: Al-Murabitun, 1958–1979. In: *E. Gellner* (ed.): Islamic Dilemmas: Reformers, Nationalists and Industrialization, Berlin, 1985, 267–283.
21. *M. Humphrey:* Islam, Sect and State: The Lebanese Case, Oxford, 1989; *M. Deeb:* Militant Islamic Movements in Lebanon: Origins, Social Basis, and Ideology, Washington, 1986.
22. *F. Nasrallah:* The Questions of South Lebanon, Oxford, 1992.
23. *F. Khuri:* From Village to Suburb. Order and Change in Greater Beirut, Chicago, 1975; *A. R. Norton:* Amal and the Shiʿa, Austin, 1987, 13 ff.; *M. Pohl-Schöberlein:* Die schiitische Gemeinschaft des Südlibanon (Ǧabal ʿĀmil) innerhalb des libanesischen konfessionellen Systems, Berlin, 1986, 86 ff.
24. *E. A. Early:* The Amiliyya Society of Beirut: A Case Study of an Emerging Urban Zaʿim, M. A. thesis American University of Beirut, 1971; *Th. Hanf:* Erziehungswesen, a. a. O., 212–214.
25. *F. Ajami:* The Vanished Imam, Ithaca/London, 1986, 113 ff.; *Norton:* op. cit., 44.
26. Vgl. die Darstellungen von *Norton, Ajami* und *Halawi.*
27. *M. Halawi:* op. cit., 163–199.
28. Englische Übersetzung des Statuts in *A. R. Norton:* op. cit., 144–166.
29. *A. R. Norton:* op. cit., 42–44; *F. Ajami:* op. cit., 161–164; *Th. Hanf:* Koexistenz im Krieg, a. a. O., 244–247.
30. *M. Deeb:* op. cit., 12 f.
31. *M. Deeb:* op. cit., 13–17; *Ch. Mallat:* Shiʿi Thought from the South of Lebanon, Oxford, 1988, besonders 37 ff.; *A. Hottinger:* Verfassungsentwurf Teherans für Libanon – über die Ausbreitung der iranischen Revolution. In: Neue Zürcher Zeitung, 6. 5. 1987.
32. Englische Übersetzung in *A. R. Norton:* op. cit., 167–187.
33. Vgl. den Beitrag „Sekten und Sondergruppen" von *W. Schmucker* im vorliegenden Band. *K. M. Firro:* A History of the Druzes. Leiden/New York/Köln. 1992.
34. *A. Havemann:* Rurale Bewegungen im Libanongebirge des 19. Jahrhunderts, Berlin, 1983, 38–41, 48–65; *N. M. Abu-Izzeddin:* The Druzes, Leiden, 1984, 223–226; *T. Touma:* op. cit., 78 ff.
35. *R. B. Betts:* The Druze, New Haven/London, 1988, 37 f., 52–54, 57 ff.
36. *R. B. Betts:* op. cit., 91, 96 f.; *de Bar:* op. cit., 131; *W. Schmucker:* Krise und Erneuerung im libanesischen Drusentum, Bonn, 1979, 117 ff.
37. *W. R. Goria:* Sovereignty and Leadership in Lebanon 1943–1976, London, 1985, 30.
38. *F. al-Khazen:* Kamal Jumblatt, the Uncrowned Druze Prince of the Left. In: Middle Eastern Studies 24 (1988) 178–205; *W. R. Goria:* op. cit., 30 ff. u. passim; vgl. auch die Autobiographie von *Jumblāṭ:* I Speak for Lebanon, London, 1982.
39. Dazu ausführlich *B. Schenk:* Kamāl Ǧunbulāṭ. Das arabisch-islamische Erbe und die Rolle der Drusen in seiner Konzeption der libanesischen Geschichte, Berlin, 1994.
40. *J. P. Harik:* Change and Continuity among the Lebanese Druze Community: The Civil Administration of the Mountains, 1983–90. In: Middle Eastern Studies 29 (1993) 377–398.
41. Text in: Les Cahiers de l'Orient 16–17 (1990) 115–128; dazu ein ausführlicher kritischer Kommentar von *J. Maila*, ebd., 135–217 (englisch in: Prospects for Lebanon 4, Oxford, 1992); zum politischen Zusammenhang vgl. *A. R. Norton:*

Lebanon after Ta'if: Is the Civil War Over? In: Middle East Journal 45 (1991) 457–473; *Th. Hanf:* op. cit., 704ff., besonders 725–734.
42. Der neue Verfassungstext in: as-Safīr (Beirut), 22. 8. 1990.
43. Vgl. Wahlberichte und -analysen in: The Lebanon Report 3 (Oktober 1992): New Parliament, New Policies?; *V. Perthes:* Problems with Peace: Post-war Politics and Parliamentary Elections in Lebanon. In: Orient 33/3 (1992) 409–432, besonders 419ff.

21. Saudi-Arabien und die kleineren Golfstaaten *(Johannes Reissner)*

1. Zum Konzept des Rentierstaates vgl. *P. Pawelka:* Der Vordere Orient und die Internationale Politik, Stuttgart/Berlin/Köln, 1993, (Kapitel 3: Der moderne Rentierstaat des Vorderen Orients), 103–117.
2. Zur Entwicklung der saudischen Staaten vgl. *Tübinger Atlas des Vorderen Orients (TAVO)* (Hrsg.): B X 4 Zentralarabien. Der erste und zweite Saudische Staat. B X 5 Zentralarabien. Die Entstehung des Königreichs Saudi-Arabien. (A. Birken, J. Reissner), Wiesbaden, 1985.
3. Über sie die umfassende Arbeit von *J. S. Habib:* Ibn Saʿuds Warriors of Islam, Leiden, 1978.
4. Vgl. *Gh. Shanneik:* Die Modernisierung des traditionellen politischen Systems in Saudi-Arabien. In: Orient 21 (1980) 300–319.
5. Vgl. *W. Ende:* Religion, Politik und Literatur in Saudi-Arabien. Der geistesgeschichtliche Hintergrund der heutigen religiösen und kulturpolitischen Situation, I–IV. In: Orient, I: 22 (1981) 3, 377–390; II: 23 (1982) 1, 21–35; III: 23 (1982) 3, 378–393; IV: 23 (1982) 4, 524–539.
6. Vgl. *F. Ibrahim:* Die neue saudische „Verfassung": Eine kontrollierte „Öffnung" des saudischen Systems? In: Verfassung und Recht in Übersee 25 (1992) 4, 446–454.
7. Arabischer Text in: ash-Sharq al-ausaṭ (London) 2. 3. 1992. Englische Übersetzung: BBC Summary of World Broadcasts – Middle East (SWB/ME), 3. 3. 1992 und 4. 3. 1992 (Provinzgesetz).
8. Zu früheren Entwicklungen vgl. *J. Reissner:* Libyen und Saudi-Arabien. In: *W. Ende* u. *U. Steinbach* (Hrsg.): Der Islam in der Gegenwart. Entwicklung und Ausbreitung, Staat, Politik und Recht, Kultur und Religion, München, [2]1989, 339.
9. Sie werden bei *Gh. Shanneik:* op. cit., 306, genannt.
10. Vgl. *G. Wiedensohler:* Zur Neuordnung der Justiz in Saudi-Arabien. In: Orient 21 (1980) 502–510.
11. Deutsche Übersetzung dieser und weiterer Gesetze zum Handels- und Wirtschaftsrecht in *E. Regli:* Investitionen in Saudi-Arabien und Kuwait, Köln, 1977, 35–281. Zum Eigentumsrecht in Saudi-Arabien vgl. *K. Dilger:* Grundbegriffe der Eigentumsordnung zwischen Wandel und Tradition auf der Arabischen Halbinsel. In: Zeitschrift für vergleichende Rechtswissenschaft 77 (1978) 43–48.
12. Zu Institution der *ḥisba* vgl. den Artikel „Ḥisba", in: EI[2] (The Encyclopaedia of Islam), second edition, volume III, Leiden/London, 1971, 485–493.
13. Vgl. *J. Kostiner:* Shi'i Unrest in the Gulf. In: *M. Kramer* (ed.): Shi'ism, Resistance and Revolution, Boulder, 1987, 173–186. *R. K. Ramazani:* Shi'ism in the Persian Gulf. In: *J. R. I. Cole* u. *N. R. Keddie:* Shi'ism and Social Protest, New Haven/London, 1986, 30–54.
14. Diese wurde in Kuwait sehr deutlich beim Einmarsch der irakischen Truppen im

August 1990, vgl. *Sh. Ghabra:* Voluntary Associations in Kuwait: The Foundation of a New System? In: The Middle East Journal 45 (spring 1991) 2, 199–215. *S. Faath:* Pluralisierung von Interessengruppen im Maghreb. In: Nahost Jahrbuch 1990, herausgegeben vom *Deutschen Orient-Institut (T. Koszinowski* u. *H. Mattes*), Opladen, 1991, 207–212.

15. S. besonders den Beitrag von *W. Schmucker* im vorliegenden Band.
16. *D. F. Eickelman:* Identité nationale et discours religieux en Oman. In: *G. Kepel* u. *Y. Richard* (eds.): Intellectuels et militants de l'Islam contemporain, Paris, 1990, 103–128.

22. Jemen *(Hédi Eckert)*

1. Zunächst wurde dieser Begriff von der französischen Kolonialverwaltung in Algerien geprägt, um die den „arabischen Nomaden“ unzugänglichen Gebirgsreservate der berberischsprachigen Stämme – arab.: *qabā'il* – oder „Kabylen“ zu bezeichnen. Siehe hierzu auch: *X. de Planhol:* „Les fondements géographiques de l'histoire de l'Islam“, Paris, 1968. Aus kulturgeographischen Gründen ist dieser Begriff auch für den Jemen ergiebig, da das Gebiet der zaiditischen Stämme (qabā'il) historisch und kulturell desgleichen als Rückzugs- oder Kerngebiet gewertet werden kann.
2. *K. Salibi:* Die Bibel kam aus dem Lande Asir, Eine neue These über die Ursprünge Israels, Hamburg, [1] 1985.
3. Übertragung vom Autor.
4. Nach kurzer Blüte in Südarabien und im Maghreb wurden die Ibāḍiten (Ibaditen) in Wüstenrandgebiete abgedrängt, wo sie sich bis auf den heutigen Tag gehalten haben: Insel Djerba in Tunesien, die Mzab-Oasen in Algerien, Oman an der Südostspitze der Arabischen Halbinsel. Siehe hierzu: *H. Laoust:* „Les schismes dans l'Islam“, Paris, 1962, und in deutscher Sprache: *W. S. Freund:* Die Djerbi in Tunesien, Soziologische Analyse einer nordafrikanischen Minderheit, Meisenheim, 1970.
5. *P. Behnstedt:* Die nordjemenitischen Dialekte, Teil 1: Atlas, Jemen-Studien Band 3, Wiesbaden, 1985. Hier: Karte 1, *Qāf*, und Karte 2, *Jīm*.
6. *A. Chouraqui:* L'Histoire des Juifs en Afrique du Nord, Paris, 1987.
7. Jemen, 3000 Jahre Kunst und Kultur des glücklichen Arabiens, Innsbruck, 1987. Siehe hierzu das Kapitel „Die Juden“.
8. *T. Koszinowski:* Jemen 1994. In: Nahost Jahrbuch 1994, herausgegeben vom *Deutschen Orient-Institut (T. Koszinowski* u. *H. Mattes),* Opladen, 1995, 96–101.

V. Der Islam in der Diaspora: Europa und Amerika

1. Westeuropa *(Nico Landman)*

1. Mit Bezug auf Frankreich s. *G. Kepel:* Les banlieus de l'Islam, Paris, 1987; *B. Etienne:* La France et l'Islam, Paris, 1987. Mit Bezug auf Deutschland s. *M. S. Abdullah:* Geschichte des Islams in Deutschland, Graz etc., 1981; *ders.:* Was will der Islam in Deutschland, Gütersloh, 1993; *K. Binswanger* u. *F. Sipahıoğlu:* Türkisch-islamische Vereine als Faktor deutsch-türkischer Koexistenz, Benediktbeuren, 1988. Allgemein zu dem Thema s. *J. Nielsen:* Muslims in Western Europe, Edinburgh, 1992.

2. Sander nimmt an, daß die Anzahl „ethnischer Muslime" 100000 beträgt, und schätzt, daß 50–60% davon als religiös gebunden betrachtet werden können. *A. Sander:* The Road from Musalla to Mosque. In: *W. A. R. Shadid* u. *P. S. van Koningsveld* (eds.): The Integration of Islam and Hinduism in Western Europe, Kampen, 1992, 64.
3. Vgl. z. B. *M. A. Kettani:* Muslim Minorities in the World Today, London/New York, 1986, 23, der für Spanien von 120000 Muslimen spricht.
4. *G. Höpp:* Muslime in märkischer Heide: Die Wünsdorfer Moschee, 1915 bis 1924. In: Moslemische Revue (Berlin) 9 (1989) 21–28.
5. *G. Kepel:* op. cit., 1987, 64–74.
6. *J. Nielsen:* op. cit., 4. Vgl. *J. Friedman:* Prophecy Continuous. Aspects of Ahmadī Religious Thought and its Medieval Background, Berkeley etc., 1989, 30, der 1912 als Gründungsjahr nennt. Zur *Aḥmadīya* s. auch den Beitrag von *W. Schmucker* im vorliegenden Band.
7. In einigen Publikationen wird unterschieden zwischen „Moschee" und „islamischem Gebetsraum", wobei das Wort „Moschee" für solche Räume reserviert wird, die als Moscheen gebaut wurden und u. a. durch ein Minarett als solche erkennbar sind. Obwohl diese Unterscheidung auch von einigen islamischen Gruppen gemacht wird, die mit ihren gegenwärtigen Räumen nicht zufrieden sind, wird sie hier nicht übernommen, da es weder sprachliche noch historische Gründe für eine derartige Begrenzung des Begriffes Moschee gibt.
8. *G. Kepel:* op. cit., 211–223, macht deutlich, daß der Versuch Saudi-Arabiens, durch finanzielle Unterstützung unter den in Frankreich wohnenden Muslimen Einfluß zu gewinnen, wenig Erfolg hatte – vor allem wegen der starken Stellung der durch den algerischen Staat unterstützten Institutionen. Zur Unterstützung von Moscheebauten etc. durch die *Islamische Weltliga* s. *R. Schulze:* Islamischer Internationalismus im 20. Jahrhundert, Leiden, 1990, besonders 279–291.
9. Nielsen unterscheidet zwei Kategorien von Haltungen lokaler Behörden gegenüber den Bedürfnissen islamischer Gruppen. Einige Gemeinden betreiben eine antirassistische, multikulturelle Politik, die aber oft auf einer säkularistischen Ideologie beruht. Andere Gemeinden reagieren ad hoc auf Ersuchen aus islamischen Kreisen. *J. Nielsen:* Muslims in Britain and Local Authority Responses. In: *T. Gerholm* u. *Y. G. Lithman:* The New Islamic Presence in Western Europe, London/New York, 1988, 53–77; vgl. auch die Erzählung „Die neue Moschee" von *F. Baykart*, in: Die Welt des Islams 23–24 (1984) 289–305.
10. Für einen Vergleich zwischen den westeuropäischen Staaten auf diesem Gebiet s. *J. D. J. Waardenburg:* Muslim Associations and Official Bodies in some European Countries. In: *P. S. van Koningsveld* u. *W. A. R. Shadid:* op. cit., 24–42.
11. Bis zum 9. Oktober 1981 bedurften jedoch Vereinigungen, deren Mitglieder Ausländer waren, der Zustimmung des Innenministeriums. Die Aufhebung dieser Verordnung führte zu einer spektakulären Zunahme islamischer Vereinigungen.
12. *M. S. Abdullah:* Was will der Islam in Deutschland? Gütersloh, 1993, 27.
13. In einigen Fällen wird der Einfluß des Imams dadurch begrenzt, daß seine rechtliche Stellung nicht adäquat geregelt ist. Er ist nicht nur in bezug auf sein Einkommen, sondern auch hinsichtlich seiner Aufenthaltsbewilligung abhängig von dem Vorstand einer lokalen muslimischen Organisation. Vgl. *P. S. van Koningsveld* u. *W. A. R. Shadid:* Institutionalization and Integration of Islam in the Netherlands. In: *dies.:* op. cit., 96ff.
14. *S. Andesian:* Migrant Muslim Women in France. In: *T. Gerholm* u. *Y. G. Lithman:* op. cit., 196–204.

15. S. den Beitrag von *U. Spuler-Stegemann* im vorliegenden Band.
16. Da diese Entwicklungen am deutlichsten in Deutschland hervortraten, sind die ausführlichsten Beschreibungen darüber in der Literatur über den Islam in der Bundesrepublik zu finden. Vgl. neben den bereits genannten Arbeiten von *Abdullah* und *Binswanger: J. Blaschke:* Islam und Politik unter türkischen Arbeitsmigranten. In: *J. Blaschke* u. *M. Van Bruinessen* (Hrsg.): Islam und Politik in der Türkei, Berlin 2 (1989) 295–366; *Chr. Elsas:* Religiöse Faktoren für Identität: Politische Implikationen Christlich-Islamischer Gespräche in Berlin. In: *Ders.:* Identität. Veränderungen kultureller Eigenarten im Zusammenleben von Türken und Deutschen, Hamburg, 1983, 39–142; *H. Thomä-Venske:* Islam und Integration, Hamburg, 1981.
17. S. den Beitrag von *W. Schmucker* im vorliegenden Band.
18. Für mehr Information über Glaubenslehre, Rituale und soziale Einrichtungen der Aleviten sei auf die Arbeit von *C. Kehl-Bodrogi:* Die Kızılbaş/Aleviten. Untersuchungen einer esoterischen Glaubensgemeinschaft in Anatolien, Berlin, 1988, verwiesen. Das Wiederaufleben des Alevitentums in Westeuropa ist noch kaum untersucht. Eine Beschreibung einer alevitischen Gemeinschaft in Norwegen kann man lesen bei *R. Naess:* Being an Alevi Muslim in South-Western Anatolia and in Norway: The Impact of Migration on a Heterodox Turkish Community. In: *T. Gerholm* u. *Y. G. Lithman:* op. cit., 174–196.
19. *J. Nielsen:* op. cit., 45 f.
20. *G. Kepel:* op. cit., 177–209.
21. *F. Dassetto:* The Tabligh Organization in Belgium. In: *T. Gerholm* u. *Y. G. Lithman:* op. cit., 167.
22. *S. Allievi* u. *F. Dassetto:* Il Ritorno dell'Islam. I musulmani in Italia, Roma, 1993, 155 f.; *A. Krieger-Krynicki:* Les Musulmans en France, Paris, 1985, 126.
23. *A. Bastenier:* Islam in Belgium: Contradictions and Perspectives; *T. Gerholm* u. *Y. G. Lithman:* op. cit., 140f.; vgl. *J. Rath/ K. Groenendijk/ R. Penninx:* The Recognition and Institutionalisation of Islam in Belgium, Great Britain and the Netherlands. In: New Community 18 (1) 101–114.

2. Ost- und Südosteuropa *(Rudolf Grulich)*

1. *S. Balić:* Der südslawische Anteil an der Dichtung der Osmanen (Dichter aus Bosnien). In: Österreichische Osthefte 9 (1967) 162–171; *ders.:* Der südslawische Anteil an der Prosaliteratur der Osmanen. In: Österreichische Osthefte 8 (1966) 469–477.
2. *G. Weigand:* Ethnographie von Mazedonien, Leipzig, 1924, 82.
3. *H. R. Wilkinson:* Maps and Politics. A Review of the Ethnographic Cartography of Macedonia, Liverpool, 1951, 321.
4. Pressemitteilung des Fachbereichs Evangelische und Katholische Theologie und deren Didaktik der Justus-Liebig-Universität Gießen vom 1. Juni 1992. Vgl. auch: *R. Grulich* u. *A. Hampel:* Maastricht starb in Sarajevo. Gegen die Totengräber Europas, Gießen, 1993, 57–59 (Texte zum Ost-West-Dialog, 8).
5. *O. Daniel* u. *A. Popović:* Les statuts de la Communité Musulmane Albanaise (Sunnites et Bektachis) de 1945. In: Journal Asiatique 1977, 273–306. Vgl. dazu auch: *R. Grulich:* Albanien – seit 20 Jahren das erste atheistische Land der Welt. In: Südost-Europa 36 (1987) 728–738.
6. *Dede* und *Baba* heißen übersetzt „Großvater" und „Vater"; vgl. dazu die Anrede „Pater" für einen katholischen Geistlichen oder „Großvater" für den Bischof bei den katholischen Ukrainern.

3. Amerika *(Durán Khálid)*

1. Die Herausgeber bedauern, auf einen nicht aktualisierten Amerika-Beitrag aus früheren Auflagen des vorliegenden Bandes zurückgreifen zu müssen. Der Autor Durán Khálid sah aufgrund anderweitiger Verpflichtungen keine Möglichkeit, die neueren Entwicklungen auf dem amerikanischen Kontinent zusammenzufassen und zu bewerten. Mehrere Versuche, andere Autoren für diesen Beitrag zu gewinnen, waren leider erfolglos. Die Herausgeber haben sich bemüht, zumindest eine kleine aktuelle Literaturliste zu dem Bereich zu erstellen.
2. Vgl. *P. Heine:* „Das Verbreitungsgebiet der islamischen Religion" im vorliegenden Band mit folgenden Angaben: Surinam 80000 Muslime, Guayana 100000 Muslime (10% der Bevölkerung), Trinidad 80000 Muslime (7% der Bevölkerung).
3. Nach *P. Heine*: op. cit., sind es 70000 Muslime, d. h. 6% der Bevölkerung.
4. *P. Heine:* op. cit., gibt 5 Millionen Muslime (2% der Bevölkerung) an.
5. *P. Heine:* op. cit., geht für 1992 nur von 100000 Muslimen (0,5% der Bevölkerung) aus.

VI. Die innerislamische Diskussion zu Säkularismus, Demokratie und Menschenrechten *(Smail Balić)*

1. Zum Begriff vgl. die Beiträge von *H. Busse* und *B. Radtke* im vorliegenden Band.
2. *M. Z. Badawi:* Islam und säkulare Gesellschaft. In: *R. Kirste/ P. Schwarzenau/ U. Tworuschka* (Hrsg.): Engel, Elemente, Energien, Balve, 1992, 82.
3. *M. Z. Badawi:* op. cit., 80.
4. Fünf Grundsätze, die die indonesische Staatsverfassung prägen: (1) der All-Eine-Gott, (2) Humanität, (3) nationale Einheit, (4) Demokratie und (5) soziale Gerechtigkeit. Vgl. den Beitrag von *O. Schumann* „Südostasien" im vorliegenden Band.
5. *K. Beuerle:* Muslime und Christen – das einigende Band der Menschenwürde. In: Netz. Zeitschrift für Entwicklung und Gerechtigkeit, Weimar/Lahn, 3 (1988) 9.
6. *B. Tibi:* Die fundamentalistische Herausforderung. Der Islam und die Weltpolitik, München, 1992, 54.
7. Vgl. Beitrag von *R. Peters* im vorliegenden Band.
8. *C. C. Adams:* Islam and Modernism in Egypt, London, 1933. Vgl. Beitrag von *R. Peters* im vorliegenden Band.
9. Zu ʿAbduhs Korankommentar s. *J. J. G. Jansen:* The Interpretation of the Koran in Modern Egypt, Leiden, [2]1980, besonders 18–34. S. auch: *H. Gätje:* Koran und Koranexegese, Zürich/Stuttgart, 1971, 324–341 (zur Polygamie).
10. Der Bekämpfung dieser Entartungen gilt sein Buch „as-Sunna an-nabawīya baina ahl al-fiqh wa-ahl al-ḥadīth", Al-Qāhira, 1989 (4. Druck).
11. Vgl. *B. Tibi:* op. cit., 201.
12. Mehr darüber in meinem Aufsatz: Religion und Politik im Islam. In: Universitas (Stuttgart) 4 (1986).
13. Vgl. *T. Nagel:* Die Festung des Glaubens. Triumph und Scheitern des islamischen Rationalismus im 11. Jahrhundert, München, 1988.
14. Eine glaubwürdige Überlieferung besagt, daß jedes neugeborene Kind mit dem

Naturell eines Muslims, d. h. eines sich Gott hingebenden Menschen, in die Welt kommt.

15. S. in EI[2] (The Encyclopaedia of Islam), second edition, volume I, 704.
16. Dieses Sendschreiben ʿAlīs an Mālik ibn al-Ḥārith ist im Zusammenhang mit der islamischen Revolution in Iran in viele (auch westliche) Sprachen übersetzt worden.
17. *S. Ramaḍān:* Das islamische Recht. Theorie und Praxis, Wiesbaden, 1980, 152–154.
18. Vgl. *C. Lienemann-Perrin:* Anmerkungen zum Verständnis der Menschenrechte im Islam. In: CIBEDO. Beiträge zum Gespräch zwischen Christen und Muslimen 5 (1992), 5/6, 178–184.
19. Die deutschsprachige Übersetzung der Kairoer Erklärung in CIBEDO, a. a. O., 178–184.
20. Arabischer Titel: *H. A. Amīn:* Dalīl al-muslim al-ḥazīn. Französischer Titel: Le livre du musulman desemparé, Paris, 1992.
21. Vgl. *R. Wielandt:* „Erziehung und Wertesystem". Ein islamisch-christliches Kolloquium in Mohammedia/Marokko. In: Die Welt des Islams 26 (1986) 156.
22. S. den Beitrag von *W. Walther* im vorliegenden Band.
23. *B. Tibi:* op. cit., 48.
24. *K. Kreiser:* Die Religionspolitik der Türkei im Jahre 1985: Re-Islamisierung – Osmanismus – Özalismus. In: *J. Lähnemann* (Hrsg.): Erziehung zur Kulturbegegnung, Hamburg, 1986, 226.
25. *K. Kreiser:* op. cit., 228.

VII. Die Frau im Islam heute *(Wiebke Walther)*

1. Es gibt inzwischen eine Reihe von Bibliographien zu diesem Thema, u. a. *A. Al-Qazzaz:* Women in the Middle East and North Africa. An Annotated Bibliography, Austin/Texas, 1977; *S. R. Meghdessian:* The Status of the Arab Woman. A Select Bibliography, London, 1980; *I. Otto* u. *M. Schmidt-Dumont:* Frauenfragen im Modernen Orient. Eine Auswahlbibliographie, Hamburg, 1982; *dies.:* Frauenfragen im Modernen Orient. Eine Ergänzungsbibliographie, Hamburg, 1989; *M. Paris:* Femmes et sociétés dans le monde arabo-musulman, Aix en Provence, 1989; vgl. auch meine Überblicksdarstellung „Die Frau im Islam". In: *P. Antes* u. a.: Der Islam. Religion – Ethik – Politik, Stuttgart/Berlin u. a., 1991, 98–124.
2. Vgl. *E. J. Wensinck* u. *Ch. Pellat:* „Ḥūr". In: EI[2] (The Encyclopaedia of Islam), second edition, volume III (1986) 581 f.
3. Vgl. *W. Walther:* Die Frau im Islam, Leipzig, [2]1983, 43 ff.; *Ch. Waddy:* Women in Muslim History, London/New York, 1980; einige Beiträge in: *N. R. Keddie* u. *B. Baron* (eds.): Women in Middle Eastern History. Shifting Boundaries in Sex and Gender, New Haven, 1991.
4. *Al-Jabartī:* Al-Mukhtār min ta'rīkh al-Jabartī, Ikhtiyār Muḥammad Qindīl al-Baqalī, Band 2, o. O., 1957, 300, 8. 3. 1799.
5. Ebd., 268, 29. 9. 1798.
6. Ebd., 257, 28. 7. 1798.
7. Vgl. z. B. die von *J. Mabro* (ed.): Veiled Half-Truths. Western Travellers' Perceptions of Middle Eastern Women, London/New York, 1991, zusammengestellten Ausschnitte aus Reisebeschreibungen.
8. *F. Davis:* The Ottoman Lady, New York/Westport, 1986, 131 ff.

9. Vgl. *N. Seni:* Symbolische Bedeutung der Frauenkleidung um die Jahrhundertwende. In: *A. Neusel/ S. Tekeli/ M. Akkent:* Aufstand im Haus der Frauen, Berlin, 1991, 49ff.
10. Ein Ausschnitt aus einem ihrer Artikel, durchgängig in kunstvoller Reimprosa und voll obsoleter Lexik, ist abgedruckt in *ʿU. R. Kaḥḥāla:* Aʿlām an-nisā', Band 3, Damaskus, 1959, 170ff., Angaben zu ihrer Vita auch bei *J. Zaidān:* Ta'rīkh ādāb al-lugha al-ʿarabīya, herausgegeben von Sh. Ḍaif, Kairo, o. J., Band 4, 224.
11. Vgl. zu dem Wenigen, was von ihrer Vita heute noch bekannt ist, das Vorwort von Fauzīya Fawwāz, wahrscheinlich einer Nachfahrin, zur Neuausgabe von „Ḥusn al-ʿawāqib" und „Riwāyat al-hawā wa-l-wafā", Beirut, 1984, 11ff. und die davon abweichenden Angaben bei Kaḥḥāla: op. cit., Band 2, 82.
12. So S. 4, am Schluß der einleitenden Preisgedichte. Das Titelblatt trägt die muslimische Jahreszahl 1312, also 1894/5.
13. Der Originaltitel enthält Anspielungen auf mindestens zwei Werke der klassischen arabischen Literatur, „ad-Durr al-manthūr" erscheint in den „Maqāmen" des Ḥarīrī, die „Ṭabaqāt" dürften auf Ibn Saʿds berühmtes historisch-biographisches Werk „Kitāb aṭ-ṭabaqāt al-kabīr" hinweisen.
14. ad-Durr al-manthūr fī ṭabaqāt rabbāt al-khuḍūr, Būlāq, 1312, 6.
15. Tochter des Nasīm Naufal (1846–1903), der nach *az-Ziriklī:* al-Aʿlām, Beirut⁷, 1987, Band 8, 19, als Emigrant aus Ṭarābulus ash-Shā'm in Alexandria unter dem Namen seiner Tochter Hind die Zeitschrift „al-Fatāt" herausgab. Tatsächlich war es Hind alias Sāra Naufal selbst, die diese erste arabische Frauenzeitschrift überhaupt seit 1892 publizierte. Zu ihren Themen vgl. *Kaḥḥāla* (wie Anm. 10), Band 5, 265.
16. So *Fauzīya Fawwāz* in ihrem Vorwort zur Neuauflage von „Ḥusn al-ʿawāqib" (wie Anm. 11), 15, die auch eine Passage des Begleitbriefs zitiert, aus dem hervorgeht, daß Zainab selbst gern, wenn es die Sitten ihr erlaubt hätten, bei dieser Ausstellung zugegen gewesen wäre.
17. Vgl. *Kaḥḥāla* (wie Anm. 10), Band 5., 213ff.
18. Publiziert unter dem Titel „ar-Rasā'il az-Zainabīya", al-Qāhira, 1322 (1904/5), vgl. Zitate in: *Kaḥḥāla:* op. cit., Band 2, 82ff. (Zainab bint ʿAlī bin Ḥusain al-Fawwāz) und *F. Fawwāz* (wie Anm. 11), 16ff.
19. *F. dī Ṭarrāzī:* Ta'rīkh aṣ-ṣahāfa al-'arabiyya, Band 2, Beirut, 1913, 241.
19a. *B. al-Bustānī,* al-Jam'iyya as-sūriyya li-l-'ulūm wa-l-funūn 1848–1952, Beirut, o. J., (1990), 45ff.
20. Vgl. auch *H. Gätje:* Koran und Koranexegese, Zürich/Stuttgart, 1971, 324ff.
21. Deutsch von *O. Rescher*, bearbeitet und mit einer Einführung versehen von *S. Balić*, Würzburg, 1992.
22. Bāḥiṯat al-bādiya, an-Nisā'īyāt. Majmūʿat maqālāt nushirat fī l-Jarīda fī mauḍūʿ al-mar'a al-miṣrīya, Band 1, 2. ²Misr o. J.
23. Cf. *G. Nashat:* Women in Pre-Revolutionary Iran. In: *Dies.:* Women and Revolution in Iran, Boulder, 1983, 23.
24. Vgl. dazu *ʿAbd ar-Razzāq al-Hilālī:* Ta'rīkh at-taʿlīm fī l-ʿIrāq fī l-ʿahd al-ʿuthmānī 1638m – 1917m, Baghdād, 1959, 158ff.
25. Nach *E. Sanasarian:* The Women's Rights Movement in Iran, New York, 1982, 39.
26. *Waddy* (wie Anm. 3), 189.
27. Nach *R. Haerkötter:* Maḥāsin, Wiesbaden, 1992, 31.
28. Vgl. *M. Böhmer:* Wissenschaft. In: *A. Lissner/ R. Süssmuth/ K. Walter:* Frauenlexikon, Freiburg/Basel/Wien, 1988, Sp. 1175ff.

29. Vgl. das Zitat aus *N. Maḥfūẓ:* al-Marāyā. In: *Walther* (wie Anm. 3), 180.
30. Vgl. *F. Milani:* Veils and Words, London/New York, 1992, 25 f.
31. Vgl. *Sanasarian* (wie Anm. 25), 39, ausführlicher *Milani*, 55 ff., 26.
32. Nach *Waddy* (wie Anm. 3), 186 ff.
32a. *M. 'Imāra:* al-A'māl al-kāmila li-Rifā'a Rāfi' aṭ-Ṭahṭāwī, Beirut, Band 2, 1973, 393 ff.
33. Material der iranischen Frauenorganisation aus dem Jahr 1981.
34. Nach *S. Galal:* Emanzipationsversuche der ägyptischen Frau, o. O., 1977, 22.
35. *A. Öncü:* Die türkische Frau in qualifizierten Berufen. In: *N. Abadan-Unat* (Hrsg.): Die Frau in der türkischen Gesellschaft, Frankfurt, 1985, 183, und *F. Acar:* Frauen und akademische Bildung in der Türkei. In: Zeitschrift für Türkeistudien 3 (1990) 77–91.
36. *Waddy* (wie Anm. 3), 190 ff.
37. *K. Nath:* Education and Employment among Kuweiti Women. In: *Beck* u. *Keddie* (wie Anm. 3), 172 ff.
38. Vgl. *E. L. Sullivan:* Women in Egyptian Public Life, Kairo, 1986, 49.
39. *Milani* (wie Anm. 30), 57.
40. *Sullivan* (wie Anm. 38), 28.
41. Ebd., 171; vgl. ihren eigenen Bericht in ihren Memoiren, Harem Years, ed. *M. Badran*, London, 1986, 98 f.
42. Ebd., 112 f.
43. *Sanasarian* (wie Anm. 25), 15 ff.
44. *Sullivan* (wie Anm. 38), 171.
45. *Sanasarian* (wie Anm. 43), 32.
46. *R. Haerkötter* (wie Anm. 26), 2.
47. Nach *M. E. Wolsky:* Parteien. In: *Lissner/Süßmuth/Walter* (wie Anm. 28), 876 f.
48. *Sullivan* (wie Anm. 38), 39.
49. Nach *M. Ileri:* Türkei. In: *U. Steinbach* u. *R. Robert:* Der Nahe Osten, Band II, Opladen, 1988, 442.
50. Vgl. *A. Güneş-Ayata:* Frauen in der Politik. In: *Neusel/Tekeli/Akkent* (wie Anm. 9), 181 ff.
51. *N. Hijab:* Womanpower. The Arab Debate on Women at Work, Cambridge/New York, u. a. 1988, 25 f.; vgl. zur Situation von Frauen in Kuwait: *K. Nath:* Education and Employment among Kuweiti Women. In: *Beck* u. *Keddie* (wie Anm. 3), 172 ff.
52. *Hijab* (wie Anm. 51), 26 ff.
53. *Shaarawy* (wie Anm. 41), 131.
54. Nach *P. Avery:* Modern Iran, London, 1965, 292; vgl. auch *Milani* (wie Anm. 30), 33.
55. Ausführlicher mit den soziokulturellen Implikationen: *Milani* (wie Anm. 30), 38 ff.
56. Ebd., 37 f.
57. *Hijab* (wie Anm. 51), 52 f.
58. Vgl. *Sh. Mahdevi:* Women and Shii Ulama in Iran. In: Middle Eastern Studies 3 (1983) 26.
59. Vgl. *S. Tellenbach*, Rezension zu: *A. Zevkliler:* Nichteheliche Lebensgemeinschaften nach deutschem und nach türkischem Recht, Würzburg, 1989. In: Orient 1 (1992) 181.
60. Einen guten Überblick über das islamische Familienrecht und Reformen bis ca. 1980 bietet *J. L. Esposito:* Women in Muslim Family Law, Syrakuse, 1982; vgl. ferner *N. Anderson:* Law Reform in the Muslim World, London, 1976.

61. Sehr knapp: *M. Borrmans:* Le nouveau code Algérien de la famille dans l'ensemble des codes musulmans de statut personel, principalement dans les pays arabes. In: Revue Internationale de Droit Comparé 1 (1986) 133–39; *S. H. Amin:* The Legal Systems of the Middle East, Glasgow, 1985, behandelt das Familienrecht nicht; *H.-G. Ebert:* Familiengesetze im Maghrib. Das Spannungsverhältnis von islamrechtlicher Position und soziokulturellem Wandel. In: Orient 33 (1992) 1, 61–79, wird dem im Untertitel formulierten Anspruch nicht gerecht. Der Artikel gibt zwar Informationen über das algerische, tunesische und libysche Familienrecht, doch hat sich der Autor sichtlich nicht der Mühe unterzogen festzustellen, welche Bestimmungen dieser Rechtssysteme durch den Koran „islamrechtlich" vorgegeben und deswegen auch heute von Muslimen als bindend betrachtet werden.
62. Nach *D. v. Denffer:* Mutʿa – Ehe oder Prostitution? In: Zeitschrift der Deutschen Morgenländischen Gesellschaft (ZDMG) 128 (1978) 299–325, besonders 317; Darstellung der Institution aus im wesentlichen apologetischer Sicht.
63. Aus kritischer Sicht: *W. Ende:* Ehe auf Zeit (mutʿa) in der innerislamischen Diskussion der Gegenwart. In: Die Welt des Islams 20 (1980) 1 ff. u. besonders 24.
64. Vgl. die 40. „Maqāma", in der sich Abū Zaid und seine Frau vor einem Richter streiten, deutsche Adaption von *F. Rückert. F. Rückert:* al-Ḥarīrī, Die Verwandlungen des Abu Seid von Serug, herausgegeben von *W. Walther*, Leipzig, 1989, 187ff. Bei Rückert, der nicht alle „Maqāmen" übertragen hat, ist es die 33. „Maqāma".
65. Nach *N. Hijab* (wie Anm. 51), 30.
66. Vgl. *Ayatollah S. Ruhollah Mousavi Khomeini:* A Clarification of Questions. An Unabridged Translation of resaleh towzih al-Masael (so!). Translated by *J. Borujerdi*, Boulder/London, 1984, 315 ff., 331.
67. Vgl. *M. Mutahhari:* The Rights of Women in Islam, Teheran 1981/1401, 147ff.
68. Nach *S. Haeri:* Law of Desire. Temporary Marriage in Iran, London, 1989, 100.
69. *ṣīgheh* ist die Bezeichnung für die Vertragsform und zugleich für eine Frau, die eine *mutʿa*-Verbindung eingeht.
70. Abgedruckt im Journal Officiel de la République Algérienne vom 12. 6. 1984; vgl. zur Geschichte auch die kritische Stellungnahme von *M. Tilmatine:* Mouvements et collectifs de femme en Algérie. In: Cahier d'Études Maghrebines; Maghreb au féminin, Mai, 1990, 37–46.
71. Vgl. *S. el-Messiri:* Self-Images of Traditional Urban Women in Cairo. In: *Beck* u. *Keddie* (wie Anm. 3), 522–540; *S. Joseph:* Women and the Neighbourhood Street in Borj Hammoud, Lebanon. In: *Ebd.*, 541–557.
72. Vgl. *C. Lacoste-Dujardin:* Mütter gegen Frauen. Mutterherrschaft im Maghreb, Zürich, 1991, 13.
73. Ebd., 14.
74. Vgl. *A. K. Firdaus:* Women and the Islamic Revolution. In: International Journal of Middle East Studies (IJMES) 15 (1983) 283–98.
75. Ebd., 288 ff.
76. Vgl. auch die Anthologie *M. Badran* u. *M. Cooke* (eds.): Opening the Gates. A Century of Arab Feminist Writing, London, 1990, sowie *Milani* (wie Anm. 30).
77. Vgl. meine Übersetzung der Geschichte „Meine unbekannte Welt" („ʿĀlamī al-majhūl"). In: *D. Kilias* (Hrsg.): Erkundungen. 32 ägyptische Erzähler, Berlin, 1989, 5 ff.; und *N. Naguib* (Hrsg.): Zeit der Jasminblüte, Zürich, 1988; *S. Taufik* (Hrsg.): Erste Liebe – letzte Liebe, Berlin, 1989.
78. Etwa: Ich spucke auf euch: Bericht einer Frau am Punkt Null, München, 1984;

auch: Firdaus – Bericht einer Frau am Punkt Null, Berlin, 1985; Gott stirbt am Nil, München, 1986; Ein vergessener Liebesbrief und andere Stories, Reinbek bei Hamburg, 1987; Ringelreihen, München, 1990; Der Sturz des Imams, München, 1991; The Hidden Face of Eve, London, 1980; She has no Place in Paradise, London, 1987.

79. Von ihren zahlreichen, in teilweise nicht sehr guter deutscher Übersetzung vorliegenden Büchern seien hier genannt: Geschlecht, Ideologie, Islam, München, 1987; Der politische Harem. Mohammed und die Frauen, Frankfurt am Main, 1989; Die Sultanin. Die Macht der Frauen in der Welt des Islams, Frankfurt am Main, 1991.

80. Vgl. meinen Artikel: Weibliche Verhaltensweisen, Geschlechter- und Familienbeziehungen im Werk der Kuwaiterin Lailā al-ʿUthmān. In: *M. Übelhör* u. *Philipps-Universität Marburg* (Hrsg.): Darstellung der Probleme der Frau in der Literatur des 20. Jahrhunderts, Marburg, 1991, 133ff.; und die Übersetzung von *S. Taufik:* Laila al-Osman: Die Wände zerreißen, Berlin, 1988.

81. Vgl. auch die Analyse von *U. Stehli-Werbeck*. In: Rebellion und Relativität der Maßstäbe. – Zwei libanesische Autorinnen zur Situation der Frau. In: *M. Übelhör* (wie Anm. 80), 113ff.

82. Englische Übersetzung des Verfahrens in: *E. W. Fernea* u. *B. Q. Bezirgan:* Middle Eastern Muslim Women Speak, Austin/London, 1977, 280ff. (An Account of the Trial).

83. *Stehli-Werbeck* (wie Anm. 80), 119ff.

84. Deutsch von *I. Rumler* unter dem Titel „Im Banne des High-Tech-Harems" nach dem Englischen („Women of Sand and Myrrh"), Reinbek bei Hamburg, 1991.

85. Vgl. etwa ihren im Libanon spielenden Roman „Septembervögel" (1962), deutsch von *V. Theis*, Basel, 1988.

86. Deutsch von *V. Theis* unter dem Titel „Alpträume in Beirut", Bornheim-Merten, 1989.

87. Vgl. z. B. die Anthologien *T. Rahnema* (Hrsg.): Frauen in Persien, München, 1986; *H. Egghardt* u. *Ü. Güney* (Hrsg.): Frauen in der Türkei, München, 1988.

88. Etwa die Prostituierte in *N. Maḥfūẓ:* al-Liṣṣ wa-l-kilāb; in *Lailā al-ʿUthmāns* Erzählung: al-Maut fī laḥẓat al-bad' (*Walther*, wie Anm. 80, 143), in der Erzählung der Irakerin *ʿĀliya Mamdūḥ:* ʿAdn al-jaḥīm. In: *dies.:* Hawāmish ilā s-Saiyida „B.", Beirut, 1977, 17ff. Realistisch und erschütternd die Zeichnung der Prostituierten in: *Nawāl as-Saʿdāwī, Firdaus* ... (wie Anm. 78).

VIII. Die militant-islamischen Gruppen *(Johannes Reissner)*

1. *R. H. Dekmejian:* Islam in Revolution, Fundamentalism in the Arab World, Syracuse/New York, 1985, 179–191 (Appendix I).

2. Mit „Fundament" und „Wurzel" ist hier natürlich auf die ursprungsmythische Geisteslage der Fundamentalisten angespielt, die die erste Zeit des Islams als „Fundament", als ursprüngliche „Wurzel" des authentischen Islams, verabsolutieren. In der Regel ist die Selbstbezeichnung derer, die im Westen Fundamentalisten oder – mehr im französischen Sprachraum – Integristen genannt werden, „Islamisten" *(islāmīyūn)*; häufig werden sie auch mit negativer Konnotation als *uṣūlīyūn*, abgeleitet von arab. *aṣl* (Wurzel, pl. *uṣūl*), bezeichnet.

3. Das Standardwerk über die Muslimbrüder ist das von *R. P. Mitchell:* The Society of the Muslim Brothers, London, 1969. Zu den Muslimbrüdern Syriens vgl.

J. Reissner: Ideologie und Politik der Muslimbrüder Syriens, 1947–1952, Freiburg, 1980.

4. Über sie informiert umfassend *K. Bahadur:* The Jamaʿat-i Islami of Pakistan, New Delhi, 1977. Über al-Maudūdī im Rahmen der indisch-pakistanischen Reformbewegung s. auch *A. Ahmad:* Islamic Modernism in India and Pakistan, 1857–1964, London, 1967, Kapitel 12, 208–223.
5. Deutsche Übersetzung von *F. Heeren-Sarka.* In: *A. A. Maudoodi:* Weltanschauung und Leben im Islam, Freiburg, 1971.
6. Zu Saiyid Quṭb: *O. Carré:* Mystique et Politique. Lecture révolutionnaire du Coran par Sayyid Qutb. Frère musulman radical, Paris, 1984.
7. Zu Organisation und Programm der Jihad-Organisation vgl. *Dekmejian:* op. cit., 97–101.
8. Zur Moschee-Besetzung vgl. *J. Reissner*, in: Orient 21/2 (1980), 194–203.
9. Nicht nur die Berufung auf den Islam übt Faszination aus, sondern auch die Tatsache, daß es eine Massenbewegung war. Revolutionen in arabischen Ländern waren Militärputsche, deren Führung sich erst anschließend an die Spitze der Massen zu stellen versuchte. Vgl. *N. R. Keddie:* Why has Islam been Revolutionary? In: *H. Amirahmadi* u. *N. Entessar:* Reconstruction and Regional Diplomacy in the Persian Gulf, London/New York, 1992, 19–32.
10. Kayhān-e havā' ī Teheran, 7. 4. 1993; Englische Übersetzung: BBC Summary of World Broadcasts – Middle East (SWB/ME) 25. 3. 1993.
11. Vgl. *R. K. Ramazani:* Shi'ism in the Persian Gulf. In: *J. R. I. Cole* u. *N. R. Keddie:* Shi'ism and Social Protest, New Haven/London, 1986, 30–54.
12. Vgl. *A. Rieck:* Die Schiiten und der Kampf um den Libanon. Politische Chronik 1958–1988, Hamburg, 1989, 415–424 (Deutsches Orient-Institut, Mitteilungen, 33).
13. *O. Roy:* L'échec de l'Islam politique, Paris, 1992, 225–236; allgemein zum Thema: *D. Menashri* (ed.): The Iranian Revolution and the Muslim World, Boulder, Colorado, 1990.
14. Zu den algerischen Wahlen: *M. Harbi:* Algérie: l'interruption du processus électoral. Respect ou déni de la Constitution?; sowie: *J. Fontaine:* Les élections législatives algériennes. Resultats du premier tour. In: Monde Arabe, Maghreb-Machrek 135 (Januar-März 1992) 145–154 und 155–165.
15. die tageszeitung, Berlin, 6. 5. 1993. Die vorläufigen Wahlergebnisse: al-Ḥayāt, London, 30. 4. 1993.
16. Vgl. *V. Perthes:* Die Fiktion des Fundamentalismus. Von der Normalität islamistischer Bewegungen. In: Blätter für deutsche und internationale Politik (Februar 1993) 2, 188–200.
17. *G. Krämer:* The Integration of the Integrists. A Comparative Study of Egypt, Jordan and Tunesia. In: *Gh. Salamé* (ed.): Democracy without Democrats? London/New York, 1994 sowie *Gh. Salamé* (ed.): Socio-Economic Change and Political Mobilization in the Arab World, London, 1993.

IX. Die mystischen Bruderschaften und der Volksislam
(F. De Jong)

1. Bei den meisten mystischen Bruderschaften sind Frauen von der Möglichkeit der Teilnahme und/oder Initiierung ausgeschlossen. In einer Anzahl von Fällen aber ist es auch für Frauen möglich, initiiert zu werden. Dies geschieht gewöhnlich nach einem Ritual, das vom Initiierungsritual der Männer abweicht. Bruder-

schaften, in denen man gemischte liturgische Zusammenkünfte kennt, sind eine große Ausnahme. Wenn eine Bruderschaft weibliche Mitglieder aufnimmt, organisiert man in der Regel Zusammenkünfte, die nur für diese zugänglich sind. In Abweichung von der *ḥaḏra* der männlichen Mitglieder bestehen diese meist nur aus Koranrezitation, Gebet, einer Lehrpredigt und manchmal aus einem (ausschließlich im Sitzen abgehaltenen) *dhikr*.

Da es *ṭarīqas* gibt, bei denen auch Frauen Mitglied werden können, und da außerdem bei vielen ṭarīqas Frauen und Kinder, die nicht formell Mitglied werden können, wegen der *baraka* initiiert werden können, scheint es nicht richtig, ṭarīqas im allgemeinen als zum soziologischen Komplex der Männerbünde gehörig zu betrachten; vgl. *H. J. Kissling:* Die soziologische und pädagogische Rolle der Derwischorden im Osmanischen Reiche. In: ZDMG 103 (1953) 18–28.

2. Einige Namen der heutzutage am meisten bekannten und weitverbreiteten mystischen Bruderschaften und ihrer (mutmaßlichen) Gründer sind: *al-Aḥmadīya* – Aḥmad al-Badawī (gest. 1276); *al-Burhānīya* (oder *ad-Disūqīya*) – Ibrāhīm ad-Disūqī (gest. 1288); *al-Čishtīya* – Muʿīn ad-Dīn al-Čishtī (gest. 1236); *al-Khalwatīya* – ʿUmar al-Khalwatī (gest. 1397); *an-Naqshbandīya* – Muḥammad Bahā' ad-Dīn Naqshband (gest. 1389); *al-Qādirīya* – ʿAbd al-Qādir al-Jīlānī (gest. 1166); *ar-Rifāʿīya* – Aḥmad ar-Rifāʿī (gest. 1182); *ash-Shādhilīya* – Abū l-Ḥasan ʿAlī ash-Shādhilī (gest. 1258); *as-Suhrawardīya* – Ḍiyā' ad-Dīn Abū Najīb as-Suhrawardī (gest. 1168); *at-Tijānīya* – Aḥmad at-Tijānī (gest. 1815).

   Fast alle mystischen Bruderschaften haben eine *silsila*, die auf einen der hier erwähnten Mystiker zurückgeht.

3. Gegründet von Jalāl ad-Dīn ar-Rūmī (gest. 1273), bekannt als *Mevlāna* (unser Herr). Diese *ṭarīqa* hat aufgehört zu existieren. Die alljährlichen Mevlāna-Feiern im Monat Dezember in Konya, wo sich das ehemalige Zentrum befindet, das jetzt als Museum dient, haben primär den Charakter einer touristischen Attraktion; vgl. *H. Ritter:* Die Mevlānafeier in Konya vom 11.–17. Dezember 1960. In: Oriens 15 (1962) 249–270.

4. Genannt nach Ḥājjī Bektāsh Velī (gest. 1335). Das Zentrum dieser Sekte liegt in dem gleichfalls nach ihm benannten Dorf Hacıbektaş in Zentral-Anatolien (Kappadozien). Dieses Zentrum, wo sich sein Grab befindet, ist für die zahlreichen Anhänger des Bektaschitums in der Türkei und auf dem Balkan ein Pilgerzentrum geblieben, und zwar trotz des Verbots der mystischen Bruderschaften in der Türkei im Jahre 1925 und der Zweckentfremdung des Zentrums als Museum. Die klassische Studie über Geschichte und Lehre des Bektaschitums ist *J. K. Birge:* The Bektashi Order of Dervishes, London, [2] 1965.

5. Über die *Saʿdīya* in Syrien s. *F. De Jong:* Les confréries mystiques musulmanes du Machreq arabe: centres de gravité, signes de déclin et de renaissance. In: *A. Popović* u. *G. Veinstein* (Hrsg.): Les ordres mystiques dans l'Islam. Cheminements et situation actuelle, Paris 1986, 212–13.

6. S. *F. De Jong:* Cairene Ziyāra-Days. A contribution to the Study of saint veneration in Islam, 1976–1977, 41 f.

7. *M. Horten:* Die religiöse Gedankenwelt des Volkes im heutigen Islam, Halle, 1917–1918, Band 1, 6ff.

8. Der heutzutage wahrscheinlich bekannteste und am meisten gelesene *maulid* wurde von Jaʿfar ibn Ḥasan al-Barzanjī (gest. 1764) geschrieben.

9. Über die Entstehung des Prophetenkultes siehe die grundlegende Arbeit von *T. Andrae:* Die Person Muhammeds in Lehre und Glauben seiner Gemeinde,

Stockholm, 1918, 290–390. Vgl. dazu *A. Schimmel:* Und Muhammad ist Sein Prophet. Die Verehrung des Propheten in der islamischen Frömmigkeit, Düsseldorf/Köln, 1981.

10. *M. Horten:* op. cit., Band 2, 268.
11. Vgl. *F. Dornseiff:* Das Alphabet in Mystik und Magie, Leipzig/Berlin, 1925, 142–145; *J. K. Birge:* op. cit., 148–158.
12. Für einige konkrete Fälle der Kritik und für Literaturhinweise s. *F. De Jong:* Turuq and turuq-opposition in 20th-century Egypt, Stockholm, 1975, 84–96.
13. *R. Kriss:* Volksglaube im Bereich des Islams, Wiesbaden, 1960–1962, Band 2, X.
14. Vgl. *M. Horten:* op. cit., Band 1, 81; *E. Diez:* Glaube und Welt des Islams, Stuttgart, 1941, 68; siehe auch Koran 2:96.
15. *E. Zbinden:* Die Djinn des Islam und der altorientalische Geisterglaube, Bern/Stuttgart, 1953, 95.
16. *H. A. Winkler:* Bauern zwischen Wasser und Wüste, Stuttgart, 1934, 150ff.; *B. A. Donaldson:* The Wild Rue, London, 1938, 13; und auch *R. Loeffler:* Islam in Practice. Religious Beliefs in a Persian Village, Albany, 1988, passim.
17. *E. Zbinden:* op. cit., 95.
18. In der Alltagssprache werden die Termini *jinn* und *ʿifrīt* (pl. *ʿafārīt*) nebeneinander gebraucht; vgl. *E. Zbinden:* op. cit., 60.
19. W. S. Blackman: The Fellahin of Upper Egypt, London, 1927, 69ff. Für Propheten-Traditionen über *qarīna* und *qarīn* siehe *E. Zbinden:* op. cit., 144; vgl. ebd., 41.
20. Für die benutzten Koranverse s. *E. Zbinden:* op. cit., 97; *S. Seligmann:* Der böse Blick und Verwandtes, Berlin, 1910, Band 1, 340; *B. A. Donaldson:* op. cit., 14. Für sonstige Texte, benutzte Substanzen, verwendete Materialien, Formen von Amuletten und weitere Einzelheiten s. *H. A. Winkler:* Siegel und Charaktere in der muhammedanischen Zauberei, Berlin/Leipzig, 1930, passim, und *R. Kriss:* op. cit., Band 1, 1–57; vgl. *S. Seligmann:* op. cit., Band 2, 342, und *M. Horten:* op. cit., Band 1, 109. Über Amulette aus dem schiitischen Bereich, s. *A. Fodor:* Types of Shiʿite Amulets from Iraq. In: *F. De Jong:* Shiʿa Islam, Sects and Sufism. Historical dimensions, religious practice and methodological considerations, Utrecht, 1992, 118–143.
21. Vgl. *F. Dornseiff:* op. cit., 142; *H. A. Winkler:* op. cit. (1930), 96–97.
22. Vgl. *S. Seligmann:* op. cit., Band 2, 341; *E. Zbinden:* op. cit., 42, 147; *J. S. Trimingham:* Islam in the Sudan, London, 1949, 172; *H. Granqvist:* Muslim Death and Burial. Arab Customs and Traditions Studied in a Village in Jordan, Helsinki-Helsingfors, 1965 (Societas Scientiarum Fennica Commentationes Humanorum Litterarum, XXXIV) 1, 1965, 28.
23. Vgl. *S. J. Trimingham:* op. cit., 177f.; *B. A. Donaldson:* op. cit., 194ff.
24. *W. S. Blackman:* op. cit., 236.
25. Über Blutopfer und sonstige Opfer s. *S. I. Curtiss:* Ursemitische Religion im Volksleben des heutigen Orients, Leipzig, 1903, 206–260; vgl. *E. Dermenghem:* Le culte des saints dans l'Islam maghrébin, Paris, 1954, 152–161.
26. *E. Zbinden:* op. cit., 135.
27. Ebd., 70, 152–153. Für Namen und Kategorien der *jinn*, s. ebd., 64–65; vgl. *J. S. Trimingham:* op. cit., 171–174.
28. Erwähnt in *R. Kriss:* op. cit., Band 2, 140ff. Der *zār* ist manchmal äthiopischer Herkunft zugeschrieben worden. S. auch darüber *R. Kriss:* ebd.; und *R. Natvig:* Oromos, Slaves, and the Zar Spirits. A Contribution to the History of the Zar Cult. In: International Journal of African Historical Studies 20 (1987) 4, 243–256. Für weitere Literatur zum Thema s. *R. Khoury:* Contribution à

une bibliographie du „zār". In: Annales Islamologiques (Kairo) XVI (1980) 359–374 (und 2 Abbildungen).

29. Für Beispiele siehe *H. Einzmann:* Religiöses Volksbrauchtum in Afghanistan, Wiesbaden, 1977, 103; *B. A. Donaldson:* op. cit., 61.
30. Vgl. *E. Bannerth:* Islamische Wallfahrtsstätten Kairos, Kairo, 1973, 5; *R. Paret:* Symbolik des Islam. Symbolik der Religionen II (herausgegeben von *F. Hermann*), Stuttgart, 1958, 61; *F. De Jong:* op. cit. (1976–1977), 27.
31. Für eine Klassifikation von Wunder siehe z. B. *J. S. Trimingham:* op. cit., 136ff.
32. *J. S. Trimingham:* op. cit., 128; *R. Kriss:* op. cit., Band 1, 4–5.
33. *B. A. Donaldson:* op. cit., 33.
34. *S. I. Curtiss:* op. cit., 179; *Einzmann:* op. cit., 94.
35. Es gibt auch Gräber, wo nur ein Teil des Körpers begraben liegt. Z. B. befindet sich im Grab des Abū Madyan Shuʿaib in Jerusalem der Überlieferung zufolge nur dessen Hand, und im Grab des Ḥusain ibn ʿAlī in Kairo soll sich nur sein Haupt befinden.
36. Weit verbreitet ist der Brauch, bei den Heiligengräbern Kerzen anzuzünden. Für eine Spezifikation der Kategorien *ṣadaqāt* und *nudhūr* siehe *H. A. Winkler:* Die reitenden Geister der Toten, Stuttgart, 1936, 119f.; *R. Kriss:* op. cit., Band 1, 32–43.
37. Dies scheint in weit geringerem Maße für die wichtigsten Heiligengräber der islamischen Welt (unter denen eine Anzahl von Gräbern von Verwandten und Nachkommen des Propheten ist) und für die Gräber der Gründer der großen mystischen Traditionen und Bruderschaften zu gelten. Diesen Gräbern einen Besuch abzustatten ist Frauen nur an bestimmten Tagen und/oder Zeiten möglich, oder der Raum beim Grab besteht aus zwei voneinander getrennten Teilen, wovon ein Teil, oft mit eigenem Eingang, für die weiblichen Besucher reserviert ist.
38. S. dazu meinen Artikel *„Ḳuṭb"* in der Encyclopaedia of Islam (EI^2), volume V (fasc. 87–88).
39. *H. A. Winkler:* op. cit. (1934), 130–131.
40. Diese Konzepte sind *C. Geertz:* Islam Observed. Religious Development in Morocco and Indonesia, New Haven/London, 1968, entnommen.
41. Mit Ausnahme von Makedonien und Kosovo; vgl. *A. Popović:* L'Islam balkanique. Les musulmans du sud-est européen dans la période post-ottomane, Berlin/Wiesbaden 1986, 217ff. (Balkanologische Veröffentlichungen, 11).
42. Das von Schafiiten bewohnte Gebiet im Hochland Jemens z. B. ist ein solches Gebiet.
43. Eine Ausnahme ist z. B. West-Thrakien, wo keine Bruderschaften unter der muslimischen Minderheit (etwa 120000 Seelen) aktiv sind.
44. Vgl. *A. Bennigsen/ C. Lemercier-Quelquejay:* Le soufi et le commissaire. Les confréries musulmanes en URSS, Paris, 1986, passim.
45. Vgl. *F. De Jong:* op. cit. (1975), 91.
46. Für Namen, Einzelheiten und weitere Literaturangaben siehe idem, passim.
47. Zwischen 1976 und 1981 war die Anzahl der offiziell anerkannten Bruderschaften von 67 auf 70 gestiegen. Einige Bruderschaften sind aber nicht mehr aktiv und haben darum ihren offiziellen Status verloren, während andere offizielle Anerkennung erlangt haben. Somit ist die Zahl der offiziell anerkannten Bruderschaften zwischen 1981 und Ende 1993 gleich geblieben.

XI. Der Islam und die nichtislamischen Minderheiten
(Albrecht Noth)

1. *P. Rondot:* Les Chrétiens d'Orient, Paris, 1955, 12.
2. Vgl. *H. Motzki:* Dhimma und Egalité, Bonn, 1979, 105–130.
3. Vgl. *A. Noth:* Möglichkeiten und Grenzen islamischer Toleranz. In: Saeculum 29 (1978) 190–204.
4. *Rondot:* op. cit., 73.
5. *B. Lewis*, zitiert nach *Noth:* op. cit., 197, Anm. 42.
6. In: *Adūnīs* u. a. (Hrsg.): *al-Mawāqif* (literarische Monatsschrift), (1971) 64–77.
7. Ob aus direkter Kenntnis oder vom Hörensagen, ein Hinweis auf Jeremia 31:10 und Hesekiel 37:21 f. und die Folgen.
8. Vgl. *Noth:* op. cit.
9. Dazu *S. Shaw:* Das Osmanische Reich und die moderne Türkei. In: Fischer-Weltgeschichte 15 (Islam II) 53–140 passim.
10. *M. Tworuschka:* Die Rolle des Islam in den arabischen Staatsverfassngen. In: *O Spies* (Hrsg.): Beiträge zur Sprach- und Kulturgeschichte des Orients, Bd. 27, 1976, 44–46 und 187f.
11. Siehe o. S. 686.
12. *A. Hourani:* Arabic Thought in the Liberal Age, [3] 1970, 260–323; *G. Antonius:* The Arab Awakening, [3] 1965.
13. Vgl. *B. Abu-Manneh:* The Christians between Ottomanism and Syrian Nationalism: The Ideas of Butrus Al-Bustani. In: International Journal of Middle East Studies (IJMES) 11 (1980) 287–304.
14. *W. Schmucker:* Studien zur Baathideologie, Teil 1. In: Die Welt des Islams, Neue Serie, 14 (1973) 47–80 und Teil II, ebd. 15 (1974) 146–182.
15. *A. Hourani:* Race, Religion and Nation-State in the Near East. In: A Vision of History. Near Eastern and other Essays, Beirut, 1961, 79–89.
16. Siehe o. S. 686.
17. Dazu *W. Köhler:* Die Vorgeschichte des Krieges im Libanon. In: Frankfurter Historische Vorträge 7 (1980), besonders 12–30.
18. Eine von muslimischer Seite angefertigte Zusammenstellung solcher Verse bei *Ibn Qaiyim al-Jauzīya:* Aḥkām ahl adh-dhimma, edited by *Ṣubḥī Ṣāliḥ*, 2 Bände, Damaskus, 1961, Band 1, 238–242.
19. Vgl. *Noth:* op. cit., 191.
20. Siehe o. S. 687.
21. Ein instruktives Beispiel, das einer gewissen Komik nicht entbehrt, bei *Ibn Qaiyim* (wie Anm. 18), Band 1, 243 f.: Christen können nicht rechnen, denn sie machen aus einem Gott drei (und umgekehrt) – so in Anspielung auf die Trinität. Man kann sie folglich auch nicht in der Finanzverwaltung beschäftigen, denn dort würden sie gegenüber dem Herrscher ebenso 1:3 – natürlich zu ihren Gunsten – abrechnen.
22. Vgl. *Noth:* op. cit., 198, 202.
23. Siehe o. S. 689 f.
24. Die Balkan-Provinzen sind hier auszuklammern, da in einen anderen Sachzusammenhang gehörig.
25. Zu diesem Fragen-Komplex *Hourani:* op. cit.
26. Zu diesen Termini und den damit verbundenen Theorien vgl. Shorter Encyclopaedia of Islam, [2] 1965, 68–70.
27. Siehe o. S. 687.

28. Siehe o. S. 686f.
29. *Elyas Farah:* Arabisches revolutionäres Denken angesichts der gegenwärtigen Herausforderungen, o. J. (ca. 1975), 40f., 94f.
30. Siehe o. S. 687.

XII. Internationale islamische Organisationen *(Johannes Reissner)*

1. Vgl. *M. S. Kramer:* An Introduction to World Islamic Conferences, Tel Aviv, 1978, 11.
2. Die ausführlichste Darstellung der beiden Kongresse bei *A. Sékaly:* Les deux Congrès généraux de 1926..., 1926; auch *M. S. Kramer:* op. cit., 12–15 und *R. Hartmann:* Zum Gedanken des „Kongresses" in den Reformbestrebungen des islamischen Orients, 1941, 128–131.
3. Vgl. *H. A. R. Gibb:* The Islamic Congress at Jerusalem in December 1931, London, 1935, 105.
4. Vgl. *M. S. Kramer:* op. cit., 23.
5. Vgl. *R. Schulze:* Islamischer Internationalismus im 20. Jahrhundert, Leiden/ New York/Köln, 1990, 356–362.
6. Zur fortlaufenden Entwicklung der ICO und ihren politischen Aktivitäten vgl.: Nahost Jahrbuch, herausgegeben vom *Deutschen Orient-Institut (T. Koszinowski* u. *H. Mattes),* Opladen, seit 1987.

Dritter Teil

Islamische Kultur und Zivilisation in der Gegenwart

I. Orientalistik und Orientalismus *(Reinhard Schulze)*

1. Frühere Abhandlungen sind *G. Dugat:* Histoire des orientalistes de l'Europe du XIIe au XIXe siècle précédée d'une esquisse historique des études orientales, I–II, Paris, 1868–1870; *J. Darmesteter:* De la part de la France dans les grandes découvertes de l'orientalisme moderne (1879). In: *Ders.:* Essais orientaux, Paris, 1883, 1–103; *T. Benfey:* Geschichte der Sprachwissenschaft und orientalischen Philologie in Deutschland seit dem Anfang des 19. Jahrhunderts mit einem Rückblick auf die früheren Zeiten, München, 1896; *G. Behrmann:* Hamburgs Orientalisten, Hamburg, 1901.
2. Z. B.: *A. J. Arberry:* British Orientalists, London, 1943; *J. Fück:* Die arabischen Studien in Europa vom 12. bis in den Anfang des 19. Jahrhunderts. In: *R. Hartmann* u. *H. Scheel* (Hrsg.): Beiträge zur Arabistik, Semitistik und Islamwissenschaft, Leipzig, 1944, 85–253; *I. J. Kračkovskij:* Die russische Arabistik. Umrisse ihrer Entwicklung, Leipzig, 1957; *J. Fück:* Die arabischen Studien in Europa bis in den Anfang des 20. Jahrhunderts, Leipzig, 1955 (darin Kapitel 2–29, Fück: Studien, passim); vgl. außerdem *V. V. Bartol'd:* La découverte de l'Asie: Histoire de l'orientalisme en Europe et en Russie, Paris, 1947.
3. Vgl. auch die materialreiche Darstellung von *H. Bobzin:* Geschichte der arabischen Philologie in Europa bis zum Ausgang des achtzehnten Jahrhunderts. In: Grundriß der arabischen Philologie, Band III, Supplement, Wiesbaden, 1992,

155–187; sowie zum Gesamtthema *J. Waardenburg:* „Mustashriḳūn" in EI² (The Encyclopaedia of Islam), second edition, volume VII (1992), fasc. 125–126, 735–753, mit einer ausführlichen Bibliographie.

4. La vie de Mahomet; avec des réflections sur la religion des Musulmans, London, 1730; *J. Fück:* op. cit., 103 nach *C. S. Hurgronje:* Verspreide Geschriften I, Bonn, 1923, 324; *J. Waardenburg* in EI², 741 verweist noch auf die anonyme Schrift „Mahomet no imposter or a defence of Mahomet" von 1720.
5. So auch noch im Grundtenor *J. W. von Goethe:* Mahomet. Ein Trauerspiel in fünf Aufzügen nach Voltaire, Tübingen, 1802.
6. *J. Miller:* Mahomet the imposter: a tragedy as it is acted at the Theatre-Royal in Drury Lane, Dublin, 1745, rev. London, 1778. Die Literatur zur orientalischen *imagerie* in Europa ist umfangreich; eine schöne Einführung bietet *K. U. Syndram:* Der erfundene Orient in der europäischen Literatur vom 18. bis zum Beginn des 20. Jahrhunderts. In: *G. Sievernich* u. *H. Budde* (Hrsg.): Europa und der Orient, 800–1900, Gütersloh/München, 1989, 324–341.
7. *J. J. Reiske:* Prodidagmata ad Hagji Chalifae librum memorialem rerum a Muhammedanis gestarium exhibentia introductionem generalem in historiam sic dictam orientalem. In: *J. B. Koehler:* Abulfedae tabulae Syriae, Leipzig, ²1766, 239–240, hier zitiert nach *G. Endreß:* Der Islam. Eine Einführung in seine Geschichte, München, 1991. Hierzu auch *J. Fück:* op. cit., 112.
8. *G. Endreß:* op. cit., 20, merkt an, daß 1779 der britische Forscher *Edward Pocock* (gest. 1691) erstmals als „Orientalist" bezeichnet wurde und daß im Zuge der Restauration der orientalischen Forschung in der französischen Republik 1794/5 (nach *J. Waardenburg* in EI², 735 : 1799) auch von dem „orientaliste" gesprochen wurde.
9. Hierzu *B. Johansen:* Politics and Scholarship: The Development of Islamic Studies in the Federal Republic of Germany. In: *T. Y. Ismael* (ed.): Middle East Studies: International Perspectives of the State of the Art, New York, 1990, 71–130, besonders 79 ff.
10. Hier sei vor allem auf *A. v. Kremer* (1828–1889) verwiesen, der mit anderen die Bedeutung einer solchen durch Forschungsreisen untermauerten „Realienkunde" herausstellte.
11. *A. Dillmann:* Der Verfall des Islam. Rede zur Gedächtnisfeier der Friedrich-Wilhelms-Universität zu Berlin am 3. August 1876, Berlin, 1876, 16. Zum Begründer der äthiopischen Philologie s. *E. Littmann:* Ein Jahrhundert Orientalistik. Lebensbilder aus der Feder von Enno Littmann und Verzeichnis seiner Schriften, zusammengestellt von Rudi Paret und Anton Schall, Wiesbaden, 1955, 1–10.
12. Ebd., 17.
13. *H.-G. Gadamer:* Das Problem der Geschichte (1943). In: *Ders.:* Wahrheit und Methode, II, Tübingen, 1986, 27–36, hier 29.
14. *E. Troeltsch:* Der Historismus und seine Probleme, 1. Band. Das logische Problem der Geschichtsphilosophie, Tübingen, 1992; und *ders.:* Der Historismus und seine Überwindung, 5 Vorlesungen, Berlin, 1924.
15. *B. Johansen:* op. cit., 86 f.
16. *R. Paret:* Arabistik und Islamkunde an deutschen Universitäten. Deutsche Orientalisten seit Theodor Nöldeke, Wiesbaden, 1966, 25 f.
17. Hierzu *H.-G. Gadamer:* Hermeneutik und Historismus (1965). In: *Ders.:* Wahrheit und Methode, II, Tübingen, 1986, 387–424, hier 391; *B. Johansen:* op. cit., 92, nennt als Ausnahme von allem den „antihistoristischen" Berliner Orientalisten Walther Braune. Hierzu s. *U. Haarmann:* Die islamische Mo-

derne bei den deutschen Orientalisten. In: *F. H. Kochwasser* u. *H. R. Roemer* (Hrsg.): Araber und Deutsche. Begegnungen in einem Jahrtausend, Tübingen/Basel, 1974, 56–91. In: Zeitschrift für Kulturaustausch 24 (1974) 5–18.

18. *R. Paret:* op. cit., 5.
19. al-Mubashshirūn wa-l-mustashriqūn fī mauqifihim min al-Islām, Kairo, 1961.
20. ad-Difāʿ ʿan al-ʿaqīda wa-sh-sharīʿa ḍidda maṭāʿin al-mustashriqīn, Kairo, 1961; hierzu s. ausführlich *E. Rudolph:* Westliche Islamwissenschaft im Spiegel muslimischer Kritik. Grundzüge und aktuelle Merkmale einer innerislamischen Kritik, Berlin, 1991, 29 ff. Für frühere muslimische Kritiken an orientalistischen Forschern (al-Afghānī gegen Renan, ʿAbduh gegen Hanotaux, Riḍā gegen Dermenghem, Muṣṭafā as-Sibāʿī und Muḥammad al-Ghazzālī gegen Goldziher etc.) sei auf diese Arbeit verwiesen.
21. *R. Paret:* op. cit., 3.
22. *A. Abdel-Malek:* L'orientalisme en crise. In: Diogène 44 (1963) 109–142 = *ders.:* La dialectique sociale, Paris, 1972, 79–113; und *A.-L. Tibawi:* English-speaking Orientalists: a Critique of their approach to Islam and Arab Nationalism. In: Muslim World 53 (1963) 185–204, 298–313. Separat gedruckt auch in deutsch: Islamisches Zentrum, Genf, 1384/1965. Auf Abdel-Malek antwortete u. a. *F. Gabrieli:* Apologie de l'orientalisme. In: Diogène 50 (1965) 128–136.
23. *N. Daniel:* Islam and the West; the Making of an Image, Edinburgh, 1960 und *ders.:* Islam, Europe and the Empire, Edinburgh, 1966.
24. *J. Waardenburg:* L'Islam dans le miroir de l'Occident. Comment quelques orientalistes se sont penchés sur l'Islam et se sont fermés une image de cette religion: I. Goldziher, C. S. Hurgronje, C. H. Becker, D. B. Macdonald, L. Massignon, Paris/La Haye, 1962, ³1970.
25. *F. Steppat* (Hrsg.): Der moderne Vordere Orient als Aufgabe an deutschen Universitäten. In: Zeitschrift der Deutschen Morgenländischen Gesellschaft (ZDMG) 126 (1976) 1–34.
26. Ironischerweise ist das Konzept der Moderne gerade auch aus einer Kritik am Historismus entstanden, s. *R. Koselleck:* Vergangene Zukunft: zur Semantik geschichtlicher Zeichen, Frankfurt am Main, 1979; *ders.:* Neuzeit. Zur Semantik moderner Bewegungsbegriffe. In: *R. Koselleck* (Hrsg.): Studien zum Beginn der modernen Welt, Stuttgart, 1977, 266; *J. Habermas:* Der philosophische Diskurs zur Moderne. Zwölf Vorlesungen, Frankfurt am Main, 1988, 9–33; *W. Welsch:* Unsere postmoderne Moderne, Weinheim, ²1988, 66–77.
27. Ein erhellendes Beispiel ist die Geschichte der Araber, herausgegeben von einem Autorenkollektiv der Universität Leipzig, Band I–VII, Berlin, 1971–1983: Die Bände I–II umfassen die Geschichte von etwa 600 bis 1918, die Bände III–VII den Zeitraum von 1918 bis ca. 1980.
28. *E. Wirth:* Orientalistik und Orientforschung. Aufgaben und Probleme aus der Sicht der Nachbarwissenschaften. In: *W. Voigt* (Hrsg.): Deutscher Orientalistentag 1975 in Freiburg im Breisgau: Vorträge, Wiesbaden, 1977, LV–LXXXII (ZDMG, Supplement III) und *F. Büttner* (u. a.): Die Entdeckung des Nahen Ostens durch die deutsche Politikwissenschaft. In: *F. Nuscheler* (Hrsg.): Dritte Welt-Forschung. Entwicklungstheorie und Entwicklungspolitik, Opladen, 1985, 416–435.
29. *H. R. Roemer* (Hrsg.): Deutsche Orientalistik der siebziger Jahre – Thesen, Zustandsanalyse, Perspektiven, Wiesbaden o. J. (1972, Manuskriptdruck der Deutschen Morgenländischen Gesellschaft); *R. Büren:* Gegenwartsbezogene Orientwissenschaft in der Bundesrepublik Deutschland, Göttingen, 1974.
30. *B. S. Turner:* Weber and Islam, London, 1974.

31. *W. Schluchter* (Hrsg.): Max Weber's Sicht des Islams, Frankfurt am Main, 1987.
32. *M. Rodinson:* Das Bild im Westen und westliche Islamstudien. In: *J. Schacht* u. *C. E. Bosworth* (Hrsg.): Das Vermächtnis des Islam, 1–2, München/Zürich, 1980, 1, 24–81, hier 80f. Rodinson wandte sich schon damals gegen einen auf die Muslime bezogenen Ethnozentrismus, der nur eine Kehrseite des Eurozentrismus darstelle; ein solcher Ethnozentrismus durchziehe gerade auch das sonst so reichhaltige Werk von *N. Daniel:* ebd., 73ff.
33. Vgl. schon *M. Arkoun:* L'Islam moderne vu par le professeur G. E. von Grunebaum. In: Arabica 11 (1964) 113–124; außerdem *A. Laroui:* For a Methodology of Islamic Studies. Islam as seen by G. von Grunebaum. In: Diogenes 81–84 (1973) 12–39.
34. New York, 1978, als Taschenbuch New York, 1979.
35. Said nennt vor allem *M. Foucault:* L'archéologie du savoir, Paris, 1969 und Surveiller et punir: Naissances de la prison, Paris, 1975.
36. S. z. B. *R. A. Kapp/ M. Dalby/ D. Kopf:* „Review Symposium: Edward Said's Orientalism". In: Journal of Asian Studies 39 (1989) 481–506; außerdem *E. Rudolph:* op. cit., 61, Anm. 2.
37. S. z. B.: *H. Fähndrich:* Orientalismus und Orientalismus: Überlegungen zu Edward Said, Michel Foucault und westlichen ‚Islamstudien'. In: Die Welt des Islams 28, 178–186. Ausführlich nimmt Stellung *L. Binder* im Kapitel „Deconstructing Orientalism" in seinem Buch Islamic Liberalism. A Critique of Development Ideologies, Chicago/London, 1988, 85–127. Er verweist auch auf die bisweilen unzureichende Rezeption von Foucault durch Said.
38. *Ṣ. J. al-ʿAẓm:* al-Istishrâq wa-l-istishrâq maʿkūsan. In: al-Ḥayāt al-jadīda (Beirut) 1 (1981) 3, 7–51. Kürzere englische Fassung, in: Khamsin 8 (1981) 5–26.
39. Für unseren Kontext s. *G. Stauth* u. *B. Turner:* Nietzsche's Dance: Resentment, Reciprocity and Resistance in Social Life, Oxford, 1988.
40. Hierzu *M. Abaza, G. Stauth:* Occidental Reason, Orientalism, Islamic Fundamentalism: A Critique. In: International Sociology 3 (1988) 4, 343–364.
41. *M. Arkoun:* Pour une critique de la raison islamique, I–II, Paris, 1984. Der Titel erinnert natürlich an *W. Diltheys* „Kritik der historischen Vernunft". Mehr als anderswo neigte die französische Orientalistik dazu, „fachfremde" theoretische Modelle zu diskutieren und zu übernehmen (vor allem J. Sauvaget, C. Cahen u. a.).
42. *J. C. Bürgel:* Allmacht und Mächtigkeit. Religion und Welt im Islam, München, 1991, 19.
43. *J. Kraemer:* Das Problem der islamischen Kulturgeschichte, Tübingen, 1959.
44. *J.-P. Charnay:* Les Contre-Orients ou Comment penser l'Autrui selon soi, Paris, 1980.
45. *J. Waardenburg:* Islamforschung aus religionswissenschaftlicher Sicht. In: *F. Steppat* (Hrsg.): XXI. Deutscher Orientalistentag vom 24. 3. bis zum 29. 3. 1980 in Berlin: Vorträge, Wiesbaden, 1983, 197–211, hier 204 (ZDMG Supplement V.).
46. *A. Hartmann:* Orientalistik und Islambegriff heute. Konzept und Gegenstand der Forschung – von Würzburg aus betrachtet. In: *Dies.* u. *K. Schliephake* (Hrsg.): Angewandte interdisziplinäre Orientforschung, Hamburg, 1991, 121–148, hier 135.
47. *M. Rodinson:* Orientalisme et ethnocentrisme. In: *F. Steppat* (Hrsg.): XXI. Deutscher Orientalistentag vom 24. 3. bis zum 29. 3. 1980 in Berlin: Vorträge, Wiesbaden, 1983, 77–86 (ZDMG Supplement V).
48. *G. Endreß:* op. cit., 31.

49. Hierzu *J.-P. Charnay:* op. cit., 250.
50. *M. Foucault:* L'ordre du discours. Leçon inaugurale au Collège de France prononcée le 2 décembre 1970, Paris, 1986.
51. Hierzu *B. Waldenfels:* Dialog und Diskurse (1985). In: Der Stachel des Fremden, Frankfurt am Main, 1990, 43–56.
52. *M. Rodinson:* op. cit., 81.
53. *B. S. Turner:* Orientalism and the Problem of Civil Society in Islam. In: *A. Hussein* u. a. (eds.): Orientalism, Islam and Islamists, Brattleboro, 1984, 23–42.
54. Eine erste Sichtung europäischer Arbeiten zur islamischen Welt zeigt, daß diplomatie- und wirtschaftsgeschichtliche Abhandlungen insbesondere zum Osmanischen Reich, zum persischen Safawidenreich und zum indischen Reich der Moguln die Forschungsinteressen bestimmten.
55. *A. al-Azmeh:* The Articulation of Orientalism. In: *A. Hussain* u. a. (eds.): op. cit., 89–124 (angesprochen schon in Arab Studies Quarterly 3 (1981) 384–402, hier 115 ff.

II. Islam und kulturelle Selbstbehauptung
(Rotraud Wielandt)

1. Zu dieser Theorie Ṭāhā Ḥusains und ihrer Stellung innerhalb der zeitgenössischen Diskussionen über die kulturelle Identität Ägyptens s. *R. Wielandt:* Das Bild der Europäer in der modernen arabischen Erzähl- und Theaterliteratur, Beirut/Wiesbaden 1980, 273 f. und 380–382, jeweils mit Kontext (Beiruter Texte und Studien, XXIII).
2. Zur Bedeutung des Islams für das nationale Kulturbewußtsein christlicher Araber s. besonders *W. Ende:* Arabische Nation und islamische Geschichte. Die Umayyaden im Urteil arabischer Autoren des 20. Jahrhunderts, Beirut/Wiesbaden, 1977, 171–189 (Beiruter Texte und Studien, XX).
3. Zu den Anschauungen dieses Autors im einzelnen s. *R. Wielandt:* Offenbarung und Geschichte im Denken moderner Muslime, Wiesbaden, 1971, 163 f. (Veröffentlichungen der Orientalischen Kommission, XXV).
4. Werke der beiden letztgenannten Autoren im Literaturverzeichnis. Zu ihren kulturtheoretischen Ansichten ausführlich *T. Nagel:* Identitätskrise und Selbstfindung. In: Die Welt des Islams, Neue Serie, 19 (1979) 84–97.

III. Der Islam und lokale Traditionen – synkretistische Ideen und Praktiken

2. Nordafrika *(Alfred Willms)*

1. Viele Beispiele für eine sprachübergreifende Verbreitung von Bräuchen zeigt das marokkanische Material von *E. Westermarck:* Ritual and Belief in Morocco, London, 1926, II, auf.
2. Zumeist in Dialektproben im Rahmen von „textes ethnographiques“ zu finden.
3. Eine mit marokkanischen Belegen untermauerte Erklärung dieses Begriffs bietet *E. Westermark:* op. cit.; s. bei ihm auch den Lebenslauf im Brauchtum; im Überblick behandeln ihn das Handwörterbuch des deutschen Aberglaubens unter „Auge“ (I, Sp. 685 ff.) und das Wörterbuch der Völkerkunde von *Hirschberg* unter „Böser Blick“.

4. Maghr. arab. *žnūn*, pl. zu *ženn*, wobei *ž* stimmhaftes Gegenstück zu *sh* ist; s. diesen Begriff bei *Westermarck*.
5. Das zeremonielle Bittgebet wird maghr. arab. *fātḥa* genannt, obwohl es anders lautet als die 1. Koransure; s. hierzu *W. Cuperus:* Al-Fātiḥa dans la pratique religieuse musulmane du Maroc, Diss. theol. Utrecht, 1973.
6. Der Granatapfel dürfte hier wegen seiner vielen Kerne als spezielles Fruchtbarkeitssymbl figurieren, vgl. jedoch das Wörterbuch der Völkerkunde unter „Fruchtbarkeitsriten".
7. *E. Westermarck:* op. cit., II, 221 f.
8. Von *E. Westermarck:* op. cit., I, 35 ff. erklärt.
9. S. Wörterbuch der Völkerkunde unter „Körnerfrüchte".
10. S. Handwörterbuch des deutschen Aberglaubens V, Sp. 304 ff.
11. S. Wörterbuch der Völkerkunde unter „Völkerkunde", vgl. die Arbeit von *G. Camps:* Aux origines de la Berbérie. Monuments et rites funéraires protohistoriques, Paris, Arts et Metiers Graphiques, 1961.
12. Sie lauten *yennair, ibrair, mars, ibril, mayu, yunyuh, yulyuz, ghusht, shutanbir, ktubir, nuwambir, dužambir*, wegen *ž* s. Anm. 4. Der römische Einfluß in der maghrebinischen Landwirtschaft macht sich u. a. ferner in Gestalt einer Reihe weiterer Lehnwörter im Berberischen bemerkbar, z. B. berb. *iger* „Acker" < lat. *ager*, dgl., berb. *tayuga* „Paar, (Pflugochsen-)Gespann" < lat. *iugum* „Joch", berb. *urti* „Obstgarten" < lat. *hortus* „Garten", berb. *afullus* „Huhn, Hahn" < lat. *pullus* „Hühnchen".
13. *Bū-Žlūd* (< maghr. arab. *bū* „Besitzer von" *žlud* pl. von *želd* „Haut, Fell", wegen *ž* s. Anm. 4) heißt lokal u. a. auch *Bū-Ilmaun* (berb. *ilmaun* pl. von *ilem* „Haut, Fell") oder *Herma* (maghr. arab. etwa „Alterchen").
14. S. den stimmungsvollen Bericht *Mère Bangou* in *W. Marçais:* Textes arabes de Takroûna, Paris, 1925, 197 ff., insbesondere 201.
15. Der Schöpflöffel heißt berb. *aghunža*, die Bezeichnung für die Puppe ist als Femininum dazu gebildet und lautet *taghunža*, wegen *ž* s. Anm. 4; s. die Abbildung Nr. 21 bei *J. Bourrilly:* Eléments d'ethnographie marocaine, Paris, 1932.
16. Kapuzen-ʿAli genannt.
17. S. *S. Biarnay:* Notes d'ethnographie et de linguistique nordafricaines, Paris, 1924, 140.
18. S. *J. Rouch:* La religion et la magie Songhai, Paris, 1960, insbesondere 210 f.
19. In der Oase Tabelbala an der marokkanisch-algerischen Grenze wird heute noch die Songhai-Sprache gesprochen.
20. S. *V. Crapanzano:* The Ḥmādsha, Berkeley, 1973, XI ff., s. ferner die Abbildungen vor 123; der Name dieses weiblichen Dämonen wird von *E. Westermarck:* op. cit., I, 392 ff. auf kanaanitischen Ursprung mit den Karthagern als Vermittlern zurückgeführt.

3. Indonesien *(Lode Frank Brakel)*

1. S. *G. Ferrand:* Relation de Voyages et Textes Géographiques Arabes, Paris, 1913.
2. S. *J. Noorduyn:* De islamisering van Makasar. In: B. K. I. 112 (1956) 247–266.
3. *C. Damais:* Études javanaises: Les tombes musulmans datés de Tralaya. In: BEFEO 48 (1956) 353–415; *G. W. J. Drewes:* New Light on the Coming of Islam to Indonesia? In: B. K. I. 124 (1968) 433–460.
4. *J. Ensink* unter Berücksichtigung der älteren Literatur. In: *H. Bechert* (ed.): Buddhism in Ceylon and Studies on Religious Syncretism in Buddhist Countries, Göttingen, 1978.

5. Nützliche Darstellungen des indonesischen Islams und seiner besonderen Sitten und Bräuche, bei *C. Snouck Hurgronje:* The Achehnese, Leiden, 1906; *Th. W. Juynboll:* Handleiding..., Leiden, 1935 und *Zoetmulder* (In: *W. Stöhr* u. *P. Zoetmulder:* Die Religionen Indonesiens, Stuttgart u. a., 1965).
6. *S. G. Hamonic:* Travestissement et bisexualité chez les *bissu* des Pays Bugis, 1975.
7. Übersichten der Geschichte des indonesischen Islams in unserem Jahrhundert findet man in *Noer:* The Modernist Muslim Movement in Indonesia 1900–1942, London, 1973, *Benda:* The Crescent and the Rising Sun..., The Hague, 1958 und *Boland:* The Struggle of Islam in Modern Indonesia, The Hague, 1971.
8. *G. W. J. Drewes:* Further Data..., 1976.
9. *Naguib al-Attas:* The Mysticism of Ḥamzah Fansūrī, Kuala Lumpur, 1972.
10. *J. Doorenbos:* De Geschriften van Ḥamzah Pansoeri, Leiden, 1933, 42–43.
11. *S. W. W. Skeat:* Malay Magic, New York, 1967 und *Winstedt:* The Malay Magician..., London, 1961.
12. Der Versuch von *C. Geertz:* The Religion of Java, Glencoe, III., 1960, die javanische Gesellschaft, laut westlichem Muster, in drei Klassen aufzuteilen, wobei neben dem Adel die *santri* den Mittelstand und die *abangan* die Unterschicht darstellen sollten, muß daher als gescheitert betrachtet werden.
13. *S. M. Bonneff:* Le renouveau d'un rituel royal..., 1974.
14. *Pigeaud:* Java in the 14th Century, The Hague, IV, 1962, 267.
15. Ebd., 95.
16. *G. W. J. Drewes:* An Early Javanese Code of Muslim Ethics, The Hague, 1978.
17. *M. C. Rickleffs:* Islamization in Java..., unveröffentlichtes Papier, 1976; *G. W. J. Drewes:* Javanese Poems..., 1968.
18. *P. Zoetmulder:* Bekroonde Vertaling „Sērat Weḍatama", 1941.
19. *P. Zoetmulder:* Iets omtrent de naam „Sērat Tjenṭini, 1939, und Een merkwaardige passage in de onuitgegeven Tjenṭini, 1941.
20. Dieser Begriff geht auf die shivaitischen und buddhistischen Vorstellungen des *shunyatā* und *nirvāṇa* zurück; s. *K. A. H. Hidding:* Besprechung von Zoetmulder, 1936.
21. *G. W. J. Drewes:* The Struggle between Javanism and Islam..., 1966.
22. *Ph. van Akkeren:* Een gedrocht en toch de volmaakte mens, 's Gravenhage, 1951.

V. Der Islam im Spiegel zeitgenössischer Literatur islamischer Völker *(Johann Christoph Bürgel)*

1. *B. Lewis:* The Emergence of Modern Turkey, London, ²1968, 133f.
2. Ebd., 139.
3. *M. Khoury:* Poetry and the Making of Modern Egypt, Leiden, 1971, 66f.
4. Vgl. *P. Starkey:* Philosophical Themes in Tawfīq al-Hakim's Drama. In: Journal of Arabic Literature (im folgenden zitiert als JAL) 8 (1977) 136–52. Den koranischen Josephsstoff hat der bedeutende türkische Lyriker Nazim Hikmet (1902–1963) verwendet, um atheistische Gedanken zu vermitteln, vgl. *C. U. Spuler:* Das türkische Drama der Gegenwart. In: Die Welt des Islams, N. S., 11 (1968) 127.
5. Die folgenden Ausführungen über Muḥammad-Literatur beruhen auf *M. M. Badawi:* Islam in Modern Egyptian Literature. In: JAL 2 (1971) 154–77.
6. Es handelt sich um ein Lobgedicht, das al-Buṣīrī dichtete, nachdem der Prophet

ihm seinen Mantel *(burda)* über die Schultern geworfen und dadurch von einer Lähmung geheilt hatte.

7. Die Lebensdaten beruhen auf *N. K. Kotsarev:* Pisateli Egipta – XX vek, Moskva, 1975, einem äußerst nützlichen Nachschlagewerk, das auch im folgenden reichlich benutzt ist.
8. an-Nabī al-insān wa-maqālāt ukhar, Kairo, o. J., 11–13; *M. M. Badawi:* op. cit., 162.
9. an-Nabī, a. a. O., 13–15; *M. M. Badawi:* op. cit., 162.
10. ʿAbqarīyat Muḥammad, Kairo, 1957, 313; *M. M. Badawi:* op. cit., 166.
11. *P. Cachia:* Themes Related to Christianity and Judaism in Modern Egyptian Drama and Fiction. In: JAL 2 (1971) 179–94, besonders 187.
12. ʿAlā hāmish as-sīra, Kairo, o. J.; *M. M. Badawi:* op. cit., 169.
13. ath-Thāʾir al-aʿẓam, Kairo, 1954, 185–6; *M. M. Badawi:* op. cit., 171–2.
14. Muḥammad rasūl al-ḥurrīya, Kairo, 1962; *M. M. Badawi:* op. cit., 172.
15. Über ihn vgl. *C. Brockelmann*, GAL, Supplement III, 186ff.
16. Inhalt und Zitat nach *A. A. Dolinina:* Očerki istorii arabskoj literatury novogo vremeni – Egipet i Sirija, Moskva, 1973, 1442–48.
17. The Muqaddimah – An Introduction to History, Translated from the Arabic by *F. Rosenthal*, Princeton, 1967, I, 28 (Bollingen Series, XLIII).
18. Zur Fiktionalisierung der Vergangenheit vgl. *G. E. von Grunebaum:* Das geistige Problem der Verwestlichung in der Selbstsicht der arabischen Welt. In: *Ders.:* Studien zum Kulturbild und Selbstverständnis des Islams, Zürich u. Stuttgart, 1969, 229–272.
19. Nach dem Urdutext übertragen: *I. A. Ṣiddīqī* (Hrsg.): Kullīyāt-i naẓm-i Ḥālī, Lahore, o. J., 2. Band, 57–136, Strophe 72.
20. Ebd., Strophen 92, 103, 104.
21. Ebd., Strophe 112, Vers 3.
22. Ebd., Strophen 122 u. 123.
23. Über ihn vgl. das Standardwerk von *A. Schimmel:* Gabriel's Wing. A Study into the Religious Ideas of Sir Muhammad Iqbal, Leiden, 1963 (Studies in the History of Religions – Supplements to Numen VI) und die Anthologie M. Iqbal, Botschaft des Ostens. Herausgegeben (und übersetzt!) von *A. Schimmel*, Tübingen/Basel, 1977. Ferner *J. C. Bürgel* (Hrsg.): Iqbal und Europa. Vier Vorträge, Bern etc., 1980 (Schweizer Gesellschaft für Asienkunde, Studienhefte 5).
24. Shikwa, im Urdu-Zyklus Bāng-i Darā, Strophen 9–11 u. 13. In: *J. Iqbāl* (Hrsg.): Kullīyāt-i Iqbāl, Urdū/Lahore/Hyderabad/Karachi, 1973.
25. Ebd., Strophe 16.
26. Ebd., Strophen 17 u. 18.
27. Jawāb-i Shikwa, Strophe 11.
28. Ebd., Strophe 32. Vgl. auch die englische Übersetzung der beiden Gedichte Complaint and Answer (Shikwa and Jawāb-i Shikwa by Iqbal) Translated ... by *A. J. Arberry*, Lahore, 1955.
29. Im Zyklus Ẓarb-i Kalīm, in Kullīyāt-i Iqbāl, Urdū, 469.
30. Deutsche Übersetzung von *A. Schimmel*, in: Botschaft des Ostens.
31. Vgl. hierzu: „Verstand und Liebe bei Hafis". In: *J. C. Bürgel:* Drei Hafisstudien, Bern/Frankfurt am Main, 1975 (Europäische Hochschulschriften, Reihe I, 113).
32. Vgl. *M. Sadiq:* A History of Urdu Literature, London, 1964, 193f.
33. Vgl. *K. Semaan:* Islamic Mysticism in Modern Arabic Poetry and Drama. In: Journal of Middle East Studies 10 (1979) 517–31. Über al-Ḥallāj vgl. *A. Schimmel:* Al-Halladsch, Märtyrer der Gottesliebe, Köln, 1968.

34. *L. Massignon:* La passion de Hallaj, Paris, Gallimard, 1975, I, 594ff. (Bibliothèque des Idées).
35. Inhalt nach der englischen Übersetzung von *K. Semaan:* Murder in Baghdad, Leiden, 1972 (Arabic Translation Series of the JAL, I).
36. Als Beispiel sei Hidāyats blasphemisch-satirische „Legende von der Schöpfung" genannt.
37. Der Damm *(as-Sudd).* Ein modernes arabisches Drama von Maḥmūd al-Masʿadī, ins Deutsche übertragen von *J. C. Bürgel.* In: Die Welt des Islams XXI (1983) 30–79.
38. Inhalt nach *F. Steppat:* Gott, die Futuwwāt und die Wissenschaft. Zu Najīb Maḥfūẓ: Aulād ḥāratnā. In: Mélanges d'islamologie dédiés à la mémoire de A. Abel, Brüssel, 1975 (Correspondance d'Orient, 13). *A. Wessels:* Najīb Maḥfūẓ and the Secular Man. In: Humaniora Islamica II, 105–120. *S. Somekh:* The Changing Rhythm – A Study of Najīb Maḥfūẓ's Novels, Leiden, 1973, 137–55 (Studies in Arabic Literature, Supplement to the JAL, II).
39. Vgl. die Zusammenfassung von *N. Baladi,* in: Mélanges de l'Institut Dominicain d'Études Orientales du Caire 2 (1955) 307–10.
40. In: Erkundungen, 87–99. *M. Manzaloui* (ed.): Arabic Writing Today, 180–92.
41. Nach *W. Walther:* Das Bild der ägyptischen Gesellschaft in einigen Werken von Najīb Maḥfūẓ aus den sechziger Jahren. In: Asien in Vergangenheit und Gegenwart – Beiträge der Asienwissenschaftler der DDR zum XXIX. Internationalen Orientalistenkongress 1973 in Paris, Berlin, 1974, 239–58, besonders 251 und *dies.:* Mittel der Darstellungskunst und des Stils in einigen Romanen von Najīb Maḥfūẓ aus den sechziger Jahren. In: Problemy literatur orientalnych. Materialy II Międzynarodowego Sympozjum Warszawa-Kraków 22–26 (maja 1972) Warschau, 1974, 199–213, besonders 209.
42. *B. Alavi:* Geschichte und Entwicklung der modernen persischen Literatur, Berlin/Ost, 1964, 52.
43. Bizim Köy, Istanbul, [6]1957 (Varlık cep kitapları 12) und die Fortsetzung: Hayal Ve Gerçek, Istanbul, 1957 (Varlık cep kitapları 37). Der erste Teil erschien unter dem Titel „Unser Dorf in Anatolien" auch in deutscher Sprache beim Inselverlag, Frankfurt am Main, 1971.
44. Qalb-i māhīyat. Deutsch unter dem Titel „Gesinnungswandel", in: Moderne Erzähler der Welt – Iran (im folgenden als MEWI zitiert).
45. Nach *M. N. Mikhail:* Broken Idols, The Death of Religion in Two Stories by Idris and Mahfuz. In: JAL 5 (1974) 147–57.
46. Kullīyāt-i Urdū, Bāng-i Darā, 65.
47. Festschrift für Muṣṭafā Badāwī von *H. Waardenburg.*
48. Text und kurze Angaben über den Autor in: *J. A. Bellamy, E. N. McCarus, A. I. Yacoub* (eds.): Contemporary Arabic Reader IV. Short Stories, Ann Arbour, 1963/64.
49. Deutsch in: Der Tod des Wasserträgers. Eine Blutrachefehde und der scheiternde Versuch, sie durch eine Ehe zwischen den feindlichen Sippen beizulegen, steht auch im Mittelpunkt des erfolgreichen türkischen Films „Sürü", „Die Herde", Textbuch von *Yılmaz Güney,* Hamburg, 1980.
50. Vgl. dazu *R. Paret:* Zur Frauenfrage in der arabisch-islamischen Welt, Stuttgart u. Berlin, 1934, wiederabgedruckt in: *J. van Ess* (Hrsg.): R. Paret, Schriften zum Islam, Stuttgart etc., 1980.
51. Deutsch in: Der Tod des Wasserträgers, 59–74.
52. Vgl. dazu *J. M. S. Baljon:* Modern Muslim Koran Interpretation (1880–1960), Leiden, 1961, 115.

53. Deutsch in: Erkundungen, 69–86.
54. Deutsch in: MEWI, 52–64.
55. Zusammengefaßt nach dem arabischen Text „ash-Shaikh Naʿīm al-imām au al-mizwāj", vgl. *C. Brockelmann*, Supplement III, 221.
56. Zusammenfassend nach dem persischen Text „Muḥallil" in der Sammlung „Sih Qaṭreh ḳhūn", Majmūʿe-i dāstān, Teheran, 1311. Deutsche Übersetzung von *T. Rahnema* u. *W. Bönzli*, in: die horen 122/1981, 61–67.
57. Vgl. daraus die rührende Erzählung „Der Herzenserguß des Molla Qorbān ʿAlī", deutsch in: MEWI, 24–39, sowie „Begegnung im Gefängnis" (persischer Titel „Fārsī shakar ast"). In: Orient 6 (1965) 6, 54–56.
58. Zusammengefaßt nach dem persischen Text „Pīnedūz-i Shīrāz". In: Djamālzādeh, Qiṣṣehā-i kutāh barā-i bachchehā-i rīshdār, Teheran, 1353, 177–200.
59. *T. Hussein:* The Future of Culture in Egypt, Washington, 1954, Abschnitt 12.
60. *J. Kraemer:* Das Problem der islamischen Kulturgeschichte, Tübingen, 1959.
61. Text in der zweiten Auflage von Zan-i ziyādī, Teheran, 1331.
62. Nūn wa-l-qalam, Teheran, [5]1357.
63. Über ihn vgl. *A. A. Nasr:* Popular Islam in Al-Ṭayyib Ṣāliḥ. In: JAL II (1980) 88–104.
64. Vgl. *M. M. Badawi:* The Lamp of Umm Hāshim: The Egyptian Intellectual Between East and West. In: JAL I (1970) 145–61.
65. Deutsch in: Erkundungen, 13–50. Zum Motiv vgl. noch *J. C. Bürgel:* Rückkehr aus Europa. Zu einem zentralen Motiv im Werk Djamalzadehs. In: Zeitschrift der Deutschen Morgenländischen Gesellschaft, Supplement III, 2; XIX. Deutscher Orientalistentag etc., Wiesbaden, 1977, 1042–1048.

VI. Zeitgenössische Malerei und Graphik in der islamischen Welt *(Peter Heine)*

1. S. dazu *M. S. Ipşiroglu:* Das Bild im Koran. Ein Verbot und seine Folgen, Wien, 1971, passim; *R. Paret:* Schriften zum Islam, Stuttgart, 1981, 213–269.
2. Zur Geschichte und zu den verschiedenen Regionalformen der Kalligraphie in der islamischen Welt, s. EI[2] (The Encyclopaedia of Islam), second edition, volume IV, Leiden, 1978, 1113–1128, s.v. „khaṭṭ"; eine zusammenfassende Darstellung, in: *A. Khatibi* u. *M. Sijelmassi:* Die Kunst der islamischen Kalligraphie, Köln, 1977.
3. Zur religiösen Bedeutung des Schreibens heiliger Texte, s. *J. Goody:* Einleitung. In: *Ders.* (Hrsg.): Literalität in traditionellen Gesellschaften, Frankfurt, 1981, 7–43, hier besonders 27f.
4. *E. Kühnel:* Die Arabeske, Wiesbaden, 1949, passim.
5. Man vergleiche z.B. die aktuellen Werke der pakistanischen Künstler Gulgee (Vater und Sohn) mit Arbeiten des Algeriers Rachid Korachi oder des Palästinensers Kamal Boullata.
6. S. *R. Paret:* op. cit., 233f.
7. S. dazu z.B. *M. Centlivres-Demont:* Volkskunst in Afghanistan. Malereien an Lastwagen, Moscheen und Teehäusern, Graz, 1976, passim.
8. S. dazu *S. J. Falk:* Qajar Paintings, Persian Oil Paintings of the 18th and 19th Century, London, 1972.
9. *K. Stowasser* (Hrsg.): Rifāʿa al-Ṭahṭāwī: Ein Muslim entdeckt Europa. Die Reise eines Ägypters im 19. Jahrhundert nach Paris, München, 1988, 160.

10. Angesichts der Vielzahl der an der künstlerischen Entwicklung beteiligten Personen und der geographischen Größe der islamischen Welt wird im folgenden nur in Ausnahmefällen der Name des Künstlers genannt.
11. Vgl. *P. Heine:* Malerei. In: *U. Steinbach* u. *R. Robert* (Hrsg.): Der Nahe und Mittlere Osten, Band 1, Opladen, 1988, 618 f.
12. Als Beispiel sei hier nur auf die staatliche Kunstförderung der baathistischen Führung im Irak hingewiesen, die zu einer lebhaften und qualitativ beachtlichen Kunstszene im Bagdad der frühen neunziger Jahre geführt hat.
13. S. z.B. Muḥammad az-Zwāwī. Ein libyscher Karikaturist, vorgestellt von *S. Faath/ H. Mattes/ Gh. al-Warfalli*, Hamburg, 1984.
14. Eigene Recherchen aus dem Jahr 1990.
15. Dieser außerhalb der auf den Islam bezogenen Thematik liegende Aspekt, nämlich die Stiftung einer säkularen nationalen Identität durch vorislamische künstlerische Vorbilder jeder Art, läßt sich auch in Ländern wie Ägypten, Syrien, Libanon, ja sogar Saudi-Arabien feststellen; für das irakische Beispiel s. *A. Baram:* Culture, History and Ideology in the Formation of Ba'thist Iraq, 1968–89, New York, 1991.
16. S. z.B. *S. Faath:* Khalil Aloulou: „La mémoire félée" oder „Die Suche nach Identität". In: Wuqūf 2 (1987) 111–140, hier vor allem 125 f.
17. Diese Experimente befinden sich in einer guten islamischen Tradition; denn häufig verwendete Formeln wie die *basmala* oder die *shahāda* haben Schriftkünstlern immer wieder Gelegenheit geboten, sie als Gegenstände wie Schiffe oder als Tiere wiederzugeben.

VII. „Islamische" Architektur und darstellende Kunst der Gegenwart *(Mohamed Scharabi)*

1. Näheres darüber in: *M. Scharabi:* Der Bazar. Das traditionelle Stadtzentrum im Nahen Osten und seine Handelseinrichtungen, Tübingen, 1985.
2. Der Koran bietet keine direkte Stütze für das Verbot der Darstellung von Menschen und Tieren. Er wendet sich gegen gewisse „heidnische" Bräuche, welche die Verwendung von Bildwerken als Idole erlauben. Vgl. *R. Ettinghausen:* Arabische Malerei, Genf/Stuttgart, 1979, 12–15.
3. Näheres darüber in: *R. Ettinghausen:* op. cit.; *B. Gray:* Persische Malerei, Genf, 1961; *D. Talbot Rice:* Islamic Painting, Edinburgh, 1971.
4. Vgl. *R. Ettinghausen:* op. cit., 187.
5. Vgl. *J. E. Kirchner:* Der Nahe Osten, Brünn/München, 1943, 119–133, 169–205, 229–263, 406–447, 597–628; *A. Hasenclever:* Geschichte Ägyptens im 19. Jahrhundert 1798–1914, Halle an der Saale, 1917.
6. Näheres darüber in: *M. Scharabi:* Kairo. Stadt und Architektur im Zeitalter des europäischen Kolonialismus, Tübingen, 1989.
7. Vgl. *M. Scharabi:* Einfluß der Pariser École des Beaux-Arts…, Berlin, 1968.
8. Vgl. *Scharabi:* op. cit. (1989).
9. Näheres darüber in: *Scharabi:* op. cit. (1985).
10. Vgl. den Beitrag von *R. Peters* im vorliegenden Band.
11. Näheres über Architektur des Expressionismus, in: *M. Scharabi:* Die deutsche Architektur des Expressionismus. In: architectura 11 (1981) 1, 66–82.
12. Vgl. *E. Naguib:* Themen der ägyptischen Malerei des 20. Jahrhunderts, Köln/ Wien, 1980; allerdings geht Naguib nicht auf die entsprechenden Kunstrichtungen und -strömungen ein.

13. Näheres darüber in: *M. Scharabi:* Industrie und Industriebau in Ägypten, Tübingen/Berlin, 1992.
14. Vgl. *H. Fathy:* Architecture for the Poor, Chicago/London, 1973.
15. Vgl. *O. A. Azzam:* The Development of Urban and Rural Housing in Egypt, Zürich, 1962, 108.
16. Vgl. *R. K. Jadarji:* Naḥw uslūb ʿarabī fī fann al-ʿimāra. In: Ḥiwār 4 (24/25) 6 und 5 (Sept.–Dez. 1966) 1, 88–100.
17. Näheres darüber in einer Broschüre der Arbeitsgruppe *Rolf Gutbrod, Frei Otto, Oveurup + Partners*, London: Konferenzzentrum und Hotel in Mekka, o. J.
18. Näheres darüber in: *M. Scharabi:* op. cit. (1985).
19. Näheres darüber in: *M. Scharabi:* Civic Center Djeddah, Saudi-Arabien. In: db Deutsche Bauzeitung 7 (1974) 653–656.

Literaturverzeichnis

Erster Teil
Historische Ausbreitung, Politik- und Religionsgeschichte

I. Grundzüge der islamischen Theologie und der Geschichte des islamischen Raumes *(Heribert Busse)*

Abstracta Islamica, in: Revue des Études Islamiques. Paris, 1927 ff. (erscheint seit 1965 selbständig als) Abstracta Islamica. Supplément à la Revue des Études Islamiques, Paris, 1965 ff.

Arab Culture and Society in Change. A partially annotated bibliography of books and articles in English, French, German and Italian compiled by the staff of CEMAM „Centre d'Études pour le Monde Arabe Moderne" / Center for Study of the modern Arab world, Beirut, 1973.

Bosworth, C. E.: The Islamic Dynasties. A chronological and genealogical handbook, Edinburgh, 1967 (Islamic Surveys, 5).

Brice, C.: An Historical Atlas of Islam, Leiden, 1981.

Brockelmann, C.: Geschichte der arabischen Litteratur, Leiden, 1898–1902. Supplementband I–III, Leiden, 1937–1942. Zweite, den Supplementbänden angepaßte Auflage, Leiden, 1943–1949.

The Cambridge History of Islam. Edited by *P. M. Holt, A. K. S. Lambton, B. Lewis.* 1 A The Central Islamic Lands from Pre-Islamic Times to the First World War. 1 B The Central Islamic Lands since 1918. 2 A The Indian Sub-Continent, South East-Asia, Africa and the Muslim West. 2 B Islamic Society and Civilisation, Cambridge/London/New York/Melbourne, 1970.

Cleveland, W. L.: A History of the Modern Middle East, Boulder/San Francisco/Oxford, 1994.

Endress, G.: Einführung in die islamische Geschichte, 2. überarbeitete Auflage, München, 1991 (Beck'sche Elementarbücher).

Enzyklopaedie des Islām. Geographisches, ethnographisches und biographisches Wörterbuch der muhammedanischen Völker. Herausgegeben von *M. Th. Houtsma* u. a.: 4 Bände und 1 Ergänzungsband, Leiden, 1913–1938. – The Encyclopaedia of Islam, second edition (EI²). Prepared by a number of leading Orientalists. Edited by an Editorial Committee, consisting of *H. A. R. Gibb* a. o., 6 Bände, Leiden, Brill/London, Luzac & Co., 1960–1991. Fasc. 115–126 (Teil von Band 7, bis Mutammim ibn Nuwayra), Leiden, 1992. Supplement fasc. 1–4 (al-Abbas ibn Ahmad – Djawhar), Leiden, 1980–1981. Index to Volumes/aux Tomes I–VI compiled and edited/etabli et publie par *E. van Donzel*, Leiden/Paris, 1991.

Fischer Weltgeschichte. Band 14: Der Islam I. Vom Ursprung bis zu den Anfängen des Osmanenreiches, herausgegeben u. verfaßt von *Cl. Cahen*, Frankfurt am Main/Hamburg, 1968. – Band 15: Der Islam II. Die islamischen Reiche nach dem Fall von Konstantinopel, herausgegeben von *G. E. von Grunebaum*, Frankfurt am Main, 1971. – Band 16: Zentralasien, herausgegeben von *G. Hambly*, Frankfurt am Main, 1966.

Handbuch der Orientalistik, herausgegeben von *B. Spuler*. Erste Abteilung: Der Nahe und der Mittlere Osten, herausgegeben von B. Spuler, Band VI Geschichte der Islamischen Länder. 1: B. Spuler: Die Chalifenzeit (1952); 2: B. Spuler: Die Mongolenzeit (1953); 3: Neuzeit, mit Beiträgen von H. J. Kissling, H. Scheel, G. Jäschke, H. Braun, E. Klingmüller, H. Härtel (1959). – Band VIII Religion. 2: Religionsgeschichte des Orients in der Zeit der Weltreligionen, mit Beiträgen von J. Leipoldt, G. Widengren, A. Adam, B. Spuler, E. L. Dietrich, J. W. Fück, A. J. Arberry, R. Strothmann, A. von Gabain (1961). – Ergänzungsbände: I: W. Hinz: Islamische Maße und Gewichte umgerechnet ins metrische System. Nachdruck der Erstausgabe (1955) mit Zusätzen und Berichtigungen (1970). – III Orientalisches Recht, mit Beiträgen von E. Seidl, V. Korošec, E. Pritsch, O. Spies, E. Tyan, J. Baz, Ch. Chehata, Ch. Samran, J. Roussier, J. Lapane-Joinville, S. Ş. Ansay (1964). – VII I. Gomaa: A historical chart of the Muslim world (1972). – VIII H.-J. Kornrumpf: Osmanische Bibliographie mit besonderer Berücksichtigung der Türkei in Europa (1973), Leiden, 1952ff.

Handwörterbuch des Islam. Im Auftrag der Koninklijke Akademie van Wetenschappen, Amsterdam, herausgegeben von *A. J. Wensinck* und *J. H. Kramers*, Leiden, 1941.

Hodgson, M. G. S.: The Venture of Islam. Conscience and History in a World Civilisation. 1 The classical age of Islam. 2 The expansion of Islam in the middle period. 3 The gunpowder empires and modern times, Chicago/London, 1974.

Index Islamicus 1665–1905. Bibliography of articles on Islamic subjects in periodicals and other collective publications compiled by *W. H. Behn*, Millersville, PA, 1989. – 1906–1955 compiled by *D. J. Pearson* with the assistance of Julia F. Ashton, Cambridge, 1958. – Supplement 1–4 (1956–1975), London, 1977.

Kreiser, K., W. Diem, H. G. Majer: Lexikon der Islamischen Welt, 3 Bände, Stuttgart/Berlin/Köln/Mainz, 1974 (Urban-Taschenbücher 200/1–3).

Lapidus Ira M.: A History of Islamic Societies, Cambridge/New York/New Rochelle/Melbourne/Sydney, 1988.

Lexikon der Arabischen Welt. Ein historisch-politisches Nachschlagewerk von *Stephan* u. *Nandy Ronart*, Zürich/München, 1972.

The Quarterly Index Islamicus. Current books, articles and papers on Islamic studies. Edited by *J. D. Pearson*, London, 1977ff.

Robbe, M. u. a.: Welt des Islam. Geschichte und Alltag einer Religion, Leipzig/Jena/Berlin, 2. überarbeitete u. aktualisierte Auflage, 1991.

Sauvaget, J.: Introduction à l'histoire de l'Orient Musulman. Eléments de bibliographie. Édition refondue et complétée par *Cl. Cahen*, Paris, 1961.

Schwarz, K.: Der Vordere Orient in den Hochschulschriften Deutschlands, Österreichs und der Schweiz. Eine Bibliographie von Dissertationen und Habilitations-Schriften (1885–1978), Freiburg im Breisgau, 1980 (Islamkundliche Materialien, 5).

Serauky, E.: Geschichte des Islam. Entstehung, Entwicklung und Wirkung von den Anfängen bis zur Mitte des XX. Jahrhunderts, Berlin, 1991.

Sezgin, F.: Geschichte des arabischen Schrifttums, Leiden, 1967ff. (Bisher sind 9 Bände erschienen, das Gesamtwerk soll 20 Bände umfassen).

Watt, W. M. u. a.: Der Islam. I Mohammed und die Frühzeit – Islamisches Recht – Religiöses Leben, von W. M. Watt u. A. T. Welch. II Politische Entwicklungen und theologische Konzepte, von W. M. Watt u. M. Marmura. III Islamische Kultur – zeitgenössische Strömungen – Volksfrömmigkeit, von M. D. Ahmed, J. Chr. Bürgel, K. Dilger, Kh. Durán, P. Heine, T. Nagel, B. S. Amoretti, A. Schimmel, W. Walther, Stuttgart/Berlin/Köln/Mainz, 1980–1990 (Die Religionen der Menschheit, herausgegeben von *C. M. Schröder*, Band 25, 1–3).

Weekes, R. V. (ed.): Muslim Peoples. A World Ethnographic Survey, Westport/ London, 1978.
Zambaur, E. de: Manuel de genealogie et de chronologie pour l'histoire de l'Islam, 2 Bände und eine Mappe mit Stammtafeln und Karten, Hannover, 1927, Reprint 1955.

II. Der sunnitische Islam *(Bernd Radtke)*

Coulson, N. J.: A History of Islamic Law, Edinburgh, 1964.
Ess, J. van: Anfänge muslimischer Theologie, Beirut, 1977.
Ders.: Theologie und Gesellschaft im 2. und 3. Jahrhundert Hidschra. Eine Geschichte des religiösen Denkens im frühen Islam, (bisher 1995) 5 Bände (1–3, 5–6, es fehlt noch Band 4) Berlin/New York, 1991–1995.
Fück, J.: Die Religion des sunnitischen Islams. In: Handbuch der Orientalistik, Erste Abteilung, Band VIII, 2. Abschnitt, 404–448.
Gramlich, R.: Die schiitischen Derwischorden Persiens. 3 Bände, Teil 2: Glaube und Lehre, Abhandlungen für die Kunde des Morgenlandes XXXVI, 2–4, Wiesbaden, 1976.
Massignon, L.: Essai sur les origines du lexique technique de la mystique musulmane, Paris, ^{2}1968.
Meier, F.: Das sauberste über die vorherbestimmung. Ein stück Ibn Taimīya. In: Saeculum 32 (1981) 74ff.
Ders.: Der mystische Weg. In: *B. Lewis* (Hrsg.): DieWelt des Islams, Braunschweig, 1976, 117–140.
Ders.: Eine Auferstehung Mohammeds bei Suyuti. In: Der Islam 62 (1985) 20–57.
Radtke, B.: Between Projection and Supression. Some Considerations concerning the Study of Sufism. In: *De Jong, F.* (ed.): Shiʿa Islam, Sects and Sufism. Proceedings of the 15. conference of the UEAI, Utrecht, 1992, 70–82.
Schacht, J.: The Origins of Muhammadan Jurisprudence, Oxford, 1967.
Spiess, O. u. *E. Pritsch:* Klassisches islamisches Recht. In: Handbuch der Orientalistik, Erste Abteilung, Ergänzungsband III, Orientalisches Recht, 1964, 220ff.
Trimingham, J. S.: The Sufi Orders in Islam, London, 1971.
Watt, W. M.: Islamic Philosophy and Theology, Edinburgh, 1973.
Ders.: Islamic Political Thought, Edinburgh, 1968.
Ders.: The Formative Period of Islamic Thought, Edinburgh, 1973.
Watt, W. M. u. *A. T. Welch:* Der Islam, Band I, Stuttgart/Berlin/Köln/Mainz, 1980.

III. Der schiitische Islam *(Werner Ende)*

Zwölferschiiten

Algar, H.: Religion and State in Iran, 1785–1906, Berkeley, 1969.
Antes, P.: Zur Theologie der Schia. Eine Untersuchung (...), Freiburg im Breisgau, 1971 (mit ausführlicher Bibliographie 115–136).
Browne, E. G.: A Literary History of Persia, Cambridge, 1930, volume IV.
Corbin, H.: En Islam iranien. Aspects spirituels et philosophiques, 4 Bände, Paris, 1971–1972.
Donaldson, D.: The Shiʿite Religion, London, 1933.
Falaturi, A.: Die Zwölferschia (...). In: Festschrift Werner Caskel, herausgegeben von *E. Gräf*, Leiden, 1968, 63–95.

Gramlich, R.: Die schiitischen Derwischorden Persiens, 3 Bände, Wiesbaden, 1965–1981.
Halm, H.: Die Schia, Darmstadt, 1988.
Ders.: Der schiitische Islam. Von der Religion zur Revolution, München, 1994.
Löschner, H.: Die dogmatischen Grundlagen des schiitischen Rechts, Köln, 1971.
Momen, M.: An Introduction to Shiʿi Islam, New Haven u. London, 1985.
Mottahedeh, R.: Der Mantel des Propheten, oder Das Leben eines persischen Mullah zwischen Religion und Politik, München, 1987.
Richard, Y.: Der verborgene Islam. Die Geschichte des Schiismus in Iran, Berlin, 1983.
Ders.: L'islam chiʿite. Croyances et idéologies, Paris, 1991.
Pinault, D.: The Shiites. Ritual and Popular Piety in a Muslim Community, New York, 1992.
Strothmann, R.: Artikel „Shiʿa", in: EI¹ (Enzyklopaedie des Islām), s. v. Band IV, 376–385.
Ṭabāṭabā'ī, ʿA.: Shiʿite Islam, Albany/New York, 1975.

Zaiditen

Arendonk, C. van: Les débuts de l'imamat zaidite au Yemen, Leiden, 1960.
Madelung, W.: Der Imam al-Qāsim ibn Ibrāhīm und die Glaubenslehre der Zaiditen, Berlin, 1965.
Strothmann, R.: Das Staatsrecht der Zaiditen, Straßburg, 1912.
Ders.: Kultus der Zaiditen, Straßburg, 1912.
Ders.: Artikel „al-Zaidīya", in: EI¹, Band IV, 1295–1297.

IV. Erneuerungsbewegungen im Islam *(Rudolph Peters)*

Adams, C. C.: Islam and Modernism in Egypt: A Study of the Modern Reform Movement Inaugurated by Muḥammad ʿAbduh, New York, ²1968.
Ahmad, Abdelhamid M.: Die Auseinandersetzung zwischen al-Azhar und der modernistischen Bewegung in Ägypten von Muhammad Abduh bis zur Gegenwart, Dissertation Hamburg, 1963.
Ahmad, Q.: The Wahabi Movement in India, Calcutta, 1966.
ʿAmri, H. b. A., al-: The Yemen in the 18th and 19th Centuries. A Political and Intellectual History, London, 1985.
Badawi, Z.: The Reformers of Egypt: A Critique of Al-Afghani, ʿAbduh and Rida, Slough Berks, 1976 (The Muslim Institute Papers, 2).
Bahadur, K.: The Jamaʿat-i Islami of Pakistan: Political Thought and Political Action, New Dehli/Lahore, 1977.
Baljon, J. M. S.: Modern Muslim Koran Interpretation, 1880–1960, Leiden, 1961.
Ders.: Religion and Thought of Shah Wali Allah Dihlawi, 1703–1762, Leiden, 1986.
Ders.: The Reforms and Religious Ideas of Sir Sayyid Ahmad Khan, Lahore, ³1970.
Berkes, N.: The Development of Secularism in Turkey, Montreal, 1966.
Braune, W.: Der islamische Orient zwischen Vergangenheit und Zukunft, Bern/München, 1960.
Commins, D. D.: Islamic Reform: Politics and Social Change in Late Ottoman Syria, New York etc., 1990.
Cragg, K.: Counsels in Contemporary Islam, Edinburgh, 1967 (Islamic Surveys, 3).
Crecelius, D.: Nonideological Responses of the Egyptian Ulama to Modernization. In: *Keddie, N. R.* (ed.) Scholars, Saints and Sufis, Berkeley etc., 1978, 167–211.

Delanoue, G.: Moralistes et politiques musulmans dans l'Égypte du XIXme siècle (1789–1882), 2 volumes, Cairo, 1982.
Evans-Pritchard, E. E.: The Sanusi of Cyrenaica, London etc., 1949.
Gibb, H. A. R.: Modern Trends in Islam, Beirut, ²1975.
Hermann, R.: Kulturkrise und konservative Erneuerung. Muḥammad Kurd ʿAlī (1876–1953) und das geistige Leben in Damaskus zu Beginn des 20. Jahrhunderts, Frankfurt am Main etc., 1990.
Hopwood, D.: A Pattern of Revival Movements in Islam. In: Islamic Quarterly 15 (1971) 149–158.
Hourani, A.: Arabic Thought in the Liberal Age, 1798–1939, London etc., 1962.
Jansen, J. J. G.: The Interpretation of the Koran in Modern Egypt, Leiden, 1974, Reprint 1980.
Jomier, J.: Le commentaire coranique du Manār. Tendences modernes de l'exégèse coranique en Égypte, Paris, 1954.
Keddie, N. R.: An Islamic Response to Imperialism: Political and Religious Writings of Sayyid Jamāl ad-Dīn „al-Afghānī", Berkeley etc., 1968.
Keddie, N. R.: Sayyid Jamāl ad-Dīn „al-Afghānī": A Political Biography, Berkeley etc., 1972.
Kedourie, E.: Afghani and ʿAbduh: An Essay on Religious Unbelief and Political Activism in Modern Islam, London, 1966.
Kerr, M.: Islamic Reform: The Political and Legal Theories of Muḥammad ʿAbduh and Rashīd Riḍā, Berkeley etc., 1966.
Klopfer, H.: Aspekte der Bewegung des Muhammad ben Ali as-Sanusi, Kairo, 1967.
Kudsi-Zadeh, A. A.: Jamāl ad-Dīn al-Afghānī: An Annotated Bibliography, Leiden, 1970.
Laoust, H.: Essai sur les doctrines sociales et politiques d'Ibn Taimiyya, Kairo, 1939, 506–540.
Ders.: Le réformisme musulman dans la littérature arabe moderne. In: Orient (Paris) (1959) 81–108.
Lewis, B.: The Emergence of Modern Turkey, London etc., ²1968.
Martin, B. G.: Muslim Brotherhoods in 19th Century Africa, Cambridge, 1976.
May, L. S.: The Evolution of Indo-Muslim Thought after 1857, Lahore, 1970.
Mitchell, R. P.: The Society of Muslim Brothers, London, 1969.
Nagel, T.: Staat und Glaubensgemeinschaft im Islam. Geschichte der politischen Ordnungsvorstellungen der Muslime, Band II: Vom Spätmittelalter bis zur Neuzeit, Zürich/München, 1981 (Bibliothek des Morgenlandes).
O'Fahey, R. S.: Enigmatic Saint: Ahmad ibn Idris and the Idrisi Tradition, Evanston, III, 1990.
Peters, R.: Islam and Colonialism: The Doctrine of Jihad in Modern History, The Hague etc., 1979.
Ders.: Idjtihād and taqlīd in 18th and 19th Century Islam. In: Die Welt des Islams 20 (1980) 132–145.
Philby, H. St. J.: Saʿudi Arabia, Beirut, ²1968.
Rizvi, S. A. A.: Shāh Walī-Allāh and his Times, Canberra, 1980.
Rodinson, M.: Islam Resurgent? In: Gazelle Review 6 (1979) 1–17.
Smith, W. C.: Modern Islam in India: A Social Analysis, Lahore, ³1969.
Ders.: Islam in Modern History, 1957. Deutsche Übersetzung: Der Islam in der Gegenwart, Frankfurt am Main, 1963.
Srour, H.: Die Staats- und Gesellschaftstheorie bei Sayyid Jamāladdīn „Al-Afghānī" als Beitrag zur Reform der islamischen Gesellschaften in der zweiten Hälfte des 19. Jahrhunderts, Freiburg, 1977.

Troll, C. W.: Sayyid Ahmad Khan: A Reinterpretation of Muslim Theology, New Delhi, 1978.
Vikør, Knut: Sufi and Scholar on the Desert Edge: Muhammad b. ʿAli al-Sanusi (1787–1859), Dissertation, Bergen, 1991.
Wielandt, R.: Offenbarung und Geschichte im Denken moderner Muslime, Wiesbaden, 1971.
Dies.: Das Bild der Europäer in der modernen arabischen Erzähl- und Theaterliteratur, Beirut/Wiesbaden, 1980 (Beiruter Texte und Studien, 23).
Ziadeh, N. A.: Sanusiya. A Study of a Revivalist Movement in Islam, Leiden, 1958.

V. Das Verbreitungsgebiet der islamischen Religion
(Peter Heine)

Abedin, S. M.: Demographic Consequences of Minority Consciousness: An Analysis. In: Journal Institute of Muslim Minority Affairs 1/2–2/1 (1979/80) 97–114.
Adams, C. C.: Islam and Modernism in Egypt, London, 1933, Reprint New York, 1968.
Adrian, H.: Ethnologische Fragen der Entwicklungsplanung. Gbeniki – Die ethnologische Erforschung eines Bariba-Dorfes, Meisenheim, 1975.
Baer, G.: Population and Society in the Middle East, London, 1964.
Bakrī: Description de l'Afrique Septentrionale par el-Bekri, traduite par M. de Slane, Alger/Paris, 1913.
Benda, H. J.: Continuity and Change in Indonesian Islam. In: Asian and African Studies (Jerusalem) 1 (1965) 123–138.
Bourges, H. u. *C. Wauthier:* Les 50 Afriques, 2 Bände, Paris, 1979.
Chishti, S. K.: Muslim Population of Mainland China: An Estimate. In: Journal Institute of Muslim Minority Affairs 1/2–2/1 (1979/80) 75–85.
Geertz, C.: Islam Observed. Religious Development in Morocco and Indonesia, New Haven/London, 1968.
Ibn Baṭṭūṭa: Voyages d'Ibn Battuta, Texte Arabe accompagné d'une Traduction par C. Defremery et B. R. Sanguinetti, Paris, ^{4}1922.
Kasozi, A.: The Spread of Islam in Uganda, Santa Cruz, 1974.
Kettani, M. A.: Muslims in Southern Europe. In: Journal Institute of Muslim Minority Affairs 1/2–2/1 (1979/80) 145–157.
Lewis, I. M.: Islam in Tropical Africa, London, 1966.
Martin, B. G.: Muslim Brotherhoods in Nineteenth-Century Africa, London, 1976.
Mauroof, M.: Muslims in Sri Lanka. Historical, Demographic and Political Aspects. In: Journal Institute of Muslim Minority Affairs 1/2–2/1 (1979/80) 145–157.
Nahost Jahrbuch 1987ff., herausgegeben vom *Deutschen Orient-Institut (T. Koszinowski* u. *H. Mattes)*, Opladen, 1988ff.
Panjwani, I. A. G.: Muslims in Malawi. In: Journal Institute of Muslim Minority Affairs 1/2–2/1 (1979/80) 158–168.
Smajlović, A.: Muslims in Yugoslavia. In: Journal Institute of Muslim Minority Affairs 1/2–2/1 (1979/80) 132–144.
Smith, R.: Muslim East Indians in Trinidad: Retention of Ethnic Identity under Acculturative Conditions, Pittsburgh, 1963.
Trimingham, J. S.: Islam in West Africa, Oxford, 1959.
ʿUmarī: L'Afrique moins l'Égypte, traduit par M. Gaudefroy-Demombynes, Paris, 1927.
Weekes, R.: Muslim Peoples. A World Ethnographic Survey, Westport/London, 1978.

Wilks, I.: The Position of Muslims in Metropolitan Ashanti in the Early 19th Century. In: *Lewis, I. M.* (ed.): Islam in Tropical Africa, London, 1966.
Yegar, M.: The Muslims of Burma, Wiesbaden, 1972.
Zwemer, S. M. u. a. (ed.): The Mohammedan World of Today, London/Edinburgh, [2]1906.

Zweiter Teil
Die politische Rolle des Islams in der Gegenwart

I. Die innerislamische Diskussion zur modernen Wirtschafts- und Sozialordnung *(Johannes Reissner)*

Ahmad, A.: Islamic Modernism in India and Pakistan 1857–1964, London/Bombay/Karachi, 1967.
Ghaussy, A. G: Das Wirtschaftsdenken im Islam, Bern/Stuttgart, 1986 (Beiträge zur Wirtschaftspolitik, 42).
Hanna, S.A. u. *G.H. Gardner:* Arab Socialism, a Documentary Survey, Leiden, 1969.
Khálid, D.: Die politische Rolle des Islams im Vorderen Orient, Einführung und Dokumentation, Hamburg, 1979 (Dokumentations-Leitstelle Moderner Orient, Aktueller Informationsdienst, Sondernummer 4).
Kotb, S.: Social Justice in Islam, aus dem Arabischen übersetzt von J. D. Hardie, New York, [2]1970.
Nienhaus, V.: Islam und moderne Wirtschaft. Positionen, Probleme und Perspektiven, Graz/Wien/Köln, 1982.
Reissner, J.: Ideologie und Politik der Muslimbrüder Syriens, 1947–1952, Freiburg, 1980 (Islamkundliche Untersuchungen, 55).
Siddiqi, M.N.: Contemporary Literature on Islamic Economics, Leicester, 1978 (Research Report, 1, The Islamic Foundation, Leicester).
Ule, W.: Der arabische Sozialismus und der zeitgenössische Islam, Opladen, 1969 (Schriften des Deutschen Orient-Instituts).

II. Islamische Ökonomik in der Praxis: Zinslose Banken und islamische Wirtschaftspolitik *(Volker Nienhaus)*

Akhtar, A. R.: The Law and Practice of Interest-Free Banking with Banking Tribunals Ordinance, Lahore, 1988.
Brauksiepe, R.: Das Bankwesen der Islamischen Republik Iran, Bochum, 1992.
El Naggar, A.: Zinslose Sparkassen – Ein Entwicklungsprojekt im Nil-Delta, Köln, [2]1982.
Elnaggar, K.: Risiko-Management bei den islamischen Banken, dargestellt am Beispiel Ägyptens, Dissertation, Bonn, 1990.
Federal Shariat Court Judgement on Interest (Riba), Lahore, 1992 (The All Pakistan Legal Decisions, Federal Shariat Court, volume XLIV).
Gärber, A.: Islam, finanzielle Infrastruktur und wirtschaftliche Entwicklung – Eine Analyse ökonomischer Implikationen der Revitalisierung des Islam unter besonderer Berücksichtigung der Länder Pakistan und Ägypten, Frankfurt, 1992.

Gälli, A. u. *A. Alkazaz:* Der arabische Bankensektor, 2 Bände, München, 1986.
Ghaussy, A. G.: Das Wirtschaftsdenken im Islam, Bern/Stuttgart, 1986.
Ghazali, A.: Development and Islamic Perspective, Petaling Jaya, 1990.
Hetsch, I.: Islam und Unterentwicklung: Konzeptionelle Ansätze zur Überwindung der Unterentwicklung in islamischen Wirtschaftstheorien – Das Beispiel Iran, Berlin, 1992.
Jomo, K. S. (ed.): Islamic Economic Alternatives – Critical Perspectives and New Directions, Kuala Lumpur, 1993.
Khan, A. J.: Non-Interest Banking in Pakistan – Concept, Practice and Evaluation, Karachi, 1991.
Kooroshy, J.: Wirtschaftsordnung der Islamischen Republik Iran, Hamburg, 1990.
Nienhaus, V.: Conceptual and Economic Foundations of Islamic Banking. In: *Piccinelli, G. M.:* Banche islamiche in contesto non islamico, Rom, 1994, 3–38 (Islamic Banks in a non-Islamic Framework).
Sadeq, A. M. (ed.): Financing Economic Development – Islamic and Mainstream Approaches, Petaling Jaya, 1992.
Saleh, N.: Unlawful Gain and Legitimate Profit in Islamic Law, Cambridge u. a. 1986.
Tahir, S./Ghazali, A./Agil, S. O.S. (eds.): Readings in Microeconomics – An Islamic Perspective, Petaling Jaya, 1992.
Wilson, R. (ed.): Islamic Financial Markets, London/New York, 1990.
Zaidi, N. A.: Eliminating Interest from Banks in Pakistan, Karachi, 1987.

III. Tendenzen der Rechtsentwicklung *(Konrad Dilger)*

Alami, D. Sidqi el-: The Marriage Contract in Islamic Law in the Shariʿah and Personal Status Laws of Egypt and Morocco, London, 1992.
Anderson, J. N. D.: Law Reform in the Muslim World, London, 1976.
Baradie, Adel EL-: Gottes-Recht und Menschen-Recht. Grundlagenprobleme der islamischen Strafrechtslehre, Baden-Baden, 1983.
Coulson, N. J.: A History of Islamic Law, Edinburgh, 1964.
Ders.: Conflicts and Tensions in Islamic Jurisprudence, Chicago/London, 1969.
Dilger, K.: Grundbegriffe der Eigentumsordnung zwischen Wandel und Tradition auf der Arabischen Halbinsel. In: Zeitschrift für vergleichende Rechtswissenschaft 77 (1978) 21–78.
Ders.: Die Entwicklung des islamischen Rechts. In: *Ahmed, M. D.* u. a. (Hrsg.): Der Islam, Band III, red. *A. Schimmel:* Islamische Kultur – zeitgenössische Strömungen – Volksfrömmigkeit, Stuttgart, 1990, 60–99 (Die Religionen der Menschheit, 25, 3).
Ders.: Das Rechtswesen in Ägypten. In: *Schamp, H.* (Hrsg.): Ländermonographie Ägypten, Tübingen, 1977, 509–529.
Ders.: Das islamische Strafrecht in der modernen Welt. In: *Abun-Nasr, J. M.* u. a.: Weltmacht Islam, München, 1988, 115–130.
Doi, A.-R.: Woman in Shariʿah (Islamic law), London, ²1989.
Goldziher, I.: Vorlesungen über den Islam, (Die Entwicklung des Gesetzes), Heidelberg, 1925, 30–70.
Iqbal, S.: Woman and Islamic Law, Delhi, 1991.
Juynboll, Th.: Handbuch des islamischen Gesetzes, Leipzig, 1910.
Klingmüller, E.: Entstehung und Wandel rechtlicher Traditionen im islamischen Recht. In: *Fikentscher, W.* u. a. (Hrsg.): Entstehung und Wandel rechtlicher Traditionen, Freiburg/München, 1980, 375–414.

Mallat, Ch.: Islamic Law and Finance. With an introduction by W. M. Ballantyne, London u. a., 1988.
Nasir, J. J.: The Islamic Law of Personal Status, London, [2] 1990.
Ders.: The Status of Women in Islamic Law and under Modern Islamic Legislation, London, 1990.
Noth, A.: Die Scharīa [...]. In: *Fikentscher, W.* u. a. (Hrsg.): Entstehung und Wandel rechtlicher Traditionen, Freiburg/München, 1980, 415–437.
Rahmatian, A. A.: Issues of Law and Punishment in Islam. Theory, Practice, Discussion, Tallahassee/Florida, 1993.
Rauscher, T.: Shariʿa, islamisches Familienrecht der sunna und shiʿa, Frankfurt am Main, 1987.
Schacht, J.: Bergsträsser's Grundzüge des islamischen Rechts, Berlin/Leipzig, 1935.
Ders.: An Introduction to Islamic Law, Oxford, 1964.
Serjeant, R. B.: Customary and Shariʿah Law in Arabian Society, Hampshire, 1991.
Spuler, B. (Hrsg.): Orientalisches Recht (Handbuch der Orientalistik), Ergänzungsband III, besonders: *Spies, O.* u. *E. Pritsch:* Klassisches Islamisches Recht, Leiden/Köln, 1964, 220–461.
Starr, J.: Law as a Metaphor. From Islamic Courts to the Palace of Justice, New York, 1992.
Wiedensohler, G.: Zur Methodik des Scheriatrechts. In: Der Islam 57 (1988) 2, 323–336.

IV. Die Stellung des Islams und des islamischen Rechts in ausgewählten Staaten

1. Einleitung: Vom islamisch-westlichen Kompromiß zum Islamismus *(Udo Steinbach)*

Adams, C. C.: Islam and Modernism in Egypt. A Study of the Modern Reform Movement Inaugurated by Muhammad ʿAbduh, New York, [2] 1968.
Anderson, J. N. D.: Islamic Law in the Modern World, Westport/Connecticut, [2] 1975.
Berger, M.: Islam in Egypt Today. Social and Political Aspects of Popular Religion, Cambridge, 1970.
Büttner, F. (Hrsg.): Reform und Revolution in der islamischen Welt, München, 1971 (List Taschenbücher der Wissenschaft, A 1505).
Carré, O.: Mystique et Politique. Lecture révolutionnaire du Coran par Sayyid Qutb, Frère musulman radical, Paris, 1984.
Ders.: Islam laïque ou le retour à la Grande Tradition, Paris, 1993.
Dekmejian, R. H.: Islam in Revolution. Fundamentalism in the Arab World, Syracuse/New York, [1]1985, [2]1994.
Ebert, H.-G.: Die Interdependenz von Staat, Verfassung und Islam im Nahen und Mittleren Osten in der Gegenwart, Frankfurt am Main, 1991.
Enayat, H.: Modern Islamic Political Thought, Austin/Texas, 1982.
Esposito, J. L.: Islam and Politics, rev. second edition, Syracuse/New York, 1987.
Etienne, B.: L'Islamisme radical, Paris, 1987.
Gibb, H. A. R.: Modern Trends in Islam, Chicago, 1947, Reprint Beirut, 1975.
Grunebaum, G. E. von: Modern Islam. The Search for Cultural Identity, Berkeley/Los Angeles, 1962.
Haim, S. G. (ed.): Arab Nationalism: an Anthology, Berkeley/Los Angeles, 1962, Reprint 1976.

Hanna, S. A. u. *G. H. Gardner:* Arab Socialism, Leiden, 1969.
Hourani, A.: Arabic Thought in the Liberal Age: 1798–1939, London, 1962.
Hudson, M. C.: Arab Politics. The Search for Legitimacy, New Haven/London, 1977.
Hunter, Sh. (ed.): The Politics of Islamic Revivalism, Bloomington/Indianapolis, 1988.
Jansen, G. H.: Militant Islam, London/Sidney, 1979.
Jansen, J. J. G.: The Neglected Duty. The Creed of Sadat's Assassins and Islamic Resurgence in the Middle East, New York, 1986.
Karpat, K. H. (ed.): Political and Social Thought in the Contemporary Middle East, London, 1968.
Kepel, G.: Le Prophète et Pharaon. Les mouvements islamistes dans l'Égypte Contemporaine, Paris, 1984; in deutscher Übersetzung unter dem Titel: Der Prophet und der Pharao, München/Zürich, 1995.
Kepel, G. u. *Y. Richard* (Hrsg.): Intellectuels et militants de l'Islam contemporain, Paris, 1990.
Kerr, M. H.: Islamic Reform. The Political and Legal Theories of Muhammad Abduh and Rashid Rida, Berkeley, 1966.
Kogelmann, F.: Die Islamisten Ägyptens in der Regierungszeit von Anwar as-Sādāt (1970–1981), Berlin, 1994.
Lewis, B.: The Emergence of Modern Turkey, London, 1961, ²1968.
Lüders, M. (Hrsg.): Der Islam im Aufbruch? Perspektiven der arabischen Welt, München, 1992.
Meyer, Th.: Fundamentalismus. Aufstand gegen die Moderne, Reinbek bei Hamburg, 1989.
Mortimer, E.: Faith and Power. The Politics of Islam, London, 1982.
Nagel, T.: Staat und Glaubensgemeinschaft im Islam. Geschichte der politischen Ordnungsvorstellungen der Muslime, 2 Bände, Zürich/München, 1981 (besonders Band II: Vom Spätmittelalter bis zur Neuzeit).
Piscatori, J. (ed.): Islam in the Political Process, Cambridge, 1983.
Rahman, F.: Islam and Modernity. Transformation of an Intellectual Tradition, Chicago/London, 1982.
Reiners, H.: Die klassische islamische Staatsidee, ihre moderne Interpretation und ihre Verwirklichung in den Verfassungsordnungen muslimischer Staaten, Münster, 1968.
Riesebrodt, M.: Fundamentalismus als patriarchalische Protestbewegung, Tübingen, 1990.
Rosenthal, E. I. J.: Islam in the Modern National State, Cambridge, 1962.
Sharabi, H. B.: Nationalism and Revolution in the Arab World, Princeton, 1966.
Sivan, E.: Radical Islam. Medieval Theology and Modern Politics, New Haven/London, 1985.
Smith, W. C.: Der Islam in der Gegenwart, Frankfurt am Main/Hamburg, 1963.
Steinbach, U./Hofmeier, R./Schönborn, M. (Hrsg.): Politisches Lexikon Nahost/Nordafrika, München, 1994.
Steinbach, U. u. *R. Robert* (Hrsg.): Der Nahe und Mittlere Osten. Politik, Gesellschaft, Wirtschaft, Geschichte, Kultur, 2 Bände, Opladen, 1988.
Stowasser, B. F. (ed.): The Islamic Impulse, London/Sidney, 1987.
Tibi, B.: Vom Gottesreich zum Nationalstaat. Islam und panarabischer Nationalismus, Frankfurt am Main, 1987.
Ders.: Die Krise des modernen Islam. Eine vorindustrielle Kultur im wissenschaftlich-technischen Zeitalter, München, 1981.

Ders.: Die fundamentalistische Herausforderung. Der Islam und die Weltpolitik, München, 1992.

Tworuschka, M.: Die Rolle des Islam in den arabischen Staatsverfassungen, Walldorf, 1976.

2. Türkei *(Ursula Spuler-Stegemann)*

Ağaoğulları, M. A.: L'Islam dans la vie politique de la Turquie, Ankara, 1982 (Publication de la Faculté Politique de l'Université d'Ankara, 517).

Berkes, N.: The Development of Secularism in Turkey, Montreal, 1964.

Binswanger, K.: Türkei. In: *Ende, W.* u. *U. Steinbach* (Hrsg.): Der Islam in der Gegenwart, München, [3]1991, 212–220.

Blaschke, J. u. *M. van Bruinessen* (Hrsg.): Jahrbuch zur Geschichte und Gesellschaft des Vorderen und Mittleren Ostens 1984. Thema: Islam und Politik in der Türkei, Berlin, 1984.

Heper, M.: The State, Religion and Pluralism: The Turkish Case in Comparative Perspective. In: British Journal of Middle Eastern Studies 18 (1991) 1, 38–51.

Jacob, X.: Der Islam in der Türkei seit September 1980. In: CIBEDO (Frankfurt am Main) 1988, 1.

Jäschke, G.: Der Islam in der neuen Türkei. Eine rechtsgeschichtliche Untersuchung. In: Die Welt des Islams, Neue Serie, 1 (1951) 5–174.

Kappert, P.: Atatürks Erben. In: *Rotter, G.* (Hrsg.): Die Welten des Islam. Neunundzwanzig Vorschläge, das Unvertraute zu verstehen, Frankfurt am Main, 1993, 123–129.

Kreiser, K.: Die Religionspolitik der Türkei im Jahre 1985. Re-Islamisierung – Osmanismus – Özalismus. Beiträge zu einer Begriffsbestimmung. In: *Lähnemann, J.* (Hrsg.): Erziehung zur Kulturbegegnung. Pädagogische Beiträge zur Kulturbegegnung, Band 3, Hamburg, 1986, 216–229.

Ders.: Notes sur le présent et le passé des ordres mystiques en Turquie. In: *Popovic, A.* u. *G. Veinstein* (Hrsg.): Les ordres mystiques dans l'Islam, Paris, 1986, 49–61 (Recherches d'histoire et de sciences sociales, 13).

Ders.: Kleines Türkei-Lexikon, München, 1991.

Lewis, B.: The Emergence of Modern Turkey, London/Oxford/New York, [2]1968.

Mardin, Ş.: Turkey, Islam and Westernization. In: *Caldarola, C.* (ed.): Religion and Societies. Asia and the Middle East, Berlin/New York/Amsterdam, 1982, 171–198.

Ders.: Religion and Politics in Modern Turkey. In: *Piscatori, J. P.* (ed.): Islam in the Political Process, Cambridge, [2]1984, 138–159.

Oehring, O.: Die Türkei im Spannungsfeld extremer Ideologien (1973–1980). Eine Untersuchung der politischen Verhältnisse, Berlin, 1984 (Islamkundliche Untersuchungen, 102).

Rumpf, Ch.: Laizismus und Religionsfreiheit in der Türkei: Rechtliche Grundlagen und gesellschaftliche Praxis, Ebenhausen, 1987 (Stiftung Wissenschaft und Politik).

Sarıbay, A. Y.: Der Einfluß der Religion auf die türkische Gesellschaft und ihre Rolle im politischen Leben. In: *Özak, H. J.* u. *Y. Dağyeli* (Hrsg.): Die Türkei im Umbruch, Frankfurt am Main, 1989, 88–112.

Schüler, H.: Re-Islamisierung: Der Fall Türkei. In: Zeitschrift für Türkeistudien 2 (1989) 63–93.

Shaw, S. J.: Empire of the Gazis. The Rise and Decline of the Ottoman Empire 1280–1808, Cambridge/New York/Melbourne, [7]1988.

Ders. u. *E. K. Shaw:* History of the Ottoman Empire and Modern Turkey, volume II: Reform, Revolution, and Republic: The Rise of Modern Turkey 1808–1975, Cambridge/London/New York/Melbourne, 1977.
Spuler-Stegemann, U.: Der Islam in der Türkei. In: *Grothusen, K.-D.* (Hrsg.): Türkei, Südosteuropa-Handbuch, Band IV, Göttingen, 1985, 591–612.
Tapper, R. (ed.): Islam in Modern Turkey. Religion, Politics and Literature in a Secular State, London/New York, 1991.
Ders. u. *N. Tapper:* ‚Thank God we're Secular!' Aspects of Fundamentalism in a Turkish Town. In: *Caplan, L.* (ed.): Studies in Religious Fundamentalism, Houndsmill/Basingstoke et al., 1987, 51–78.
Toprak, B.: Islam and Political Development in Turkey, Leiden, 1981.
Dies.: The State, Politics and Religion in Turkey. In: *Heper, M.* u. *A. Evin* (eds.): State, Democracy, and the Military. Turkey in the 1980s, Berlin/New York, 1988, 119–136.
Vorhoff, K.: Zwischen Glaube, Nation und neuer Gemeinschaft: Alevitische Identität in der Türkei der Gegenwart, Berlin, 1995 (Islamkundliche Untersuchungen, 184).
Wedel, H.: Der türkische Weg zwischen Laizismus und Islam, Opladen, 1991 (Studien und Arbeiten des Zentrums für Türkeistudien, 6).
Zürcher, E. J.: Turkey. A Modern History, London/New York, 1993.

3. Iran *(Udo Steinbach)*

Abrahamian, E.: Die Guerilla-Bewegung in Iran von 1963–1977. In: Religion und Politik im Iran. mardom nameh. Jahrbuch zur Geschichte und Gesellschaft des Mittleren Orients, herausgegeben vom *Berliner Institut für Vergleichende Sozialforschung*, Frankfurt am Main, 1981, 337–360.
Ders.: Iran between Two Revolutions, Princeton, New Jersey, 1982.
Ders.: Khomeinism. Politics and Ideology in Contemporary Iran, Princeton, New Jersey, 1994.
Ajatollah Chomeini: Der islamische Staat. Aus dem Persischen übersetzt und herausgegeben von *Hassan, N.* u. *I. Itscherenska*, Berlin, 1983.
Akhavi, Sh.: Religion and Politics in Contemporary Iran. Clergy-State Relations in the Pahlavi Period, Albany, 1980.
Algar, H.: The Oppositional Role of the Ulama in Twentieth-Century Iran. In: *Keddie, N. R.* (ed.): Scholars, Saints and Sufis, Berkeley, 1972, 231–255.
Ders.: Religion and State in Iran 1785–1906, Berkeley, 1969.
Bakhash, Sh.: The Reign of the Ayatollahs. Iran and the Islamic Revolution, New York, 1984.
Berliner Institut für Vergleichende Sozialforschung (Hrsg.): Religion und Politik in Iran. mardom nameh, Frankfurt am Main, 1981.
Ebert, H.-G./Fürtig, H./Müller, H. G. (Hrsg.): Die Islam. Republik Iran, Köln, 1987.
Encyclopaedia Iranica, english edition, edited by *E. Yarshater*, volume 1 ff., London/Boston/Henley, 1985 ff.
Ehteshami, A. u. *M. Varasteh*, (eds.): Iran and the International Community, London/New York, 1991.
Farsoun, S. K. u. *M. Mashayekhi*, (eds.): Iran. Political Culture in the Islamic Republic, London/New York, 1992.
Fischer, M. M. J.: Iran. From Religious Dispute to Revolution, Cambridge/Massachusetts/London, 1980.
Forschungsinstitut der Friedrich-Ebert-Stiftung (Hrsg.): Iran in der Krise. Weichenstellungen für die Zukunft, Bonn, 1980.

Göbel, K.-H.: Moderne schiitische Politik und Staatsidee, Opladen, 1984.
Greussing, K.: Religion und Politik in Iran, Frankfurt am Main, 1981.
Hairi, A. H.: Shiism and Constitutionalism in Iran, Leiden, 1977.
Halm, H.: Der schiitische Islam. Von der Religion zur Revolution, München, 1994.
Hunter, Sh. T.: Iran after Khomeini, New York/Westport, Connecticut/London, 1992.
Karsh, E. (ed.): The Iran-Iraq War. Impact and Implications, London, 1987.
Keddie, N.R. u. *E. Hooglund* (eds.): The Iranian Revolution and the Islamic Republic, Syracuse/New York, 1986.
Khomeini, R.: Islam and Revolution. Writings and Declarations of Imam Khomeini, übersetzt und mit Anmerkungen versehen von H. Algar, Berkeley, 1981.
Kramer, M. (ed.): Shi'ism, Resistance and Revolution, London, 1987.
Menashri, D.: Iran. A Decade of War and Revolution, New York/London, 1990.
Ders. (ed.): The Iranian Revolution and the Muslim World, Boulder/San Francisco/Oxford, 1992.
Moin, B.: Khomeini. Sign of God, London, 1994.
Mottahedeh, R.: Der Mantel des Propheten oder Das Leben eines persischen Mullah zwischen Religion und Politik, München, 1987.
Naficy, M.: Klerus, Basar und die iranische Revolution, Hamburg, 1993.
Nahost Jahrbuch 1987ff., herausgegeben vom *Deutschen Orient-Institut (T. Koszinowski* u. *H. Mattes)*, Opladen, 1988ff. (Mit einem Kapitel „Iran" und iranbezogenen Themen.)
Rahnema, A. u. *F. Nomani:* The Secular Miracle. Religion, Politics and Economic Policy in Iran, London/New Jersey, 1990.
Richard, Y.: Die Geschichte der Schia in Iran. Grundlagen einer Religion, Berlin, 1983.
Shari'ati, A.: On the Sociology of Islam, Berkeley, 1979.
Taheri, A.: Khomeini und die Islamische Revolution, Hamburg, 1985.
Tellenbach, S.: Untersuchungen zur Verfassung der Islamischen Republik Iran vom 15. November 1979, Berlin, 1985.
The Cambridge History of Iran. From Nader Shah to the Islamic Republic, volume 7, edited by P. Avery/G. Hambly/Ch. Melville, Cambridge, 1991.
Zabih, S.: Iran since the Revolution, London/Canberra, 1982.

4. Afghanistan *(A. Ghanie Ghaussy)*

Adamec, L. W.: Afghanistan, 1900–1923. A Diplomatic History, Berkeley/Los Angeles, 1967.
Ders.: Historical and Political Who's Who of Afghanistan, Graz, 1975; erster Supplement-Band, 1979.
Ders.: A Biographical Dictionary of Contemporary Afghanistan, Graz, 1987.
Ders.: Historical Dictionary of Afghanistan, Metuchen, New Jersey, 1991.
Ahmad, A. u. *D. Hart:* Islam in Tribal Societies, London, 1984.
Ali, M.: A Cultural History of Afghanistan, Kabul, 1964.
Aziz, A.: Studies in Islamic Culture in the Indian Environment, Oxford, 1970.
Bābur, Ẓ. M.: Die Erinnerungen des ersten Großmoguls von Indien. Das Bāburnāma, Zürich, 1990.
Barthold, W.: Turkestan down to the Mongol Invasion, London, 1968.
Bosworth, C. E.: The History of the Saffarids of Sistan and the Maliks of Nimruz (247/861 to 949/1542-3), Costa Mesa/California u. New York, 1994 (Columbia Lectures on Iranian Studies, 8).

Caroe, O.: The Pathans, London, 1958.

Cambridge History of Iran, edited by. *R. N. Frye*, volume IV (Samaniden, 136–161), London, 1975.

Dupree, L.: Afghanistan, Princeton, 1973, ergänzte Fassung 1980.

Einzmann, H.: Religiöses Volksbrauchtum in Afghanistan, Wiesbaden, 1977.

Elphinstone, M.: An Account of the Kingdom of Caubul, Oxford, 1815.

Encyclopaedia Iranica, edited by *E. Yarshater*, volume I, London, 1985, Artikel „Afghanistan", 486–566.

Fischer Weltgeschichte, Band 16: Zentralasien, herausgegeben von *G. Hambly*, Frankfurt, 1966.

Fletcher, A.: Afghanistan. Highway of Conquest, Ithaca, New York, ²1966.

Gibb, H. A. R.: The Arab Conquest of Central Asia, London, 1923.

Grassmuck, G. et. al. (eds.): Afghanistan. Some New Approaches, Ann Arbor, 1969.

Gregorian, V.: The Emergence of Modern Afghanistan, Stanford, 1969.

Greussing, K. u. *J. H. Grevemeyer* (Hrsg.): Revolution in Iran und Afghanistan, Frankfurt am Main, 1980.

Grevemeyer, J. H.: Afghanistan. Sozialer Wandel und Staat im 20. Jahrhundert, Berlin, 1990.

Ders.: Religion, Ethnizität und Nationalismus im afghanischen Widerstand. In: Leviathan 13 (1985) 115–188.

Khálid, D.: Afghanistan. In: *Ende, W.* u. *U. Steinbach* (Hrsg.): Der Islam in der Gegenwart, München, ²1984, 236–248.

Klimburg, M.: Afghanistan, das Land im historischen Spannungsfeld Mittelasiens, Wien, 1966.

Kakar, H.: Government and Society in Afghanistan. The Reign of Amir ʿAbdul-Rahman, Austin, 1979.

Kraus, W. (Hrsg.): Afghanistan – Natur, Geschichte und Kultur – Staat, Gesellschaft und Wirtschaft, Tübingen/Basel, ³1975.

MacMunn, G. F.: Afghanistan. From Darius to Amanullah, London, 1929.

Malleson, G. S.: History of Afghanistan from the Earliest Period to the Outbreak of the War of 1878, London, ²1879.

McGovern, W. M.: The Early Empires of Central Asia, Chapel Hill, 1939.

Mir Munshi, S. M.: The Life of Abdur Rahman, Amir of Afghanistan, 2 Bände, London, 1900.

Moltmann, G.: Die Verfassungsentwicklung Afghanistans 1901–1981. Von der absoluten Monarchie zur sozialistischen Republik, Hamburg, 1982.

Nöldeke, Th.: Geschichte der Perser und der Araber zur Zeit der Sasaniden, Leiden, 1879.

Rathjens, C. (Hrsg.): Neue Forschungen in Afghanistan, Opladen, 1981.

Robertson, G.: The Kafirs of the Hindu-Kush, Oxford, 1896.

Roy, O.: Islam and Resistance in Afghanistan, Cambridge, 1986.

Spuler, B.: Iran in frühislamischer Zeit, Wiesbaden, 1952.

Schimmel, A.: Der Islam im indischen Subkontinent, Darmstadt, 1983.

Schurman, H. F.: The Mongols of Afghanistan, 's Gravenhage, 1962.

Sykes, P.: A History of Afghanistan, 2 Bände, London, 1940, Reprint New Delhi, 1981.

Wilbur, D. N.: Afghanistan, New Haven, ²1962.

Ders.: The Structure and Position of Islam in Afghanistan. In: The Middle East Journal 1 (1952) 6, 41–48.

5. Rußland, islamische Republiken des Kaukasus und Zentralasiens *(Hans Bräker)*

Bacon, E.: Central Asia under Russian Rule, Ithaca, 1966.

Baldauf, I.: Schriftreform und Schriftwechsel bei den muslimischen Rußland- und Sowjettürken (1850–1937). Ein Symptom ideengeschichtlicher und kulturpolitischer Entwicklungen, Budapest, 1993.

Bartold, V. V.: Studies on the History of Central Asia, 3 Bände, Leiden, 1962/63.

Barthold, W.: Turkestan down to the Mongol Invasion, London, [2]1958.

Ders.: Zwölf Vorlesungen über die Geschichte der Türken in Mittelasien, Darmstadt, [2]1962.

Bennigsen, A. u. *Ch. Lemercier-Quelquejay:* L'Islam dans les républiques musulmanes soviétiques. In: *Carré, O.* (Hrsg.): L'Islam et l'état dans le monde d'aujourd'hui, Paris, 1982, 143–167.

Dies.: L'Islam en union sovjétique, Paris, 1968.

Dies.: Le soufi et le commissaire. Les confréries musulmanes en URSS, Paris, 1986.

Dies.: Sultan Galiev. Le père de la révolution tiersmondiste, Paris, 1986.

Dies. u. *S. E. Wimbusch:* Muslims of the Soviet Empire. A Guide (Foreword by Hans Bräker), London, 1985.

Bräker, H.: Die muslimische Erneuerungsbewegung in Rußland. In: *Katkov, G.* u. a. (Hrsg.): Rußlands Aufbruch ins 20. Jahrhundert, Olten/Freiburg, 1970.

Ders.: Kommunismus und Weltreligion Asiens. Zur Religions- und Asienpolitik der Sowjetunion. Band 1: Kommunismus und Islam. Religionsdiskussion und Islam in der Sowjetunion, Tübingen, 1969; Band 2: Kommunismus und Islam. Islam und sowjetische Zentral- und Südostasien-Politik, Tübingen, 1971.

Ders.: The Implications of the Islam Question for Soviet Domestic and Foreign Policy. In: Central Asien Survey (Oxford), volume 2, 1 (July) 1983; ebenso in: Bundesinstitut für Ostwissenschaftliche und Internationale Studien (BOIS), Köln, 1983, 1–34.

Ders.: The Islamic Renewal Movement and the Power Shift in the Near/Middle East and Central Asia. In: *Lemercier-Quelquejay, Ch.* u. *G. Veinstein* u. a. (Hrsg.): Passé Turco-Tatar – Présent Soviétique, Paris, 1986.

Ders.: Geopolitical Situation of Central Asia. In: Turcic Studies in the World and Turkey. Papers from the International Symposium held at the Marmara University Istanbul, Istanbul, 1987.

Ders.: Moskaus orientalische Frage. Gorbatschow vor einer Zerreißprobe? In: Osteuropa 38 (Sept. 1988) 9, 783–797.

Ders.: Die sowjetische Politik gegenüber dem Islam. In: *Kappeler, A.* u. *G. Simon* u. a. (Hrsg.): Die Muslime in der Sowjetunion und in Jugoslawien. Identität – Politik – Widerstand, Köln, 1989.

Ders.: Es wird kein Friede sein. Der islamische Orient im Zangengriff von West und Ost, München/Zürich, 1992.

McCagg, W. O. u. *B. D. Silver* (eds.): Soviet Ethnic Frontiers, New York, 1979.

Caroe, O. K.: Soviet Empire: The Turks of Central Asia and Stalinism, London, 1955.

Carrère d'Encausse, H.: Réform et révolution chez les musulmans de l'Empire Russe (Bukhara 1867–1924), Paris, 1966.

Ders.: L'Empire éclaté. La révolte des nations en U.S.R.R., Paris, 1978.

Hambly, G.: Zentralasien, Frankfurt am Main, 1966 (Fischer Weltgeschichte, 16).

Hayit, B.: Turkestan im XX. Jahrhundert, Darmstadt, 1956.

Ders.: Sowjetrussische Orientpolitik am Beispiel Turkestans, Köln/Berlin, 1962.

Ders.: Basmatschi. Nationaler Kampf Turkestans in den Jahren 1917 bis 1934, Köln, 1992.
Hoetsch, O.: Rußland in Asien. Geschichte einer Expansion, Stuttgart, 1966.
Holdsworth, M.: Turkestan. A Century of Russian Rule, Columbia, 1965.
Hostler, C. W.: Turkism and the Soviets, London, 1957.
Khalfin, G. L.: Russia's Policy in Central Asia 1857–1868, London, 1964.
Kline, G. L.: Religions and Antireligious Thought in Russia, Chicago/London, 1968.
Luchterhand, O.: Die Religionsgesetzgebung in der Sowjetunion, Berlin, 1978.
Pierce, R. A.: Russia Central Asia 1867–1917. A Study in Colonial Rule, Berkeley, 1960.
Ro'i, Y. (ed.): Rhe USSR and the Muslim World. Issues in Domestic and Foreign Policy, London, 1961.
Sarkysianz, E.: Geschichte der orientalischen Völker Rußlands bis 1917, München, 1961.
Wheeler, G.: The Peoples of Soviet Central Asia, London, 1966.
Ders.: The Modern History of Soviet Central Asia, New York/London, 1964.
Zenkowsky, S. A.: Pan-Turkism and Islam in Russia, Cambridge, Massachusetts, 1960.

6. Volksrepublik China *(Hans Bräker)*

Chishti, S.K.: Muslim Population of Mainland China. An Estimate. In: Journal Institute of Muslim Minority Affairs (Jeddah), I/2 und II/1 (1979–80) 75–85.
Dreyer, J.: The Islamic Community of China. In: *Wise, G.S.* und *Ch. Issawi* (ed.): Middle East Perspectives. The Next Twenty Years, Princeton, 1981, 221–43.
Israeli, R.: Muslims in China: A Study of Cultural Confrontation, London/Malmö, 1980.
Ders.: The Muslim Minority in the People's Republic of China. In: Asian Survey 8 (1981).
Jackson, W. A. D.: The Russo-Chinese Borderlands, Princeton, 1962.
Kazan, F.: Ostturkestan zwischen den Großmächten, Königsberg, 1937.
Otte, F.: Die Mohammedanerbewegung in China. In: Die Welt des Islams 17/13–4 (1935) 81–97.
Silde-Karklins, R.: The Uighurs between China and the USSR. In: Canadian Slavonic Papers 2–3 (1975).
Yang I-Fang: Islam in China, Hong Kong, 1960.
Ders.: Unruhe unter den Muslimen in der chinesischen Volksrepublik. In: *Italiaander, R.* (Hrsg.): Die Herausforderung des Islam, Göttingen/Frankfurt/Berlin, 1965.

7. Indien *(Munir D. Ahmed)*

Ahmad, A.: An Intellectual History of Islam in India, Edinburgh, 1969.
Ders.: Studies in Islamic Culture in the Indian Environment, Oxford, 1964.
Ahmad, I. (ed.): Ritual and Religion among Muslims in India, Delhi, 1981.
Baljon, J. M. S.: The Reforms and Religious Ideas of Sayyid Ahmad Khan, Leiden, 1949, Reprint 1970.
Chand, T: The Influence of Islam on Indian Culture, Allahabad, 1946.
Cole, J. R. I.: Roots of North Indian Shi'ism in Iran and Iraq. Religion and State in Awadh 1722–1859, Berkeley, 1988.

Dar, B. A.: Religious Thought of Sayyid Ahmad Khan, Lahore, 1957.
Fyzee, A. A. A.: Outlines of Mohammadan Law, New Delhi/London, 1974.
Hardy, P.: The Muslims of British India, Cambridge, 1972.
Hollister, J. N.: The Shi'a of India, London, 1986.
Husain, S. A.: The Destiny of Indian Muslims, London, 1965.
Ikram, S. M.: Muslim Civilization in India, herausgegeben von *Ainslie T. Embree*, New York, 1964.
Imam, Z. (ed.): Muslims in India, New Delhi, 1975.
Jeffery, P.: Muslimische Frauen in Indien, Berlin, 1985.
Khan, Maulana W.: Indian Muslims: The Need for a Positive Outlook, New Delhi, 1994.
Malik, H.: Moslem Nationalism in India and Pakistan, Washington, D. C., 1963.
Mandelbaum, D. G.: Women's Seclusion and Men's Honor: Sex Roles in North India, Bangladesh and Pakistan, Tucson, 1988.
May, Lini S.: The Evolution of Indo-Muslim Thought after 1857, Lahore, 1970.
Mujib, M.: The Indian Muslims, London, 1967.
Preler, H. M.: Informal Initiation among Hindus and Muslims. In: Initiation, 1965, 87–95 (Studies in the History of Religions, Supplement to Numen X).
Qadri, A. J. (ed.): Intra-societal Tension and National Integration (Hindu-Muslim conflict, India), New Delhi, 1988.
Schimmel, A.: Islam in the Indian Subcontinent. In: Handbuch der Orientalistik, herausgegeben von *B. Spuler*, Abt. II, Indien, Leiden, 1980.
Dies.: Der Islam im indischen Subkontinent, Darmstadt, 1983.
Smith, W. C.: Modern Islam in India. A Social Analysis, Lahore, 1946.
Troll, C. W.: Sayyid Ahmad Khan. A Reinterpretation of Muslim Theology, New Delhi, 1978.

8. Pakistan *(Durán Khálid / Munir D. Ahmed)*

Abbott, F.: Islam and Pakistan, New York, 1968.
Abdulla, A.: The Historical Background of Pakistan and its People, Karachi, 1973.
Ahmad, A. S. (ed.): Pakistan in the Social Sciences' Perspective, Karachi, 1990.
Ders.: Pakistan Society: Islam, Ethnicity and Leadership in South Asia, Karachi, 1986.
Ders.: Religion and Politics in Muslim Society. Order and Conflict in Pakistan, Cambridge, New York, 1983.
Ahmad, A.: Islamic Modernism in India and Pakistan 1857–1964, London/Oxford, 1967.
Ders.: An Intellectual History of Islam in India, Edinburgh, 1969.
Ders.: Studies in Islamic Culture in the Indian Environment, Oxford, 1964.
Ahmad, I.: The Concept of an Islamic State. An analyis of the ideological controversy in Pakistan, 1987.
Ahmad, M.: Class, Power and Religion. Some Aspects of Islamic Fundamentalism in Pakistan, Chicago, 1980.
Ahmad, S.: Islam and Pakistani Peasants. In: *Ahmad, A.* (ed.): Contributions to Asian Studies, Leiden, 1971, 92–104.
Ahmed, M. D.: Religion and Society in Pakistan. In: Orient 17/4 (1976) 123–151.
Ders.: Pakistan: The Dream of an Islamic State. In: *Caldarola, C.* (ed.): Religions and Societies, Asia and the Middle East, Amsterdam, 1982, 261–288.
Ansari, S.: „Pākistān". In: The Encyclopaedia of Islam (EI^2), volume VIII, Fasc. 133–134 (1993) 240–244.

Binder, L.: Religion and Politics in Pakistan, Berkeley, 1963.
Gaborieau, M.: Rôles politiques de l'Islam au Pakistan. In: *Carré, O.:* L'Islam et l'état dans le monde d'aujourd'hui, Paris, 1982, 189–203.
Hayes, L.: Politics in Pakistan. The Struggle for Legitimacy, Boulder/Colorado, 1984.
Hussain, A.: Elite Politics in an Ideological State. The Case of Pakistan, Folkestone, Kent, 1979.
Iqbal, A.: Islamisation of Pakistan, Lahore, 1986.
Malik, H.: Moslem Nationalism in India and Pakistan, Washington, D. C., 1963.
Malik, S. J.: Islamisierung in Pakistan 1977–1984. Untersuchungen zur Auflösung autochthoner Strukturen, Wiesbaden, 1989.
Mayne, P.: Saints of Sind, London, 1956.
Qureshi, I. H.: The Muslim Community of the Indo-Pakistan Subcontinent (710–1947). A Brief Historical Analysis, 's-Gravenhage, 1962.
Ders.: Ulema in Politics. A Study Relating to the Political Activity of the Ulema in the South-Asian Sub-continent from 1556–1947, Karachi, 1972.
Shah, N. M. (ed.): Pakistani Women. A Socio-economic and Demographic Profile, Islamabad, 1986.
Weiss, A. M. (ed.): Islamic Reassertion in Pakistan. The Application of Islamic Law in a Modern State, Syracuse, New York, 1986.

9. Bangladesh *(Munir D. Ahmed)*

Abrar, Ch. R.: The Military in Bangladesh. In: *Selochan, V.* (ed.): The Military, the State and Development in Asia and the Pacific, Boulder/Colorado, 1991.
Ahmed, R.: Conflict and Contradiction in Bengali Islam: Problems of Change and Adjustment. In: *Ewing, K. P.* (ed.): Shariat and Ambiguity in South Asian Islam, Berkeley, 1991.
Banu, U.A.B.R.A.: Islam in Contemporary Bangladesh, Leiden, 1992.
Baxter, C.: Bangladesh. A New Nation in an Old Setting, Boulder/Colorado, 1984.
Bhattachargee, G. P.: Renaissance and Freedom Movement in Bangla Desh, Calcutta, 1973.
Choudhary, D.: Constitutional Development in Bangladesh. Stresses and Strains, Karachi, 1994.
Das, R. P.: Das Verhältnis zwischen Islam und Bangladesh. In: *Conrad, D.* u. *W.-P. Zingel* (Hrsg.): Bangladesh, Stuttgart, 1994, 7–14 (Dritte Heidelberger Südasiengespräche).
Ders.: Südindien und Bengalen. In: *Tworuschka, M. u. U. Tworuschka* (Hrsg.): Religionen der Welt, Gütersloh, 1992, 205–208.
Ders.: New Publications on Bengali Syncretistic Religions. In: Journal of the American Oriental Society 114 (1994) 2, 249–253.
O'Donnell, C. P.: Bangladesh. Biography of a Muslim Nation, Boulder/Colorado, 1984.
Ghazi, A.: Muslim Bengal. A Crisis of Identity. In: *Thomas, B.* u. *S. Laven* (eds.): West Bengal and Bangladesh. Perspectives from 1972, East Lansing, 1973.
Haque, A. S. u. *M. Y. Akhtar:* The Ubiquity of Islam. Religion and Society in Bangladesh. In: Pacific Affairs 60 (1987) 2, 200–225.
Islam, S. (ed.): History of Bangladesh, 1704–1971, Dhaka, 1992.
Jahangir, B. K.: Problematics of Nationalism in Bangladesh, Dhaka, 1986.
Maniruzzaman, T.: The Bangladesh Revolution and its Aftermath, Dhaka, 1980.
Matinur, R.: Second Thoughts on Bangladesh, Islamabad, 1979.

Osmany, S.H.: Bangladesh, Nationalism, History of Dialectics and Dimensions, Dhaka, 1992.
Roy, A.: The Influence of Islamization, Regionalization and Syncretization. The Bengal Paradygm. In: *Dallapiccola, A. L.* u. a. (eds.): Islam and Indian Religions, Stuttgart, 1993, 95–128.
Ders.: The Islamic Syncretic Tradition of Bengal, Princeton, 1983.
Shamsul Alam, S. M.: Islam, Ideology and the State in Bangladesh. In: Journal of Asian and African Studies, Leiden, 28 (1993) 1–2, 88–106.

10. Südostasien *(Olaf Schumann)*

Abdullah, T. u. *Sh. Siddique* (eds.): Islam and Society in Southeast Asia, Singapore, 1987.
Abdul Rahman, T.: Viewpoints, Kuala Lumpur, 1978.
Ders. u.a. (eds.): Contemporary Issues on Malaysian Religions, Kuala Lumpur, 1984.
Ahmat, S. u. *Sh. Siddique* (eds.): Muslim Society, Higher Education and Development in Southeast Asia, Singapore, 1987.
Attas, S.N. al-: Some Aspects of Sufism as Understood and Practised among the Malays, Singapore, 1963.
Anwar, Z.: Islamic Revivalism in Malaysia: Dawah among the Students, Petaling Jaya, 1987.
Benda, H.J.: The Crescent and the Rising Sun, Bandung/The Hague, 1958.
Bianco, L. (Hrsg.): Das moderne Asien, Frankfurt am Main, 1969 (Fischer Weltgeschichte, 33).
Boland, B.J.: The Struggle of Islam in Modern Indonesia, 's Gravenhage, 1971 (Verh. van het Koninkl. Inst. voor Taal-, Land- en Volkenkunde, 59).
Brown, D.E.: Brunei: The Structure and History of a Bornean Malay Sultanate, Monograph of the Brunei Museum Journal (Brunei) II (1970) 2.
Dahm, B.: Sukarnos Kampf um Indonesiens Unabhängigkeit, Frankfurt am Main/Berlin, 1966 (Schriften des Instituts für Asienkunde in Hamburg, 18).
Dengel, H.H.: Darul-Islam. Kartosuwirjos Kampf um einen islamischen Staat Indonesien, Wiesbaden, 1986 (Beiträge zur Südasien-Forschung, 106).
Dijk, C. van: Rebellion under the Banner of Islam. The Darul Islam in Indonesia, 's Gravenhage, 1981 (Verh. van het Konink. Inst. voor Taal-, Land- en Volkenkunde, 94).
Djamour, J.: The Muslim Matrimonial Court in Singapore, London, 1966.
Draguhn, W. (Hrsg.): Der Einfluß des Islams auf Politik, Wirtschaft und Gesellschaft in Südostasien, Hamburg, 1983 (Mitteilungen des Instituts für Asienkunde, 133).
Fatimi, S. Q.: Islām Comes to Malaya, Singapore, 1963.
Forbes, A.D.W. (ed.): The Muslims of Thailand, 2 volumes, Gaya (Bihar, India), 1988f.
Funston, J.: Malay Politics in Malaysia: A Study of UMNO and PAS, Kuala Lumpur, 1980.
Gowing, P. G.: Christen und Moslems in Ostasien. In: Evangelische Mission, 1978, Hamburg, 1978, 38–63.
Ders.: Muslim Filipinos – Heritage and Horizon, Quezon City, [2] 1979.
Gowing, P. G. u. *R. D. McAmis* (eds.): The Muslim Filipinos: Their History, Society and Contemporary Problems, Manila, 1974.
Grossmann, B. (Hrsg.): Studien zur Entwicklung in Süd- und Ostasien, Neue Folge,

Teil 4: Malaysia, Frankfurt am Main, 1966 (Schriften des Instituts für Asienkunde in Hamburg, 19).
Ders. (ed.): Southeast Asia in the Modern World, Wiesbaden, 1972 (Schriften des Instituts für Asienkunde in Hamburg, 33).
Hall, D. G. E.: A History of South-East Asia, London, ³1968.
Hooker, M. B. (ed.): Islam in South-East Asia, Leiden, 1983.
Hund, B. (Bearb.): Bumiputra-Politik in Malaysia, Hamburg, 1981 (Aktueller Informationsdienst Asien und Südpazifik, Beiheft 6).
Israeli, R.: The Crescent in the East. Islam in Asia Major, London/Riverdale, 1989.
Jocano, F. L. (ed.): Filipino Muslims. Their Social Institutions and Cultural Achievements, Quezon City, 1983.
Kartodirdjo, S.: The Peasants' Revolt of Banten, 's Gravenhage, 1966 (Verh. van het Koninkl. Inst. voor Taal-, Land- en Volkenkunde, 50).
Ders.: Protest Movements in Rural Java. A Study of Agrarian Unrest in the Nineteenth and Early Twentieth Centuries, Singapore/Kuala Lumpur/Jakarta, 1973.
Kitingan, J. G. u. *M. J. Ongkili:* Sabah 25 Years Later: 1963–1988, Kota Kinabalu, 1989.
Kraus, W. (Hrsg.): Islamische mystische Bruderschaften im heutigen Indonesien, Hamburg, 1990 (Mitteilungen des Instituts für Asienkunde, 183).
Lacar, L. Q.: The Emerging Role of Muslim Women in a Rapidly Changing Society. The Philippine Case. In: Journal Institute of Muslim Minority Affairs (London), 13 (January 1992) 1, 80–98.
Lee, R. L. M.: The Globalization of Religious Markets. International Innovations, Malaysian Consumption. In: Sojourn (Singapore), 8 (February 1993) 1, 35–61.
Lev, D.: Islamic Courts in Indonesia. A Study in the Political Bases of Legal Institutions, Berkeley/Los Angeles/London, 1972.
Li, T.: Malays in Singapore. Culture, Economy, and Ideology, Singapore, 1989 (East Asian Social Science Monographs).
Lim Kit Siang: Malaysia: Crisis of Identity, Kuala Lumpur, 1986.
Magnis-Suseno, F.: Neue Schwingen für Garuda. Indonesien zwischen Tradition und Moderne, München, 1989.
Ders.: Javanische Weisheit und Ethik. Studien zu einer östlichen Moral, München/Wien, 1981.
Majul, C. A.: Muslims in the Philippines, Quezon City, ²1973.
Ders.: The Contemporary Muslim Movement in the Philippines, Berkeley, 1985.
Man, W. K. Che: Muslim Separatism. The Moros of Southern Philippines and the Malays of Southern Thailand, Singapore, 1990.
Ders.: The Thai Government and Islamic Institutions in the Four Southern Muslim Provinces of Thailand. In: Sojourn (Singapore), 5 (August 1990) 2, 255–282.
Means, G. P.: Malaysian Politics: The Second Generation, Singapore, 1991 (South-East Asian Social Science Monographs).
Mohamad, M. b.: The Malay Dilemma, Singapore, ⁴1979.
Ders.: The Challenge, Petaling Jaya, ³1989.
Mutalib, H.: Islam and Ethnicity in Malay Politics, Singapore, 1987 (South-East Asian Social Science Monographs).
Ders.: Islam in Malaysia. From Revivalism to Islamic State, Singapore, 1993.
Muzaffar, Ch.: Islamic Resurgence in Malaysia, Petaling Jaya, 1987.
Ders.: Challenges and Choices in Malaysian Politics and Society, Penang, 1989.
Nasution, H.: Der islamische Staat – ein indonesisches Konzept. In: *Italiaander, R.* (Hrsg.): Indonesiens verantwortliche Gesellschaft, Erlangen, 1976, 107–121.

Noer, D.: The Modernist Muslim Movement in Indonesia 1900–1942, Singapore/Kuala Lumpur, 1973.
Ongkili, J. P.: Modernization in East Malaysia 1960–1970, Kuala Lumpur/Singapore, 1972.
Ders.: Nation-building in Malaysia 1946–1974, Singapore, 1985.
Pitsuwan, S.: Islam di Muangthai. Nasionalisme Melayu Masyarakat Patani, Jakarta, 1989 (Original: Islam and Malay nationalism: a case study of the Malay Muslims in Southern Thailand, Dissertation, Harvard University, USA).
Rothermund, D. (ed.): Islam in Southern Asia. A Survey of Current Research, Wiesbaden, 1975 (Beiträge zur Südasien-Forschung, 16).
Santa Maria, L.: L'Indonesia negli anni 70. In: Oriente Moderno, Nuova Serie, Anno X (1991), prima parte: 103–161, seconda parte: 393–462.
Schumann, O.: Islam und Politik in Indonesien. In: Evangelische Mission 1978, Hamburg, 1978, 64–80.
Ders.: Christians and Muslims in Search of Common Ground in Malaysia. In: Islam and Christian-Muslim Relations 2 (1991) 242–268.
Ders.: Staat und Gesellschaft im heutigen Indonesien. In: Die Welt des Islams 33 (1993) 182–218.
Singh, D. S. R.: Brunei 1839–1983. The Problems of Political Survival, Singapore, 1991.
Suffian, T. M. u. a. (eds.): The Constitution of Malaysia: Its Developments 1957–1977, Kuala Lumpur, ^{3}1979.
Syukri, I.: History of the Malay Kingdom of Patani. Translated by Conner Bailey and John N. Miksic, Athens, Ohio, 1984 (Southeast Asia Series, 68).
Teeuw, A. u. *D. K. Wyatt:* Hikayat Patani. The Story of Patani, The Hague, 1970, 2 volumes (Bibliotheca Indonesia, 5).
Tregonning, K. G.: A History of Modern Malaya, London, 1964.
Trinidade, F. A. u. *Lee, H. P.:* The Constitution of Malaysia: Further Perspectives and Developments. Essay in Honour of Tun Mohamad Suffian, Singapore, 1986.
Turnbull, C.: A History of Malaysia, Singapore/Brunei/Sydney, 1989.
Wawer, W.: Muslime und Christen in der Republik Indonesia, Wiesbaden, 1974 (Beiträge zur Südasien-Forschung, 7).
Wertheim, W. F.: Indonesian Society in Transition, The Hague, ^{3}1969.
Weyland, P.: International Muslim Networks and Islam in Singapore. In: Sojourn (Singapore), 5 (August 1900) 2, 219–254.
Yegar, M.: The Muslims of Burma. A Study of a Minority Group, Wiesbaden, 1972 (Schriftenreihe des Südasien-Instituts der Universität Heidelberg).

11. Maghreb und Westafrika *(Peter von Sivers)*

Maghreb

Allman, J.: Social Mobilization, Education and Development in Tunisia, Leiden, 1979.
Amaldi, D. (Übers.): Risposta del rettore dell' Università islamica di Medina. In: Oriente Moderno 57 (1977) 189–209.
Annuaire de l'Afrique et du Moyen Orient (1979). Supplément annuel à Jeune Afrique, Paris, 1979.
Belhassen, S.: L'Islam contestataire en Tunisie. In: Jeune Afrique 949–51 (1979) 82–84, 65–69 und 89–92.
van Binsbergen, W. M. J.: Popular and Formal Islam, and Supra-Local Relations: The Highlands of North-Western Tunisia, 1800–1979. In: Middle Eastern Studies 16 (1980) 71–91.

Borrmans, M.: Documents sur la famille au Maghreb de 1940 à nos jours. In: Oriente Moderno 59 (1979) 1–438.
Boserup, E.: The Conditions of Agricultural Growth, Chicago, 1966.
Bouhdiba, A.: Culture et société, Tunis, 1978.
Bouzida, A.: L'idéologie de l'instituteur, Algier, SNED, 1976.
Bowen, D. L.: Islam and Family Planning in Morocco. In: Maghreb Review 5 (1980) 20–29.
Camillieri, C.: Jeunesse, famille et développement: Tunisie, Paris, CNRS, 1973.
Corrèze, F.: Femmes des mechtas, Paris, 1976.
Dawyer, D. H.: Law Actual and Perceived: The Sexual Politics of Law in Morocco. In: Law and Society Review 13 (1979) 739–756.
Demeerseman, A.: La famille tunisienne, Tunis, [2] 1974.
Eickelman, D. F.: Ideological Change and Regional Cults: Marabutism and Ties of „Closeness" in Western Morocco. In: *Werbner, R. P.* (ed.): Regional Cults, London, 1977, 3–28.
Haddab, M.: Changement socio-culturel et système scolaire en Algérie. In: Journal Algérien 13 (1976) 957–970.
Höll, R.: Die Stellung der Frau im zeitgenössischen Islam, dargestellt am Beispiel Marokkos, Frankfurt am Main, 1979 (Heidelberger orientalistische Studien, 1).
Lacoste-Dujardin, C.: Changements et mutations à travers quelques rites paysans dans l'Algérie nouvelle. In: L'autre et l'ailleurs, hommages à R. Bastide, Paris, 1976, 398–415.
Lessner, D.: Zur sozialen Lage der Frauen in Entwicklungsländern. Eine Fallstudie „Algerien", München, 1978.
Maatoug, H.: Islamische Bildung und Erziehung und ihre Bedeutung für die gegenwärtige Pädagogik in Tunesien, Frankfurt, 1979 (Eruditio, 10).
Maher, V.: Women and Property in Morocco, Cambridge, 1974.
Mernissi, F.: The Patriarch in the Moroccan Family: Myth or Reality? In: *Allman, J.* (ed.): Women's Fertility and Status in the Muslim World, New York, 1978, 312–332.
Musso, J. C.: Dépôts rituels des sanctuaires ruraux de la Grande Kabylie, Paris, 1971.
Provansal, D.: Le phénomène maraboutique au Maghreb. In: Genève-Afrique 14 (1975) 59–77.
Rabate, M.-R. u. *A. Ouadani:* Le moussem de Sidi Merri. In: Objets et Mondes 16 (1976) 27–40.
Radi, A.: L'adaptation de la famille au changement social dans le Maroc urbain. In: Bulletin Économique et Social du Maroc 135 (1977) 1–36.
Sack, R.: The Impact of Education on Individual Modernity in Tunisia. In: International Journal of Comparative Sociology 14 (1973) 245–272.
Simon, J. L.: The Economics of Population Growth, Princeton, 1977.
Tessler, M.: Political Change and the Islamic Revival in Tunisia. In: Maghreb Review 5 (1980) 8–19.
Zerdoumi, N.: Enfants d'hier. L'éducation de l'enfant en milieu traditionnel algérien, Paris, 1970.

Westafrika

Barkow, J. H.: Muslims and Maguzawa in North Central State, Nigeria. In: Canadian Journal of African Studies 7 (1973) 59–76.
Behrman, L. C.: Muslim Politics and Development in Senegal. In: Journal of Modern African Studies 15 (1977) 261–277.

Cruise O'Brien, D. B.: The Mourides of Senegal, Oxford, 1971.
Ders.: Mohammedanische Bruderschaften in Schwarzafrika. In: Zeitschrift für Kulturaustausch 29 (1979) 398–402.
Cuoq, J. M.: Les musulmans en Afrique, Paris, 1975.
Deniel, R.: Religions dans la ville. Croyances et changements sociaux à Abidjan, Abidjan, INADES, 1975.
Eades, J. S.: The Yoruba Today, Cambridge, 1980.
Hopkins, A. G.: An Economic History of West Africa, New York, 1973.
Horton, R.: On the Rationality of Conversion. In: Africa 45 (1975) 219–235 und 373–399.
Ryan, P.: Imale: Yoruba Participation in the Muslim Tradition, Harvard Dissertations in Religion 11, Missoula, Montana, 1978.
Sanneh, L.: Muslims in nicht-muslimischen Gesellschaften in Afrika. In: Zeitschrift für Kulturaustausch 29 (1979) 383–394.
Schaffer, M.: Mandinko: The Ethnography of a West African Holy Land, New York, 1980.
Simmons, W. S.: Islamic Conversion and Social Change in a Senegalese Village. In: Ethnology 18 (1979) 303–323.
Trimingham, J. S.: The Influence of Islam upon Africa, London, ^{2}1980.
Wane, Y.: Ceerna Muhammadu Sayid Baa ou le soufisme intégral de Madiina Gunaas (Senegal). In: Cahiers d'Études Africaines 14 (1974) 671–698.

12. Die unabhängigen Staaten Schwarzafrikas *(Jamil M. Abun-Nasr)*

Anderson, J. N. D.: Islamic Law in Africa, London, 1978.
Coulon, Ch.: Le Marabout et le Prince (Islam et pouvoir au Sénégal), Paris, 1981.
Ders.: Les Marabouts et le Pouvoir en Afrique Noire, Paris, 1983.
Cruise O'Brien, D.: The Mourides of Senegal, Oxford, 1971.
Delval, R.: Les Musulmans au Togo, Paris, 1980.
Freeman-Grenville, G. S. P.: The East African Coast: Select Documents from the First to the Earlier Nineteenth Century, London, 1975.
Froehlich, J. C.: Les Musulmans d'Afrique Noire, Paris, 1962.
Hunwick, J. O.: Shariʿa in Songhay: The Replies of Al-Maghili to the Questions of Askia al-Hājj Muhammad, Oxford, 1985.
Kaba, L.: The Wahabiyya: Islamic Reform and Politics in French West Africa, Evanston, Illinois, 1974.
Klein, M. A.: Islam and Imperialism in Senegal, Sine-Saloum, 1847–1914, Stanford, 1968.
Levtzion, N.: Muslims and Chiefs in West Africa: a Study of Islam in the Middle Volta Basin in the Pre-colonial Period, Oxford, 1968.
Lewis, I. M.: Sufism in Somaliland: a Study in Tribal Islam. In: Bulletin of the School of Oriental and African Studies 17 (1955).
Ders. (ed.): Islam in Tropical Africa, London, ^{2}1980.
Lienhardt, P.: The Mosque College of Lamu and its Social Background. In: Tanganyika Notes and Records 53 (1959).
Loimeier, R.: Islamische Erneuerung und politischer Wandel in Nordnigeria – Die Auseinandersetzungen zwischen den Sufi-Bruderschaften und ihren Gegnern seit den 50er Jahren, Hamburg, 1993.
Magassouba, M.: L'Islam au Sénégal, Paris, 1989.
Martin, B. G.: Muslim Brotherhoods in Nineteenth-century Africa, Cambridge, 1976.

Mattes, H.: Die islamische Bewegung des Senegal zwischen Autonomie und Außenorientierung, Hamburg, 1989.
Monteil, V.: L'Islam noir: une religion à la conquête de l'Afrique, Paris, ^{3}1980.
Reichmuth, S.: 'Ilm und Adab: Islamische Bildung und soziale Integration in Ilorin, Nigeria, seit ca. 1800, Habilitationsschrift, Universität Bayreuth, 1991.
Robinson, D.: The Holy War of Umar Tal: The Western Sudan in the mid-Nineteenth Century, Oxford, 1985.
Salim, A. I.: The Swahili-Speaking Peoples of Kenya's Coast, 1895–1965, Nairobi, 1973.
Sanneh, L. O.: The Jakhanke: the History of an Islamic Clerical People of the Senegambia, London, 1979.
Schacht, J.: Notes on Islam in East Africa. In: Studia Islamica 13 (1965).
Stewart, C. C. u. *E. K. Stewart:* Islam and Social Order in Mauritania, Oxford, 1973.
Trimingham, J. S.: The Influence of Islam upon Africa, London, ^{2}1980.
Ders.: Islam in Ethiopia, London, 1976.
Ders.: Islam in East Africa, London, 1980.
Ders.: Islam in West Africa, London, 1959, Reprint 1961–1978.
Usman, Y. B. (ed.): Studies in the History of the Sokoto Caliphate: The Sokoto Seminar Papers, Lagos, 1979.
Willis, J. R. (ed.): Studies in West African Islamic History, Band 1: The Cultivators of Islam, London, 1979.

13. Die Islamisierung des subsaharischen Afrika *(Hans Müller)*

Ajayi, J. F. A. u. *M. Crowder* (eds.): History of West Africa, volume I: Harlow, ^{3}1985; volume II: Harlow, ^{2}1987.
Blanckmeister, E. B.: „Dīn wa dawla". Islam, Politik und Ethnizität im Hausaland und in Adamawa, Emsdetten, 1989.
The Cambridge History of Africa, 8 Bände, Cambridge, 1975 ff.
Clarke, P. B.: West Africa and Islam. A study of religious development from the 8th to the 20th century, London, 1982.
Cuoq, J. M.: Les Musulmans en Afrique, Paris, 1975.
Ders.: Recueil des sources arabes concernant l'Afrique occidentale du VIIIe au XVIe siècle (Bilād as-Sūdān), Paris, 1975, Réimpression 1985.
Ders.: L'Islam en Éthiopie des origines au XVIe siècle, Paris, 1981.
Ders.: Histoire de l'islamisation de l'Afrique de l'ouest des origines à la fin du 16e siècle, Paris, 1984, Réimpression 1985.
Ders.: Islamisation de la Nubie chrétienne, VIIe–XVIe siècle, Paris, 1986.
Forstner, M.: Der Islam in der westafrikanischen Sahel-Zone: Erscheinungsbild – Geschichte – Wirkung. In: Zeitschrift für Missionswissenschaft und Religionswissenschaft 71 (1987) 25–84 und 97–120.
Froehlich, J. C.: Les Musulmans de l'Afrique noire, Paris, 1962.
Hiskett, M.: The Development of Islam in West Africa, London/New York, 1984.
Hopkins, J. F. P. u. N. Levtzion (eds.): Corpus of Early Arabic Sources for Western African History, Cambridge, 1981.
Kritzeck, J. u. *W. H. Lewis* (eds.): Islam in Africa, New York u. a., 1969.
Lewis, I. M. (ed.): Islam in Tropical Africa, London, ^{2}1980.
Monteil, V.: L'Islâm noir: Une religion à la conquête de l'Afrique, 4., überarbeitete Auflage, Paris, 1986.
Moreau, R. L.: Africains musulmans. Des communautés en mouvement, Paris/Abidjan, 1982.

Nicolas, G.: Dynamique de l'Islam au sud du Sahara, Paris, 1981.
Ofori, P. E.: Islam in Africa South of the Sahara. A select bibliographic guide, Nendeln, 1977.
Oliver, R. u. a.: History of East Africa, 3 Bände, Oxford, 1963–1976.
Pouwels, R. L.: Horn and Crescent. Cultural change and traditional Islam on the East African coast, 800–1900, Cambridge, 1987.
Reusch, R.: Der Islam in Ost-Afrika, mit besonderer Berücksichtigung der muhammedanischen Geheim-Orden, Leipzig, 1930.
Trimingham, J. S.: Islam in the Sudan, London, 1949, Reprint 1965 und 1983.
Ders.: Islam in Ethiopia, London, 1952, Reprint 1965 und 1976.
Ders.: Islam in West Africa, London, 1959, Reprint 1961–1978.
Ders.: A History of Islam in West Africa, London, 1962, Reprint 1963–1982.
Ders.: Islam in East Africa, London, 1964, Reprint 1971 und 1980.
Ders.: The Influence of Islam upon Africa, London u. a., 1968, [2]1980.
Unesco General History of Africa, 8 Bände, Berkeley, 1981 ff.
Westermann, D.: Geschichte Afrikas. Staatenbildungen südlich der Sahara, Köln, 1952.
Willis, J. R. (ed.): Studies in West African Islamic History, volume I: The Cultivators of Islam, London, 1979.
Zoghby, S. M. (ed.): Islam in Sub-Saharan Africa. A partially annotated guide, Washington, 1978.

14. Horn von Afrika *(Hans Müller)*

Africa South of the Sahara, Europa Publications Limited, London, [1]1971, [23]1994.
Afrika Jahrbuch 1987ff., hrsg. vom *Institut für Afrika-Kunde*, Opladen, 1988 ff.
Blaustein, A. u. *G. Franz* (eds.): Constitutions of the Countries of the World, New York. (Loseblatt-Sammlung, die ständig aktualisiert wird.)
Cuoq, J. M.: Les Musulmans en Afrique, Paris, 1975.
DeLancey, M. W. u. a.: Somalia, Oxford u. a., 1988 (World Bibliograph. Series, 92).
Dilger, K.: Die Rolle des islamischen Rechts im ostafrikanischen Raum. Ein Beitrag zur Rechtsentwicklung in Somalia, in der Volksrepublik Jemen und in Äthiopien. In: Jahrbuch für Afrikanisches Recht 2 (1981) 3–42.
Haberland, E. u. *H. Straube:* Nordostafrika. In: *Baumann, H.* (Hrsg.): Die Völker Afrikas und ihre traditionellen Kulturen. Teil II: Ost-, West- und Nordafrika, Wiesbaden, 1979, 69–156.
Hasselblatt, G.: Horn von Afrika. In: *Ende, W.* u. *U. Steinbach* (Hrsg.): Der Islam in der Gegenwart, München, 1. bis 3. Auflage, 1984–1991, 427–439, 667 f. und 707.
Index Islamicus, Cambridge, 1958 ff. (Ab 1972: London. Zwischen 1977 und 1993: The Quarterly Index Islamicus. Ab 1994 wieder Index Islamicus.)
International African Bibliography, London u. a., 1971 ff.
Laitin, D. D. u. *S. S. Samatar:* Somalia. Nation in Search of a State, Boulder/London, 1987.
Lewis, I. M.: Peoples of the Horn of Africa, London, 1955, Reprinted with Supplementary Bibliography 1969.
Ders.: Sufism in Somaliland: A Study in Tribal Islam. In: Bulletin of the School of Oriental and African Studies (BSOAS), volume XVII, London, 1955, 581–602; volume XVIII, 1956, 145–160.
Ders.: A Modern History of Somalia. Nation and State in the Horn of Africa, London/New York, 1980.

Lipsky, G. A.: Ethiopia: its People, its Society, its Culture, New Haven, 1962.
Matthies, V.: Horn von Afrika (Äthiopien/Eritrea, Somalia): „Krieg und Dürre, Frieden und Milch". In: *Hofmeier, R.* u. *V. Matthies* (Hrsg.): Vergessene Kriege in Afrika, Göttingen, 1992, 173–214.
Milkias, P.: Ethiopia: A Comprehensive Bibliography, Boston, 1989.
Nelson, H. D.: Somalia: A Country Study, Washington, [3]1982.
Nelson, H. D. u. *I. Kaplan* (eds.): Ethiopia: A Country Study, Washington, [3]1981.
Nohlen, D. u. *F. Nuscheler* (Hrsg.): Handbuch der Dritten Welt, Band 5: Ostafrika und Südafrika, 3., völlig neu bearbeitete Auflage, Bonn, 1993.
Oberlé, Ph. u. *P. Hugot:* Histoire de Djibouti. Des origines à la République, Paris/Dakar, 1985.
Paulitschke, Ph.: Ethnographie Nordost-Afrikas. Band. 1: Die materielle Cultur der Danākil, Galla und Somāl, Berlin, 1893; Band 2: Die geistige Cultur der Danākil, Galla und Somāl, Berlin, 1896.
Schraeder, P. J.: Djibouti, Oxford u. a., 1991 (World Bibliographical Series, 118).
Thompson, V. u. *R. Adloff:* Djibouti and the Horn of Africa, Stanford, California, 1968.
Trimingham, J. S.: Islam in Ethiopia, London, 1952, Reprint 1965 und 1976.

15. Libyen *(Hanspeter Mattes)*

Ayoub, M. M.: Islam and the Third Universal Theory. The Religious Thought of Muʿammar al-Qadhdhafi, London, 1987.
Evans-Pritchard, E. E.: The Sanusi of Cyrenaica, Oxford, [1]1949.
Hager, E.: Volksmacht und Islam: eine terminologie- und ideologieanalytische Untersuchung zum Politik- und Religionsverständnis bei Muʿammar al-Qaddafi, Berlin, 1985.
Kooij, C.: Islam in Qadhafi's Libya. Religion and Politics in a Developing Country, Amsterdam, 1980.
Mattes, H.: Islam und Staatsaufbau. Das theoretische Konzept und das Beispiel der Sozialistischen Libyschen Arabischen Volksǧamāhīriyya, Heidelberg, 1982.
Ders.: Die innere und äußere Mission Libyens. Historisch-politischer Kontext, innere Struktur, regionale Ausprägung am Beispiel Afrikas, Mainz/München, 1986.
Ders.: Gaddafi und die islamistische Opposition in Libyen. Zum Verlauf eines Konflikts, Hamburg, 1995 (Deutsches Orient-Institut, Mitteilung 51).
Mayer, A. E.: A Survey of Islamifying Trends in Libyan Law since 1969. In: Society for Libyan Studies: Seventh Annual Report, London, 1975–1976, 53–55.
Dies.: Islamic Resurgence or New Prophethood: the Role of Islam in Qadhdhāfī's Ideology. In: *Dessouki, H.* (ed.): Islamic Resurgence in the Arab World, New York, 1982, 196–220.
Scarcia Amoretti, B.: Libyan Loneliness in Facing the World: the Challenge of Islam? In: *Dawisha, A.* (ed.): Islam in Foreign Policy, Cambridge, 54–67.
Ziadeh, N. A.: Sanusiyah. A Study of a Revivalist Movement in Islam, Leiden, 1968.

16. Ägypten *(Alexander Flores)*

Anawati, G. u. *M. Borrmans:* Tendances et courants de l'Islam arabe contemporain, volume 1: Égypte et Afrique du Nord, München/Mainz, 1982.
Al-Ashmawy, M. S.: L'islamisme contre l'islam, Paris/Kairo, 1989.
Assaf, H.: Islamic Movements in Egypt, Pakistan and Iran. An Annotated Bibliography, London, 1983.

Berger, M.: Islam in Egypt Today. Social and political aspects of a popular religion, Cambridge, 1970.
Büttner, F. u. *J. Klostermeier:* Ägypten, München, 1991.
Carré, O. u. *G. Michaud:* Les frères musulmans (1928–1982), Paris, 1983.
Crecelius, D.: The Course of Secularization in Modern Egypt. In: *Esposito, J. L.* (ed.) Islam and Development, Syracuse, 1980, 49–70.
Eccel, A. Ch.: Egypt, Islam and Social Change. Al-Azhar in Conflict and Accomodation, Berlin, 1984.
Forstner, M.: Auf dem legalen Weg zur Macht? Zur politischen Entwicklung der Muslimbruderschaft Ägyptens. In: Orient 29 (1988) 386–422.
Kepel, G.: Le prophète et pharaon, Paris, 1984; in deutscher Übersetzung unter dem Titel: Der Prophet und der Pharao, München/Zürich, 1995.
Hopwood, D.: Egypt. Politics and Society 1945–1984, Boston, [3]1985.
Jansen, J. J. G.: The Neglected Duty. The Creed of Sadat's Assassins and Islamic Resurgence in the Middle East, New York/London, 1986.
Kogelmann, F.: Die Islamisten Ägyptens in der Regierungszeit von Anwar as-Sādāt (1970–1981), Berlin, 1994.
Krämer, G.: Ägypten unter Mubarak: Identität und nationales Interesse, Baden-Baden, 1986.
Lemke, W.-D.: Maḥmūd Shaltūt (1893–1963) und die Reform der Azhar. Untersuchungen zu Erneuerungsbestrebungen im ägyptischen Erziehungssystem, Frankfurt am Main, 1980.
Lüders, M. (Hrsg.): Der Islam im Aufbruch? Perspektiven der arabischen Welt, München/Zürich, 1992.
Mitchell, R. P.: The Society of the Muslim Brothers, London, 1969.
Pawelka, P.: Herrschaft und Entwicklung im Nahen Osten: Ägypten, Heidelberg, 1985.
Schamp, H. (Hrsg.): Ägypten. Das alte Kulturland am Nil auf dem Weg in die Zukunft, Tübingen, 1977.
Schulze, R.: Islamischer Internationalismus im 20. Jahrhundert, Leiden, 1990.
Sivan, E.: Radical Islam. Medieval Theology and Modern Politics, New Haven/London, 1985.
Vatikiotis, P. J.: The History of Egypt, London, [2]1980.
Zakariya, F.: Laïcité ou islamisme. Les arabes à l'heure du choix, Paris/Kairo, 1991.

17. Sudan *(Hanspeter Mattes)*

Abdelsalam, S. E.: A Study of Contemporary Sudanese Muslim Saints' Legends in Sociocultural Contexts, Ann Arbor/Michigan (UMI), 1983.
Affendi, A. el-: Turabi's Revolution. Islam and Power in Sudan, London, 1991.
Bashier, Z.: Islamic Movement in the Sudan: Issues and Challenges, Leicester, 1987.
Daly, M. W. (ed.): Al Mahjdhubiyya and al Mikashfiyya: Two Sufi Tariqas in the Sudan, Khartum, 1985.
Faath, S. u. *H. Mattes* (Hrsg.): Sudan, Hamburg, 1993 (Wuqūf. Beiträge zur Entwicklung von Staat und Gesellschaft in Nordafrika, 7–8).
Fluehr-Lobban, C.: Islamic Law and Society in the Sudan, London, 1987.
Grandin, N.: Al-Sayyid Muhammad al-Hasan al-Mīrghanī (Soudan). In: Islam et Sociétés au Sud du Sahara, Paris 3 (1989) 107–118.
Karrar, A. S.: The Sufi Brotherhoods in the Sudan, London, 1992.
Köndgen, O.: Das islamisierte Strafrecht des Sudan. Von seiner Einführung 1983 bis Juli 1992, Hamburg, 1992.

Na'im, A. A. an-: Mahmud Muhammad Taha and the Crisis in Islamic Law Reform: Implications for Interreligious Relations. In: *Swidler, L.* (ed.): Muslims in Dialogue, Lampeter, 1992, 59–86.
Osman, A. A. M.: The Political and Ideological Development of the Muslim Brotherhood in Sudan, 1945–1986, Betchworth (BRITS), 1989.
Taha, M. M.: The Second Message of Islam, New York, 1987.
Trimingham, J. S.: Islam in the Sudan, London, [1] 1949, [4] 1965.

18. Israel und die Besetzten Gebiete *(Thomas Philipp)*

Abu-ʿAmr, Z.: Hamas: A Historical and Political Background. In: Journal of Palestine Studies 22 (summer 1993) 4/88, 5–19, 122–134.
Berger, E.: Peace for Palestine: First Lost Opportunity, Gainesville/Florida, 1993.
Cobban, H.: The PLO and the Intifada. In: Middle East Journal 44 (spring 1990) 2, 207–233.
Elias, A. S.: Wer wirft den letzten Stein? Der lange Weg zum Frieden im Nahen Osten, Düsseldorf, 1993.
Flores, A.: Intifada. Aufstand der Palästinenser, Berlin, 1988.
Heilberg, M. u. *G. Ovensen*, u. a.: Palestinian Society in Gaza, West Bank and Arab Jerusalem: a Survey of Living Conditions, Oslo, 1993.
Höpp, G.: Religion im Konflikt. Gibt es eine islamische Lösung für Palästina? In: *Robbe, M.* u. *D. Senghaas* (Hrsg.): Die Welt nach dem Ost-West-Konflikt. Geschichte und Prognosen, Berlin, 1990, 249–265.
Ders.: Gibt es immer noch eine islamische Lösung für Palästina? In: Asien, Afrika, Lateinamerika 19 (1991) 4, 614–621.
Israeli, R.: Muslim Fundamentalism in Israel, London, 1993.
Kaufman, E. u. a. (eds.): Democracy, Peace and the Israeli-Palestinian Conflict, London, 1993.
Kristianasen Levitt, W.: De l'islamisme radical à la logique nationaliste. In: Le Monde Diplomatique, Mai, 1993; *dies.:* Hamas se prépare à la nouvelle donne. In: Le Monde Diplomatique, Februar, 1994; *dies.:* Islamistes palestiniens, la nouvelle génération. In: Le Monde Diplomatique, Juni, 1995.
Landau, D.: Piety and Power: the World of Jewish Fundamentalism, London, 1993.
Landau, J. M.: The Arab Minority in Israel, 1967–1991. Political Aspects, Oxford, 1993.
Lange, M.: Religiöser Fundamentalismus und parlamentarische Demokratie in Israel. In: KAS (Konrad-Adenauer-Stiftung)-Auslandsinformationen, St. Augustin, 7 (September 1991) 9, 16–25.
Legrain, J.-F.: Islamistes et lutte nationale palestinienne dans les territoires occupés par Israël. In: Revue française de Science Politique 36 (April 1986) II, 227–247.
Ders.: Le pouvoir en Cisjordanie: Un combat à quatre. In: Bulletin du Centre d'Études et de Documentation Economique, Juridique et Sociale (CEDEJ), Kairo, 23 (1988) 149–182.
Ders.: Les islamistes palestiniens à l'épreuve du soulèvement. In: Maghreb-Machrek, 121 (Juli/September 1988) 5–42.
Ders.: The Islamic Movement and the Intifada. In: *Nassar, J. R.* u. *R. Heacock* (eds.): Intifada. Palestine at the Crossroads, New York (u. a.), 1990, 175–189.
Ders. u. *P. Chenard:* Les voix du soulèvement palestinien, CEDEJ, Kairo, 1991.
Mayer, T.: Pro-Iranian Fundamentalism in Gaza. In: *Sivan, E.* u. *M. Friedmann* (eds.): Religious Radicalism and Politics in the Middle East, Albany/New York, 1990, 143–155.

Qleibo, A. H.: Wenn Berge verschwinden. Die Palästinenser im Schatten der israelischen Besatzung, Heidelberg, 1993.

Sahliyeh, E. F.: The West Bank and the Gaza Strip. In: *Hunter, S. T.* (ed.): The Politics of Islamic Revivalism, Bloomington/Indiana, 1988, 88–100.

Schmid, C.: Der Israel-Palästina-Konflikt und die Bedeutung des Vorderen Orients als sicherheitspolitische Region nach dem Ost-West-Konflikt, Baden-Baden, 1993.

Shadid, M. K.: The Muslim Brotherhood Movement in the West Bank and Gaza. In: Third World Quarterly 10 (April 1988) 2, 658–682.

Sicherman, H.: Palestinian Autonomy, Self-government and Peace, Washington, D. C.; Boulder/Colorado, 1993.

Stein, K. W.: The Intifada and the Uprising of 1936–1939. A Comparison of the Palestinian Arab Communities. In: *Freedman, R. O.* (ed.): The Intifada, Miami/Florida, 1991, 3–36.

Steinberg, M.: The PLO and Palestinian Islamic Fundamentalism. In: The Jerusalem Quarterly 52 (autumn 1989) 37–54.

Sunderbrink, U.: Die PLO in der Krise? Genese, Strukturmerkmale und Politikmuster der Palästinensischen Befreiungsorganisation und deren Herausforderung durch den politischen Islam in der Intifada, Münster, 1993.

19. Syrien, Irak, Jordanien *(Thomas Koszinowski)*

Baram, A.: Culture, History and Ideology in the Formation of Ba'thist Iraq, 1968–89, London, 1991.

Batatu, H.: The Old Social Classes and the Revolutionary Movements of Iraq, Princeton, 1978.

Ders.: Some Observations on the Social Roots of Syria's Ruling Military Group and the Causes of its Dominance. In: Middle East Journal 35 (1981) 331–44.

Czichowski, F.: Jordanien: Internationale Migration, wirtschaftliche Entwicklung und soziale Stabilität, Hamburg, 1990.

van Dam, N.: The Struggle for Power in Syria, London, [2]1981.

Haas, M.: Husseins Königreich. Jordaniens Stellung im Nahen Osten, München, 1975.

Hinnebush, R.: Authoritarian Power and State Formation in Ba'thist Syria: Army, Party, and Peasant, Boulder, Colorado, 1990.

Hopwood, D./Ishow, H./Koszinowski, T. (eds.): Iraq: Power and Society, Reading, Ithaca, 1993.

Kelidar, A. (ed.): The Integration of Modern Iraq, London, 1979.

Kienle, E.: Ba'th versus Ba'th: The Conflict between Syria and Iraq, 1968–1989, London, 1990.

Khadduri, M.: Socialist Iraq. A Study in Iraqi Politics since 1968, Washington, D. C., 1978.

Khalil, S. al-: Republic of Fear. The Politics of Modern Iraq, Berkeley, 1989.

Khayyat, S. al-: Honour and Shame: Women in Modern Iraq, London, 1990.

Perthes, V.: Staat und Gesellschaft in Syrien 1970–1989, Hamburg, 1990.

Reissner, J.: Ideologie und Politik der Muslimbrüder Syriens. Von den Wahlen 1947 bis zum Verbot unter Adīb ash-Shīshaklī 1952, Freiburg, 1980.

Salibi, K.: A Modern History of Jordan, London, 1993.

Sluglett, P. u. *M. Farouk-Sluglett:* Der Irak seit 1958. Von der Revolution zur Diktatur, Frankfurt am Main, 1991.

Wilson, R.: Politics and the Economy in Jordan, London, 1990.

20. Libanon *(Axel Havemann)*

Abu-Izzeddin, N. M.: The Druzes. A New Study of Their History, Faith and Society, Leiden, 1984.
Ajami, F.: The Vanished Imam. Musa al Sadr and the Shia of Lebanon, Ithaca/London, 1986.
Betts, R. B.: The Druze, New Haven/London, 1988.
Binder, L. (ed.): Politics in Lebanon, New York/London/Sydney, 1966.
De Bar, L.-H.: Les communautés confessionelles du Liban, Paris, 1983.
Dubar, Cl. u. *S. Nasr:* Les classes sociales au Liban, Paris, 1976.
Early, E. A.: The Amiliyya Society of Beirut: A Case Study of an Emerging Urban Zaʿim, M. A. thesis, American University of Beirut, 1971.
Firro, K. M.: A History of the Druzes, Leiden/New York/Köln (Handbuch der Orientalistik, 1. Abteilung: Der Nahe und der Mittlere Osten, Ergänzungsband IX), 1992.
Goria, W. R.: Sovereignty and Leadership in Lebanon 1943–1976, London, 1985.
Ǧumblāṭ (Joumblatt), K.: I Speak for Lebanon, London, 1982 (Übersetzung aus dem Französischen: Pour le Liban, Paris, 1978).
Halawi, M.: A Lebanon Defied. Musa al-Sadr and the Shiʿa Community, Boulder/San Francisco/Oxford, 1992.
Hanf, Th.: Koexistenz im Krieg. Staatszerfall und Entstehen einer Nation im Libanon, Baden-Baden, 1990.
Ders.: Erziehungswesen in Gesellschaft und Politik des Libanon, Bielefeld, 1969.
Havemann, A.: Rurale Bewegungen im Libanongebirge des 19. Jahrhunderts. Ein Beitrag zur Problematik sozialer Veränderungen, Berlin, 1983.
Hourani, A. H.: Minorities in the Arab World, London/New York/Toronto, 1947.
Hudson, M. C.: The Precarious Republic. Political Modernization in Lebanon, New York, 1968.
Johnson, M.: Class and Client in Beirut. The Sunni Muslim Community and the Lebanese State 1840–1985, London/Atlantic Highlands, 1986.
Kewenig, W.: Die Koexistenz der Religionsgemeinschaften im Libanon, Berlin, 1965.
Norton, A. R.: Amal and the Shiʿa. Struggle for the Soul of Lebanon, Austin, 1987.
Owen, R. (ed.): Essays on the Crisis in Lebanon, London, 1976.
Pohl-Schöberlein, M.: Die schiitische Gemeinschaft des Südlibanon (Ǧabal ʿĀmil) innerhalb des libanesischen konfessionellen Systems, Berlin, 1986.
Rabbath, E.: La formation historique du Liban politique et constitutionnel, Beirut, 1973.
Rieck, A.: Die Schiiten und der Kampf um den Libanon. Politische Chronik 1958–1988, Hamburg, 1989.
Salibi, K. S.: The Modern History of Lebanon, London, 1965.
Ders.: A House of Many Mansions. The History of Lebanon Reconsidered, London, 1988.
Shehadi, N. u. *D. H. Mills* (eds.): Lebanon, a History of Conflict and Consensus, London, 1988.
Schatkowski, L.: The Islamic Maqased of Beirut: A Case Study of Modernization in Lebanon, M. A. thesis American University of Beirut, 1969.
Schenk, B.: Kamāl Ǧunbulāṭ. Das arabisch-islamische Erbe und die Rolle der Drusen in seiner Konzeption der libanesischen Geschichte, Berlin, 1994.

21. Saudi-Arabien und die kleineren Golfstaaten *(Johannes Reissner)*

Abir, M.: Saudi Arabia. Government, Society and the Gulf Crisis, London, 1993.
Eickelman, D.F.: Identité nationale et discours religieux en Oman. In: *Kepel, G.* u. *Y. Richard* (eds.): Intellectuels et militants de l'Islam contemporain, Paris, 1990, 103–128.
Ende, W.: Religion, Politik und Literatur in Saudi-Arabien. Der geistesgeschichtliche Hintergrund der heutigen religiösen und kulturpolitischen Situation, I–IV. In: Orient I: 22 (1981) 3, 377–390; II: 23 (1982) 1, 21–35; III: 23 (1982) 3, 378–393; IV: 23 (1982) 4, 524–539.
Ghabra, Sh.: Voluntary Associations in Kuwait: The Foundation of a New System? In: The Middle East Journal 45 (spring 1991) 2, 199–215.
Ibrahim, F.: Die neue saudische „Verfassung": Eine kontrollierte „Öffnung" des saudischen Systems? In: Verfassung und Recht in Übersee 25 (1992) 4, 446–454.
Kostiner, J.: Shi'i Unrest in the Gulf. In: *Martin Kramer* (ed.): Shi'ism Resistance and Revolution, Boulder, 1987, 173–186.
Ramazani, R.K.: Shi'ism in the Persian Gulf. In: *Cole, J.R.I.* u. *N.R. Keddie:* Shi'ism and Social Protest, New Haven, London, 1986, 30–54.
Reissner, J.: Saudi-Arabien. In: *Nohlen, D.* u. *F. Nuscheler* (Hrsg.): Handbuch der Dritten Welt, Nordafrika und Naher Osten, Band 6, Bonn, 1993, 470–488.
Tübinger Atlas des Vorderen Orients (TAVO) (Hrsg.): B X 4 Zentralarabien. Der erste und zweite Saudische Staat. B X 5 Zentralarabien. Die Entstehung des Königreichs Saudi-Arabien, (A. Birken, J. Reissner), Wiesbaden, 1985.

22. Jemen *(Hédi Eckert)*

Behnstedt, P.: Die nordjemenitischen Dialekte, Teil 1: Atlas, Jemen-Studien, Band 3, Wiesbaden, 1985.
Chelhod, J.: L'Arabie du Sud, histoire et civilisation, tome I et II, Paris, 1984.
Daum, W.: Jemen. Das südliche Tor Arabiens, Tübingen, 1980.
Dostal, W.: Eduard Glaser – Forschungen im Jemen. Eine quellenkritische Untersuchung in ethnologischer Sicht, Wien, 1990.
Ders.: Egalität und Klassengesellschaft in Südarabien. Anthropologische Untersuchungen zur sozialen Evolution, Horn, 1985 (Wiener Beiträge zur Kulturgeschichte und Linguistik, XX).
Dresch, P.: Tribes, Government and History in Yemen, Oxford, 1993.
Frese-Weghöft, G.: Ein Leben in der Unsichtbarkeit: Frauen im Jemen, Reinbek bei Hamburg, 1986.
Gerholm, T.: Market, Mosque and Mafraj. Social inequality in a yemeni town, Stockholm, 1977 (Stockholm Studies in Social Anthropology, 5).
Halliday, F.: Revolution and Foreign Policy: The case of South Yemen 1967–1987, Cambridge, 1990.
Höhfeld, V.: Städte und Städtewachstum im Vorderen Orient: Fallstudien zur regionalen Differenzierung jüngerer städtischer Entwicklungsprozesse im orientalisch-islamischen Kulturkreis, Wiesbaden, 1984 [Beiheft zum Tübinger Atlas des Vorderen Orients (TAVO), Reihe B, 61].
Jemen: 3000 Jahre Kunst und Kultur des glücklichen Arabien, Innsbruck, 1987.
Kopp, H. u. *G. Schweizer* (Hrsg.): Entwicklungsprozesse in der Arabischen Republik Jemen, Wiesbaden, 1984 (Jemen-Studien, Band 1).
Kopp, H. u. *E. Wirth* (Hrsg.): Beiträge zur Stadtgeographie von Sana'a, Wiesbaden, 1990 [Beiheft zum Tübinger Atlas des Vorderen Orients (TAVO), Reihe B, 95].

Koszinowski, T./Menshaui, El-M./Meyer, A.: Zur politischen und wirtschaftlichen Situation des Jemen: Einführung und Dokumentation, Hamburg, 1980 [Aktueller Informationsdienst Moderner Orient (Sondernummer 7) der Dokumentationsleitstelle Moderner Orient].

La Péninsule Arabique d'aujourd'hui, Ouvrage collectif, direction: Paul Bonnenfant, 2 volumes, Paris, 1982.

Mermier, F.: Les souks de Sana'a et la société citadine, 2 volumes, Diss. Paris, 1988.

Meyer, G.: Arbeitsmigration, Binnenwanderung und Wirtschaftsentwicklung in der Arabischen Republik Jemen, Wiesbaden, 1986 (Jemen-Studien, 2).

Nahost Jahrbuch, herausgegeben vom *Deutschen Orient-Institut (Koszinowski, T.* u. *H. Mattes),* 1987 ff., Opladen, 1988 ff.

Salibi, K.: Die Bibel kam aus dem Lande Asir. Eine neue These über die Ursprünge Israels, Hamburg, [1]1985.

Schopen, A.: Das Qāt. Geschichte und Gebrauch des Genußmittels Catha edulis Forsk. in der Arabischen Republik Jemen, Wiesbaden, 1978 (Arbeiten aus dem Seminar für Völkerkunde, 8).

Traboulsi, F.: Les transformations des structures tribales depuis l'indépendance du Yémen du Sud. In: Cahiers du GREMANO 10, Paris, 1991.

Wenner, M. W.: The Yemen Arab Republic. Development and change in an ancient land, Boulder/Colorado, 1991.

V. Der Islam in der Diaspora: Europa und Amerika

1. Westeuropa *(Nico Landman)*

Abdullah, M. S.: Geschichte des Islams in Deutschland, Graz u. a., 1981.

Ders.: Was will der Islam in Deutschland? Gütersloh, 1993.

Abedin, S. Z. u. *Z. Sardar* (eds.): Muslim Minorities in the West, London.

Allievi, S. u. *F. Dassetto:* Il Ritorno dell'Islam. I musulmani in Italia, Roma, 1993.

Baumann, Chr. P. u. *Chr. J. Jäggi:* Muslime unter uns. Islam in der Schweiz, Luzern, Stuttgart, 1991.

Binswanger, K. u. *F. Sipahıoğlu:* Türkisch-islamische Vereine als Faktor deutsch-türkischer Koexistenz, Benediktbeuren, 1988.

Dassetto, F. u. *A. Bastenier:* L'Islam transplanté. Vie et organisation des minorités musulmanes de Belgique, Anvers, 1984.

Etienne, B.: La France et l'Islam, Paris, 1987.

Gerholm, T. u. *Y. G. Lithman* (eds.): The New Islamic Presence in Western Europe, London, New York, 1989.

Joly, D. u. *J. S. Nielsen:* Muslims in Britain: An Annotated Bibliography 1960–1984, Coventry, 1985.

Kepel, G.: Les banlieus de l'Islam, Paris, 1987.

Landman, N.: Van mat tot minaret. De institutionalisering van de islam in Nederland, Amsterdam, 1992.

Lewis, Ph.: Islamic Britain. Religion, Politics and Identity among British Muslims, London, 1994.

Nielsen, J.: Muslims in Western Europe, Edinburgh, 1992.

Shadid, W. A. R. u. *P. S. Van Koningsveld* (eds.): Islam in Dutch Society. Current Developments and Future Prospects, Kampen, 1992.

Dies. (eds.): The Integration of Islam and Hinduism in Western Europe, Kampen, 1992.

Thomä-Venske, H.: Islam und Integration. Zur Bedeutung des Islam im Prozeß der Integration türkischer Arbeiterfamilien in die Gesellschaft der Bundesrepublik, Hamburg, 1981.

2. Ost- und Südosteuropa *(Rudolf Grulich)*

Balagija, A.: Les Musulmans yougoslaves. Étude sociologique, Alger, 1940 (Publications de l'Institut des études orientales, 9).
Balić, S.: Das unbekannte Bosnien. Europas Brücke zur islamischen Welt, Köln/Weimar/Wien, 1992.
Ders.: Bosnien und der deutschsprachige Kulturraum, Köln, 1992.
Ders. (Hrsg.): Mostar. Wem gehört die leidgeprüfte bosnische Stadt? Soest, 1993.
Bartl, P.: Die albanischen Muslime zur Zeit der nationalen Unabhängigkeit, Wiesbaden, 1968 (Albanische Forschungen, 8).
Bohmann, A.: Bevölkerung und Nationalitäten in Südosteuropa, Köln, 1969 (Menschen und Grenzen, 4).
Djurdjev, B.: Artikel „Bosna (and Herzegovina)", in: The Encyclopaedia of Islam (EI^2), volume I, Leiden, 1960, 1261–1275.
Donia, R. J.: Islam under the Double Eagle: The Muslims of Bosnia and Herzegovina 1878–1914, New York, 1981.
Ders. u. *W. G. Lockwood:* The Bosnian Muslims. Class, Ethnicity and Political Behaviour in European States. In: *Suad, J.* u. *B. Jelavich* (eds.): Muslim-Christian Conflicts: Economic, Political and Social Origins, Pilsbury, Colorado, 1978.
Heuberger, V. u. *H. Ilmig:* Bosnien-Herzegowina 1878–1918. Alte Ansichten vom gelungenen Zusammenleben, Wien, 1994.
Kiel, M.: Studies on the Ottoman Architecture of the Balkans, Aldershot, United Kingdom/Brookfield, Vermont, 1990.
Kornrumpf, H.-J.: Scheriat und christlicher Staat. Die Muslime in Bosnien und in den europäischen Nachfolgestaaten des Osmanischen Reiches. In: Saeculum 35 (1984) 17–30.
Nations and Nationalities in Yugoslavia, Beograd, 1974.
Norris, H. T.: Islam in the Balkans. Religion and Society between Europe and the Arab World, London, 1993.
Panzac, D. (ed.): Le Balkan à l'époque ottomane, Aix-en-Provence, 1993 (Revue du Monde Musulman et de la Mediterranée [RMMM], 66, 1992–93).
Pinson, M. (ed.): The Muslims of Bosnia-Hercegovina. Their Historic Development from the Middle Ages to the Dissolution of Yugoslavia, Cambridge, Massachusetts, 1994.
Popović, A.: Les Musulmans du Sud-Est-européen dans la période post-ottomane. Problèmes d'approche. In: Journal Asiatique 1975, 317–360.
Ders.: Problèmes d'approche de l'Islam bulgare. In: *Peters, R.* (ed.): Proceedings of the Ninth Congress of the Union Européenne des Arabisants et Islamisants (...), Leiden, 1981, 241–247.
Ders.: L'Islam et l'État dans les pays Sud-Est-européens. In: *Carré, O.* (ed.): L'Islam et l'État dans le monde d'aujourd'hui, Paris, 1982, 121–142.
Schönfeld, R. (Hrsg.): Nationalitätenprobleme in Südosteuropa, München, 1967 (Untersuchungen zur Gegenwartskunde Südosteuropas, 25).
Weigand, G.: Ethnographie von Mazedonien, Leipzig, 1924.
Wilkinson, H. R.: Maps and Politics, Liverpool, 1971.
Zülch, T. (Hrsg.): Ethnische Säuberung – Völkermord für Großserbien. Eine Dokumentation der Gesellschaft für bedrohte Völker, Hamburg, 1993.

3. Amerika *(Durán Khálid)*

Barazangi, N.H.: Arab Muslim Identity Transmission. Parents and Youth. In: Arab Studies Quarterly (Belmont/Massachusetts), 11 (spring/summer 1989) 2–3: Arab Americans: continuity and change, 65–82.

Duran, K.: Träume bei Halbmond. Der Islam hat in Amerika großen Zulauf. In: Frankfurter Allgemeine Zeitung, 2. 10. 1992, Nr. 230.

Haddad, Y. Y. (ed.): The Muslims of America, New York u. a., 1991.

Dies. u. *J.I. Smith:* Mission to America: Five Islamic Sectarian Communities in North America, Gainesville u. a., 1993.

Dies. u. *A. T. Lummis:* Islamic Values in the United States, New York, 1987.

Kettani, M. A.: Muslim Minorities in the World Today, London/New York, 1986.

Kozegi, M. u. *J. G. Melton:* Islam in North America: A Sourcebook, Religious Information Systems, New York/London, 1992.

Lincoln, E.: Black Muslims in America, 1994.

Rebstock, U.: „Die Verschiedenartigkeit eurer Hautfarben ist eines der Wunder Gottes". Islam in Schwarzafrika – Black Muslims in den USA. In: *Rotter, G.* (Hrsg.): Die Welten des Islam. Neunundzwanzig Vorschläge, das Unvertraute zu verstehen, Frankfurt am Main, 1993, 159–166.

VI. Die innerislamische Diskussion zu Säkularismus, Demokratie und Menschenrechten

(Smail Balić)

Abu-Sahlieh, S. A. A.: Les Musulmans face aux droits de l'homme. Religion & droits & politique. Étude et documents, Bochum, 1994.

ʿAshmawi, M. S. al-: al-Islām as-siyāsī, Kairo, 1987. Im Französischen erschienen unter dem Titel: L'islam politique, Paris, 1989. In Vorbereitung die englische Übersetzung: Political Islam.

Ders.: Uṣūl ash-sharīʿa, ṭabʿa 3, Kairo, 1992.

Balić, S.: Doch das Schutzkleid des Selbstbewahrens ist das beste. In: Der Standard (Wien), 17. 3. 1995, 35.

Ders.: Ist der Islam säkularisierbar? Ein Interview. In: Der Bund (Basel), 25. 4. 1995, 7.

Berkes, N.: The Development of Secularism in Turkey, Montreal, 1964.

Boullata, I. J.: Trends and Issues in Contemporary Arab Thought, Albany/New York, 1990.

Dwyer, K.: Arab voices: The Human Rights Debate in the Middle East, London, 1991.

Forstner, M.: Das Menschenrecht der Religionsfreiheit und des Religionswechsels als Problem der islamischen Staaten. In: Kanon (Wien) 10 (1991) 105–186.

Heine, P.: Artikel „Säkularisierung" und „Säkularismus". In: *Khoury/Hagemann/Heine* (Hrsg.): Islam-Lexikon, Freiburg, 1991, Band 3, 651–655 und 655–657.

Johansen, B.: Staat, Recht und Religion im sunnitischen Islam. Können Muslime einen religionsneutralen Staat akzeptieren? In: *Marré, H.* u. *J. Stüting* (Hrsg.): Der Islam in der Bundesrepublik Deutschland, Münster, 1986, 12–60 (Essener Gespräche zum Thema Staat und Kirche, 20).

Kühnhardt, L.: Die Universalität der Menschenrechte, 2. überarbeitete und erweiterte Auflage, Bonn, *Bundeszentrale für Politische Bildung*, 1991.

Lüders, M. (Hrsg.): Der Islam im Aufbruch? Perspektiven der arabischen Welt, München, 1992.

Mayer, A. E.: Islam and Human Rights: Tradition and Politics, Boulder/Colorado, 1991.
Nasr, S. V. R.: Religious Modernism in the Arab World, India and Iran. The Perils and Prospects of a Discourse. In: Muslim World (Hartford/Connecticut) 83 (1993) 1, 20–47.
Otto, I. u. *M. Schmidt-Dumont:* Menschenrechte im Vorderen Orient: eine Auswahlbiographie, Human Rights in the Near and Middle East, Hamburg, 1991.
Saribay, A. Y.: The Place and Future of Secularism in Turkey. In: Zeitschrift für Türkeistudien 1 (1993) 1, 127–130.
Steenbrink, K.: Nurcholis Madjid and Inclusive Islamic Faith in Indonesia. In: *Speelman, G./Lin, J. v./Mulder, D.* (eds.): Muslims and Christians in Europe – Breaking New Ground. Essays in honour of Jan Slomp, Kampen, 1993, 28–43.
Steppat, F.: Säkularisten und Islamisten. Ein Kategorisierungsversuch in Ägypten. In: Asien, Afrika, Lateinamerika (Berlin) 19 (1991) 4, 699–704.
Watt, W. M.: Islamic Fundamentalism and Modernity, London/New York, 1988.
Wessels, A.: Muslims in Contemporary Times and the Problem of Secularization. In: *Mulder, D. C.* (ed.): Secularization in Global Perspectives, Amsterdam, 1981, 47–65.
Wielandt, R.: Zeitgenössische ägyptische Stimmen zur Säkularisierungsproblematik. In: Die Welt des Islams, Leiden 22 (1982) 117–133.
Dies.: Offenbarung und Geschichte im Denken moderner Muslime, Wiesbaden, 1971 (Akademie der Wissenschaften und der Literatur. Veröffentlichungen der Orientalischen Kommission, 25).
Zakariya, F.: Laïcité ou islamisme. Les Arabes à l'heure du choix, Paris/Kairo, 1991.

VII. Die Frau im Islam heute *(Wiebke Walther)*

Abadan-Unat, N. (Hrsg.): Die Frau in der türkischen Gesellschaft. Frauenforschung aus der Türkei, Frankfurt am Main, 1985.
Abu Nasr, J./Khoury, N. F./Azzam, H. T. (eds.): Women, Employment and Development in the Arab World, Berlin/New York/Amsterdam, 1985.
Beck, L. u. *N. R. Keddie* (eds.): Women in the Muslim World, Cambridge, Massachusetts/London, 1978.
Davis, F.: The Ottoman Lady, New York/Westport, 1986.
Ende, W.: Ehe auf Zeit (mutʿa) in der innerislamischen Diskussion der Gegenwart. In: Die Welt des Islams 20 (1980) 1 ff.
Esposito, J. L.: Women in Muslim Family Law, Syracuse/New York, 1982.
Fernea, E. W. u. *B. Q. Bezirgan:* Middle Eastern Women Speak, Austin/London, 1977.
Haerkötter, R.: Maḥāsin. Ein Beispiel für die osmanische Frauenpresse der Zweiten konstitutionellen Periode, Wiesbaden, 1992.
Haeri, S.: Law of Desire. Temporary Marriage in Iran, London, 1989.
Hijab, N.: Womanpower. The Arab Debate on Women at Work, Cambridge/New York u. a., 1988.
Jabbra, J. G. u. *N. W. Jabbra* (eds.): Women and Development in the Middle East and North Africa, Leiden/New York u. a., 1992.
Lacoste-Dujardin, C.: Mütter gegen Frauen. Mutterherrschaft im Maghreb, Zürich, 1991.
Meghdessian, S. R.: The Status of the Arab Woman. A Select Bibliography, London, 1980.

Milani, F.: Veils and Words. The Emerging Voices of Iranian Women Writers, London, New York, 1992.
Mutahhari, M.: The Rights of Women in Islam, Teheran, 1981.
Nashat, G.: Women and Revolution in Iran, Boulder/Colorado, 1983.
Neusel, A./Tekeli, S./Akkent, M. (Hrsg.): Aufstand im Haus der Frauen. Frauenforschung aus der Türkei, Berlin, 1991.
Otto, I. u. *M. Schmidt-Dumont:* Frauenfragen im Modernen Orient. Eine Auswahlbibliographie, Hamburg, 1982.
Dies.: Frauenfragen im Modernen Orient. Eine Ergänzungsbibliographie, Hamburg, 1989.
Paris, M.: Femmes et Sociétés dans le Monde Arabo-Musulman. État bibliographique, Aix en Provence, 1989.
Qazzaz, A. al-: Women in the Middle East and North Africa. An Annotated Bibliography, Austin/Texas, 1977.
Sanasarian, E.: The Women's Rights Movement in Iran, New York, 1982.
Shaarawy, H.: Harem Years. The Memoirs of an Egyptian Feminist, London, 1986.
Sullivan, E. L.: Women in Egyptian Public Life, Cairo, 1986.
Walther, W.: Die Frau im Islam. In: *Antes, P.* u. a. (Hrsg.): Der Islam. Religion – Ethik – Politik, Stuttgart/Berlin u. a., 1991, 98 ff.
Dies.: Islamischer Fundamentalismus und Frauenglück. Zu den Schriften der Ägypterin Sainab al-Ghasali. In: *Pahnke, D.* (Hrsg.): Blickwechsel. Frauen in Religion und Wissenschaft, Marburg, 1993, 273 ff.
Dies.: Women in Islam, Princeton, 1993. (Mit ausführlicher Bibliographie).
Zahlreiche, meist recht gute, Analysen zur Situation von Frauen in islamischen Ländern enthält das *International Journal of Middle East Studies*, in den letzten Jahren zunehmend.

VIII. Die militant-islamischen Gruppen *(Johannes Reissner)*

Ahmad, A.: Islamic Modernism in India and Pakistan, 1857–1964, London, 1967.
Bahadur, K.: The Jamaʿat-i Islami of Pakistan, New Delhi, 1977.
Carré, O.: Mystique et Politique. Lecture révolutionnaire du Coran par Sayyid Qutb. Frère musulman radical, Paris, 1984.
Dekmejian, Hrair R.: Islam in Revolution, Fundamentalism in the Arab World, Syracuse/New York, 1985.
Hottinger, A.: Islamischer Fundamentalismus, Paderborn, München u. a., 1993.
Keddie, N. R.: Why has Iran been revolutionary? In: *Amirahmadi, H.* u. *N. Entessar* (eds.): Reconstruction and Regional Diplomacy in the Persian Gulf, London/New York, 1992, 19–32.
Khálid, D.: Islamischer Extremismus. In: *Steinbach, U.* (Hrsg.): Arabien. Mehr als Erdöl und Konflikte, Opladen, 1992, 263–266.
Krämer, G.: The Integration of the Integrists. A Comparative Study of Egypt, Jordan and Tunesia. In: *Salamé, Gh.* (ed.): Socio-economic Change and Political Mobilization in the Arab World, London, 1993; sowie in *ders.:* Democracy without Democrats? London, New York, 1994.
Maudoodi, A. A.: Weltanschauung und Leben im Islam, Deutsche Übersetzung von F. Heeren-Sarka, Freiburg, 1971.
Menashri, D. (ed.): The Iranian Revolution and the Muslim World, Boulder/Colorado, 1990.
Mitchell, R. P.: The Society of the Muslim Brothers, London/Oxford, 1969.

Perthes, V.: Die Fiktion des Fundamentalismus. Von der Normalität islamistischer Bewegungen. In: Blätter für deutsche und internationale Politik (Februar 1993) 2, 188–200.

Ramazani, R. K.: Shi'ism in the Persian Gulf. In: *Cole, J. R. I.* u. *N. R. Keddie* (eds.): Shi'ism and Social Protest, New Haven, London, 1986, 30–54.

Reissner, J.: Ideologie und Politik der Muslimbrüder Syriens, 1947–1952, Freiburg, 1980.

Rieck, A.: Die Schiiten und der Kampf um den Libanon. Politische Chronik 1958–1988, Hamburg, 1989.

Roy, O.: L'échec de l'Islam politique, Paris, 1992.

IX. Die mystischen Bruderschaften und der Volksislam
(F. De Jong)

Akhmisse, M.: Médicine, Magie et Sorcellerie au Maroc, Casablanca, 1985.

Bannerth, E.: Islamische Wallfahrtsstätten Kairos, Kairo, 1973 (Schriften des österreichischen Kulturinstituts Kairo, 2).

Blackman, W. S.: The Fellāḥīn of Upper Egypt, London, 1927.

Curtiss, S. I.: Ursemitische Religion im Volksleben des heutigen Orients, Leipzig, 1903.

De Jong, F.: Ṭuruq and Ṭuruq-Opposition in the 20th-Century Egypt. In: Proceedings of the VIth Congress of Arabic and Islamic Studies, Stockholm, 1975, 84–95 (Filologisk-filosofiska serien, 15).

Ders.: Cairene Ziyāra-Days. In: Die Welt des Islams 17 (1976–1977) 26–43.

Ders.: The Sufi Orders in Nineteenth- and Twentieth-Century Palestine. In: Studia Islamica 58 (1983) 191–223.

Dermenghem, E.: Le culte des saints dans l'Islam maghrébin, Paris, 1954.

Donaldson, B. A.: The Wild Rue, London, 1938.

Einzmann, H.: Religiöses Volksbrauchtum in Afghanistan. Islamische Heiligenverehrung und Wallfahrtswesen im Raum Kabul, Wiesbaden, 1977 (Beiträge zur Südasien-Forschung).

Fodor, A.: Types of Shi'ite Amulets from Iraq. In: *De Jong, F.* (ed.): Shi'a Islam, Sects and Sufism. Historical dimensions, religious practice and methodological considerations, Utrecht, 1982, 118–143.

Goldziher, I.: Muhammedanische Studien, 2 Bände, Halle, 1889–1890.

Horten, M.: Die religöse Gedankenwelt des Volkes im heutigen Islam, 2 Teile, Halle, 1917–1918.

Kriss, R. u. *H. Kriss-Heinrich:* Volksglaube im Bereich des Islams. Band I: Wallfahrtswesen und Heiligenverehrung. Band II: Amulette, Zauberformeln und Beschwörungen, Wiesbaden, 1960–1962.

Loeffler, R.: Islam in Practice. Religious Beliefs in a Persian Village, Albany, 1988.

Reysoo, F.: Pélegrinages au Maroc. Fête, politique et échange dans l'islam populaire, Neuchatel/Paris, 1991.

Schimmel, A.: Und Muhammad ist Sein Prophet. Die Verehrung der Propheten in der islamischen Frömmigkeit, Düsseldorf/Köln, 1981.

Seligmann, S.: Der böse Blick und Verwandtes. Ein Beitrag zur Geschichte des Aberglaubens aller Zeiten und Völker, 2 Bände, Berlin, 1910.

Trimingham, J. S.: Islam in the Sudan, London, [1]1949, [4]1965.

Ders.: The Sufi Orders in Islam, Oxford, 1971.

Wallis Budge, E. A.: Amulets and Superstitions, New York, [2]1978.

Winkler, H. A.: Siegel und Charaktere in der muhammedanischen Zauberei, Berlin/Leipzig, 1930.
Ders.: Bauern zwischen Wasser und Wüste. Volkskundliches aus dem Dorfe Kimān in Oberägypten, Stuttgart, 1934.
Ders.: Die reitenden Geister der Toten. Eine Studie über die Besessenheit des ʿAbd al-Rāḍī und über Gespenster und Dämonen, Heilige und Verzückte, Totenkult und Priestertum in einem oberägyptischen Dorfe, Stuttgart, 1936.
Zbinden, E.: Die Djinn des Islam und der altorientalische Geisterglaube, Bern/Stuttgart, 1953.

X. Sekten und Sondergruppen *(Werner Schmucker)*

Ahmadiyya-Mission des Islams, Zürich und Hamburg (Hrsg.): Der Heilige Qur-ān. Arabisch-Deutsch. Versehen mit einer ausführlichen Einführung, Wiesbaden, [1]1954.
Ben-Dor, G.: The Druses of Israel, Jerusalem, 1979.
Chase, T.: Die Bahaioffenbarung, Stuttgart, 1925.
Guys, H.: La nation druse, son histoire, sa religion et ses moeurs, Paris, 1863, und Amsterdam, 1979.
Hodgson, M.: The Order of Assasins, 's-Gravenhage, 1955.
Holley, H. (Hrsg.): Bahā'ī Scriptures. Selections from the Utterances of Bahā'u'llāh and ʿAbdu'l-Bahā', New York, 1923/28.
Houtsma, M. Th.: Artikel „Aḥmedīya". In: Enzyklopaedie des Islāms (EI[1]), Band I, Leiden/Leipzig, 1913, 218.
Iqbal, M.: Islam and Ahmadism, Lahore, 1936.
Lewicki, T.: Artikel „Al-Ibāḍiyya". In: The Encyclopaedia of Islam (EI[2]), volume III, Leiden/London, 1971, 648–660 (mit Literaturangaben).
Lewis, B.: The Origins of Ismā'īlism, Cambridge, 1940/1975.
Menzel, Th.: Artikel „Yazīdī". In: Enzyklopaedie des Islam (EI[1]), Band IV, Leiden/Leipzig, 1934, 1260–1267.
Minorsky, V.: Artikel „Ahl-i Ḥaḳḳ". In: The Encyclopaedia of Islam (EI[2]), volume I, Leiden/London, 1960, 260–263.
Müller, K. E.: Kulturhistorische Studien zur Genese pseudo-islamischer Sektengebilde in Vorderasien, Wiesbaden, 1967.
Rabb, M.: The Divine Art of Living. From the Writings of ʿAbdu'l-Bahā', New York, 1926.
Schaefer, U.: Der Bahā'ī in der modernen Welt, Hofheim-Langenhain, 1978.
Schmucker, W.: Krise und Erneuerung im libanesischen Drusentum, Bonn, 1979.
Smith, W. C.: Artikel „Aḥmadiyya". In: The Encyclopaedia of Islam (EI[2]), volume I, Leiden/London, 1960, 301–303.
Walter, H. A.: The Ahmadiya Movement, Calcutta/London, 1918.
Wolff, Ph.: Die Drusen und ihre Vorläufer, Leipzig, 1845.

XI. Der Islam und die nichtislamischen Minderheiten *(Albrecht Noth)*

Abu-Manneh, B.: The Christians between Ottomanism and Syrian Nationalism: The Ideas of Butrus Al-Bustani. In: International Journal of Middle East Studies (IJMES) 11 (1980) 287–304.
Cohen, H.: The Jews of the Middle East, 1860–1972, New York, Toronto, Jerusalem, 1973.

Fattal, A.: Le statut légal des Non-Musulmans en pays d'Islam, Beyrouth, 1958.
Hanf, Th.: Die orientalischen Christen und die arabische Nationalbewegung. In: *Kraiser, K.* u. *U. Steinbach* (Hrsg.): Deutsch-arabische Beziehungen, München/Wien, 1981, 59–76.
Hourani, A.: Arabic Thought in the Liberal Age, Oxford, [3]1970, 260–323.
Ders.: Minorities in the Arab World, London, 1947.
Ders.: Race, Religion and Nation-State in the Near East. In: A Vision of History. Near Eastern and other Essays, Beirut, 1961, 71–105.
Krämer, G.: Minderheit, Millet, Nation? Die jüdische Minderheit in Ägypten (1941–1952), Wiesbaden, 1982 (Studien zum Minderheitenproblem im Islam, 7); überarbeitete englische Fassung: The Jews of Modern Egypt, London, 1989.
Landau, J.: Jews in Nineteenth Century Egypt, New York/London, 1954.
Noth, A.: Möglichkeiten und Grenzen islamischer Toleranz. In: Saeculum 29 (1978) 190–204.
Rondot, P.: Les Chrétiens d'Orient, Paris, 1955.
Spuler, B.: Gegenwartslage der Ostkirchen in ihrer nationalen und staatlichen Umwelt, Frankfurt, [2]1968.

XII. Internationale islamische Organisationen
(Johannes Reissner)

Bouteiller, G. de: Après Taef 1981: La Nation Islamique? In: Défense Nationale (April 1981) 97–105.
Gibb, H. A. R.: The Islamic Congress at Jerusalem in December 1931, London, 1935, 105.
Hartmann, R.: Zum Gedanken des „Kongresses" in den Reformbestrebungen des islamischen Orients. In: Die Welt des Islams 23 (1941) 122–132.
Kramer, M. S.: Islam Assembled. The Advent of the Muslim Congresses, New York, 1986.
Ders.: An Introduction to World Islamic Conferences, Tel Aviv, 1978 (The Shiloah Center for Middle Eastern and African Studies, Occasional Papers, 63).
Nahost Jahrbuch 1987ff., herausgegeben vom *Deutschen Orient-Institut (Koszinowski, T.* u. *H. Mattes)*, Opladen, 1988ff.
Schulze, R.: Islamischer Internationalismus im 20. Jahrhundert, Leiden/New York/Köln, 356–362.
Sékaly, A.: Les deux Congrès généraux de 1926: Le Congrès du Khilafat (Le Caire, 13–19 mai 1926) et le Congrès du monde musulman (Le Mecque, 7. juin – 5. juillet 1926). In: Revue du monde musulman 64 (1926); umfaßt den ganzen Band.
Kupferschmid, U. M.: The General Muslim Congress of 1931 in Jerusalem. In: Asian and African Studies 12 (Jerusalem 1978) 123–157.

Dritter Teil
Islamische Kultur und Zivilisation in der Gegenwart

I. Orientalistik und Orientalismus *(Reinhard Schulze)*

Ammann, L.: Östliche Spiegel. Ansichten vom Orient im Zeitalter seiner Entdekkung durch die deutschen Leser, 1800–1850, Hildesheim, 1989.

Arkoun, M.: La perception arabe de l'Europe. In: Awraq (Madrid) X (1989) 25–39.

Behdad, A.: Orientalist Tourism. In: L'orientalisme. Interrogations, Peuples méditerranéens 50 (1990) 41–58.

Ders.: The Discursive Formation of Orientalism. In: L'orientalisme. Interrogations, Peuples méditerranéens 50 (1990) 163–170.

Bourel, D.: Die deutsche Orientalistik im 18. Jahrhundert. Von der Mission zur Wissenschaft. In: Historische Kritik und biblischer Kanon in der deutschen Aufklärung, Wiesbaden, 1988, 113–126 (Wolfenbüttler Forschungen, 41).

Büttner, F.: Situation, Structure and Functions of Contemporary Oriental Studies in the Federal Republic of Germany – Spiritual Imperialism or Bridge of Intercultural Communication?. In: *Bielenstein, D.* (ed.): Europe's Future in the Arab View. Dimensions of a new political cooperation in the mediterranean region, Saarbrükken, 1981, 71–86.

Charnay, J.-P.: Méthodologie et Islamologie. In: Studia Islamica 54 (1981) 183–196.

Colpe, C.: Historische und theologische Gründe für die abendländische Angst vor dem Islam. In: *Kiesel, D.* (Hrsg.): Fremdheit und Angst: Beiträge zum Verhältnis von Christentum und Islam, Frankfurt am Main, 1988, 31–55.

Daniel, N.: Edward Said and the Orientalist. In: MIDEO 15 (1982) 211–222.

Djait, H.: Europe and Islam; Cultures and Modernity, Berkely, California, 1985.

Ess, J. van: From Wellhausen to Becker: The Emergence of Kulturgeschichte in Islamic Studies. In: *Kerr, M.H.* (ed.): Islamic Studies: A Tradition and its Problems, Malibu, California, 1980, 27–51 (7th Giogio Levi Della Vida Biennial Conference).

Falkenstein, A.: Denkschrift zur Lage der Orientalistik, Wiesbaden, 1960.

Grandguillaume, G.: Le langage de l'orientalisme. In: L'orientalisme. Interrogations, Peuples méditerranéens 50 (1990) 171–176.

Grossir, C.: L'Islam des Romantiques. Tome I: 1811–1840, du refus à la tentation Paris, 1984.

Hanafi, H.: De l'orientalisme à l'occidentalisme. In: L'orientalisme. Interrogations, Peuples méditerranéens 50 (1990) 115–120.

Hentsch, Th.: L'Orient imaginaire – vision politique de l'Est méditerranéen, Paris, 1988.

Laurens, H.: La Bibliothèque Orientale de Barthélemi d'Herbelot: Aux sources de l'orientalisme, Paris, 1978 (Publications du département d'islamologie de l'Université de Paris Sorbonne IV, 6).

Ders.: Les origines intellectuelles de l'expédition de l'Égypte. L'Orientalisme islamisant en France (1698–1798), Paris, 1987.

Monroe, J. T.: Islam and the Arabs in Spanish Scholarship (16th century to the present), Leiden, 1970.

Nagel, T.: Gedanken über die europäische Islamforschung und ihr Echo im Orient. In: Zeitschrift für Missionskunde und Religionswissenschaft 62 (1987) 21–39.

Nieuwenhuijze, C. A. O. van: Oriental Studies as Intercultural Studies. In: Orient 22 (1981) 113–20.
Orientalisches Seminar der Universität Tübingen: Deutsche Orientalistik am Beispiel Tübingens, Tübingen/Basel, 1974 (Arabistische und islamkundliche Studien, Red. Gernot Rotter).
Owen, R.: Studying Islamic History. In: Journal of Interdisciplinary History 4 (1973) 187–198.
Reig, D.: Homo orientaliste: la langue arabe en France depuis le XIXe siècle, Paris, 1988.
Rodinson, M.: La fascination de l'Islam, Paris, 1981.
Roemer, H. R.: Spezialisierung, Integration und Innovation in der deutschen Orientalistik. In: Die Welt des Islams 28 (1988) 475–495.
Roussillon, A.: Le débat sur l'orientalisme dans le champ intellectuel arabe: L'aporie des sciences sociales. In: L'orientalisme. Interrogations, Peuple méditerranéens 50 (1990) 7–40.
Said, E. W.: Covering Islam. How the Media and the Experts Determine How We See the Rest of the World, New York, 1981.
Ders.: Orientalism reconsidered. In: Race and Class 27 (1985) 2, 1–15.
Schulze, R.: Alte und neue Feindbilder. Das Bild der Araber und des Islams im Westen. In: *Georg Stein* (Hrsg.): Nachgedanken zum Golfkrieg, Heidelberg, 1991, 244–259, 295–6.
Sivan, E.: Orientalism, Islam and Cultural Revolution. In: The Jerusalem Quarterly 5 (1977) 84–94.
Ders.: Edward Said and his Arab Reviewers. In: The Jerusalem Quarterly 35 (1985) 11–23.
Steinbach, U.: Neuere Entwicklungen in der deutschen gegenwartsbezogenen Islamwissenschaft. In: *R. Itaaliander* (Hrsg.): Die Herausforderung des Islam, Göttingen, 1987, 260–272.
Steppat, F.: Der Beitrag der deuschen Orientalistik zum Verständnis des Islam. In: Zeitschrift für Kulturaustausch 35 (1985) 386–390.
Stover, D.: Orientalism and the Otherness of Islam. In: Studies in Religion 17 (1988) 287ff.
Thomson, A.: Barbary and Enlightenment. European Attitudes towards the Maghreb in the 18th Century, Leiden, 1987.
Turner, B. S.: Marx and the End of Orientalism, London, 1978.

II. Islam und kulturelle Selbstbehauptung *(Rotraud Wielandt)*

Abdel-Malek, A.: La pensée politique arabe contemporaine, Paris, Éditions du Seuil, 1970, darin besonders die Abschnitte: Histoire et temps présent (47–62) und La reconquête de l'identité (131–164).
Arkoun, M.: L'identité islamique. In: *Arkoun, M.* u. *L. Gardet:* L'Islam hier – demain, Paris, 1978, 199–218.
Bliss, F.: Islam, Entwicklung und kulturelle Identität. Importierte Neuerungen in der islamischen Welt und die Suche nach einer „islamischen" Antwort. In: E+Z–Entwicklung und Zusammenarbeit 27 (1986) 8/9, 20–2.
Boullata, I.: Challenges to Arab Cultural Authenticity. In: *Sharabi, H.* (ed.): The Next Arab Decade. Alternative Futures, Boulder, London, 1988, 147–159.
Djait, H.: La personnalité et le devenir arabo-islamiques, Paris, 1974.

Fakhry, M.: The Search for Cultural Identity in Islam: Fundamentalism and Occidentalism. In: Cultures 4 (1977) 97–107.
Gottstein, K. (ed.): Islamic Cultural Identity and Scientific-Technological Development, Baden-Baden, 1986.
Grunebaum, G. E. von: Modern Islam. The Search for Cultural Identity, Berkeley, 1962.
Haarmann, U.: Die ‚Persönlichkeit Ägyptens': das moderne Ägypten auf der Suche nach seiner kulturellen Identität. In: Zeitschrift für Missionswissenschaft und Religionswissenschaft 62 (1978) 101–122.
Laroui, A.: La crise des intellectuels arabes, Paris, 1974.
Ders.: L'idéologie arabe contemporaine, Paris, ²1970.
Maher, M.: Umrisse einer neuen Kulturphilosopie in Ägypten seit dem 19. Jahrhundert. In: *Havemann, A.* u. *B. Johansen* (Hrsg.): Gegenwart als Geschichte, Leiden, 1988,, 309–318 (Islamwissenschaftliche Studien. Fritz Steppat zum fünfundsechzigsten Geburtstag).
Nagel, T.: Identitätskrise und Selbstfindung. Eine Betrachtung zum zeitgenössischen muslimischen Geschichtsverständnis, in: Die Welt des Islams, Neue Serie, 19 (1979) 74–97.

III. Der Islam und lokale Traditionen – synkretistische Ideen und Praktiken

1. Der Begriff des Synkretismus *(Olaf Schumann)*

Berner, U.: Heuristisches Modell der Synkretismusforschung (Stand 1977). In: *Wießner, G.* (Hrsg.): Synkretismusforschung – Theorie und Praxis, Wiesbaden, 1978, 11–26 (Veröffentlichungen des Sonderforschungsbereichs Orientalistik an der Georg-August-Universität Göttingen, Reihe: Grundlagen und Ergebnisse, 1).
Colpe, C.: Die Vereinbarkeit historischer und struktureller Bestimmungen des Synkretismus. In: *Ders.:* Theologie, Ideologie, Religionswissenschaft, München, 1980, 162–185.
Geertz, C.: Islam Observed. Religious Development in Morocco and Indonesia, New Haven/London, 1968.
Lanczkowski, G.: Begegnung und Wandel der Religionen, Düsseldorf/Köln, 1971.

2. Nordafrika *(Alfred Willms)*

Basset, A.: Textes berbères de l'Aurès, Paris, 1961.
Biarnay, S.: Notes d'ethnographie et de linguistique nordafricaines. Publ. par *L. Brunot* et *E. Laoust*, Paris, 1924.
Bourrilly, J.: Éléments d'ethnographie marocaine. Publ. par. *E. Laoust*, Paris, 1932.
Crapanzano, V.: The Ḥmādsha. A study in Moroccan ethnopsychiatry, Berkeley, 1973.
Doutté, E.: Magie et religion dans l'Afrique du Nord, Alger, Jourdan, 1909.
Dubouloz-Laffin, M.-L.: Le Bou-Mergoud. Folklore tunesien. Croyances et coutumes populaires de Sfax et de sa région, Paris, 1946.
Laoust, E.: Mots et choses berbères. Notes de linguistique et d'ethnographie, Paris, Challamel, 1920.

Loubignac, V.: Textes arabes des Zaër, Paris, Besson, 1952.
Marçais, W. u. *A. Guīga:* Textes arabes de Takroūna, Paris, Impr. nat., 1925–61.
Westermarck, E.: Ritual and Belief in Morocco, London, 1926.

3. Indonesien *(Lode Frank Brakel)*

van Akkeren, Ph.: Een gedrocht en toch de volmaakte mens (A monster yet the perfect man), 's Gravenhage, 1951. [Enthält den Sĕrat Gaṭoloco]
Bechert, H. (ed.): Buddhism in Ceylon and Studies on Religious Syncretism in Buddhist Countries, Göttingen, 1978 (Symposium zur Buddhismusforschung, I).
Benda, H. J.: The Crescent and the Rising Sun, Indonesian Islam under the Japanese Occupation 1942–1945, The Hague, 1958.
Boland, B. J.: The Struggle of Islam in Modern Indonesia, The Hague, 1971 (Verhandelingen van het Koninklijk Instituut voor Taal-, Land- en Volkenkunde, 59).
Bonneff, M.: Le renouveau d'un rituel royal, les *Garebeg* à Yogyakarta. In: Archipel 9 (1974) 119–147.
Damais, L.-C.: Études javanaises: Les tombes musulmans datés de Tralaya. In: BEFEO 48 (1956) 353–415.
Deliar Noer: The Modernist Muslim Movement in Indonesia 1900–1942, London, 1973.
Doorenbos, J.: De Geschriften van Ḥamzah Pansoeri, Leiden, 1933.
Drewes, G. W. J.: The Struggle between Javanism and Islam as Illustrated by the Serat Dermagandul. In: B. K. I. 122 (1966) 309–366.
Ders.: Javanese Poems Dealing with or Attributed to the Saint of Bonaṅ. In: B. K. I. 124 (1968) 209–241.
Ders.: New Light on the Coming of Islam to Indonesia? In: B. K. I. 124 (1968) 433–460.
Ders.: Further Data Concerning ʿAbd aṣ-Ṣamad al-Palimbānī. In: B. K. I. 132 (1976) 267–292.
Ders.: An Early Javanese Code of Muslim Ethics, The Hague, 1978 (Bibliotheca Indonesica, 18).
Ensink, J.: Śiva-Buddhism in Java and Bali. In: *Bechert, H.* (ed.): Buddhism in Ceylon ..., 1978, 178–199.
Ferrand, G.: Relation de Voyages et Textes Géographiques Arabes, Persans et Turks relatifs à l'Extrême-Orient du VIIe au XVIIIe Siècles, 2 Bände, Paris, 1913.
Geertz, C.: The Religion of Java, Glencoe (Ill.), 1960. [Eine interessante ethnologische Darstellung, welche aber kritische Lektüre erfordert.]
Ders.: Islam Observed. Religious Development in Morocco and Indonesia, New Haven, 1968.
Hamonic, G.: Travestissement et bisexualité chez les *bissu* des Pays Bugis. In: Archipel 10 (1975) 121–135.
Hidding, K. A. H.: Tweerlei Geestesstructuren, Solo, 1936.
Ders.: Besprechung von: P. J. Zoetmulder: Pantheisme en monisme in de Javaansche Soeloeklitteratuur. In: Djawa 16 (1936) 222–226.
Juynboll, Th. W.: Handleiding tot de kennis van de Mohammedaansche Wet, Leiden, ⁴1930.
Kähler, H.: Die Kultur des Islams in Indonesien und Malaysia. In: Handbuch der Kulturgeschichte, Zweite Abteilung: Die Kultur des Islams, Frankfurt am Main, 1971, 333–437.
Kraemer, H.: De Wortelen van het Synkretisme, 's Gravenhage, 1937.

van der Leeuw, G.: Phänomenologie der Religion, Tübingen, ²1956.
Naguib al-Attas, S.: The Mysticism of Ḥamzah Fanṣūrī, Kuala Lumpur, 1972.
Noorduyn, J.: De islamisering van Makasar. In: B. K. I. 112 (1956) 247–266.
Pigeaud, Th. G. Th.: Java in the 14th Century, IV, The Hague, 1962. [Eine Darstellung der altjavanischen Gesellschaft anhand der einschlägigen historischen Quellen, mit einer Fülle vergleichenden Materials.]
Rickleffs, M. C.: Islamization in Java, an Overview and Some Philosophical Considerations (unveröffentlichtes Papier), 1976.
Skeat, W. W.: Malay Magic, New York, ²1967.
Snouck Hurgronje, C.: The Achehnese, 2 Bände, Leiden, 1906. [Bisher unübertroffene Darstellung einer traditionellen indonesischen Gesellschaft.]
Stöhr, W. u. *P. Zoetmulder:* Die Religionen Indonesiens, Stuttgart, Berlin, Köln, Mainz, 1965.
Winstedt, R. O.: The Malay Magician being Shaman, Saiva and Sufi, London, revised edition, 1961.
Zoetmulder, P.: Iets omtrent de naam Sĕrat Tjenṭini. In: Het Triwindoegedenkboek Mangkoenagoro VII (1939) 82–86.
Ders.: Een merkwaardige passage in de onuitgegeven Tjenṭini. In: Djawa 21 (1941) 73–84.
Ders.: Bekroonde Vertaling „Sĕrat Weḍatama". In: Djawa 21 (1941) 182–198.

IV. Ein islamischer Sprachraum? *(Otto Jastrow)*

Abraham, R. C.: The Language of the Haussa People, London, 1959.
Atsız, B. u. *H.-J. Kissling:* Sammlung türkischer Redensarten, Wiesbaden, 1974.
Bailey, T. G.: Teach Yourself Urdu, London, 1950.
Chehabi, I.: Deutsch-persischer Sprachführer, Wiesbaden, 1965.
Erwin, W. M.: A Basic Course in Iraqi Arabic, Washington, D. C., 1969.
Ferguson, C. A.: Root-Echo Responses in Syrian Arabic Politeness Formulas. In: *Stuart, D. G.* (ed.): Linguistic Studies in Memory of Richard Slade Harrell, Washington, D. C., 1967, 37–45.
Fischer, A.: Vergöttlichung und Tabuisierung der Namen Muhammad's bei den Muslimen. In: *Hartmann, R.* u. *H. Scheel* (Hrsg.): Beiträge zur Arabistik, Semitistik und Islamwissenschaft, Leipzig, 1944, 307–339.
Fischer, W. u. *O. Jastrow* (Hrsg.): Handbuch der arabischen Dialekte, Wiesbaden, 1980.
Harrell, R. S.: A Basic Course in Moroccan Arabic, Washington, D. C., 1965.
Harrell, R. S. u. *Tewfik, L. Y.* u. *Selim, G. O.:* Lessons in Colloquial Egyptian Arabic, Washington, D. C., ²1963.
Jungraithmayr, H. u. *W. J. Möhlig:* Einführung in die Hausa-Sprache, Berlin, ²1981.
Kähler, H.: Grammatik der Bahasa Indonésia, Wiesbaden, 1956.
Lambton, A. K. S.: Persian Grammar, Cambridge, ⁴1961.
Dies.: Persian Vocabulary, Cambridge, 1954.
Penzl, H.: A Grammar of Pashto, Washington, D. C., 1955.
Perrott, D. V.: Teach Yourself Swahili, London, 1957.
Piamenta, M.: Islam in Everyday Arabic Speech, Leiden, 1979.
Polomé, E. C.: Swahili Language Handbook, Washington, D. C., Center for Applied Linguistics, 1967.
Qafisheh, H. A.: A Basic Course in Gulf Arabic, Tucson/Arizona, ³1977.

Spies, O. u. *E. Bannerth:* Lehrbuch der Hindūstānī-Sprache, Leipzig, 1945.
Steuerwald, K.: Untersuchungen zur türkischen Sprache der Gegenwart, Band I–III, Berlin, 1963–1966.
Tarbiat, G. A.: Gespräche des täglichen Lebens in persischer und deutscher Sprache, Teheran, o. J.
Thackston, W. M.: An Introduction to Persian, Bethesda/Maryland, 1993.
Wexler, P.: Problems in Monitoring the Diffusion of Arabic into West and Central African Languages. In: ZDMG 130 (1980) 3, 522–556.
Wild, S.: Arabische Eigennamen. In: *Gätje, H.* u. *W. Fischer* (Hrsg.): Grundriß der arabischen Philologie, Band I, Wiesbaden, 1982, 154–164.

V. Der Islam im Spiegel zeitgenössischer Literatur islamischer Völker *(Johann Christoph Bürgel)*

[ausschließlich Bücher, alle Artikel sind in den Anmerkungen angegeben]
Alavi, B.: Geschichte und Entwicklung der modernen persischen Literatur, Berlin (Ost), 1964.
Anthologie de la littérature arabe contemporaine, Paris, 1964–67.
volume 1: Le roman et la nouvelle, par Raoul et Laura Makarius;
volume 2: Les essais, par Anouar Abdel-Malek;
volume 3: La poésie, par Luc Norin et Edouard Taraby.
Badawi, M. M.: A Critical Introduction to Modern Arabic Poetry, Cambridge, 1975.
Ders. (ed.): Modern Arabic Literature, Cambridge, 1992 (The Cambridge History of Arabic Literature).
Behzad, F., J. C. Bürgel u. *G. Herrmann* (Hrsg.): Moderne Erzähler der Welt – Iran, Tübingen/Basel, 1978.
Brockelmann, C.: Geschichte der arabischen Litteratur, Dritter Supplementband, Leiden, 1942.
Buchreihe Geistige Begegnung. Die Pforte des Glücks und andere türkische Erzählungen. Der Tod des Wasserträgers (ägyptische Erzählungen). In der Palmweinschenke (pakistanische Erzählungen), Tübingen.
Erkundungen. 17 arabische Erzähler, Berlin (Ost), 1971.
Kamshad, H.: Modern Persian Prose Literature, Cambridge, 1966.
Khoury, M.: Poetry and the Making of Modern Egypt, Leiden, 1971 (Studies in Arabic Literature – Supplements to the Journal of Arabic Literature 1).
Landau, J. M.: Arabische Literaturgeschichte der neuesten Zeit. 20. Jahrhundert (Zweiter Teil von Arabische Literaturgeschichte, dargestellt von *Gibb, H. A. R.* u. *J. M. Landau*), Zürich, Stuttgart, 1968.
Lewis, B.: The Emergence of Modern Turkey, London, ²1968.
Manzalaoui, M. (ed.): Arabic Writing Today. The Short Story, American Research Center in Egypt, Kairo, 1968.
Moayyad, H. (ed.): Stories from Iran. A Chicago Anthology 1921–1991, Washington, D. C., 1991.
Sadiq, M.: A History of Urdu Literature, London, 1964.
Yavuz, K.: Der Islam in Werken moderner türkischer Schriftsteller, Freiburg im Breisgau, 1974 (Islamkundliche Untersuchungen, 26).

VI. Zeitgenössische Malerei und Graphik in der islamischen Welt *(Peter Heine)*

Azzawi, D. al-: The Influence of Calligraphie on Contemporary Arab Art, London, 1980.
Encyclopaedia of Islam (EI²), Artikel „Khaṭṭ", volume IV, Leiden, 1978.
Faath, S. u. *H. Mattes* u. a.: Muḥammad az-Zwāwī. Ein libyscher Karikaturist Scheessel, edition wuqūf, 1984.
Goody, J. (Hrsg.): Literalität in traditionellen Gesellschaften, Frankfurt, 1981.
Gosciniak, H.-T. (Hrsg.): Kleine Geschichte der islamischen Kunst, Köln, 1991.
Heine, P.: Malerei. In: *Steinbach, U.* u. *R. Robert* (Hrsg.): Der Nahe und Mittlere Osten, Band 1, Opladen, 1988.
Ipşiroglu, M. S.: Das Bild im Koran. Ein Verbot und seine Folgen, Wien, 1971.
Khatibi, A. u. *M. Sijelmassi:* Die Kunst der islamischen Kalligrafie, Köln, 1977.
Kühnel, E.: Die Arabeske, Wiesbaden, 1949.
Sourdel-Thormine, J. u. *B. Spuler:* Die Kunst des Islam, Berlin, 1973 (Propyläen Kunstgeschichte).

VII. „Islamische" Architektur und darstellende Kunst der Gegenwart *(Mohamed Scharabi)*

Azzam, O. A.: The Development of Urban and Rural Housing in Egypt, Dissertation, ETH Zürich, 1962.
Ettinghausen, R.: Arabische Malerei, Genf, Stuttgart, 1979.
Fathy, H.: Architecture for the Poor, Chicago, London, 1973.
Gray, B.: Persische Malerei, Genf, 1961.
Kultermann, U.: Architekten der Dritten Welt. Bauen zwischen Tradition und Neubeginn, Köln, 1980.
Naguib, E.: Themen der ägyptischen Malerei des 20. Jahrhunderts, Köln, Wien, 1980 (Dissertationen zur Kunstgeschichte, 11).
Scharabi, M.: Einfluß der Pariser *École des Beaux-Arts* auf die Berliner Architektur in der 2. Hälfte des 19. Jahrhunderts, Dissertation, TU Berlin, 1968.
Ders.: Civic Centre in *Djeddah*, Saudi Arabien. In: db Deutsche Bauzeitung 7 (1974) 653–656.
Ders.: Der Bazar. Das traditionelle Stadtzentrum im Nahen Osten und seine Handelseinrichtungen, Tübingen, 1985.
Ders.: Kairo. Stadt und Architektur im Zeitalter des europäischen Kolonialismus, Tübingen, 1989.
Ders.: Industrie und Industriebau in Ägypten. Eine Einführung in die Geschichte der Industrie im Nahen Osten, Tübingen, Berlin, 1992.
Ders.: Die deutsche Architektur des Expressionismus. In: architectura 11 (1981) 1, 66–82.
Talbot Rice, D.: Islamic Painting, Edinburgh, 1971.

Erläuterungen zur Umschrift und zur Aussprache

Das arabische Alphabet und seine Umschrift

ا	ā	ط	ṭ
ب	b	ظ	ẓ
ت	t	ع	ʿ
ث	th (osmanisch-türkisch s̱)	غ	gh (osmanisch-türkisch ğ)
ج	j (osmanisch-türkisch c)	ف	f
ح	ḥ	ق	q
خ	kh	ك	k
د	d	ل	l
ذ	dh (osmanisch-türkisch ẕ)	م	m
ر	r	ن	n
ز	z	ه	h
س	s	و	w od. ū (persisch/ osmanisch-türkisch v)
ش	sh (osmanisch-türkisch ş)	ى	ī od. y
ص	ṣ	ء	ʾ
ض	ḍ (persisch/ osmanisch-türkisch ż)		

Sonderzeichen im Persischen und Osmanisch-Türkischen

پ	p	ژ	ž
چ	č (persisch) bzw. ç (osmanisch-türkisch)	گ	g

In türkischen Wörtern werden, der Aussprache folgend und in Anlehnung an die moderne Orthographie der Lateinschrift, arab. ḍ als ż, ḏ als ẕ, ṯ als s̱, w als v transkribiert. Die moderne Lateinschrift des Türkischen (seit 1928) hat ferner c für ǧ, ğ für ġ (velarer Reibelaut, stimmhaft), ş für š, ç für č und ı (ohne Punkt) für das „dumpfe“ i. Auch entfallen hier die übrigen, nur für die Unterscheidung arabischer Laute in Betracht kommenden Sonderzeichen.

In einigen wenigen Fällen, in denen arabische Namen und Worte in ihrer Dialekt-Aussprache wiedergegeben werden (so in den Beiträgen von Willms und Jastrow), sind leicht modifizierte Umschriften verwendet worden.

Bei Namen und Worten arabischer Herkunft, die in schwarzafrikanische Sprachen, ins Malaische etc. eingedrungen sind, sind in der Regel die hocharabischen Entsprechungen nicht angegeben worden.

Bei Personennamen, die im Westen in einer mehr oder weniger vereinfachten, z. T. verstümmelten Form verwendet werden (s. dazu den Beitrag von Jastrow), sowie bei entsprechenden arabischen, persischen (etc.) Termini wird in Klammern hinter der im Westen eingebürgerten Form die vollständige, der im vorliegenden Buch verwandten Umschrift entsprechende Schreibung hinzugefügt, also: Nasser (ʿAbd an-Nāṣir), Kaaba (Kaʿba).

Zur Aussprache

ā/ī/ū : Strich über dem Vokal = Längezeichen

ṯ (s̱) : Stimmloser interdentaler Reibelaut, wie in engl. ,,three"

j (c) : Stimmhafter präpalataler Verschluß-Reibelaut, wie in ,,Dschungel", in Ägypten als g gesprochen

ḥ : Stimmloser pharyngaler Reibelaut, von h deutlich unterschieden, wie letzteres ebenfalls nie Dehnungszeichen!

kh : Stimmloser velarer Reibelaut, wie in ,,Bach"

r : Stets Zungen-r!

dh (ẕ): Stimmhafter interdentaler Reibelaut, wie in engl. ,,there"

z : Stimmhafter präpalataler Reibelaut, wie in ,,Sand"

sh (ş) : Stimmloser präpalataler Zischlaut, wie in ,,Schande"

ṣ : Emphatisches s

ḍ (ż) : Emphatisches d, pers./türk. stimmhaftes s wie in ,,Sand"

ṭ : Emphatisches t

ẓ : Emphatisches z

ʿ : Sogenanntes ,,ʿAin", stimmhafter pharyngaler Reibelaut

gh (ğ): Stimmhafter velarer Reibelaut, Zäpfchen-r wie in (hochdeutsch) ,,Rinde"

q : Stimmloser velarer Verschlußlaut, am hinteren Gaumen gebildetes k (nicht qu bzw. kw!)

h : Immer konsonantischer Hauchlaut, nicht Dehnungszeichen! Klar unterschieden von ḥ und kh

y : Wie deutsches j

ʾ : Stimmloser laryngaler Verschlußlaut, fester Stimmabsatz wie in ,,ʾunter", ,,beʾenden"

č (ç) : tsch wie in ,,Kutsche"

ž : Wie in französ. ,,Journal"

Personenregister

Sachregister

Geographisches Register

Quellennachweis der Abbildungen

Abb. 1 (S. 974): Archiv M. Scharabi.
Abb. 2 (S. 799): Archiv M. Scharabi.
Abb. 3 (S. 800): Al-Qāhira fī alf ʿām, Kairo 1969.
Abb. 4 (S. 801): Archiv M. Scharabi.
Abb. 5 (S. 802): Archiv M. Scharabi.
Abb. 6 (S. 802): Naguib, E.: Themen der ägyptischen Malerei des 20. Jahrhunderts, Köln/Wien, 1980 (Dissertationen zur Kunstgeschichte, 11).
Abb. 7 (S. 804): Janet L. Abu-Lughod: Cairo, Princeton, N.J., 1971.
Abb. 8 (S. 805): Archiv M. Scharabi.
Abb. 9 (S. 807): Jādarjī, R. K.: Naḥw uslūb ʿarabī fī fann al-ʿimāra. In: Ḥiwār 24/25, 4. Jg. Nr. 6 und 5. Jg. Nr. 1, Sept.–Dez. 1966, 88–100.
Abb. 10 (S. 808): Architekturbüro Gutbrod und Partner.
Abb. 11 (S. 809): *Scharabi, M.:* Civic Centre in *Djeddah*, Saudi Arabien. In: db Deutsche Bauzeitung 7 (1974) 653–656.
Abb. 12 (S. 811): Azzam/Corm/Scharabi.
Abb. 13 (S. 812/13): Azzam/Corm/Scharabi.
Abb. 14/15 (S. 814): Archiv M. Scharabi.

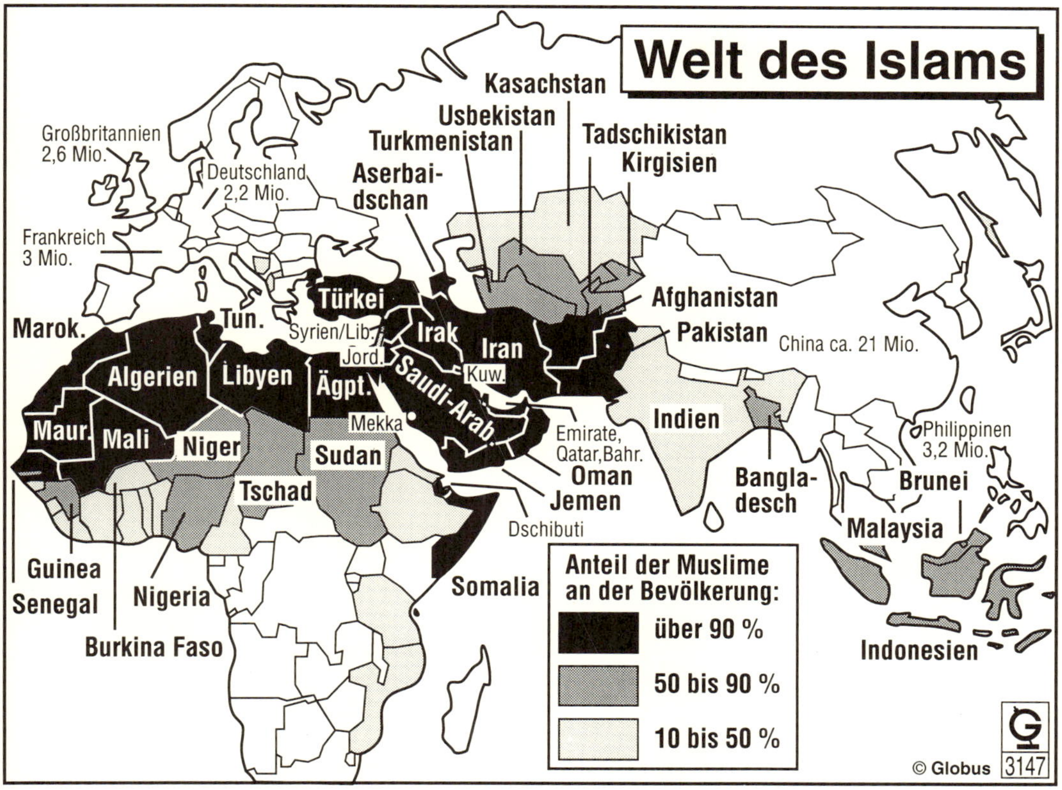

Welt des Islams
Kasachstan
Usbekistan
Turkmenistan
Tadschikistan
Kirgisien
Aserbai-
dschan
Großbritannien
2,6 Mio.
Deutschland
2,2 Mio.
Frankreich
3 Mio.
Türkei
Afghanistan
Pakistan
China ca. 21 Mio.
Marok.
Tun.
Syrien/Lib.
Irak
Iran
Jord.
Algerien
Libyen
Ägpt.
Saudi-Arab.
Kuw.
Indien
Mekka
Emirate,
Qatar,Bahr.
Philippinen
3,2 Mio.
Maur.
Mali
Niger
Sudan
Oman
Bangla-
desch
Brunei
Tschad
Jemen
Dschibuti
Malaysia
Guinea
Senegal
Nigeria
Somalia
Burkina Faso
Anteil der Muslime
an der Bevölkerung:
über 90 %
50 bis 90 %
10 bis 50 %
Indonesien
© Globus
3147

Die Autoren

Abun-Nasr, Jamil M., geb. 1932. Studium der Geschichte des Mittleren Ostens an der Amerikanischen Universität von Beirut und der Orientalistik an der Universität Oxford. Seit 1979 Lehrstuhl für Islamwissenschaft unter besonderer Berücksichtigung Afrikas an der Universität Bayreuth. Veröffentlichungen u. a.: The Tijaniyya, a Sufi Order in the Modern World, Oxford University Press, 1965; A History of the Maghrib, Cambridge University Press 1971, 1975; A History of the Maghrib in the Islamic Period, Cambridge University Press 1987; zahlreiche Artikel.

Ahmed, Munir D., geb. 1934. Studium der Islam-, Politik- und Vergleichenden Erziehungswissenschaften an der Panjab University, Lahore, und an der Universität Hamburg; Dr. phil. Seit 1967 Wissenschaftlicher Mitarbeiter am Deutschen Orient-Institut und Lehrbeauftragter an der Universität Hamburg. Zahlreiche Veröffentlichungen über sozio-kulturelle Entwicklungen im Vorderen Orient, u. a.: Das Genfer Afghanistan-Abkommen, in: Nahost Jahrbuch 1988, herausgegeben vom Deutschen Orient-Institut, Opladen, 1989; Afghan Refugees in Pakistan, Berlin, 1990.

Balić, Smail, geb. 1920; Dr. phil. Bis zu seiner Pensionierung Oberstaatsbibliothekar/Fachreferent für orientalische Sprachen und Herausgeber der Zeitschrift „Islam und der Westen". Veröffentlichungen u. a.: Kultura Bošnjaka (Kulturgeschichte der Bosniaken), Wien, 1973–78; Ruf vom Minarett, Hamburg, [3]1984; fast alle Islam-Artikel in: Lexikon religiöser Grundbegriffe (herausgegeben von Khoury), Graz/Wien/Köln, 1987.

Bräker, Hans, geb. 1921. Studium der osteuropäischen Geschichte, Slavistik, Orientalistik und Volkswirtschaft in Halle, München und Göttingen; Dr. phil. 1950. Seit 1961 Stellv. Direktor des Bundesinstituts für ostwissenschaftliche und internationale Studien, Köln; seit 1973 außerdem Professor für Internationale Politik an der Universität Trier, Mitherausgeber von „Osteuropa-Wirtschaft" (Stuttgart), „Asian Thought and Society" (New York), „Central Asian Survey" (Oxford). Veröffentlichungen u. a.: Südostasien. Ein kulturhistorischer Führer, Olten/Freiburg, 1974; Der Weg nach Asien, Olten/Freiburg, 1978.

Brakel, Lode Frank, 1940–1981. Studium der semitischen Sprachen und Literaturen sowie der austronesischen Sprachen und Literaturen. Zuletzt Geschäftsführender Direktor des Seminars für Indonesische und Südseesprachen, Universität Hamburg. Veröffentlichungen u. a.: The Hikayat Muhammad Hanafiyyah, 1975; The Story of Muhammad Hanafiyyah, 1977.

Bürgel, Johann Christoph, geb. 1931. Studium der Islamwissenschaft an den Universitäten Frankfurt, Bonn, Göttingen und Ankara. Seit 1970 Professor für Islamwissenschaft in Bern (Koordinationslehrstuhl mit Fribourg). Veröffentlichungen u. a.: Hafis – Gedichte aus dem Diwan, Stuttgart, 1972, [2]1977; (Mitherausgeber und Mitautor:) Moderne Erzähler der Welt – Iran, Tübingen, 1978; Nizami – Chosrou und Schirin, Zürich, 1980; (Herausgeber und Mitautor:) Iqbal und Europa, Bern, 1980; Steppe im Staubkorn – Texte aus der Urdu-Dichtung Muhammad Iqbals, Fribourg, 1982; Allmacht und Mächtigkeit. Religion und Welt im Islam, München, 1991; zahlreiche Aufsätze und Beiträge in Lexika.

Busse, Heribert, geb. 1926. Studium der Klassischen Philologie, Islamkunde, Geschichte und Erdkunde in Mainz und London; 1965 Habilitation für das Fach Islamkunde in Hamburg. Bis zur Emeritierung 1991 Professor und Direktor des Seminars für Orientalistik in Kiel. Veröffentlichungen u. a.: Die arabischen Inschriften im und am Felsendom in Jerusalem, in: Das Heilige Land 109 (1977); Die theologischen Beziehungen des Islams zu Judentum und Christentum, Darmstadt, [2]1991; Die Versuchung Muhammads. Die „satanischen Verse" in der islamischen Koranexegese, in: Festgabe für H.-R. Singer, herausgegeben von M. Forstner, Frankfurt am Main u. a., 1991; Geschichte und Bedeutung der Kaaba im Licht der Bibel, in: Zion – Ort der Begegnung, Bodenheim, 1993.

Dilger, Konrad, geb. 1935. Studium der Geschichte und Kultur des Nahen Ostens, Semitistik und Rechtswissenschaft in Berlin, Freiburg im Breisgau, Bonn, Istanbul, Kairo und München. Dr. phil., Assessor (iur.). Seit 1982 Professor für Gesellschaft und Kultur der Türkei und Südosteuropas an der Wissenschaftlichen Hochschule Hildesheim. Veröffentlichungen u. a.: Grundbegriffe der Eigentumsordnung zwischen Wandel und Tradition auf der Arabischen Halbinsel, in: Zeitschrift für Vergleichende Rechtswissenschaft, 1978; Das islamische Strafrecht in der modernen Welt – Ein Beitrag zur Rechtskonzeption im Islam, in: Zeitschrift für die gesamte Strafrechtswissenschaft (ZStW) 1981; Die „Gewalt des Rechtsgelehrten" (wilāyat-i faqīh) im islamischen Recht – Ein Beitrag zur schiitischen Staatslehre in Iran und ihre Verankerung in der iranischen Verfassung, in: Zeitschrift für Vergleichende Rechtswissenschaft, 1982.

Eckert, Hédi, geb. 1935. Studium der Islamwissenschaft und Arabistik und der Soziologie in Paris, Tunis und Köln; Dr. phil. 1991–93 Wisenschaftlicher Mitarbeiter am Deutschen Orient-Institut, Hamburg; seit 1991 UNESCO- und PRO HELVETIA-Konsultant für die Planung einer funktionalen Einbindung jemenitischer Altstädte (Sana, Shibam und Zabid) in moderne Siedlungsräume. Veröffentlichungen u. a.: L'Europe à la conquête de l'Est et le Maghreb à la conquête du Nord. In: Deutsches Orient-Institut (Mitteilungen 42) 1992; Gralshüter des Islam, Zentren religiöser Gelehrsamkeit. In: Arabien – Mehr als Erdöl und Konflikte, Opladen, 1992; zahlreiche Funktionsanalysen arabisch-islamischer Städte bei Publications de l'Association Sauvegarde de la Médina, Tunis, und als UNO- und UNESCO-Berichte, New York und Paris.

Ende, Werner, geb. 1937. Studium der Islamkunde in Halle/Saale, Hamburg und Kairo sowie der Geschichte und Soziologie in Hamburg. Seit 1983 Professor für Islamwissenschaft an der Universität Freiburg; Mitherausgeber der Fachzeitschrift „Die Welt des Islams" (Leiden/Bonn). Veröffentlichungen u. a.: Arabische Nation und islamische Geschichte. Die Umayyaden im Urteil arabischer Autoren des 20. Jahrhunderts, Beirut/Wiesbaden, 1977. Zahlreiche Beiträge in Fachzeitschriften, Handbüchern, Festschriften etc.

Flores, Alexander, geb. 1948. Studium der Soziologie, Arabistik und Islamwissenschaft in Münster; 1993 Habilitation. Seit 1991 wissenschaftlicher Koordinator des

Graduiertenkollegs für Gegenwartsbezogene Orientforschung der Universitäten Erlangen-Nürnberg und Bamberg. Veröffentlichungen u. a.: Nationalismus und Sozialismus im arabischen Osten, Münster, 1980; The Palestinians in the Israeli-Arab Conflict, Bonn, 1984; Falscher Alarm? Studien zur sowjetischen Nahostpolitik (mit John Bunzl und Fadel Rasoul), Wien, 1985; Intifada. Aufstand der Palästinenser, Berlin, ^{2}1989.

Ghaussy, A. Ghanie, geb. 1932. Studium der Volkswirtschaftslehre in München und Hamburg; 1964 Habilitation an der Universität Bern. Zunächst Professor an der Universität Kabul (daneben auch Präsident der „Afghan National Bank" und Mitglied des „High Economic Council" mehrerer afghanischer Regierungen); seit 1979 Ordinarius an der Universität der Bundeswehr Hamburg. Forschungsschwerpunkte: Internationale Wirtschaftsbeziehungen, Entwicklungsländer, Bankwesen, Islamische Wirtschaft.

Grulich, Rudolf, geb. 1944; Dr. theol. habil. Wissenschaftlicher Direktor des Instituts für Kirchengeschichte von Böhmen-Mähren-Schlesien in Königstein; Honorarprofessor für Kirchengeschichte an der Justus-Liebig-Universität Gießen. Mitherausgeber der Reihe „Ost-West-Dialog" und der Heiligenhofer Schriftenreihe zu Volksgruppen- und Minderheitenfragen. Veröffentlichungen u. a.: Der Islam in Jugoslawien, Zollikon, 1978; Kreuz, Halbmond und Roter Stern. Zur Lage der Katholischen Kirche in Jugoslawien, München, 1979; Die römisch-katholische Kirche in der Sowjetunion, München, 1989; Maastricht starb in Sarajevo, Gießen, 1993; Advocata Croatiae. Wallfahrtsorte im ehemaligen Jugoslawien, Gießen/Königstein, 1994.

Havemann, Axel, geb. 1949. Studium der Islamwissenschaft, Iranistik und Byzantinistik in Berlin (Freie Universität); 1983 Promotion; z. Z. Habilitandenstipendiat der Deutschen Forschungsgemeinschaft. Veröffentlichungen u. a.: Riʾāsa und qaḍāʾ. Institutionen als Ausdruck wechselnder Kräfteverhältnisse in syrischen Städten vom 10. bis zum 12. Jahrhundert, Freiburg, 1975; Rurale Bewegungen im Libanongebirge des 19. Jahrhunderts, Berlin, 1983; ferner Aufsätze zur klassischen und modernen Geschichte Syriens und Libanons, Beiträge in Lexika.

Heine, Peter, geb. 1944. Studium der Islamwissenschaft, Philosophie, Ethnologie in Münster und Bagdad; Habilitation 1978. Jetzt Professor für Islamwissenschaft des nichtarabischen Raumes an der Humboldt-Universität zu Berlin. Veröffentlichungen u. a.: Die westafrikanischen Königreiche Ghana, Mali und Songhay bei den arabischen Geographen des Mittelalters, Münster, 1973; Weinstudien. Untersuchungen zu Anbau, Produktion und Konsum des Weins im arabisch-islamischen Mittelalter, Wiesbaden, 1982; zahlreiche Veröffentlichungen zur islamischen Kulturgeschichte und Gegenwartsproblemen der islamischen Welt.

Jastrow, Otto, geb. 1942. Studium der Semitistik, Islamwissenschaft, Phonetik und Phonologie in Saarbrücken und Tübingen, Turkologie in Istanbul, Arabistik in Beirut. Seit 1990 Professor an der Universität Heidelberg. Herausgeber (zusammen mit Hartmut Bobzin) der Zeitschrift für arabische Linguistik, Wiesbaden. Veröffentlichungen u. a.: Die mesopotamisch-arabischen qəltu-Dialekte. Band I, 1978, Band II, 1981, Wiesbaden; (zusammen mit W. Fischer:) Lehrgang für die arabische Schriftsprache der Gegenwart, Wiesbaden, ^{2}1979; (Herausgeber zusammen mit W. Fischer:) Handbuch der arabischen Dialekte, Wiesbaden, 1980.

De Jong, F., geb. 1944. Studium der Arabistik, Islamwissenschaft, Soziologie und Ethnologie in Leiden und Kairo. Seit 1987 Inhaber des Lehrstuhls für Islamische Sprachen und Kulturen an der Universität Utrecht. Veröffentlichungen u. a.: Ṭuruq and Ṭuruq-linked Institutions in Nineteenth Century Egypt, Leiden, 1978; Names, Religious Denomination and Ethnicity of Settlements in Western Thrace, 1980; zahlreiche Beiträge in Zeitschriften und Handbüchern.

Khálid, Durán, geb. 1940. Studium der Islamwissenschaft und orientalischen Sprachen in Pakistan, anschließend Studium der Politischen Wissenschaft, Soziologie und Islamkunde in Bonn und Berlin. Mitglied der Arabisierungskommission der People's Open University und des Film Censor Board, Islamabad; von 1978 bis 1989 Wissenschaftlicher Mitarbeiter am Deutschen Orient-Institut, Hamburg; seitdem Assistant Professor an verschiedenen amerikanischen Universitäten. Veröffentlichungen u. a.: Die politische Rolle des Islam, Hamburg, 1978; Afghanistan's Struggle for National Liberation, in: Internationales Asienforum, Freiburg, 1980; Islam and Civilization, Kairo, 1982; Re-Islamisierung und Entwicklungspolitik, Köln 1982; Medienpaket Das ist mein Islam, I + II, Hamburg, 1982; The ‚Golden Age' Syndrome – Integrist Medina and Other Historical Models of Contemporary Muslim Thought, in: Swiss Journal of Sociology, Zürich, 1983.

Koszinowski, Thomas, geb. 1938. Studium der Theologie, Islamwissenschaft, Semitistik und Geschichte in Berlin (Ost) und Göttingen, Dr. phil. Seit 1968 Wissenschaftlicher Mitarbeiter am Deutschen Orient-Institut, Hamburg. Veröffentlichungen u. a.: Zur politischen und wirtschaftlichen Situation des Jemen. Einführung und Dokumentation (zusammen mit M. El-Menshaui und A. Meyer), Hamburg, 1980; (Herausgeber:) Saudi-Arabien: Ölmacht und Entwicklungsland. Beiträge zur Geschichte, Politik, Wirtschaft und Gesellschaft, Hamburg, 1983; (Herausgeber mit H. Mattes:) Nahost Jahrbuch 1987ff. Politik, Wirtschaft und Gesellschaft in Nordafrika und dem Nahen und Mittleren Osten, Opladen, 1988ff.

Landman, Nico, geb. 1958. Studium der Theologie, Religionswissenschaft und Arabistik in Utrecht und Amsterdam; Promotion 1992 in Utrecht. Seit 1993 Dozent am Orientalischen Institut der Universität Utrecht. Veröffentlichungen u. a.: Van mat tot minaret. De institutionalisering van de islam in Nederland, Amsterdam, 1992; Aufsätze zum Islam in West-Europa.

Mattes, Hanspeter, geb. 1951. Studium der Volkswirtschaft (Diplom 1975), Politischen Wissenschaft, Entwicklungsökonomie in Heidelberg, Arabisch-Studium in Tunesien 1976–1978, Dr. phil. (Politische Wissenschaften) 1982. Seit 1983 Wissenschaftlicher Mitarbeiter am Deutschen Orient-Institut, Hamburg. Veröffentlichungen u. a.: Die innere und äußere islamische Mission Libyens, Mainz/München, 1986; Die militärische Konfrontation zwischen Libyen und den USA 1986, Hamburg, 1987; Wirtschaftsreform, staatlicher Sektor und Privatisierungsdebatte im Maghreb, Hamburg, 1988; Mitherausgeber des Sammelbandes Demokratie und Menschenrechte in Nordafrika, Hamburg, 1992 sowie der Periodika: Wuqūf – Beiträge zur Entwicklung von Staat und Gesellschaft in Nordafrika, Hamburg, (jährlich seit 1986) und: Nahost Jahrbuch 1987ff. Opladen, Gaddafi und die islamistische Opposition in Libyen. Zum Verlauf eines Konflikts, Hamburg, 1995.

Müller, Hans, geb. 1927. Studium der Volkswirtschaft, Islamkunde, Ethnologie und Soziologie in Mainz, München und Heidelberg; 1954 Diplom-Volkswirt (Heidelberg); 1960 Dr. phil. (Mainz). Bis zur Pensionierung 1992 am Orientalischen Seminar der Universität Freiburg im Breisgau als Akademischer Direktor und apl. Professor für Islamwissenschaft. Veröffentlichungen zur persischen Geschichte, islamischen Wirtschafts- und Sozialgeschichte – insbesondere Sklaverei –, türkischen Literatur, arabischen, persischen und türkischen Sprachdidaktik sowie den literarischen Ost-West-Beziehungen.

Nienhaus, Volker, geb. 1951. Studium der Wirtschaftswissenschaft in Bochum; Habilitation für Volkswirtschaftslehre 1985. Seit 1990 Inhaber eines Lehrstuhls für Wirtschaftspolitik an der Ruhr-Universität Bochum. Arbeitsgebiete: Ordnungs- und Strukturpolitik, Außenwirtschafts- und Europäische Wirtschaftspolitik, Entwicklungspolitik, islamische Wirtschaft und Wirtschaft islamischer Länder.

Noth, Albrecht, geb. 1937. Studium der Mittleren und Neueren Geschichte, Islamwissenschaft und Historischen Hilfswissenschaften in Bonn und Freiburg im Breisgau. Seit 1980 Professor am Seminar für Geschichte und Kultur des Vorderen Orients, Universität Hamburg; 1987 Gastprofessor Universität Sana/Jemen; 1990/91 Gastprofessor Universität Bordeaux. Veröffentlichungen u. a.: Heiliger Krieg und Heiliger Kampf in Islam und Christentum, 1966; Quellenkritische Studien zur frühislamischen Geschichtsüberlieferung, 1973, revidierte und erweiterte englische Fassung: The Early Arabic Historical Tradition, Princeton, 1994; Die arabischen Dokumente Rogers II. von Sizilien, 1978; Reihe: Studien zum Minderheitenproblem im Islam, 1973 ff. (bisher 7 Bände).

Peters, Rudolph, geb. 1943. Studium der Rechts- und Islamwissenschaft in Amsterdam und Leiden; Habilitation 1979. Seit 1991 Professor für islamisches Recht und Recht des Nahen Ostens an der Universität von Amsterdam. Veröffentlichungen u. a.: Jihad in Mediaeval and Modern Islam, Leiden, 1977; Islam and Colonialism: The Doctrine of Jihad in Modern History, The Hague, 1979; zahlreiche Aufsätze über Islam und Politik sowie über islamisches Recht.

Philipp, Thomas, geb. 1941. Studium der Arabistik, Soziologie und Modernen Arabischen Geschichte in Berlin, Jerusalem (B. A.) und Los Angeles (Ph. D.). Seit 1988 Professor für Politik und Zeitgeschichte des Nahen Ostens an der Friedrich-Alexander Universität in Erlangen. Veröffentlichungen zur Sozial- und Geistesgeschichte des modernen Nahen Ostens.

Radtke, Bernd, geb. 1944. Studium der Islamwissenschaft, Semitistik, Psychologie und Slavistik an den Universitäten Hamburg und Basel; 1985 Habilitation in Basel. Seit 1992 Dozent für Arabisch und Persisch an der Rijksuniversiteit Utrecht. Veröffentlichungen u. a.: Das biographische Lexikon des Ṣafadī, Teil 15, Beirut (Bibliotheca islamica 6 o) 1979; Die Chronik des Ibn ad-Dawādārī. Erster Teil, Kairo/Wiesbaden, 1982; Adab al-mulūk. Ein Handbuch zur islamischen Mystik aus dem 4./10. Jahrhundert, Beirut/Stuttgart, 1991; Weltgeschichte und Weltbeschreibung im mittelalterlichen Islam, Beirut/Stuttgart, 1992; Drei Schriften des Theosophen von Tirmidh. Beirut/Stuttgart (Bibliotheca Islamica 35 a) 1992; The Letters of Aḥmad bin Idrīs, London, 1993.

Reissner, Johannes, geb. 1947. Studium der Islamwissenschaft, Philosophie und Relgionswissenschaft in Berlin und Wien; 1978 Promotion. Seit Oktober 1982 Wissenschaftlicher Mitarbeiter am Nahostreferat der Stiftung Wissenschaft und

Politik, Ebenhausen. Veröffentlichungen u. a.: Ideologie und Politik der Muslimbrüder Syriens, 1947–1952, Freiburg (Islamkundliche Untersuchungen Band 55) 1980; Die Idrīsīden in ʿAsīr, in: Die Welt des Islams XXI, 1982, 1–4; ferner Aufsätze zu Problemen des zeitgenössischen Islams.

Scharabi, Mohamed, geb. 1938. Studium der Architektur an der Technischen Universität und Philosophie an der Freien Universität Berlin; 1967 Dr.-Ing., 1981 Habilitation. Seit 1988 Professor für Baugeschichte und Grundlagen des Entwerfens am Fachbereich Architektur der TH Darmstadt; mitbeteiligt am Konzipieren mehrerer Großsiedlungen, Kultur- und Geschäftszentren in Ägypten, Kuwait, Saudi-Arabien und dem Sudan. Veröffentlichungen u. a.: Das traditionelle Wohnhaus der Arabischen Halbinsel, 1979; Zur deutschen Architektur des Expressionismus, 1981; Der Bazar – Das traditionelle Stadtzentrum im Nahen Osten und seine Handelsbeziehungen, Tübingen, 1985; Kairo – Stadt und Architektur im Zeitalter des europäischen Kolonialismus, Tübingen, 1989; Industrie und Industriebauten in Ägypten – Eine Einführung in die Geschichte der Industrie im Nahen Osten, Tübingen, 1992.

Schulze, Reinhard, geb. 1953. Studium der Orientalistik/Islamwissenschaft, Semitistik, Linguistik und Romanistik in Bonn; 1987 Habilitation. Seit 1992 Professor für Islamwissenschaft und Arabistik an der Universität Bamberg, seit 1995 an der Universität Bern. Veröffentlichungen u. a.: Rebellion der ägyptischen Fallahin 1919, Berlin, 1981; Islamischer Internationalismus im 20. Jahrhundert, Leiden, 1990; Geschichte der islamischen Welt im 20. Jahrhundert, München, 1994.

Schmucker, Werner, geb. 1940. Studium der Islamwissenschaften, Mongolistik, Vergleichenden Religionswissenschaft in Bonn. Seit Juli 1983 Professor für Islamische Sprachen des Nahen Ostens am Seminar für Orientalische Sprachen der Universität Bonn. Veröffentlichungen u. a.: Die maltesischen Gefangenschaftserinnerungen eines türkischen Kadi aus dem Jahre 1599, 1970; Untersuchungen zu einigen wichtigen bodenrechtlichen Konsequenzen der arabischen Eroberungsbewegung, 1972; Krise und Erneuerung im libanesischen Drusentum, 1979.

Schumann, Olaf H., geb. 1938. Studium der Evangelischen Theologie in Kiel, Tübingen und Basel, der Islamwissenschaft in Tübingen und Kairo. 1966–68 Deutsch-Lektor an der Universität Asiut/Ägypten. Seit 1981 Professor für Religions- und Missionswissenschaft an der Universität Hamburg; von 1989–92 Gastprofessor an der Theologischen Hochschule Jakarta/Indonesien. Veröffentlichungen u. a.: Der Christus der Muslime, Gütersloh 1975, 2. erweiterte Auflage Köln/Wien, 1988; Der Islam in Indonesien, Wiesbaden/Breklum, 1978; Pemikiran Keagamaan Dalam Tantangan, Jakarta, 1993; (als Herausgeber:) Dialog antar umat beragama – Di manakah kita berada kini?, Jakarta, 1980; und: Dialog antar umat beragama – Dari manakah kita bertolak?, Jakarta, 1982.

Sivers, Peter von, geb. 1940. Studium der Politischen Wissenschaft, Philosophie sowie Geschichte und Kultur des Nahen Orients an der Universität München und an der School of Oriental and African Studies, London; Dr. phil. Seit 1982 Chairman des Joint Committee for the Near and Middle East, Social Science Research Council, New York; Review Editor, History and Islamic Studies, am International Journal of Middle East Studies. Veröffentlichungen u. a.: Nordafrika, in: G. E. von Grunebaum (Hrsg.): Der Islam II, Fischer Weltgeschichte 15, Frankfurt, 1971; Les plaisirs du collectionneur: capitalisme fiscal et chefs indigènes en Algérie, in: Annales 35

(1980); Work, Leisure and Religion: The Social Roots of the Revival Fundamentalism in North Africa, in: E. Gellner und J.-C. Vatin (Hrsg.): Islam et politique au Maghreb, Paris, 1981.

Spuler-Stegemann, Ursula, geb. 1939; Dr. phil. Am 3. 11. 95 Ernennung zur Honorar-Professorin (Religionsgeschichte). Studium der Orientalistik, Vergleichenden Religionswissenschaft, Neueren Deutschen Literatur und Semitistik; Lehrbeauftragte an der Philipps-Universität Marburg für Türkisch und Islamwissenschaft. Zahlreiche fachwissenschaftliche Veröffentlichungen mit Schwerpunkt Türkei.

Steinbach, Udo, geb. 1943. Studium der Orientalistik und Klassischen Philologie in Freiburg im Breisgau und Basel; Dr. phil. Seit 1976 Direktor des Deutschen Orient-Instituts, Hamburg. Februar 1991 Ernennung zum apl. Professor. Veröffentlichungen u. a.: (Herausgeber:) Europäisch-Arabische Zusammenarbeit. Rahmenbedingungen, Probleme, Aussichten, Forschungsinstitut der Deutschen Gesellschaft für Auswärtige Politik, Bonn 1979; (Herausgeber, zusammen mit Rolf Hofmeier und Mathias Schönborn:) Politisches Lexikon Nahost, München [3]1994; (Herausgeber, zusammen mit Karl Kaiser:) Deutsch-arabische Beziehungen, Forschungsinstitut der Deutschen Gesellschaft für Auswärtige Politik, München/Wien, 1981; (Herausgeber, zusammen mit Rüdiger Robert:) Der Nahe und Mittlere Osten. Politik, Gesellschaft, Wirtschaft, Geschichte, Kultur, 2 Bände, Opladen, 1988; (Herausgeber:) Der Golfkrieg. Ursachen, Verlauf, Auswirkungen, Hamburg 1988; (Herausgeber:) Arabien – mehr als Erdöl und Konflikte, Opladen, 1992; (Herausgeber, zusammen mit Volker Nienhaus:) Entwicklungszusammenarbeit in Kultur, Recht und Wirtschaft. Grundlagen und Erfahrungen aus Afrika und Nahost, Opladen, 1995; Die Türkei im 20. Jahrhundert. Schwieriger Partner Europas, Bergisch Gladbach, 1996.

Walther, Wiebke, geb. 1935. Studium der Orientalistik in Halle an der Saale. 1966 Dr. phil.; 1980 Habilitation (Islamwissenschaft) Humboldt-Universität Berlin; 1990/91 Umhabilitation an die Universität Bamberg, 1994 an die Universität Tübingen; mehrere Professurvertretungen. Veröffentlichungen u. a.: (Herausgeberin, Übersetzerin:) Nagib Machfus: Die Moschee in der Gasse, Leipzig, 1978 / Zürich, 1988/89; Die Frau im Islam, Leipzig, [2]1983; Stuttgart/Berlin u. a., 1980 / Zürich, 1981 (übersetzt ins Franz., Engl. und Poln.); (Herausgeberin, Übersetzerin:) Erkundungen, 28 Erzähler aus dem Irak, Berlin, 1985; Tausendundeine Nacht. Eine Einführung. München/Zürich, 1987; (Herausgeberin:) F. Rückert: Die Verwandlungen des Abu Seid von Serug oder die Makamen des Ḥarīrī, Leipzig, 1989; Neuere und neueste Entwicklungen in der zeitgenössischen arabischen narrativen und dramatischen Literatur, in: W. Fischer (Hrsg.): Grundriß der arabischen Philologie, Supplementband, Wiesbaden, 1992; zahlreiche Artikel zur arabischen Literatur und zur Frauenfrage im Islam.

Wielandt, Rotraud, geb. 1944. Studium der Islamkunde, Turkologie, Vergleichenden Religionswissenschaft und Philosophie in München, Tübingen und Istanbul; Habilitation 1982. Seit 1985 Professorin für Islamkunde und Arabistik an der Universität Bamberg. Veröffentlichungen u. a.: Offenbarung und Geschichte im Denken moderner Muslime, Wiesbaden, 1971; Das Bild der Europäer in der modernen arabischen Erzähl- und Theaterliteratur, Beirut/Wiesbaden, 1980; Das erzählerische Frühwerk Mahmud Taymurs, Beirut/Wiesbaden, 1983.

Willms, Alfred, geb. 1921. Studium der Afrikanischen und Austronesischen Sprachforschung und der Experimentalphonetik in Hamburg. 1964 bis zum Ruhestand 1986 im Höheren Bibliotheksdienst; 1970 Habilitation für das Fach Afrikanische Sprachen und Kulturen; 1975 apl. Prof. Veröffentlichungen u. a.: Grammatik der südlichen Berberdialekte (Südmarokko), Glückstadt 1972; Die dialektale Differenzierung des Berberischen, Berlin, 1980.